6700
AutoCAD
오토캐드 2017
KB238206

AutoCAD
오토캐드 2017

AutoCAD
오토캐드 2017

풍부한 예제 도면을 통한 실습 중심의 학습서

AutoCAD 오토캐드 2017

풍부한 예제 도면을 통한
실습 중심의 학습서

AutoCAD 오토캐드 2017

초판 인쇄일 2016년 5월 27일
초판 발행일 2016년 6월 3일

지은이 이진천
발행인 박정모
등록번호 제9-295호
발행처 도서출판 혜지원
주소 (413-120) 경기도 파주시 회동길 445-4(문발동 638) 302호
전화 031) 955-9221~5 **팩스** 031) 955-9220
홈페이지 www.hyejiwon.co.kr

기획 · 진행 엄진영
디자인 김보라, 김성혜
영업마케팅 김남권, 황대일, 서지영
ISBN 978-89-8379-893-0
정가 28,000원

이 도서의 국립중앙도서관 출판시도서목록(CIP)은 서지정보유통지원시스템 홈페이지(http://seoji.nl.go.kr)와
국가자료공동목록시스템(http://www.nl.go.kr/kolisnet)에서 이용하실 수 있습니다.(CIP제어번호: CIP2016010747)

풍부한 예제 도면을 통한 실습 중심의 학습서

AutoCAD

오토캐드 2017

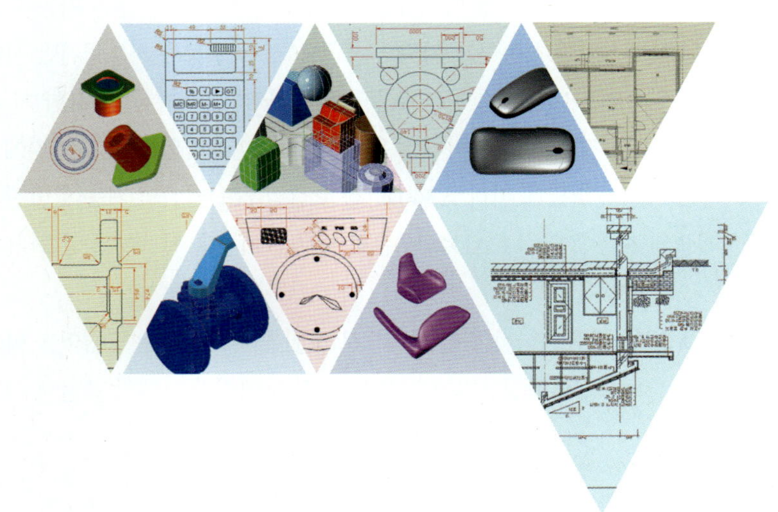

혜지견

머리말

최근에 산업 전분야에 걸쳐 2차원에서 3차원으로 넘어가고 있습니다. 3D 스캐너, 3D 프린터 산업이 대변해주고 있습니다. 설계도 3차원 설계가 대세가 되어가고 있습니다. AutoCAD도 이러한 추세에 맞춰 2차원 도면작성 도구를 벗어나 3차원 모델링 도구로써 많은 기능을 갖추고 있습니다. 단순히 2차원 도면작업만 하는 사용자라면 귀찮을 정도로 많은 기능이지만 사용자마다 적용하는 분야와 용도가 다르기 때문에 이러한 수요를 충족시키기 위해서는 필요한 기능입니다. 새로운 기능을 사용하든 그렇지 않든 꾸준히 새로운 기능이 개발되고 있습니다. 여기에 모바일화에 따른 클라우드 기반 기술의 발달에 따라 A360과 같은 클라우드 기반의 기능이 발전하고 있습니다. 이처럼 과학기술의 흐름에 맞춰 CAD도 꾸준히 새로운 기능을 선보이고 있습니다.

이 책은 AutoCAD 2017을 학습하기 위한 가이드로 도면을 작도하면서 명령어를 학습하는 방법으로 구성했습니다. 2차원 도면 작성방법에서부터 3차원 모델링과 모델의 표현에 이르기까지 다루고 있습니다.

파트 1에서는 AutoCAD 입문을 위한 기초지식
파트 2에서는 초급으로 2D 도면의 작성 및 편집 기능
파트 3에서는 중급으로 주석, 블록, 출력 등 업무효율성을 향상시키기 위한 기능
파트 4에서는 고급으로 동적블록, 매개변수, 사용자 환경 만들기 등의 응용 기능
파트 5에서는 3차원 모델링을 다루고 있습니다.

처음 접하는 독자는 처음부터 학습해야 하지만 이미 AutoCAD를 사용하는 사용자라면 필요한 부분을 찾아서 보기를 권장합니다. 기존에 AutoCAD를 사용하고 있는 독자라 할지라도 항상 사

용하던 기능이나 자신의 패턴만 고집하고 있으면 발전이 없습니다. 새로운 버전에서 수정된 기능이나 추가된 기능을 활용한다면 보다 효율적인 CAD작업을 수행할 수 있습니다. 이러한 측면에서 알고 있는 기능이라 하더라도 전체적으로 한 번 훑어보시길 권장합니다.

아무쪼록 이 책을 접한 독자 여러분이 AutoCAD를 익히는데 있어 조금이나마 길잡이가 되고, 업무의 능률향상에 조금이라도 기여를 했으면 하는 바람입니다. 이 책이 나오는데 있어 혜지원의 박정모 사장님과 임직원에게 감사의 뜻을 전하며, 소프트웨어 개발에 여념이 없는 가운데 열심히 도와준 ㈜디씨에스 임직원들에게 감사드립니다. 나와 아내를 있게 한 양가 부모님과 글 쓰는 내 옆에서 뜨개질하며 따뜻한 커피를 제공해 준 아내, 언제나 든든한 두 아들 주호, 민호에게도 감사의 뜻을 전합니다. 아울러, 글 쓰는 스트레스를 날리는데 일조를 한 로데오 족구단 여러분께도 감사드립니다.

2016년 따사로운 봄날에

저자 이진천

갤러리

2차원 도면

X, Y로 이루어진 2차원 도면입니다. 제도판의 수작업에 의한 도면작성과 마찬가지로 설계자가 보는
시점에 따라 평면도, 정면도, 측면도(좌/우), 밑면도, 배면도(후면도) 등을 작도할 수 있습니다.

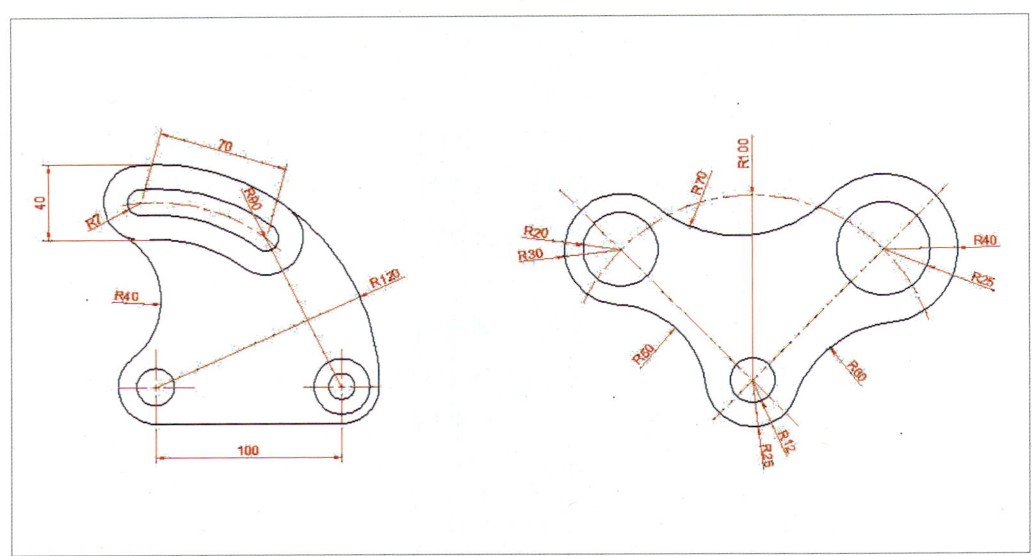

◀ 2D_기계 01

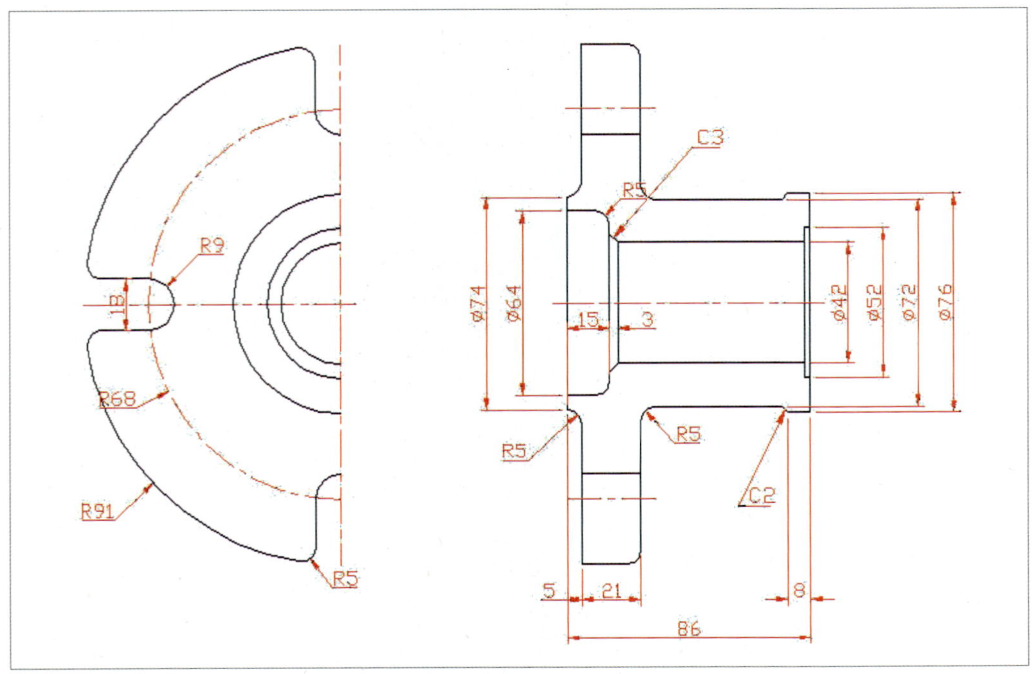

◀ 2D_기계 02

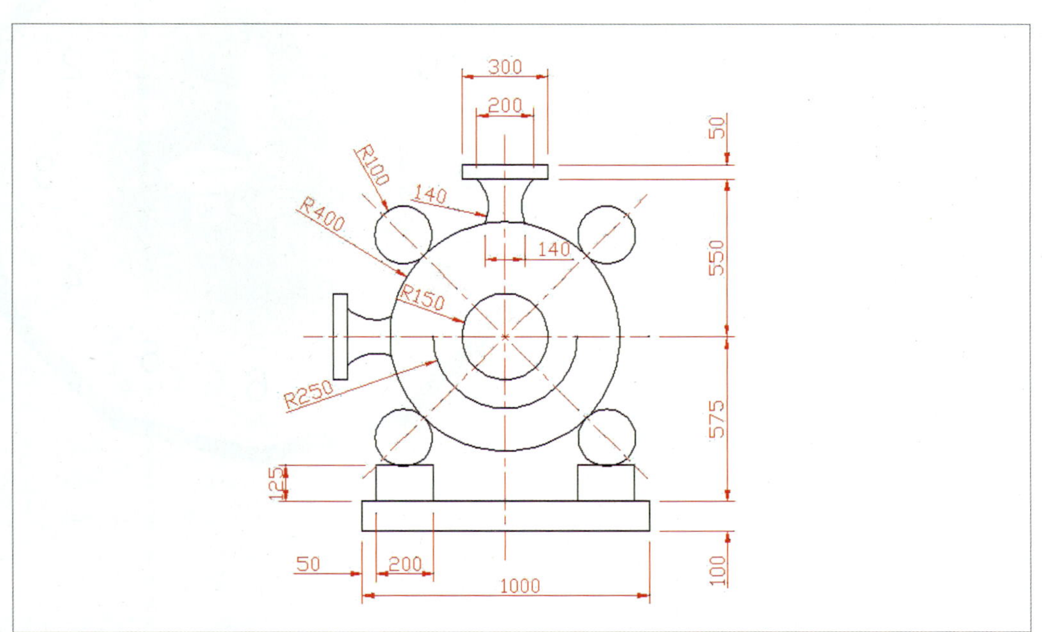

◀ 2D_기계 03

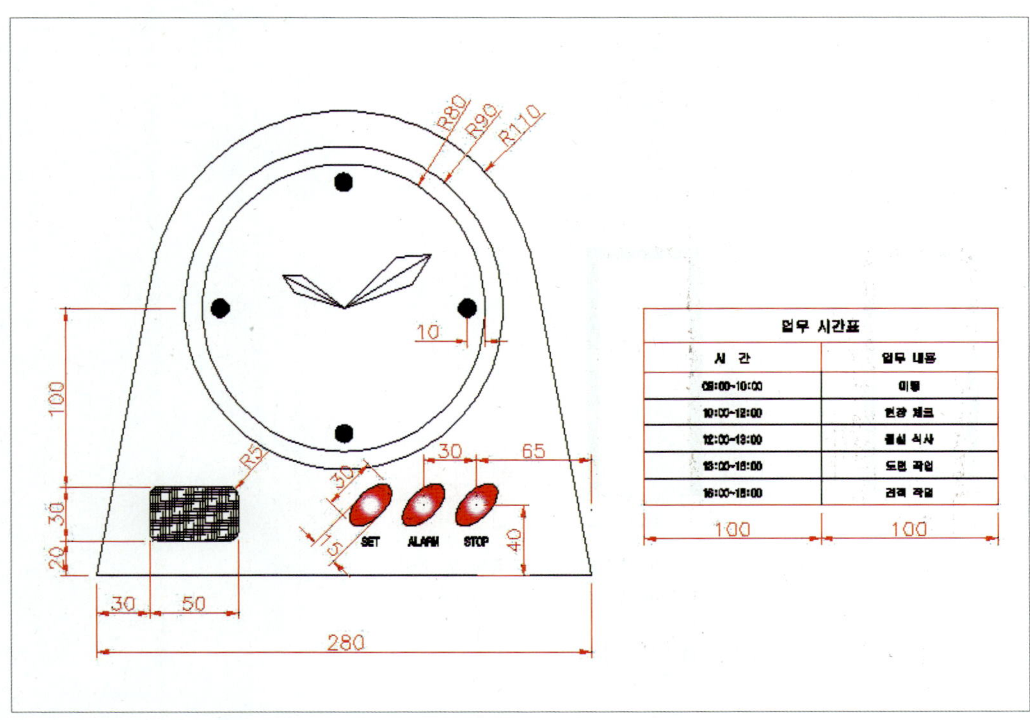

업무 시간표	
시 간	업무 내용
08:00~10:00	이동
10:00~12:00	현장 체크
12:00~13:00	휴식 식사
13:00~16:00	도면 작업
16:00~18:00	검토 작업

100 | 100

◀ 2D_시계

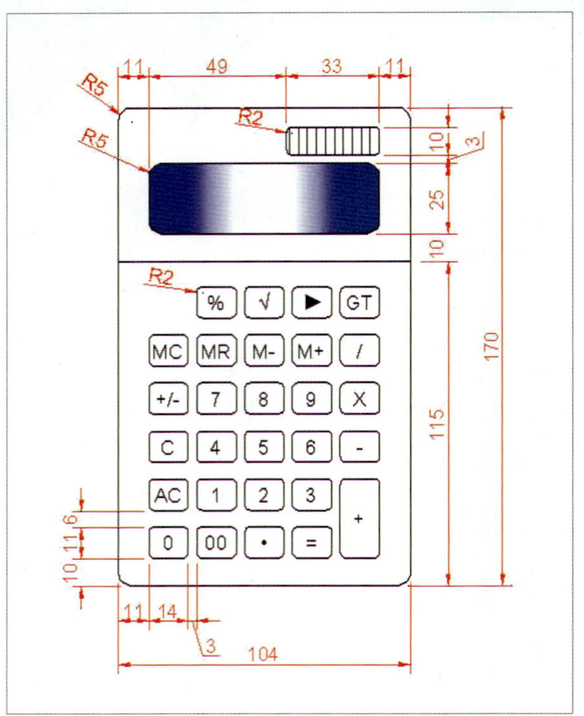

▲ 2D_계산기

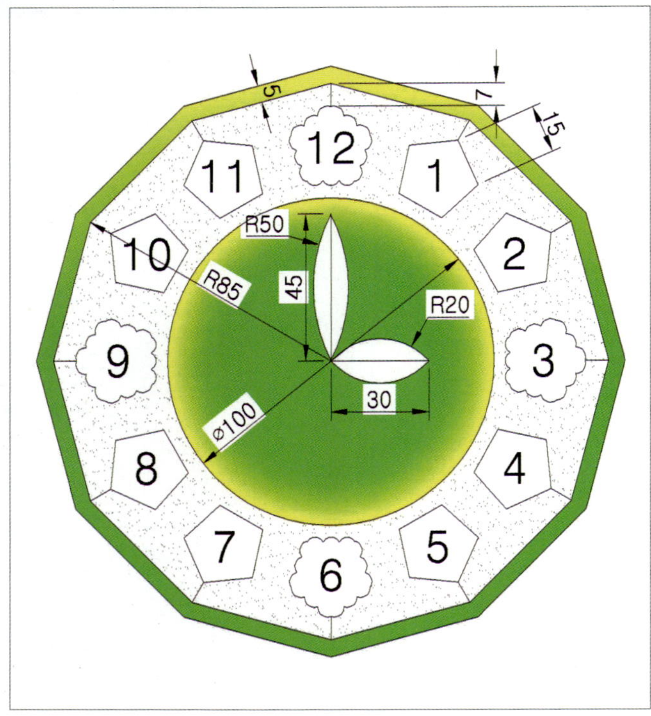

▲ 다각 해치

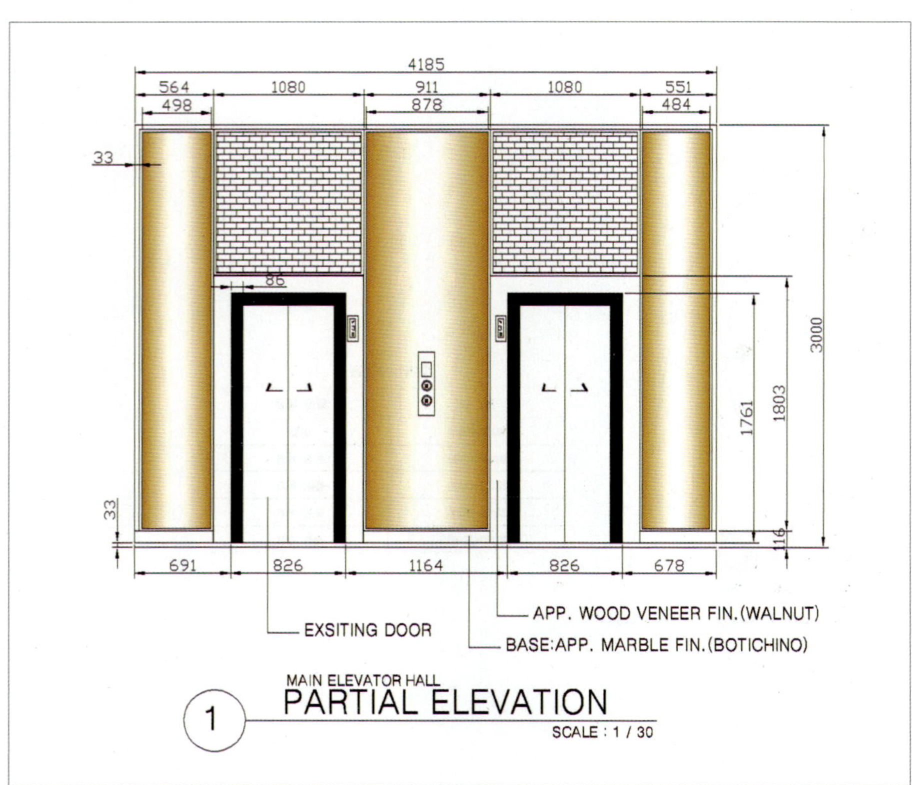

◀ 해치 문자

다이나믹 블록

단순히 심볼이나 도면을 삽입하여 배치하는 기존의 블록과 달리 다이나믹 블록은 다양한 관측뷰에 따른 표현, 규격에 따라 서로 다른 크기의 도면 작도, 각종 조작 컨트롤을 삽입하여 형상을 조정하기도 합니다. 다음은 각 규격에 따른 형강의 크기를 도면에 배치할 수 있습니다.

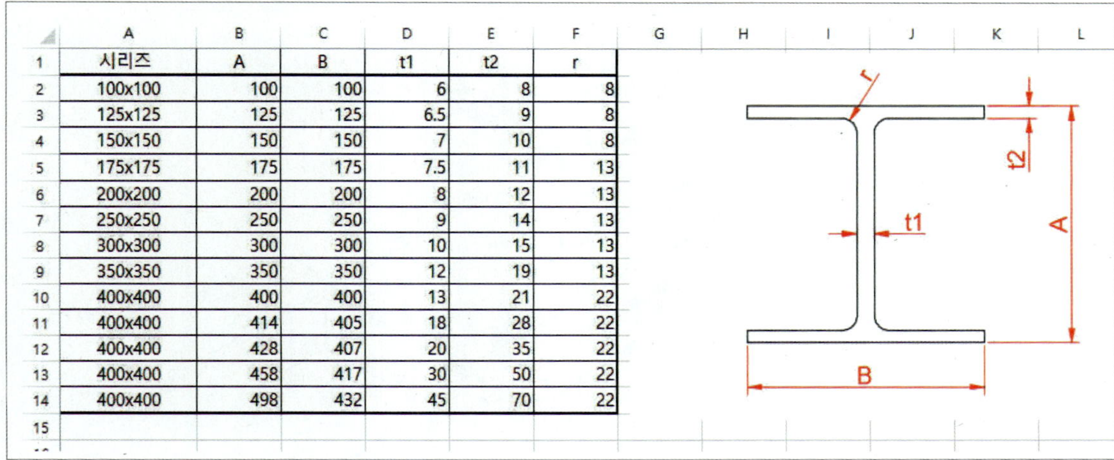

	A	B	C	D	E	F
1	시리즈	A	B	t1	t2	r
2	100x100	100	100	6	8	8
3	125x125	125	125	6.5	9	8
4	150x150	150	150	7	10	8
5	175x175	175	175	7.5	11	13
6	200x200	200	200	8	12	13
7	250x250	250	250	9	14	13
8	300x300	300	300	10	15	13
9	350x350	350	350	12	19	13
10	400x400	400	400	13	21	22
11	400x400	414	405	18	28	22
12	400x400	428	407	20	35	22
13	400x400	458	417	30	50	22
14	400x400	498	432	45	70	22
15						

▲ 형강 1

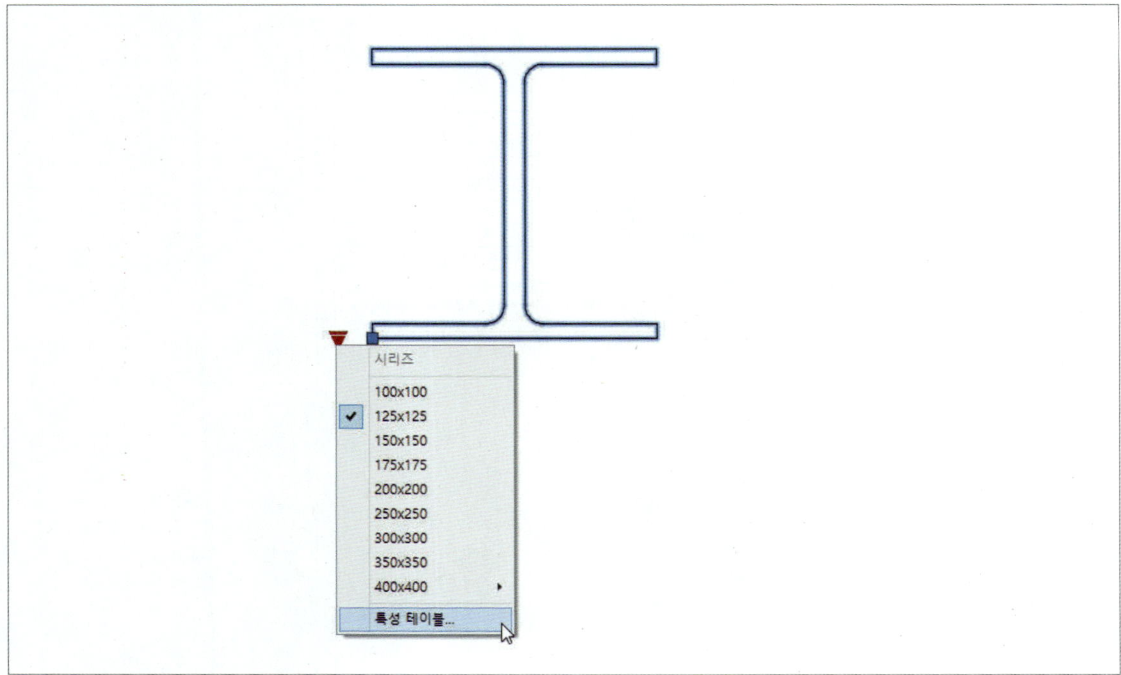

▲ 형강 2

아이소메트릭 도면

도면의 이해를 돕기 위한 표현 방법의 하나인 아이소메트릭 도면(등각투영도)은 인간의 시각으로 볼 수 있는 3차원(X축, Y축, Z축)의 입체를 2차원의 공간에 표현한 것입니다. 표현하는 방법은 입체 공간의 Z값을 표현 공간(종이 또는 스크린)의 수직 방향으로 맞추고 X축과 Z축이 120도로 만나도록 선을 그어 표현합니다.

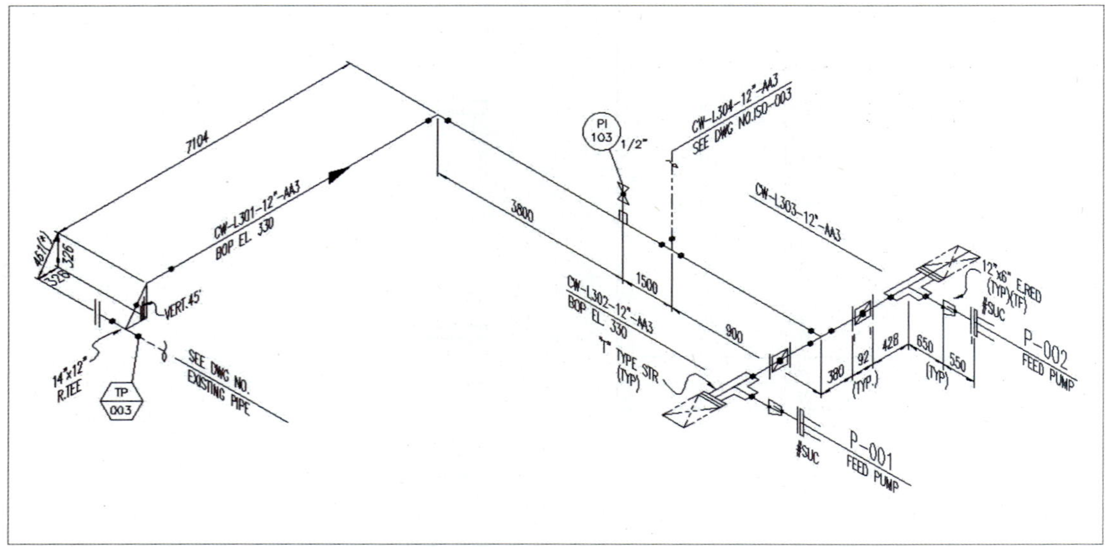

▲ 등각투영도

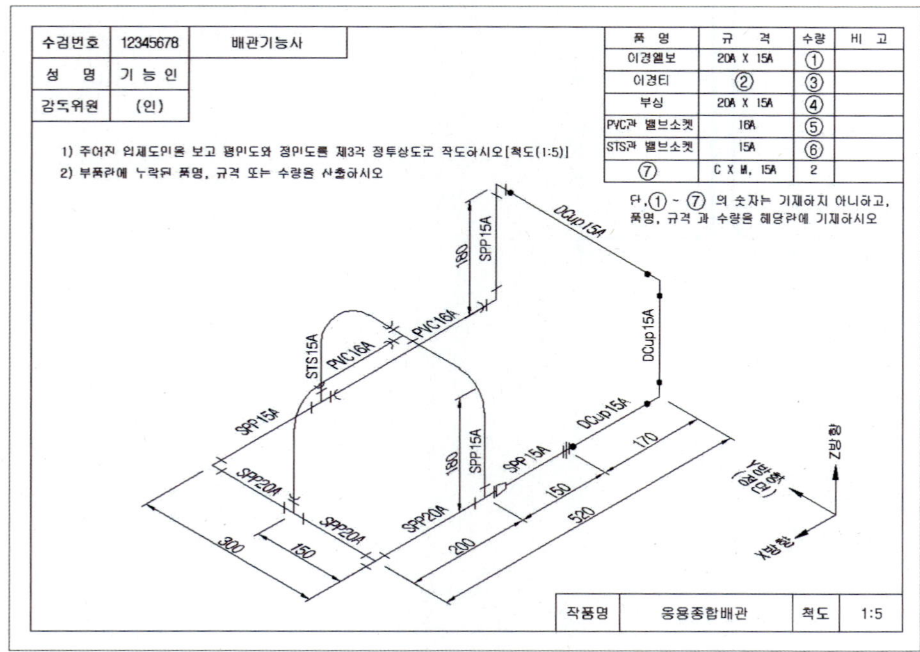

◀ 기능사

CAD 시험 도면

전산응용건축제도기능사, 배관기능사 실기시험에는 CAD 문제가 출제됩니다. 건축제도기능사의 경우는 평면도를 보고 단면도와 입면도를 작도합니다. 배관기능사 시험의 CAD문제는 아이소메트릭 도면을 보고 평면도 및 정면도를 작도하는 문제가 출제됩니다.

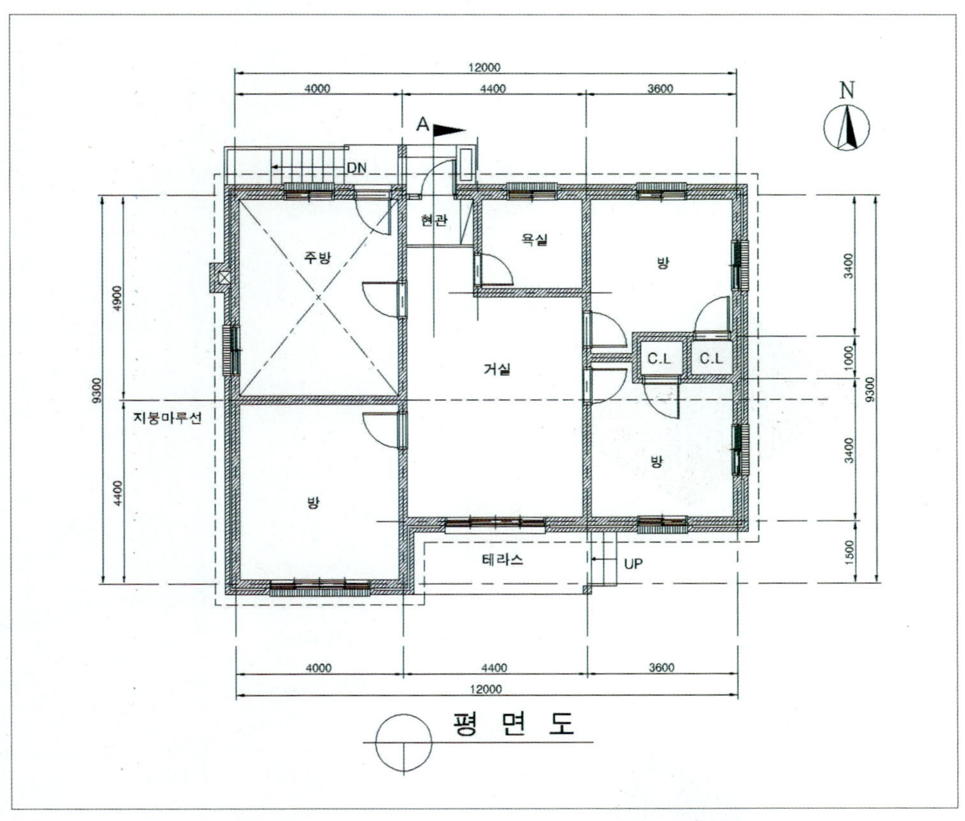

▶ 건축제도기능사_문제

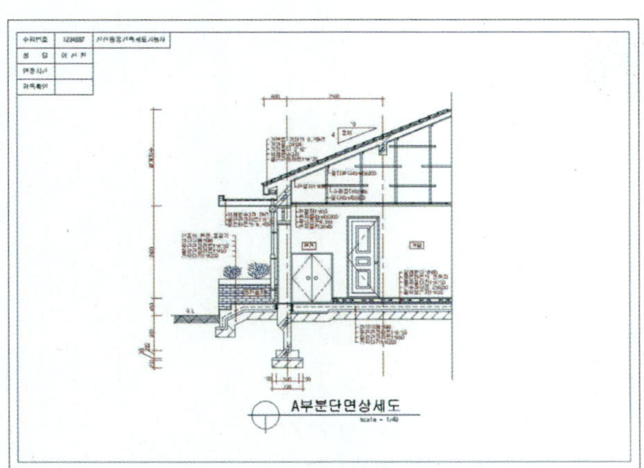

▲ 건축제도기능사_단면

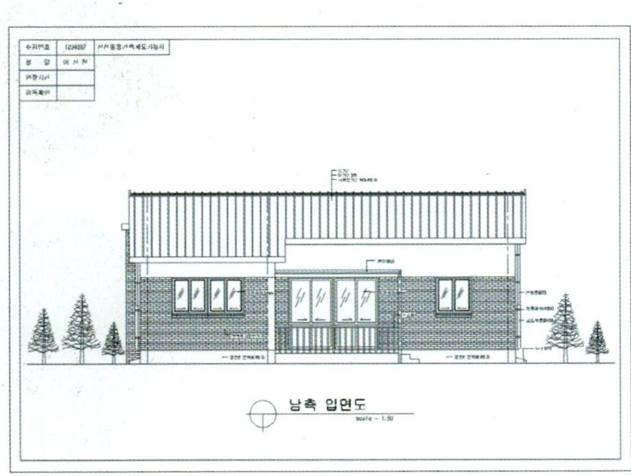

▲ 건축제도기능사_남측

3차원 도면

AutoCAD가 이제는 3차원 설계 도구로 자리를 잡았습니다. 3차원 도면은 2차원에 현실감 있는 표현이 가능하여 설계자의 생각이나 의도를 전달하기 쉽습니다. 작성된 이후에도 간섭체크, 물량산출, 공장 제작, 시설 관리 등 활용도가 높습니다. 따라서 갈수록 3차원 도면에 대한 수요가 많아지고 있습니다. 특히, BIM 설계가 활성화되면서 3차원 도면에 대한 관심이 높아지고 있습니다.

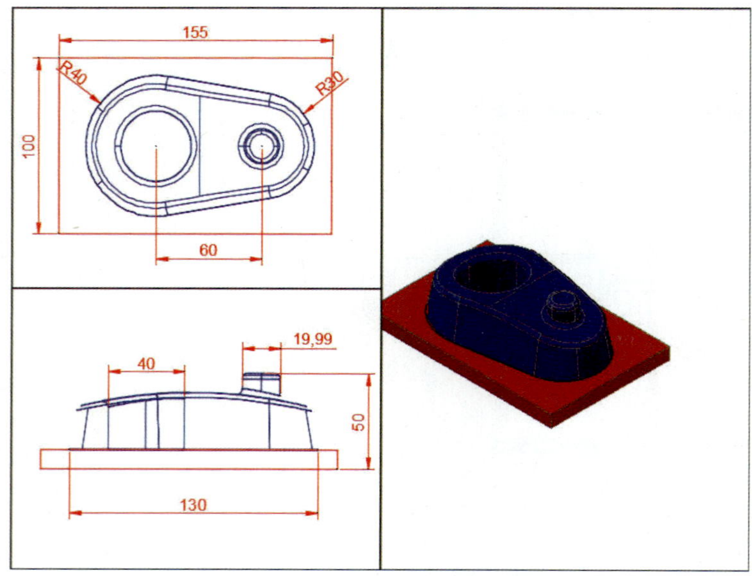

◀ 3차원 예제 01

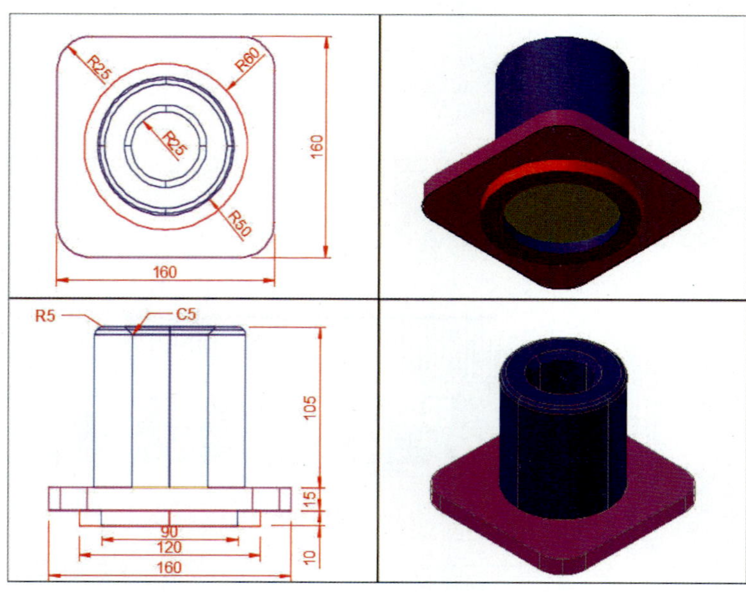

◀ 3차원 예제 02

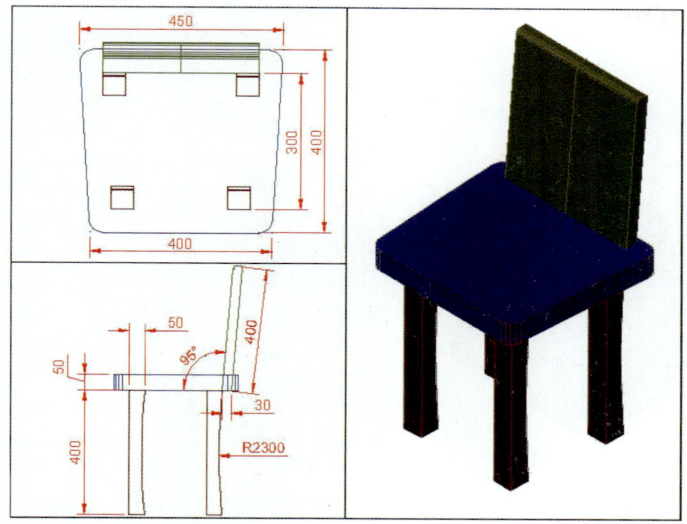

◀ 3차원 예제 03

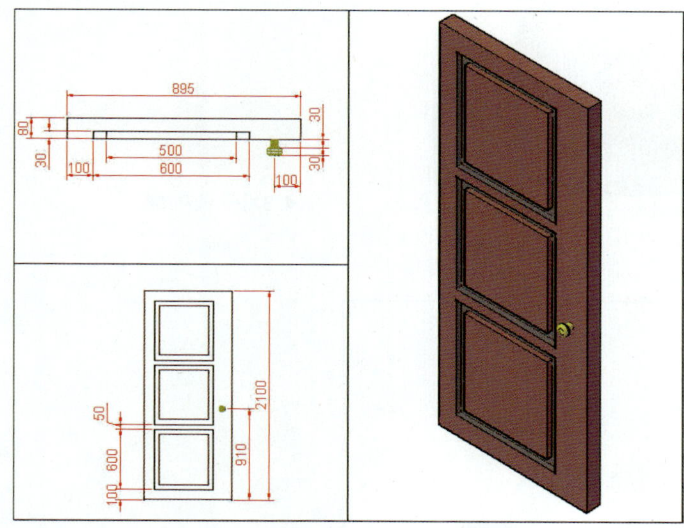

◀ 3차원 예제 04

◀ 3차원 예제 05

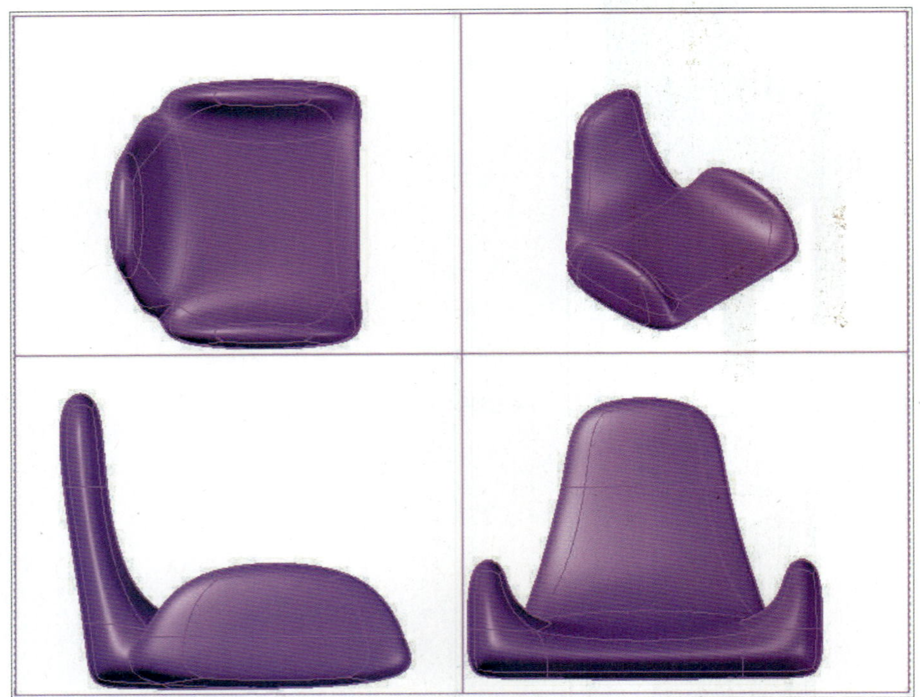

◀ 3차원 예제 06

◀ 3차원_마우스

렌더링

3차원 객체는 재료와 조명을 정의하여 렌더링이 가능합니다. 개인용 컴퓨터에서 단독으로 렌더링도 가능하지만 클라우드 서비스인 A360을 통해 렌더링이 가능합니다.

◀ 렌더 01

◀ 렌더 02

카메라 뷰 및 애니메이션

모델링된 3차원 객체를 다양한 방법으로 관찰할 수 있습니다. 재료 및 조명의 설정, 카메라의 설정을 통해 다양한 각도에서 볼 수 있으며 설계된 내용을 동적으로 관찰할 수 있는 애니메이션 동영상도 제작할 수 있습니다.

▲ 조명 01

▲ 조명 02

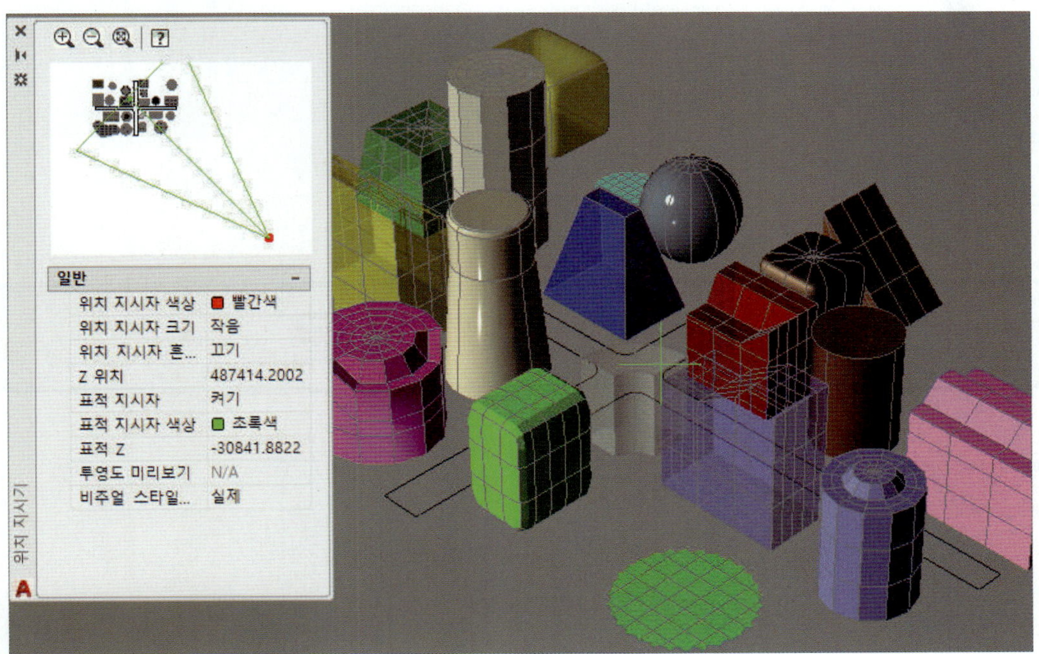

▲ 뷰 01

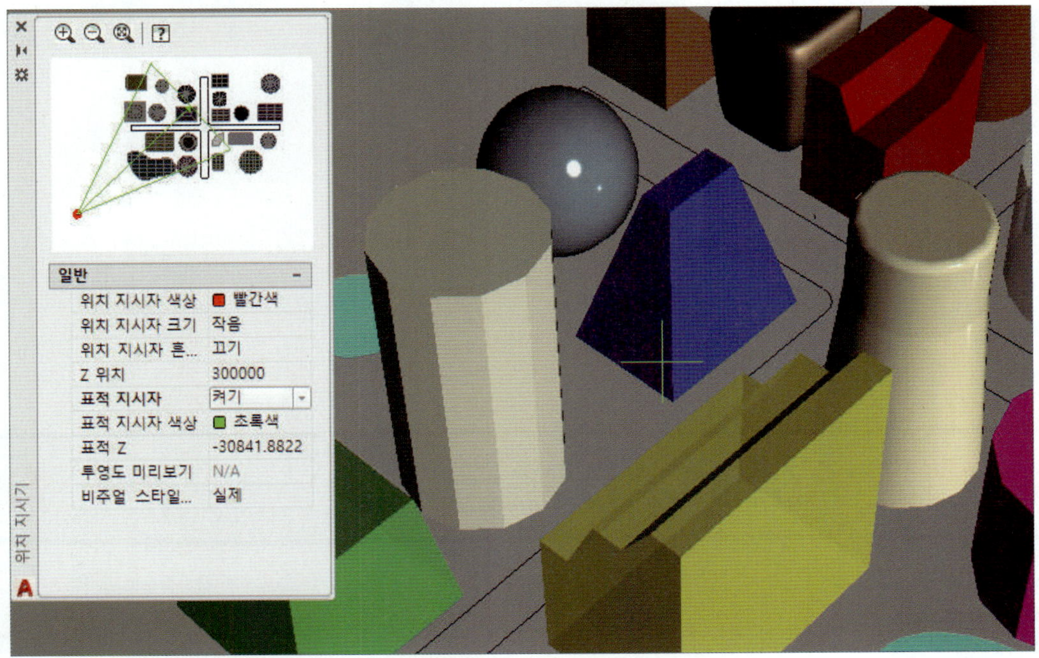

▲ 뷰 02

목차

Part 4   AutoCAD 고급   *378*

AutoCAD 2017 입문

CAD(Computer Aided Design/Draft)는 객체를 모델링하고 도면을 작성하는 도구입니다. 이번 파트에서는 도면 작성 도구인 AutoCAD를 조작하기 위해 준비에 관한 내용입니다. 우리가 사용하는 CAD는 어떤 소프트웨어이며 설치와 실행 방법, 화면 구성 등에 대해 알아보고 맛보기 기능을 통해 기본 조작을 해보도록 하겠습니다.

AutoCAD 2017을 위한 준비

이 장에서는 본격적인 AutoCAD를 학습하기에 앞서 프로그램의 설치와 화면 구성, 조작 방법에 대해 알아보겠습니다.

LESSON 01 · AutoCAD 2017 설치 및 라이선스 활성화

AutoCAD 2017 설치와 라이선스 활성화에 대해 알아보겠습니다.

1. AutoCAD의 설치

AutoCAD의 설치에 대해 알아보겠습니다.

 **01** 설치 파일(Setup.exe)을 실행합니다. 다음과 같은 설치 초기화 화면이 나타납니다.

02 [설치]를 클릭합니다.

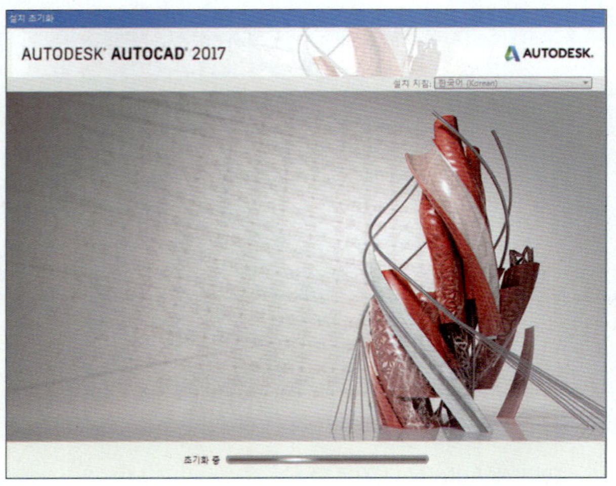

tip!

❶ **배치 작성** : 미리 작성된 배치(LAYOUT)를 설치합니다.

❷ **도구 및 유틸리티 설치** : 네트워크 라이선스 또는 관리 도구를 설치합니다.

❸ **설치** : AutoCAD 2017 제품을 설치합니다.

03 **라이선스 계약서** : 라이선스 및 서비스 계약에 대한 내용입니다. 문장을 읽고 동의하면 '동의함'을 선택하고 [다음]을 클릭합니다.

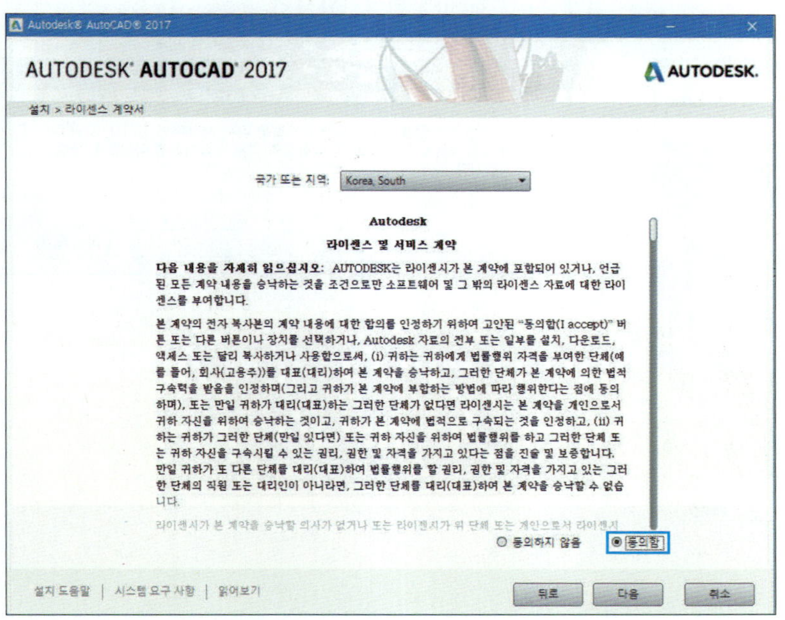

04 **설치 구성** : 설치할 모듈을 체크합니다. AutoCAD 2017은 반드시 체크되도록 합니다. 설치 경로를 설정합니다. C 드라이브가 아닌 위치에 설치할 경우, [찾아보기..]를 클릭하여 위치를 지정합니다. [설치]를 클릭합니다.

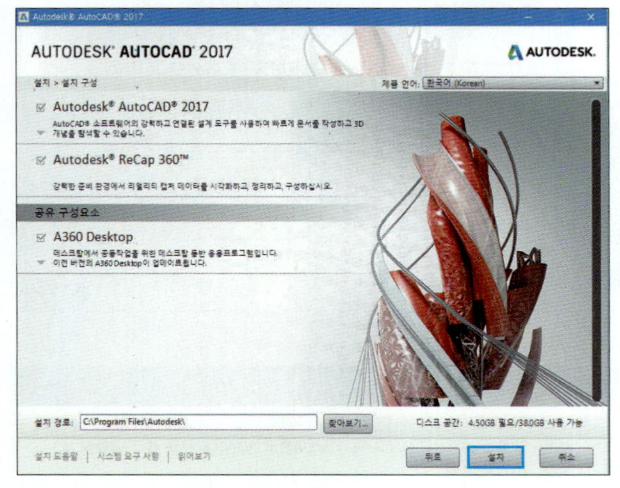

05 **설치 진행** : 화면이 바뀌면서 프로그램이 설치됩니다.

06 **설치 완료 :** 성공적으로 설치되었으면 성공적으로 설치되었다는 메시지와 함께 설치된 프로그램 리스트가 나타납니다.

07 **시스템 재시작 :** 시스템을 재시작(재부팅)하면서 설치시 변경 사항을 재구성합니다. 특별한 일이 없는 한 [예(Y)]를 클릭해 재시작합니다.

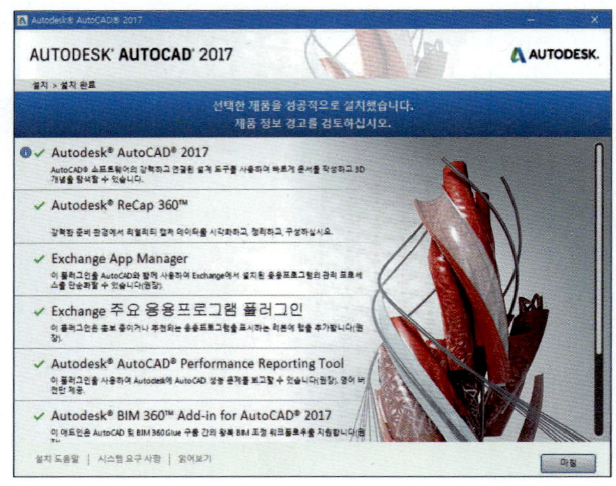

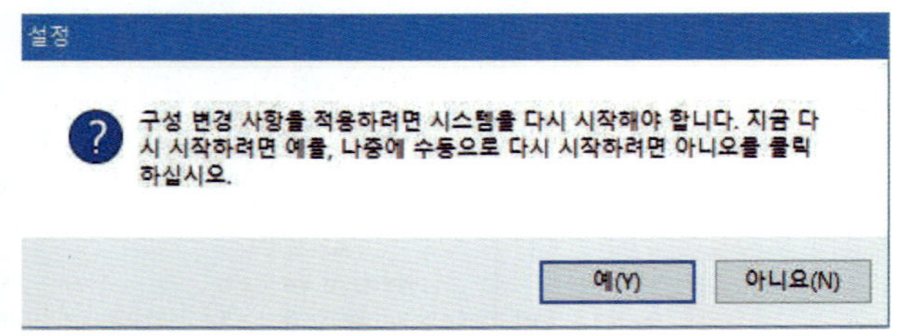

2. 라이선스 활성화

AutoCAD가 설치된 후 30일간 평가 버전을 사용할 수 있습니다. 30일이 경과하면 라이선스 활성화하여 사용해야 합니다.

01 AutoCAD를 설치한 후 첫 번째 실행을 하게 되면 다음과 같은 '사용자 설정 마이그레이션' 화면이 나타납니다. 이는 AutoCAD2017 이전 버전을 설치했던 컴퓨터의 경우 이전 버전에서 사용자가 설정했던 내용을 AutoCAD 2017에 사용하기 위한 것입니다. 설정할 항목을 체크한 후 하단의 체크 버튼을 클릭합니다.

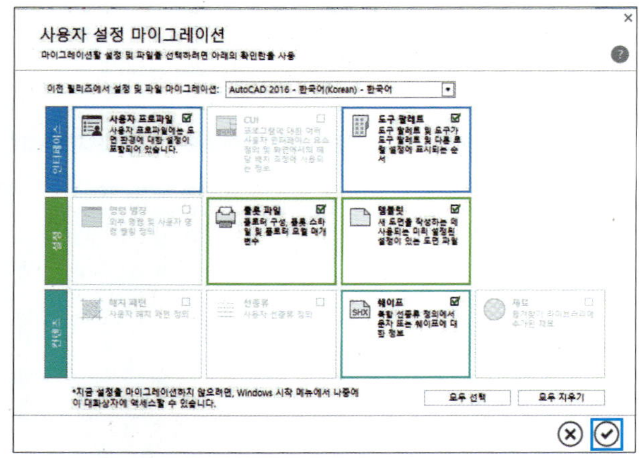

마이그레이션이 끝나면 다음과 같은 메시지 창이 나타납니다.

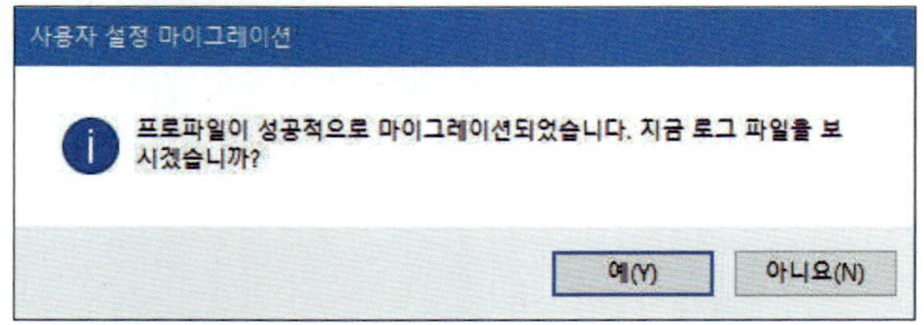

02 **DWG 연관 :** 도면 파일 포맷인 '*.DWG' 포맷 파일을 AutoCAD와 연관시킬 것인가를 지정합니다. 연관시키면 '*.DWG' 파일을 더블클릭하면 자동으로 AutoCAD가 기동됩니다. 기본적으로 연관시키는 것을 권장합니다.

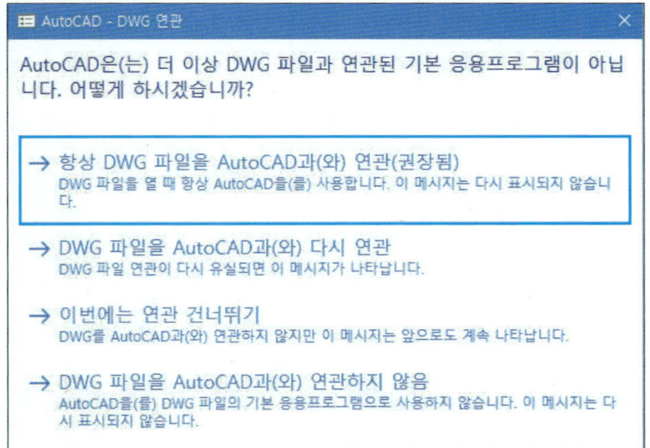

03 **시작하기 :** 라이선스를 활성화할 것인지, 평가 버전을 사용할 것인지 묻습니다. 평가 버전을 사용하는 경우는 '평가 버전 사용'을 클릭합니다. 라이선스를 활성화하려면 [일련 번호 입력]을 클릭합니다.

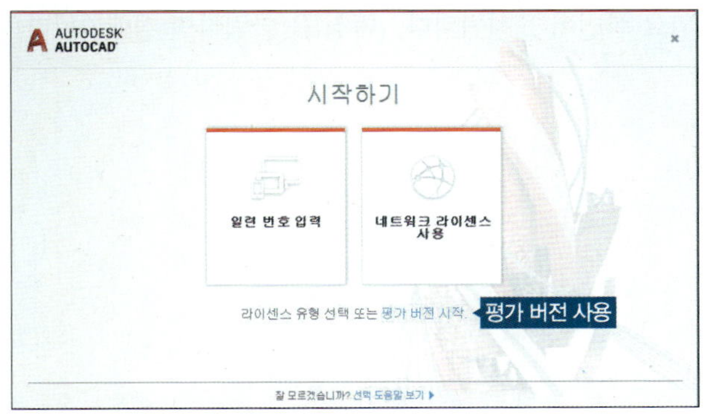

04 **라이선스 :** 환영 메시지와 함께 평가 버전의 남은 일수가 표시됩니다. 평가 버전을 사용하는 경우는 [실행(U)]를 클릭하고, 라이선스를 활성화하려면 [활성화(A)]를 클릭합니다.

05 **일련번호 및 제품 키 입력 :** 구입 시 부여받은 제품의 일련번호와 제품 키를 입력한 후 [다음]을 클릭합니다. 입력 내용에 오류가 있으면 다음으로 진행되지 않습니다.

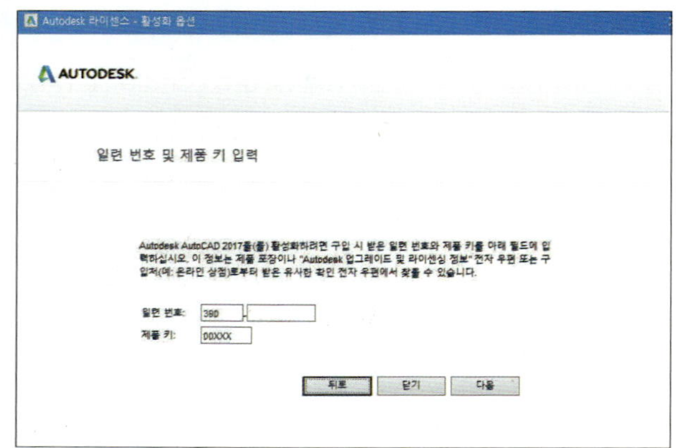

06 **활성화 완료 :** 활성화를 마치면 다음과 같이 활성화 완료 화면이 표시됩니다. [마침]을 클릭하면 실행됩니다.

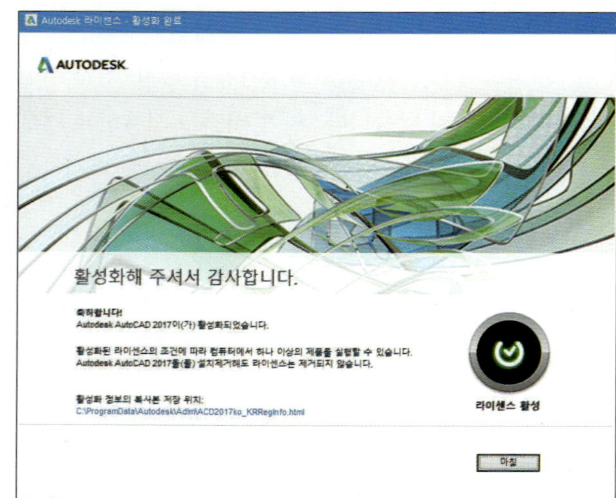

07 활성화를 마치면 다음과 같은 AutoCAD 2017 화면이 나타납니다.

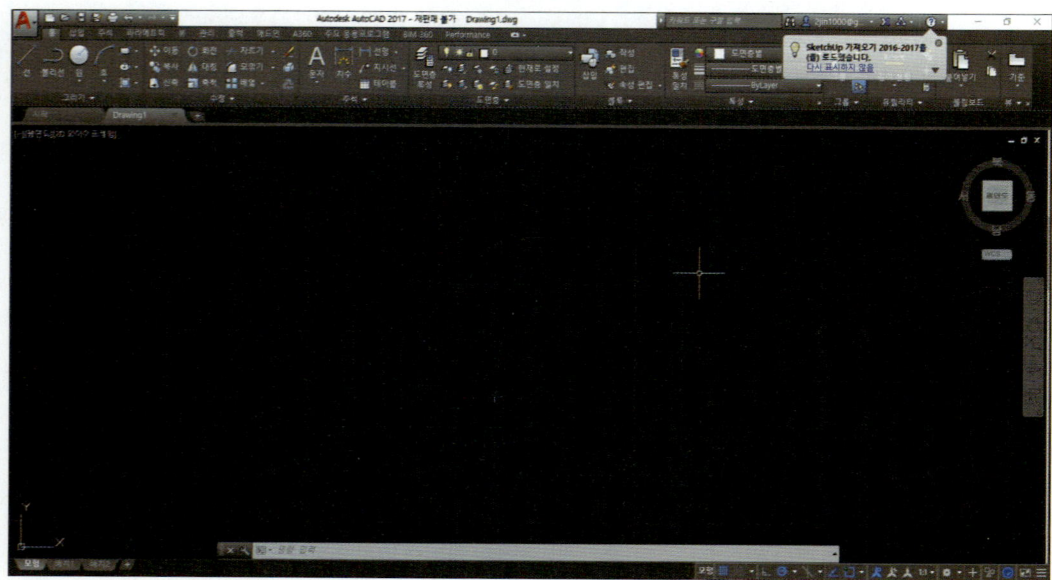

LESSON 02

AutoCAD 2017 화면 구성

AutoCAD 2017 화면에 대해 알아보겠습니다. AutoCAD 2017을 실행하면 가장 먼저 '작성' 프레임의 '새 탭' 화면이 나타납니다.

1. 시작 화면

AutoCAD를 시작하면 다음과 같은 화면이 나타납니다.

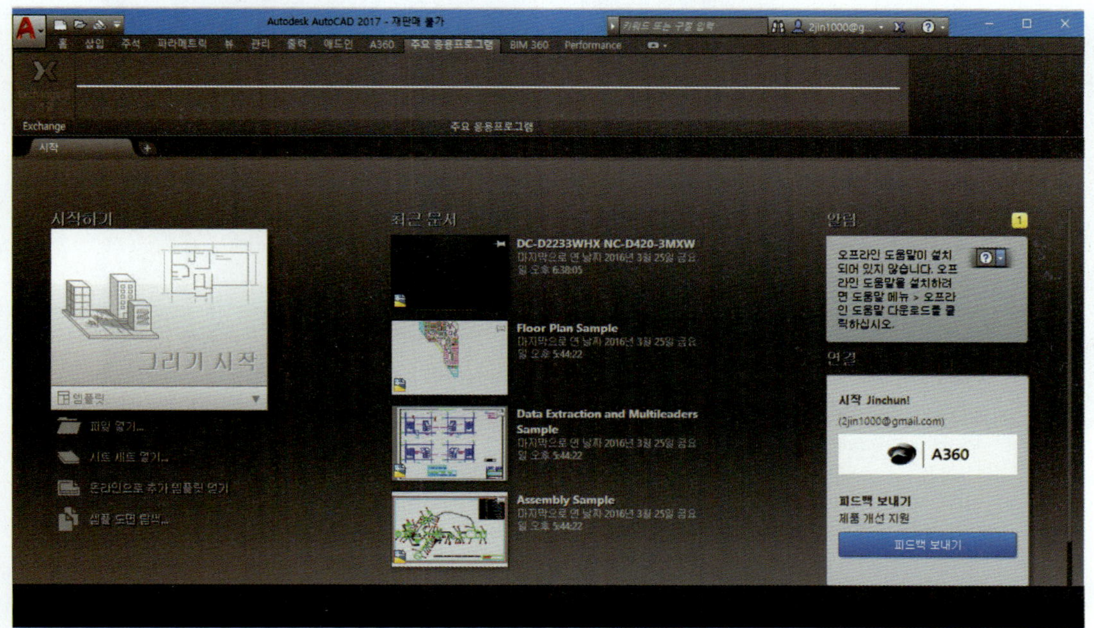

❶ **시작하기** : 그리기를 시작합니다. 하단의 '템플릿'의 리스트 확장 버튼(▼)을 클릭하면 템플릿 파일 리스트가 표시됩니다. 템플릿 파일을 선택해서 시작합니다.

❷ **최근 문서** : 최근에 작업한 문서의 미리보기 화면이 표시됩니다. 해당 문서를 누르면 바로 열립니다.

❸ **알림** : 사용 가능한 제품 업데이트 정보 등을 표시합니다.

❹ **연결** : 클라우드 서비스인 Autodesk360에 접근하거나 피드백을 보낼 수 있습니다.

2. 도면 작성 화면

'작성' 프레임 화면에서 '시작하기'의 '그리기 시작'을 클릭합니다. 다음과 같은 화면이 나타납니다.

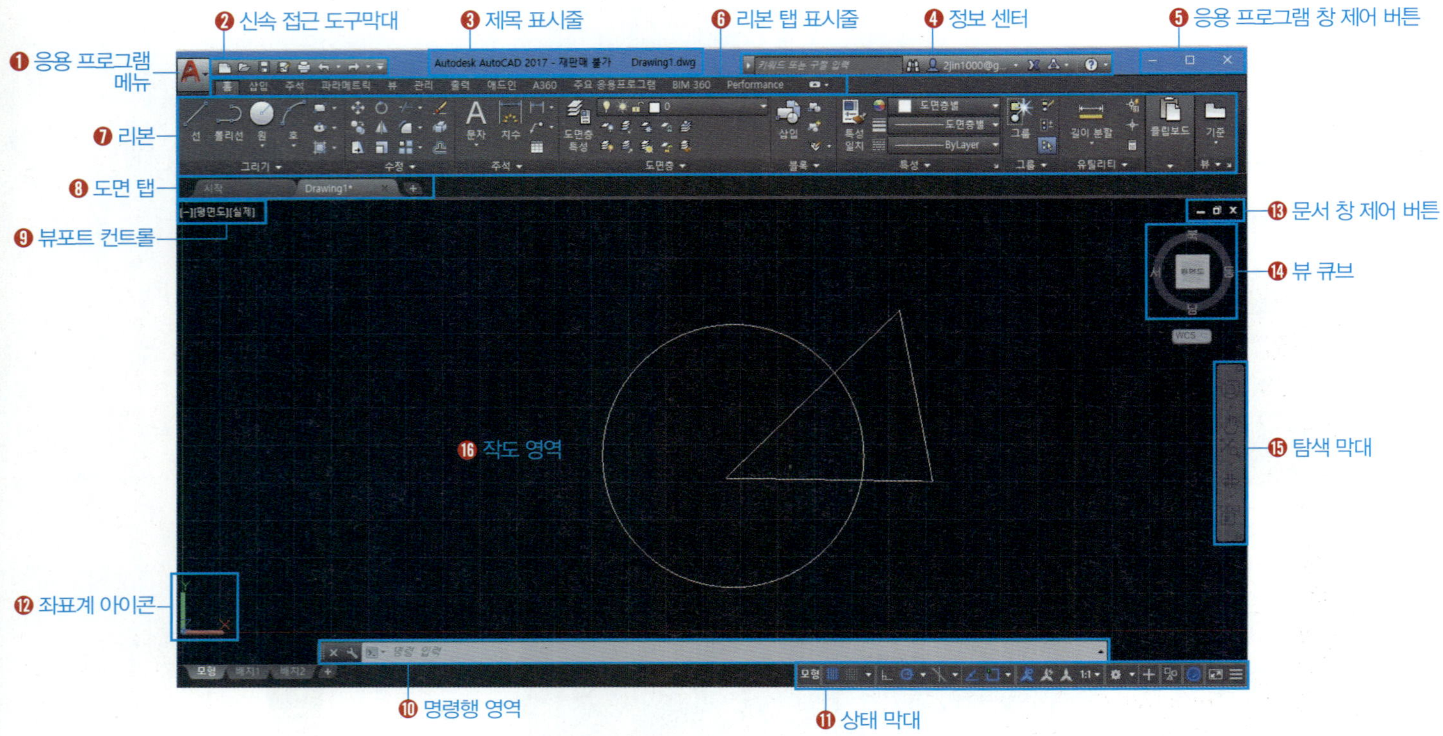

(1) 응용 프로그램 메뉴

도면의 입출력 및 인쇄, 내보내기 기능과 함께 메뉴 검색기가 있습니다. 최근 작업한 도면 리스트가 표시됩니다. 메뉴 검색기에서 검색 키워드를 입력하면 실시간으로 검색할 수 있습니다. 검색 결과에는 메뉴 명령, 기본 툴팁, 명령 프롬프트 문자열 또는 태그가 포함될 수 있습니다. 하단에는 AutoCAD의 환경을 설정할 수 있는 [옵션]과 AutoCAD를 종료하는 [Autodesk AutoCAD2017 종료] 버튼이 있습니다.

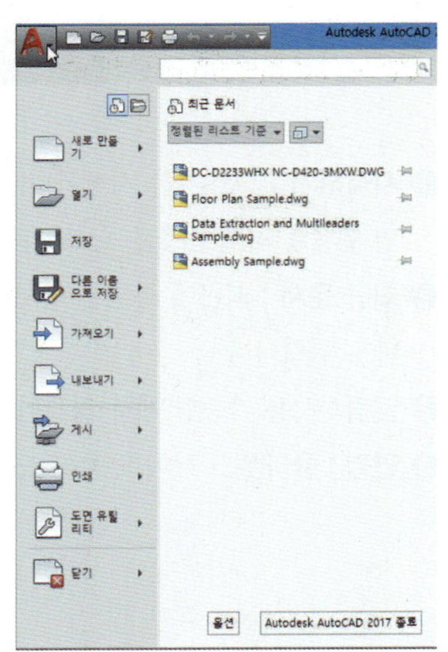
응용 프로그램 메뉴

(2) 신속 접근 도구막대

자주 사용(접근)하는 명령의 아이콘을 등록하여 한 번의 클릭으로 해당 명령을 바로 실행할 수 있습니다.
도면 작업의 신속성을 위해 유용한 도구입니다. 사용자가 필요에 의해 등록 또는 제거할 수 있습니다.

신속 접근 도구막대

(3) 제목 표시줄

응용 프로그램 이름(AutoCAD 2017)과 현재 작업중인 도면의 명칭을 표시합니다.

(4) 정보 센터

도면 작업에 필요한 콘텐츠(예: 도움말, 새로운 기능, 웹 위치, 지정된 파일)를 키워드를 통해 검색하거
나 파일 또는 위치를 검색할 수 있습니다. 간단한 키워드의 입력에 의해 쉽게 정보에 접근할 수 있습니
다. 현재 작업중인 사용자의 로그인 ID를 표시합니다.

정보 센터 도구막대

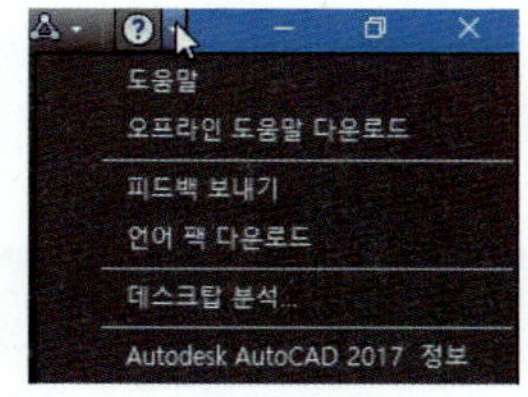

물음표 옆의 드롭다운 리스트를 펼치면 다음과 같이 도움말, 피드백 보내기, 언어 팩 다운
로드에 접근할 수 있고 하단에는 'Autodesk AutoCAD 2017 정보'가 나타납니다. 이 정
보에는 라이선스의 정보가 있고 활성화 버튼이 있습니다. 30일간 트라이얼 버전을 사용하
는 사용자는 이 버튼을 클릭하여 활성화할 수 있습니다.

(5) 응용 프로그램 창 제어 버튼

윈도우(Windows) 계열의 모든 응용 프로그램에 있는 제어 버튼으로 응용 프로그램의 최소화, 최대
화, 화면 복원, 종료를 할 수 있는 버튼의 집합입니다.

> **참고 응용 프로그램 창 제어 버튼의 기능**
>
> 응용 프로그램(AutoCAD 2017)을 사용하다가 창을 최소화 및 최대화 또는 종료할 때 쉽게 접근할 수 있는 버튼입니다. 여
> 기에서 간단히 창 제어 버튼에 대해 살펴보기로 하겠습니다. 이 기능은 AutoCAD 2017에 한정하지 않고 동일한 버튼이
> 있는 다른 응용 프로그램도 같은 기능을 수행합니다.
>
> - **최소화 버튼(🗕)**: 최소화 버튼을 누르면 현재 사용하고 있는 응용 프로그램(AutoCAD 2017)이 화면에서 사라지면서
>   윈도우 하단의 작업 표시줄로 이동합니다.
> - **최대화 버튼(🗖)**: 최대화 버튼은 최소화 버튼이나 화면 복원 버튼으로 줄어든 화면을 AutoCAD 화면에 가득히 채워
>   표시합니다. 최대화 버튼 대신 화면 복원 버튼이 나타납니다.

- **화면 복원 버튼(▣)** : 화면 복원 버튼을 누르면 이전의 크기로 복원됩니다. 이 상태에서는 마우스를 이용해 창의 크기를 자유롭게 변경할 수 있습니다. 다른 응용 프로그램에서 객체를 복사하거나 다른 응용 프로그램으로 객체를 복사할 때 유용하게 사용할 수 있습니다.
- **닫기 버튼(▣)** : 현재 펼쳐진 응용 프로그램(AutoCAD 2017)을 종료합니다. 작업 내용이 변경된 경우는 저장할 것인지를 묻습니다. 저장 여부를 결정하여 [예(Y)] 또는 [아니오(N)] 버튼을 클릭합니다. AutoCAD 2017 작업을 계속하고자 할 경우는 [취소] 버튼을 클릭합니다.

(6) 리본 탭 표시줄

리본 탭은 리본에서 리본 패널의 표시와 순서를 제어합니다. 즉, 리본을 구성하는 레이블(탭)이 표시되는 창입니다. 탭의 항목 및 레이블은 사용자의 편의에 따라 자유롭게 구성할 수 있습니다.

탭 메뉴

(7) 리본

명령 아이콘 컨트롤로 구성된 패널을 표시하는 인터페이스 요소로 응용프로그램 윈도우에 가로 또는 세로로 고정할 수 있습니다. 리본은 탭으로 구성되며 각 탭에는 레이블이 지정된 '패널'이 있으며, 이러한 패널에는 명령을 실행하는 컨트롤의 아이콘이 배치되어 있습니다. 이 컨트롤들은 명령의 실행을 이해하기 쉽고 빠르게 접근할 수 있는 도구입니다.

각 기능 컨트롤로 구성된 리본 패널

참고 툴팁과 툴팁 도움말

- **툴팁(Tool Tip)** : 리본의 제어 버튼 또는 도구막대의 아이콘 위에 커서를 갖다 대고 조금 기다리면 해당 제어버튼 및 아이콘에 대한 명령의 명칭이 표시되는데 이것이 툴팁입니다. 툴팁은 툴의 명칭뿐 아니라 상세한 설명이 표시됩니다. 필요에 따라서는 이미지도 표시합니다.

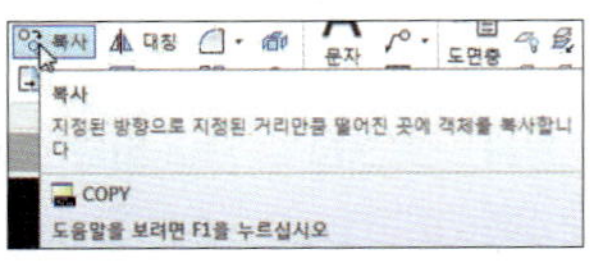

툴팁의 예

- **툴팁 도움말** : 툴팁이 표시된 상태에서 조금 더 기다리면 다음 그림과 같은 툴팁 도움말이 표시됩니다.

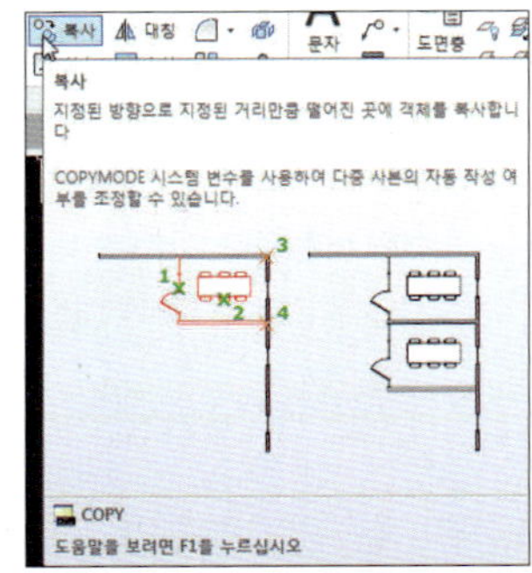

툴팁 도움말의 예

(8) 도면 탭

현재 열려있는 도면을 한 눈에 볼 수 있는 탭입니다. 탭을 클릭하면 작업하고자 하는 도면으로 전환됩니다.

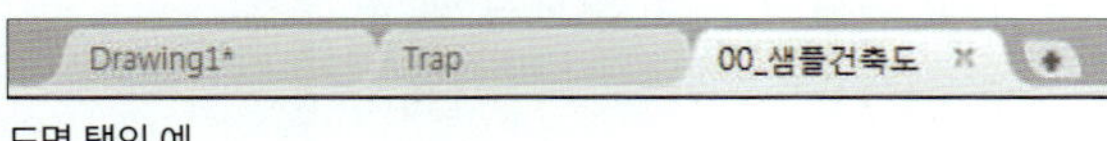

도면 탭의 예

(9) 뷰포트 컨트롤

뷰를 분할하여 뷰포트를 작성하거나 뷰 큐브, 스티어링 휠, 탐색막대를 제어하거나 비주얼 스타일을 설정할 수 있습니다.

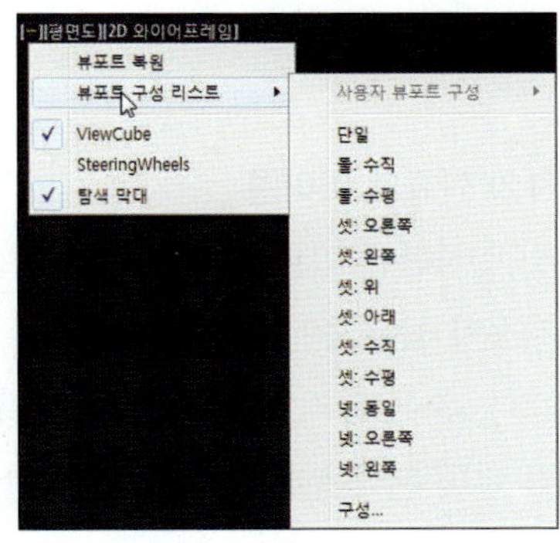

뷰포트 구성 리스트의 예

(10) 명령행 영역

명령을 실행할 때 사용자에 대한 조작 지시, 옵션의 표시, 오류 내용 표시 등의 메시지를 표시하는 공간입니다. 설치를 하게 되면 기본적으로 화면 하단에 위치하지만 사용자가 임의의 위치로 이동할 수 있습니다. 사용자가 입력한 키보드 정보나 마우스 조작 정보를 표시하기도 합니다. 오른쪽에 있는 스크롤 바를 이용해 과거의 메시지 이력을 볼 수 있습니다.

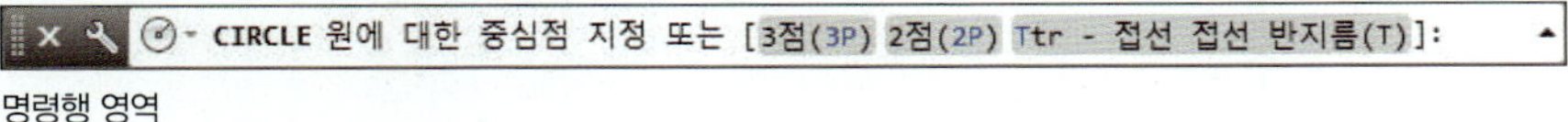

명령행 영역

 **참고** **텍스트 윈도우를 펼치는 'F2'**

키보드 상단에 있는 기능키 〈F2〉를 누르면 텍스트 윈도우가 표시되어 지금까지 명령행에 표시된 이력을 볼 수 있습니다. 〈F2〉를 한 번 누를 때마다 표시와 비표시가 전환됩니다. 또는 '뷰' 탭의 '팔레트' 패널의 확장 버튼을 눌러 '문자 윈도우'를 체크합니다.

문자 윈도우의 예

(11) 상태막대

상태 막대는 현재 AutoCAD의 상태를 표시하는 영역으로 도면의 환경을 설정하는 도구, 도면 도구 및 커서 위치가 표시됩니다. 표시되는 도구는 상태막대의 맨 오른쪽 버튼인 사용자화 메뉴를 통해 표시할 도구를 선택할 수 있습니다. 상태막대에 표시되는 도구는 현재 작업공간 및 현재 표시된 탭(모형 탭 또는 배치 탭)에 따라 달라질 수 있습니다.

상태막대

(12) 좌표계 아이콘

왼쪽 하단에 있는 화살표로 좌표를 표시하는 좌표계 아이콘입니다. 좌표계는 월드 좌표계인 'WCS'와 사용자 좌표계인 'UCS'가 있습니다. 월드 좌표계(WCS)는 고정된 좌표계로 변경할 수 없는 좌표계입니다. 사용자 좌표계(UCS)는 사용자가 지정 또는 회전 등 변경할 수 있는 좌표계로 주로 3차원 객체 작성 및 편집에 유용하게 사용됩니다.

여러 가지 종류의 좌표계 아이콘

(13) 문서 창 제어 버튼

작업중인 문서(도면)의 최소화, 최대화, 화면 복원, 종료를 할 수 있는 버튼의 집합입니다. '응용 프로그램 창 제어 버튼'과 같은 기능을 하지만 제어 대상은 응용 프로그램이 아니라 문서(도면)라는 것입니다. 즉, 도면 창의 최소화, 최대화, 화면 복원, 종료를 제어하는 버튼입니다.

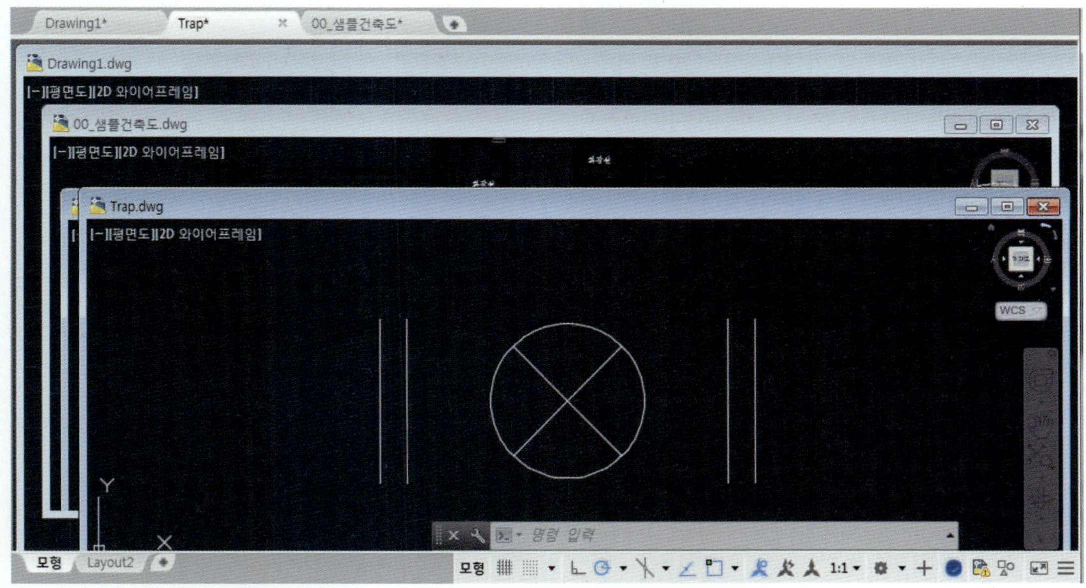

화면 복원 버튼을 클릭한 경우 계단식 창의 예

(14) 뷰 큐브

뷰 큐브는 객체를 관측하고자 하는 위치를 직육면체의 아이콘의 위치를 지정하여 뷰를 표시합니다. 주로 3차원 도면 작업에 유용합니다.

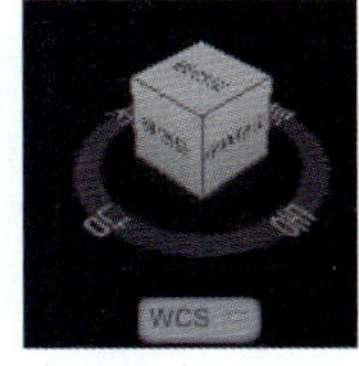

뷰 큐브

(15) 탐색 막대

스티어링 휠, 초점이동, 줌, 궤도, 쇼 모션 등 뷰를 제어하는 막대입니다.

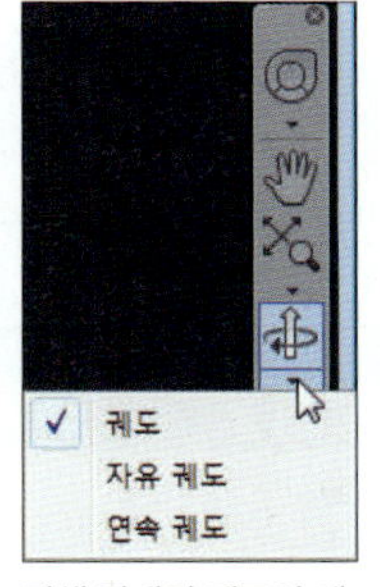

탐색 막대의 궤도의 예

(16) 작도 영역

실제 도면 작업이 이루어지는 공간입니다. 제도 용지로 이해하면 됩니다. 모든 CAD 작업은 이 공간에 객체를 작성하고 편집하며 작성된 객체를 출력하기 위한 작업입니다.

배경 색상은 사용자가 지정할 수 있는데 [메뉴 탐색기 A]–[옵션]–[화면 표시]–[색상(C)]에서 지정할 수 있습니다. 옵션에 대한 자세한 내용은 뒤에서 다루도록 하겠습니다.

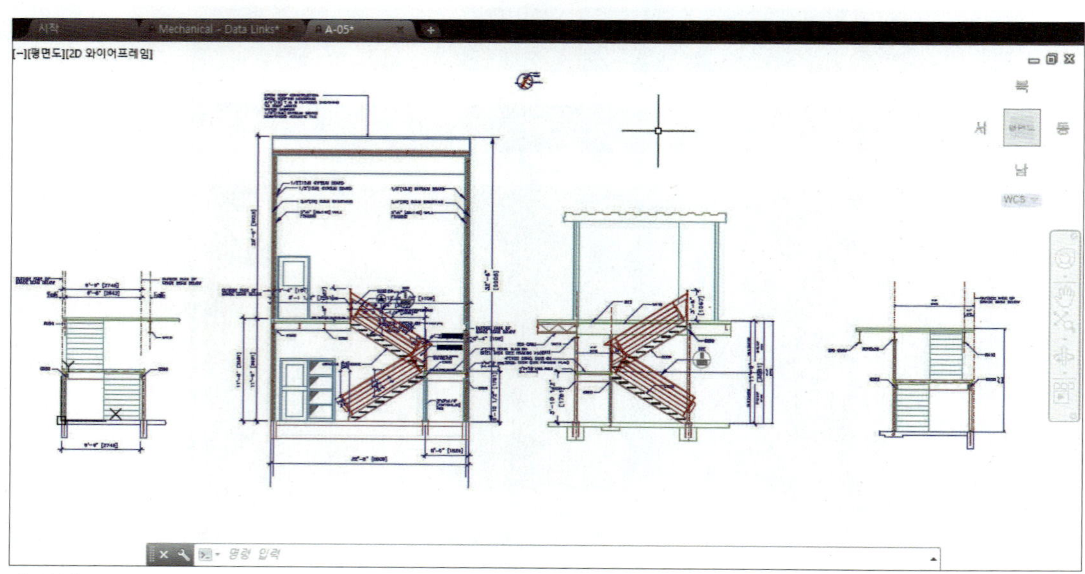

작도 영역

> **tip!**
>
> 커서는 마우스와 같은 좌표 지시기의 이동에 의해 좌표의 위치를 표시해 주는 십자 모양의 좌표 표식기입니다. 십자선의 크기는 [메뉴 탐색기 A]–[옵션]–[화면 표시]–[십자선 크기(Z)]에서 조정할 수 있습니다.

참고 · 도구막대

명령 하나하나를 실행하기 위한 작은 그림을 '명령 아이콘'이라고 합니다. 이 명령 아이콘을 기능별로 분류하여 하나의 막대(바)로 묶어 놓은 것을 '도구막대(Toolbar)'라고 합니다. 도구막대도 사용자의 편의에 의해 켜거나 끌 수 있습니다.

AutoCAD 2017에서는 초기화면에 도구막대가 표시되지 않습니다. 사용자의 필요에 따라 자주 사용하는 명령만을 모아서 새로운 도구막대(도구막대 사용자화)를 만들 수도 있습니다.

그리기 및 수정 도구막대의 예

LESSON 03 자신만의 화면 구성하기

어떤 소프트웨어든 사용자의 취향에 따라 사용하는 패턴이 다릅니다. 명령을 실행할 때 단축키를 이용하는 방법, 도구막대의 아이콘을 클릭하는 방법, 리본 메뉴를 이용하는 방법 등 다양합니다. 사용하지 않는 메뉴는 화면에서 제거하고 자신의 사용 패턴에 맞게 화면을 구성할 수 있습니다. 화면구성을 변경하는 방법에 대해 학습하겠습니다.

1. 메뉴막대의 제어

01 AutoCAD 2017에서는 초기 화면에 메뉴막대가 나타나지 않습니다. 메뉴막대를 표시하고자 한다면 '신속접근 도구막대'의 우측의 역삼각형 아이콘(▼)을 클릭합니다. 다음 그림과 같이 신속접근 도구막대 사용자화 메뉴가 펼쳐집니다. 이때, '메뉴 막대 표시'를 클릭합니다.

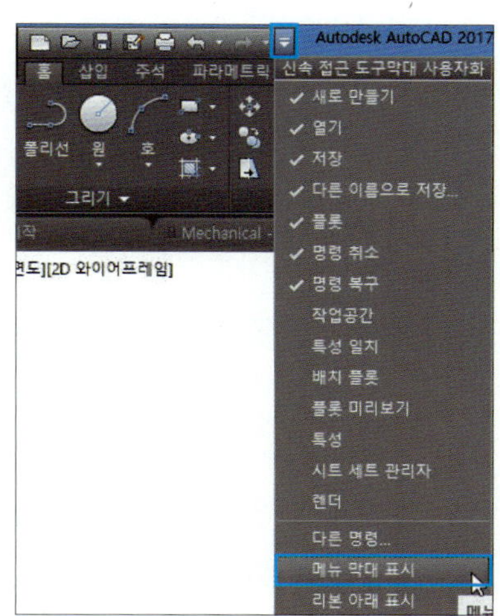

02 다음 그림과 같이 리본 탭 표시줄 상단에 메뉴막대가 나타납니다.

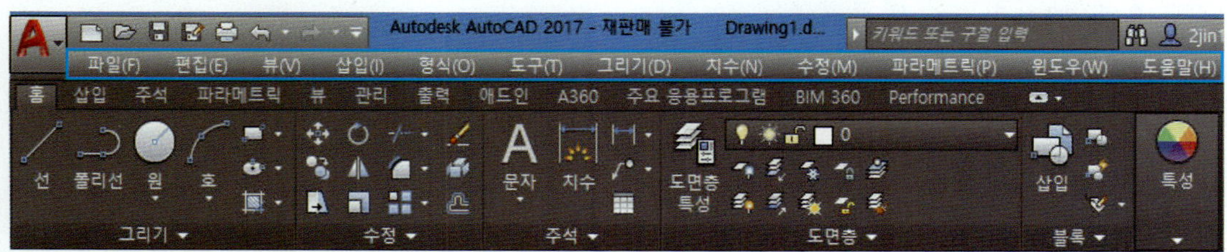

메뉴막대

2. 도구막대의 제어

도구막대는 다음과 같은 방법으로 표시합니다.

01 앞에서 설명한 '메뉴막대의 제어'를 참고하여 메뉴막대를 펼칩니다.

02 메뉴막대에서 [도구(T)]–[도구막대]–[ACAD]를
클릭하면 다음 그림과 같이 도구막대 목록이 표시됩니
다. 이때, 표시하고자 하는 도구막대를 클릭합니다. 예를
들어, [그리기] 도구막대를 표시하고자 한다면 항목에서
[그리기]를 체크합니다.

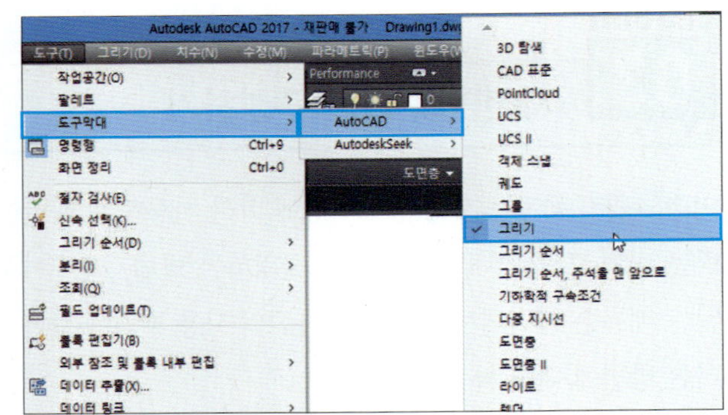

도구막대 목록에서 선택하고자 하는 항목 선택

03 화면에 하나 이상의 도구막대가 있다면 도구막대의 아이콘(어느 아이콘이라도 무
관함)에 마우스를 대고 오른쪽 버튼을 누르면 도구막대 목록이 표시됩니다. 이때, 표시
하고자 하는 도구막대 이름을 클릭합니다.

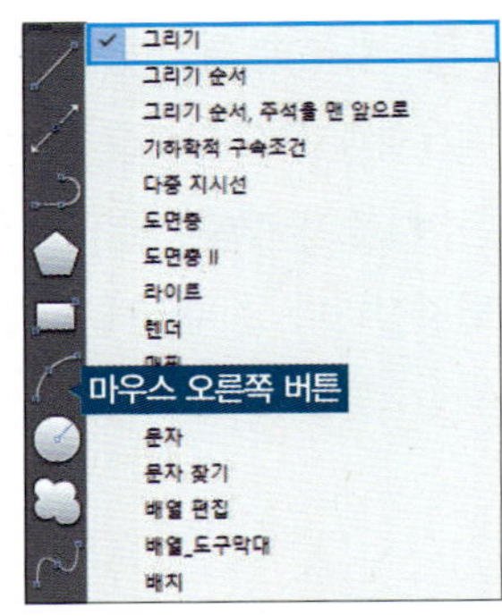

도구막대 목록에서 선택하고자
하는 항목 선택

tip!

AutoCAD에서 제공되는 도구막대가 표시됩니다. 체크(∨)된 항목은 이미 화면에 표시된 도구막대입니다.

04 도구막대가 표시되면 배치하고자 하는 위치로 끌고 갑니다. 끌고 가는 방법은 도구막대 왼쪽의
검정색 부분에 마우스 왼쪽 버튼을 누른 채로 원하는 위치로 끌고 갑니다.

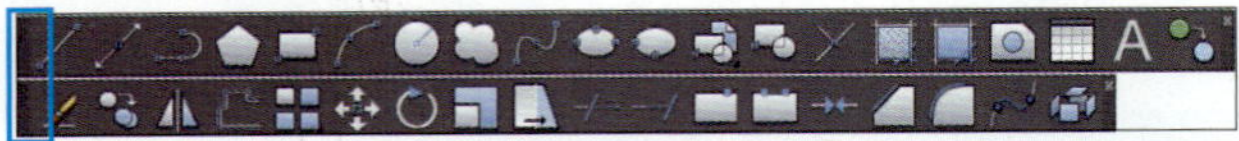

3. 명령행 영역의 제어

명령행 영역은 사용자에 의해 표시를 제어할 수 있습니다.

01 [뷰] 탭 – [팔레트] 패널의 '명령행 🖿'을 클릭하거나 ⟨Ctrl⟩ 키를 누른 채로
⟨9⟩를 누릅니다. 또는 명령행 창 앞에 있는 ⚊ 아이콘을 클릭합니다. 다음과 같
은 대화상자가 나타납니다.

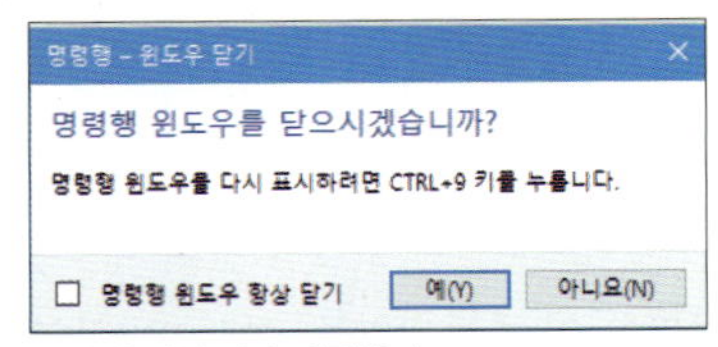

명령행 영역 닫기 대화상자

02 이때, [예(Y)]를 누르면 명령행 영역이 사라집니다.

숨겨진 명령행 영역을 다시 표시하려면 명령행 표시 명령인 'COMMANDLINE'를 입력하거나 〈Ctrl〉 키를 누른 채로 〈9〉를 누릅니다.

03 명령행 영역의 설정 아이콘(🔧)을 클릭하면 다음과 같은 메뉴가 나타납니다.

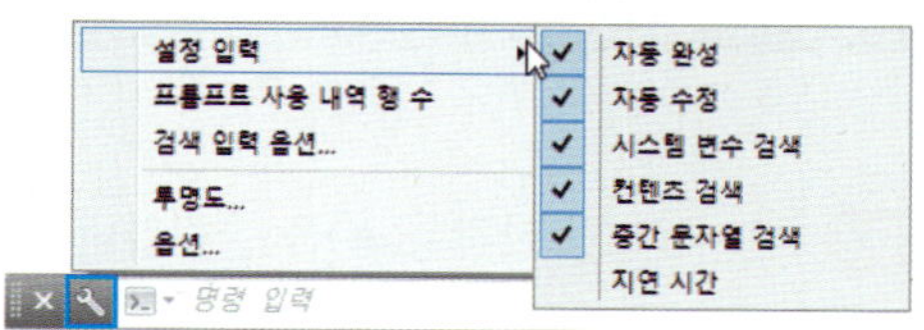

명령행 영역 설정 메뉴

1) 설정 입력 : 명령어의 자동완성 및 수정, 시스템 변수 및 컨텐츠 검색 등의 여부를 설정합니다.

2) 프롬프트 사용내역 행 수 : 프롬프트의 사용 내역을 표시할 행 수를 설정합니다.

3) 검색 입력 옵션 : 자동 완성, 자동 수정 등 검색 입력을 위한 환경을 설정합니다.

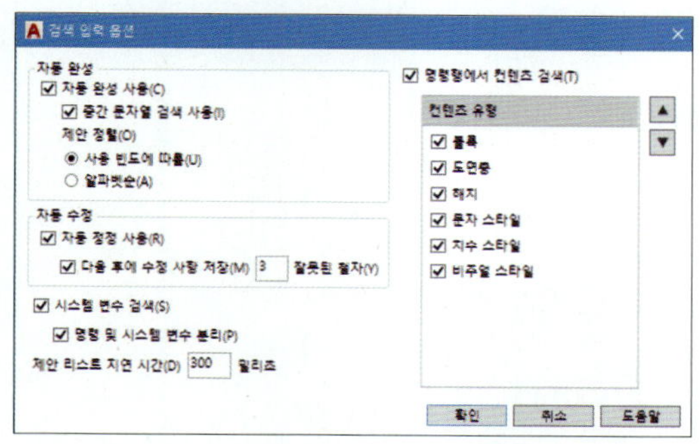

4) 투명도 : 명령행 영역의 투명도를 지정합니다.

5) 옵션 : 화면 표시를 위한 옵션 대화상자를 통해 화면의 색상, 해상도, 커서의 크기 등을 설정합니다.

4. 리본메뉴의 제어

화면 상단에 있는 리본메뉴는 사용하기에 따라서는 편리하게 쉽게 접근할 수 있지만 화면에서 차지하는 면적이 넓어 작도 영역을 차지하는 단점이 있습니다. 리본메뉴의 표시는 다양한 설정이 가능합니다.

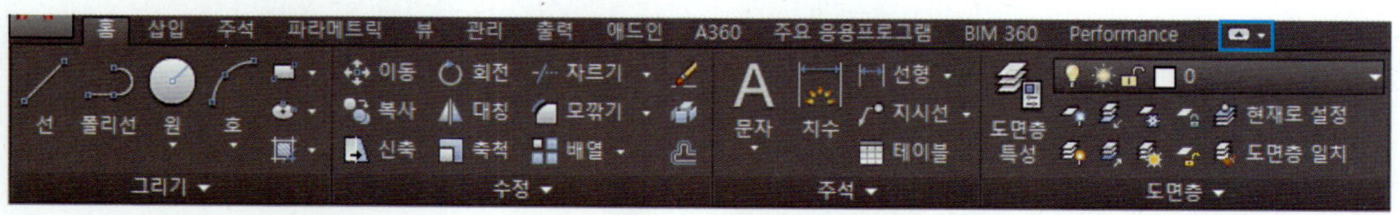

01 탭메뉴 옆에 있는 작은 삼각형(▲)을 클릭합니다. 다음 그림과 같이 패널과 패널의 대표 아이콘만 표시됩니다.

02 다시 한 번 삼각형(▲)을 클릭합니다. 다음 그림과 같이 탭 메뉴와 패널 명칭만 표시되고 아이콘은 사라집니다.

03 다시 한 번 삼각형(▲)을 클릭합니다. 다음과 같이 탭 메뉴만 남습니다.

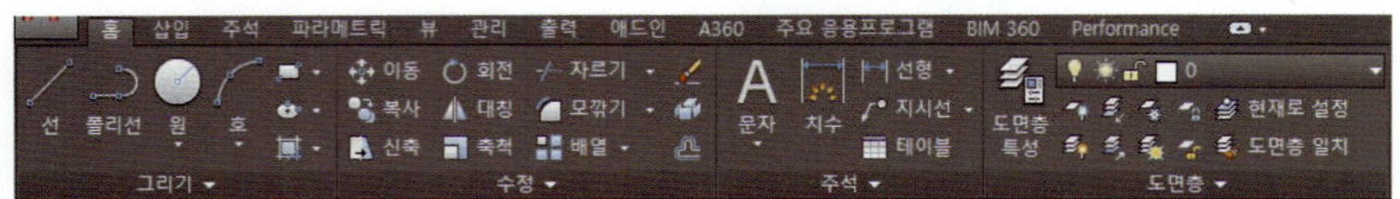

04 다시 한 번 삼각형(▲)을 클릭하면 원 상태인 모든 메뉴 아이콘이 표시됩니다.

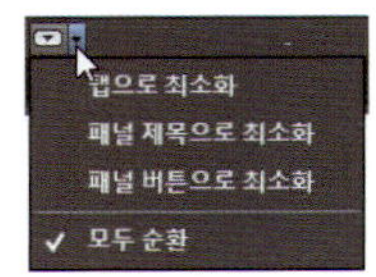

05 오른쪽에 있는 역삼각형(▼)아이콘을 클릭하면 다음과 같은 메뉴가 나타납니다. 이 메뉴의 선택에 의해서도 리본 메뉴(탭, 패널, 버튼 아이콘)를 제어할 수 있습니다.

5. 팔레트의 제어

팔레트는 AutoCAD의 강력한 인터페이스 도구의 하나입니다. 화면에 윈도우 형식으로 표시되며 최소화 또는 투명하게 제어할 수 있습니다. 또, 사용자의 필요에 의해 자유롭게 배치하고 표시할 수 있습니다. AutoCAD는 많은 팔레트를 제공하는데 대표적인 팔레트를 중심으로 살펴보도록 하겠습니다. 팔레트는 [뷰] 탭 - [팔레트] 패널에서 표시하고자 하는 팔레트를 선택하여 표시합니다.

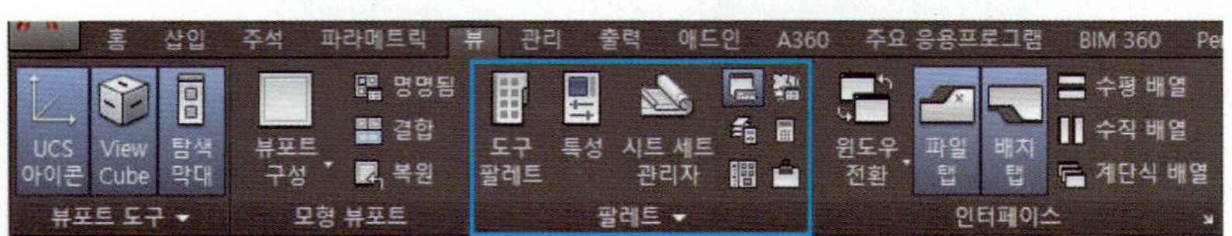

(1) 특성 팔레트

현재 도면의 특성 및 선택된 객체의 특성(도면층, 색상, 선 종류, 선 가중치 및 형상 특성) 등을 표시합니다. 객체에 따라서는 제한된 값도 있지만 각 특성 값을 편집할 수 있습니다. 즉, 특성 팔레트를 통해 선의 색상이나 굵기, 선의 길이나 원의 반지름을 바꿀 수 있습니다. 특성 팔레트를 표시하려면 [뷰] 탭 – [팔레트] 패널에서 '특성 팔레트' 아이콘 을 클릭하거나 〈Ctrl + 1〉 키를 입력합니다. 또, 객체를 더블클릭하면 특성 팔레트가 표시됩니다.

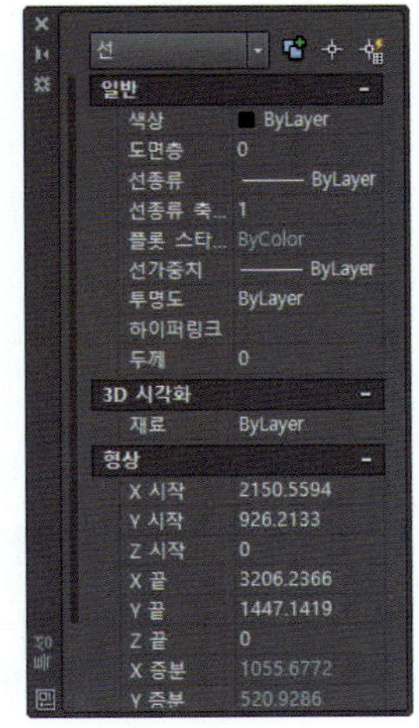

특성 팔레트

(2) 도구 팔레트

자주 사용되는 명령이나 컨텐츠(블록, 외부 참조, 해치 패턴 등)를 등록하여 사용할 수 있습니다. 등록된 컨텐츠는 '드래그' 또는 '드래그 앤 드롭(Drag & Drop)'에 의해 간단히 삽입할 수 있습니다. 도형을 등록할 수 있으며, 명령 아이콘을 등록하여 명령을 실행할 수 있습니다.
도구 팔레트를 표시하려면 [뷰] 탭 – [팔레트] 패널에서 '도구 팔레트' 아이콘 을 클릭하거나 〈Ctrl + 3〉 키를 입력합니다.

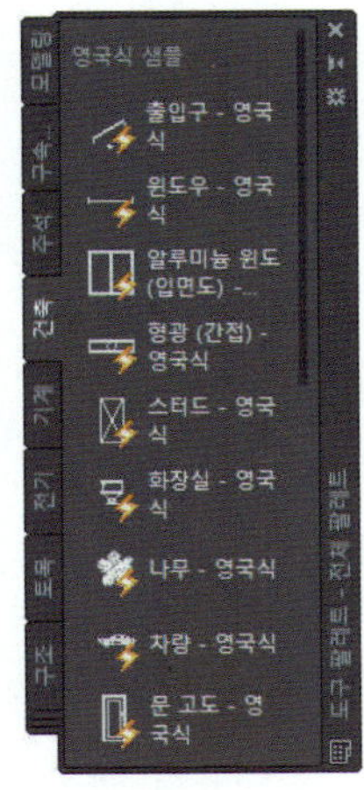

도구 팔레트

6. 뷰포트 도구의 제어

화면의 왼쪽 하단의 UCS 아이콘, 오른쪽 상단의 뷰큐브, 뷰 탐색 막대의 표시/비표시를 제어할 수 있습니다.
[뷰] 탭 – [뷰포트 도구] 패널의 'UCS 아이콘', '뷰 큐브', '탐색 도구'를 클릭하면 표시되고, 다시 한 번 클릭하면 표시되지 않습니다.

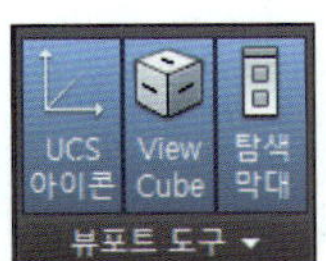

뷰포트 도구의 표시/비표시 제어 메뉴

다음은 '탐색막대'를 끈 상태입니다. 뷰 큐브 아래쪽의 탐색막대가 사라진 것을 알 수 있습니다.

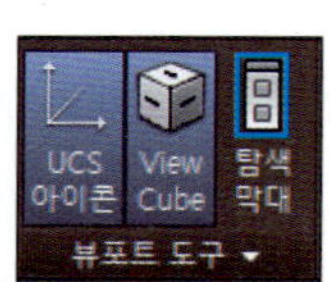

7. 화면 색상 변경하기

화면 색상은 눈의 피로도를 고려한다거나 객체의 색상 표현을 선명하게 하거나 사용자의 취향에 맞춰 자유롭게 변경할 수 있습니다. 간단히 화면 색상을 변경하는 방법에 대해 알아보겠습니다.

01 작도 영역의 빈 공간에서 마우스 오른쪽 버튼을 클릭합니다. 다음과 같이 바로가기 메뉴가 나타납니다.

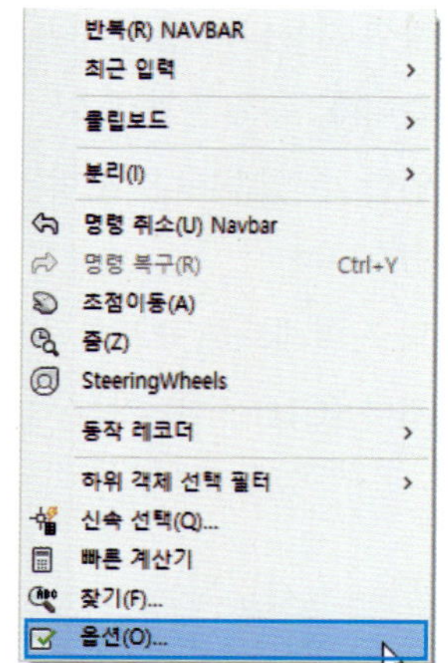

바로가기 메뉴

02 바로가기 메뉴에서 최하단에 있는 [옵션(O)]을 클릭합니다. 또는 [메뉴 탐색기 ▲] 를 눌러 하단의 [옵션]을 선택합니다. 다음과 같은 옵션 대화상자가 나타납니다. 대화상자에서 '화면표시' 탭을 선택합니다.

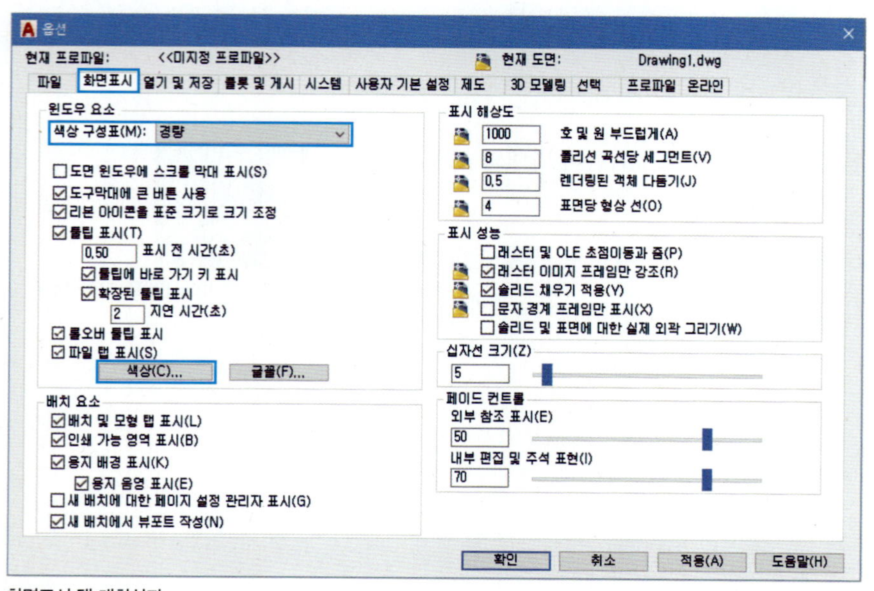

화면표시 탭 대화상자

03 전체적인 화면 톤을 밝게 바꾸려면 '윈도우 요소'의 '색상 구성표(M)'를 '경량'으로 설정합니다.
화면의 색상을 설정하고자 한다면 [색상(C)] 버튼을 클릭합니다. 다음과 같이 화면 색상을 설정하는 대
화상자가 나타납니다. '균일한 배경'의 '색상(C)'을 '흰색'으로 설정합니다.

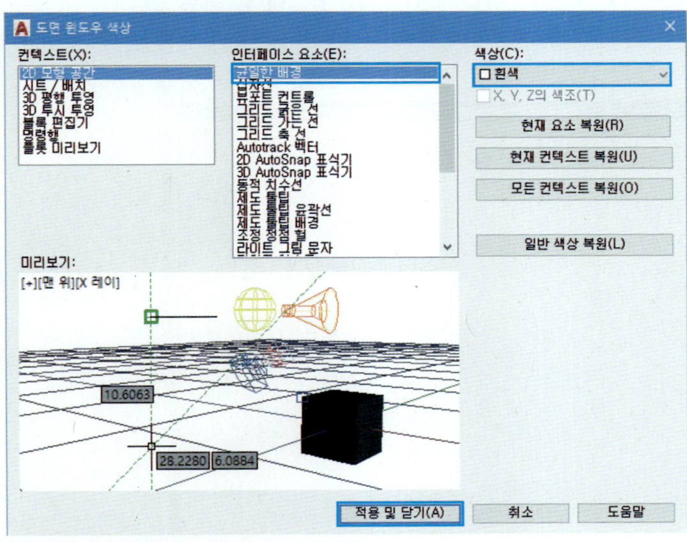

도면 윈도우 색상 설정 대화상자

04 [적용 및 닫기(A)]를 눌러 종료하면 다음과 같이 전체적인 색상이 밝은 톤으로 바뀌고 화면 배경
의 색상이 흰색으로 변경됩니다.

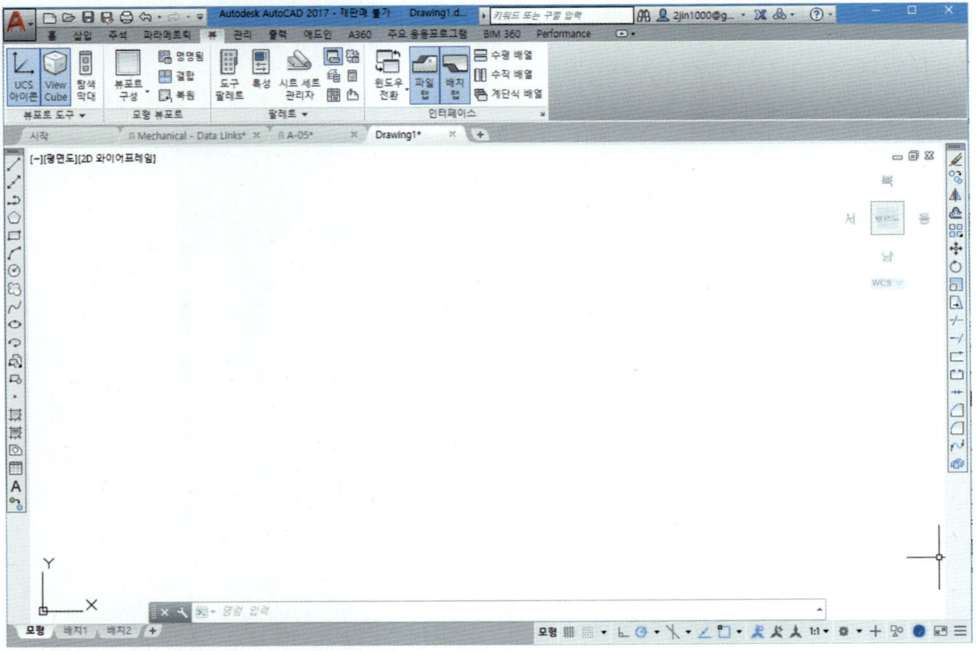

8. 화면 정리

화면에 리본 메뉴, 도구막대 팔레트 등이 펼쳐져 있으면 도면을 작도할 수 있는 공간이 좁아집니다. 이때 화면을 정리하여 작도 영역을 넓게 활용할 수 있습니다.

화면 하단의 상태막대에서 화면 정리 버튼(🖵)을 클릭합니다. 또는 〈Ctrl〉 + '0' 키를 누릅니다. 다음과 같이 화면이 정리됩니다.

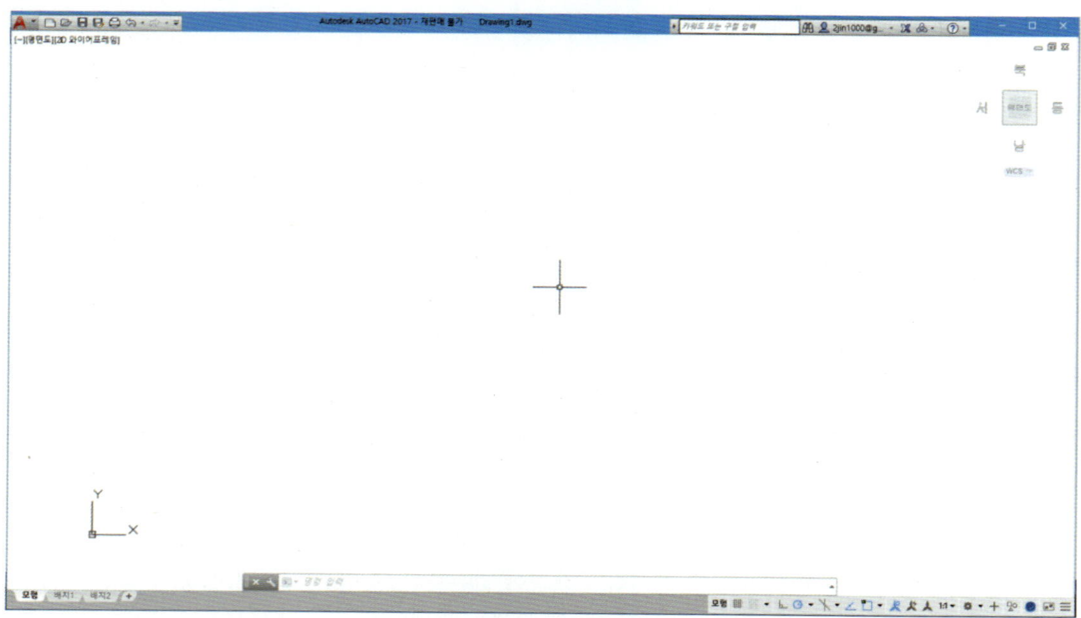

다시 화면 하단의 상태막대에서 화면 정리 버튼(🖵)을 클릭합니다. 또는 〈Ctrl〉 + '0' 키를 누릅니다. 다음과 같이 화면이 복귀됩니다.

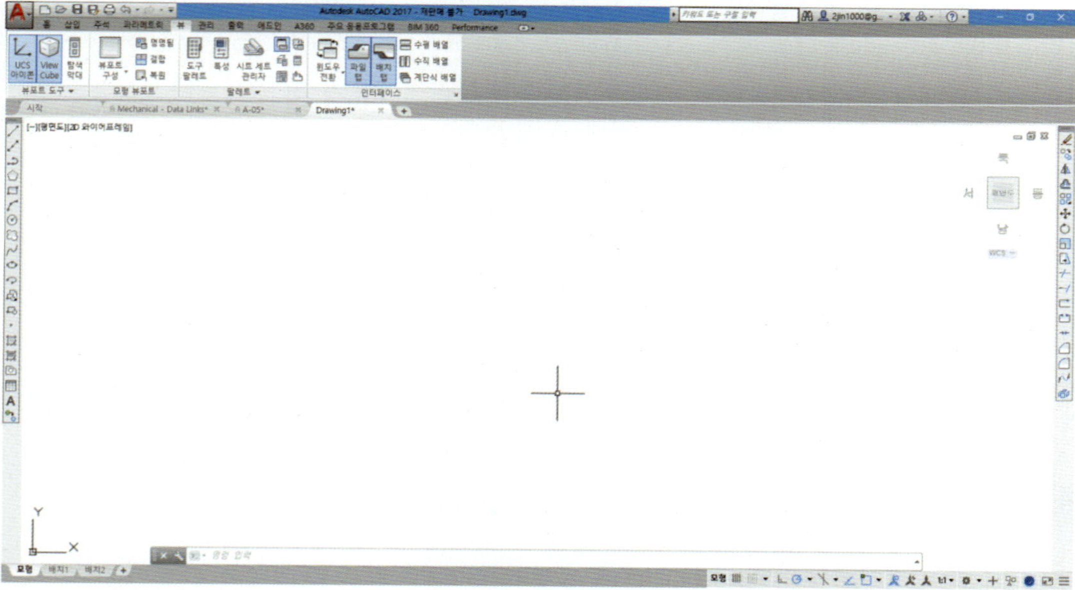

9. 상태막대의 사용자화

화면 하단의 상태막대에 표시되는 컨트롤 아이콘의 표시를 제어합니다.

다시 화면 하단의 상태막대에서 사용자화 버튼(☰)을 클릭하면 다음과 같이 상태막대 컨트롤 목록이 표시됩니다. 표시하고자 하는 항목에 체크(∨)합니다. 체크되어 있는 항목은 현재 상태막대에 표시되어 있는 컨트롤입니다.

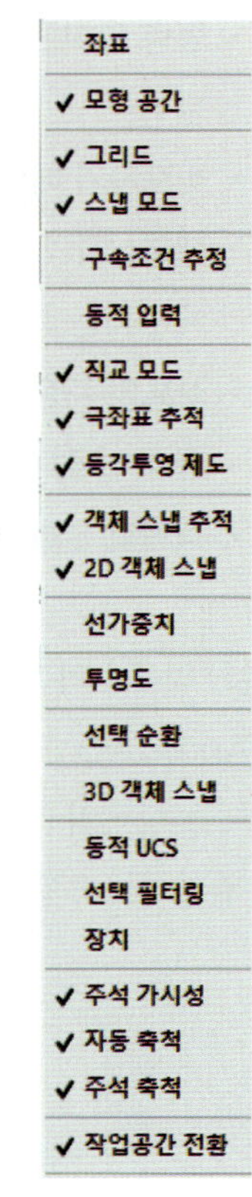

LESSON 04 — 조작 방법 및 용어

AutoCAD를 사용하는 목적이 도면을 효율적으로 작성하는 것입니다. 이 책에서는 AutoCAD의 기능을 익히는데 초점을 맞추고 있습니다. 도면작성 작업의 대부분은 마우스의 조작, 키보드의 조작입니다. 본격적인 AutoCAD의 조작에 앞서 마우스의 조작 방법 및 용어에 대해 알아보고 명령어 실행 방법에 대해 알아보겠습니다.

1. 마우스의 조작

마우스는 컴퓨터를 사용하면서 가장 일반적으로 사용하는 입력 도구이며, AutoCAD를 조작할 때도 마우스 없이는 작업을 수행할 수 없을 정도로 필수적인 도구입니다. 마우스의 용도 및 조작 방법에 대해 알아보도록 하겠습니다.

(1) 마우스의 용도

- **명령 아이콘(컨트롤)의 선택** : 명령 실행을 위해 리본 또는 도구막대에 있는 아이콘(컨트롤)을 선택합니다.
- **바로가기 메뉴의 표시 및 지정** : 마우스 오른쪽 버튼의 조작으로 바로가기 메뉴를 표시합니다.
- **대화상자의 항목 선택 및 슬라이드 바 조정** : 대화상자에서 각종 버튼의 선택, 슬라이드 바의 조정과 제시되는 목록에서 필요한 항목을 선택합니다.
- **좌표의 지정** : 작도 영역에서 마우스에 의해 좌표 또는 방향을 지정합니다.
- **줌 및 초점 이동** : 화면의 표시를 제어하기 위해 줌의 확대 및 축소, 초점 이동을 합니다.
- **객체의 선택** : 복사, 회전, 지우기 등 편집을 위해 객체를 선택합니다.

(2) 마우스의 버튼 조작

AutoCAD 도면 작업에서 가장 많이 사용하는 것이 마우스입니다. 좌표의 지정, 객체 및 옵션의 선택, 메뉴 항목의 선택 등 마우스를 이용하여 다양한 작업을 수행합니다. 여기에서는 휠마우스의 기능에 대해 알아보도록 하겠습니다.

- **왼쪽 버튼** : 버튼의 클릭으로 명령 아이콘의 지시, 좌표를 지정하거나 특정 객체를 선택합니다.
- **휠** : 화면 조정에 많이 사용합니다. 줌(Zoom) 기능으로 휠을 돌려서 원하는 화면으로 확대하거나 축소합니다. 또, 휠을 눌러 이동하면 화면의 초점을 자유자재로 이동할 수 있습니다.
- **오른쪽 버튼** : 버튼을 눌러 바로가기 메뉴를 표시합니다. 또는 환경 설정에 의해 〈엔터〉 키 기능을 수행하기도 합니다.

2. 조작 용어와 표현 방법

AutoCAD로 도면을 작성하는 과정에는 다양한 조작이 이루어집니다. 키보드 조작에서부터 마우스 조작, 마우스 조작에서도 다양한 동작을 통해 도면을 작성해 나갑니다. 이번에는 이 책에서 표기하는 메시지의 설명, 자주 사용하는 조작 용어와 조작 방법에 대해 설명하도록 하겠습니다.

(1) 클릭

마우스의 왼쪽 버튼을 가볍게 한 번 누르는 동작을 말합니다. 명령을 실행하고자 할 때의 명령 아이콘 선택, 마우스에 의해 좌표를 지정하고자 할 때, 객체의 편집을 위해 객체를 선택할 때, 대화상자에서 버튼의 선택 등에 사용됩니다.

(2) 더블 클릭

마우스의 왼쪽 버튼을 연속해서 두 번 누르는 동작을 말합니다. 재빠르게 두 번 눌러야 합니다. 예로써, 커서를 객체 위에 두고 더블클릭하면 객체의 특성 대화상자가 표시됩니다.

(3) 드래그(Drag)

마우스 왼쪽 버튼을 누른 채로 원하는 위치로 끌고 가는 것을 말합니다. 맞물림(그립)으로 이동이나 회전 등을 할 때 많이 쓰입니다.

(4) 드래그 앤 드롭(Drag & Drop)

마우스 왼쪽 버튼을 누른 채로 원하는 위치로 끌고 가서 왼쪽 버튼을 놓는 것을 말합니다. 예로써, 도구 팔레트의 블록을 작도 영역으로 끌어올 때 사용됩니다.

(5) AutoCAD 메시지

{첫 번째 점 지정:}과 같이 {…}안에 표시되는 메시지는 명령을 실행했을 때 명령행에 표시되는 메시지를 나타냅니다. 이때 나타나는 메시지에 따라 다음과 같이 조작합니다.

- **좌표의 지정** : {첫 번째 점 지정:}과 같이 좌표를 묻는 메시지에서는 '100,100'과 같이 키보드에서 직접 좌표를 입력할 수도 있으며, 마우스를 이동하여 지정하고자 하는 위치에서 마우스 왼쪽 버튼을 누릅니다.
- **객체의 선택** : 객체를 복사하거나 지우는 명령과 같이 편집 명령을 실행하면 {객체 선택:}과 같이 객체를 선택하라는 메시지가 표시되면서 작은 사각형(선택 상자)이 나타납니다. 이때는 선택하고자 하는 객체를 선택하고 선택이 끝나면 〈엔터〉 키를 누릅니다.

(6) 사용자의 키보드 입력

'300,300'과 같이 따옴표로 표시된 내용은 사용자가 키보드를 통해 입력하는 숫자나 문자를 나타냅니다. 키보드에서 입력할 때는 따옴표(' ')는 입력하지 않습니다. 따옴표('…') 안에는 숫자 또는 문자만 입력합니다.

(7) 바로가기 메뉴

마우스 오른쪽 버튼을 눌러 표시되는 메뉴를 말합니다. 다음 그림과 같은 메뉴가 표시됩니다. 이때 나열된 항목에서 하나를 선택하여 실행합니다.

바로가기 메뉴

(8) 명령 실행 표시 방법 및 형식

> 명령 : LINE(단축키 : L)   아이콘 버튼 : ╱

- **LINE(단축키 : L) :** 해당 명령의 영문 명령어와 단축키이며, 키보드에서 직접 입력하여 명령을 실행할 수 있습니다.
- **아이콘 버튼 :** 리본의 패널 또는 도구막대의 아이콘을 나타냅니다. 해당 이미지의 아이콘을 클릭하여 실행합니다.

3. AutoCAD 명령의 실행

도면 작업을 위해 작도 및 편집 명령을 실행해야 합니다. 이 AutoCAD 명령을 실행하기 위해 AutoCAD는 몇 가지의 방법을 제공하고 있습니다. 여기에서는 도면을 작도하기 위한 명령 실행 방법에 대해 알아보겠습니다. 제시하는 방법 중에서 독자 여러분이 편한 방법을 선택하여 실행하기 바랍니다.

(1) 키보드에서 명령어 및 단축키 입력

명령행에서 원하는 명령어 또는 단축 명령어를 키보드를 통해 입력하여 명령을 실행시킬 수 있습니다. 예를 들어, 선을 작도하고자 할 경우는 'LINE' 또는 'L'을 입력하여 명령을 실행합니다. 여기에서 'LINE'은 실제 명령어의 명칭(철자)이며 'L'은 단축 명령어입니다. 단축 명령어는 단어의 수가 한 글자 또는 두 글자로 짧습니다. 이 단축 명령어는 사용자가 임의로 지정할 수도 있습니다.

단축키의 지정 방법은 '사용하기 편리한 환경 구축과 관리 도구'를 참조합니다. 이 책에서는 명령어 명칭 및 단축 명령어를 같이 표기하겠습니다.

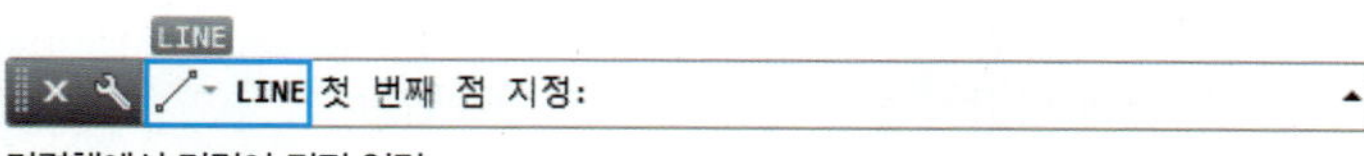

명령행에서 명령어 직접 입력

(2) 도구막대에서 명령 아이콘 선택하기

명령을 실행하는 간단한 방법으로 도구막대에서 해당 명령의 버튼을 선택하는 방법입니다. 화면에 나타난 도구막대에서 선분, 다각형 등의 아이콘을 클릭하면 바로 명령이 실행됩니다. 선분의 경우, 그리기 도구막대의 선분 아이콘(✏)을 클릭합니다.

도구막대에서 명령 아이콘 선택

(3) 메뉴 검색기에서 검색

화면 상단의 메뉴 검색기(▲)에서 실행하고자 하는 명령(예: line)을 검색하여 검색된 목록에서 해당 명령을 선택합니다. 다음 그림의 경우는 검색 필드에 'LINE'을 입력하여 검색된 목록에서 '선(L)'을 선택한 경우입니다.

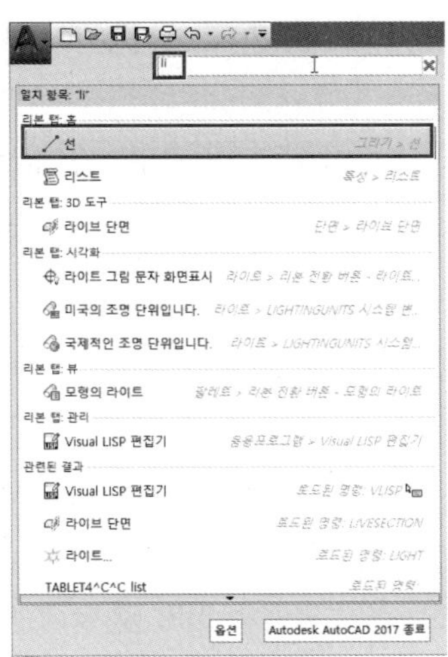

메뉴 검색기에서 검색하여 실행

(4) 리본의 패널에서 선택

리본 메뉴에서 해당 패널의 명령 컨트롤(아이콘)을 선택하여 실행합니다. 선 명령의 경우, '그리기' 패널에서 '선 ✏'을 선택하여 실행합니다.

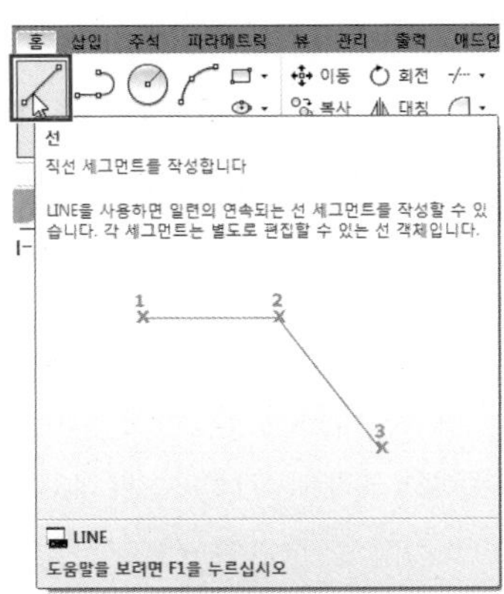

리본의 패널에서 선택하여 실행

(5) 도구 팔레트에서 선택

도구 팔레트의 실행하고자 하는 명령어 그룹의 탭에서 해당 컨트롤(아이콘)을 선택하여 실행합니다. 선 명령의 경우, '그리기' 탭의 '선' 명령 컨트롤(아이콘)을 선택하여 실행합니다.

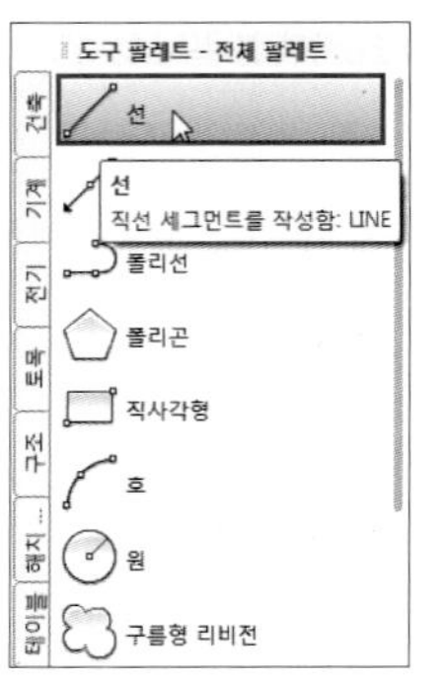

도구 팔레트에서 선택하여 실행

(6) 바로가기 메뉴에서 선택

마우스 오른쪽 버튼을 클릭하면 최근 입력한 명령 및 사용 메뉴가 표시되는 바로가기 메뉴가 나타납니다. 실행하고자 하는 메뉴를 선택합니다. 이 기능은 이전에 사용했던 명령을 반복 사용하거나 취소할 때 유용합니다. '줌(ZOOM)'이나 '초점 이동(PAN)'과 같이 화면을 조작 명령, 객체 선택과 관련된 명령이 있습니다.

바로가기 메뉴에서 선택하여 실행

(7) 동일 명령의 반복 및 명령 중지

실행했던 명령을 다시 한 번 실행하고자 할 때는 〈엔터〉 키 또는 〈스페이스 바〉를 누릅니다. 즉, 선 명령을 실행하고 나서 다시 '선' 명령을 실행하고자 할 경우는 〈엔터〉 키 또는 〈스페이스 바〉를 누르면 됩니다.

또, 실행 중인 명령을 중지하고자 할 때는 〈ESC〉 키를 누릅니다. 즉, 조작 중에 입력을 잘못했다거나 다시 하고자 할 때는 언제든지 〈ESC〉 키를 누르도록 합니다.

tip!

AutoCAD에서 명령을 실행하려면 명령행이 '명령:' 상태에서 조작하는 것이 기본입니다. 따라서 명령 사용 중간에 잘못된 조작이나 원하지 않는 결과가 나타나면 취소를 해야 합니다. 이때 〈ESC〉 키를 누릅니다. 〈ESC〉 키를 누르면 '명령:' 상태가 됩니다.
명령행에 조작 메시지 또는 오류 메시지가 있을 때 이 '명령:' 상태로 만드는 기능을 하는 것이 〈ESC〉 키입니다. 반드시 〈ESC〉 키를 눌러 '명령:' 상태로 만들도록 합시다.

4. 동적 입력 모드

AutoCAD 2006 버전부터 기존의 명령행 창과 함께 작도 영역에서도 명령 입력, 옵션 선택, 메시지 표시하고 직접 입력할 수 있는 '동적 입력(DYN)' 모드가 추가되었습니다.

01. 동적 입력 알아보기

동적 입력은 작도 영역의 마우스 커서 주변에 명령 인터페이스를 제공합니다. 동적 입력을 켜면 커서의 이동에 따라 동적으로 업데이트되는 정보를 표시하는 툴팁(Tool Tip)이 커서 주변에 나타납니다. 또, 명령을 실행하면 AutoCAD의 메시지가 화면에 툴팁 형식으로 제공됩니다. 예를 들어, 선 명령을 실행했을 때, 동적 입력 화면과 정적 입력 화면을 비교해보도록 합시다. 동적 입력은 다음 그림과 같이 작도 영역에 툴팁 메시지가 표시됩니다.

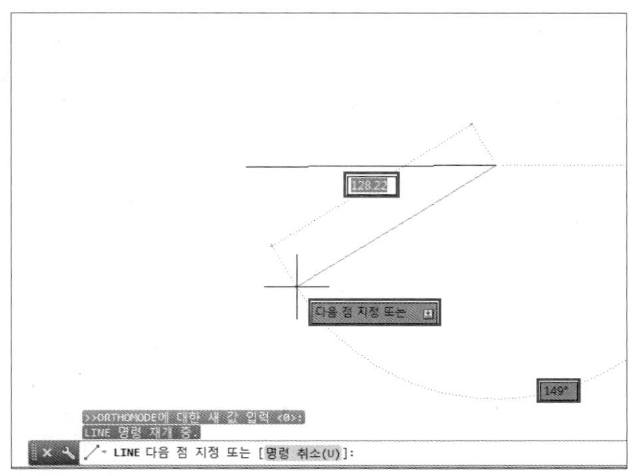

동적 입력(DYN)이 켜진 경우

정적 입력 방법(동적 입력이 꺼져있을 경우)은 다음 그림과 같이 툴팁 메시지가 표시되지 않고 명령행 영역에서만 메시지 표시와 데이터 입력을 수행합니다.

참고 · 동적 입력과 정적 입력에서의 좌표 지정의 차이

동적 입력과 정적 입력에 따라 좌표 지정에 차이가 있습니다. '동적 입력(DYN)'이 켜진 상태에서 좌표를 지정할 때 절대좌표의 입력은 좌표 값 앞에 '#'을 입력해야 합니다. 동적 입력에서 절대좌표 (100,100)을 지정할 때는 '#100,100'의 형식으로 지정합니다. 정적 입력에서는 '#'이 필요하지 않습니다. 정적 입력에서 절대좌표 (100, 100)은 '100,100'의 형식으로 지정합니다.

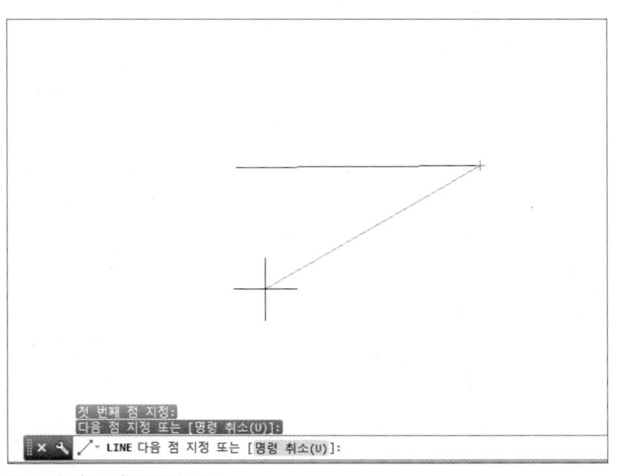

동적 입력(DYN)이 꺼진 경우

동적 입력의 경우는 다음과 같이 조작합니다.

(1) 좌표의 지정 또는 값의 입력

동적 입력이 켜지면 작도 영역에서 좌표나 데이터 값을 입력할 수 있습니다. 선 명령의 경우, 두 번째 점 또는 거리를 입력하라는 명령 프롬프트가 나타날 때 치수와 함께 거리 값과 각도 값의 툴팁을 표시합니다. 커서를 움직이면 치수 툴팁의 값이 변경됩니다. 명령행 대신 화면의 툴팁을 통해 값을 입력할 수 있습니다.

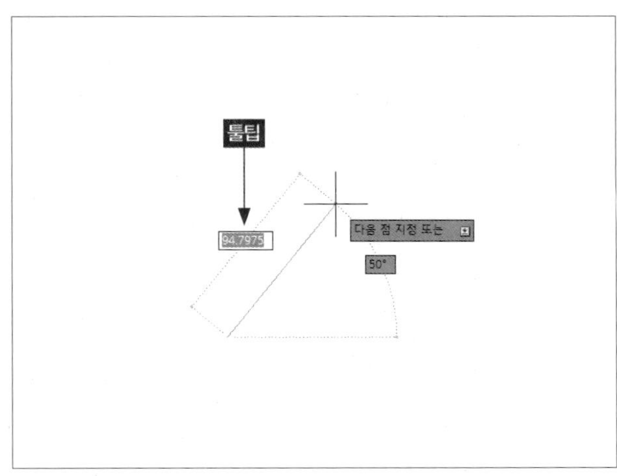

(2) 옵션의 선택

아래 화살표(↓)를 누르면 다음 그림과 같이 해당 메시지
에 부속된 옵션이 표시됩니다. 옵션이 표시되면 아래 화
살표(↓) 또는 마우스를 이용하여 선택하고자 하는 옵션
을 선택합니다. 다음은 원을 작도하는 명령의 경우로 세
가지 옵션(3점(3P)/2점(2P)/Ttr – 접선 접선 반지름
(T))이 화면에 표시됩니다.

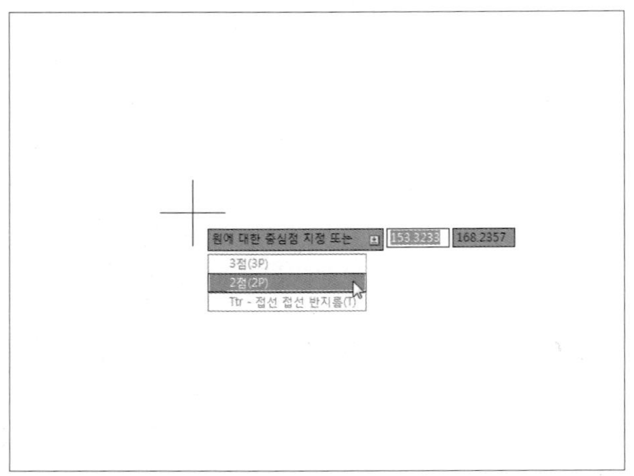

동적 입력에서 옵션의 표시 및 선택

02. 동적 입력(DYN)의 켜기와 끄기

'동적 입력(DYN)'의 설정 상태를 확인하려면 화면 하단의 그리기 도구에 있는 동적 입력(DYN) ⊹ 버
튼의 상태(ON/OFF 여부)를 확인하면 됩니다. 그리기 도구에 동적 입력(DYN) 아이콘이 보이지 않
으면 화면 하단의 상태막대에서 사용자화 버튼(≡)을 클릭하여 '동적 입력'을 체크(∨)합니다.

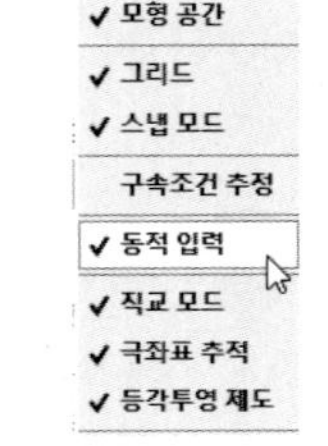

ON인 경우

OFF인 경우

03. 동적 입력 화면 표시

동적 입력이 활성화된 경우, 좌표의 지정 및 마우스의 이
동에 따라 화면의 표시되는 정보는 다음 그림과 같습니다.

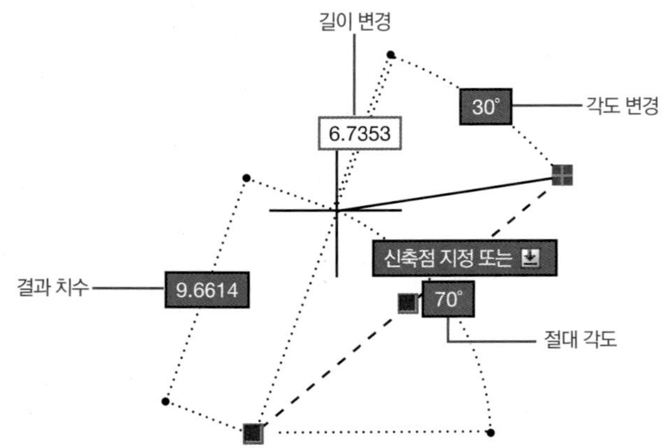

04. 동적 입력 설정

동적 입력에 대한 환경을 설정하려면 화면 하단의 상태 영역에서 '동적 입력(DYN)' 아이콘에 마우스를 대고 오른쪽 버튼을 클릭하여 '동적 입력 설정…'을 클릭합니다. 다음과 같은 대화상자에서 포인터, 치수 입력, 프롬프트에 대한 환경을 설정합니다.

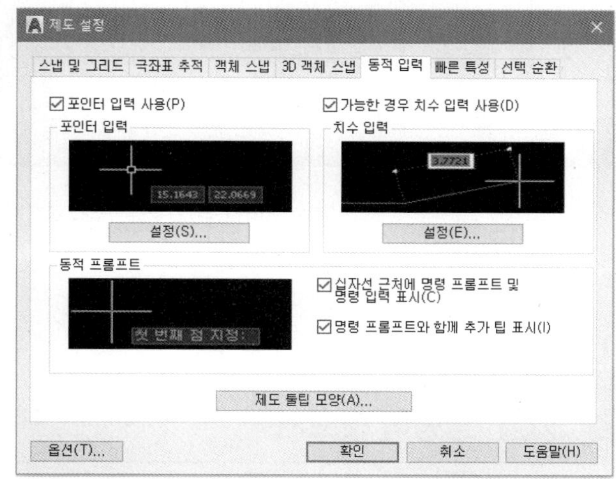

CHAPTER 02 — AutoCAD 기본 조작과 기초 지식

이번에는 AutoCAD의 기본 조작 방법을 학습하고 도면 작성을 위한 기초적인 내용을 학습하겠습니다.

LESSON 01 명령어 맛보기

AutoCAD 기능을 몇 개의 명령어를 통해 조작해보기로 하겠습니다. 선과 원을 작도하고 작도한 객체
를 복사하고 이동하고 지워보겠습니다. 이번 단원을 통해 명령어 조작의 흐름을 파악하기 바랍니다.

1. 선(LINE)

두 점을 잇는 선을 작도합니다.

명령 : LINE(단축키 : L)　　　　　　　　　아이콘 버튼 : ✎

{첫 번째 점 지정:} 좌표를 지정합니다.
{다음 점 지정 또는 [명령 취소(U)]:} 좌표를 지정하거나 명령을 취소(C)합니다.
{다음 점 지정 또는 [닫기(C)/명령 취소(U)]:}

01 먼저 시작 화면에서 템플릿 파일 'acadiso.dwt'를
선택하여 시작합니다.

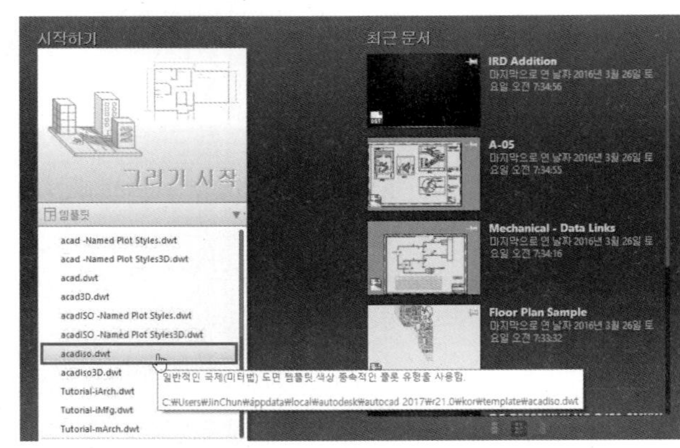

02 작도 화면이 펼쳐지면 명령어 'LINE' 또는 단축키 'L'을 입력하거나 '홈' 탭의 '그리기' 패널에서 ╱를 클릭합니다.

{첫 번째 점 지정:}에서 '#100,100'을 입력합니다. 좌표 (100,100) 위치에 점을 지정합니다. 좌표 지정방법은 뒤에서 자세히 설명하겠습니다.

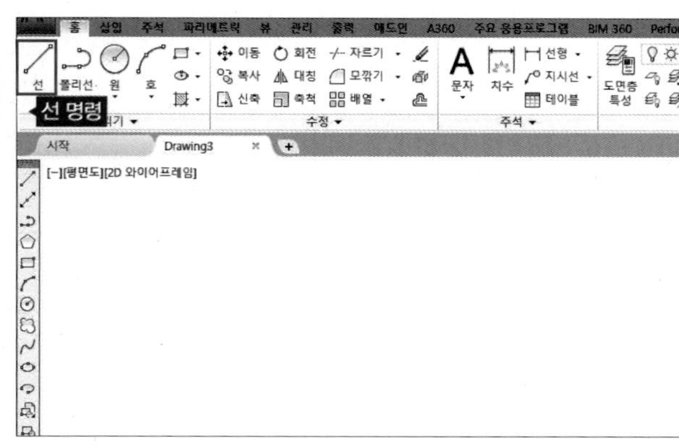

tip!

초기 설정에서는 작도 영역과 명령어 영역에 {첫 번째 점 지정:}이라는 메시지가 표시됩니다. 이는 하단에 있는 상태막대의 그리기 도구에 '동적 입력(DYN) ᰔ '이 켜져(ON) 있을 경우입니다. 동적 입력이 꺼져(OFF) 있을 경우는 메시지가 작도 영역에는 표시되지 않고 명령행에만 표시됩니다. 여기에서는 '동적 입력(DYN) ᰔ '을 켜고(ON) 작업합니다.

03 {다음 점 지정 또는 [명령 취소(U)]:}에서 '#300,100' 을 입력합니다. 그러면, 다음과 같이 첫 번째 점과 두 번째 점을 잇는 선이 작도됩니다.

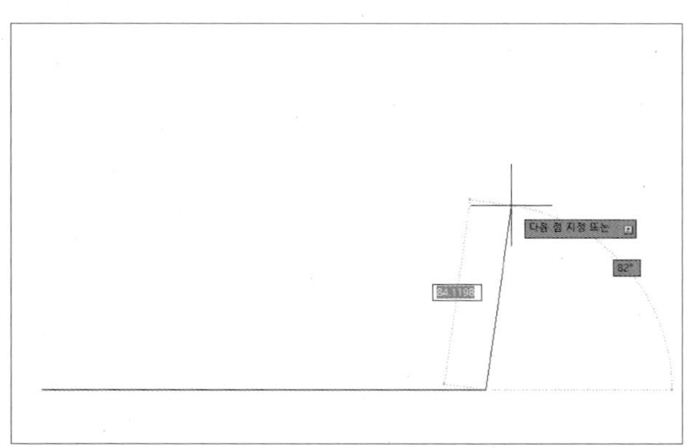

04 {다음 점 지정 또는 [명령 취소(U)]:}에서 '#300,250' 을 입력합니다. 다음과 같이 선이 작도됩니다.

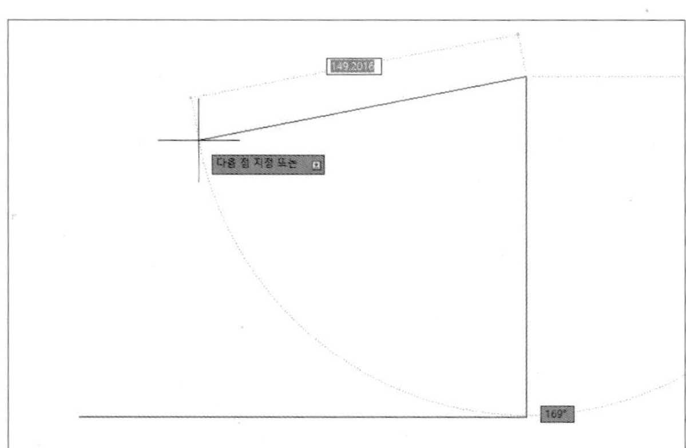

05 {다음 점 지정 또는 [닫기(C)/명령 취소(U)]:}에서 '#100,250'을 입력합니다. 다음과 같이 선이 작도됩니다.

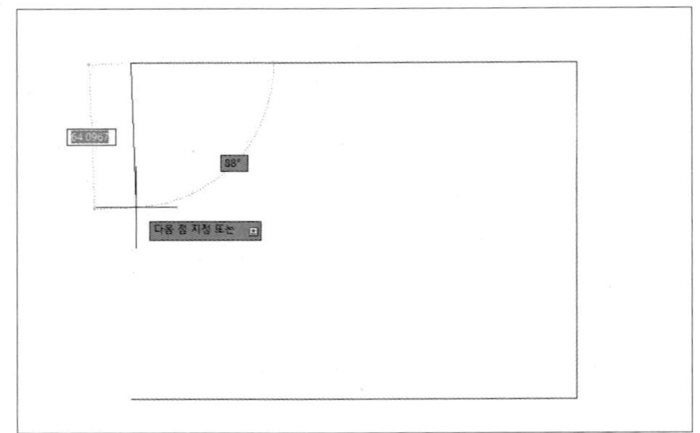

06 {다음 점 지정 또는 [닫기(C)/명령 취소(U)]:}에서 'C'를 입력하고 〈엔터〉 키를 누릅니다. 그러면, 다음 그림과 같이 선이 최초 지정한 점에 이어지면서 사각형이 작도됩니다.

tip!

여기에서 입력한 옵션 'C'는 'Close'의 의미로 처음 시작한 점과 마지막 점을 연결하여 폐쇄된 공간을 만드는 키워드입니다.

사각형이 작도되었습니까? AutoCAD에서 도면 작업은 이러한 작업(명령의 사용)의 반복입니다. 명령의 종류에 따라 표시하는 메시지가 다르고 사용자가 작도하고자 하는 도형의 위치나 크기에 따라 지정 위치나 숫자를 달리하면서 작도하는 것입니다.

옵션 설명

선(LINE) 명령은 다음과 같은 옵션이 있습니다.

{다음 점 지정 또는 [닫기(C)/명령 취소(U)]:}

(1) **닫기(C)** : 첫 번째 점(시작점)에 연결하여 닫힌 도형을 작성합니다.

(2) **명령 취소(U)** : 지정한 좌표를 한 단계 이전 좌표로 되돌립니다. 좌표 지정이 잘못되어 수정하고자 할 경우 'U' 옵션을 사용하여 직전에 지정했던 점을 취소합니다. 반복해서 'U'를 입력하면 최초로 지정한 점까지 되돌아갑니다.

(3) 선 명령을 종료한 후 종료한 지점(좌표)을 다시 지정하려면 〈엔터〉 키 또는 〈스페이스 바〉를 누르면 선 명령이 종료됩니다.

2. 원(CIRCLE)

다양한 옵션을 이용하여 원을 작도합니다.

명령 : CIRCLE(단축키 : C)   아이콘 버튼 : ⊙

{원에 대한 중심점 지정 또는 [3점(3P)/2점(2P)/Ttr − 접선 접선 반지름(T)]:} 중심점을 지정하거나 옵션을 선택
하여 원을 작도합니다.

01 이번에는 앞의 사각형에 이어서 원을 작도해보겠습니다.
명령어 'CIRCLE' 또는 단축키 'C'를 입력하거나 '홈' 탭의 '그리기' 패널 또는 도구막대에서 ⊙를 클릭합니다.

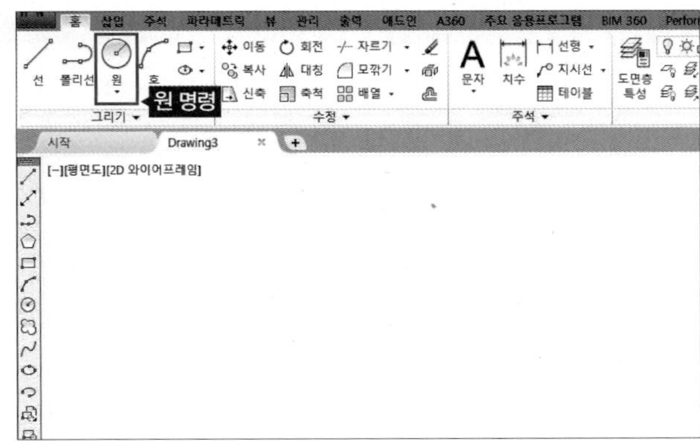

02 {원에 대한 중심점 지정 또는 [3점(3P)/2점(2P)/Ttr − 접선 접선 반지름(T)]:}에서 다음과 같이 사각형의 왼쪽 끝점을 지정합니다.

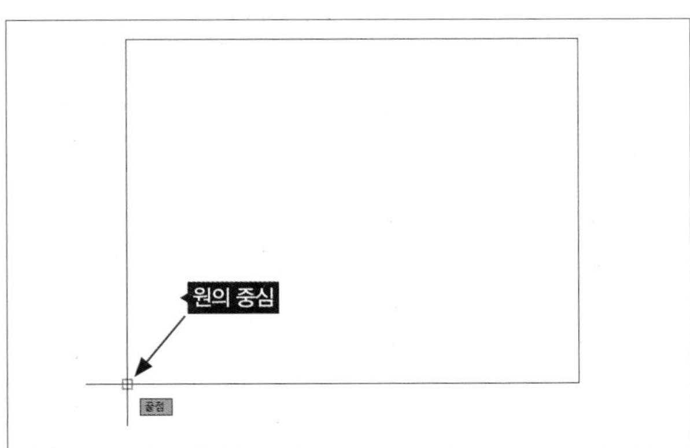

03 {원의 반지름 지정 또는 [지름(D)]:}에서 반지름 '20'을 입력합니다. 지정한 점에 반지름이 '20'인 원이 작도됩니다.

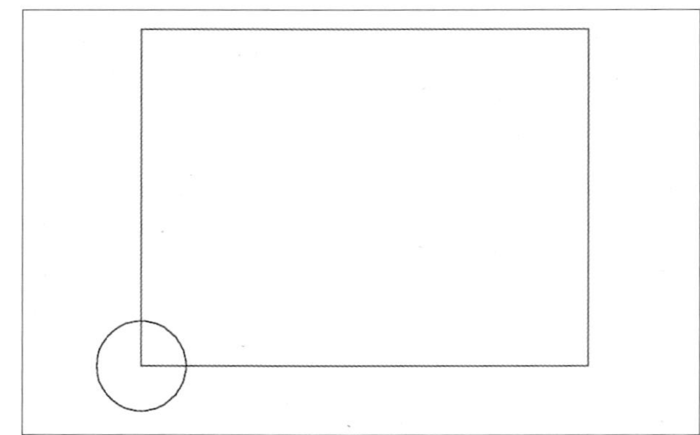

옵션 설명

앞의 따라 하기에서는 중심점과 반지름에 의해 원을 작도했습니다. 원(CIRCLE) 명령은 다음과 같은 옵션을 지정하여 원을 작도할 수 있습니다.

(1) 2P : 두 점을 지정하여 원을 작도합니다.
{원 지름의 첫 번째 끝점을 지정:}에서 첫 번째 점 지정
{원 지름의 두 번째 끝점을 지정:}에서 두 번째 점 지정
다음 그림과 같이 두 점(P1, P2)을 지정하여 원을 작도합니다.

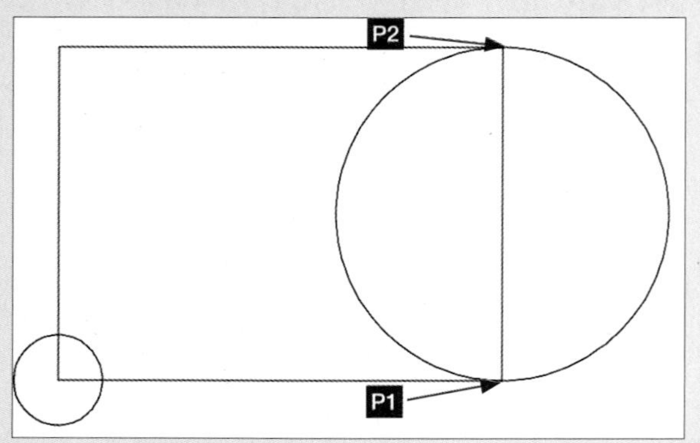

(2) 3P : 세 점을 지나는 원을 작도합니다.
{원에 대한 중심점 지정 또는 [3점(3P)/2점(2P)/Ttr – 접선 접선 반지름(T)]:}
에서 '3P'를 입력
{원 위의 첫 번째 점 지정:}에서 첫 번째 점 지정
{원 위의 두 번째 점 지정:}에서 두 번째 점 지정
{원 위의 세 번째 점 지정:}에서 세 번째 점 지정
다음 그림과 같이 지정한 세 점(P1, P2, P3)을 지나는 원이 작도됩니다.

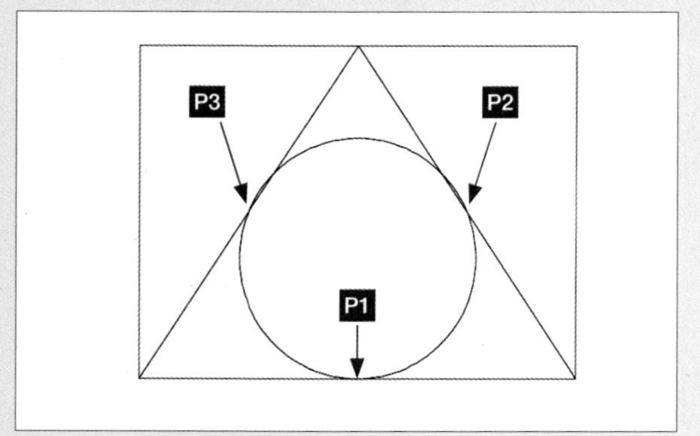

(3) 접선, 접선, 반지름(T) : 두 객체의 접선과 반지름을 지정하여 원을 작도
합니다.
{원에 대한 중심점 지정 또는 [3점(3P)/2점(2P)/Ttr – 접선 접선 반지름
(T)]:}에서 옵션 'T'를 입력
{원의 첫 번째 접점에 대한 객체 위의 점 지정:} '접점 '○' 마크가 나타나면
클릭
{원의 두 번째 접점에 대한 객체 위의 점 지정:} '접점 '○' 마크가 나타나면
클릭
{원의 반지름 지정 〈50.0000〉:} 에서 '30'를 입력한 후 〈엔터〉 키
다음 그림과 같이 지정한 두 객체의 접선을 지나며 반지름 '30'인 원이 작
도됩니다.

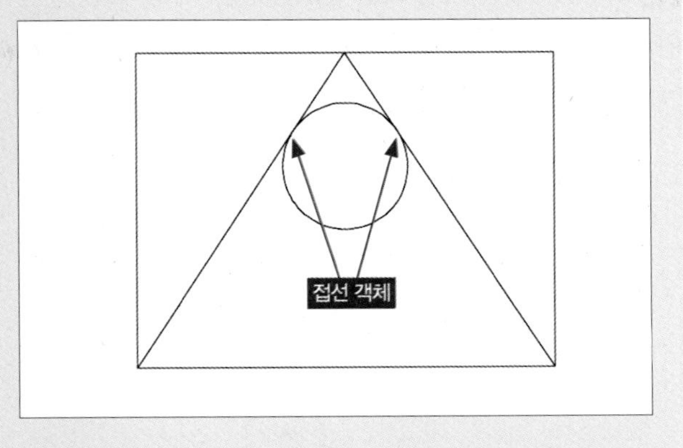

3. 복사(COPY)

선택한 객체를 복사합니다.

명령 : COPY(단축키 : CO, CP)　　　　　　　　　　아이콘 버튼 : ○○

{객체 선택: } 복사하고자 하는 객체를 선택합니다.
{기본점 지정 또는 [변위(D)/모드(O)] 〈변위〉:} 복사 기준점을 지정합니다.
{두 번째 점 지정 또는 [배열(A)/종료(E)/명령 취소(U)] 〈종료〉:} 복사 위치를 지정합니다.

01 앞에서 작도한 원을 복사하겠습니다.
명령어 'COPY' 또는 단축키 'CP'를 입력하거나 '홈' 탭
의 '수정' 패널에서 ○○를 클릭합니다.
{객체 선택: }에서 선택상자(ㅁ)를 이용하여 원을 선택합
니다. {1개를 찾음}
{객체 선택:}에서 〈엔터〉 키 또는 〈스페이스 바〉를 누릅
니다. 객체의 선택을 마치려면 〈엔터〉 키 또는 〈스페이
스 바〉를 누릅니다.
{기본점 지정 또는 [변위(D)/모드(O)] 〈변위〉:}에서 사각
형의 끝점을 지정합니다.

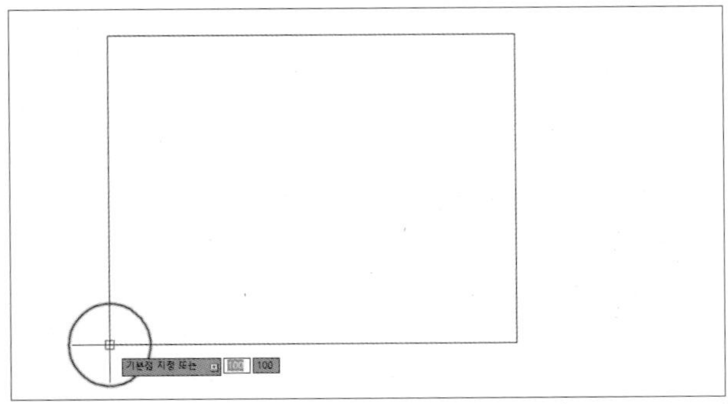

02 {두 번째 점 지정 또는 [배열(A)] 〈첫 번째 점을 변위로 사용〉:}에서 선의 중간점을 지정합니다.
그러면 선 중간에 원이 복사됩니다.

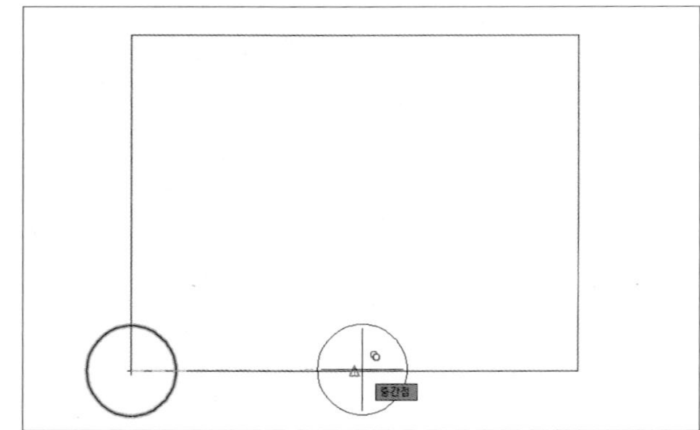

03 {두 번째 점 지정 또는 [배열(A)/종료(E)/명령 취소(U)] 〈종료〉:}에서 오른쪽 끝점을 지정하여 복사합니다.
{두 번째 점 지정 또는 [배열(A)/종료(E)/명령 취소(U)] 〈종료〉:}에서 〈엔터〉 키 또는 〈스페이스 바〉를 눌러 복사 명령을 종료합니다. 다음 그림과 같이 원이 복사됩니다.

옵션 설명

(1) {기본점 지정 또는 [변위(D)/모드(O)] 〈변위〉:}

- **변위(D)** : 복사할 위치를 상대좌표 값을 입력하여 지정합니다. 즉, 변화하는 양을 입력하는 것으로 선택한 객체로부터 상대적으로 얼마 떨어진 위치로 복사할 것인가를 지정합니다.
- **모드(O)** : 복사 수량을 하나만 복사하는 '단일(S)'로 할 것인지, 반복해서 여러 개를 복사하는 '다중(M)'으로 할 것인지 지정합니다.

(2) {두 번째 점 지정 또는 [배열(A)/종료(E)/명령 취소(U)] 〈종료〉:}

- **배열(A)** : 선택한 객체를 배열합니다.
- **종료(E)** : 복사를 종료합니다.
- **명령 취소(U)** : 복사한 동작을 취소합니다. 즉, 객체 복사를 취소합니다.

4. 이동(MOVE)

선택한 객체를 이동합니다.

명령 : MOVE(단축키 : M)　　　　　　　　　아이콘 버튼 : ✛

{객체 선택:} 이동하고자 하는 객체를 선택합니다.

{기준점 지정 또는 [변위(D)] 〈변위〉:} 이동의 기준이 되는 점을 지정합니다.

{두 번째 점 지정 또는 〈첫 번째 점을 변위로 사용〉:} 이동 위치를 지정합니다.

01 앞에서 작도한 세 개의 원을 사각형의 위쪽으로 이동하겠습니다.

이동(MOVE) 명령을 실행합니다. 명령어 'MOVE' 또는 단축키 'M'을 입력하거나 '홈' 탭의 '수정' 패널에서 ✛를 클릭합니다.

{객체 선택: }에서 선택상자(�口)를 이용하여 원을 선택합니다. {1개를 찾음}

{객체 선택:}에서 두 번째 원을 선택합니다. {1개를 찾음, 총 2개}

{객체 선택:}에서 세 번째 원을 선택합니다. {1개를 찾음, 총 3개}

{객체 선택:}에서 〈엔터〉 키 또는 〈스페이스 바〉를 눌러 선택을 종료합니다.

{기준점 지정 또는 [변위(D)] 〈변위〉:}에서 다음 그림과 같이 사각형의 왼쪽 위의 끝점을 지정합니다.

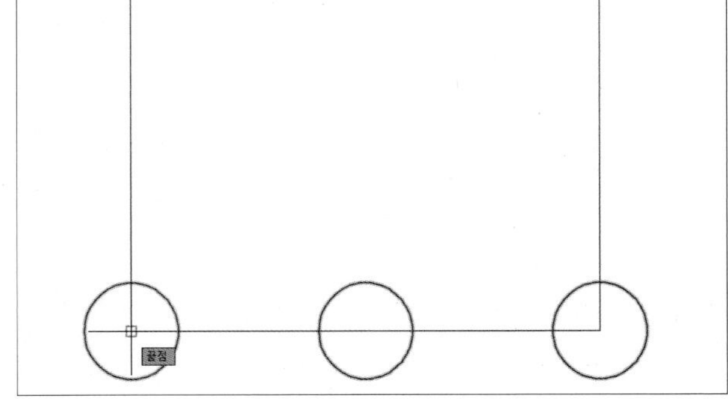

02 {두 번째 점 지정 또는 〈첫 번째 점을 변위로 사용〉:}에서 이동하고자 하는 점(사각형의 왼쪽 위의 끝점)을 지정합니다.

다음 그림과 같이 선택한 객체가 지정한 위치로 이동합니다.

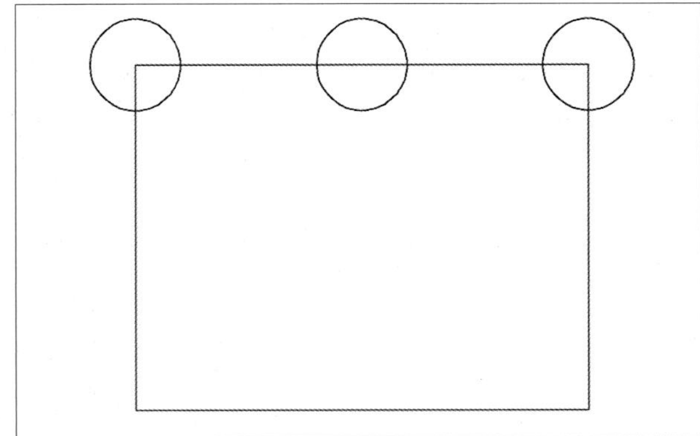

옵션 설명

(1) {기본점 지정 또는 [변위(D)] 〈변위〉:}

• 변위(D) : 복사할 위치를 상대좌표 값을 입력하여 지정합니다. 즉, 변화하는 양을 입력하는 것으로 선택한 객체로부터 상대적으로 얼마 떨어진 위치로 복사할 것인가를 지정합니다.

(2) {두 번째 점 지정 또는 〈첫 번째 점을 변위로 사용〉:}

• 첫 번째 점을 변위로 사용 : 첫 번째 점의 좌표가 (100,100)일 경우, 현재 위치로부터 (100,100)만큼 이동한 위치(200,200)로 이동됩니다. 즉, 현재의 좌표 값만큼 이동됩니다.

5. 지우기(ERASE)

선택한 객체를 지웁니다.

명령 : ERASE(단축키 : E)   아이콘 버튼 : ✐

{객체 선택:} 지우고자 하는 객체를 선택합니다.

지우고자 하는 객체의 선택이 끝나면 〈엔터〉 키 또는 〈스페이스 바〉를 누릅니다.

01 지우기(ERASE) 명령을 실행합니다.

명령어 'ERASE' 또는 단축키 'E'를 입력하거나 '홈' 탭의 '수정' 패널에서 ✐를 클릭합니다.

{객체 선택: }에서 선택상자(□)를 이용하여 원을 선택합니다. {1개를 찾음}

{객체 선택: }에서 다음과 같이 객체를 선택합니다. {1개를 찾음, 총 2개}

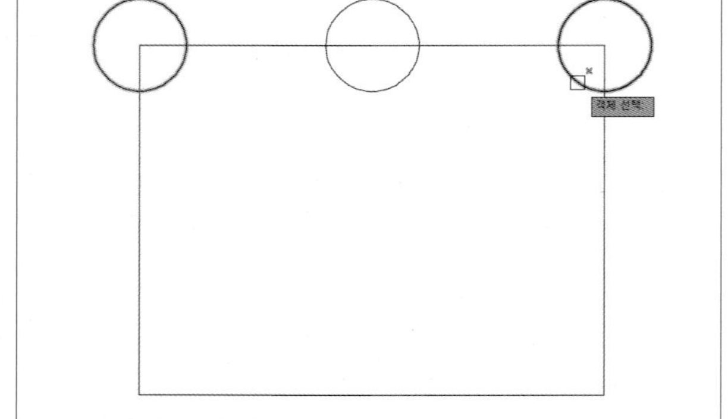

02 {객체 선택:}에서 〈엔터〉 키 또는 〈스페이스 바〉를 누릅니다.

다음 그림과 같이 선택한 객체가 지워집니다.

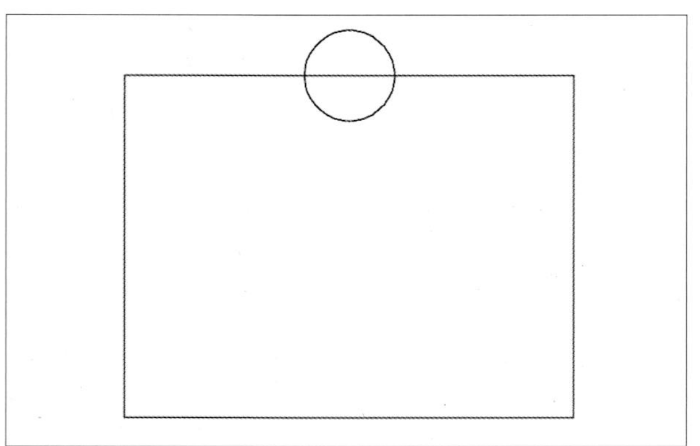

tip!

'지우기(ERASE)' 명령을 실행한 후 되살리는 명령이 '앗차(OOPS)'입니다. 'U'는 명령 실행 자체를 취소한 것이지만 'OOPS'는 지운 객체를 복구하는 명령입니다.

6. 명령의 취소(UNDO)와 복구(REDO)

기능을 실행하다 보면 실수 또는 잘못된 조작으로 원하지 않는 현상이 발생할 수 있습니다. AutoCAD
에서는 실행했던 기능을 취소하거나 취소한 기능을 복구하는 기능이 있습니다.

01. 명령의 취소(UNDO)

실행했던 명령을 취소합니다.

명령 : UNDO(단축키 : U)　　　　　　　　　　　신속접근 도구막대 : ↰

01 앞의 실습에서 '지우기(ERASE)' 명령으로 다음과
같은 도면이 작성되었습니다.

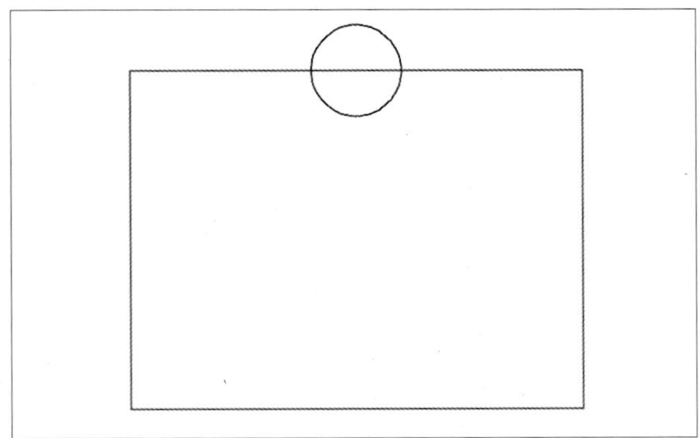

02 실행했던 '지우기(ERASE)' 명령을 취소합니다.
명령어 'U'를 입력하거나 화면 상단에 있는 신속접근 도
구막대에서 ↰을 클릭합니다. 명령 실행과 동시에 다음
그림과 같이 지우기 명령이 취소되어 지우기 명령을 실
행하기 이전 단계(지워지지 않은 단계)로 되돌아갑니다.

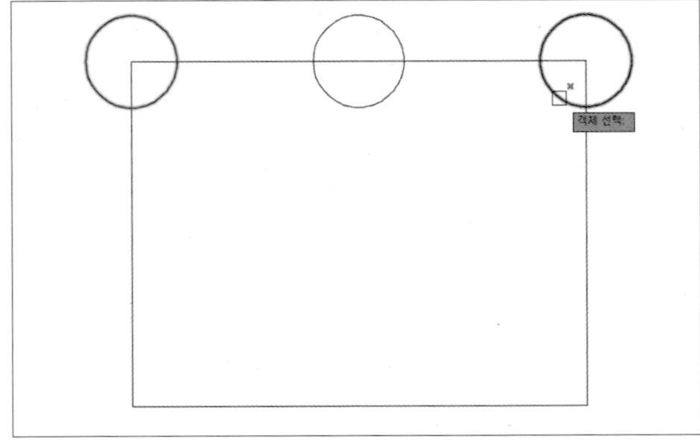

> **참고** **UNDO 명령과 U명령**
>
> 'U'는 이전 명령을 취소하는 기능만을 갖는 반면 'UNDO'는 단순이 이전 명령의 취소뿐 아니라 취소 구간의 지정 등 다
> 양한 기능을 가지고 있습니다.
> {취소할 작업의 수 또는 [자동(A)/조정(C)/시작(BE)/끝(E)/표식(M)/뒤(B)] 입력 〈1〉:}
> 번호를 입력하면 이전 작업에 대해 지정한 번호 횟수만큼 취소합니다. 따라서 'U'는 'UNDO' 명령을 실행한 후 '1'을 입
> 력한 것과 같은 기능을 수행합니다.

02. 명령의 복구(REDO)

다음은 취소한 명령을 복구합니다.

명령 : REDO   신속접근 도구막대 : ⟳

03 명령어 'REDO'를 입력하거나 화면 상단에 있는
신속접근 도구막대에서 ⟳을 클릭합니다. 명령 실행과
동시에 다음 그림과 같이 취소된 명령(ERASE)이 다시
복구됩니다. 즉, 취소(UNDO)의 취소가 된 것입니다.

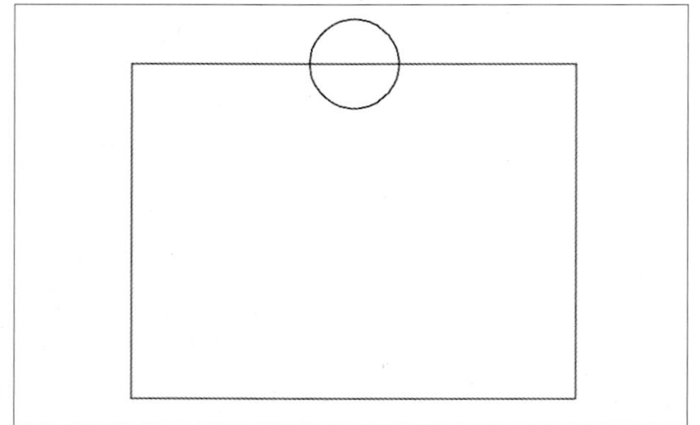

> **tip!**
> '명령 복구(REDO)'는 명령 취소(UNDO) 명령 바로 이전의 동작만 '명령
> 복구(REDO)'를 사용하여 복구할 수 있습니다. '명령 복구(REDO)'를 사
> 용하여 다른 명령을 반복할 수 없습니다.

03. 명령의 실행 중에 중지

명령의 실행 중에 취소(중지)하고자 할 경우에는 〈ESC〉키를 누릅니다.
원하지 않은 명령 아이콘을 눌렀다거나 실행 중 데이터 입력이 잘못되어 작업을 중단하고자 할 때는
〈ESC〉 키를 누릅니다. 예를 들어, 선 명령을 실행하면 {첫 번째 점 지정:} 이라는 메시지가 표시됩니
다. 이때 중지하려면 〈ESC〉 키를 누릅니다. {*취소*}라는 메시지와 함께 명령이 중지됩니다.

지금까지 AutoCAD 명령을 맛보기 위해 '선'과 '원' 명령을 이용해서 객체를 작성하고 '복사'. '이동' 및
'지우기' 명령을 이용해서 작성된 객체를 조작해봤습니다. 조작해보면서 느꼈겠지만 CAD는 이렇게 조
작한 결과가 화면에 가시적으로 나타나기 때문에 재미있게 학습할 수 있습니다. 끝까지 도전해보기 바
랍니다.

LESSON 02

AutoCAD 기본 조작 및 좌표

본격적인 도면 작성에 앞서 AutoCAD 기본 조작에 대해 학습하겠습니다. 파일과 화면의 조작, 좌표의 지정 및 도면 범위와 단위를 설정하는 방법에 대해 학습합니다.

1. 파일의 조작

어떤 소프트웨어든 해당 작업을 관리하는 데이터베이스를 조작합니다. AutoCAD는 표준 도면 파일 (*.DWG)과 각종 파일 형식을 지원하고 있습니다. 파일의 조작에 대해 알아보겠습니다.

01. 새로운 도면의 시작

도면 작성을 시작하는 방법은 빈 공간에서 객체를 그려나가는 방법과 특정 양식(템플릿)이 작성된 상태에서 시작하는 방법이 있습니다.

(1) 새로운 도면 – 시작 화면

AutoCAD를 실행한 후 다음과 같은 시작 화면에서 새로운 도면을 시작하는 방법입니다.

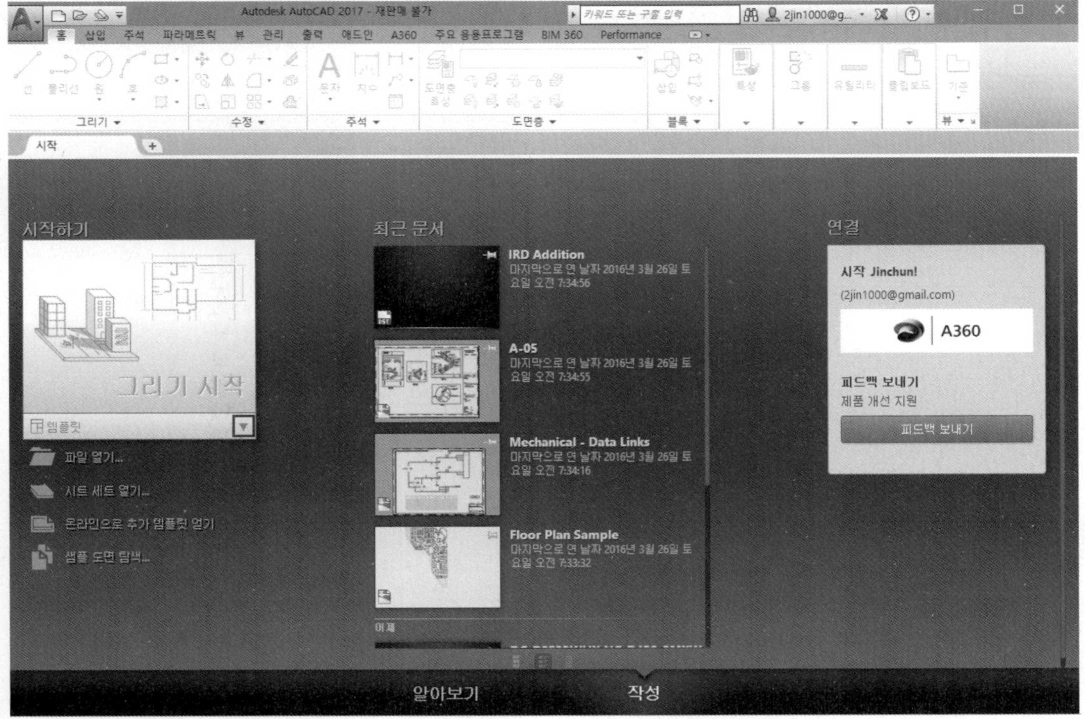

AutoCAD 초기 화면

 '시작하기'의 '그리기 시작' 아래쪽에 있는 '템플릿' 옆의 드롭다운 목록(역삼각형▼)을 펼칩니다. 화면과 같은 템플릿 파일 목록이 나타납니다.

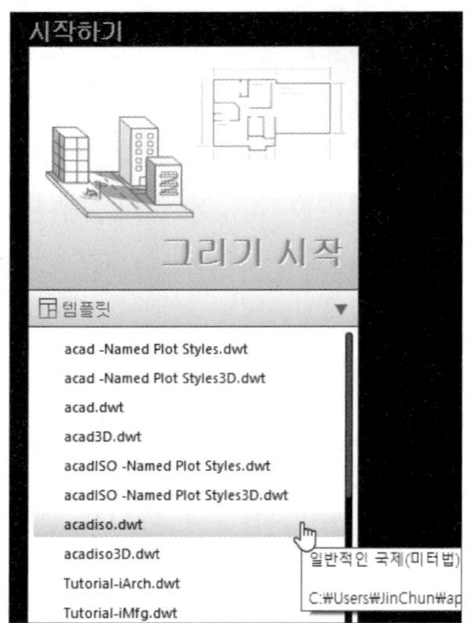

참고 템플릿 파일이란?

템플릿(Templat)의 사전적 의미는 '형틀, 형판'입니다. AutoCAD의 템플릿도 이와 같은 개념으로 도면의 작성 환경(각종 설정값)이 담겨있는 표준 도면입니다. 즉, 도면 작성을 위한 도면층, 선 종류, 글꼴, 블록을 비롯하여 기본 표제란과 같이 사용자가 도면 작성에 필요한 기본 환경 및 양식이 저장되어 있는 표준 도면입니다.

파일 형식은 '*.dwt'입니다. 이 템플릿 파일은 AutoCAD에서 기본적으로 제공하는 템플릿 파일이 있으며 사용자가 필요에 의해 자신의 작업 환경에 맞는 환경을 설정하여 템플릿 파일 형식으로 만들 수도 있습니다.

도면을 시작해서 도면의 크기와 단위를 설정하고 도면층이나 그리기 도구에서 설정할 작업을 미리 설정하여 표제란과 같이 항상 사용하는 양식을 미리 작도해서 템플릿 파일로 만들어 저장하여 사용하면 환경 설정 작업을 생략할 수 있어 효율적이라 할 수 있습니다.

02 목록에서 'acadiso.dwt'를 선택한 후 클릭합니다. 다음과 같이 새로운 도면 작업을 위한 화면이 펼쳐집니다.

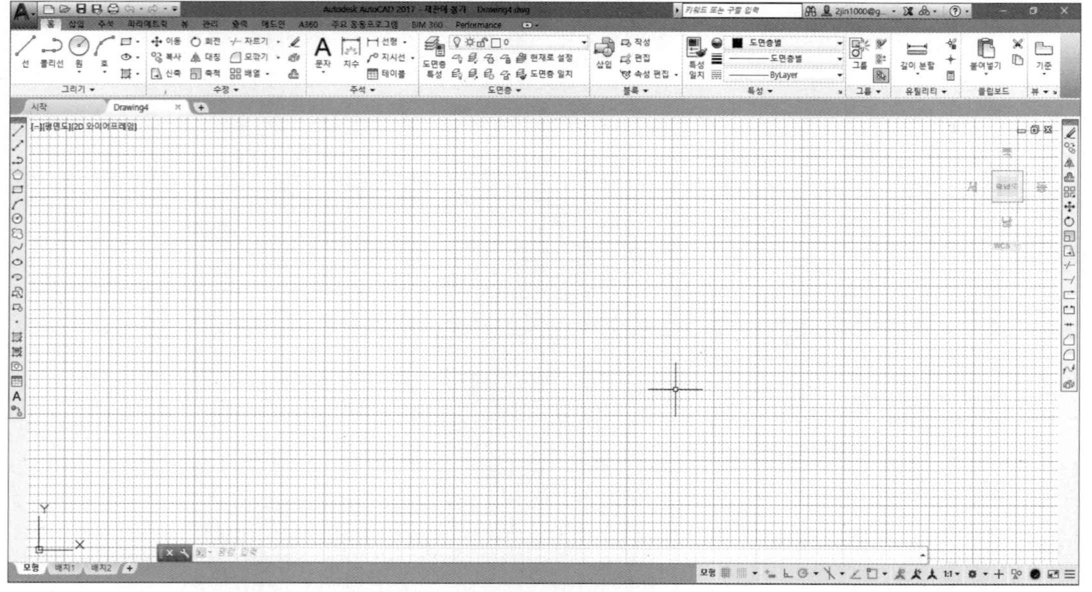

(2) 새로운 도면 – 템플릿 도면 선택

도면 작업 영역에서 '새로 만들기' 또는 '빠른 새 도면'을 통해 템플릿 파일을 선택하여 시작하는 방법입
니다.

명령 : NEW(단축키 : Ctrl + N)　　　　　　　　　　　　　　　　아이콘 버튼 : ◻

다음 그림과 같이 템플릿을 선택할 수 있는 대화상자가 표시됩니다.

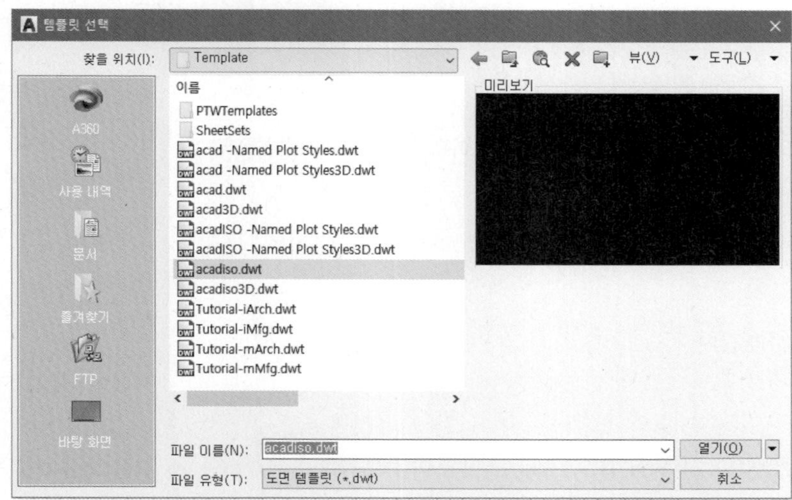

템플릿 파일 선택 대화상자

❶ **찾을 위치(I)** : 파일을 검색할 위치를 지정합니다.

❷ **A360** : 클라우드 기반의 Autodesk 360에서 선택합니다.

❸ **사용 내역** : 가장 최근에 접근한 내역을 표시합니다. 표시된 목록에서 선택하여 시작합니다.

❹ **문서** : 현재 사용 중인 컴퓨터의 '내 문서' 내로 이동하여 목록을 표시합니다.

❺ **즐겨 찾기** : 즐겨 찾기에 등록된 목록을 표시합니다. 여기에 등록된 목록은 오른쪽 상단의 [도구
　(L)]–[즐겨찾기에 추가(A)]를 통해 등록된 장소입니다.

❻ **FTP** : 파일 전송 프로토콜(FTP)의 위치를 지정하여 연결합니다.

❼ **바탕 화면** : 바탕 화면의 목록을 표시합니다.

❽ **뒤로(◆)** : 한 단계 뒤로 돌아갑니다.

❾ **한 수준 위로(▣)** : 현재의 경로 트리 위치에서 한 단계 위로 이동합니다.

❿ **웹 검색(◉)** : 웹 검색 대화상자를 통해 인터넷상에 접근하고 파일을 저장합니다.

⓫ **삭제(✖)** : 파일 또는 폴더를 삭제합니다.

⓬ **새 폴더 작성(▣)** : 현재 위치에서 새로운 폴더를 작성합니다.

❸ **뷰(V) :** 파일 또는 폴더 목록의 모양을 지정하고, 파일 목록의 경우는 파일 선택 시 미리 보기 이미지를 표시할지 여부를 지정합니다. 목록, 자세히, 썸네일, 미리 보기 항목이 있습니다.

❹ **도구(L) :** 사용 가능한 다른 동작에 대한 지원 도구를 제공합니다.

  ① 찾기(F) : 이름, 위치, 날짜 등을 이용해 파일을 찾을 수 있는 대화상자를 제공합니다.

  ② 위치(L) : AutoCAD 검색 경로를 사용하여 파일 이름에 지정된 파일의 위치를 검색합니다.

  ③ FTP 위치 추가/수정(D) : 검색하고자 하는 FTP(File Transfer Protocol) 주소를 지정합니다.

  ④ 환경에 현재 폴더 추가(P) : 환경 목록에 선택된 폴더의 아이콘을 추가함으로써 모든 표준파일 선택 대화상자에서 해당 폴더로 신속히 접근할 수 있게 합니다.

  ⑤ 즐겨 찾기에 추가(A) : 현재 찾을 위치에 표시된 위치 또는 선택된 파일이나 폴더로 바로 가기 아이콘을 작성합니다. 자주 이용하는 폴더를 지정해 놓으면 편리하고 빠르게 접근할 수 있습니다.

❺ **파일 이름(N) :** 현재 선택된 파일 이름입니다.

❻ **열기(O) :** 파일을 엽니다. 버튼 옆에 붙은 역삼각형(▼)을 누르면 선택된 파일을 여는 방법('템플릿 – 영국식 없이 열기(I)', '템플릿 – 미터법 없이 열기(M)')을 제공합니다.

❼ **파일 형식(T) :** 파일의 형식을 선택합니다. 도면 파일 형식인 'DWG', 표준 파일 형식인 'DWS', 템플릿 파일 형식인 'DWT'가 있습니다.

❽ **취소(C) :** 작업을 취소합니다. 대화상자가 사라집니다.

> **tip!**
>
> 처음 시작하는 사용자라면 템플릿 파일 'acadiso.dwt'를 선택하여 시작하십시오. 이 템플릿 파일은 미터법 단위와 A3 용지(420, 297)의 도면 범위가 설정되어 있습니다.

(3) 새로운 도면 – 마법사를 이용한 설정

설정 마법사를 통해 새로운 도면을 시작합니다. 시스템 변수 'STARTUP'의 값이 '1'인 경우 마법사 대화상자가 나타납니다.

01 시스템 변수 'STARTUP'을 입력합니다.

{STARTUP에 대한 새 값 입력 〈3〉:}에서 '1'을 입력합니다.

> **참고 시스템 변수 'STARTUP'**
>
> 시스템 변수 'STARTUP'은 다음과 같은 값으로 구성됩니다.
> 0: 별도로 정의된 설정이 없이 시작합니다.
> 1: 시작하기 또는 새 도면 작성 대화상자를 표시합니다.
> 2: 새로운 탭이 표시됩니다. 응용프로그램에서 사용 가능한 경우 사용자 대화상자를 표시합니다.
> 3: 새 도면을 열거나 작성하면 새 탭이 표시되고 리본이 미리 로드됩니다.

02 다음과 같은 대화상자가 나타납니다.

❶ **처음부터 시작 :** '미터법(M)'을 클릭한 후 [확인]을 클릭하면 미터법 외에는 아무런 설정없이 시작합니다.

❷ **템플릿 사용 :** 템플릿을 선택하여 시작합니다.

❸ **마법사 사용 :** 마법사를 이용하여 설정을 합니다.

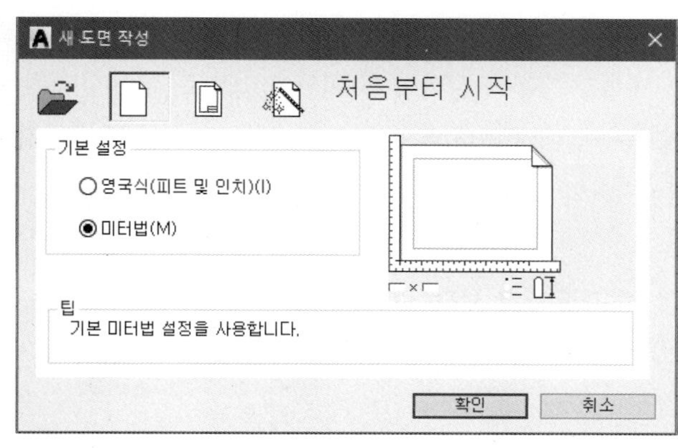

03 '마법사 사용'을 클릭합니다. 다음과 같은 화면이 나타납니다. '마법사 선택' 목록에서 '신속 설정'을 선택합니다.

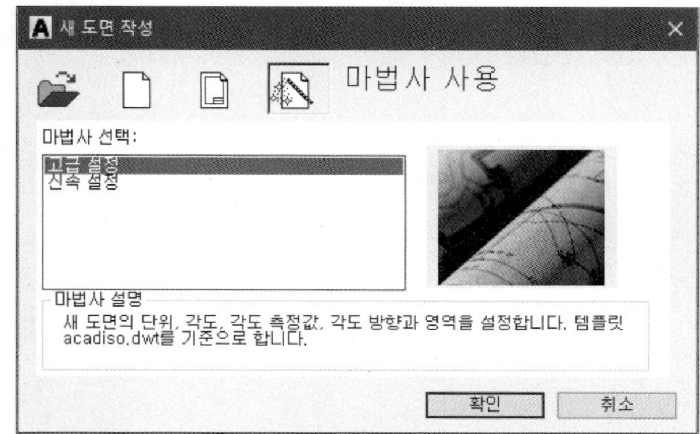

04 단위를 설정합니다. '10진수(D)'를 클릭한 후 [다음(N)] 〉]을 클릭합니다.

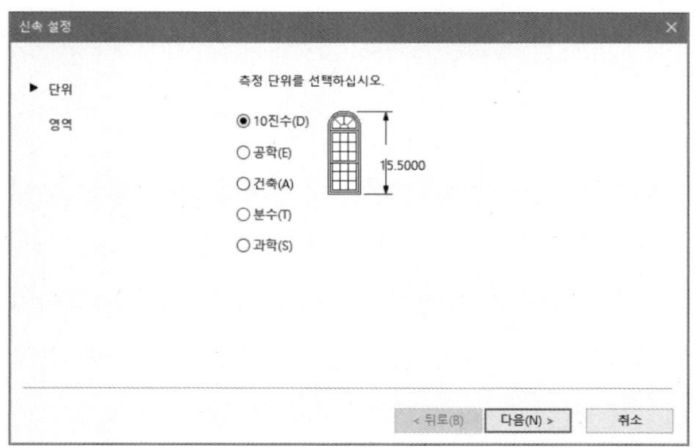

05 용지의 크기를 설정합니다. 용지의 가로, 세로 크기를 입력한 후 [마침]을 클릭하면 새로운 도면이 펼쳐집니다.

tip!

AutoCAD2017에서는 시스템 변수 'STARTUP' 기본값은 '3'으로 설정되어 있습니다. 이 책에서는 작업의 일관성을 위해 '3'으로 설정한 후 작업하도록 하겠습니다.

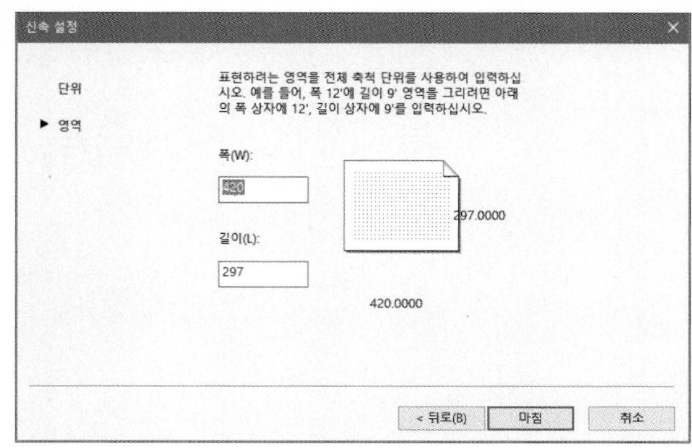

02. 기존 도면의 열기

도면을 처음부터 끝까지 한 번의 작업으로 끝나는 경우는 많지 않습니다. 이럴 경우에는 이미 작성된 도면을 열어야 합니다. 단일 도면만 열 수도 있고 여러 장의 도면을 동시에 열 수 있으며 필요에 따라서는 도면의 일부만을 열 수도 있습니다.

(1) 최근 문서로 시작하기

최근에 작업했던 도면(문서)으로 바로 접근하여 도면을 시작합니다.

01 AutoCAD 시작 화면에서 '최근 문서' 목록에서 열고자 하는 도면을 선택합니다.

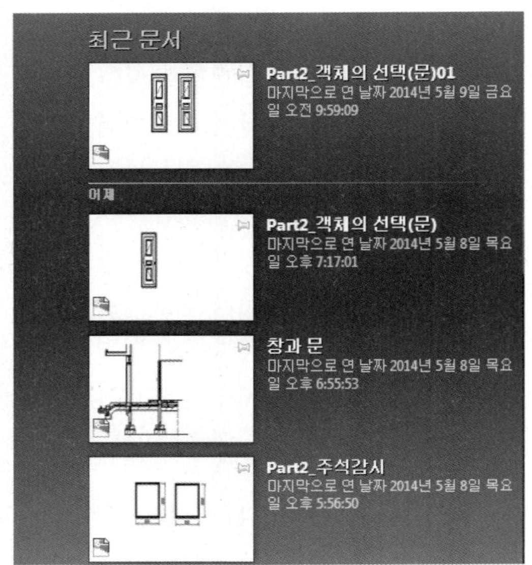

또는 '메뉴 탐색기 △' 버튼을 누릅니다. 다음과 같은 메뉴 목록과 이전에 작업했던 도면의 목록이 나타납니다. 마우스 커서를 도면 명칭에 가져가면 다음과 같이 미리보기 도면과 간단한 도면 정보가 나타납니다. 이때, 작업하고자 하는 도면을 선택하여 클릭합니다.

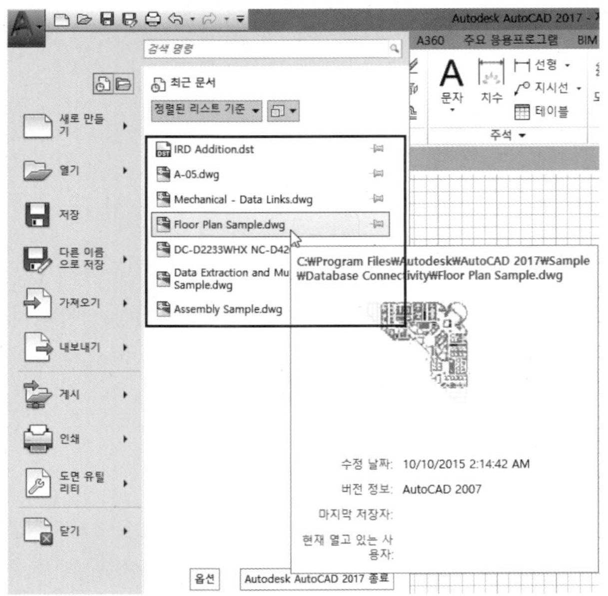

(2) 단일 도면 열기

한 장의 도면만을 엽니다. 명령을 실행하면 '파일 선택' 대화상자가 표시됩니다.

명령 : OPEN(단축키 : Ctrl + O) 아이콘 버튼 : 📂

열고자 하는 도면 파일을 선택하면 '미리 보기' 창에 도면의 이미지가 표시됩니다. 이때 [열기(O)]를 클릭합니다.

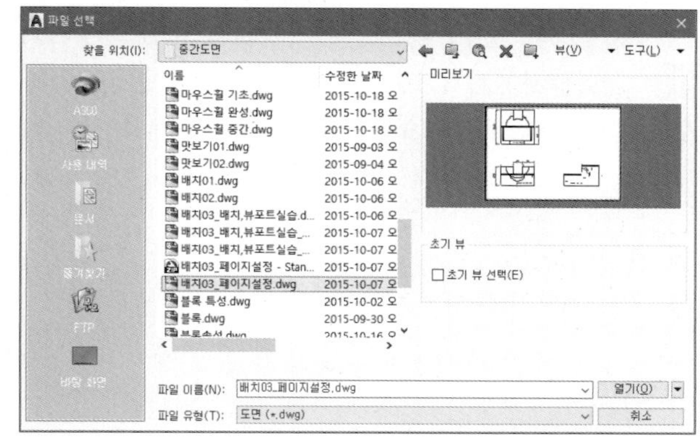

tip!

대화상자의 각 항목은 '새로운 도면'의 대화상자의 항목과 동일합니다. '새로운 도면'의 대화상자 설명을 참조합니다.

'새로운 도면' 대화상자에 없는 항목은 '초기 뷰 선택(E)'입니다. 이 '초기 뷰 선택(E)'은 도면에 두 개 이상의 명명된 뷰가 있는 경우 도면을 열 때 지정한 모형 공간 뷰를 표시합니다.

(3) 여러 도면 열기

여러 장의 도면을 동시에 엽니다.

명령 : OPEN(단축키 : Ctrl + O) 아이콘 버튼 : 📂

01 대화상자에서 키보드의 〈Ctrl〉 키를 누르면서 파일 목록에 있는 파일 목록에서 열고자 하는 파일을 선택합니다. 선택된 파일이 반전되어 선택된 파일을 확인할 수 있습니다. 여기에서는 4개의 파일을 선택했습니다. 선택이 끝나면 [열기(O)]를 클릭합니다.

02 다음 그림과 같이 선택한 여러개의 파일이 동시에 열립니다.

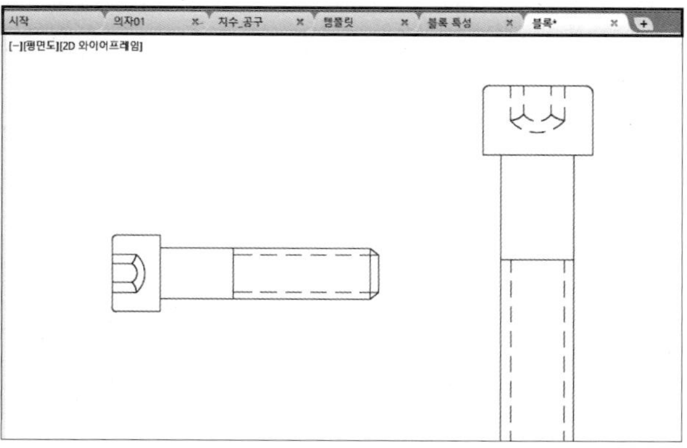

tip!

선택한 파일을 취소하고자 할 경우는 〈Ctrl〉 키를 누른 채로 선택된 파일을 다시 한 번 선택합니다. 취소된 파일은 선택 표시인 반전 표시가 사라집니다

(4) 도면의 일부분 열기

도면의 일부만을 엽니다. 작업할 뷰 또는 원하는 도면층(레이어)을 선택하여 도면을 엽니다. 샘플 도면
을 이용하여 다음과 같이 실행합니다.

명령 : OPEN(단축키 : Ctrl + O)　　　　　　　　　아이콘 버튼 :

01 대화상자에서 열고자 하는 파일을 선택한 후 [열기
(O)]의 역삼각형(▼) 아이콘을 눌러 목록 중에서 [부분적
열기(P)]를 클릭합니다.

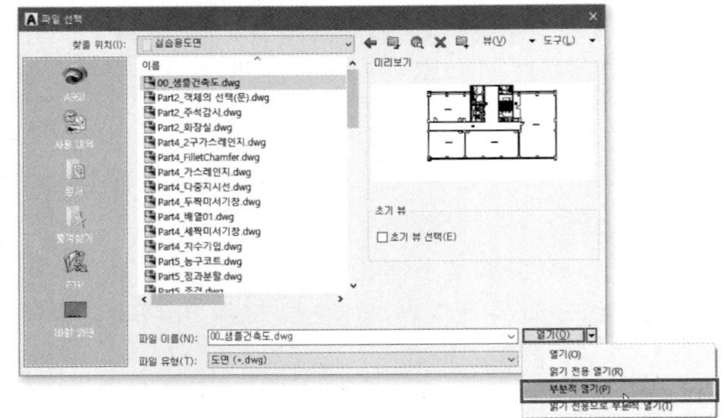

02 다음과 같이 [부분적 열기] 대화상자가 표시됩니
다. '로드할 뷰 형상' 및 '로드할 도면층 형상' 목록에서 열
고자 하는 뷰 및 도면층을 체크합니다. 여기에서는 건축
도가 작도되어 있는 도면층 'ARCH'에 체크하고 [열기
(O)]를 누릅니다.

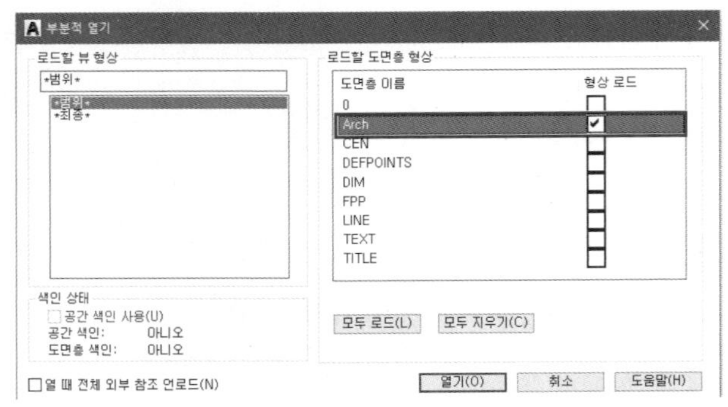

참고　도면층이란?

도면층은 하나의 트레이싱 페이퍼와 유사한 개념으로 도면을 작
성할 층을 만드는 것입니다. 필요에 의해 켜고 끌 수 있으며, 잠
그고 풀 수도 있고, 각 도면층별로 색상이나 선 종류를 설정할
수 있습니다. 자세한 내용은 뒤에 나오는 '객체 특성'을 참조합
니다.

03 다음 그림과 같이 건축도가 작도된 도면층인
'ARCH'만 열립니다.

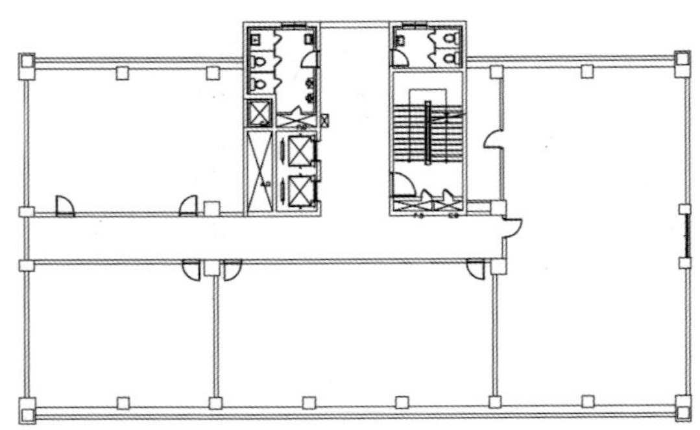

03. 도면의 저장과 닫기

새롭게 작성한 객체나 수정된 객체의 집합인 도면을 데이터 파일로 저장하는 것은 당연한 작업일 것입니다. 이번에는 저장 방법과 닫기에 대해서 알아보겠습니다.

(1) 다른 이름으로 저장(SAVEAS)과 저장(SAVE, QSAVE)

새로운 도면에 이름을 부여하여 저장하거나 현재 열려있는 파일의 이름을 변경하여 다른 이름으로 저장합니다.

명령 : SAVEAS, SAVE 또는 QSAVE(단축키: Ctrl + Shift +S, Ctrl+S)

아이콘 버튼 :

명령을 실행하면 다음과 같이 '다른 이름으로 도면 저장' 대화상자가 표시됩니다. 저장하고자 하는 폴더를 지정하고 '파일 이름(N)' 항목에 파일 이름을 입력한 후 [저장(S)]을 클릭하면 지정한 파일명으로 저장됩니다.

참고 '다른 이름으로 저장(A) '과 '저장(S) '의 차이

기본적으로 새로운 도면을 처음 저장할 때는 '다른 이름으로 저장(A)'과 '저장(S)'의 차이가 없습니다. 두 명령 모두 '다른 이름으로 도면 저장' 대화상자가 나타나 파일명을 지정하여 파일에 저장할 수 있습니다.

차이점은 이미 한 번 저장한 도면을 다시 저장하려고 할 때 차이가 있습니다.

(1) 다른 이름으로 저장(A) : 기존 도면 이름과는 다른 이름으로 도면을 저장하는 것입니다. 따라서, 명령을 실행할 때마다 '다른 이름으로 도면 저장' 대화상자를 표시하여 파일명을 입력하도록 합니다.

(2) 저장(S) : 기존 도면 이름을 가지고 있기 때문에 명령을 실행하면 별도의 대화상자를 표시하지 않고 현재의 파일명으로 저장됩니다.

(2) 저장(QSAVE)

현재 열려있는 파일과 동일한 이름으로 저장하고자 할 경우는 저장 명령을 사용합니다.

명령 : QSAVE(단축키 : Ctrl + S)   아이콘 버튼 :

명령을 실행하면 현재 지정된 폴더에서 지정된 파일명으로 저장됩니다. 그러나 도면 이름(파일명)이 없는 새로운 도면의 경우는 앞에서 설명한 '다른 이름으로 도면 저장'과 같은 대화상자가 표시되어 파일명을 지정할 수 있도록 합니다.

(3) 닫기(CLOSE)

현재 도면을 닫습니다. 마지막으로 저장한 도면이 수정된 경우에는 변경 사항을 저장하거나 무시할지
를 묻는 대화상자가 표시됩니다.

명령 : CLOSE

도면창 제어버튼 중 닫기 버튼(▣) 또는 도면 탭의 'X'를
누르면 해당 도면이 닫힙니다.

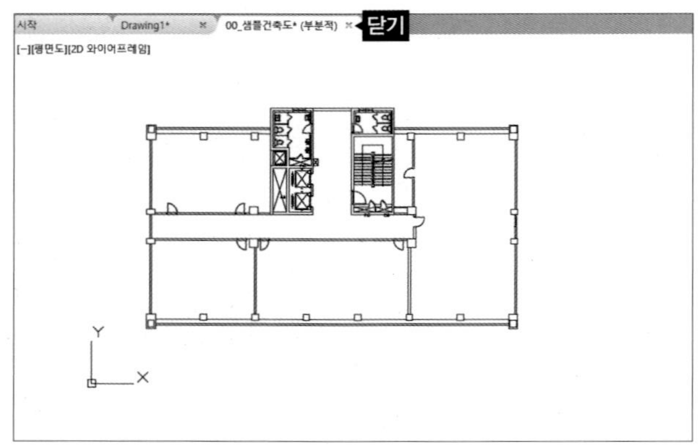

현재 열린 도면이 변경되지 않은 경우는 그대로 종료되
지만 수정 작업이 이루어져 변경된 경우는 다음 그림과
같이 저장 여부를 묻는 대화상자를 표시합니다. 이때 저
장하고자 하면 [예(Y)]를, 저장하지 않고 닫으려면 [아니
오(N)]를 클릭합니다.

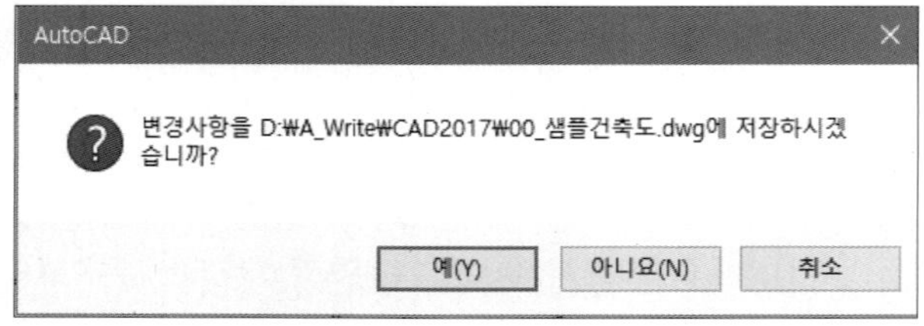

참고 여러 장의 도면을 한 번에 모두 닫고자 할 경우

명령 : CLOSEALL   메뉴 : [윈도우(W)] - [전체 닫기(L)]

AutoCAD를 실행한 후 여러 개 창을 열어서 작업을 할 경우가 있습니다. 예를 들어, 1층과 2층, 3층의 도면을 한 번에 열
어 작업을 할 수도 있습니다. 이때 열려있는 모든 창을 한 번에 닫으려면 '모두 닫기(CLOSEALL)' 명령을 사용합니다.
수정된 도면이 있으면 파일을 닫기 전에 각각의 도면에 대해서 도면의 변경된 내용을 저장할 것인가를 묻는 대화상자가
표시됩니다. 이때, 저장 여부를 판단하여 지정합니다.

참고 파일 저장 형식

AutoCAD 도면의 기본 파일 형식은 'DWG'입니다. 그러나 'DWG' 외에 다른 CAD 포맷이나 소프트웨어에서 인식하게 하거나 하위 버전에서 열 수 있도록 하기 위한 형식을 제공합니다.
[다른 이름으로 저장] 대화상자에는 다음 그림과 같이 '파일 유형(T)'을 지정하는 항목이 있습니다. '파일 유형(T)'의 목록을 클릭합니다. 다음 그림과 같이 저장할 수 있는 파일 포맷 및 AutoCAD 버전 종류가 표시됩니다. 이때 저장하고자 하는 항목을 선택합니다.

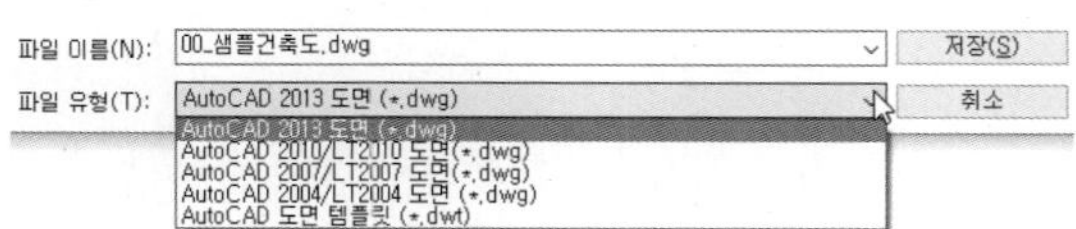

'DWG' 외에 AutoCAD에서 제공하는 형식으로 템플릿 파일의 'DWT'와 다른 CAD 프로그램에서 읽을 수 있는 도면 정보를 포함하는 텍스트 또는 이진 파일인 'DXF(Drawing Interchange Format)'이 있습니다.
파일 저장에는 세 가지 형식과 함께 각 버전별 저장 기능이 있습니다. AutoCAD가 버전이 바뀌면서 내부적으로 데이터 저장 구조가 약간씩 바뀝니다. 기본적으로 세 버전마다 한 번씩 데이터 포맷이 바뀝니다.
AutoCAD 2017 파일은 AutoCAD 2013 버전의 파일과 동일합니다. 따라서, 최신 버전의 파일 형식은 AutoCAD 2013입니다. 상위 버전의 파일을 하위 버전에서 사용하려면 버전에 맞춰 저장해야 합니다.
AutoCAD 2013 형식의 도면을 AutoCAD 2012에서 사용하려면 AutoCAD 2010 버전으로 저장해야 합니다. AutoCAD 2012는 AutoCAD 2010, 2011과 호환됩니다. 따라서 AutoCAD 2012에서 사용하려면 파일 형식은 'AutoCAD 2010도면(*.dwg)'으로 저장해야 합니다. AutoCAD 2009에서 사용하려면 AutoCAD 2007 형식으로 저장해야 합니다.
AutoCAD 2013에서 지정할 수 있는 파일 형식에는 다음과 같은 것이 있습니다.

- AutoCAD 2013 도면(*.dwg) : AutoCAD 2013 파일 형식입니다.
- AutoCAD 2010 도면(*.dwg) : AutoCAD 2010, 2011, 2012는 동일한 파일 형식입니다.
- AutoCAD 2007 도면(*.dwg) : AutoCAD 2007, 2008, 2009는 동일한 파일 형식입니다. 따라서, AutoCAD 2009 도면도 2007도면으로 저장됩니다.
- AutoCAD 2004/LT 2004 도면(*.dwg) : AutoCAD 2004, 2005, 2006버전 형식입니다.
- AutoCAD 도면 표준(*.dws)
- AutoCAD 도면 템플릿(*.dwt)

이외에도 CAD 형식이 아닌 다른 소프트웨어와 호환을 위한 파일 형식을 제공하고 있습니다. 다른 파일 형식에 대해서는 '내보내기(EXPORT)'를 참조합니다.

04. 도면의 내보내기와 가져오기

AutoCAD에서 작업한 도면은 반드시 AutoCAD에서 사용하는 것은 아닙니다. 다른 소프트웨어에서 참조하거나 활용할 수도 있습니다. 즉, 다른 소프트웨어에서 작성한 도면이나 이미지를 AutoCAD에서 활용하는 경우도 있습니다. 예를 들어, AutoCAD이외의 다른 CAD, 포토샵(PhotoShop)과 같은 그래픽 소프트웨어나 3D MAX와 같은 동영상 편집 소프트웨어에서 AutoCAD의 도면을 사용하고자 할 경우입니다. 반대의 경우도 있습니다. 이번에는 이때 유용하게 활용할 수 있는 내보내기와 가져오기에 대해 알아보겠습니다.

(1) 내보내기(EXPORT)

AutoCAD의 기본 파일 포맷(*.DWG) 이외의 파일 포맷으로 저장하는 명령이 '내보내기(EXPORT) ➡'입니다.

명령 : EXPORT(단축키 : EXP)   아이콘 버튼 : ➡

01 여기에서는 AutoCAD 도면을 메타파일(WMF)로 내보내서 엑셀(MS Excel)에서 열어보도록 하겠습니다. 도면은 어떤 객체라도 관계없으니 작도하기 바랍니다.

내보내기 명령을 실행합니다. 명령어 'EXPORT' 또는 단축키 'EXP'를 입력하거나 도구막대에서 ➡을 클릭합니다.

다음과 같이 '데이터 내보내기' 대화상자가 나타납니다. '파일 형식(T)'을 한글이나 마이크로소프트 오피스(MS Word, Excel 등)에서 불러오기를 할 수 있는 윈도우 메타파일 형식인 'WMF'로 선택합니다. 폴더와 '파일 이름 (N)'을 지정하고 [저장(S)]을 클릭합니다.

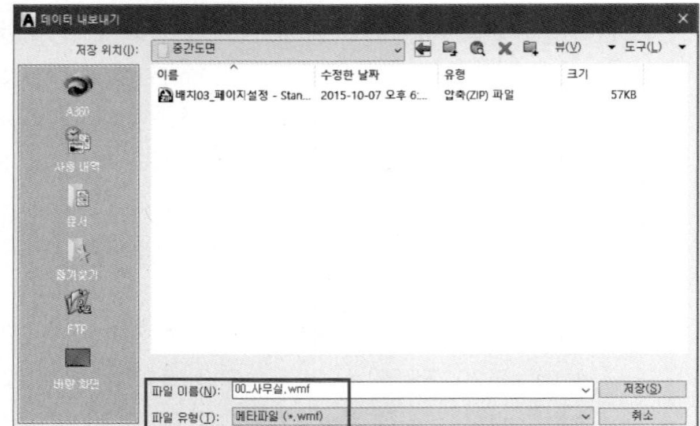

02 [저장(S)]을 클릭하면 내보내기를 위한 객체 선택 메시지인 {객체 선택:}이 표시됩니다. 이때 선택하고자 하는 객체를 선택합니다. 아래 그림의 녹색 영역과 같이 두 점을 지정하여 객체를 지정합니다.

{객체 선택:}에서 한 점을 지정하고, {반대 구석 지정:}에서 객체가 감싸지도록 반대 구석 점을 지정합니다. 선택이 끝나면 {객체 선택:}에서 〈엔터〉 키 또는 〈스페이스 바〉를 누릅니다.

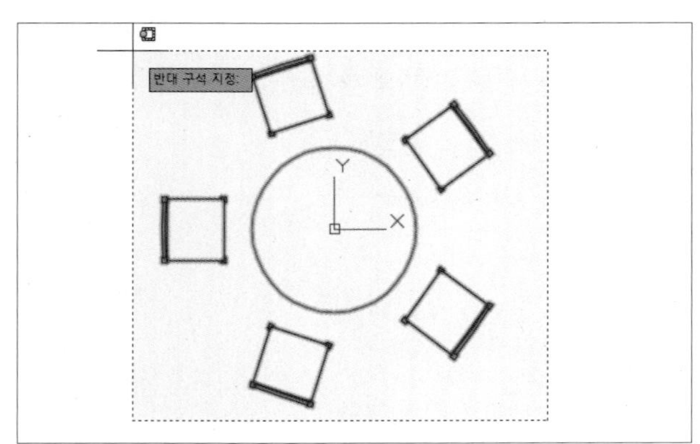

(2) 내보내기(EXPORT)한 이미지를 엑셀로 삽입하기

내보내기 한 이미지를 엑셀 소프트웨어에 삽입해보겠습니다.

01 엑셀 소프트웨어를 실행합니다. 워드(MS Word)나 파워포인트(MS PowerPoint), 한글 소프트웨어도 동일한 방법입니다. 엑셀 화면이 펼쳐지면 풀다운 메뉴에서 [삽입(I)]-[그림(P)]-[그림 파일(F)]을 클릭합니다.

02 '그림 삽입' 대화상자가 표시됩니다. 앞에서 내보내기 한 파일을 선택한 후 '삽입(S)'을 클릭합니다.

03 다음 그림과 같이 AutoCAD에서 내보내기 한 도면(이미지)이 엑셀 문서에 삽입됩니다.

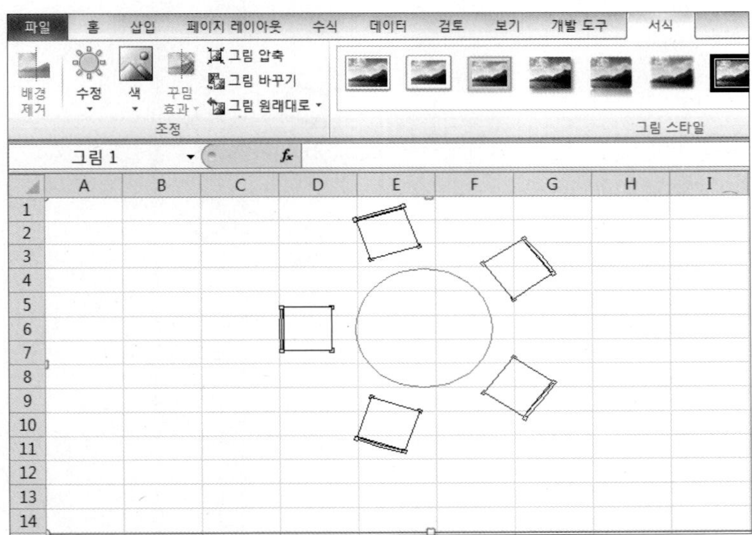

(3) 가져오기(IMPORT)

이번에는 다른 소프트웨어의 파일을 AutoCAD에서 불러오는 방법입니다.
AutoCAD의 기본 파일 포맷(*.DWG) 이외의 파일 포맷을 불러오는 명령이 '가져오기(IMPORT)'입니다.

명령 : IMPORT(단축키 : IMP)　　　　　　　　　　메뉴 : [파일(F)]-[가져오기(R)]

01 여기에서는 앞에서 내보내기 한 메타파일(WMF)을 AutoCAD에서 불러오겠습니다.
가져오기 명령을 실행합니다. 명령어 'IMPORT' 또는 단축키 'IMP'를 입력하거나 메뉴에서 [파일

(F)]−[가져오기(R)]를 지정합니다. '파일 가져오기' 대화
상자에서 가져오고자 하는 파일을 지정한 후 [열기(O)]를
클릭합니다.

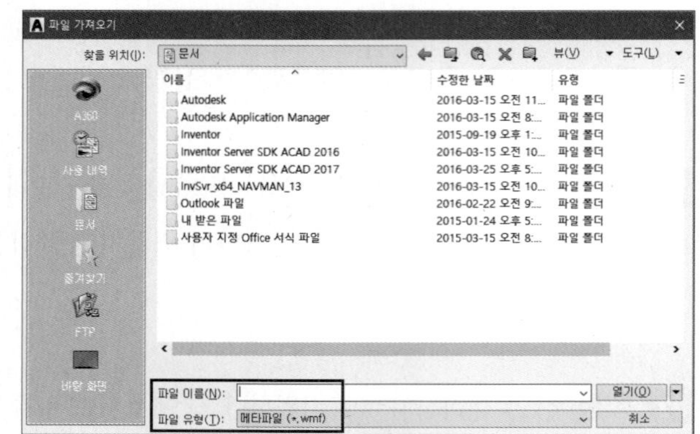

02 다음 그림과 같이 메타 파일이 AutoCAD의 작업
공간에 삽입됩니다. 삽입된 객체는 AutoCAD 객체가
아닌 단순한 이미지입니다.

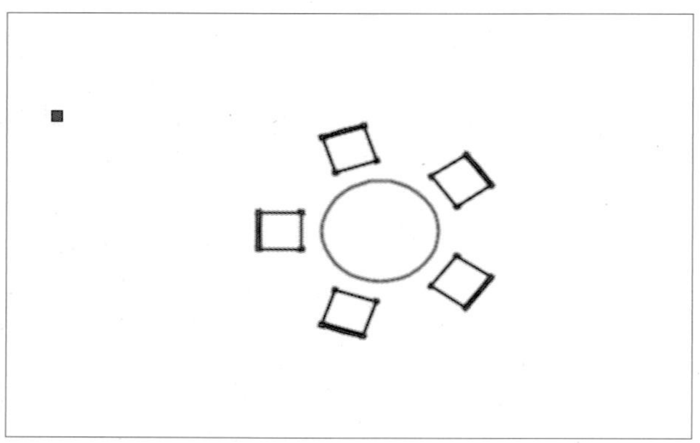

내보내기 및 가져오기 파일 형식

AutoCAD 2015에서 제공하는 내보내기 및 가져오기 파일 형식에는 다음과 같은 종류가 있습니다.

[내보내기(EXPORT) 파일 포맷]

- **3D DWF(*.DWF)** : 3차원으로 작성한 객체를 웹 포맷인 DWF(Drawing Web Format) 형식으로 내보 냅니다. 3D DWF 파일을 받은 사람은 'Autodesk DWF Viewer'를 사용하여 3D DWF 파일을 보거나 인쇄할 수 있습니다. 2차원 객체의 경우는 '저장(QSAVE)' 또는 '다른 이름으로 저장'에서 형식을 제공하 지만 3차원 객체는 내보내기를 통해서 DWF 형식으로 내보내기를 해야 합니다.

- **DWFx(*.WMF)** : DWF보다 발전된 형식으로 Microsoft의 XML 용지 사양(XPS) 형식을 기반으로 하며, Windows Vista 및 Windows Internet Explorer 7에 통합된 XPS 뷰어를 사용하여 볼 수 있는 형식 입니다.

- **메타 파일(*.WMF)** : 윈도우 메타 파일(Windows Meta File)로 저장합니다. 주로 한글이나 오피스군 (Excel, Word, Powerpoint 등)에서 그림으로 삽입할 때 유용합니다.

- **마이크로스테이션 DGN(*.DGN)** : Microstation 파일 형식인 DGN(V8, V7) 파일로 내보냅니다.

- **3D 교환 포맷 IGES(*.IGES, *.IGS)** : 3차원 데이터 교환 포맷 *.IGES 또는 *.IGS 파일로 내보냅니다.

- **ACIS(*.SAT)** : ACIS Solid Object File 형식으로 저장합니다. 솔리드웍스나 Pro-e 등의 소프트웨어에 서 작업을 위한 형식입니다.

- **리쏘그라피(*.Stl)** : Solid Object Stereo Lithography File 형식으로 저장합니다.

- **캡슐화된 PS(*eps)** : 캡슐화된 포스트스크립트 파일(Encapsulate Postscript File) 형식으로 저장합니 다. 그래픽 이미지 편집기인 포토샵, 일러스트레이터, 코렐 드로우 등에서 불러들여 사용할 수 있는 형식입 니다.

- **DXX 추출(*.dxx)** : 속성 추출 DXF 파일(Attribute Extract DXF File) 형식으로 저장합니다. 3D MAX, DXF를 지원하는 소프트웨어에서 렌더링이나 입체감을 살릴 때 사용합니다.

- **비트맵(*.bmp)** : 장치 독립 비트맵 파일(Device Independent Bitmap File) 형식으로 저장합니다. 주 로 인터넷에 이미지를 게시할 때 많이 사용합니다.

- **블록(*.dwg)** : AutoCAD의 파일 형식입니다. 도면 중 일부를 블록화하기 위한 형식입니다.

이 밖에도 파일 형식을 저장하는 개별 명령이 있습니다.

- **BMPOUT** : 선택된 객체를 장치 독립 비트맵 파일 형식(*.bmp)으로 저장합니다.

- **JPGOUT** : 선택된 객체를 압축된 파일 형식인 JPEG 형식(*.jpg)으로 저장합니다. 압축된 파일은 디스크

공간은 절약되지만 화질이 떨어지거나 읽어 들이지 못하는 소프트웨어가 있을 수 있습니다.

- **PNGOUT :** 선택된 객체를 PNG(Portable Network Graphics)(*.png) 형식으로 저장합니다.

- **TIFOUT :** 선택된 객체를 TIFF 형식(*.tif)으로 저장합니다.

기타 '3DSIN', 'ACISIN','DGNIMPORT', 'FBXIMPORT', 'IGESIMPORT', 'WMFIN' 등 다양한 파일을 가져올 수 있는 명령을 제공하고 있습니다.

[가져오기(IMPORT) 파일 포맷]

가져오기 파일은 다음과 같은 포맷을 지원합니다.

- 3D Studio(*.3ds)
- ACIS(*.sat)
- CATIA V4 및 V5(*.model, *.session, *.exp, *.div3, *.CATPart, *.CATProduct)
- FBX(*.fbx)
- IGES(*.iges, *.igs)
- Inventor(*.ipt, *.iam)
- JT(*.jt)
- 메타파일(*.wmf)
- Microstation DGN(*.dgn)
- NX(*.prt)
- Parasolid 이진 및 문자(*.x_b, *.x_t)
- Pro/ENGINEER(*.prt*, *.asm*, *.g, *.neu*)
- Rhino(*.3dm)
- SolidWorks(*.prt, *.sldprt, *.asm, *.sldsam)
- STEP(*.ste, *.stp, *.step)

2. 좌표계와 좌표의 지정

좌표는 도면에 있어서 주소 역할을 하는 중요한 요소입니다. 정확한 도면을 작성하기 위해서는 정확한 좌표를 지정해야 합니다. 이번에는 좌표계의 이해와 지정 방법에 대해 알아보겠습니다.

01. 데카르트 좌표계

도면에서의 주소가 좌표입니다. 데카르트 좌표는 세 개의 축(X, Y, Z축)을 가진 좌표계에서 공간상의 한 지점의 위치를 나타내는 좌표를 말합니다.

좌표계는 크게 '표준 좌표계(WCS)'와 '사용자 좌표계(UCS)'로 나누어집니다.

(1) 표준 좌표계(WCS)

원점(0,0)이 항상 고정된 좌표계인 'WCS(표준 좌표계: World Coordinate System)'는 2차원 뷰에서는 X축이 수평이고, Y축이 수직이며 원점은 X축과 Y 축의 교차점(0,0)입니다. 원점인 (0,0)은 변함이 없습니다. AutoCAD를 시작하여 새 도면을 설정하면 기본적으로 'WCS'이며 2차원 작업은 WCS만으로 작업됩니다.

(2) 사용자 좌표계(UCS)

사용자가 필요에 따라 원점을 자유롭게 이동, 회전할 수 있는 좌표계인 'UCS(사용자 좌표계: User Coordinate System)'는 원점(0,0)의 위치와 XY평면의 방향을 사용자가 자유롭게 정의할 수 있는 좌표계입니다. 이 좌표계는 주로 3차원 작업 시에 사용자가 원점이나 XY평면을 이동 또는 회전해가면서 도면작업을 수행합니다. UCS 아이콘을 직접 드래그하여 이동하거나 YX 평면을 3차원 객체에 부착할 수 있고 손쉽게 축의 회전이 가능합니다.

데카르트 좌표계는 다음 그림과 같이 (X, Y, Z) 세 개의 축으로 이루어져 있습니다. 2차원 작업에서는 (X, Y) 두 개의 축만을 사용합니다.

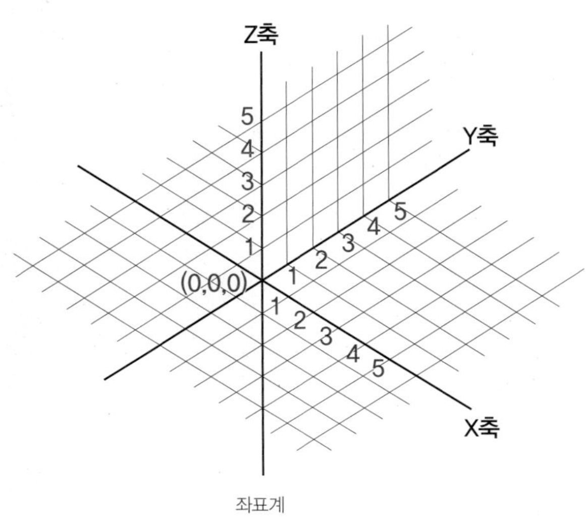

좌표계

02. 좌표 지정 방법

좌표를 지정하는 방법은 여러 방법이 있습니다만 여기에서는 대표적인 좌표지정 방법 세 가지(절대좌표 지정, 상대좌표 지정, 상대 극좌표 지정)와 포인팅 디바이스, 최후 좌표지정 방법에 대해 알아보겠습니다.

(1) 절대좌표 지정

'절대좌표'는 단어 의미대로 절대적인 좌표 즉, 절대적으로 고정된 좌표입니다. X축과 Y축의 교차점인 원점(0,0)을 기준으로 합니다. 지정하고자 하는 위치의 정확한 좌표 X 및 Y 값을 알 수 있는 경우에 절대좌표를 이용하여 지정합니다. 원점을 기준점으로 하여 '#X,Y,Z' 형식으로 좌표의 위치를 표현하며 원점은 (0,0,0)으로 고정되어 있습니다. Z값을 생략하여 '#X, Y'만 입력하기도 합니다.

tip!

화면 하단의 상태막대에서 입력 모드가 '동적 입력(DYN) █' 모드로 설정된 경우(ON)에는 좌표 값 앞에 반드시 '#'을 붙여 '#X,Y,Z' 의 형식으로 입력해야 합니다. '#'을 붙이지 않으면 상대좌표 지정이 됩니다. 그러나 '동적 입력(DYN)'이 꺼진 상태(OFF)에서는 '#' 기호를 붙이지 않고 'X,Y,Z' 형식으로 입력합니다.

다음 그림은 절대좌표 (10, 10)에서 시작하여 한 변의 길이가 '40'인 정사각형입니다. P1, P2, P3, P4의 절대좌표는?

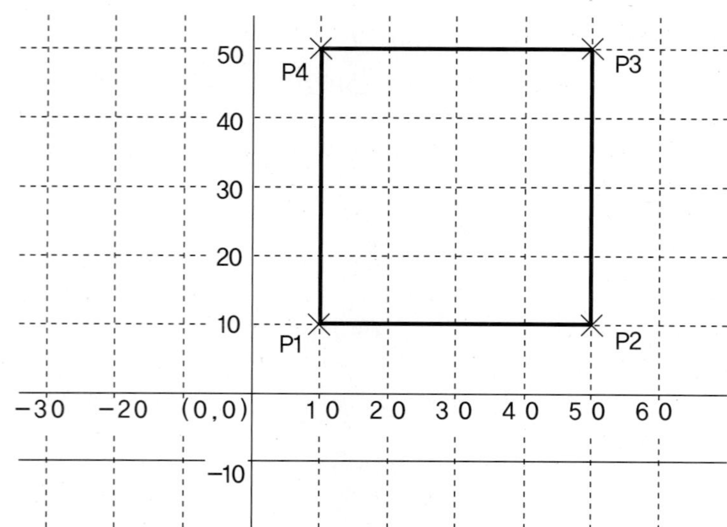

가로(X), 세로(Y) 방향의 좌표(모눈) 값을 그대로 읽으면 됩니다.

구 분	절대좌표	비 고
P1	(#10, 10)	X = 10, Y = 10
P2	(#50, 10)	X = 50, Y = 10
P3	(#50, 50)	X = 50, Y = 50
P4	(#10, 50)	X = 10, Y = 50
P1	(#10,10)	원래 좌표인 (10, 10)으로 연결

 **동적 입력(DYN)의 켜기(ON)와 끄기(OFF)**

AutoCAD에서 '동적 입력(DYN)' 시스템이 도입되기 이전까지는 절대좌표는 'X,Y,Z' 형식으로 입력했으나 '동적 입력 (DYN)' 시스템이 도입된 AutoCAD2006 버전부터는 '동적 입력(DYN)' 모드가 켜진(ON) 경우는 절대좌표에는 '#'을 앞에 붙여 '#X,Y,Z'의 형식으로 입력합니다.

'동적 입력(DYN)'의 설정 상태를 확인하려면 화면 하단에 있는 그리기 도구에 있는 동적 입력(DYN) 🔳 버튼의 상태(ON/ OFF 여부)를 확인하면 됩니다.

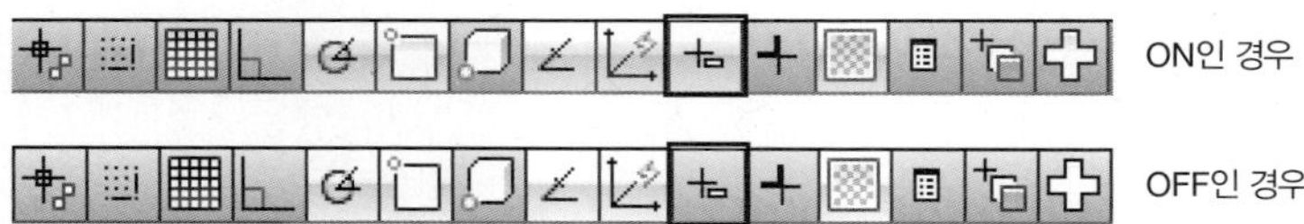

 **절대 좌표를 확인하는 'ID'**

특정한 점에 대한 좌표를 알고 싶을 때는 명령어 'ID'를 입력합니다.
{점 지정:}에서 확인하고자 하는 좌표를 지정합니다. 다음과 같이 (X, Y, Z) 값을 표시합니다.
{X = 173.7526   Y = 61.5586   Z = 0.0000}

(2) 상대좌표 지정

상대좌표는 현재 점(또는 마지막으로 입력된 점)을 기준으로 X, Y 방향으로 얼마만큼 떨어져 있는가 (변위량)를 표현한 좌표입니다. 즉, 어떤 기준점(또는 현재 점)이 있고 그 기준점으로부터 변화량을 알 수 있는 경우에 상대좌표를 이용하여 지정합니다.

입력 형식은 앞에 '@' 기호를 붙이고 (X, Y, Z)의 변위 값을 입력합니다. 즉, '@X,Y,Z' 형식입니다. 상 대좌표는 동일한 값이라도 기준 점(현재 점)이 어디냐에 따라 다른 좌표를 지정합니다. 예를 들어, 상대 좌표 지정을 '@3,4,0'으로 지정한 경우는 기준점이 (0,0,0)인 A점과 기준점이 (1,1,0)인 B점은 서로 다른 좌표가 됩니다.

다음 그림은 절대좌표 (10, 10)에서 시작하여 한 변의 길이가 '40'인 정사각형입니다. P1, P2, P3, P4의 상대좌표는?

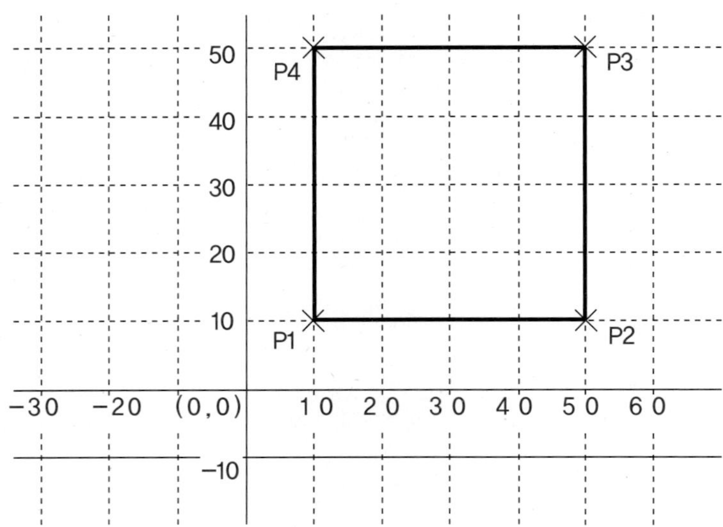

현재 위치로부터 X축과 Y축으로 얼마만큼 이동했는지를 계산합니다.

구 분	상대좌표	비 고
P1	(#10, 10)	절대좌표(X = 10, Y = 10)
P2	(@40, 0)	P1으로부터 X축으로 40, Y축으로 10
P3	(@0, 40)	P2로부터 X축으로 0, Y축으로 40
P4	(@−40, 0)	P3으로부터 X축으로 −40, Y축으로 0
P1	(@0, −40)	P4로부터 X축으로 0, Y축으로 −40

(3) 상대극좌표 지정

상대극좌표는 각도와 거리로 좌표를 지정합니다. 현재 점(마지막으로 입력된 점)으로부터 지정 각도 방향으로 얼마만큼의 거리에 있느냐(변위량)를 표현한 좌표입니다. 상대좌표와 마찬가지로 이전 점(현재 점)과 관련하여 각도와 거리를 알 수 있는 경우는 상대극좌표를 사용합니다.

입력 형식은 앞에 '@'를 붙이고 '거리〈각도' 값을 입력합니다. 즉, '@거리〈각도'입니다. 상대극좌표는 상대좌표와 마찬가지로 동일한 값을 지정했다 하더라도 기준 점(현재 점)이 어디냐에 따라 다른 위치를 지정하게 됩니다.

 **각도의 표현**

AutoCAD에서 각도의 표현은 기본적으로 3시 방향을 0°로 하여 반시계 방향으로 진행합니다. 그래서 12시 방향은 90°, 9시 방향은 180°, 6시 방향은 270°에 해당됩니다. '단위 지정(UNITS)' 명령으로 사용자가 기준 방향이나 방향을 바꿀 수도 있으나 기본적으로 바꾸지 않는 것이 좋습니다.

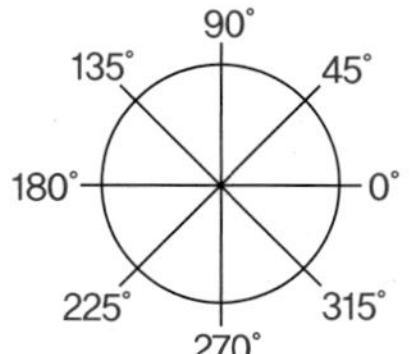

AutoCAD에서 각도의 표현

다음 그림은 절대좌표 (10, 10)에서 시작하여 한 변의 길이가 '40'인 정사각형입니다. P1, P2, P3, P4의 상대극좌표는?

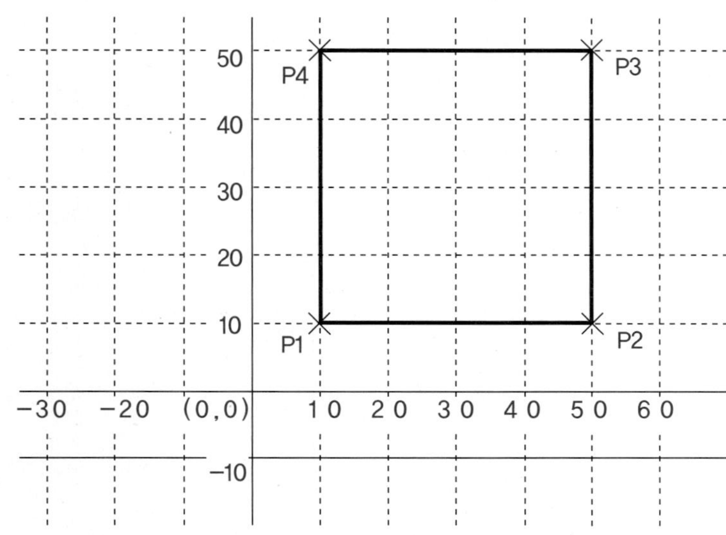

현재 위치로부터 어느 각도로 얼마만큼 이동했는지를 계산합니다.

구 분	상대좌표	비 고
P1	(#10, 10)	절대좌표(X = 10, Y = 10)
P2	(@40 〈 0)	P1으로부터 0도 방향으로 40만큼 이동
P3	(@40 〈 90)	P2로부터 90도 방향으로 40만큼 이동
P4	(@40 〈 180)	P3으로부터 180도 방향으로 40만큼 이동
P1	(@40 〈 270)	P4로부터 270도 방향으로 40만큼 이동

(4) 포인팅 디바이스(Pointing device)에 의한 지정

마우스, 디지타이저의 퍽이나 스타일러스 펜 등으로 특정 위치를 지정하는 방법입니다. 가장 많이 사용하는 것은 마우스입니다. 빈 공간의 좌표를 지정할 수도 있지만 객체의 특정한 위치(객체스냅: 끝점, 중간점, 중심점, 교차점 등)를 지정할 수도 있습니다.

참고 객체스냅(OSNAP)

객체스냅(Object Snap)은 객체의 특정한 좌표를 지정하는 기능을 말합니다. 예를 들어, 선의 끝점이나 중간점, 원의 중심점이나 사분점, 선과 선 또는 원이 만나는 교차점, 수직으로 만나는 수직점 등을 말합니다.

예를 들어, 선분의 끝점에 원을 그리고자 할 때는 객체스냅 기능을 이용하여 선의 끝점을 지정해야 합니다. 우리가 마우스를 이용해 아무리 정밀한 위치를 지정한다고 해도 정확한 점을 찾을 수는 없습니다. 이때, 객체스냅 기능을 이용하여 정확한 점을 찾아냅니다. 객체스냅은 '객체스냅' 단원에서 자세히 다루도록 하겠습니다.

예제

앞에서 학습한 좌표 지정 방법으로 다음과 같은 도형을 그려보겠습니다. 왼쪽 하단의 기준점을 (50,50)으로 하여 한 변의 길이가 '50'인 사각형입니다.

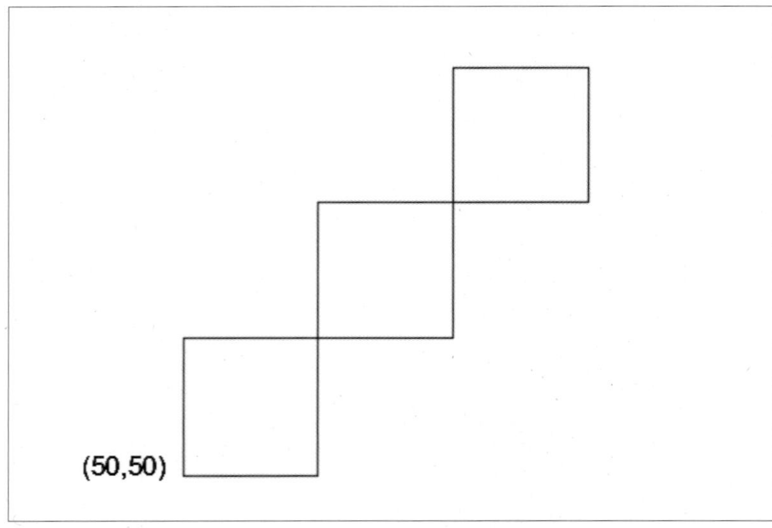

01. 절대 좌표에 의한 사각형 작도

선 명령을 실행합니다. 명령어 'LINE' 또는 단축키 'L'을 입력하거나 '홈' 탭의 '그리기' 패널 또는 도구 막대에서 ✏을 클릭합니다.

{첫 번째 점 지정:}에서 '50,50'을 입력합니다. ('#50,50'을 입력해도 같은 결과)

{다음 점 지정 또는 [명령 취소(U)]:}에서 '#100,50'을 입력합니다.

{다음 점 지정 또는 [명령 취소(U)]:}에서 '#100,100'을 입력합니다.

{다음 점 지정 또는 [닫기(C)/명령 취소(U)]:}에서 '#50,100'을 입력합니다.

{다음 점 지정 또는 [닫기(C)/명령 취소(U)]:}에서 'C'를 입력합니다.

다음 그림과 같이 (50,50)에서 시작하여 한 변의 길이가 '50'인 사각형이 작도됩니다.

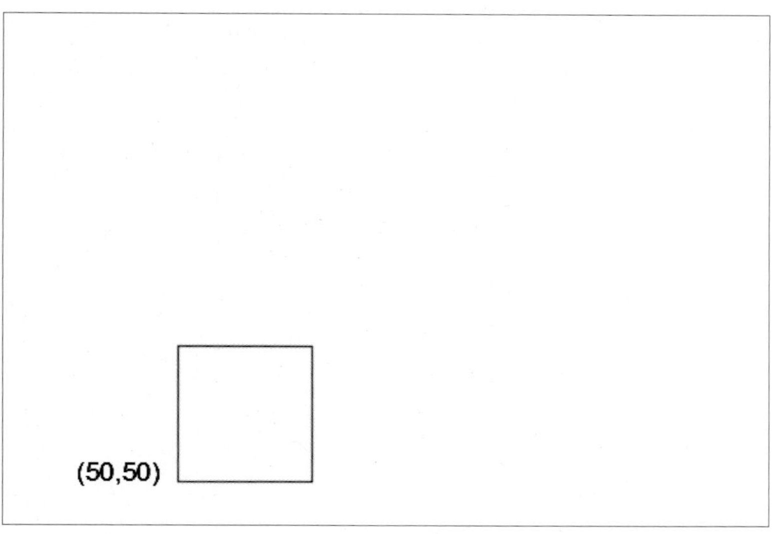

02. 상대 좌표에 의한 사각형 작도

〈엔터〉 키 또는 〈스페이스 바〉를 눌러 선 명령을 재 실행합니다.

{첫 번째 점 지정:}에서 '#100,100'을 입력합니다. (#100,100'을 입력해도 같은 결과가 됨)

작도된 사각형의 오른쪽 위의 좌표가 (100,100)입니다.

{다음 점 지정 또는 [명령 취소(U)]:}에서 '@50,0'을 입력합니다.

{다음 점 지정 또는 [명령 취소(U)]:}에서 '@0,50'을 입력합니다.

{다음 점 지정 또는 [닫기(C)/명령 취소(U)]:}에서 '@-50,0'을 입력합니다.

{다음 점 지정 또는 [닫기(C)/명령 취소(U)]:}에서 'C'를 입력합니다.

다음 그림과 같이 (100,100)에서 시작하여 한 변의 길이가 '50'인 사각형이 작도됩니다.

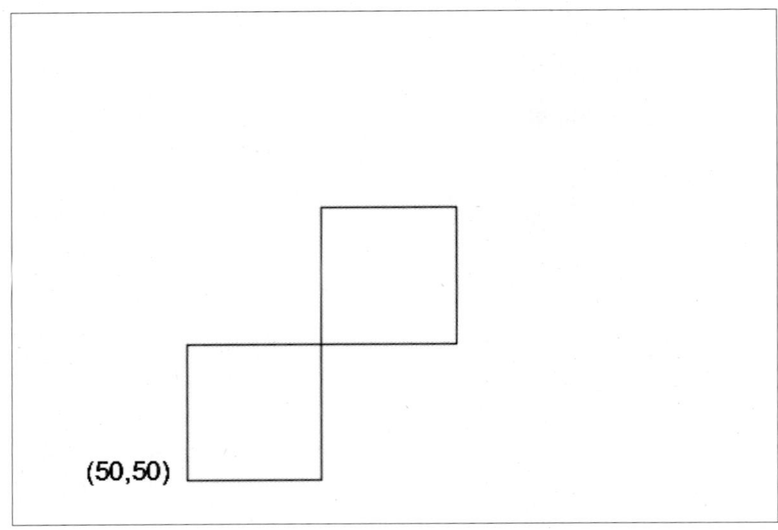

03. 상대 극좌표에 의한 사각형 작도

〈엔터〉 키 또는 〈스페이스 바〉를 눌러 선 명령을 재 실행합니다.

{첫 번째 점 지정:}에서 '150,150'을 입력합니다. ('#150,150'을 입력해도 같은 결과)

작도된 두 번째 사각형의 오른쪽 위의 좌표가 (150,150)입니다.

{다음 점 지정 또는 [명령 취소(U)]:}에서 '@50〈0'을 입력합니다.

{다음 점 지정 또는 [명령 취소(U)]:}에서 '@50〈90'을 입력합니다.

{다음 점 지정 또는 [닫기(C)/명령 취소(U)]:}에서 '@50〈180'을 입력합니다.

{다음 점 지정 또는 [닫기(C)/명령 취소(U)]:}에서 'C'를 입력합니다.

다음 그림과 같이 (150,150)에서 시작하여 한 변의 길이가 '50'인 사각형이 작도됩니다.

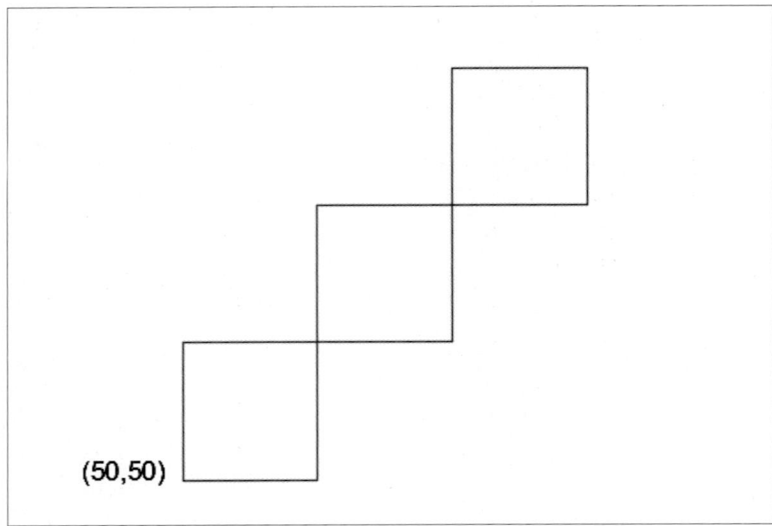

3. 도면 범위와 단위의 설정

CAD 공간에서는 작은 시계 부품에서부터 지구까지 이 세상의 모든 형상을 작도할 수 있습니다. 도면의 범위는 작도할 공간의 크기를 결정합니다. 이번에는 도면의 범위를 지정하는 방법과 도면에서 사용할 단위의 설정에 대해 알아보겠습니다.

01. 도면의 범위를 설정하는 도면 한계(LIMITS)

'도면 한계(LIMITS)' 명령은 도면 작업을 위한 경계(범위)를 설정하며 그 한계 검사 기능을 제어합니다. AutoCAD의 작업공간은 무한대라 할 수 있습니다. 도면 한계는 왼쪽 아래의 점과 오른쪽 위의 점을 대각선으로 지정하여 도면의 범위를 지정합니다.

01 명령어 'LIMITS'를 입력합니다.

02 {모형 공간 한계 재설정 : 왼쪽 아래 구석 지정 또는 [켜기(ON)/끄기(OFF)] ⟨0.0000,0.0000⟩:}에서 '0,0' 또는 ⟨엔터⟩ 키를 누릅니다. 즉, 왼쪽 아래 구석을 (0,0)으로 설정하는 것입니다.

03 {오른쪽 위 구석 지정 ⟨420.0000,297.0000⟩:}에서 '297, 210'(축척이 1:1이고, A4 용지의 경우)를 입력합니다. 화면에서 변화는 없지만 도면 범위가 A4용지 (297 x 210) 크기로 설정되었습니다.

옵션 설명

{왼쪽 아래 구석 지정 또는 [켜기(ON)/끄기(OFF)] ⟨0.0000,0.0000⟩:}

(1) **켜기(ON)** : 한계 검사 기능을 켭니다. 도면의 경계를 넘어선 위치를 지정하거나 선택하면 '**외부 한계' 또는 '**Outside limits'라는 메시지를 표시하며 지정 또는 선택할 수 없도록 제한합니다. 즉, 도면 한계(LIMITS) 명령으로 지정한 범위 내에서만 도면을 작성할 수 있습니다.

(2) **끄기(OFF)** : 한계 검사 기능을 끕니다. 도면의 경계를 넘어서더라도 좌표의 지정과 선택을 할 수 있습니다. 즉, 도면 한계(LIMITS) 명령으로 지정한 범위 밖에서도 도면을 작성할 수 있습니다.

tip!

도면 한계를 설정한 후에는 반드시 '줌(ZOOM)' 명령으로 '전체(A)' 화면이 되도록 해야 합니다. 그렇게 하지 않으면 지정된 도면 범위와 현재 표시된 범위가 일치하지 않아 작도된 객체가 보이지 않을 수 있습니다.

즉, 객체를 작성했다 하더라도 현재 표시된 화면에는 나타나지 않을 수 있기 때문에 '줌(ZOOM)' 명령으로 도면 전체를 펼쳐주어야 합니다.

명령 : ZOOM 또는 🔍

{윈도우 구석을 지정. 축척 비율 (nX 또는 nXP)을 입력 또는

[전체(A)/중심(C)/동적(D)/범위(E)/이전(P)/축척(S)/윈도우(W)/객체(O)] 〈실시간〉:} 에서 'A'를 입력합니다.

02. 축척과 용지 크기를 지정한 도면 틀 작성(MVSETUP)

도면 축척과 용지의 폭과 높이를 입력하여 외곽 틀(직사각형)을 작성합니다. 축척과 용지 크기를 입력하면 용지 크기에 축척 배율을 곱해서 범위를 설정하고 테두리를 작성해주기 때문에 (용지 크기 × 스케일)의 계산을 하지 않고 테두리를 자동으로 작성하므로 편리하게 사용할 수 있습니다.

'배치(Layout)'를 사용할 경우는 전체 배치에 맞는 단일 배치 뷰포트를 작성하거나 배치에 여러 개의 배치 뷰포트를 작성할 수 있습니다. 아직 배치에 대해 다루지 않은 단계이므로 '외곽 틀 작성'으로 이해하기 바랍니다.

01 명령어 'MVSETUP'을 입력합니다.

02 {도면 공간을 사용 가능하게 합니까?[아니오(N)/예(Y)]〈Y〉:}에서 'N'을 입력합니다. 도면 공간(배치)의 사용 여부를 묻는 것입니다. 도면 공간을 사용하려면 'Y'를 입력합니다. 아직까지 배치에 대해 학습하지 않았으므로 'N'을 입력하고 넘어갑니다.

03 {단위 유형 입력[과학(S)/십진(D)/공학(E)/건축(A)/미터법(M)]:}에서 미터법인 'M'을 입력합니다. 사용할 단위를 지정합니다.

다음 그림과 같이 'AutoCAD 문자 윈도우' 화면으로 바뀌면서 스케일(축척) 비율이 표시됩니다.

```
축척 비율 입력: *취소*
명령:
MVSETUP
도면 공간을 사용가능하게 합니까? [아니오(N)/예(Y)] <Y>: N
단위 유형 입력 [공학(S)/십진(D)/엔지니어링(E)/건축(A)/미터법(M)]: M
미터 축척
==================
 (5000) 1:5000
 (2000) 1:2000
 (1000) 1:1000
 (500)  1:500
 (200)  1:200
 (100)  1:100
 (75)   1:75
 (50)   1:50
 (20)   1:20
 (10)   1:10
 (5)    1:5
 (1)    전체

×  -축척 비율 입력:
```

축척과 용지 크기에 따른 도면 범위

AutoCAD에서는 일반적으로 실제 크기(치수)로 객체를 작성합니다. 앞에서도 언급했듯이 AutoCAD의 작업공간은 무한대라고 할 수 있습니다. 그러나 무한대의 도면을 작성할 수는 없을 것입니다. 우리가 출력하는 용지의 크기는 정해져 있기 때문입니다.

작성된 설계 대상물을 용지의 크기에 맞추는 개념이 축척(스케일)입니다. 실제 치수로 작도된 객체를 사용자가 출력하고자 하는 용지에 맞추는 것이 스케일입니다. 예를 들어, A1 용지의 크기는 (841 × 597) 입니다. 이 용지에 길이가 80,000(80m)인 크기의 건축물을 작성한다면 1/100의 스케일(축척)을 사용해야 합니다.

다시 한 번 정리하면, 대상 객체는 실제 치수로 작도하고 출력 시 축척(스케일)만큼 줄여서 출력하게 되는 것입니다. 따라서, 도면의 한계(범위)를 정할 때는 용지 크기에 스케일(축척) 값을 곱해서 나온 값으로 지정해야 합니다.

다음은 용지의 크기와 축척이 1/50일 경우와 1/100일 경우의 도면의 크기를 표시한 것입니다.

용지 명칭	용지 크기	1/50인 경우	1/100인 경우
A4	297×210	14850×10500	29700×21000
A3	420×297	21000×14850	42000×29700
A2	597×420	29850×21000	59700×42000
A1	841×597	42050×29850	84100 ×59700
A0	1184×841	59200×42050	118400×84100

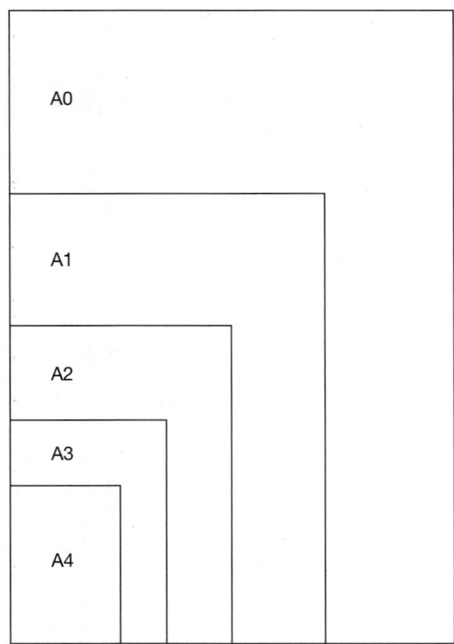

04 {축척 비율 입력:} 이때 '50'(1:50의 경우)을 입력합니다.

05 {용지 폭 입력:}에서 '297'(A4 용지의 경우의 폭)을 입력합니다.

06 {용지 높이 입력:}에서 '210'(A4 용지의 경우의 높이)을 입력합니다.

다음 그림과 같이 축척(1:50)과 용지 크기(A4 용지)가 설정되어 외곽 테두리가 작성됩니다. 여기에서는 (297×50) = 14,850, (210×50) = 10,500으로 계산되어 자동으로 도면 한계(LIMITS)도 (14850, 10500)으로 설정됩니다.

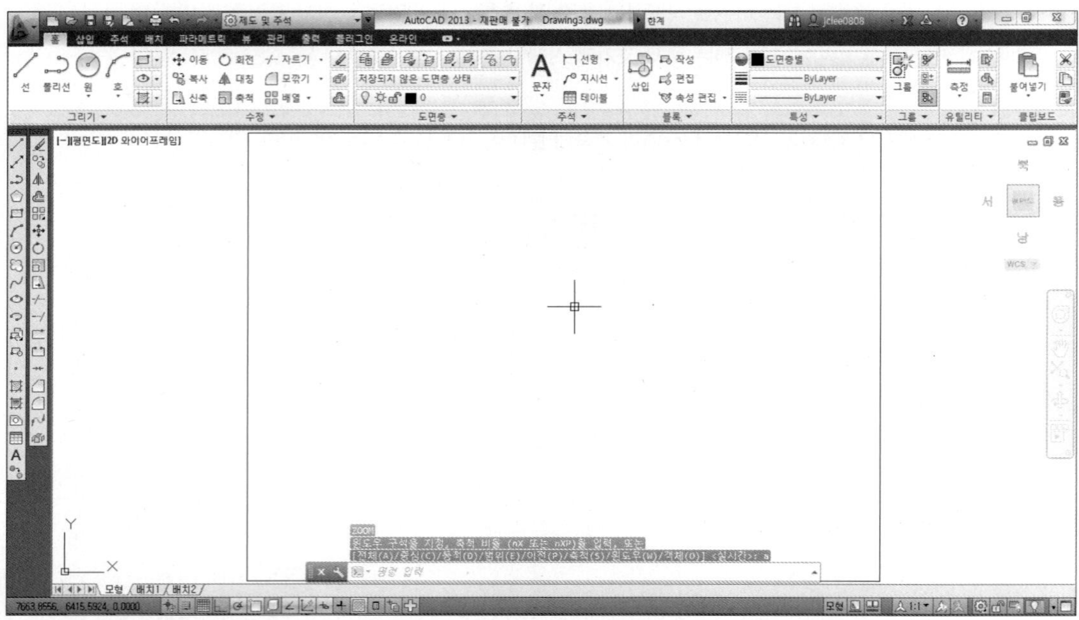

MVSETUP의 실행 결과 화면

03. 도면의 단위를 설정하는 단위(UNITS)

국가 또는 단체에 따라서 다른 단위를 사용하거나 표기 형식을 달리하는 경우가 있습니다. 이때 단위를 변경하는 명령이 '단위(UNITS)'입니다. '단위(UNITS)' 명령은 도면에서 사용할 길이의 단위, 자릿수를 설정하거나 각도의 표기법, 측정 기준을 설정하는 명령입니다.

01 명령어 'UNITS' 또는 'UN'을 입력합니다.

❶ 길이

거리와 좌표의 표기를 위한 단위 유형 및 정밀도를 지정합니다.

- 유형(T) : 목록에서 단위 유형을 선택합니다.
- 정밀도(P) : 정도 즉, 소수점 이하 자릿수를 지정합니다.

❷ 각도

각도 표기를 위한 유형 및 정밀도를 지정합니다.

- 유형(Y) : 목록에서 각도의 유형을 선택합니다.
- 정밀도(N) : 각도 표기의 정도 즉, 소수점 이하 자릿수를 지정합니다.
- 시계 방향(C) : AutoCAD에서 각도는 반시계 방향으로 측정되는데, 체크를 하면 각도의 측정을 시계 방향으로 지정합니다. 특별한 경우가 아니라면 이 값은 체크하지 않도록 합니다. 이 값을 바꾸면 작업과정에서 혼동이 일어날 수 있습니다.

❸ 삽입 축척

삽입된 도면이나 블록의 측정 단위를 설정합니다. 이 옵션으로 지정된 단위와 다른 단위로 작성된 블록 또는 도면은 삽입될 때 크기가 맞춰집니다.

❹ 조명

조명의 조도단위를 지정하는 단위: 조명의 조도에 대한 측정 단위를 제어합니다.

❺ 방향(D)

각도의 기준 방향을 지정합니다. '기준 각도(B)'는 기준이 되는 0°의 위치를 지정합니다. 기본 값은 '동(E)' 즉, 3시 방향입니다. '기타(O)'는 임의의 각도를 입력하여 기준으로 정하거나 두 점의 좌표를 찍어 기준 각으로 설정합니다. 특별한 경우가 아니라면 이 값은 변경하지 않도록 합니다. 이 값을 바꾸면 작업과정에서 혼동이 일어날 수 있습니다.

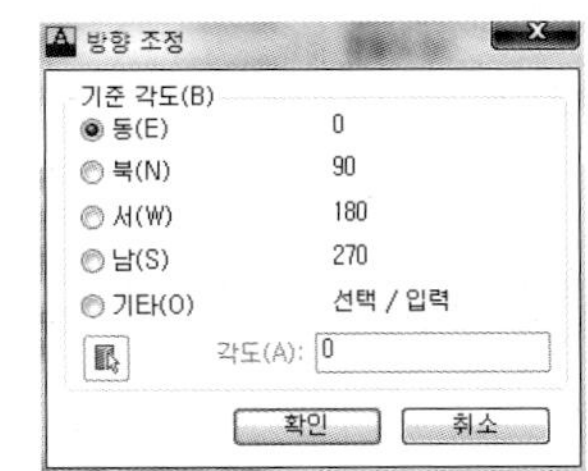

02 대화상자의 항목에 따라 길이, 삽입 축척, 조명, 각도의 단위를 지정합니다. 일반적으로 길이는 '십진법', 각도는 '십진 도수'를 사용합니다.

tip!

'시계 방향(C)' 및 '기준 각도(B)'는 특별한 경우가 아니라면 바꾸지 않는 것이 좋습니다. 이 각도를 바꾸면 도면의 공유 작업 및 AutoCAD 응용 프로그램의 실행 시에 문제가 발생할 수 있습니다. 또, AutoCAD 작업을 동일한 컴퓨터를 가지고 복수의 사용자가 사용할 경우, 설정한 사람 외에는 생각지 못한 방향으로 작도되어 혼란을 일으킬 수 있으므로 바꾸지 않는 것이 좋습니다.

특히, 초보자는 이러한 기능이 있다는 정도만 이해하기 바랍니다. 그리고 단위도 길이, 각도 모두 '십진'으로 맞추기 바랍니다.

4. 화면의 조작

AutoCAD에서는 기본적으로 모든 객체를 실제 치수로 작도합니다. 작업을 진행하면서 하나의 화면
에서 전체를 표시하기도 하고 일부만 표시하기도 합니다. 사용자가 원하는 부분을 펼치는 기능이 '줌
(ZOOM)'과 '초점 이동(PAN)' 명령입니다. 화면 조작에 대해 알아보겠습니다.

01. 줌(ZOOM)과 초점 이동(PAN) 기능의 실행 방법

'줌(ZOOM)' 명령은 자주 사용하는 명령이므로 실행 방법을 다양하게 제공하고 있습니다.

01 **리본 메뉴에서 선택 :** 리본 메뉴에서 선택합니다.

'뷰' 탭의 '2D탐색' 패널에서 범위 아이콘의 드롭다운 리스트 버튼(▼)를 누르
면 다음 그림과 같이 '줌' 기능이 나열됩니다. 이때, 사용하고자 하는 기능의 아이
콘을 클릭합니다.

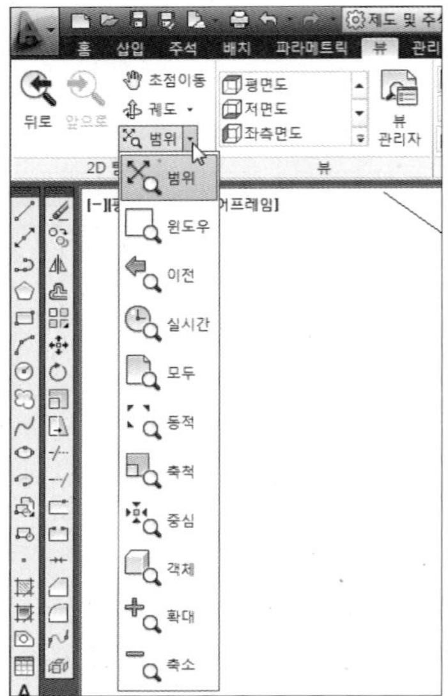

02 **탐색(네비게이션) 메뉴에서 선택 :** 화면 오른쪽에 있는 탐색(네비게이션) 메
뉴에서 선택합니다.

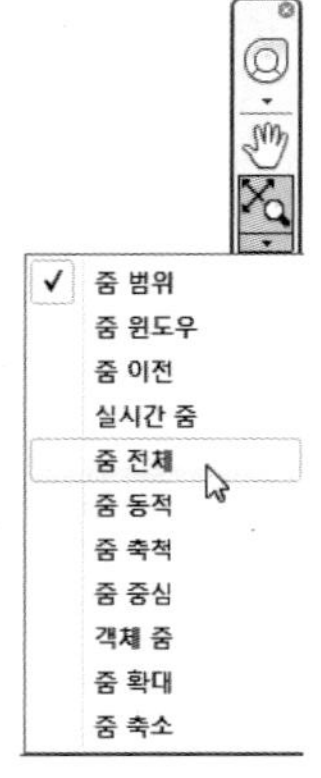

03 **바로가기 메뉴에서 선택** : 작도 영역에서 마우스 오른쪽 버튼을 누르면 다음과 같은 바로가기 메뉴가 펼쳐집니다. 메뉴에서 '줌(Z)'을 클릭합니다.

04 **명령어 입력** : 명령행에서 'ZOOM'을 입력하거나 단축키 'Z'를 입력합니다. 제시되는 옵션 중에서 키워드를 입력하거나 해당 옵션을 마우스로 클릭합니다.

02. 줌(ZOOM)과 초점 이동(PAN)

화면의 확대 및 축소, 초점을 이동합니다.

01 **윈도우(W)** : 두 점으로 지정한 범위를 확대합니다.

탐색도구 또는 '뷰(V)' 도구막대에서 을 클릭합니다. 또는, 'ZOOM' 또는 단축키 'Z'를 입력합니다.

{윈도우 구석을 지정, 축척 비율 (nX 또는 nXP)을 입력 또는 [전체(A)/중심(C)/동적(D)/범위(E)/이전(P)/축척(S)/윈도우(W)/객체(O)] <실시간>:}에서 'W'를 입력합니다.
{첫 번째 구석을 지정:} 확대하고자 하는 범위의 첫 번째 점을 지정합니다.
{반대 구석 지정:} 확대하고자 하는 범위의 반대 구석의 한 점을 지정합니다.

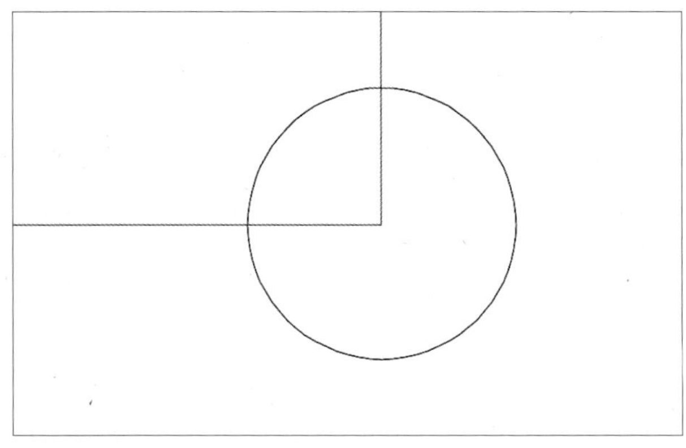

다음과 같이 두 점 사이가 확대됩니다.

02 **이전(P)** : 이전 화면으로 복원합니다.

탐색도구 또는 '뷰(V)' 도구막대에서 을 클릭합니다.
또는 명령어 'ZOOM' 또는 단축키 'Z'를 입력합니다.
{윈도우 구석을 지정, 축척 비율 (nX 또는 nXP)을 입력
또는 [전체(A)/중심(C)/동적(D)/범위(E)/이전(P)/축척
(S)/윈도우(W)/객체(O)] 〈실시간〉:}에서 'P'를 입력한 후
〈엔터〉 키 또는 〈스페이스 바〉를 누르면 이전 화면 범위
로 되돌아갑니다.

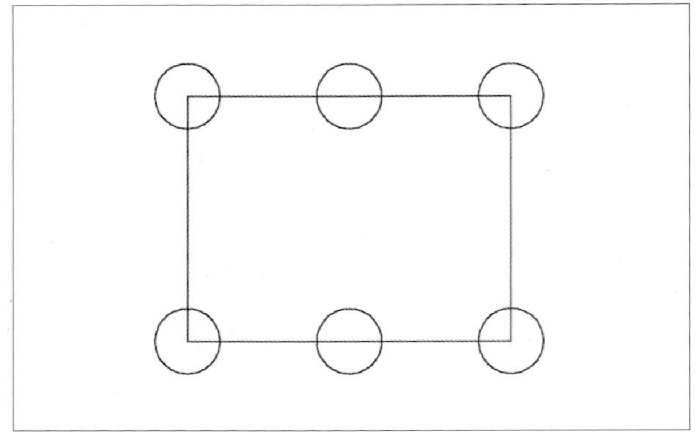

03 **객체(O)** : 하나 이상의 선택된 객체를 화면 가득
히 표시합니다.

탐색도구 또는 '뷰(V)' 도구막대에서 을 클릭합니다.
또는, 명령어 'ZOOM' 또는 단축키 'Z'를 입력합니다.
{윈도우 구석을 지정, 축척 비율 (nX 또는 nXP)을 입력,
또는 [전체(A)/중심(C)/동적(D)/범위(E)/이전(P)/축척(S)/
윈도우(W)/객체(O)] 〈실시간〉:}에서 'O'를 입력합니다.
{객체 선택;} 마우스로 가운데 원 객체를 선택합니다. 다음
그림과 같이 선택한 객체(원)가 화면 가득히 확대됩니다.

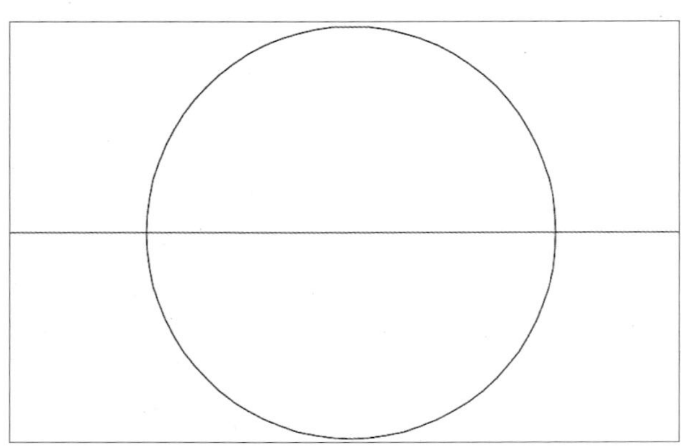

명칭	아이콘	기능
범위		작도된 모든 객체를 화면에서 표시할 수 있는 최대 크기로 확대
윈도우		지정한 두 점 사이를 확대
이전		이전 화면으로 복원
실시간 줌		마우스의 드래그에 의해 화면을 확대/축소
전체		도면 전체를 표시
동적		화면을 동적으로 움직여 확대 및 축소
축척		축척 값을 지정하여 확대 및 축소
중심		중심을 지정한 후 배율 또는 높이를 입력하여 확대 및 축소
객체		선택한 객체를 화면 크기로 확대

03. 마우스 휠의 사용

마우스의 휠을 조작하면 명령을 실행하지 않고 화면을 조작할 수 있습니다. 마우스 휠을 앞으로 밀면 화
면이 확대(Zoom-Up)되고, 뒤로 당기면 축소(Zoom-Down)됩니다.
또, 마우스 휠을 누른 채로 움직이면 '초점 이동(PAN)' 기능을 수행합니다.

AutoCAD 명령의 흐름과 조작법

special page

1. AutoCAD 명령의 흐름

어떤 학습이든 '흐름을 파악하는 것'이 중요합니다. AutoCAD를 학습하기 위해서는 명령의 흐름을 잘 이해해야 합니다. 이 흐름을 파악하고 나면 어떤 명령어도 쉽게 접근할 수 있습니다. 여기에서는 앞에서 실습한 '원(CIRCLE)' 명령의 두 점(2P) 옵션을 통해서 명령어 흐름을 살펴보겠습니다.

❶ 사용자(설계자)가 AutoCAD에 원을 작도하겠다는 명령을 내립니다.

{명령:} 상태에서 명령어 'CIRCLE' 또는 단축키 'C'를 입력하거나, '홈' 탭의 '그리기' 패널 또는 도구막 대에서 ⊘을 클릭합니다.

❷ 그러면 AutoCAD는 원을 그리기 위해 중심점을 지정하든가, 다른 작도 방법을 위한 옵션을 선택하라고 메시지를 표시합니다.

{원에 대한 중심점 지정 또는 [3점(3P)/2점(2P)/Ttr – 접선 접선 반지름(T)]:}

❸ 여기에서는 2개의 점으로 원을 작도하는 것으로 가정하고 옵션 '2P'를 입력합니다.

'2P'

❹ 그러면 AutoCAD는 첫 번째 점을 찍으라는 메시지를 표시합니다.

{원 지름의 첫 번째 끝점을 지정:}

❺ 사용자는 이에 대해 마우스로 좌표를 지정하든가, 키보드를 통해 좌표 값을 입력합니다.

'#150,50'

❻ 첫 번째 점을 정상적으로 입력하면, AutoCAD는 다시 두 번째 점을 지정하라는 메시지를 표시합니다.

{원 지름의 두 번째 끝점을 지정:}

❼ 사용자는 이에 대해 다시 두 번째 점을 지정합니다.

'#150,150'

이렇게 한 결과 (150, 50)과 (150, 150)을 지나는 원을 작도하게 됩니다.

2. AutoCAD 메시지 및 조작 방법

이처럼 AutoCAD의 명령은 사용자(설계자)와 AutoCAD 사이의 대화로 이루어집니다. 사용자가
AutoCAD에 명령을 내리고 AutoCAD는 그 명령에 대해 필요한 점이나 객체의 선택을 요구합니다.
다시 사용자는 AutoCAD의 요구에 따라 응답을 해나가는 형식입니다. 단, 명령어의 성격에 따라 필요
로 하는 객체를 선택하거나 좌표를 요구하기도 하고 대화상자에서 항목을 선택하거나 값의 입력을 요
구하는 경우가 있을 뿐입니다.
표시되는 메시지를 구분하는 방법 및 의미에 대해 알아보겠습니다. AutoCAD를 학습하는데 있어 중요
한 개념이므로 다시 한 번 정리하도록 하겠습니다.

(1) 명령어 'CIRCLE' 또는 단축키 'C'를 입력하거나 '홈' 탭의 '그리기' 패널 또는 도구막대에서 ⊙을 클
   릭합니다.

(2) {원에 대한 중심점 지정 또는 [3점(3P)/2점(2P)/Ttr – 접선 접선 반지름(T)]:}라는 메시지가 표시됩
   니다.

   • '원에 대한 중심점 지정'은 중심점을 지정하라는 의미입니다. 따라서, 이 상태에서 좌표를 지정하면 원의 중심
     점을 지정하게 되는 것입니다.
   • [3점(3P)/2점(2P)/Ttr – 접선 접선 반지름(T)]은 옵션을 나타낸 것입니다. 즉, 선택 항목입니다. 원을 작도하는
     데 있어서 여러 방법이 있는데 그 작도 방법을 선택하라는 것입니다. 선택하는 방법은 괄호 안의 문자를 입력
     합니다. 예를 들어, 두 점에 의한 원을 작도하고 싶다면 '2P'를 입력합니다.

(3) 중심점을 지정하고 나면 {원의 반지름 지정 또는 [지름(D)] ⟨55.0000⟩:}과 같은 메시지가 표시됩
   니다.

   • 이때 ⟨ ⟩ 안의 숫자는 디폴트(기본) 값입니다. 즉, 기존에 가지고 있는 값으로 사용자가 이전 작업에서 입력한
     값이나 AutoCAD가 초기에 가지고 있는 값입니다. 이때, 이전 값(디폴트 값)과 동일한 값을 입력하려면 새롭게
     입력할 필요가 없이 ⟨엔터⟩ 키 또는 ⟨스페이스 바⟩를 누릅니다.

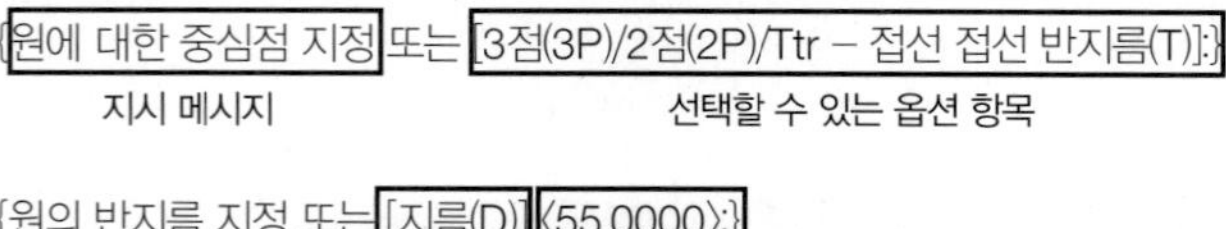

LESSON 03 그리기 도구의 활용

이번에는 도면작업을 효율적으로 수행하기 위한 도구인 그리기 도구에 대해 알아보겠습니다.

 **참고** **그리기 도구**

그리기 도구는 '제도 도구', '도면 도구'로도 표현합니다. AutoCAD는 도면을 효율적으로 작도하기 위해 다양한 환경을 제공하고 있습니다. 예를 들어, 도면에 모눈을 표시한다든가, 커서를 특정 방향이나 각도로 제한하거나 객체의 특성을 빠르게 표시하고 수정할 수 있게 하는 등 도면작성을 편리하게 위한 기능입니다.

표시되는 도구는 상태막대의 맨 오른쪽 버튼인 사용자화 메뉴를 통해 표시할 도구를 선택할 수 있습니다. 상태영역의 가장 오른쪽에 있는 사용자화 버튼(☰)을 클릭하면 다음과 같은 도구 목록이 표시됩니다.

좌표
✔ 모형 공간
✔ 그리드
✔ 스냅 모드
구속조건 추정
✔ 동적 입력
✔ 직교 모드
✔ 극좌표 추적
✔ 등각투영 제도
✔ 객체 스냅 추적
✔ 2D 객체 스냅
선가중치
투명도
선택 순환
3D 객체 스냅
동적 UCS
선택 필터링
장치
✔ 주석 가시성
✔ 자동 축척
✔ 주석 축척
✔ 작업공간 전환
✔ 주석 감시
단위
빠른 특성
UI 잠금
✔ 객체 분리
✔ 그래픽 성능

표시하고자 하는 도구 이름을 클릭하면 도구 아이콘이 화면 하단에 표시됩니다.

1. 모눈과 커서의 이동을 제어하는 그리드(GRID)과 스냅(SNAP)

도면에 개략적인 위치나 방향을 알 수 있게 하기 위해 작도 영역에 일정 간격의 모눈(그리드)을 표시할 수 있습니다. 이 모눈을 통해 도면의 구도나 배치를 효율적으로 조정할 수 있습니다. 또, 커서(마우스)의 이동을 일정한 간격으로 제어하여 도면작업의 효율화를 꾀할 수 있습니다.

01. 도면 그리드(모눈) 및 스냅 설정 대화상자

그리드와 스냅을 설정하기 위해 설정 대화상자를 엽니다. 마우스를 하단의 그리기 도구에 있는 '스냅 ▦' 왼쪽의 역삼각형(▼) 버튼을 클릭하면 다음과 같이 '스냅 설정..'이 나타납니다.

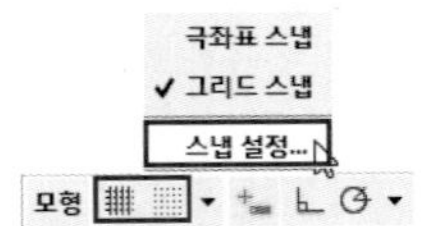

'스냅 설정'을 클릭하면 다음과 같은 대화상자가 표시됩니다.

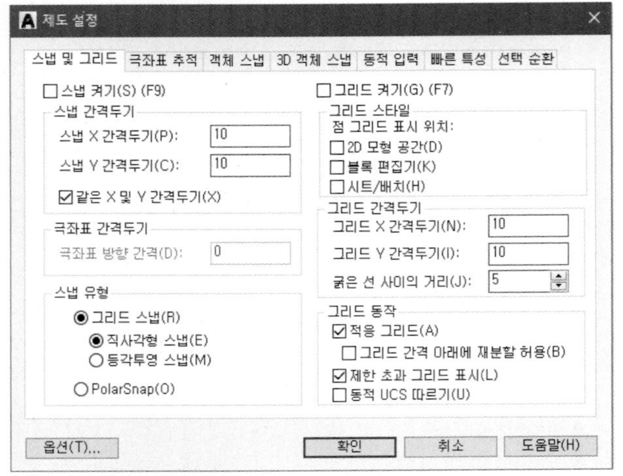

스냅 및 그리드 설정 대화상자

02. 스냅 설정 알아보기

스냅은 커서(마우스)가 움직이는 단위(간격)를 설정하고 이를 켜고/끄기를 제어합니다.

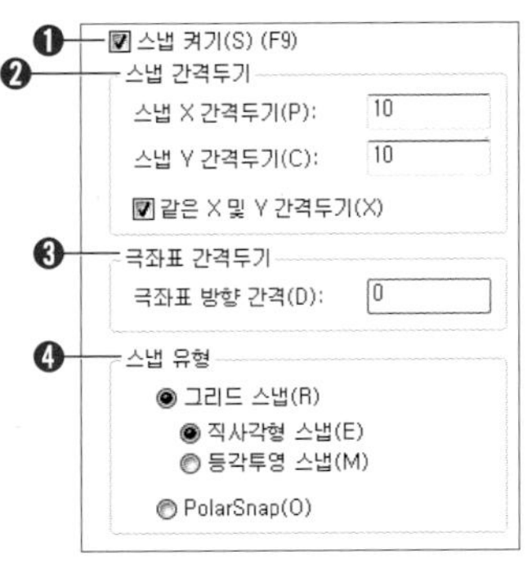

❶ **스냅 켜기(S) (F9)** : 체크를 하면 스냅을 켭니다. 기능키 〈F9〉는 단축키이며 한 번 누를 때마다 ON/OFF가 전환됩니다.

❷ **스냅 간격 두기** : 스냅의 X축 방향과 Y축 방향의 간격을 지정합니다. '같은 X 및 Y 간격 두기(X)'는 하나의 축에 값을 입력하면 X, Y 모두 동일한 간격으로 설정합니다.

❸ **극좌표 간격 두기** : '극좌표 스냅(O)'을 켰을 때 활성화되며, 극좌표의 간격을 지정합니다.

❹ **스냅 유형** : 모눈 스냅과 극좌표 스냅을 지정합니다. 모눈 스냅은 직사각형과 등각투영 스냅을 선택할 수 있습니다.

PolarSnap(O)는 극좌표 스냅으로 스냅 모드에서 극좌표 추적 기능을 켜서 점을 지정하면 시작 극좌
표 추적 점을 기준으로 [극좌표 추적] 탭에 설정된 극좌표 정렬 각도에 따라 커서가 스냅됩니다.

03. 그리드 설정 알아보기

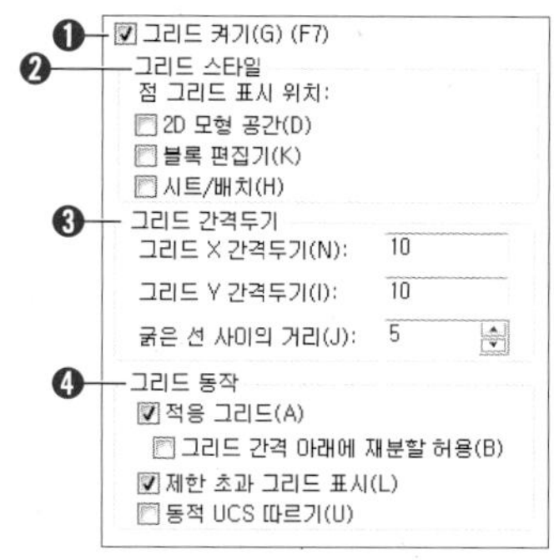

그리드는 작도 영역에 표시되는 일정 간격의 점 또는 선을 말합니다. 백지의 도면
위에 모눈을 펼쳐놓은 것과 같아 도면 작업 시 거리를 쉽게 측정하거나 작도하는데
편리한 좌표의 가상선을 표시합니다. 도면작업을 진행하는 동안 화면에는 작은 점
이나 선이 표시되지만 출력 시 도면에는 출력되지 않습니다.

❶ **그리드 켜기(G) (F7)** : 체크를 하면 그리드(모눈)가 화면에 표시됩니다. 기능키
〈F7〉은 단축키이며 한 번 누를 때마다 ON/OFF가 전환됩니다.

❷ **그리드 스타일** : 그리드의 스타일을 설정합니다. 다음과 같은 종류의 그리드 표
시 여부를 지정합니다. 선택하지 않으면 선으로 표시합니다.

- **2D 모형 공간(D)** : 2D 모형 공간에 대해 그리드 스타일을 점 그리드로 설정합니다.
- **블록 편집기(K)** : 블록 편집기에 대해 그리드 스타일을 점 그리드로 설정합니다.
- **시트/배치(H)** : 시트 및 배치에 대해 그리드 스타일을 점 그리드로 설정합니다.

❸ **그리드 간격 두기** : '그리드 X간격두기(N)'와 '그리드 Y간격두기(I)'는 X 방향과 Y 방향으로의 간격
을 지정합니다. '굵은 선 사이의 거리(J)'는 보조 그리드 선 대비 주요 그리드 선의 빈도(간격)를 지정
합니다.

❹ **그리드 동작** : 2D 와이어 프레임을 제외한 뷰 스타일로 설정될 경우 표시되는 그리드 선의 모양을
조정하는 것으로 다음과 같은 종류가 있습니다.

- **적용 그리드(A)** : 줌이 축소되면 그리드의 밀도를 제한합니다.
- **그리드 간격 아래에 재분할 허용(B)** : 체크하면 줌이 확대될 때, 간격이 조밀한 그리드 선을 생성합니다. 이러한 그리
드 선의 빈도는 주요 그리드 선의 빈도에 따라 결정됩니다.
- **제한 초과 그리드 표시(L)** : 체크하면 '도면 한계(LIMITS)'를 넘어서도 그리드를 표시합니다.
- **동적 UCS 따르기(U)** : 체크하면 동적 UCS의 XY 평면을 따르도록 그리드 평면을 변경합니다.

그리드와 스냅을 설정하여 다음 그림을 작도합니다.

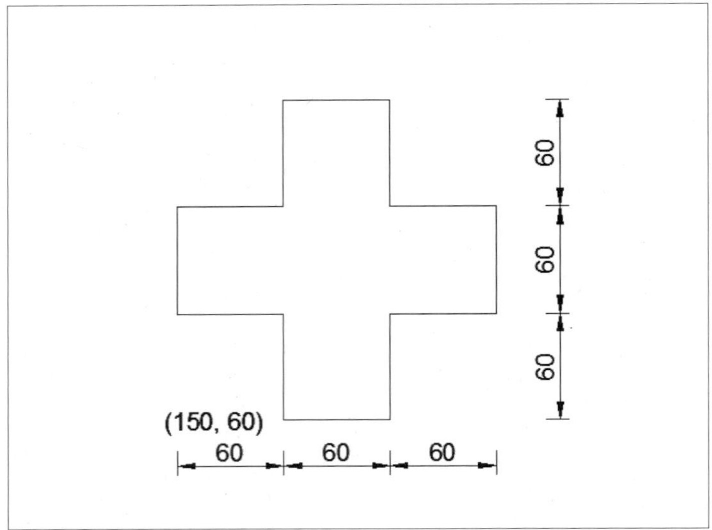

01 도면의 한계를 정하고 화면 전체를 펼칩니다.

02 '스냅 설정' 기능으로 스냅과 그리드의 X, Y 간격을
설정합니다.

참고 **그리드 표시를 점으로 하려면**

그리드(모눈) 표시를 선이 아닌 점으로 표시하고자 할 때는 '스냅
및 그리드' 설정 대화상자의 '그리드 스타일'에서 '2D 모형 공간'
에 체크를 하면 점 그리드가 표시됩니다.

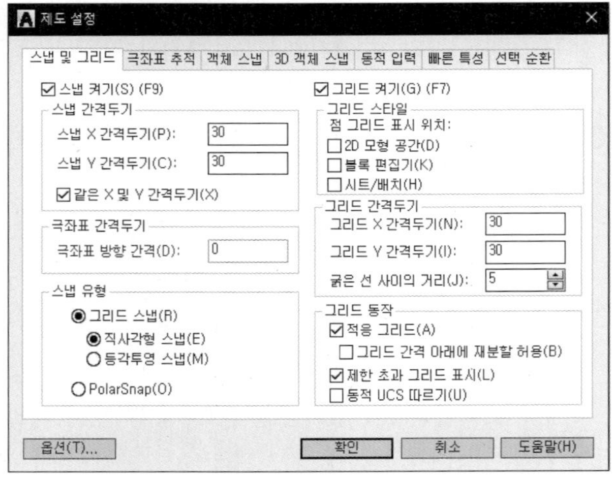

03 '선(LINE)' 명령을 실행합니다. 명령어 'LINE' 또는 단축키 'L'을 입력하거나 '홈' 탭의 '그리기'
패널 또는 '그리기' 도구막대에서 ✎를 클릭합니다.
{첫 번째 점 지정:}에서 '150, 60'을 입력합니다.

{다음 점 지정 또는 [명령 취소(U)]:}에서 0도 방향(3시 방향)으로 모눈의 두 칸(한 칸이 '30'이므로 '60'이면 두 칸)만큼 진행하여 클릭합니다. 다음 그림과 같이 선이 작도됩니다.

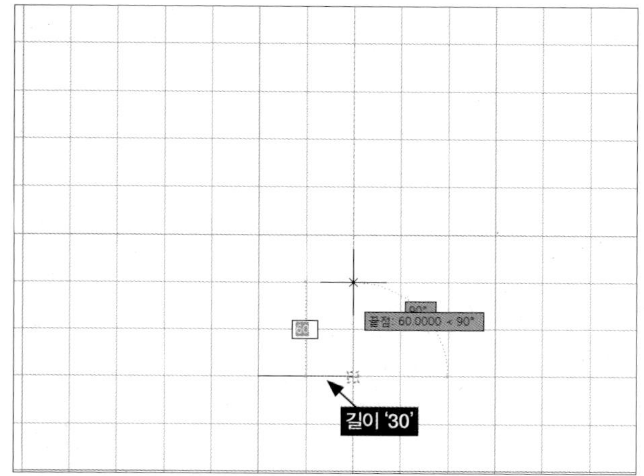

04 {다음 점 지정 또는 [명령 취소(U)]:}에서 90도 방향(12시)으로 두 칸을 진행하여 클릭합니다. {다음 점 지정 또는 [닫기(C)/명령 취소(U)]:}에서 0도 방향(3시)으로 두 칸을 진행하여 클릭합니다. 다음 그림과 같이 선이 작도됩니다.

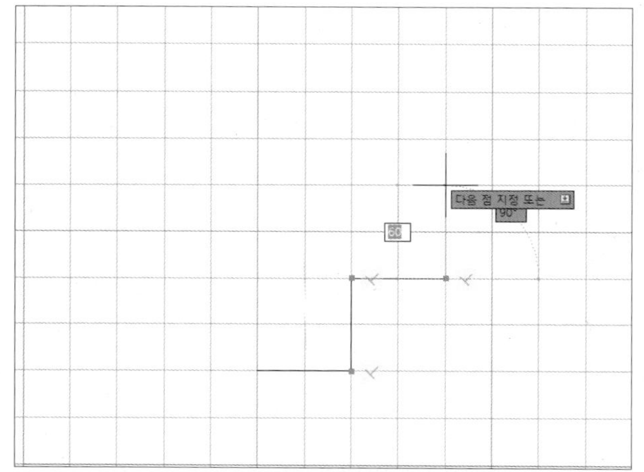

05 {다음 점 지정 또는 [닫기(C)/명령 취소(U)]:}에서도 차례로 두 칸씩 지정하여 십자 모양을 완성합니다. 다음 그림과 같이 십자 모양이 작도됩니다.

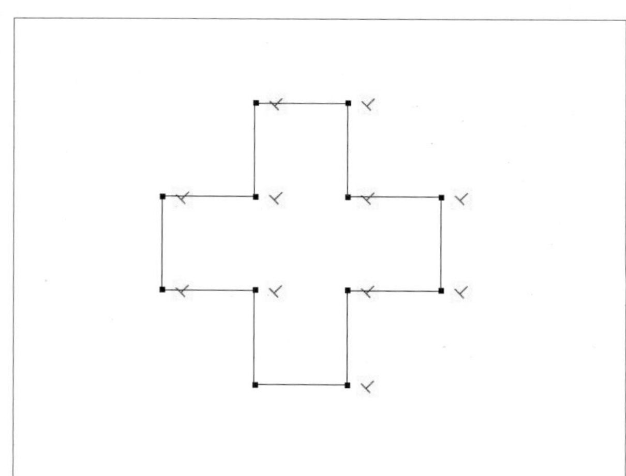

2. 커서를 수직과 수평으로 제어하는 직교(ORTHO) 모드

직교 모드는 마우스 포인터(커서)의 이동을 수평 또는 수직으로만 제한합니다. 직교 모드를 켠(ON) 상태에서 커서를 이동하면 고무줄(러버 밴드) 선이 수평축이나 수직축 중 커서에 가까운 쪽을 따라 이동합니다.

그리기 도구에서 '직교 ㄴ'를 클릭하면 켜집니다. 다시 한 번 클릭하면 꺼집니다. 또, 기능 키 〈F8〉에 의해 켜거나 끌 수도 있습니다.

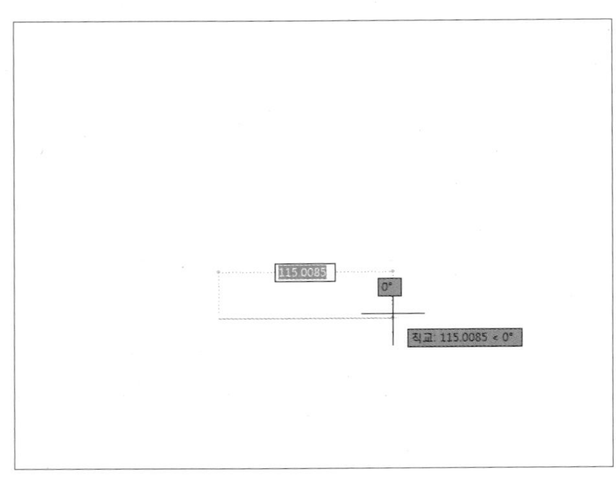

직교 모드를 켜고(ON), 선 명령(LINE)을 실행하여 첫 번째 점을 찍고 난 후 {다음 점 지정 또는 [명령 취소(U)]:}에서 마우스를 움직여보면 다음 그림과 같이 커서는 위쪽에 있지만 선은 수평으로만 움직입니다. 즉, 직교(수직, 수평) 방향으로만 움직입니다.

직교 모드가 켜져 있는 상태에서는 직접 거리를 입력하여 지정된 길이의 수평선이나 수직선을 작도하거나 객체를 지정된 거리만큼 수직 또는 수평으로 이동할 때 편리합니다.

직교 모드가 켜진 경우

예제 --

다음 그림을 직교 모드를 이용하여 작도합니다.

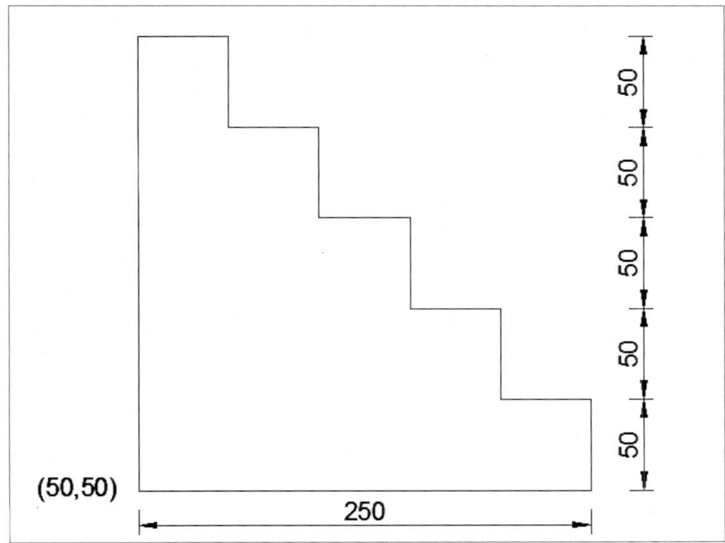

01 선(LINE) 명령을 실행합니다.
{첫 번째 점 지정:}에서 '50,50'을 입력합니다.
{다음 점 지정 또는 [명령 취소(U)]:}에서 다음 그림과 같이 커서를 X축 방향(0도 방향)으로 맞춘 후 '250'을 입력합니다.

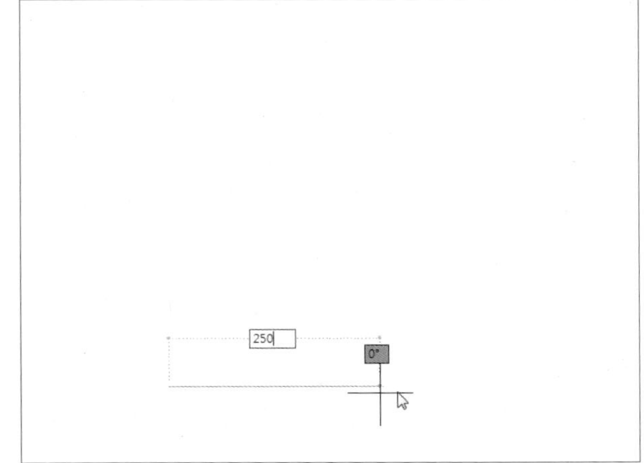

02 X축(0도) 방향으로 길이가 '250'인 선이 작도됩니다.
{다음 점 지정 또는 [명령 취소(U)]:}에서 Y축(90도 방향)으로 맞춘 후 '50'을 입력합니다.
{다음 점 지정 또는 [닫기(C)/명령 취소(U)]:}에서 −X축(180도 방향) 방향으로 맞춘 후 '50'을 입력합니다. 다음 그림과 같이 작도됩니다.

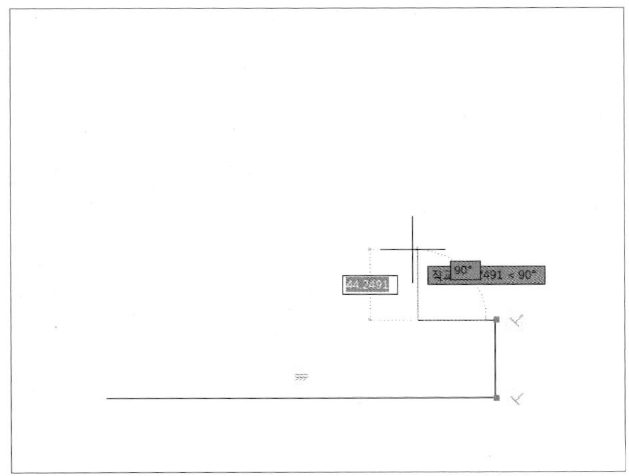

03 {다음 점 지정 또는 [닫기(C)/명령 취소(U)]:}에서 Y축(90도 방향)으로 맞춘 후 '50'을 입력합니다. {다음 점 지정 또는 [닫기(C)/명령 취소(U)]:}에서 −X축의 방향(180도 방향)으로 맞춘 후 '50'을 입력합니다. 동일한 방법으로 다음 그림과 같이 차례로 계단을 작도합니다.

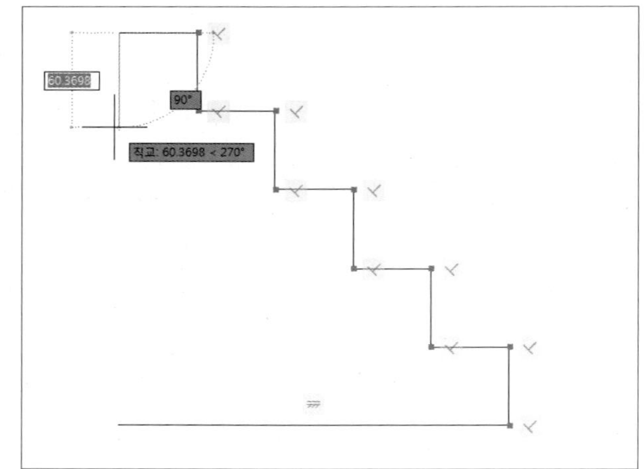

04 {다음 점 지정 또는 [닫기(C)/명령 취소(U)]:}에서 닫힌 도형으로 하기 위해 'C'를 입력합니다. 다음 그림과 같이 수직, 수평 길이가 '50'인 계단이 완성됩니다.

이 좌표 지정 방법은 각도와 길이로 지정하는 '상대 극좌표' 지정에 해당됩니다.

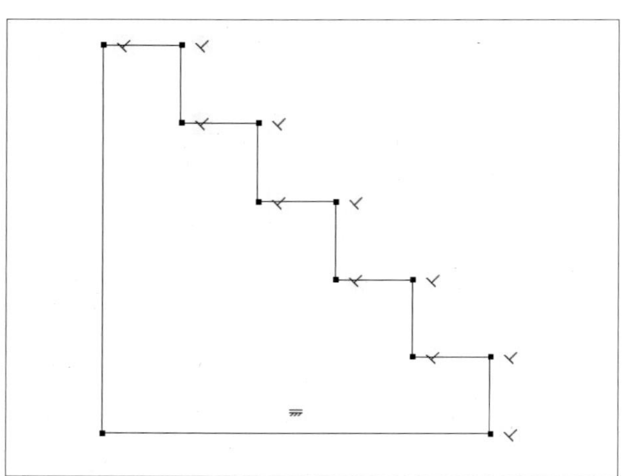

직교 모드에 의해 완성된 계단

tip!

'직교 ㄴ' 모드와 '극좌표 추적하기 ☉ '는 동시에 켤 수 없습니다. 직교 모드를 켜면 극좌표 추적하기는 꺼집니다. 반대로 극좌표 추적하기를 켜면 직교 모드는 꺼집니다.

3. 특정 각도를 추적하는 극좌표 추적(Polar Tracking)

직교 모드는 수직, 수평으로 제어하는데 반해 극좌표 추적은 길이와 각도(방향)를 지정해 지정한 각도 선상의 좌표나 길이를 지정할 수 있는 기능입니다. 좌표 지정 방법에서 학습한 극좌표(거리⟨각도)를 추적하는 기능입니다.

01. 극좌표 추적의 설정

극좌표 각도 증분을 따라 추적하거나 사용자가 각도를 지정할 수 있습니다. 각도의 설정은 다음과 같습니다. 마우스를 '극좌표 추적하기 ⊙' 옆의 역삼각형(▼)에 맞추고 클릭하면 다음과 같은 메뉴가 나타납니다. 이때, 설정하고자 하는 각도가 목록(90, 60, 45, 30, 22.5, 18, 15, 10, 5도)에 있으면 해당 각도를 선택하여 클릭합니다.

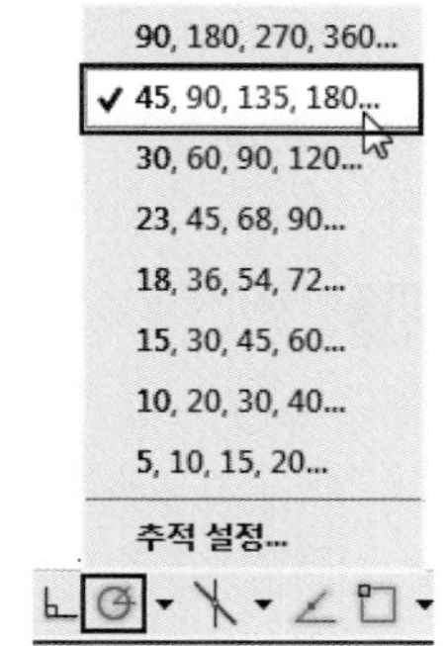

해당 각도가 없을 경우에는 '추적 설정…'을 클릭합니다. 다음과 같이 제도 설정값의 '극좌표 추적하기' 대화상자가 표시됩니다.

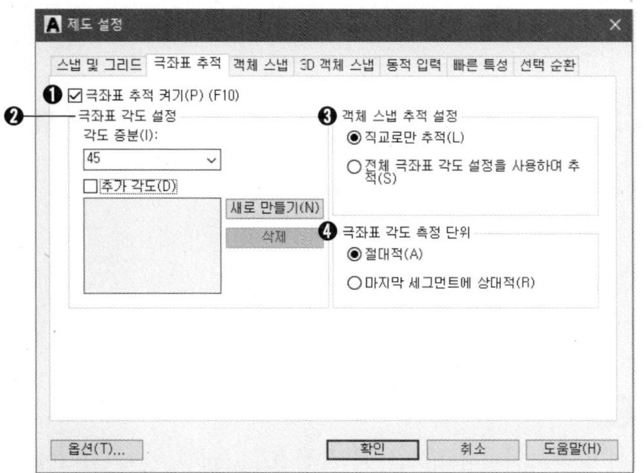

극좌표 추적 제도 설정 대화상자

❶ 극좌표 추적 켜기(P)(F10)

극좌표 추적을 켜거나 끕니다. 체크(☑)하면 극좌표 추적하기가 켜집니다. 기능 키 〈F10〉은 극좌표 추적하기의 켜고/끄기를 위한 단축 키입니다.

❷ 극좌표 각도 설정

'증분 각도(I)'를 지정합니다. 예를 들어, 30도를 지정하면 0, 30, 60, 90, 120, 150, 180, 210, 240, 270, 300, 330도로 30도 간격으로 추적합니다.

❸ 객체스냅 추적 설정

객체스냅 추적이 켜져 있을 때 획득한 객체스냅 점을 위해 직교(수평/수직) 객체스냅 추적 경로만을 표시할 것인지, 객체스냅 점에서 극좌표 할당 각도를 따라 추적할 것인지 설정합니다.

❹ 극좌표 각도 측정 단위

각도의 측정 기준을 사용자 좌표계(UCS)인지, 마지막으로 작성한 세그먼트에 상대적인지를 지정합니다.

참고 새로운 각도의 추가

'추가 각도(D)'는 극좌표 추적에 사용할 수 있는 각도를 목록에 추가하는 기능입니다. 예를 들어, 12도 단위로 추적하고자 한다면 '추가 각도(D)'를 체크(☑)한 후 [새로 만들기(N)]을 눌러 '12'를 추가합니다.

02. 극좌표 추적 따라하기

극좌표 추적 기능을 이용하여 한 변의 길이가 '100'인 마름모꼴을 작도해보겠습니다. 먼저, 앞에서 학습한 방법으로 극좌표 추적 설정에서 각도 증분을 '45'로 설정합니다.

01 '선(LINE)' 명령을 실행합니다. 명령어 'LINE' 또는 단축키 'L'을 입력하거나 '홈' 탭의 '그리기' 패널 또는 '그리기' 도구막대에서 ╱를 클릭합니다.
{첫 번째 점 지정:} 에서 시작 점 '150,100'을 입력합니다.

02 {다음 점 지정 또는 [명령 취소(U)]:}에서 커서를 천천히 시계방향으로 돌립니다. 커서를 돌리다가 설정한 극좌표 각도(45도) 가까이 접근하면 다음 그림과 같이 추적선(점선으로 표시됨)과 툴팁이 표시됩니다. 이 툴팁에는 극좌표(각도와 길이)가 표시됩니다. 45도가 추적된 상태에서 길이 '100'을 입력합니다.

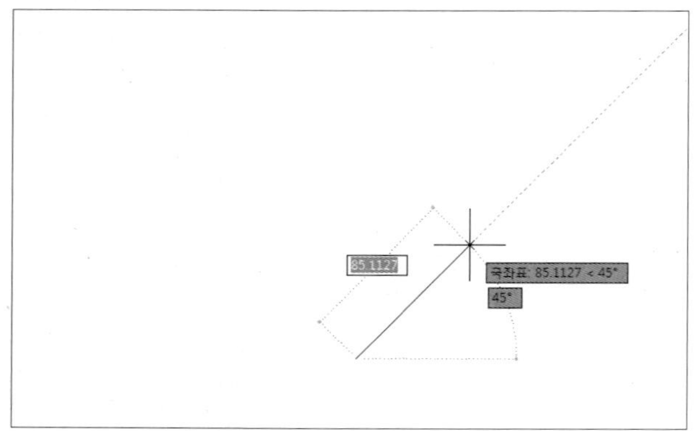

03 다음 그림과 같이 45도 방향으로 길이가 '100'인 선이 작도됩니다. {다음 점 지정 또는 [명령 취소(U)]:}에서 다시 135도 방향으로 커서를 이동하여 135도 추적선이 나타나면 '100'을 입력합니다.

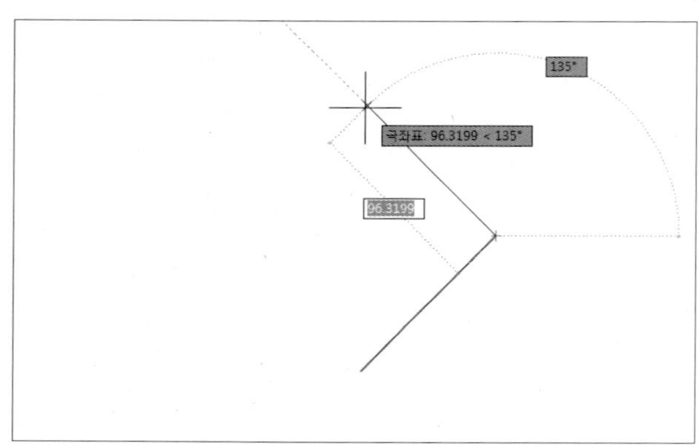

04 다음 그림과 같이 135도 방향으로 길이가 '100'인 선이 작도됩니다.

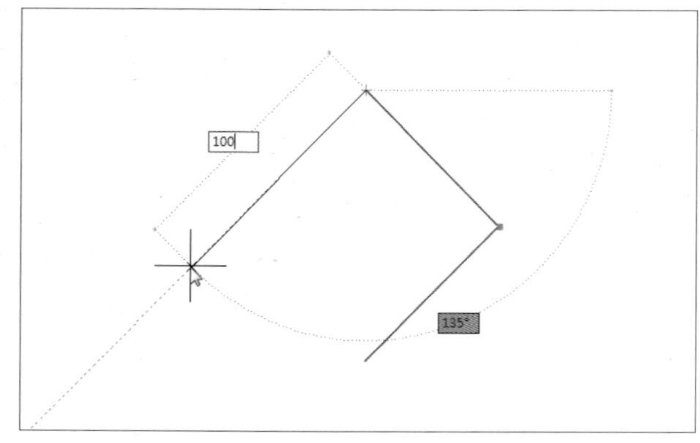

05 {다음 점 지정 또는 [닫기(C)/명령 취소(U)]:}에서
마우스를 225도 방향으로 추적하여 길이 '100'을 입력
합니다. 다음 그림과 같이 작도됩니다.

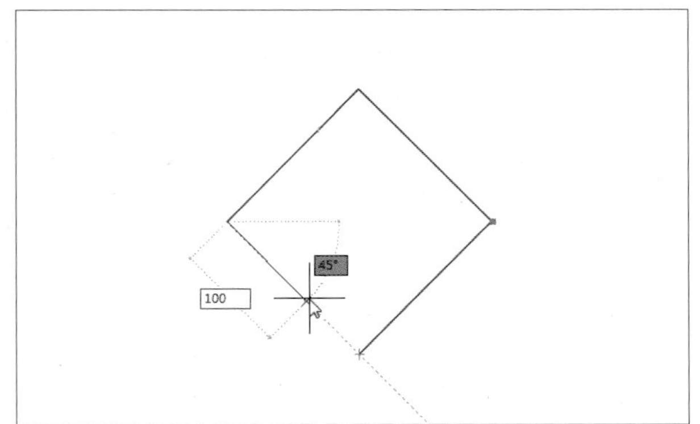

06 {다음 점 지정 또는 [닫기(C)/명령 취소(U)]:}에서
각도를 맞추고 '100'을 입력하거나 닫기 'C'를 입력합니
다. 다음 그림과 같이 도형이 닫히면서 마름모꼴이 완성
됩니다.

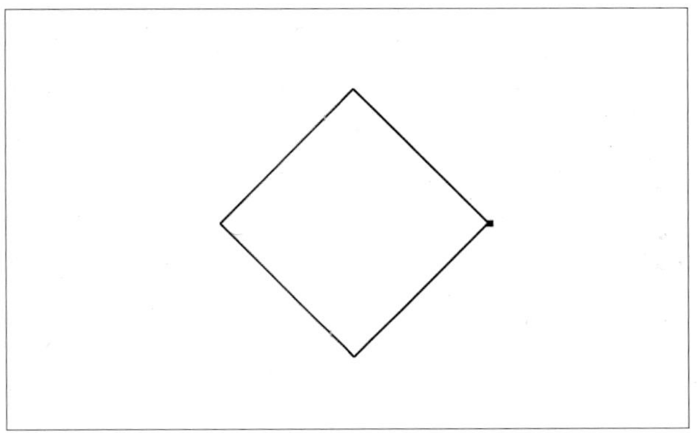

tip!

'직교' 모드와 '극좌표 추적하기 ⊙'는 동시에 켤 수 없습니다. 극좌표 추
적을 켜면 직교 모드는 꺼집니다.

4. 객체의 특정 점을 찾는 객체스냅(OSNAP)과 객체스냅 추적(OTRACK)

도면 작업 중에 좌표를 지정할 때 빈 공간에 좌표를 지정하는 경우는 극히 드뭅니다. 특정 객체의 특정
한 점(끝점, 중간점, 교차점, 중심점 등)을 지정하거나 객체에서 일정 간격만큼 떨어진 거리에 있는 좌
표를 지정하는 경우가 많습니다. 이번에는 작성된 객체에서 특정 좌표를 찾는 방법(OSNAP)과 이 특
정 좌표 스냅을 추적하는 방법(OTRACK)에 대해서 알아보겠습니다.

01. 객체스냅(OSNAP)이란?

객체스냅(OSNAP)은 객체(선, 폴리선, 원, 호 등)의 특정한 점(중간점, 끝점, 중심점, 교차점 등)을 찾
아주는 기능을 말합니다.

02. 객체스냅 이해하기

객체스냅이 무엇인지 파악하기 위해 다음과 같은 도형을 객체스냅 기능을 이용하여 작도해보면서 이해
하도록 하겠습니다.

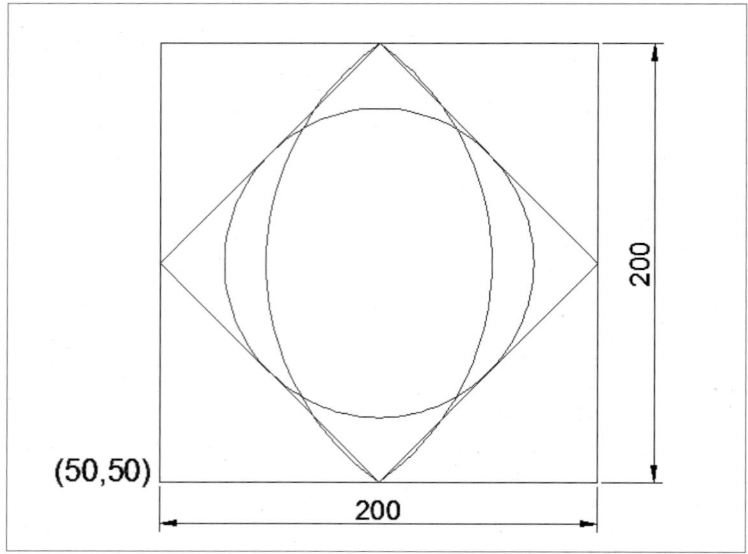

01 그리기 도구에서 '객체스냅 □' 옆의 역삼각형(▼)에 맞추고 클릭합니다. 다음 그림과 같이 객체스냅 목록이 나타나면 '끝점 ∕' '중간점 ∕' '중심점 ◎' '사분점 ◈' '교차점 ✕'을 클릭합니다. 이 작업은 사용하고자 하는 객체스냅을 설정하는 작업입니다. 그리고 '객체스냅 □'을 켭니다.(ON)

tip!

객체스냅이 켜져 있는지, 꺼져 있는지는 아이콘의 색상을 통해 알 수 있습니다. 아이콘의 아이콘이 회색인 경우는 꺼진 상태이며, 아이콘이 하늘색 □이면 켜진 상태입니다. 아이콘을 한 번 누를 때마다 켜고 끄기가 전환됩니다.

02 직사각형 명령으로 사각형을 작도합니다. 명령어 'RECTANG' 또는 단축키 'REC'를 입력하거나 '홈' 탭의 '그리기' 패널 또는 도구막대에서 ▭을 클릭합니다.
{첫 번째 구석점 지정 또는 [모따기(C)/고도(E)/모깎기(F)/두께(T)/폭(W)]:}에서 '50,50'을 입력합니다.
{다른 구석점 지정 또는 [영역(A)/치수(D)/회전(R)]:}에서 상대좌표 '@200,200'을 입력합니다. 다음과 같은 사각형이 작도됩니다.

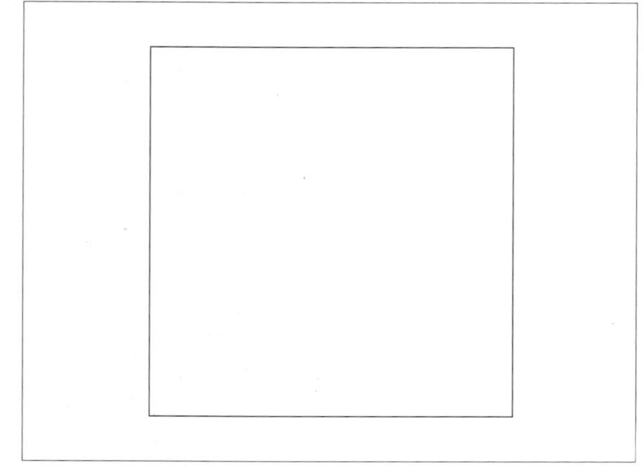

03 선 명령으로 마름모꼴을 작도합니다.

명령어 'LINE' 또는 단축키 'L'을 입력하거나 입력하거나 '홈' 탭의 '그리기' 패널 또는 도구막대에서 ✏️을 클릭합니다. 이때 객체스냅 '중간점 ✏️'을 이용하여 꼭지점을 지정합니다.

{첫 번째 점 지정:}에서 왼쪽 수직선에 마우스를 대면 다음 그림과 같이 삼각형 마크와 함께 툴팁 '중간점'이 표시됩니다. 이때 클릭합니다.

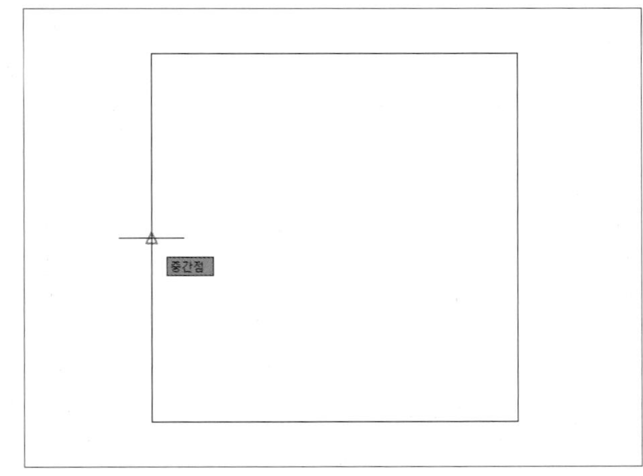

{다음 점 지정 또는 [명령 취소(U)]:}에서 아래쪽 선에 가져가면 역시 객체스냅 '중간점'이 표시됩니다. 이때 클릭합니다.

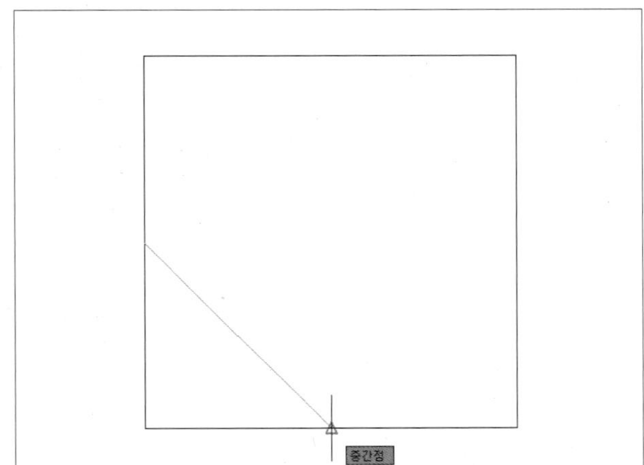

{다음 점 지정 또는 [명령 취소(U)]:}에서 오른쪽 수직선의 중간점을 지정합니다.

{다음 점 지정 또는 [닫기(C)/명령 취소(U)]:}에서 위쪽 수평선의 중간점을 지정합니다.

{다음 점 지정 또는 [닫기(C)/명령 취소(U)]:}에서 'C'를 입력하여 마름모꼴을 완성합니다.

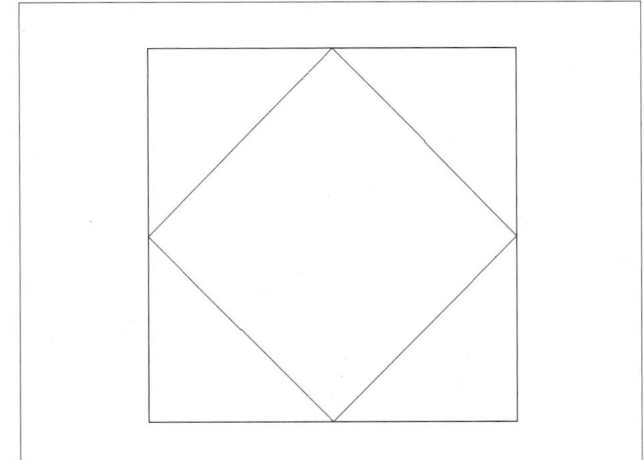

> **참고** **객체스냅 종류를 표시하는 마크**
>
> 객체스냅을 이용하여 특정한 점을 찾고자 할 때에 객체스냅의 종류를 지정한 후 객체의 근처로 가져가면 해당 객체스냅의 종류에 따라 마크가 표시됩니다. 사분점은 마름모, 끝점은 사각형. 중간점은 삼각형. 중심점은 원 등으로 표시됩니다. 사용자는 이 마크를 보고 원하는 객체스냅을 찾았는지 여부를 확인할 수 있습니다.

04 원 명령의 '2P' 옵션을 이용하여 마름모꼴에 꽉 찬 원을 작도합니다. 명령어 'CIRCLE' 또는 단축키 'C'를 입력하거나 '홈' 탭의 '그리기' 패널 또는 '그리기' 도구막대에서 ⊙를 클릭합니다.

{원에 대한 중심점 지정 또는 [3점(3P)/2점(2P)/Ttr − 접선 접선 반지름(T)]:}에서 '2P'를 입력합니다.

{원 지름의 첫 번째 끝점을 지정:}에서 마름모꼴의 한 변에 가져가면 다음과 같이 '중간점' 객체스냅이 나타납니다. 이때 클릭합니다.

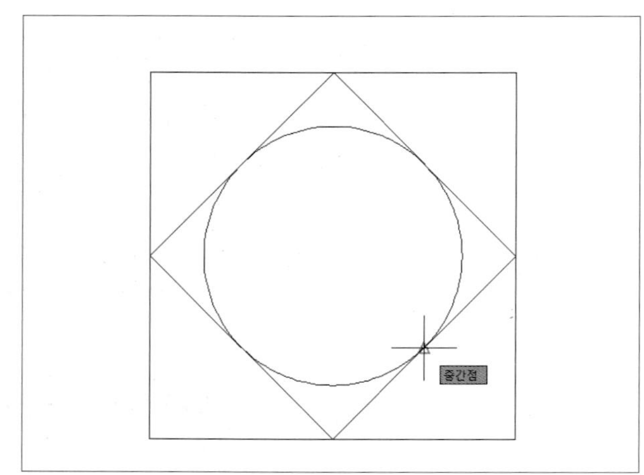

{원 지름의 두 번째 끝점을 지정:}에서 다음과 같이 커서를 반대편 객체에 가져가면 '중간점' 객체스냅이 나타납니다. 이때 클릭합니다.

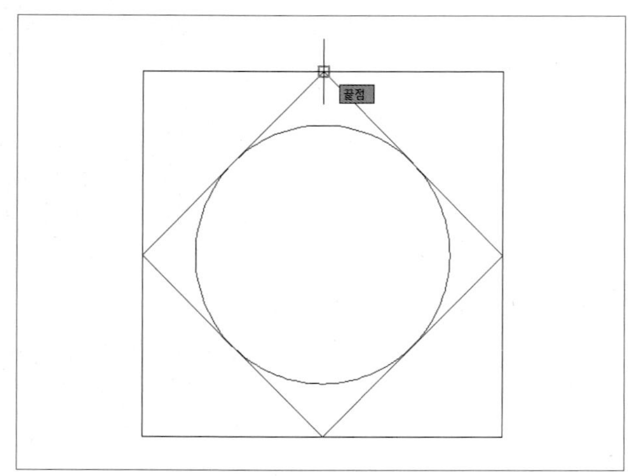

05 호 명령으로 호를 작도합니다. 명령어 'ARC' 또는 단축키 'A'을 입력하거나 '홈' 탭의 '그리기' 패널 또는 도구막대에서 ⌒를 클릭합니다.

{호의 시작점 지정 또는 [중심(C)]:}에서 다음 그림과 같이 마우스를 마름모꼴의 위쪽 끝에 가져가면 사각형 마크와 함께 객체스냅 '끝점'이 나타납니다. 이때 클릭합니다.

{호의 두 번째 점 또는 [중심(C)/끝(E)] 지정:}에서 끝점을 지정하기 위해 'E'를 입력합니다.

{호의 끝점 지정:}에서 객체스냅 끝점을 이용하여 마름모꼴의 아래쪽 끝점을 지정합니다.

{호의 중심점 지정 또는 [각도(A)/방향(D)/반지름(R)]:}에서 원의 중심을 기준으로 0도 위치(3시 방향)에 커서를 가까이 가져가면 다음 그림과 같이 다시 마름모가 표시됩니다. 이때 클릭합니다. 객체스냅 '사분점'이 지정됩니다.

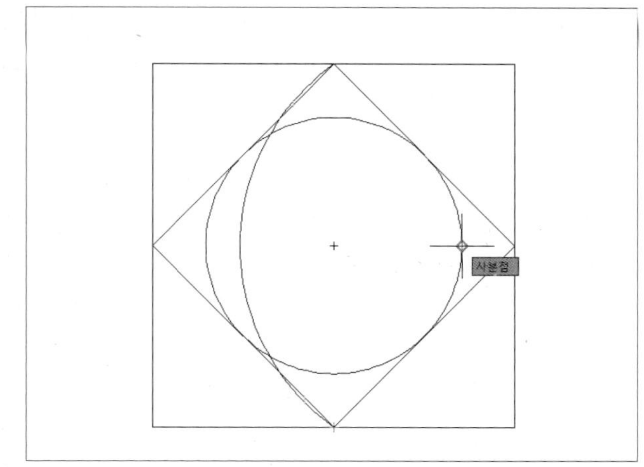

06 동일한 방법으로 오른쪽의 호를 작도합니다. 이때 주의해야 할 점은 호의 시작점은 마름모꼴의 아래 꼭지점, 호의 끝점은 마름모꼴의 위쪽 꼭지점을 지정합니다. 다음 그림과 같이 작도됩니다.

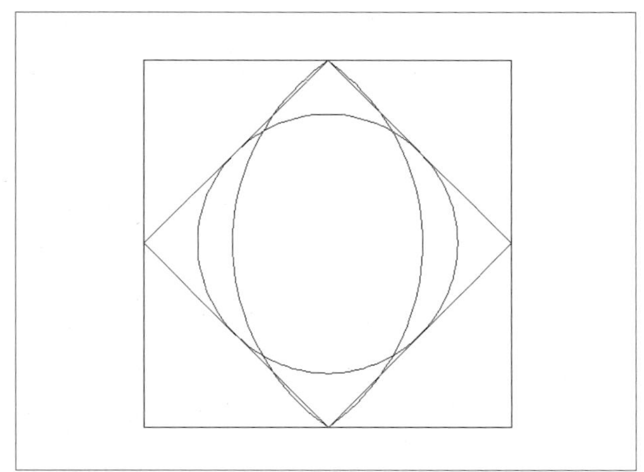

03. 객체스냅 사용 방법

AutoCAD는 다음과 같은 종류의 객체스냅 사용 방법을 제공하고 있습니다. 제공되는 방법 중에서 사용자가 쉽고 효율적인 방법을 선택하여 사용하면 됩니다.

(1) '객체스냅' 도구막대의 해당 아이콘 지정에 의한 사용법

객체스냅 도구막대를 펼쳐놓고 구하고자 하는 점(객체스냅)을 해당 객체스냅 아이콘을 찾아 클릭하여 지정하는 방법입니다.

객체 스냅 도구막대

예를 들어, 명령(LINE, CIRCLE 등) 실행 중에 {첫 번째 점 지정:} 또는 {원 지름의 첫 번째 끝점을 지정:}과 같이 점을 요구하는 메시지에서 도구막대의 원하는 객체스냅 아이콘을 클릭합니다. 끝점을 찾고자 한다면 객체스냅 도구막대에서 '끝점 ✐'을 클릭한 후 선 근처로 가져가면 끝점을 찾아줍니다.

(2) 〈Shift〉 키 또는 〈Ctrl〉 키 + 마우스 오른쪽 버튼

객체스냅이 필요로 한 시점에서 〈Shift〉 키 또는 〈Ctrl〉 키를 누른 채로 마우스 오른쪽 버튼을 눌러 표시되는 객체스냅의 항목에서 해당 객체스냅을 선택하여 클릭합니다.

(3) 미리 설정하기

앞의 따라하기 실습에서 실행한 방법입니다. 자주 사용하는 객체스냅을 필요할 때마다 도구막대의 아이콘을 클릭하거나 〈Shift〉 키 또는 〈Ctrl〉 키와 마우스 오른쪽 버튼을 눌러 선택하면 번거롭고 작업 효율도 떨어집니다. 이럴 경우는 객체스냅을 미리 설정해놓고 사용합니다. 객체스냅을 미리 설정해 놓으면 객체 근처에 커서를 가져가면 자동으로 설정된 객체스냅을 찾을 수 있습니다. 객체스냅을 설정하는 방법은 두 가지가 있는데 다음과 같습니다.

① 그리기 도구에서 바로 설정

그리기 도구의 객체스냅 아이콘(□)옆의 역삼각형(▼)에 맞추고 클릭하여 표시되는 객체스냅 목록에서 설정하고자 하는 객체스냅을 선택합니다. 아이콘에 사각형 테두리가 있으면 해당 객체스냅이 켜진 상태입니다.

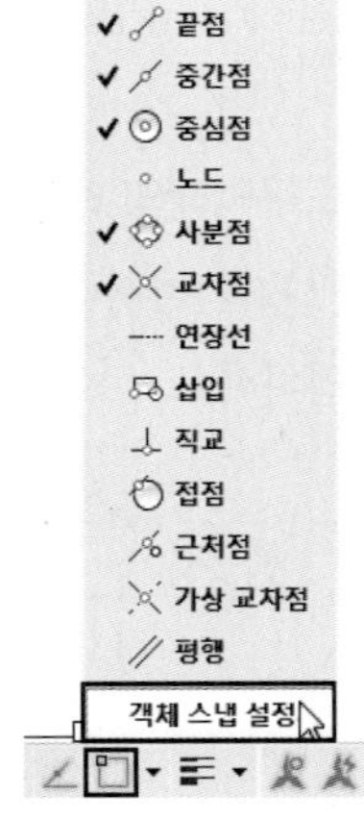

② 설정 대화상자에서 지정

도구막대의 '객체스냅 설정값 🔂'을 누르거나 그리기 도
구에서 '객체스냅 ㆍ' 옆의 역삼각형(▼)에 맞추고 클릭합
니다. 목록에서 '객체스냅 설정…'을 클릭합니다. 다음과
같은 제도 설정의 '객체스냅' 대화상자가 표시됩니다. 여
기에서 설정하고자 하는 객체스냅을 체크한 후 [확인] 버
튼을 클릭합니다.

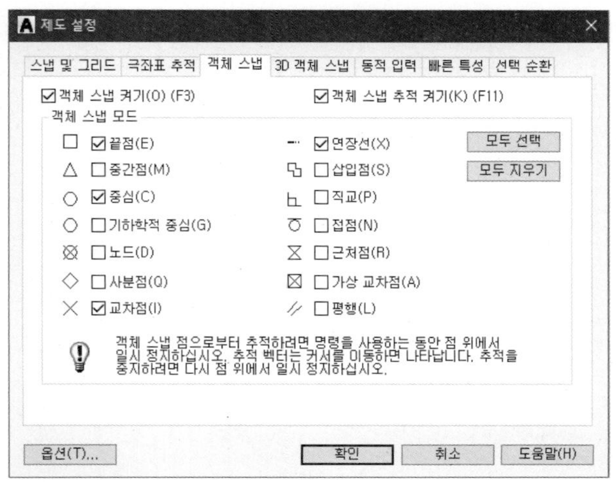

객체스냅 설정 대화상자

---

tip!

단순한 생각으로는 모든 종류의 객체스냅을 설정해놓으면 점들을 쉽게
찾을 수 있을 것 같이 느껴집니다. 그러나, 모든 객체스냅을 설정해 놓으
면 복잡한 도면이나 객체가 중복된 곳에서는 원하지도 않은 점이 지정되
는 경우가 있습니다. 따라서 설정할 때는 자주 사용하는 객체스냅만 체
크하도록 해야 합니다. 필자의 경험으로 많이 사용하는 객체스냅은 끝점
(END), 중간점(MID), 중심점(CEN), 사분점(QUA), 교차점(INT)입니다. 둘
이상의 옵션을 선택하면 선택된 스냅 모드가 적용되어 조준 창 상자의
중심에 가장 근접한 점을 반환합니다. 〈TAB〉 키를 눌러 옵션 사이를 순
환할 수 있습니다.

04. 객체스냅의 종류

AutoCAD에서 제공하는 여러 종류의 객체스냅에 대해 알아보겠습니다. 도구막대의 순서대로 설명하
겠습니다.

객체스냅 도구막대

(1) TRAcking(임시 추적점)

한 점으로부터 일정한 거리만큼 떨어진 좌표를 지정하거나 한 좌표로부터 지정한 방향으로 추적하여
추적선 상에 위치한 점을 찾습니다. 예를 들어, 다음 그림에서 마름모꼴의 오른쪽 꼭지점으로부터 X
축으로 '50', Y축으로 '50'만큼 떨어진 위치에 반지름이 '25'인 원을 그리고자 할 때,

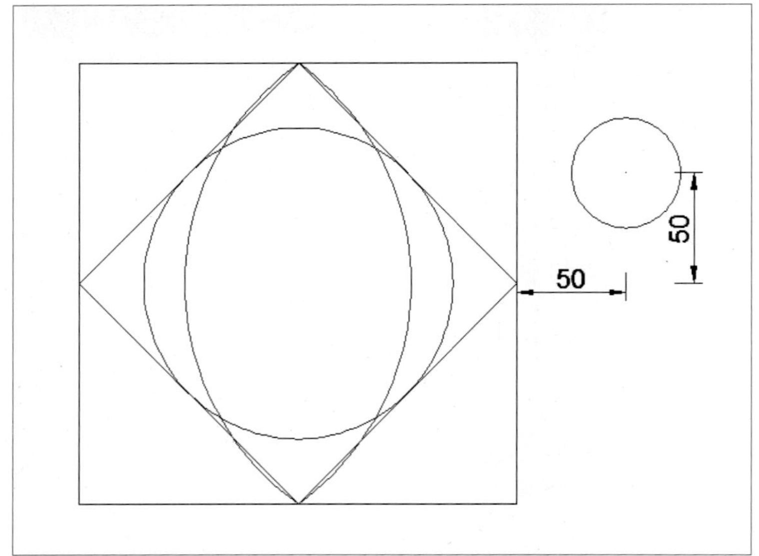

01 '원(CIRCLE) ⊙' 명령을 실행합니다.
{원에 대한 중심점 지정 또는 [3점(3P)/2점(2P)/Ttr − 접선 접선 반지름(T)]:}에서 '임시 추적점 ⚬'을 클릭합니다.
{_tt 임시 OTRACK 점 지정:}에서 마우스 커서를 마름모꼴의 오른쪽 꼭지점에 댄 후 X축 방향으로 맞춘 후 추적선이 켜진 상태에서 '50'을 입력합니다.

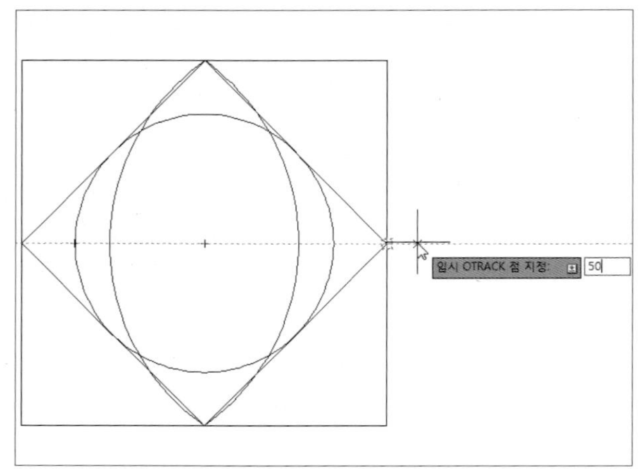

02 그러면 임시 추적점인 작은 '+' 마크가 표시됩니다. 다시 Y축 방향으로 맞추어 추적선이 나타나면 '50'을 입력합니다.

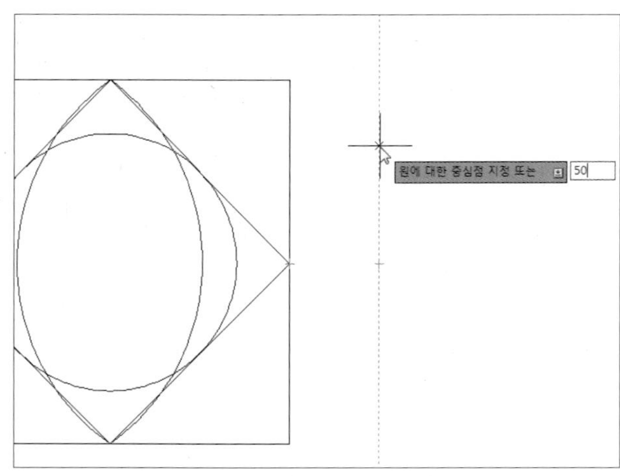

03 {원의 반지름 지정 또는 [지름(D)]:}에서 반지름 '25'를 입력합니다. 다음 그림과 같이 지정한 위치에 반지름 '25'인 원이 작도됩니다.

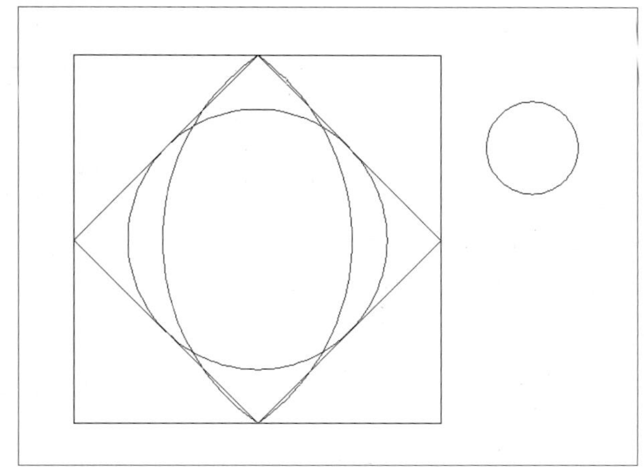

(2) FROM(시작점)

새로운 좌표를 지정하기 위한 기준으로 임시로 참조하는 점을 지정합니다. 예를 들어, 앞의 도면에서 마름모꼴의 오른쪽 꼭지점으로부터 X축으로 '50', Y축으로 '−50' 위치에 반지름이 '25'인 원을 작도하고자 할 때,

01 '원(CIRCLE) ⊘' 명령을 실행합니다.
{원에 대한 중심점 지정 또는 [3점(3P)/2점(2P)/Ttr − 접선 접선 반지름(T)]:}에서 객체스냅 '시작점'을 클릭합니다.
{_from 기준점:}에서 객체스냅 '교차점 ✕'을 클릭한 후 {_int 〈−}에서 교차점을 지정합니다.

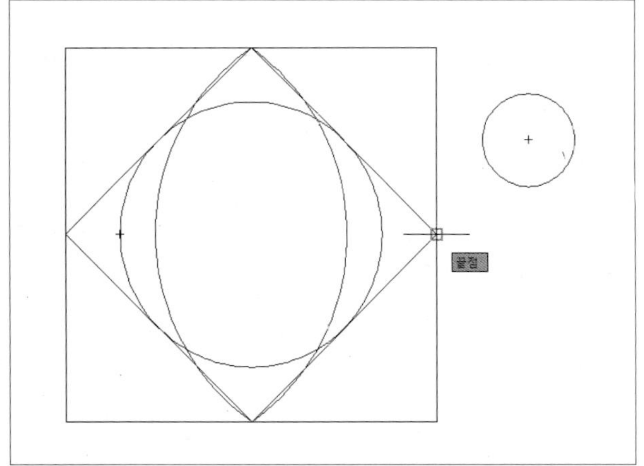

02 {〈간격 띄우기〉:}에서 지정하고자 하는 띄우기 간격 '@50,−50'을 지정합니다. 그러면, 다음 그림과 같이 지정한 교차점으로부터 상대좌표로 X축으로 '50', Y축으로 '−50'만큼 떨어진 위치에 원의 중심점이 지정됩니다.

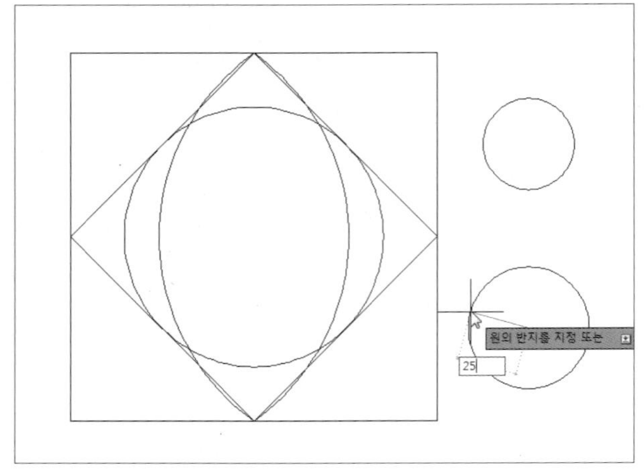

03 {원의 반지름 지정 또는 [지름(D)] 〈25.0000〉:}에서 반지름 값 '25'을 입력합니다. 다음 그림과 같이 특정 좌표로부터 일정 간격만큼 떨어진 위치에 원을 작도합니다.

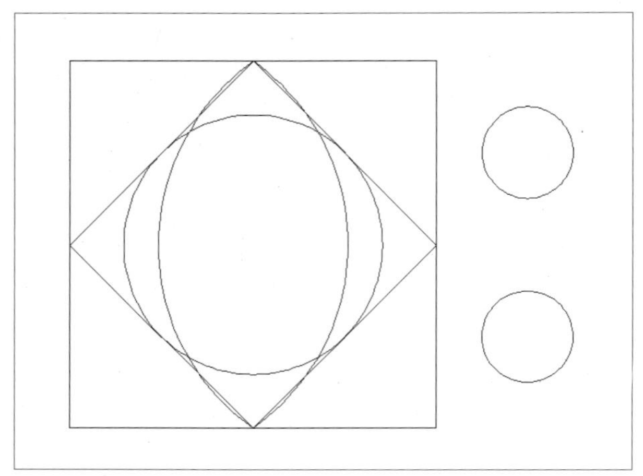

(3) ENDpoint(끝점)

호, 타원형 호, 선, 여러 줄, 폴리선 세그먼트, 스플라인, 영역 또는 3차원 객체의 가장 가까운 끝점을 찾습니다. 선의 경우 중간 점을 기준으로 마우스의 커서가 위치한 가까운 끝점을 찾습니다.

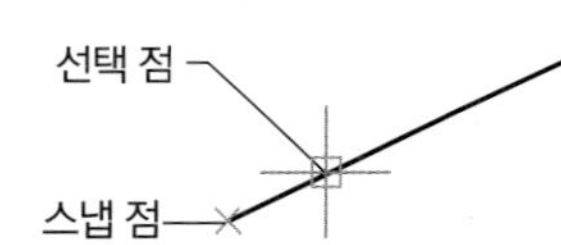

(4) MIDpoint(중간점)

호, 타원, 타원형 호, 선, 여러 줄, 폴리선 세그먼트, 영역, 솔리드, 스플라인 또는 구성선의 중간점을 찾습니다.

(5) INTersection(교차점)

호, 원, 타원, 타원형 호, 선, 여러 줄, 폴리선, 광선, 영역, 스플라인 또는 구성선의 교차점을 찾습니다.

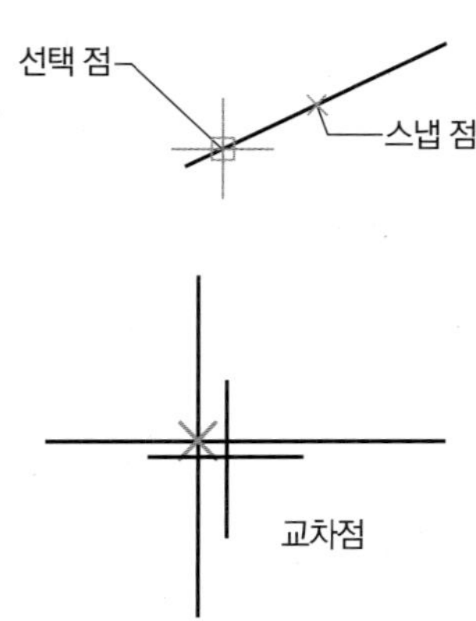

(6) APParent Intersection(가상 교차점)

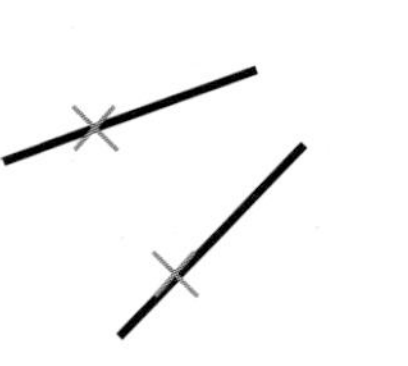

실제는 교차하지 않는 객체이지만 연장선상의 교차점이나 시각적인 3D 상의 교차점을 찾습니다.

(7) EXTend(연장점)

객체가 존재하지는 않지만 선택한 객체의 연장선상의 한 점을 추적하여 찾습니다.

(8) CENter(중심점)

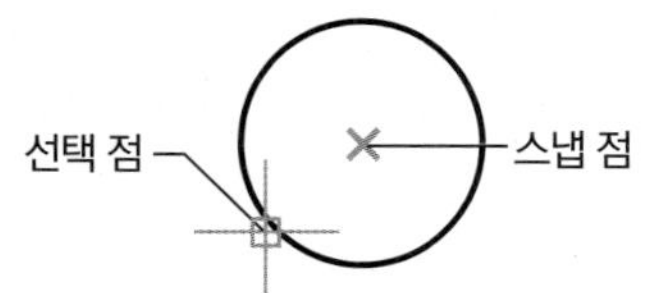

원, 호, 타원 또는 타원형 호의 중심점을 찾습니다.

(9) QUAdrant(사분점)

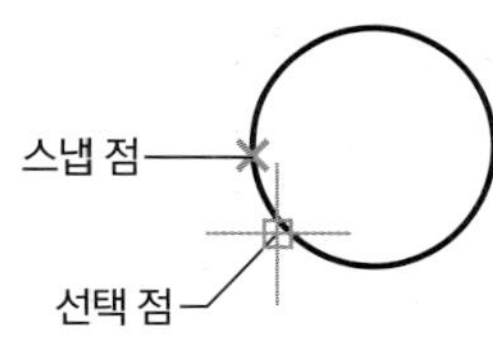

원, 호, 타원의 가장 가까운 사분점(0°, 90°, 180°, 270°)을 찾습니다. 마우스 커서의 위치에서 가장 가까운 사분점을 찾습니다.

(10) TANgent(접선점)

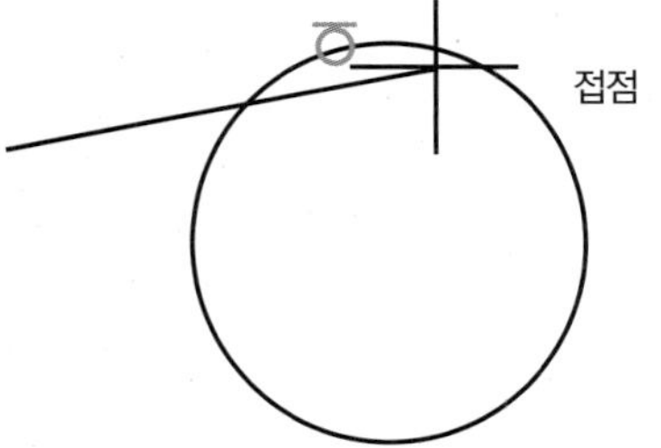

원, 호, 스플라인, 타원 또는 스플라인의 접점을 찾습니다.

(11) PERpendicular(직교점)

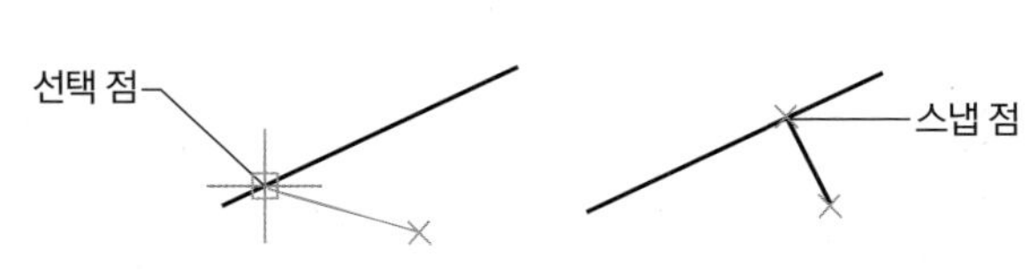

호, 원, 타원, 타원형 호, 선, 다중선, 폴리선, 광선, 영역, 솔리드, 스플라인 또는 구성선에 수직으로 만나는 점을 찾습니다.

(12) PARallel(평행점)

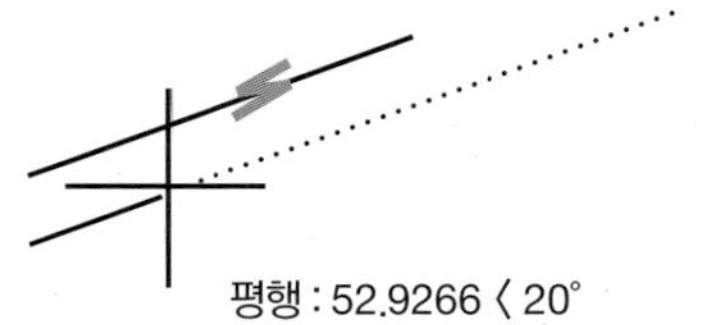

선, 폴리선, 광선 또는 구성선을 다른 선형 객체와 평행선상의 한 점을 찾아줍니다.

119

(13) INSert(삽입점) 

블록, 문자, 속성의 삽입 점을 찾습니다. 문자의 경우는 문자의 원점을 찾습니다.

(14) NODe(노드) ◦

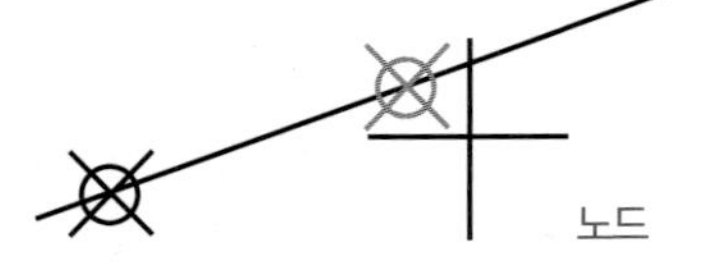

점 객체, 치수 정의점 또는 치수 문자 원점을 찾습니다.

(15) NEArest(근접점) ✗

호, 원, 타원, 타원형 호, 선, 여러 줄, 점, 폴리선, 광선, 스플라인 또는 구성선에서
커서와 가장 가까운 점을 찾습니다.

(16) 두 점의 사이의 중간 점(M2P)

두 점을 지정해 두 점 사이의 중간에 위치한 점을 찾습니다.

(17) NONE(스냅하지 않음) ▥

일반적으로 설정된 객체스냅을 사용하지 않고자 할 경우에는 현재 설정된 객체스냅을 무효화합니다.

(18) OSNAP(객체스냅 설정) ▥

자주 사용되는 객체스냅을 미리 지정해 놓고 좌표를 지정할 때 설정된 스냅을 자동으로 신속하게 찾아
줍니다. 필요한 객체스냅을 미리 지정해 놓고 사용하면 점을 찾을 때마다 한 번씩 지정하는 번거로움을
피할 수 있습니다. 자세한 내용은 객체스냅 사용법의 '미리 지정하기'를 참조합니다.

05. 객체스냅 추적(OTRACK)

객체스냅 추적(스냅 참조선 표시)을 사용하여 객체스냅 점을 기준으로 정렬 경로를 따라 추적할 수 있
습니다. 획득한 점에는 작은 더하기(플러스) 기호 '+'가 표시되며 한 번에 최대 7개의 추적 점을 획득할
수 있습니다.
객체스냅 추적은 객체스냅과 함께 동작합니다. 따라서 객체의 스냅 점에서 추적하려면 객체스냅이 켜

져 있어야 합니다. 다음 그림과 같이 가운데 원의 사분점과 오른쪽 원의 사분점이 만나는 위치에 반지름이 '15'인 원을 작도해보겠습니다(중심선은 설명을 위한 선이므로 작도하지 않습니다).

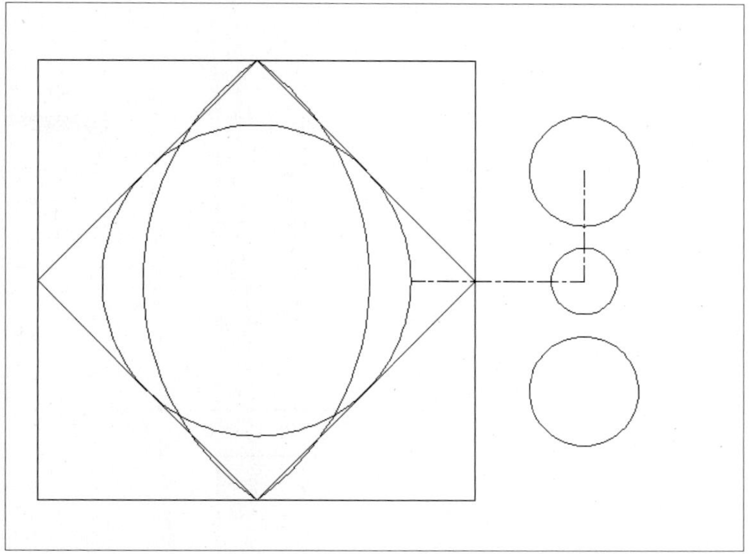

01 먼저, 하단 상태막대의 그리기 도구에서 '스냅참조선 표시 ∠' 버튼을 누르거나 〈F11〉 키를 눌러 객체스냅 추적을 켭니다. 객체스냅에서 '중심점 ◎'과 '사분점 ✧'이 켜져 있는 것을 확인하고 '객체스냅 ☐'을 켭니다.

02 '원(CIRCLE) ⊙' 명령을 실행합니다.
{원에 대한 중심점 지정 또는 [3점(3P)/2점(2P)/Ttr - 접선 접선 반지름(T)]:}에서 마우스를 가운데 원의 오른쪽 사분점 근처에 대고 수평 방향으로 맞추면 다음 그림과 같이 점선으로 추적선이 표시됩니다.

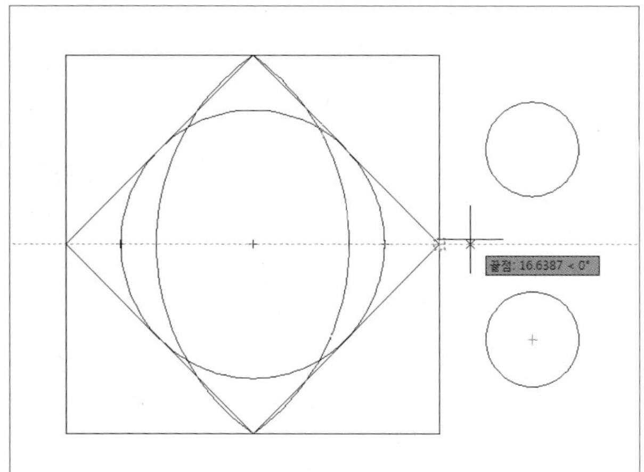

03 추적선을 확인하고 마우스를 오른쪽 원의 중심점에 가까이 가면 수직 방향으로 맞추면 추적선이 나타납니다. 다음 그림과 같이 수평선과 수직선의 교차점에 작은 '+' 마크가 표시됩니다. 이때 클릭하면 두 추적선의 교차점이 지정됩니다.

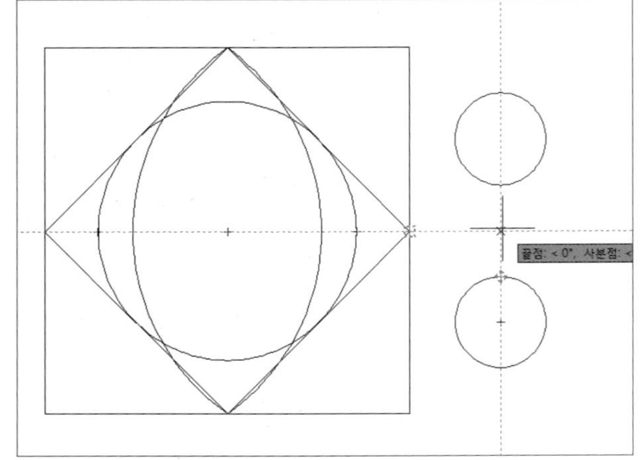

04 {반지름 지정 또는 [지름(D)] 〈25.0000〉:}에서 반지름 '15'를 입력합니다. 결과적으로 가운데 원의 사분점과 오른쪽 원의 중심점이 만나는 교차점에 반지름이 '15'인 원이 작도됩니다. 이렇게 보조선을 작도하지 않고 객체스냅 추적을 이용하여 좌표를 지정할 수 있습니다.

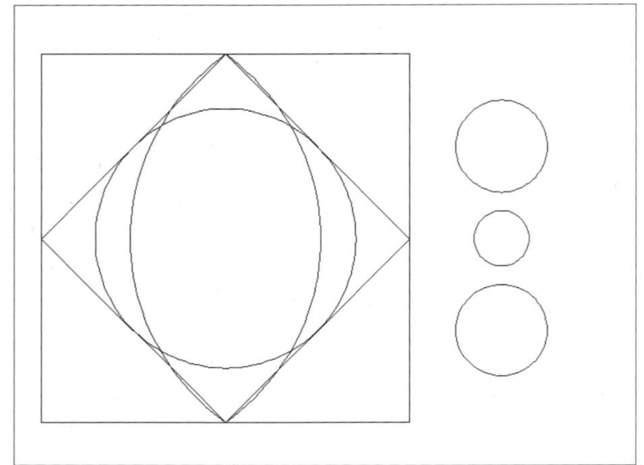

5. 작도 영역에서 명령어를 표시하고 입력하는 동적 입력(DYN)

AutoCAD 2006 버전부터 기존의 명령행 창과 함께 작도 영역에서도 명령 입력, 옵션 선택, 메시지 표시를 할 수 있는 '동적 입력(DYN)' 방법이 추가되었습니다. 이번에는 동적 입력 방법과 관련 표시 내용에 대해 알아보겠습니다.

01. 동적 입력 알아보기

동적 입력은 커서 주변에 명령 인터페이스를 제공하여 도면 영역에 주의를 집중할 수 있도록 도와줍니다. 동적 입력을 켜면 커서의 이동에 따라 동적으로 업데이트되는 정보를 표시하는 툴팁(Tool Tip)이 커서 주변에 나타납니다. 또, 명령을 실행하면 AutoCAD의 메시지가 화면에 툴팁 형식으로 제공됩니다. 예를 들어, 선 명령을 실행했을 때 동적 입력 화면과 정적 입력 화면을 비교해보도록 합시다. 동적 입력은 다음 그림과 같이 작도 영역에 툴팁 메시지가 표시됩니다.

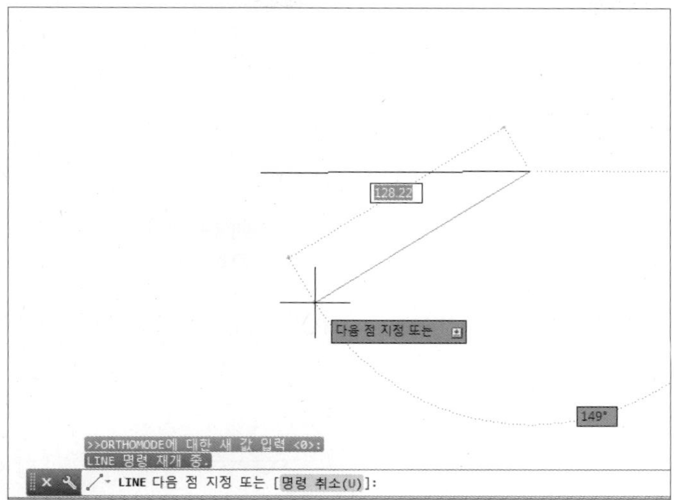

동적 입력(DYN)이 켜진 경우

정적 입력 방법(동적 입력이 꺼져있을 경우)은 다음 그림과 같이 툴팁 메시지가 표시되지 않고 명령행 영역에서만 메시지 표시와 데이터 입력을 수행합니다.

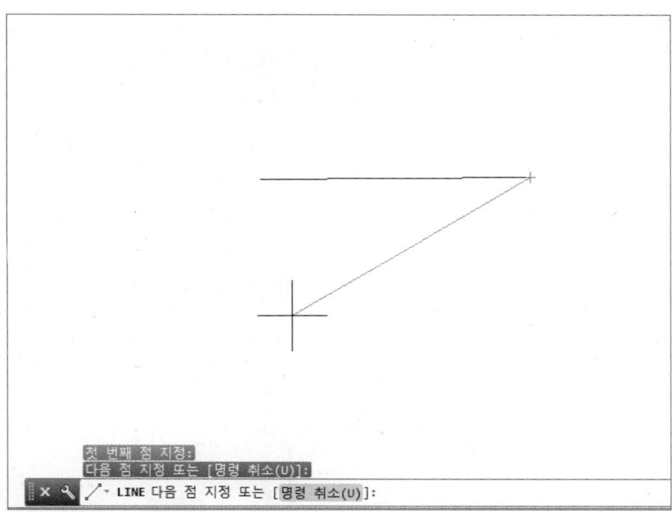

동적 입력(DYN)이 꺼진 경우

 **동적 입력과 정적 입력에서의 좌표 지정의 차이**

동적 입력과 정적 입력에 따라 좌표 지정에 차이가 있습니다. '동적 입력(DYN)'이 켜진 상태에서 좌표를 지정할 때 절대좌표의 경우는 반드시 앞에 '#'을 입력해야 합니다. 동적 입력에서 절대좌표 (100,100)을 지정할 때는 '#100,100'의 형식으로 지정합니다. 정적 입력에서는 '#'이 필요하지 않습니다. 정적 입력에서 절대좌표 (100, 100)은 '100,100'의 형식으로 지정합니다.

동적 입력의 경우는 다음과 같이 조작합니다.

(1) 좌표의 지정 또는 값의 입력

동적 입력이 켜지면 작도 영역에서 좌표나 데이터 값을 입력할 수 있습니다. 선 명령의 경우, 두 번째 점 또는 거리를 입력하라는 명령 프롬프트가 나타날 때 치수와 함께 거리 값과 각도 값의 툴팁을 표시합니다. 커서를 움직이면 치수 툴팁의 값이 변경됩니다. 명령행 대신 화면의 툴팁을 통해 값을 입력할 수 있습니다.

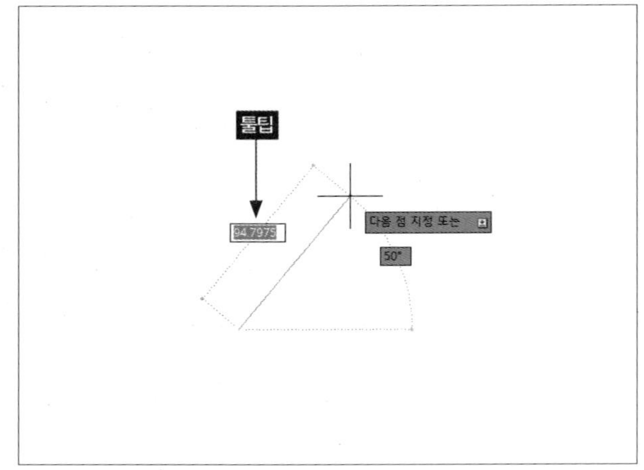

(2) 옵션의 선택

아래 화살표(↓)를 누르면 다음 그림과 같이 해당 메시지에 부속된 옵션이 표시됩니다. 옵션이 표시되면 아래 화살표(↓) 또는 마우스를 이용하여 선택하고자 하는 옵션을 선택합니다. 다음은 원을 작도하는 명령의 경우로 세 가지 옵션(3점(3P)/2점(2P)/Ttr – 접선 접선 반지름(T))이 화면에 표시됩니다.

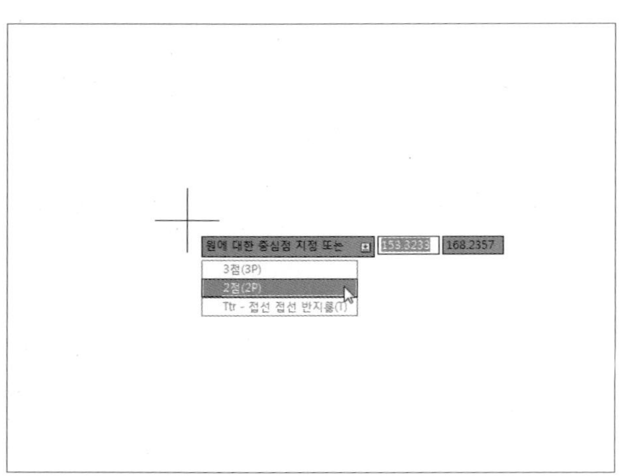

동적 입력에서 옵션의 표시 및 선택

02. 동적 입력 시 표시 내용

동적 입력이 활성화된 경우, 좌표의 지정 및 마우스의 이동에 따라 화면의 표시되는 정보는 다음 그림과 같습니다.

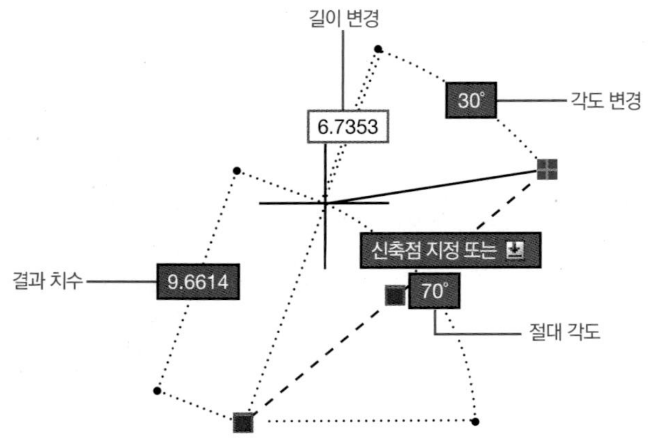

6. 선 두께 표시를 관리하는 선가중치(LWT)

객체의 용도 및 성격에 따라 두께를 달리하여 표현합니다. 이번에는 두께를 표현하는 선가중치의 가시
성을 제어하는 버튼 '선가중치 ▤'에 대해 알아보겠습니다. 선가중치에 대한 내용은 뒤쪽의 '객체의 특
성'에서 다시 한 번 설명하겠습니다.

01. 선가중치의 설정

다음과 같은 방법으로 선가중치의 환경을 설정합니다. 상태막대의 그리기 도구 중 '선가중치 ▤' 옆의
역삼각형(▼)에 맞추고 클릭합니다. 다음과 같은 상태에서 '설정(S)'을 클릭합니다.

다음과 같은 선가중치 설정 대화상자가 표시됩니다.

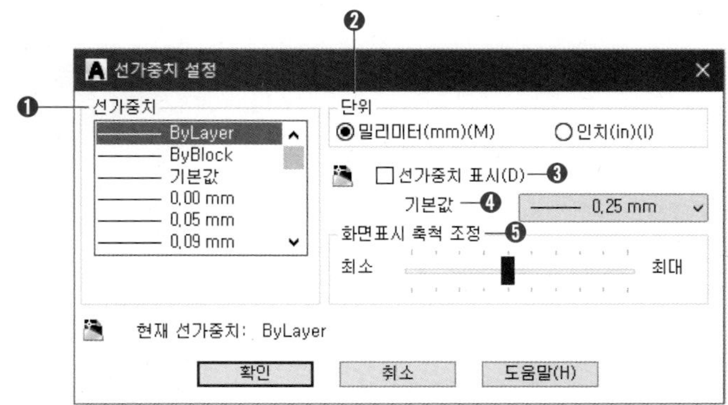

선가중치 설정 대화상자

❶ **선가중치** : 목록에서 선가중치(두께)를 선택합니다.

❷ **단위** : 단위를 밀리미터(M)와 인치(I) 중 선택합니다.

❸ **선가중치 표시(D)** : 화면에서 선가중치를 표시할 것인
지 체크합니다. 즉, 선가중치 값에 의해 화면에서 표
시되는 굵기를 달리하여 표시합니다.

❹ **기본값** : 선가중치의 기본 값을 얼마로 설정할 것인가
를 목록에서 선택합니다.

❺ **화면표시 축척 조정** : 모형 공간에서 선가중치는 픽셀로 표시됩니다. 선가중치는 출력되는 실제 단위
값에 비례하는 픽셀 폭을 사용하여 표시됩니다. 고해상도의 모니터를 사용할 경우, 선가중치 표시
축척을 조정하여 여러 선가중치 폭을 더 잘 표시할 수 있습니다.

02. 선가중치의 지정

01 ▶ 도면 작업 중에 선가중치를 설정하려면 다음 그림
과 같이 '홈' 탭의 '특성' 패널의 '선가중치' 목록에서 사용
하고자 하는 가중치를 선택합니다.

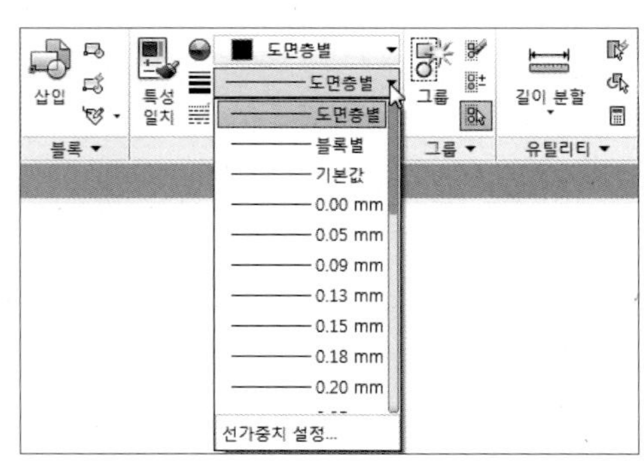

'홈' 탭의 '특성' 패널의 선가중치 목록

02 다음과 같이 반지름이 '80'인 원을 작도합니다. 단, 작도할 때 왼쪽 원은 선 가중치를 '0.0'으로 설정하고, 오른쪽 원은 선 가중치를 '0.4'로 설정하여 작도합니다. 선 가중치를 가시화하지 않은 상태(OFF)에서는 다음 그림과 같이 선 가중치와 관계없이 동일한 굵기로 표현됩니다.

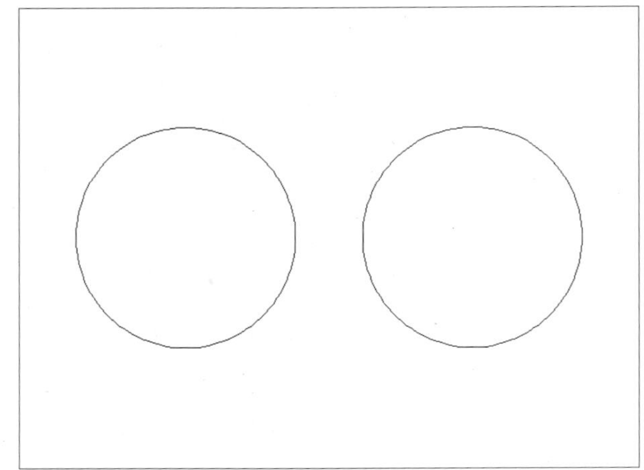

03 상태막대의 그리기 도구 중에 '선가중치(LWT) ▤'을 눌러서 선 가중치를 가시화(ON)합니다. 다음 그림과 같이 선 가중치 '0.4'로 작도한 원의 선 굵기가 두껍게 표시됩니다.

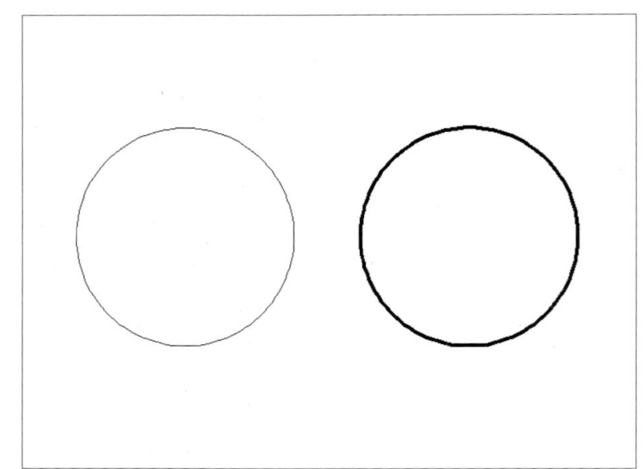

7. 객체 투명도 설정(TPY)

도면에서 객체의 강약을 표현하고자 할 때 투명도에 의해서 조정할 수 있습니다. '투명도 표시/숨기기'는 설정된 투명도를 적용할 것인지, 적용하지 않을 것인지 지정합니다.

01. 투명도 이해하기

다음의 따라하기 실습을 통해 투명도에 대해 이해합시다.

01 반지름이 '100'인 원을 작도한 후 객체스냅
(OSNAP) 기능을 이용하여 다음과 같이 작도합니다.

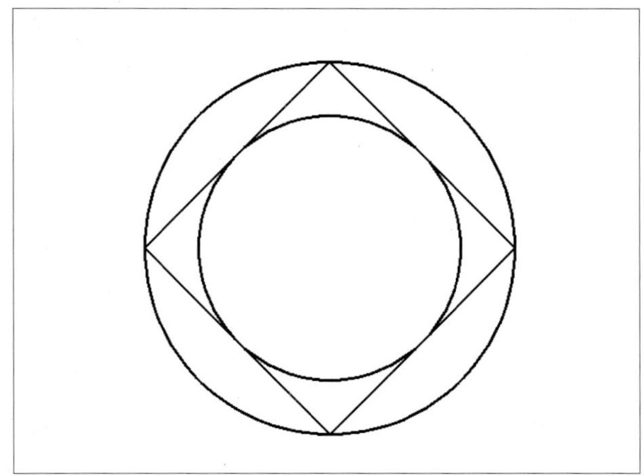

02 객체의 투명도를 바꿔보겠습니다. 마우스를 이용하
여 마름모의 네 선분을 차례로 선택합니다. 그러면 다음
그림과 같이 네 개의 선이 하일라이트(점선)으로 바뀌면
서 각 끝점과 중간점에 파란색 사각표시가 나타납니다.

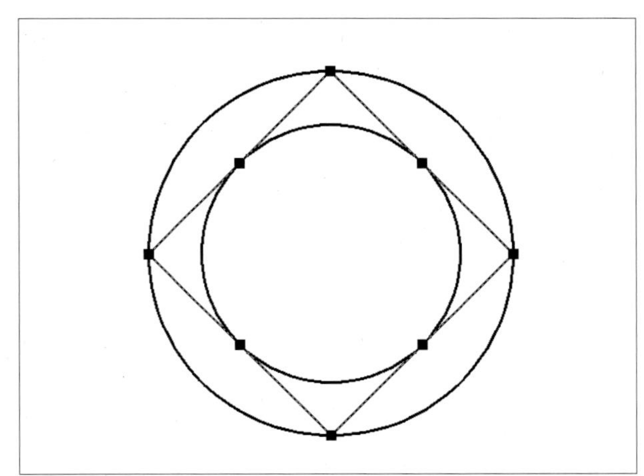

03 이때 '홈'탭의 '특성' 패널에 있는 투명도 슬라이드
바를 움직여 '70'으로 설정합니다. 또는 오른쪽의 숫자를
직접 입력합니다.

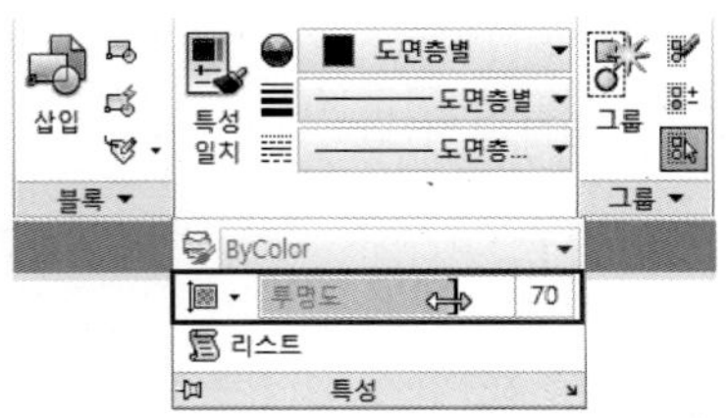

04 투명도 설정이 끝났으면 〈ESC〉 키를 누릅니다. 다음 그림과 같이 선택한 객체(마름모의 선분)가 희미하게 표시됩니다.

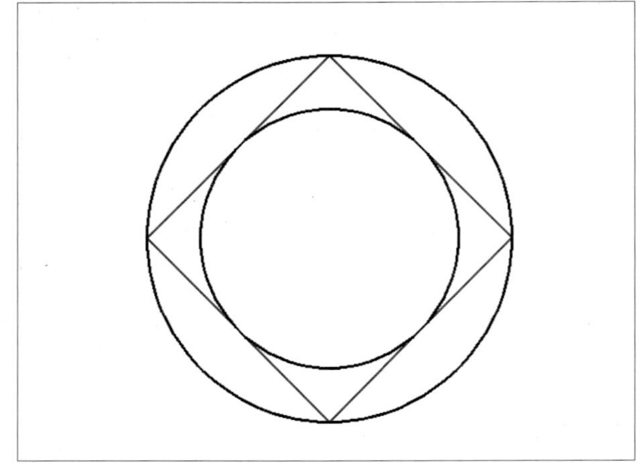

tip!

동일한 방법으로 작업을 수행했는데 투명도가 바뀌지 않는 경우는 그리기 도구의 '투명도 ▨'가 켜지지 않아서 발생한 현상입니다. 그리기 도구의 투명도를 켜면 설정한 투명도 값으로 표시합니다

02. 투명도 설정값

투명도를 설정하는 값은 다음과 같습니다.

ByLayer	투명도 값이 도면층에 의해 결정됩니다.
ByBlock	투명도 값이 블록에 의해 결정됩니다.
0	완전 불투명(투명하지 않음)
1-90	백분율로 정의된 투명도 값

8. 선택순환(SC)

복잡한 도면에서 중복된 객체를 편집(수정)하기 위해 선택을 해야 하는데 원하지 않은 객체가 선택될 수 있습니다. 이렇게 중복된 객체를 선택하는데 있어 손쉽게 선택할 수 있도록 객체의 '선택순환(Selection Cycling)' 기능을 제공합니다.

01. 선택순환 이해하기

다음의 따라 하기 실습을 통해 선택순환에 대해 이해하도록 합니다.

참고 **선택 순환 아이콘이 보이지 않을 경우**

그리기 도구에 선택 순환 아이콘(▚)이 표시되지 않았을 경우에는 상태 영역 가장 오른쪽에 있는 사용자화 버튼(≡)을 클릭합니다. 목록에서 '선택 순환'을 체크합니다.

투명도
✓ 선택 순환
3D 객체 스냅
동적 UCS
선택 필터링
장치

01 앞에서 작성한 도면을 이용하여 실습하겠습니다.

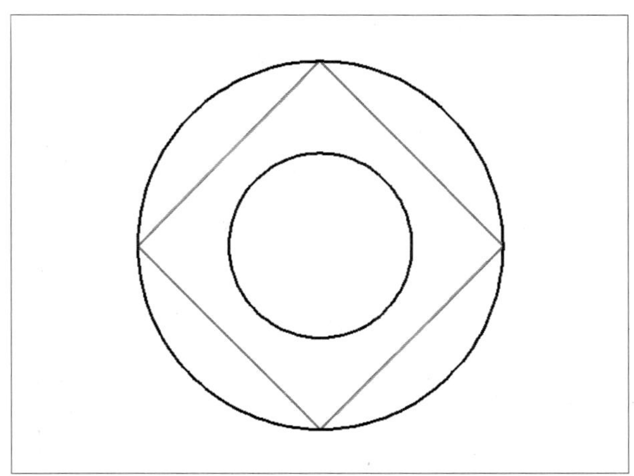

02 그리기 도구의 '선택순환 ＊' 버튼을 클릭하여 선택 순환 기능을 켭니다(ON). 번거로움을 피하기 위해 '빠른 특성 ▣'을 끕니다.

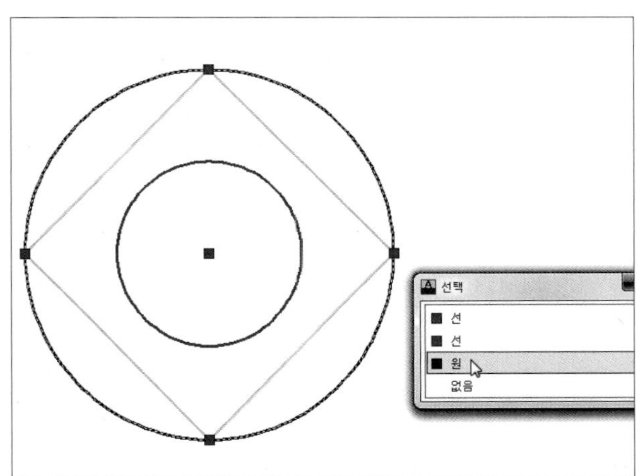

03 바깥쪽의 원의 크기를 줄여보겠습니다. 마우스 커 서를 원과 선이 만나는 부분에 가져 가서 클릭합니다. 선 택순환 대화상자가 나타납니다. 이때 마우스를 이용하여 '원'을 선택합니다.

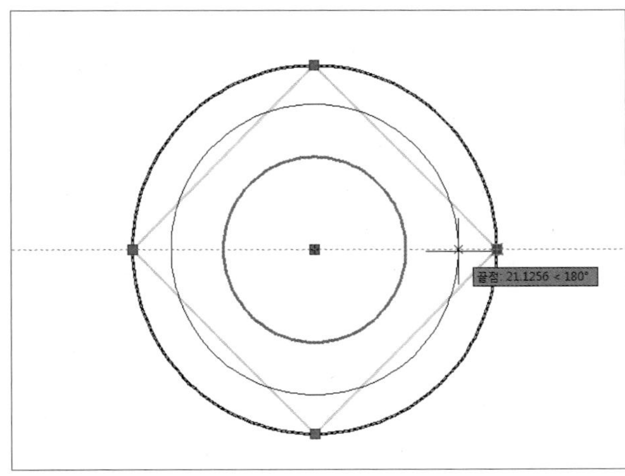

04 이때 그립(맞물림: 원의 사분점에 있는 파란색 점) 을 움직여 원의 크기를 조정합니다.

02. 선택순환 설정

그리기 도구의 '선택순환 '에 마우스를 대고 오른쪽 버튼을 누릅니다. 메뉴에서 '선택 순환 설정…'을 클릭합니다.

다음과 같은 대화상자가 나타납니다.

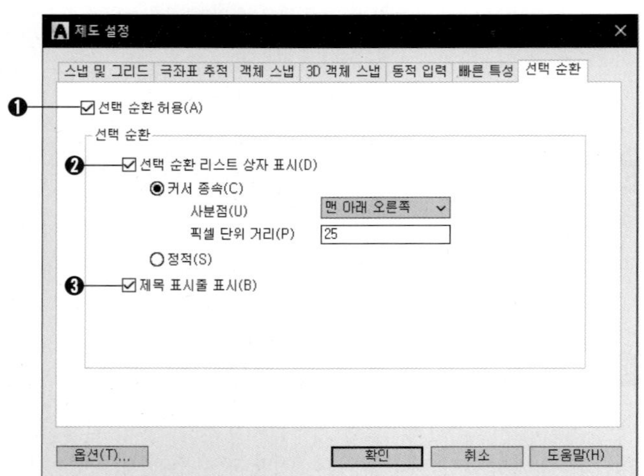

❶ **선택순환 허용(A)** : 선택순환 기능을 켜거나 끕니다.

❷ **선택 순환 리스트 상자 표시(D)** : 선택 순환 리스트(목록) 상자를 표시를 제어합니다.

- 커서 종속(C) : 커서를 기준으로 목록(리스트) 상자를 이동합니다.
- 사분점(U) : 목록 상자를 배치할 커서 사분점을 지정합니다.
- 픽셀 단위 거리(P) : 커서와 목록 상자 사이의 거리를 지정합니다.
- 정적(S) : 목록 상자는 커서와 함께 이동하지 않으며 일정한 위치에 고정됩니다. 목록 상자 위치를 변경하려면 상자를 클릭하여 드래그합니다.

❸ **제목 표시줄 표시(B)** : 제목 표시줄의 표시여부를 제어합니다.

참고 **선택순환을 사용하지 않고 객체를 순환하여 선택하기**

중복된 객체군에서 원하는 객체를 선택하고자 할 때, 선택순환 기능을 이용하지 않고 객체를 선택하려면 다음과 같은 방법으로 선택합니다.

(1) {객체 선택:}에서 커서를 선택하고자 하는 객체 근처로 가져간 후 〈Shift〉 키 또는 〈스페이스 바〉를 누른 채 클릭합니다.

(2) 한 번 클릭할 때마다 커서 근처의 객체가 차례로 하일라이트(점선)됩니다.

(3) 원하는 객체가 하이라이트되면 〈엔터〉 키를 눌러 객체를 선택합니다.

다음과 같은 도면을 작도합니다. 파선(점선)은 작도하지 않습니다. 객체스냅 추적을 이용하여 가운데
사각형을 작도합니다.

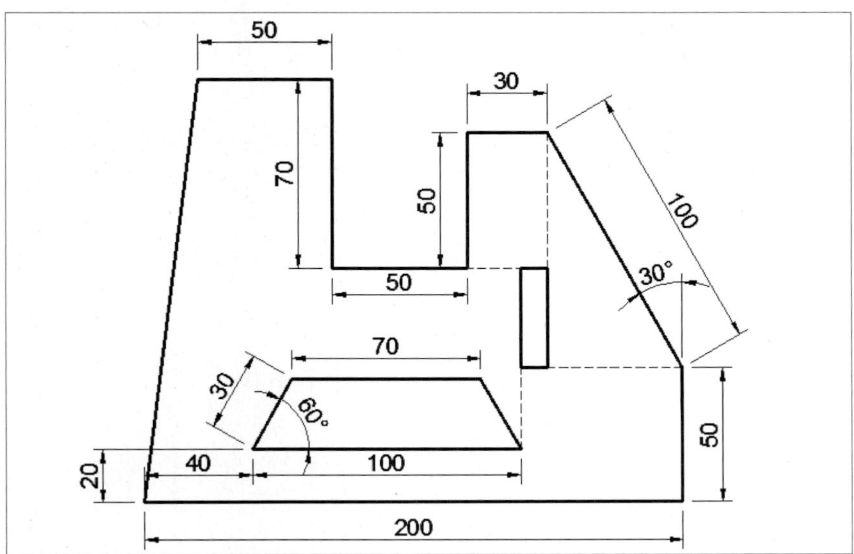

다음과 같은 도면을 작도합니다.

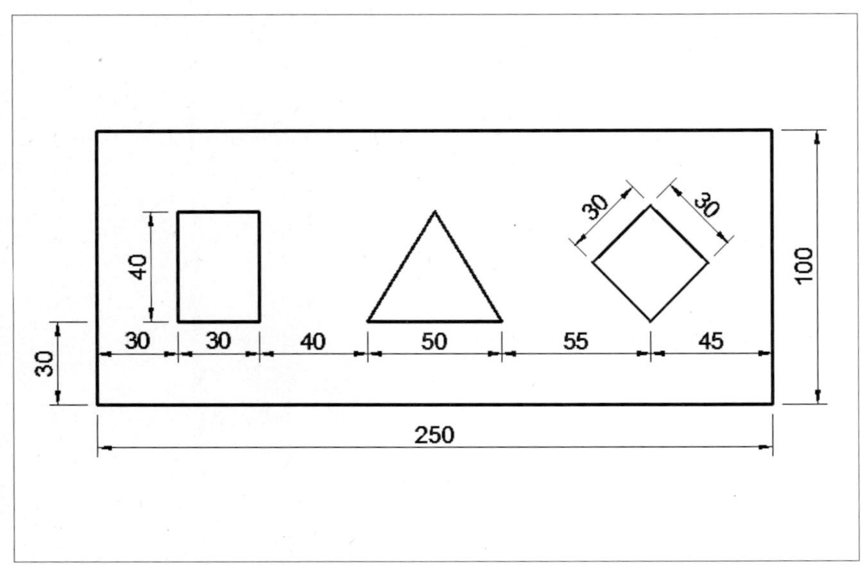

LESSON 04 객체의 선택

복사, 이동, 지우기, 회전 등 객체를 편집하기 위해서는 대상 객체를 선택해야 합니다. AutoCAD는 다양한 객체 선택 방법을 제공하고 있습니다. 여기에서 설명하는 선택은 복사, 삭제, 이동, 회전 등의 편집 명령을 실행할 경우 {객체 선택:}이라는 메시지가 표시되었을 때 조작(객체를 선택)하는 방법입니다.

1. 선택상자에 의한 개별 선택

선택상자(Pick Box)를 이용하여 객체를 하나씩 선택하는 방법입니다.

{객체 선택:}에서 원하는 객체를 선택합니다.

{1개를 찾음, 총 1}라는 메시지와 함께 선택된 객체가 하일라이트됩니다.

{객체 선택:}에서 원하는 객체를 선택합니다.

{1개를 찾음, 총 2}라는 메시지와 함께 선택된 객체가 하일라이트됩니다. 이렇게 반복해서 하나씩 선택할 수 있습니다. 선택을 종료하려면,

{객체 선택:}에서 〈엔터〉 키 또는 〈스페이스 바〉를 누릅니다.

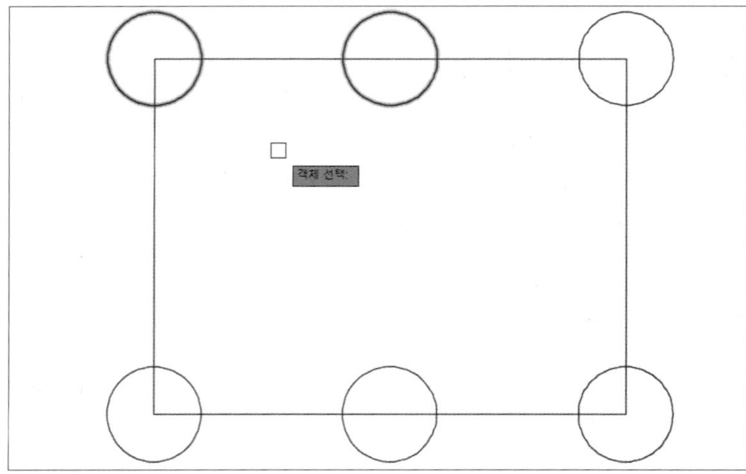

2. 사각형의 범위를 지정해 선택하는 윈도우(W)와 크로싱(C)

객체를 선택할 때 사각형으로 범위를 지정해 지정 범위의 내부와 범위 경계선에 걸쳐있는 객체를 선택하는 방법입니다.

01. 범위 안의 객체만을 선택하는 윈도우(Window)

지정한 두 점이 만드는 사각형 범위 안에 완전히 포함된 객체만 선택됩니다.

{객체 선택}에서 윈도우 선택을 하고자 할 때는 'W'를 입력합니다.

그러면 {첫 번째 구석을 지정:}이라는 메시지가 표시됩니다. 여기에서 다음 그림과 같이 빈 공간의 한 점을 지정하고 {반대 구석 지정:}에서 선택하고자 하는 범위의 반대편 구석을 지정합니다. {2개를 찾음}이라는 메시지가 표시됩니다.

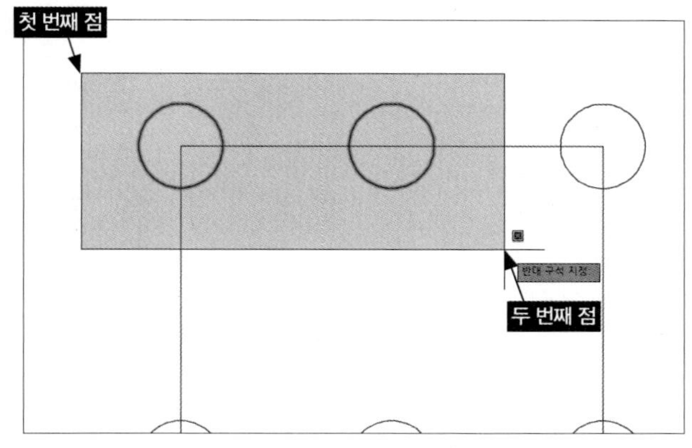

tip!

'W' 키워드를 입력하지 않고 마우스로 빈 공간을 지정한 후 두 번째 점을 오른쪽 방향의 한 점을 지정하면 윈도우(W) 기능을 합니다.

다음과 같이 지정한 범위 안에 완전히 포함된 객체만 선택됩니다. 경계에 걸친 객체는 선택되지 않습니다.

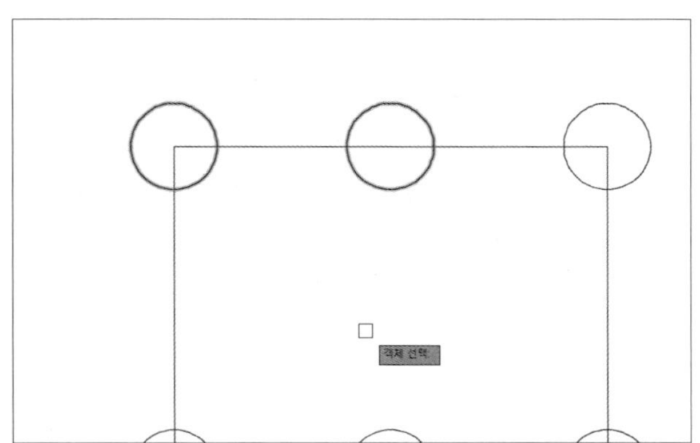

02. 걸쳐있는 객체까지 선택하는 크로싱(Crossing)

윈도우(W)와는 달리 사각형 범위 안의 객체는 물론 범위를 지정하는 경계에 걸쳐있는 객체까지 선택됩니다.

{객체 선택}에서 크로싱의 첫글자 'C'를 입력합니다.
{첫 번째 구석을 지정:}에서 빈 공간의 한 점을 지정하고 {반대 구석 지정:}에서 범위의 반대 구석을 지정합니다.
{3개를 찾음}이라는 메시지가 표시됩니다.

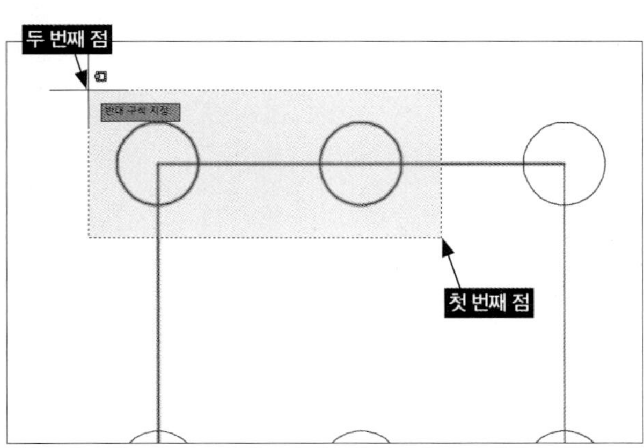

tip!

'C' 키워드를 입력하지 않고 마우스로 빈 공간을 지정한 후, 두 번째 점을
왼쪽 방향의 한 점을 지정하면 크로싱(C) 기능을 합니다.

다음과 같이 지정한 범위 안에 완전히 포함된 객체와 경
계선에 걸쳐있는 객체까지 선택됩니다.

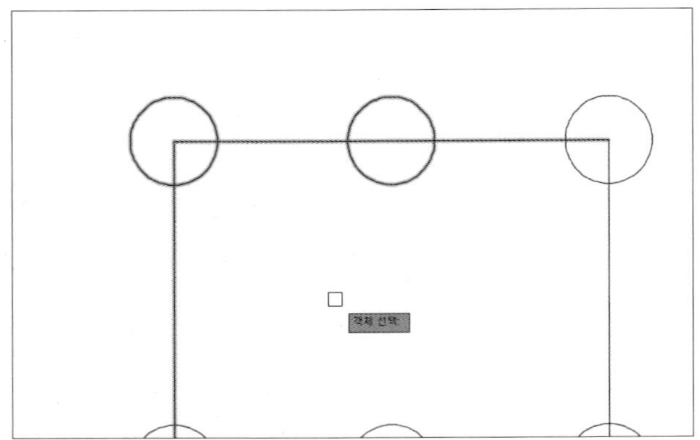

tip!

'윈도우(W)'와 '크로싱(C)'의 선택방법에 따라 선택범위를 표시하는 색상
이 다릅니다. 즉, 윈도우(W)는 연파란색, 크로싱(C)은 연초록색으로 범위
가 표시됩니다. 또 하나 다른 점은 윈도우 선택은 실선으로 표시되고, 크
로싱 선택은 점선으로 표시됩니다. 선택 색상은 사용자가 환경 설정을 통
해 바꿀 수 있습니다.

3. 다각형으로 지정하는 '윈도우 폴리곤(WP)'과 '크로싱 폴리곤(CP)'

'윈도우(W)'와 '크로싱(C)'은 두 점으로 만들어진 사각형의 범위 외에는 지정할 수 없었습니다. 그러나
'윈도우 폴리곤(WP)'과 '크로싱 폴리곤(CP)'은 지정하는 점의 수에 제한이 없어 다양하고 복잡한 다각
형의 범위를 지정할 수 있습니다. '윈도우 폴리곤(WP)'은 다각형 안에 완전히 포함된 객체만 선택하고,
'크로싱 폴리곤(CP)'은 완전히 포함된 객체와 걸쳐있는 객체까지 선택됩니다.

{객체 선택:}에서 'WP'를 입력한 후 범위의 각 점을 지정합
니다. 다음 그림과 같이 다각형으로 지정할 수 있습니다.

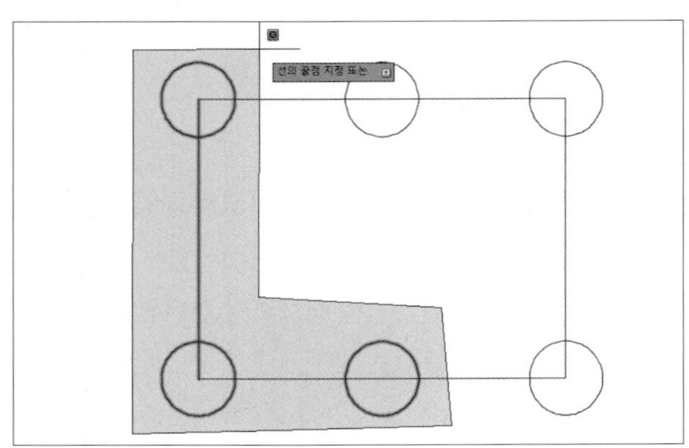

다음과 같이 다각형 안에 완전히 포함된 객체만 선택됩니다.

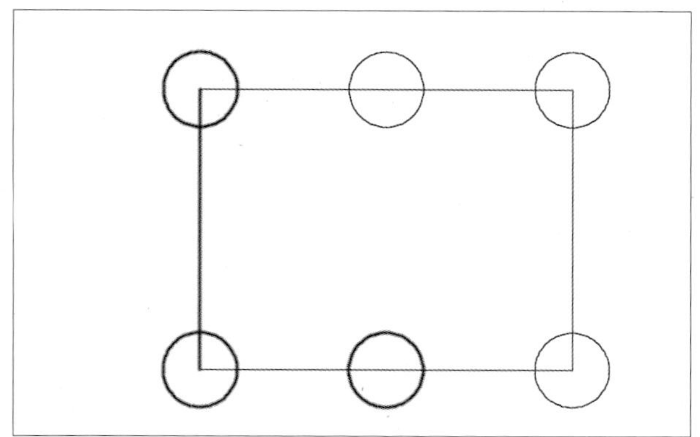

'크로싱 폴리곤(CP)'은 {객체 선택:}에서 'CP'를 입력한 후 선택하고자 하는 범위의 각 점을 지정합니다. 그러면 범위에 포함된 객체와 경계선에 걸쳐있는 객체까지 선택됩니다.

4. 객체 전체를 선택하는 'ALL'과 선택에서 제외시키는 'R'

객체 전체를 선택하는 방법도 있으며 선택된 객체에서 제외시키는 방법도 있습니다.

01. 전체를 선택하는 전체(ALL)

{객체 선택:}에서 'ALL'을 입력합니다. 다음 그림과 같이 객체가 모두 선택됩니다.

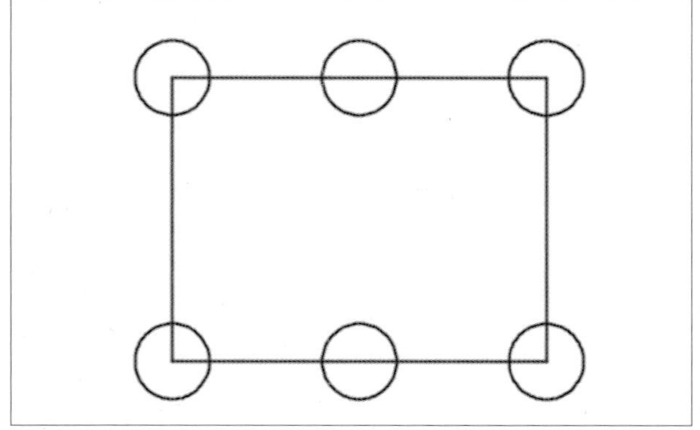

 **참고** **단축키 및 아이콘 버튼에 의한 모든 객체 선택**

객체를 모두 선택하려면 〈Ctrl〉 키를 누른 채 'A'를 누르면 모든 객체가 선택됩니다. 또는 '홈' 탭의 '유틸리티' 패널의 ☀을 클릭하면 모든 객체가 선택됩니다.

02. 선택된 객체를 제외시키는 제거(Remove)

제거(Remove)는 선택된 객체 집합(선택 세트)에서 제외시키는 기능입니다.

객체를 선택한 후 계속해서 선택을 기다리는 메시지 {객체 선택:}에서 선택된 선택 집합에서 제외시키려면 'R'을 입력합니다. 그러면 {객체 제거:}라는 메시지가 표시됩니다. 여기에서 제외하고자 하는 객체를 선택 상자 또는 범위로 지정하여 선택합니다.

그림과 같이 선택한 객체가 선택 집합(선택 세트)에서 제
외됩니다.

 **tip!**
{객체 제거:}에서 선택상자 외에 윈도우(W), 크로싱(C), 윈도우 폴리곤
(WP), 크로싱 폴리곤(CP) 등 선택할 때와 같은 옵션을 이용하여 제거할
수 있습니다.

참고 〈Shift〉 키를 이용하여 선택된 객체를 제거하는 방법

선택된 객체를 제거할 때는 'Remove' 옵션 외에 〈Shift〉 키를
누르면서 객체를 선택하면 선택군으로부터 제거됩니다.

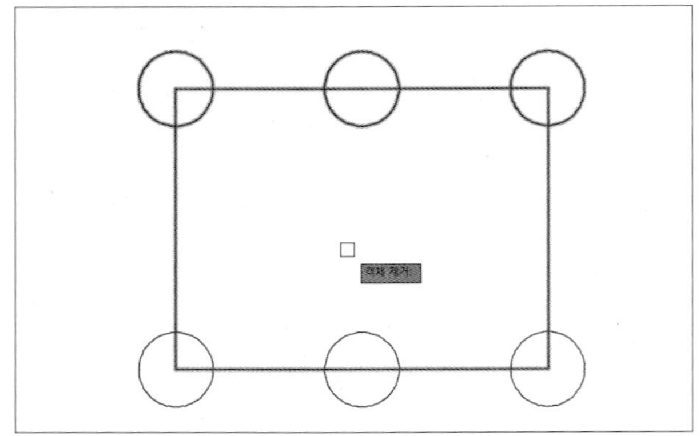

5. 울타리에 걸친 객체를 선택하는 'F'

울타리를 치는 것처럼 선을 그어 그 선에 걸친 객체를 선택하는 방법입니다.

{객체 선택:}에서 'F'를 입력합니다.
{첫 번째 울타리 점 지정:}에서 울타리의 시작점을 지정
합니다.
{다음 울타리 점 지정 또는 [명령취소(U)]:}에서 울타리
의 두 번째 점을 지정합니다.
{다음 울타리 점 지정 또는 [명령취소(U)]:}에서 차례로
지정합니다. 울타리 지정을 종료하려면 〈엔터〉 키 또는
〈스페이스 바〉를 누릅니다.

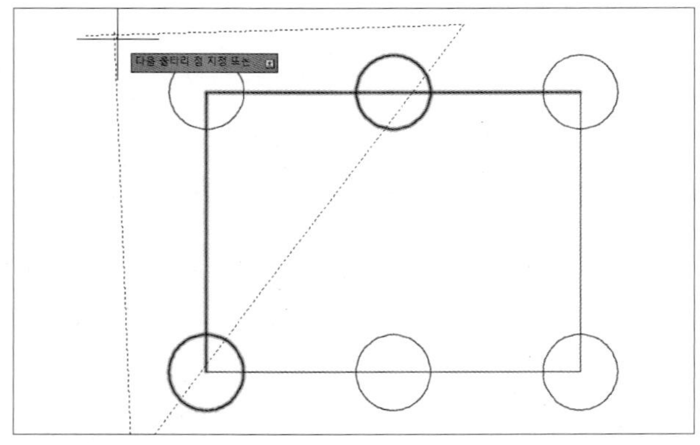

다음과 같이 울타리 선에 걸친 객체(4개)가 선택됩니다.

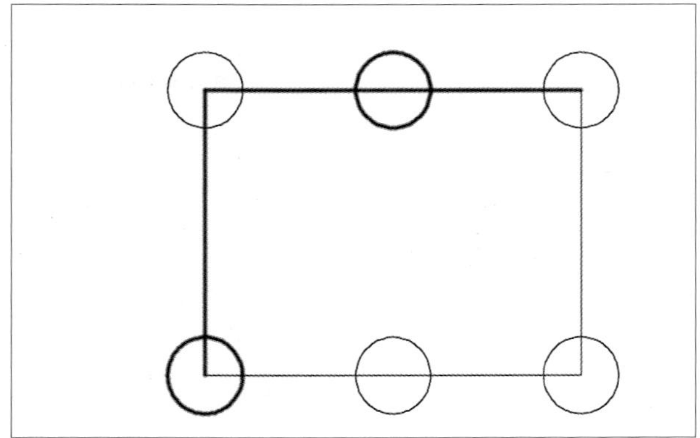

6. 올가미 선택

AutoCAD 2015 버전부터 추가된 선택 방법입니다. 지정하고자 하는 범위를 그물을 치듯 범위를 지정하여 객체를 선택합니다.

{객체 선택:}에서 임의의 한 점을 지정한 후 마우스 왼쪽 버튼을 누른 채로 왼쪽 방향으로 범위를 지정합니다.
{걸치기(C) 올가미 – 스페이스 바를 눌러 옵션 순환 4개를 찾음}

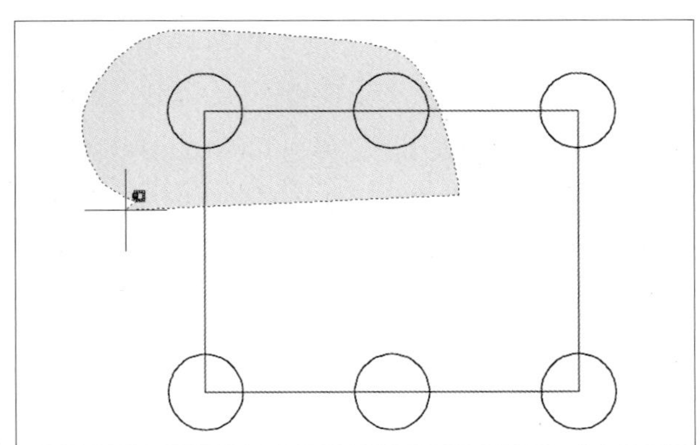

tip!

올가미 선택 중에 〈스페이스 바〉를 누르면 선택 옵션이 전환됩니다. 윈도우(W), 크로싱(C), 울타리(F) 옵션이 번갈아 가며 순환됩니다.

오른쪽 방향으로 드래그하면 올가미 범위의 안쪽에 들어오는 객체만 선택됩니다.

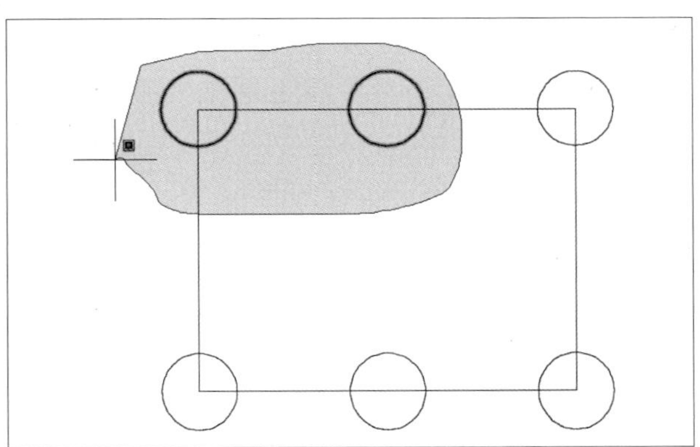

7. 직전에 선택했던 객체 '이전(P)'와 마지막에 생성된 객체를 선택하는 '최후(L)'

객체를 한 번이라도 선택하여 작업을 한 후 다시 그 객체 집합을 선택하려면 {객체 선택:}에서 'P'를 입력합니다. 예를 들어, 한 번 복사한 객체 집합을 다시 선택해서 어떤 작업을 하고자 할 때 유용합니다.
도면에서 가장 마지막 생성된 객체를 선택하려면 {객체 선택:}에서 'L'을 입력합니다. 예를 들어, 원을 그린 후 그 원을 선택하여 어떤 작업을 하고자 할 때 'L'을 입력하면 마지막에 작도한 원이 선택됩니다.

8. 기타 선택 옵션

많이 사용하는 옵션은 아니지만 AutoCAD에서 제공하는 몇 가지 옵션을 살펴보면,

- 오로지 하나만을 선택하고자 할 때는 'SI(Single)'
- 여러 개를 선택하고자 할 때는 'M(Multiple)'
- 선택 세트에 추가하고자 할 때는 'A(Add)'
- 그룹화 한 객체를 선택할 때는 'G(Group)'
- 3차원의 복합 솔리드나 정점, 모서리 및 3D 솔리드의 면의 일부인 원래 개별 형식을 선택할 수 있는 하위 객체 'SU'가 있습니다.

또, 선택한 객체의 선택을 취소하고자 할 때는 취소의 'U'를 입력합니다.

9. 조건을 부여해 선택하는 신속선택(QSELECT)

보통 편집을 할 때 편집 명령(복사, 삭제, 이동, 회전 등)을 실행한 후 {객체 선택:}에서 객체를 선택하는 것이 일반적인 방법입니다. 그러나 객체를 조건(색상이나 형상의 크기 등)을 지정해 객체를 먼저 선택한 후 편집 명령으로 편집할 수 있습니다. '신속선택(QSELECT)'은 객체를 선택하는 방법 중 선택할 조건을 지정하여 객체를 선택하는 방법입니다.

명령 : QSELECT   메뉴 아이콘 : 📑

명령어 'QSELECT'를 입력하거나 '홈' 탭의 '유틸리티' 패널에서 📑 을 클릭합니다. 다음의 대화상자가 나타납니다. 대화상자에서 선택하고자 하는 조건을 지정합니다.

신속 선택 대화상자

❶ **적용 위치(Y)** : 적용 범위를 도면 전체로 할 것인지, 현재 선택된 객체로 한정할 것인지 선택합니다.

❷ **객체 유형(B)** : 객체의 종류(선분, 원, 호, 문자 또는 반경, 길이 등)를 선택합니다. '다중'은 모든 객체의 종류를 지정합니다.

❸ **특성(P)** : 객체의 특성이 나열되고 찾고자 하는 특성을 지정합니다. 선택된 객체에 따라 해당 객체의 특성이 나열됩니다. 여러 종류의 객체가 선택된 경우는 공통된 특성만 나열됩니다.

❹ **연산자(O)** : 특성에 대한 조건식을 지정합니다. 종류와 기능은 다음과 같습니다.

  1) = 같음   2) ◇ 같지 않음

  3) 〉 보다 큼   4) 〈 보다 작음

❺ **값(V)** : 특성의 종류에 따라 값을 입력하거나 목록 상자에서 선택합니다(예 : 특성에서 '색상'을 선택했다면 색상의
종류가 나열되어 선택할 수 있고, 특성에서 '길이'를 선택했다면 길이 값을 입력합니다).

❻ **적용 방법** : 적용 방법으로 새로운 선택 세트에 포함할 것인가, 제외할 것인가를 지정합니다.

❼ **현재 선택 세트에 추가(A)** : 신속 선택을 여러 번 사용해 선택 세트에 누적시킬 것인가를 지정합니다.

대화상자에서 '객체 유형(B)'을 '다중' '특성(P)'을 '색상',
'연산자(O)'를 '= 같음', '값(Y)'을 '빨간색'으로 지정합니
다. [확인] 버튼을 클릭하면 다음 그림과 같이 지정한 조
건에 맞는 객체만 선택됩니다. 파란색 사각형(맞물림; 그
립)으로 표시되는 부분이 선택된 객체입니다.

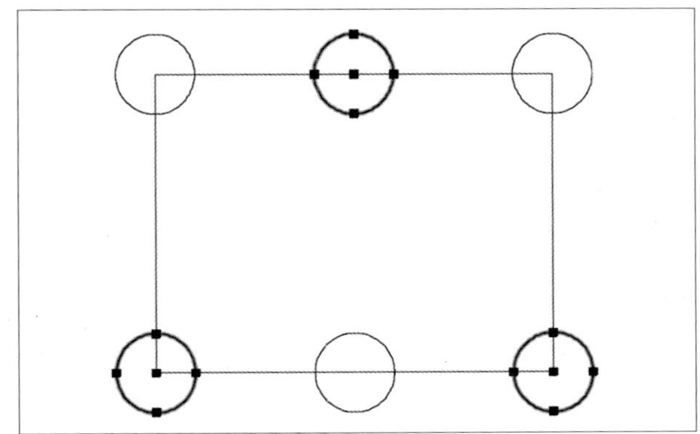

이렇게 선택된 객체를 이용하여 편집(복사, 이동, 삭제,
회전 등)을 수행합니다.

 **참고** **그립(맞물림) 이란?**

> '그립(Grip)'이란 어떠한 명령도 실행하지 않은 시점에서 객체를 선택하게 되면 선택된 객체에 표시되는 작은 사각형이나
> 삼각형을 말합니다. 즉, {명령:} 상태에서 객체를 선택하면 그립이 나타납니다. 우리말로 '맞물림'으로 표현합니다. 선택된
> 객체가 그립으로 표시된 후 편집 명령을 실행해 편집을 하거나 마우스로 끌고 가 이동 또는 늘리기를 할 수 있습니다.

10. 유사한 객체를 선택하는 유사 선택

하나의 객체를 선택한 후 이 객체와 유사한 객체를 선택합니다. 예를 들어, 원을 선택한 후 다른 모
든 원을 선택할 수 있습니다. 색상, 블록 이름 등의 지정된 객체 특성을 기반으로 같은 유형의 유사
객체를 선택합니다.

명령 : SELECTSIMILAR   바로가기 메뉴의 '유사 선택(T)'

01 원이 선택된 상태에서 유사 선택 명령을 실행합니다. 원이 선택된 상태에서 마우스 오른쪽 버튼을 눌러 목록에서 '유사 선택'을 선택합니다. 명령어 'SELECTSIMILAR'를 입력합니다.

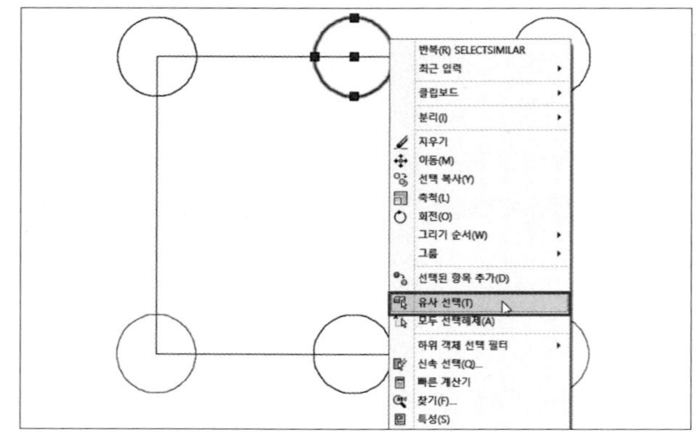

02 {객체 선택 또는 [설정(SE)]:}에서 〈엔터〉 키 또는 〈스페이스 바〉를 눌러 종료합니다. 다음 그림과 같이 선택한 객체와 유사한 객체(직사각형)가 모두 선택됩니다.

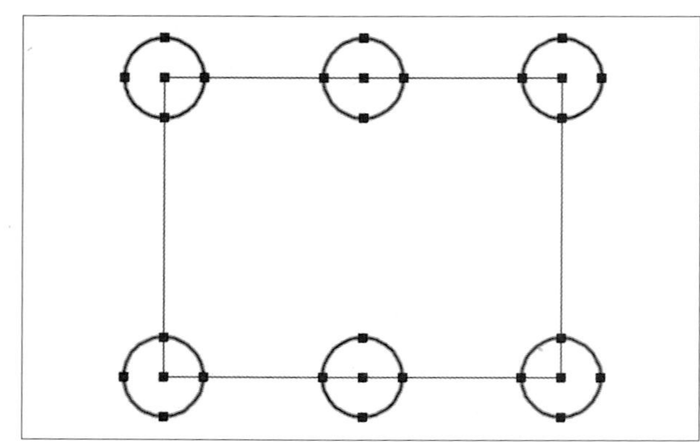

옵션 설명

{객체 선택 또는 [설정(SE)]:}에서 'SE'를 입력하면 다음과 같은 유사 선택 설정 대화상자가 나타납니다.

유사 기준 : 유사한 객체를 선택하기 위한 조건을 설정합니다.

❶ **색상(C)** : 색상이 일치하는 객체를 유사한 것으로 간주합니다.

❷ **도면층(L)** : 일치하는 도면층의 객체를 유사한 것으로 간주합니다.

❸ **선 종류(I)** : 선 종류가 일치하는 객체를 유사한 것으로 간주합니다.

❹ **선 종류 축척(T)** : 선 종류 축척이 일치하는 객체를 유사한 것으로 간주합니다.

❺ **선가중치(W)** : 선가중치가 일치하는 객체를 유사한 것으로 간주합니다.

❻ **플롯 스타일(P)** : 플롯 스타일이 일치하는 객체를 유사한 것으로 간주합니다.

❼ **객체 스타일(S)** : 스타일(문자 스타일, 치수 스타일, 테이블 스타일)이 일치하는 객체를 유사한 것으로 간주합니다.

❽ **이름(N)** : 이름이 일치하는 참조 객체(블록, 외부 참조, 이미지)를 유사한 것으로 간주합니다.

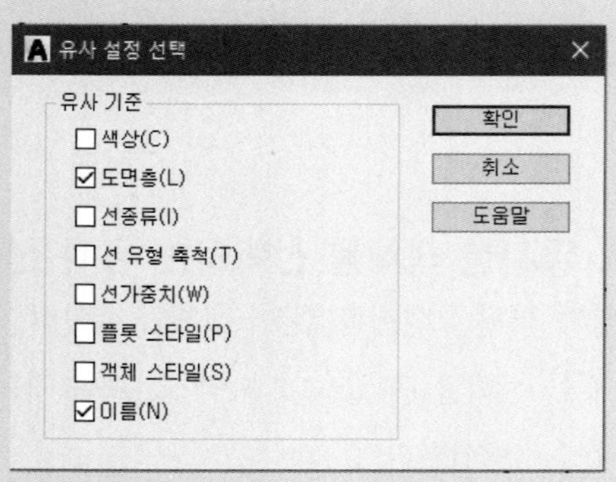

11. 선택한 객체의 표시/비표시

객체를 보이거나 숨길 때 도면층(LAYER)의 켜기/끄기(ON/OFF)로 가능합니다. 또 하나의 방법은
객체의 분리 및 숨기기 기능이 있습니다.

먼저 숨기고자 하는 객체를 선택한 후 마우스 오른쪽 버튼을 클릭합니다.

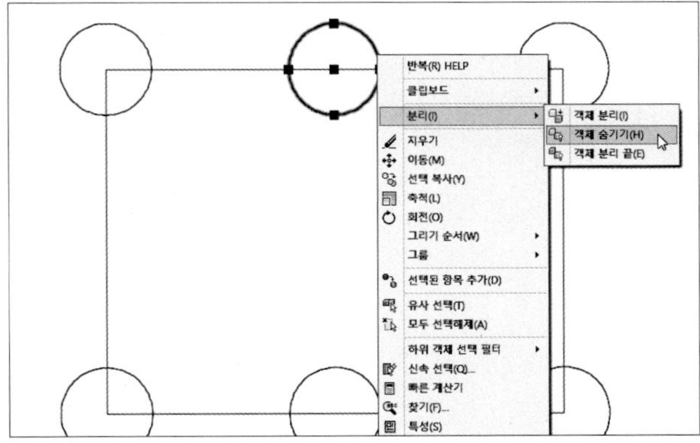

바로가기 메뉴에서 '분리' – '객체 숨기기'를 선택합니다.
다음 그림과 같이 선택한 객체가 사라집니다.

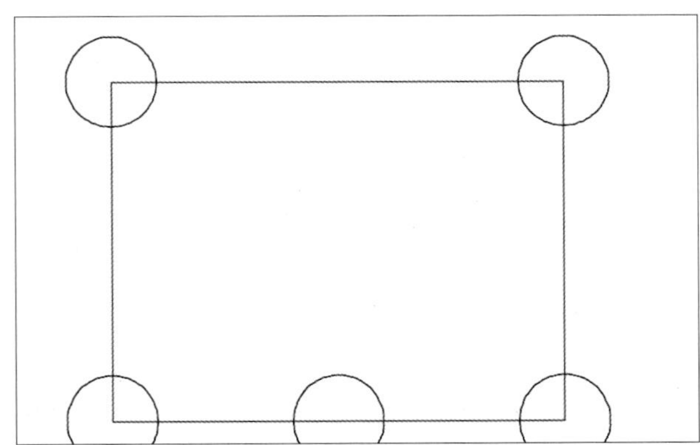

이번에는 객체를 분리해보겠습니다. 먼저, 분리할 객체를 선택한 후 마우스 오른쪽 버튼을 누릅니다. 바로가기 메뉴에서 '분리' – '객체 분리'를 선택합니다.

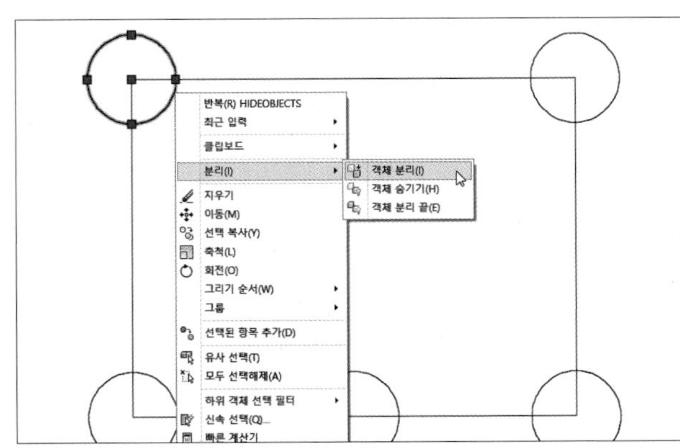

다음 그림과 같이 선택한 객체만 남기고 모두 사라집니
다. 숨겨진 객체를 다시 표시하려면 바로가기 메뉴에서
'분리' – '객체 분리 끝'을 선택합니다. 그러면 숨겨진 객
체가 다시 표시됩니다.

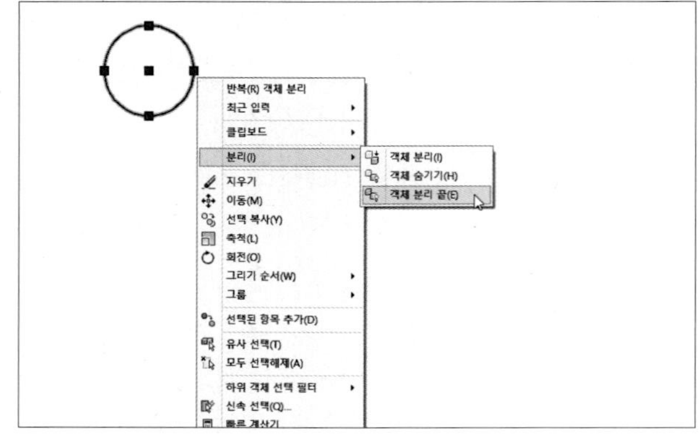

객체 선택과 관련된 환경 설정

객체 선택과 관련된 환경 설정에 대해 알아보도록 하겠습니다. 이 환경은 객체를 선택할 때 선택 상자의 크기, 범위를 지정할 때 색상, 그립(맞물림)의 크기 및 색상 등 객체 선택과 관련된 환경을 설정합니다.

명령어 'DDSELECT'를 입력하거나 '메뉴 탐색기 ▲' 하단에 있는 [옵션]을 클릭합니다. 또는 작도 영역에서 마우스 오른쪽 버튼을 눌러 바로가기 메뉴에서 제일 하단에 있는 '옵션(O)'을 클릭합니다. 옵션 대화상자에서 '선택' 탭을 선택합니다. 다음과 같은 대화상자가 나타납니다.

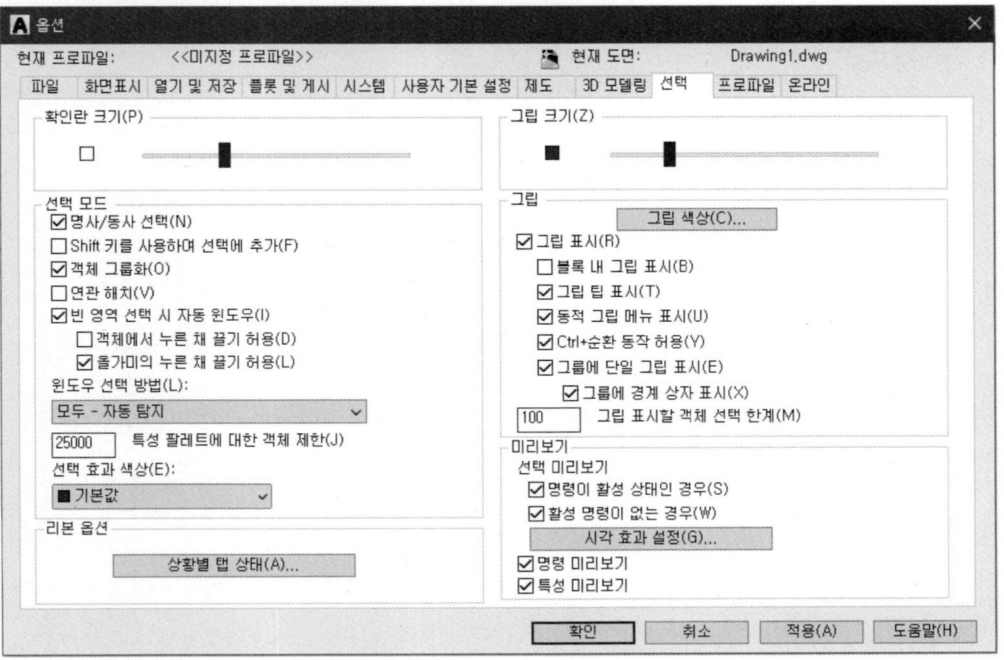

(1) 확인란 크기(P) : 확인란(선택 상자)의 크기를 조절합니다. 선택 상자는 편집 명령에서 객체를 선택하기 위해 나타나는 사각형 상자를 말합니다. 너무 작게 설정하면 선택하는데 불편하고, 너무 크게 설정하면 범위가 커서 원하지 않는 객체를 선택할 수 있으므로 적당한 크기(중간에서 약간 앞쪽 값)로 설정해야 합니다. 슬라이드 바를 움직여 조절합니다. 시스템 변수 'PICKBOX'에 저장됩니다.

(2) 선택 모드 : 객체의 선택 방법을 지정하는데 이들 설정은 여러 방식으로 조합할 수 있습니다.

① 명사/동사 선택(N) : 객체를 선택한 다음 편집이나 조회 명령을 사용할 수 있도록 합니다. 체크를 하면, 객체를 먼저 선택한 후 명령(복사, 이동, 배열, 회전, 지우기 등)을 실행할 수 있게 합니다. 예를 들어, 이 항목을 체크하지 않으면 원을 선택한 후 〈Delete〉 키를 눌러도 지워지지 않습니다. 시스템 변수 'PICKFIRST' 값에 영향을 줍니다.

② Shift 키를 사용하여 선택에 추가(S) : 체크를 하면 기존 선택된 객체에 새로운 객체를 추가할 때 〈Shift〉 키를 누르면서 선택해야 합니다. 시스템 변수 'PICKADD' 값에 영향을 줍니다.

tip!

객체를 선택했을 때 한 개를 선택하고 추가로 다른 객체를 선택하면 이전 선택된 객체가 선택에서 제외(실선으로 바뀜)되어 가장 최근 선택한 객체 그룹만 선택된 경우는 이 항목이 체크되어 발생하는 현상입니다. 이때는 이 항목의 체크를 없애든가, 〈Shift〉 키를 누르면서 객체를 선택하면 복수의 객체를 선택할 수 있습니다. 기본적으로 이 항목은 체크를 하지 않는 것이 좋습니다.

③ 객체 그룹화(O) : 객체 선택 시 그룹화된 객체를 하나로 취급할 것인가에 대한 켜기/끄기를 제어합니다. 이 항목은 기본적으로 체크합니다.

④ 연관 해치(V) : 해치된 객체에 대해 해치 무늬와 경계선을 하나로 취급할 것인가에 대한 켜기/끄기를 제어합니다.

⑤ 빈 영역 선택 시 자동 윈도우(I) : 객체 선택 메시지 {객체 선택:}가 표시되면 자동으로 선택 윈도우를 그립니다. 이 항목은 기본적으로 체크합니다.

⑥ 객체에서 누른 채 끌기 허용(D) : 이 옵션을 선택하면 한쪽 구석에서 클릭하고 마우스 버튼을 누른 채 반대 모서리로 끌고 가서 마우스에서 손을 놓아 선택 윈도우를 그립니다. 이 항목은 체크를 하지 않는 것이 좋습니다. 시스템 변수 'PICKADD' 값에 영향을 줍니다.

⑦ 올가미의 누른 채 끌기 허용(L) : 올가미 방법으로 객체를 선택할 때 드래그의 허용여부를 지정합니다.

⑧ 윈도우 선택 방법 : 윈도우 창을 통해 선택하는 방법을 리스트에서 선택합니다.

• 클릭과 클릭 : 두 번의 클릭으로 선택 범위를 지정합니다. 즉, 시작 위치의 클릭과 범위를 지정하는 두 번째 점 클릭으로 지정합니다.

• 클릭과 드래그 : 윈도우 클릭과 드래그에 의해 선택을 지정합니다. 첫 번째 점을 클릭한 후 드래그하여 버튼을 놓으면 두 점 사이의 범위가 선택됩니다.

• 모두–자동 탐색 : 위의 두 가지 방법 모두를 적용합니다.

⑨ 특성 팔레트의 객체 제한(J) : 특성 팔레트에서 한 번에 변경할 수 있는 객체 수의 한계를 지정합니다.

(3) 리본 옵션

리본 상황별 탭의 표시를 위한 객체 선택 설정을 지정할 수 있는 대화상자가 나타납니다.

(4) 그립 크기(Z) : 그립(맞물림)의 크기를 조절합니다. 슬라이드 바를 움직여 조절합니다. 시스템 변수 'GRIPSIZE'의 값에 영향을 줍니다.

(5) 그립 : 선택 객체에 대한 표식(GRIP)에 대한 환경을 설정합니다.

① 그립 색상(C) : 대화상자를 통해 그립의 색상을 설정합니다.

② 그립 표시(R) : 선택한 객체에서 그립의 표시를 조정합니다. 그립을 선택하고 바로 가기 메뉴를 사용하여 그립이 있는 객체를 편집할 수 있습니다. 도면에 그립을 표시하면 성능이 현저하게 떨어집니다. 성능을 최적화하려면 이 옵션을 선택하지 말아야 합니다.

③ 블록내 그립 표시(B) : 블록 객체에 대한 그립의 표시 여부를 지정합니다.

④ 그립 팁 표시(T) : 그립 팁을 지원하는 사용자 객체의 그립 주변을 커서가 맴돌면 그립 특정 팁을 표시합니다.

⑤ 동적 그립 메뉴 표시(U) : 다기능 그립 위에 마우스를 놓을 때 동적 메뉴 표시를 조정합니다.

⑥ Ctrl + 순환동작 허용(L) : 다기능 그립의 Ctrl+순환 동작을 허용합니다.

⑦ 그룹에 단일 그립 표시(E) : 그룹 객체에 대해 단일 그립의 표시 여부를 지정합니다.

⑧ 그립 표시할 객체 선택 한계(M) : 지정한 수보다 많은 객체가 선택되면 그립 표시를 억제합니다. 유효한 범위는 1에서 32,767까지입니다. 기본 설정값은 '100'입니다.

(6) 미리보기 : 선택 상자(확인란) 커서를 객체 위로 움직였을 때 객체의 강조 표시 여부를 지정합니다. 명령이 기동되었을 때 강조 표시와 명령이 기동되지 않았을 때도 강조 표시 여부를 지정합니다.

① 선택 미리보기 : 객체의 선택 여부를 미리 보고자 하는 옵션을 지정합니다.

② 시각 효과 설정(G) : 다음과 같은 대화상자를 통해 객체를 선택할 때 시각 효과를 지정합니다.

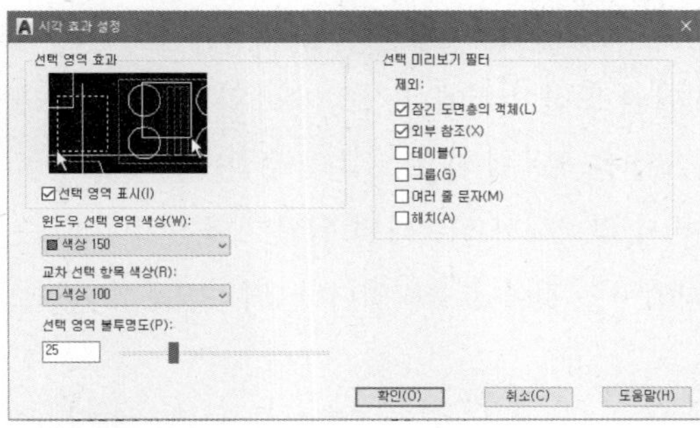

시각 효과 설정 대화상자

(7) 명령 미리보기 : 활성 명령의 결과를 미리 볼 수 있는지 여부를 설정합니다. 체크를 하면 명령의 실행 결과를 미리 볼 수 있습니다. 예를 들어, 모깎기를 할 때 두 번째 객체를 선택하면 모깎기 될 모서리를 미리 보여줍니다.

(8) 특성 미리보기 : 특성을 조정하는 드롭다운 리스트 및 갤러리를 롤오버할 때 현재 선택된 객체에 대한 변경 사항을 미리 볼 수 있는지 여부를 설정합니다. 리본 및 특성 팔레트에서만 표시되며 다른 팔레트에서는 사용할 수 없습니다. 선을 선택한 후 특성 팔레트에서 색상을 바꾸려면 마우스의 위치에 따라 색상을 미리 볼 수 있습니다.

LESSON 05 객체 특성

객체 특성은 객체가 가지고 있는 고유의 성질(속성)을 말합니다. 원은 원의 중심점, 반지름, 색상, 선 종류 등 다양한 특성을 가지고 있습니다. 특성 중 특정 객체에 관계없이 모든 객체가 가지고 있는 공통적인 특성이 있습니다. 공통 특성에는 도면층(LAYER), 색상(COLOR), 선 종류(LINETYPE), 선 가중치(LINE WEIGHT), 플롯 스타일 등입니다. 이번에는 객체 특성에 대해 알아봅니다.

1. 도면층(LAYER)

도면층을 이해하기 가장 쉽게 이해할 수 방법은 한 장, 한 장의 투명한 트레이싱 용지로 이해하면 됩니다. 건축설계를 한다고 가정했을 때 건축구조, 기계설비, 소방설비, 전기설비 등 다양한 설계 도면을 필요로 합니다. 그런데 이 모든 공사 종류의 도면을 하나의 도면 영역에서 작성하고 읽는다는 것은 불가능에 가깝습니다. 표현한다고 해도 대단히 복잡하여 도면을 해독할 때도 오독의 우려가 높습니다. 따라서, 도면 작업을 할 때 각 작업 또는 공정별로 분류해서 작성해서 읽는다면 훨씬 효율적입니다. 즉, 해당 작업별로 별도의 스페이스(도면층)를 설정해서 작업하는 것이 효율적입니다. 작업별로 스페이스를 설정하는 것이 도면층(LAYER)입니다.

도면층은 도면을 작성하는 영역에 층을 만들어 명칭을 부여하고 속성을 부여해서 관리하는 것입니다. 설계자의 의도에 따라 분류하여 이름을 부여할 수 있습니다. 이 도면층은 필요에 따라 보이게 하거나 보이지 않게 할 수도 있고 수정되지 않도록 잠글 수도 있습니다. 작업의 특성에 따라 '색상(COLOR)', '선 종류(LINETYPE)', '선 가중치(LWEIGHT)' 등을 설정하여 관리할 수 있습니다.

명령 : LAYER(단축키 : LA)   아이콘 버튼 : 🔲

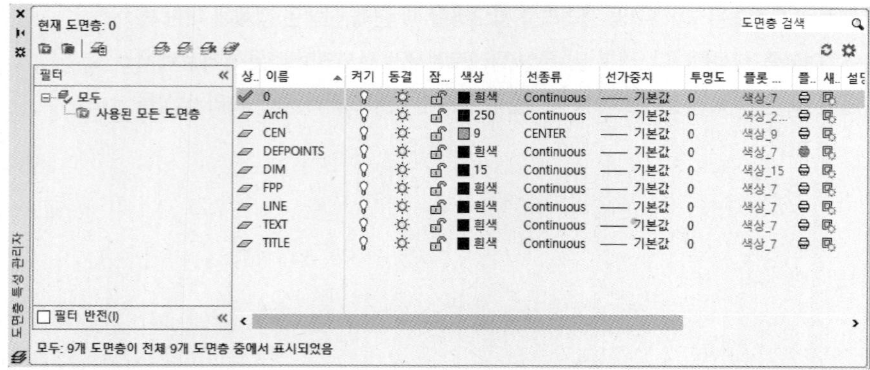

도면층 특성 관리자 대화상자

(1) 새 특성 필터 (Alt+P) : 하나 이상의 도면층 특성을 기준으로 도면층 필터를 작성하여 도면층을 조건(필터링)에 의해 선택합니다. 다음과 같은 대화상자가 표시됩니다. 다음은 도면층 중에서 색상이 '흰색'인 도면층만 필터링한 것으로 '색상'이라는 필터 이름을 지정한 예입니다.

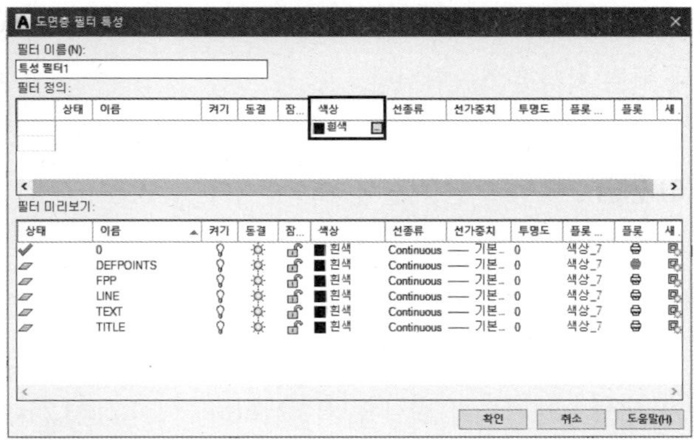

도면층 필터 특성 대화상자

❶ **필터 이름(N) :** 필터의 명칭을 사용자가 임의로 입력합니다.

❷ **필터 정의 :** 이름, 켜기, 동결, 색상, 선 종류 등으로 필터의 조건을 설정합니다.

❸ **필터 미리보기 :** 필터 정의에 의해 필터링된 도면층을 미리 볼 수 있습니다.

(2) 새 그룹 필터 (Alt+G) : 새로운 도면층 필터 그룹을 작성합니다. 즉, 그룹을 먼저 만들고 그 그룹에 속하는 도면층을 정의합니다.

(3) 도면층 상태 관리자 (Alt+S) : 도면층의 상태를 명명하여 저장할 수 있습니다. 도면의 저장된 도면층 상태 목록을 표시하고 도면층 상태를 작성 및 삭제할 수 있으며 이름을 바꿀 수 있습니다. 이 상태는 '내보내기(X)'를 통해 저장할 수 있으며 '가져오기(M)'를 통해 저장된 상태를 불러올 수 있습니다.

> **참고 도면층의 이름**
>
> 도면층의 이름은 255자까지 사용할 수 있으나, 가능한 10자 이내에서 기억하기 쉽도록 의미를 부여해서 만드는 것이 바람직합니다.
>
> - 문자, 숫자, 특수 문자($, _, – 등)를 포함할 수 있습니다.
> - 도면층 특성 관리자에서는 도면층이 알파벳 이름순으로 정렬됩니다.
> - 가능하면 작업의 종류 및 객체의 종류에 따라 두문자(頭文字)를 분류해서 작성하면 관리하는데 편리합니다.

(4) 켜기 : 도면층을 켜거나(ON) 끕니다(OFF). 전등 위치에 마우스 포인터를 맞춘 후 클릭하면 켜기/*끄기*가 설정됩니다. *끄기*가 되면 해당 도면층이 도면에서 사라지고 켜면 다시 표시됩니다.

(5) 동결 : 도면층을 동결(Freeze)시키거나 해동(Thaw)합니다. 해당 도면층의 객체가 도면에서 사라지는 것은 켜기/*끄기*와 비슷하나 복잡한 도면에서 동결을 시키면 줌(ZOOM), 초점 이동(PAN), 화면

재생성(REGEN) 시에 시간을 대폭 줄일 수 있습니다. 동결(Freeze)은 연산에서 제외하기 때문에 보다 빠른 처리가 가능합니다.

(6) 잠금 : 지정 도면층을 잠그고 풉니다. 잠궈진(Lock) 도면층은 편집이나 삭제 시 선택이 되지 않습니다. 이미 그려진 도면을 손상하지 않고 다른 작업을 하고자 할 때 유용하게 사용할 수 있습니다. 잠금 해제(Unlock)는 잠금(Lock)의 반대 개념으로 원상 복구합니다.

(7) 색상 : 도면층의 색상을 지정합니다. 색상(COLOR) 명령에서 'BYLAYER'라는 색상을 지정하면 이 도면층 색상으로 작도됩니다. 예를 들어, 'A'라는 도면층의 색상을 초록색으로 지정한 후 색상을 'BYLAYER'로 설정하면 이후에 작도되는 모든 객체는 초록색으로 작도됩니다.

(8) 선 종류 : 도면층의 선 종류를 지정합니다. 선 종류(LINETYPE) 명령에서 'BYLAYER'라는 선 종류를 지정하면 해당 도면층의 선 종류로 작도됩니다. 예를 들어, 'A'라는 도면층의 선 종류를 'CENTER'로 지정한 후 선 종류를 'BYLAYER'를 지정하면 앞으로 작도되는 모든 객체는 일점 쇄선 (CENTER)으로 작도됩니다.

(9) 선 가중치 : 도면층의 선 가중치를 지정합니다. '선 가중치(LWEIGHT)' 명령에서 'BYLAYER'라는 선 가중치를 지정하면 해당 도면층의 선 가중치로 작도됩니다.

(10) 투명도 : 도면층의 투명도를 지정합니다.

(11) 플롯 스타일 : 출력을 위한 스타일을 설정하여 각 도면층별로 이 출력 스타일을 지정하여 지정된 스타일로 출력할 수 있습니다.

(12) 플롯 : 플롯의 유/무를 지정합니다. 도면층을 끄지 않고도 플롯을 끄면 화면에는 나타난 도면층이 도면에는 출력되지 않습니다.

(13) 필터 반전(I) : 현재 필터링되지 않은 도면층만 표시합니다.

(14) 갱신(↻) : 도면의 도면요소를 스캔하여 도면층 사용 정보를 갱신합니다.

(15) 설정(✿) : 다음의 대화상자를 통해 새로운 도면층을 알릴 것인가, 도면층 필터 변경사항이 도면층 도구막대에 적용되는 경우 도면층 특성 재지정에 대한 배경 색상을 설정할 수 있습니다.

참고 **도면층 설정**

도면 작업 도중에 도면층을 바꾸거나 도면층의 켜기/끄기, 잠그기 등 도면층과 관련된 환경 설정은 '도면층(LAYER)' 명령 외에도 '도면층 도구막대'를 이용하여 간단히 조작할 수 있습니다. '홈' 탭의 '도면층' 패널에서 도면층 목록 상자를 누르면 현재 도면이 가지고 있거나 필터링 된 도면층 및 관련 특성 항목이 나열됩니다. 지정하고자 하는 도면층 및 아이콘으로 이동하여 설정할 수 있습니다.

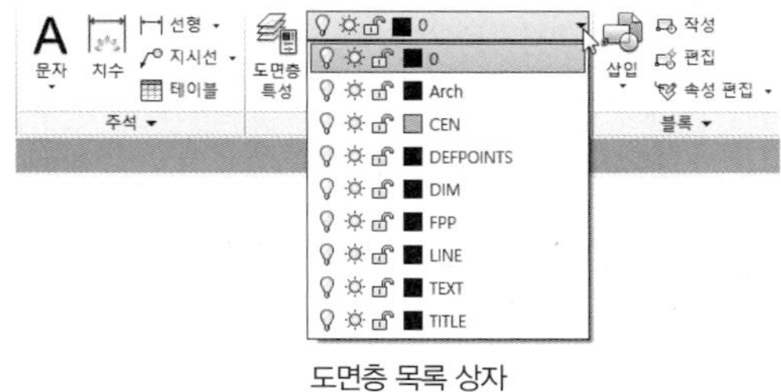

도면층 목록 상자

2. 색상(COLOR)

단어 의미 그대로 객체의 색상을 정의합니다. AutoCAD 색상 색인(ACI)에 있는 255개의 색상, 트루 컬러, 색상표에서 선택할 수 있습니다.

명령 : COLOR(단축키 :COL)　　　　　　　　아이콘 버튼 : ◕

(1) 색인 색상 탭 : 255개의 AutoCAD 색상 색인(ACI)을 사용하여 색상 설정값을 지정합니다. 다음의 색상 팔레트에서 색상을 지정합니다.

❶ **AutoCAD 색상 색인(ACI) :** 색상번호 10에서 249번까지의 색상을 지정합니다.

❷ **표준 색상 :** 표준 색상(1~9)을 지정합니다.

❸ **회색 음영 :** 회색의 음역처리로 250~255번호의 색상을 지정합니다.

❹ **논리적 색상 :** 특정 색상을 지정하지 않고 도면층이나 블록의 설정 환경에 따라 유동적으로 설정되도록 합니다.

- 도면층별(L) : 'BYLAYER'로 현재 도면층에 설정된 색상을 따릅니다.

- 블록별(K) : 'BYBLOCK'으로 블록 삽입 시, 블록의 색상을 삽입 당시의 설정된 색상에 따릅니다.

(2) 트루컬러 탭 : 색상의 특성인 색조, 채도, 광도(HSL) 색상 모델 또는 빨간색, 초록색, 파란색(RGB) 색상 모델을 사용하여 트루 컬러(24비트 색상)로 색상을 지정합니다. 트루 컬러 기능을 사용하게 되면 천육백만 가지 이상의 색상을 사용할 수 있습니다.

(3) 색상표 탭 : 각종 써드 파티 색상표 및 사용자 정의 색상표를 사용하여 색상을 지정합니다. 선택한 색상표의 페이지, 각 페이지의 색상과 색상 이름을 표시합니다. 최대 10개 색상을 포함하는 색상표가 지원됩니다.

참고 색상 목록 상자에서 색상 설정 방법

색상을 설정할 때마다 '색상(COLOR)' 명령을 사용하는 것은 비효율적입니다. 가장 편리한 방법은 '홈' 탭의 '특성' 패널에서 '색상 목록 상자'를 누르면 색상 목록이 표시됩니다. 색상 목록 중에서 지정하고자 하는 색상을 선택합니다. 목록 중 최하단의 '추가 색상…'을 클릭하면 '색상(COLOR)' 명령을 실행한 것과 동일한 '색상 선택 팔레트'가 표시됩니다.

색상 목록 상자

3. 선 종류(LINETYPE)

도면의 해독을 용이하게 하기 위한 수단의 하나로 선의 용도에 따라 선 종류(LT)를 다르게 표현합니다. 예를 들어, 외형선은 실선, 중심선을 일점 쇄선, 보이지 않는 곳의 은선은 파선 등입니다. AutoCAD에서 제공하는 선 종류와 설정 방법에 대해 알아보겠습니다.

명령 : LINETYPE(단축키 : LT) 또는 '홈' 탭의 '특성' 패널의 선 종류 선택 목록에서 '기타'를 클릭

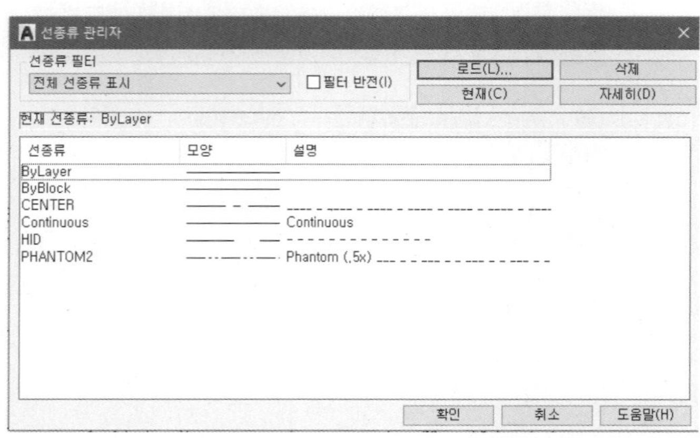

(1) 선 종류 필터 : 선 종류(Linetype)의 표시 조건(필터링)을 지정합니다.

(2) 필터 반전(I) : 선택한 기준에 반대되는 기준으로 선 종류를 표시합니다.

(3) 로드(L) : 새로운 선 종류를 현재 도면으로 로드합니다. [로드(L)]를 클릭하면 다음과 같은 '선 종류 로드 또는 다시 로드' 대화상자가 표시됩니다. 이 대화상자에서 로드하고자 하는 선 종류를 선택하고

[확인]을 클릭합니다.

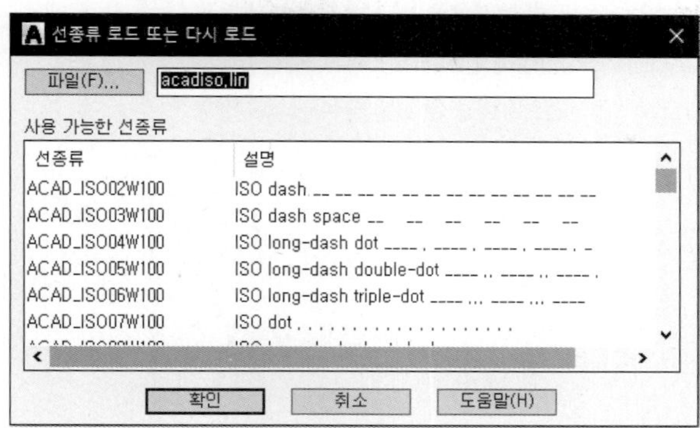

❶ **파일(F)** : 선 종류 파일(*.lin)을 지정합니다.

❷ **사용 가능한 선 종류** : 지정된 파일에서 사용 가능한 선 종류 목록이 표시됩니다. 이 목록에서 로드하고자 하는 선 종류를 선택합니다.

(4) 삭제 : 로드(적재)된 선 종류를 도면에서 제거합니다.

(5) 현재(C) : 선택된 선 종류를 현재 사용할 선 종류로 지정합니다. 즉, 현재 작성되는 객체의 선 종류를 설정하는 것입니다.

(6) 자세히(D)/상세 정보 숨기기(D) : 다음과 같은 하단의 '상세 정보' 영역을 표시 또는 비표시를 제어합니다.

❶ **전역 축척 비율(G)** : 모든 선 종류에 대한 전체 축척 비율을 표시합니다. 시스템 변수 'LTSCALE' 값에 영향을 줍니다.

❷ **현재 객체 축척(O)** : 새로 작성된 객체의 선 종류 축척을 설정합니다. 결과적인 축척은 객체의 축척 비율에 전체 축척 비율을 곱한 값입니다. 시스템 변수 'CELTSCALE' 값에 영향을 줍니다.

❸ **ISO 펜 폭(P)** : 선 종류 축척을 표준 ISO 값 리스트 중 하나로 설정합니다. 결과적인 축척은 객체의 축척 비율에 전체 축척 비율을 곱한 값입니다.

❹ **축척을 위해 도면 공간 사용(U)** : 도면 공간의 선 종류와 모형 공간의 선 종류를 동일하게 축척합니다. 다중 뷰포트를 사용하여 작업하는 경우, 유용합니다.

(7) 선 종류 : 선 종류의 이름을 표시합니다.

(8) 모양 : 작도될 선 종류의 모양을 표시합니다.

참고 선 종류 축척(LTSCALE)

선 종류를 'CENTER' 또는 'HIDDEN'으로 변경했는데도 화면에 실선으로 표시되는 경우가 있습니다. 이는 선 종류 축척이 현재 도면의 크기와 맞지 않기 때문입니다. 이때 선 종류 축척(LTSCALE)을 조정합니다. 선 종류 관리자 대화상자에서 축척을 조정할 수도 있고 '특성(PROPERTIES)' 명령으로 조정할 수 있습니다. 또 다른 방법은 선 종류 축척 시스템 변수인 'LTSCALE' 값을 직접 수정합니다.

명령 : LTSCALE(단축키 : LTS)

{새로운 선 종류 축척 비율 입력 〈1.0000〉:}에서 축척을 입력합니다.

다음의 경우는 선 종류 'HIDDEN'으로 작도한 원의 선 종류 축척(LTSCALE) 값의 변화에 따른 표시의 상태를 나타낸 것입니다. 도면의 범위 및 해상도에 따라 차이가 있을 수 있습니다.

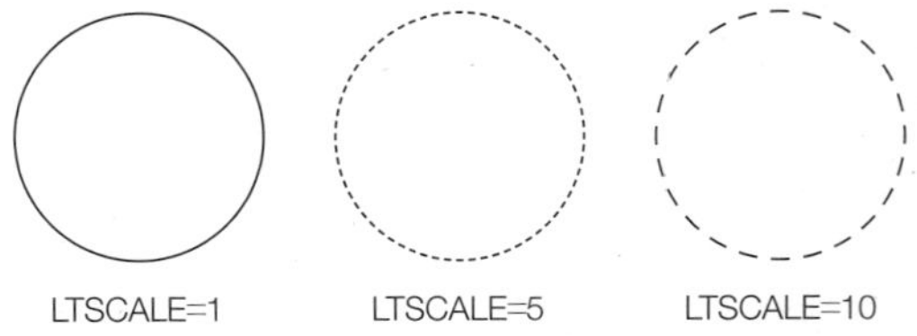

LTSCALE=1   LTSCALE=5   LTSCALE=10

참고 선 종류 지정 방법

선 종류를 설정할 때마다 '선 종류(LINETYPE)' 명령을 사용하는 것은 비효율적입니다. 가장 편리한 방법은 다음 그림과 같이 '홈' 탭의 '특성' 패널에서 '선 종류 목록 상자'를 눌러 표시되는 선 종류 목록 중에서 지정하고자 하는 선 종류를 선택합니다. 이때 목록에는 현재 로드된 선 종류가 표시됩니다. 목록 중 최하단의 '기타'를 클릭하면 '선 종류(LINETYPE)' 명령을 실행한 것과 동일하게 '선 종류 관리자' 대화상자가 표시됩니다.

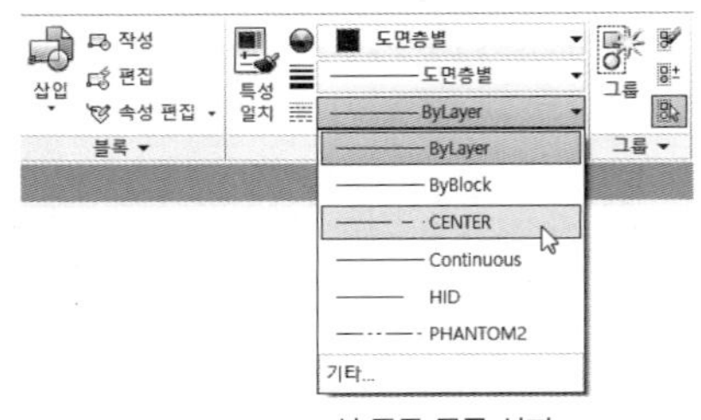

선 종류 목록 상자

4. 선 가중치(LINEWEIGHT)

선 종류와 마찬가지로 도면의 해독을 용이하게 하기 위한 수단으로 선의 용도에 따라 굵기(너비)를 다르게 표현합니다. 예를 들어, 중심선이나 치수선, 치수 보조선은 가늘게, 외형선은 중간 정도의 굵기, 강조를 위한 선은 굵게 표현합니다.

명령 : LWEIGHT(단축키 : LW)

마우스를 상태 영역의 그리기 도구 '선 가중치 ≡' 아이콘 옆의 역삼각형(▼)을 클릭하여 '선 가중치 설정'을 클릭합니다. 또는 '홈' 탭의 '특성' 패널의 '선 가중치' 선택목록에서 '선가중치 설정'을 클릭합니다.

다음과 같은 대화상자가 표시됩니다.

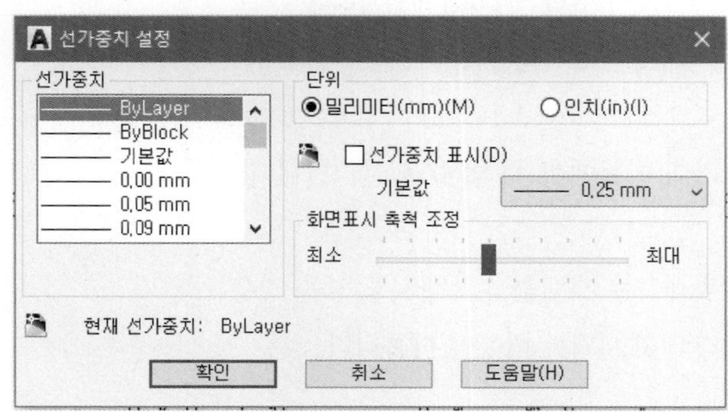

(1) 선 가중치 : 선 가중치의 종류를 표시하며 사용하고자 하는 가중치(굵기)를 선택합니다.

(2) 단위 : 단위를 밀리미터로 할 것인지, 인치로 할 것인지 지정합니다.

(3) 선 가중치를 표시(D) : 선 가중치를 모형 공간(Model Space) 화면에서 표시할 것인가를 제어합니다. 모형 공간에서 표시하면 '1' 이상인 가중치에 대해서 재생성하는 시간이 소요되므로 생산성이 떨어집니다.

(4) 기본값 : 기본값을 설정합니다. 시스템 변수 'LWDEFAULT'에 저장됩니다. 일반적으로 기본값은 0.01inch 또는 0.25mm입니다.

(5) 화면표시 축척 조정 : 모형 공간에서 선 표시를 위한 스케일을 조정합니다.

참고 **선 가중치 지정 방법**

선 가중치를 지정할 때마다 '선 가중치(LWEIGHT)' 명령을 사용하는 것은 비효율적입니다. 가장 편리한 방법은 다음 그림과 같이 '홈' 탭의 '특성' 패널에서 '선 가중치 목록 상자'를 눌러 표시되는 선 가중치 목록 중에서 지정하고자 하는 선 가중치를 선택합니다.

선 가중치 목록 상자

참고 **선 가중치의 화면 표시**

선 가중치를 굵게 설정해서 객체를 작도해도 화면에서는 변화가 없는 경우가 있습니다. 이는 선 가중치 표시를 제한했기 때문에 그렇습니다. 선 가중치에 따라 실제 굵기를 화면에서 표시하려면 하단의 상태 영역의 그리기 도구막대에서 '선가중치 ▤' 버튼을 켜야 합니다. 한 번 누를 때마다 켜기와 끄기(ON/OFF)를 제어합니다. 다음의 오른쪽 그림과 같이 '선가중치(LWT)'를 켠(ON) 경우 지정한 선의 굵기로 화면에 표시합니다.

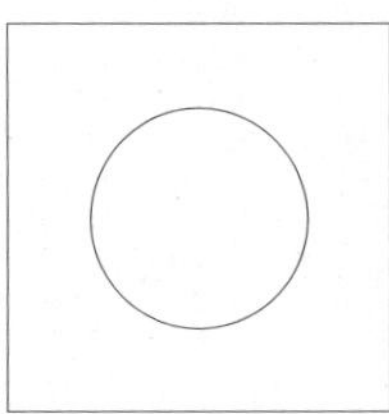

선가중치 표시를 끈(OFF) 경우

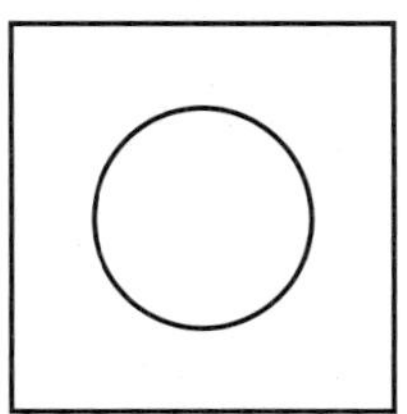

선가중치 표시를 켠(ON) 경우

5. 객체 특성의 조작(PROPERTIES, DDMODIFY)

특성 팔레트를 통해 객체의 특성 정보를 표시해 주고 사용자가 특성을 수정할 수 있습니다.

명령 : PROPERTIES, DDMODIFY(단축키 : CH,MO,PR,PROPS)　　아이콘 버튼 : ▥

또는, 객체를 더블 클릭하거나 마우스 오른쪽 버튼을 눌러 바로가기 메뉴에서 '특성(S)'을 클릭합니다.

특성 팔레트에는 선택된 객체의 특성 정보가 표시됩니다. 특성 팔레트는 객체를 선택하지 않았을 경우, 하나만 선택한 경우와 하나 이상의 객체를 선택한 경우에 따라 각각 표시되는 항목이 다릅니다.

01. 선택된 객체가 없는 경우

어떠한 객체도 선택하지 않은 상태에서 '특성' 명령을 실행하면 특성 팔레트에는 현재 도면에 설정된 색상, 도면층 선 종류 등 특성 정보가 표시됩니다.

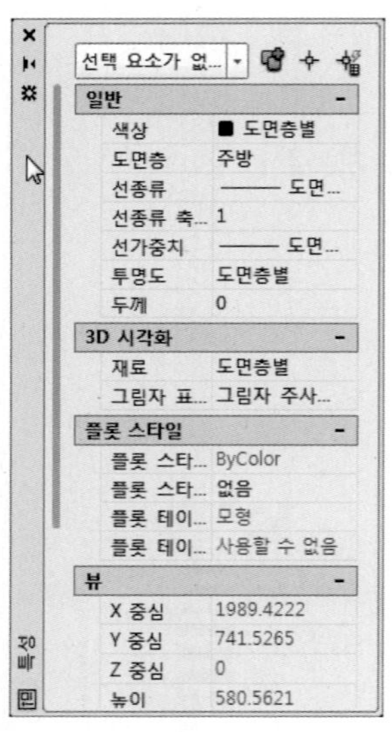

02. 특정 객체 하나만 선택된 경우

선택된 객체의 종류(예: 선, 원, 폴리선 등)와 공통 특성(도면층, 색상, 선 종류 등) 및 형상 특성(선의 경우 시작점, 끝점 좌표 등, 원의 경우 중심점, 반지름 등)이 표시됩니다. 다음의 경우는 선이 선택된 상태에서의 특성 팔레트입니다.

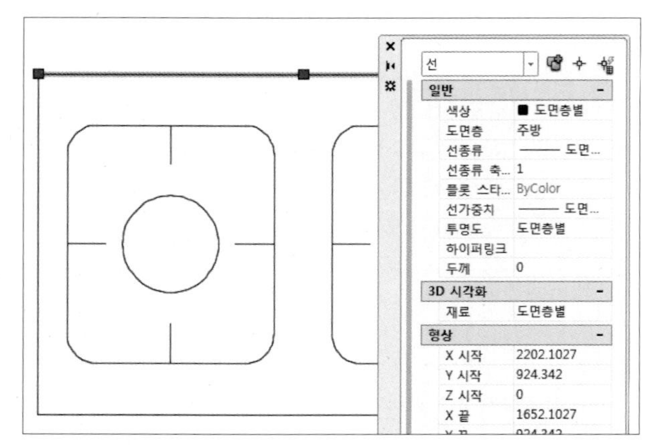

03. 객체가 두 개 이상 선택된 경우

선택 세트에 모든 객체의 공통 특성만 표시합니다. 공통
특성이 동일한 경우는 해당 특성을 표시하지만 다양한
경우는 '*다양함*'으로 표시합니다. 예를 들어, '선' 객체
와 '원' 객체를 선택해서 이 두 객체의 도면층이 'AAA'라
면 도면층 항목에 'AAA'로 표시되지만 선은 'AAA'이고,
원은 'BBB'라면 '*다양함*'으로 표시합니다.

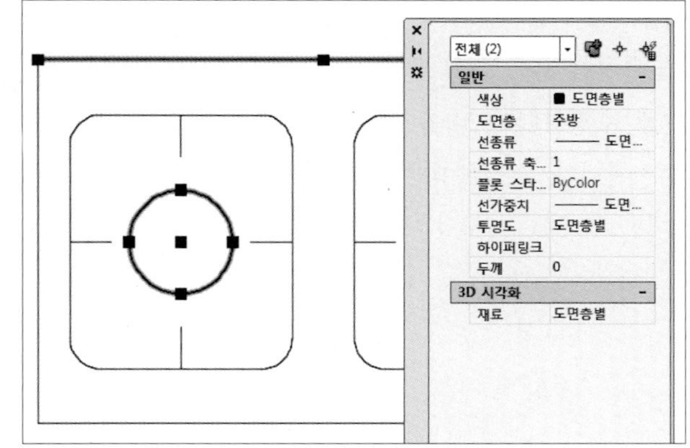

참고 **특성 팔레트 항목**

(1) 객체 유형 : 선택한 객체의 유형(선, 원, 폴리선 등)을 표시합니다. 객체의 종류가 하나 이상인 경우(예: 원과 선을 선택
한 경우)는 선택한 객체의 수량을 표시합니다.

(2) 'PICKADD' 시스템 변수 값 전환 : 'PICKADD' 시스템 변수를 켜기(1) 및 끄기(0)로 전환합니다. 'PICKADD'를 켜
면 개별적으로 또는 윈도우별로 선택된 각 객체가 현재 선택 세트에 추가되고, 'PICKADD'를 끄면 현재 선택 세트가
선택한 객체로 대치됩니다.

(3) 객체 선택 : 작도 영역에서 객체 선택 방법을 사용하여 원하는 객체를 선택합니다. '객체 선택 방법'을 참조합니다.

(4) 신속 선택 : 신속 선택 대화상자를 통해 객체 선택 조건을 부여(필터링)하여 객체를 선택합니다. '객체 선택 방법'을
참조합니다.

(5) 일반 특성 표시 창 : 객체의 공통적인 특성(도면층, 색상, 선 종류 등)을 표시하고 조정할 수 있습니다.

(6) 3D 시각화 특성 표시 창 : 시각화 관련 항목을 표시하고 조정합니다.

(7) 형상 특성 표시 창 : 각 객체(선, 원, 폴리선 등)에 따른 형상 정보를 표시하고 조정할 수 있습니다. 예를 들어, 선의 경우
는 시작점, 끝점, 길이, 각도 등 선의 형상이 가지는 특성을 표시합니다.

(8) 플롯 스타일 특성 표시 창 : 플롯 스타일의 정보를 표시하고 설정할 수 있습니다.

(9) 뷰 특성 표시 창 : 뷰와 관련된 항목을 표시하고 조정할 수 있습니다.

(10) 기타 특성 표시 창 : 주석 축척, UCS 아이콘의 표시 여부, UCS 이름, 뷰 스타일 등을 표시하고 조정할 수 있습니다.

04. 객체 특성 변경하기

01 특성을 바꾸고자 하는 객체를 선택한 후 ▤를 클릭
합니다. 여기에서는 원을 선택하도록 하겠습니다.

tip!

'특성(PROPERTIES) ▤' 명령을 실행한 후 객체를 선택해도 됩니다.

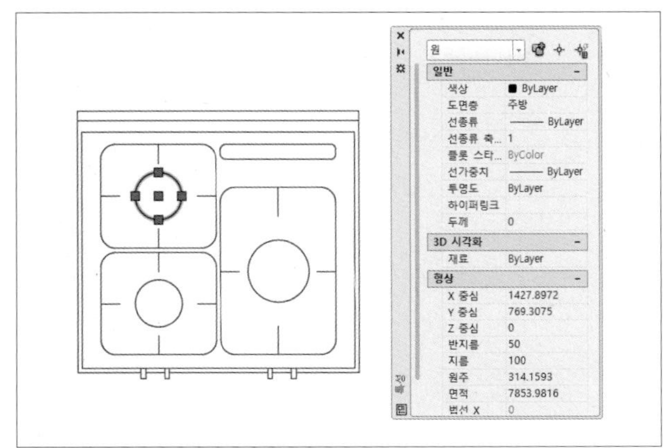

02 특성 팔레트에서 수정하고자 하는 특성 항목의 값
을 수정합니다. '색상'을 '빨간색'으로 하고 '반지름'을 '40'
으로 수정합니다. 다음 그림과 같이 원의 색상과 크기가
수정됩니다. 수정을 마치려면 〈ESC〉 키를 누릅니다.

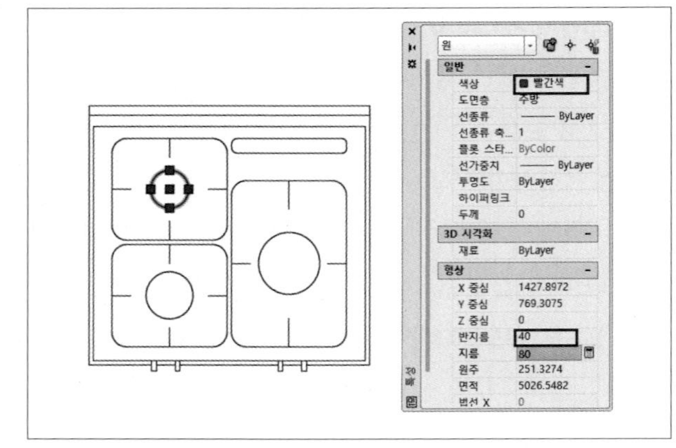

05. 빠른 특성 패널

화면 하단의 그리기 도구에 '빠른 특성 ▣'이 켜져 있는
상태에서 객체를 클릭하면 '빠른 특성 패널'이 나타납니
다. 이 패널을 통해 특성 정보를 얻을 수 있고, 쉽게 수정
할 수 있습니다. 빠른 특성 패널에는 가장 자주 사용되는
특성이 객체 유형 또는 객체 세트별로 나열됩니다.

그리기 도구의 '빠른 특성 ▣'이 켜져 있는 상태에서 원을
선택합니다. 다음과 같이 빠른 특성 패널이 나타납니다.
이때 바꾸고자 하는 특성을 선택합니다.

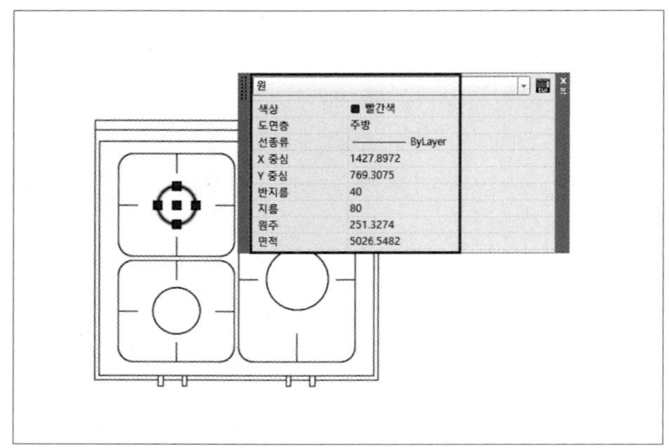

예제
도면

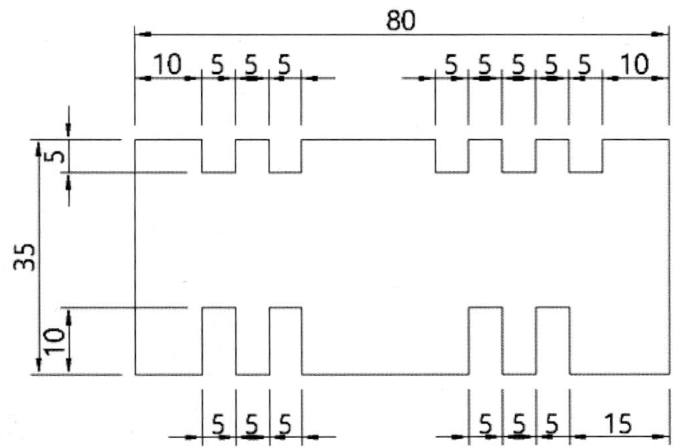

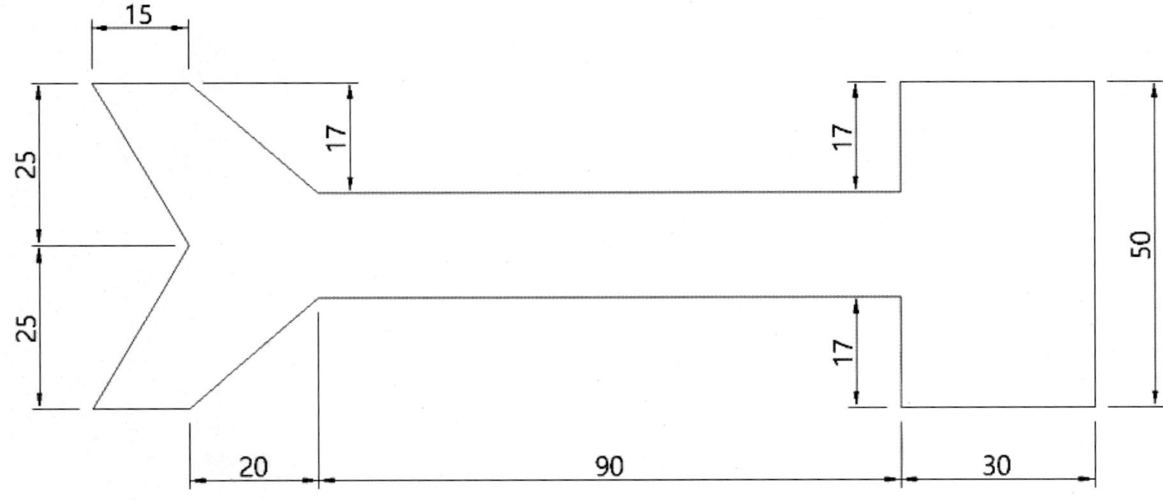

예제 도면

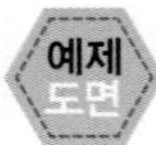

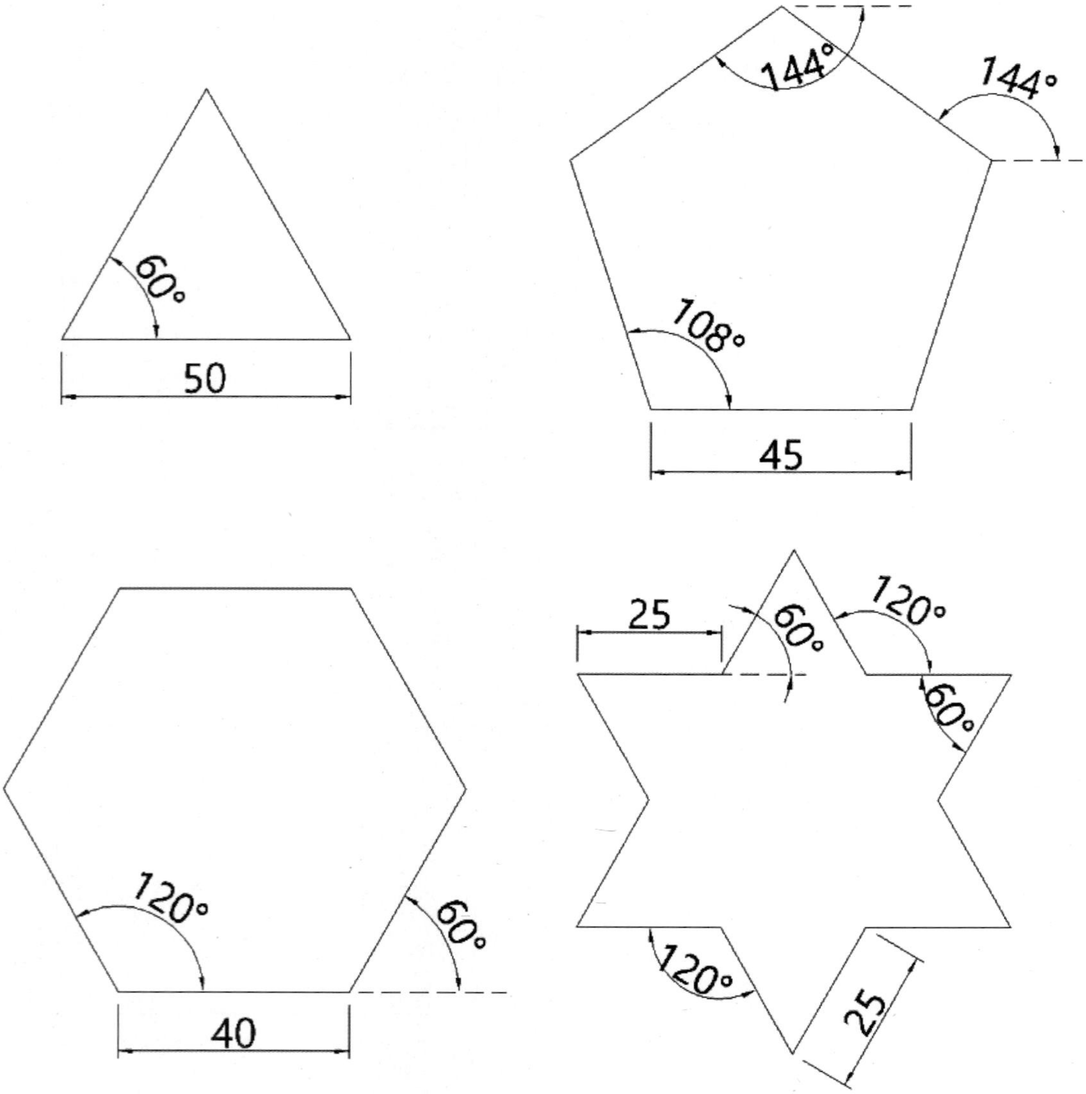
60°
50
144°
144°
108°
45
120°
60°
40
25
60°
120°
60°
120°
25

예제
도면

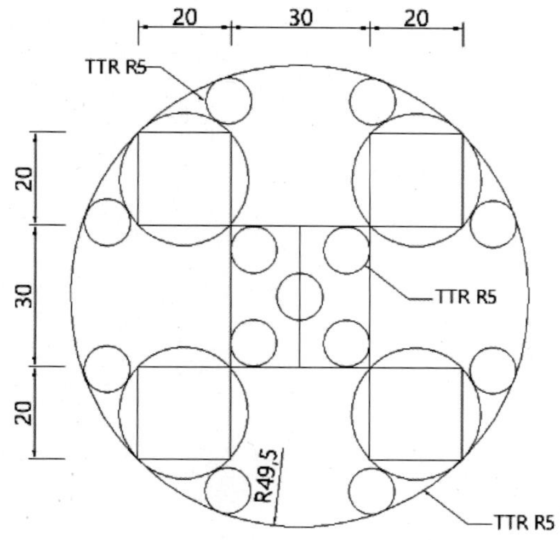
20
30
20
TTR R5
20
30
20
TTR R5
R49.5
TTR R5

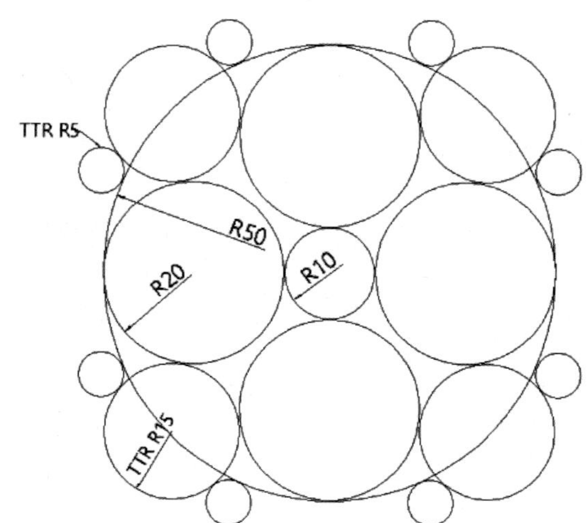
TTR R5
R50
R20
R10
TTR R15

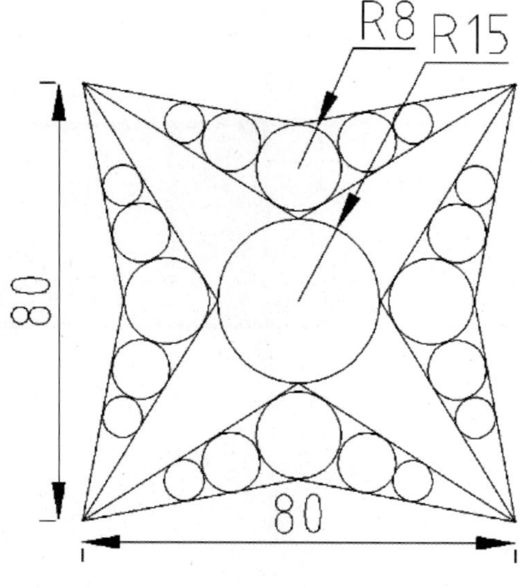
R8 R15
80
80

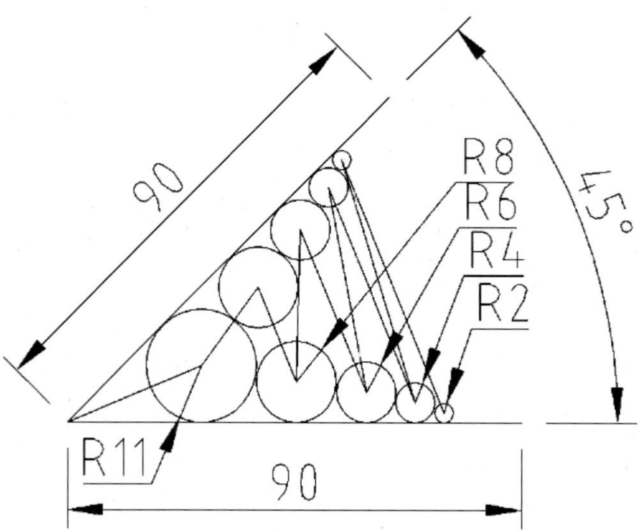
90
R8
R6
R4
R2
45°
R11
90

AutoCAD 초급

앞에서 학습한 기본 조작과 기초 지식을 바탕으로 본격적으로 도면 작성을 위한 객체 작성과 편집에 대해 학습하겠습니다.

CHAPTER 03 객체의 작성

도면 작업은 객체의 작성과 편집의 반복입니다. 객체의 작성 명령을 중심으로 학습하겠습니다.

LESSON 01 객체의 작성

선 및 호는 명령어 맛보기에서 학습했으므로 호, 직사각형, 다각형, 폴리선 등 객체의 작성에 대해 알아보겠습니다.

1. 호(ARC)

원의 일부분인 호를 작도합니다. 옵션을 이용하여 다양한 방법으로 호를 작도할 수 있습니다.

명령 : ARC(단축키 : A)   아이콘 버튼 : ⌒

01 한 변의 길이가 '100'인 정사각형을 작도한 후 호를 작도하겠습니다.

명령어 'ARC' 또는 단축키 'A'를 입력하거나 '홈' 탭의 '그리기' 패널 또는 도구막대에서 ⌒을 클릭합니다.

{호의 시작점 또는 [중심(C)] 지정:}에서 객체스냅 '끝점 ⌒'을 이용하여 끝점을 지정합니다. 지정한 점이 호의 시작점이 됩니다.

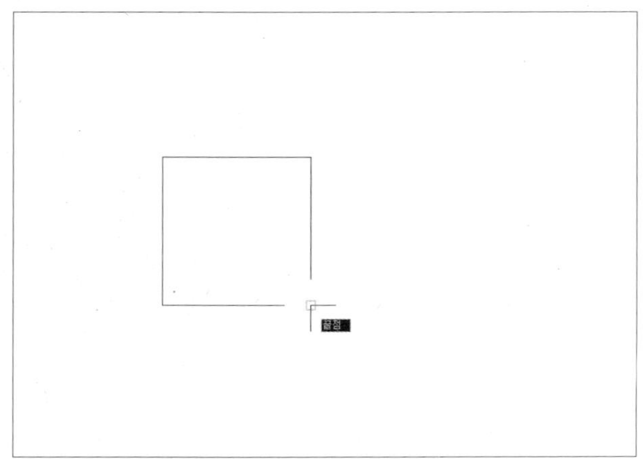

02 {호의 두 번째 점 또는 [중심(C)/끝(E)] 지정:}에서 중심 옵션 'C'를 입력합니다. {호의 중심점 지정:}에서 객체스냅 '끝점 ✐'을 이용하여 끝점을 지정합니다. 지정한 점이 호의 중심점이 됩니다.

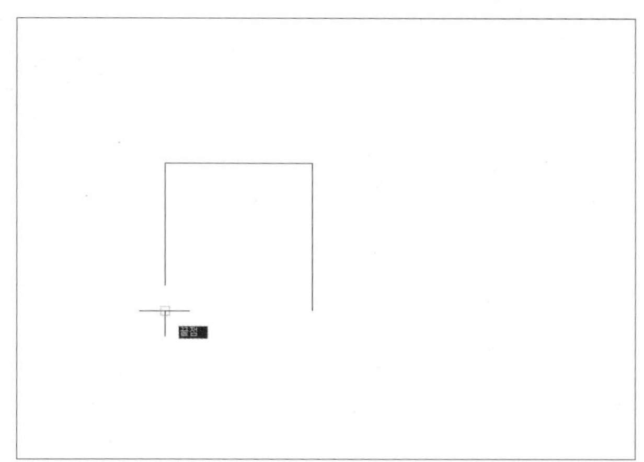

03 {호의 끝점 지정 또는 [각도(A)/현의 길이(L)]:}에서 각도 옵션 'A'를 입력합니다.
{사이각 지정:}에서 사이각 '90'을 입력합니다.
다음 그림과 같이 지정한 시작점과 중심점으로 한 사이각이 '90도'인 호를 작도합니다.

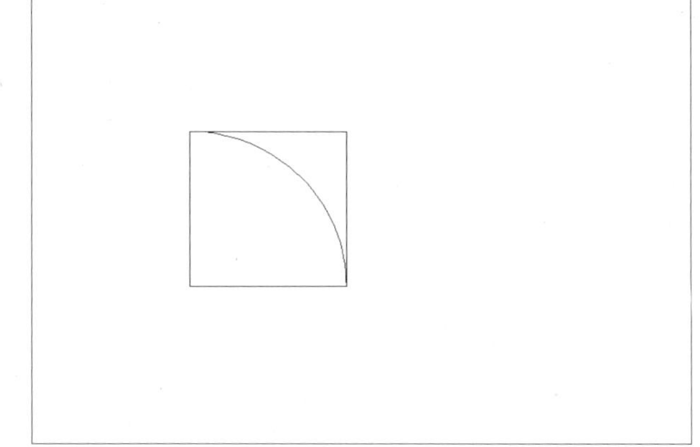

참고 **호를 원으로 변경**

원의 일부인 호를 완전한 형태의 원으로 만들려면 '결합(JOIN)' 명령을 이용해 원으로 바꿀 수 있습니다. 자세한 내용은 '결합(JOIN)' 명령을 참조합니다.

옵션 설명

호를 그리는 방법은 여러 가지가 있습니다. 또, 같은 방법이라 하더라도 점의 지정순서가 다르기도 합니다. 예를 들어, 시작점→끝점→중심점으로 지정하는 방법도 있고 중심점→시작점→끝점으로 지정하는 방법도 있습니다. 호를 그리는 여러 가지 방법과 순서를 이해한 후, 호를 그리고자 하는 객체의 조건과 환경을 고려하여 사용자가 사용하기 편리한 방법을 선택하도록 합니다.

{중심점 지정 또는 [각도(A)/방향(D)/반지름(R)]:}

(1) 방향(D) : 지정한 시작점과 끝점에서 지정된 방향으로 호 접선을 작도합니다.
{호의 시작점 또는 [중심(C)] 지정:}에서 시작점을 지정합니다.
{호의 두 번째 점 또는 [중심(C)/끝(E)] 지정:}에서 'E'를 지정합니다.
{호의 끝점 지정:}에서 호의 끝점을 지정합니다.
{호의 중심점 지정 또는 [각도(A)/방향(D)/반지름(R)]:} 에서 방향 옵션인 'D'를 지정합니다. {호의 시작점에 대해 접선 방향을 지정:}에서 방향을 지정합니다.

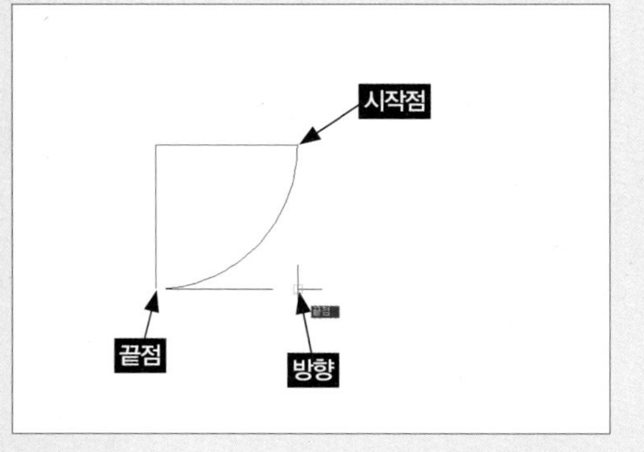

(2) 반지름(R): 반지름 값을 지정합니다. 시작점과 끝점을 기준으로 주어진 반지름의 호를 작도합니다.

(3) 현의 길이(L): 현의 길이를 지정합니다. 시작점 및 중심점이 있고 현의 길이를 알거나 일정한 현의 길이로 호를 작도하고자 할 때 유용합니다.

참고 호의 옵션 컨트롤(아이콘)

앞에서 설명했듯이 AutoCAD는 호를 그리는 다양한 방법을 제공하고 있습니다. 이 다양한 방법을 옵션을 하나씩 선택해서 그릴 수도 있지만 하나의 컨트롤(아이콘)을 지정해 옵션 문자를 입력하지 않고 진행할 수도 있습니다.

이 컨트롤은 리본의 '그리기' 패널의 '호' 컨트롤을 보면 작은 역삼각형이 보입니다. 이것을 '플라이아 웃'이라고 합니다. 이 플라이아웃을 누르면 호를 작도하는 다양한 방법의 컨트롤(아이콘)이 나타납니다. 이때, 사용자가 작도하고자 하는 방법에 해당하는 컨트롤을 선택하면 됩니다. 제공되는 방법과 컨트롤은 화면과 같이 11가지가 있습니다.

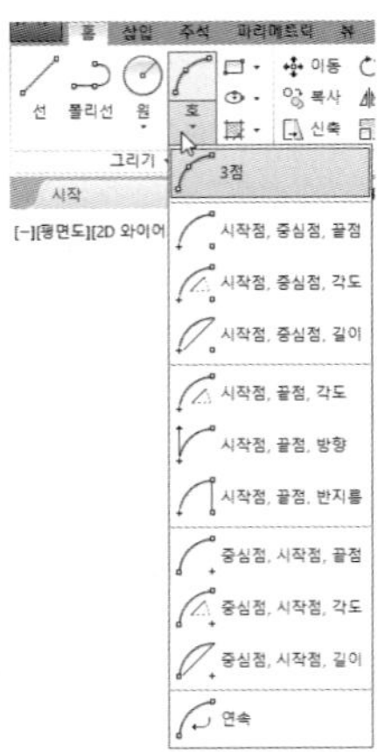

옵션 컨트롤을 선택하게 되면 하나씩 옵션을 입력하지 않아도 옵션을 선택한 것과 같은 방법으로 호를 작도할 수 있습니다.

호의 옵션 컨트롤

2. 직사각형(RECTANG)

직사각형을 작도합니다. 옵션을 이용하여 다양한 방법과 모양으로 작도할 수 있습니다. 작도된 선은 폴리선(하나의 연결된 선)의 성격을 갖습니다.

명령 : RECTANG(단축키 : REC)   아이콘 버튼 : ▭

명령어 'RECTANG' 또는 단축키 'REC'를 입력하거나 리본의 '그리기' 패널 또는 도구막대에서 ▭을 클릭합니다.

{첫 번째 구석점 지정 또는 [모따기(C)/고도(E)/모깎기(F)/두께(T)/폭(W)]:}에서 한 쪽 모서리 좌표 '100,100'을 입력합니다.

{다른 구석점 지정 또는 [영역(A)/치수(D)/회전(R)]:}에서 반대편 꼭지점 좌표를 상대 좌표 '@150,100'을 입력합니다.

다음 그림과 같이 (100,100) 위치에 한 변의 길이가
'150', 높이가 '100'인 직사각형을 작도합니다.

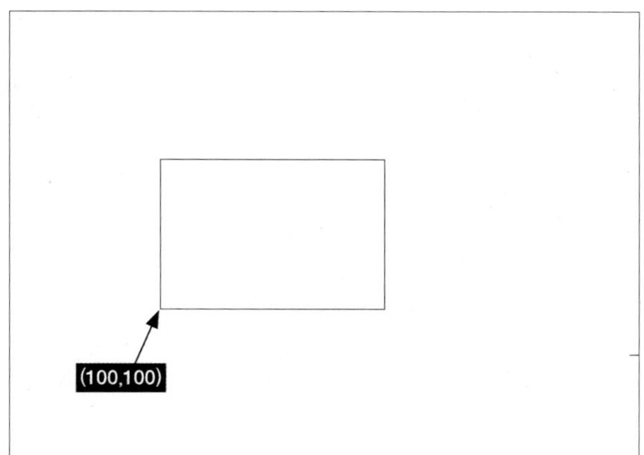

옵션 설명

(1) {첫 번째 구석점 지정 또는 [모따기(C)/고도(E)/모깎기(F)/두께(T)/폭(W)]:}

- **모따기(C)** : 모서리가 지정한 길이만큼 모따기 된 사각형을 작도합니다.

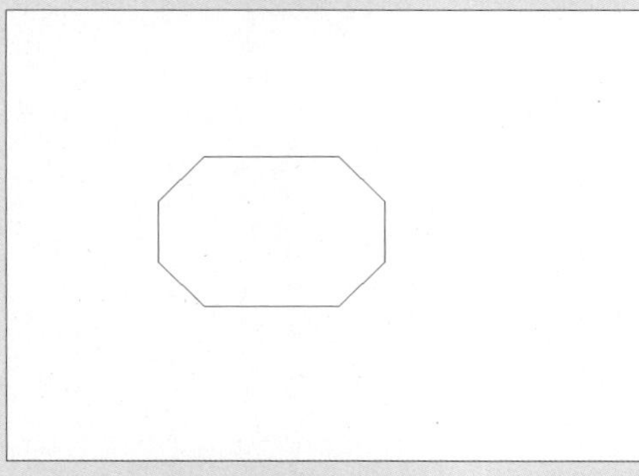

- **모깎기(F)** : 모서리가 지정한 반지름으로 모깎기 된 사각형을 작도합니다.

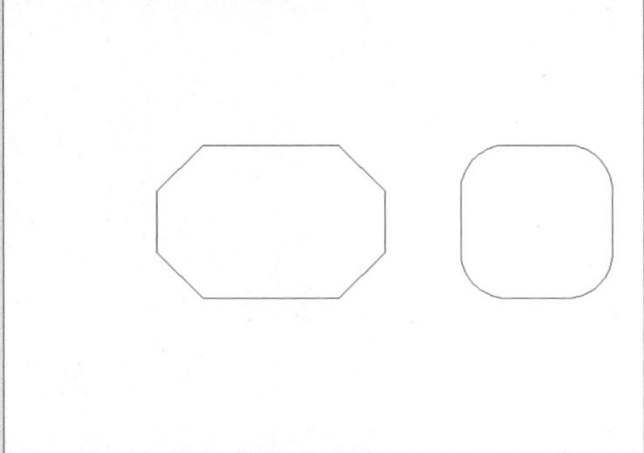

- **고도(E)** : 바닥에서의 높이를 나타내는 고도를 지정하여 사각형을 작도합니다. 주로 3차원 작업에 유용하게 쓰입니다.
- **두께(T)** : 3차원의 값인 두께를 입력하여 작도합니다. 3차원 작업에서 유용하게 쓰입니다.
- **폭(W)** : 선의 너비를 지정하여 작도합니다. 다음 그림은 너비가 '10'인 직사각형(150x100)인 사각형입니다.

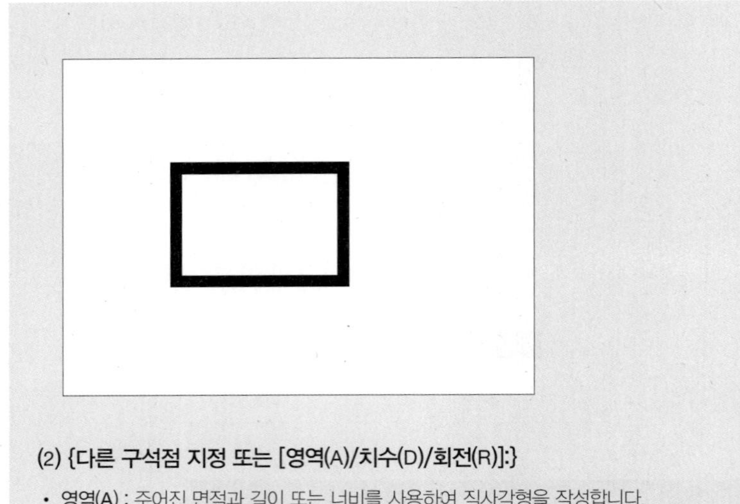

(2) {다른 구석점 지정 또는 [영역(A)/치수(D)/회전(R)]:}

- **영역(A)** : 주어진 면적과 길이 또는 너비를 사용하여 직사각형을 작성합니다.
- **치수(D)** : 길이와 폭 값을 지정하여 사각형을 작도합니다.
- **회전(R)** : 지정된 회전 각도의 사각형을 작도합니다.

3. 다각형(POLYGON)

3각형부터 1024각형까지 다각형을 작도합니다. 작도된 선은 폴리선의 성격을 갖습니다.

명령 : POLYGON(단축키 : POL)   아이콘 버튼 : ⬠

명령어 'POLYGON' 또는 단축키 'POL'을 입력하거나 '홈' 탭의 '그리기' 패널 또는 도구막대에서 ⬠을 클릭합니다.

{면의 수 입력 〈4〉:}에서 다각형 면의 수 '6'을 입력합니다.

{다각형의 중심을 지정 또는 [모서리(E)]:}에서 다각형의 중심을 지정합니다.

{옵션을 입력 [원에 내접(I)/원에 외접(C)] 〈I〉:}에서 내접 'I'를 입력합니다.

{원의 반지름 지정:}에서 다각형의 반지름을 입력합니다. 화면과 같이 원에 내접하는 6각형이 작도됩니다.

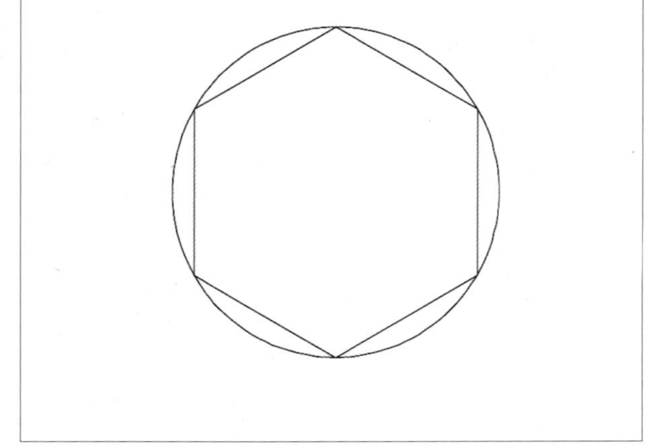

{다각형의 중심을 지정 또는 [모서리(E)]:}

- 모서리(E) : 한 변의 모서리를 지정하여 다각형을 작도합니다.

{옵션을 입력 [원에 내접(I)/원에 외접(C)] ⟨I⟩:}

- 원의 외접(C) : 원에 외접(원의 바깥쪽)하는 다각형을 작도합니다.

 **참고** **다각형의 편집**

다각형은 폴리선의 성격을 가지고 있기 때문에 각 면 객체가 하나의 객체로 이루어져 있습니다. 따라서, 다각형의 일부 선을 편집(삭제, 색상 변경 등)하려면 '분해(EXPLODE)' 명령을 이용해 분해한 후 편집해야 합니다.

4. 폴리선(PLOYLINE)과 폴리선 편집(PEDIT)

폴리선은 여러 개의 선이나 호가 하나의 객체 형식으로 모인 세그먼트의 연결 객체입니다. 폴리선으로 작도함으로써 편집을 쉽게 하거나 도면이 가진 특성을 유용하게 활용할 수 있습니다. 예를 들어, 폴리선으로 작도된 불규칙적인 형상의 면적이나 길이를 구할 수 있습니다. 또, 복수의 객체가 묶여있기 때문에 간단히 조작할 수 있습니다.

01. 폴리선의 특성 및 용도

폴리선은 다양한 특성과 이 특성을 이용하여 다양하게 활용할 수 있습니다. 폴리선의 특성과 용도를 살펴보면,

(1) 여러 세그먼트가 하나의 객체 집합으로 이루어져 있습니다. 3차원 작업 시에 파이프나 덕트와 같이 꺾어지는 객체들의 돌출 작업에는 이어진 폴리선 객체를 이용하여 한 번에 처리할 수 있습니다.

(2) 폭을 가지거나 테이퍼(시작과 끝의 넓이가 다른 객체)를 가질 수 있습니다. 선 가중치와는 별개로 객체 자체가 폭을 가질 수 있으며, 이 폭도 시작과 끝 부분의 크기를 달리 할 수 있어 화살표와 같은 객체를 만들 수 있습니다.

(3) 채워진 원이나 도넛을 작도할 수 있습니다.

(4) 정점을 삽입, 이동, 삭제하거나 여러 형태로 조합할 수 있습니다. 기 작성된 폴리선 객체에 하나의 정점(꼭지점)을 추가하는데 편리합니다.

(5) 2차원 영역과 둘레를 계산할 수 있습니다. 직선과 곡선 형태로 만들어진 형상의 영역 계산이나 둘레를 계산할 때 편리하게 활용할 수 있습니다.

(6) 각 꼭지점에 모깎기(FILLET)와 모따기(CHAMFER)를 일괄적으로 할 수 있습니다. 모깎기나 모따기를 하나의 동작으로 일괄적으로 처리할 수 있습니다.

(7) 3차원 작업 시에 돌출의 윤곽이나 경로를 지정할 때 유용하게 활용할 수 있습니다.

(8) 스플라인(SPLINE)과 맞춤(FIT) 등으로 부드러운 곡선으로 만들 수 있습니다. '폴리선 편집(PEDIT)' 명령을 이용하면 간단히 부드러운 곡선으로 변환할 수 있으며, 다시 원래 상태로 돌릴 수 있습니다.

(9) 일반 객체(선, 호)를 폴리선으로 전환할 수 있습니다. 각각 분리되어 있는 선이나 호를 '폴리선 편집(PEDIT)' 명령을 이용하여 하나의 객체로 인식할 수 있는 폴리선으로 전환할 수 있습니다. 이를 통해 영역 및 경계의 지정 등을 쉽게 작성할 수 있습니다.

(10) 다기능 그립 기능을 이용하여 간단히 편집할 수 있습니다.

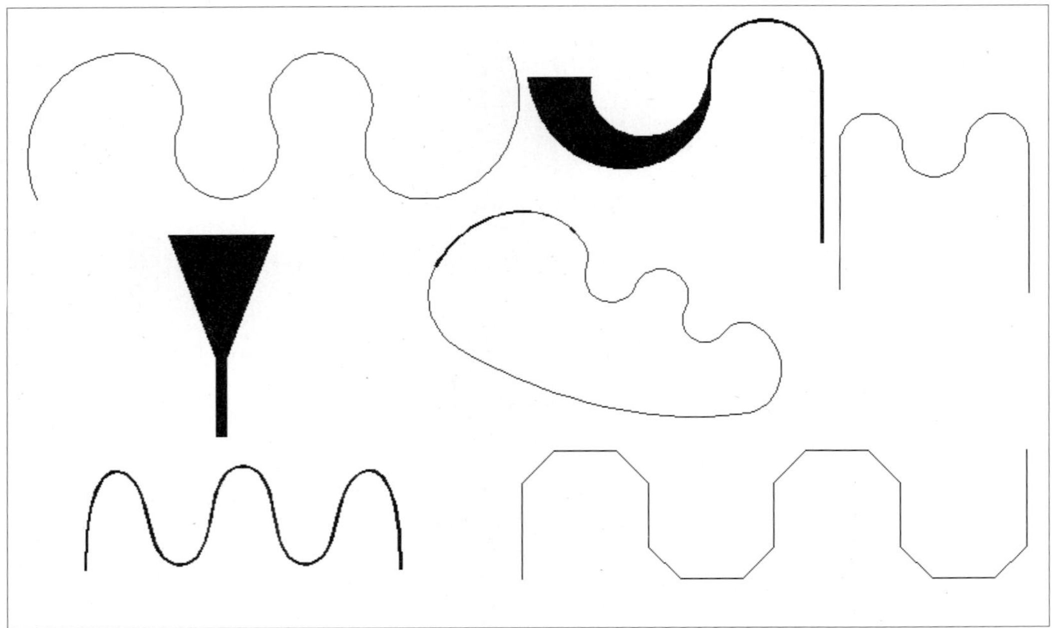

다양한 특성과 형태를 작도할 수 있는 폴리선

폴리선은 여러 객체가 결합되어 하나의 객체로 인식되기 때문에 선이나 호를 하나씩 조작하기 위해서는 '분해(EXPLODE)' 명령을 이용하여 분해해야 합니다. 분해를 하게 되면 폴리선이 가지고 있는 특성(예: 폭)이 사라집니다.

02. 폴리선(PLINE)

복합 객체인 폴리선을 작도합니다.

명령 : PLINE(단축키 : PL)　　　　　　　　　　아이콘 버튼 : ↩

명령어 'PLINE' 또는 단축키 'PL'을 입력하거나 '홈' 탭의 '그리기' 패널 또는 도구막대에서 ↩을 클릭합니다.

{시작점 지정:} 에서 시작점을 지정합니다.

{현재의 선 폭은 0.0000임. 다음 점 지정 또는 [호(A)/반폭(H)/길이(L)/명령 취소(U)/폭(W)]:}에서 다음 점을 지정하거나 옵션을 지정하여 폴리선을 작성합니다.

옵션 설명

폴리선 옵션은 하나의 옵션 아래에 또 하나의 옵션(하위 옵션)이 있습니다. 따라서, 각 옵션별로 구분하여 설명하겠습니다.

(1) 선을 작도할 때 옵션

{다음점 지정 또는 [호(A)/닫기(C)/반폭(H)/길이(L)/명령취소(U)·폭(W)]:}

- **호(A)** : 호를 작도할 수 있는 모드로 전환하며, 호와 관련된 옵션 항목을 표시합니다.
- **닫기(C)** : 현 위치로부터 폴리선의 시작점에 이르는 선분을 작도하여 닫힌 다각형을 형성합니다.
- **반폭(H)** : 폭을 지정하는 것은 '폭(W)'과 같으나 중심으로부터 가장자리에 이르는 반쪽 폭을 지정합니다. 이 옵션을 선택하면 다음과 같은 메시지가 표시됩니다.

  {시작 반–폭 지정 〈현재값〉:}

  {끝 반–폭 지정 〈현재값〉:}
- **길이(L)** : 이 옵션을 선택한 후 길이를 지정하면 이전의 선분의 각도와 같은 방향으로 입력한 길이만큼 선분을 작도합니다. 이전 객체가 호인 경우 그 호에 접한 선을 작도합니다.
- **취소(U)** : 가장 최근에 추가된 객체를 취소합니다. 한 점만 남을 때까지 계속해서 취소할 수 있습니다. 마지막으로 남은 객체가 호인 경우 호 모드로 전환합니다.
- **폭(W)** : 폴리선의 넓이 값을 제어합니다. 값이 0이면 디스플레이 배율과 관계없이 볼 수 있는 최소한의 폭이 됩니다. 0보다 큰 값을 갖는 경우 시스템 변수 'FILLMODE'에 의해 속 채움을 켜고 끕니다.

(2) 호를 작도할 때

{호의 끝점 지정 또는 [각도(A)/중심(CE)/닫기(CL)/방향(D)/반폭(H)/선(L)/반지름(R)/두번째 점(S)/명령취소(U)/폭(W)]:}

- **각도(A)** : 호를 작도하기 위한 내부 각을 지정합니다. 기본적으로 양수를 입력하면 반시계 방향으로 작도되며, 음수를 입력하면 시계 방향으로 작도됩니다.
- **중심(CE)** : 호의 중심점을 지정합니다. 선택 시 '닫기(CL)'와 구분하기 위하여 'CE' 두 개의 문자를 입력하므로 유의해야 합니다.
- **닫기(CL)** : 선분 모드의 '닫기(C)' 옵션과 비슷하지만 직선 대신 호로 닫히게 됩니다. 선택 시 '중심(CE)'와 구분하기 위해 'CL' 두 개의 문자를 입력하므로 유의해야 합니다.
- **방향(D)** : 호의 분명한 시작 방향을 명시하여 호를 작도합니다.
  {호의 시작점에 대해 접선 방향을 지정:} (호가 작도될 방향을 입력합니다.)
  {호의 끝점 지정:} (호가 작도될 끝점을 입력합니다.)
- **선(L)** : 선을 작도하기 위한 모드로 전환합니다.
- **반지름(R)** : 호의 반경을 지정할 수 있게 합니다.
  {호의 반지름 지정:} (호의 반경)
  {호의 끝점 지정 또는 [각도(A)]:} (원의 내부 각 또는 끝점 지시)
- **두번째 점(S)** : 세 점을 지나는 호를 그릴 수 있도록 합니다.
  {호 위의 두번째 점 지정:} (두 번째 점)
  {호의 끝점 지정:} (세 번째 점)

참고 **폴리선 성격을 지닌 객체**

폴리선 성격을 지닌 객체를 작성하는 명령은 이번에 학습한 '폴리선(PLINE)' 외에 '직사각형(RECTANG)', '다각형(POLYGON)', '도넛(DONUT)', '영역(BOUNDARY)', '경계 작성(BPOLY)' 및 '구름형 수정기호(REVCLOUD)' 명령이 있습니다. 이 명령으로 작성된 객체는 최적화된 폴리선인 'LWPOLYLINE'이라는 객체 유형을 갖습니다.

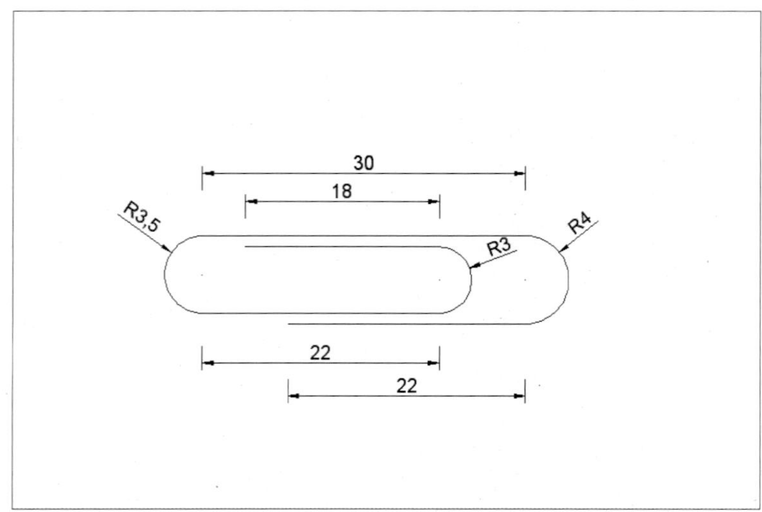

03. 폴리선 편집(PEDIT)

폴리선의 특성을 변경하거나 직선을 곡선화하거나 반대로 곡선을 직선으로 변환합니다. 또, 선이나
호 객체를 폴리선으로 변환하기도 합니다.

명령 : PEDIT(단축키 : PE)　　　　　　　　　　　　메뉴 아이콘 : ✎

다음과 같이 선(LINE) 명령으로 작도된 객체를 폴리선으로 변환해보겠습니다.

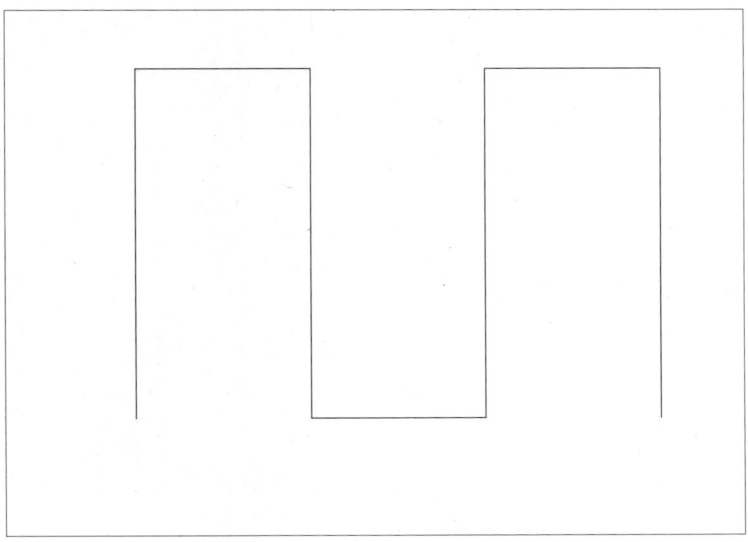

01 폴리선 편집 명령을 실행합니다. 명령어 'PEDIT' 또는 'PE'를 입력하거나 '홈' 탭의 '수정' 패널
또는 '수정II' 도구막대에서 ✎을 클릭합니다.

{폴리선 선택 또는 [다중(M)]:}에서 가장 왼쪽의 선을 선택합니다. {선택된 객체가 폴리선이 아님} {전
환하기를 원하십니까? 〈Y〉}에서 'Y'를 입력합니다.

{옵션 입력 [닫기(C)/결합(J)/폭(W)/정점 편집(E)/맞춤
(F)/스플라인(S)/비곡선화(D)/선종류생성(L)/반전(R)/
명령 취소(U)]:}에서 선 객체를 결합하기 위해 옵션 'J'를
입력합니다.

{객체 선택:}에서 다음 그림과 같이 범위를 지정하여 선
택할 수 있습니다. {반대 구석 지정:} {6개를 찾음}

{객체 선택:}에서 〈엔터〉 키 또는 〈스페이스 바〉를 눌러
선택을 종료합니다.

02 {6개의 세그먼트가 폴리선에 추가됨}
{옵션 입력 [닫기(C)/결합(J)/폭(W)/정점 편집(E)/맞춤
(F)/스플라인(S)/비곡선화(D)/선종류생성(L)/반전(R)/
명령 취소(U)]:}에서 〈엔터〉 키 또는 〈스페이스 바〉를 눌
러 종료합니다.
다음 그림과 같이 커서를 객체에 가져가면 선 객체가 폴
리선 객체로 바뀐 것을 알 수 있습니다.

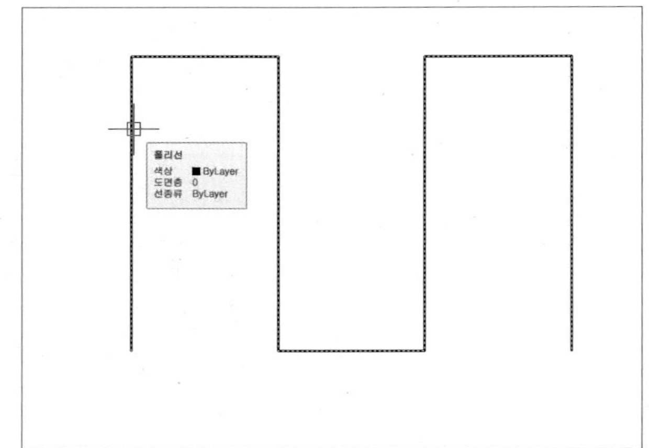

03 〈엔터〉 키 또는 〈스페이스 바〉를 눌러 폴리선 편집
명령을 재실행합니다.
{폴리선 선택 또는 [다중(M)]:}에서 조금 전에 변환한 폴
리선 객체를 선택합니다.
{옵션 입력 [닫기(C)/결합(J)/폭(W)/정점 편집(E)/맞춤
(F)/스플라인(S)/비곡선화(D)/선종류생성(L)/반전(R)/
명령 취소(U)]:}에서 '맞춤' 옵션 'F'를 입력합니다. 그림
과 같이 맞춤 곡선으로 변환됩니다.

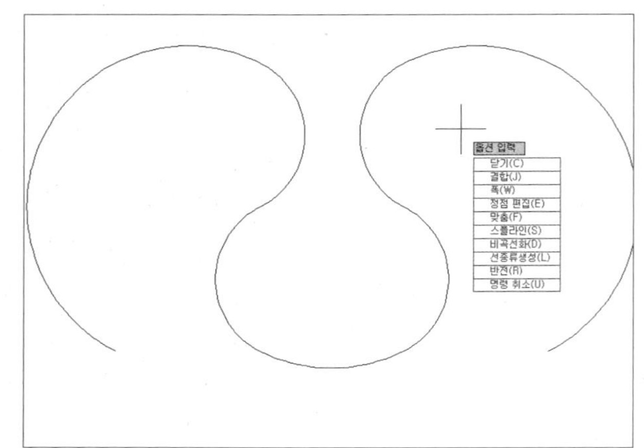

04 {옵션 입력 [닫기(C)/결합(J)/폭(W)/정점 편집(E)/
맞춤(F)/스플라인(S)/비곡선화(D)/선종루생성(L)/반전
(R)/명령 취소(U)]:}에서 '스플라인' 옵션 'S'를 입력합니
다. 다음 그림과 같이 스플라인 곡선으로 바뀝니다.

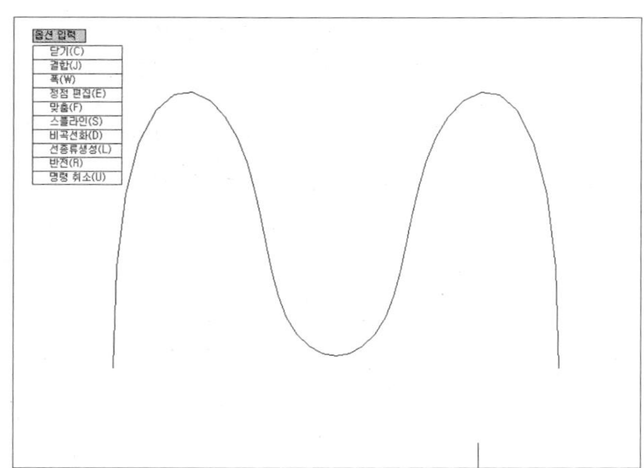

옵션 설명

'폴리선 편집(PEDIT)' 명령에는 많은 옵션이 있습니다. 하나의 옵션을 선택하면 그 옵션에 해당하는 하위 옵션이 있습니다.

● 폴리선 편집 옵션(PEDIT)

{옵션 입력 [닫기(C)/결합(J)/폭(W)/정점 편집(E)/맞춤(F)/스플라인(S)/비곡선화(D)/선종류생성(L) /반전(R)/명령 취소(U)]:}

(1) 닫기(C) : 열린 폴리선을 닫아 폐쇄 공간을 만듭니다.

(2) 열기(O) : 닫힌 폴리선을 열어 열린 폴리선을 만듭니다.

(3) 결합(J) : 폴리선, 선분, 호 등을 하나의 폴리선으로 연결합니다. 단, 열려있는 객체만 가능합니다. 앞에서 실습했던 것처럼 폴리선
이 아닌 객체를 폴리선으로 변환합니다.

(4) 폭(W) : 폴리선의 폭을 변경합니다.

(5) 정점 편집(E) : 폴리선의 정점을 편집(이동, 추가, 삭제)합니다.

(6) 맞춤(F) : 폴리선의 모든 정점에 대해 매끄러운 곡선으로 바꿉니다.

(7) 스플라인(S) : 각 면에 접한 호를 만들어 스플라인 곡선으로 바꿉니다.

(8) 비곡선화(D) : 곡선화된 폴리선을 본래의 직선으로 되돌립니다.

(9) 선 종류 생성(L) : 폴리선의 정점 둘레에서 선 종류의 패턴을 설정합니다.

(10) 반전(R) : 폴리선의 정점 순서를 반전합니다. 문자가 포함되어 있으며 선종류를 사용하는 객체의 방향을 반전하려면 이 옵션을
사용합니다. 예를 들어, 폴리선의 작성 방향에 따라 선 종류의 문자가 거꾸로 표시되는 경우도 있습니다.

(11) 명령 취소(U) : 가장 최근의 편집 작업을 취소합니다. 계속해서 취소해 나가면 처음의 상태까지 되돌릴 수 있습니다.

● 폴리선 정점 편집(PEDIT/Edit vertex)

{정점 편집 옵션 입력 [다음(N)/이전(P)/끊기(B)/삽입(I)/이동(M)/재생성(R)/직선화(S)/접선(T)/폭(W)/종료(X)]
〈N〉:}

'정점 편집(E)'을 선택하면 AutoCAD는 첫 번째 정점의 위치에 'X'를 표시합니다. 이 때 'N' 옵션과 'P' 옵션을 사용하여 편집 위치를
지정합니다.

(1) 다음(N) : 편집 위치를 다음 정점으로 옮깁니다.

(2) 이전(P) : 편집 위치를 이전 위치로 되돌립니다.

(3) 끊기(B) : 폴리선의 두 점 사이를 절단합니다.

(4) 삽입(I) : 폴리선에 새로운 정점을 삽입합니다.

(5) 이동(M) : 현재의 정점을 이동시킵니다.

(6) 재생성(R) : 폴리선을 재생성합니다.

(7) 직선화(S) : 두 정점 사이를 일직선으로 만듭니다.

(8) 접선(T) : 현재의 정점에 탄젠트 방향을 부가합니다. 이것은 곡선의 조절을 위해 사용합니다.

(9) 폭(W) : 두 정점간의 시작과 끝 폭을 설정합니다.

(10) 종료(X) : 정점 편집(E) 옵션을 빠져나가 'PEDIT'의 선택 옵션으로 돌아갑니다.

5. 스플라인(SPLINE)과 스플라인 편집(SPEDIT)

스플라인은 지정된 점(제어점)을 지나거나 근처를 지나는 부드러운 곡선(NURBS 곡선)을 만듭니다.
곡선이 점과 일치하는 정도(곡선의 완만도)를 조정하여 다양한 곡선을 작도할 수 있습니다. 스플라인은
3D 모델링용으로 NURBS 표면을 작성하는 필수 도구입니다.

01. 스플라인(SPLINE)

스플라인을 작도합니다.

명령 : SPLINE(단축키 : SPL)　　　　　　메뉴 아이콘 : ∿ ℕ

(1) 맞춤(Fit) 스플라인

스플라인(맞춤) 명령을 실행합니다. 명령어 'SPLINE' 또는 'SPL'을 입력하거나 '홈' 탭의 '그리기' 패
널 또는 '그리기' 도구막대에서 ∿을 클릭합니다.

{현재 설정: 메서드=맞춤　매듭=현}

{첫 번째 점 지정 또는 [메서드(M)/매듭(K)/객체(O)]:}

{다음 점 입력 또는 [시작 접촉부(T)/공차(L)]:}

차례로 점을 지정해 나가면 다음과 같이 스플라인(아래쪽 곡선)이 작도됩니다.

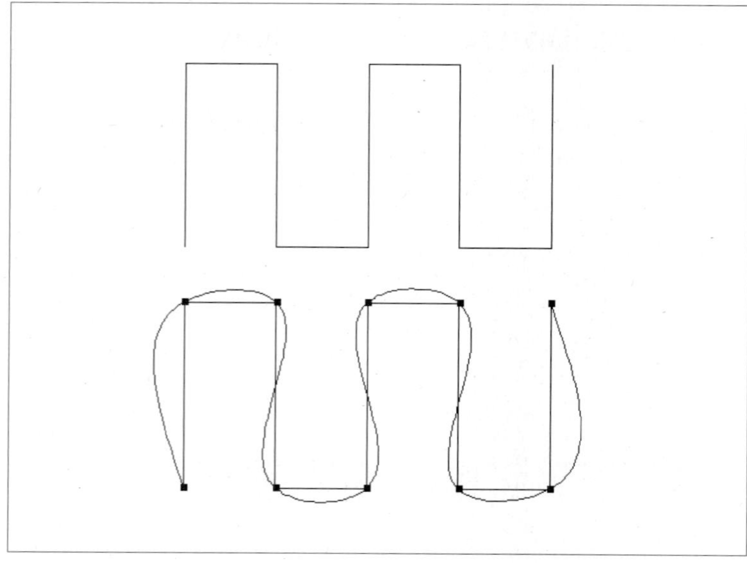

(2) 정점 조정(Control Vertices) 스플라인

스플라인(정점 조정) 명령을 실행합니다. '홈' 탭의 '그리기' 패널 또는 '그리기' 도구막대에서 ℕ을 클릭
합니다.

tip!

명령어 'SPLINE' 또는 'SPL'로 스플라인 명령을 실행한 경우는 '매서드(M)' 옵션을 사용하여 '정점 조정(CV)'을 선택합니다.

{현재 설정: 메서드=맞춤   맞춤=현}

{첫 번째 점 지정 또는 [메서드(M)/매듭(K)/객체(O)]:}에서 'M'을 입력합니다.

{스플라인 작성 메서드 입력 [맞춤(F)/CV(C)] 〈CV〉:}에서 'C'를 입력합니다.

{현재 설정: 메서드=CV   각도=3}

{첫 번째 점 지정 또는 [메서드(M)/각도(D)/객체(O)]:}

{다음 점 입력:}

{다음 점 입력 또는 [닫기(C)/명령 취소(U)]:}

차례로 점을 지정해가며 스플라인을 작도합니다. 다음의 위쪽 그림과 같이 정점 조정 스플라인이 작도
됩니다.

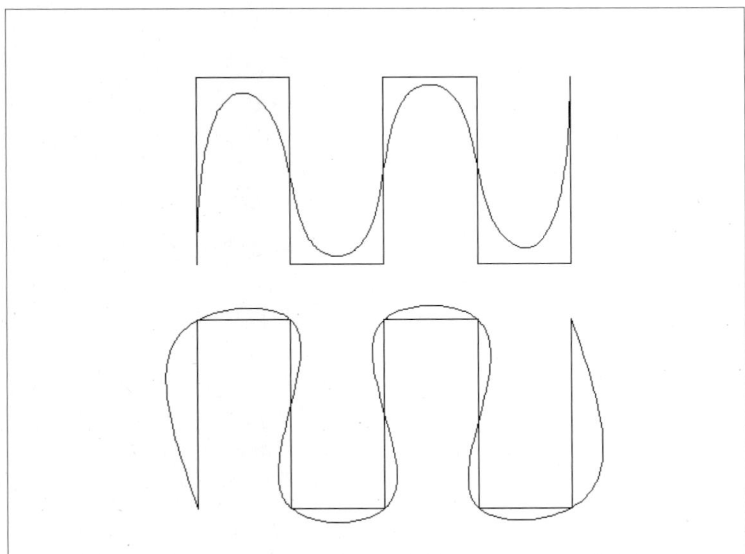

옵션 설명

{첫 번째 점 지정 또는 [메서드(M)/매듭(K)/객체(O)]:}

(1) 메서드(M) : 스플라인이 형식을 '맞춤(F)'으로 할 것인가 '정점 조정(CV)'로 할 것인가, 선택합니다. 이는 3D NURBS 표면을 작성
할 때 사용할 도형을 작성하는 경우에 많이 사용됩니다.

(2) 매듭(K) : 곡선이 맞춤점을 통과할 때 해당 곡선의 쉐이프에 영향을 주는 매듭 매개변수화를 지정합니다.

{매듭 매개변수화 입력 [현(C)/제곱근(S)/균일(U)] 〈현〉:}

- 현(C) : 곡선에서의 편집 점 위치를 나타내는 십진 값으로 편집 점의 번호를 매깁니다.
- 제곱근(S) : 연속되는 매듭 사이의 현 길이가 제곱근을 기준으로 편집 점의 번호를 매깁니다.
- 균일(U) : 연속하는 정수를 사용하여 편집 점의 번호를 매깁니다.

(3) 객체(O) : 사각형 또는 정육면체의 2D 또는 3D 스플라인 맞춤 폴리선을 그에 상응하는 스플라인으로 변환합니다. 예를 들어, 2D 또는 3D 폴리선을 폴리선 편집 명령으로 스플라인으로 변환하면 객체 종류는 '2D 폴리선'입니다. 이를 '2D 스플라인' 객체로 변환합니다.

● 맞춤 스플라인인 경우

{다음 점 입력 또는 [끝 접촉부(T)/공차(L)/명령 취소(U)/닫기(C)]:}

(1) 시작 접촉부(T), 끝 접촉부(T) : 시작과 끝 부분을 접선 방향을 기준으로 스플라인을 작성합니다. 다음의 아래 그림은 끝 접촉부를 0도 방향으로 맞출 경우 작도되는 스플라인의 모양입니다. 끝 부분이 0도 방향을 향합니다.

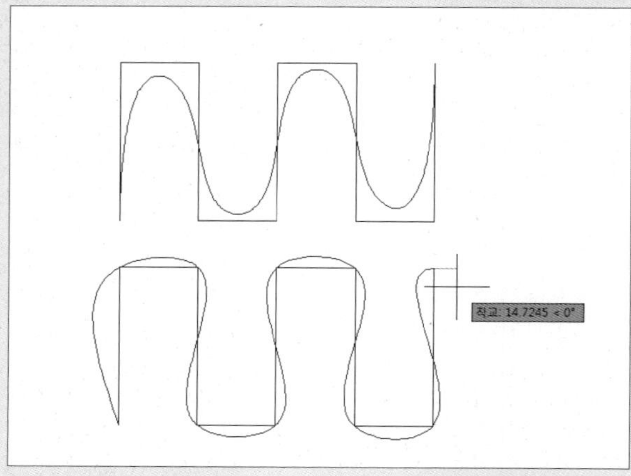

(2) 공차(L) : 스플라인 곡선의 허용 한계를 지정합니다. 공차를 0(영)으로 설정하면 스플라인 곡선은 지정한 점을 통과합니다. 0(영)보다 큰 공차를 입력하면 스플라인 곡선이 지정된 공차 내에서 점을 통과할 수 있습니다.

(3) 명령 취소(U) : 마지막으로 지정한 점을 취소합니다.

(4) 닫기(C) : 처음 시작점으로 연결하여 폐쇄 공간을 만듭니다.

● 정점조정(CV) 스플라인인 경우

{첫 번째 점 지정 또는 [메서드(M)/각도(D)/객체(O)]:}

(1) 각도(D) : 각 범위에서 얻을 수 있는 최대 휘어지는 수를 설정합니다. 각도는 1∼3범위입니다. 조정 정점 수는 각도 수보다 하나 더 많으므로 각도 3의 스플라인에는 4개의 조정 정점이 있습니다.

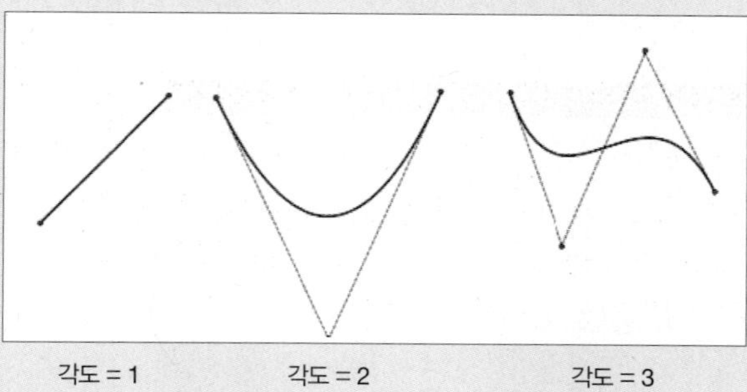

02. 스플라인 편집(SPLINEDIT)

스플라인을 편집합니다. 스플라인 각 정점의 이동, 정밀도를 높이기 위해 정점을 추가하거나 또한 그 반대로 삭제가 가능합니다. 스플라인의 방향을 바꿀 수도 있으며 공차를 낮춰 각 정점에 근접하게 할 수도 있습니다. 또, 스플라인을 폴리선으로 변환할 수도 있습니다.

명령 : SPLINEDIT(단축키 : SPE) 메뉴 아이콘 : ✍

바로가기 메뉴 : 스플라인을 선택한 후 마우스 오른쪽 버튼으로 클릭하여 '스플라인 편집'을 클릭합니다.

명령어 'SPLINEDIT' 또는 'SPE'을 입력하거나 '홈' 탭의 '수정' 패널 또는 '수정II' 도구막대에서 ✍을 클릭합니다. {스플라인 선택:}에서 작성된 스플라인을 선택합니다. 스플라인을 선택하면 다음 그림과 같이 각 정점에 그립(맞물림)이 표시됩니다.

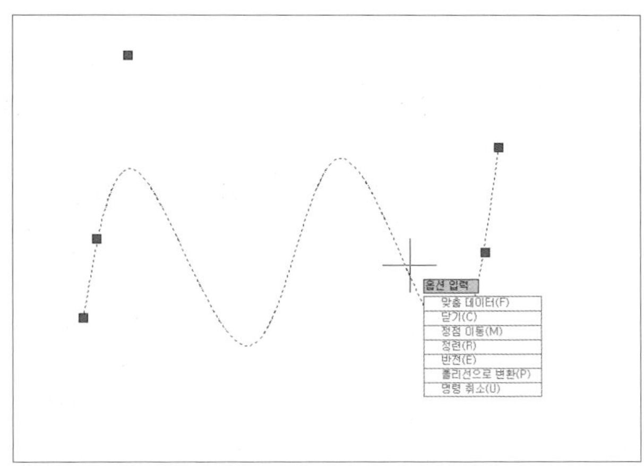

편집하고자 하는 옵션을 지정하여 스플라인을 편집합니다.

옵션을 선택하면 해당 옵션에 해당하는 서브 옵션도 있습니다. 항목이 중복되는 경우는 반복 설명은 생략합니다.

{옵션 입력 [닫기(C)/결합(J)/맞춤 데이터(F)/정점 편집(E)/폴리선으로 변환(P)/반전(R)/명령 취소(U)/종료(X)] 〈종료〉:}

(1) 닫기(C) : 열려있는 스플라인을 닫습니다.

(2) 결합(J) : 선택한 스플라인을 일치하는 끝점에서 다른 스플라인, 선, 폴리선 및 호와 결합하여 더 큰 스플라인을 형성합니다.

(3) 맞춤 데이터(Fit Data) : 다음과 같은 옵션을 사용하여 맞춤 데이터를 편집합니다.

{[추가(A)/닫기(C)/삭제(D)/이동(M)/소거(P)/접선(T)/공차(L)/나가기(X)]〈나가기〉:}

　① 추가(A) : 지정된 위치에 정점을 추가합니다.

　② 닫기(C) : 열려있는 스플라인을 끝점의 접선(Tangent) 방향으로 닫아줍니다.

　③ 삭제(D) : 맞춤점(정점)을 삭제하여 양쪽의 점을 잇습니다.

　④ 이동(M) : 기존 정점의 위치를 이동합니다.

　⑤ 소거(P) : 도면 데이터베이스에서 스플라인의 맞춤 데이터를 제거합니다. 이 옵션을 실행한 후에는 '맞춤 데이터(F)' 옵션이 표시되지 않습니다.

　⑥ 접선(T) : 스플라인의 시작점과 끝점의 접선을 재 지정합니다.

⑦ 공차(L) : 공차를 설정합니다. 공차가 낮을수록 각 정점에 가까운 곡선이 됩니다.

⑧ 나가기(X) : '맞춤 데이터(F)' 옵션을 종료합니다.

(4) 정점 편집(E) : 다음의 옵션으로 정점을 편집합니다.

{정점 편집 옵션 입력 [추가(A)/삭제(D)/순서 올리기(E)/이동(M)/가중치(W)/종료(X)] 〈종료〉:}

(5) 폴리선으로 변환(P) : 스플라인 객체를 폴리선 객체로 변환합니다.

(6) 반전(R) : 정점의 방향을 반전합니다.

(7) 명령 취소(R) : 직전에 실행한 기능을 취소합니다.

(8) 종료(X) : '스플라인 편집(SPLINEDIT)' 명령을 종료합니다.

6. 구름형 수정기호(REVCLOUD)

도면을 검토하여 특정 위치에 코멘트를 붙일 경우 구름형 수정기호를 사용합니다. '리비전 기호'라고도 합니다. 구름형 수정기호는 연속적인 호로 구성된 구름 모양의 폴리선입니다.

명령 : REVCLOUD(단축키 : REV)　　　　　　　　메뉴 아이콘 : 🌩

01. 직사각형 수정기호(리비전) 그리기

두 점을 지정하여 구름형 수정기호를 작도합니다.

명령어 'REVCLOUD' 또는 'REV'를 입력하거나 '홈' 탭의 '그리기' 패널 또는 '그리기' 도구막대에서 🌩을 클릭합니다

{최소 호 길이: 50.0000　최대 호 길이: 50.0000　스타일: 일반}

{첫 번째 구석점 지정 또는 [호 길이(A)/객체(O)/직사각형(R)/폴리곤(P)/프리핸드(F)/스타일(S)/수정(M)] 〈객체(O)〉:}에서 호 길이 옵션 'A'를 입력합니다.

{최소 호 길이 지정 〈50.0000〉:}에서 호의 길이(예: 500)를 지정합니다.

{최대 호 길이 지정 〈500.0000〉:}에서 호의 길이(예: 500)를 지정합니다.

{첫 번째 구석점 지정 또는 [호 길이(A)/객체(O)/직사각형(R)/폴리곤(P)/프리핸드(F)/스타일(S)/수정(M)] 〈객체(O)〉:}에서 직사각형 옵션 'R'을 입력합니다.

{첫 번째 구석점 지정 또는 [호 길이(A)/객체(O)/직사각형(R)/폴리곤(P)/프리핸드(F)/스타일(S)/수정(M)] 〈객체(O)〉:} 첫 번째 점을 지정합니다.

{반대 구석 지정:}에서 반대편 구석 점을 지정합니다.

구름 모양의 리비전 기호가 작도됩니다.

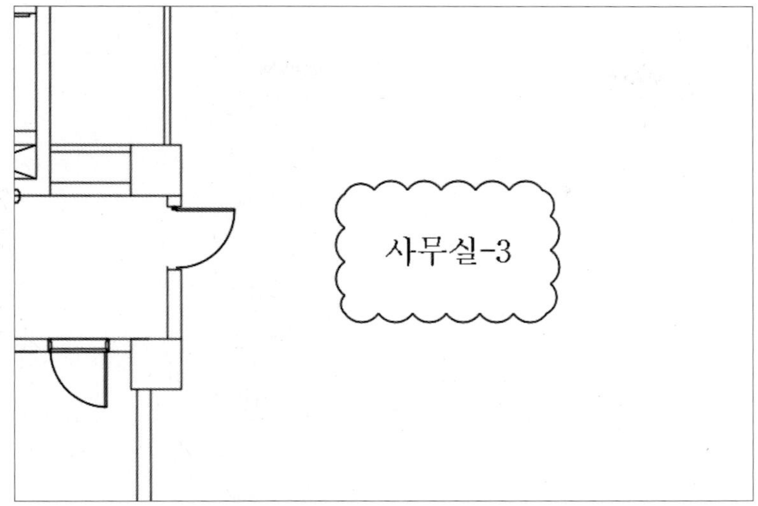

02. 선택한 객체를 구름형 수정기호로 바꾸기

이미 작성된 닫힌 객체(원, 사각형, 폴리선 등)를 선택하여 구름형 수정기호로 변환합니다. 먼저, 구름형 수정기호로 바꾸고자 하는 위치에 객체(예: 원)를 작성합니다.

명령어 'REVCLOUD' 또는 'REV'를 입력하거나, '홈' 탭의 '그리기' 패널 또는 '그리기' 도구막대에서 ⬡을 클릭합니다.

{최소 호 길이: 500.0   최대 호 길이: 500.0   스타일: 일반   유형: 직사각형

첫 번째 구석점 지정 또는 [호 길이(A)/객체(O)/직사각형(R)/폴리곤(P)/프리핸드(F)/스타일(S)/수정(M)] 〈객체(O)〉:}에서 객체 옵션 'O'를 입력한 후 〈엔터〉 키를 누릅니다.

{객체 선택:}에서 구름형 수정기호로 바꾸고자 하는 객체(원)를 선택합니다.

{방향 반전 [예(Y)/아니오(N)] 〈아니오(N)〉:}에서 'Y'를 입력합니다.

{구름형 리비전을 완료했습니다. }라는 메시지를 표시하면서 다음 그림과 같이 원이 구름형 수정 기호로 바뀝니다.

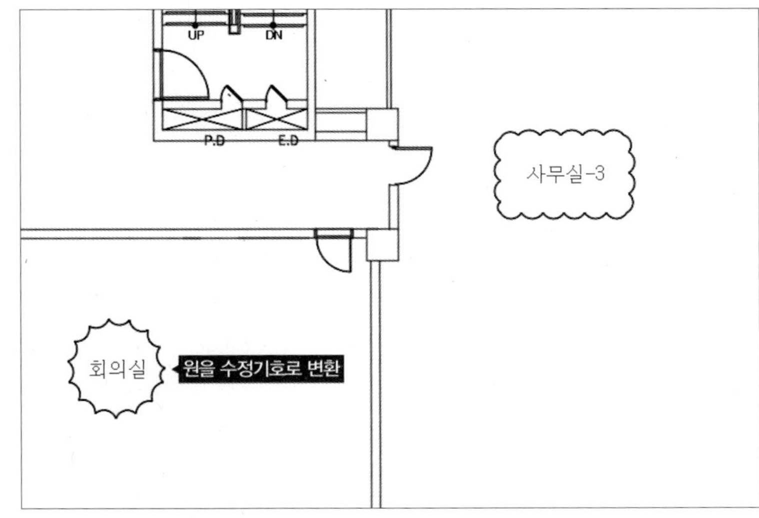

참고 **구름형 수정기호가 작도되지 않거나 구름 모양이 아닌 경우**

'객체(O)' 옵션으로 객체를 선택했을 때 '객체를 변환할 수 없습니다. 구름 호에 대해 객체가 너무 작습니다.'라는 메시지와 함께 구름형 수정기호로 변환되지 않거나 이상한 모양이 되는 경우는 변환하고자 하는 원이나 객체의 크기가 작도하고자 하는 구름 모양의 호보다 작은 경우에 발생합니다. 이때는 호 길이 옵션인 'A'를 입력하여 호의 길이를 입력하여 수정합니다.

03. 구름형 수정기호의 수정

이미 작성된 구름형 수정기호를 수정합니다.

명령어 'REVCLOUD' 또는 'REV'를 입력하거나, '홈' 탭의 '그리기' 패널 또는 '그리기' 도구막대에서 ⌘을 클릭합니다.

{최소 호 길이: 500.0   최대 호 길이: 500.0 스타일: 일반   유형: 직사각형

첫 번째 구석점 지정 또는 [호 길이(A)/객체(O)/직사각형(R)/폴리곤(P)/프리핸드(F)/스타일(S)/수정(M)] 〈객체(O)〉:}에서 수정 옵션 'M'을 입력합니다.

{수정할 폴리선 선택:} 수정할 구름형 수정기호를 선택합니다.

{다음 점 지정 또는 [첫 번째 점(F)]:} 수정할 위치를 지정합니다.

{다음 점 지정 또는 [명령 취소(U)]:} 차례로 수정할 위치를 지정합니다.

{다음 점 지정 또는 [명령 취소(U)]:} 수정할 위치 지정이 끝나면 〈엔터〉 키를 누릅니다.

{지울 측면 선택:}에서 다음과 같이 지우고자 하는 부분을 선택합니다.

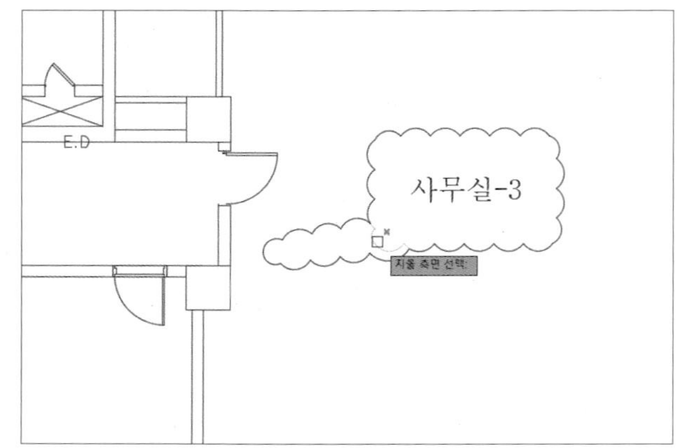

{방향 반전 [예(Y)/아니오(N)] 〈아니오(N)〉:}에서 'N'을 지정합니다.

다음과 같이 구름형 수정기호가 수정되었습니다.

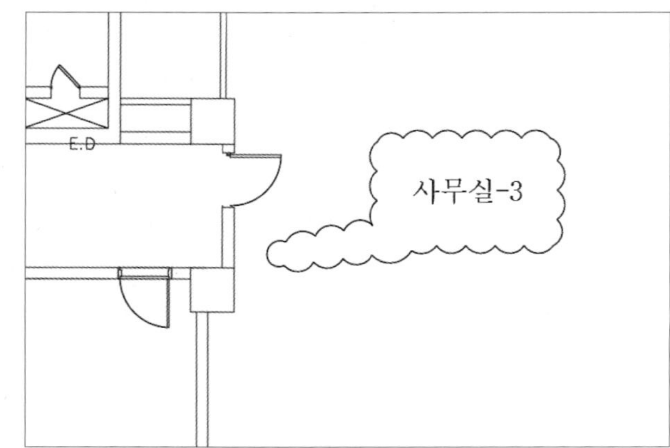

옵션 설명

{첫 번째 구석점 지정 또는 [호 길이(A)/객체(O)/직사각형(R)/폴리곤(P)/프리핸드(F)/스타일(S)/수정(M)] 〈객체(O)〉:}

(1) 호 길이(A) : 구름 모양의 호의 길이를 지정합니다.

(2) 객체(O) : 닫힌 객체를 선택하여 구름형 수정기호로 변환합니다.

(3) 직사각형(R) : 닫힌 객체를 선택하여 구름형 수정기호로 변환합니다.

(4) 폴리곤(P) : 구름형 리비전의 정점으로 세 개 이상 점에 의해 정의된 비직사각형 리비전 구름을 작성합니다.

(5) 프리핸드(F) : 마우스를 이용하여 구름형 수정기호를 작도합니다.

(6) 스타일(S) : 구름형 수정 기호의 유형으로써 '일반(N)'과 장식 모양인 '컬리그라피(C)' 중에서 선택합니다.

(7) 수정(M) : 기존 구름형 리비전에서 측면을 추가하거나 제거합니다.

{방향 반전 [예(Y)/아니오(N)] 〈아니오(N)〉:}

기호의 반전여부를 결정합니다. '예(Y)'를 입력하면 호의 모양이 반전되어 바깥쪽을 향한 호가 작도됩니다.

7. 도넛(DONUT)

두 개의 원으로 이루어진 도넛 형태의 도형을 작도합니다.

명령 : DONUT(단축키 : DO)　　　　　　　　메뉴 아이콘 : ◎

명령어 'DONUT' 또는 단축키 'DO'를 입력하거나 '홈' 탭의 '그리기' 패널에서 ◎을 클릭합니다.

{도넛의 내부 지름 지정 〈0.5000〉:}에서 내부 지름 '50'을 입력합니다.

{도넛의 외부 지름 지정 〈1.0000〉:}에서 외부 지름 '100'을 입력합니다.

{도넛의 중심 지정 또는 〈종료〉:}라는 메시지가 표시됩니다.

{도넛의 중심 지정 또는 〈종료〉:}에서 작도하고자 하는 위치를 반복해서 지정합니다. 종료하려면 {도넛의 중심 지정 또는 〈종료〉:}에서 〈엔터〉 키 또는 〈스페이스 바〉를 누릅니다.

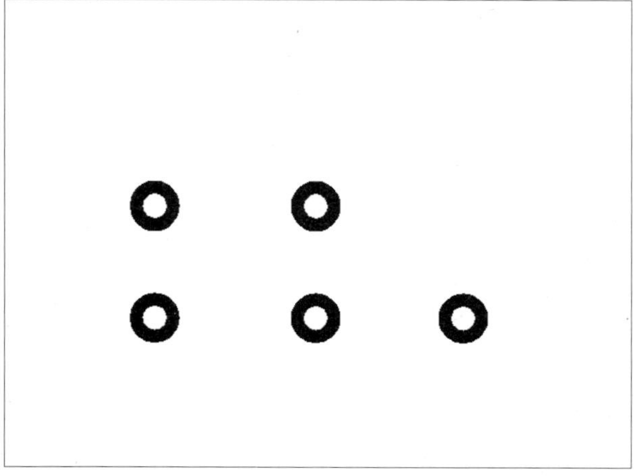

가운데 구멍이 없는 점을 작도하고자 할 때는 내부 지름
을 '0'으로 설정합니다.

{도넛의 내부 지름 지정 〈0.5000〉:}에서 내부 지름 값을
'0'으로 입력합니다.

{도넛의 외부 지름 지정 〈1.0000〉:}에서 외부 지름
'100'을 입력합니다.

{도넛의 중심 지정 또는 〈종료〉:}에서 작도하고자 하는
위치를 지정합니다.

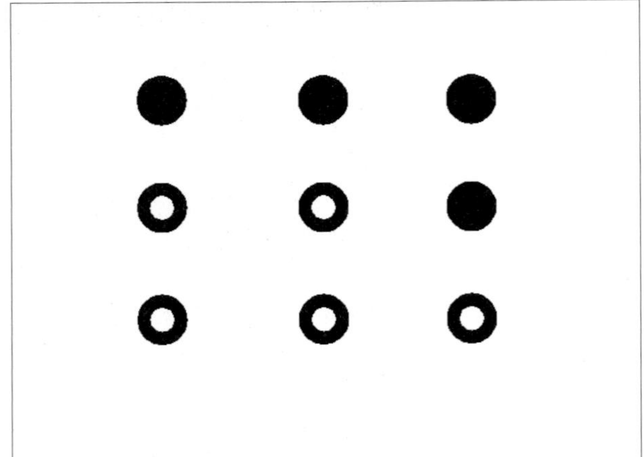

참고 도넛의 채움

도넛을 비롯해 해치, 굵은 폴리선 등은 2차원 솔리드 형태입니다. 즉, 채워진 형
태의 객체입니다. 이 채워진 객체의 채우기를 조정하는 명령이 '채우기(FILL)'
명령입니다.

{명령:}에서 'FILL'을 입력합니다.

{모드 입력 [켜기(ON)/끄기(OFF)] 〈켜기〉:}에서 'OFF'를 입력합니다.

이 상태에서는 화면에서의 변화는 없습니다. 이때 다음과 같이 실행합니다.

{명령:}에서 'REGEN'을 입력합니다.

{모형 재생성 중.}이라는 메시지를 표시하면서 다음과 같이 표시됩니다.

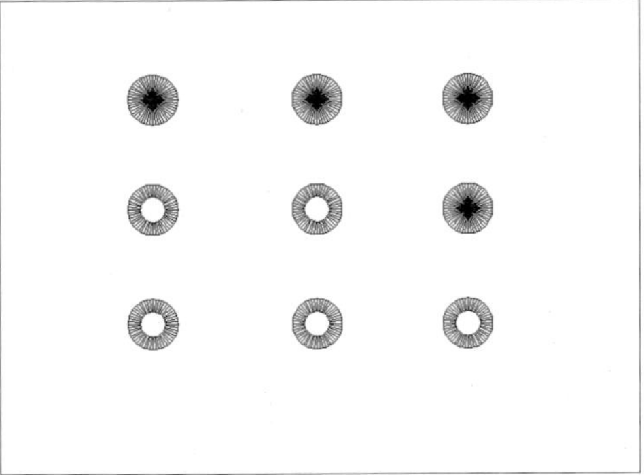

참고 도면을 재생성하는 REGEN

'REGEN' 명령은 도면 전체를 재 생성하는 기능으로 현재 뷰포트에서 모든 객체의 화면 좌표를 다시 계산합니다. 또한
최적의 화면 표시 및 객체 선택 성능을 위해 도면 데이터베이스를 다시 색인화하는 기능입니다. 따라서 '채우기(FILL)' 모
드를 끈 후에 도면을 재 생성하면 현재의 모드를 반영하여 표시합니다.

8. 타원(ELLIPSE)

타원은 동일한 길이의 축으로 이루어진 원과 달리 두 개의 축으로 이루어진 원입니다.

01. 타원의 작도

2개의 축으로 이루어진 타원을 작도합니다.

명령 : ELLIPSE(단축키 : EL)　　　　　　　　　메뉴 아이콘 : ⬯

명령어 'ELLIPSE' 또는 단축키 'EL'를 입력하거나, '홈' 탭의 '그리기' 패널 또는 '그리기' 도구막대에서 ♋을 클릭합니다.

{타원의 축 끝점 지정 또는 [호(A)/중심(C)]:}에서 좌표 '50,100'을 입력합니다.

{축의 다른 끝점 지정:}에서 상대극좌표 '@150〈0'을 입력합니다.

{다른 축으로 거리를 지정 또는 [회전(R)]:}에서 '50'을 입력합니다.

그림과 같이 한 축의 길이가 '150', 다른 한 축이 중심으로부터 길이(반지름에 해당)가 '50'인 타원이 작도됩니다.

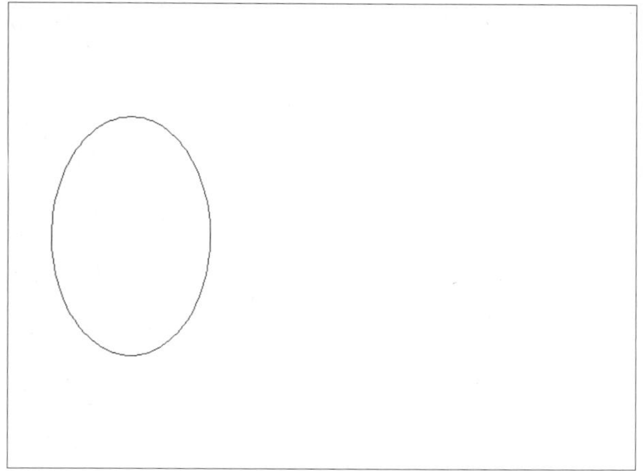

02. 타원 호의 작도

타원 형태의 호를 작도합니다. 첫 번째 축의 각도가 타원형 호의 각도를 결정합니다. 첫 번째 축이 타원형 호의 긴 축 또는 짧은 축을 정의할 수 있습니다.

'홈' 탭의 '그리기' 패널 또는 '그리기' 도구막대에서 '타원 호 ♋' 또는 타원 작도 명령을 실행한 후 {타원의 축 끝점 지정 또는 [호(A)/중심(C)]:}에서 'A'를 입력합니다.

{타원 호의 축 끝점 지정 또는 [중심(C)]:}에서 '200,150'을 입력합니다.

{축의 다른 끝점 지정:}에서 반대편 축을 상대 극좌표 '@150〈0'을 입력합니다.

{다른 축으로 거리를 지정 또는 [회전(R)]:}에서 다른 축의 거리 '50'을 입력합니다.

{시작점 지정 또는 [매개변수(P)]:}에서 '직교 모드(OTHO)'를 켠 후 커서를 0도 방향(3시 방향)으로 맞춘 후 클릭합니다.

{끝각도를 지정 또는 [매개변수(P)/사이각(I)]:}에서 270도 방향(6시 방향)으로 맞춘 후 클릭합니다.

다음 그림과 같이 한 축의 길이가 '150', 다른 한 축이 '100'이며 0도에서 270도 방향에 이르는 타원형 호가 작도됩니다.

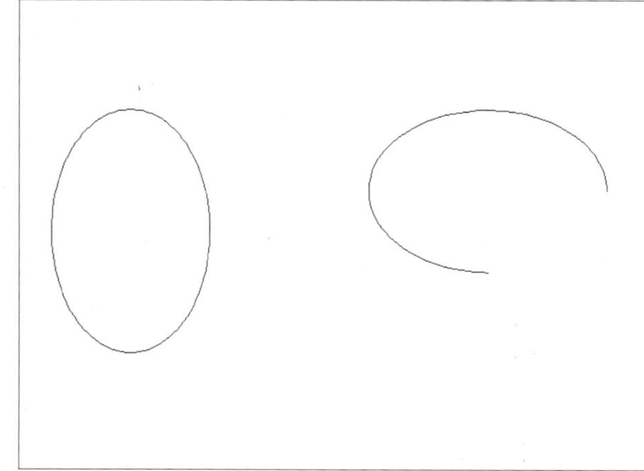

옵션 설명

{타원의 축 끝점 지정 또는 [호(A)/중심(C)]:}

- **호(A)** : 타원 호를 작도합니다.
- **중심(C)** : 중심점을 기준으로 타원을 작도합니다. 이 옵션을 선택하면 {타원의 중심 지정:}, {축의 끝점 지정:}, {다른 축으로 거리를 지정 또는 [회전(R)]:}의 순서로 지정합니다.

{다른 축으로 거리를 지정 또는 [회전(R)]:}

- **회전(R)** : 첫 번째 축을 기준으로 원을 회전시켜 타원의 긴 축과 짧은 축의 비율을 정의합니다. 값이 클수록(0에서 89.4도 사이의 값) 긴 축에 대한 짧은 축의 비율이 커집니다. '0'을 입력하면 원이 작도됩니다.

{장축 주위로 회전 지정:}에서 각도를 입력합니다. 다음 그림은 회전 값이 '0'도인 경우와 '45'도인 경우입니다. 각도의 방향에 따라 축이 달라집니다.

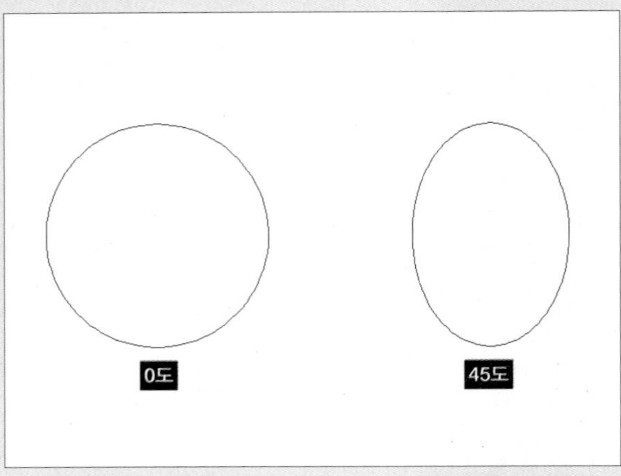

9. 구성선(XLINE)과 광선(RAY)

도면의 작도 공간에서 무한대의 선을 작성할 수 있습니다. 객체의 작성을 위해 윤곽을 잡기 위한 보조선(밑선)으로 유용하게 쓰입니다. 양쪽의 무한대의 구성선(XLINE)과 한 점을 기준으로 한 무한대로 뻗어나가는 광선(RAY)이 있습니다.

01. 도면 공간에서 무한대의 선을 작성하는 '구성선(XLINE)'

양방향의 무한대의 선을 작도합니다. 수직, 수평, 각도 지정, 간격 띄우기 등 다양한 옵션을 제공합니다.

명령 : XLINE(단축키 : XL)　　　　　　　　메뉴 아이콘 : ↗

{점을 지정 또는 [수평(H)/수직(V)/각도(A)/이등분(B)/간격띄우기(O)]:}에서 임의의 점을 클릭합니다.

{통과점 지정:}에서 구성선이 통과할 한 점을 지정합니다.
{통과점 지정:}에서 반복해서 지나는 점을 지정합니다.
종료는 〈엔터〉 키 또는 〈스페이스 바〉를 누릅니다. 다음
과 같이 첫 번째 점을 기준으로 통과점을 지나는 구성선
이 작도됩니다.

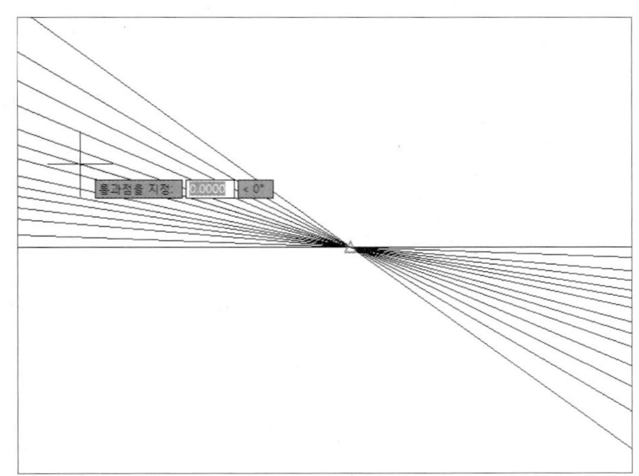

옵션 설명

{점을 지정 또는 [수평(H)/수직(V)/각도(A)/이등분(B)/간격띄우기(O)]:}

- **수평(H)** : 수평 방향으로 구성선을 작도합니다.
- **수직(V)** : 수직 방향으로 구성선을 작도합니다.
- **각도(A)** : 각도를 지정하여 구성선을 작도합니다.
- **이등분(B)** : 선택한 각도 정점을 통과하면서 첫 번째 선과 두 번째 선 사이를 이등분하는 구성선을 작성합니다.
- **간격 띄우기(O)** : 특정 객체로부터 일정 간격을 띄워 구성선을 작도합니다.

02. 한 점을 중심으로 무한대의 선을 작성하는 '광선(RAY)'

구성선은 양방향인데 반해 광선은 한 방향의 무한대의 선입니다. 빛의 투사를 표현하는데 유용하게 쓰
입니다.

명령 : RAY   메뉴 아이콘 : ↗

{시작점을 지정:}에서 광선의 시작점을 지정합니다.
{통과점을 지정:}에서 광선이 통과할 점을 지정합니다.
{통과점을 지정:}에서 반복해서 통과 점을 지정합니다.
종료하려면 〈엔터〉 키 또는 〈스페이스 바〉를 누릅니다.
그림과 같이 광선이 퍼져나가는 것처럼 한 점을 기준으
로 무한대의 선이 작도됩니다.

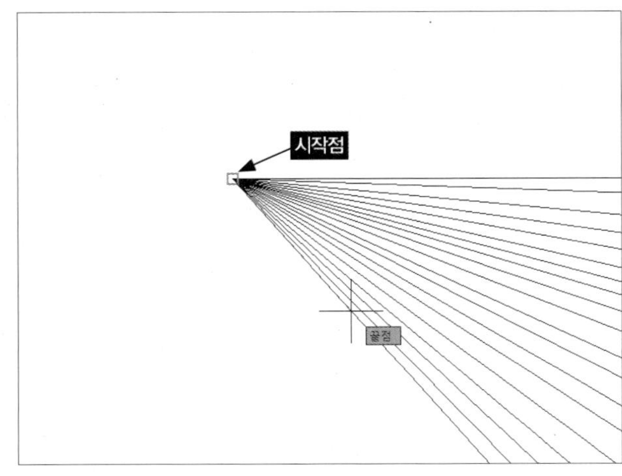

10. 객체 가리기(WIPEOUT)

아래에 있는 객체를 현재 배경 색상으로 가리는 다각형 영역을 작성합니다. 이 영역은 가리기 프레임에 의해 경계가 표시됩니다.

명령 : WIPEOUT   메뉴 아이콘 : 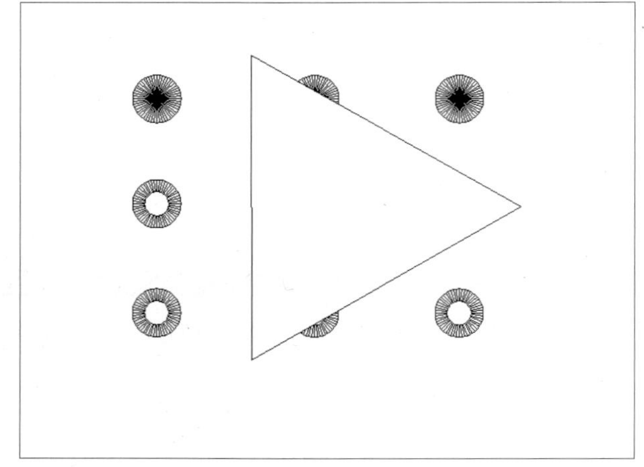

명령어 'WIPEOUT'을 입력하거나 '홈' 탭의 '그리기' 패널에서 ▣을 클릭합니다.

{첫 번째 점 지정 또는 [프레임(F)/폴리선(P)] 〈폴리선(P)〉:}에서 가리고자 하는 범위의 첫 번째 점을 지정합니다.

{다음 점 지정:}에서 범위의 두 번째 점을 지정합니다.

{다음 점 지정 또는 [명령 취소(U)]:}에서 범위의 세 번째 점을 지정합니다.

{다음 점 지정 또는 [닫기(C)/명령 취소(U)]:}에서 〈엔터〉 키 또는 〈스페이스 바〉를 눌러 종료합니다. 그림과 같이 지정한 범위에 있는 기존 객체가 가려집니다.

tip!

가려진 객체를 되살리고자 할 때는 '지우기(ERASE)' 명령으로 가리기 객체를 제거하면 가려지기 이전 상태로 되돌아옵니다.

옵션 설명

{첫 번째 점 지정 또는 [프레임(F)/폴리선(P)] 〈돌리선(P)〉:}

- **프레임(F)** : 가리기 객체의 모서리를 표시할지 숨길지를 제어합니다.

{모드 입력 [켜기(ON)/끄기(OFF)] 〈ON〉:}에서 'OFF'를 입력하면 가리기 범위의 프레임(테두리선)이 사라집니다.

- **폴리선(P)** : 폴리선을 선택하여 폴리선의 범위에 있는 객체를 가립니다.

{닫힌 폴리선 선택:}에서 폴리선을 선택합니다.

{폴리선을 지우시겠습니까? [예(Y)/아니오(N)] 〈아니오(N)〉:}에서 폴리선의 삭제 여부를 지정합니다.

예제
도면 1

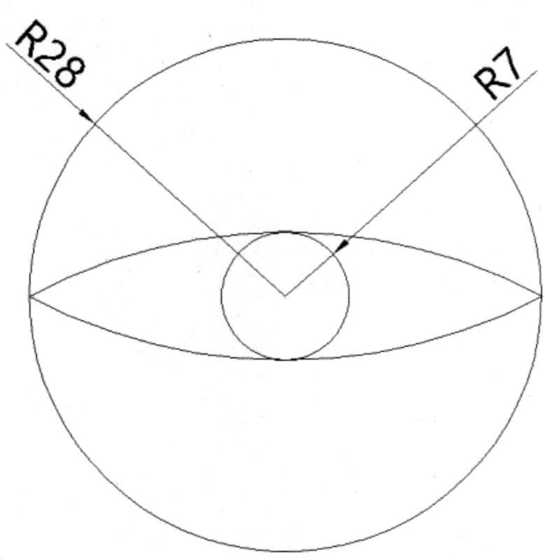
R28
R7

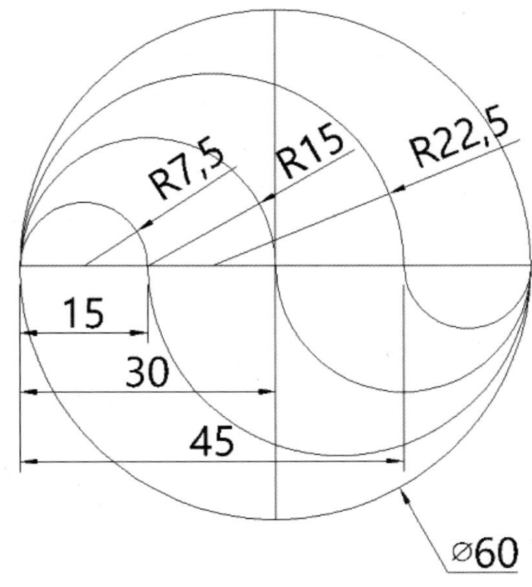
R7,5
R15
R22,5
15
30
45
⌀60

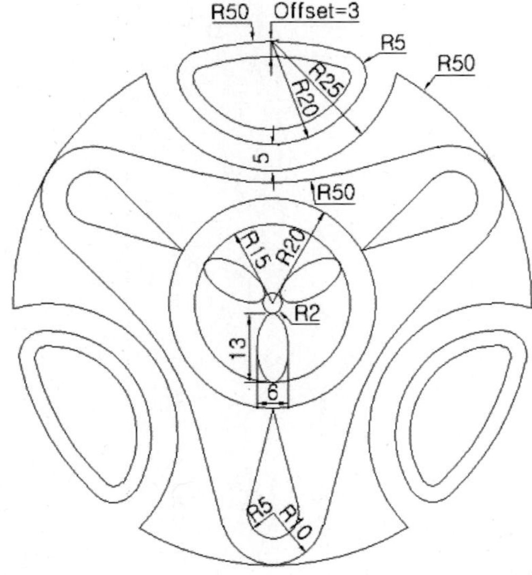
R50
Offset=3
R5
R50
R25
R20
5
R50
R15
R20
R2
13
6
R5
R10

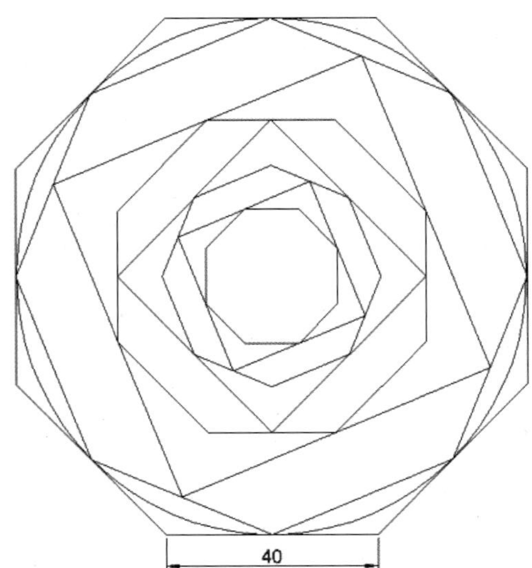
40

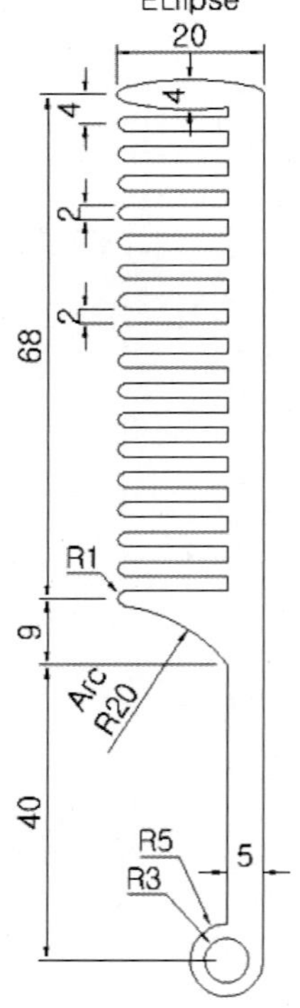

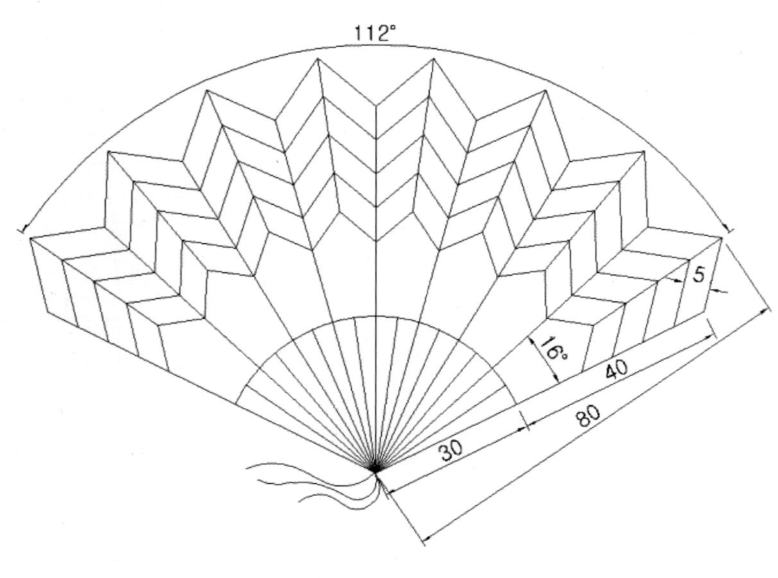

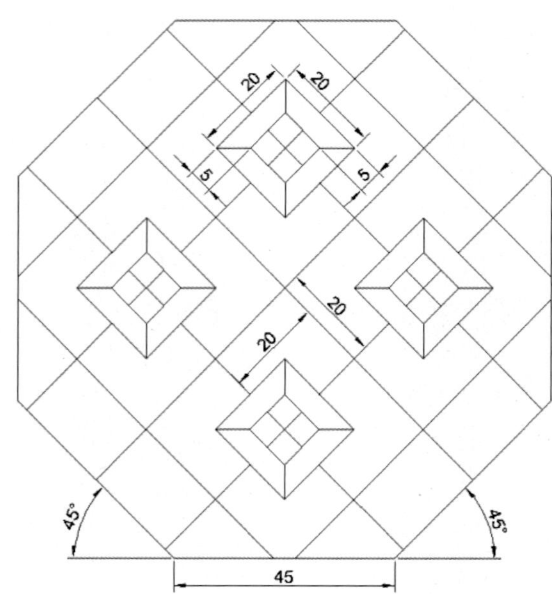

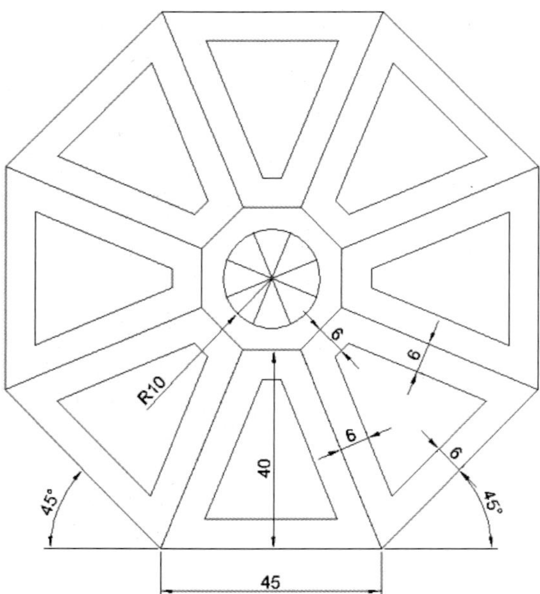

LESSON
02 영역과 패턴 채우기

특정 영역을 나누거나 지정된 영역에 일정한 패턴이나 색을 입히는 경우가 있습니다. 지정한 영역에 일정한 패턴이나 색의 조합을 채우는 방법과 영역을 구분하는 기능에 대해 알아보겠습니다.

1. 경계(BOUNDARY)

닫힌 영역 내에서 점을 지정하여 영역 객체 또는 폴리선을 작성합니다. 미리 경계를 만들어 해치나 그라데이션 작업을 할 때 유용한 작업입니다. 복잡한 공간을 하나의 폐쇄 경계로 작성합니다.

명령 : BOUNDARY(단축키 : BO)　　　　　　　　　　메뉴 아이콘 :

명령어 'BOUNDARY' 또는 'BO'를 입력하거나 '홈' 탭의 '그리기' 패널에서 　을 클릭합니다. 경계 명령을 실행하면 다음의 경계 작성 대화상자가 나타납니다.

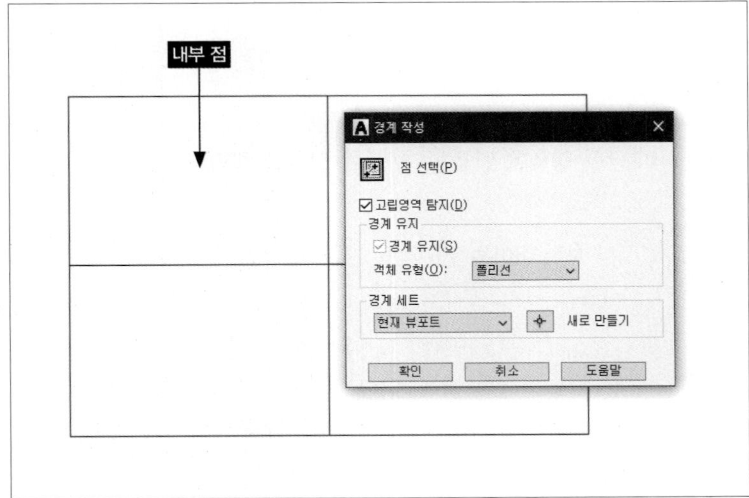

대화상자

(1) **점 선택(P)** : 지정된 점을 기준으로 닫힌 영역을 구성하는 기존 객체로부터 경계를 결정합니다.

(2) **고립영역 탐지(D)** : 지정한 영역의 내부에 고립영역이 있는 경우 탐지할지를 지정합니다.

(3) **경계 유지** : 경계를 유지여부와 만들어진 경계를 어떤 객체 유형(영역 또는 폴리선)으로 작성할 것인지 선택합니다.

(4) **경계 세트** : 경계를 탐색할 때 '현재 뷰포트' 전체에서 탐색할 것인지, 새로운 객체 세트 내에서 탐색할 것인지 지정합니다.

경계 작성 대화상자에서 '객체 유형(O)' 목록에서 '영역'을 선택합니다.

'점 선택(P)' 아이콘을 클릭합니다.

{내부 점 선택:}에서 경계를 작성하고자 하는 공간의 한 점을 지정합니다.

{내부 고립영역 분석 중...}

{내부 점 선택:}에서 〈엔터〉 키 또는 〈스페이스 바〉를 눌러 종료합니다.

{1 루프이(가) 추출됨.} {1 영역이(가) 작성됨.}

{경계 1 영역을(를) 작성함}

객체에 마우스를 가져가면 다음 그림과 같이 '영역' 객체가 작성된 것을 확인할 수 있습니다.

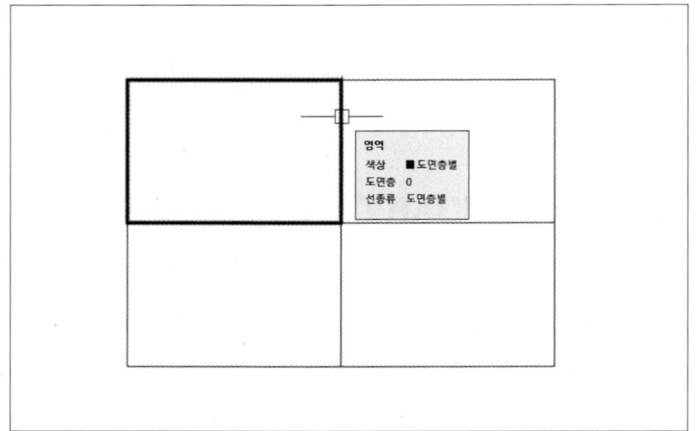

이처럼 '경계(BOUNDARY)' 명령은 선택한 객체의 내부의 경계선을 하나의 영역으로 묶어주는 폴리선 또는 영역 객체를 작성합니다.

2. 영역(REGION)

영역은 질량의 중심 등과 같은 물리적 특성이 있는 2차원의 닫힌 영역을 만듭니다. 기존 영역을 결합하여 영역을 계산할 수 있습니다.

명령 : REGION(단축키 : REG)　　　　　　　　　메뉴 아이콘 : ◎

 **영역의 용도**

설계 작업에서 영역 명령 자체로 특정 기능을 수행하는 것이 아니라 다음과 같이 다른 명령을 활용하기 위한 보조 도구로 이용됩니다.

(1) 해치나 그라데이션을 위한 폐쇄 공간을 작성합니다.

(2) '영역/질량 특성(MASSPROP)' 명령을 사용할 때 기준이 되는 공간을 작성합니다.

(3) 중심과 같이 설계 정보를 추출할 수 있습니다.

명령어 'REGION' 또는 'REG'를 입력하거나 '홈' 탭의 '그리기' 패널에서 ◎을 클릭합니다.

{객체 선택:}에서 다음 그림과 같이 크로싱 선택 방법으로 별 객체를 선택합니다.

{객체 선택:}에서 지정하고 〈엔터〉 키 또는 〈스페이스 바〉를 누르면 종료됩니다.
{1 루프이(가) 추출됨.} {1 영역이(가) 작성됨.}

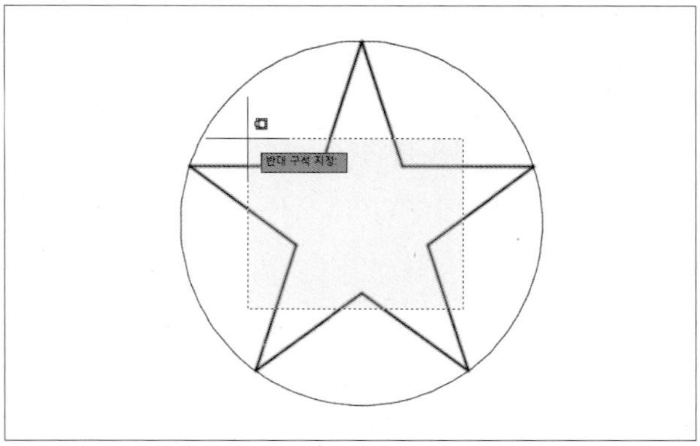

작성된 객체에 마우스 커서를 가져가면 다음과 같이 '영역'이 작성된 것을 알 수 있습니다.

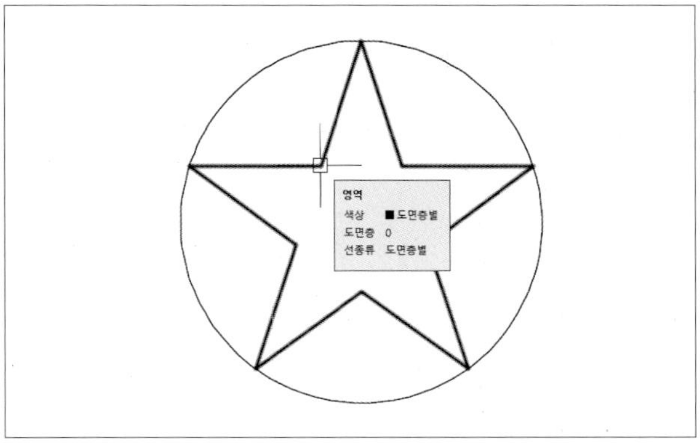

tip!

'질량 특성(MASSPROP)' 기능을 이용하여 영역 객체를 선택하면 영역의 면적, 둘레 길이, 관성 모멘트 등 다양한 특성 값을 얻을 수 있습니다.

3. 해치(BHATCH)

건축 구조물에서 콘크리트의 표현, 인테리어 설계에서 가구 재질의 표현, 기계 설계의 단면의 표현 등은 일정한 패턴의 무늬로 표현합니다. 해치는 지정한 경계 범위를 일정한 패턴(해치 패턴)이나 선의 조합으로 채우는 것을 말합니다.

명령 : BHATCH(단축키 : BH, H) 메뉴 아이콘 :

명령어 'BHATCH' 또는 단축키 'H', 'BH'를 입력하거나 '홈' 탭의 '그리기' 패널 또는 '그리기' 도구막대에서 을 클릭합니다. 다음과 같이 상단의 리본 메뉴에 '해치 작성' 탭이 나타납니다.

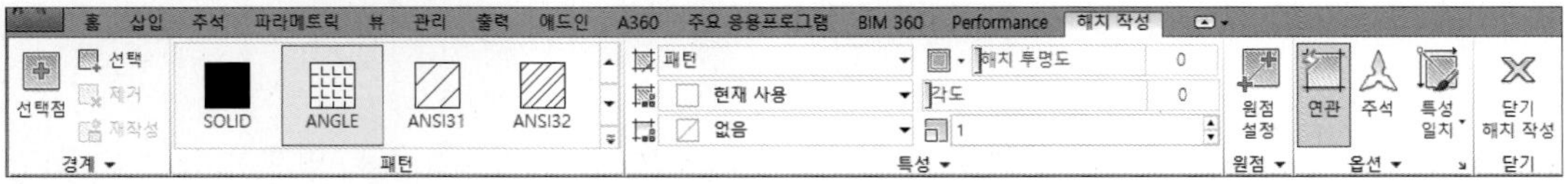

(1) 경계 패널 : 해치할 경계를 지정합니다.

❶ ⊞ **선택 점 :** 「내부 점 선택 또는 [객체 선택(S)/객체 제거(B):」 메시지에서 점을 지정하면 점을 기준으로 폐쇄된 영역을 탐색합니다.

❷ ▥ **객체 선택 :** 해치할 영역을 원이나 폐쇄된 폴리선 등의 객체를 선택하여 지정합니다.

❸ ▨ **제거 :** 선택된 해치 영역을 제거합니다.

❹ ▦ **재작성 :** 선택된 해치 또는 채우기를 중심으로 폴리선 또는 영역이 작성되며 연관, 비연관을 선택할 수 있습니다.

❺ ▧ **경계 객체 표시 :** 선택한 연관 해치 객체의 경계를 형성하는 객체를 선택합니다. 표시된 그립을 사용하여 해치 경계를 수정합니다. 이 옵션은 해치를 편집할 때만 사용할 수 있습니다.

❻ ▨ **경계 객체 유지 :** 경계를 유지할지 여부를 설정합니다. 경계를 유지한다고 했을 때 객체의 종류(폴리선, 영역)를 지정합니다.

❼ ⬢ 경계를 정의할 때 분석되는 객체 세트를 정의합니다. '현재 뷰포트 사용'은 현재 뷰포트 범위 내의 모든 객체에서 경계 세트를 정의합니다. 새 경계 세트 선택을 사용하여 선택한 객체에서 경계 세트를 정의합니다.

(2) 패턴 패널 : 미리 정의 및 사용자 패턴 모두에 대한 미리보기 이미지를 표시하고 선택합니다. 패턴 패널의 스크롤 버튼(역삼각형)을 클릭하면 해치 패턴의 명칭과 미리보기 이미지를 보여줍니다. 사용하고자 하는 패턴을 선택합니다.

(3) 특성 패널 : 해치의 특성(패턴, 색상, 배경색, 투명도 등)을 정의합니다.

❶ **패턴 :** 작성할 항목(솔리드 채우기, 그라데이션 채우기, 미리 정의된 해치 패턴 또는 사용자 정의 해치 패턴)을 지정합니다. 미리 정의된 패턴은 프로그램과 함께 제공되는 acad.pat 또는 acadiso. pat 파일에 저장됩니다. 사용자 정의된 패턴은 도면의 현재 선 종류를 기준으로 합니다. 사용자 패턴은 검색 경로에 추가한 모든 사용자 *.PAT 파일에 정의된 패턴입니다.

❷ **해치 색상 :** 해치 패턴의 색상을 지정합니다.

❸ **배경 색상 :** 해치 영역의 배경 색상을 지정합니다.

❹ **투명도 :** 새 해치 또는 채우기에 대해 투명도 레벨을 설정하여 현재 객체 투명도를 재지정합니다. 현재 객체 투명도 설정을 사용하려면 현재 사용을 선택합니다.

❺ **해치 각도 :** 선택한 패턴의 각도를 지정합니다.(시스템 변수 HPANG에 저장)

❻ **해치 패턴 축척 :** 선택되거나 정의한 패턴의 스케일(축척)을 지정합니다.

❼ **해치 도면층 재지정 :** 지정한 도면층에 새 해치 객체를 지정하여 현재 도면층을 재지정합니다. 현재 도면층을 사용하려면 현재 사용을 선택합니다.

❽ **도면 공간의 상대적 :** 배치(Layout) 공간 사용시, 도면(배치) 공간 단위를 기준으로 해치 패턴을 축

척합니다. 그러면 사용자의 배치에 적절한 축척으로 해치 패턴을 표시할 수 있습니다.

❾ **이중** : 사용자 정의 패턴의 경우 원래 선에 90도 각도로 두 번째 선 세트를 그려 교차 해치를 작성합니다. 이 옵션은 해치 유형이 사용자 정의로 설정되어 있을 때만 사용할 수 있습니다.

❿ **ISO 펜 폭**: 선택된 펜 폭으로 ISO 관련 패턴의 척도를 지정합니다. 해치 패턴에서 'ISO' 해치 패턴이 선택되어야 켜집니다.

(4) 원점 패널 : 해치를 할 때, 원점으로 해치 시작점을 움직여야 할 경우가 발생합니다. 예를 들어, 벽돌 패턴을 작성하였을 경우 해치된 영역의 왼쪽 하단 구석에서 완전한 벽돌 모양으로 시작하고자 할 때입니다.

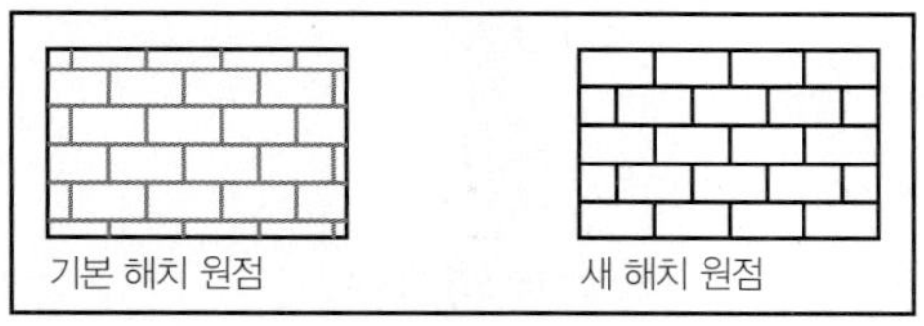

드롭다운 리스트에서 지정하고자 하는 원점의 위치를 지정합니다.
- 기본 원점으로 저장 : 새 해치 원점 값을 시스템 변수 'HPORIGIN'에 저장합니다.

(5) 옵션 패널 : 연관 경계 여부, 주석 축척 등 옵션을 설정합니다.

❶ **연관(A)** : 해치 또는 채우기가 연관인지 비연관인지를 설정합니다. 연관된 해치 또는 채우기는 해당 경계를 수정할 때 함께 수정됩니다. '신축(STRETCH)' 명령을 실행해보면 연관된 해치는 같이 신축되고, 비연관된 해치는 신축되지 않습니다.

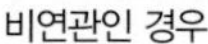

❷ **주석 축척** : 해치에 주석 축척의 적용 여부를 지정합니다.

❸ **특성 일치**
- 현재 원점 사용 : 해치 원점을 제외하고 선택한 해치 객체의 특성을 사용해 특성을 설정합니다.
- 소스 해치 원점 사용 : 해치 원점을 포함하여 선택한 해치 객체의 특성을 사용해 해치의 특성을 설정합니다.

❹ **차이 공차** : 객체가 해치 경계로 사용될 때 무시할 수 있는 차이의 최대 크기를 설정합니다. 기본값

0(영)은 객체가 차이 없이 영역을 닫아야 함을 지정합니다. 슬라이드를 이동하거나 0에서 5000까지의 값을 도면 단위로 입력하여 객체가 해치 경계로 사용되는 경우 무시할 수 있는 간격의 최대 크기를 설정합니다. 지정한 값 이하의 차이는 무시되고 경계는 닫힌 것으로 간주됩니다.

❺ **개별 해치 작성** : 여러 개의 개별 경계를 지정할 경우, 단일 해치로 할 것인지 복수 개로 할 것인지 설정합니다.

❻ **외부 고립 영역 탐지** : 중첩된 도형의 영역 탐지 유형을 선택합니다.

- 일반 고립영역 탐지(Normal) : 바깥 영역으로부터 시작하여 홀수 번째 영역이 해치되고, 짝수 번째 영역은 해치되지 않습니다.
- 외부 고립영역 탐지(Outer) : 외부 경계로부터 안쪽을 해치하거나 채웁니다. 이 옵션은 지정된 영역만 해치하거나 채우고 내부 고립영역은 그대로 둡니다.
- 고립영역 탐지 무시(Ignore) : 해치 내부의 경계선은 무시되고 모두 해치됩니다.
- 고립영역 탐지 안 함 : 고립영역의 탐지를 하지 않습니다.

❼ **그리기 순서** : 해치 또는 채우기에 그리기 순서를 설정합니다. 해치 또는 채우기는 다른 모든 객체의 앞, 뒤 및 해치 경계의 앞, 뒤에 배치할 수 있습니다.

(6) 해치 작성 닫기 : 해치를 종료하고 '해치 작성' 탭을 닫습니다. 〈엔터〉 키 또는 〈ESC〉 키를 눌러 닫을 수도 있습니다.

참고 **리본 메뉴가 없을 때의 해치 대화상자**

리본 메뉴의 표시를 억제한 상태에서 해치를 실행하면 다음과 같은 대화상자가 나타납니다. 또는 리본 메뉴가 활성화된 상태에서는 '해치 작성' 탭에서 '옵션' 하단은 작은 비스듬한 화살표(▾)를 클릭하면 다음과 같은 대화상자가 나타납니다. 대화상자의 각 항목 내용은 '해치 작성' 탭의 각 항목과 동일합니다.

'패턴'을 'HONEY', 해치 축척을 '20'으로 설정합니다. 마우스를 해치하고자 하는 공간으로 가져가면 다음과 같 이 해치 미리보기가 나타납니다. 이때, 클릭하면 해당 영 역이 해치 패턴으로 채워집니다. '해치 작성 닫기'를 클릭 하여 해치를 종료합니다.

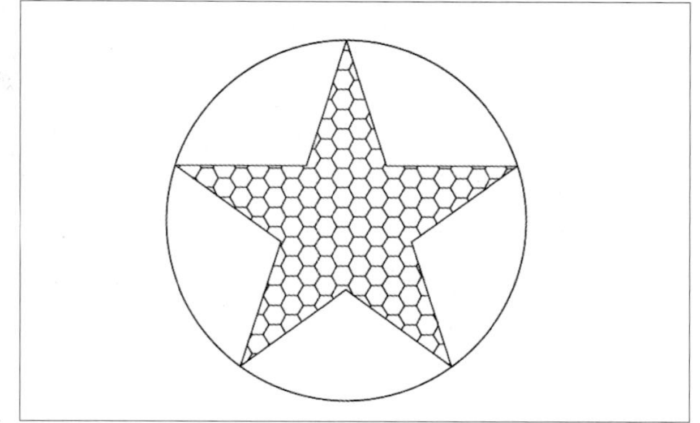

tip!

해치하는 방법으로 도구 팔레트나 디자인 센터(Design Center)에서 원 하는 패턴을 드래그하여 해치할 수도 있습니다.

4. 그라데이션(GRADIENT)

객체에서 반사하는 광원의 모양과 같이 특정 색상의 조합으로 색조의 농도를 점차적으로 바꾸는 그라 데이션에 대해 학습하겠습니다.

명령 : GRADIENT(단축키 : GD)　　　　　　　　메뉴 아이콘 :

명령어 'GRADIENT' 또는 단축키 'GD' 를 입력하거나 '홈' 탭의 '그리기' 패널 또는 '그리기' 도구막대 에서 을 클릭합니다. 다음과 같이 상단의 리본이 다음과 같이 바뀝니다.

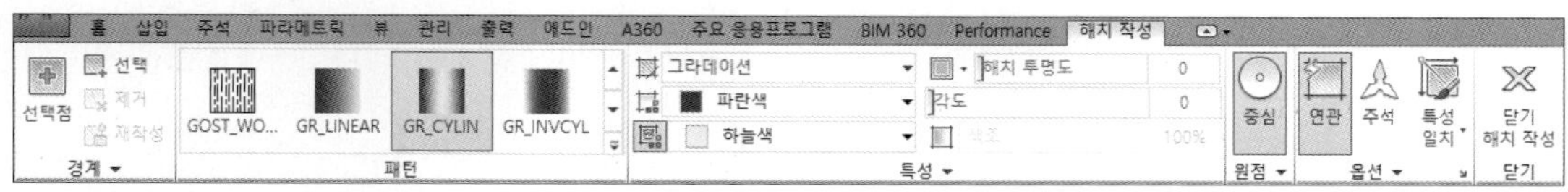

각 항목의 내용은 앞에서 학습한 '해치'의 내용과 동일합니다. 내용의 차이가 있는 항목만 설명하겠습 니다.

(1) 패턴 : 패턴 모양이 그라데이션 패턴이 나타납니다.

(2) 색상 : 두 개의 색상을 지정하여 그라데이션 패턴을 만듭니다.

(3) 채도 : 한 색 그라데이션 색조 또는 음영을 켜거나 끕니다. 채도를 켜면 '그라데이션 색상 2'가 꺼집 니다.

(4) 중심 : 원점 패널의 '중심'이 켜져 있으면 채울 영역의 중심을 기준으로 대칭인 그라데이션이 작성됩 니다.

그라데이션 명령을 실행합니다. 명령어 'GRADIENT' 또는 단축키 'GD'를 입력하거나 '홈' 탭의 '그리기' 패널 또는 '그리기' 도구막대에서 ▦을 클릭합니다.

'해치 작성' 탭으로 바뀝니다.

'패턴'을 'GR_CYLIN', 해치 색상1을 '파란색', 해치 색상2를 '하늘색'으로 설정합니다.

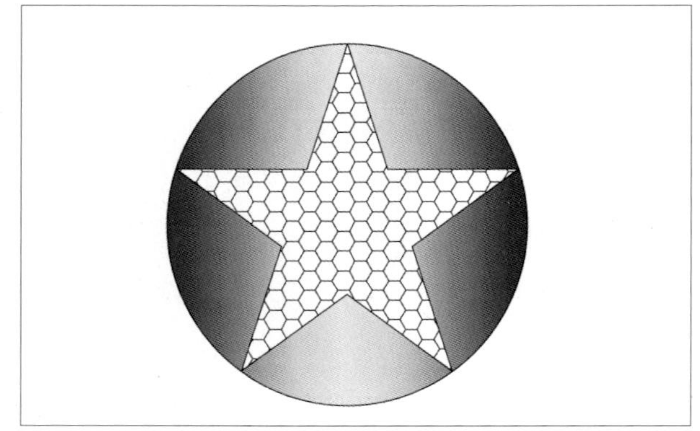

마우스를 가운데 채우고자 하는 위치로 가져가면 다음과 같이 그라데이션 미리보기가 나타납니다. 이때, 클릭하면 해당 영역이 그라데이션 패턴으로 채워집니다. '해치 작성 닫기'를 클릭하여 그라데이션을 종료합니다.

그라데이션도 해치와 마찬가지로 연관된 그라데이션은 경계를 움직이면 그라데이션 패턴도 경계를 따라 이동됩니다.

tip!

그라데이션을 작성하는 또 다른 방법으로 도구 팔레트나 디자인 센터(Design Center)에서 원하는 그라데이션을 드래그하여 그라데이션을 작성할 수도 있습니다.

참고 해치 및 그라데이션의 영역 지정

해치나 그라데이션의 작성 시 경계 영역을 지정할 때 반드시 닫힌 공간(폐쇄 공간)을 지정해야 합니다. 닫힌 공간을 지정하지 않으면 "닫힌 경계를 확인할 수 없습니다."라는 경계 정의 오류 대화상자가 표시됩니다.

5. 해치와 그라데이션의 편집

작성되어 있는 해치 또는 그라데이션의 패턴, 축척, 각도를 수정합니다.

명령 : HATCHEDIT(단축키 : HE)   메뉴 아이콘 : ▧

또는, 이미 작도된 해치 또는 그라데이션 패턴에 마우스를 대고 더블클릭하면 해치 또는 그라데이션의 편집 모드로 들어갑니다.

해치 패턴을 더블 클릭합니다. 다음 그림과 같이 '해치 편집기' 탭이 나타납니다. 패턴을 'HOUND'로 설정합니다. 설정된 조건으로 해치 패턴이 수정됩니다.

tip!

해치 편집기의 각 항목의 기능 및 조작 방법은 해치의 패널과 동일합니다.

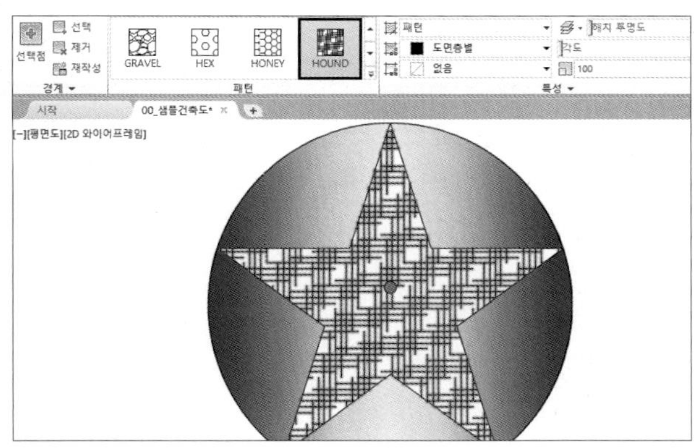

수정하고자 하는 그라데이션을 더블 클릭합니다.
다음 그림과 같이 '해치 편집' 대화상자의 '그라데이션' 탭이 표시됩니다. 대화상자에서 색상, 패턴 등 수정하고자 하는 조건을 설정합니다. 조작 방법은 그라데이션 작성과 동일합니다.

tip!

명령어의 입력이나 패널 또는 도구막대에서 아이콘을 클릭할 때는 대화상자가 나타나지만 그라데이션을 클릭 또는 더블클릭하면 편집기 패널이 나타나 그라데이션(해치)을 편집할 수 있습니다.

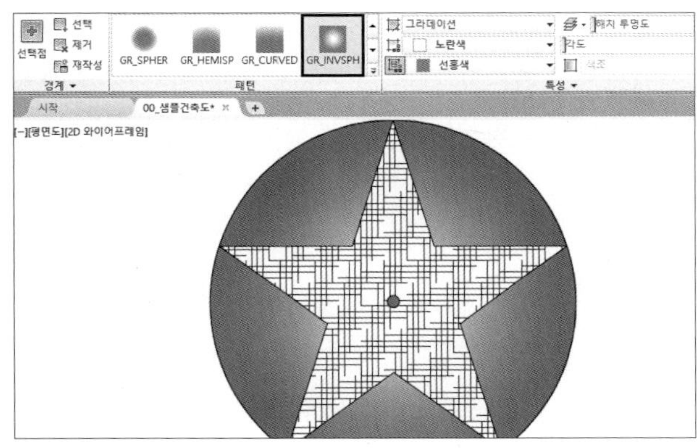

LESSON
03 점과 분할

도면에서 점 하나만으로는 큰 의미가 없으나 특정 좌표를 표시하거나 분할하는 위치를 표시할 때는 유용하게 사용될 수 있습니다. 점의 정의와 점을 활용한 분할에 대해 알아보겠습니다.

1. 점 유형(PTYPE)

점을 표현하는 형식(모양과 크기)을 지정합니다.

명령 : DDPTYPE, PTYPE   메뉴 아이콘 :

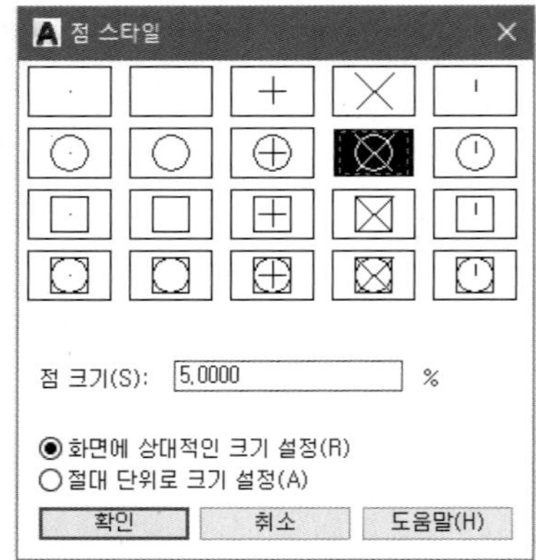

명령어 'PTYPE'을 입력하거나 '홈' 탭의 '유틸리티' 패널에서 '점 스타일 '을 클릭합니다. 다음과 같은 점 스타일 대화상자가 나타납니다. 표시하고자 하는 점 스타일(모양)을 선택한 후 [확인]을 클릭합니다.

다음의 대화상자에서 표시하고자 하는 점의 형상을 지정하고 점의 크기를 설정합니다. 점의 크기는 화면에 대한 백분율과 절대적 크기를 지정할 수 있습니다.

대화상자

(1) 점 스타일 미리보기 : 점의 모양을 나열된 이미지에서 선택합니다.

(2) 점 크기(S) : 화면에 대한 백분율을 입력합니다.

(3) 화면에 상대적인 크기 설정(R) : 점 표시 크기를 화면 크기에 대한 백분율(상대적인 크기)로 설정합니다. 줌 확대 또는 줌 축소해도 점 표시가 변경되지 않습니다.

(4) 절대 단위로 크기 설정(A) : 점 표시 크기를 점 크기에서 지정한 실제 단위로 설정합니다. 점은 줌 확대 또는 줌 축소에 따라 더 크게 또는 작게 표시됩니다.

---

2. 점(POINT)

지정한 위치에 점을 찍습니다.

명령 : POINT(단축키 : PO)   메뉴 아이콘 : ·

명령어 'POINT' 또는 단축키 'PO'를 입력하거나 '홈' 탭의 '그리기' 패널 또는 '그리기' 도구막대에서 · 을 클릭합니다.

{현재 점 모드: PDMODE=35 PDSIZE=0.0000}
{점 지정:}에서 객체스냅 '중심점 ◎'을 이용하여 원의 중심을 지정합니다.
그림과 같이 원의 중심에 점이 찍힙니다.

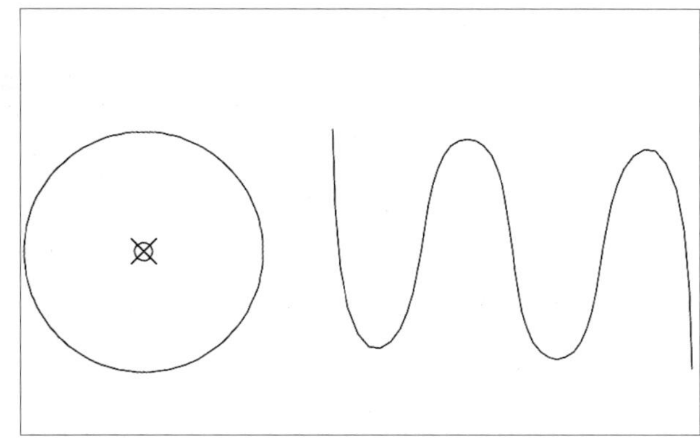

참고 객체스냅에서 점의 지정

점 객체가 작성된 위치를 정확히 지정하려면 객체스냅 '노드 ◦'를 이용하여 지정해야 합니다.

3. 등분할(DIVIDE)

선택한 객체를 지정한 수만큼 분할합니다. 분할 위치에는 점 또는 지정한 블록이 표시됩니다.

명령 : DIVIDE(단축키 : DIV)   메뉴 아이콘 : ⚘

명령어 'DIVIDE' 또는 단축키 'DIV'을 입력하거나 '홈' 탭의 '그리기' 패널에서 ⚘을 클릭합니다.
{등분할 객체 선택:}에서 스플라인 객체를 선택합니다.
{세그먼트의 개수 입력 또는 [블록(B)]:}에서 분할할 수 '7'을 입력합니다. 다음 그림과 같이 선택한 객체(스플라인)이 7개로 분할됩니다. 분할 위치에는 '점 유형(DDPTYPE)'에서 정의한 점의 형상이 표시됩니다.

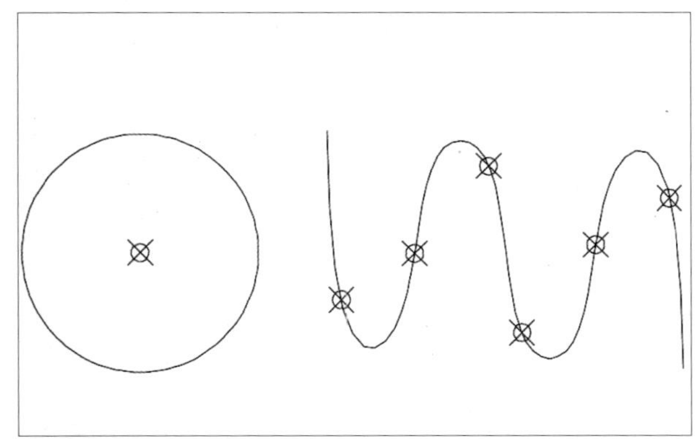

옵션 설명

{세그먼트의 개수 입력 또는 [블록(B)]:}

• **블록** : 사용자가 작성한 도형을 블록화하여 각 분할 위치에 점 대신 블록을 표시합니다. 다음은 별 모양의 블록을 작성하여 등분할 한 예입니다.

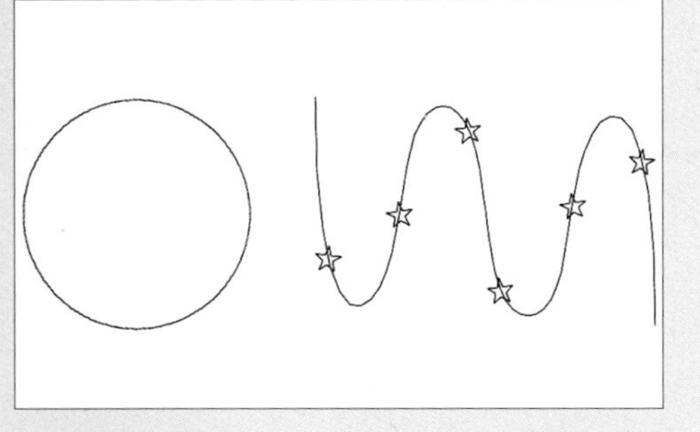

4. 길이 분할(MEASURE)

선택한 객체를 지정한 길이로 분할합니다. 분할 위치에는 점 또는 블록이 표시됩니다.

명령 : MEASURE(단축키 : ME)   메뉴 아이콘 : ✖

명령어 'MEASURE' 또는 단축키 'ME'을 입력하거나
'홈' 탭의 '그리기' 패널에서 ✖을 클릭합니다.
{길이분할 객체 선택:}에서 분할할 스플라인을 선택합니다.
{세그먼트의 길이 지정 또는 [블록(B)]:}에서 분할 길이
'500'을 입력합니다. 다음 그림과 같이 길이 '500' 단위
로 점을 표시합니다.

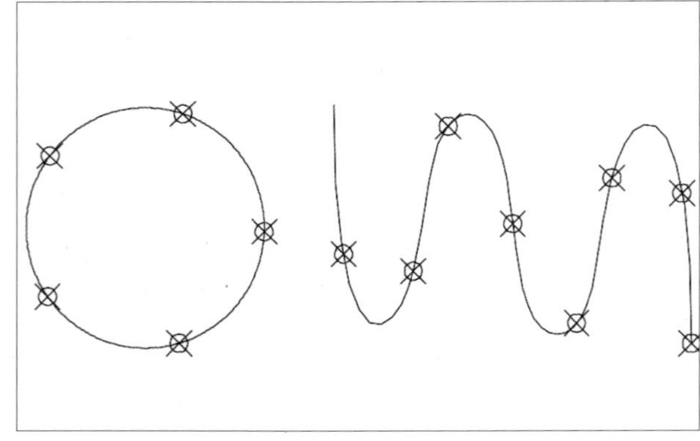

tip!

길이 분할의 경우 선택한 객체 위치로부터 지정한 길이를 측정하여 표시
합니다. 따라서, 측정하고 남은 마지막 부분은 그대로 남겨둡니다. 원의
경우는 각도의 측정방향(반시계 방향)으로 측정합니다.

참고 지정 위치에 따른 길이 분할

객체를 선택할 때 왼쪽 끝부분을 선택했기 때문에 왼쪽 끝점에서부터 '500'씩 측정하여 차례로 표시합니다. 즉, 선이나 폴리
선, 호와 같이 끝점이 있는 경우는 선택한 지점으로부터 가까운 끝점부터 측정하여 점을 표시하고 마지막 자투리는 그대로
남깁니다. 다음 그림은 스플라인의 오른쪽 끝부분을 선택하여 길이 '600'을 지정한 경우입니다.

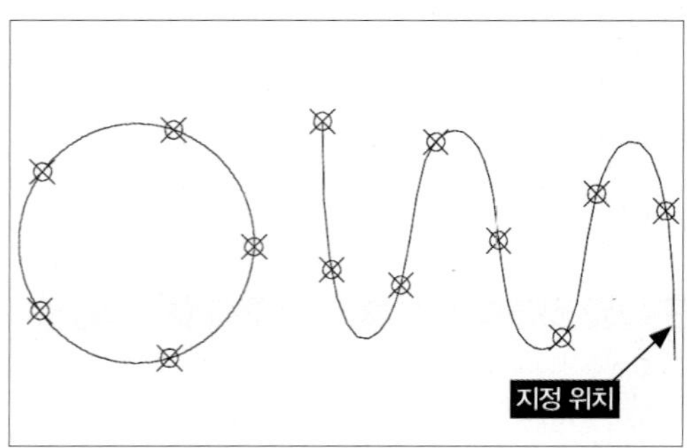

예제
도면 1

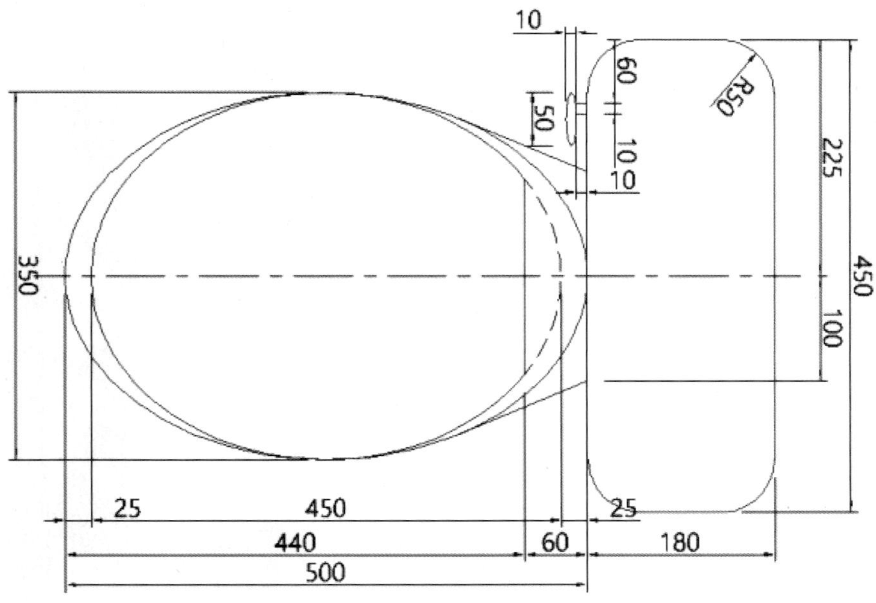

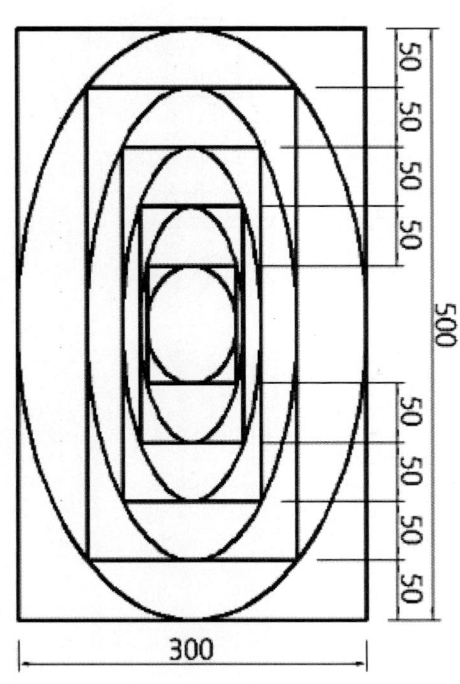

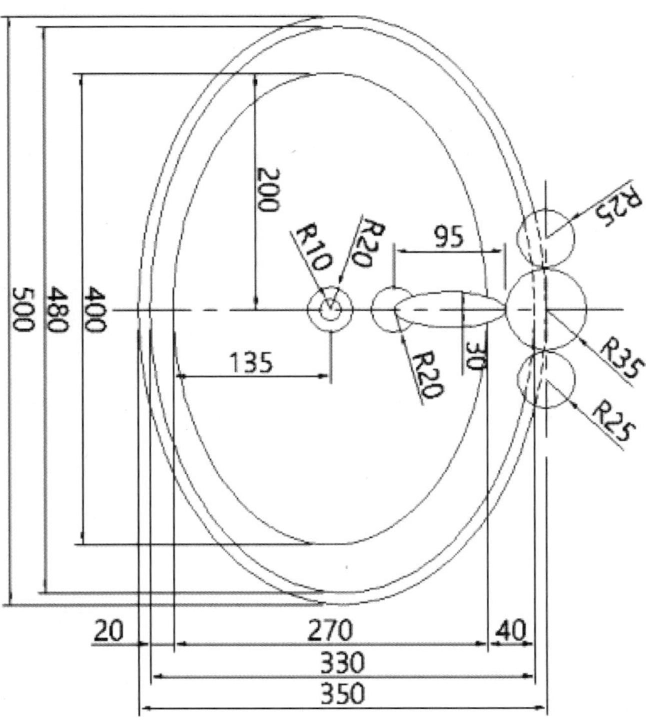

예제
도면 2

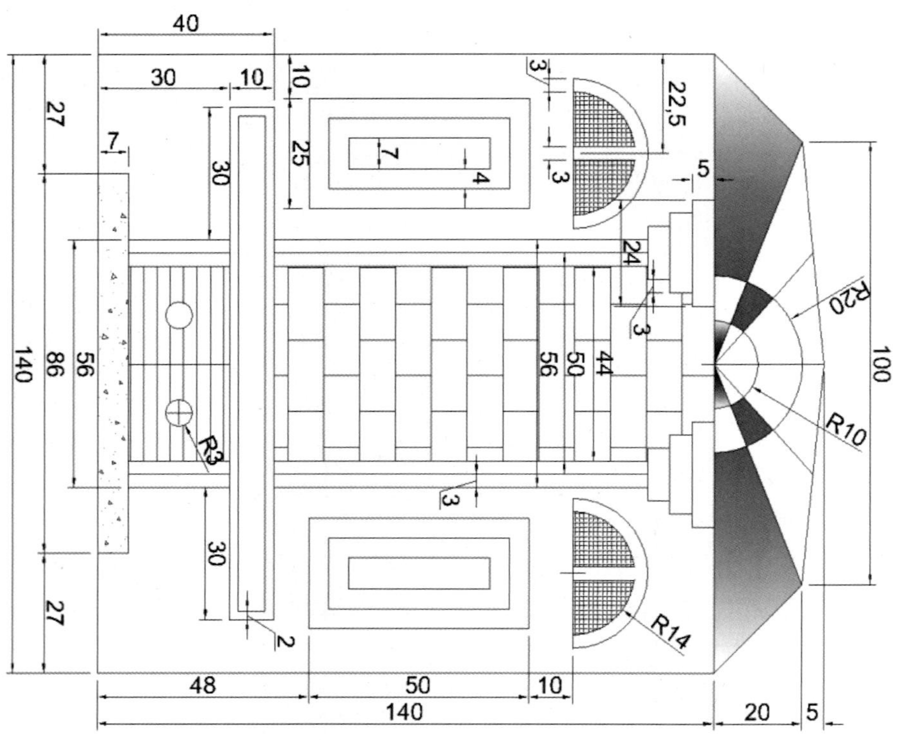

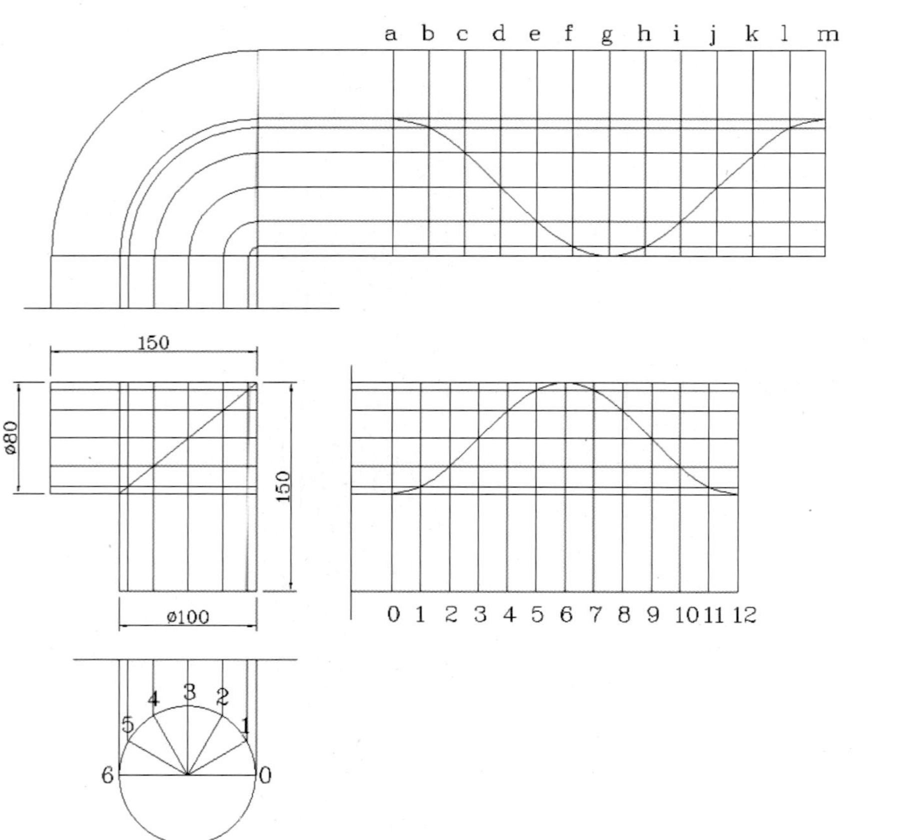

CHAPTER 04 · 객체의 편집

도면 작업에서 객체의 작성보다 편집 작업이 더 많습니다. 이번에는 객체의 조작과 수정 작업에 대해 알아보겠습니다.

LESSON 01 객체의 조작

작성된 객체를 회전, 대칭 등 객체를 조작하는 기능에 대해 학습합니다. 복사와 이동, 지우기는 명령 맛보기에서 학습했으므로 여기에서는 다루지 않겠습니다.

1. 회전(ROTATE)

선택한 객체를 특정한 점을 기준으로 하여 지정된 각도로 회전시키는 명령입니다.

명령 : ROTATE(단축키 : RO)　　　　　　　　아이콘 버튼 : 

명령어 'ROTATE' 또는 'RO'을 입력하거나 '홈' 탭의 '수정' 패널 또는 도구막대에서 ↻을 클릭합니다.
{현재 UCS에서 양의 각도: 측정 방향=시계 반대 방향 기준 방향=0}
{객체 선택:}에서 회전할 객체를 선택합니다.
{기준점 지정:}에서 기준점을 지정합니다.

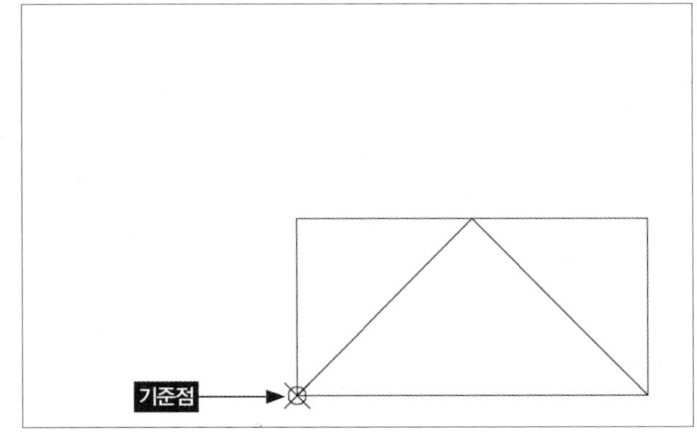

{회전 각도 지정 또는 [복사(C)/참조(R)] ⟨0⟩:}에서 각도(90도)을 입력합니다. 다음 그림과 같이 지정한 각도(90도)로 회전합니다.

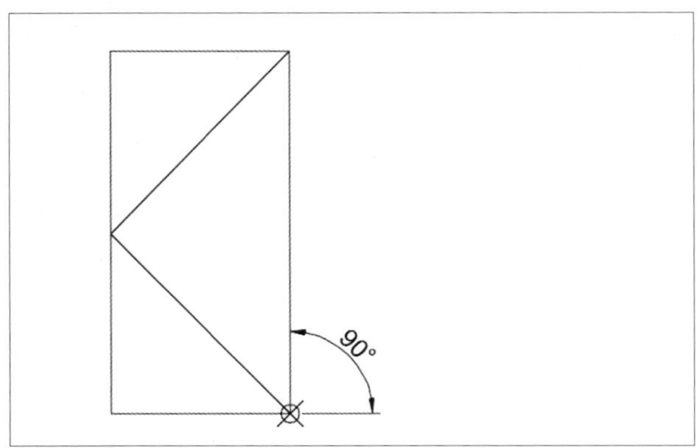

{회전 각도 지정 또는 [복사(C)/참조(R)] ⟨0⟩:}

- 복사(C) : 원본 객체는 그대로 두고 객체를 복사하여 회전합니다.

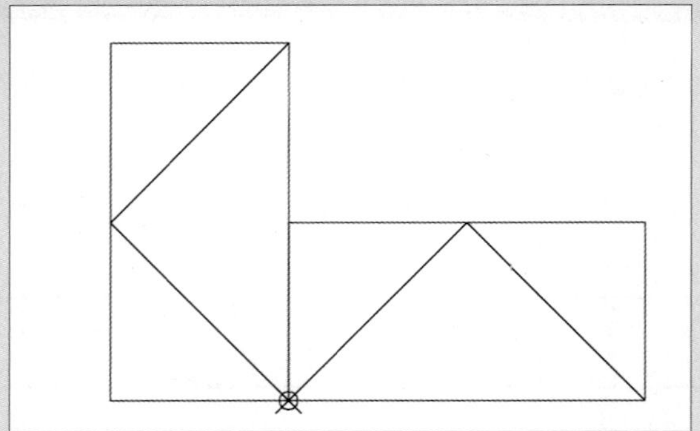

- 참조(R) : 지정된 각도부터 새로운 절대 각도까지 객체를 회전합니다.

{참조 각도를 지정 ⟨0⟩:}에서 참조 각도를 입력합니다.

{새 각도 지정 또는 [점(P)] ⟨90⟩:}에서 각도를 입력하면 참조 각도가 새 각도로 회전합니다. 참조 각도를 '30'을 입력한 후 새 각도를 '90'으로 입력하면 '30'도의 객체가 '90'도로 회전됩니다.

2. 대칭(MIRROR)

기준면(두 점으로 만드는 기준선)을 기준으로 대칭되는 객체를 작성합니다. 상 · 하 또는 좌 · 우 대칭인 객체를 작성할 때 유용하게 쓰입니다.

명령 : MIRROR(단축키 : MI)　　　　　　　　아이콘 버튼 : ⚠

명령어 'MIRROR' 또는 단축키 'MI'를 입력하거나, '홈' 탭의 '수정' 패널 또는 도구막대에서 ⚠을 클릭합니다.
{객체 선택:}에서 대칭 복사할 객체를 선택합니다.

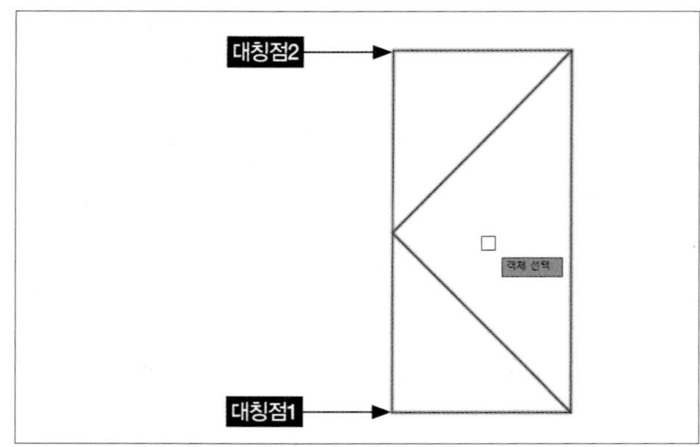

{대칭선의 첫 번째 점 지정:}
{대칭선의 두 번째 점 지정:}에서 대칭선의 두 점을 지정
합니다.
{원본 객체를 지우시겠습니까? [예(Y)/아니오(N)] ⟨N⟩:}
에서 'N'을 입력하거나 ⟨엔터⟩ 키 또는 ⟨스페이스 바⟩를
눌러 디폴트 값(N)을 채용합니다. 다음 그림과 같이 양
쪽 대칭점을 기준으로 대칭 복사됩니다.

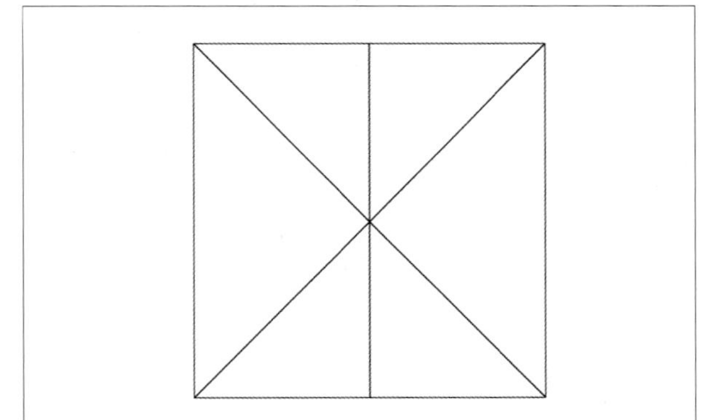

옵션 설명

{원본 객체를 지우시겠습니까? [예(Y)/아니오(N)] ⟨N⟩:}

- 예(Y) : 선택된 객체(원본 객체)를 지우고 대칭으로 복사합니다. 위의 예에서 'Y'를 입력하면 다음 그림과 같이 원본 객체가 지워지
  면서 대칭으로 복사됩니다.

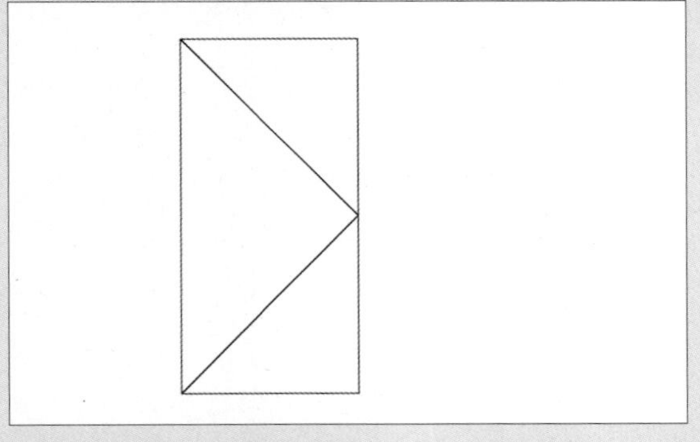

3. 축척(SCALE)

줌(ZOOM) 명령은 실제 객체의 크기가 바뀌는 것이 아니라 가까이서 보느냐, 멀리서 보느냐에 의해
크기가 다릅니다. '축척(SCALE)' 명령은 실제 객체의 크기를 키우거나 줄이는 명령입니다.

명령 : SCALE(단축키 : SC)　　　　　　　　　아이콘 버튼 : ⬜

명령어 'SCALE' 또는 'SC'를 입력하거나 '홈' 탭의 '수정' 패널 또는 '수정' 도구막대에서 ⬜을 클릭합
니다.

{객체 선택:}에서 대상 객체를 선택합니다.
{기준점 지정:}에서 기준점을 지정합니다.

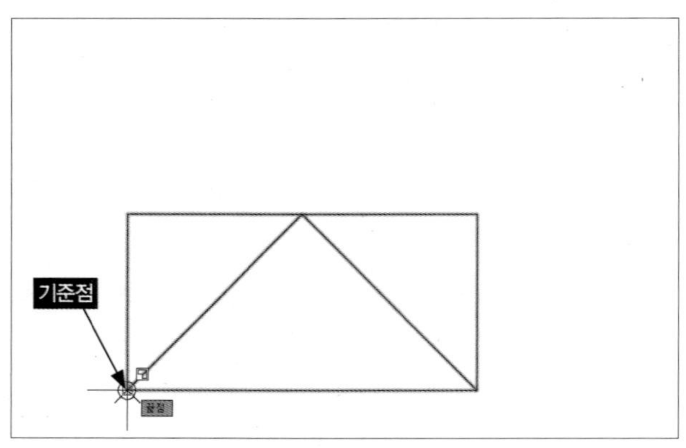

{축척 비율 지정 또는 [복사(C)/참조(R)] ⟨1.0000⟩:}에서 축척 비율(1.5)을 입력합니다. 다음과 같이 지정한 비율만큼 확대(또는 축소)됩니다.

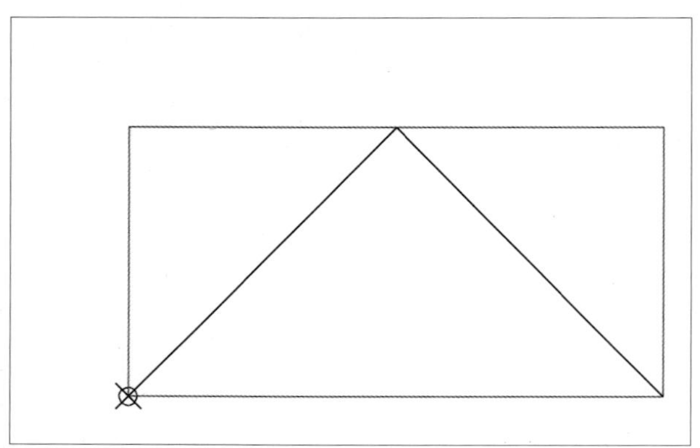

참고 **분수의 표현**

정수 또는 '0.5'와 같이 실수 값으로 정확히 값이 계산되는 경우는 숫자를 그대로 입력합니다. 그러나, '1/3'배와 같이 나머지가 남는 배율의 경우는 분수식 표현을 그대로 사용하면 됩니다. 예를 들어, {축척 비율 지정 또는 [복사(C)/참조(R)] ⟨1.0000⟩:}에서 '1/3' 또는 '3/4' 등 분수 표현식을 그대로 입력합니다.

옵션 설명

{축척 비율 지정 또는 [복사(C)/참조(R)] ⟨1.0000⟩:}

- **복사(C)** : 원본 객체를 그대로 두고 비율을 바꾸면서 새로운 객체를 작성하는 방법입니다. 다음과 같이 정사각형을 그리고 대각선을 작도합니다.

  {객체 선택:}에서 객체를 선택합니다.

  {기준점 지정:}에서 기준점을 지정합니다.

  {축척 비율 지정 또는 [복사(C)/참조(R)] ⟨0.7895⟩:}에서 복사 옵션 'C'를 입력합니다.

  {선택한 객체의 사본을 축척합니다.}

  {축척 비율 지정 또는 [복사(C)/참조(R)] ⟨0.7895⟩:}에서 축척 비율을 입력합니다.

- **참조(R)** : 선택한 객체를 참조 길이와 지정한 새로운 길이를 기준으로 확대 또는 축소합니다.

  {객체 선택:}에서 대상 객체를 선택합니다.

  {기준점 지정:}에서 기준점을 지정합니다.

  {축척 비율 지정 또는 [복사(C)/참조(R)] ⟨1.0000⟩:에서 참조 옵션 'R'을 입력합니다.

  {참조 길이 지정 ⟨1.0000⟩:}에서 객체스냅 '끝점' ⟨A00–503⟩을 이용하여 왼쪽 끝점을 지정한 후

  {두 번째 점을 지정:}에서 다음 그림과 같이 오른쪽 끝점을 지정합니다.

여기에서 거리 값을 직접 수치로 입력할 수 있지만 두 점을 지정하면 두 점 사이의 거리를 계산에서 값으로 받아들입니다.

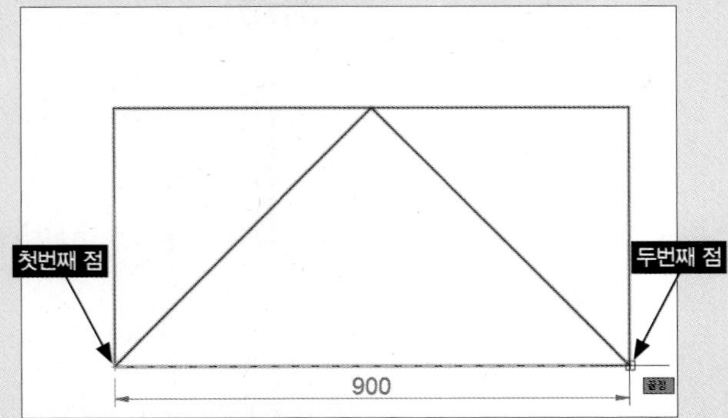

{새 길이 지정 또는 [점(P)] 〈1.0000〉:}에서 새로운 길이 값 '600'을 입력합니다.

{새 길이 지정 또는 [점(P)] 〈1.0000〉:}에서도 숫자를 입력하지 않고 마우스 커서로 두 점을 지정할 수도 있습니다

다음 그림과 같이 한 변의 길이가 '900'인 길이가 '600' 크기의 비율로 크기가 바뀝니다.

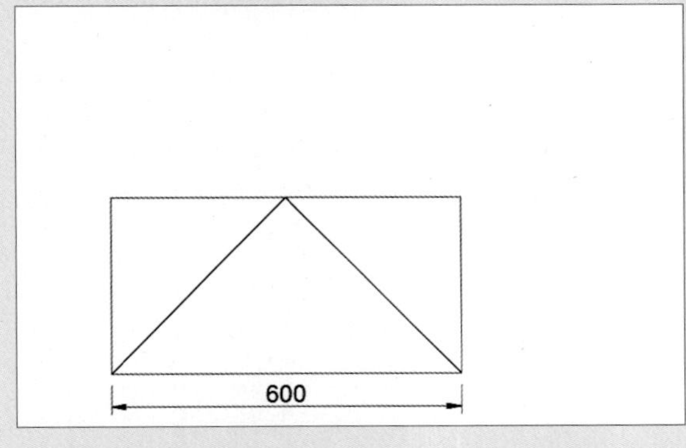

4. 신축(STRETCH)

객체의 일부분을 늘리거나 줄입니다. 객체의 연결 상태를 그대로 유지하면서 이동하는 경우에도 유용하게 쓰입니다.

명령 : STRETCH(단축키 : S)　　　　　　　　　　아이콘 버튼 :

명령어 'STRETCH' 또는 'S'를 입력하거나 '홈' 탭의 '수정' 패널 또는 도구막대에서　을 클릭합니다.
{걸침 윈도우 또는 걸침 다각형만큼 신축할 객체 선택...}

{객체 선택:}에서 신축하고자 하는 객체를 선택합니다.
이때, 늘리고자 하는 객체를 '크로싱(C)' 방법으로 걸치도
록 선택합니다.

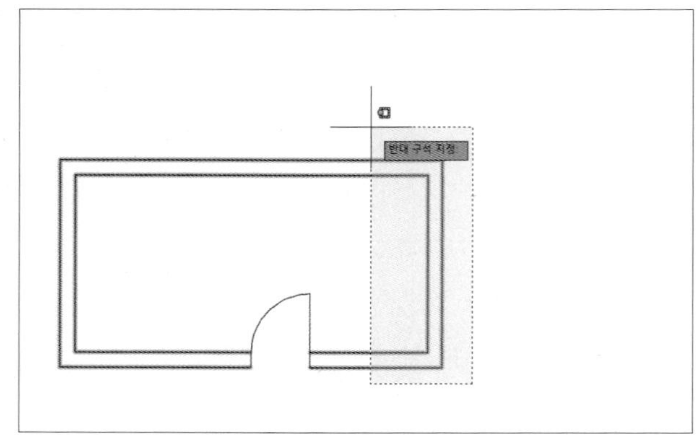

{기준점 지정 또는 [변위(D)] 〈변위〉:} 늘리고자 하는 객
체의 기준점을 지정합니다.
{두 번째 점 지정 또는 〈첫 번째 점을 변위로 사용〉:} 늘
리고자 하는 객체의 두 번째 점을 지정합니다.

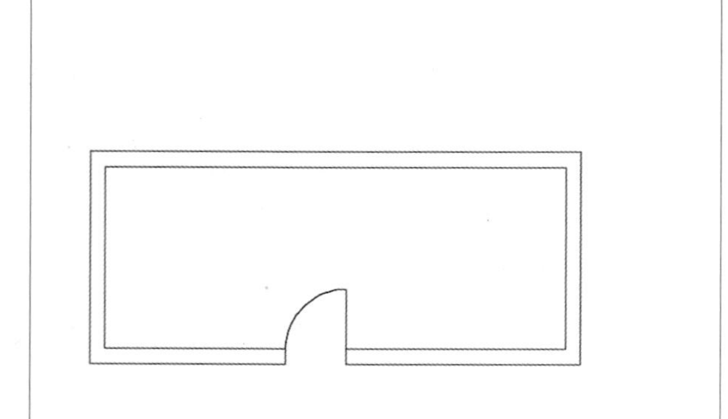

참고 **신축 명령에서의 객체의 선택**

신축 명령을 실행하면 {걸침 윈도우 또는 걸침 다각형만큼 신축
할 객체 선택...}라는 메시지가 표시됩니다. 이는 신축 명령 시 반
드시 객체가 걸치도록 선택하라는 뜻입니다. 즉, 객체 선택 방법
중 '크로싱(C)' 또는 '크로싱 폴리곤(CP)'으로 선택해야 한다는
것입니다. '윈도우(W)' 방법으로 선택하게 되면 신축이 아니라
이동(MOVE)되게 됩니다.

tip!

신축 기능을 이용하면 연결 상태를 유지하면서 객체를 이동할 수 있습니다.
{객체 선택:}에서 이동하고자 하는 객체가 완전히 감싸지도록 범위를 감싸 선택
합니다. '크로싱(C)' 방법으로 걸치도록 선택합니다.

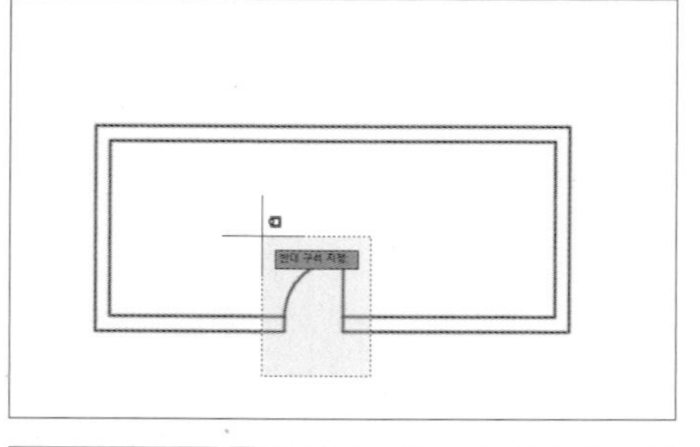

{기준점 지정 또는 [변위(D)] 〈변위〉:} 기준점을 지정합니다.
{두 번째 점 지정 또는 〈첫 번째 점을 변위로 사용〉:} 늘리고자 하는 객체의 두 번
째 점을 지정합니다. 다음과 같이 문의 위치가 오른쪽으로 이동합니다.

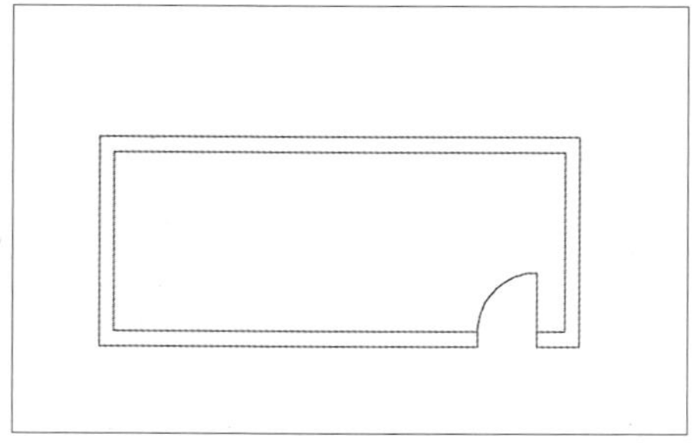

{기준점 지정 또는 [변위(D)] 〈변위〉:}

- 변위(D) : 선택된 객체의 위치에서 변위 값(이동할 상대 거리)을 지정해 이동합니다. 즉, 현재 위치에서 이동할 거리를 상대 좌표(X, Y, Z)로 지정합니다.

5. 배열(ARRAY)

선택된 객체를 직사각형, 원형 방향으로 일정한 간격으로 배열(배치)합니다. 또, 선택한 경로를 따라 배열합니다.

명령 : ARRAY(단축키 : AR)　　아이콘 버튼 : 品品 品 ∿

01. 직사각형 배열(ARRAYRECT)

선택한 객체를 주어진 조건(간격과 수량)에 의해 직사각형으로 배열합니다.

명령어 'ARRAY' 또는 'AR'을 입력하여 옵션 '직사각형 (R)'을 선택하거나 '홈' 탭의 '수정' 패널 또는 '수정' 도구 막대에서 品品을 클릭합니다.

{객체 선택:}에서 배열하고자 하는 객체(별)를 선택합니다. 상단의 '배열' 탭에서 배열 조건(열과 행의 수와 간격)을 입력한 후 '배열 닫기'를 클릭합니다. 다음은 별 모양의 객체를 열의 수를 '5', 간격을 '130', 행의 수를 '3', 간격을 '120'으로 지정한 경우 직사각형 배열된 결과입니다.

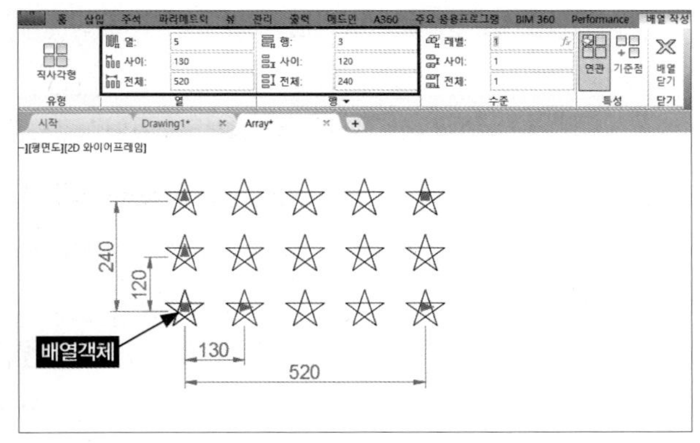

'연관'은 배열된 객체를 하나로 묶을 것인지, 묶지 않을 것인지 지정하는 조건입니다. '연관'으로 된 객체 중 하나를 지우려면 분해(EXPLODE) 명령으로 분해한 후 지워야 합니다.

02. 원형 배열(ARRAYPOLAR)

선택한 객체를 주어진 조건(각도 또는 수량)에 의해 원형으로 배열합니다.

명령어 'ARRAY' 또는 'AR'을 입력하여 옵션 '원형(PO)'을 선택하거나 '홈' 탭의 '수정' 패널 또는 '수정'

도구막대에서 ⬚을 클릭합니다.

{객체 선택:}에서 배열하고자 하는 객체를 선택합니다.

{배열의 중심점 지정 또는 [기준점(B)/회전축(A)]:}에서
원형 배열의 중심을 지정합니다.

상단의 '배열' 탭에서 배열 조건(항목 수, 배열 각도 등)을
지정한 후 '배열 닫기'를 클릭합니다. 다음은 별 모양의
객체를 항목의 수를 '8' 채우기 각도를 '360'으로 지정하
여 원형 배열된 결과입니다.

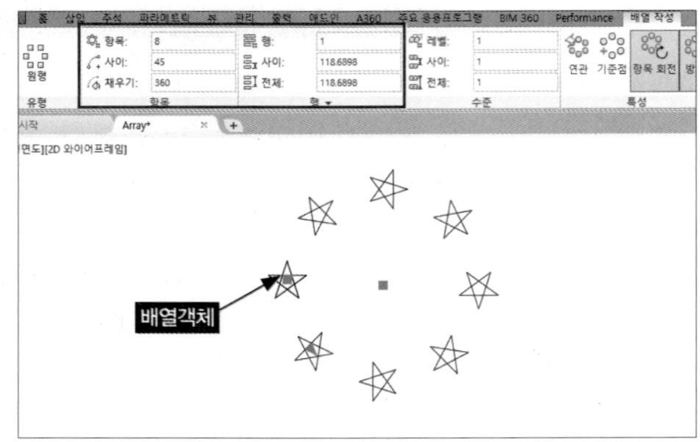

03. 경로 배열(ARRAYPATH)

선택한 경로를 따라 배열합니다.

명령어 'ARRAY' 또는 'AR'을 입력하여 옵션 '경로(PA)'
를 선택하거나 '홈' 탭의 '수정' 패널 또는 '수정' 도구막대
에서 ⬚을 클릭합니다.

{객체 선택:}에서 배열하고자 하는 객체를 선택합니다.

{경로 곡선 선택:}에서 경로에 해당되는 곡선을 선택합
니다.

상단의 '배열' 탭에서 배열 조건(항목 수, 행의 수와 간격
등)을 입력한 후 '배열 닫기'를 클릭합니다. 다음은 항목
수를 '20', 행 수를 '2'로 설정하여 경로를 따라 배열된 예
입니다.

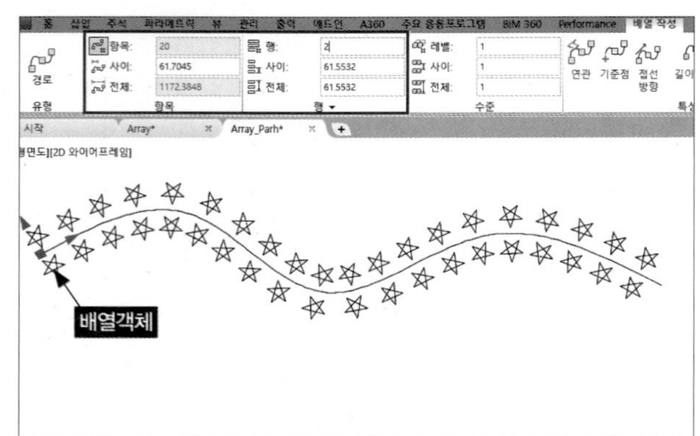

04. 배열의 편집 및 옵션

배열된 객체를 선택하면 배열 작성 때와 마찬가지로 탭 메뉴에 편집 메뉴를 제공합니다.

(1) 직사각형 배열 : 직사각형으로 배열된 객체를 선택하면 다음과 같은 배열 편집을 위한 탭 메뉴가 나
타납니다.

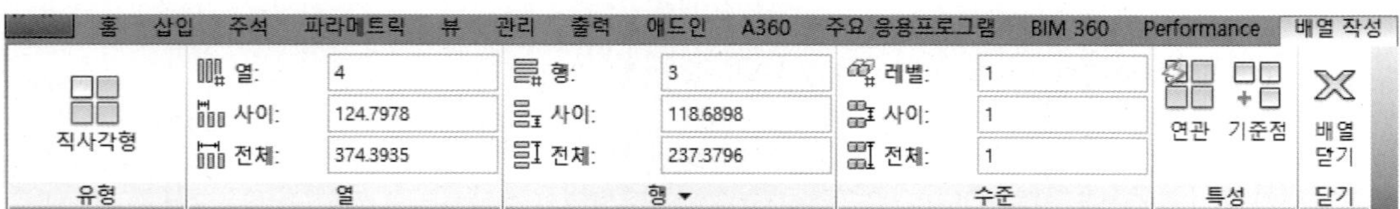

탭 메뉴는 현재 설정된 직사각형 배열 조건을 표시하고 있습니다.

❶ '**열**' **패널** : 열의 수, 항목 사이의 간격, 전체 열의 길이를 지정합니다.

❷ '**행**' **패널** : 행의 수, 행 사이의 간격, 전체 행의 길이를 지정합니다.

❸ '**수준**' **패널** : Z방향의 레벨의 수와 간격을 지정합니다.

❹ '**특성**' **패널** : '연관'을 켜면 배열된 객체를 그룹화합니다. '기준점'은 배열의 기준점을 재지정합니다.

❺ '**옵션**' **패널** : 원본 객체를 편집할 수 있고 배열 항목을 바꿀 수 있으며 배열을 재설정할 수 있습니다.

(2) 원형 배열 : 원형 배열된 객체를 선택하면 다음과 같은 원형 배열 편집을 위한 탭 메뉴가 나타납니다.

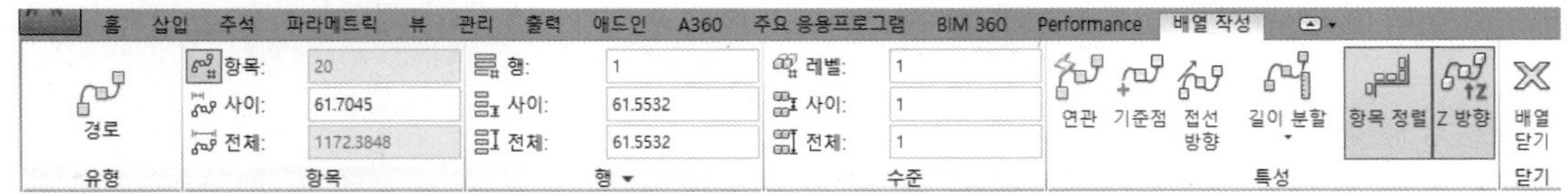

❶ '**항목**' **패널** : 항목의 수, 항목 사이의 각도, 채울 각도를 지정합니다.

❷ '**행**' **패널** : 행의 수, 행 사이의 간격, 전체 행의 길이를 지정합니다.

❸ '**수준**' **패널** : Z방향의 레벨의 수와 간격, 길이를 지정합니다.

❹ '**특성**' **패널** : 기준점을 재지정할 수 있고, 항목의 회전 여부와 방향을 지정합니다.

❺ '**옵션**' **패널** : 이 패널은 편집 시에만 나타납니다. 원본을 편집할 수 있고, 항목을 다른 객체로 대치할 수 있으며 배열을 재설정할 수 있습니다.

(3) 경로 배열 : 경로를 따라 배열된 객체를 선택하면 다음과 같은 경로 배열 편집을 위한 탭 메뉴가 나타납니다.

❶ '**항목**' **패널** : 항목의 수, 항목 사이의 간격, 전체 길이를 지정합니다.

❷ '**행**' **패널** : 행의 수, 행 사이의 간격, 전체 행의 길이를 지정합니다.

❸ '**수준**' **패널** : Z방향의 레벨의 수와 간격, 길이를 지정합니다.

❹ '**특성**' **패널** : 기준점의 재지정, 등분할 또는 길이 분할 여부를 지정할 수 있으며 항목의 정렬과 Z축 방향의 설정을 켜거나 끌 수 있습니다. 항목 정렬은 배열 시 배열되는 객체의 방향을 경로의 방향을 따를 것인지를 지정합니다.

❺ '**옵션**' **패널** : 이 패널을 편집 시에만 나타나는 패널입니다. 원본을 편집할 수 있고, 항목을 다른 객체로 대치할 수 있으며 배열을 재설정할 수 있습니다.

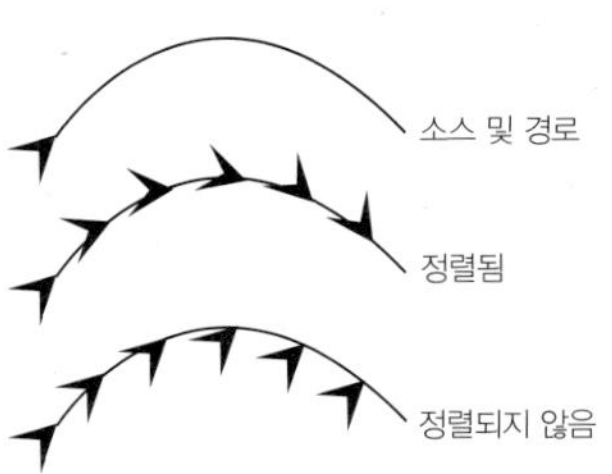

6. 정렬(ALIGN)

객체를 2D 및 3D에서 정렬 점을 기준으로 다른 객체와 정렬합니다.

명령 : ALIGN(단축키 : AL)　　　　　　　　　　　　메뉴 아이콘 : ⬛

명령어 'ALIGN' 또는 'AL'을 입력하거나 '홈' 탭의 '수정' 패널에서 ⬛을 클릭합니다.

{객체 선택:}에서 정렬하고자 하는 객체를 선택합니다.

{첫 번째 근원점 지정:}에서 첫 번째 근원점을 지정합니다.

{첫 번째 대상점 지정:}에서 첫 번째 대상점을 지정합니다.

{두 번째 근원점 지정:}에서 두 번째 근원점을 지정합니다.

{두 번째 대상점 지정:}에서 두 번째 대상점을 지정합니다.

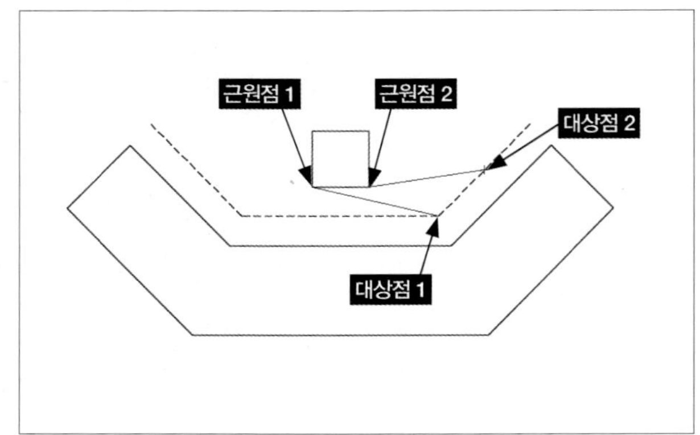

{세 번째 근원점 지정 또는 〈계속〉:}에서 〈엔터〉 키 또는 〈스페이스 바〉를 누릅니다.

{정렬점을 기준으로 객체에 축척을 적용합니까? [예(Y)/아니오(N)] 〈N〉:}에서 'N'을 지정합니다. 다음 그림과 같이 대상점에 정렬됩니다.

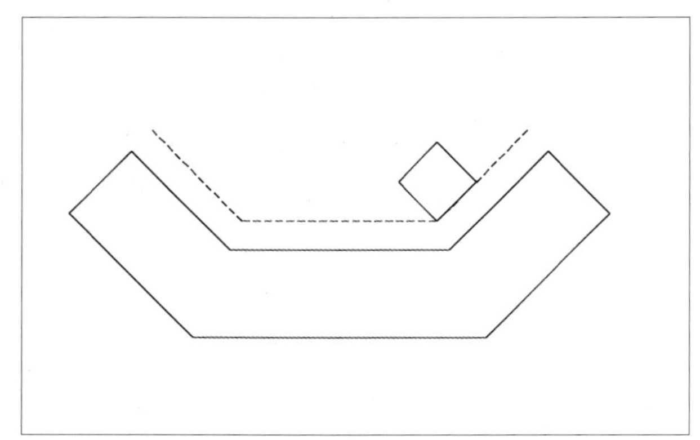

참고　**축척을 적용한 경우(Y)**

{정렬점을 기준으로 객체에 축척을 적용합니까? [예(Y)/아니오 (N)] 〈N〉:}에서 'Y'를 지정하면 축척이 적용되어 대상점의 크기만 큼 확대 또는 축소됩니다.

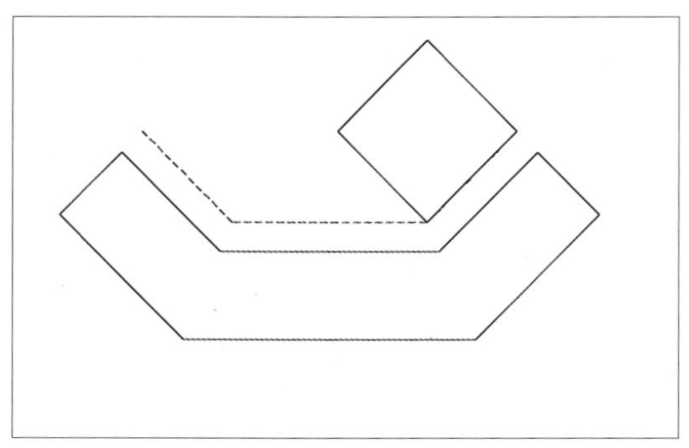

7. 반전(REVERSE)

선택한 선, 폴리선, 스플라인 및 나선의 정점 순서를 반전합니다. 주로 문자가 포함되어 있는 선에서 문자의 방향을 바르게 표시하고자 할 때 유용합니다.

명령 : REVERSE　　　　　　　　　　　　　명령 아이콘 : ⇄

명령어 'REVERSE'를 입력하거나 '홈' 탭의 '수정' 패널에서 ⇄을 클릭합니다.

{방향을 반전하려면 선, 폴리선, 스플라인 또는 나선을 선택합니다.}

{객체 선택:}에서 바깥쪽 선을 선택합니다. {1개를 찾음}

{객체 선택:}에서 〈엔터〉 키 또는 〈스페이스 바〉를 눌러 선택을 종료합니다.

{객체 방향이 반전되었습니다.}라는 메시지와 함께 그림과 같이 문자(GAS)의 방향이 반전됩니다(세로 방향의 문자).

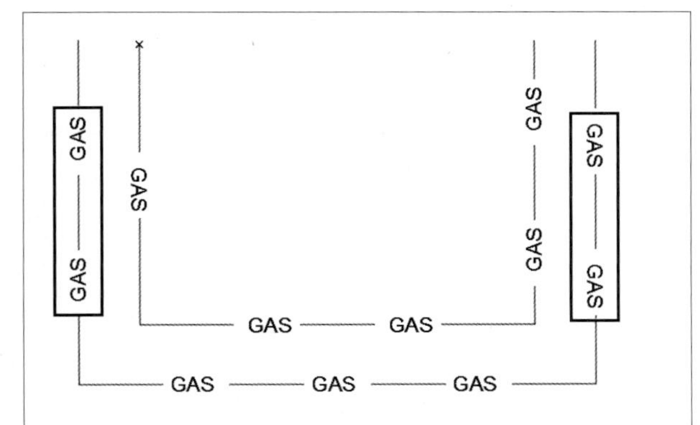

---

tip!

반전 명령은 선, 폴리선, 스플라인 및 나선을 반전합니다. '폴리선 편집(PEDIT)' 명령으로 폴리선의 정점을 반전시킬 수도 있습니다.

예제
도면 1

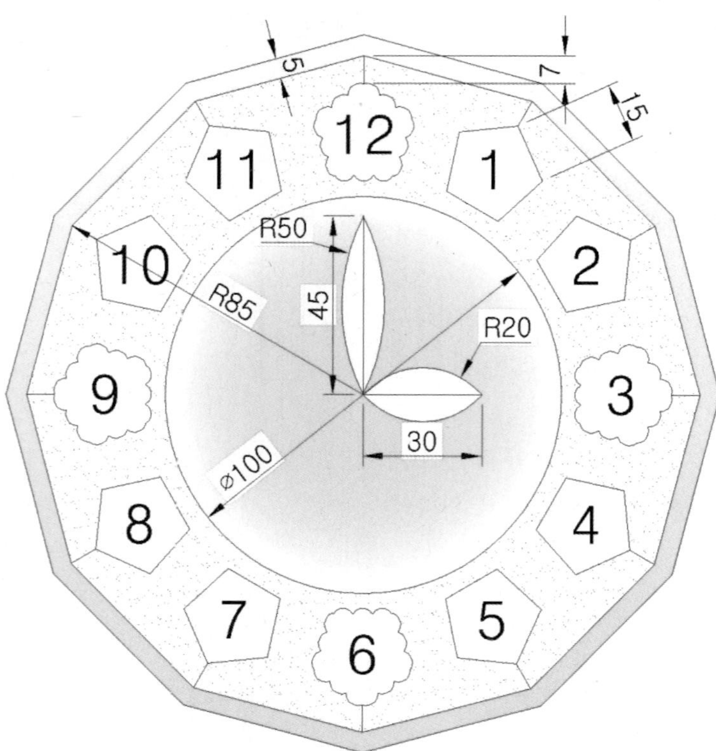

12
11
1
10
2
R50
45
R85
R20
9
3
R85
Ø100
30
8
4
7
5
6
5
7
15

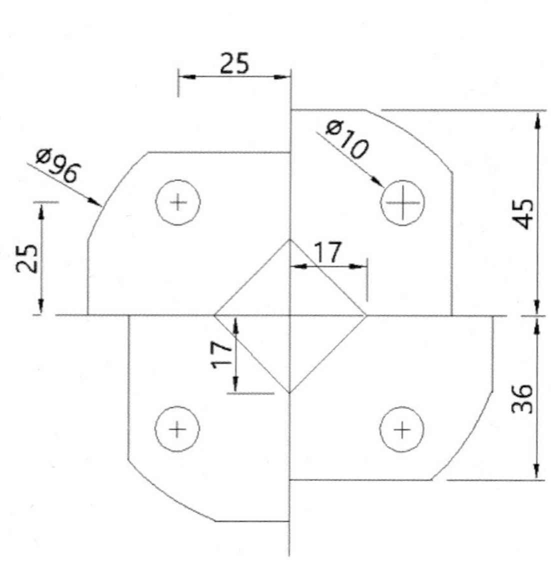

25
Ø10
Ø96
45
25
17
17
36

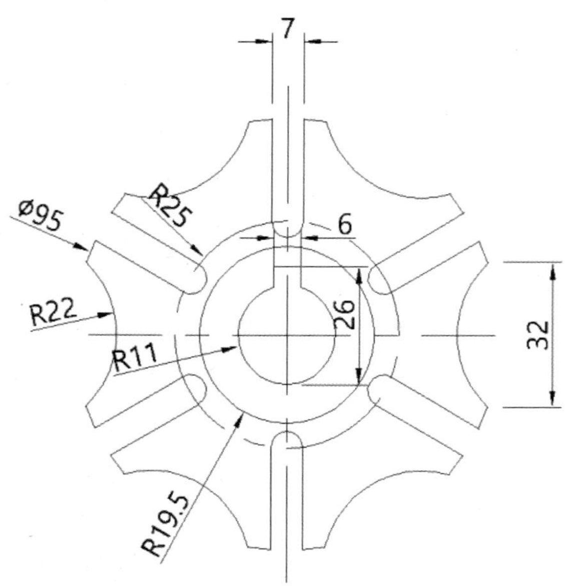

7
Ø95
R25
6
R22
26
R11
32
R19.5

LESSON 02 객체의 수정

객체를 자르고 연장하고 끊고 붙이는 등의 수정하는 기능에 대해 학습합니다.

1. 자르기(TRIM)과 연장(EXTEND)

선택한 모서리를 경계로 선택한 객체를 자르거나 연장합니다.

명령 : TRIM(단축키 : TR)　　　　　　　　　메뉴 아이콘 : -/--

명령 : EXTEND(단축키 : EX)　　　　　　　　메뉴 아이콘 : --/

01. 자르기(TRIM)

명령어 'TRIM' 또는 'TR'을 입력하거나 '홈' 탭의 '수정'
패널 또는 도구막대에서 -/--을 클릭합니다.

{객체 선택 또는 〈모두 선택〉:}에서 자르고자 하는 경계
선이 되는 객체를 선택합니다.

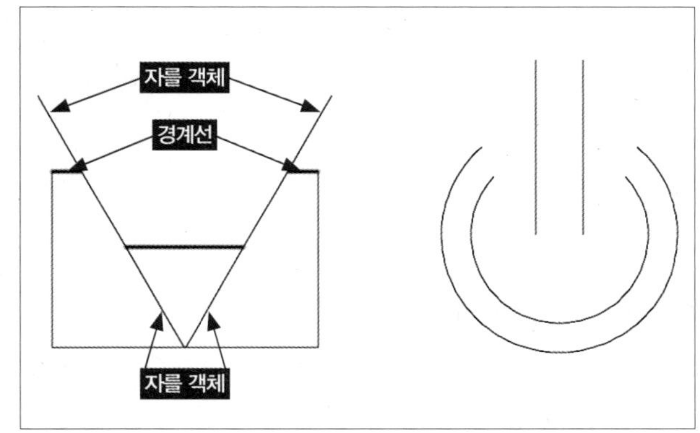

{자를 객체 선택 또는 Shift 키를 누른 채 선택하여 연장
또는 [울타리(F)/걸치기(C)/프로젝트(P)/모서리(E)/지
우기(R)/명령취소(U)]:}에서 자르고자 하는 객체를 반복
해서 선택합니다. 그림과 같이 경계선을 기준으로 선택
한 객체가 잘립니다.

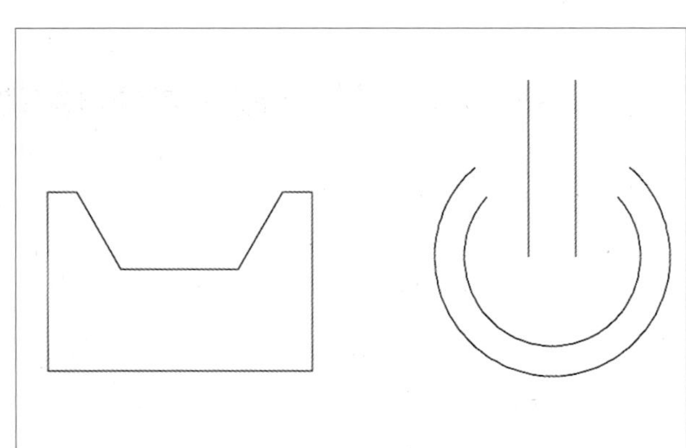

02. 연장(EXTEND)

명령어 'EXTEND' 또는 'EX'를 입력하거나 '홈' 탭의 '수
정' 패널 또는 도구막대에서 --/을 클릭합니다.
{경계 모서리 선택 …}
{객체 선택 또는 〈모두 선택〉:}에서 경계가 되는 객체를
선택합니다.

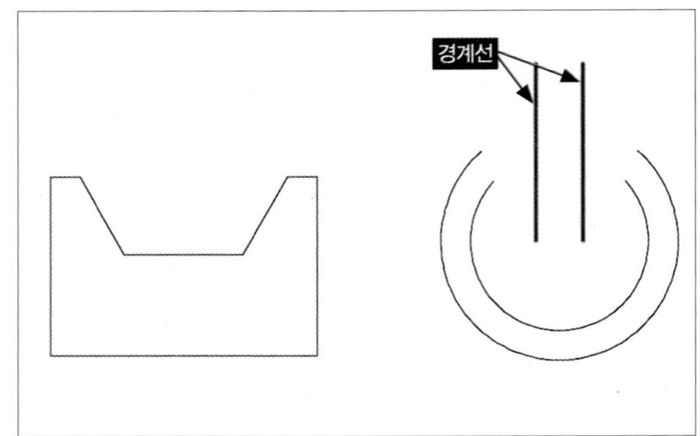

{연장할 객체 선택 또는 Shift 키를 누른 채 선택하여 자
르기 또는 [울타리(F)/걸치기(C)/프로젝트(P)/모서리
(E)/명령 취소(U)]:}에서 연장할 객체(호)를 반복해서 선
택합니다.
다음과 같이 각 호의 끝부분이 경계선까지 연장됩니다.

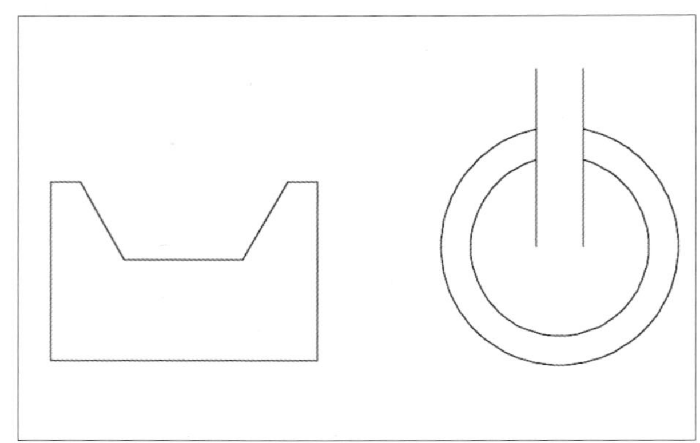

참고 자르기와 연장에서의 〈Shift〉 키

> 자르기와 연장 명령은 밀접한 관계가 있습니다. '자르기' 명령 중
> 에 〈Shift〉 키를 누르면서 객체를 선택하면 연장되고, '연장' 명령
> 중에는 〈Shift〉 키를 누르면서 객체를 선택하면 자르기가 실행됩
> 니다.

옵션 설명

{자를 객체 선택 뜨는 Shift 키를 누른 채 선택하여 연장 또는 [울타리(F)/걸치기(C)/프로젝트(P)/모서리(E)/지우기
(R)/명령취소(U)]:}

- **울타리(F)** : 객체 선택 방법의 '울타리(F)'기능으로 울타리 선에 교차하는 모든 객체를 선택합니다.
- **걸치기(C)** : 객체 선택 방법의 '크로싱(C)'기능으로 두 점의 범위를 지정하여 걸치거나 포함된 객체를 선택합니다.
- **프로젝트(P)** : 객체를 자르거나 연장할 때 사용하는 투영 방법을 지정합니다. 3차원 공간에서만 교차하는 객체를 자르는 [없음(N)],
  현재 UCS의 XY 평면에 투영을 지정하여 3차원 공간에서 교차하지 않는 객체를 자르는 [UCS(U)], 현재 뷰 방향을 따라 투영하도
  록 지정합니다. 이 명령은 현재 뷰의 경계와 교차하는 객체를 자릅니다. [뷰(V)]
- **모서리(E)** : 자르기와 연장은 기본적으로 경계선을 기준으로 자르거나 연장합니다. 그러나 '모서리(E)'옵션을 이용하여 '모서리(E)'
  을 지정하면 실제 경계선과 교차하지 않더라도 연장선상에 있으면 자르기가 가능합니다. 교차하는 객체만을 자르려면 '연장 안함
  (N)'으로 설정합니다.

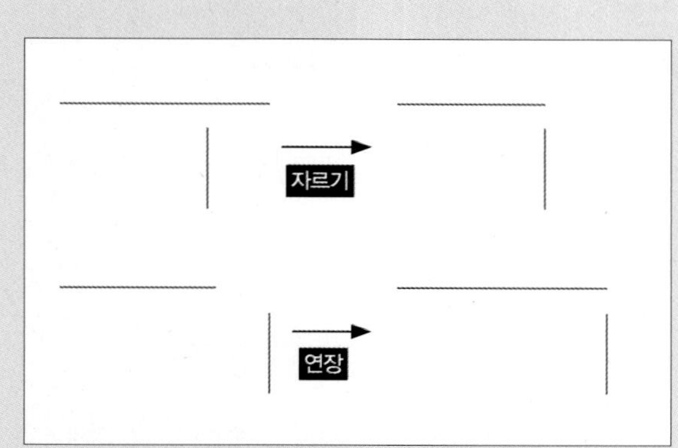

'모서리(E)' 옵션에서 '연장 안함(N)'으로 설정해 놓으면 경계선이 교차하지 않기 때문에 자르기나 연장이 되지 않습니다. 그러나 '연장(E)'으로 설정하면 위의 그림과 같이 경계선이 교차되지 않더라도 경계선의 연장선상에서 연장이나 자르기를 합니다.

- **지우기(R)** : 자르기에만 있는 옵션으로 선택한 객체를 지웁니다. 이 옵션은 자르기 명령을 종료하지 않고 객체를 삭제할 때 편리한 방법입니다.
- **명령 취소(U)** : 자르거나 연장을 실행한 후 이전 단계로 되돌립니다.

2. 간격 띄우기(OFFSET)

선택한 객체를 지정한 간격만큼 띄워서 복사합니다.

명령 : OFFSET(단축키 : O)　　　　　　　　　아이콘 버튼 :

명령어 'OFFSET' 또는 'O'를 입력하거나 '홈' 탭의 '수정' 패널 또는 도구막대에서 ➜을 클릭합니다.

{간격띄우기 거리 지정 또는 [통과점(T)/지우기(E)/도면층(L)] 〈통과점〉:}에서 띄울 거리(간격: 600)을 지정합니다.

{간격띄우기할 객체 선택 또는 [종료(E)/명령 취소(U)] 〈종료〉:}에서 띄울 객체(트랙)를 선택합니다.

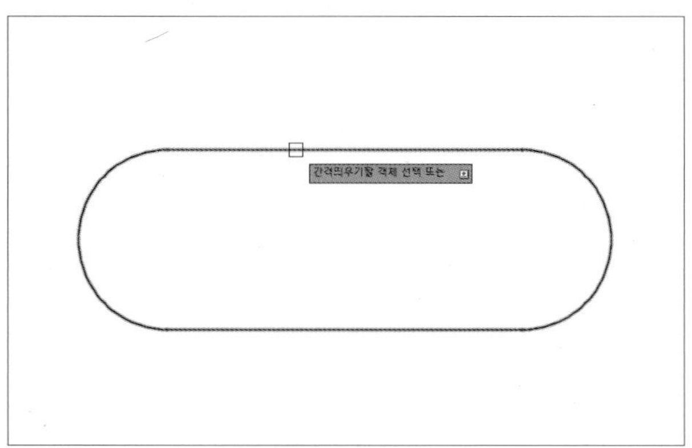

{간격띄우기할 면의 점 지정 또는 [종료(E)/다중(M)/명령 취소(U)] 〈종료〉:}에서 띄울 방향(바깥쪽)을 지정합니다. 반복해서 띄울 객체를 선택하고 방향을 지정합니다.

옵션 설명

(1) {간격띄우기 거리 지정 또는 [통과점(T)/지우기(E)/도면층(L)] 〈통과점〉:}

- **통과점(T)** : 간격을 지정하는 대신 통과할 점을 지정하여 선택한 객체가 그 점으로 평행 복사됩니다.
- **지우기(E)** : 원본 객체를 간격 띄우기를 한 후 지웁니다. {원본 객체를 간격 띄우기 한 후 지우시겠습니까? [예(Y)/아니오(N)]〈N〉:}에서 'Y'를 지정하면 원본 객체가 지워집니다.
- **도면층(L)** : 간격 띄우기 객체를 현재 도면층으로 할 것인지, 원본 객체의 도면층을 따를 것인지 결정합니다. {간격 띄우기 객체의 도면층 옵션 입력 [현재(C)/원본(S)] 〈원본〉:}에서 결정합니다. '원본'은 원래 객체가 가지고 있는 도면층을 그대로 복사하는 것이고, '현재'는 현재의 도면층으로 설정하여 복사하는 것입니다.

(2) {간격띄우기할 면의 점 지정 또는 [종료(E)/다중(M)/명령 취소(U)] 〈종료〉:}

- **종료(E)** : 간격 띄우기를 종료합니다.
- **다중(M)** : 선택한 객체를 여러 개 반복해서 간격을 띄우고자 할 때 지정합니다.
- **명령 취소(U)** : 직전의 간격 띄우기를 취소합니다.

참고 띄우기 할 거리를 정확히 알 수 없을 때

도면 작업을 하면서 '간격 띄우기(OFFSET)' 명령을 많이 사용하게 됩니다. 명령을 실행하게 되면 맨 처음 표시되는 메시지 {간격띄우기 거리 지정 또는 [통과점(T)/지우기(E)/도면층(L)] 〈20.0000〉:}에서 띄우기 할 거리를 정확히 알 수 없을 때는 다음의 두 가지 방법이 있습니다.

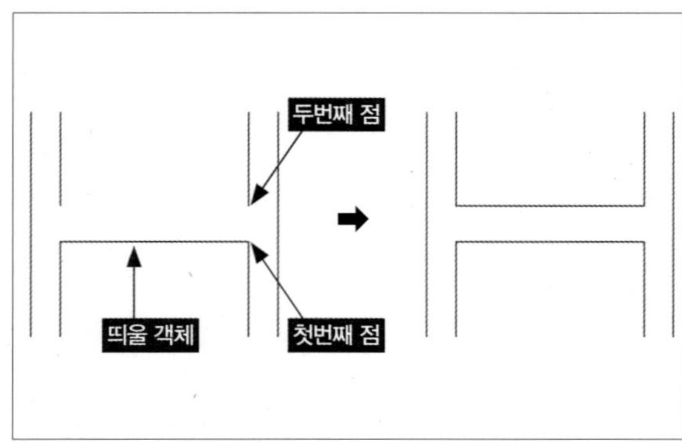

(1) 두 점을 지정하여 거리를 측정하는 방법

{간격띄우기 거리 지정 또는 [통과점(T)/지우기(E)/도면층(L)] 〈통과점〉:}에서 객체스냅 '끝점 ✐'을 이용하여 그림의 첫 번째 점을 지정합니다. {두 번째 점을 지정:}에서 객체스냅 '끝점 ✐'을 이용하여 두 번째 점을 지정합니다. 이때 지정한 두 점의 거리가 간격 띄우기 거리가 됩니다.

{간격띄우기할 객체 선택 또는 [종료(E)/명령취소(U)] 〈종료〉:}에서 간격 띄우기 할 원본 객체(아래쪽 선)를 선택합니다.

{간격띄우기할 면의 점 지정 또는 [종료(E)/다중(M)/명령취소(U)] 〈나가기〉:}에서 위쪽 방향을 지정합니다.

{간격띄우기할 객체 선택 또는 [종료(E)/명령취소(U)] 〈종료〉:}에서 〈엔터〉 키 또는 〈스페이스 바〉를 눌러 종료합니다.

(2) 통과점(T) 옵션을 선택하여 간격 띄우기

{간격띄우기 거리 지정 또는 [통과점(T)/지우기(E)/도면층(L)] 〈통과점〉:}에서 통과점 옵션 'T'를 입력합니다.

{간격띄우기할 객체 선택 또는 [종료(E)/명령취소(U)] 〈종료〉:}에서 띄울 객체를 선택합니다.

{통과점 지정 또는 [종료(E)/다중(M)/명령취소(U)] 〈종료〉:}에서 선택한 객체가 지나갈 위치(두 번째 점)를 지정합니다.

3. 끊기(BREAK)와 결합(JOIN), 곡선 혼합(BLEND)

이번에는 객체를 끊고 연결하는 기능에 대해 알아보겠습니다.

01. 두 점의 사이를 끊는 끊기(BREAK)

객체를 지정한 두 점 사이의 범위에서 간격을 두어 끊는 기능입니다.

명령 : BREAK(단축키 : BR) 아이콘 버튼 : ⌒

명령어 'BREAK' 또는 'BR'를 입력하거나 '홈' 탭의 '수정' 패널 또는 '수정' 도구막대에서 ⌒을 클릭합니다.

{객체 선택:}에서 끊고자 하는 첫 번째 점(P1)을 지정합니다.

{두 번째 끊기점을 지정 또는 [첫 번째 점(F)]:}에서 끊고자 하는 두 번째 점(P2)을 지정합니다. 다음과 같이 지정한 두 점 사이가 끊어집니다.

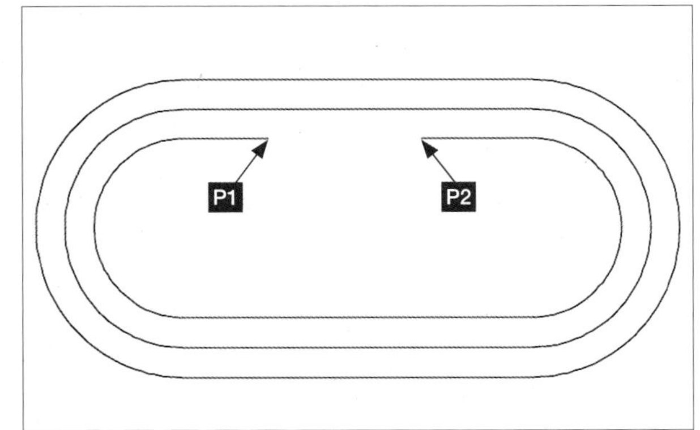

{두 번째 끊기점을 지정 또는 [첫 번째 점(F)]:}

• 첫 번째 점(F) : {객체 선택:}에서 선택한 점을 사용하지 않고 사용자가 지정한 새 점으로 재지정합니다.

 **참고** | **끊기를 할 수 없는 객체**

모든 객체를 끊기를 할 수 있는 것이 아닙니다. 다음과 같은 객체는 끊기를 할 수 없습니다. 주로 여러 개의 객체가 모여 하나의 덩어리로 구성된 복합 객체입니다.

블록(BLOCK), 여러 줄(MLINE), 치수(DIMENSION), 영역(REGION)입니다.

참고 | **끊기의 방향**

선의 경우는 지정한 두 점 사이를 끊지만 원의 경우는 각도의 진행 방향으로 끊어지게 됩니다. 따라서 원의 경우는 끊고자 하는 점을 지정할 때 각도를 고려해서 지정해야 합니다.

왼쪽 원은 0도 위치의 사분점을 먼저 지정하고 180도 위치의 사분점을 나중에 지정한 경우입니다. 오른쪽 원은 180도 위치의 사분점을 먼저 지정하고 0도 위치의 사분점을 나중에 지정한 경우입니다.

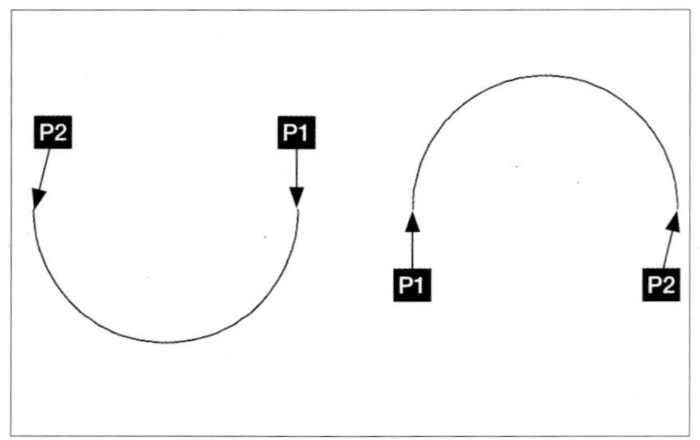

02. 객체의 '분할(BREAK)'

'끊기(BREAK)' 명령이지만 두 점 사이가 아니라 지정한 한 점을 기준으로 객체를 분할합니다.

명령 : BREAK(단축키 : BR)→키워드 '@'   메뉴 아이콘 : ⌐⌐

메뉴 아이콘 '점에서 끊기 ⌐⌐'를 클릭합니다.
{객체 선택:}에서 위쪽의 폴리선을 선택합니다.
{두 번째 끊기점을 지정 또는 [첫 번째 점(F)]: _f}
{첫 번째 끊기점 지정:}에서 객체스냅 '중간점 ✗'을 이용하여 선의 중간점을 지정합니다. {두 번째 끊기점을 지정: @}

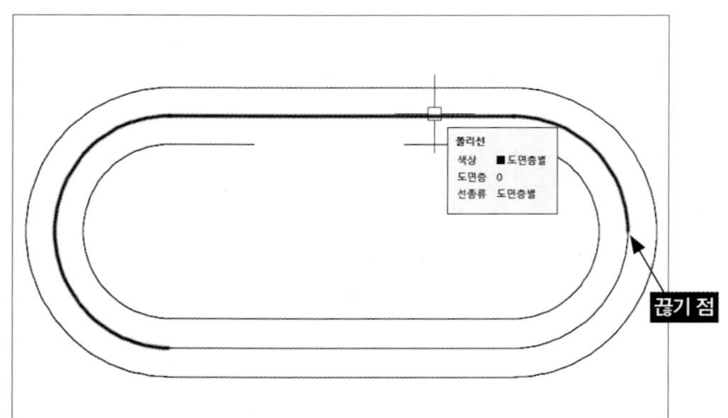

 **참고** | **끊기(BREAK) 명령에서 분할**

분할은 '끊기(BREAK) ⌐⌐' 명령의 하나로 다음과 같이 실행하면 메뉴 아이콘 '점에서 끊기 ⌐⌐'와 같은 기능(분할)을 합니다.
{객체 선택:}에서 분할하고자 하는 객체를 선택합니다.
{두 번째 끊기점을 지정 또는 [첫 번째 점(F)]:}에서 'F'를 입력합니다.
{첫 번째 끊기점 지정:}에서 분할하고자 하는 점을 지정합니다.
{두 번째 끊기점을 지정:}에서 '@'를 입력합니다.
이렇게 실행하면 점에서 끊기와 동일한 기능을 수행합니다.

03. 하나의 객체로 연결하는 '결합(JOIN)'

두 개 이상의 객체를 하나로 결합하거나 호 및 타원형 호로부터 완벽한 닫힌 원이나 타원으로 결합할
수 있습니다.

명령 : JOIN(단축키 : J)　　　　　　　　　　　　　　　　메뉴 아이콘 : ⊷

명령어 'JOIN' 또는 'J'를 입력하거나 '홈' 탭의 '수정' 패
널 또는 '수정' 도구막대에서 ⊷을 클릭합니다.
{원본 객체 선택:}에서 선의 위쪽 객체(원본 객체)를 선택
합니다.
{원본으로 결합할 선 선택:}에서 오른쪽 선 객체를 선택
합니다. {1개를 찾음}

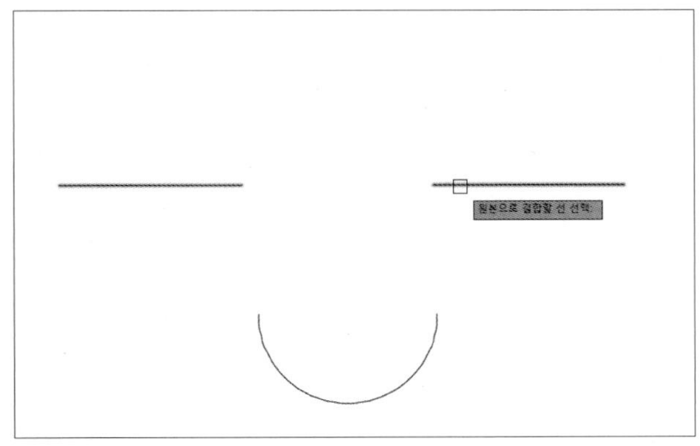

{원본으로 결합할 선 선택:}에서 〈엔터〉 키 또는 〈스페이
스 바〉를 눌러 종료합니다. {1 개의 선이 원본으로 결합
됨}라는 메시지가 표시되면서 객체가 결합됩니다.

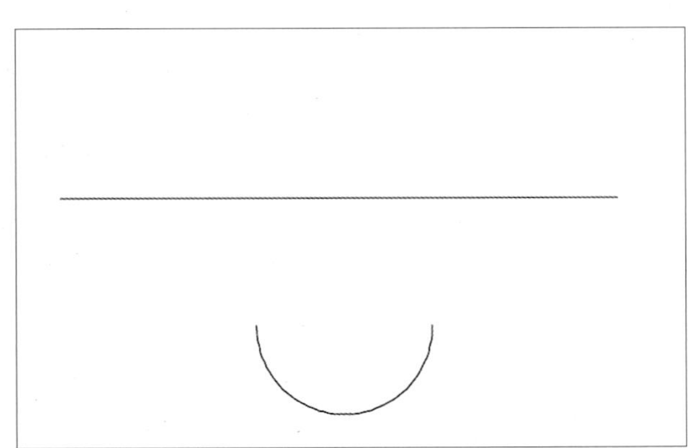

다음은 호를 하나의 닫힌 원으로 결합하겠습니다.
〈엔터〉 키 또는 〈스페이스 바〉를 눌러 결합 명령을 재실
행합니다.
{원본 객체 선택:}에서 호를 선택합니다.
{원본으로 결합할 호 선택 또는 [닫기(L)]:}에서 닫기 옵
션 'L'을 입력합니다.
{호가 원으로 변환되었습니다.}라는 메시지와 함께 그림
과 같이 호가 원으로 변환됩니다.

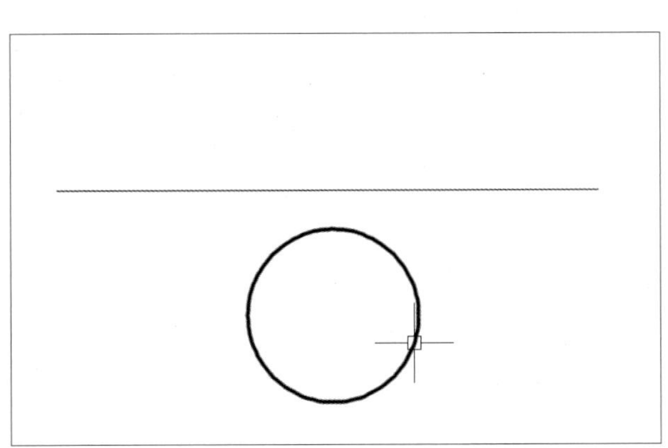

참고 결합할 수 없는 객체

선택한 객체와 객체가 결합될 수 없는 경우는 '0 개의 선이 원본으로 결합됨. 1개 객체가 작업에서 버려짐'라는 메시지를 표시하며 결합되지 않습니다. 결합할 수 없는 객체는 복합 객체인 폴리선(PLINE), 블록(BLOCK), 여러 줄(MLINE), 치수 (DIMENSION), 영역(REGION)입니다. 또, 선이나 호의 경우는 동일한 선상에 있지 않은 경우. 나선이나 스플라인은 인접 해 있지 않은 경우에는 결합되지 않습니다.

04. 열린 두 점을 부드러운 곡선으로 연결하는 '곡선 혼합(BLEND)'

열려 있는 두 점을 부드러운 곡선(스플라인)으로 연결합니다.

명령 : BLEND   메뉴 아이콘 : ⁀

명령어 'BLEND'를 입력하거나 '홈' 탭의 '수정' 패널 또 는 '수정' 도구막대에서 ⁀을 클릭합니다.

{연속성 = 접선}

{첫 번째 객체 선택 또는 [연속성(CON)]:}에서 선의 끝 부분을 선택합니다.

{두 번째 객체 선택:}에서 선의 끝부분을 선택합니다.

그림과 같이 두 객체의 끝점이 스플라인으로 연결됩니다.

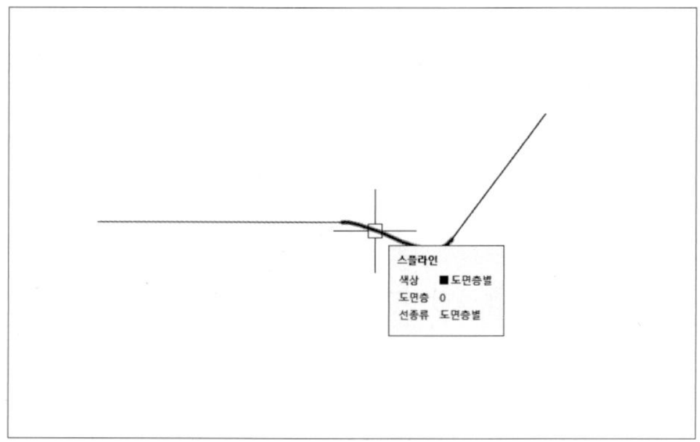

4. 모깎기(FILLET)와 모따기(CHAMFER)

모서리를 둥그렇게 깎아내는 모깎기(FILLET)와 일정 거리로 따내는 모따기(CHAMFER) 기능입니다.

01. 모깎기(FILLET)

모서리를 부드럽게(둥글게) 깎아냅니다. 지정된 반지름을 가진 호 형태로 두 객체를 연결합니다.

명령 : FILLET(단축키 : F)   아이콘 버튼 : ⌓

명령어 'FILLET' 또는 'F'를 입력하거나 '홈' 탭의 '수정' 패널 또는 도구막대에서 ⌓을 클릭합니다.

{첫 번째 객체 선택 또는 [명령취소(U)/폴리선(P)/반지름(R)/자르기(T)/다중(M)]:}에서 반지름 값을 조정하기 위해 'R'을 입력합니다.

{모깎기 반지름 지정 ⟨50.0000⟩:}에서 반지름 값(예: 100)을 입력합니다.

{첫 번째 객체 선택 또는 [명령취소(U)/폴리선(P)/반지름(R)/자르기(T)/다중(M)]:}에서 첫 번째 객체를 선택합니다.

{두 번째 객체 선택 또는 Shift 키를 누른 채 선택하여 구석 적용:}에서 두 번째 객체를 선택합니다. 그림과 같이 선택한 두 객체의 모서리가 모깎기됩니다.

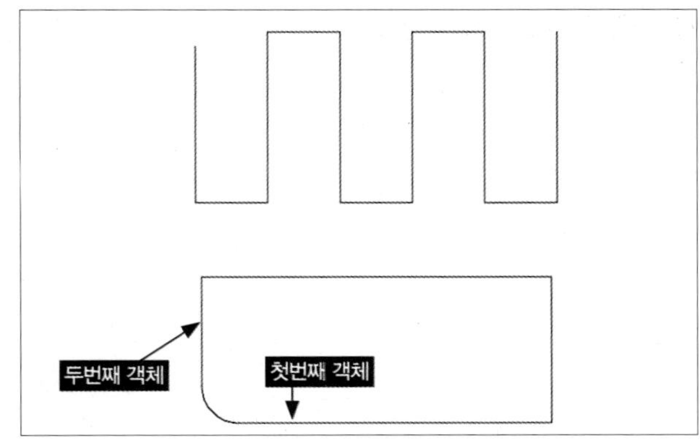

⟨엔터⟩ 키 또는 ⟨스페이스 바⟩를 눌러 모깎기 명령을 다시 실행합니다.

{첫 번째 객체 선택 또는 [명령취소(U)/폴리선(P)/반지름(R)/자르기(T)/다중(M)]:}에서 폴리선 옵션 'P'를 입력합니다.

{2D 폴리선 선택:}에서 폴리선을 선택합니다.

{10 선은(는) 모깎기됨}라는 메시지와 함께 폴리선의 각 모서리가 지정된 반지름으로 모깎기됩니다.

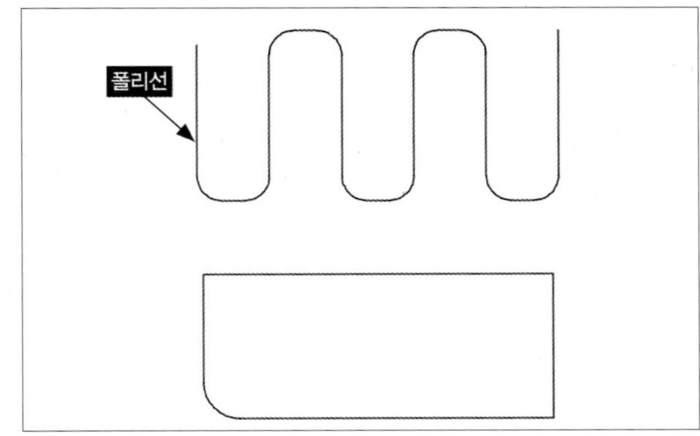

tip!

{두 번째 객체 선택 또는 Shift 키를 누른 채 선택하여 구석 적용:}에서 ⟨Shift⟩ 키를 누르면서 두 번째 객체를 선택하면 반지름 값을 '0'으로 하는 모깎기가 됩니다.

옵션 설명

{첫 번째 객체 선택 또는 [명령취소(U)/폴리선(P)/반지름(R)/자르기(T)/다중(M)]:}

- **명령취소(U)** : 이전 동작을 취소합니다.
- **폴리선(P)** : 2D 또는 3D 폴리선의 교차하는 폴리선 세그먼트는 폴리선의 각 정점에서 모깎기됩니다.
- **자르기(T)** : 선택한 모서리를 모깎기 선 끝점까지 자르기 할지 여부를 조정합니다.
  {자르기 모드 옵션 입력 [자르기(T)/자르지 않기(N)] ⟨자르기⟩: }에서 'N'을 선택하면 기존의 모서리가 잘라지지 않고 모깎기 처리됩니다. 기본 값은 '자르기(T)'입니다.
- **다중(M)** : 모깎기 명령은 한 모서리를 모깎기 하면 명령이 종료됩니다. 그러나 '다중(M)' 옵션을 선택하면 계속해서 모깎기를 할 수 있습니다.

02. 모따기(CHAMFER)

모따기 명령은 모서리를 양쪽 면으로부터 일정한 간격을 두어 따냅니다. 즉, 비스듬한 선으로 두 객체
를 연결합니다.

명령 : CHAMFER(단축키 : CHA)　　　　　　　아이콘 버튼 : ⌐

명령어 'CHAMFER' 또는 'CHA'를 입력하거나 '홈' 탭의 '수정' 패널 또는 도구막대에서 아이콘 ⌐을
클릭합니다.

{첫 번째 선 선택 또는 [명령취소(U)/폴리선(P)/거리(D)/각도(A)/자르기(T)/메서드(E)/다중(M)]:}에
서 거리 옵션 'D'를 입력합니다.

{첫 번째 모따기 거리 지정 〈0.0000〉:}에서 '100'을 입력합니다.

{두 번째 모따기 거리 지정 〈100.0000〉:}에서 〈엔터〉
키 또는 〈스페이스 바〉를 누릅니다.

(M)]:}에서 첫 번째 선을 선택합니다.

{첫 번째 선 선택 또는 [명령취소(U)/폴리선(P)/거리
(D)/각도(A)/자르기(T)/메서드(E)/다중(M)]:}에서 첫 번
째 선을 선택합니다.

{두 번째 선 선택 또는 Shift 키를 누른 채 선택하여 구석
적용:}에서 두 번째 선을 선택합니다. 그림과 같이 두 선
의 모서리가 지정된 거리만큼 모따기 됩니다.

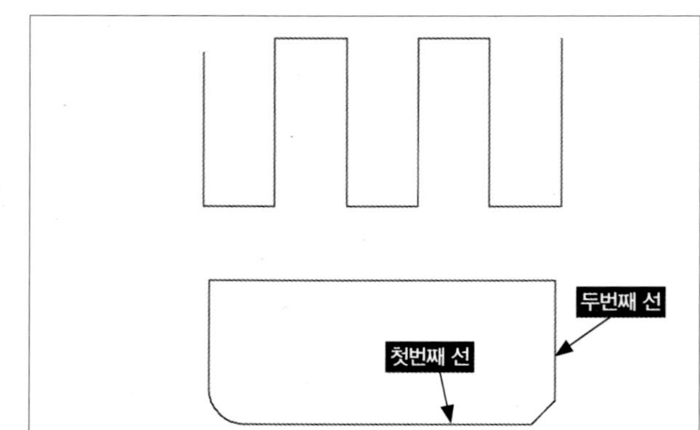

〈엔터〉 키 또는 〈스페이스 바〉를 눌러 모따기 명령을 다
시 실행합니다.

{(TRIM 모드) 현재 모따기 거리1 = 100.0000, 거리2
= 100.0000}

{첫 번째 선 선택 또는 [명령취소(U)/폴리선(P)/거리
(D)/각도(A)/자르기(T)/메서드(E)/다중(M)]:}에서 폴리
선 옵션 'P'를 입력합니다.

{2D 폴리선 선택:}에서 폴리선을 선택합니다.

{10 선은(는) 모따기됨}이라는 메시지와 함께 그림과 같
이 모따기 됩니다.

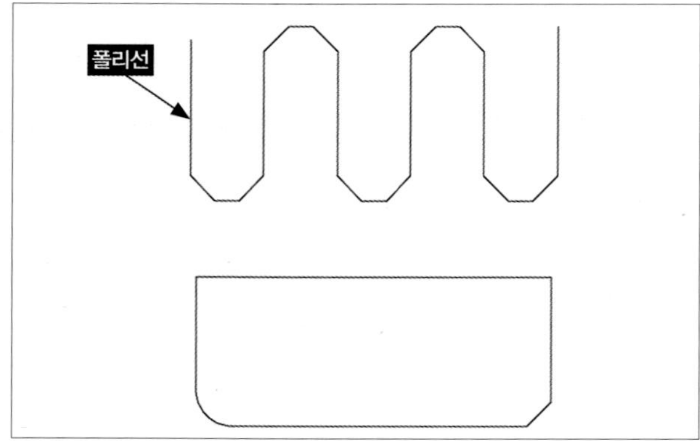

tip!

{두 번째 선 선택 또는 Shift 키를 누른 채 선택하여 구석 적용:}에서 객체
를 선택하면 모따기 거리만큼 모따기가 되지만 〈Shift〉 키를 누르면서 객
체를 선택하면 모따기 거리 값이 무시되고 수직으로 연결합니다.

옵션 설명

{첫 번째 선 선택 또는 [명령취소(U)/폴리선(P)/거리(D)/각도(A)/자르기(T)/메서드(E)/다중(M)]:}

- **명령취소(U)** : 이전 동작을 취소합니다.
- **폴리선(P)** : 2D 또는 3D 폴리선의 교차하는 폴리선 세그먼트는 폴리선의 각 정점에서 모따기됩니다.
- **각도(A)** : 첫 번째 선에 대한 모따기 거리와 두 번째 선에 대한 각도를 사용하여 모따기 거리를 설정합니다.
- **자르기(T)** : 선택한 모서리를 모따기 선 끝점까지 자르기 할지 여부를 조정합니다.

  {자르기 모드 옵션 입력 [자르기(T)/자르지 않기(N)] 〈자르기〉: }에서 'N'을 선택하면 기존의 모서리가 잘라지지 않고 모따기 됩니다.
  기본 값은 '자르기(T)'입니다.
- **메서드(E)** : 모따기할 때 두 거리를 사용할지 또는 한 거리와 한 각도를 사용할지 지정합니다. {자르기 방법 입력 [거리(D)/각도(A)]
  〈거리〉:}에서 선택합니다.
- **다중(M)** : 모따기 명령은 한 모서리를 모따기를 하면 명령이 종료됩니다. 그러나 '다중(M)' 옵션을 선택하면 계속해서 모따기를 할
  수 있습니다.

5. 길이 조정(LENGTHEN)

길이가 있는 객체(선, 호)의 길이를 조정하여 한 방향으로만 길거나 짧게 만들거나 일정한 비율로 키우
거나 줄일 수 있도록 합니다.

명령 : LENGTHEN(단축키 : LEN)　　　　　　　　메뉴 아이콘 :

명령어 'LENGTHEN' 또는 'LEN'을 입력하거나 '홈'
탭의 '수정' 패널에서 　을 클릭합니다.
{객체 선택 또는 [증분(DE)/퍼센트(P)/합계(T)/동적
(DY)]:}에서 동적 옵션 'DY'를 입력합니다.
{변경할 객체 선택 또는 [명령 취소(U)]:}에서 호를 선택
합니다. 그러면 다음 그림과 같이 호에 고무줄(러버 밴
드)처럼 조절할 수 있는 상태가 됩니다. 이때 조정하고자
하는 위치를 지정합니다.

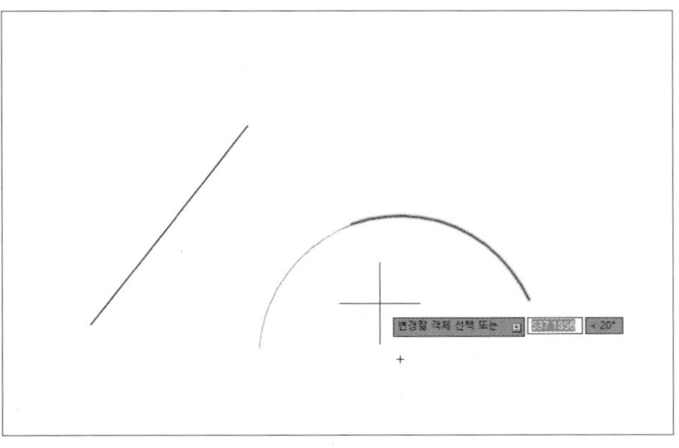

〈엔터〉 키 또는 〈스페이스 바〉를 눌러 길이 조정 명령을 재실행합니다.
{객체 선택 또는 [증분(DE)/퍼센트(P)/합계(T)/동적(DY)]:}에서 '퍼센트' 옵션 'P'를 입력합니다.
{퍼센트 길이 입력 〈100.0000〉:}에서 '50'을 입력합니다.
{변경할 객체 선택 또는 [명령 취소(U)]:}에서 선 객체를 선택합니다.

{변경할 객체 선택 또는 [명령 취소(U)]:}에서 호 객체를
선택합니다.
{변경할 객체 선택 또는 [명령 취소(U)]:}에서 〈엔터〉 키
또는 〈스페이스 바〉로 객체 선택을 종료합니다. 객체의
길이가 기존 크기의 '50%' 크기로 조정됩니다.

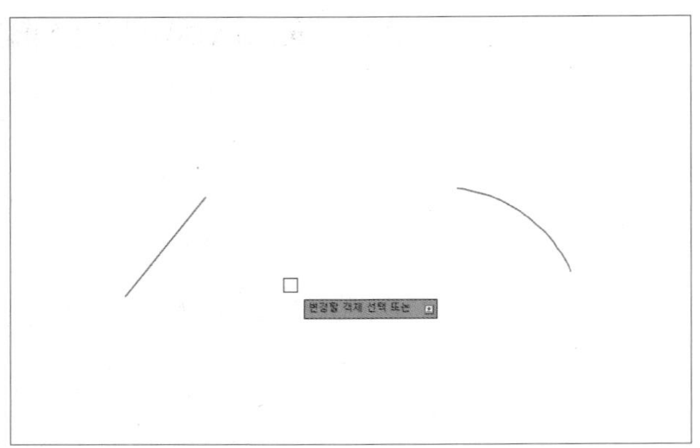

옵션 설명

{객체 선택 또는 [증분(DE)/퍼센트(P)/합계(T)/동적(DY)]:}

- 합계(T) : 객체의 전체 길이가 지정된 길이만큼 조정됩니다.
- 증분(DE) : 지정된 증분 값만큼 객체의 길이를 변경합니다. 입력한 값만큼 객체의 길이가 늘어나거나 줄어듭니다.

6. 중복 객체 삭제(OVERKILL)

중복되는 형상과 겹치는 선, 호 및 폴리선을 모두 제거합니다. 또한 부분적으로 겹치거나 연속되는 항
목을 결합합니다.

명령 : OVERKILL   메뉴 아이콘 : ⚲

원과 선 객체가 중복되도록 작성합니다.

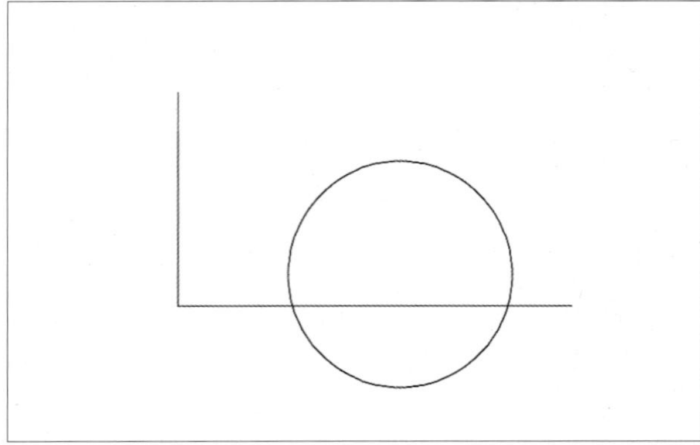

명령어 'OVERKILL'을 입력하거나 '홈' 탭의 '수정' 패널 또는
'수정II' 도구막대에서 ▲ 을 클릭합니다.

{객체 선택:}에서 크로싱 선택 방법으로 원 객체를 선택합니다.

{2개를 찾음}

중첩된 두 개의 객체(원 또는 선)이 선택됩니다.

{객체 선택:}에서 〈엔터〉 키 또는 〈스페이스 바〉를 눌러 선택을
종료합니다.

그림과 같은 대화상자가 나타납니다. '객체 특성 무시:'의 '색상
(C)'을 체크합니다.

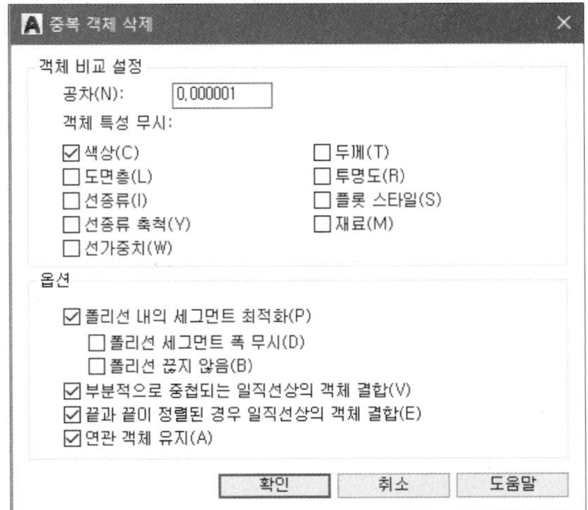

대화상자

(1) 객체 비교 설정 : 중복된 객체의 비교를 위한 환경을 설정합니다.

① 공차(N) : 비교 시 사용되는 공차의 정밀도를 지정합니다. '0.0'은 완벽하게 일치함을 의미합니다.

② 객체 특성 무시 : 색상, 두께, 도면층, 투명도 등 객체의 특성 중 무시할 항목을 체크하여 지정합니다. 위의 실습에서 색상이 다른 두
원이지만 색상 특성을 무시했기 때문에 중복 객체로 인식하여 삭제합니다.

(2) 옵션 : 중복 객체 삭제를 위한 옵션을 설정합니다.

① 폴리선 내의 세그먼트 최적화(P) : 폴리선 내의 개별 선 및 호 세그먼트를 검사하고 최적화할지 여부를 지정합니다. 폴리선의 폭을
무시할 것인지, 끊을지의 여부를 지정합니다.

② 부분적으로 중첩되는 일직선상의 객체 결합(V) : 일직선상 겹친 객체의 결합여부를 지정합니다.(상기의 두 번째 실습 참조)

③ 끝과 끝이 정렬된 경우 일직선상의 객체 결합(E) : 끝과 끝이 일치하는 경우 하나의 객체로 결합할 것인지 지정합니다.

④ 연관 객체 유지(A) : 체크를 하면 연관 객체가 수정 또는 삭제되지 않습니다.

대화상자에서 [확인]을 클릭하면 {1개 중복 항목이 삭제되었습니다.}라는 메시지와 함께 객체가 삭제됩
니다.

마우스를 원 위로 가져가면 '선택 순환' 아이콘이 나타나지 않습니다.

참고 **객체의 중복 여부의 확인 및 선택(선택 순환)**

객체가 중복되었는지의 여부를 확인하려면 그리기 도구의 '선택 순환'
기능을 활용합니다.

그리기 도구에 '선택 순환  '아이콘이 없으면 화면 하단의 상태영역에
서 사용자화 버튼(≡)을 클릭하여 목록 중 '선택 순환'을 표시한 후 켭니
다. (ON)

중복된 객체 위로 가져가면 중첩된 사각형 마크가 나타납니다. 이때, 클
릭하면 그림과 같이 중첩된 객체의 목록이 표시됩니다. 이때 목록에서
선택하고자 하는 객체를 선택합니다.

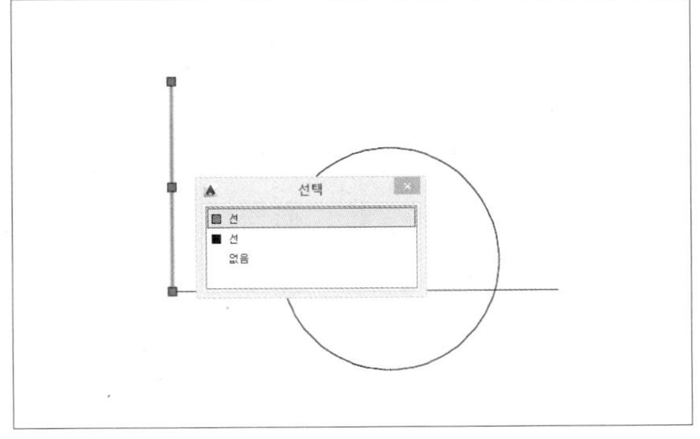

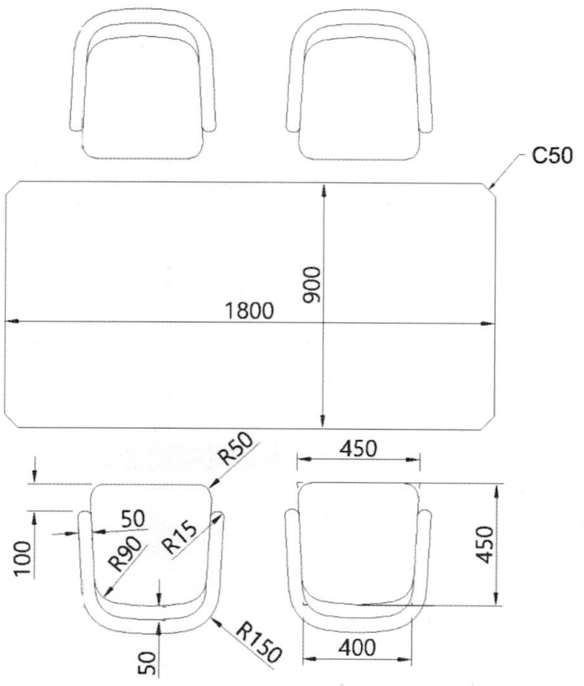

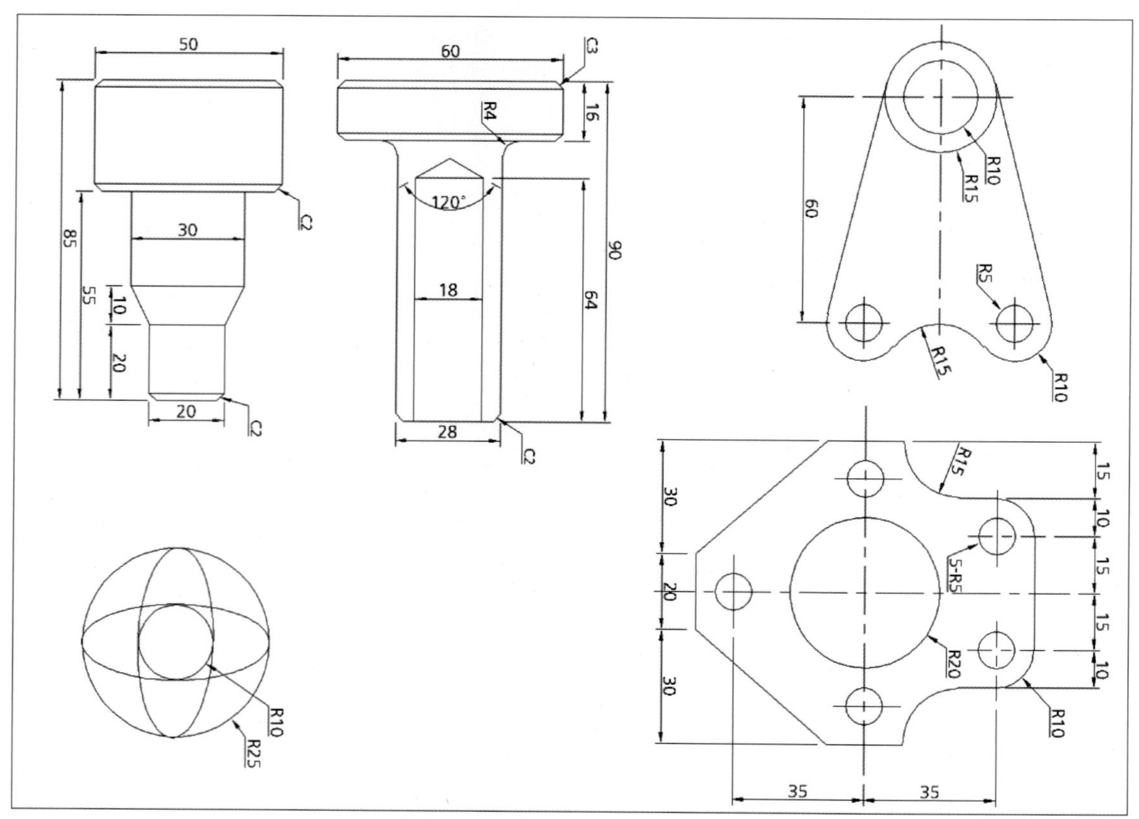

LESSON 03 객체 또는 도면의 조회

작성된 객체를 토대로 거리와 면적을 측정하고 객체의 작성 시간 및 상태를 파악하는 등 객체와 도면의
정보를 조회하는 명령을 중심으로 알아보겠습니다.

1. 거리(DIST)

현재 설정된 단위로 두 점 사이의 거리와 각도를 표시합니다.

명령 : DIST(단축키 : DI) 또는 MEASUREGEOM   메뉴 아이콘 : ▤

지정한 점 사이의 실제 3D 거리를 측정하여 표시합니다. XY 평면에서의 각도는 현재 X 축을 기준으
로 합니다. XY 평면으로부터의 각도는 현재 XY 평면을 기준으로 합니다. Z 좌표 값이 생략된 경우 첫
번째 점 또는 두 번째 점의 현재 고도를 사용합니다.

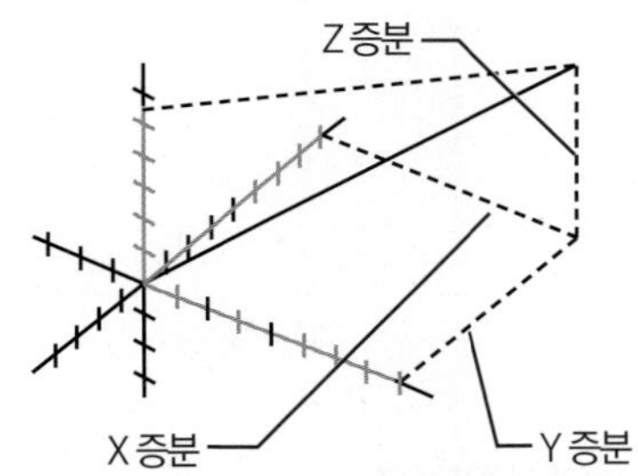

명령어 'DIST' 또는 'DI'를 입력하거나 '홈' 탭의 '유틸리티' 패널 또는 '조회' 도구막대에서 ▤을 클릭합
니다.

{첫 번째 점 지정:}에서 첫 번째 점을 지정합니다.

{두 번째 점 또는 [다중 점(M)] 지정:}에서 두 번째 점을 지정합니다.

다음과 같이 두 점에 대한 거리 및 각도, 증분에 정보를 표시합니다.

{거리 = 15600, XY 평면에서의 각도 = 90.00, XY 평면으로부터의 각도 = 0.00}

{X증분 = 0, Y증분 = 15600, Z증분 = 0}

tip!

{두 번째 점 또는 [다중 점(M)] 지정:}에서 옵션 '다중 점(M)'을 선택하여
점을 계속해서 지정하면 앞의 거리와 측정한 거리를 합산하여 표시합니
다. 즉, 새로 찍은 점 사이의 거리를 측정하여 앞에서 측정한 거리와 합산
하여 표시합니다.

참고 3차원의 거리 측정

3D에서 거리를 측정할 경우, '거리(DIST)' 명령을 사용할 때는
모형 공간으로 전환하는 것이 좋습니다. 배치 공간에서는 도면
공간에서의 거리를 측정하기 때문입니다.

2. 지정된 영역의 면적을 산출해 주는 영역(AREA)

선택한 객체 또는 정의된 영역의 면적과 둘레를 계산하여 표시합니다. 면적의 추가 및 빼기도 가능합니다.

명령 : AREA(단축키 : AA)　　　　　　　　　　　　메뉴 아이콘 : ▱

명령어 'AREA' 또는 'AA'를 입력하거나 '홈' 탭의 '유틸리티' 패널에서 ▱을 클릭합니다.

{첫 번째 구석점 지정 또는 [객체(O)/면적 빼기(S)]:}에서 첫 번째 구석 점을 지정합니다.

{다음 점 또는 [호(A)/길이(L)/명령 취소(U)] 지정}에서 두 번째 점을 지정합니다.

{다음 점 또는 [호(A)/길이(L)/명령 취소(U)]: 지정}에서 세 번째 점을 지정합니다.

{다음 점 또는 [호(A)/길이(L)/명령 취소(U)/합계(T)] 지정 〈합계〉:}에서 네 번째 점을 지정합니다.

{다음 점 또는 [호(A)/길이(L)/명령 취소(U)/합계(T)] 지정 〈합계〉:}에서 〈엔터〉 키 또는 〈스페이스 바〉를 누릅니다. 그러면, 다음과 같이 지정한 점의 면적과 둘레를 표시합니다.

영역 = 4062500.0000, 둘레 = 9702.5624

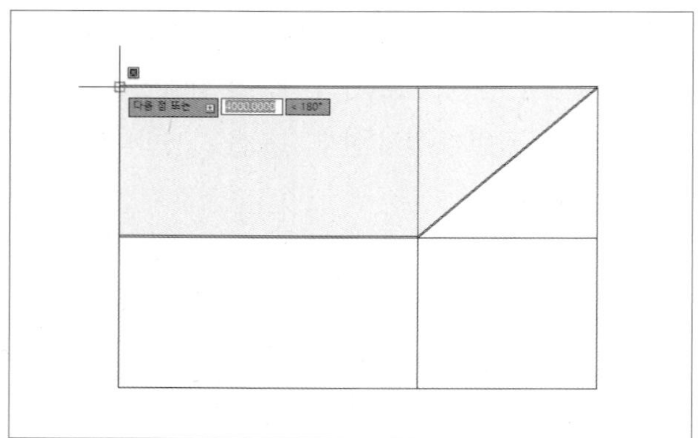

옵션 설명

{첫 번째 구석점 지정 또는 [객체(O)/면적 빼기(S)]:}

- **객체(O)** : 선택 한 객체의 면적과 둘레를 측정합니다.
- **면적 빼기(S)** : 전체 면적에서 면적과 둘레를 뺍니다.

3. 지오메트리 측정(MEASUREGEOM)

선택한 객체 또는 정의된 영역의 길이, 반지름, 각도, 면적, 체적을 계산하여 표시합니다.

명령 : MEASUREGEOM　　　　　　메뉴 아이콘 : ▭ ◉ ▱ ▱ ▯

01. 반지름

반지름과 지름 값을 측정하여 표시합니다.

명령어 'MEASUREGEOM'을 입력하거나 '홈' 탭의 '유틸리티' 패널에서 ◉을 클릭합니다.

{옵션 입력 [거리(D)/반지름(R)/각도(A)/면적(AR)/체적(V)] 〈거리〉: }에서 'R'을 입력합니다.

{호 또는 원 선택:}에서 호 또는 원을 선택합니다.

그림과 같이 반지름과 지름 값을 표시합니다.

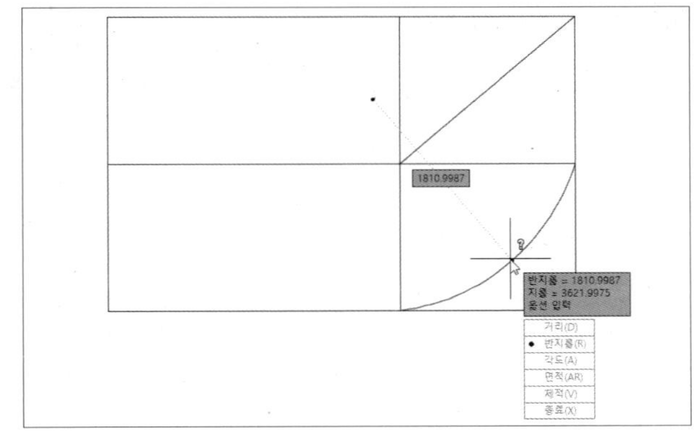

02. 각도

지정한 두 점의 각도를 측정하여 표시합니다.

명령어 'MEASUREGEOM'을 입력하거나 '홈' 탭의 '유틸리티' 패널에서 📐을 클릭합니다.

{옵션 입력 [거리(D)/반지름(R)/각도(A)/면적(AR)/체적(V)] 〈거리〉: }에서 'A'를 입력합니다.

{호, 원, 선을 선택하거나 〈정점 지정〉:}에서 호를 선택합니다.

그림과 같이 호의 중심의 사이각(65도)을 표시합니다.

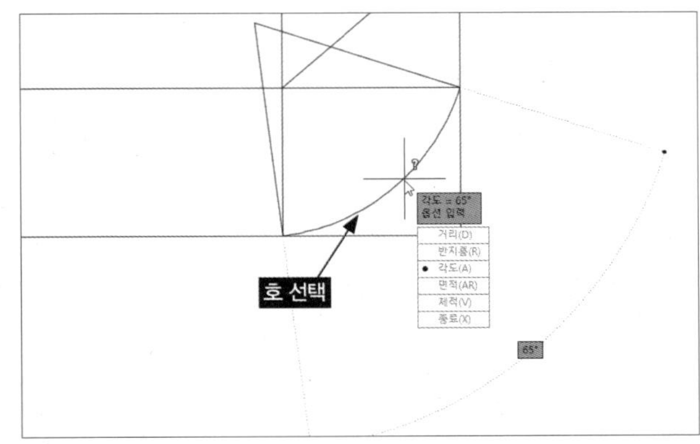

〈엔터〉 키 또는 〈스페이스 바〉를 눌러 재 실행합니다.

{호, 원, 선을 선택하거나 〈정점 지정〉:}에서 첫 번째 선을 선택합니다.

{두 번째 선 선택:}에서 두 번째 선을 선택합니다.

그림과 같이 선택한 두 선의 각도(140도)를 표시합니다.

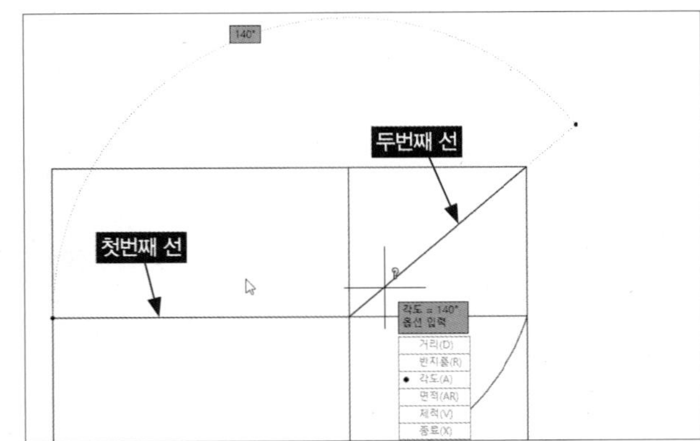

03. 체적(MEASUREGEOM)

일련의 연속적인 점이나 선택한 객체로 정의된 면적, 둘레 및 질량 특성을 얻을 수 있습니다. 다음의 실습은 2D 공간을 지정한 후 높이 값을 입력하여 체적을 구하는 방법입니다.

명령어 'MEASUREGEOM'을 입력하거나 '홈' 탭의 '유틸리티' 패널에서 ▯▮을 클릭합니다.

{옵션 입력 [거리(D)/반지름(R)/각도(A)/면적(AR)/체적(V)] ⟨거리⟩: }에서 'V'를 입력합니다.

{첫 번째 구석점 지정 또는 [객체(O)/체적 추가/체적 빼기/종료(X)] ⟨객체(O)⟩:}에서 첫 번째 구석점을 지정합니다.

{다음 점 또는 [호(A)/길이(L)/명령 취소(U)] 지정:}에서 다음 점을 차례로 지정합니다.

{다음 점 또는 [호(A)/길이(L)/명령 취소(U)/합계(T)] 지정 ⟨합계⟩:}에서 ⟨엔터⟩ 키 또는 ⟨스페이스 바⟩를 눌러 면적 지정을 종료합니다. 그림과 같이 지정합니다.

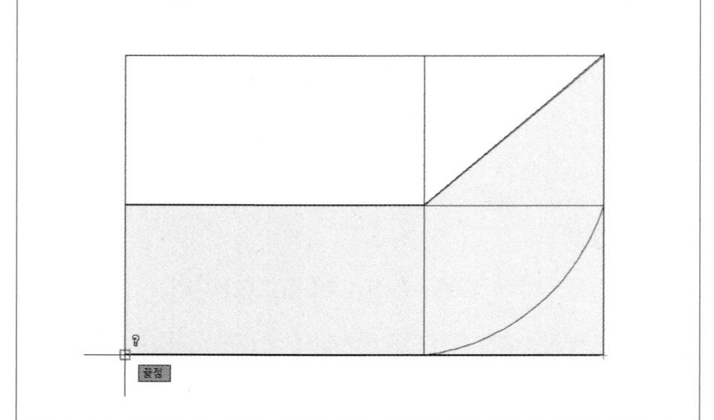

{높이 지정:}에서 높이 값 '2500'을 지정합니다.

다음과 같이 체적 값을 표시합니다.

{체적 = 14843750000.0000}

즉, 지정한 영역의 면적과 입력한 높이 값을 계산하여 체적을 구합니다.

{옵션 입력 [거리(D)/반지름(R)/각도(A)/면적(AR)/체적(V)/종료(X)] ⟨체적⟩:}에서 ⟨ESC⟩ 키를 눌러 종료합니다.

> **tip!**
>
> 체적을 구할 때 솔리드 객체와 같이 이미 체적 값을 가지고 있는 객체의 경우는 '객체(O)' 옵션을 선택하여 선택한 객체의 체적을 구할 수 있습니다.
>
> {첫 번째 구석점 지정 또는 [객체(O)/체적 추가/체적 빼기/종료(X)] ⟨객체(O)⟩:}에서 'O'를 입력합니다.
>
> {객체 선택:}에서 왼쪽의 원(원통) 객체를 선택합니다. 다음과 같이 체적을 구합니다.
>
> {체적 = 351858377.2021}

4. 영역/질량 특성(MASSPROP)

영역 또는 솔리드의 질량 특성을 계산합니다. 문자 윈도우에 질량 특성을 표시한 다음, 텍스트 파일에 작성할지 여부를 묻습니다.

명령 : MASSPROP   메뉴 아이콘 : 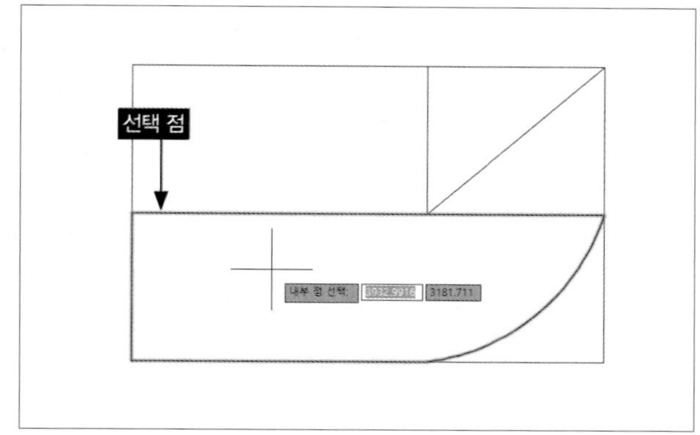

경계 명령으로 영역을 만들겠습니다. 명령어 'BO'를 입
력하거나 '홈' 탭의 '그리기' 패널에서 ◻을 클릭합니다.
경계 작성 대화상자에서 '점 선택'을 클릭한 후
{내부 점 선택:}에서 영역을 만들고자 하는 공간의 한 점
을 지정합니다.
{가시적인 모든 것 선택 중...}
{선택된 데이터 분석 중...}
{내부 고립영역 분석 중...}
{내부 점 선택:}에서 〈엔터〉 키를 누릅니다.
{경계 1 폴리선을(를) 작성함}이란 메시지와 함께 영역이
작성됩니다.

'영역(REGION)' 명령으로 영역을 작성합니다. 명령어
'REGION'을 입력하거나 '홈' 탭의 '그리기' 패널 또는
'그리기' 도구막대에서 ◻을 클릭합니다.
{객체 선택:}에서 직전에 작성한 경계 폴리선을 선택합니
다. {1개를 찾음}
{객체 선택:}에서 〈엔터〉 키 또는 〈스페이스 바〉를 눌러
선택을 종료합니다.
{1 루프이(가) 추출됨.} {1 영역이(가) 작성됨}
그림과 같이 경계 폴리선이 영역 객체로 바뀝니다.

영역/질량 특성 명령을 실행합니다. 명령어
'MASSPROP'를 입력하거나 '조회' 도구막대에서 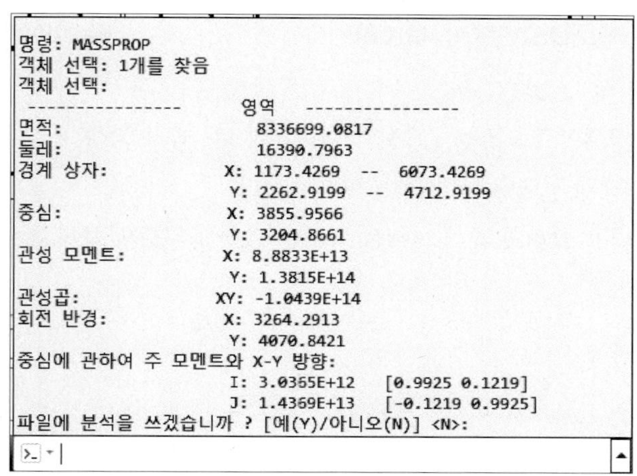을
클릭합니다.
{객체 선택:}에서 직전에 작성된 영역 객체를 선택합니
다. {1개를 찾음}
{객체 선택:}에서 〈엔터〉 키 또는 〈스페이스 바〉를 눌러 선
택을 종료합니다. 그림과 같이 영역 정보가 표시됩니다.

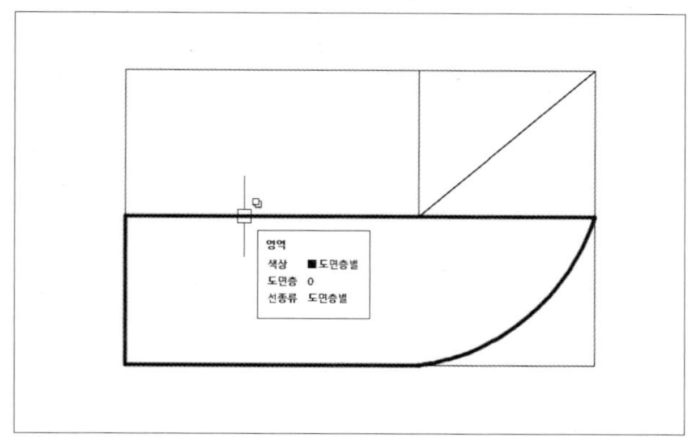
```
명령: MASSPROP
객체 선택: 1개를 찾음
객체 선택:
---------------        영역     ---------------
면적:                  8336699.0817
둘레:                  16390.7963
경계 상자:          X: 1173.4269  --  6073.4269
                    Y: 2262.9199  --  4712.9199
중심:               X: 3855.9566
                    Y: 3204.8661
관성 모멘트:        X: 8.8833E+13
                    Y: 1.3815E+14
관성곱:            XY: -1.0439E+14
회전 반경:          X: 3264.2913
                    Y: 4070.8421
중심에 관하여 주 모멘트와 X-Y 방향:
                    I: 3.0365E+12   [0.9925 0.1219]
                    J: 1.4369E+13   [-0.1219 0.9925]
파일에 분석을 쓰겠습니까 ? [예(Y)/아니오(N)] <N>:
>_ ▾ |
```

 **참고** **제공되는 정보**

영역/질량 특성에서 제공되는 정보는 다음과 같습니다.

- **영역의 경우**

특성	설 명
면적	솔리드의 표면 면적 또는 영역의 닫힌 면적입니다.
둘레	영역을 이루는 안쪽과 바깥쪽 루프의 총 길이입니다. 솔리드의 둘레는 계산되지 않습니다.
경계 상자	경계 상자를 정의하는 두 개의 좌표입니다.
질량 중심	영역 면적의 중심인 2D 뜨는 3D 좌표입니다. 현재 UCS의 XY 평면과 동일 평면에 있는 영역인 경우 이 좌표는 2D 점이며, 동일 평면에 있지 않은 영역인 경우 이 좌표는 3D 점입니다.

- **솔리드의 경우**

특성	설 명
질량	본체의 관성 크기입니다. 하나의 밀도가 사용되므로, 질량과 체적의 값은 동일합니다.
체적	솔리드로 둘러싸인 3D 공간의 크기입니다.
경계 상자	솔리드를 둘러싸는 3D 상자를 구성하는 대각선으로 마주보는 구석입니다.
질량 중심	솔리드의 질량 중심인 3D 점입니다. 균일 밀도의 솔리드가 사용됩니다.
관성 모멘트	차축 둘레를 회전하는 바퀴 등과 같이 객체를 주어진 축 둘레로 회전하는 데 필요한 힘을 계산할 때 사용되는 질량 관성 모멘트입니다.
관성곱	객체의 동작을 일으키는 힘을 결정하는 데 사용되는 특성입니다. 항상 직교 평면을 고려하여 계산됩니다.
회전 반지름	회전의 반지름은 거리 단위로 표시되며, 솔리드의 관성 모멘트를 나타내는 또 하나의 방법입니다.
질량 중심에 대한 주 모멘트 및 X,Y,Z 방향	관성곱으로부터 파생되고 같은 단위 값을 갖는 계산 관성 모멘트는 객체의 질량 중심을 통과하는 특정 축에서 가장 큽니다. 관성 모멘트는 첫 번째 축에 수직이면서 질량 중심을 관통하는 두 번째 축에서 가장 작습니다. 결과에 포함되는 세 번째 값은 높은 값과 낮은 값 사이의 값이 됩니다.

5. 리스트(LIST)

선택된 객체에 대한 데이터베이스 정보를 문자 윈도우에 표시합니다.

명령 : LIST(단축키 : LI, LS)　　　　　　　　메뉴 아이콘 : 🗒

명령어 'LI' 또는 'LS'를 입력하거나 '홈' 탭의 '특성' 패널 또는 '조회' 도구막대에서 🗒을 클릭합니다.

{객체 선택:}에서 객체를 선택합니다.

다음 그림과 같이 선택한 객체의 정보가 윈도우 창에 표시됩니다.

```
명령:
C:\Users\jclee\appdata\local\temp\Part7_화장실도면
_1_1_1913.sv$(으)로 자동 저장 ...
명령:
명령: LS
LIST
객체 선택: 1개를 찾음
객체 선택:
                  호              도면층: "건축도"
                                공간: 모형 공간
                    색상: BYLAYER     선종류: "CONTINUOUS"
선종류 축척하기  =    7.0000
                    핸들 = 2cf
                  중심 점, X=5973.4269  Y=2548.2012  Z=
0.0000
                반지름   800.0000
                시작 각도 90.000
                  끝 각도 179.559
                  길이  1250.4840
```

참고 **리스트의 표시 정보**

문자 윈도우는 객체 유형, 도면층, 객체가 모형 공간에 있는지 도면 공간에 있는지 여부, 현재 사용자 좌표계(UCS)를 기준으로 한 X, Y, Z 위치(호의 경우 중심점)를 표시합니다.

각 객체의 형상 정보를 표시합니다. 호의 경우는 중심점 좌표, 반지름, 시작 각도, 끝 각도, 호의 길이를 표시합니다. 문자의 경우는 도면층, 공간, 스타일, 주석 문자의 여부, 글꼴, 시작점, 높이, 문자 내용, 회전 각도, 폭 비율, 기울기 등을 표시합니다.

특성 항목이 'BYLAYER'로 설정되어 있지 않을 경우 색상, 선 종류 및 선 가중치 정보를 표시합니다. 객체 두께가 0이 아닐 경우 객체 두께가 표시됩니다. 돌출 방향이 현재 UCS의 Z축(0,0,1)과 다를 경우 UCS 좌표로도 돌출 방향의 정보를 표시합니다.

핸들은 해당 객체를 인식하는 고유 번호로 한 도면 내에서 유일한 번호입니다.

6. ID 점(ID)

지정한 위치의 좌표를 표시합니다.

명령 : ID   메뉴 아이콘 :

명령어 'ID'를 입력하거나 '홈' 탭의 '유틸리티' 패널 또는 '조회' 도구막대에서 을 클릭합니다.

{점 지정:}에서 점을 지정합니다.

다음과 같이 지정한 점의 좌표를 표시합니다.

{점 지정: X = 23500   Y = 15150   Z = 0}

7. 시간(TIME)

도면의 날짜 및 시간 통계를 표시합니다.

명령 : TIME   메뉴 : [도구(T)]-[조회(Q)]-[시간(T)]

명령어 'TIME'을 입력합니다. 시간 명령을 실행하면 다음과 같이 시간 정보를 표시합니다.

```
현재 시간:                    2015년 9월 17일 목요일  오전 11:49:06:793
이 도면의 시간:
  작성:                       2015년 9월 17일 목요일  오전 9:18:27:563
  최종 업데이트:                2015년 9월 17일 목요일  오전 10:50:40:823
  전체 편집 시간:               0일 02:30:39:299
  경과 타이머 (켜기):            0일 02:30:39:250
  다음 자동 저장:              <아직 수정되지 않음>
옵션 입력 [표시(D)/켜기(ON)/끄기(OFF)/재설정(R)]: *취소*
명령:
TIME
현재 시간:                    2015년 9월 17일 목요일  오전 11:49:32:622
이 도면의 시간:
  작성:                       2015년 9월 17일 목요일  오전 9:18:27:563
  최종 업데이트:                2015년 9월 17일 목요일  오전 10:50:40:823
  전체 편집 시간:               0일 02:31:05:125
  경과 타이머 (켜기):            0일 02:31:05:076
  다음 자동 저장:              <아직 수정되지 않음>
옵션 입력 [표시(D)/켜기(ON)/끄기(OFF)/재설정(R)]: *취소*
명령: `*취소*
```

옵션 설명

{옵션 입력 [표시(D)/켜기(ON)/끄기(OFF)/재설정(R)]:}

- **표시(D)** : 업데이트된 시간과 함께 화면 표시를 반복합니다.
- **켜기(ON)/끄기(OFF)** : 사용자 경과 타이머가 꺼진 경우는 켜고, 켜진 경우는 끕니다.
- **재설정(R)** : 사용자 경과 타이머를 '0 일 00:00:00.000'로 다시 설정합니다.

참고 — 시간 정보 내용

표시되는 시간 정보는 다음과 같습니다.

- **현재 시간** : 현재 날짜와 시간을 24시간 표시법을 가장 가까운 밀리초까지 표시합니다.
- **작성일** : 현재 도면이 작성된 날짜와 시간을 표시합니다.
- **최종 업데이트** : 현재 도면의 가장 최근 업데이트된 날짜와 시간을 표시합니다. 이 날짜와 시간은 초기에는 도면 작성 시간이며, 도면 파일이 새롭게 저장될 때마다 시간이 수정됩니다.
- **전체 편집 시간** : 현재 도면을 편집하는 데 걸리는 시간을 표시합니다. 이 타이머는 프로그램에 의해 업데이트되며 다시 설정하거나 중지할 수 없습니다. 도면을 저장하지 않고 편집 세션을 종료하면 편집 세션에 사용된 시간이 누적 편집 시간에 추가되지 않습니다.
- **경과 타이머** : 프로그램이 실행 중인 동안 다른 타이머로 작동합니다. 언제든지 켜고 끄거나 다시 설정할 수 있습니다.
- **다음 자동 저장** : 다음 자동 저장 때까지 남은 시간을 나타냅니다. 'OPTIONS' 또는 'SAVETIME' 시스템 변수를 사용하여 시간 간격을 설정할 수 있습니다.

예제
도면

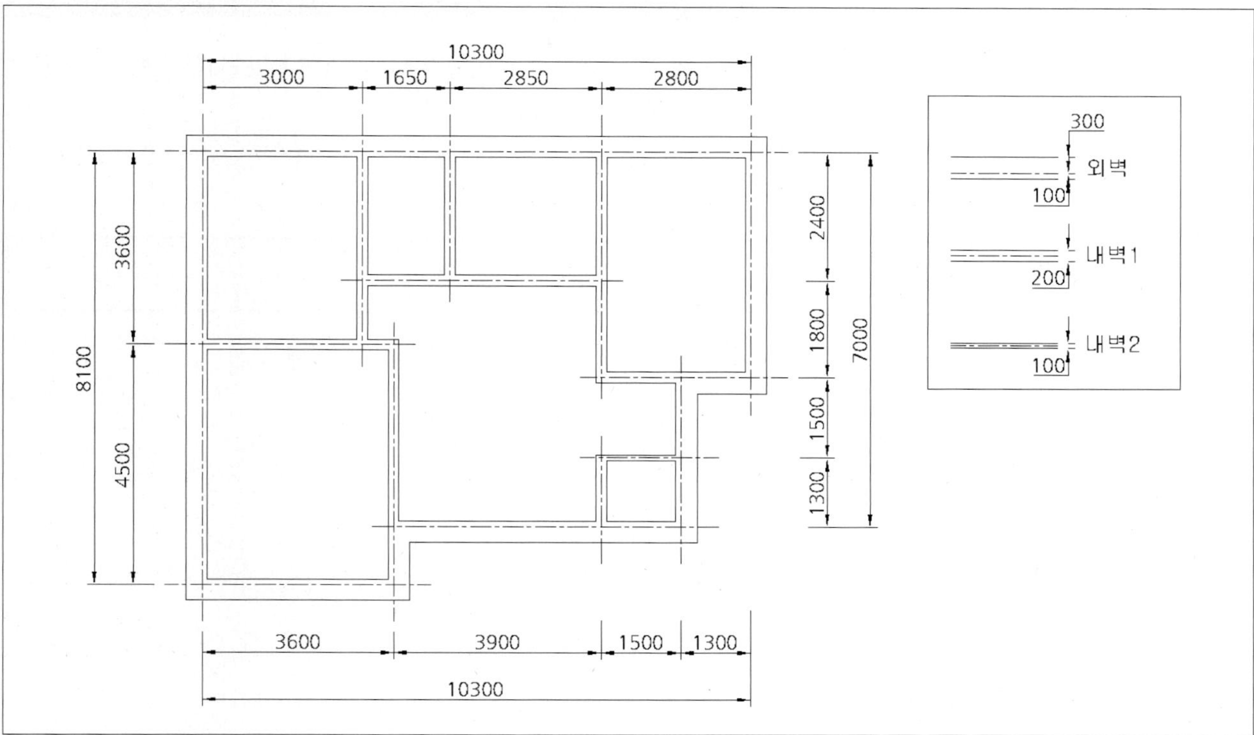
10300
3000
1650
2850
2800
300
외벽
100
2400
내벽1
200
7000
1800
내벽2
100
1500
1300
8100
3600
4500
3600
3900
1500
1300
10300

CHAPTER 05 도면 주석

도면을 설명하는 방법 중에 치수 및 지시선에 의한 표시, 문자에 의한 설명이 있습니다. 이번 단원에서는 문자의 작성과 함께 치수 및 지시선에 대해 학습합니다.

LESSON 01 문자의 작성

도면은 기호나 그림으로 설계자의 의도를 표현하지만 때에 따라서는 문자로 설명하는 경우도 많습니다. 글꼴의 설정과 문자의 표기에 대해 학습합니다.

1. 문자 스타일(STYLE)

문자의 외관을 설정합니다. 글꼴(폰트), 높이, 주석 축척 여부 및 효과를 설정합니다.

명령 : STYLE(단축키 : ST)   메뉴 아이콘 : 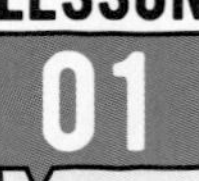

01. 문자 스타일 대화상자

명령어 'STYLE' 또는 단축키 'ST'를 입력하거나 '홈' 탭의 '주석' 패널 또는 '스타일' 도구막대에서 아이콘을 클릭합니다.

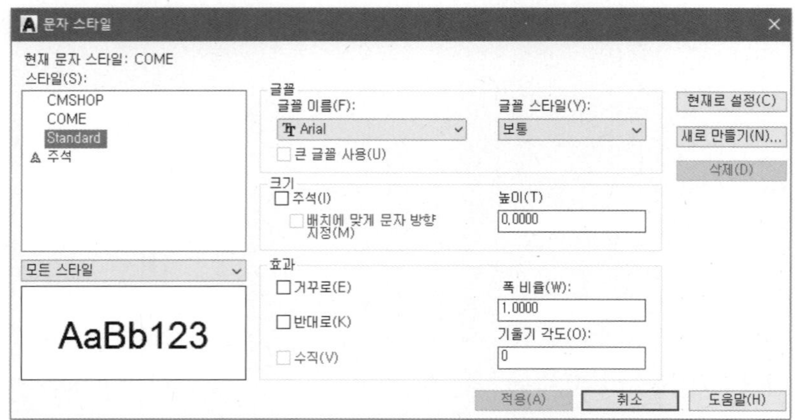

(1) 스타일(S) : 문자 스타일 명칭이 나열되고 사용하고자 하는 스타일 이름을 지정합니다. 문자의 길이는 최대 255자까지 가능하며 문자, 숫자, 특수 문자($, _, – 등)를 사용할 수 있습니다. AutoCAD를 시작하면 'STANDARD'가 기본 스타일로 자동 설정합니다. 스타일 명칭 앞에 있는 ▲ 마크는

치수 스타일이 주석임을 나타냅니다.

(2) 스타일 목록 필터 : 스타일 목록에 모든 스타일이 표시될지 또는 사용중인 스타일만 표시될지 여부를 지정합니다.

(3) 미리 보기 : 설정한 문자를 미리 보여줍니다.

(4) 글꼴 : 스타일에 해당하는 글꼴(폰트) 파일을 지정합니다. AutoCAD에서 글꼴은 자체 컴파일된 세이프 파일(SHX)과 트루타입(TTF) 글꼴을 사용할 수 있습니다.

  ① **글꼴 이름(F) :** 현재 사용 가능한 글꼴이 표시됩니다. 목록 상자의 버튼을 눌러 선택합니다.

  ② **글꼴 스타일(Y) :** '큰 글꼴 사용(U)'을 체크하면 각 글꼴에 큰 글꼴을 선택할 수 있습니다. 여기에서 사용하고자 하는 큰 글꼴을 지정합니다.

(5) 크기 : 문자의 크기(높이)를 지정합니다.

  ① **주석(I) :** 문자가 주석임을 지정합니다.

  ② **높이(T) :** 문자의 높이를 지정합니다. 여기에서 높이를 지정하면 '단일 행 문자(TEXT)'나 치수 문자의 높이가 고정됩니다.

> **tip!**
> '단일 행 문자(TEXT)'나 치수 기입에서 치수 문자의 높이를 유동적으로 하려면 치수 스타일에서 글꼴 높이 값을 '0'으로 설정해야 합니다. 높이 값을 지정해 놓으면 해당 도면에서는 고정된 문자 높이로 작성됩니다.

(6) 효과(Effects) : 문자 기입을 위한 각종 옵션을 선택합니다.

  ① **거꾸로(E) :** 문자가 뒤집혀 쓰여집니다.

  ② **반대로(K) :** 문자를 뒤로 씁니다.

  ③ **수직(V) :** 문자를 세로로 씁니다.

  ④ **폭(W) :** 문자의 가로, 세로의 비율을 지정합니다. 예를 들어 '2'를 입력하면 가로 방향의 크기가 세로 방향 크기의 2배로 기입됩니다.

  ⑤ **기울기 각도(O) :** 문자의 기울기를 지정합니다.

(7) 현재로 설정(C) : 선택한 스타일을 현재 스타일로 설정합니다.

(8) 새로 만들기(N) : 새로운 스타일을 작성합니다.

(9) 삭제(D) : 기존 스타일을 삭제합니다.

02. 새 글꼴 작성

문자 스타일 대화상자가 나타나면 [새로 만들기(N)]를 클릭합니다. 스타일 이름(예: 표제란)을 입력한 후 [확인]을 클릭합니다.

대화상자에서 글꼴, 높이, 효과 등을 설정합니다.

글꼴이 설정되면 상단의 '주석' 탭의 '문자' 패널에 글꼴 목록이 표시됩니다.

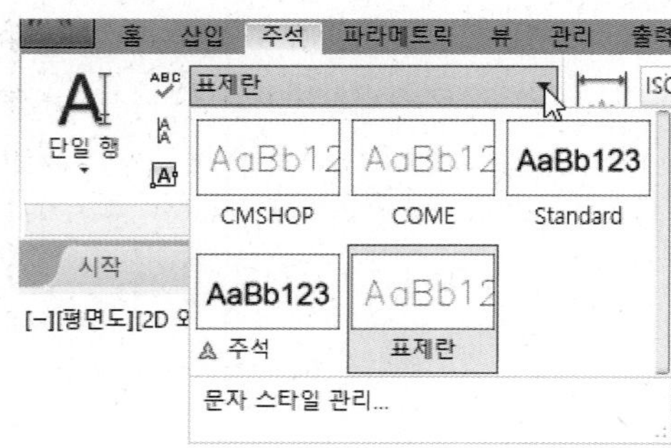

03. 주석 축척

문자 스타일 대화상자에서 '주석'을 체크하면 스타일 이름 앞에 ▲가 표시됩니다. 주석 축척은 뷰포트
축척에 관계없이 도면 배치에서 표시와 인쇄 시 문자의 높이를 동일하게 하기 위함입니다.

'주석(I)'을 체크하면 '도면 문자 높이(T)'가 활성화되어 문자 높이를 지정할 수 있습니다.

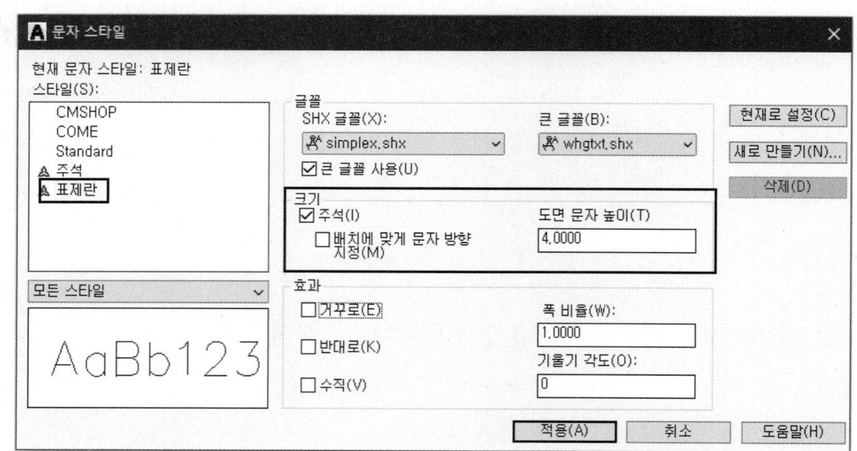

2. 여러 줄 문자(MTEXT)

여러 줄 문자는 Autocad에 내장된 문자 편집기입니다. 워드프로세서처럼 서식을 설정할 수 있고
편집할 수 있습니다.

명령 : MTEXT(단축키 : MT, T)   메뉴 아이콘 : **A**

{첫 번째 구석 지정:} 문자를 작성할 범위의 시작점을 지정합니다.

{반대 구석 지정 또는 [높이(H)/자리맞추기(J)/선 간격두기(L)/회전(R)/스타일(S)/폭(W)/열(C)]:}

문자 작성을 위한 범위의 반대 구석을 지정합니다.

문자 편집기 리본에서 서식을 설정한 후 문자를 작성합니다.

01. 문자 편집기 리본

문자 편집기 리본은 여러 줄 문자의 스타일, 형식, 단락, 삽입, 철자 검사, 도구, 옵션, 닫기의 패널로 구성되어 문자작성을 위한 다양한 환경을 설정할 수 있습니다.

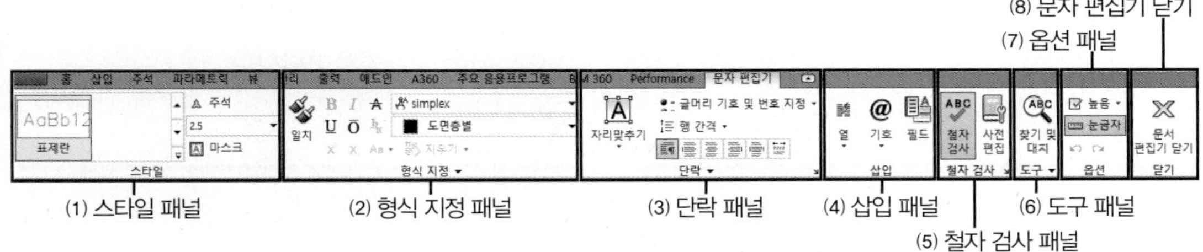

(1) '스타일' 패널

① **문자 스타일** : 여러 줄 문자의 스타일을 적용합니다. 기존 여러 줄 문자 객체에 새로운 스타일이 적용 되면 글꼴, 높이 및 굵기 등 문자 속성에 대한 문자 형식이 재지정됩니다.

② **문자 높이** : 새로운 문자의 문자 높이를 도면 단위로 설정하거나 선택한 문자의 높이를 변경합니다. 여러 줄 문자 객체는 다양한 높이의 문자를 포함할 수 있습니다.

③ **주석** : 문자의 주석을 켜거나 끕니다.

(2) '형식 지정' 패널

① **일치** : 선택한 문자의 형식을 여러 줄 문자 편집기의 다른 문자에도 동일한 형식으로 적용합니다.

② **굵게** : 새로운 문자 또는 선택한 문자에 대해 굵은 활자체 형식을 켜거나 끕니다. 이 옵션은 트루타 입 글꼴을 사용하는 문자에만 사용할 수 있습니다.

③ **기울임 꼴** : 새로운 문자 또는 선택한 문자에 대해 기울임 꼴 형식을 켜거나 끕니다. 이 옵션은 트루 타입 글꼴을 사용하는 문자에만 사용할 수 있습니다.

④ **밑줄** : 새로운 문자 또는 선택한 문자에 밑줄을 긋습니다.

⑤ **윗줄** : 새로운 문자 또는 선택한 문자에 윗줄을 긋습니다.

⑥ **글꼴** : 새로운 문자의 글꼴을 지정하거나 선택한 문자의 글꼴을 변경합니다. 트루타입 글꼴은 글꼴 그룹 이름으로 나타납니다. AutoCAD에서 컴파일된 쉐이프(SHX) 글꼴은 해당 글꼴이 저장된 파 일의 이름으로 나타납니다.

tip!

문자 글꼴을 지정할 때, 트루타입 글꼴의 경우 '@'가 붙은 글꼴을 지정하면 가로로 누운 문자가 표기됩니다.

⑦ **색상** : 새로운 문자의 색상을 지정하거나 선택한 문자의 색상을 변경합니다. 해당 문자가 위치한 도면층에 연관된 색상(BYLAYER) 또는 해당 문자가 포함된 블록의 색상(BYBLOCK)을 문자에 지정할 수 있습니다. 색상 리스트에 있는 색상 중 하나를 선택하거나 기타를 클릭하여 색상 선택 대화상자를 열 수도 있습니다.

⑧ **배경 마스크** : 문자 뒤에 불투명한 배경을 넣습니다

⑨ **기울기 각도** : 문자가 앞으로 또는 뒤로 기울어진 정도를 결정합니다. 각도는 90도를 기준으로 기울어진 각도를 표현합니다. −85~85 사이의 값을 입력하면 문자 기울기가 만들어집니다. 양수의 기울기 각도는 문자를 오른쪽으로 기울어집니다. 음수의 기울기 각도는 문자를 왼쪽으로 기울어집니다.

⑩ **자간** : 선택한 문자 사이의 간격을 줄이거나 늘립니다. 1.0 설정은 일반 간격입니다. 1.0 이상을 설정하면 간격을 늘리고 1.0 이하로 설정하면 간격을 줄입니다.

⑪ **폭 비율** : 선택한 문자의 폭을 늘리거나 줄입니다. 1.0은 이 글꼴에서 일반 너비를 표시합니다. 너비를 늘리거나(예를 들어, 너비 계수 2.0를 사용하여 너비를 두 배로 늘임) 너비를 줄일(예를 들어, 너비 계수 0.5를 사용하여 너비를 반으로 줄임) 수 있습니다.

(3) '단락' 패널

① **자리 맞추기** : 문자의 위치를 설정합니다. 다음과 같이 펼쳐지는 목록에서 선택합니다. 문자 정렬에 대한 자세한 내용은 '단일행 문자(TEXT)'의 옵션 설명을 참조합니다.

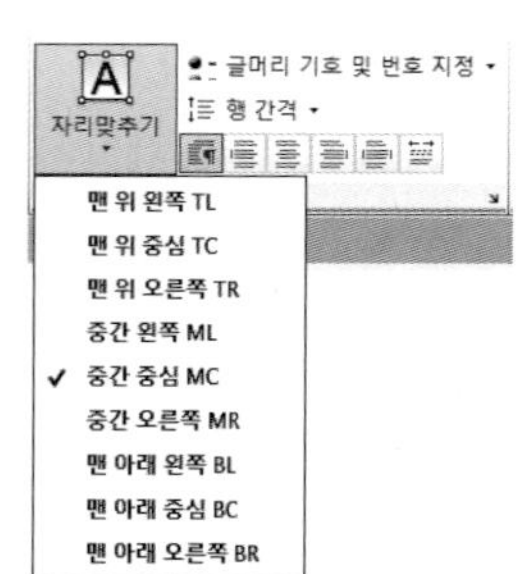

② **글 머리 기호 및 번호 지정** : 글머리의 기호, 번호, 알파벳 등의 표식을 제어합니다.

③ **행 간격** : 행 사이의 간격을 지정합니다.

④ **좌우 정렬** : 문장을 왼쪽, 중심, 오른쪽으로 정렬합니다.

⑤ **단락 기호** : 단락의 들여쓰기 및 단락 첫 행의 들여쓰기를 설정합니다. 탭의 위치를 지정하고, 들여쓰기, 단락 정렬, 단락 간격 및 단락 행 간격을 조정합니다. 다음의 단락 대화상자에서 설정합니다.

⑥ **자리 맞추기 및 분산** : 한 줄의 글자의 자리를 맞추거나 분산시킵니다.

(4) '삽입' 패널

① 열 없음, 정적 열 및 동적 열의 세 가지 열 옵션을 제공하는 열 플라이아웃 메뉴를 표시합니다. '열 설정'을 클릭하면 열 설정 대화상자가 나타납니다.

② **기호** : °(도) ²(제곱) ³(입방) Ω(오메가) 등 특수문자나 기호, 끊기지 않는 빈 칸을 커서 위치
에 삽입합니다. 기호를 수동으로 삽입할 수도 있습니다. 다음 그림과 같이 펼쳐지는 목록
에서 선택합니다.

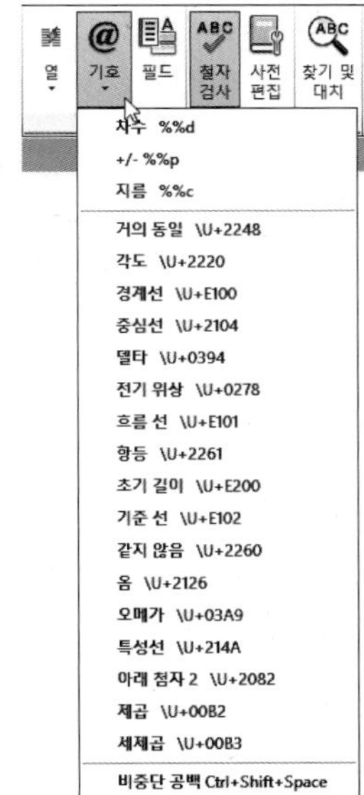

③ **필드 삽입** : 필드 삽입 대화상자가 나타납니다. 문자에 삽입할 필드(공식, 날짜, 작성자 등)
를 선택할 수 있습니다. 대화상자를 닫을 때 필드의 현재 값이 문자에 표시됩니다.

(5) '철자 검사' 패널

① **철자 검사** : 도면에 문자를 입력할 때 모든 문자의 철자를 검사할 수 있습니다. 또한 사용된 특정 언
어 사전을 지정하고 다중 사용자 철자 검사 사전을 사용자화하고 관리할 수 있습니다.

② **사전 편집** : 철자 검사를 위한 사전을 편집합니다. 다른 언어의 철자를 검사하기 위해 다른 주 사전으로
변경할 수 있습니다. 또한 원하는 수만큼 사용자 사전을 작성하여 필요에 따라 전환할 수 있습니다.

③ **철자 검사 설정** : 대화상자를 통해 철자 검사를 위한 문자의 환경을 설정합니다.

(6) '도구' 패널

① **찾기 및 대치** : 다음의 대화상자에서 문자열을 검색하거나 문자열을 대치(치환)합니다.

② **문자 가져오기** : 파일 선택 대화상자를 통해 ASCII 또는 RTF 형식의 파일을 선택하여 외부 문자를
가져옵니다. 가져온 문자는 원래의 문자 형식 및 스타일 특성을 유지하지만 편집기에서 편집하고 형
식을 지정할 수 있습니다. 문자의 파일 크기는 32KB로 제한됩니다.

③ **Auto Caps** : 키보드의 'Caps Lock' 기능으로 입력 또는 가져오는 문자 중 모든 영문자를 대문자로
표현합니다.

(7) '옵션' 패널

① **눈금자** : 눈금자 표시 여부를 제어합니다.

② **명령 취소** : 여러 줄 문자 편집기에서 문자 내용이나 문자 형식의 변경 등과 같은 작업을 취소합니다.
〈Ctrl〉+'Z' 키를 사용할 수도 있습니다.

③ **명령복구** : 문자 내용이나 문자 형식 변경 등의 여러 줄 문자 편집기에서의 작업을 복구합니다.
〈Ctrl〉+'Y' 키를 사용할 수도 있습니다.

(8) 문자 편집기 닫기 : 문자 작성 및 편집을 종료합니다. 변경 사항을 저장하지 않고 여러 줄 문자 편집
기를 닫으려면 〈ESC〉 키를 누릅니다.

02. 눈금자

눈금자 및 각 부위의 명칭은 다음과 같습니다. 기능이나 사용방법은 일반적인 문자 편집기(Word Processor)와 동일합니다.

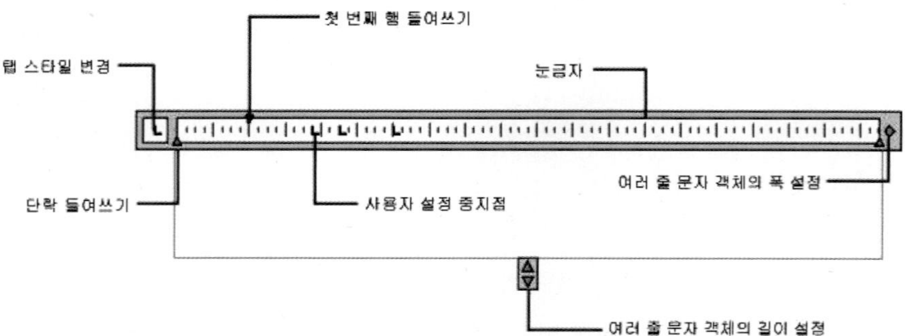

> **참고 스택 문자의 작성**
>
> 분수나 공차 표기와 같이 한 줄에 두 문자를 겹쳐서 기입하고자 할 때는 특수 문자를 사용하여 표기합니다. 다음과 같이 구분됩니다.
>
> - 슬래시(/) : 문자를 수직으로 스택하며 수평선으로 구분됩니다.
> - 샵(#) : 문자를 대각선으로 스택하며 대각선으로 구분됩니다.
> - 캐럿(^) : 공차 스택을 작성하며 수직으로 스택되고 선에 의해 구분되지 않습니다.
>
> 다음과 같은 문자를 입력하면,
>
>   2/3〈엔터〉 키
>   +05^−0.5〈엔터〉 키100.0〈엔터〉 키
>   2#3〈엔터〉 키
>
> 다음 그림과 같은 스택 문자가 작성됩니다.

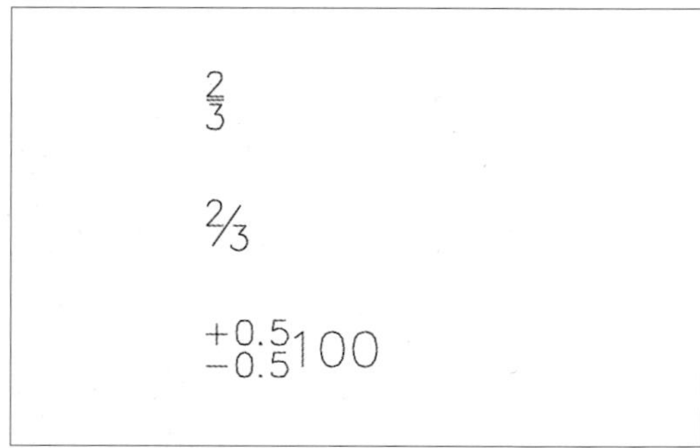

03. 여러 줄 문자의 작성

다음과 같이 여러 줄 문자를 작성합니다.

명령어 'MTEXT' 또는 'MT'를 입력하거나 '홈' 탭의 '주석' 패널 또는 '문자' 도구막대에서 **A**을 클릭합니다.

{현재 문자 스타일: "표제란" 문자 높이: 40 주석: 예}

{첫 번째 구석 지정:}에서 작성하고자 하는 문자 범위의 첫 번째 점을 지정합니다.

{반대 구석 지정 또는 [높이(H)/자리맞추기(J)/선 간격두기(L)/회전(R)/스타일(S)/폭(W)/열(C)]:}에서 작성할 문자 범위의 반대 구석을 지정합니다.

서식을 지정하고 문자를 작성합니다.

작성이 끝나면 '문서 편집기 닫기'를 클릭합니다. 작성된 문자를 클릭하면 그립이 나타납니다. 이때 그립을 조작하여 이동 및 단의 너비를 조정할 수 있습니다.

3. 단일 행 문자(TEXT)

단일 행에 문자를 작성합니다. 작성한 문자의 외관은 문자 스타일에서 설정한 환경(글꼴, 높이, 효과 등)에 따릅니다.

명령 : TEXT(단축키 : DT)   메뉴 아이콘 : **A**

옵션 설명

{문자의 시작점 지정 또는 [자리맞추기(J)/스타일(S)]:}

(1) 자리 맞추기(J) : 문자의 위치를 조정합니다. 여러 줄 문자의 자리 맞추기와 동일합니다.

① 정렬(Align) : 두 점 사이에 문자를 정렬합니다.

② 맞춤(Fit) : 두 점 사이에 문자를 정렬하고 높이를 지정합니다.

③ 중심(Center) : 지정한 점을 중심으로 문자를 수평 중심에 정렬합니다.

④ 중간(Middle) : 지정한 점을 기준으로 문자를 중앙으로 조절하여 정렬합니다.

⑤ 오른쪽(Right) : 지정한 점을 기준으로 문자를 오른쪽에 정렬합니다.

⑥ TL(Top Left) : 문자의 상단 좌측을 기준으로 정렬합니다.

⑦ TC(Top Center) : 문자의 상단 중앙을 기준으로 정렬합니다.

⑧ TR(Top Right) : 문자의 상단 우측을 기준으로 정렬합니다.

⑨ ML(Middle Left) : 문자의 중앙 좌측을 기준으로 정렬합니다.

⑩ MC(Middle Center) : 문자의 수평, 수직 중심점을 기준으로 정렬합니다.

⑪ MR(Middle Right) : 문자의 중앙 우측을 기준으로 정렬합니다.

⑫ BL(Bottom Left) : 문자의 하단 좌측을 기준으로 정렬합니다.

⑬ BC(Bottom Center) : 문자의 하단 중앙을 기준으로 정렬합니다.

⑭ BR(Bottom Right) : 문자의 하단 우측을 기준으로 정렬합니다.

(2) 스타일(S) : 글꼴을 지정하는 스타일을 지정합니다. 스타일은 '문자 스타일(STYLE)' 명령에서 작성한 스타일 이름을 지정합니다.

참고 특수 문자의 입력

'여러 줄 문자(MTEXT)'의 경우는 특수 문자를 선택하는 기능이 있으나 '단일행 문자(TEXT)'에서 특수 문자를 기입하기 위해서는 다음과 같이 특수 문자를 제어하는 제어문자인 이중 퍼센트 부호(%%)와 함께 특수 문자 정보를 입력해야 합니다.

제어 문자	유니코드 문자열	결과
%%d	₩U+00B0	각도 기호(°)
%%p	₩U+00B1	공차 기호(±)
%%c	₩U+2205	지름 기호(∅)
%%u		밑줄 글자
%%o		윗줄 글자
%%%		% 기호

다음 문자 기호를 삽입하려면 확장된 문자 형식 도구막대에서 기호를 클릭하거나 해당 유니코드 문자열을 입력합니다.
문자 기호 및 유니코드 문자열로 삽입됩니다.

이름	기호	유니코드 문자열
거의 같음	≈	₩U+2248
각도	∠	₩U+2220
경계선	℔	₩U+E100
중심선	℄	₩U+2104
증분	Δ	₩U+0394
전기 위상	φ	₩U+0278
흐름 선	℉	₩U+E101
항등	≡	₩U+2261
시작 길이	⌒	₩U+E200
기준 선	ℳ	₩U+E102
같지 않음	≠	₩U+2260
옴	Ω	₩U+2126
오메가	Ω	₩U+03A9
판/특성 선	℔	₩U+214A
아래 첨자 $_2$	2	₩U+2082
제곱	2	₩U+00B2
세제곱	3	₩U+00B3

명령어 'TEXT' 또는 'DT'를 입력하거나 '홈' 탭의 '주석' 패널 또는 '문자' 도구막대에서 **A**을 클릭합니다.
{현재 문자 스타일: "표제란" 문자 높이: 40.0000 주석: 예 자리맞추기: 왼쪽}
{문자의 시작점 지정 또는 [자리맞추기(J)/스타일(S)]:}에서 'J'를 입력합니다.

tip!

이때 마우스 오른쪽 버튼을 눌러 바로가기 메뉴에서 '자리 맞추기'를 선택하여 지정할 수도 있습니다.

{옵션 입력 [왼쪽(L)/중심(C)/오른쪽(R)/정렬(A)/중간(M)/맞춤(F)/맨위왼쪽(TL)/맨위중심(TC)/맨위
오른쪽(TR)/중간왼쪽(ML)/중간중심(MC)/중간오른쪽(MR)/맨아래왼쪽(BL)/맨아래중심(BC)/맨아
래오른쪽(BR)]:}에서 중간 중심 'MC'를 입력합니다.
{문자의 중간점 지정:}에서 원의 중심을 지정합니다.
{문자의 회전 각도 지정 〈0.000〉:}에서 '0'을 입력한 후, 문자 '1'을 입력한 후 〈엔터〉 키를 누르면 다음
행으로 넘어갑니다. 다시 〈엔터〉 키를 누르면 종료됩니다.

다음과 같이 원의 중앙에 문자가 작성됩니다.

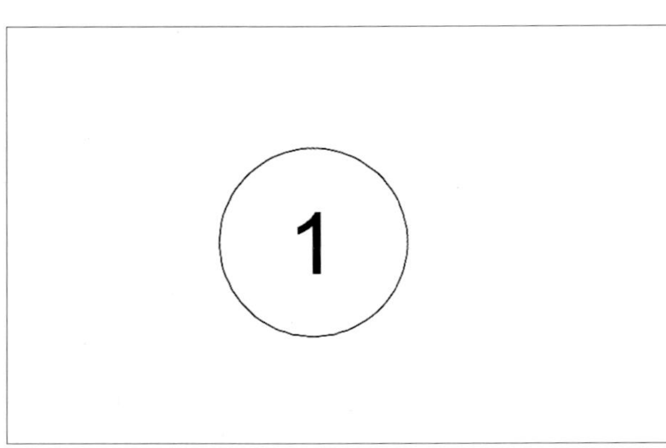

4. 문자의 편집

작성된 문자의 내용과 특성을 편집합니다.

01. 작성된 문자의 더블클릭

작성된 문자를 더블클릭하면 문자를 수정할 수 있는 모드가 됩니다. 단일 행 문자는 문자의 내용만 수정할 수 있고, 여러 줄 문자는 '문자 편집기' 탭이 나타나 문자의 환경(글꼴, 높이, 자리맞추기, 효과 등)을 편집할 수 있습니다.

02. 특성(PROPERTIES) 또는 빠른 특성(QP) 기능

특성(PROPERTIES) 기능 또는 그리기 도구의 '빠른 특성(QP)' 기능으로 문자의 내용뿐 아니라 문자의 특성도 수정할 수 있습니다.

문자를 선택한 후 단축키 'PR'을 입력하면 다음과 같이 문자 특성 팔레트가 표시됩니다. 특성 팔레트에서 색상, 도면층을 비롯하여 문자의 내용, 스타일, 높이, 자리 맞추기 등을 수정할 수 있습니다.

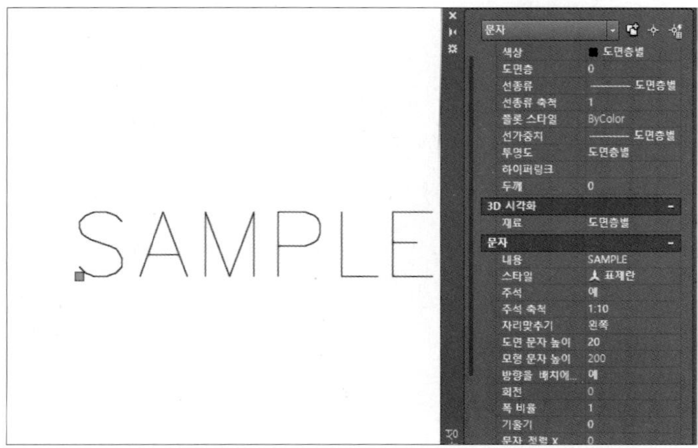

03. 문자 편집(TEXTEDIT, DDEDIT) 기능 

문자 편집 기능인 'TEXTEDIT' 또는 'DDEDIT'를 실행하여 문자를 수정합니다.

{주석 객체 선택:}에서 문자를 선택합니다.

문자를 선택하면 문자를 수정할 수 있는 모드로 바뀝니다. 문자의 내용만 바꿀 수 있습니다. 치수 문자
도 해당됩니다.

04. 그립을 이용한 기능

작성된 문자를 클릭하면 그립이 나타납니다. 이때 그립
을 이용하여 문자의 위치 및 단락의 범위를 조정할 수 있
습니다.

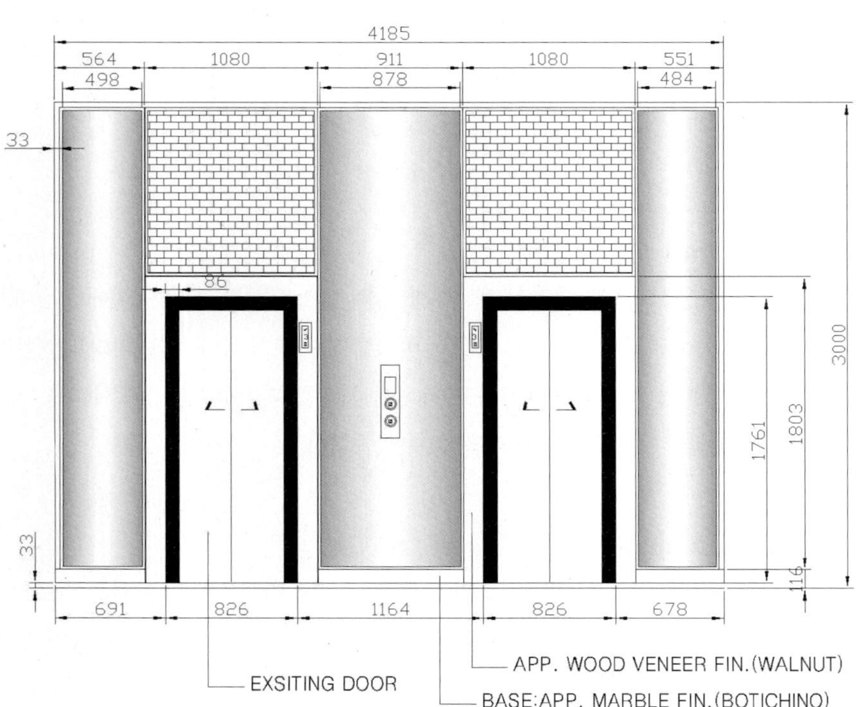

예제 도면

LESSON 02 치수의 기입

도면에서 작성된 객체는 부품의 제작이나 건물의 건설을 위한 설계 요소입니다. 도면을 이해시키기 위해서는 많은 설명이 필요합니다. 치수기입은 도면을 설명하기 위해 가장 일반적으로 사용하는 방법입니다. 치수 기입에 대해 알아보겠습니다.

1. 치수 관련 용어 및 기호

치수기입에는 많은 기호와 표식 방법을 사용합니다. 이에 따른 용어와 기호의 의미에 대해 알아보겠습니다.

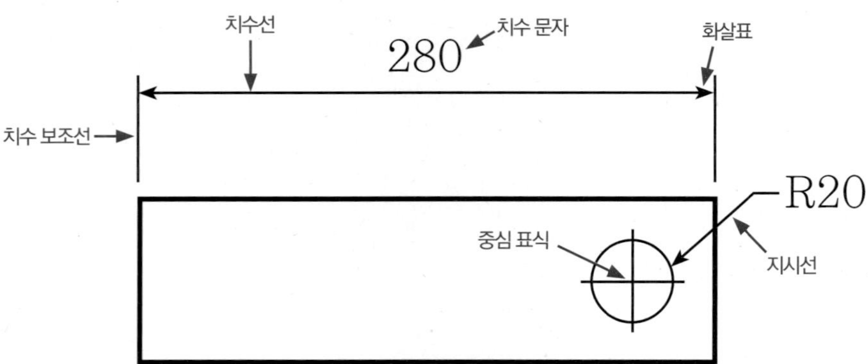

01. 치수선(Dimension Line)

길이나 각도를 표기하기 위해 측정하는 방향으로 평행하게 그은 선으로 한쪽 또는 양쪽에 화살표를 가진 선분입니다. 치수 보조선 사이의 간격이 좁은 경우는 바깥쪽에 작도할 수도 있습니다. 일반적으로 치수를 기입할 때는 양쪽 화살표의 치수선을 표기하고 사이에 치수를 기입하지만 설정에 따라서 한쪽 방향으로만 표기할 수도 있고 치수선을 표시하지 않을 수도 있습니다.

02. 치수 보조선(Extension Line)

치수선의 시작과 끝을 표시하는 보조선입니다. 치수선이 대상 도형의 바깥쪽에 표시되는 경우 치수선의 양끝에 직각으로 그려지는 선입니다. 설정에 따라서는 치수 보조선을 한쪽에만 표시할 수도 있으며, 양쪽 모두를 표기하지 않을 수도 있습니다.

03. 화살표(Arrows)

치수선 양끝 또는 지시선의 끝에 표시하는 화살 기호를 말합니다. 국가, 단체, 업계, 회사에 따라 사용되는 기호를 달리 합니다. AutoCAD는 다양한 기호를 제공하고 있으며 필요에 따라 사용자가 정의하여 사용할 수 있습니다.

04. 치수문자(Dimension Text)

거리, 각도, 반경 등 실제 치수 또는 설명을 나타내는 문자를 말합니다.

05. 중심 표식(Center Mark)

원이나 호의 중심을 표시하는 마크를 말합니다. 십자선(+)이나 선으로 표시할 수 있으며, 설정에 따라서는 표시를 하지 않을 수도 있습니다.

06. 지시선(Leader)

'인출선'이라고도 하며 치수를 기입할 공간이 부족하여 치수기입이 어려울 때 끌어 내는 선입니다. 예를 들어, 원이나 호의 치수를 기입할 때 너무 작아 치수문자가 들어갈 수 없을 때 지시선으로 끌고 나와 치수문자를 기입합니다.

07. 허용 오차(Tolerances)

제품을 가공할 때 기준 치수로부터 허용할 수 있는 상한값과 하한값(플러스/마이너스)으로 치수와 함께 기입합니다. 흔히 분산식 허용오차라고 합니다. 플러스와 마이너스의 오차량을 서로 다르게 기입하는 것도 가능합니다. 플러스와 마이너스 오차량을 같게 하면 '±' 기호를 표시해 주며, 그렇지 않으면 해당 부호가 따로 표시됩니다.

08. 두 단위 치수(Alternate Units)

치수를 두 가지 측정 단위로 동시에 기입하는 것을 말합니다. 즉, 십진 값과 인치 값을 동시에 기입하는 방법입니다.

2. 치수 스타일(DIMSTYLE)

치수기입의 첫 단계는 치수 유형(스타일)을 설정하는 것입니다. 치수기입을 위해 치수선, 치수 보조선, 화살표의 형상과 문자의 높이, 색상 등 속성을 설정하는 작업입니다.

명령 : DDIM 또는 DIMSTYLE(단축키 : D, DST)　　　　　메뉴 아이콘 :
또는 '치수' 패널의 오른쪽 끝에 있는 을 클릭합니다.

01. 치수 스타일 관리자

치수 스타일을 신규로 작성, 기존 스타일의 수정 및 재지정, 치수 스타일과 치수 스타일을 비교합니다.

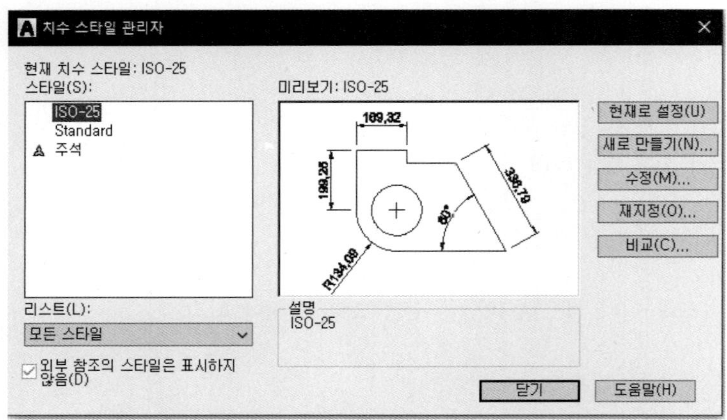

❶ **스타일(S)** : 현재 도면에 작성된 치수 스타일 목록이 표시됩니다. 이 목록에서 작업하고자 하는 치수
스타일을 선택합니다. 스타일 이름 앞에 Ⓐ 마크가 있는 치수 스타일은 주석 스타일을 의미합니다.

❷ **미리 보기** : 선택한 스타일의 설정 상태를 이미지로 표시합니다.

❸ **리스트(L)** : '스타일(S)'에 표시되는 스타일의 조건을 선택(필터링)합니다.

❹ **설명** : 스타일에 대한 설명이 표시됩니다.

❺ **현재로 설정(U)** : 목록에서 선택한 스타일을 현재 스타일로 지정합니다.

❻ **새로 만들기(N)** : 새 치수 스타일 작성 대화상자가 표시되면서 새로운 치수 스타일을 작성합니다.

❼ **수정(M)** : 목록에서 선택한 기존의 치수 스타일을 수정합니다.

❽ **재지정(O)** : 특정 값을 재설정하여 그 값을 기존 치수 스타일에 적용합니다.

❾ **비교(C)** : 비교 대상 치수 스타일을 지정하여 각 항목별 설정값을 표시합니다

02. '선' 탭

치수선, 치수 보조선과 관련된 환경을 설정합니다.

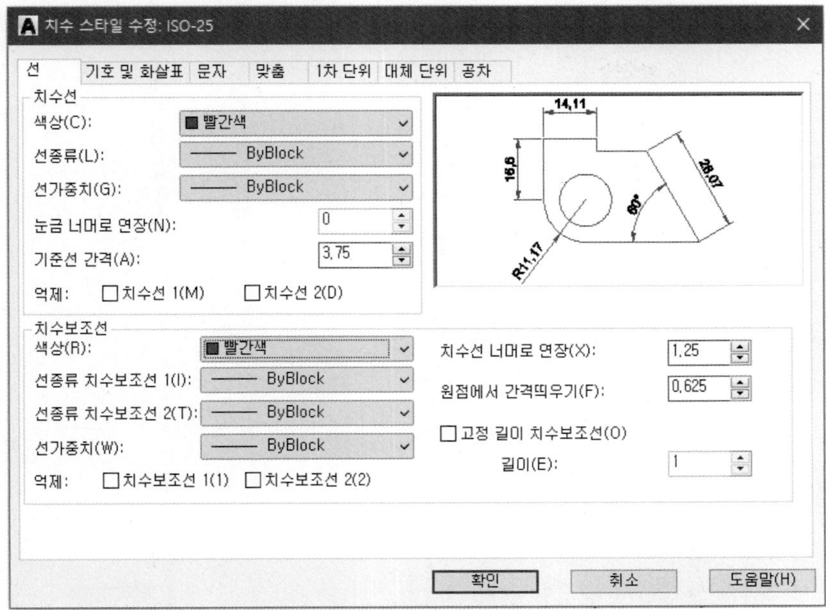

(1) 치수선 : 치수선의 환경을 설정합니다.

❶ 색상(C) : 치수선의 색상을 지정합니다.(시스템 변수 DIMCLRD=BYBLOCK)

❷ 선 종류(L) : 치수선의 선 종류를 지정합니다.(시스템 변수 없음)

❸ 선 가중치(G) : 치수선의 선 가중치를 지정합니다.(시스템 변수 DIMLWD)

❹ 눈금 너머로 연장(N) : 화살표 모양을 '건축 눈금' 또는 '기울기' 를 선택했을 때 치수선이 치수 보조
선을 벗어나는 길이를 지정합니다.(시스템 변수 DIMDLE=0)

❺ 기준선 간격(A) : 기준선 치수를 기입할 때 치수선 사이의 간격을 지정합니다.(시스템 변수
DIMDLI=0.375)

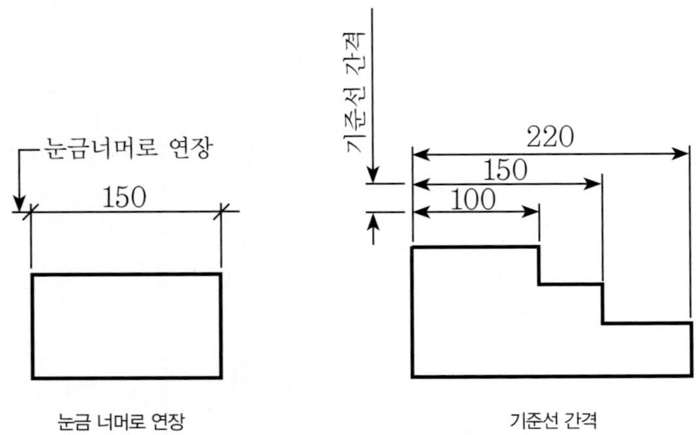

❻ 억제 : 치수선의 억제를 지정합니다. '치수선 1'을 체크하면 첫 번째 지시한 쪽의 치수선이 표시되지 않습니다. 기본적으로 양쪽 모두 표시됩니다.

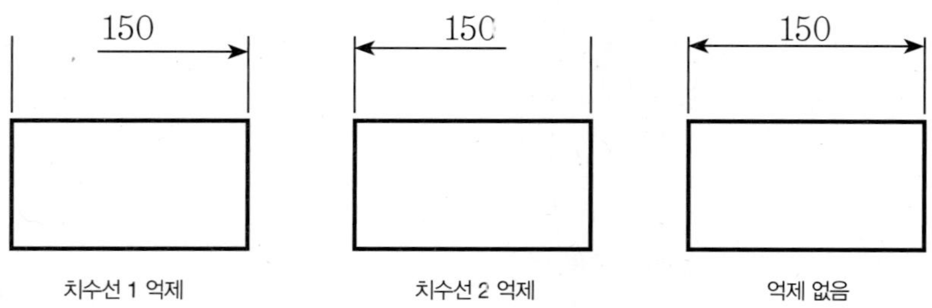

(2) 치수 보조선 : 치수 보조선의 환경을 설정합니다.

❶ 색상(R) : 치수 보조선의 색상을 지정합니다.

❷ 선종류 치수 보조선1(I) : 첫 번째 치수 보조선의 선 종류를 설정합니다.

❸ 선종류 치수 보조선2(T) : 두 번째 치수 보조선의 선 종류를 설정합니다.

❹ 선 가중치(W) : 치수 보조선의 선 가중치를 지정합니다.(시스템 변수 DIMLWE)

❺ 치수선 너머로 연장(X) : 치수 보조선이 치수선 밖으로 연장되는 거리를 지정합니다. (시스템 변수 DIMEXE = 0.18)

❻ 원점에서 간격 띄우기(F) : 측정 대상 객체에서 치수 보조선이 떨어지는 거리를 지정합니다.(시스템 변수 DIMEXO = 0.0625)

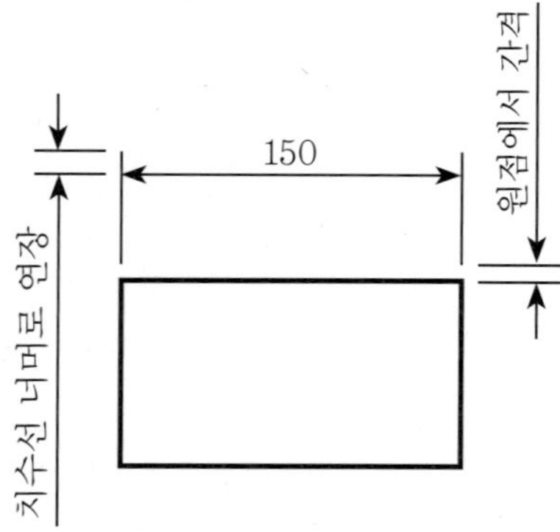

치수선 너머로 연장과 원점에서 간격 띄우기

❼ 억제 : 치수 보조선의 억제를 제어합니다. 체크 상자에 체크를 하면 치수 보조선이 표시되지 않습니다. 기본은 양쪽 모두 표시됩니다.

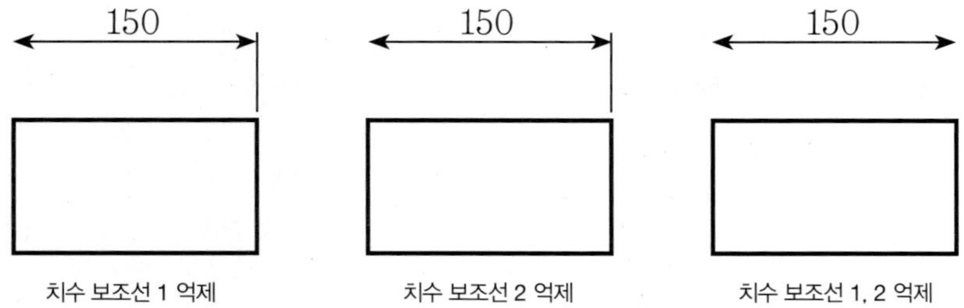

❽ 고정 길이 치수 보조선: 치수 보조선의 길이를 지정한 길이로 고정하고자 할 때 체크합니다.

03. '기호 및 화살표' 탭

화살촉, 화살표, 중심표식과 호, 반지름과 관련된 환경을 설정합니다.

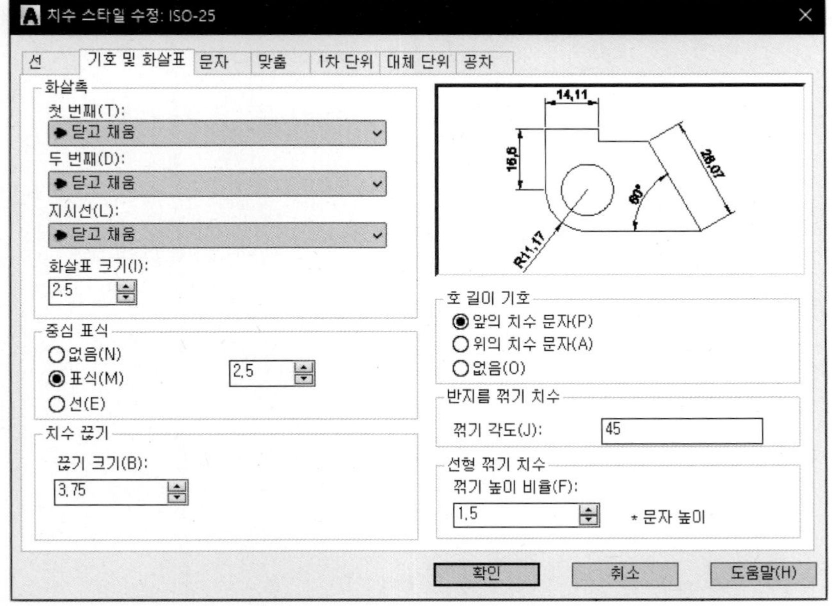

(1) 화살촉 : 화살표의 모양과 크기를 설정합니다.

❶ 첫 번째(T) : 첫 번째 화살표 모양을 목록 상자에서 선택합니다. 필요에 따라 사용자가 만들어서 정
   의할 수도 있습니다.

❷ 두 번째(D) : 두 번째 화살표 모양을 목록 상자에서 선택합니다. 필요에 따라 사용자가 만들어서 정
   의할 수도 있습니다.

❸ 지시선(L) : 지시선의 화살촉 모양을 목록 상자에서 선택합니다.

❹ 화살표 크기(I) : 화살표의 크기를 지정합니다.

(2) 중심 표식 : 원이나 호의 중심 기호의 도양과 크기를 설정합니다.

❶ 없음(N) : 중심 표식을 하지 않습니다.(시스템 변수 DIMCEN = 0)

❷ 표식(M) : 중심 위치만 (+)모양으로 표시합니다.

❸ 선(E) : 중심 표식을 원 또는 호의 위치까지 선으로 표시합니다.

❹ 크기 : 중심 표식의 크기를 지정합니다.

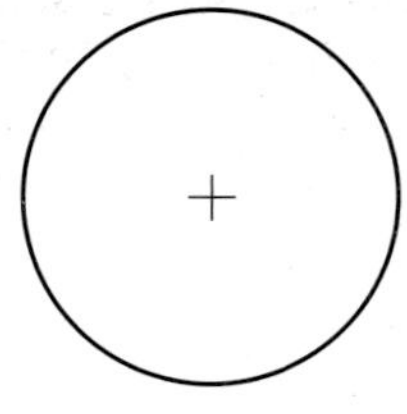 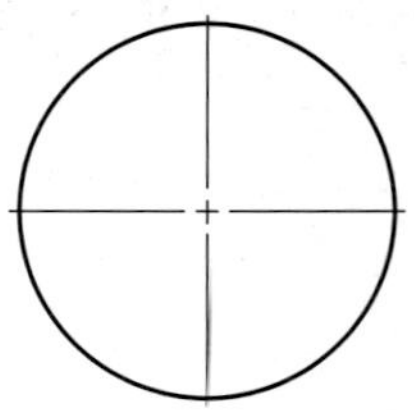

중심 표식이 '표식'인 경우   중심 표식이 '선'인 경우

(3) 치수 끊기 : 치수 끊기의 간격 폭을 설정합니다. '끊기 크기(B)'에서 끊기의 폭을 설정합니다.

(4) 호 길이 기호 : 호 길이 치수의 원호 기호 표시를 설정합니다

❶ 앞의 치수문자(P) : 호 길이 기호를 치수문자 앞에 배치합니다.

❷ 위의 치수문자(A) : 호 길이 기호를 치수문자 위에 배치합니다.

❸ 없음(O) : 호 길이 기호를 표시하지 않습니다.

(5) 반지름 꺾기 치수 : 반지름 치수의 꺾기(지그재그) '각도(J)'를 설정합니다.

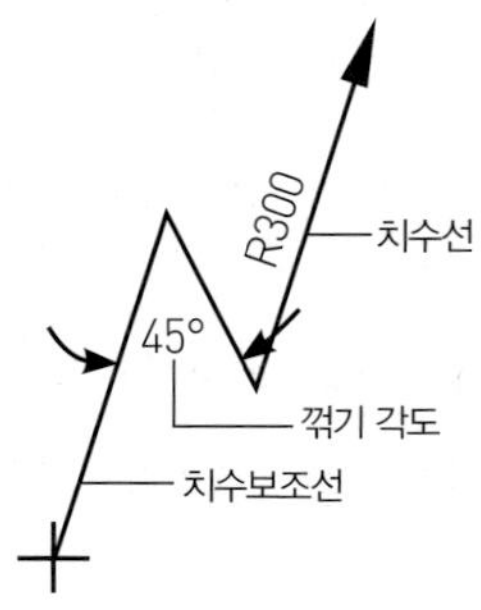

(6) 선형 꺾기 치수 : 선형 치수의 꺾기(지그재그)의 '꺾기 높이 비율(F)'을 설정합니다.

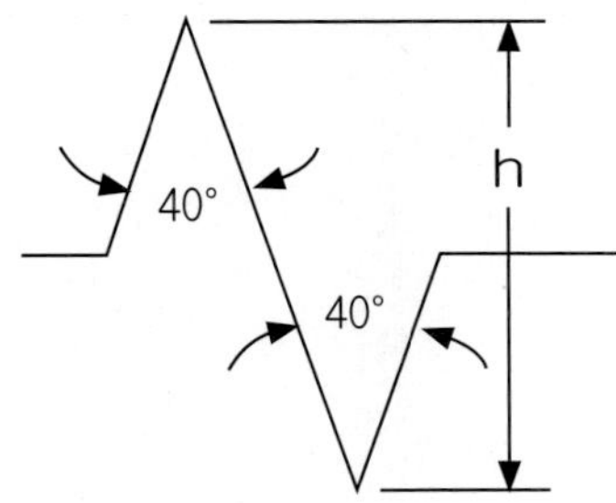

04. '문자' 탭

치수문자의 스타일, 크기, 위치 등 치수문자와 관련된 환경을 설정합니다.

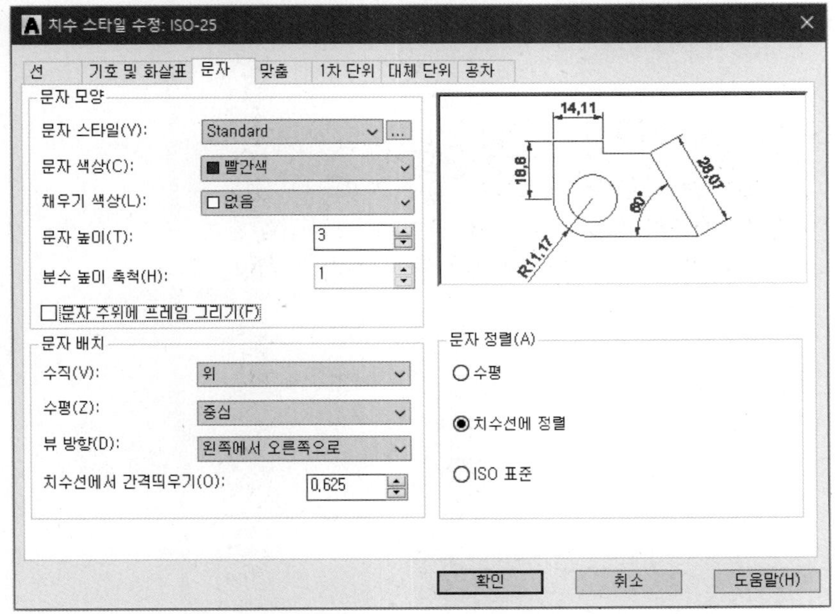

(1) 문자 모양 : 치수문자의 스타일과 색상 등 문자의 모양과 관련된 환경을 설정합니다.

❶ 문자 스타일(Y) : 치수문자의 스타일(STYLE)을 지정합니다. 자세한 내용은 '문자 스타일 (STYLE)' 명령을 참조합니다.

❷ 문자 색상(C) : 치수문자의 색상을 지정합니다.

❸ 채우기 색상(L) : 치수의 문자 배경 색상을 설정합니다. 색상 목록 맨 아래에서 '색상 선택..'을 클릭 하면 색상 선택 팔레트가 표시됩니다. 색상 이름 또는 번호를 입력할 수도 있습니다.

❹ 문자 높이(T) : 치수문자의 높이를 지정합니다.

❺ 분수 높이 축척(H) : 1차 단위 탭에서 단위 형식을 분수로 지정했을 경우 분수 높이의 척도를 지정 합니다.

❻ 문자 주위에 프레임 그리기(F) : 치수문자 주위를 사각형의 프레임을 작도합니다.

(2) 문자 배치 : 치수문자의 배치 환경을 설정합니다.

❶ 수직(V) : 수직 방향의 치수문자 배치 방법을 지정합니다.

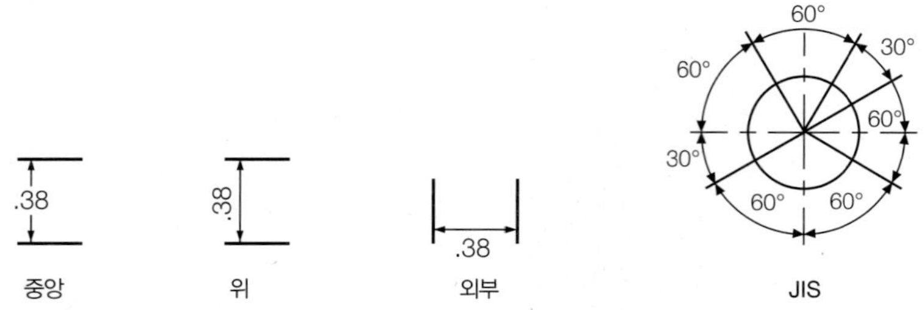

❷ 수평(Z) : 수평 방향의 치수문자 배치 방법을 지정합니다.

• 중심 : 치수를 치수선 중앙에 기입합니다.

• 치수 보조선 1에 : 치수를 첫 번째 치수 보조선 쪽에 기입합니다.

• 치수 보조선 2에 : 치수를 두 번째 치수 보조선 쪽에 기입합니다.

• 치수 보조선 1너머 : 치수를 첫 번째 치수 보조선 위에 기입합니다.

• 치수 보조선 2너머 : 치수를 두 번째 치수 보조선 위에 기입합니다.

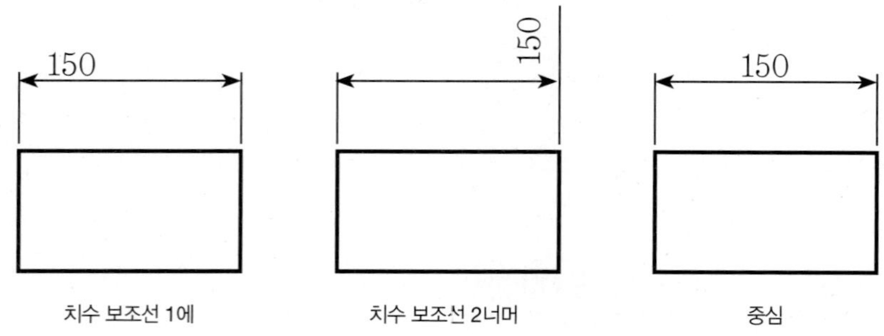

❸ 뷰 방향(D) : 치수문자를 보는 방향을 조정합니다. 문자를 '왼쪽에서 오른쪽 읽는 방법'과 '오른쪽에서 왼쪽으로 읽는 방법'이 있습니다.

❹ 치수선에서 간격 띄우기(O) : 치수문자가 치수선 사이에 기입될 때 치수선과 문자의 간격을 나타내며, 치수선 위에 치수문자를 기입할 때는 치수선과 문자가 떨어지는 간격을 나타냅니다.

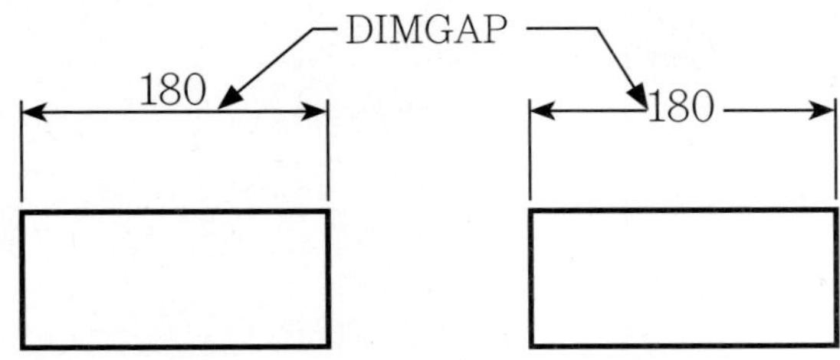

치수선에서 간격 띄우기

(3) 문자 정렬(A) : 치수문자의 방향을 설정합니다.

❶ 수평 : 치수문자를 항상 수평으로 정렬합니다.

❷ 치수선에 정렬 : 치수문자를 치수선과 수평이 되도록 정렬합니다.

❸ ISO 표준 : 치수문자가 치수 보조선 안에 있으면 치수선과 수평이 되도록 정렬하고, 치수 보조선 밖에 있으면 수평으로 정렬합니다.

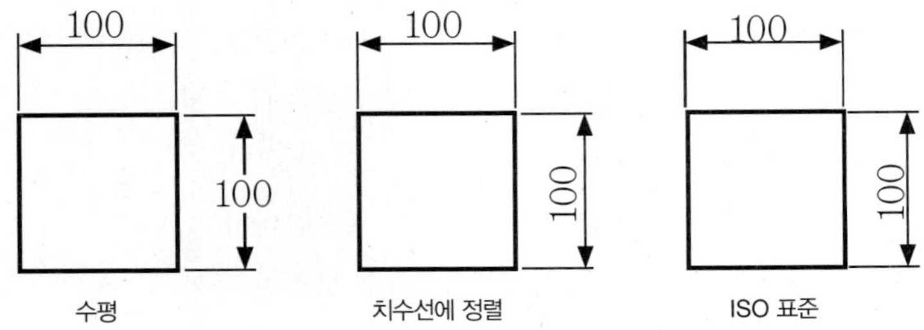

수평   치수선에 정렬   ISO 표준

05. '맞춤' 탭

문자와 화살표, 치수선의 배치를 정의하거나 치수기입 축척 등을 설정합니다.

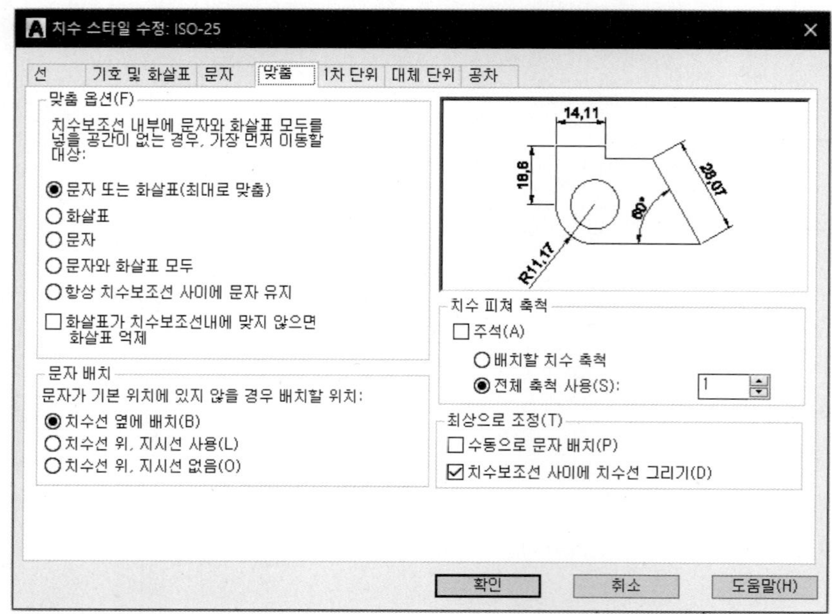

(1) 맞춤 옵션(F) : 치수문자와 화살표의 위치를 지정합니다.

❶ 문자 또는 화살표(최대로 맞춤) : 치수 보조선 사이의 간격이 충분하면 치수와 화살표를 치수 보조선 안에 표시하고, 치수만 여유 공간이 있으면 치수만 보조선 사이에 표시하고 화살표와 치수선은 보조선 밖에 표시합니다. 치수와 화살표 모두 여유 공간이 없으면 모두 치수 보조선 밖으로 표시합니다.

❷ 화살표 : 치수 보조선 바깥쪽으로 먼저 화살촉을 이동한 다음 문자를 이동합니다. 치수 보조선 사이의 간격이 충분하면 치수와 화살표를 치수 보조선 안에 표시하고, 화살촉에 대해서만 충분한 공간을 사용할 수 있는 경우, 화살촉은 치수 보조선 사이에 배치하고 문자는 치수 보조선 외부에 배치합니다.

❸ 문자 : 치수 보조선 바깥쪽으로 먼저 문자를 이동한 다음 화살촉을 이동합니다. 치수 보조선 사이의 간격이 충분하면 치수와 화살표를 치수 보조선 안에 표시하고, 문자에 대해서만 충분한 공간을 사용할 수 있는 경우, 문자는 치수 보조선 사이에 배치하고 화살촉은 치수 보조선 외부에 배치합니다.

❹ 문자와 화살표 모두 : 문자와 화살촉에 공간이 부족할 경우 치수 보조선 바깥쪽으로 모두 이동합니다. 치수 보조선 사이의 간격이 충분하면 치수문자와 화살표를 치수 보조선 안에 표시하고, 그렇지 않으면 보조선 밖으로 표시합니다.

❺ 항상 보조선 사이에 문자 유지 : 항상 치수 보조선 사이에 치수문자를 기입합니다.

❻ 화살표가 치수 보조선 내에 맞지 않으면 화살표 억제 : 치수 보조선 사이의 공간이 충분치 않으면 화살표를 표시하지 않습니다.

(2) 문자 배치 : 치수문자가 기준 위치에 있지 않을 경우 위치를 지정합니다.

❶ 치수선 옆에 배치(B) : 치수문자를 이동할 때마다 치수선도 이동합니다.

❷ 치수선 위, 지시선 사용(L) : 문자를 이동할 때 치수선이 이동하지 않습니다. 문자가 치수선으로부터 멀리 떨어져 있을 경우 문자와 치수선을 연결하는 지시선을 작성합니다. 문자가 치수선에 너무 가까이 있으면 지시선은 생략됩니다.

❸ 치수선 위, 지시선 없음(O) : 문자를 이동할 때 치수선이 이동하지 않습니다. 치수선으로부터 멀리 떨어진 문자가 지시선을 사용하여 치수선에 연결되지 않습니다.

(3) 치수 피처 축척 : 치수 스타일의 전체적인 척도와 도면 공간 치수의 척도를 설정합니다.

❶ 주석(A) : 치수 스타일이 주석임을 설정합니다.

❷ 배치할 치수 축척(도면 공간) : 모형 공간(Model space)과 도면 공간(Paper space) 사이의 축척을 기준으로 축척 비율을 결정합니다.

❸ 전체 축척 사용(S) : 해당 치수 스타일의 전체적인 축척을 지정합니다. 치수 스타일의 환경을 설정할 때, 처음에 이 값으로 전체적인 축척을 지정한 다음 각 세부 항목의 축척을 조정합니다.

참고 치수 스타일 전체 크기 지정

화살촉, 문자, 보조선의 길이와 같이 치수기입을 위한 각 항목의 크기를 하나씩 지정하는 것은 번거로운 일입니다. 가장 간편한 방법은 '전체 축척 사용(S)'에 기본 축척 값을 부여하면 됩니다. 예를 들어, '전체 축척'을 '50'을 입력하면 '문자 높이'가 '2.5'인 경우는 '50×2.5'가 되어 기입되는 치수문자는 '125'가 됩니다. 이런 방법으로 치수기입을 위한 각 항목을 하나씩 지정하기보다는 '전체 축척 사용(S)'을 먼저 지정한 후 수정하고자 하는 항목만 수정하면 됩니다.

---

(4) 최상으로 조정(T) : 문자 및 치수선의 환경을 설정합니다.

❶ 수동으로 문자 배치(P) : 문자 배치의 수평 자리 맞추기 지정을 무시하고 치수선 위치 프롬프트에서 사용자가 지정한 위치에 치수문자를 기입합니다.

❷ 항상 보조선 사이에 치수선 그리기(D) : 화살촉이 측정된 점 바깥쪽에 배치되는 경우에도 측정된 점 사이에 치수선을 작도합니다.

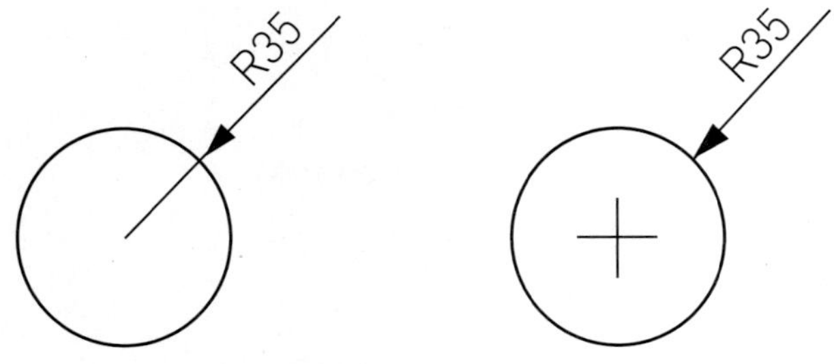

'항상 보조선 사이에 치수선이 그려진 경우(D)'에 체크된 경우와 그렇지 않은 경우

06. '1차 단위' 탭

치수 단위의 형식과 정밀도를 설정하고 치수문자의 머리말과 꼬리말 등의 환경을 설정합니다.

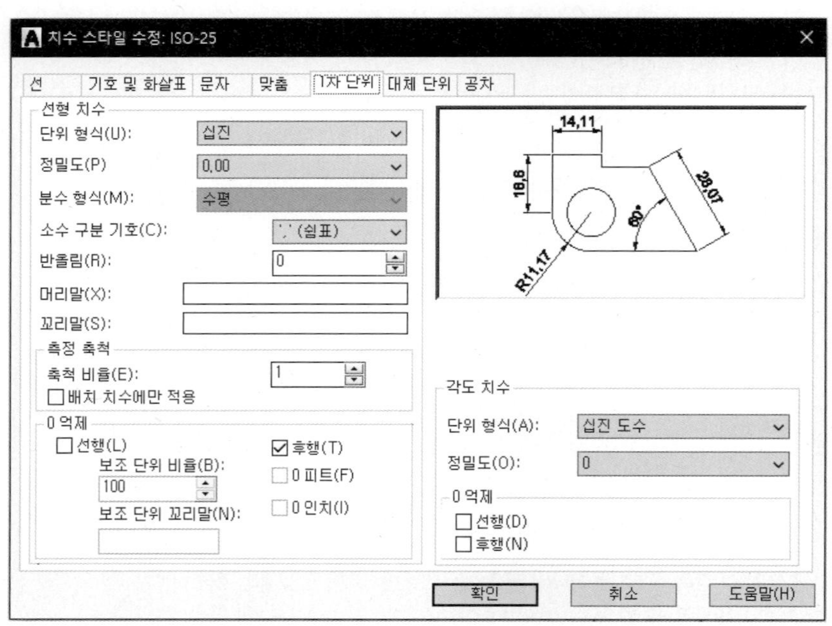

(1) 선형 치수 : 선형 치수에 대한 환경을 설정합니다.

❶ 단위 형식(U) : 각도를 제외한 일반적인 치수기입의 단위를 지정합니다. 단위 형식은 과학, 십진, 엔지니어링, 건축, 분수가 있습니다.

❷ 정밀도(P) : 소수점 이하 자릿수를 제어합니다.

❸ 분수 형식(M) : 단위 형식을 분수로 선택했을 때 분수의 표시 형식으로 '수평'과 '대각선'이 있습니다.

❹ 소수 구분 기호(C) : 소수점 구분자의 형식을 지정합니다. 마침표(.), 쉼표(,), 공백이 있습니다.

❺ 반올림(R) : 반올림 하고자 하는 단위를 지정합니다.

❻ 머리말(X) : 항상 치수문자 앞에 기입하는 문자를 입력합니다.(예: ø 100)

❼ 꼬리말(S) : 항상 치수문자 뒤에 기입하는 문자를 입력합니다.(예:100mm)

❽ 측정 축척 : 객체의 길이를 측정 시 축척을 설정합니다.

- 축척 비율(E) : 치수기입하기 위해 측정할 때의 축척을 지정합니다. 예를 들어, '10'을 설정해놓으면 '실제 길이×10'의 값으로 표기됩니다.

- 배치 치수에만 적용 : 배치(Paper space)에만 적용합니다.

❾ 0억제 : 표시하는 치수의 0을 제어합니다.

- 선행(L) : 소수점 앞에 오는 0을 표시하지 않습니다.

- 후행(T) : 소수점 뒤에 오는 0을 표시하지 않습니다.

- 0 피트(F) : 거리를 1피트보다 적을 때 피트와 인치 치수의 피트 위치를 억제합니다. 예를 들어, 0′ –6 1/2″는 6 1/2″가 됩니다.
- 0 인치(I) : 거리가 피트의 정수일 때 피트와 인치 치수의 인치 위치를 억제합니다. 예를 들어, 1′ –0″는 1′가 됩니다.

(2) 각도 치수 : 각도 치수에 대한 환경을 설정합니다.

❶ 단위 형식(A) : 각도를 기입할 때 각도의 표현 형식을 선택합니다. 각도 형식은 십진 도수(Degrees), 도/분/초(Degrees/Minutes/Seconds), 그라디안(Grands), 라디안(Radians)이 있습니다.

❷ 정밀도(O) : 소수점 이하 자릿수를 제어합니다.

❸ 0 억제 : 표시하는 치수의 0을 제어합니다. 선형 치수 참조.

07. '대체 단위' 탭

대체 단위의 사용 여부와 대체 단위의 형식과 정밀도를 설정하고 치수문자의 머리말과 꼬리말 등을 설정합니다.

> **참고** **대체 단위란?**
>
> 앞에 용어에서 나온 '두 단위 치수'를 말합니다. 즉, 치수를 두 가지 측정 단위로 동시에 기입하는 것을 말합니다. 예를 들어, 미터법의 십진 값과 인치 값을 동시에 기입하는 방법입니다.

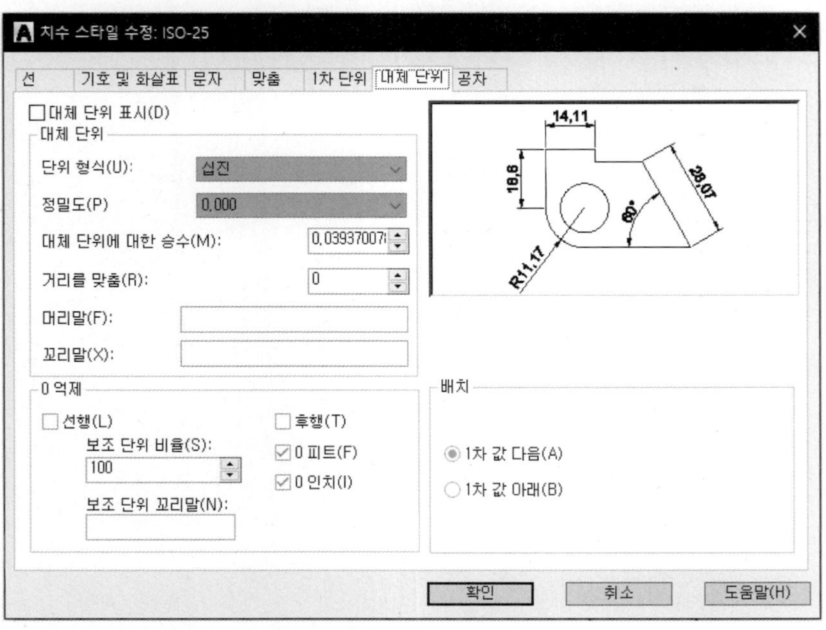

(1) 대체 단위 표시(D) : 체크를 하면 대체 단위를 표기합니다. 즉, 두 가지 단위를 기입합니다.

(2) 대체 단위 : 대체 단위의 형식, 정밀도 등 환경을 설정합니다.

❶ 단위 형식(U) : 대체 단위의 형식을 지정합니다.

❷ 정밀도(P) : 소수점 이하 자릿수를 제어합니다.

❸ 대체 단위에 대한 승수(M) : 1차 단위에 대한 대체 단위의 비율입니다. 예를 들어, 1차 단위가 십진 수이고 대체 단위가 인치일 때 '1/25.4'인 '0.03937'이 됩니다.

❹ 거리를 맞춤(R) : 각도를 제외한 모든 치수 유형의 대체 단위에 대한 반올림 규칙을 설정합니다. '0.25'를 입력하면 모든 대체 측정값은 가장 근접한 '0.25' 단위로 반올림됩니다. '1.0' 값을 입력하 면 모든 치수 측정은 가장 근접한 정수로 반올림된다. 소수점 뒤에 표시되는 숫자의 자릿수는 정밀 도 설정에 따라 달라집니다.

❺ 머리말(F) : 대체 단위 치수 앞에 기입하는 문자 또는 기호를 입력합니다. (예: ø 100)

❻ 꼬리말(X) : 대체 단위 치수 뒤에 기입하는 문자 또는 기호를 입력합니다. (예: 100mm)

(3) 0억제 : 앞, 뒤, 피트, 인치에 대한 0을 제어합니다. 〈1차 단위 참조〉

(4) 배치 : 대체 단위의 배치 위치를 제어합니다.

❶ 1차 값 다음(A) : 1차 단위 뒤에 대체 단위를 표기합니다.

❷ 1차 값 아래(B) : 1차 단위 아래에 대체 단위를 표기합니다.

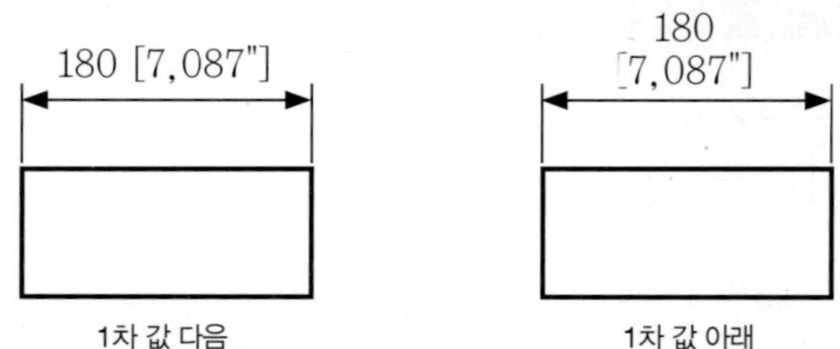

08. '공차' 탭

치수문자 공차의 표시 및 형식을 설정합니다.

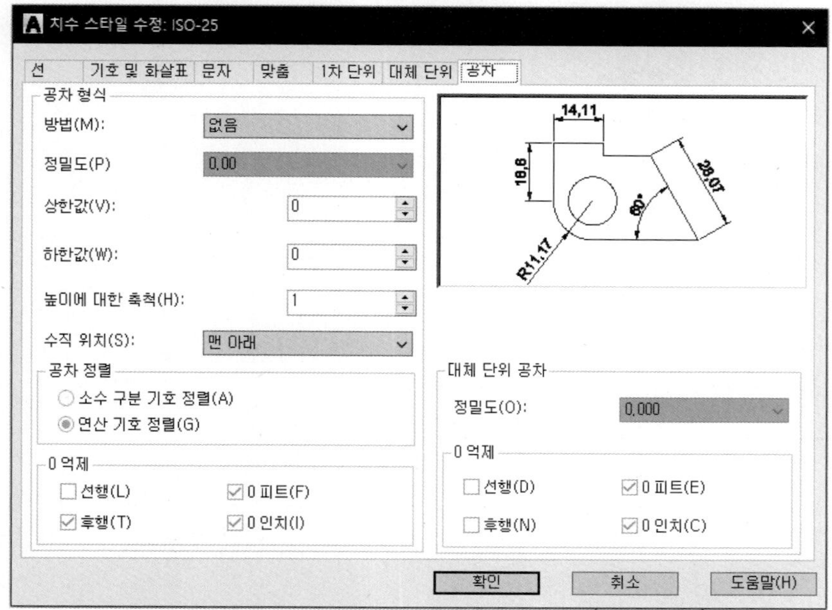

(1) 공차 형식 : 공차 형식을 생성 또는 제어합니다.

❶ 방법(M) : 공차 스타일을 선택합니다.

- 없음(None) : 공차를 기입하지 않습니다.
- 대칭(Symmetrical) : 플러스와 마이너스의 값이 균일(±)한 허용 오차를 기입합니다.
- 편차(Deviation) : 플러스와 마이너스의 값이 다른 허용 오차를 기입합니다.
- 한계(Limits) : 치수의 최대값과 최소값의 한계를 기입합니다.
- 기준(Basic) : 치수를 사각형 내에 기입합니다.

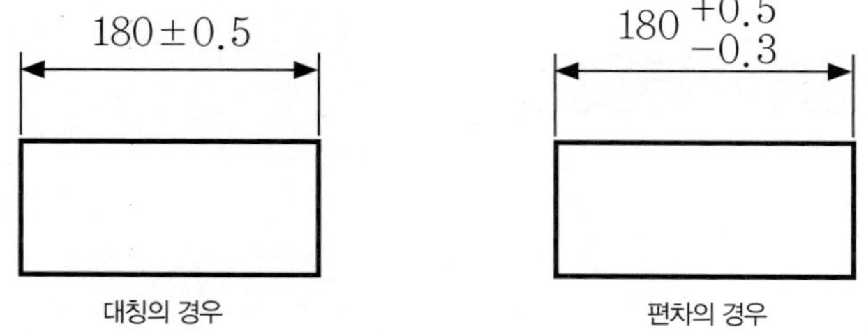

❷ 정밀도(P) : 소수점 이하 자릿수를 제어합니다.

❸ 상한값(V) : 최대 허용 오차 값을 지정합니다.

❹ 하한값(W) : 최소 허용 오차 값을 지정합니다.

❺ 높이에 대한 축척(H) : 공차 치수문자의 높이 값을 말하며 1차 치수의 문자 높이에 대한 비율을 입력합니다. (DIMFAC = 허용오차 치수의 높이 / 치수의 높이)

❻ 수직 위치(S) : 공차 치수의 기준 위치를 지정합니다.

- 맨 위 : 공차 치수를 치수문자 위쪽과 나란히 표시합니다.
- 중간 : 공차 치수를 치수문자의 중간과 나란히 표시합니다.
- 맨 아래 : 공차 치수를 치수문자 아래쪽과 나란히 표시합니다.

❼ 공차 정렬 : 스택 시 상위 및 하위 공차 값의 정렬을 조정합니다. '소수 구분 기호 정렬(A)'과 '연산 기호 정렬(G)'이 있습니다.

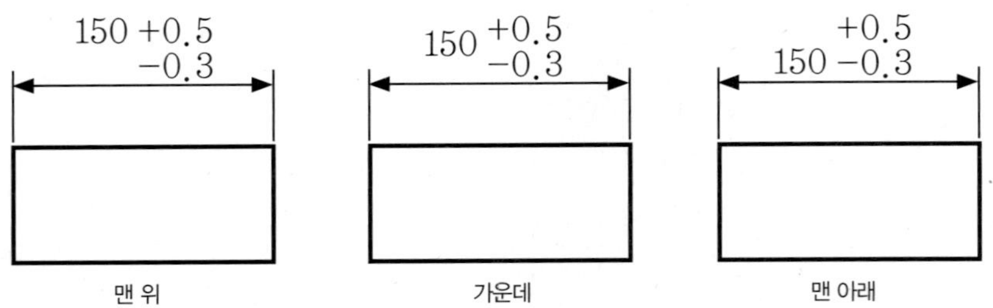

❽ 0 억제 : 앞, 뒤, 피트, 인치에 대한 0을 제어합니다. 〈1차 단위 참조〉

(2) 대체 단위 공차 : 대체 단위의 정밀도와 0을 제어합니다.

❶ 정밀도(O) : 대체 단위의 정밀도(소수점 이하 자릿수)를 설정합니다.

❷ 0억제 : 앞, 뒤, 피트, 인치에 대한 0을 제어합니다.

[새로 만들기(N)] 또는 [수정(M)]을 마치고 [확인]을 클릭하면 다음과 같은 초기 대화상자가 나타납니다. '미리보기'에는 설정한 값을 반영한 이미지가 나타납니다.

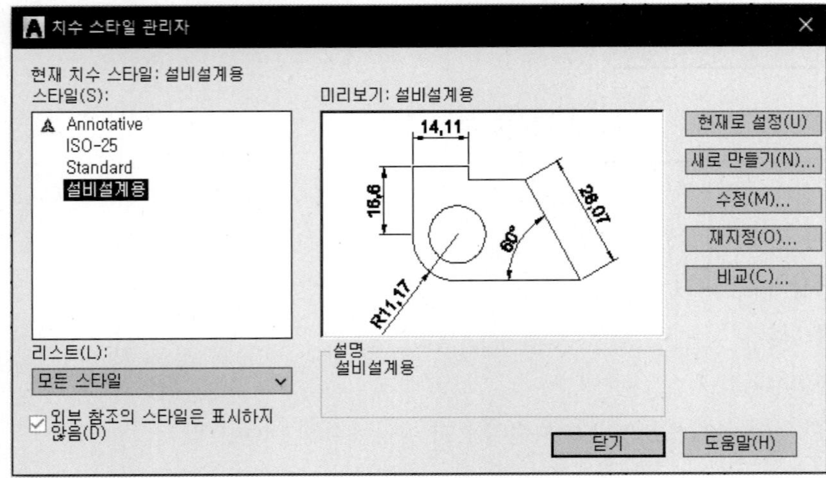

'스타일(S)' 목록에서 현재로 설정하고자 하는 스타일 이름을 선택한 후 [현재로 설정(U)]를 클릭하면 해당 치수 스타일을 적용하여 치수를 기입할 수 있습니다.

3. 연관 치수 및 주석 감시

주석 감시는 치수가 기입되어 있는 원 객체와 치수 객체가 연관되어 있는지, 연관 관계가 끊어진 것인지 감시하는 기능입니다.

01. 연관 치수란?

치수 연관성은 기하학적 객체(치수의 기입 대상이 되는 형상 객체)와 치수 사이의 관계를 정의하여 기하학적 객체에 거리와 각도를 제공합니다. 기하학적 객체와 치수 사이에는 다음의 세 가지 유형이 있습니다.

(1) 연관 치수 : 연관된 기하학적 객체가 수정될 때 치수의 위치, 방향 및 측정값을 자동으로 조정합니다. 배치(Layout)의 치수는 모형 공간의 객체와 연관시킬 수 있습니다.

(2) 비연관 치수 : 측정한 객체와 함께 선택 및 수정됩니다. 비연관 치수는 측정한 기하학적 객체가 수정될 때 변경되지 않습니다.

(3) 분해된 치수 : 단일 치수 객체가 아닌 분리된 객체입니다.

> **참고** **연관 치수와 비연관 치수의 차이**
>
> 연관 치수와 비연관 치수의 차이점은 원본 객체(기하학적 객체: 치수 기입의 대상이 된 객체)가 변경되었을 때 연관된 치수도 동시에 변경되는 것이 연관 치수입니다.
>
> 다음 그림에서 가로 길이가 '100'인 객체를 늘렸을 때, 왼쪽은 연관 치수이기 때문에 늘어난 치수만큼 치수가 갱신된데 반해, 오른쪽 치수는 연관이 해제된 치수이므로 원본 객체가 늘어났음에도 불구하고 치수는 변하지 않고 '100'으로 남아 있습니다.

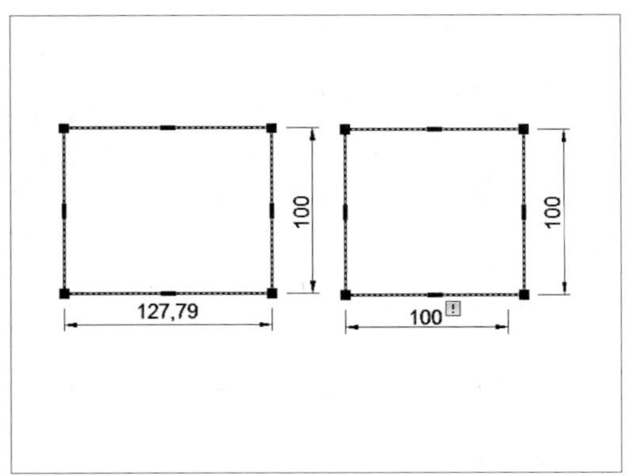

치수를 작성할 때 연관 치수 작성 여부를 설정하려면 작업환경을 설정하는 '옵션' 대화상자를 통해 설정합니다.

[응용 프로그램 메뉴 ▲]를 눌러 [옵션]을 클릭하거나 작도 영역에서 오른쪽 버튼을 눌러 바로가기 메뉴에서 '옵션(O)'을 클릭합니다. 옵션 대화상자에서 '사용자 기본 설정' 탭을 클릭합니다.

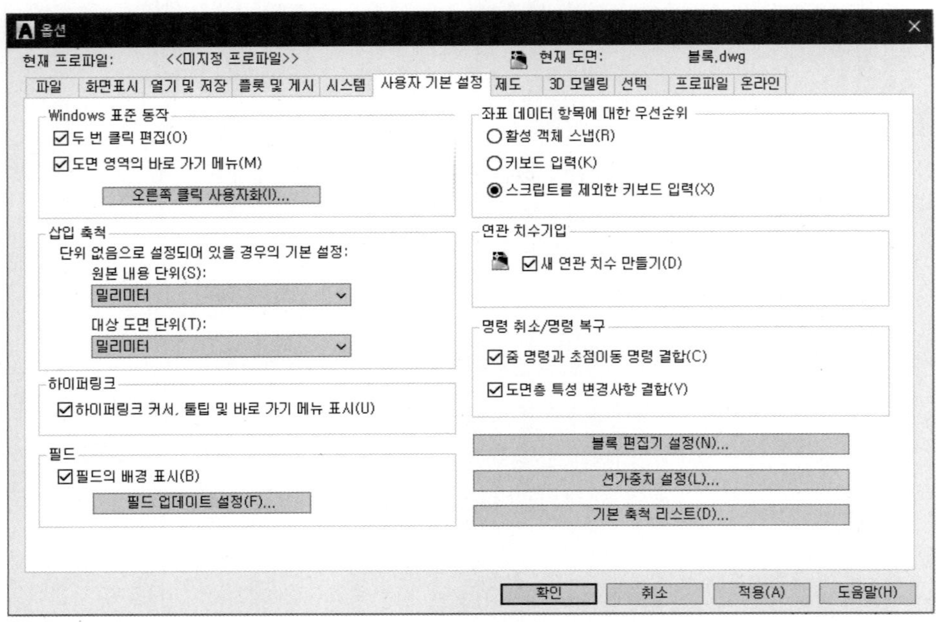

'연관 치수기입'의 '새 연관 치수 만들기(D)'를 체크하면 치수를 기입할 때 연관 치수가 되고, 체크를 끄면 연관 관계가 형성되지 않습니다.

02. 주석(치수) 감시란?

주석 감시는 기하학적 객체(치수 기입의 대상이 되는 객체)와 주석(치수 또는 지시선) 사이의 연관성을 감시하는 기능입니다. 주석 감시 기능이 켜져(ON: +)있는 상태에서는 연관성이 끊어지게 되면 주석에 느낌표(!) 마크가 나타나 연관성이 해제되어 있다는 것을 표시해줍니다.

참고 **주석감시 아이콘이 나타나지 않을 때**

화면 하단의 그리기 도구에 '주석감시 +' 버튼이 나타나지 않을 경우에는 '사용자화 ≡' 버튼을 눌러 목록에서 '주석감시'를 체크합니다.

상태막대에서 그리기 도구의 '주석감시 +' 버튼을 클릭
하여 주석 감시 기능을 켭니다(ON). 주석 감시 기능을
켜면 다음 그림과 같이 연관이 해제된 치수에 대해 느낌
표를 표시합니다.

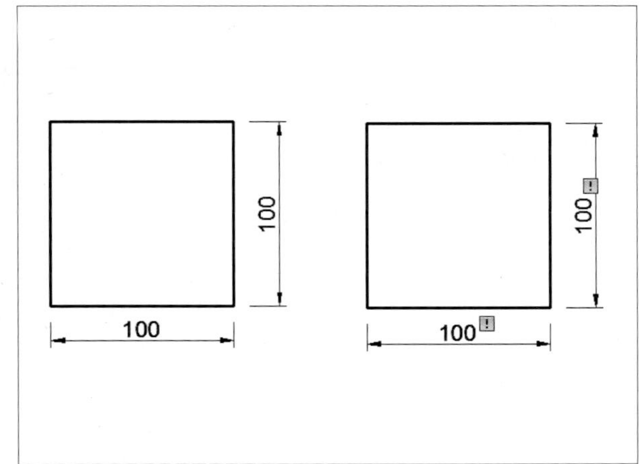

연관이 해제된 치수에 대해 다시 연관 치수로 만들 수 있
습니다. 다시 연관관계를 만들어주려면 느낌표(!) 아이콘
에 마우스를 대고 오른쪽 버튼을 클릭합니다. 바로가기
메뉴에서 '재연관'을 클릭합니다.

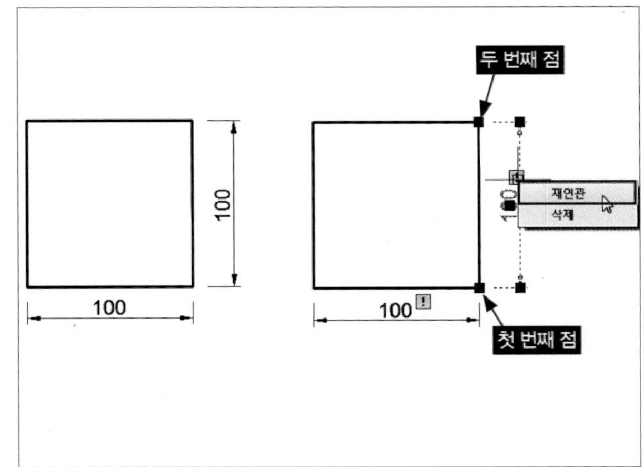

{재연관시킬 치수를 선택하십시오 ...1개를 찾음}
{첫 번째 치수보조선 원점 지정 또는 [객체 선택(S)] 〈다
음〉:}에서 첫 번째 점을 선택합니다.
{두 번째 치수보조선 원점 지정 〈다음〉:}에서 두 번째 점
을 선택합니다.
다음 그림과 같이 재연관된 주석 객체에 대해서는 느낌
표 마크가 사라집니다.

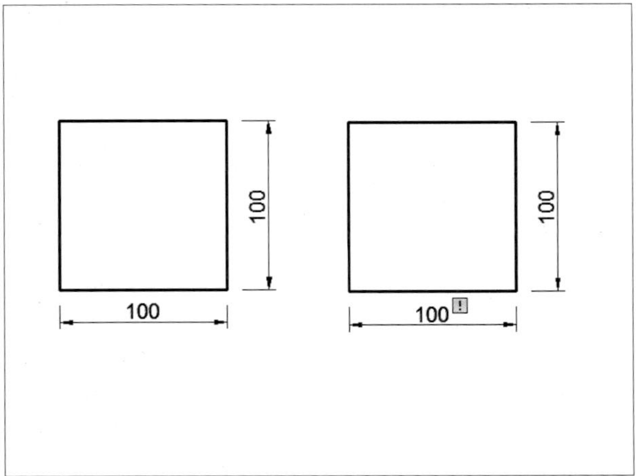

4. 치수 기입

선형, 지름 및 반지름, 각도, 연속 치수 등 다양한 방법의 치수기입 방법에 대해 학습합니다.

01. 스마트 치수(DIM)

치수 기입할 객체 위에 마우스를 놓으면 기입할 적합한 치수 유형의 미리보기를 자동으로 표시합니다.
치수 기입할 객체, 선 또는 점을 선택하고 치수를 기입할 도면 영역의 아무 곳이나 클릭합니다. 지원되
는 치수 유형 범위에는 수직, 수평, 정렬된 및 회전된 선형 치수부터 각도 치수, 반지름, 지름, 꺾기 반
지름 및 호 길이 치수, 기준선 및 연속 치수가 있습니다.

명령 : DIM   메뉴 아이콘 :

스마트 치수를 명령을 실행합니다. 명령어 'DIM'을 입력
하거나 '주석' 탭의 '치수' 패널에서 ▣을 클릭합니다.
{객체 선택 또는 첫 번째 치수보조선 원점 지정 또는 [각
도(A)/기준선(B)/계속(C)/세로좌표(O)/정렬(G)/분산
(D)/도면층(L)/명령 취소(U)]:}에서 치수를 기입할 객체
(호) 근처로 마우서 커서를 가져갑니다. 흐릿하게 치수가
나타납니다.
{반지름을 지정할 호 선택 또는 [지름(D)/꺾기(J)/호 길
이(L)/각도(A)]:}에서 클릭합니다.

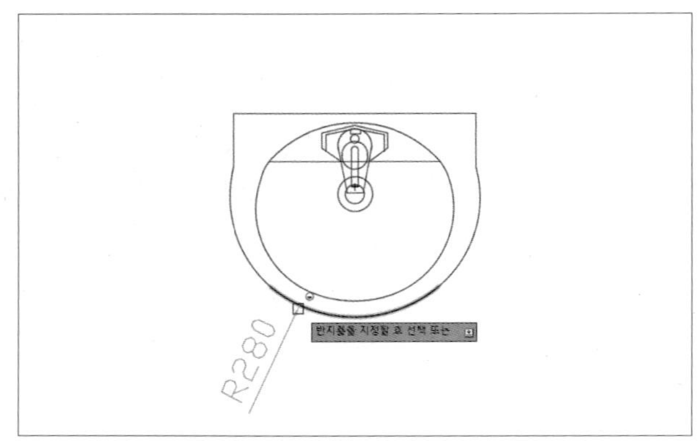

{반지름 치수 위치 지정 또는 [지름(D)/각도(A)/여러 줄
문자(M)/문자(T)/문자 각도(N)/명령 취소(U)]:}에서 치
수 위치를 지정합니다. 그림과 같이 지정한 위치에 치수
가 기입됩니다.

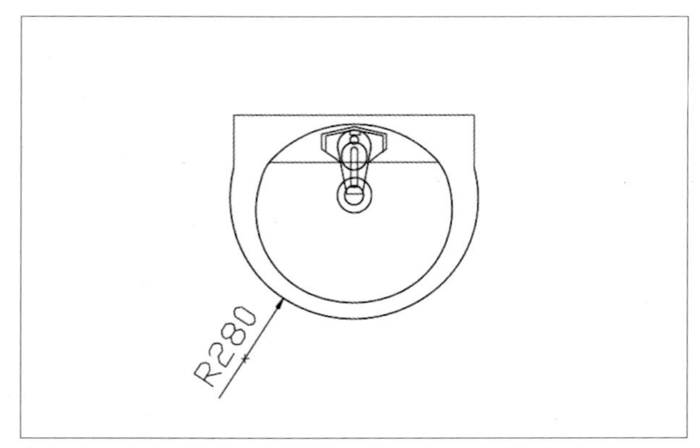

{객체 선택 또는 첫 번째 치수보조선 원점 지정 또는 [각도(A)/기준선(B)/계속(C)/세로좌표(O)/정렬
(G)/분산(D)/도면층(L)/명령 취소(U)]:}에서 치수를 기입할 객체(선) 근처로 마우서 커서를 가져갑니다.
{치수보조선 원점을 지정할 선 선택:}에서 치수 보조선의 위치를 지정합니다.

{치수선 위치 또는 각도의 두 번째 선 지정 [여러 줄 문자 (M)/문자(T)/문자 각도(N)/명령 취소(U)]:}에서 치수선의 위치를 지정합니다. 그림과 같이 선형 치수가 기입됩니다.

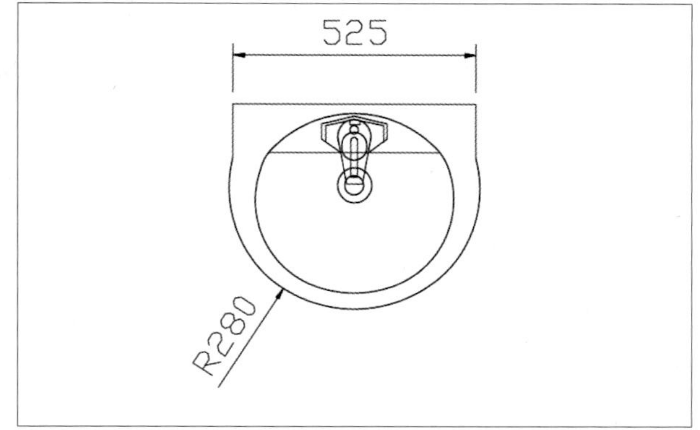

> **tip!**
>
> 필요한 경우 다음의 명령행 옵션을 사용하여 치수 유형을 변경할 수 있습니다.
> {객체 선택 또는 첫 번째 치수보조선 원점 지정 또는 [각도(A)/기준선(B)/계속(C)/세로좌표(O)/정렬(G)/분산(D)/도면층(L)/명령 취소(U)]:}

{치수보조선 원점을 지정할 선 선택:}에서 두 점을 선택하여 선형 치수를 기입할 수도 있습니다.

옵션 설명

{객체 선택 또는 첫 번째 치수보조선 원점 지정 또는 [각도(A)/기준선(B)/계속(C)/세로좌표(O)/정렬(G)/분산(D)/도면층(L)/명령 취소(U)]:}

- **각도(A)** : 세 점 사이의 각도 또는 두 선 사이의 각도를 표시하는 각도 치수를 작성합니다. '각도 치수' 참조
- **기준선(B)** : 이전 또는 선택된 치수의 첫 번째 치수보조선에서 선형, 각도 또는 세로좌표 치수를 작성합니다. '기준선 치수' 참조
- **계속(C)** : 선택된 치수의 두 번째 치수보조선에서 선형, 각도 또는 세로좌표 치수를 작성합니다. '계속 치수' 참조
- **세로좌표(O)** : 세로좌표 치수를 작성합니다. '세로좌표' 참조
- **정렬(G)** : 여러 개의 평행, 동심 또는 동일한 데이터 치수를 선택된 기준 치수에 정렬합니다.
- **분산(D)** : 선택된 분리된 선형 또는 세로좌표 치수 그룹을 분산하는 방법을 지정합니다.
- **도면층(L)** : 지정된 도면층에 새 치수를 지정하여 현재 도면층을 재지정합니다. 현재 도면층을 사용하려면 현재 사용 또는 "."을 입력합니다.
- **명령 취소(U)** : 마지막 치수 작업을 취소하고 이전으로 되돌립니다.

02. 선형 치수(DIMLINEAR)

수평 또는 수직 방향의 치수를 기입합니다.

명령 : DIMLINEAR(단축키 : DLI)   메뉴 아이콘 : ⊢⊣

선형 치수를 기입하기 위해 선형 치수 명령을 실행합니다. 명령어 'DLI'를 입력하거나 '주석' 탭의 '치수' 패널 또는 '치수' 도구막대에서 ⊢⊣을 클릭합니다.

{첫 번째 치수 보조선 원점 지정 또는 〈객체 선택〉:}에서 첫 번째 점을 지정합니다.

{두 번째 치수 보조선 원점 지정:} 에서 두 번째 점을 지정합니다.

{치수선의 위치 지정 또는 [여러 줄 문자(M)/문자(T)/각
도(A)/수평(H)/수직(V)/회전(R)]:}에서 치수선의 위치를
지정합니다. 그림과 같이 수평 치수가 기입됩니다.

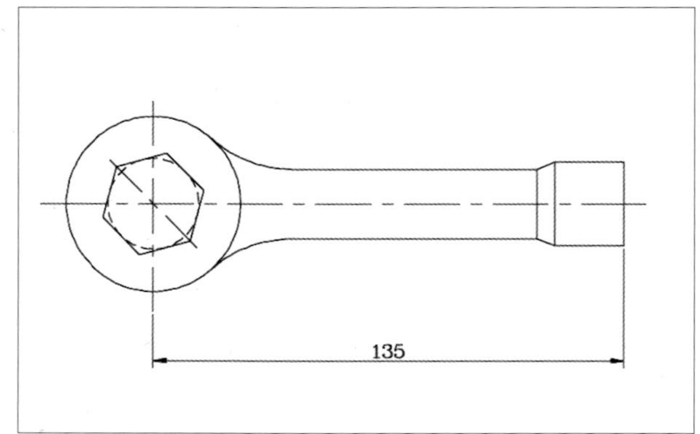

옵션 설명

{치수선의 위치 지정 또는 [여러 줄 문자(M)/문자(T)/각도(A)/수평(H)/수직(V)/회전(R)]:}

- **여러 줄 문자(M)** : 치수문자를 편집할 수 있는 여러 줄 문자 편집기를 표시합니다.
- **문자(T)** : 치수문자를 편집할 수 있는 단일 행 문자 입력 상태가 됩니다.

참고　측정된 문자를 수정하려면…

선형 치수를 기입하면 두 점을 지정하여 측정된 거리를 표기하지만 사용자가 이 측정된 거리를 임
의로 수정하려면 '여러 줄 문자(M)' 또는 '문자(T)' 옵션을 선택하여 기입합니다.
{치수선의 위치 지정 또는 [여러 줄 문자(M)/문자(T)/각도(A)/수평(H)/수직(V)/회전(R)]:}에서 문자 옵
션 'T'를 입력합니다.
{새로운 치수문자를 입력 〈100.62〉:}에서 표기하고자 하는 문자 '100'을 입력합니다.
{치수선의 위치 지정 또는 [여러 줄 문자(M)/문자(T)/각도(A)/수평(H)/수직(V)/회전(R)]:}에서 표기할
위치를 지정합니다.

- **각도(A)** : 치수문자의 각도를 변경합니다.
- **수평(H)** : 수평 선형 치수를 작성합니다.
- **수직(V)** : 수직 선형 치수를 작성합니다.
- **회전(R)** : 회전된 선형 치수를 작성합니다.

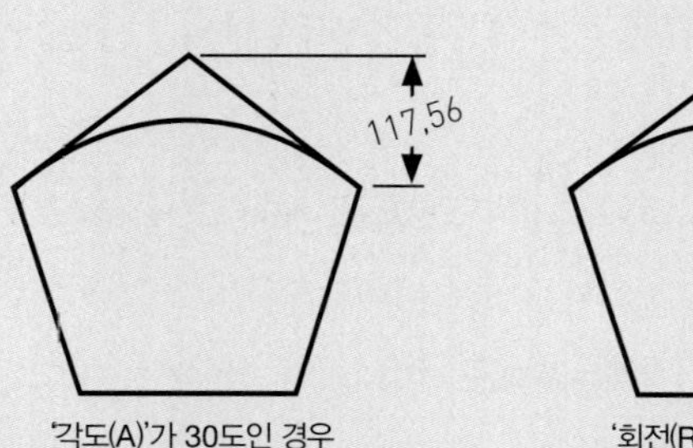

03. 정렬 치수(DIMALIGNED)

수평 또는 수직 방향이 아닌 비스듬한 면의 길이나 지정한 두 점의 거리를 직접 표현하고자 할 때는 정

렬 치수를 이용하여 기입합니다.

명령 : DIMALIGNED(단축키 : DAL)　　　　　　메뉴 아이콘 : ↖

명령어 'DAL'을 입력하거나 '주석' 탭의 '치수' 패널 또는 '치수' 도구막대에서 ↖을 클릭합니다.

{첫 번째 치수 보조선 원점 지정 또는 〈객체 선택〉:}에서 첫 번째 점을 지정합니다.

{두 번째 치수 보조선 원점 지정:}에서 두 번째 점을 지정합니다.

{치수선의 위치 지정 또는 [여러 줄 문자(M)/문자(T)/각도(A)]:}에서 치수선의 위치를 지정합니다. 다음 그림과 같이 정렬 치수가 기입됩니다.

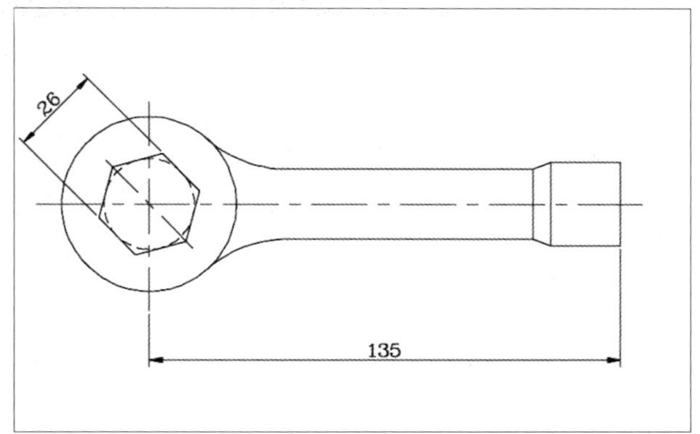

04. 호 길이(DIMARC)

호 또는 폴리선 호 세그먼트를 따라 거리를 측정하여 기입합니다.

명령 : DIMARC(단축키 : DAR)　　　　　　메뉴 아이콘 : ⌒

명령어 'DAR'을 입력하거나 '주석' 탭의 '치수' 패널 또는 '치수' 도구막대에서 ⌒을 클릭합니다.

{호 또는 폴리선 호 세그먼트 선택:}에서 호를 선택합니다.

{호 길이 치수 위치 지정 또는 [여러 줄 문자(M)/문자(T)/부분(P)/지시선(L)]:}에서 호 길이를 기입할 치수선의 위치를 지정합니다.

그림과 같이 호 길이가 기입됩니다.

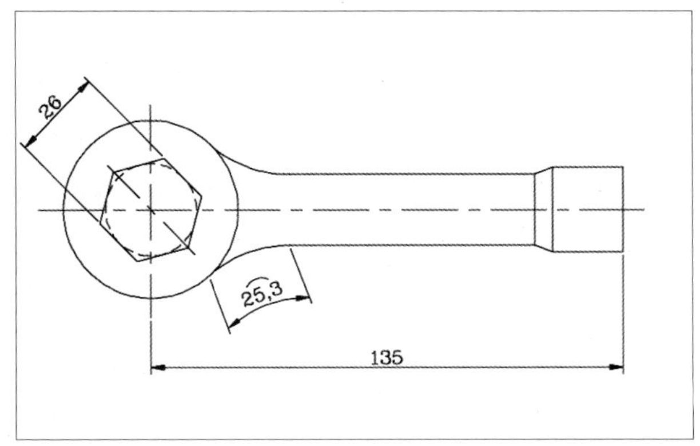

{호 길이 치수 위치 지정 또는 [여러 줄 문자(M)/문자(T)/부분(P)/지시선(L)]:}

- 부분(P) : 선택한 호 중에서 지정된 일부분의 길이를 측정하여 기입합니다. 다음의 경우는 호의 끝점과 중간점 사이의 길이를 기입한 것입니다.

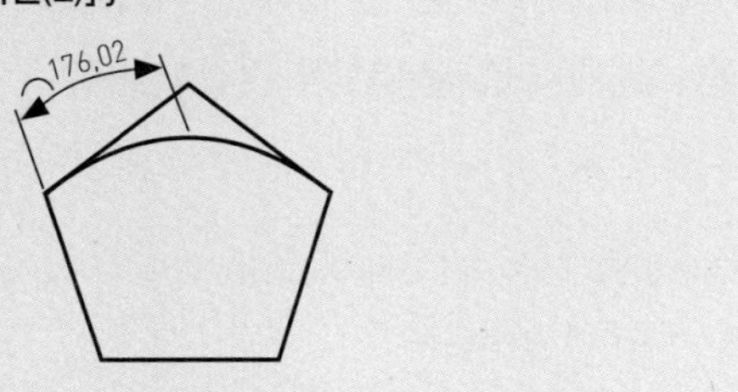

- 지시선(L) : 해당 호에 지시선을 연결하여 기입합니다.
- 기타 옵션은 앞의 '선형 치수'에서 학습한 옵션 내용과 동일합니다.

05. 좌표를 기입하는 세로 좌표(DIMORDINATE)

세로 좌표를 기입합니다. 세로 좌표 치수는 지시선과 함께 현재UCS의 원점(0,0)을 기준으로 X 또는
Y 값을 표기합니다.

명령 : DIMORDINATE(단축키 : DOR)　　　　　　　메뉴 아이콘 :

{피쳐 위치를 지정:}에서 세로 좌표의 위치를 지정합니다.
{지시선 끝점을 지정 또는 [X데이텀(X)/Y데이텀(Y)/여
러 줄 문자(M)/문자(T)/각도(A)]:}에서 표기하고자 하는
위치를 지정합니다.

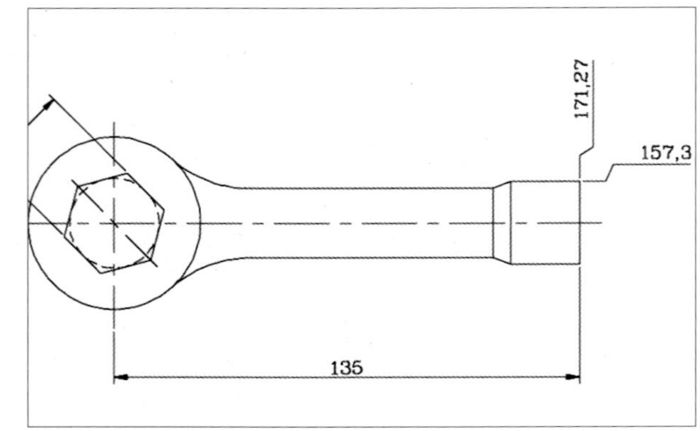

세로 좌표 치수는 '데이텀'이라는 원점으로부터 부품의 구멍과 같은 피쳐까지의 수직 거리를 측
정합니다. 이러한 치수는 데이텀부터 피쳐까지 정확한 간격 띄우기를 유지함으로써 오류가 단
계적으로 확대되는 것을 방지합니다. 이 기능은 부품의 기계 가공 등에서 기준점(데이텀)에서
정확한 좌표를 지정하는데 유용합니다.

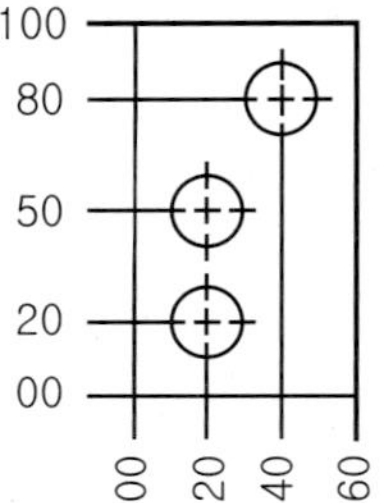

06. 반지름의 치수를 기입하는 반지름(DIMRADIUS)

선택한 원 또는 호의 반지름 치수를 측정하여 기입합니다.

명령 : DIMRADIUS(단축키 : DRA)　　　　　　　메뉴 아이콘 :

명령어 'DRA'를 입력하거나 '주석'탭의 '치수' 패널 또는
'치수' 도구막대에서 ⊙을 클릭합니다.
{호 또는 원 선택:}에서 원이나 호를 선택합니다.
{치수선의 위치 지정 또는 [여러 줄 문자(M)/문자(T)/각
도(A)]:}에서 반지름 치수를 기입할 위치를 지정합니다.

tip!

{치수선의 위치 지정…}에서 원이나 호의 안쪽을 지정하면 안쪽에 기입
되고, 바깥쪽을 지정하면 바깥쪽에 기입됩니다.

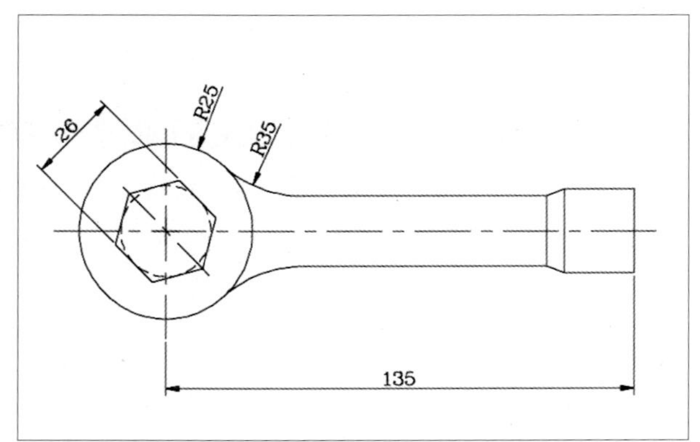

07. 꺾어진 형태의 반지름을 표시하는 꺾어진 반지름(DIMJOGGED)

꺾어진 형태의 인출선(지시선)으로 선택한 원 또는 호의 반지름 치수를 기입합니다.

명령 : DIMJOGGED(단축키 : JOG, DJO)   메뉴 아이콘 : ⤵

명령어 'JOG' 또는 'DJO'를 입력하거나 '주석'탭의 '치수' 패널 또는 '치수' 도구막대에서 ⤵을 클릭합니다.

{호 또는 원 선택:}에서 원이나 호를 선택합니다.

{중심 위치 재지정 지정:}에서 인출선의 끝 부분이 될 중심 위치를 지정합니다.

{치수선의 위치 지정 또는 [여러 줄 문자(M)/문자(T)/각도(A)]:}에서 치수선의 위치를 지정합니다.

{꺾기 위치 지정:}에서 치수선이 꺾어지는 위치를 지정합니다. 그림과 같이 꺾어진 반지름이 기입됩니다.

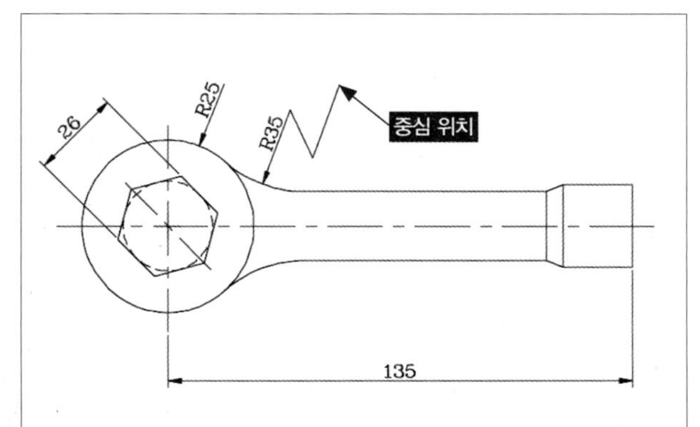

참고 **중심선. 치수선. 꺾기 위치**

꺾어진 반지름 명령을 실행하면 중심선 위치 재지정, 치수선의 위치, 꺾기 위치를 묻습니다. 각 메시지가 의미하는 좌표는 다음과 같습니다.

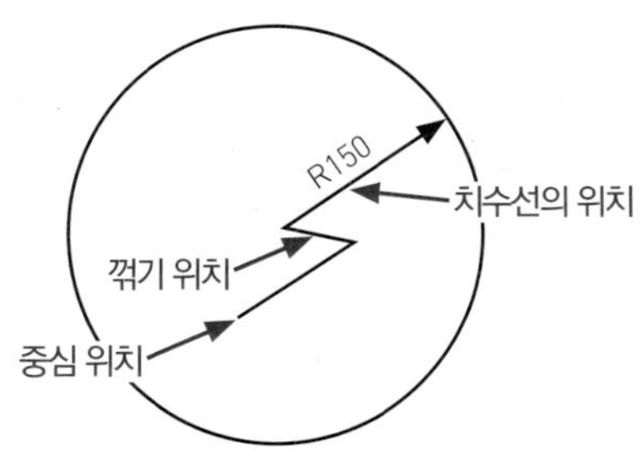

- 중심 위치 재지정 : 꺾기 반지름 치수에 새 중심점을 적용합니다. 이 중심점은 호 또는 원의 실제 중심점을 대신합니다. 즉, 원 및 호의 고정된 중심점이 아닌 새로운 중심점을 지정할 수 있습니다.
- 치수선의 위치 : 치수선의 각도 및 치수문자의 위치를 결정하는 위치입니다.
- 꺾기 위치 : 인출선이 꺾어지는 위치입니다.

08. 원의 너비를 기입하는 지름(DIMDIAMETER)

선택한 원 또는 호의 지름을 측정하여 기입합니다.

명령 : DIMDIAMETER(단축키 : DDI)   메뉴 아이콘 : ◎

명령어 'DDI'를 입력하거나 '주석' 탭의 '치수' 패널 또는 '치수' 도구막대에서 ◎을 클릭합니다.

{호 또는 원 선택:}에서 원 또는 호를 선택합니다.

{치수선의 위치 지정 또는 [여러 줄 문자(M)/문자(T)/각도(A)]:}에서 치수선의 위치를 지정합니다.

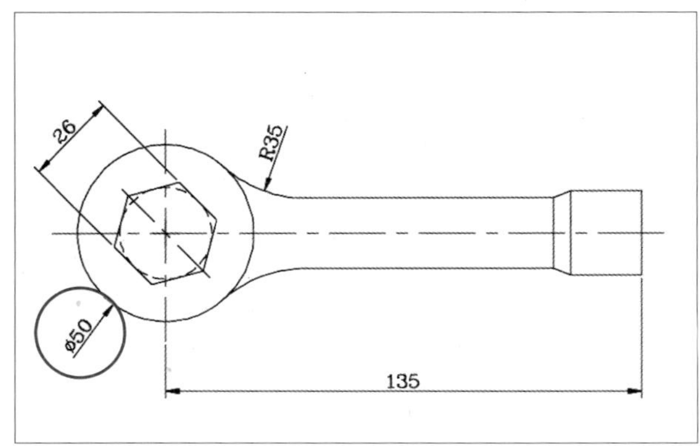

09. 각도를 기입하는 각도(DIMANGULAR)

두 선 또는 세 점 사이의 각도를 측정하여 각도를 기입합니다.

명령 : DIMANGULAR(단축키 : DAN)   메뉴 아이콘 : △

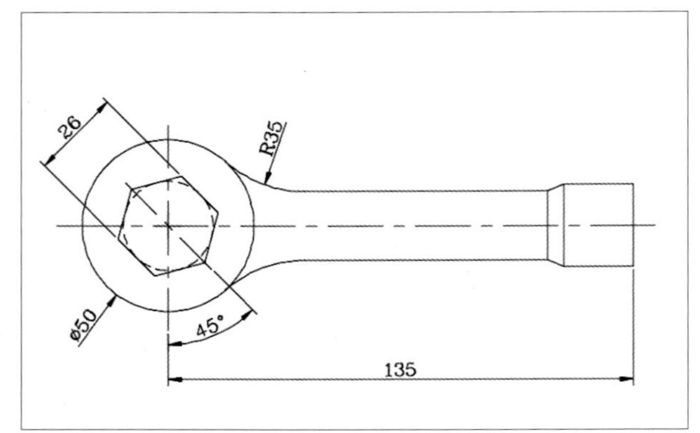

명령어 'DAN'을 입력하거나 '주석' 탭의 '치수'패널 또는 '치수' 도구막대에서 △을 클릭합니다.

{호, 원, 선을 선택하거나 〈정점 지정〉:}에서 측정하고자 하는 각도의 첫 번째 선을 선택합니다.

{두 번째 선 선택:}에서 측정하고자 하는 각도의 두 번째 선을 선택합니다.

{치수 호 선의 위치 지정 또는 [여러 줄 문자(M)/문자(T)/각도(A)/사분점(Q)]:}에서 치수선의 위치를 지정합니다. 두 변 사이의 각도가 기입됩니다.

tip!

호를 선택하여 호의 시작점과 끝점의 사이각을 표기할 수 있습니다.

10. 기준선으로부터 차례로 기입하는 기준선(DIMBASELINE)

이전 치수 또는 선택된 치수의 기준선으로부터 선형 치수, 각도 치수 또는 세로 좌표 치수를 차례로 기입합니다.

명령 : DIMBASELINE(단축키 : DBA)   메뉴 아이콘 : ⊟

먼저 '선형 치수(DIMLINEAR) ⊢' 명령으로 기준이 되는 선형 치수를 기입합니다.

기준선 치수를 실행합니다. 명령어 'DBA'를 입력하거나 '주석' 탭의 '치수' 패널 또는 '치수' 도구막대에서 ⊟을 클릭합니다.

{두 번째 치수보조선 원점 지정 또는 [명령 취소(U)/선택(S)] 〈선택(S)〉:}에서 첫 번째 끝점을 지정합니다.

{두 번째 치수보조선 원점 지정 또는 [명령 취소(U)/선택(S)] 〈선택(S)〉:} 에서 두 번째 끝점을 지정합니다.

{두 번째 치수보조선 원점 지정 또는 [명령 취소(U)/선택(S)] 〈선택(S)〉:}에서 〈엔터〉 키 또는 〈스페이스 바〉를 눌러 종료합니다.

{기준 치수 선택:}에서 〈엔터〉 키 또는 〈스페이스 바〉를
눌러 종료합니다. 그림과 같이 기준선으로부터의 차례로
거리를 측정하여 기입합니다.

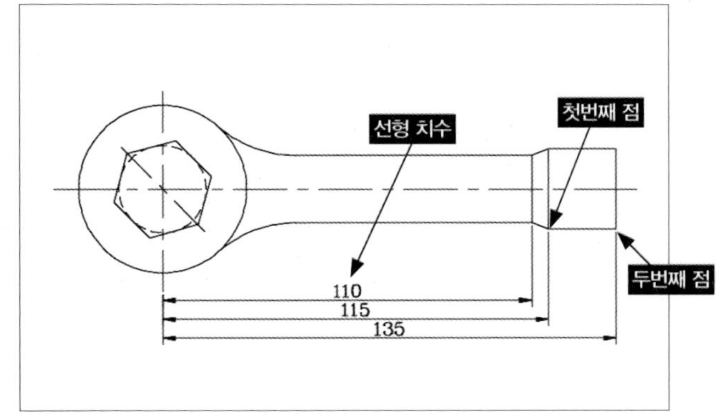

참고 **기준선 치수 사이의 간격**

기준선 치수의 치수선과 치수선의 간격은 '치수 스타일
(DIMSTYLE)' 명령에서 설정이 가능합니다. '선' 탭의 '기준선 간
격(A)'의 값을 설정합니다.

참고 **각도의 기준선 치수기입**

각도를 기준선을 기준으로 차례로 치수를 기입할 수 있습니다.
조작 방법이나 순서는 '선형 기준선 치수'와 동일합니다. 다음 그
림과 같이 기준선으로부터 각도가 차례로 기입됩니다.

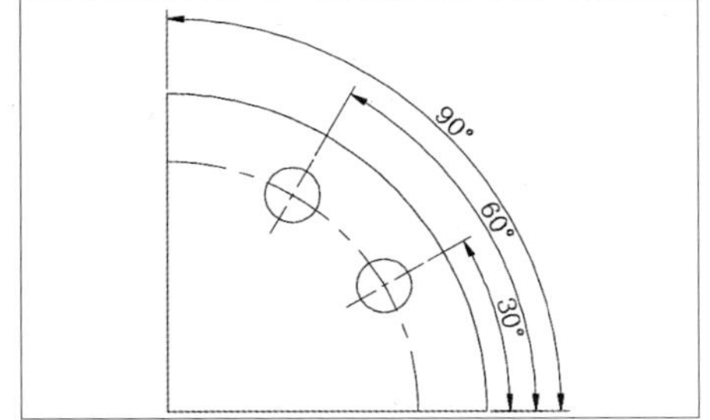

11. 연속으로 기입하는 계속 치수(DIMCONTINUE)

이전 치수 또는 선택된 치수의 두 번째 치수 보조선으로부터 선형 치수, 각도 치수 또는 세로 좌표 치수
를 작성합니다.

명령 : DIMCONTINUE(단축키 : DCO)　　　　　　　　메뉴 아이콘 : ⊢⊢⊢

기준이 되는 선형 치수를 작성한 후, 연속 치수 명령을 실행합니다. 명령어 'DCO'를 입력하거나 '주석'
탭의 '치수' 패널 또는 '치수' 도구막대에서 ⊢⊢⊢을 클릭합니다.

{두 번째 치수보조선 원점 지정 또는 [명령 취소(U)/선택(S)] 〈선택(S)〉:)〉:}에서 첫 번째 끝점을 지정
합니다.

{두 번째 치수보조선 원점 지정 또는 [명령 취소(U)/선택(S)] 〈선택(S)〉:)〉:}에서 두 번째 끝점을 지정
합니다.

{세 번째 치수보조선 원점 지정 또는 [명령 취소(U)/선택(S)] 〈선택(S)〉:}에서 〈엔터〉 키 또는 〈스페이
스 바〉를 눌러 종료합니다.

{연속된 치수 선택: }에서 〈엔터〉 키 또는 〈스페이스 바〉
를 눌러 종료합니다. 다음 그림과 같이 앞의 치수 보조선
에 이어서 차례로 연속 치수를 기입합니다.

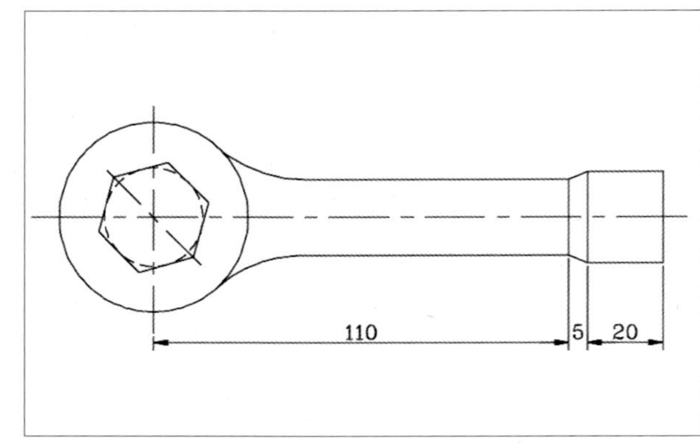

참고 **각도의 연속 치수기입**

각도를 연속해서 기입할 수 있습니다. 조작 방법이나 순서는 '선
형 연속 치수'와 동일합니다. 다음 그림과 같이 연속해서 각도가
차례로 기입됩니다.

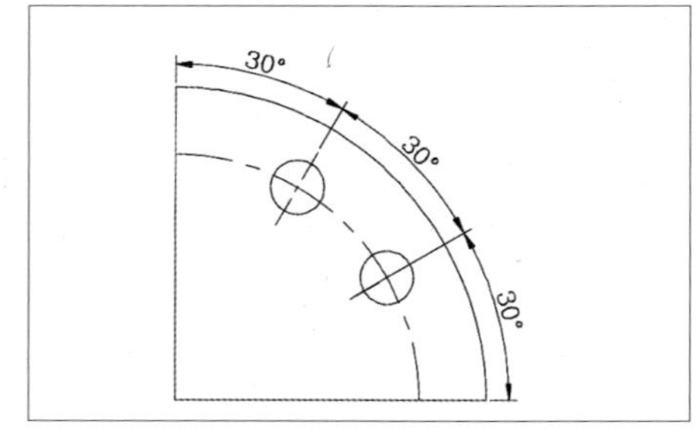

12. 신속하게 기입할 수 있는 신속 치수(QDIM)

선택한 객체의 치수를 신속하게 작성하거나 편집합니다. 이 명령은 일련의 기준선 치수 또는 연속 치수
를 작성하거나 일련의 원과 호에 치수를 기입하는데 유용합니다.

명령 : QDIM　　　　　　　　　　　메뉴 아이콘 :

01 신속 치수 명령을 실행합니다. 명령어 'QDIM'을
입력하거나 '주석' 탭의 '치수' 패널 또는 '치수' 도구막대
에서 을 클릭합니다.
{치수기입할 형상 선택:}에서 신속 치수를 기입할 객체
범위의 첫 번째 점을 지정합니다. {반대 구석 지정:}에서
그림과 같이 반대편 구석을 지정합니다.

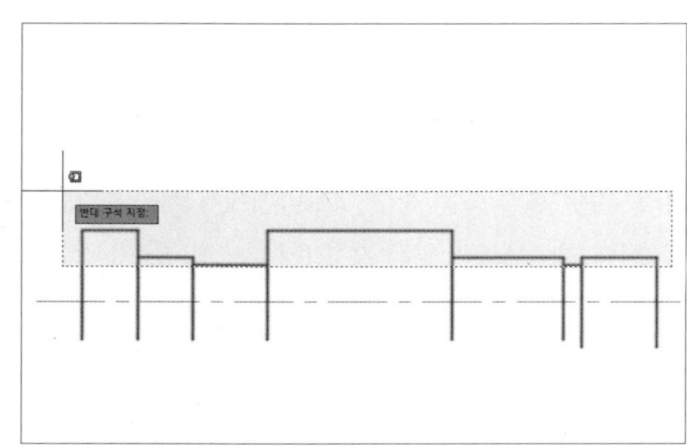

02 {치수기입할 형상 선택:}에서 〈엔터〉 키 또는 〈스페이스 바〉를 눌러 선택을 종료합니다.
{치수선의 위치 지정 또는 [연속(C)/다중(S)/기준선(B)/세로좌표(O)/반지름(R)/지름(D)/데이텀 점(P)/편집(E)/설정(T)] 〈연속(C)〉:}에서 치수선의 위치를 지정하면 그림과 같이 연속 치수가 기입됩니다.

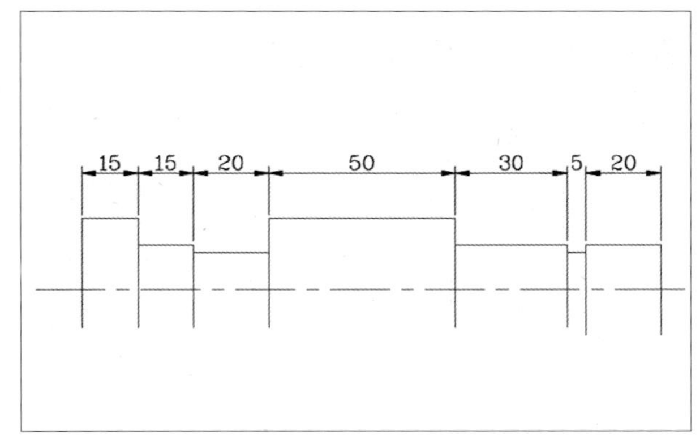

03 〈엔터〉 키 또는 〈스페이스 바〉를 눌러 신속 치수를 재실행합니다.
{치수 기입할 형상 선택:}에서 지정할 범위의 첫 번째 점을 지정합니다. {반대 구석 지정: }에서 범위의 반대 구석을 지정합니다.
{치수 기입할 형상 선택:}에서 〈엔터〉 키 또는 〈스페이스 바〉를 눌러 선택을 종료합니다.

{치수선의 위치 지정 또는 [연속(C)/다중(S)/기준선(B)/세로좌표(O)/반지름(R)/지름(D)/데이텀 점(P)/편집(E)/설정(T)] 〈연속(C)〉:}에서 기준선 옵션 'B'를 입력하거나 마우스 오른쪽 버튼을 눌러 바로가기 메뉴를 펼쳐 '기준선(B)'을 선택합니다.

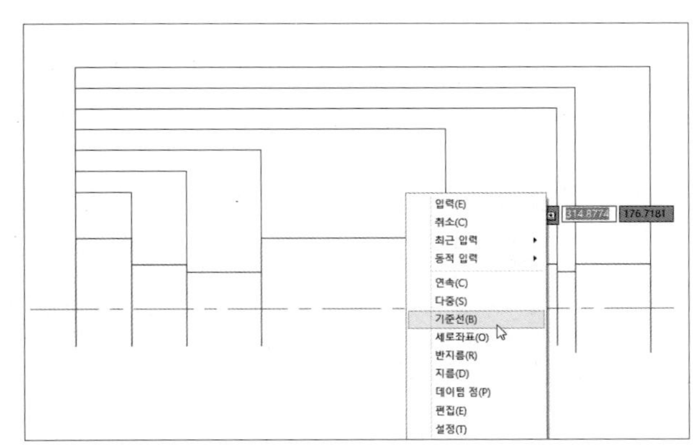

04 {치수선의 위치 지정 또는 [연속(C)/다중(S)/기준선(B)/세로좌표(O)/반지름(R)/지름(D)/데이텀 점(P)/편집(E)/설정(T)] 〈기준선(B)〉:}에서 치수선의 위치를 지정합니다. 그림과 같이 기준선 치수가 기입됩니다.

 **tip!**

신속 치수기입 이전에 어떤 치수(연속 치수, 기준선 치수)를 기입했느냐에 의해 기본(디폴트) 치수기입 양식이 정해집니다. 즉, 이전에 연속치수를 기입하고 신속치수를 실행하면 연속치수가 디폴트가 됩니다. 변경하고자 할 때는 옵션 키워드(기준선: B, 연속: C)를 이용합니다.

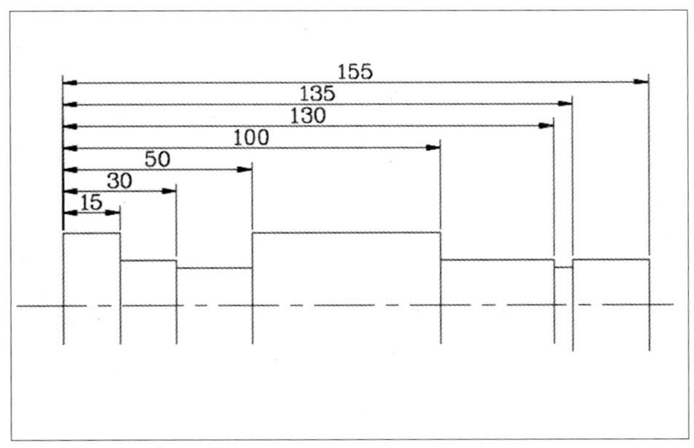

참고 원이나 호를 선택한 경우

원이나 호를 선택하면 우선적으로 '반지름' 치수를 기본 값으로 기입합니다.

{연관 치수 우선순위 = 끝점(E)}

{치수기입할 형상 선택:}에서 원을 선택합니다. {1개를 찾음}

{치수기입할 형상 선택:}에서 〈엔터〉 키 또는 〈스페이스 바〉를 눌러 선택을 종료합니다.

{치수선의 위치 지정 또는 [연속(C)/다중(S)/기준선(B)/세로좌표(O)/반지름(R)/지름(D)/데이텀 점(P)/편집(E)/설정(T)] 〈반지름(R)〉:}에서 〈엔터〉 키 또는 〈스페이스 바〉를 누르면 반지름 치수가 기입됩니다.

13. 원이나 호의 중심을 표시하는 중심 표식(DIMCENTER)

원 및 호의 중심 표식 또는 중심선을 작성합니다.

명령 : DIMCENTER(단축키 : DCE)   메뉴 아이콘 : ⊕

명령어 'DIMCENTER' 또는 'DCE'를 입력하거나 '주석' 탭의 '치수'패널 또는 '치수' 도구막대에서 ⊕를 클릭합니다.

{호 또는 원 선택:}에서 원을 선택합니다. 그림과 같이 원 중심에 중심 표식(+ 마크)이 표시됩니다.

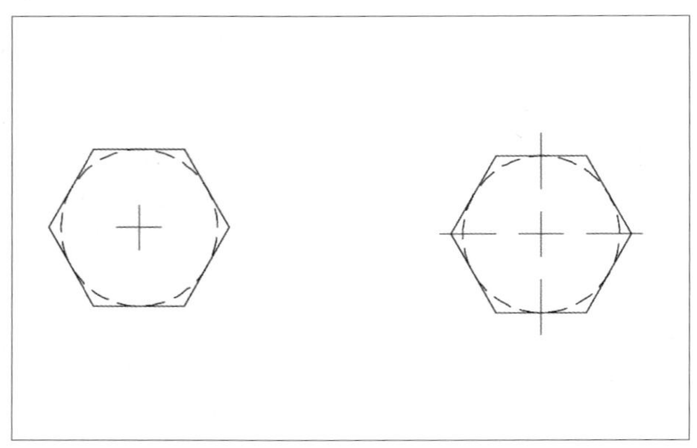

tip!

중심 표식은 치수 스타일 기능으로 설정할 수 있습니다. '기호 및 화살표' 탭을 클릭합니다. '중심 표식'에서 '없음(N)', '표식(M)', '선(E)' 중에서 선택합니다.

왼쪽은 '표식(M)'으로 설정한 경우이고, 오른쪽은 '선(E)'으로 설정한 경우입니다.

4. 치수의 편집

작성된 치수 문자, 치수선 또는 치수 보조선을 편집합니다.

01. 치수선 사이의 간격을 조정하는 치수 간격(DIMSPACE)

선형 치수(기준선 치수, 연속 치수 포함) 또는 각도 치수 사이의 간격을 지정합니다.

명령 : DIMSPACE   메뉴 아이콘 :

그림과 같이 치수선 사이의 간격이 일정치 않은 도면이
있다고 가정하겠습니다.

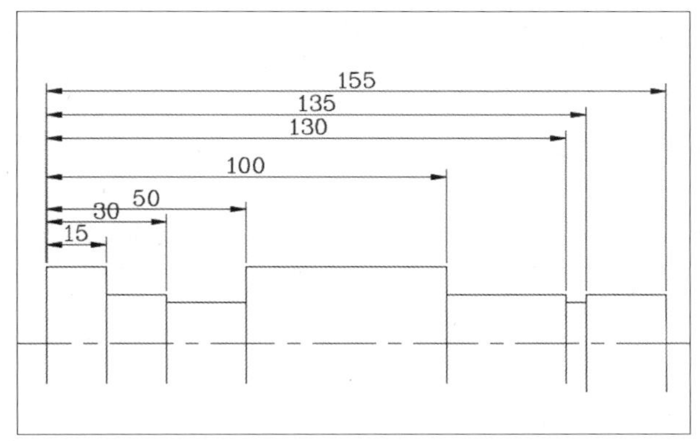

명령어 'DIMSPACE'을 입력하거나 '주석' 탭의 '치수' 패널 또는 '치수' 도구막대에서 을 클릭합
니다.

{기본 치수 선택:}에서 기준선 치수의 가장 안쪽 치수(15)를 선택합니다.

{간격을 둘 치수 선택:}에서 두 번째 기준선 치수(치수문자: 30)를 선택합니다.

{간격을 둘 치수 선택:}에서 순서대로 선택한 후, 〈엔터〉 키 또는 〈스페이스 바〉를 눌러 선택을 종료
합니다.

{값 또는 [자동(A)] 입력 〈자동(A)〉:}에서 '6.5'를 입력합니다.

tip!

옵션 '자동'은 치수문자의 높이 값의 2배(치수문자의 높이 x 2)의 간격으로 치수선과 치수선의 간격을 조정합니다.

다음 그림과 같이 치수선과 치수선 사이의 간격이 '6.5'
로 조정됩니다.

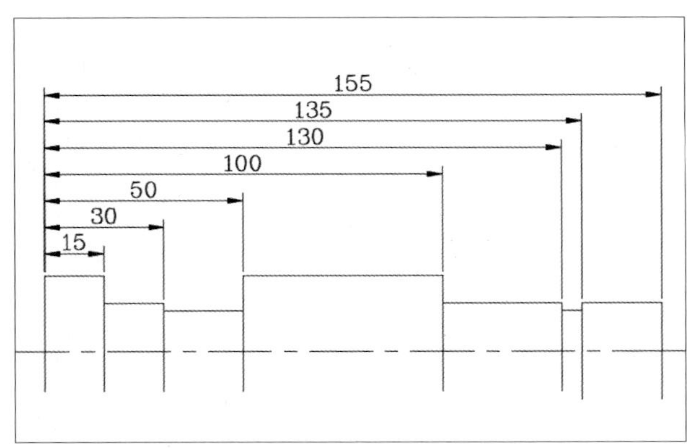

02. 교차하는 치수, 치수 보조선을 끊는 치수 끊기(DIMBREAK)

치수선 및 치수 보조선이 다른 객체와 교차하는 지점에서 선을 끊거나 복원합니다.

명령 : DIMBREAK　　　　　　　　　　　　　　메뉴 아이콘 :

명령어 'DIMBREAK'를 입력하거나 '주석' 탭의 '치수' 패널 또는 도구막대에서 을 클릭합니다.

{끊기를 추가/제거할 치수 선택 또는 [다중(M)]:}에서 다중 'M'을 입력합니다.

{치수 선택:}에서 반복해서 끊을 치수선(세로 방향의 치수)를 선택한 후 〈엔터〉 키를 누릅니다.

{치수를 끊을 객체 선택 또는 [자동(A)/제거(R)] 〈자동〉:}에서 가로 방향의 치수를 선택합니다.

{치수를 끊을 객체 선택:}에서 〈엔터〉 키를 눌러 종료합니다.

그림과 같이 치수 보조선이 끊어집니다.

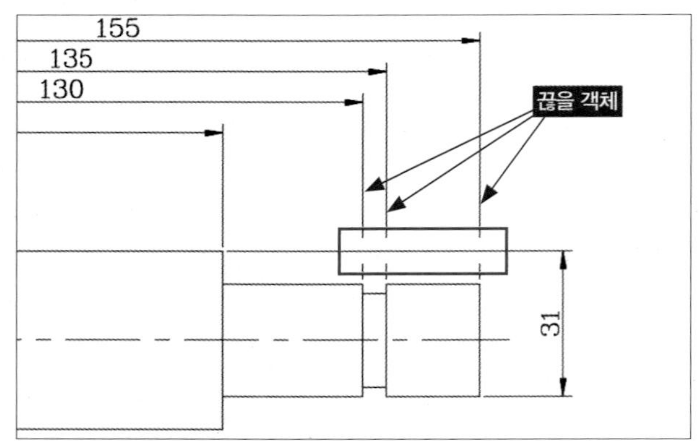

tip!

끊었던 치수선을 복원하려면 {치수를 끊을 객체 선택 또는 [자동(A)/수동(M)/제거(R)] 〈자동〉:}에서 제거 옵션 'R'을 입력합니다.

03. 꺾기 선을 추가 또는 제거하는 꺾어진 선형(DIMJOGLINE)

선형 또는 정렬 치수에 꺾기 선을 추가하거나 제거합니다.

명령 : DIMJOGLINE　　　　　　　　　　　　　메뉴 아이콘 :

명령어 'DIMJOGLINE'을 입력하거나 '주석' 탭의 '치수' 패널 또는 '치수' 도구막대에서 을 클릭합니다.

{꺾기를 추가할 치수 선택 또는 [제거(R)]:}에서 꺾기 선을 넣을 치수선을 선택합니다.

{꺾기 위치 지정(또는 ENTER 키 누르기): }에서 꺾기 선을 넣을 위치를 지정합니다.

그림과 같이 지정한 위치의 치수선에 꺾기 선이 들어갑니다.

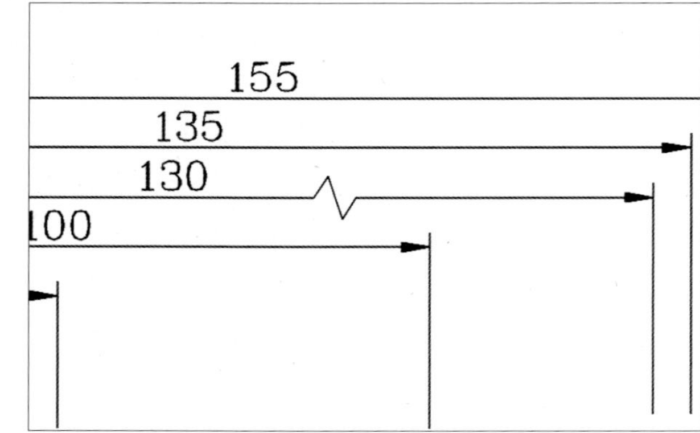

tip!

{꺾기 위치 지정(또는 ENTER 키 누르기):}에서 〈엔터〉 키를 누르면 치수문자와 첫 번째 치수 보조선 사이의 중간점 또는 치수문자의 위치를 기준으로 치수선의 중간점에 꺾기를 배치합니다.

04. 작성된 치수 표현을 수정하는 치수 편집(DIMEDIT)

치수를 작성한 후에는 기존 문자를 회전하거나 새 문자로 대치할 수 있습니다. 치수 편집은 작성된 치

수 객체에서 치수문자 및 치수 보조선을 수정합니다.

명령 : DIMEDIT(단축키 : DED)　　　　　　　　　메뉴 아이콘 :

명령어 'DED'를 입력하거나 '치수' 도구막대에서 　을 클릭합니다.

{치수 편집의 유형 입력 [처음(H)/신규(N)/회전(R)/기울기(O)] 〈처음(H)〉:}에서 기울기 'O'를 입력합니다.

{치수문자에 대한 각도를 지정:}에서 각도 '80'을 입력합니다.

{객체 선택:}에서 기울이고자 하는 객체를 차례로 선택합니다.

{객체 선택:}에서 〈엔터〉 키 또는 〈스페이스 바〉를 눌러 종료합니다.

선택한 치수 보조선이 80도 각도로 기웁니다.

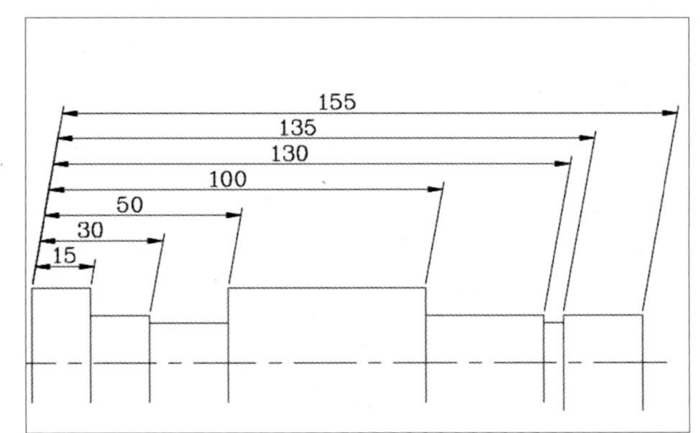

〈엔터〉 키 또는 〈스페이스 바〉로 치수 편집 명령을 재실행합니다.

{치수 편집의 유형 입력 [처음(H)/신규(N)/회전(R)/기울기(O)] 〈처음(H)〉:}에서 회전 옵션 'R'를 입력합니다.

{객체 선택:}에서 회전하고자 하는 치수를 차례로 선택합니다.

{객체 선택:}에서 〈엔터〉 키 또는 〈스페이스 바〉를 눌러 선택을 종료합니다.

{기울기 각도 입력 (없는 경우 ENTER 키):}에서 각도 '45'를 입력합니다.

그림과 같이 선택한 치수 문자가 45도의 각도로 기울어집니다.

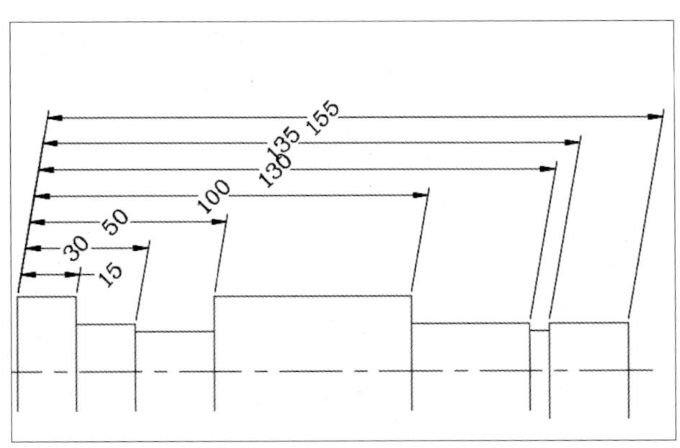

05. 치수문자의 위치를 변경하는 치수문자 편집(DIMTEDIT)

치수문자의 위치를 이동하거나 각도를 변경합니다.

명령 : DIMTEDIT　　　　　　　　　　메뉴 아이콘 : A

명령어 'DIMTEDIT'를 입력하거나 '주석' 탭의 '치수' 패널 또는 '치수' 도구막대에서 A을 클릭합니다.

{치수 선택:}에서 편집하고자 하는 치수문자를 선택합니다.

{치수문자에 대한 새로운 위치 또는 다음을 지정 [왼쪽 (L)/오른쪽(R)/중심(C)/처음(H)/각도(A)]:}에서 왼쪽 옵션 'L'을 입력합니다. 그림과 같이 선택한 치수문자가 치수선 왼쪽으로 이동합니다.

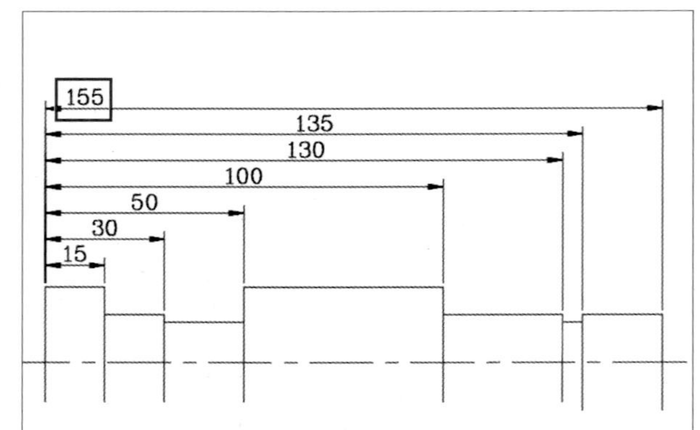

옵션 설명

{치수문자에 대한 새로운 위치 또는 다음을 지정 [왼쪽(L)/오른쪽(R)/중심(C)/처음(H)/각도(A)]:}

- **오른쪽(R)** : 치수선의 오른쪽에 배치합니다.
- **중심(C)** : 치수선의 중간에 배치합니다.
- **처음(H)** : 처음 기입한 위치로 되돌립니다.
- **각도(A)** : 치수 문자의 각도를 변환합니다.

05. 치수 특성의 편집

작성된 치수의 문자 및 조건을 수정하려면 '특성 (PROPERTIES)' 명령을 이용합니다.

수정하고자 하는 치수를 선택한 후 특성 명령을 실행합니다. 특성 팔레트의 '선 및 화살표'에서 편집하고자 하는 값을 수정합니다.

치수 문자만을 수정하려면 '문자 편집(DDEDIT, TEXTEDIT)' 기능을 이용하여 수정합니다.

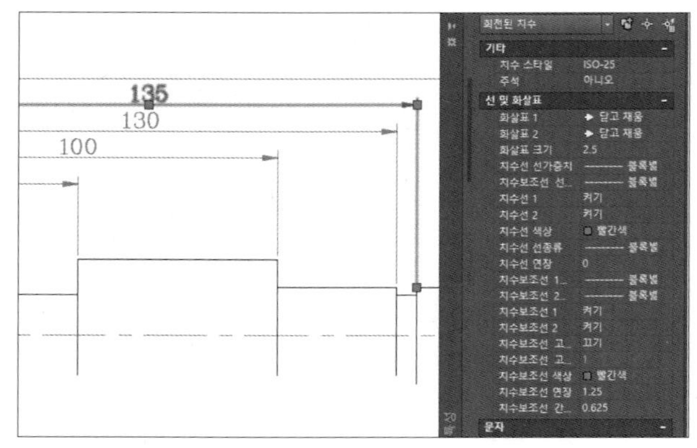

5. 중심선 표식

원의 중심 표식과 선택된 선을 중심으로 한 중심선을 작도합니다.

01. 원의 중심 표식(CENTERMARK)

선택한 원이나 호의 중심에 십자 모양의 표식을 작성합니다.

명령 : CENTERMARK   메뉴 아이콘 : ⊕

명령어 'CENTERMARK'를 입력하거나 '주석' 탭의 '중심선' 패널에서 ⊕을 클릭합니다.

{중심 표식을 추가할 원 또는 호 선택:}에서 원이나 호를 선택합니다.

그림과 같이 선택한 원 또는 호에 중심 표식이 작도됩니다.

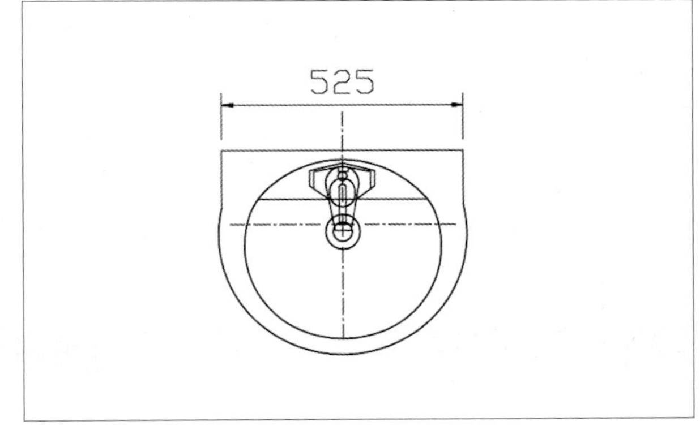

02. 원의 중심 표식(CENTERLINE)

선택한 선 및 폴리선과 연관된 중심선 형상을 작성합니다.

명령 : CENTERLINE

메뉴 아이콘 : ///

명령어 'CENTERLINE'을 입력하거나 '주석' 탭의 '중심선' 패널에서 ///을 클릭합니다.

{첫 번째 선 선택:}에서 첫 번째 선을 선택합니다.

{두 번째 선 선택:}에서 두 번째 선을 선택합니다. 다음과 같이 두 선의 중간에 중심선이 작도됩니다.

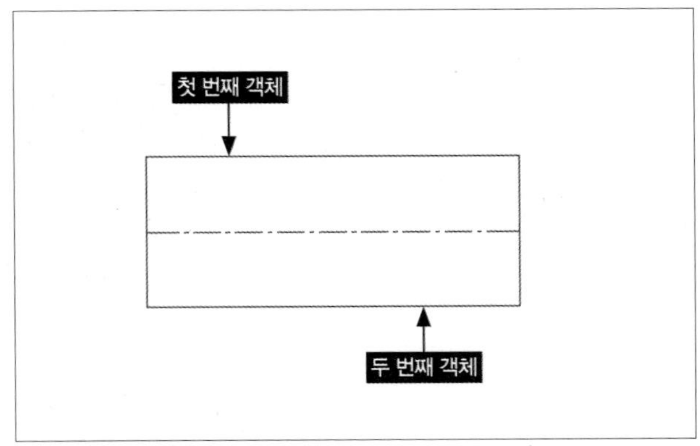

다음과 같이 비스듬한 선을 선택하면 선택한 두 선의 중간에 중심선을 작도합니다.

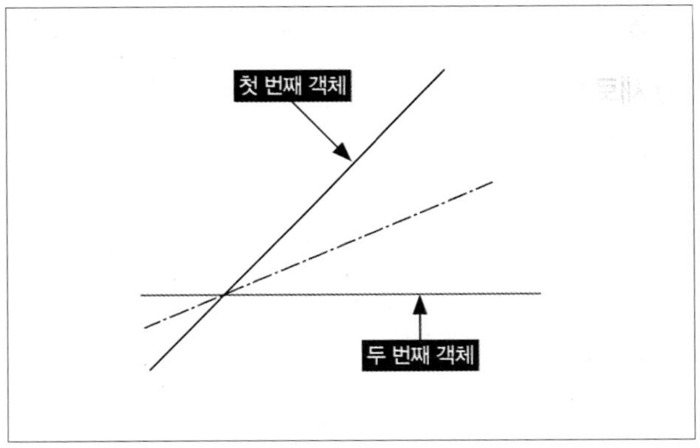

 지시선의 작성

치수나 문자를 직접 표기하기 어려운 좁은 공간에는 지시선을 통해 표기합니다. 지시선의 설정 및 작성
방법에 대해 알아보겠습니다.

1. 다중 지시선 스타일(MLEADERSTYLE)

다중 지시선의 연결선, 화살촉, 컨텐츠 등 다중 지시선의 스타일을 작성하거나 수정합니다.

명령 : MLEADERSTYLE(단축키 : MLS)　　　　　　　　　메뉴 아이콘 :

'주석' 탭 '지시선' 패널의 오른쪽 끝에 있는 ▫을 클릭합니다.

다음과 같은 '다중 지시선 스타일 관리자' 대화상자가 나타납니다.

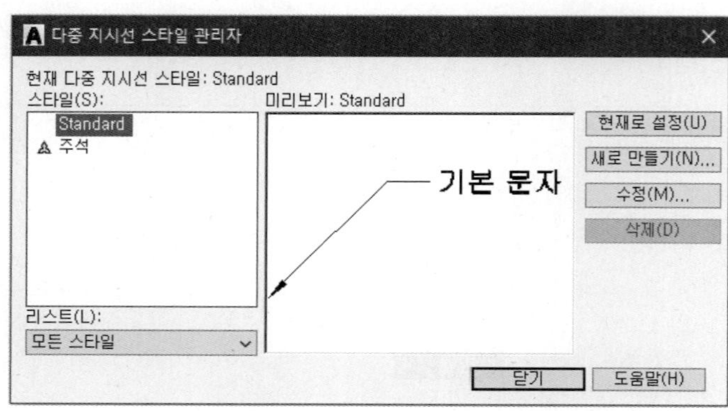

(1) **스타일(S)** : 현재 도면에 작성된 다중 지시선 스타일 목록이 표시됩니다. 이 목록에서 작업하
　　고자 하는 스타일을 선택합니다. 스타일 이름 앞에 ▣ 마크가 있는 스타일은 주석 스타일을
　　의미합니다.

(2) **미리 보기** : 선택한 스타일의 설정 상태를 이미지로 표시합니다.

(3) **리스트(L)** : '스타일(S)'에 표시되는 스타일의 조건을 선택(필터링)합니다.

(4) **현재로 설정(U)** : 목록에서 선택한 다중 지시선의 스타일을 현재 스타일로 설정합니다.

(5) **새로 만들기(N)** : 다음과 같은 대화상자가 표시되면서 새로운 치수 스타일을 작성합니다.

(6) **수정(M)** : 선택한 스타일을 수정합니다.

(7) **삭제(D)** : 선택한 스타일을 지웁니다.

[새로 만들기(N)] 또는 [수정(M)]을 클릭하면 다음의 탭들이 나오는 대화상자가 나타납니다.

● '지시선 형식' 탭

지시선의 형식을 설정합니다.

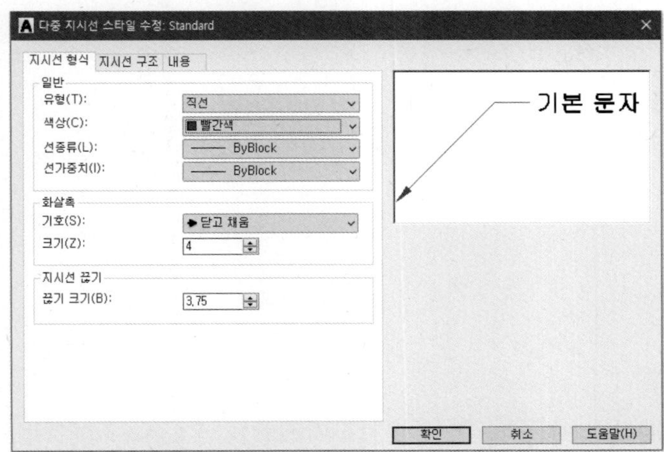

(1) 일반 : 다중 지시선의 유형, 색상, 선 종류 등 일반적인 형태를 설정합니다.

❶ 유형(T) : '직선', '스플라인' 또는 '지시선 없음' 중에서 유형을 선택합니다.

❷ 색상(C) : 지시선의 색상을 설정합니다.

❸ 선 종류(L): 지시선의 선 종류를 설정합니다.

❹ 선 가중치(I): 지시선의 선 가중치를 설정합니다.

(2) 화살촉 : 다중 지시선 화살촉의 모양을 설정합니다.

❶ 기호(S) : 다중 지시선의 화살촉 기호(모양)를 설정합니다.

❷ 크기(Z) : 다중 지시선의 화살촉 크기를 설정합니다.

(3) 지시선 끊기 : 치수 끊기를 다중 지시선에 추가할 때 크기를 '끊기 크기(B)'의 값으로 설정합니다

● '**지시선 구조' 탭**

지시선의 구조를 설정합니다.

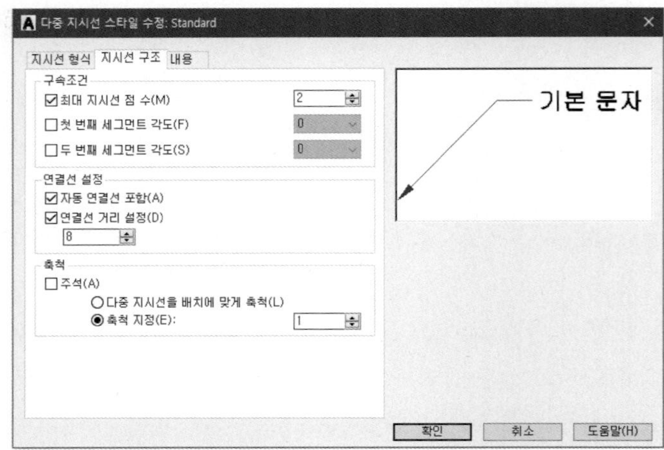

(1) 구속 조건 : 다중 지시선의 구속 조건을 제어합니다.

❶ 최대 지시선 점 수(M) : 지시선을 작도할 때, 지시할 수 있는 최대 점의 수를 설정합니다.

❷ 첫 번째 세그먼트 각도(F) : 지시선의 첫 번째 점 각도를 설정합니다.

❸ 두 번째 세그먼트 각도(S) : 다중 지시선 연결선의 두 번째 점 각도를 설정합니다.

(2) 연결선 설정 : 다중 지시선의 연결선과 관련된 환경을 설정합니다.

❶ 자동 연결선 포함(A) : 수평 연결선을 다중 지시선 컨텐츠에 부착합니다.

❷ 연결선 거리 설정(D) : 다중 지시선 연결선의 고정 거리를 설정합니다.

(3) 축척 : 다중 지시선의 축척을 제어합니다.

❶ 주석 : 다중 지시선이 주석이 되도록 설정합니다. 주석으로 설정하면 다음의 두 개 항목은 꺼집니다.

❷ 다중 지시선을 배치에 맞게 축척(L) : 모형 공간 및 도면 공간 뷰포트의 축척에 기반하여 다중 지시
선의 축척 비율을 결정합니다.

❸ 축척 지정(E) : 직접 축척 값을 입력하여 설정합니다.

● '**내용' 탭**

지시선의 내용을 설정합니다.

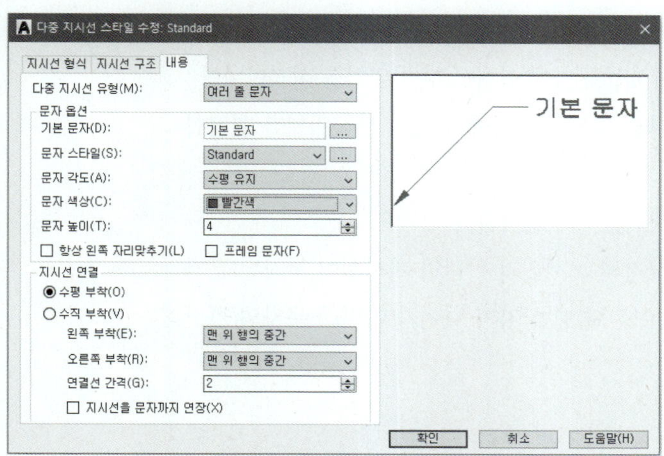

(1) 다중 지시선 유형(M) : 다중 지시선의 유형을 '여러 줄 문자', '블록', '없음' 중에서 선택합니다.
'블록'을 선택하면 다음과 같은 대화상자가 나타납니다. 대화상자에서 블록의 모양, 부착 위치, 색
상, 축척을 지정합니다.

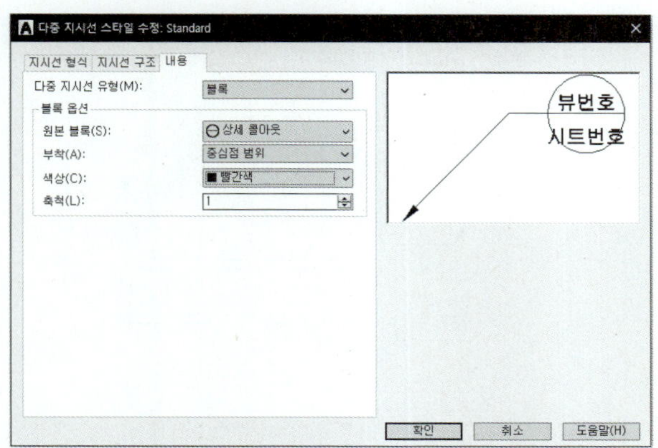

(2) 문자 옵션 : 다중 지시선의 문자와 관련된 환경을 제어합니다.

❶ 기본 문자(D) : 다중 지시선 내용에 대한 기본적으로 표기될 문자를 설정합니다. 실행을 하면 문자
편집기가 나타나 문자를 작성할 수 있습니다.

❷ 문자 스타일(S) : 문자의 스타일(글꼴)을 설정합니다.

❸ 문자 각도(A) : 문자의 각도를 설정합니다.

❹ 문자 색상(C) : 문자의 색상을 설정합니다.

❺ 문자 높이(T) : 문자의 높이를 설정합니다.

❻ 항상 왼쪽 자리 맞추기(L) : 다중 지시선 문자가 항상 왼쪽으로 정렬되도록 설정합니다.

❼ 프레임 문자(F) : 다중 지시선 문자를 상자로 감쌉니다.

(3) 지시선 연결 : 다중 지시선의 지시선 연결과 관련된 환경을 설정합니다.

❶ 왼쪽 부착 : 문자가 지시선의 왼쪽에 있는 경우, 다중 지시선 문자에 연결선 부착 위치를 설정합니다.

❷ 오른쪽 부착 : 문자가 지시선의 오른쪽에 있는 경우, 다중 지시선 문자에 연결선 부착위치를 설정합니다.

❸ 연결선 간격(G) : 연결선과 다중 지시선 문자 사이의 거리를 설정합니다.

❹ 지시선을 문자까지 연장(X) : 연결선을 여러 줄 문자 상자의 모서리가 아니라 지시선이 부착된 문자 행 모서리 끝까지 연장합니다. 여러 줄 문자 상자의 길이는 경계 상자의 길이가 아니라 문자의 가장 긴 행의 길이에 의해 결정됩니다.

2. 다중 지시선(MLEADER)

다중 지시선을 작성합니다.

명령 : MLEADER(단축키 : MLD)　　　　　　　　메뉴 아이콘 :

명령어 'MLEADER' 또는 'MLD'를 입력하거나 '주석' 탭의 '다중 지시선' 패널 또는 '다중 지시선 도구막대에서 을 클릭합니다.

{지시선 화살촉 위치 지정 또는 [지시선 연결선 먼저(L)/ 컨텐츠 먼저(C)/옵션(O)] 〈옵션〉:}에서 화살촉의 위치를 지정합니다.

{지시선 연결선 위치 지정:}에서 지시선 연결선의 위치 (인출 위치)를 지정합니다.

{속성값 입력} {태그 번호 입력 〈태그 번호〉:}에서 태그 번호(1)를 입력합니다.

반복해서 작성하면 그림과 같이 지시선이 작성됩니다.

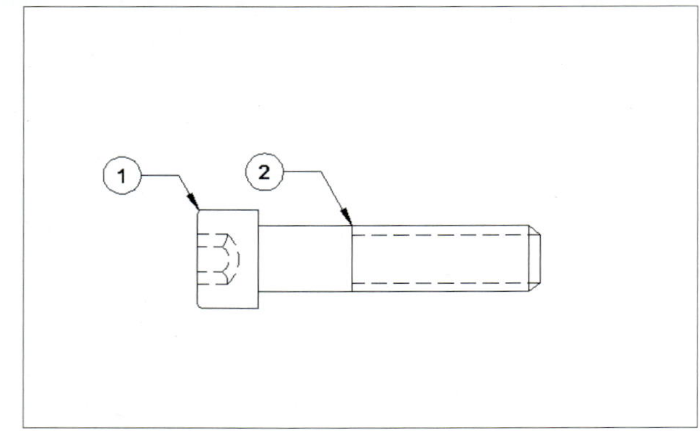

3. 다중 지시선 편집(MLEADEREDIT)

기 작성된 다중 지시선에 지시선을 추가 또는 제거합니다.

명령 : MLEADEREDIT(단축키 : MLE)　　　　메뉴 아이콘 :

기존 지시선에 새로운 지시선을 추가해보겠습니다. 지시선 편집 명령을 실행합니다. 명령어 'MLEADEREDIT' 또는 'MLE'를 입력하거나 '주석' 탭의 '지시선' 패널 또는 '다중 지시선' 도구막대에서 ✏을 클릭합니다.

{다중 지시선 선택:}에서 추가할 다중 지시선(1번 다중 지시선)을 선택합니다.

{1개 발견} {옵션 선택 [지시선 추가(A)/지시선 제거(R)] 〈지시선 추가〉:}에서 'A'를 입력합니다. {지시선 화살촉 위치 지정:}에서 지시선의 위치를 지정합니다.

그림과 같이 지시선이 추가됩니다.

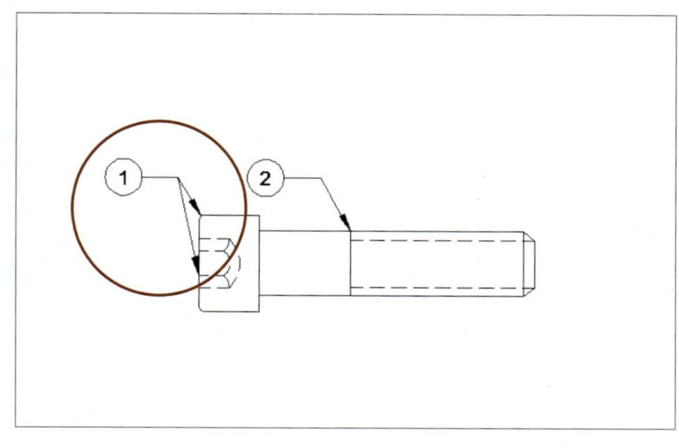

tip!

'지시선 추가' 메뉴 아이콘 ✏을 누르면 메시지 {옵션 선택 [지시선 추가(A)/지시선 제거(R)] 〈지시선 추가〉:}가 생략되어 'A'를 입력하지 않아도 됩니다.

이번에는 다중 지시선을 제거해보겠습니다. 지시선 제거 명령을 실행합니다. '주석' 탭의 '지시선' 패널 또는 '다중 지시선' 도구막대에서 ✏을 눌러 실행합니다.

{다중 지시선 선택:}에서 제거할 다중 지시선(1번 다중 지시선)을 선택합니다.

{1개 발견}

{제거할 지시선 지정:}에서 그림과 같이 아래쪽 지시선을 선택합니다.

{제거할 지시선 지정:}에서 〈엔터〉 키 또는 〈스페이스 바〉를 눌러 종료합니다.

그림과 같이 선택한 지시선이 제거됩니다.

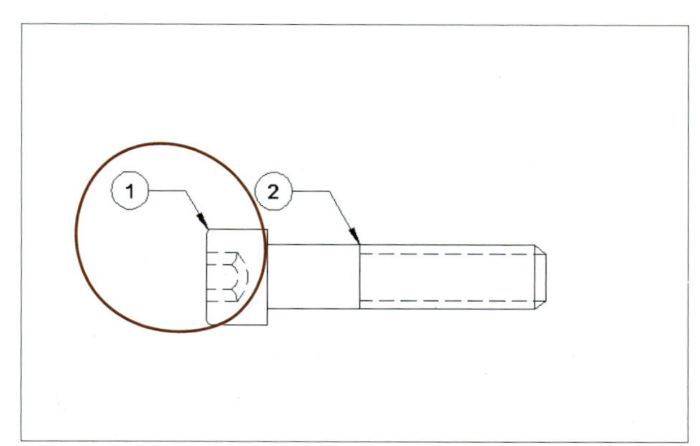

4. 다중 지시선 정렬(MLEADERALIGN)

다중 지시선의 위치를 지정한 선에 정렬합니다.

명령 : MLEADERALIGN(단축키 : MLA)   메뉴 아이콘 : ⛝

명령어 'MLEADERALIGN' 또는 'MLA'를 입력하거나 '주석' 탭의 '다중 지시선' 패널 또는 '다중 지시선' 도구막대에서 █을 클릭합니다.

{다중 지시선 선택: }에서 정렬할 다중 지시선(1번)을 선택합니다. {1개를 찾음}

{다중 지시선 선택:}에서 정렬할 다중 지시선(2번)을 선택합니다. {1개를 찾음, 총 2}

{다중 지시선 선택:}에서 〈엔터〉 키 또는 〈스페이스 바〉를 눌러 선택을 종료합니다.

{현재 모드: 현재 간격두기 사용}

{정렬할 다중 지시선 선택 또는 [옵션(O)]:}에서 옵션 'O'를 입력합니다.

{옵션 입력 [분산(D)/지시선 세그먼트를 평행으로 지정
(P)/간격두기 지정(S)/현재 간격두기 사용(U)] 〈간격두
기 지정〉:}에서 간격두기 지정 'S'를 입력합니다.

{간격두기 지정 〈0.000000〉:}에서 간격 '5'를 입력합니다.

{정렬할 다중 지시선 선택 또는 [옵션(O)]:}에서 기준이
될 다중 지시선(1번 지시선)을 선택합니다.

{방향 지정:}에서 직교 모드 █를 켜고 그림과 같이 위쪽
방향으로 맞춘 후 클릭합니다.

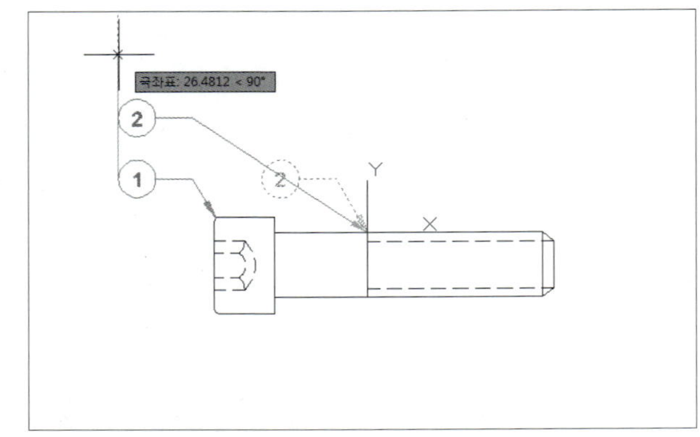

다음 그림과 같이 1번 다중 지시선에서 '5'만큼 떨어진
위쪽 방향에 정렬됩니다.

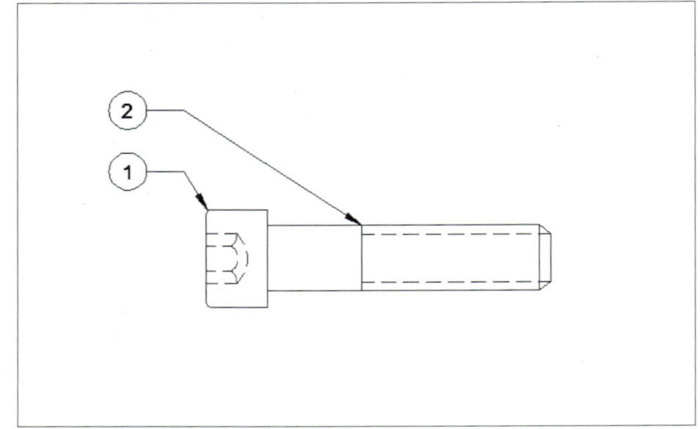

5. 지시선 수집(MLEADERCOLLECT)

블록으로 구성된 다중 지시선을 모아 단일 지시선에 부착된 그룹으로 구성합니다.

명령 : MLEADERCOLLECT(단축키 : MLC)　　　　　　메뉴 아이콘 : █

명령어 'MLEADERCOLLECT' 또는 'MLC'를 입력하거나 '주석' 탭의 '다중 지시선' 패널 또는 '다중

지시선' 도구막대에서 /8을 클릭합니다.

{다중 지시선 선택:}에서 수집할 다중 지시선(1번)을 선택합니다. {1개를 찾음}

{다중 지시선 선택:}에서 수집할 다중 지시선(2번)을 선택합니다. {1개를 찾음, 총 2}

{다중 지시선 선택:}에서 〈엔터〉 키 또는 〈스페이스 바〉
를 눌러 선택을 종료합니다.

{수집한 다중 지시선 위치 지정 또는 [수직(V)/수평(H)/
줄바꿈(W)] 〈수평〉:}에서 수직 옵션 'V'를 입력합니다.

{수집한 다중 지시선 위치 지정 또는 [수직(V)/수평(H)/
줄바꿈(W)] 〈수직〉:}에서 그림과 같이 위치를 지정하여
클릭합니다.

그림과 같이 다중 지시선이 모아져 하나의 지시선에 작
성됩니다.

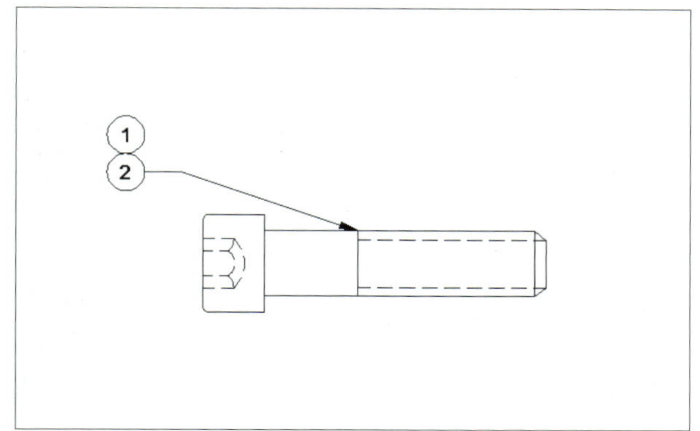

{수집한 다중 지시선 위치 지정 또는 [수직(V)/수평(H)/줄바꿈(W)] 〈수평〉:}

- **수직(V)** : 수직으로 정렬합니다.
- **수평(H)** : 수평으로 정렬합니다.
- **줄바꿈(W)** : 줄 바꿈 된 다중 지시선 집합의 폭을 지정합니다. 줄 바꿈 폭을 지정하거나 '숫자(N)'로 다중 지시선 집합의 행당 최대
  블록 수를 지정합니다.

작업날짜		배관기능사 08
성 명		
지도교수	(인)	

요구 사항
1) 주어진 입체도를 보고 평면도와 정면도를 제3각 정투상도로 제도하시오.
2) 우측 상단 부품란에서 누락된 품명, 규격 또는 수량을 산출 하시오.

※ 치수가 주어지지 아니한 부속의 치수,크기 등은 이도면의 치수및 형상과 유사하게 제도할 것

품명	규격	수량	비고
강관90° 엘보	15A		
강관이경90° 엘보	20AX15A	1	
강관 이경티이	20AX15A		
레듀셔	15A		
PVC관 소켓	16A	2	
동관 CM 아답터	15A		
STS관 소켓	15A		

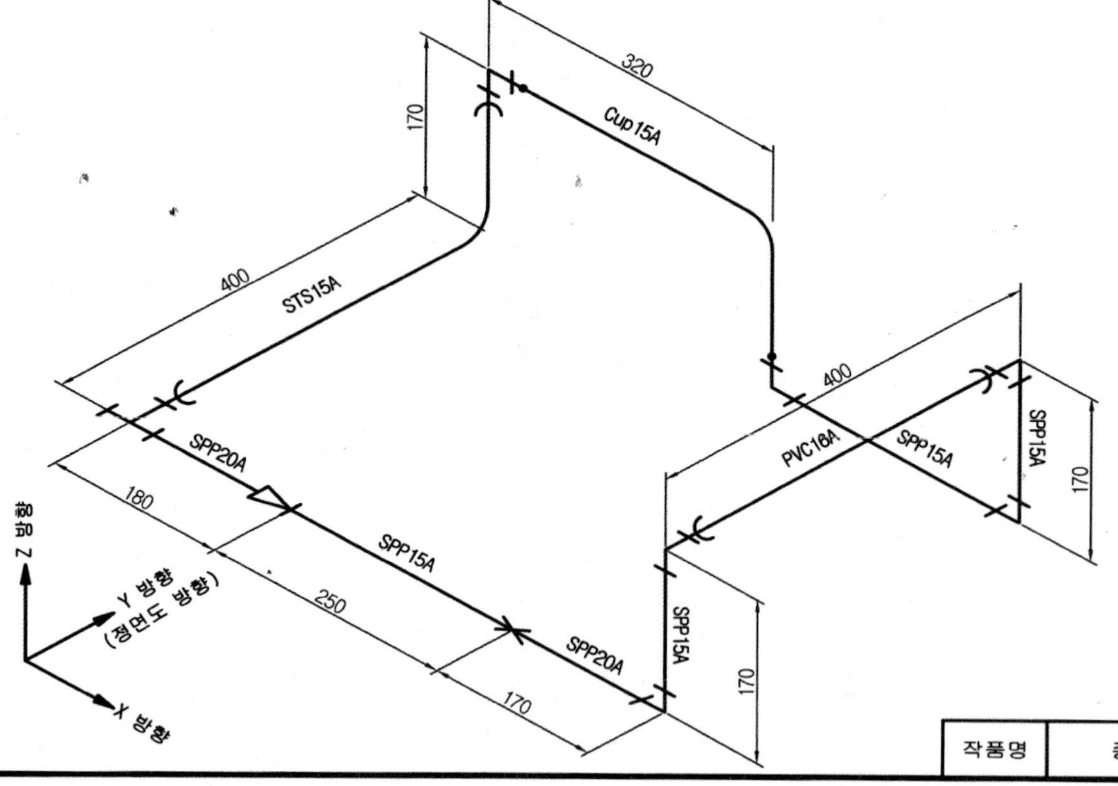

작품명	종합 응용 배관	척도	NS

도면층(Layer)과 색상(Color)은 다음과 같이 지정하고 작성합니다.

도면층(Layer)	색상(Color)	용 도
표제란	Bylayer	윤곽선, 인적 사항, 표제란, 재료 목록표
파이프 및 부속품	Bylayer	파이프, 엘보, 티이, 유니언
밸브	녹색(Green)	밸브
치수	빨강색(Red)	치수선, 치수보조선, 치수문자
방열기	보라색(Magenta)	
문자, 배관 절단선	하늘색(Cyan)	기타문자

도면 용지의 크기와 척도에 맞춰 작도 영역을 설정하고 안쪽으로 10mm 테두리를 작성합니다. 기본 조건은 축척 1:10의 A4 용지를 기준으로 하며, 오른쪽 하단에는 표제란, 왼쪽 상단에는 인적 사항을 작도합니다.

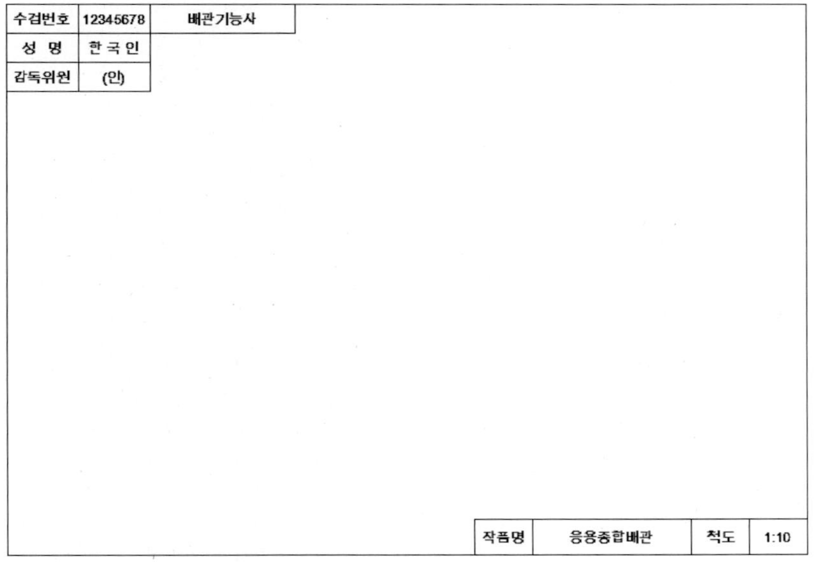

오른쪽 하단의 표제란의 크기는 다음과 같이 작도합니다. 문자의 높이는 4mm로 작성합니다.

왼쪽 상단의 인적 사항의 크기는 다음과 같이 작도합니다.

문자 높이는 3.5mm로 작성합니다. 여기에서 제시한 크기는 반드시 지켜야 하는 크기가 아닙니다. 도면의 균형에 맞춰 지정합니다.

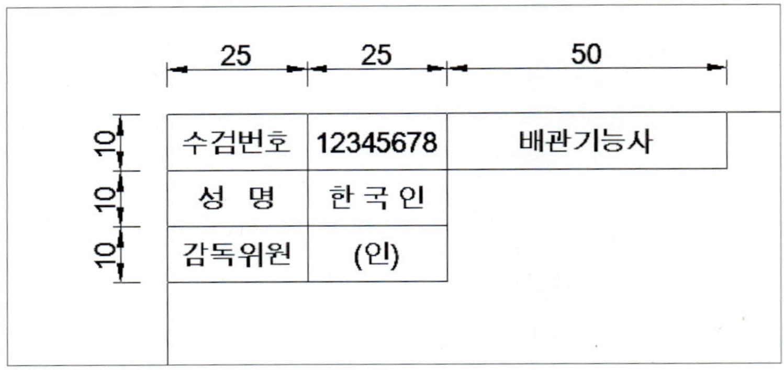

다음과 같이 평면도와 정면도를 완성합니다.

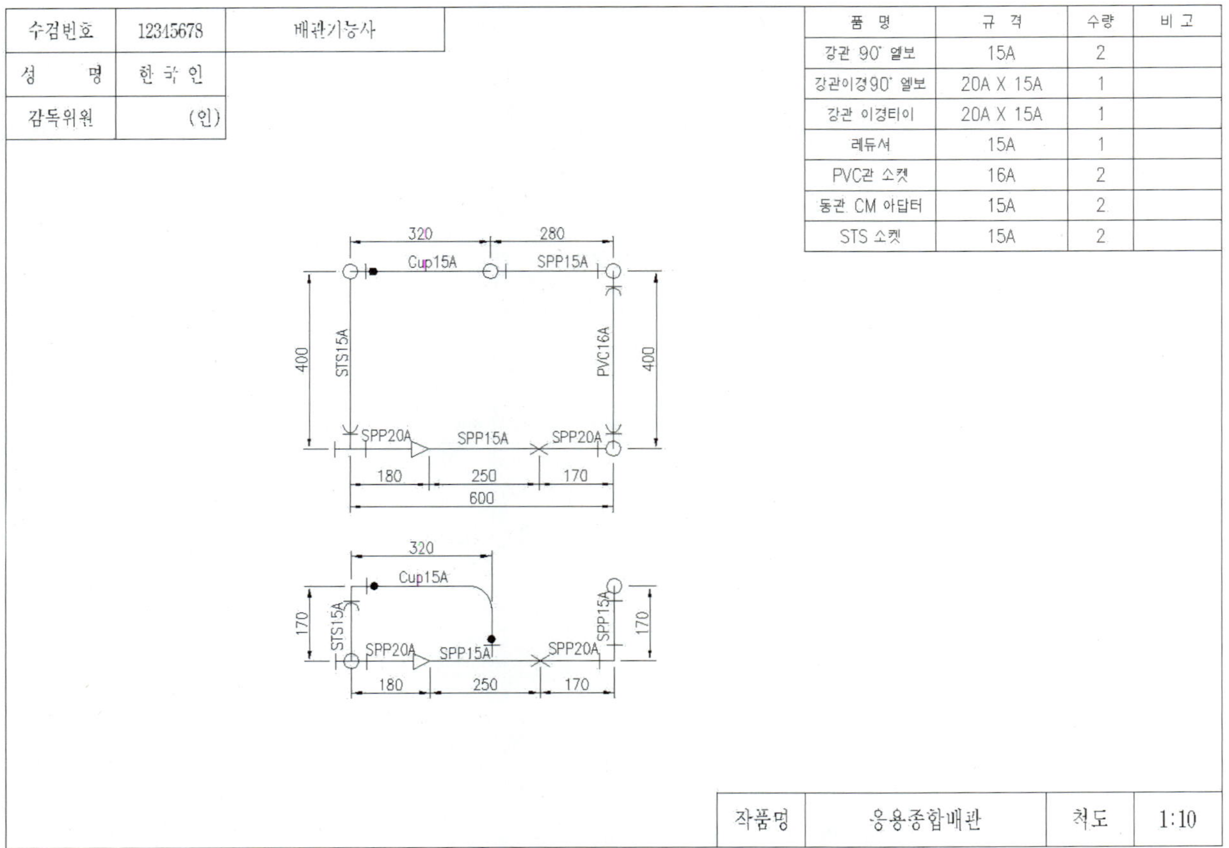

품 명	규 격	수량	비 고
강관 90° 엘보	15A	2	
강관이경90° 엘보	20A X 15A	1	
강관 이경티이	20A X 15A	1	
레듀서	15A	1	
PVC관 소켓	16A	2	
동관 CM 아답터	15A	2	
STS 소켓	15A	2	

작품명	응용종합배관	척도	1:10

수검번호	12345678	배관기능사
성 명	기 능 인	
감독위원	(인)	

1) 주어진 입제도미을 보고 평미도와 정미도를 제3각 정투상도로 작도하시오[척도(1:5)]

2) 부품라에 누락뒈 품명, 규격 또는 수량을 사출하시오

품 명	규 격	수량	비 고
이경엘보	20A X 15A	①	
이경티	②	③	
부싱	20A X 15A	④	
PVC과 밸브소켓	16A	⑤	
STS과 밸브소켓	15A	⑥	
⑦	C X M, 15A	2	

단, ① ~ ⑦ 의 숫자는 기재하지 아니하고,
품명, 규격 과 수량을 해당란에 기재하시오

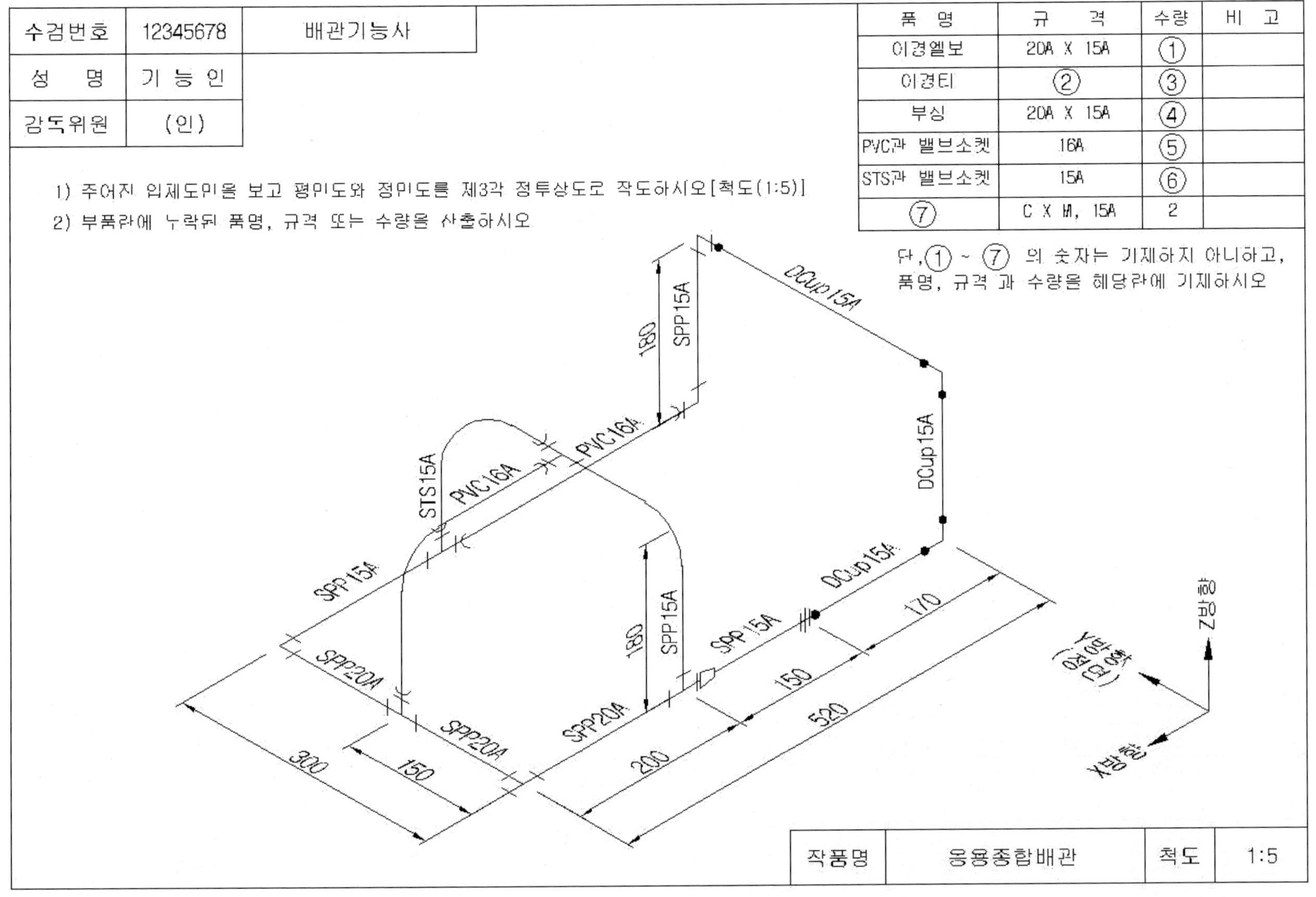

작품명	응용종합배관	척도	1:5

수검번호	12345678	배관기능사
성 명	기 능 인	
감독위원	(인)	

1) 주어진 입체도면을 보고 평면도와 정면도를 제3각 정투상도로 작도하시오[척도(NS)]
2) 부품란에 누락된 규격 또는 수량을 산출하시오

품 명	규 격	수 량	비 고
엘보	15A	①	
유니어	②	③	
부싱	20A X 15A	④	
PVC관 밸브소켓	16A	⑤	
동관아답타	C X M, 15A	⑥	

단, ① ~ ⑥ 의 숫자는 기재하지 아니하고,
규격 과 수량을 해당란에 기재하시오

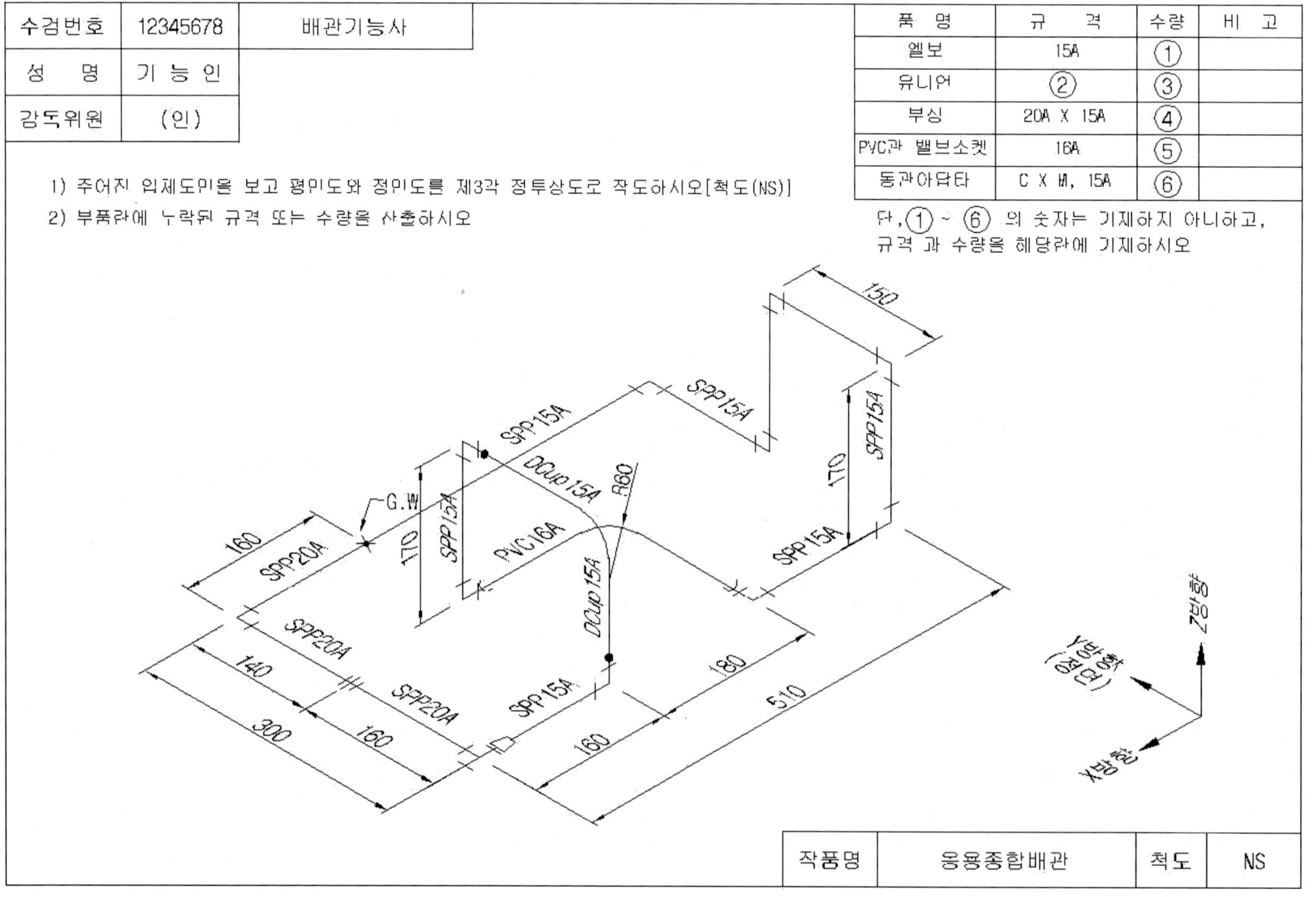

AutoCAD 중급

지금까지의 학습한 기능만으로 2차원 도면은 작도가 가능합니다. 이번에는 기본 객체의 작성과 함께 활용의 폭을 넓히는 방법에 대해 학습합니다. 주석 축척의 활용, 블록의 활용과 표의 작성, 도면의 배치와 출력에 대해 학습하겠습니다.

CHAPTER 06 주석 축척과 도면 템플릿

한 도면에서 서로 다른 척도의 도면을 배치할 때 활용하는 주석 축척과 도면의 특정 양식과 환경을 설정하여 활용하는 도면 템플릿에 대해 학습합니다.

LESSON 01 주석 축척

하나의 프로젝트는 수많은 도면으로 이루어집니다. 각 도면은 크기에 따라 다양한 척도로 작성됩니다. 하나의 도면에 서로 다른 축척을 사용할 수도 있습니다. 이럴 경우에 대응할 수 있는 주석 축척에 대해 학습합니다.

1. 주석 축척이란?

주석 객체는 뷰의 축척과 관계없이 동일한 크기 또는 축척으로 균일하게 표시되도록 자동으로 조정됩니다. 예를 들어, 출력 시의 문자 높이를 3mm로 설정하고자 할 때 척도에 따라 문자 높이가 조정됩니다. 1/50 도면에서는 150mm, 1/100 도면에서는 300mm로 조정됩니다.

또, 하나의 도면 안에 서로 다른 축척의 도형을 작도할 때가 있습니다. 이때 도면의 일관성을 유지하기 위해서 문자의 크기나 치수의 크기가 일정해야 합니다. 예를 들어, 1층 건축 평면도 도면에서 화장실 상세도를 작성하는 경우, 건축 평면도의 축척은 1/100이고 화장실 상세도의 축척은 1/30(또는 1/50)로 서로 다른 척도로 작도합니다. 이때, 문자의 크기는 일정하게 유지해야 도면을 읽는 사람이 편합니다. 즉, 하나의 도면에서 문자의 크기가 일관성이 없어 도면을 해독하는데 어려움이 있습니다.

주석 축척은 이렇게 서로 다른 축척에서 문자나 치수 등의 크기를 일정하게 유지하기 위한 방법입니다. 문자나 치수가 설정한 척도(Scale)에 의해 자동으로 변경되는 기능입니다. 각 뷰(뷰포트)별로 주석 축척을 지정할 수 있습니다. 예를 들어, 문자 높이를 3mm로 지정해놓으면 1/100 도면에서도 3mm를 유지하고, 1/50 도면에서도 3mm를 유지하도록 자동으로 조정합니다. 다음 그림은 배치(Layout) 공간에서 볼트 전체와 끝부분을 확대한 부분 상세도입니다. 축척이 1:1인 도면과 1:5인 도면의 치수 문자와 문자 크기가 동일한 크기로 표시됩니다. 하나의 도면에 서로 다른 축척으로 표현하지만 문자의 크기가 일정하여 도면의 일관성을 유지할 수 있습니다.

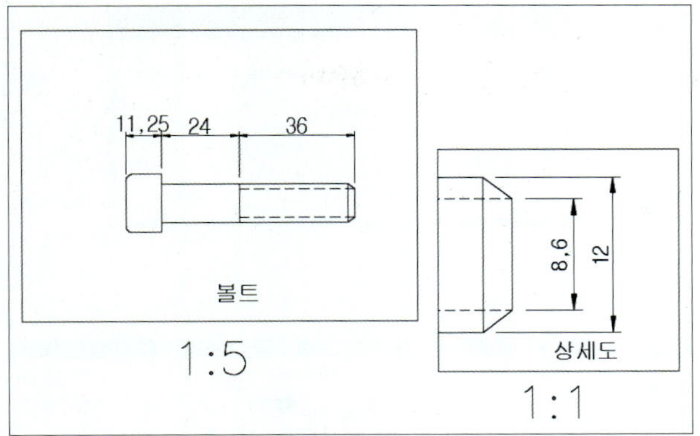

주석 축척은 서로 다른 축척에도 일관성을 유지하기 위한 방법입니다. 다음은 주석 축척이 적용 가능한 스타일 및 객체입니다.

- 문자(단일 행 문자, 여러 줄 문자) 및 문자 스타일
- 치수 및 치수 스타일
- 해치 및 그라데이션
- 블록 및 속성 정의

2. 주석 축척의 정의 및 순서 이해하기

주석 축척을 적용하기 위해서는 스타일(유형)을 정의해야 하고 이 유형을 각 뷰에 적용해야 합니다. 주석 축척의 정의 및 적용하는 순서는 다음과 같습니다. 주석 문자를 예로 따라 하기 방식으로 설명합니다.

01 도형을 작성한 후 주석 스타일을 정의합니다.

문자 스타일에서 주석 문자의 스타일을 작성합니다.

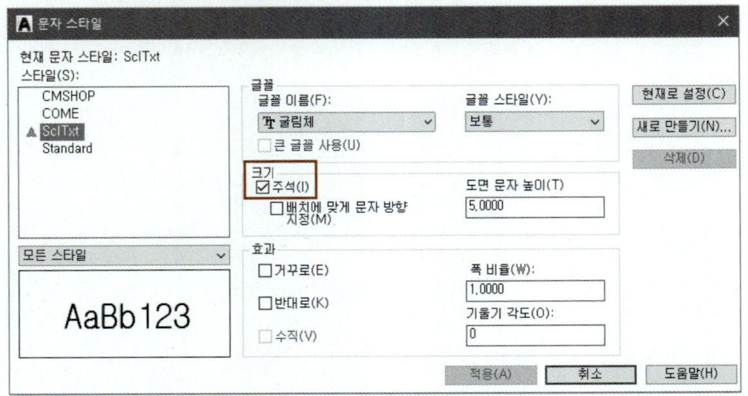

02 주석 축척을 설정합니다.

적용하고자 하는 주석 축척 값을 지정합니다.

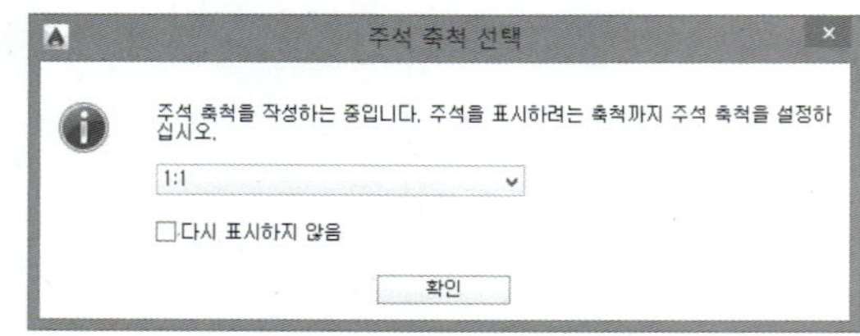

03 주석 스타일을 현재로 설정합니다.

문자 작성을 실행하여 문자 스타일을 주석 문자로 정의
한 스타일을 현재로 설정합니다.

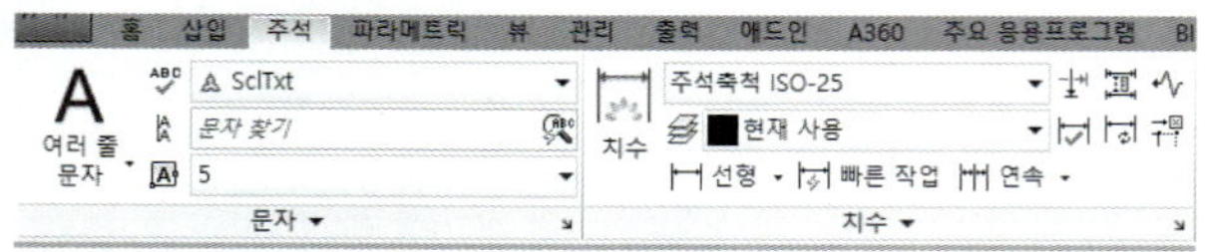

04 주석 객체를 작성합니다.

문자를 작성합니다. 이때, 특성(PROPERTIES) 기능
을 이용하여 작성한 문자가 '주석' 문자임을 정의합니다.

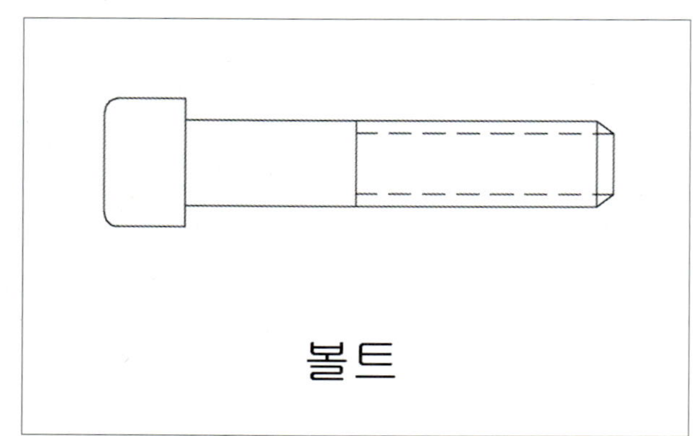

05 적용하고자 하는 축척이 하나 이상인 경우, 추가로
주석 축척을 지정합니다.

서로 다른 축척에서 문자를 표현하고자 할 때 추가로 필
요한 주석 축척을 지정합니다.

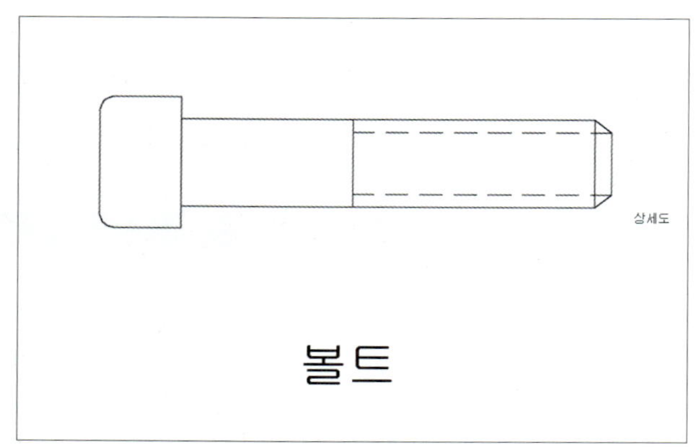

06 배치(Layout) 공간으로 이동합니다.
표현하고자 하는 뷰 포트를 작성하여 표시하고자 하는
객체의 크기에 맞춰 적절한 축척을 설정합니다.

참고 **배치(Layout) 공간이란?**

일반적으로 객체의 작성은 모형 공간에서 작도하고 출력은 배치
공간에서 배치하여 출력합니다. 예를 들어, 3차원 모델을 작성하
여 정면도, 평면도, 입면도를 하나의 도면에 표시하고자 한다면
배치(Layout) 공간에서 각 뷰를 배치하여 출력합니다.

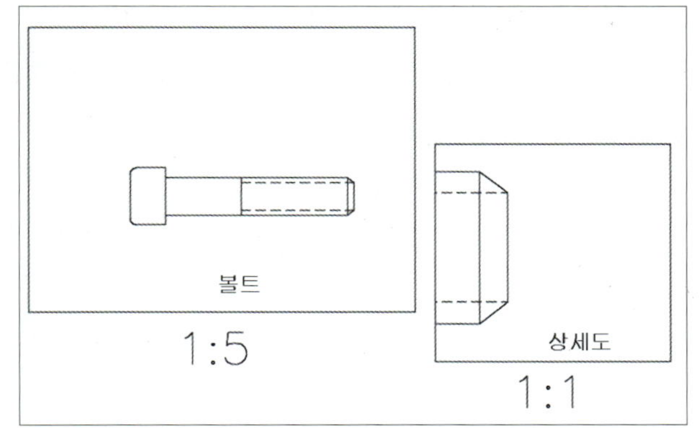

3. 주석 축척의 조작 기능

주석 축척을 정의하기 위해서는 각 스타일 설정 기능에서 '주석'임을 지정해야 하며 객체에 주석 축척의
적용 여부를 지정합니다. 주석 축척에 관련된 기능을 살펴보겠습니다.

01. 스타일 설정

다음의 각 대화상자에서 '주석'을 체크하여 주석 축척 스타일을 지정합니다.

(1) 문자 스타일

문자 스타일을 정의할 때 '주석(I)' 항목에 체크를 해야 합
니다. '도면 문자 높이(T)'에서 정의한 높이는 출력 시의
문자 높이로 축척에 따라 달라집니다.

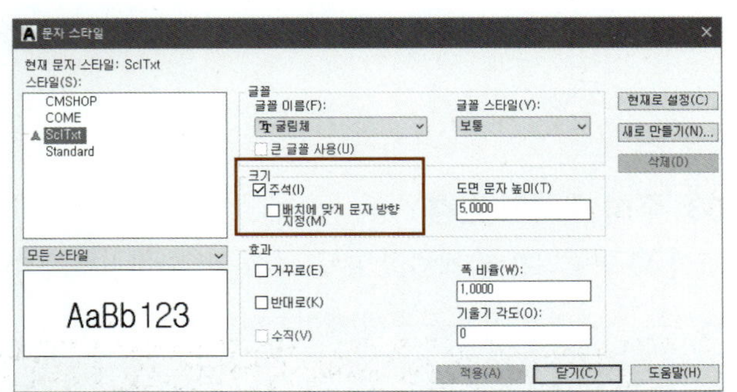

(2) 치수 및 다중 지시선 스타일

치수 및 다중 지시선에서 주석 축척을 적용하고자 하면 스
타일 대화상자에서 '주석(I)' 항목에 체크를 해야 합니다.

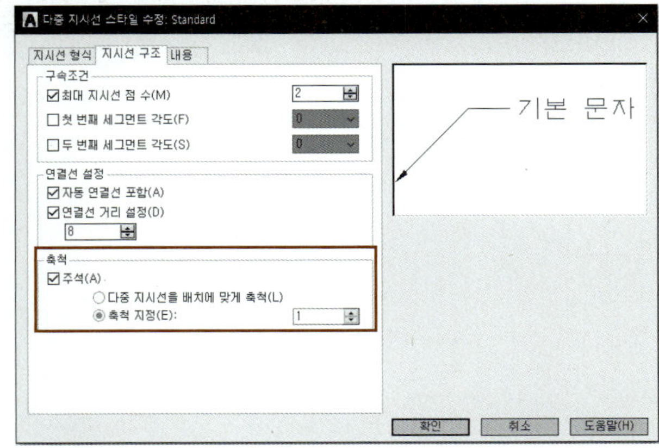

(3) 해치 스타일

해치 간격에 축척을 적용하고자 하면 '해치 작성' 탭의 '옵
션' 패널에서 '주석' 항목을 켜야 합니다.

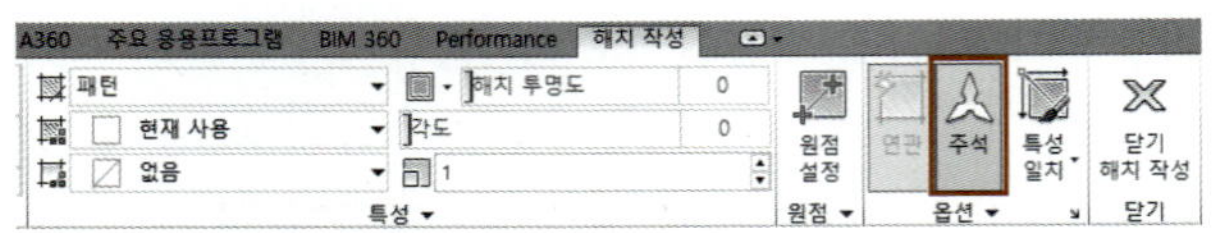

(4) 블록 작성

블록에 축척을 적용하고자 하면 스타일 대화상자에서 '주
석(I)' 항목에 체크를 해야 합니다.

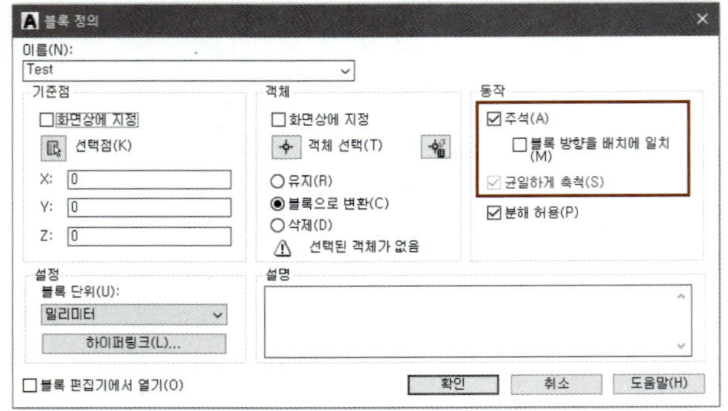

02. 주석 축척의 적용 여부 설정

주석 축척의 적용 여부를 제어하려면 특성(PROPERTIES) 팔레트에서 '주석' 항목의 '예/
아니오'를 지정합니다. 이미 작성된 객체에 주석 축척을 적용하고자 할 때, 객체를 선택한
후에 특성 팔레트에서 '주석 축척'을 '예'로 설정하고 적용할 축척을 지정할 수 있습니다.

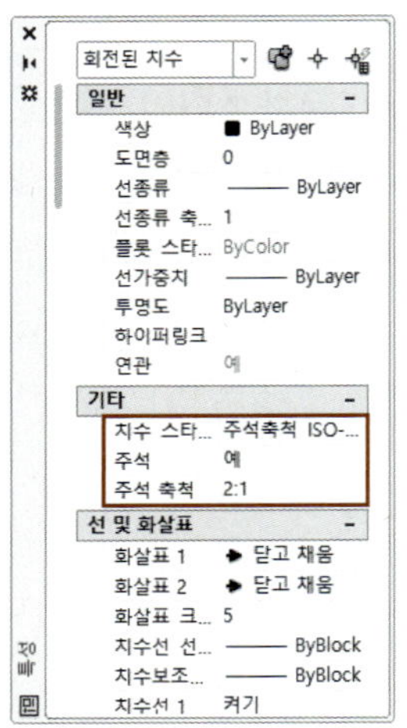

03. 주석 축척의 환경

주석 축척이 적용된 객체의 표시 여부, 축척 리스트의 추가
여부는 하단의 아이콘을 통해 제어합니다.

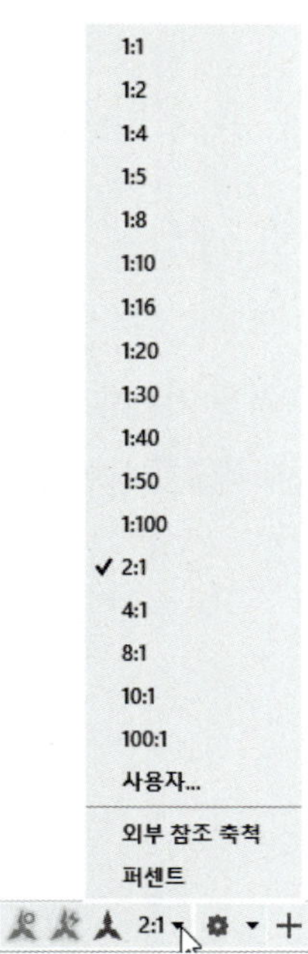

01 주석 가시성 : 상태막대에서 주석 가시성 버튼을 클릭하여 주석 객체 표시를 켜거나 끕니다. 이 버튼이 켜져 있으면 모든 주석 객체가 표시되고, 꺼져 있으면 현재 설정된 축척의 객체만 표시됩니다. 다음은 치수에 주석 축척을 정의한 후 축척이 1:1과 1:2인 치수를 기입하여 가시성의 표시 여부를 표현한 것입니다.

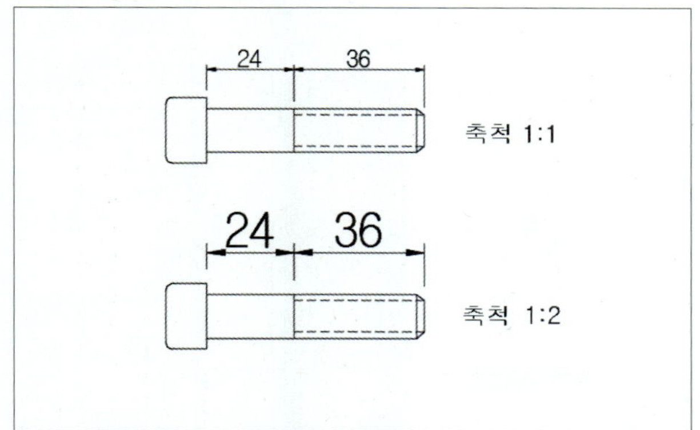

축척이 1:1인 상태에서 주석 가시성이 켜진 상태

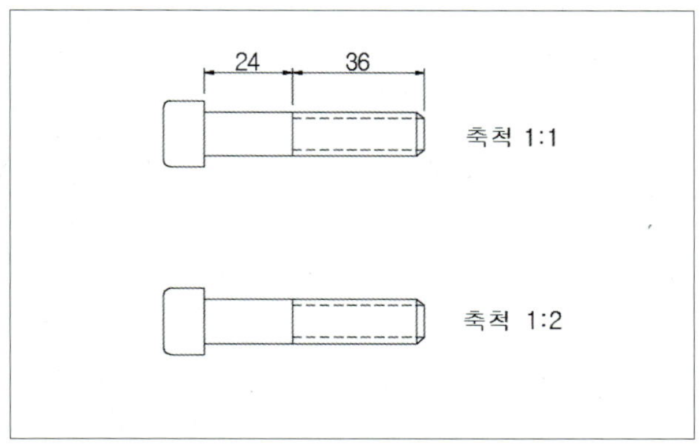

축척이 1:1인 상태에서 주석 가시성이 꺼진 상태

02 주석 객체에 축척 추가 : 상태막대에서 '주석 축척 변경 시 자동으로 주석 객체에 축척 추가' 버튼을 클릭하면 축척이 변경될 때마다 축척 리스트에 축척을 추가합니다.
축척 목록의 추가 및 삭제는 바로가기 메뉴를 통해서도 설정할 수 있습니다.

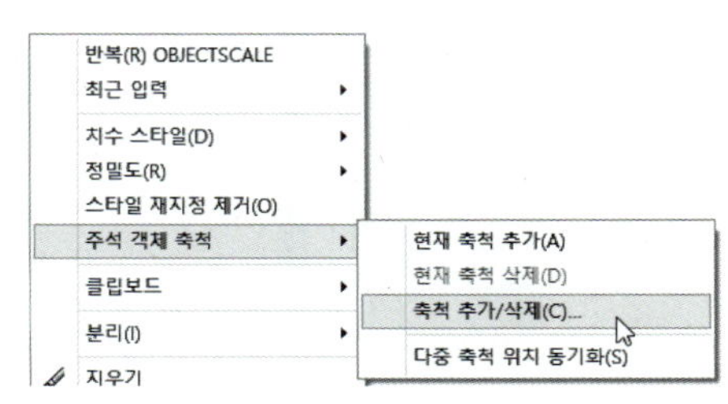

[추가(A)]를 클릭하면 다음과 같이 축척 리스트를 통해 추가할 수 있습니다.

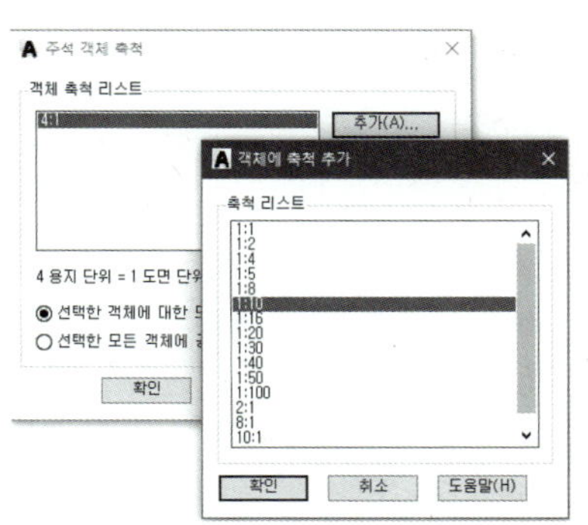

03 축척 설정 1:1 : 상태막대에서 '주석 축척' 버튼을 클릭하여 설정하고자 하는 축척을 지정합니다.

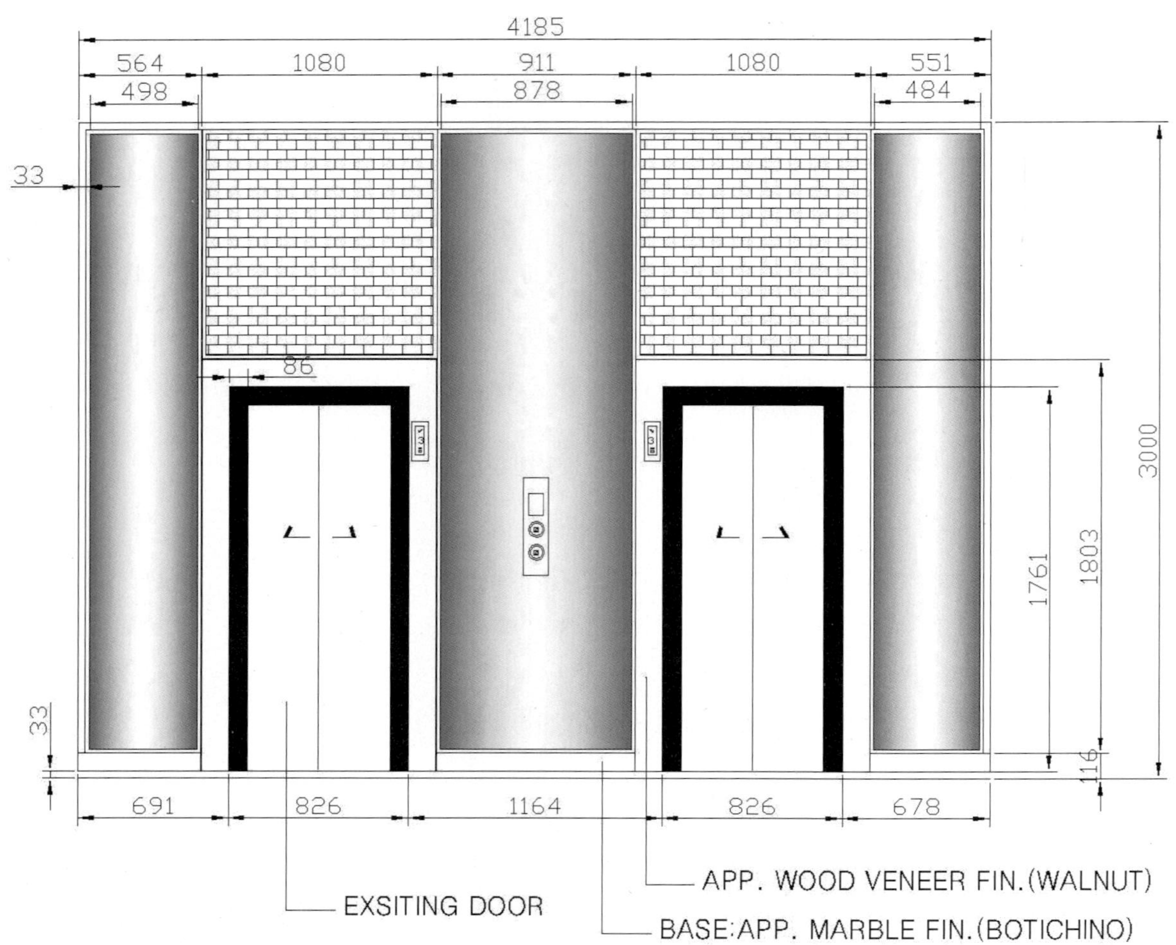

MAIN ELEVATOR HALL

① **PARTIAL ELEVATION**

SCALE : 1 / 30

LESSON
02 도면 템플릿

도면 템플릿은 도면작업을 위한 각종 환경을 미리 설정해놓은 표준 도면입니다. 도면 템플릿을 효율적으로 사용하면 도면 생산성 향상은 물론 도면의 표준화를 도모할 수 있습니다. 도면 템플릿에 대해 알아보겠습니다.

1. 도면 템플릿이란?

전문적으로 설계작업을 하는 사람들은 유사한 환경에서 반복적으로 도면을 작성합니다. 예를 들어, 건축설비 도면을 작성하는 사람들은 건축도 위에 배관이나 덕트를 작도하고 밸브나 부속류를 삽입하는 작업을 반복합니다. 이렇게 작업을 할 때, 자주 사용하는 심볼(기호)이나 장비 등은 새로 작성하지 않고 기 작성된 데이터를 활용하면 효율적일 것입니다. 또, 하나의 템플릿을 조직 구성원이 같이 사용한다면 표준화된 도면을 작성할 수 있습니다. 도면 템플릿은 이러한 목적으로 활용합니다.

템플릿(Template)의 사전적 의미는 '형틀, 형판'입니다. 도면 템플릿도 이와 같은 개념으로 도면의 작성 환경(각종 설정값)이 저장되어 있는 표준 도면입니다. 즉, 도면 작성을 위한 단위, 도면층, 선 종류, 글자체, 블록을 비롯하여 표제란과 같이 사용자가 도면 작성 시에 매번 작업해야 하는 양식이나 환경이 미리 정의된 표준 도면입니다. 모든 구성원이 같은 도면 템플릿을 활용하면 도면 사이에 일관성이 유지될 수 있고 표준화된 도면을 작성할 수 있습니다.

도면 템플릿 파일 형식은 '*.dwt' 입니다. 이 템플릿 파일은 AutoCAD에서 기본적으로 제공하는 파일도 있고, 사용자가 필요에 의해 자신의 작업 여건에 맞는 환경을 설정하여 템플릿 파일 형식으로 만들 수도 있습니다. *.dwt 파일을 표준사양도면 형식인 '*.dws' 파일로 저장할 수 있습니다. *.dws 파일을 사용하면 현재 도면을 도면 템플릿 파일과 비교하여 표준 사양과의 상이점을 체크할 수 있습니다.

도면 템플릿에 저장되는 내용은 다음과 같습니다.

항목	기능 명령	항목	기능 명령
단위	UNITS	그리드	GRID
스냅	SNAP	도면 범위	LIMITS
도면층	LAYER	선 종류	LINETYPE
문자 스타일	STYLE	치수 스타일	DIMSTYLE
다중선 스타일	MLEADERSTYLE	표 스타일	TABLESTYLE
배치	LAYOUT	페이지 설정	PAGESETUP
표제란		블록(심볼)	BLOCK

참고 템플릿 파일 위치

도면 템플릿의 저장 장소는 사용자가 지정할 수 있습니다. 특정 장소(폴더)를 지정해 놓으면 새로운 도면을 시작할 때 해당 장소(폴더)의 템플릿 파일을 선택할 수 있게 표시합니다.

[응용 프로그램 메뉴 ▲]를 펼쳐 하단의 [옵션]을 클릭하거나 작도 영역에서 마우스 오른쪽 버튼을 눌러 바로가기 메뉴를 펼쳐 [옵션(O)]을 클릭합니다. 다음의 옵션 대화상자에서 '파일' 탭의 '템플릿 설정'을 클릭하여 '도면 템플릿 파일 위치'를 지정합니다.

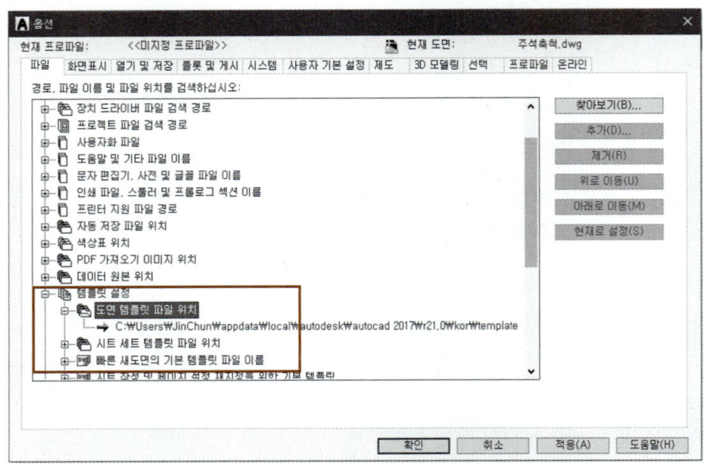

2. 템플릿 파일의 작성

템플릿 파일의 활용은 새로운 도면을 작성할 때 도면의 생산성의 향상은 물론 조직의 도면 표준화에 유용한 방법입니다. 템플릿 파일의 작성 방법에 대해 설명합니다.

01 도면 환경의 설정

단위 및 도면 범위의 설정, 도면층의 작성, 선 종류 로드, 도면에 필요한 심볼을 작도 또는 설정 작업을 수행합니다. 필요한 블록(심볼)이 있으면 삽입합니다. 또, 기존에 작성된 템플릿을 수정하고자 할 때는 기존 템플릿 파일을 엽니다.

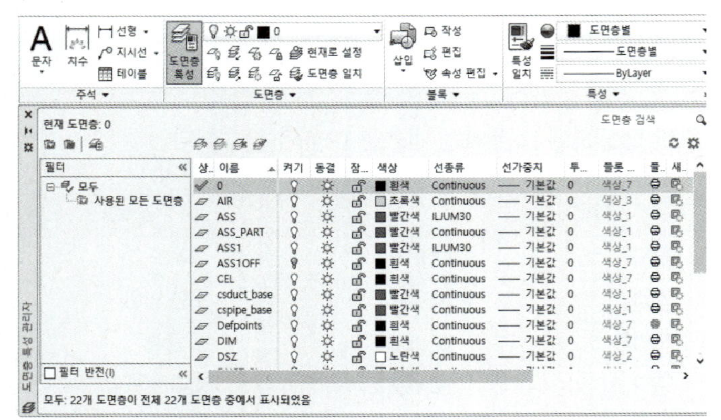

02 표제란 등 특정한 양식이 필요하면 양식에 맞춰 작성합니다.

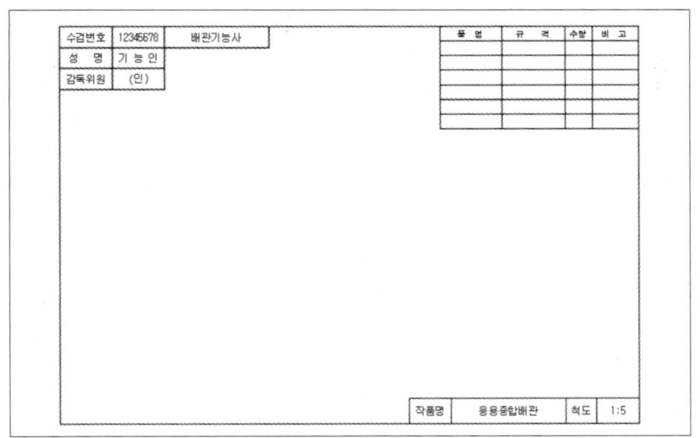

03 템플릿 파일을 저장합니다. '다른 이름으로 저장'을 실행하여 저장합니다.

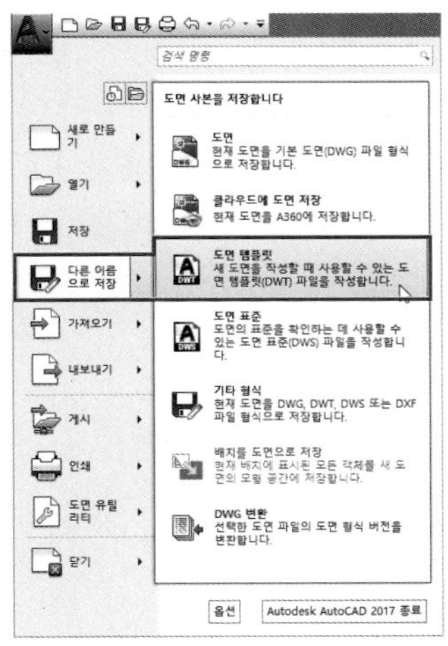

04 다음의 대화상자에서 템플릿 파일 이름(*.dwt)을 지정하여 저장합니다.

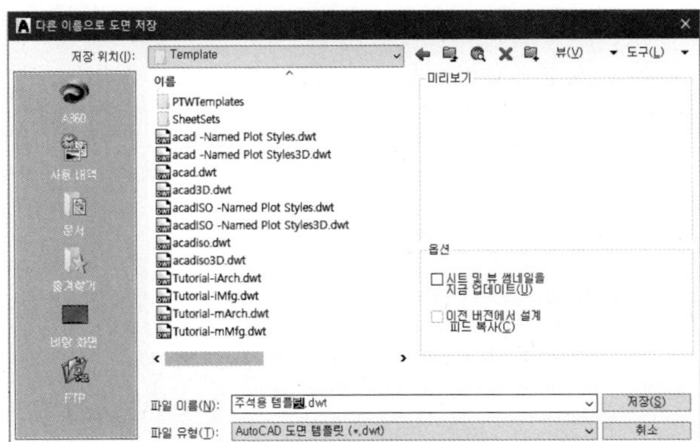

05 [저장(S)]을 누르면 다음과 같이 템플릿 옵션 대화 상자가 나타납니다. 설명을 입력하고 측정 단위를 선택합니다.

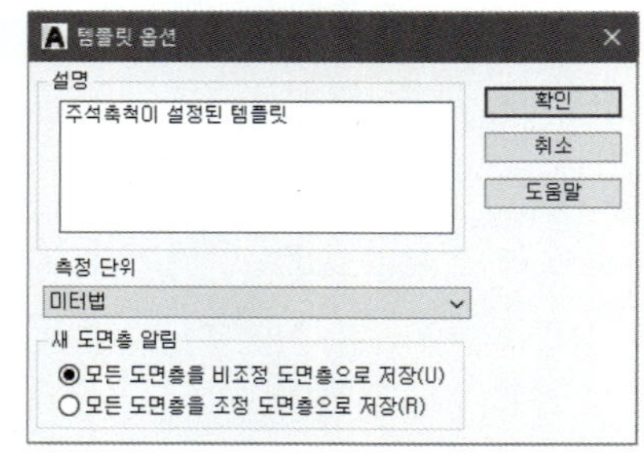

3. 템플릿 파일의 활용

새로운 도면을 작성할 때 템플릿 환경을 적용하거나 표준 준수 여부를 검사합니다.

01 **도면의 시작(템플릿 환경의 적용) :** 새롭게 도면을 작성할 때 기존에 작성한 환경이나 양식을 활용합니다. '새 도면(NEW)'을 실행합니다. 다음과 같은 '템플릿 선택' 대화상자가 나타납니다. 사용하고자 하는 템플릿 파일을 선택합니다.

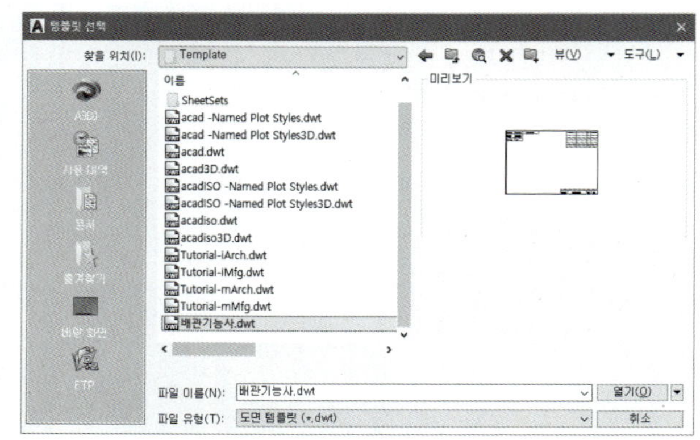

다음과 같이 템플릿 파일을 바탕으로 설정된 환경(단위, 도면 범위, 도면층, 선 종류, 블록 등)이나 표제란과 같이 특정 양식의 도면을 사용할 수 있습니다.

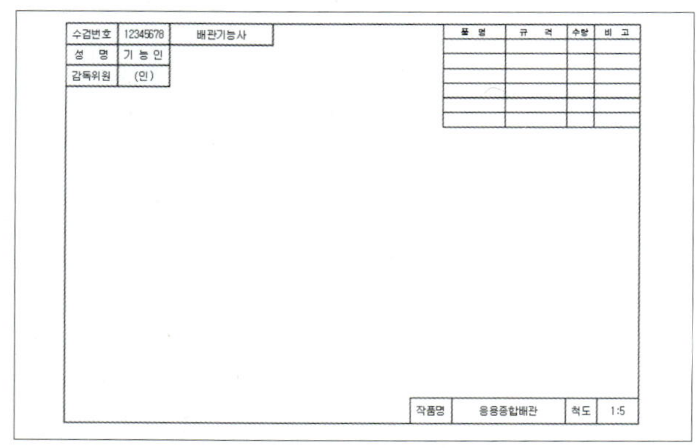

02 표준 검사 : 도면의 표준을 검사합니다. 도면층, 선 종류, 문자 스타일, 치수 스타일 등을 표준 파일(*.dws)과 비교하여 검사합니다.

'표준 검사(STANDARDS)' 기능을 실행합니다. 단축키 'STA'를 입력합니다. 그림과 같은 표준 구성 대화상자가 나타납니다. [+]를 클릭하여 표준 파일(*.dws)을 선택합니다.

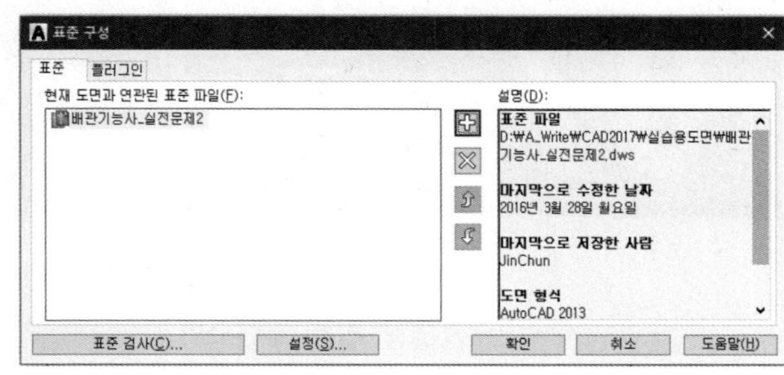

참고 · 표준 구성 파일(*.dws)]

표준 구성 파일(*.dws)은 도면의 표준 준수 여부를 파악할 때 이용하는 파일입니다. 도면 파일(*.dwg), 템플릿 파일(*.dwt), 표준 구성 파일(*.dws) 모두 동일한 데이터 구조입니다. 단지, 확장자만 다를 뿐입니다. 파일을 저장할 때 종류를 선택할 수도 있지만 윈도우(Windows)에서 확장자만 변경해도 각 용도로 사용할 수 있습니다.

표준 도면을 작성하려면 [응용 프로그램 메뉴 ▲]를 펼쳐 '다른 이름으로 저장'의 '표준 도면'을 클릭합니다.

[표준 검사(C)]를 클릭하면 표준 파일과 현재의 도면을 검색하여 표준 준수 여부를 판단하여 다음과 같은 메시지를 표시합니다. 즉, 현재 도면에 표준 템플릿 파일에는 없는 새로운 도면층이 작성된 경우, '문제점(P)'에 표시하고 대치하고자 할 경우는 '대치할 내용(R)'에서 선택합니다.

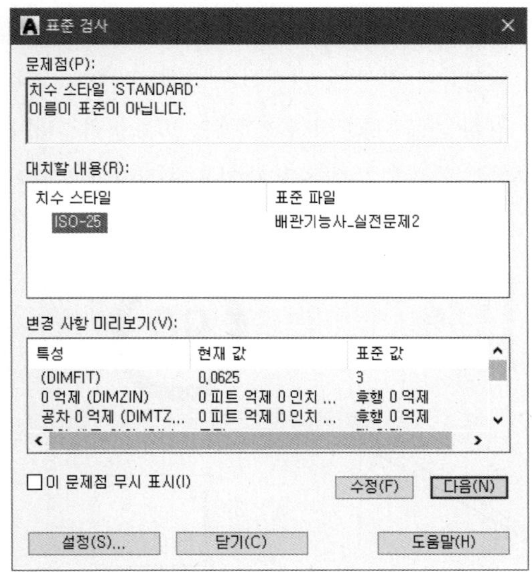

CHAPTER 07 블록과 표

이번에는 자주 사용하는 기호나 도면의 경우 반복해서 작성하지 않고 활용할 수 있는 블록 기능과 도면 일람, 범례, 수량표와 같이 표를 작도하는 기능에 대해 학습하겠습니다.

LESSON 01 블록의 활용

도면은 수많은 기호를 통해 설계자의 의도를 전달하는 수단입니다. 이때 자주 사용하는 기호를 매번 작성하지 않고 이미 작성된 기호를 활용하는 방법으로 '블록(BLOCK)' 기능에 대해 학습합니다.

1. 블록이란?

건축 도면에서 창과 문, 가구, 주방의 싱크대, 화장실의 세면기 및 변기 등은 항상 빠지지 않는 기호이며, 기계에서는 볼트와 너트, 기어, 베어링, 체인, 핀 등 많은 부품 기호를 사용합니다. 또, 도면의 설명에 필요한 화살표나 지시선, 거칠기 및 공차 기호 등 여러 기호를 사용합니다. 이렇게 반복해서 사용하는 기호나 양식 등을 매번 작성하기에는 비효율적입니다. 이때 활용할 수 있는 기능이 블록(BLOCK)입니다. 블록의 활용은 콘텐츠의 재이용에 적합한 수단이라 할 수 있습니다.

다양한 블록의 예

'블록(BLOCK)'은 특정 객체를 작성하기 위해 결합된 하나 이상의 객체 집합입니다. 이 그룹화된 객체에는 이름이 주어지며 이를 '블록명(BLOCK NAME)'이라 합니다. 이 블록명을 이용하여 도면 내에 삽입하여 원하는 위치에 배치할 수 있습니다 이 블록은 복합적인 객체(선, 원, 호, 폴리선 등)가 하나의 그룹으로 구성되어 있으므로 하나만을 선택하여 이동, 복사, 삭제할 수 있습니다.

하나의 객체로 취급되지만 블록을 구성하는 각 객체의 특성(도면층, 색상, 선 종류 등)은 제 각각 가지고 있습니다. 하나의 객체로 취급되는 블록은 '분해(EXPLODE)' 명령에 의해 다시 여러 개의 객체로 분해시킬 수 있습니다.

2. 블록 작성(BLOCK, BMAKE)

현재 작업 중에 있는 도면의 일부 또는 전체를 선택하여 새로운 블록(복합 도형)을 생성합니다. 현재의 도면 내에서 새로운 블록(복합 도형)을 작성합니다.

명령 : BLOCK, BMAKE(단축키 : B)　　　　　　　　아이콘 버튼 :

01 먼저 블록으로 작성할 기호나 도면을 작성합니다. 다음의 볼트를 블록으로 작성하겠습니다.

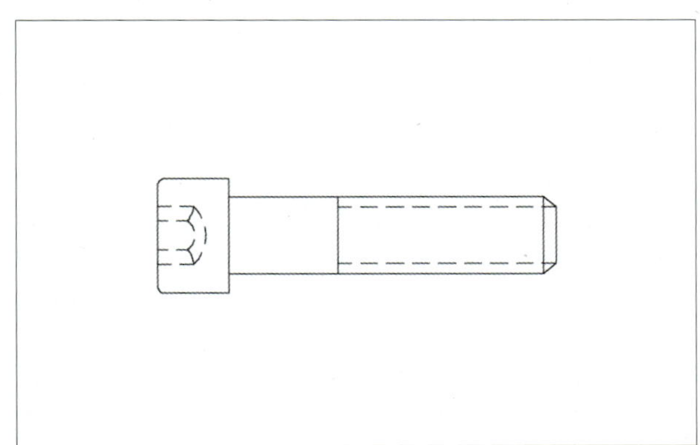

02 블록 명령을 실행합니다. 명령어 'BLOCK' 또는 'B'를 입력하거나 '삽입' 탭의 '블록 정의' 패널 또는 도구 막대에서 아이콘 버튼 을 클릭합니다. 다음과 같은 블록 정의 대화상자가 나타납니다.

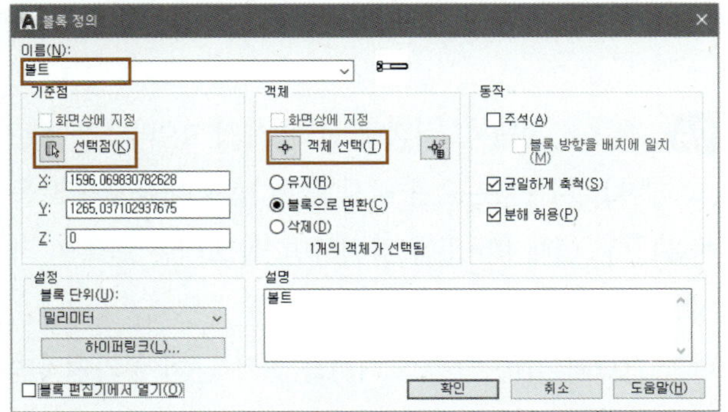

(1) 이름(A) : 블록의 명칭(이름)을 입력 또는 선택합니다. 이름은 최대 영숫자 255자(한글은 127자)까지 이며 문자, 숫자, 공백을 포함할 수 있습니다.

(2) 기준점 : 블록의 기준점을 지정합니다. '선택점(K)'를 클릭하여 도면 영역에서 점을 직접 선택할 수도 있고 X, Y, Z의 좌표 값을 직접 입력할 수도 있습니다.

(3) 객체 : 블록으로 만들고자 하는 객체를 선택합니다. '객체 선택(T)'을 클릭하여 객체를 선택합니다.

　① 유지(R) : 블록으로 작성하기 위한 객체를 작성 당시의 상태를 유지합니다.

　② 블록으로 변환(C) : 선택된 객체를 블록으로 변환합니다.

　③ 삭제(D) : 블록 작성을 위해 선택된 객체를 도면에서 삭제합니다.

(4) 동작 : 블록 작성을 위한 주석 여부, 축척 등의 환경을 설정합니다.

　① 주석(A) : 블록이 주석임을 정의합니다. 주석으로 정의하면 주석 축척에 의해 크기를 바꿀 수 있습니다.

　② 균일하게 축척(S) : 블록 참조 시 축척을 균일하게 할지 여부를 설정합니다.

　③ 분해 허용(P) : 분해를 허용할지 여부를 설정합니다.

(5) 설정 : 블록의 단위 및 하이퍼링크를 지정합니다.

　① 블록 단위(U) : 블록의 단위를 지정합니다.

　② 하이퍼링크(L) : 하이퍼링크를 삽입합니다. 하이퍼링크 삽입을 위한 대화상자가 열립니다.

(6) 설명(E) : 주석(설명문)을 기입합니다.

(7) 블록 편집기에서 열기(O) : 블록의 동적 블록을 위한 블록 편집기를 엽니다.

03 '이름(A)'에 '볼트'를 입력합니다. '기준점'의 아이콘 '선택점(K)'을 클릭한 후 기준점을 지정합니다. 삽입 기준점을 지정하면 다시 블록 정의 대화상자로 돌아갑니다. 대화상자에서 객체의 '객체 선택(T)'을 클릭합니다. 작도 영역에서 {객체 선택:}이 표시되면 범위를 지정해 블록으로 만들고자 하는 객체(볼트)의 범위를 지정합니다.

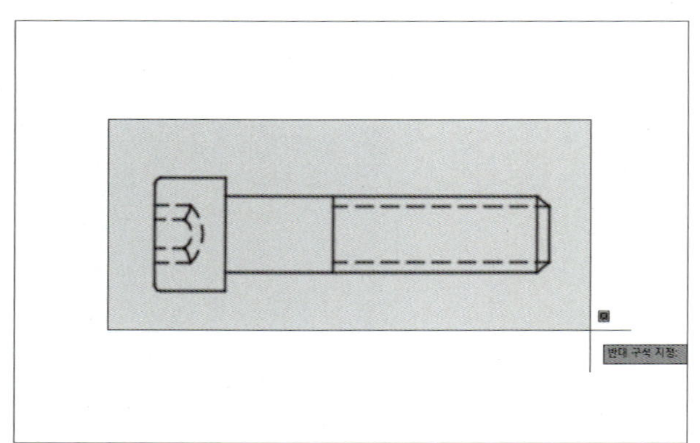

04 객체를 선택하고 {객체 선택:}에서 〈엔터〉 키 또는 〈스페이스 바〉를 누르면 다시 블록 정의 대화상자로 돌아옵니다. 이때 [확인]을 클릭하면 '볼트'라는 블록이 작성됩니다.

다음 그림과 같이 마우스 커서를 볼트 근처에 가져가면 객체가 볼트 전체가 하일라이트되어 하나의 블록으로 작성되었음을 알 수 있습니다.

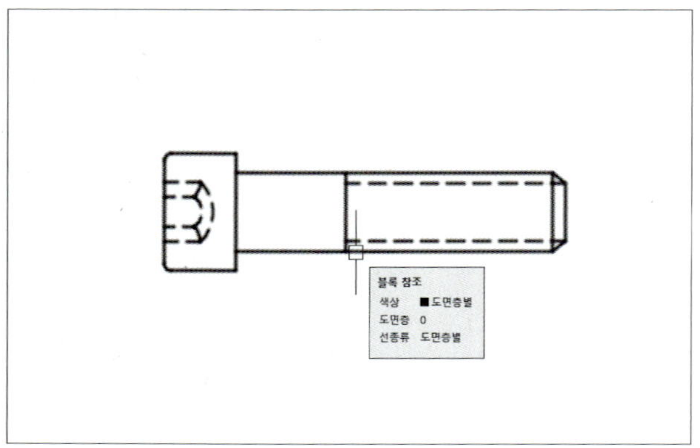

3. 블록을 배치하는 삽입(INSERT)

명명된 블록 또는 도면을 현재 도면에 호출하여 배치합니다. 저장된 도면(*.dwg)도 하나의 블록과 같이 도면 내에 삽입할 수 있습니다.

명령 : INSERT(단축키 : I)　　　　　　　　　　　아이콘 버튼 :

01 블록(예: 볼트)을 삽입해보겠습니다. 삽입 명령을 실행합니다. 명령어 'INSERT' 또는 'I'를 입력하거나 '삽입' 탭의 '블록' 패널 또는 도구막대에서 아이콘 버튼 을 클릭합니다. 다음과 같은 대화상자가 나타납니다.

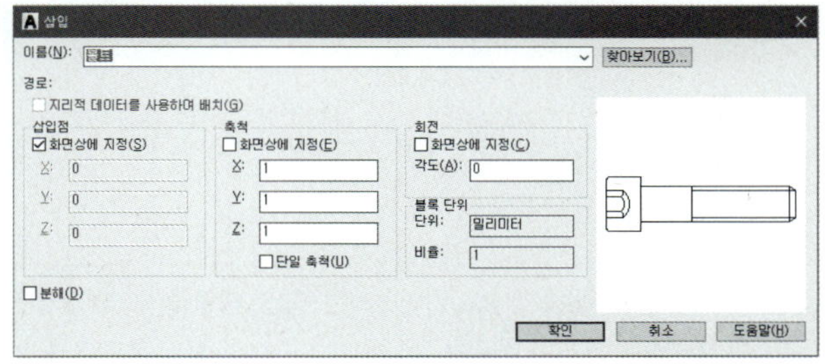

삽입 대화상자

(1) **이름(N)** : 목록에는 현재 도면에 정의된 블록의 목록이 나열됩니다. 삽입하고자 하는 블록의 명칭을 지정합니다. 외부 블록 또는 도면을 삽입할 때는 [찾아 보기(B)]를 클릭해 파일을 검색합니다.

(2) **경로** : 지정한 블록이 있는 위치를 표시합니다.

(3) **지리적 데이터를 사용하여 배치(G)** : 현재 도면 및 부착된 도면에 지리적 데이터가 들어 있는지 여부를 지정합니다. 이 옵션은 두 도면 모두에 지리적 데이터가 있을 때만 사용 가능합니다

(4) **삽입점** : 블록이 도면에 삽입될 때의 위치입니다. 대화상자에서 좌표(X,Y,Z)를 지정할 수도 있고, '화면상에 지정(S)'을 체크하여 화면에서 삽입 위치를 직접 지정할 수도 있습니다.

(5) **축척** : 블록의 X(Y)축의 크기를 결정하기 위한 배율을 나타냅니다. 대화상자에서 좌표를 지정할 수도 있고, '화면상에 지정(E)'을 체크하여 화면에서 삽입 축척을 직접 지정할 수도 있습니다. '단일 축척(U)'을 체크하면 X, Y, Z가 동일한 스케일로 하나의 항목(X)만 값을 입력하면 됩니다. 블록을 대칭으로 삽입하고자 할 때는 '-1'을 입력합니다.

(6) **회전** : 삽입하고자 하는 블록의 회전 각도를 지정합니다. 대화상자에서 각도를 지정할 수도 있고, '화면상에 지정(C)'을 체크하여 화면에서 삽입 각도를 직접 지정할 수도 있습니다.

(7) **블록 단위** : 삽입될 블록의 단위를 지정합니다.

　① 단위 : 블록에 대한 단위를 지정합니다.

　② 비율 : 삽입 단위 축척 비율을 표시합니다.

(8) **분해(D)** : 블록 객체를 분해하여 삽입합니다.

02 '이름(N)' 목록에서 삽입하고자 하는 블록 이름 '볼트'를 선택합니다. '삽입점'을 '화면에 지정(S)'에 체크하고 '축척'의 X, Y, Z를 '1', '회전'의 '각도(A)'를 '90'을 입력한 후 [확인]을 클릭합니다. {삽입점 지정 또는 [기준점(B)/축척(S)/X/Y/Z/회전(R)]:}이란 메시지가 나타나면 블록을 삽입하고자 하는 위치를 지정합니다. 다음 그림과 같이 블록(볼트)이 삽입됩니다.

블록의 크기나 각도 또는 위치를 자유롭게 지정할 수 있습
니다. 블록의 크기는 '축척' 값을 지정하고, 각도는 '회전'에
서 지정하며 위치는 '삽입점'에서 지정할 수 있습니다.

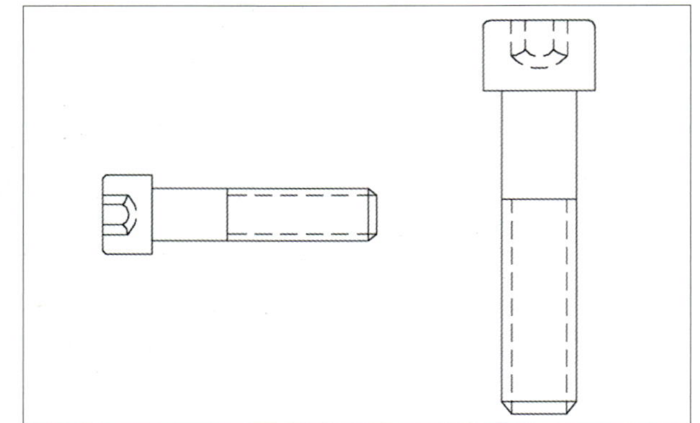

tip!

'삽입' 대화상자를 이용하지 않고 삽입하려면 '삽입' 탭의 '블록' 패널에서
'삽입 🔂' 컨트롤을 누르면 다음과 같이 현재 도면에 등록된 블록의 미리
보기 이미지가 나타납니다. 삽입하고자 하는 블록을 선택하여 삽입할 수
있습니다.

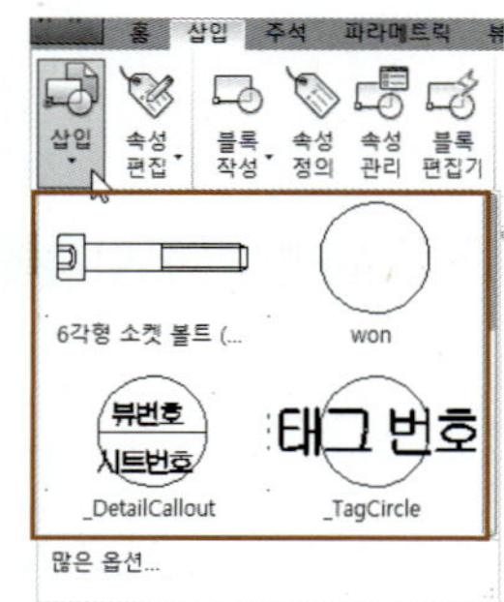

참고 **블록을 분해하면서 삽입하는 방법**

블록은 하나의 덩어리로 묶인 객체입니다. 블록 중 일부 특성(도면층, 색상, 선 종류 등)을 바꾸거나 일부 객체를 편집하기
위해서는 개별 객체로 분해되어야 합니다. 객체를 분해하는 방법은 두 가지 방법이 있습니다.

(1) 첫 번째 방법은 삽입 시 대화상자에서 '분해(D)' 항목을 체크하는 방법입니다.
   '분해(D)'에 체크하면 블록이 하나의 그룹이 아닌 낱개로 분해되어 삽입됩니다.
(2) 두 번째 방법은 삽입한 후에 '분해(EXPLODE)' 명령으로 분해합니다. 명령어 'EXPLODE' 또는 'X'를 입력하거나, '홈'
   탭의 '수정' 패널 또는 도구막대의 아이콘 버튼 ✑을 클릭합니다. 분해 명령을 실행하면 {객체 선택:}이라는 메시지가
   표시되는데 이때 분해하고자 하는 블록을 선택합니다.

4. 외부 파일로 저장하는 블록 쓰기(WBLOCK)

선택한 객체 또는 블록을 외부의 도면 파일로 저장합니다. 저장되는 파일 확장자는 도면과 동일한
*.dwg입니다.

tip!

'블록 정의(BLOCK, BMAKE)' 명령은 도면 내부에서 정의하는 블록입니다. 따라서 다른 도면에서는 해당 블록을
호출(삽입)할 수 없습니다. 그러나 '블록 쓰기(WBLOCK)' 명령은 현재 도면 내부가 아닌 외부에 파일로 저장되기
때문에 다른 도면에서도 쉽게 호출(삽입)할 수 있습니다.

명령 : WBLOCK(단축키 : W)

'블록 쓰기(WBLOCK)' 명령을 실행하면 다음과 같은 블록 쓰기 대화상자가 나타납니다.

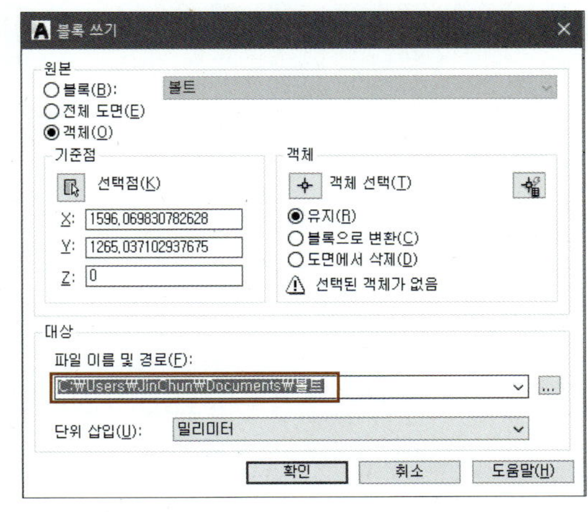

조작 방법은 '블록 작성(BLOCK, BMAKE)'과 동일합니다. 단, 외부 파일로 저장하기 때문에 '대상 파일 이름 및 경로(F)'를 지정해야 합니다. 도면으로 삽입하는 방법은 '삽입(INSERT)' 명령으로 삽입합니다.

5. 블록 특성의 관리

블록을 삽입할 때 블록을 저장할 당시의 객체의 색상, 선 종류, 선 가중치 등을 유지할 수도 있고 현재의 색상이나 선 종류에 맞춰 가져올 수도 있습니다. 다음의 실습을 통해 블록 특성에 대해 알아보겠습니다.

01. BYBLOCK(블록별)이란?

색상, 선 종류, 선 가중치를 지정할 때 '블록별(BYBLOCK)'을 선택할 수 있게 되어 있습니다. 블록을 작성할 때 '블록별(BYBLOCK)'로 설정하면 해당 블록을 삽입할 당시의 환경에 따라 특성이 지정됩니다. 실습을 통해 알아보겠습니다.

01 객체를 작성하기 전에 색상과 선 종류를 '블록별(BYBLOCK)'로 설정한 후 다음과 같이 블록이 될 객체를 작성합니다.

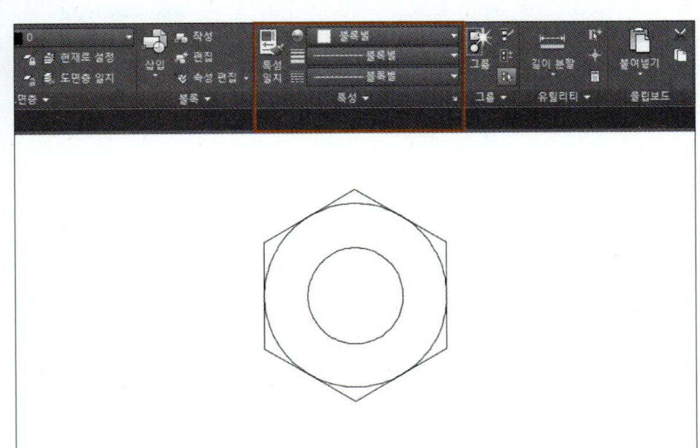

02 블록(BLOCK) 작성 기능을 이용하여 블록을 작성합니다. 블록 이름은 '너트'로 지정합니다.

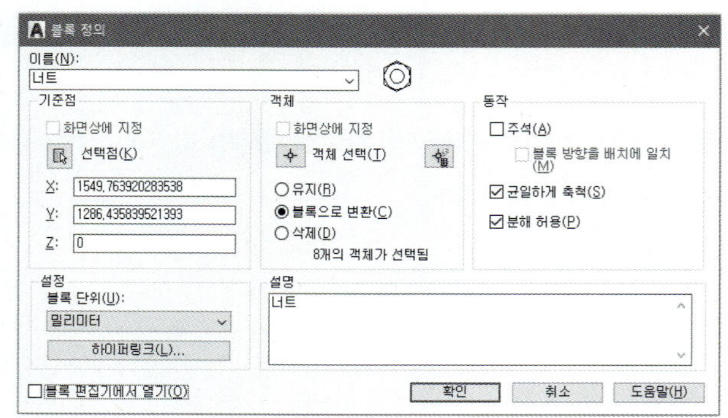

03 색상을 빨간색, 선 종류를 'HIDDEN'으로 설정한 후, '삽입(INSERT)' 명령을 실행하여 조금 전에 작성한 블록을 삽입합니다. 다음과 같이 삽입된 블록(너트)의 색상은 빨간색, 선 종류는 파선(HIDDEN)으로 삽입됩니다.

실습에서 알아보았듯이 특성을 '블록별(BYBLOCK)'로 설정하여 블록을 작성하면 블록을 삽입할 때, 지정된 특성에 맞춰 삽입됩니다.

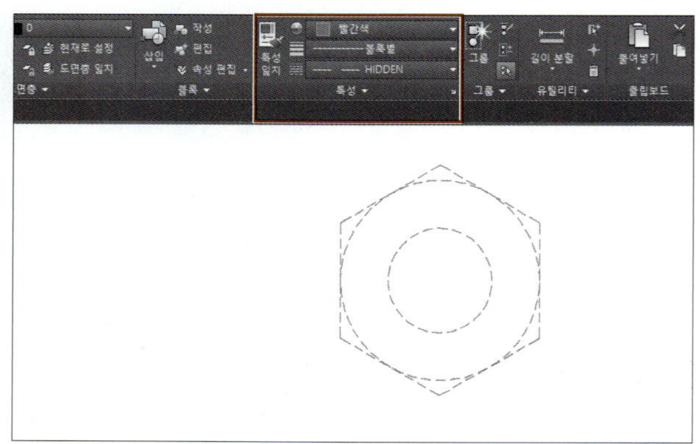

02. 블록의 삽입 시 특성

블록을 작성할 때와 삽입할 때의 특성에 따라 어떤 특성을 갖는지 다음의 표로 정리했습니다. 도면층은 다음과 같이 정의되어 있습니다.

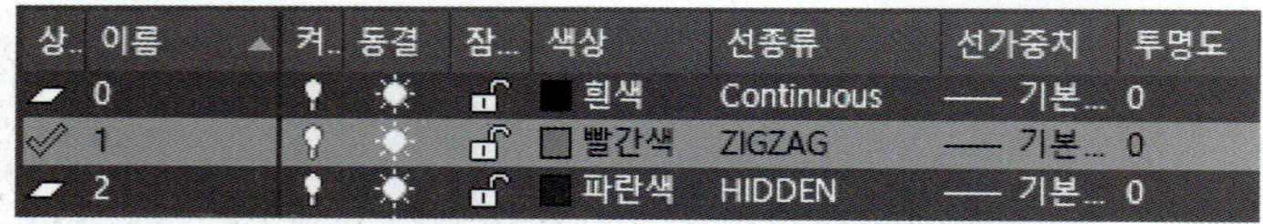

상..	이름	켜..	동결	잠..	색상	선종류	선가중치	투명도
	0				흰색	Continuous	—— 기본...	0
	1				빨간색	ZIGZAG	—— 기본...	0
	2				파란색	HIDDEN	—— 기본...	0

구 분		블록 작성 시의 객체 특성		
		도면층: 0 ByLayer	도면층: 0 ByBlock	도면층: 1 ByLayer
블록 삽입 시의 도면층과 특성	도면층: 0 색상: Black 선 종류: Continuous	Black	Black	Red
	도면층: 1 색상: ByLayer 선 종류: ByLayer	Red	Red	Red
	도면층: 2 색상: ByLayer 선 종류: ByLayer	Blue	Blue	Red
	도면층: 2 색상: Red 선 종류: HIDDEN	Blue	Red	Red

6. 디자인 센터와 도구 팔레트의 활용

다른 도면이나 블록을 표시하고 손쉽게 현재 도면에 가져와 활용하는 방법으로 디자인 센터와 도구 팔레트가 있습니다. 삽입(INSERT) 기능으로 할 수도 있지만 일괄적으로 볼 수 없고 하나씩 삽입해야 하므로 번거롭습니다. 디자인 센터와 도구 팔레트 기능은 작성된 콘텐츠를 활용하는 효율적인 방법을 제공합니다.

01. 디자인 센터(Design Center)

디자인 센터는 작성된 콘텐츠(블록, 외부 참조, 도면층, 선 종류, 해치 패턴 등)를 표시하고 드래그 앤 드롭(Drag & Drop)으로 간단히 삽입할 수 있는 방법을 제공합니다.

명령 : ADCENTER(단축키 : 〈Ctrl〉+'2')　　　　　　　메뉴 아이콘 :

디자인 센터(ADCENTER)를 실행하면 다음과 같은 디자인 센터 팔레트가 나타납니다.
'폴더' 탭에서 활용하고자 하는 도면 또는 블록을 찾아 클릭합니다. 트리 구조로 되어 있어 쉽게 찾을 수 있습니다.

도면을 클릭하면 클릭한 도면이 포함하고 있는 콘텐츠 목록(각종 스타일, 도면층, 선 종류, 블록)을 표시합니다.

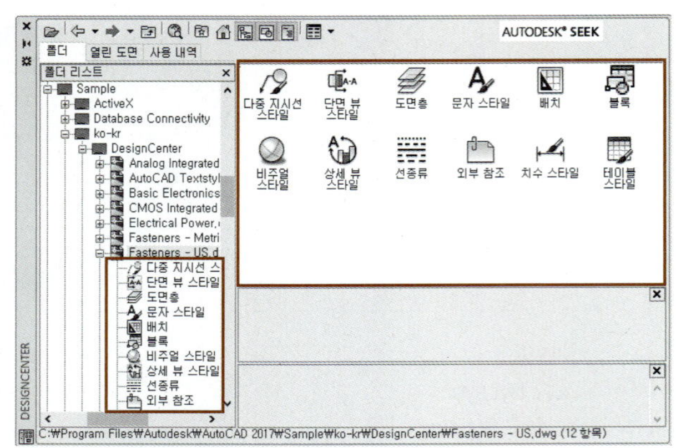

활용하고자 하는 항목을 선택하면(예: 블록) 선택한 도면에 포함된 모든 블록이 표시됩니다. 블록 중에서 현재 도면에 삽입하고자 하는 블록을 끌고 가서 배치(드래그 앤 드롭)합니다. 블록 이미지를 클릭하면 하단에 선택한 블록의 확대 이미지가 표시됩니다.

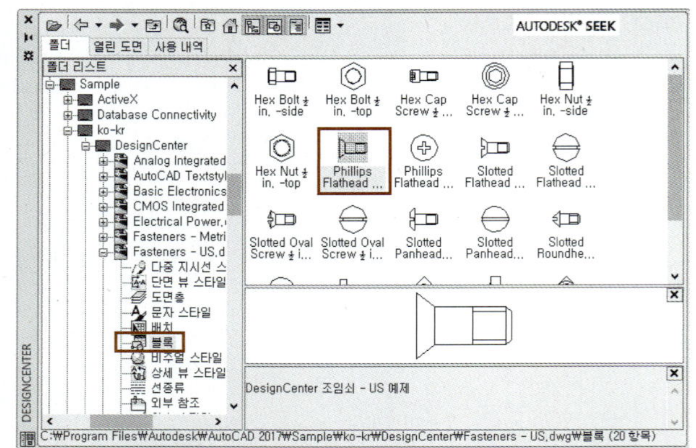

블록뿐 아니라 문자 및 치수 스타일, 배치, 비주얼 스타일, 상세 뷰 스타일, 선 종류, 도면층 등 도면에서 정의하는 콘텐츠를 재활용할 수 있습니다.

참고 · 디자인센터의 기능

디자인센터는 다음과 같은 기능을 수행할 수 있습니다.

(1) 컴퓨터, 네트워크 장치 및 웹 페이지에서 도면이나 기호 라이브러리와 같은 도면 관련 콘텐츠를 찾아볼 수 있습니다.

(2) 모든 도면 파일에서 블록 및 도면층과 같은 명명된 객체에 대해 정의 테이블을 표시하고, 해당 콘텐츠를 현재 도면으로 삽입, 부착 또는 복사하여 붙여 넣기를 할 수 있습니다. 다른 도면에서 기존에 만들어놓은 도면층, 선 종류 등을 현재 도면으로 쉽게 끌어와 사용할 수 있습니다.

(3) 현재 도면에 정의되어 있는 블록을 갱신하여 새롭게 정의할 수 있습니다.

(4) 자주 접근하는 도면, 폴더 및 인터넷 위치로 바로 가기를 작성할 수 있습니다.

(5) 도면에 외부 참조, 블록 및 해치와 같은 콘텐츠를 추가할 수 있습니다.

(6) 드래그 앤 드롭(Drag & Drop)과 같은 편리한 접근으로 도면, 블록 및 해치를 도면 팔레트에 끌어서 놓기를 할 수 있습니다.

02. 도구 팔레트(Tool Palette)

도구 팔레트는 블록, 해치 및 다른 도구를 구성, 공유 및 배치하기 위한 효율적인 방법을 제공하는 탭
형식 팔레트입니다. 개발자들이 자신들의 응용 소프트웨어의 접근을 쉽게 하기 위해 제공하는 사용자
도구(블록 또는 각 기능 세트)를 작성하기도 합니다.

명령 : TOOLPALETTES(단축키 : 〈Ctrl〉 + '3')　　　　　　　　메뉴 아이콘 :

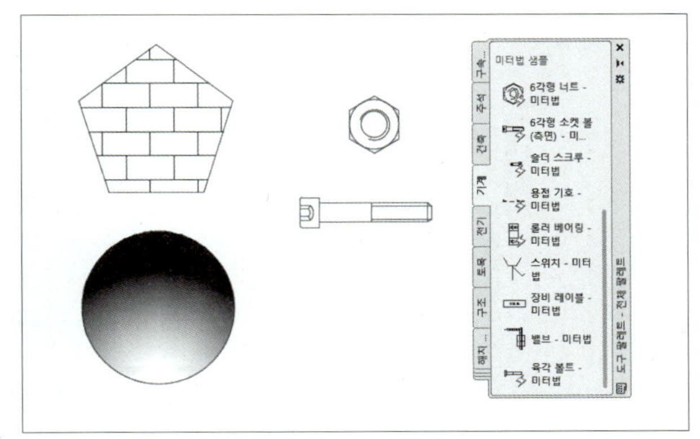

도구 팔레트(TOOLPALETTES)를 실행하면 다음과
같은 툴 팔레트가 나타납니다. 팔레트에서 사용하고자
하는 블록을 드래그하여 도면에 배치합니다. 해치 패턴
이나 그라데이션도 드래그 앤 드롭 형식으로 배치할 수
있습니다.

팔레트의 콘텐츠에 대고 마우스 오른쪽 버튼을 클릭하면
바로가기 메뉴가 나타납니다.
콘텐츠의 이름 바꾸기, 삭제, 이미지 지정 등의 작업이
가능하고 콘텐츠의 특성도 확인할 수 있습니다. 콘텐츠
의 위치, 축척, 색상 등의 정보를 수정할 수 있습니다.

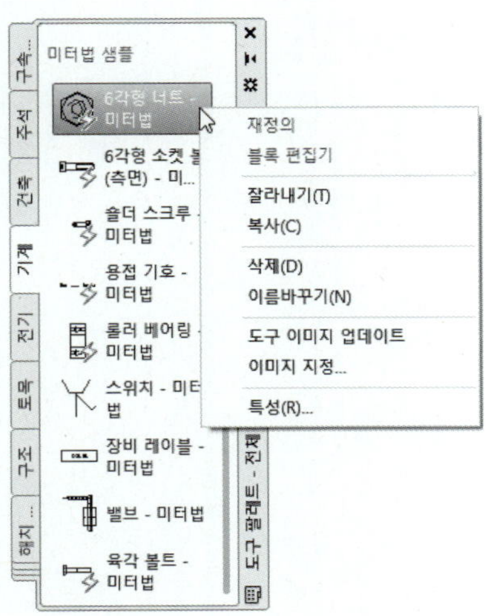

도구 팔레트 메뉴 바에 마우스를 맞추고 마우스 오른쪽
버튼을 누르면 다음 그림과 같이 바로가기 메뉴가 나타
나 도구 팔레트 옵션을 설정할 수 있습니다. 도구 팔레트
의 고정 여부, 투명도 등을 설정할 수 있습니다. 또, 하단
에는 팔레트의 탭 메뉴가 표시되어 펼치고자 하는 항목
을 선택하여 해당 탭을 콘텐츠를 표시할 수 있습니다. '새
팔레트(E)'는 새로운 팔레트를 만들 수 있습니다.

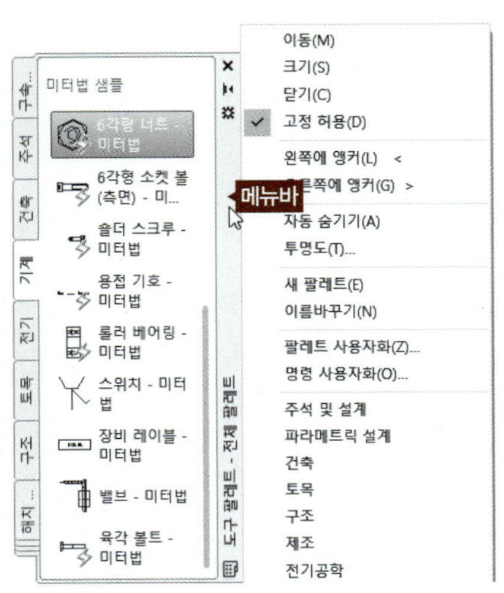

참고   콘텐츠의 추가

도구 팔레트에 콘텐츠를 추가하는 방법은 다음의 두 가지 방법이 있습니다.

(1) 디자인 센터로부터 콘텐츠를 드래그 앤 드롭하여 도구 팔레트에 배치합니다.

예를 들어, 디자인 센터의 '슬롯된 민머리 나사'를 도구 팔레트에 추가하려면 다음과 같이 드래그하여 도구 팔레트의 배치
하고자 하는 위치로 끌고 갑니다.

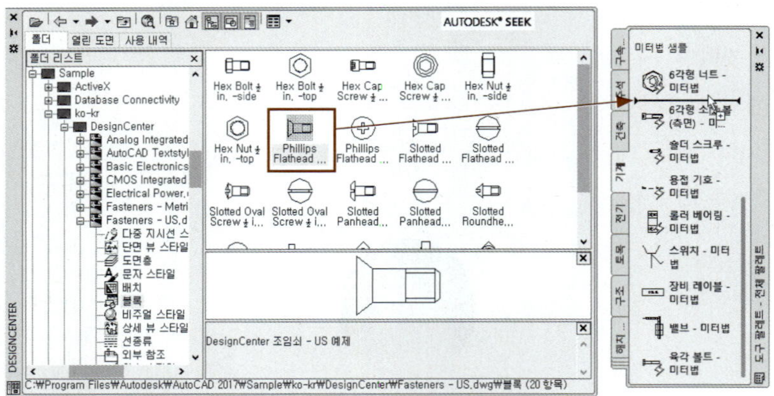

다음과 같이 해당 콘텐츠(슬롯된 민머리 나사)가 도구 팔레트에 추가됩니다.

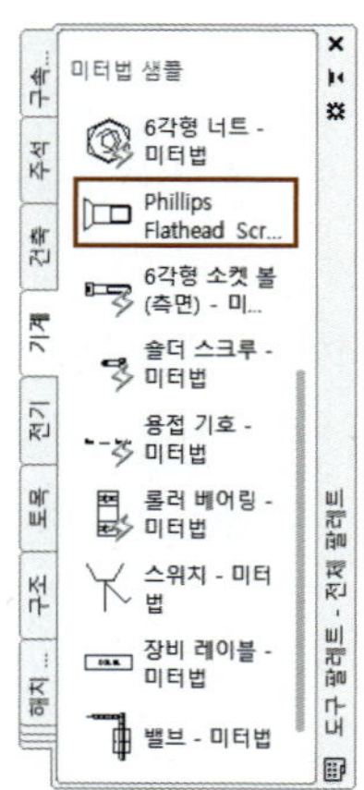

(2) 현재 도면에서 작성한 블록을 그대로 드래그 앤 드롭하여 도구 팔레트에 배치합니다.

LESSON 02 외부 도면의 참조와 언더레이

기존 도면 데이터를 활용하는 방법 중에 하나가 외부 도면을 참조하는 방법이 있습니다. '삽입 (INSERT)'은 현재 도면에서 호출하지만 '외부 참조'는 현재 도면에 호출하는 것이 아니라 단순히 참조 (링크)만 하는 것입니다. 굳이 현재 도면 내에 존재하지 않아도 되는 도면은 삽입하지 않고 참조만으로 도면에 표시할 수 있습니다.

1. 외부 참조(External Reference)란?

'외부 참조(External Reference)'란 외부 도면 또는 이미지를 참조합니다. '삽입(INSERT)' 명령은 현재의 도면에 직접 삽입시켜 현재 도면 데이터베이스에 추가하는 것이고, 외부 참조는 현재의 도면에 삽입시키는 것이 아니라 단순히 외부의 도면을 참조(링크)만 하는 것입니다. 외부 참조의 특징과 장점 을 살펴보면,

01. 도면 파일의 용량 절약

현재 도면 데이터베이스에 들어오는 것이 아니고 단지 외부 파일을 주기억장치(Main Memory)에 적 재해 표시하고, 도면을 종료하면 경로와 이름만 저장되므로 블록을 삽입하는 것에 비하면 도면 파일의 공간이 절약됩니다. 파일을 다시 열면(OPEN) 파일이 있는 경로와 이름을 추적해 자동적으로 참조하 게 됩니다.

02. 도면의 독립성 유지

작업이 계속 진행 중인 도면을 참조하면서 작업을 할 수 있습니다. '삽입(INSERT)' 명령으로 삽입한 경우 원래의 도면 내용이 바뀌면 다시 삽입해야 하지만 외부 참조는 가장 최근에 갱신된 상태를 표시하 기 때문에 다른 조작을 하지 않아도 수정된 최신의 내용을 참조할 수 있습니다. 따라서 참조한 도면이 나 참조된 도면 모두 독립성을 유지하면서 작업할 수 있습니다.

03. 참조 수의 제약이 없다.

도면에 참조할 수 있는 외부 참조의 수는 제약이 없습니다.

04. 편집 기능

외부 참조된 후에는 원하는 만큼 복사할 수도 있습니다. 복사된 객체에 대해서는 크기를 변경 (SCALE)하고, 회전(ROTATE)시킬 수 있습니다. 외부 참조에 포함된 객체의 특성(도면층, 색상, 선 종류, 선 가중치 등)을 제어할 수 있습니다.

05. 내포 기능

외부 참조는 다른 외부 참조를 내포할 수 있습니다. 즉, 다른 외부 참조가 포함된 외부 참조를 부착할 수 있습니다.

06. 결합(병합) 기능

프로젝트가 완료되고 보관할 준비가 되면 부착된 참조 도면을 영구적으로 현재 도면과 병합(결합)할 수 있습니다.

따라 하기 형식으로 실습을 하면서 외부 참조와 관련된 기능을 살펴보도록 하겠습니다.

2. 외부 참조 관리자(XREF)

참조되는 도면(외부 참조), 부착된 DWF, DWFx 또는 DGN 언더레이, 가져온 래스터 이미지 등 참조되는 파일을 구성, 표시 및 관리합니다. DWG, DWF, DWFx, PDF 및 래스터 이미지 파일만 외부 참조 팔레트에서 직접 열 수 있습니다.

명령 : EXTERNALREFERENCES(단축키 : XREF)　　　　**메뉴 아이콘 :**

01 외부 참조 명령을 실행합니다. 명령어 'XREF'를 입력하거나 '삽입' 탭의 '참조' 패널에서 패널 하단의 비스듬한 화살표(▼) 또는 도구막대에서 을 클릭합니다. 다음과 같은 외부 참조 팔레트가 나타납니다.

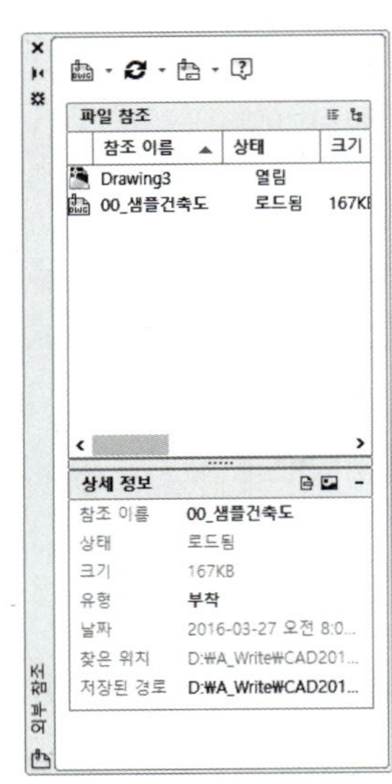

외부 참조 관리자 팔레트

외부 참조 팔레트는 참조 도면(외부 참조), 부착된 DWF 밑바탕 및 가져온 래스터 이미지 등의 참조된 파일을 구성, 표시 및 관리합니다. 팔레트 사용방법은 일반적인 팔레트 사용방법과 동일합니다.

(1) **첨부** : 외부 참조 팔레트의 맨 위쪽에 있는 첫 번째 버튼을 사용하면 DWG, 래스터 이미지, DWF, DGN, PDF, 점 구름, 조정 모형 파일을 첨부할 수 있습니다. 버튼의 초기 기본 상태는 DWG 부착입니다. 버튼은 마지막으로 사용된 부착 동작 유형을 표시합니다. DWF 파일을 부착한 경우, 다른 파일 유형을 첨부할 때까지 버튼 상태는 DWF 부착으로 설정된 채 유지됩니다.

(2) **갱신** : 메모리의 데이터로 참조된 도면 파일의 상태 데이터를 재 동기화합니다. 갱신에는 두 가지 종류가 있는데 '갱신(R)'과 '모든 참조를 다시 로드(A)'가 있습니다.

(3) **파일 참조** : 참조된 파일의 목록이 표시됩니다. 리스트 뷰와 트리 뷰가 있습니다. 오른쪽 아이콘을 눌러 리스트 뷰와 트리 뷰를 지정할 수 있습니다.

(4) **상세 정보, 미리 보기** : 참조 이름, 상태, 크기, 경로 등을 표시하는 상세 정보와 선택한 파일을 미리 볼 수 있는 미리 보기가 있습니다. 오른쪽 아이콘을 눌러 상세 정보를 볼 것인지, 미리 보기를 볼 것인지 선택합니다.

3. 파일을 첨부하는 부착(ATTACH, XATTACH)

파일을 외부 참조(Xref)로 삽입합니다. 도면 파일을 외부 참조로 부착하면 참조 도면이 현재 도면에 링크됩니다. 현재 도면을 열거나 다시 로드하면 참조 도면의 변경 사항이 모두 표시됩니다.

명령 : XATTACH 또는 ATTACH(단축키 : XA)　　　　　　　메뉴 아이콘 : 

참고　XATTCH와 ATTACH

부착 명령인 'ATTACH'와 'XATTACH'는 파일의 종류의 차이입니다.

'ATTACH'는 기본적으로 외부 참조, 이미지 또는 언더레이(DWF, DWFx, PDF 또는 DGN 파일)를 현재 도면에 참조하는데 DWG 도면을 선택하려면 파일 형식을 'DWG'로 지정해야 합니다. 'XATTACH'는 기본적으로 DWG 파일만을 참조합니다.

---

01 외부 참조 관리자 팔레트에서 'DWG 첨부(D)'를 클릭하거나 '삽입' 탭의 '참조' 패널에서 아이콘 을 클릭 또는 명령어 'XATTACH' 또는 'XA'를 입력합니다. 참조 파일 선택 대화상자에서 도면 파일을 선택한 후 [열기(O)]를 클릭합니다.

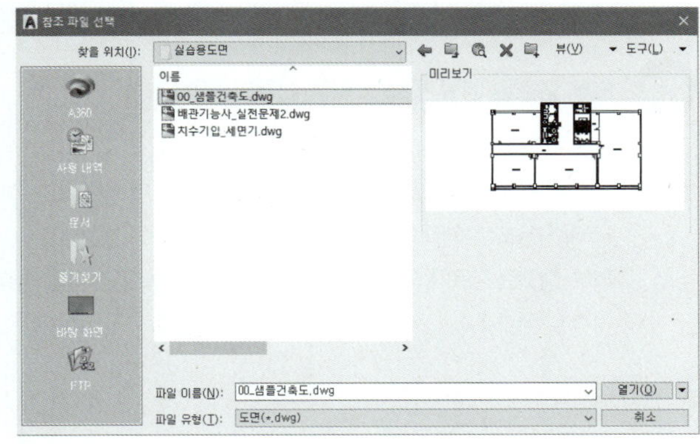

tip!

'삽입' 탭의 '참조' 패널에서 아이콘 을 클릭하거나 명령어 'ATTACH'를 입력하여 실행한 경우에는 '파일 형식(T)'를 '*.dwg'를 지정합니다.

02 다음 그림과 같이 외부 참조 대화상자가 표시됩니다. 디폴트(기본 값) 상태에서 [확인]을 클릭합니다.

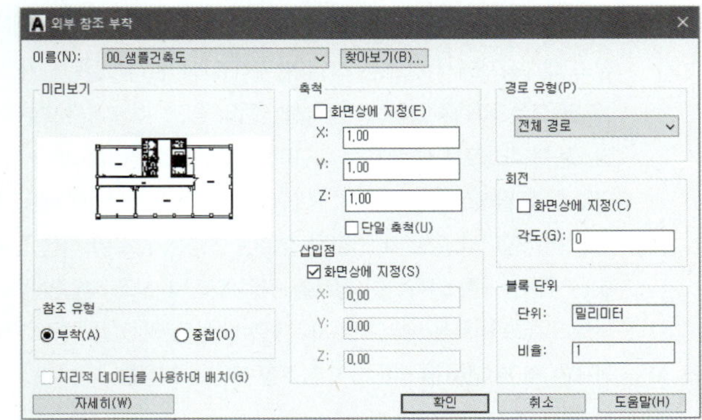

03 {"00_샘플건축도"이(가) 로드됨.}
{삽입점 지정 또는 [축척(S)/X/Y/Z/회전(R)/플롯축척
(PS)/PX(PX)/PY(PY)/PZ(PZ)/플롯회전(PR)]:}에서
삽입점 '0,0'을 입력합니다.
다음 그림과 같이 선택한 파일이 현재 도면에 부착됩니
다. 화면에 객체가 나타나지 않으면 '줌(ZOOM)- 범위
(E) 또는 '전체(A)' 기능으로 도면을 펼칩니다.

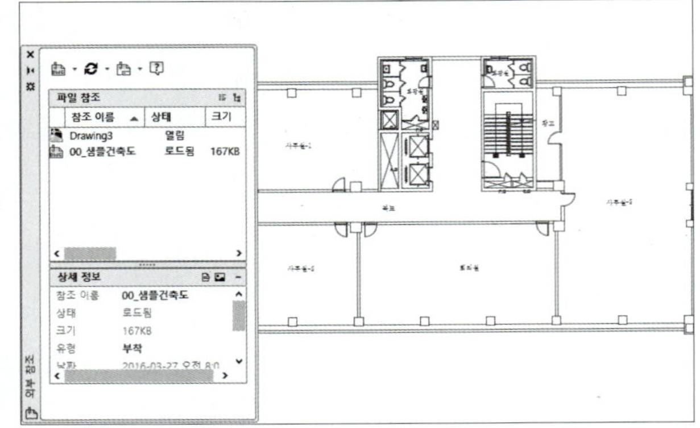

tip!

원본 파일이 변경되면 외부 참조 팔레트에는 원본 파일이 변경되었다는 의미로 느낌표 마크와 함께 '다시
로드해야 함'이라는 메시지가 나타납니다.

참고 외부 참조된 경로 또는 파일을 변경하려면

참조 파일을 부착한 이후 다른 폴더로 이동했거나 파일 이름이 변경된 경
우에는 경고 메시지가 나타납니다. 이때, 특정 도면 참조(외부 참조)를 찾
을 때 사용되는 파일 이름과 경로를 보고 편집할 수 있습니다.
외부 참조된 경로나 파일명이 바뀐 경우는 도면을 열면 다음과 같은 메시
지가 나타납니다.

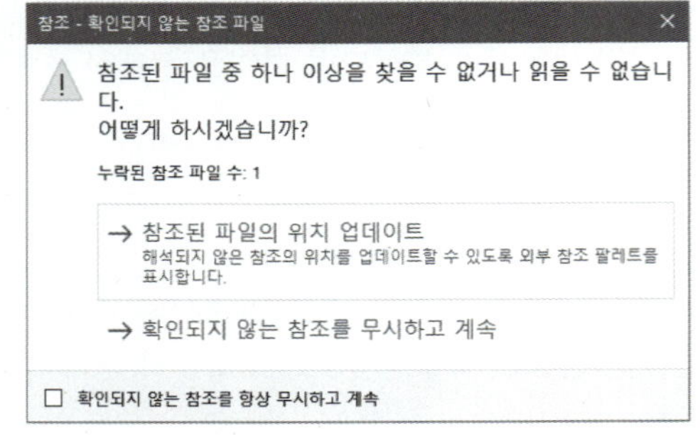

이때, 경로나 파일명을 수정하려면 다음과 같이 실행합니다.
앞의 대화상자에서 '참조된 파일의 위치 업데이트'를 클릭하거나 명령어
'XREF'또는 'XR'을 입력하거나 '삽입' 탭의 '참조' 패널에서 오른쪽 하단의
비스듬한 화살표를 클릭 또는 도구막대에서 ▣을 클릭합니다.
외부 참조 팔레트에서 하단의 '참조 이름' 항목의 편집 상자에서 파일명을
직접 변경합니다. 경로가 변경된 경우는 변경된 경로를 직접 입력하든가
'찾은 위치[…]'를 클릭하여 경로를 직접 찾거나 참조 파일명에 마우스를
대고 오른쪽 버튼을 눌러 바로가기 메뉴에서 '분리(D)'를 클릭하여 참조를
해제한 후 '부착(A)'을 클릭하여 참조할 파일을 지정합니다.

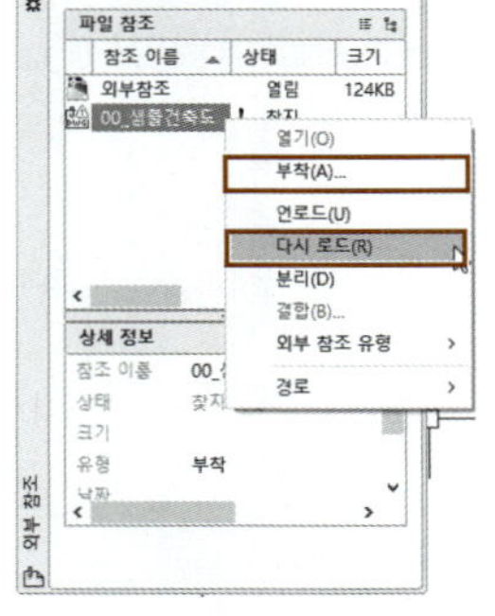

파일명 또는 경로가 변경되었으면 외부 참조 관리자 팔레트에서 '갱신 ▣
아이콘을 눌러 '모든 참조를 다시 로드(A)'를 클릭하여 도면을 갱신합니다.

4. 외부 참조의 분리 및 결합

DWG 참조(외부 참조)를 도면에서 제거할 수도 있고, 완전히 하나의 도면으로 결합할 수도 있습니다. 즉, 전혀 별개의 도면으로 제거하거나 참조가 아닌 하나의 도면 내에 들어오게 할 수 있습니다. 이번에는 분리와 결합 방법에 대해 알아보겠습니다.

01. 외부 참조 도면의 분리

외부 참조를 도면에서 완전히 제거하려면 지우는 것이 아니라 분리해야 합니다. 외부 참조를 지우면 그 외부 참조와 연관된 도면층 정의 등은 제거되지 않습니다. 분리 옵션을 사용하면 외부 참조 및 연관된 모든 정보가 제거됩니다.

분리하고자 하는 외부 참조 파일(00_샘플건축도)에 마우스를 대고 오른쪽 버튼을 누릅니다. 표시되는 메뉴 목록에서 '분리(D)'를 선택하여 클릭합니다.

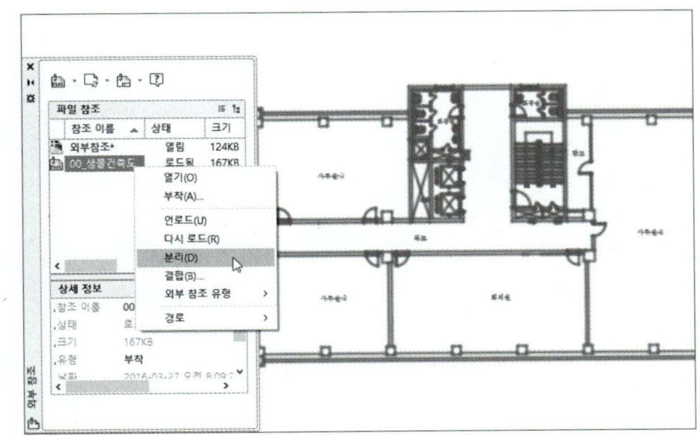

다음 그림과 같이 참조된 도면이 분리(제거)되어 부착된 도면이 파일 참조 목록에서 지워지면서 현재 도면에서도 사라집니다.

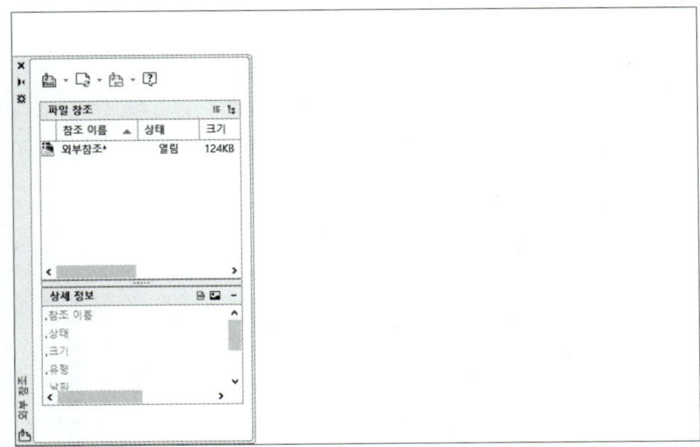

02. 외부 참조 도면의 결합

외부 참조된 도면은 단순히 참조만 하고 있을 뿐입니다. 화면상에서 보기에는 하나의 도면처럼 보이지만 두 개의 도면으로 구성된 도면이 됩니다. 이렇게 외부 참조된 도면을 하나의 도면으로 결합할 수 있습니다.

서로 다른 컴퓨터 환경을 가진 다른 사람이나 거래처에 외부 참조된 도면을 보내려면 경로를 포함하여 보내야 하는데 번거로운 작업이 될 수 있습니다. 외부 참조를 도면에 결합하는 방법은 검토자에게 도면을 보내는 쉬운 방법이기도 합니다.

외부 참조된 도면에서 외부 참조 관리자 명령을 실행합니다. 외부 참조 팔레트에서 결합하고자 하는 외부 참조 파일에 마우스를 대고 오른쪽 버튼을 누릅니다. 표시되는 메뉴 목록에서 '결합(B)'을 선택하여 클릭합니다.

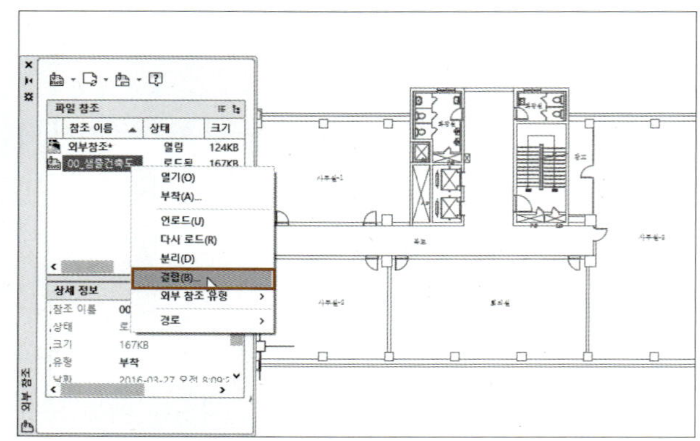

외부 참조 결합 대화상자가 나타납니다. 이때, 결합 유형을 선택합니다. '결합(B)'을 선택한 후 [확인]을 클릭합니다.

참고 **'결합(B)'과 '삽입(I)'의 차이**

결합과 삽입 모두 블록 형식으로 삽입됩니다. 차이점은 도면층 이름입니다. '결합(B)'의 경우는 명명된 객체 정의는 도면층 이름 머리말에 'blockname$n$'가 붙어 삽입됩니다. 예를 들어 도면 이름이 '샘플건축도0Arch' 형식이 됩니다. '삽입(I)'의 경우는 객체 정의에서 도면층 이름 머리말이 추가되지 않고 삽입됩니다.

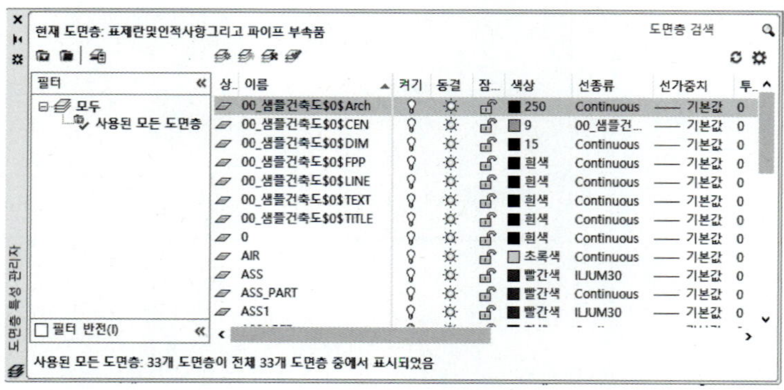

LESSON 03 테이블(표)의 활용

도면에서 종종 테이블(표)을 사용합니다. 예를 들어, 도면의 목차 역할을 하는 도면 목록, 도면에서 사용되는 기호의 의미를 나타내는 범례표, 부품의 수량을 표기하는 수량표 등입니다. 이번에는 테이블 작성에 대해 알아보겠습니다.

1. 테이블 스타일(TABLESTYLE)

작성할 테이블의 스타일을 정의하거나 기존 작성된 스타일을 수정합니다.

명령 : TABLESTYLE(단축키 : TS)　　　　　　　　　메뉴 아이콘 : 📝

'홈' 탭의 '주석' 패널의 드롭다운 리스트를 펼쳐 📝을 클릭하면 다음과 같이 테이블 스타일 대화상자가 표시됩니다.

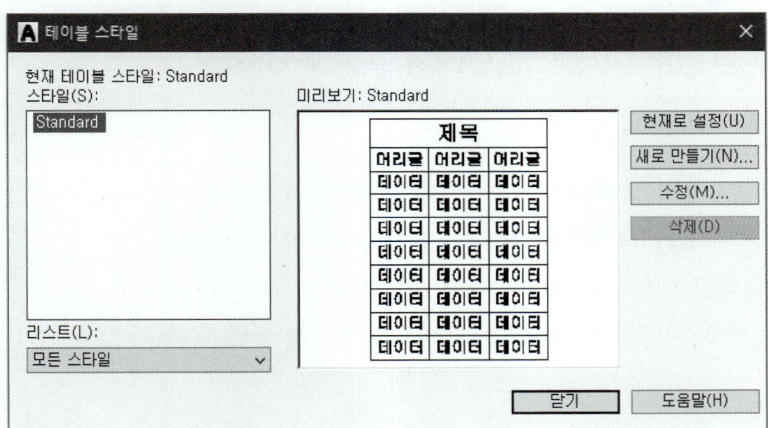

(1) 스타일(S) : 작성한 테이블 스타일의 이름을 표시합니다. 기본적으로 제공하는 테이블 스타일은 'STANDARD'입니다. 현재 지정된 스타일 이름이 반전되어 표시됩니다.

(2) 리스트(L) : 스타일에 표시될 목록(리스트)을 선택합니다. 즉, 모든 스타일을 표시할 것인가, 사용중인 스타일만을 표시할 것인가를 선택합니다.

(3) 미리보기 : 현재 테이블의 설정 상태를 미리 볼 수 있도록 표시하는 창입니다.

(4) 현재로 설정(U) : 스타일 목록에서 선택된 테이블 스타일을 현재 스타일로 설정합니다. 새 테이블은 이 테이블 스타일을 사용해 작성됩니다.

(5) 새로 만들기(N) : 새로운 스타일을 만듭니다. [새로 만들기(N)]를 클릭하면 스타일 명칭을 입력하는 대화상자가 나타납니다. '새 스타일 이름(N)'에 작성하고자 하는 테이블의 명칭(예: 시간표)을 입력

하고 [계속]을 클릭합니다. 새로운 스타일 이름을 작성하고 나면 '새 테이블 스타일' 대화상자가 나타납니다.

(6) 삭제(D) : 테이블 스타일을 삭제합니다.

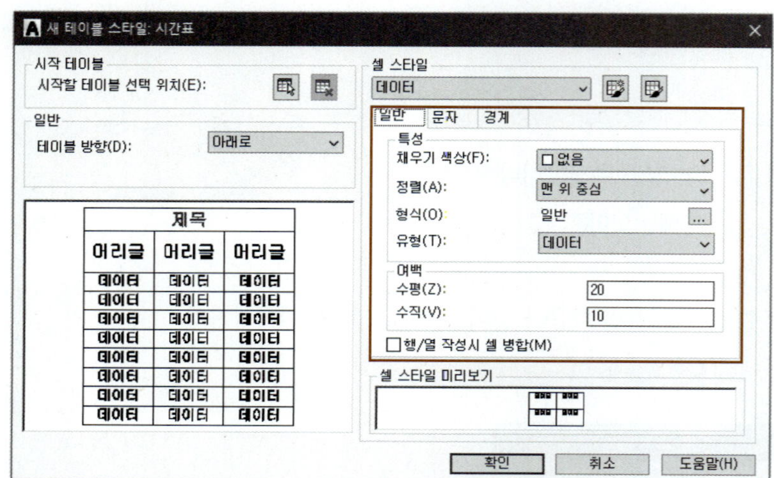

새 테이블 스타일의 '일반' 탭 대화상자

1) 시작 테이블

- **시작할 테이블 선택 위치(E) :** 이 테이블 스타일의 형식을 예제(기본)로 사용할 테이블을 도면에서 지정할 수 있습니다. 테이블을 선택하고 나면 해당 테이블에서 테이블 스타일로 복사하고자 하는 구조와 콘텐츠를 지정할 수 있습니다. 즉, 이미 작성된 테이블을 활용할 수 있도록 하는 기능입니다. 圖를 눌러 도면에서 테이블을 선택하면 해당 테이블의 속성이 나타납니다. 선택한 테이블을 제거하려면 圖을 누릅니다.

2) 테이블 방향(D) : 테이블의 작성 방향을 지정합니다.

- **아래로 :** 제목 행 및 열 머리글 행은 테이블의 맨 위에 위치하고, 행 삽입 시 아래 방향으로 삽입됩니다.
- **위로 :** 제목 행 및 열 머리글 행은 테이블의 맨 아래에 위치하고, 행 삽입 시 위쪽 방향으로 삽입됩니다.

3) 미리 보기 : 작성될 테이블을 미리 보기로 보여줍니다.

4) 셀 스타일 : 새로운 셀 스타일을 정의하거나 기존 셀 스타일을 수정합니다.

① **메뉴 목록 :** 테이블 내에서 이미 발견된 셀 스타일을 표시합니다.

② **셀 스타일 작성 버튼** 圖 : 다음과 같은 새 셀 스타일 작성 대화상자를 표시합니다. 새로운 셀 스타일 이름을 지정합니다.

③ **셀 스타일 관리 버튼** ⊞ : 다음과 같은 셀 스타일 관리 대화상자를 표시합니다. 현재 테이블 스타일
　내의 모든 셀 스타일을 표시하고 셀 스타일을 작성 또는 삭제할 수 있습니다.

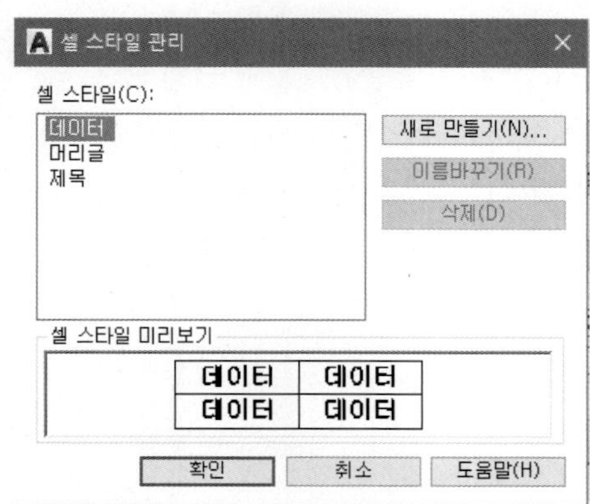

5) 일반 탭 : 셀의 색상이나 정렬 방식 등 셀의 형식을 지정합니다.

① **채우기 색상(E)** : 셀의 배경색을 색상 선택 대화상자에서 지정합니다. 기본값은 '없음'입니다.

② **정렬(A)** : 테이블 셀의 문자에 대한 자리 맞추기 및 정렬을 설정합니다.

③ **형식(O)** : 테이블에서 데이터 유형 및 데이터, 열 머리글 또는 제목 행의 형식을 설정합니다. […]을
　클릭하면 다음과 같은 대화상자가 표시됩니다.'데이터 유형(T)' 목록에서 항목을 선택하면 해당 항
　목의 데이터 형식이 '예제(X)'에 표시되는데 이때 목록에서 원하는 형식을 선택합니다.

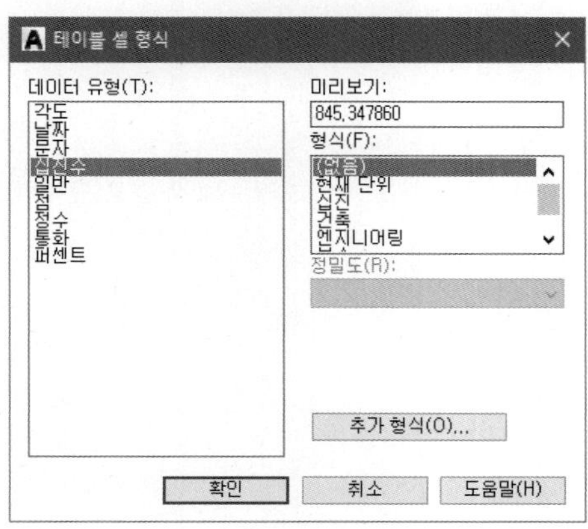

④ **유형(T)** : 셀 스타일이 레이블인지 데이터인지를 선택합니다.

⑤ **여백** : 셀의 여백을 지정하는데 '수평(Z)'과 '수직(V)'에 각각 숫자를 지정합니다.

⑥ **행/열 작성시 셀 병합(M)** : 현재 셀 스타일로 작성된 새 행 또는 열을 하나의 셀로 병합합니다.
　이 옵션을 사용하여 테이블의 맨 위에 제목 행을 작성할 수 있습니다.

6) 문자 탭 : 셀에 들어가는 문자의 특성을 지정합니다.

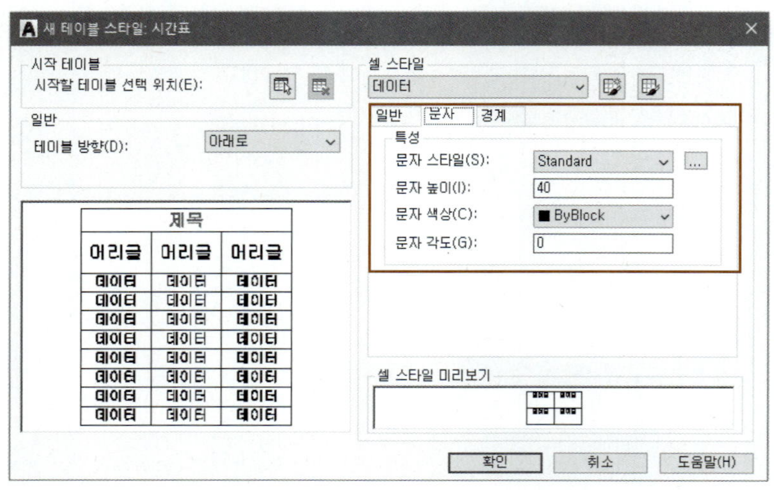

① **문자 스타일(S)** : 기입할 문자의 스타일을 지정합니다. [⋯]을 클릭하면 '문자 스타일' 대화상자가 표
   시됩니다.

② **문자 높이(I)** : 문자의 높이를 지정합니다.

③ **문자 색상(C)** : 문자의 색상을 지정합니다.

④ **문자 각도(G)** : 문자의 각도를 지정합니다.

7) 경계 탭 : 셀의 경계선에 대한 형식을 지정합니다.

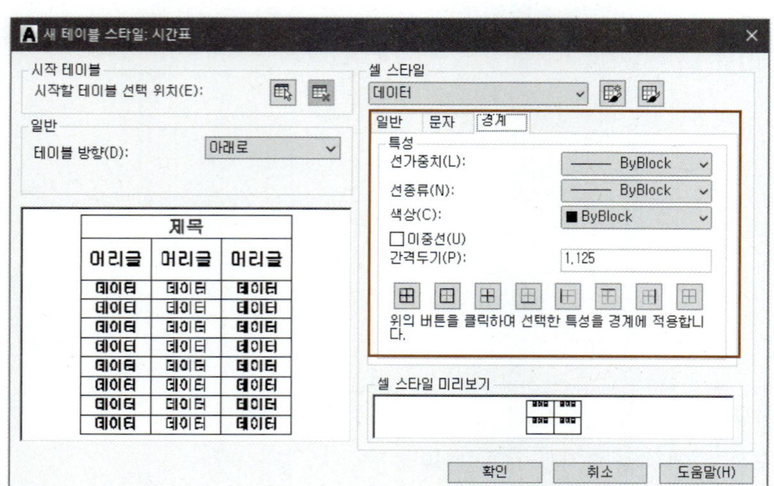

① **선 가중치(L)** : 경계 버튼을 클릭하여 지정한 경계에 적용될 선가중치를 설정합니다. 굵은 선가중치
   를 사용할 경우 셀 여백을 늘려야 합니다.

② **선 종류(N)** : 경계 버튼을 클릭하여 지정한 경계에 적용할 선 종류를 설정합니다.

③ **색상(C)** : 경계 버튼을 클릭하여 지정한 경계에 적용될 색상을 설정합니다.

④ **이중선(U)** : 테이블 경계를 이중 선으로 표시합니다.

⑤ **간격 두기(P)** : 이중 선을 표시할 경우, 경계의 간격을 결정합니다. 기본 간격은 0.18입니다.

⑥ **경계 버튼** ⊞ ⊡ ⊞ ⊞ ⊞ ⊞ ⊞ ⊞ ⊞ : 순서대로 모든 경계선, 외곽 테두리 선, 내부 경계선, 각 테두리, 경계선 없음을 아이콘으로 표시하고 있으며 설정하고자 하는 선을 지정합니다.

8) 셀 스타일 미리보기 : 설정된 셀 스타일을 미리 보여줍니다.

2. 테이블 배치(TABLE)

도면에 테이블을 작성합니다. 작성되는 테이블은 테이블 스타일 명령에서 정의한 스타일을 기준으로 도면에 삽입합니다.

명령 : TABLE(단축키 : TB)   메뉴 아이콘 : ▦

명령어 'TABLE' 또는 'TB'를 입력하거나 '홈' 탭의 '주석' 패널 또는 '그리기' 도구막대에서 ▦을 클릭하면 다음과 같이 테이블 삽입 대화상자가 나타납니다.

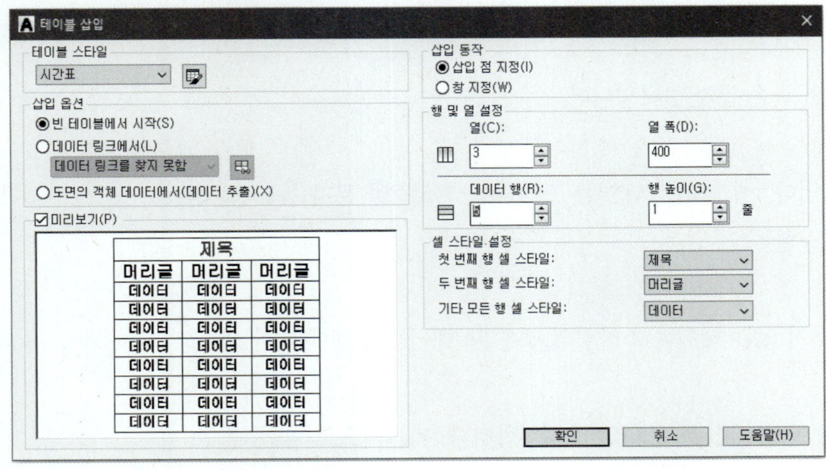

(1) 테이블 스타일 : 테이블 스타일을 설정합니다.

① **테이블 스타일 이름** : 테이블 스타일을 목록에서 선택합니다. 목록은 '테이블 스타일(TABLESTYLE)' 명령으로 작성한 스타일 이름의 목록입니다. 기본 스타일 이름은 'STANDARD'입니다. ▨을 누르면 '테이블 스타일(TABLESTYLE)' 대화상자가 표시되어 스타일을 정의할 수 있습니다.

(2) 삽입 옵션 : 다음의 세 가지 옵션 중 하나를 지정합니다.

① 빈 테이블에서 시작(S) : 수동으로 데이터를 채울 수 있는 빈 테이블을 만듭니다.

② 데이터 링크에서(L) : 엑셀(EXCEL)과 같은 외부 스프레드시트의 데이터를 사용하여 테이블을 만듭
니다.

③ 도면의 객체 데이터에서(데이터 추출)(X) : 데이터 추출 마법사를 통해 데이터를 추출합니다.

(3) 미리 보기 : 현재 지정된 테이블 스타일을 미리 보여줍니다.

(4) 삽입 동작 : 테이블의 위치를 지정합니다.

① 삽입 점 지정(I) : 테이블의 왼쪽 상단 구석 위치를 지정합니다. 좌표 입력장치를 사용하거나 명령 프
롬프트에 좌표 값을 입력할 수 있습니다. 테이블 방향이 '아래로'인 경우는 테이블의 왼쪽 상단 구석
위치를 지정하고, '위로'인 경우는 테이블 하단의 왼쪽 구석입니다.

② 창 지정(W) : 테이블의 크기와 위치를 지정합니다. 마우스를 사용하거나 명령 프롬프트에 좌표 값을
입력할 수 있습니다. 이 옵션을 선택한 경우, 열과 행 수 및 열 폭과 행 높이는 윈도우의 크기와 열
및 행의 설정값에 따라 달라집니다.

(5) 행 및 열 설정 : 열 및 행의 수와 크기를 설정합니다. 여기에서 표시되는 항목은 삽입 동작의 선택과
설정에 의해 자동으로 계산되는 항목이 있습니다.

① 열(C) : 열 수를 지정합니다.

② 열 폭(D) : 열의 폭을 지정합니다. 최소 열 폭은 문자 하나입니다.

③ 데이터 행(R) : 행 수를 지정합니다.

④ 행 높이(G) : 행 높이를 줄 수로 지정합니다. 행 높이는 테이블 스타일에서 설정한 문자 높이 및 셀
여백을 기준으로 합니다. 최소 행 높이는 한 줄입니다.

(6) 셀 스타일 설정 : 시작 테이블을 포함하지 않는 테이블 스타일의 경우 새 테이블의 행에 대한 셀 스
타일을 지정합니다.

① 첫 번째 행 셀 스타일 : 테이블의 첫 번째 행에 대한 셀 스타일을 지정합니다. 기본적으로 '제목' 셀 스
타일이 사용됩니다.

② 두 번째 행 셀 스타일 : 테이블의 두 번째 행에 대한 셀 스타일을 지정합니다. 기본적으로 '머리글' 셀
스타일이 사용됩니다.

③ 기타 모든 행 셀 스타일 : 테이블의 다른 모든 행에 대한 셀 스타일을 지정합니다. 기본적으로 '데이
터' 셀 스타일이 사용됩니다.

대화상자에서 설정을 마치고 [확인]을 클릭하면 삽입 동작이 '삽입점 지정(I)'의 경우는 {삽입점을 지정:}이라는 메시지가 나타나 삽입점을 지정할 수 있습니다. '창 지정(W)'의 경우는 {첫 번째 구석을 지정:}에서 테이블의 범위의 첫 번째 점을 지정하면 {두 번째 구석을 지정:}이라는 메시지가 나타나 범위를 지정할 수 있습니다. 테이블의 위치를 지정하면 테이블에 문자 또는 블록을 입력할 수 있는 모드가 됩니다.

3. 테이블 셀 문자 편집(TABLEDIT)

표에서 셀의 문자를 편집합니다.

명령 : TABLEDIT   또는 해당 셀에 마우스를 두고 더블클릭합니다.

01 {테이블 셀 선택:}에서 수정하고자 하는 셀을 선택합니다. 다음과 같이 편집모드가 되면 수정하고자 하는 문자(현장 점검)를 입력하거나 블록을 삽입합니다.

	A	B	C
1	시간표		
2	시 간	일 정	비 고
3	09:00~10:00	미 팅	
4	10:00~12:00	도면 작성	
5	12:00~13:00	점심 식사	
6	13:00~17:00	현장 방문	○○사옥신축공사
7	17:00~18:00	도면 검토	

02 다음 그림과 같이 테이블의 셀 문자(현장 점검)가 수정됩니다.

시간표		
시 간	일 정	비 고
09:00~10:00	현장 점검	
10:00~12:00	도면 작성	
12:00~13:00	점심 식사	
13:00~17:00	현장 방문	○○사옥신축공사
17:00~18:00	도면 검토	

> **참고** **셀 문자 편집을 위한 편리한 방법**
>
> 셀 문자를 편집하는 방법은 '셀 문자 편집(TABLEDIT)' 명령과 함께 다음의 두 가지 방법이 더 있습니다.
>
> - 편집하고자 하는 문자에 커서를 맞추고 더블클릭합니다. 그러면, 앞과 같이 문자를 수정할 수 있는 형태로 바뀝니다.
> - 테이블의 셀을 선택한 상태로 마우스 오른쪽 버튼으로 클릭하여 바로가기 메뉴가 나타나면 '문자 편집'을 클릭합니다.
>
> 이 두 가지 방법이 '셀 문자 편집(TABLEDIT)' 명령을 사용하는 것보다 쉽게 접근할 수 있습니다.

4. 테이블 데이터 내보내기(TABLEEXPORT)

테이블 객체에서 CSV (Comma Separated Values) 파일 형식으로 데이터를 출력합니다.

명령 : TABLEEXPORT

01 명령어 'TABLEEXPORT'를 입력하거나 테이블을 선택한 상태에서 마우스 오른쪽 버튼을 눌러 바로가기 메뉴를 펼칩니다. 바로가기 메뉴에서 '내보내기'를 선택합니다.
{테이블을 선택하십시오}에서 데이터를 'CSV' 파일 형식으로 출력하고자 하는 테이블을 선택합니다.

02 파일을 저장할 위치를 묻는 '데이터 내보내기' 대화상자가 표시됩니다. 저장하고자 하는 폴더와 파일명을 지정하고 [저장(S)]을 클릭합니다.

5. 테이블 데이터 링크(DATALINK)

테이블을 엑셀(XLS, XLSX 또는 CSV) 파일의 데이터로 링크할 수 있습니다. 전체 스프레드시트, 개별 행, 열, 셀 또는 엑셀의 셀 범위로 링크할 수 있습니다.

명령 : DATALINK　　　　　　　　　메뉴 아이콘 : ▤

01 명령어 'DATALINK'를 입력하거나 '주석' 탭의 '테이블' 패널 또는 '삽입' 탭의 '링크 및 추출' 패널에서 ▤을 클릭합니다. 다음과 같은 대화상자가 나타납니다. 또는, 테이블 삽입에서 '데이터 링크에서(L)'을 선택한 후 하단의 링크 아이콘을 클릭합니다.

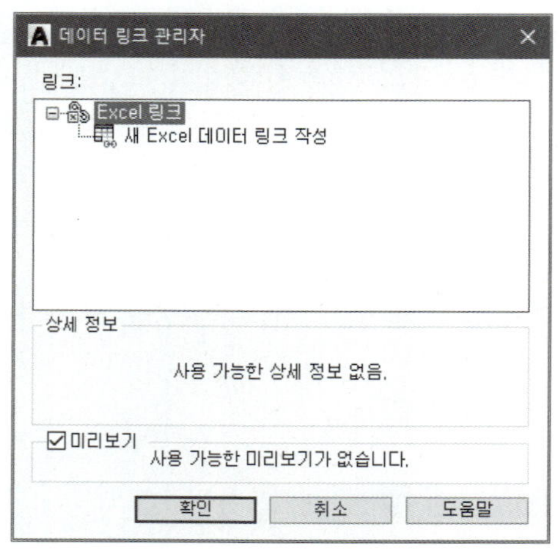

02 '새 Excel 데이터 링크 작성'을 클릭한 후 [확인]을 누릅니다. 데이터 링크 이름을 'FCU'로 지정한 후 [확인]을 누릅니다.

03 링크하고자 하는 경로와 파일을 지정합니다.

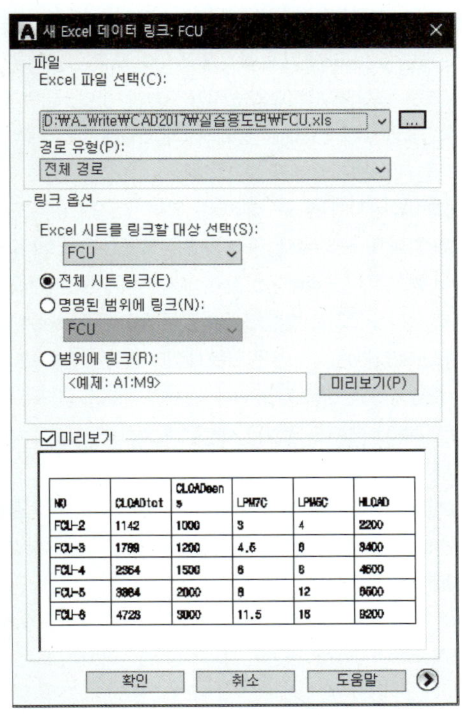

새 Excel 데이터 링크 대화상자

새 Excel 데이터 링크 대화상자에서 확장 버튼 ⊙을 누르면 다음과 같이 나타납니다.

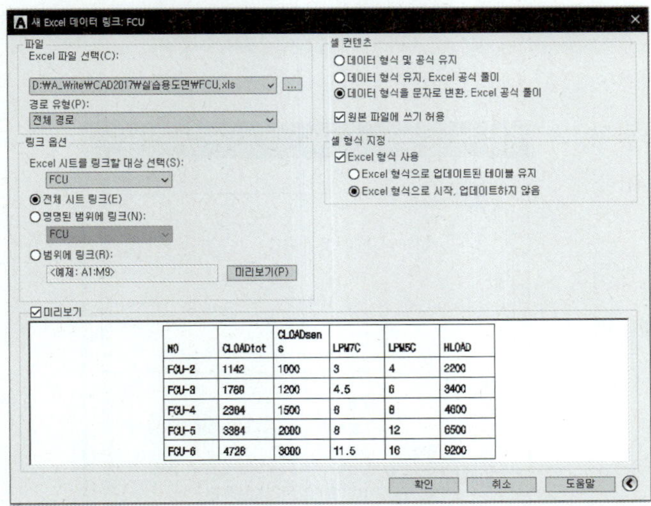

(1) **Excel 파일 선택(C)** : 선택한 Excel 파일의 경로와 파일명을 지정합니다. [⋯]을 선택해서 파일을 지정합니다.

(2) **경로 유형(P)** : 지정한 파일을 찾는 데 사용할 경로를 정의합니다. 전체 경로, 상대 경로 및 경로 없음의 세 가지 경로 옵션 중에서 선택할 수 있습니다.

(3) **링크 옵션** : 링크할 Excel 파일의 데이터를 지정합니다.

① Excel 시트를 링크할 대상 선택(S) : 지정된 XLS, XLSX 또는 CSV 파일 내의 모든 시트 이름을 표시합니다.

② 전체 시트 링크(E) : Excel 파일의 지정된 전체 시트를 도면의 테이블에 링크합니다.

③ 명명된 범위에 링크(N) : Excel 파일에 이미 포함된 셀의 명명된 범위를 도면의 테이블에 링크합니다. 화살표를 클릭하면 링크된 스프레드시트에 있는 사용 가능한 명명된 범위가 표시됩니다.

④ 범위로 링크(R) : 도면의 테이블에 링크할 Excel 파일의 셀 범위를 지정합니다.

(4) 미리 보기 : 미리 보기 여부를 결정합니다.

(5) 셀 콘텐츠 : 이 상자의 옵션은 데이터를 외부 원본으로부터 도면으로 가져오는 방법을 결정합니다.

① 데이터 형식 및 공식 유지 : 공식 및 지원되는 데이터 형식이 첨부된 데이터를 가져옵니다.

② 데이터 형식 유지, Excel 공식 풀이 : 데이터 형식을 가져옵니다. Excel 공식에서 데이터가 계산됩니다.

③ 데이터 형식을 문자로 변환, Excel 공식 풀이 : Microsoft Excel 데이터를 Excel의 공식으로부터 계산된 데이터가 있는 텍스트로 가져옵니다. 지원되는 데이터 형식은 첨부되지 않습니다.

④ 원본 파일에 쓰기 허용: 원래 외부 스프레드시트로 링크된 도면 데이터의 변경사항을 업로드하는데 'DATALINKUPDATE' 명령을 사용할 수 있도록 지정합니다.

(6) 셀 형식 지정 : 셀의 형식을 지정합니다.

① Excel 형식 사용 : 원본 XLS, XLSX 또는 CSV 파일에 지정된 형식을 도면으로 가져옵니다

② Excel 형식으로 업데이트된 테이블 사용 : 옵션을 선택하면 'DATALINKUPDATE' 명령을 사용할 때 모든 변경된 형식이 업데이트됩니다.

③ Excel 형식으로 시작, 업데이트하지 않음 : 원본 XLS, XLSX 또는 CSV 파일에 지정된 형식을 도면으로 가져오지만 'DATALINKUPDATE' 명령이 사용될 때 형식에 대한 모든 변경은 포함되지 않습니다.

04 [확인]을 클릭하면 데이터 링크 관리자 대화상자로 돌아옵니다. 데이터 링크 관리자에서 다시 [확인]을 눌러 종료합니다.

05 링크된 데이터 테이블을 삽입합니다. 명령어 'TABLE' 또는 'TB'를 입력하거나 '주석' 탭의 '테이블' 패널 또는 '그리기' 도구막대에서 ▦을 클릭합니다. 다음과 같은 테이블 삽입 대화상자가 나타납니다. '데이터 링크에서(L)'을 선택한 후 ▣을 클릭합니다. 데이터 링크 대화상자가 나타나면 해당 링크 데이터(예: FCU)를 선택합니다.

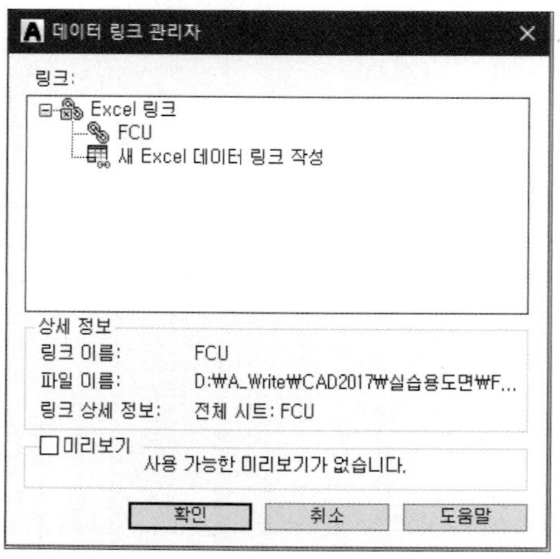

06 [확인]을 누르면 다음 그림과 같이 테이블 삽입 대화상자로 돌아옵니다.

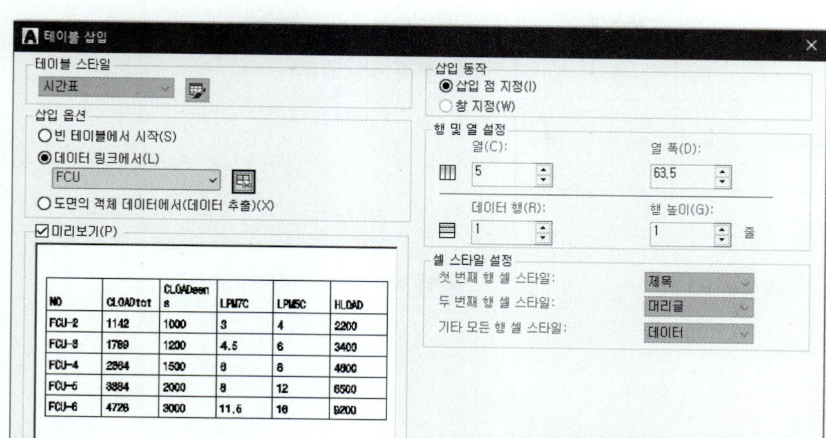

07 다시 [확인]을 클릭하여 테이블을 삽입할 위치를 지정합니다. 다음 그림과 같이 링크된 엑셀 데이터가 삽입됩니다.

NO	CLOADtot	CLOADsens	LPM7C	LPM5C	HLOAD
FCU-2	1142	1000	3	4	2200
FCU-3	1789	1200	4.5	6	3400
FCU-4	2364	1500	6	8	4600
FCU-5	3384	2000	8	12	6500
FCU-6	4728	3000	11.5	16	9200

6. 테이블 그립의 조작

테이블이 작성된 후 테이블에 있는 모눈 선을 클릭하여 선택한 후, 특성 팔레트나 그립을 사용하여 테이블을 다양한 형태로 조작할 수 있습니다.

01. 테이블 그립의 기본 기능

테이블의 모눈 선을 클릭했을 때 나타나는 그립의 조작 내용은 다음과 같습니다.

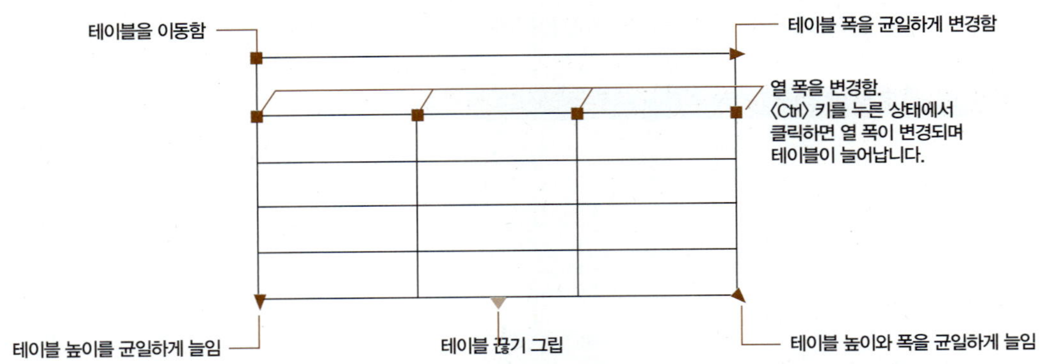

테이블의 높이나 폭을 변경할 경우, 사용자가 선택한 그립에 인접한 행 또는 열만이 변경됩니다. 테이블은 높이 또는 폭을 유지합니다. 테이블의 크기를 편집 중인 행 또는 열의 크기에 비례하게 변경하려면, 〈Ctrl〉 키를 누른 상태에서 열 그립을 사용합니다.

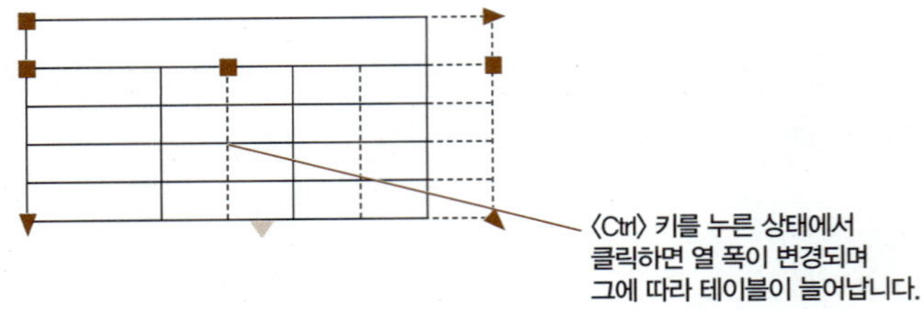

02. 셀의 수정

셀 내부를 클릭하여 셀을 선택할 수 있습니다. 그립은 셀 경계 중간에 표시됩니다. 다른 셀의 내부를 클릭하여 선택사항을 해당 셀로 이동합니다. 셀의 그립을 끌어 해당 셀과 열 또는 행을 더 크게 또는 더 작게 만들 수 있습니다.

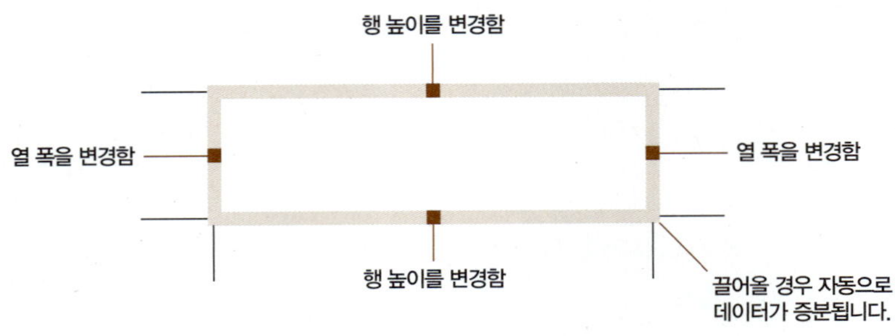

두 개 이상의 셀을 선택하려면 셀을 클릭하고 커서를 여러 셀 위로 끕니다. 또 〈Shift〉 키를 누른 상태에서 다른 셀 내부를 클릭하여 두 개의 셀과 그 사이에 있는 모든 셀을 선택할 수 있습니다.

tip!

셀을 선택했을 때, 기능키 〈F2〉 키를 누르면 해당 셀의 문자를 편집할 수 있습니다. 단, 셀이 잠겨있으면 수정할 수 없습니다.

03. AutoFill 기능

데이터를 끌어서 자동으로 채울 수 있는 기능을 AutoFill 기능이라고 합니다. 엑셀과 같은 스프레드시트 기능에서 자주 사용하는 기능입니다. AutoCAD 테이블에서도 AutoFill 기능을 제공하고 있습니다.

01 다음과 같은 성적표가 있다고 가정하겠습니다. '번호' 열에 일련번호를 부여한다고 가정하겠습니다. 기준 번호 '1'이 입력되어 있습니다.

성 적 표		
번 호	성 명	점 수
1	이광식	95
	이주호	95
	이민호	100
	정용운	90
	박완경	80
	원진호	90
	홍길동	70
	박철순	90
	김기동	65

02 채우고자 하는 셀의 기준이 되는 셀을 클릭을 하면 그립이 나타납니다. 오른쪽 하단의 마름모꼴 그립을 클릭하여 채우고자 하는 셀까지 끌고 갑니다. 그러면, 러버밴드(고무줄)이 나타나면서 채워지는 셀의 수가 표시됩니다.

	A	B	C
1		성 적 표	
2	번 호	성 명	점 수
3	1	이광식	95
4		이주호	95
5		이민호	100
6		정용운	90
7		박완경	80
8		원진호	90
9		홍길동	70
10		박철순	90
11		김기동	65
12			
13		9	

03 종료하고자 하는 셀의 위치에서 마우스를 놓으면 셀의 번호가 1씩 증가하며 채워집니다.

04. 공식의 삽입

스프레드시트인 엑셀(Excel)처럼 테이블의 셀에 수식을 넣을 수 있습니다.

01 '점수' 열의 하단 셀에 총점과 평균을 구해보도록 하겠습니다. '번호' 열의 하단 셀을 클릭하여 차례로 '총점'과 '평균'을 입력합니다.

02 수식을 넣고자 하는 셀에 마우스를 대고 오른쪽 버튼을 누릅니다. 바로가기 메뉴에서 '삽입'을 누른 후 '공식', '합계'를 차례로 선택합니다. 또는 '테이블 셀' 탭의 '삽입' 패널에서 '공식 f_x' 드롭다운 리스트를 클릭하여 '합계'를 클릭합니다.

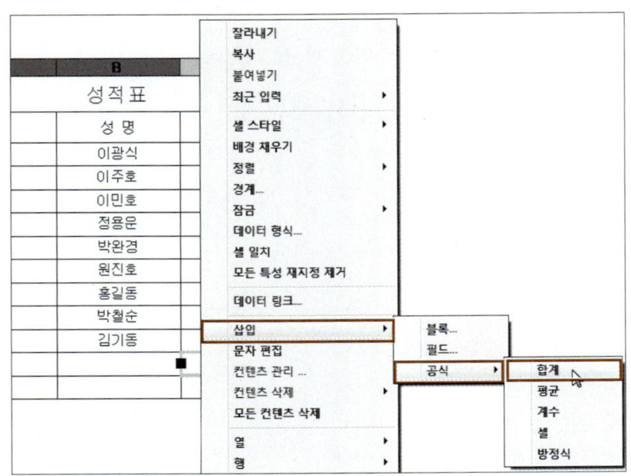

03 {테이블 셀 범위의 첫 번째 구석 선택:}에서 합계를 구할 범위의 첫 번째 구석을 지정합니다. {테이블 셀 범위의 두 번째 구석 선택:}에서 범위의 두 번째 구석을 지정합니다.

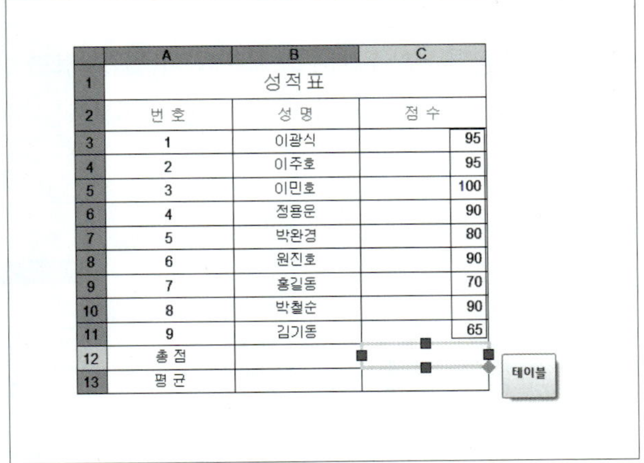

04 합계를 구하는 수식이 표시된 상태에서 〈엔터〉 키를 누르면 다음 그림과 같이 합계 값이 확정되어 표시됩니다.

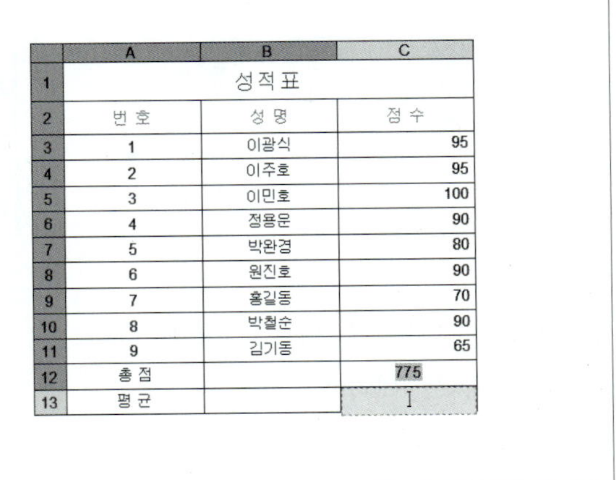

7. 테이블 편집 방법

테이블을 작성한 후 다양한 편집 방법을 제공합니다.

01. 테이블 편집 탭

테이블의 셀을 클릭하면 다음 그림과 같이 셀을 수정할 수 있는 '테이블 셀' 탭 메뉴와 패널이 나타납니다. 각 기능이 아이콘으로 표시되기 때문에 직관적으로 알 수 있습니다.

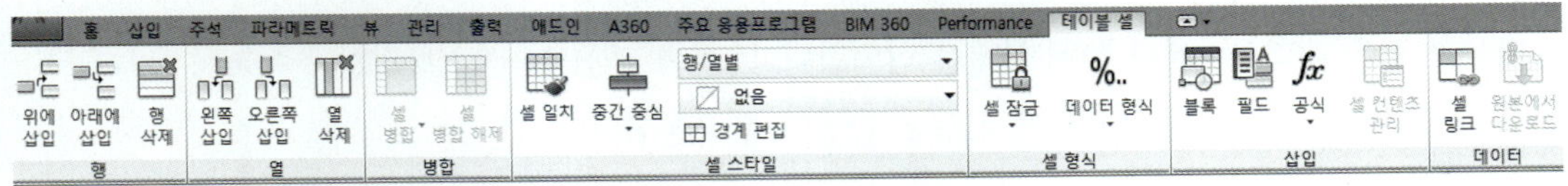

02. 바로가기 메뉴

테이블의 셀을 클릭한 후 마우스 오른쪽 버튼을 누르면 바로가기 메뉴가 나타납니다. 테이블을 효율적으로 사용하기 위해 바로가기 메뉴를 적절히 이용하는 것이 좋습니다.

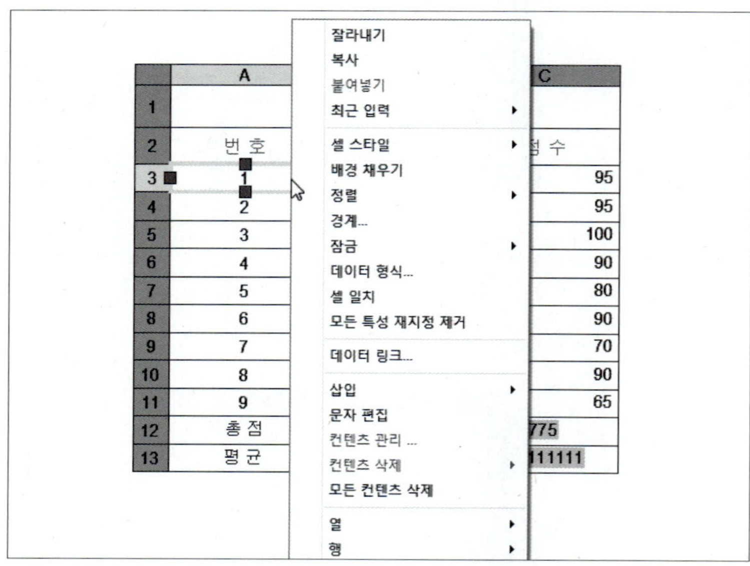

(1) 셀 스타일 : 셀의 스타일을 지정합니다.

(2) 배경 채우기 : 셀의 배경색을 지정합니다.

(3) 정렬 : 셀의 내용(문자 또는 블록)을 셀의 범위 안에서 위치를 조정합니다. 서브 메뉴로 정렬 형식 아홉 종류(맨 위 왼쪽, 맨 위 중심, 맨 위 오른쪽, 중간 위쪽, 중간 중심, 중간 오른쪽, 맨 아래 왼쪽, 맨 아래 중심, 맨 아래 오른쪽)를 제공하고 있습니다.

(4) 셀 경계 : 셀 경계에 대한 형식으로 '테이블 스타일(TABLESTYLE)' 명령의 데이터 '경계 특성'을 편집할 수 있는 대화상자가 표시되며, 경계 특성을 편집할 수 있습니다.

(5) 잠금 : 콘텐츠 또는 형식을 잠그기 여부를 지정합니다.

(6) 데이터 형식 : 셀에 들어갈 데이터의 형식을 지정하며, 테이블 스타일의 '셀 특성'의 '형식'을 정의하는 대화상자가 표시되며 형식을 편집할 수 있습니다.

(7) 셀 일치 : 원시 셀과 대상 셀을 선택하여 셀의 특성을 일치시킵니다.

(8) 데이터 링크 : Excel 데이터를 링크시킵니다.

(9) 삽입 : 블록, 필드, 공식을 삽입합니다.

블록의 경우는 다음과 같은 대화상자에서 셀에 블록을 삽입합니다. 블록 '이름(N)'과 '셀 정렬', '축척', '회전 각도'를 지정하여 블록을 삽입합니다. 범례 등을 작성할 때 유용합니다.

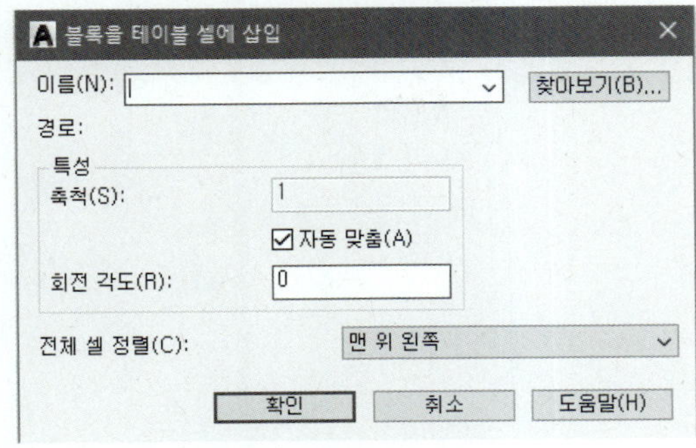

(10) 문자 편집 : 셀의 문자를 편집합니다.

(11) 열 : 선택된 열을 삽입 또는 삭제합니다.

(12) 행 : 선택된 행을 삽입 또는 삭제합니다.

(13) 병합 : 셀을 병합하는데 행끼리, 열끼리 모두 병합하는 방법을 제공합니다.

(14) 병합 해제 : 병합한 셀을 원상태로 되돌립니다.

03. 특성 팔레트를 이용한 편집

셀을 클릭한 후 '특성' 팔레트를 엽니다. 특성 팔레트에서 수정하고자 하는 항목을 선택하여 수정합니다.

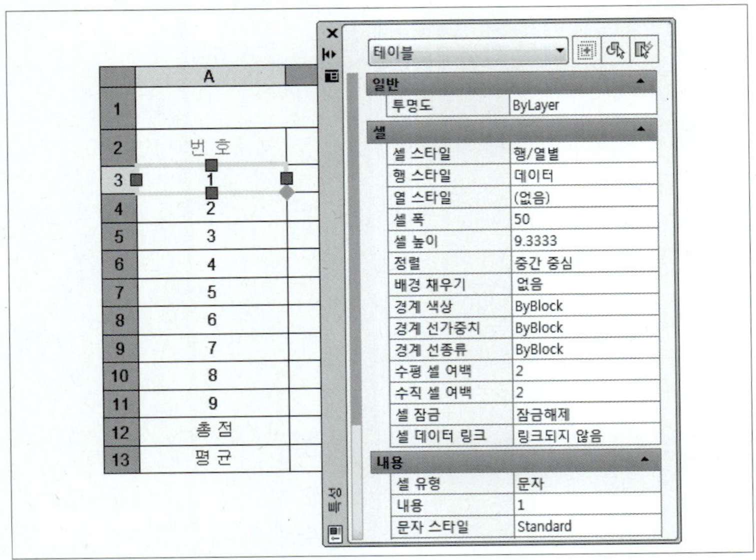

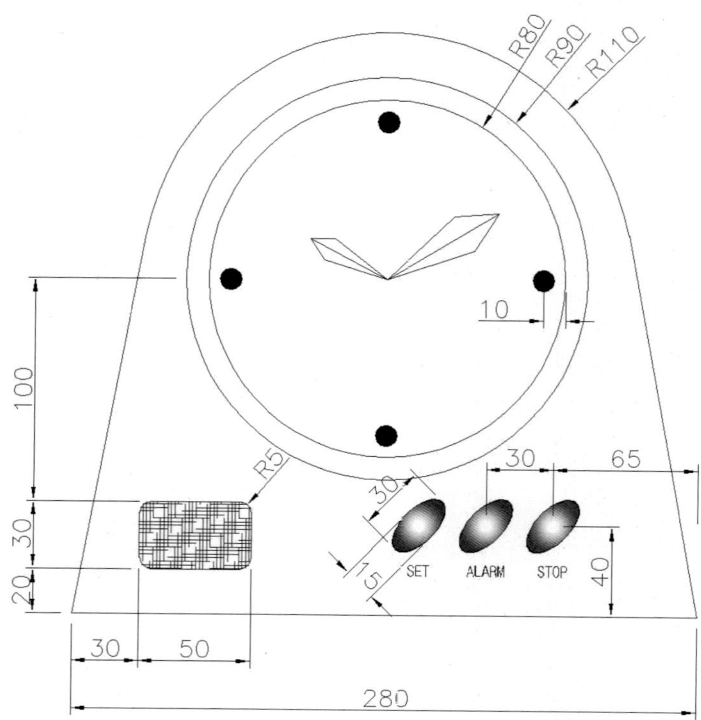

업무 시간표	
시 간	업무 내용
09:00~10:00	미팅
10:00~12:00	현장 체크
12:00~13:00	점심 식사
13:00~16:00	도면 작업
16:00~18:00	견적 작업

CHAPTER 08 도면의 출력

도면 작성이 완벽하다 하더라도 출력의 질이 좋지 않으면 도면 전체의 질이 떨어질 수 밖에 없습니다. 도면을 읽기 쉽게 출력하는 것도 설계의 중요한 과정입니다. 이번에는 작성된 도면의 출력에 대해 알아보겠습니다.

LESSON 01 도면의 배치

AutoCAD에는 도면을 작성하는 모형 공간과 출력을 위한 배치 공간이 있습니다. 배치는 도면을 출력하기 위한 환경 설정의 하나라 할 수 있습니다. 도면의 배치에 대해 알아보겠습니다.

1. 도면 배치란?

AutoCAD는 기본적으로 도면의 작도는 모형 공간에서 실제 치수로 작도합니다. 이렇게 작성된 도면을 표현하는 곳은 배치 공간입니다. 영어로 'Model Space'와 'Paper Space'로 표현하는데 여기에서 '배치(Layout)'는 종이 공간인 'Paper Space'에 배치하는 것을 말합니다. AutoCAD에서는 기본적으로 모형 공간(Model Space)에서 도형을 작성하고 배치 공간(Paper Space)을 통해 배치하여 출력하는 흐름입니다. 용어에 대해 다시 한 번 정리를 하면, 'Model Space'는 '모형 공간'이고 'Paper Space'는 '배치 공간'입니다.

모형 공간은 객체의 실제 치수이지만 배치 공간에서 단위는 출력된 종이 위에서의 거리를 나타냅니다. 즉, 배치 공간과 종이는 1:1로 매칭된다고 생각하면 됩니다. 여기에서의 단위는 플로터에 대한 플롯 설정에 따라 밀리미터 또는 인치가 됩니다.

AutoCAD 도면을 펼치면 작도 영역 하단에 탭이 나타납니다. 기본적으로 '모형', '배치1', '배치2' 등 3개의 탭이 표시됩니다. 이는 모형 공간과 배치 공간을 관리하기 위해 기본적으로 제공하는 탭입니다.

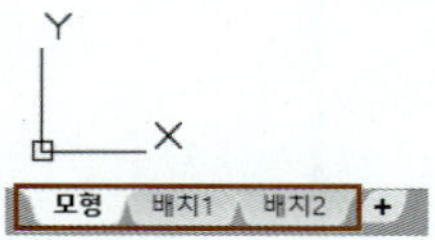

배치 및 모형 탭을 표시한 경우

해당 탭에 마우스를 가져가면 다음과 같이 모형과 배치를 미리 보기할 수 있는 이미지가 표시됩니다. 이때, 원하는 뷰를 클릭하면 해당 뷰가 표시됩니다.

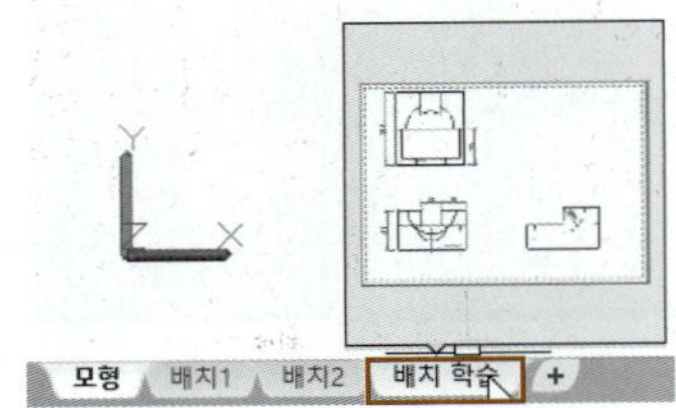

배치에는 여러 개의 뷰 포트를 둘 수 있습니다. 이 뷰 포트를 이용하면 한 장의 종이에 3차원 객체를 다양한 각도에서 표현하거나 2차원 도면의 특정 부위를 확대 또는 축소하여 표현할 수 있습니다. 즉, 평면도, 측면도, 등각 투영도를 한 장의 종이에 표현할 수 있는 것입니다. 또, 하나의 모형 공간에 대해 여러 개의 배치(종이 공간)를 작성할 수 있어 출력하고자 하는 도면의 성격에 따라 다양하게 표현할 수 있습니다.

다음 그림은 모형 공간(Model Space)에서 작성한 3차원 모델을 배치 공간(Layout Space)에서 평면도, 정면도, 등각투영도를 표현한 예입니다.

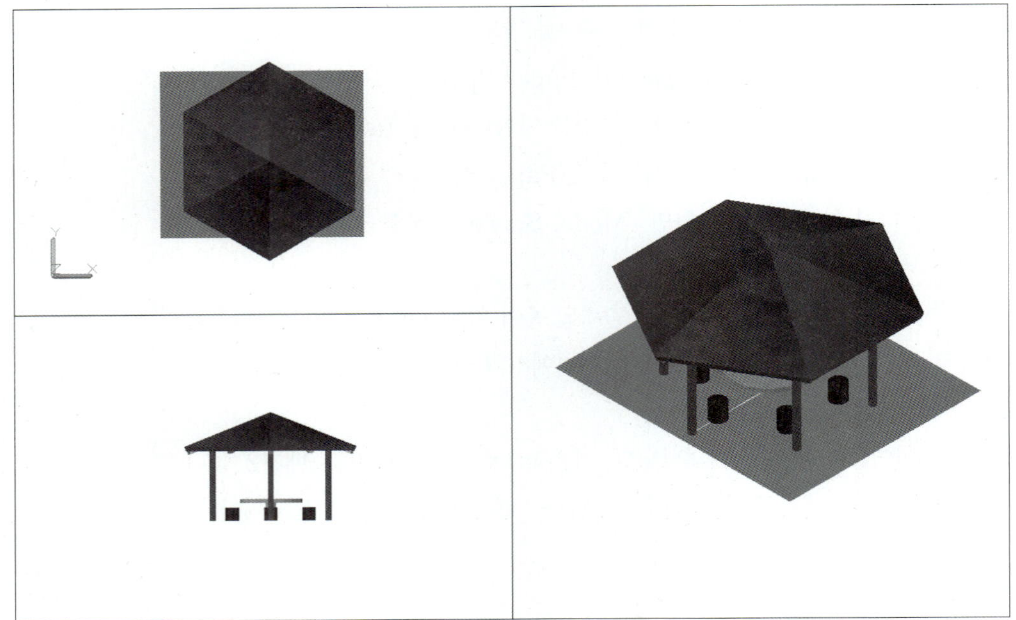

2. 배치의 작성

기본적으로 도형의 작성은 모형 공간에서 이루어지고 작성된 도형의 출력은 배치 공간에서 이루어집니다. 배치 공간의 작성을 따라하기 형식으로 학습하겠습니다.

01 다음 그림과 같은 도형을 모형 공간에서 작성했다고 가정하겠습니다.

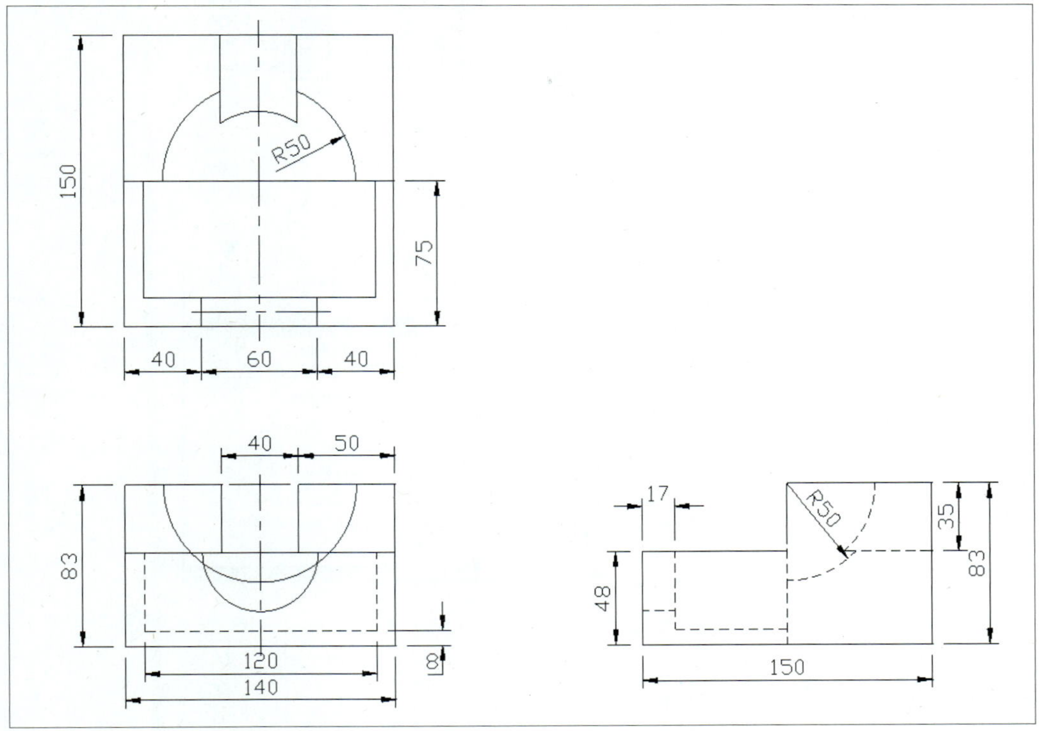

02 새로운 배치를 작성하겠습니다. '모형' 또는 '배치(Layout)' 탭에서 마우스 오른쪽 버튼을 누르면 바로가기 메뉴가 나타납니다. 바로가기 메뉴에서 '새 배치(N)'를 클릭합니다. 또는 하단의 배치 탭의 '+' 기호를 클릭합니다.

tip!

기본적으로 제공하는 '배치1', '배치2'를 클릭하여 사용하거나 이름을 바꾸어 사용합니다만 여기에서는 새로운 배치 공간의 작성 방법의 학습을 위해 '배치1', '배치2'를 이용하지 않고 새로운 배치 공간을 작성했습니다.

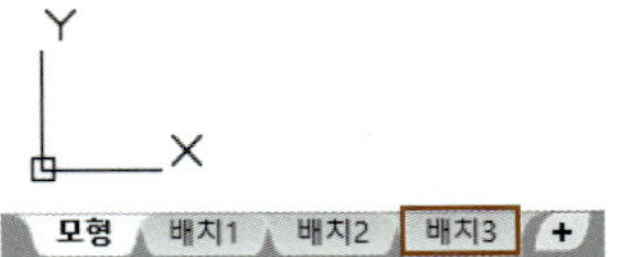

다음과 같이 새로운 배치 '배치3'이 작성된 것을 알 수 있습니다.

참고 **모형, 배치 탭을 표시하는 방법**

작도 영역 하단에 '모형', '배치1', '배치2'와 같은 탭이 나타나지
않으면 '뷰' 탭의 '인터페이스' 패널에서 '배치 탭'을 클릭하여 켭
니다.

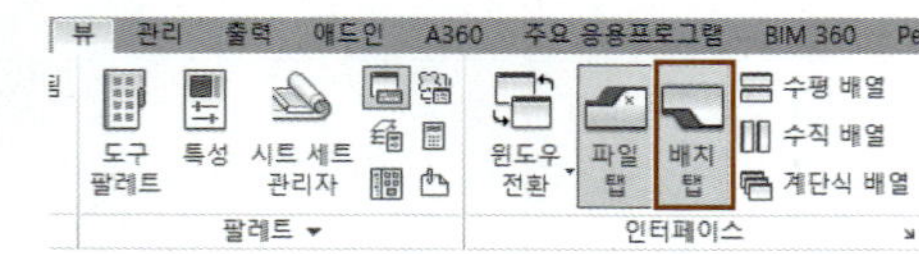

03 배치 공간의 이름을 바꿉니다. 새롭게 작성한 배치
('배치3') 위에 마우스를 대고 오른쪽 버튼을 누릅니다. 바
로가기 메뉴가 나타나면 '이름 바꾸기(R)'을 클릭합니다.

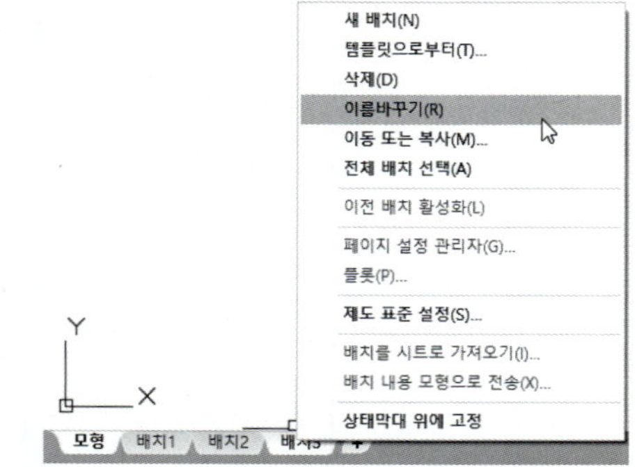

해당 배치 탭의 이름을 바꿀 수 있는 편집 모드로 바뀝니
다. 이때, 바꾸고자 하는 이름을 입력(예: 배치 학습)합니
다. 다음과 같이 이름이 바뀝니다.

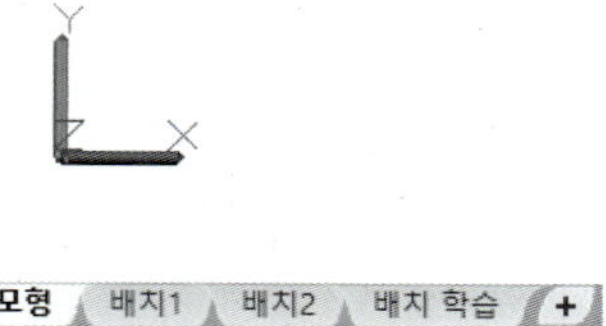

04 '배치 학습' 탭을 클릭하면 다음 그림과 같이 화면
이 배치 공간(배치 공간 이름: 배치학습)으로 바뀝니다.

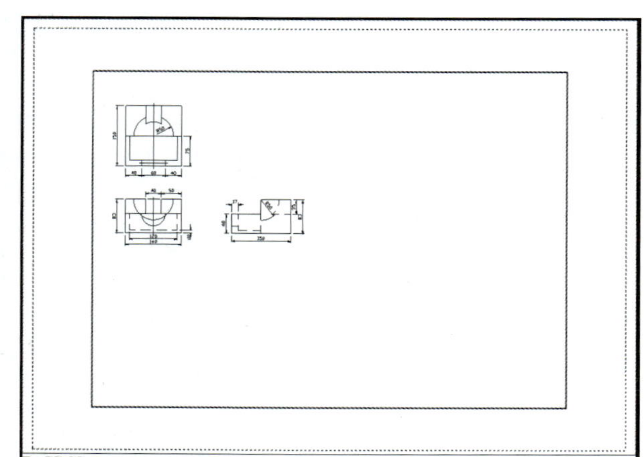

3. 뷰 포트의 활용

뷰 포트는 객체를 용지(종이 공간) 위에 투영하기 위한 하나의 창과 같은 것입니다. 즉, 종이 공간에 배치하고자 하는 도면의 공간을 만드는 것입니다. 배치에서는 뷰 포트를 작성하여 각각의 창에 어떻게 표현(보는 각도, 축척 등)할 것인가를 지정할 수 있습니다.

- 뷰 포트를 활용하기 위해 별도의 도면층(LAYER)를 작성한 후, 인쇄할 때는 *끄고* 인쇄합니다.
- 하나의 도면 시트에서 작성할 수 있는 뷰 포트 수는 제한이 없습니다.
- 각 뷰 포트에 개별로 척도를 지정할 수 있습니다.

명령 : VPORTS   메뉴 아이콘 :

또는, '배치' 탭의 '배치 뷰포트' 패널에서 메뉴 선택으로 실행할 수 있습니다.

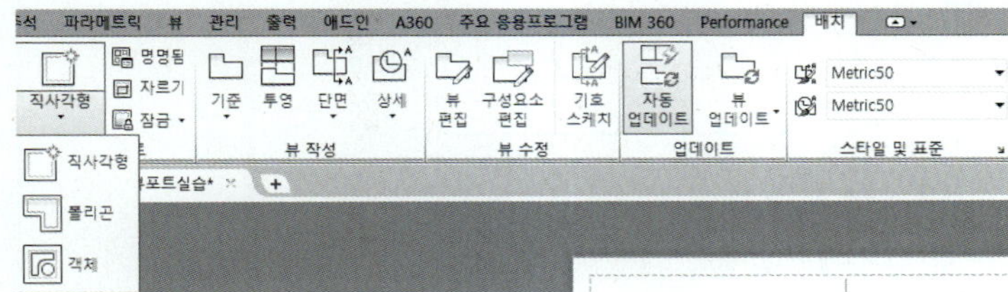

참고 다중 뷰(MVIEW)

뷰 포트 명령과 유사한 명령으로 '다중 뷰(MVIEW)'가 있습니다. 다중 뷰 명령은 배치 공간에서만 사용할 수 있는 명령입니다. '다중 뷰(MVIEW)' 명령을 실행하면 다음과 같은 메시지가 표시됩니다. 이는 '-VPORTS'를 실행했을 때와 같은 메시지입니다.
{뷰 포트 구석 지정 또는 [켜기(ON)/끄기(OFF)/맞춤(F)/음영플롯(S)/잠금(L)/객체(O)/폴리곤(P)/복원(R)/도면층(LA)/2/3/4] 〈맞춤(F)〉:}

앞의 실습(배치의 작성)에 이어서 실습하겠습니다.

01 뷰 포트 삭제 : 배치 공간으로 이동하면 뷰 포트가 나타납니다. 기본 뷰 포트를 삭제하고 새로운 뷰 포트를 만들도록 하겠습니다. '지우기 ✎' 기능으로 뷰 포트의 테두리 선을 선택하여 삭제합니다.

tip!

도면층이 잠긴 경우는 뷰 포트가 지워지지 않습니다. 해당 도면층의 잠금을 해제(UNLOCK)한 후 지웁니다. 예를 들어, 도면층 '0'이 잠겼다면 도면층 관리자 또는 '홈' 탭의 '도면층' 패널에서 도면층 목록을 선택해 도면층 '0'의 잠금을 해제합니다.

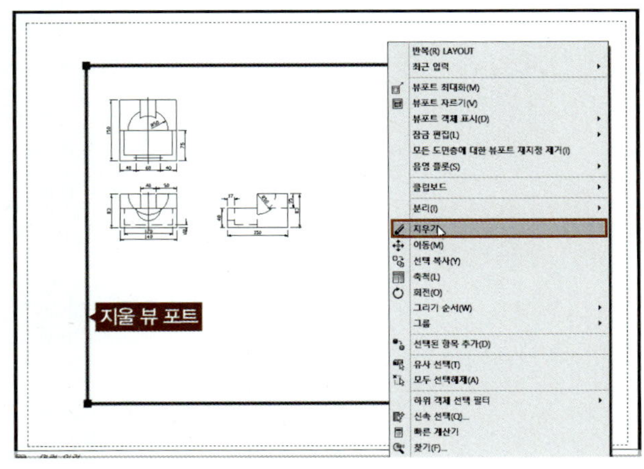

02 **뷰 포트 작성 :** 뷰 포트 명령을 실행합니다. 명령어 'VPORTS'를 입력하거나 '배치' 탭의 '배치 뷰 포트' 패널 또는 '뷰 포트' 도구막대에서 📰 또는 🖼️을 클릭합니다. 다음과 같은 대화상자가 표시됩니다. '표준 뷰 포트(V)'에서 '셋: 오른쪽'을 선택한 후 [확인]을 클릭합니다.

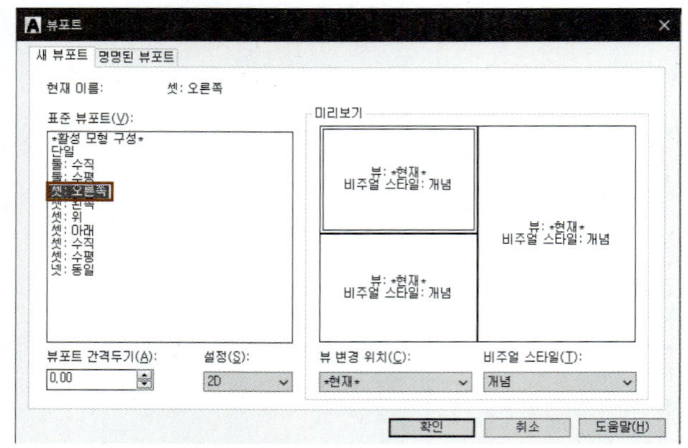

03 {첫 번째 구석 점 지정 또는 [맞춤(F)] 〈맞춤〉:}에서 〈엔터〉 키 또는 맞춤 'F'를 입력합니다. {배치 재생성 중.}이란 메시지와 함께 다음 그림과 같이 화면에 3개의 창이 나타납니다. 각 뷰 포트의 경계는 선택하여 크기를 조정할 수 있습니다.

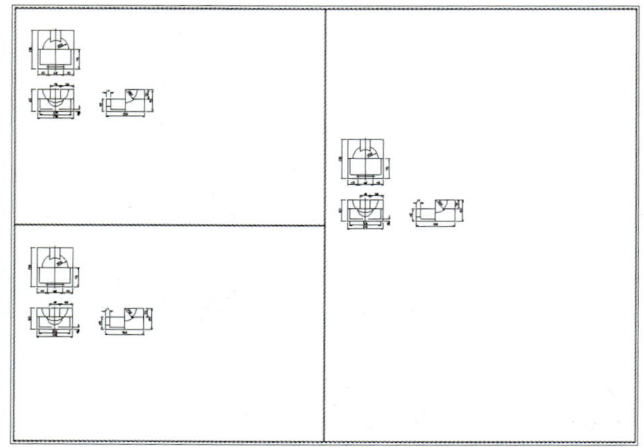

04 **뷰 포트 축척 적용 :** 뷰 포트에 축척을 적용합니다. 세 개의 뷰 포트 창을 선택한 후 하단의 상태 영역에서 '축척' 설정 리스트를 클릭하여 '1:2'를 선택합니다.

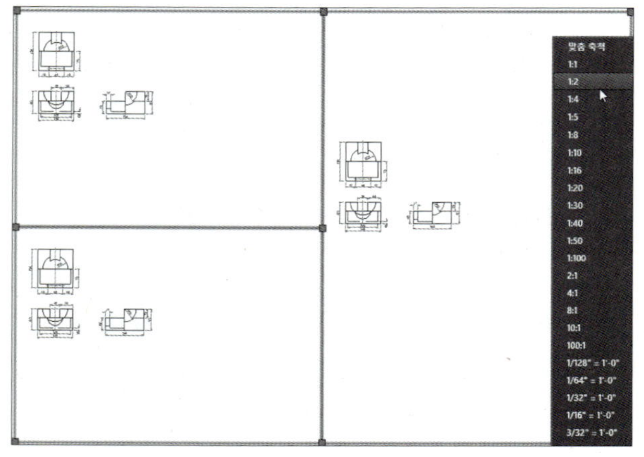

다음 그림과 같이 각 뷰 포트의 도면이 1:2배로 확대됩니다.

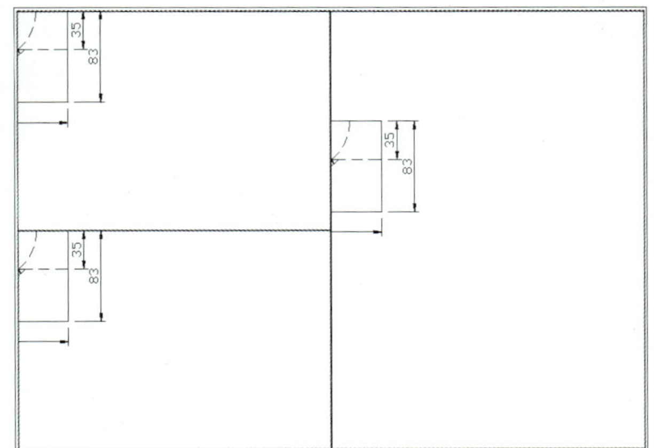

05 **뷰 포트 활성화와 뷰의 변경 :** 현재는 3개의 뷰 포트가 동일한 뷰로 설정되어 있습니다. 각 뷰 포트에 정면도, 평면도, 좌측면도를 확대합니다. 마우스를 왼쪽 위에 있는 뷰 포트 안쪽에 대고 클릭합니다. 뷰 포트 테두리가 굵은 선으로 바뀝니다.

tip!

굵은 선의 테두리는 현재 활성화된 창을 의미합니다. 따라서, 명령을 실행하면 굵은 선으로 된 뷰 포트에서 실행됩니다.

각 뷰 포트를 활성화하여 '초점 이동(PAN)' 명령을 이용하여 그림과 같이 평면도, 정면도, 측면도를 배치합니다.

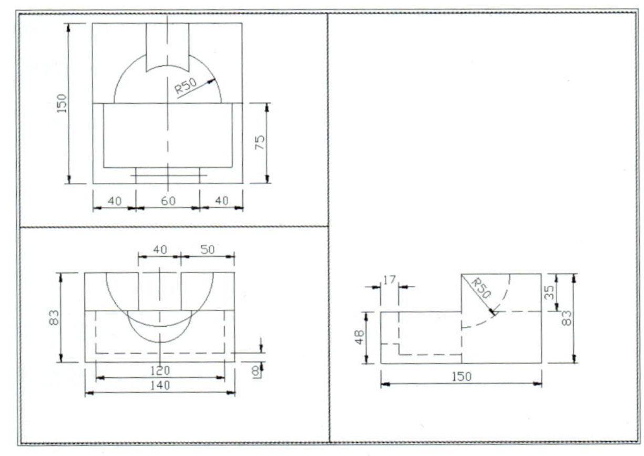

06 **뷰 포트의 잠금 :** 축척이 설정된 상태에서 휠로 움직이다가 축척이 바뀔 수 있으므로 잠급니다. 세 개의 창을 선택한 후 하단의 상태막대에서 '뷰 포트 잠금/잠금 해제' 아이콘 버튼 🔒 을 버튼을 클릭하여 잠급니다.

07 **도면의 정렬 :** 도면을 정렬하고자 할 때는 정렬선을 작도한 후 뷰 포트를 움직여 정렬합니다. '선(LINE)' 명령으로 정렬선을 작도한 후 '이동(MOVE)' 명령으로 정렬선에 맞춰 뷰 포트를 이동합니다.

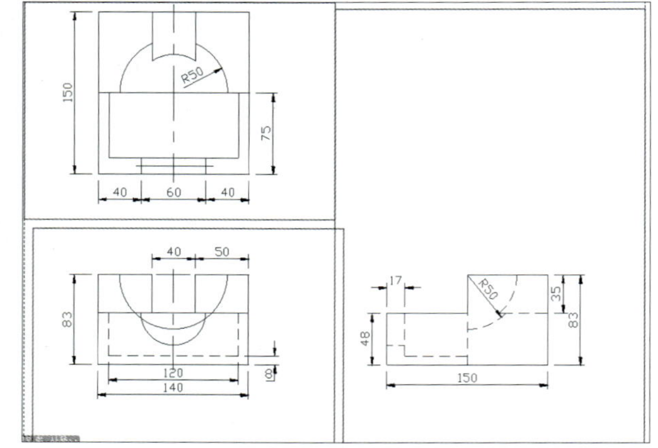

08 **뷰 포트 도면층 동결 :** 뷰 포트 경계선을 감추기 위해 뷰 포트 도면층(예: MVIEW)을 동결합니다. 이를 위해 미리 뷰 포트 도면층을 작성하여 관리하는 것이 필요합니다.

3차원 모델도 동일한 방법으로 배치합니다. 배치 공간에서 뷰 포트를 작성하여 각 뷰포트 별로 정면도, 평면도, 등각투영도 또는 좌측면도를 표시합니다.

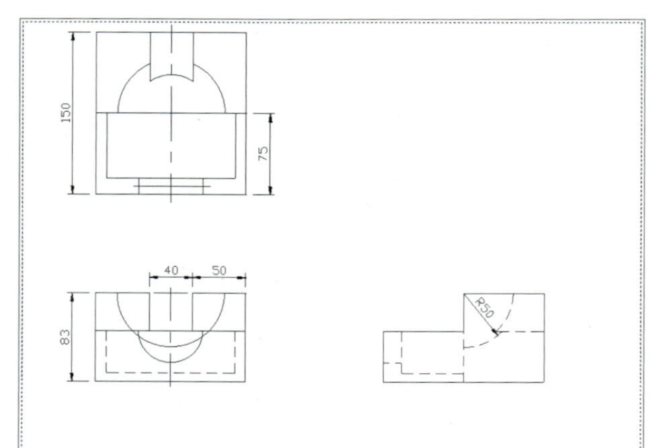

4. 뷰 포트 조작 및 모형 공간으로 내보내기

뷰 포트의 조정 및 배치된 배치를 모형 공간으로 내보내는 방법에 대해 알아보겠습니다.

01. 뷰 포트 정보

화면 하단의 상태 영역에서 뷰 포트와 관련된 정보를 확인할 수 있습니다.

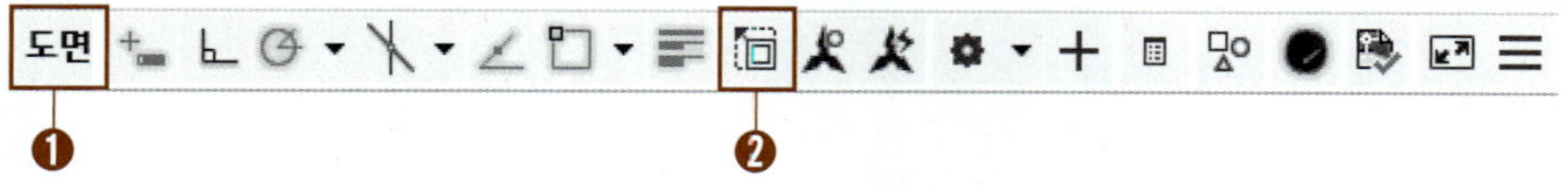

❶ 클릭에 의해 모형 공간과 배치 공간을 지정합니다. '도면'은 배치 공간입니다.

❷ 뷰 포트 최대화 : 뷰 포트를 최대화하여 표시합니다. 또는 최대화된 뷰 포트를 원래의 상태로 되돌립니다.

❸ 모형의 경우, 뷰 포트의 척도를 표시하고 지정합니다.

화면의 왼쪽 상단에는 뷰 포트 컨트롤이 있습니다. 화면 왼쪽 상단의 [−]를 클릭하면 뷰 포트 제어 메뉴가 나타납니다. 뷰 포트 최대화(또는 뷰 포트 복원) 및 뷰 포트 구성 리스트가 있습니다.

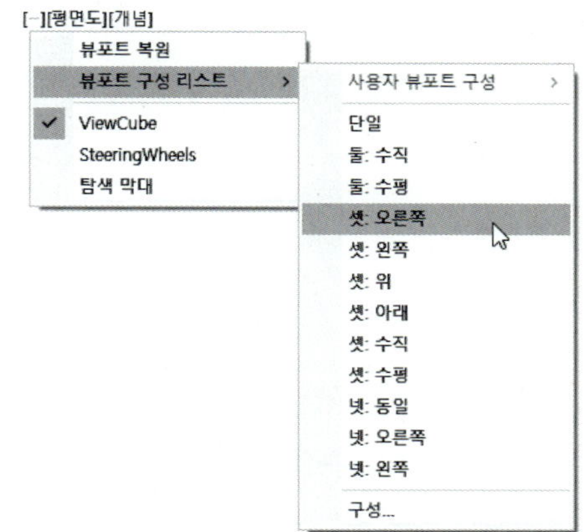

02. 뷰 포트의 편집

뷰 포트를 일반 객체처럼 이동, 복사, 회전 등 편집이 가능합니다.

01 **뷰 포트의 이동 및 복사** : '이동(MOVE)', '복사(COPY)' 명령을 이용하여 뷰 포트의 이동 및 복사를 할 수 있습니다.

02 **뷰 포트 크기 변경** : 뷰 포트의 크기를 변경하고자 할 때는 마우스로 뷰 포트를 선택한 후 그립을 이용하여 뷰 포트의 크기를 조정합니다.

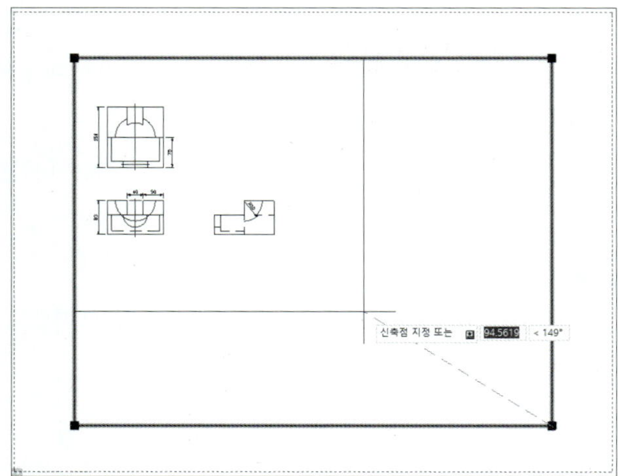

03 **뷰 포트의 회전** : '회전(ROTATE)' 명령을 이용하여 뷰 포트를 회전할 수 있습니다.

04 **뷰 포트 도면층 관리** : 뷰 포트 안에서 모형 공간의 설정에 의존하지 않고 뷰 포트만의 설정이 가능합니다. 즉, 모형 공간과는 다른 색상, 선 종류 등을 설정할 수 있습니다.

• 먼저, 뷰 포트를 더블클릭하여 활성화한 후 도면층 목록에서 '현재 도면에서 동결 또는 해제' 버튼을 눌러 동결시킵니다.

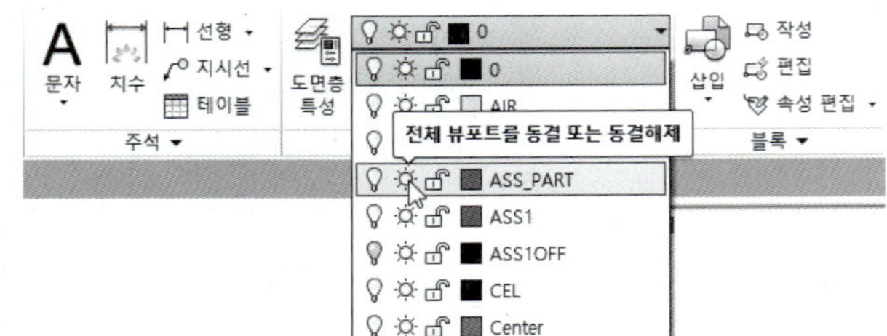

• 도면층(LAYER) 기능을 실행하여 'VP 색상', 'VP 선 종류'의 값을 수정합니다. 그러면, 해당 뷰 포트의 도면층에 해당하는 객체의 특성이 수정됩니다.

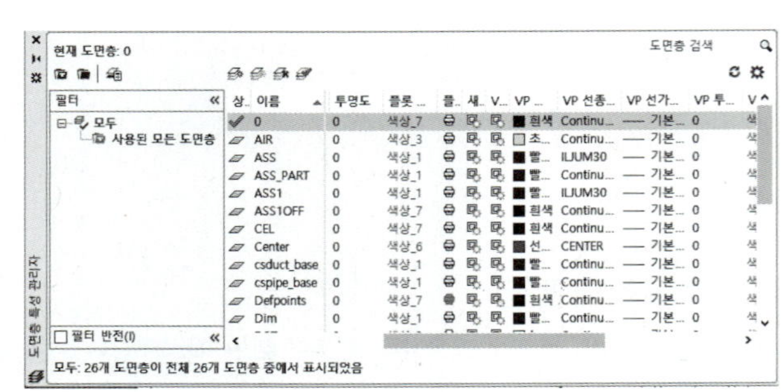

03. 모형 공간으로 내보내기

현재 배치에 표시된 객체를 모형 공간으로 내보낼 수 있습니다. 이렇게 내보내진 객체는 치수가 분해되거나, 블록이 익명의 블록으로 바뀌고 주석 객체가 비주석 객체로 바뀌며 3D 표현이 2D 표현으로 바뀌는 등 일부 객체의 성격이 바뀝니다.

명령 : EXPORTLAYOUT　　　　　　　　**메뉴 아이콘 :** ▣

01 명령어 'EXPORTLAYOUT'을 입력하거나 [메뉴 탐색기 ▲]-[다른 이름으로 저장]-[배치를 도면으로 저장]을 클릭합니다. '배치를 모형 공간 도면으로 내보내기' 대화상자가 나타납니다. 내보내기 할 파일명을 지정한 후 [저장(S)]을 클릭합니다.

02 저장된 후 저장된 파일을 열 것인가를 묻는 대화상자가 나타납니다. [열기]를 클릭합니다.

03 배치 공간의 화면이 모형 공간으로 바뀌어 새로운 하나의 도면 파일(*.dwg)로 바뀝니다. 3차원

의 경우, 다음 그림과 같이 비주얼 스타일이 2D 와이어프레임으로 바뀌고 3D의 복잡한 객체나 재질
이 간결하게 표현됩니다.

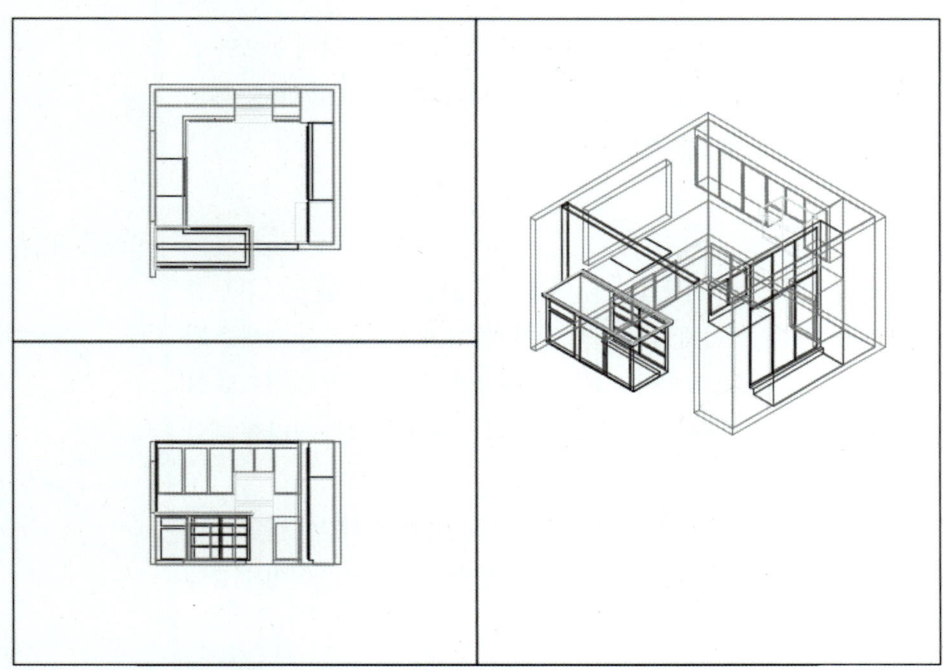

LESSON
02 페이지 설정

데이터를 출력할 때마다 환경을 매번 설정하는 것은 비효율적입니다. 페이지 설정을 저장해 놓으면 번거로운 작업을 할 필요가 없어 시간을 절감할 수 있고 동일한 환경으로 출력할 수 있어 표준화하는데도 도움이 됩니다. 이번에는 이 페이지 설정에 대해 알아봅니다.

1. 페이지 설정이란?

페이지 설정은 배치와 연관되어 있으며 도면 파일에 저장됩니다. 페이지 설정에 지정된 설정은 최종 출력의 모양과 형식을 결정합니다. 페이지 설정은 배치에 대해 인쇄 장치, 종이 크기, 축척 등 인쇄를 위한 환경을 설정하고 관리하는 기능입니다. 기본적으로 하나의 배치에 하나의 페이지 설정을 필요로 합니다. 그러나 동일한 페이지 설정을 여러 배치에 적용할 수도 있는데 이때는 '페이지 설정 관리자' 대화 상자를 통해 관리할 수 있습니다.

페이지가 설정된 내용을 각각의 이름으로 저장해놓으면 배치 공간을 출력할 때, 빠른 시간에 다양한 형식으로 출력할 수 있습니다. 또, '인쇄(PLOT)' 출력 명령을 실행하여 다양한 환경을 설정하여 이름을 부여하여 저장할 수 있습니다.

실행은 하단의 배치 탭에 마우스를 대고 오른쪽 버튼을 눌러 바로가기 메뉴 또는 '출력' 탭 – '플롯' 패널에서 '페이지 설정 관리자(G)'를 선택합니다. 또는 배치 공간의 '배치' 탭 – '배치' 패널에서 '페이지 설정'을 클릭합니다.

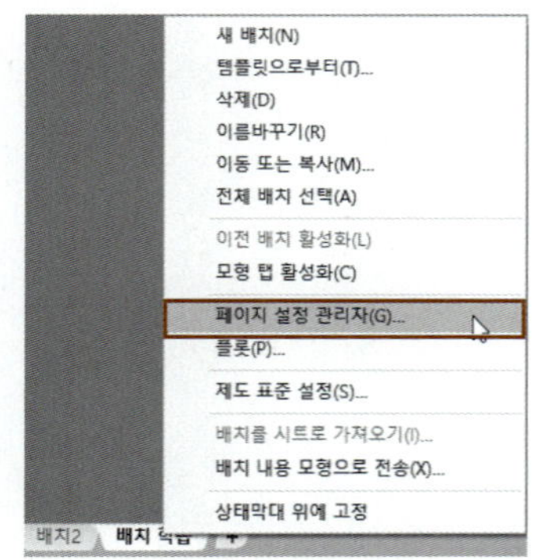

2. 페이지 설정 관리자

페이지 설정을 새로 만들고 수정, 저장하는 등 페이지 설정을 관리합니다.

명령 : PAGESETUP　　　　　　　　　　　메뉴 : [파일(F)]–[페이지 설정 관리자(G)]

메뉴 아이콘 :

01 명령어 'PAGESETUP'을 입력하거나 '출력' 탭의 '플롯' 패널 또는 '배치' 탭의 '배치' 패널에서 '페이지 설정 🖻'을 클릭합니다. 다음과 같은 페이지 설정 관리자 대화상자가 나타납니다.

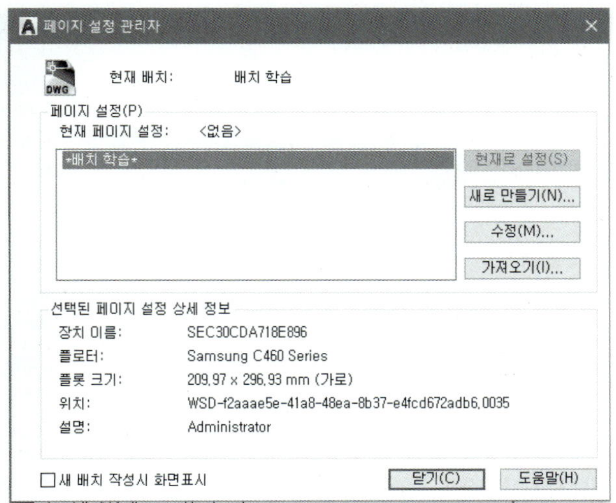

tip!

모형(MODEL) 공간에서 '페이지 설정' 기능을 실행하면 '현재 페이지 설정' 목록에는 '*모형*'이 표시됩니다.

페이지 설정 관리자

(1) 현재 배치 : 페이지 설정을 적용할 현재 배치를 나열합니다. 페이지 설정 관리자가 시트 세트 관리자에서 열린 경우 현재 시트 세트의 이름을 표시합니다. 페이지 설정 관리자가 배치에서 열린 경우 현재 배치의 이름을 표시합니다.

(2) 페이지 설정(P) : 현재 페이지 설정을 표시해주며 다른 페이지 설정을 현재로 설정하며, 새 페이지를 설정할 수 있으며 기존 페이지 설정을 수정하거나 다른 도면에서 페이지 설정을 가져옵니다.

① **현재로 설정(S)** : 선택한 페이지 설정을 현재 배치의 현재 페이지 설정으로 지정합니다. 현재로 설정은 시트 세트에 대해 사용할 수 없습니다.

② **새로 만들기(N)** : 새 페이지 설정의 이름을 입력하고 시작점으로 사용할 페이지를 설정할 수 있는 대화상자를 표시합니다.

③ **수정(M)** : 선택한 페이지 설정에 대한 설정값을 편집할 수 있는 대화상자를 표시합니다. 자세한 내용은 '페이지 설정' 대화상자를 참조합니다.

④ **가져오기(I)** : 하나 이상의 페이지 설정을 가져올 DWG(Drawing Format), DWT 또는 DXF(Drawing Interchange Format) 파일을 선택할 수 있는 파일에서 페이지 설정 선택 대화상자를 표시합니다. DWT를 파일 유형으로 선택할 경우, 파일에서 페이지 설정 선택 대화상자에서 자동으로 템플릿 폴더가 열립니다.

(3) 선택된 페이지 설정 상세 정보 : 선택한 페이지 설정 정보를 표시합니다.

(4) 새 배치 작성시 화면표시 : 새 배치 탭이 선택되거나 새 배치가 작성될 때 자동으로 페이지 설정 대화상자가 표시되도록 지정합니다.

02 [수정(M)]을 클릭하면 다음과 같은 페이지 설정 대화상자가 표시됩니다. 각 컴퓨터 환경 및 도면 작성 환경에 맞춰 각 항목을 설정합니다. 여기에서는 출력할 프린터를 지정하고 'A4'용지, 출력 영역은 '배치', 축척은 '1:1'로 설정합니다.

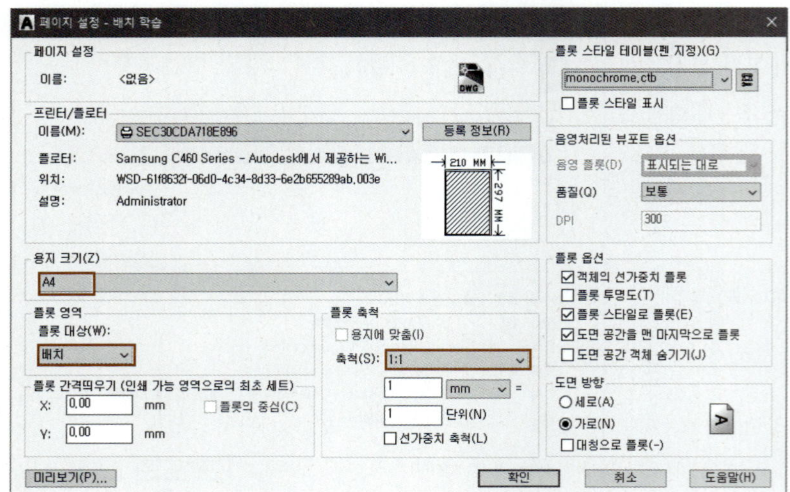

페이지 설정 대화상자

(1) **페이지 설정** : 설정 이름과 아이콘이 표시됩니다.

(2) **프린터/플로터** : 출력장치를 지정합니다.

 ① **이름(M)** : 현재 배치 또는 시트를 플롯하거나 게시하기 위해 선택할 수 있는 해당 PC3 파일 또는 시스템 프린터를 표시하고 출력하고자 하는 장치를 선택합니다.

 ② **등록 정보(R)** : 대화상자를 통해 플로터 구성, 포트, 장치 및 매체 설정값을 표시하고 수정할 수 있습니다.

 ③ **플로터** : 현재 지정된 플롯 장치를 표시합니다.

 ④ **위치** : 지정된 출력장치의 실제 위치(IP 어드레스)를 표시합니다.

 ⑤ **설명** : 현재 선택한 페이지 설정에서 지정된 출력장치에 대한 설명문을 표시합니다. 이 내용은 플로터 구성 편집기에서 수정할 수 있습니다.

(3) **용지 크기(Z)** : 목록에서 용지의 크기를 지정합니다.

(4) **플롯 영역** : 플롯의 대상이 배치, 도면의 범위, 윈도우로 지정, 현재 표시된 화면 중에서 지정합니다.

(5) **플롯 간격 띄우기** : X, Y 방향의 플롯의 원점을 지정합니다.

(6) **플롯 축척** : 도면 단위의 크기를 플롯 단위와 상대적으로 조정합니다. 배치를 플롯할 때는 기본 축척 설정값은 1:1입니다.

(7) **플롯 스타일 테이블(펜 지정)** : 플롯 스타일 테이블을 설정하거나 플롯 스타일 테이블 편집기를 통해 테이블을 편집하거나 또는 새 플롯 스타일 테이블을 작성합니다. '플롯 스타일 테이블' 대화상자를 참조합니다.

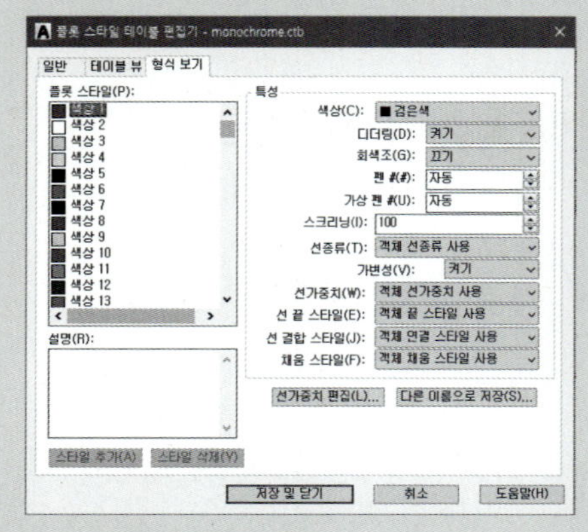

 **플롯 스타일 테이블 편집기 대화상자**

플롯 스타일 테이블의 모든 플롯 스타일과 그 설정값을 표시합니다. 플롯 스타일은 왼쪽에서 오른쪽으로 열에 표시됩니다. '테이블 뷰' 탭이나 '형식 보기' 탭을 사용하여 플롯 스타일 설정값을 조정할 수 있습니다. 일반적으로 '테이블 뷰' 탭은 플롯 스타일의 수가 적을 때 편리하고 플롯 스타일 수가 많을 때는 '형식 보기'가 편리합니다. 플롯(출력)할 펜의 색상, 선 가중치 등을 설정합니다.

(8) **음영 처리된 뷰포트 옵션** : 음영 처리된 뷰포트와 렌더 뷰포트가 플롯되는 방법을 지정하고 해상도 수준 및 dpi(인치당 점)를 결정합니다.

(9) **플롯 옵션** : 선 가중치, 플롯 스타일, 음영 처리 플롯 및 객체가 플롯되는 순서에 대한 옵션을 지정합니다.

　① 객체의 선 가중치 플롯: 객체와 도면층에 지정된 선 가중치를 플롯할지 여부를 지정합니다. 플롯 스타일로 플롯이 선택된 경우에는 이 옵션은 사용할 수 없습니다.

　② 플롯 투명도(T) : 객체 투명도를 플롯하는지 여부를 지정합니다. 이 옵션은 투명 객체로 도면을 플로팅할 때만 사용해야 합니다.

　③ 플롯 스타일로 플롯(E) : 객체 및 도면층에 적용된 플롯 스타일의 플롯 여부를 지정합니다. 이 옵션을 선택하면 객체의 선 가중치를 플롯도 자동으로 선택됩니다.

　④ 도면 공간을 맨 마지막으로 플롯 : 기본적으로 도면 공간 형상이 모형 공간 형상보다 먼저 플롯되는데 이 옵션을 선택하면 모형 공간 형상을 먼저 플롯합니다.

　⑤ 도면 공간 객체 숨기기(J) : '숨기기(HIDE)' 작업이 도면 공간 뷰포트의 객체에 적용될지 여부를 지정합니다. 이 옵션은 배치 탭에서만 사용할 수 있습니다.

(10) **도면 방향** : '가로 방향(N)' 및 '세로 방향(A)'을 지원하는 플로터에 대해 용지의 도면 방향을 지정합니다.

03 이렇게 하여 페이지 설정이 종료됩니다. 이러한 방법으로 여러 환경의 페이지 설정을 만들 수 있으며 원하는 설정 이름을 선택해서 적용합니다. 설정이 끝나면 [닫기(C)]를 클릭합니다.

3. 페이지 설정 적용

페이지 설정 환경을 배치에 적용합니다.

01. 배치에 적용

설정된 페이지 환경을 배치 공간에 적용합니다. 즉, 현재의 배치 공간에 설정된 설정된 페이지 환경을 적용합니다. 현재의 배치에서 새롭게 환경을 설정합니다.

기 작성된 환경을 배치에 적용하려면 배치 공간에서 페이지 설정 관리자를 펼쳐 '페이지 설정(P)' 목록에서 지정하고자 하는 페이지를 선택한 후 [현재로 설정(S)]을 클릭합니다.

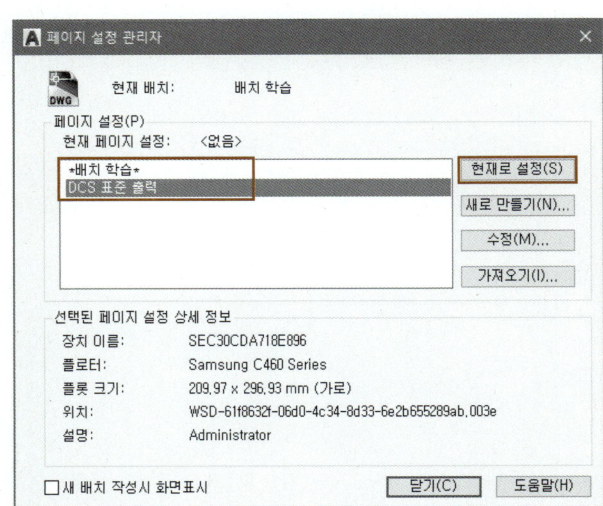

02. 일괄 설정

'게시(PUBLISH)' 기능을 이용하여 다른 도면에서 설정한 페이지 환경을 일괄로 설정하는 방법이 있습니다. '출력' 탭의 '플롯' 패널에서 '배치 플롯'을 클릭합니다.

다음의 대화상자에서 각 '시트 이름'에 적용하고자 하는 페이지 설정 항목을 선택합니다. 외부 파일의 경우, '가져오기' 기능을 이용하여 파일을 가져와 적용합니다.

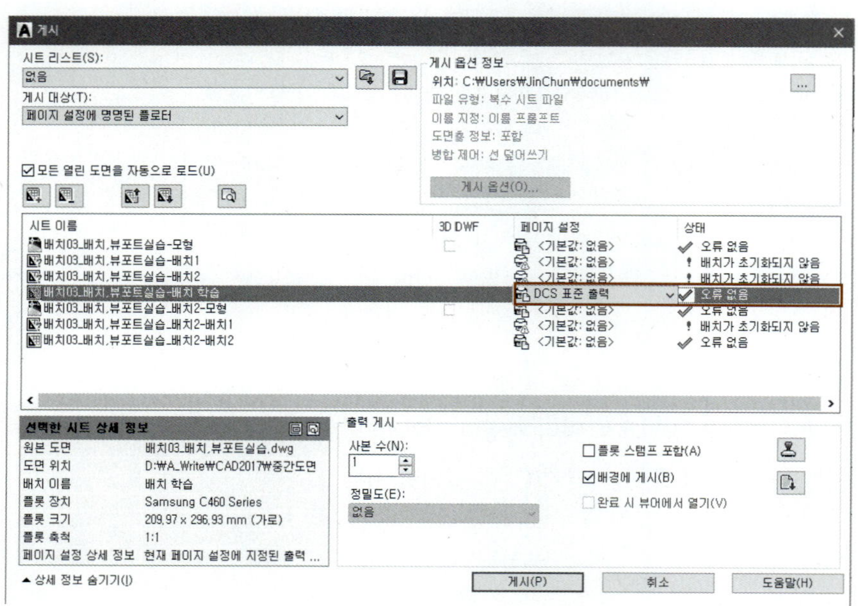

LESSON 03 도면의 인쇄

지금부터 작성된 도면을 실제 종이로 출력하는 방법에 대해 알아보겠습니다.

1. 플로터 및 플롯 스타일 관리자

출력에 앞서 출력장치의 등록, 페이지 설정, 플롯 스타일 관리 등 출력 환경을 설정합니다. 그러나 기본적으로 출력장치를 갖추고 다른 소프트웨어에서 출력을 한 적이 있는 사용자라면 복잡한 설정 과정은 넘어가도 좋습니다. AutoCAD는 기본적으로 설정된 출력장치를 이용해 출력할 수 있도록 설정되기 때문입니다.

01. 플로터 관리자(PLOTTERMANAGER)

출력할 장치 즉, 프린터 또는 플로터를 등록하는 과정입니다. 기본적으로 사용하고자 하는 장치(프린터 또는 플로터)는 윈도우의 제어판에 등록이 되어있어야 합니다. 윈도우의 제어판에서 설정된 프린터를 사용하여 인쇄할 수도 있지만 프린터를 AutoCAD에 등록하면 독자적인 설정이 가능해져 매번 설정할 필요가 없으므로 효율적인 작업이 될 수 있습니다.

명령 : PLOTTERMANAGER   메뉴 아이콘 :

01 명령어 'PLOTTERMANAGER'를 입력하거나 '출력' 탭의 '플롯' 패널에서 '플로터 관리자 '를 클릭합니다. 다음과 같은 'Plotters' 탐색기가 나타납니다. 여기에서 '플로터 추가 마법사'를 클릭합니다.

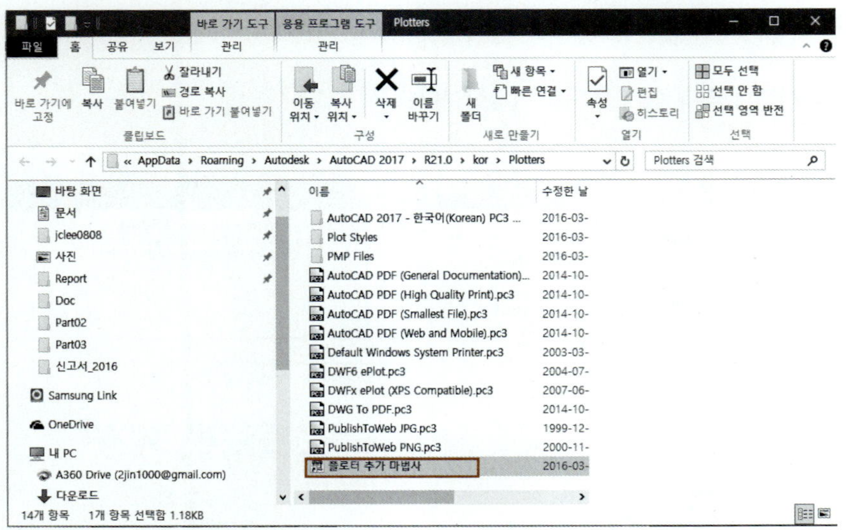

02 '개요 페이지'에서 내용을 읽고 [다음(N)〉]을 클릭합니다. 그러면 '컴퓨터 추가 – 시작' 대화상자
가 표시됩니다. '시스템 프린터(S)'를 선택한 후 [다음(N)〉]을 클릭합니다. '네트워크 프린터'를 사용하
는 사용자는 '네트워크 프린터 서버(E)'를 선택합니다.

03 플로터 제조업체 및 모델을 선택합니다. [다음
(N)〉]을 클릭합니다.

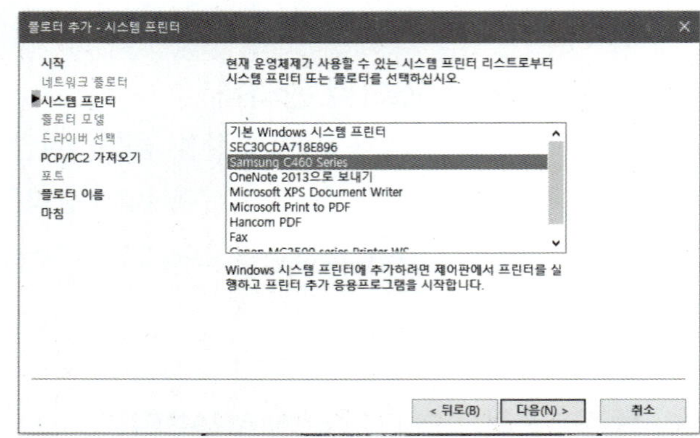

04 다음의 'PCP/PC2 가져오기' 대화상자에서 파일을 가져오지 않기 때문에 [다음(N)〉]을 클릭합
니다.

참고 **PCP, PC2, PC3 파일이란?**

플로터 구성에는 장치 드라이버와 모델, 장치가 연결된 출력 포트, 및 다양한 장치 설정값 등의 정보가 들어 있습니다.
PC3는 AutoCAD의 플롯에 매체 및 플로팅 장치에 대한 정보를 저장하는 파일입니다.
PC3 파일을 작성하려면 Autodesk 플로터 관리자에서 플로터 추가 마법사를 사용합니다. 따라서, 플로터 추가 마법사를
실행한다는 것은 PC3 파일을 만드는 작업으로 이해하면 됩니다. PCP와 PC2는 AutoCAD 릴리스 14 이전 버전에서
작성된 플롯 설정값 파일입니다.

05 포트를 지정해야 할 경우 하드웨어의 환경에 맞춰 출력 포트를 지정합니다.

06 '플로터 이름(P)'에 플로터를 구별하는 이름을 입
력합니다. 선택한 시스템 플로터의 이름을 그대로 사
용 할 수 있으며, 사용자가 임의로 입력(예: 표준 플롯터_
DCS)할 수 있습니다. 입력이 끝나면 [다음(N)〉]을 클릭
합니다.

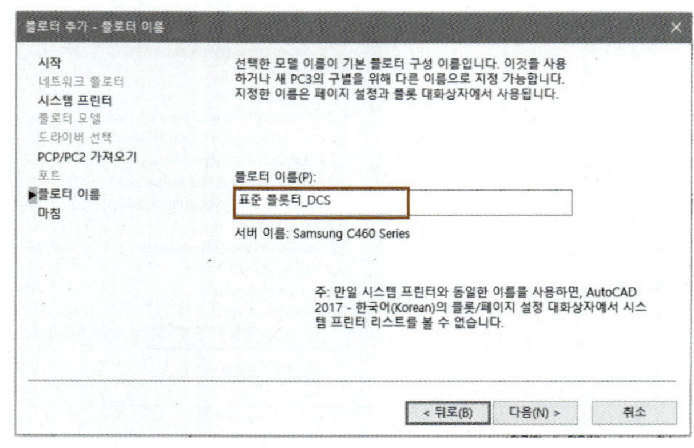

07 '플로터 추가 – 마침' 대화상자에서 표시됩니다. 여기에서 [마침(F)]을 클릭합니다.
윈도우 탐색기의 'Plotters' 폴더에 보면 새로운 플로터 파일(표준 플롯터_DCS.pc3)이 생성되었습니다. 다음 그림과 같이 새로운 출력장치(플로터)가 추가되었습니다.

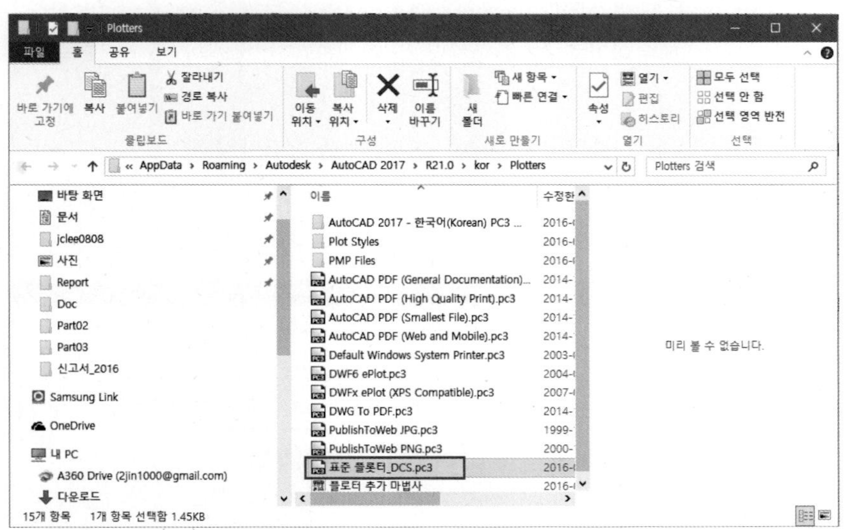

플로터 구성을 편집하기 위해 추가된 출력장치 파일을 더블클릭합니다. 다음과 같은 '플로터 구성 편집기'가 나타납니다.

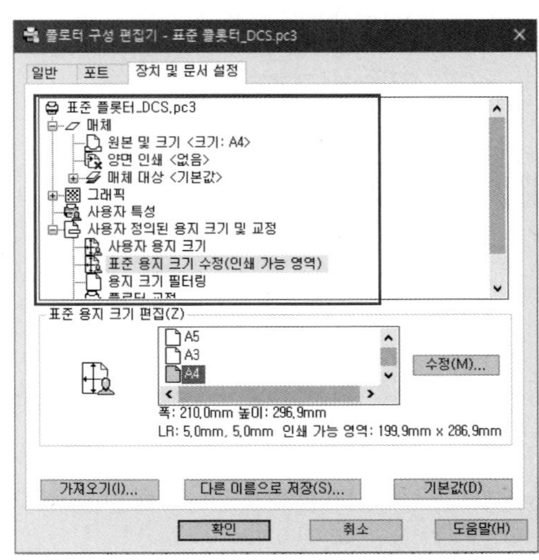

참고 **인쇄 디바이스의 기본값 작성**

도면에 관계없이 AutoCAD에서 특정 디바이스(출력장치)를 기본 디바이스로 설정할 수 있습니다. '옵션(OPTIONS)' 명령으로 가능합니다. 명령어 영역에서 'OPTIONS' 또는 'OP'를 입력하거나 [응용 프로그램 메뉴 A]-[옵션(N)]을 클릭합니다. 또는, 작도 공간에서 마우스 오른쪽 버튼을 눌러 바로가기 메뉴를 펼쳐 메뉴에서 '옵션(O)'을 클릭합니다.

옵션 대화상자에서 '플롯 및 게시' 탭을 선택합니다. '새 도면에 대한 기본 플롯 설정'의 '기본 출력장치(V)' 목록에서 설정하고자 하는 디바이스를 지정합니다.

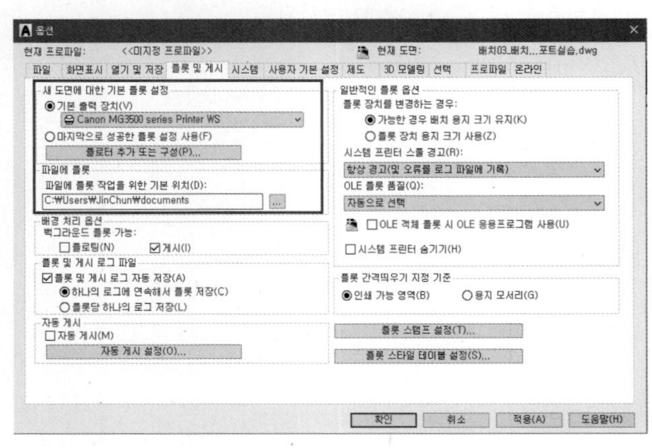

02. 플롯 스타일 관리자(STYLESMANAGER)

AutoCAD에서는 인쇄에 필요한 설정값(색상, 선 종류, 선의 굵기 등)을 설정하여 플롯 스타일 파일로 작성할 수 있습니다. 명명된 플롯 스타일은 도면 내의 객체별로 인쇄 스타일을 할당하며 '*.stb' 파일로 저장됩니다.

명령 : STYLESMANAGER   메뉴 아이콘 :

01 명령어 'STYLESMANAGER'를 입력하거나 [응용 프로그램 메뉴 ▲]-[인쇄]-[플롯 스타일 관리]를 클릭합니다. 'Plot Styles' 탐색기가 나타납니다. '플롯 스타일 추가 마법사'를 클릭합니다.

02 '플롯 스타일 테이블 추가' 설명문이 나타납니다. 설명문을 읽고 [다음(N)〉]을 클릭합니다. 플롯 스타일 테이블의 작성 방법을 선택합니다. 여기에서는 기존의 플롯 스타일 파일을 이용하도록 하겠습니다. '기존의 플롯 스타일 테이블을 사용(E)'을 선택한 후 [다음(N)〉]을 클릭합니다.

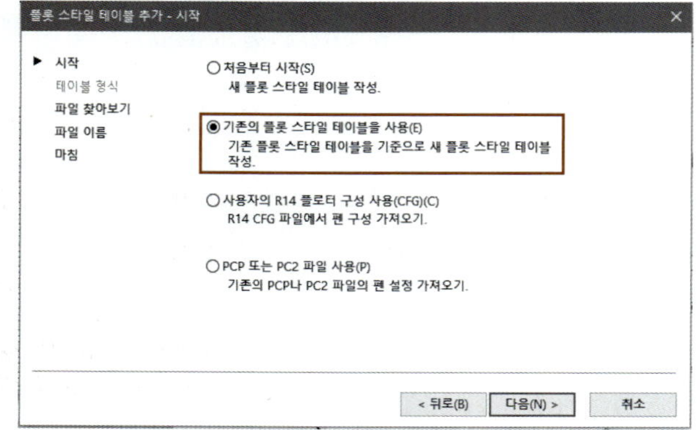

03 기존에 작성된 플롯 스타일 파일을 선택합니다. 'acad.ctb' 파일을 선택한 후 [다음(N)〉]을 클릭합니다.

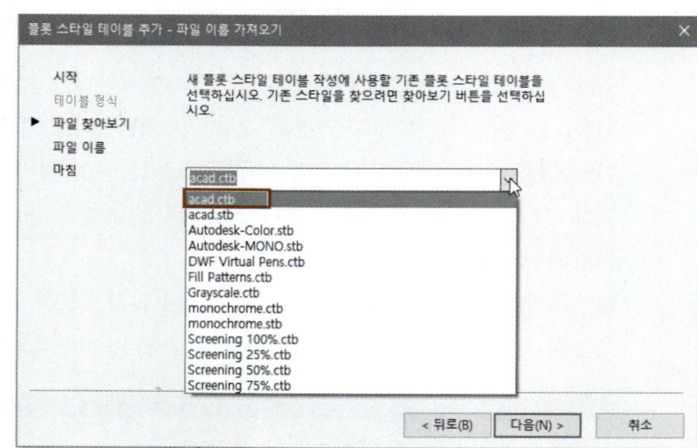

04 새로운 플롯 스타일의 파일 이름(예: 표준플롯 스타일_DCS)을 지정합니다. 나중에 스타일 테이블을 선택할 때 알기 쉬운 이름을 지정하는 것이 좋습니다.

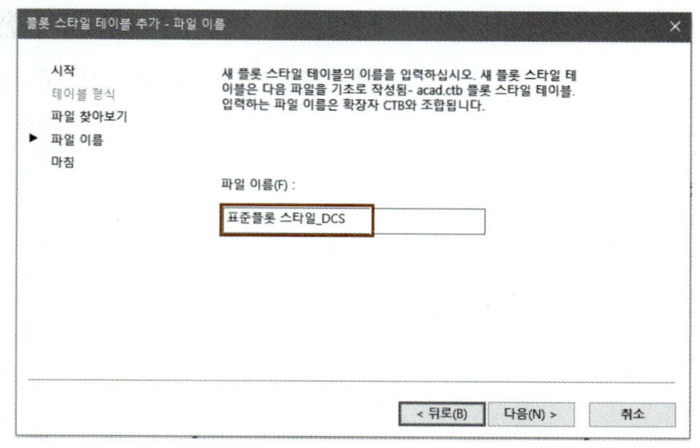

05 플롯 스타일 또는 색상에 따라 플롯 환경을 지정하는 [플롯 스타일 테이블 편집기(S)]를 클릭합니다.

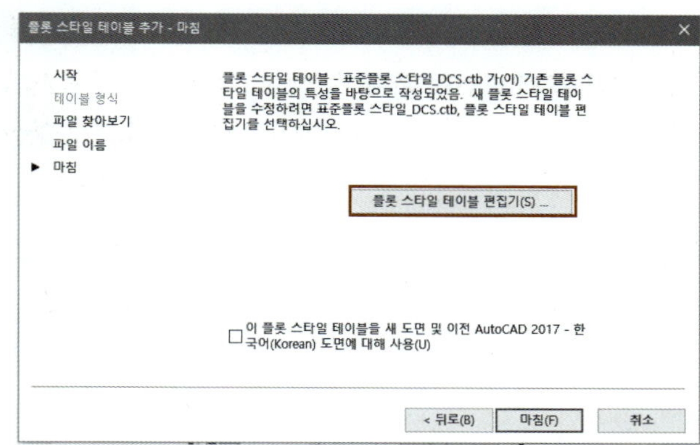

06 'acad.ctb'의 설정 환경이 표시됩니다. 플롯 스타일 테이블을 편집하려면 [플롯 스타일테이블 편집기(S)]를 클릭하여 색상에 따른 선 가중치 등을 설정합니다.

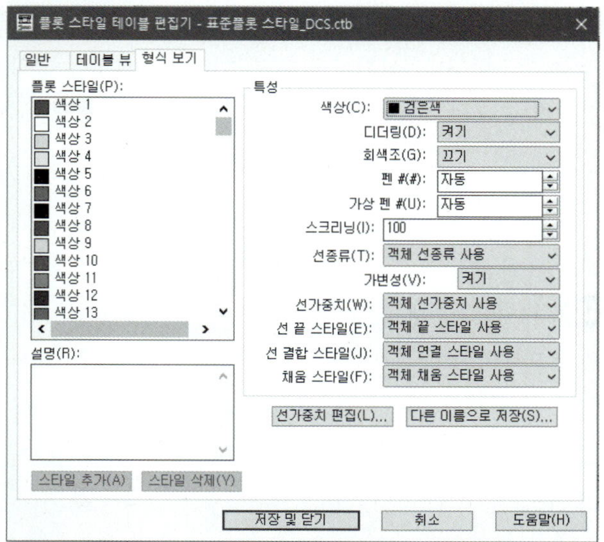

07 플롯 스타일 테이블 편집이 끝나면 [마침(F)]을 클릭하여 종료합니다. 윈도우 탐색기에서 작성된 플롯 스타일 테이블(예: 표준플롯 스타일_DCS.ctb)을 더블클릭하면 작성된 스타일 테이블을 확인할 수 있습니다.

2. 인쇄(PLOT)

지금까지 학습한 배치, 디바이스 등록, 스타일 관리자는 인쇄를 위한 환경설정 작업이었습니다. '인쇄'는 실제 종이에 인쇄를 진행합니다. 앞에서 학습한 스타일 관리자 등을 실행하지 않고 이 기능만으로도 인쇄할 수 있습니다.

명령 : PLOT, PRINT   메뉴 아이콘 : 🖶

01. 배치 공간에서의 출력

앞에서 학습한 배치(종이) 공간에서의 출력에 대해 알아보겠습니다.

01 플롯 명령을 실행합니다. 명령어 'PLOT' 또는 'PRINT'를 입력하거나 '출력' 탭의 '플롯' 패널 또는 신속접근 도구막대에서 🖶을 클릭합니다.

다음과 같은 대화상자가 표시됩니다. 플롯 대화상자가 나타납니다. 앞에서 학습한 '페이지 설정' 대화상자입니다.

'플롯 대상(W)'을 '배치'로 지정하고 '플롯 스타일 테이블(펜 지정)(D)' 목록에서 스타일 테이블을 선택하여 지정합니다. 대화상자의 각 항목은 앞에서 학습한 '페이지 설정'을 참조합니다. 설정이 끝나면 [미리 보기(P)]를 클릭합니다.

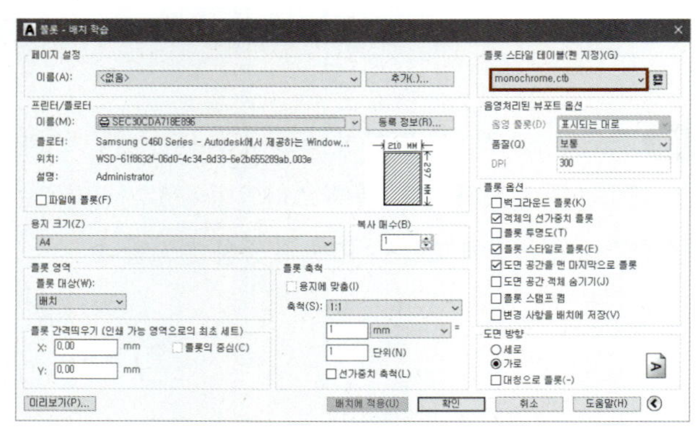

02 다음 그림과 같이 미리 보기 화면이 나타납니다. 이때 마우스 오른쪽 버튼을 눌러 바로가기 메뉴를 표시합니다. 원하는 출력 이미지이면 '플롯'을 선택하여 클릭합니다. 원하는 출력 이미지가 아니면 '종료'를 클릭하거나 〈ESC〉 키를 누릅니다.

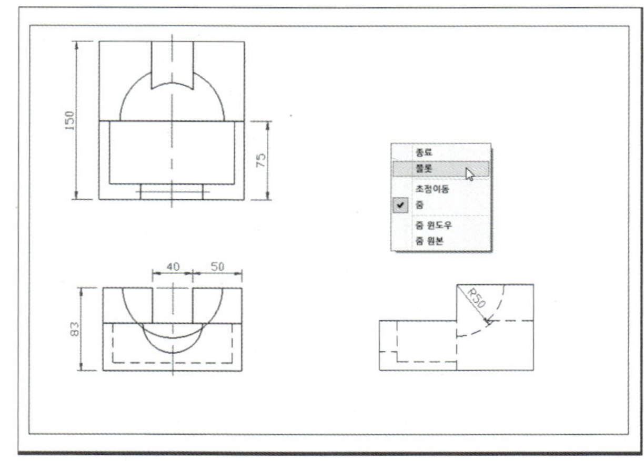

02. 모형(모델) 공간에서의 출력

객체를 작성하는 공간인 모형 공간에서의 출력을 알아보겠습니다. 일반적으로 2차원 도면은 모형 공간에서도 간단히 출력할 수 있습니다.

01 도면을 작성한 모형 공간을 펼칩니다. 다음과 같이 모형 공간이 표시됩니다.

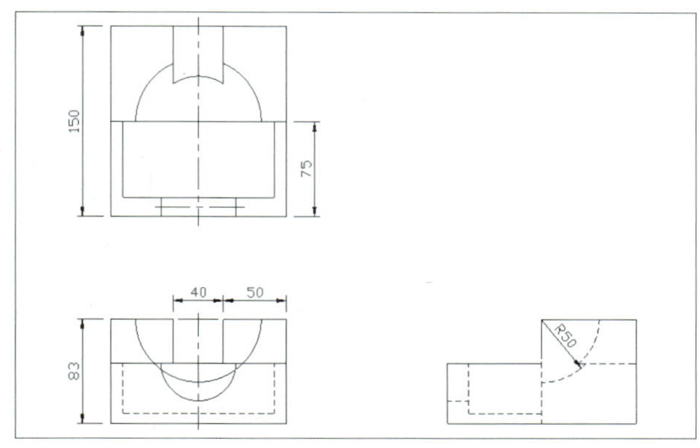

02 출력(플롯) 명령을 실행합니다. 명령어 'PLOT' 또는 'PRINT'을 입력하거나 '출력' 탭의 '플롯' 패널 또는 신속접근 도구막대에서 🖶을 클릭합니다. 다음과 같은 대화상자가 표시됩니다.

프린터/프로터의 '이름(M)'에서 설치된 플로터(프린터)의 명칭을 선택합니다. '용지 크기(Z)'를 'A4', '플롯 대상(W)'을 '화면표시', '플롯 축척'을 '용지에 맞춤(I)'으로 지정합니다. '플롯 스타일 테이블(펜 지정)(G)'를 'monochrome.ctb'를 선택합니다.

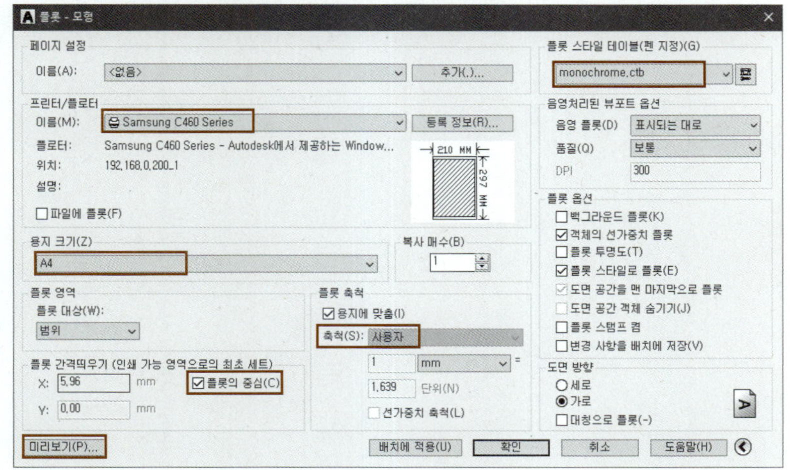

참고 플롯 대상(W)

'플롯 대상(W)'은 인쇄할 범위를 지정하는 항목입니다.

- 화면표시 : 현재 화면에 표시된 상태로 출력
- 범위 : 도면의 범위에 맞춰 출력
- 윈도우 : 화면에서 범위를 지정하여 출력
- 한계 : 도면의 한계(LIMITS)에 맞춰 출력

03 플롯 스타일 테이블 편집 버튼 ▣을 클릭하여 플롯 스타일 테이블 편집기에서 인쇄할 환경을 설정합니다. 설정이 끝나면 [저장 및 닫기]를 클릭합니다.

04 설정이 끝나면 [미리 보기(P)]를 클릭하여 출력하고자 했던 이미지이면 마우스 오른쪽 버튼을 눌러 바로가기 메뉴에서 '플롯'을 클릭하여 출력합니다.
이러한 과정으로 작성된 도면을 종이에 인쇄합니다.

약간 복잡하게 느껴졌을지 모르겠지만 디바이스(장치)의 설정, 플롯 스타일 테이블 설정 등의 기본 설정은 한 번만 수행하고 나면 매번 설정작업을 할 필요가 없습니다. 따라서, AutoCAD에서의 출력도 문서작성기(워드, 한글) 또는 엑셀의 출력 작업과 크게 다르지 않습니다.

LESSON 04 — 도면 내보내기 및 전송

도면을 작성한 후 종이로 인쇄하는 경우도 있지만 다른 소프트웨어에서 활용하는 경우도 많습니다. 이번에는 AutoCAD 파일 형식(*.DWG)이 아닌 다른 파일 형식으로 내보내는 방법과 도면 전송을 위한 방법에 대해 학습합니다.

1. 내보내기

AutoCAD의 파일 형식인 '*.DWG' 외에도 사용 목적에 따라 다양한 파일 형식이 필요합니다. 보안상 도면을 보기만 하고 수정하지 못하게 할 필요도 있습니다. *.DWF, *.DWFx, *.PDF, *.DGN, *.FBX, 등 다양한 형식으로 내보낼 수 있습니다.

01. PDF 파일로 내보내기

최근에 가장 많이 사용하는 파일 형식의 하나인 '*.PDF' 형식으로 내보냅니다.
명령어 'EXPORTPDF'를 입력하거나 '출력' 탭의 'DWF/PDF 내보내기' 패널에서 'PDF'를 선택합니다.

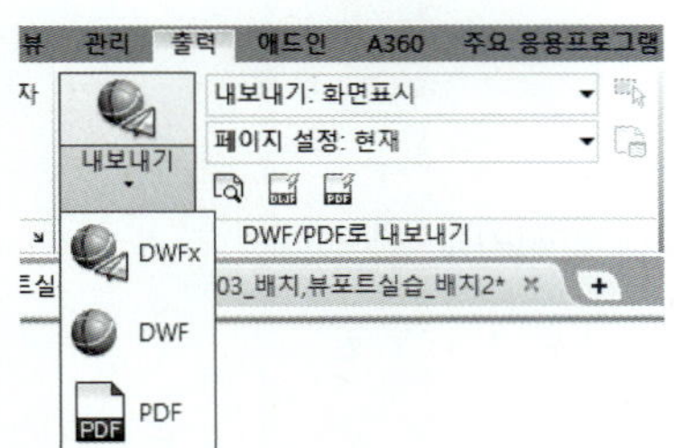

tip!

[응용 프로그램 메뉴 A]의 [내보내기]를 클릭하면 다양한 형식(포맷)으로 내보내기를 할 수 있습니다.

다음의 대화상자에서 옵션과 출력 조정 등 환경을 설정한 후 파일 이름을 지정하여 내보냅니다.

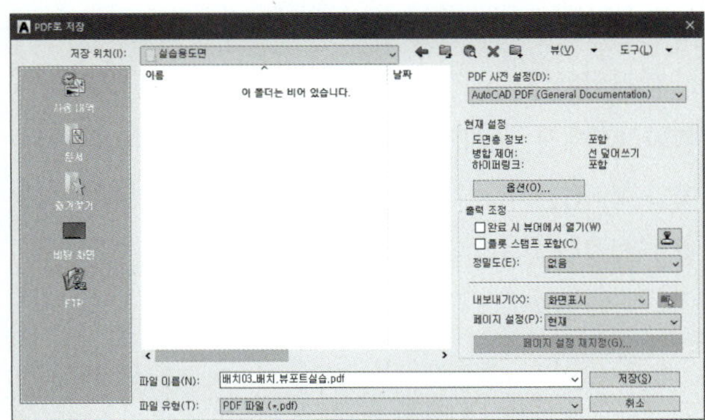

02. DWF 및 DWFx 파일로 내보내기

'*.DWG'의 웹 포맷인 DWF 및 DWFx 파일로 내보냅니다.

명령어 'EXPORTDWF'(또는 'EXPORTDWFX')를 입력하거나 '출력' 탭의 'DWF/PDF 내보내기'
패널에서 'DWF' 또는 'DWFx'를 선택합니다.

조작 방법은 PDF와 동일합니다.

참고 DWF 파일과 DWFx 파일

(1) DWF 파일 : 'DWF'는 Drawing Web Format의 약자로 고도로 압축된 파일 형식입니다. DWF 파일은 웹 또는 인트
라넷 네트워크에서 도면을 게시하는데 사용할 수 있는 2D 벡터 파일입니다. 각 DWF 파일은 하나 이상의 도면 시트
를 포함할 수 있습니다.

게시된 도면 세트는 원본 도면으로 작성된 용지 플롯에 대한 디지털 버전입니다. DWF 파일로 저장된 도면 세트는
Autodesk Design Review를 사용하여 확인 또는 플롯할 수 있습니다. Autodesk Design Review를 사용하면 모든
DWF 파일 형식 및 기타 래스터 형식 이미지를 열거나 보고 인쇄할 수 있습니다. AutoCAD 소프트웨어가 없더라도
Autodesk Design Review만 있으면 DWF 형식의 도면 세트를 볼 수 있습니다.

(2) DWFx 파일 : 기본적으로 DWF 파일과 같은 개념이지만 'DWFx'는 차세대 DWF 형식으로 마이크로소프트
(Microsoft)의 XPS(XML Paper Specification) 형식을 기반으로 합니다.

DWF와 마찬가지로 DWFx로 플롯하거나 게시하고, DWFx 파일을 언더레이로 부착하고, 표식 세트 관리자를 사용하
여 DWFx 파일을 읽을 수 있습니다.

03. 멀티 시트 내보내기

하나의 프로젝트는 여러 장의 도면이나 배치로 구성됩니다. 이때 도면을 한 장씩 내보내면 시간도 많이
소요될 뿐 아니라 관리도 어렵습니다. 이럴 경우, 하나의 문서 파일로 여러 장의 도면을 내보내기 할 수
있습니다.

명령어 'PUBLISH'를 입력하거나 '출력' 탭의 '플롯' 패
널에서 '배치 플롯'을 선택합니다. 다음과 같은 대화상자
가 나타납니다.

대화상자에서 '게시 대상(T)'에서 내보내기 하고자 하는
파일 형식(DWF, DWFx, PDF)을 지정하고 옵션 등 환
경을 설정한 후 [게시(P)]를 클릭합니다.

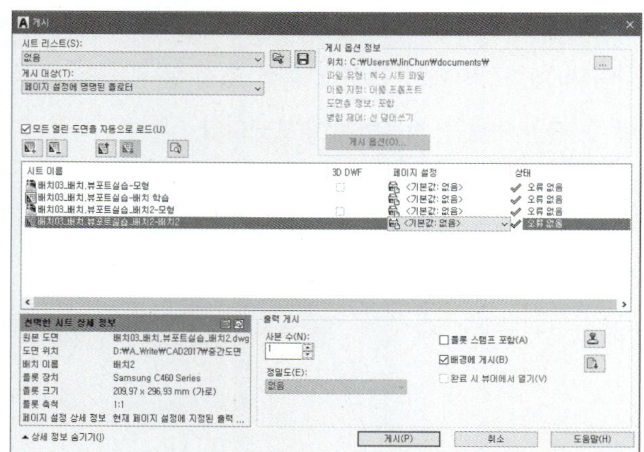

게시가 종료되면 화면 하단에 다음과 같은 메시지가 표
시됩니다. 출력 로그 파일(plot.log)을 확인해보면 게시
된 파일을 확인할 수 있습니다.

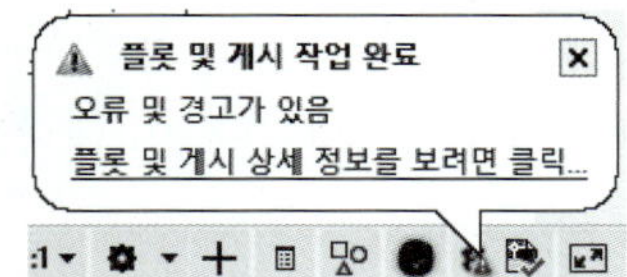

2. 전자 전송 세트

설계한 도면을 거래처, 관공서, 협력 회사 등에 전송하고자 할 경우에 DWG 파일만을 전송하게 되면
"폰트 파일이 없어서 문자가 깨진다"거나 "참조한 도면을 열 수 없다"는 등의 문제가 발생할 수 있습니
다. 도면 프로젝트 관련 데이터를 하나로 묶어서 전송한다면 이러한 문제를 예방할 수 있습니다. 현재
프로젝트와 관련된 데이터를 하나의 도면 세트로 작성할 수 있습니다.

01 [응용 프로그램 메뉴]-[게시]-[전자 전송]을 클릭하거나 'ETRANMIT'
을 입력합니다.

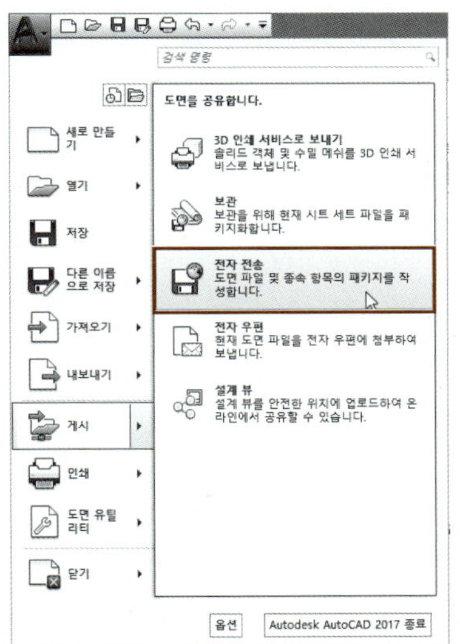

02 도면이 저장되어있지 않으면 도면의 저장 여부를
묻는 대화상자가 나타납니다. 다음 그림과 같이 전송 파
일 작성 대화상자가 표시됩니다. '파일 트리(F)' 탭에는
도면과 관련된 스타일 파일, '파일 테이블(B)'에는 관련
파일 목록이 표시됩니다. 이 대화상자에 표시된 파일은
기본적으로 체크되어 있으나 전송하지 않고자 하는 파일
은 체크 마크를 해제합니다. [확인]을 클릭합니다.

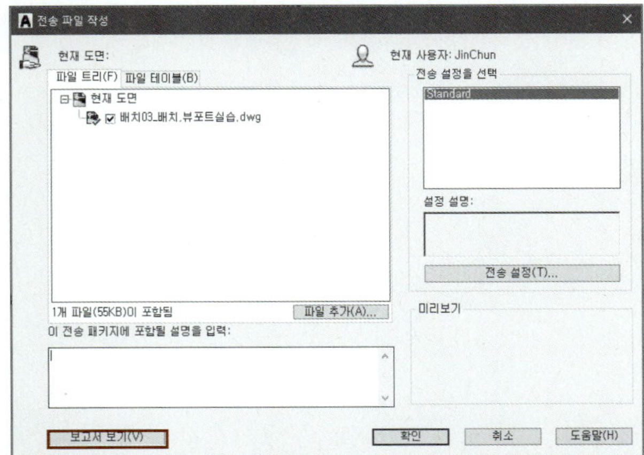

하단의 [보고서 보기(V)]를 누르면 다음과 같은 '전송 보고서 보기' 대화상자가 펼쳐집니다. 이 보고서
는 전송할 시트 세트에 대한 내역을 표시합니다. 이 내역은 [다른 이름으로 저장(S)] 버튼을 눌러 별도
의 파일에 저장할 수 있습니다.

03 다음과 같이 전송 세트 파일의 이름을 묻는 대화상
자가 표시됩니다. 기본적으로 '*.ZIP' 형태의 압축 파일
이 생성됩니다. 폴더의 위치와 파일 이름을 지정하고 [저
장(S)]을 클릭합니다.

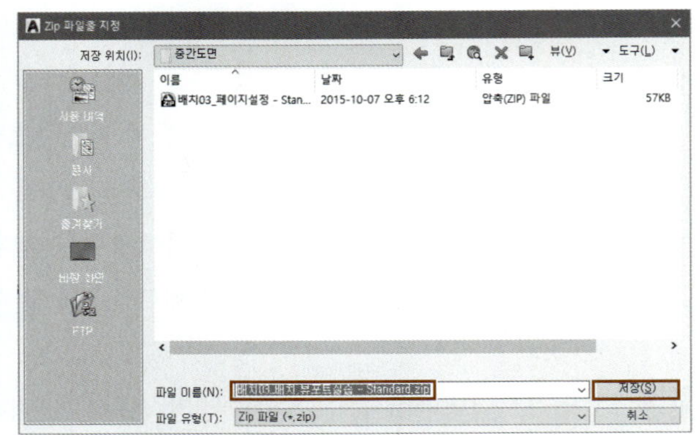

[저장(S)]을 클릭하면 현재 프로젝트에 관련된 파일을 압
축하여 패키지 작업을 진행합니다. 압축 작업이 끝나면
대화상자가 닫힙니다. 파일 목록을 보면 패키지의 압축
파일이 생성됨을 확인할 수 있습니다.

AutoCAD 고급

이번 파트에서는 도면을 보다 효율적으로 작성하고 관리하기 위한 응용 기능에 대해 학습하겠습니다. 동적 블록과 동작 레코드, 매개변수의 활용, 필드의 활용, 시트 세트 등에 대해 학습합니다.

CHAPTER 09 동적 블록과 동작 레코드

블록의 활용 폭을 넓힌 동적 블록과 반복적인 동작(조작)을 저장하여 다시 활용할 수 있는 동작 레코드에 대해 알아보겠습니다.

LESSON 01 동적 블록

블록을 확장한 동적 블록에 대해 학습하겠습니다. 동적 블록을 어떻게 만들고 활용할 수 있는지 관련 기능에 대해 살펴보겠습니다.

1. 동적 블록이란?

앞에서 학습한 블록은 형태를 그대로 유지한 채로 도면에 삽입되며 그 이상의 역할이나 기능을 하지 않습니다. 동적 블록은 기존의 블록(정적 블록)과 달리 크기를 변경한다든지, 하나의 블록에 여러 형상을 가지고 있어 표시할 수도 있습니다. 예를 들어, 위생기기(대변기, 소변기, 세면기 등) 블록에 정면도, 평면도, 측면도를 같이 담아 필요에 의해 원하는 도면을 표현할 수 있습니다. 부품의 경우, 형상은 동일하지만 규격에 따라 크기가 다른 경우가 많습니다.

동적(다이나믹) 블록은 하나의 도형이지만 규격에 따라 크기나 형상이 다른 경우, 길이나 각도의 움직임(액션)을 미리 정의하여 도면에 삽입한 후 도면에서 간단히 조작하여 활용하는 블록을 말합니다. 즉, 블록을 동적으로 조정할 수 있도록 조작이 가능한 도면입니다. 동적 블록의 움직임(액션)은 조합이 가능하며 이를 통해 도면작업의 효율을 향상시킬 수 있습니다. 블록 정의에서 동적 동작을 추가하면 블록 형상에 유연성과 지능성이 추가됩니다.

다음 그림은 위생기기의 동적 블록의 예로 하나의 블록에 여러 종류의 위생기기 종류(연장, 회전, 풀체인 등)와 각 면의 도면(평면, 정면, 측면)을 담고 있습니다. 블록을 삽입한 후 메뉴를 펼쳐 원하는 형상(도면)을 펼칠 수 있습니다.

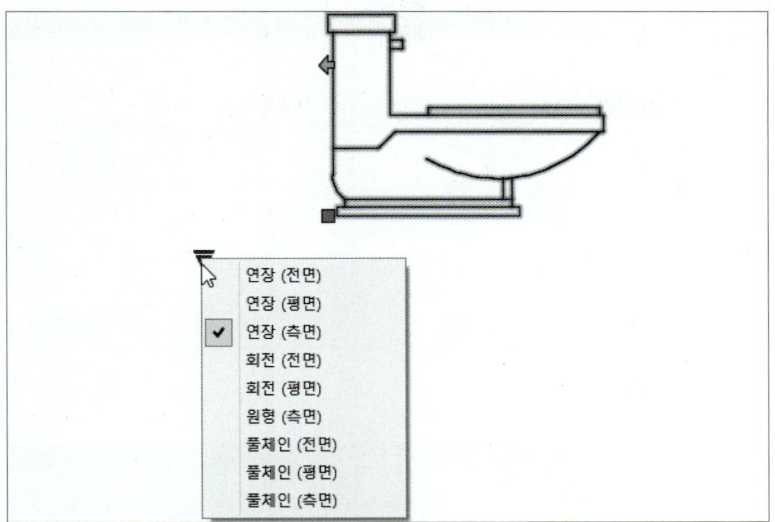

동적 블록의 주요 특징을 살펴보면,

(1) 동적 블록에는 규칙 또는 매개변수가 포함되며 매개변수에 따라 동작됩니다.

(2) 다양한 형상(입면, 정면, 평면 등)을 하나의 블록에 담을 수 있습니다.

(3) 분해하지 않고 신축이나 배열이 가능합니다.

(4) 분해하면 모든 액션(동작)이 사라집니다.

2. 동적 블록 실습예제

실습 예제를 통해 동적 블록을 이해하도록 하겠습니다.

01. 시간에 따라 각도에 의해 움직이는 시계 바늘

시계 바늘이 선택한 시간에 따라 각도에 맞춰 움직이는 블록을 작성해보겠습니다.

01 블록의 대상이 되는 객체(시계)를 작성합니다.

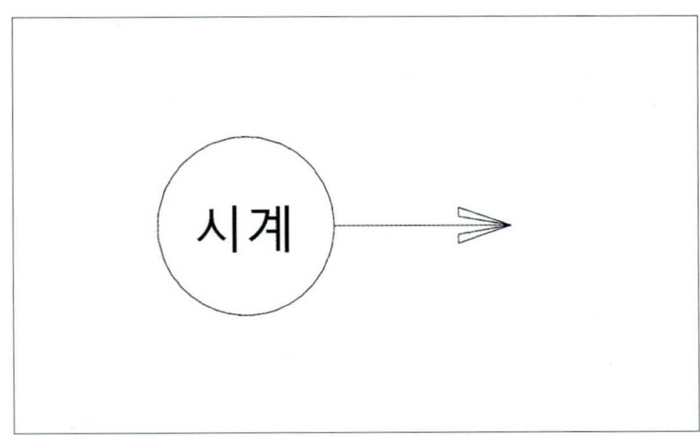

02 블록을 작성합니다.(BMAKE, BLOCK)
'블록(BLOCK)' 명령을 실행하여 블록을 작성합니다. 대
화상자에서 '블록 편집기에서 열기(O)'를 체크합니다.

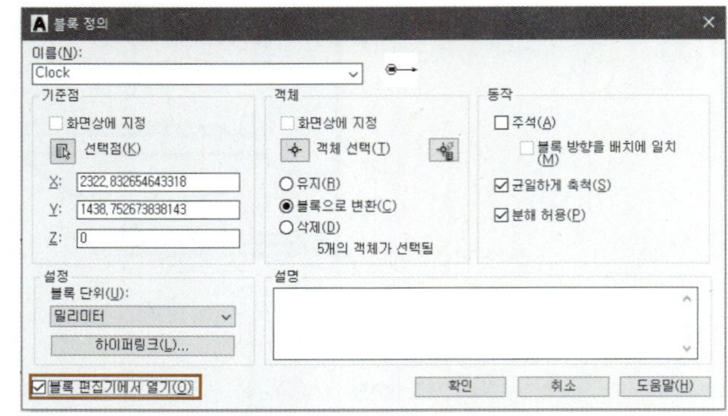

03 '기준점' 파라미터를 지정합니다. 팔레트에서 '기준
점'을 선택한 후 {매개변수 위치 지정:}에서 기준점(원의
중심)을 지정합니다.

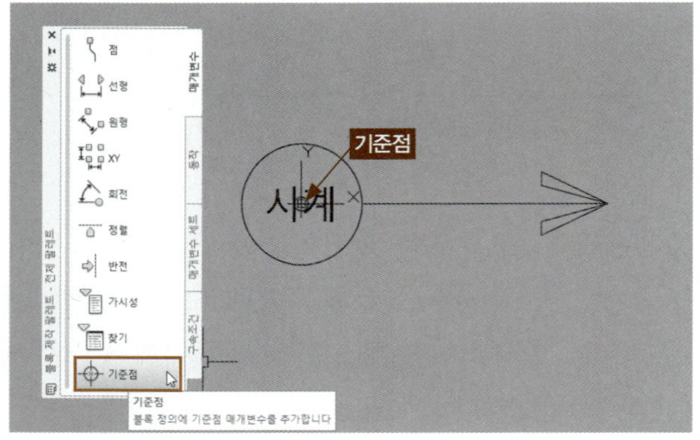

04 '매개변수' 탭에서 '회전' 매개변수를 선택합니다.
{기준점 지정 또는 [이름(N)/레이블(L)/체인(C)/설명
(D)/팔레트(P)/값 세트(V)]:} 원의 중심을 지정합니다.
{매개변수의 반지름 지정:} 원과 선의 교차점 지정합니다.
{기본 회전 각도 지정 또는 [기준 각도(B)] 〈0〉:} "1"을
입력합니다.
{레이블 위치 지정:} 레이블의 위치를 지정합니다.

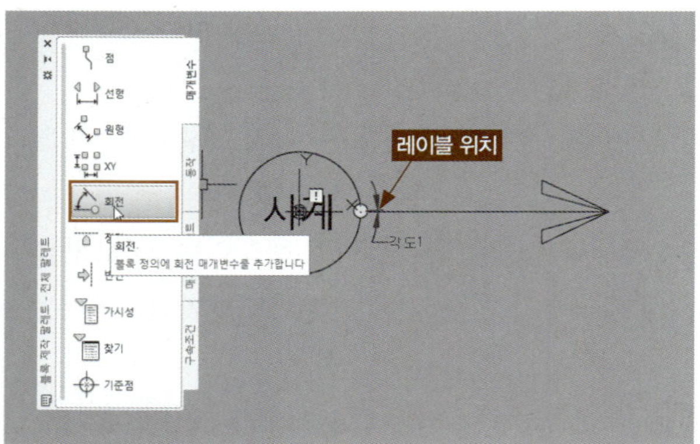

05 '동작' 탭에서 '회전' 동작을 클릭합니다.

{매개변수 선택:} 회전 매개변수(각도1)를 선택합니다.

{동작 선택 세트 지정}

{객체 선택: 반대 구석 지정:} 시계 바늘의 범위를 감싸 선택합니다. 그림과 같이 '회전 동작' 아이콘이 나타납니다.

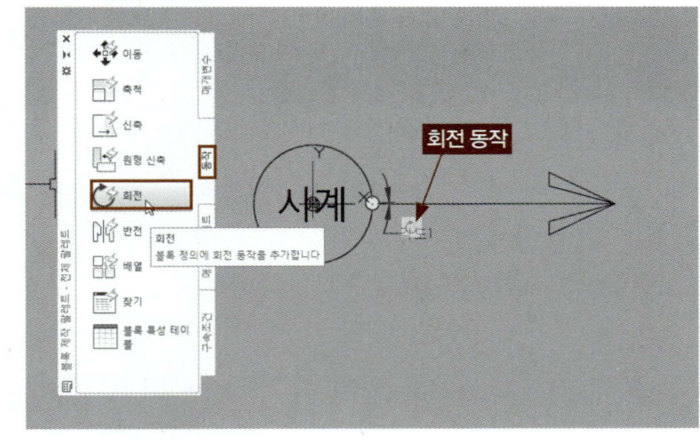

06 정해진 각도에 맞춰 회전할 수 있도록 '찾기(Lookup)'를 설정합니다.

'매개변수' 탭의 '찾기'를 클릭합니다.

{매개변수 위치 지정 또는 [이름(N)/레이블(L)/설명(D)/팔레트(P)]:} 매개변수가 표시될 위치를 지정합니다.

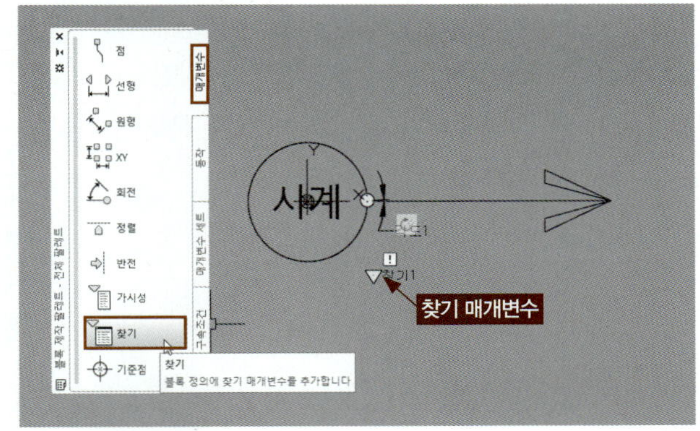

07 '동작' 탭의 '찾기'를 클릭합니다.

{매개변수 선택:} 매개변수(찾기 1)를 선택합니다.

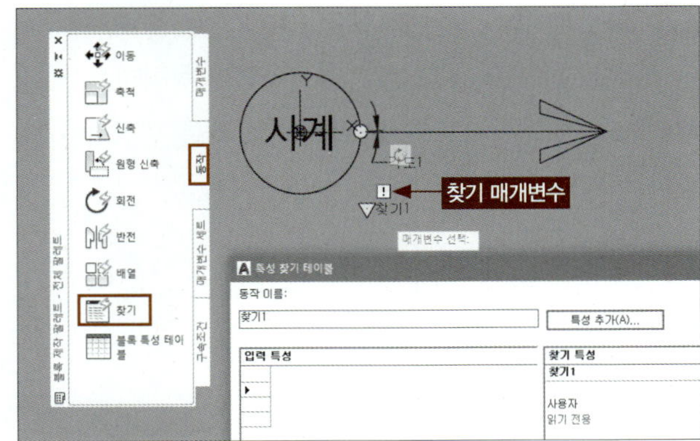

'특성 찾기 테이블' 대화상자에서 '동작 이름:'의 '찾기1'을 선택한 후 [특성 추가(A)]를 클릭합니다.
'매개변수 특성 추가' 대화상자에서 '각도1'을 선택한 후 [확인]을 클릭합니다.
그림과 같이 '입력 특성'과 '찾기 특성'을 입력합니다.

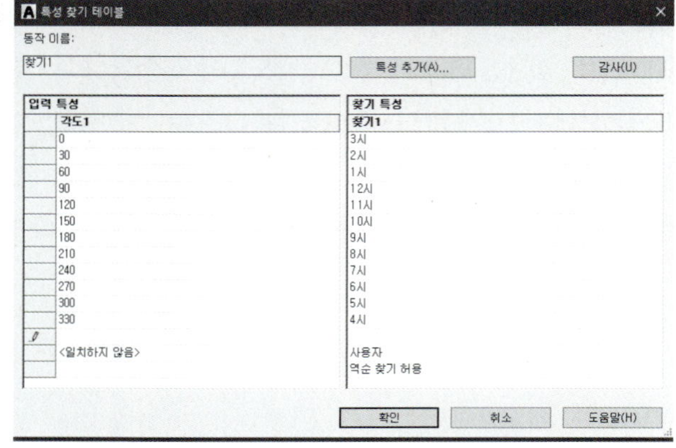

08 테스트 환경에서 테스트합니다. '블록 편집기' 탭의 '열기/저장' 패널에서 '블록 테스트'를 클릭합니다. 동작 컨트롤인 역삼각형(▼)을 클릭하면 시간 목록이 나타납니다. 시간을 선택합니다.

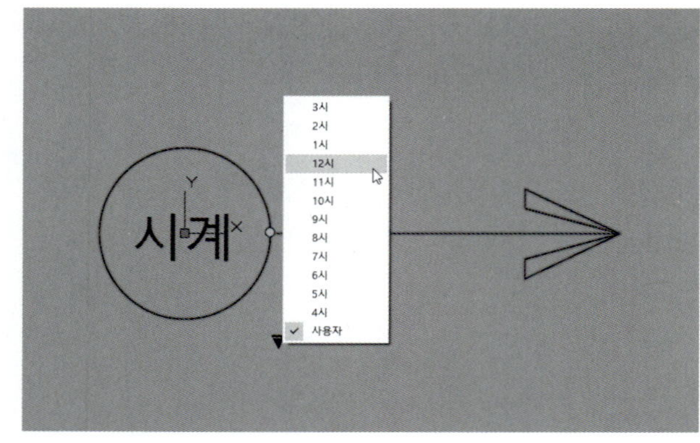

09 그림과 같이 선택한 시간(12시)에 맞춰 시계 바늘이 정해진 각도로 움직입니다. 이상없이 동작하는 것을 확인하고 테스트 모드를 종료합니다. 블록 편집기를 종료한 후 블록을 저장합니다.

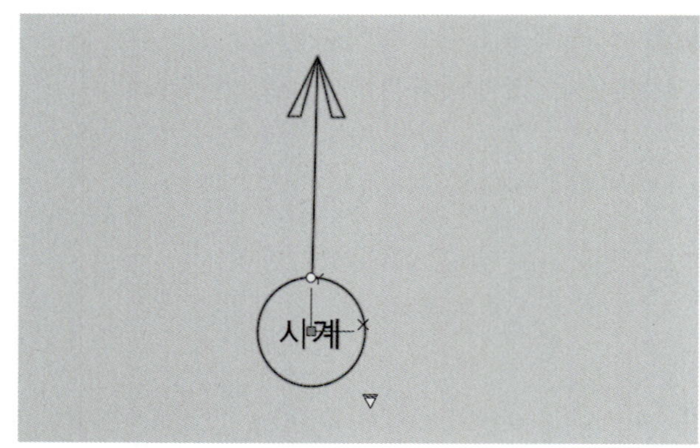

02. 3각법에 의한 각 면의 도면 표시

정투상도의 3각법에 의해 각 면을 표시하는 블록을 작성해보겠습니다. 다음과 같이 각 측면별로 도면
을 작성하여 블록을 만든 후 이를 동적 블록으로 작성합니다.

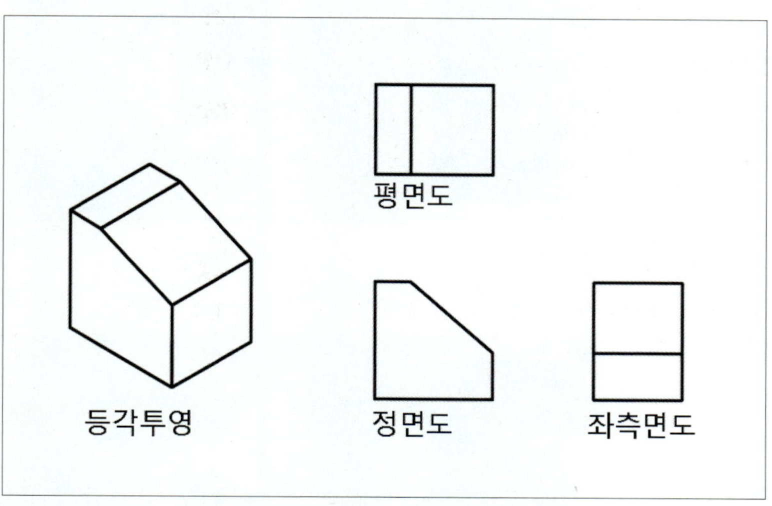

01 위의 그림을 작성한 후 '블록(BMAKE)' 명령을 실행하여 각각 별개의 블록(등각투상, 정면도, 평
면도, 좌측면도)을 작성합니다.

02 다시 '블록(BMAKE)' 명령을 실행합니다. '블록 정
의' 대화상자에서 블록 이름(예: 동적블록 예제)를 입력하
고 기준점 지정과 객체를 선택합니다. '블록 편집기에서
열기(O)'를 체크한 후 [확인]을 클릭합니다.

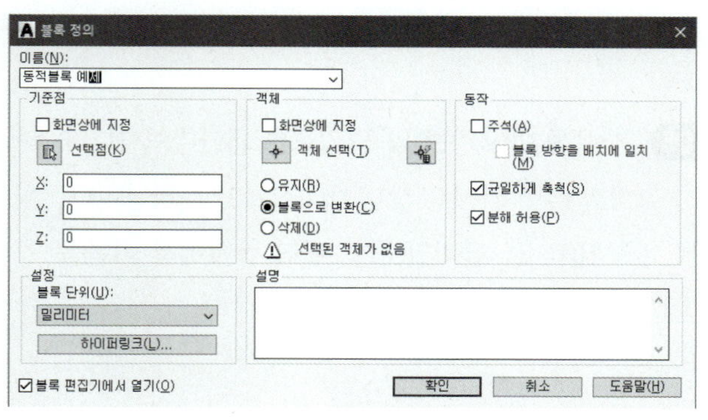

다음 그림과 같이 블록 제작 팔레트가 나타납니다.

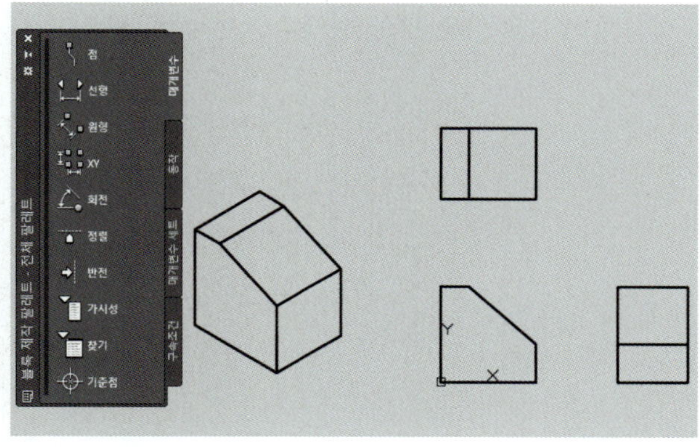

03 '이동(MOVE)' 명령을 이용하여 다음 그림과 같이 4개의 블록을 겹치도록 이동합니다. 이때, 객체스냅을 이용하여 블록의 기준점(동일한 기준점)을 일치시켜야 합니다.

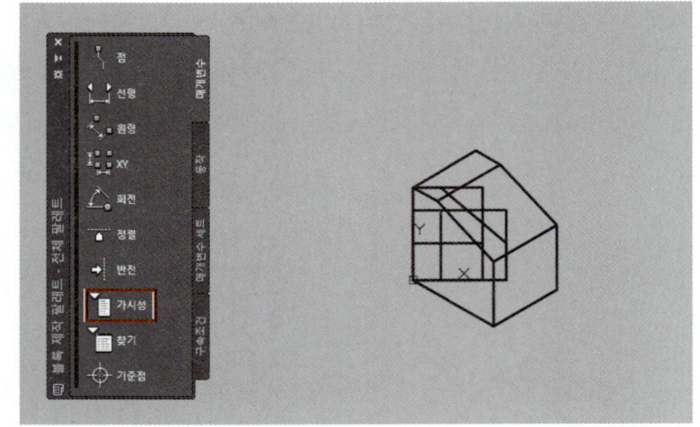

04 매개변수' 탭의 '가시성' 매개변수를 클릭합니다. {매개변수 위치 지정 또는 [이름(N)/레이블(L)/설명(D)/팔레트(P)]:}에서 매개변수의 위치를 지정합니다. 여기에서는 오른쪽에 지정했습니다. 다음 그림과 같이 지정한 위치에 매개변수 마크가 나타납니다.

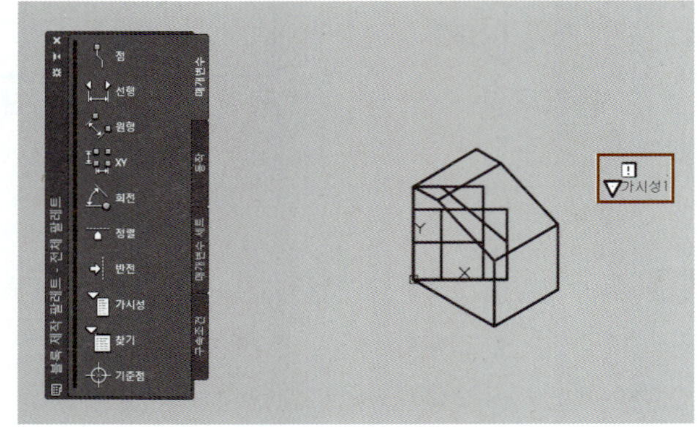

05 가시성 마크 위쪽의 느낌표를 더블클릭합니다. 다음 그림과 같이 가시성 상태 대화상자가 나타납니다. [이름 바꾸기(R)]를 클릭합니다. 편집 상자에서 이름을 '등각투상'으로 바꾼 후 [확인]을 클릭합니다.

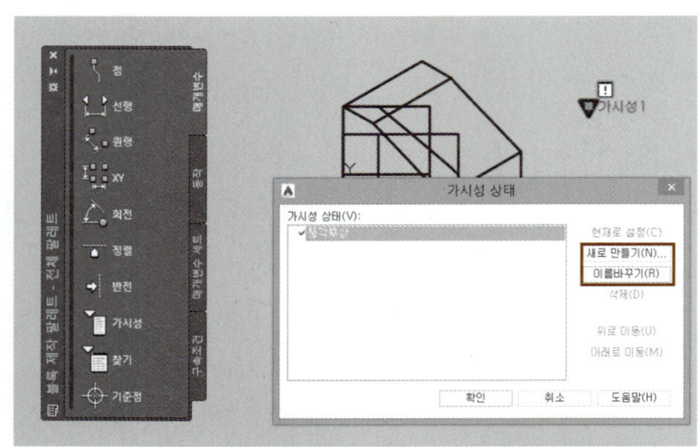

06 [새로 만들기(N)]을 클릭하여 새로운 이름을 클릭하여 '새 가시성 상태' 대화상자에서 '정면도'를 입력한 후 [확인]을 클릭합니다.

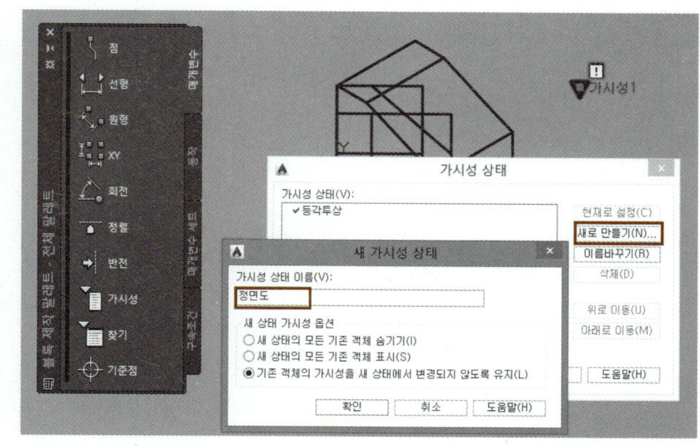

07 이와 같이 [새로 만들기(N)]를 클릭하여 '새 가시성 상태' 대화상자에서 '평면도', '좌측면도'를 입력한 후 [확인]을 클릭합니다. 다음 그림과 같이 4개의 가시성 상태 목록이 작성됩니다.

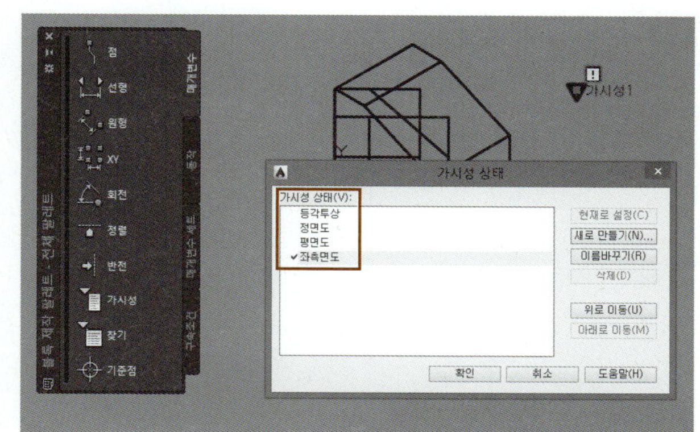

08 지금부터 각 목록에 맞는 블록만 보이도록 설정하는 작업을 진행합니다.

'등각투상'을 선택한 후 [현재로 설정(C)]을 클릭하여 '등각투상'에 체크(√)가 되도록 한 후 [확인]을 클릭합니다. 지금부터 '등각투상' 도면만 남기고 나머지 도면을 숨기는 작업을 수행합니다.

작도 화면으로 돌아오면 '정면도' 객체를 클릭한 후 화면의 오른쪽 상단의 '가시성' 패널에서 '숨김 ▯' 버튼을 클릭합니다.

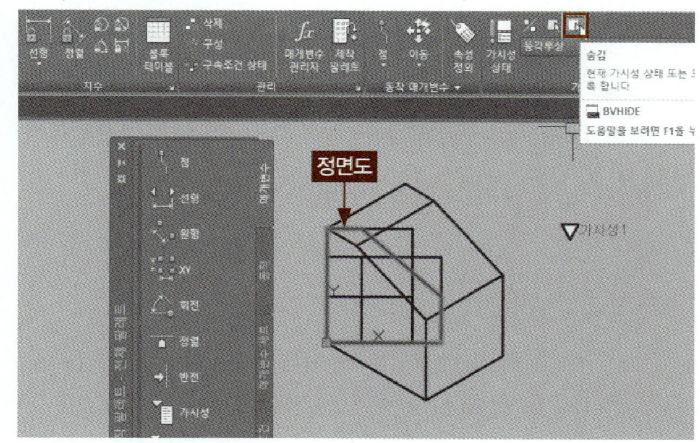

09 다음 그림과 같이 정면도가 사라집니다. 다시 '좌측면도' 객체를 선택(클릭)한 후 화면의 오른쪽 상단의 '가시성' 패널에서 '숨김 ▢' 버튼을 클릭합니다.

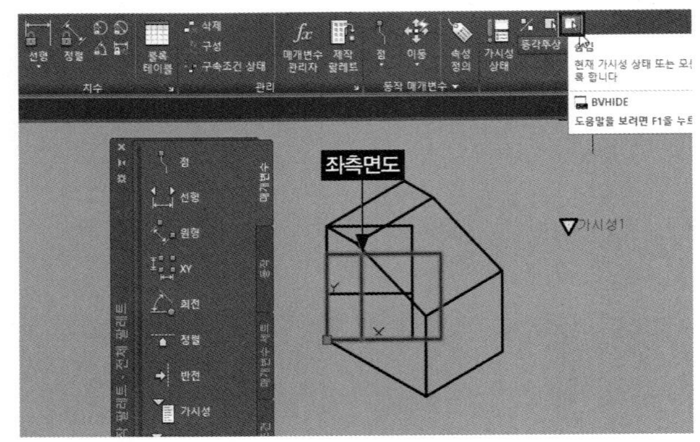

10 동일한 방법으로 '평면도'도 숨깁니다. 다음 그림과 같이 등각투상도만 남기고 다른 객체(정면도, 좌측면도, 평면도)가 숨겨진 상태가 됩니다.

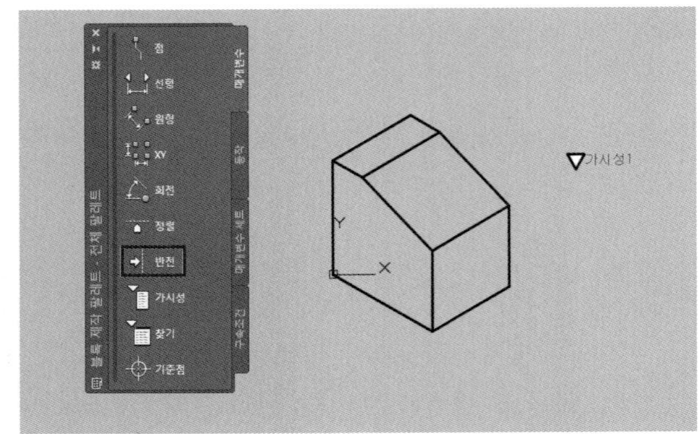

11 이제 '반전' 매개변수를 넣어 보겠습니다. '매개변수' 탭에서 '반전'을 클릭합니다. {반사 선의 첫 번째 점 지정 또는 [이름(N)/설명(D)/레이블(L)/팔레트(P)]:}에서 등각투영도의 왼쪽 끝점을 지정합니다.
{반사 선의 두 번째 점 지정:}에서 등각투영도의 위쪽 끝점을 지정합니다.
{레이블 위치 지정:}에서 레이블의 위치를 지정합니다. 그림과 같이 반전 마크(화살표)가 나타납니다.

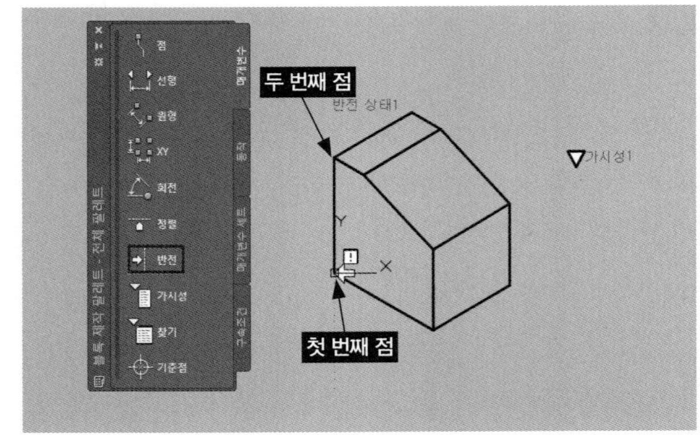

388

12 블록 제작 팔레트의 '동작' 탭을 눌러 '반전' 동작을 선택합니다. {매개변수 선택:}에서 반전 마크 위의 느낌표(!)를 선택합니다.

{동작 선택 세트 지정} {객체 선택:}에서 반전 마크(화살표)를 선택합니다. {1개를 찾음}

{객체 선택:}에서 등각투영도 객체를 선택합니다. {1개를 찾음. 총 2}

{객체 선택:}에서 〈엔터〉 키 또는 〈스페이스 바〉를 눌러 선택을 종료합니다.

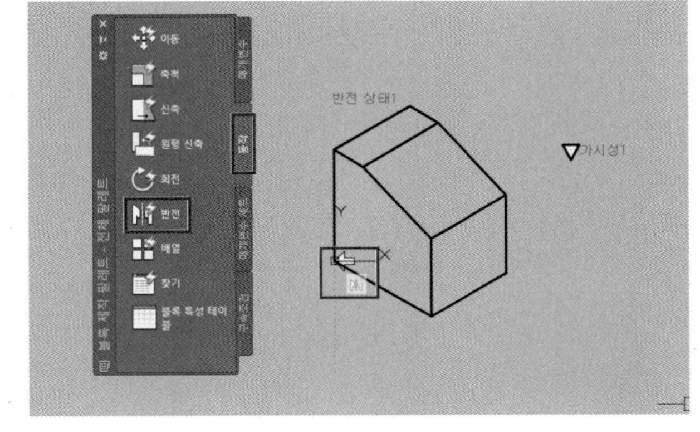

13 이제 정면도 작업을 진행합니다. '가시성' 패널의 목록 또는 '가시성 상태' 메뉴를 클릭하여 대화상자에서 '정면도'를 선택합니다. 다음 그림과 같이 모든 도면이 다시 펼쳐집니다.

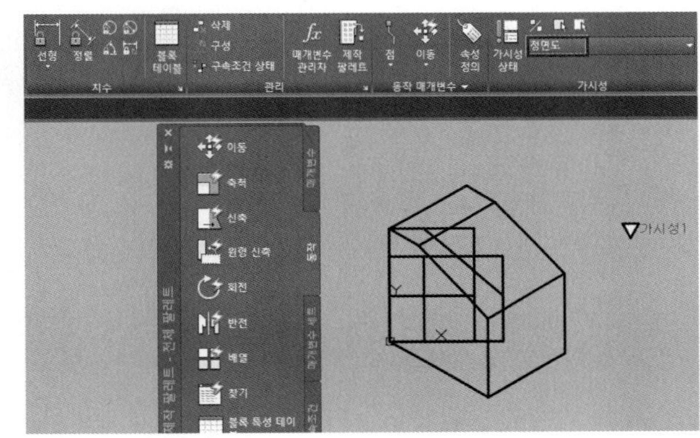

14 등각투상도, 평면도, 좌측면도 객체를 차례로 선택한 후 '가시성' 패널에서 '숨김 ▯' 버튼을 클릭합니다. 다음 그림과 같이 정면도만 남기고 사라집니다.

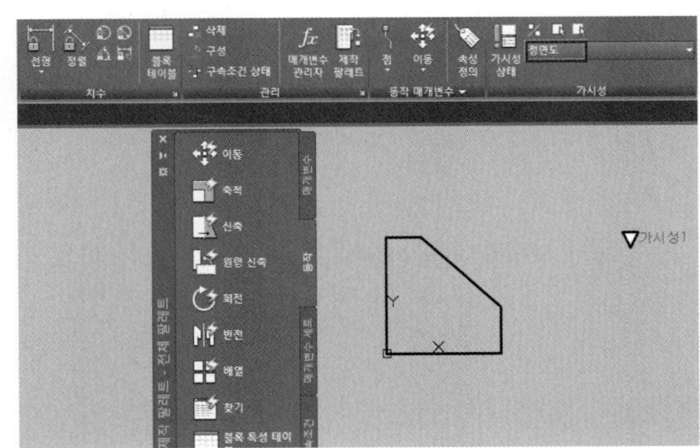

15 앞에서의 조작을 반복하여 평면도와 좌측면도의 가시성을 제어합니다. 필요에 따라 반전 동작을 삽입합니다. 다음 그림과 같이 나타납니다.

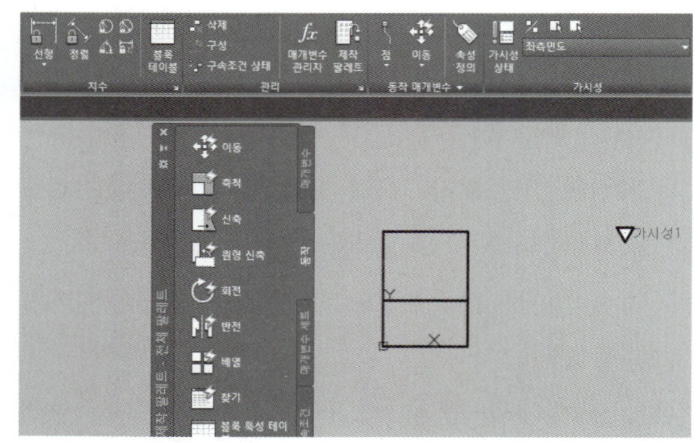

16 동적(다이나믹) 블록 작업이 완료되었으면 '가시성' 패널에서 '등각투상'을 선택합니다. 다음 그림과 같이 평면이 나타나면 '블록 편집기' 탭의 '열기/저장' 패널에서 '다른 이름으로 블록 저장 💾' 버튼을 클릭합니다. 블록 이름(예: 동적블록_예제)을 지정하고 '도면 파일에 블록 정의 저장(F)'을 체크(√)한 후 [확인]을 클릭합니다.

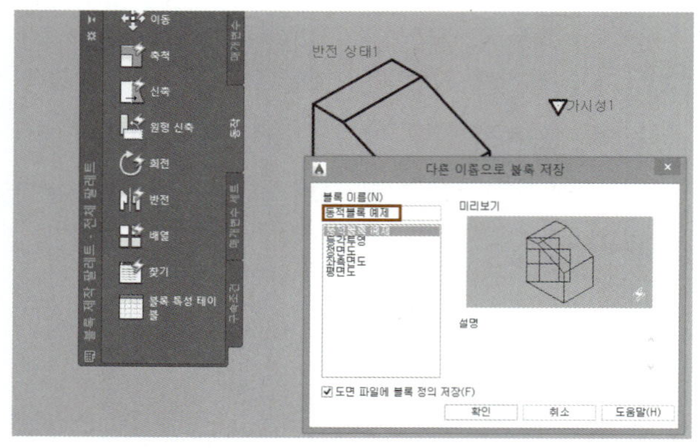

17 저장할 폴더와 파일명을 지정하고 [저장(S)]을 클릭합니다. 동적 블록을 확인하기 위해 새로운 도면을 열어 블록을 삽입해보겠습니다. 삽입 명령을 실행합니다. 명령어 'INSERT' 또는 단축키 'I'를 입력하거나 '홈' 탭의 '블록' 패널 또는 '그리기' 도구막대에서 💾을 클릭합니다. 앞에서 저장했던 동적 블록(예: 동적블록_예제)을 선택합니다.

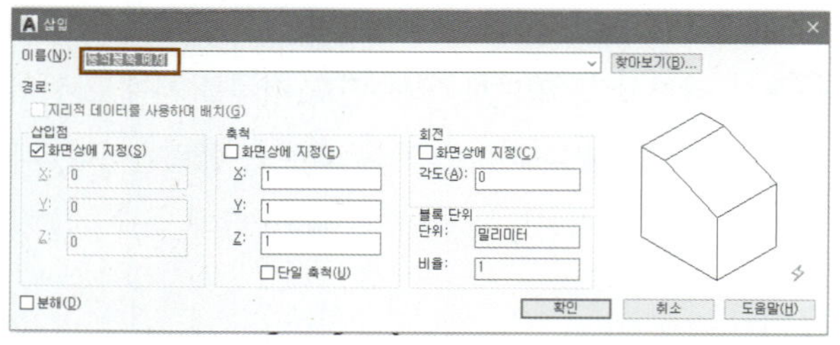

tip!

삽입 대화상자의 작은 블록 이미지에서 표시되는 번개 마크는 블록이 동적 블록으로 정의된 것을 의미합니다.

18 다음 그림과 같이 동적 블록이 삽입됩니다. 이때,
마우스로 블록을 클릭하면 역삼각 마크가 나타납니다.
역삼각 마크를 누르면 다음 그림과 같이 '등각투상', '정면
도', '평면도', '좌측면도' 목록이 나타납니다.

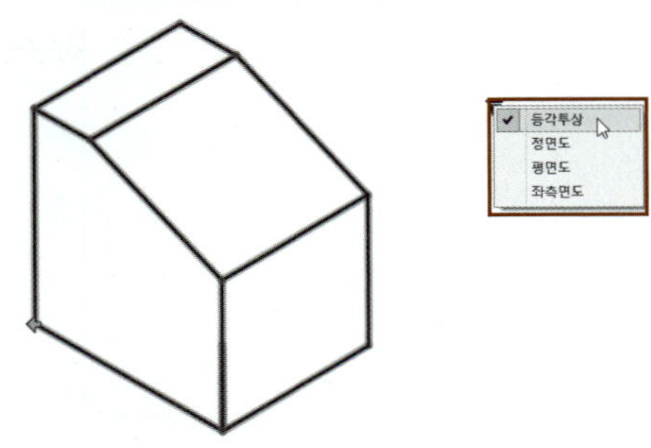

19 목록에서 표시하고자 하는 항목을 클릭하면 해당
도면이 표시됩니다.

3. 동적 블록 작성 기능

실습 예제를 통해 동적 블록에 대한 이해와 작성 방법을 학습했습니다. 동적 블록의 작성과 편집 등 관
련된 기능을 살펴보겠습니다.

01. 블록을 동적으로 관리할 수 있는 블록 편집기(BEDIT)

블록 정의 편집 대화상자를 열고 블록 편집기를 엽니다.

명령 : BEDIT(단축키 : BE)　　　　　　　　메뉴 : [도구(T)]─[블록 편집기(B)]

메뉴 아이콘 : ⌨

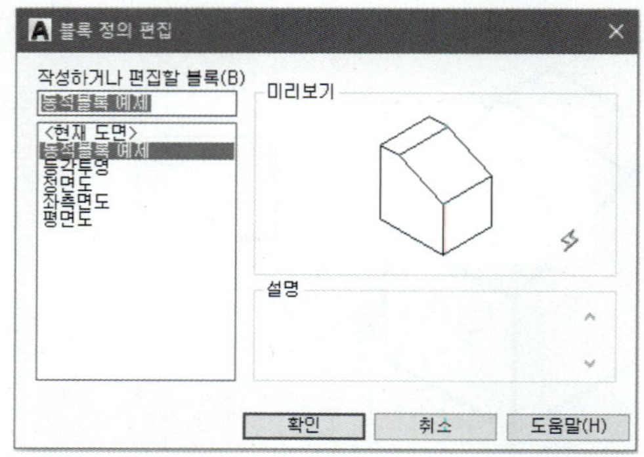

(1) 작성하거나 편집할 블록(B) : 작성 또는 편집할 블록 이름을 지정합니다.

(2) 블록 목록 : 현재 도면에 삽입되어 있는 블록의 목록이 표시됩니다.

(3) 미리 보기 : 선택한 블록을 미리 볼 수 있습니다.

02. 블록 정의 저장(BSAVE)

블록 편집기에서 편집 중인 블록을 저장합니다.

명령 : BSAVE   메뉴 아이콘 :

블록 편집기에서 블록 정의를 저장하면 블록에 포함된 형상 및 매개변수의 현재 값이 블록 참조의 기본
값으로 설정됩니다.

> **tip!**
>
> 블록 편집기에서 편집 내용을 저장하려면 파일 저장 명령(SAVE)이 아닌 '블록 정의 저장(BSAVE)' 명령을 이용하여 저장해야 합니다.

03. 다른 이름으로 블록 저장(BSAVEAS)

블록 편집기에서 편집 중인 블록을 다른 이름으로 저장합니다.

명령 : BSAVEAS   메뉴 아이콘 :

블록 편집기에서 블록 정의를 다른 이름으로 저장하면 블록에 포함된 형상 및 매개변수의 현재 값이
블록 참조의 기본값으로 설정됩니다.

> **tip!**
>
> '다른 이름으로 블록 저장(BSAVEAS)' 명령은 블록 편집기 상태에서만 사용할 수 있습니다.

04. 블록 테스트(BTESTBLOCK)

동적 블록을 테스트할 수 있는 윈도우를 블록 편집기 안에 표시합니다. 이 명령은 블록 편집기에서만 사용할 수 있습니다.

명령 : BTESTBLOCK   메뉴 아이콘 :

블록 참조를 선택한 다음 그립을 테스트하거나 특성 팔레트를 표시한 다음 특성 변경에 따른 동작을 테스트할 수 있습니다. 삽입 동작을 테스트하기 위해 블록 사본을 추가로 삽입할 수도 있습니다. 변경 사항을 블록 정의에 저장하지 않고도 블록을 변경하고 테스트할 수 있습니다. 블록 편집기와 블록 테스트 윈도우를 앞뒤로 빠르게 전환하면서 보다 쉽게 변경하고 변경 사항을 테스트할 수 있습니다.

05. 제작 팔레트(BAUTHORPALETTE)

블록 제작 팔레트를 켜거나 끕니다. 블록 편집 상태에서 제작 팔레트가 없을 경우는 제작 팔레트가 켜지고, 제작 팔레트가 있을 경우에는 이 버튼을 누르면 제작 팔레트가 사라집니다. 제작 팔레트에는 동적 블록의 편집을 위한 매개변수와 동작, 매개변수 세트, 구속조건이 있습니다.

명령 : BAUTHORPALETTE / BAUTHORPALETTECLOSE   메뉴 아이콘 :

06. 매개변수 명령 및 매개변수 종류 – '매개변수' 탭

맞물림을 가진 매개변수를 동적 블록 정의에 추가합니다. 매개변수는 블록 참조의 사용자 특성을 정의합니다. 매개변수를 추가한 후 동적 블록을 작성하려면 동작을 매개변수에 연관시켜야 합니다.

명령 : BPARAMETER   메뉴 아이콘 :

{매개변수 유형 입력 [정렬(A)/기준(B)/점(O)/선형(L)/원형(P)/Xy(X)/회전(R)/반전(F)/가시성(V)/찾기(K)]:}에서 매개변수를 선택합니다.

옵션은 다음의 블록 제작 팔레트에 '매개변수' 탭의 내용입니다.

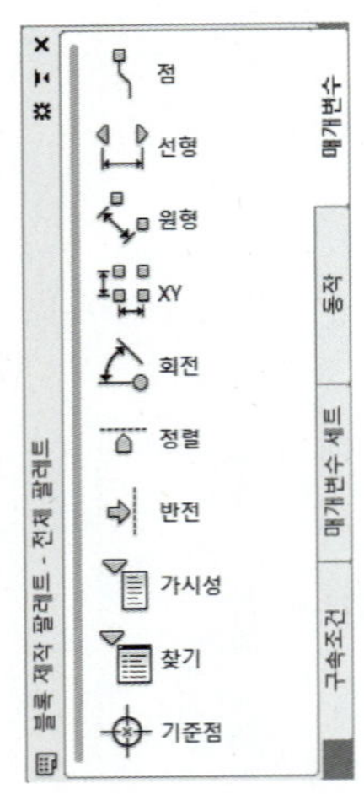

(1) 점 매개변수

점 매개변수는 도면에서 X 및 Y 위치를 정의합니다. 블록 편집기에서 점 매개변수는 좌표 치수와 비슷하게 표시됩니다.

(2) 선형 매개변수

선형 매개변수는 두 앵커 점 사이의 거리를 보여줍니다. 선형 매개변수는 사전 설정 각도에 따라 맞물림 이동을 구속합니다. 블록 편집기에서 선형 매개변수는 정렬된 치수와 비슷하게 표시됩니다.

(3) 원형 매개변수

원형 매개변수는 두 앵커 점 사이의 거리와 각도 값을 보여줍니다. 맞물림과 특성 팔레트를 사용하여 거리 값과 각도를 모두 변경할 수 있습니다. 블록 편집기에서 원형 매개변수는 정렬된 치수와 유사합니다.

(4) XY 매개변수

XY 매개변수는 매개변수의 기준점으로부터 X 및 Y 거리를 보여줍니다. 블록 편집기에서 XY 매개변수는 한 쌍의 치수(수평 및 수직)를 표시합니다. 이러한 치수는 공통 기준점을 공유합니다.

(5) 회전 매개변수

회전 매개변수는 각도를 정의합니다. '회전(ROTATE)' 명령어의 역할입니다. 블록 편집기에서 회전 매개변수는 원을 표시합니다.

(6) 정렬 매개변수

정렬 매개변수는 X 및 Y 위치와 각도를 정의합니다. 정렬 매개변수는 항상 전체 블록에 적용되며 동작을 연관시킬 필요가 없습니다. 정렬 매개변수를 사용하면 블록 참조가 자동으로 한 점을 중심으로 회전하여 도면의 다른 객체와 정렬됩니다. 정렬 매개변수는 블록 참조의 각도 특성에 영향을 줍니다. 블록 편집기에서 정렬 매개변수는 정렬 선처럼 표시됩니다.

(7) 반전 매개변수

반전 매개변수는 객체를 반전(대칭)시킵니다. '대칭(MIRROR)' 명령어의 역할입니다. 블록 편집기에서 반전 매개변수는 반사선(대칭축)으로 표시됩니다. 이 반사선을 중심으로 객체를 전환할 수 있습니다. 반전 매개변수는 블록 참조가 전환되었는지 여부를 나타내는 값을 표시합니다.

(8) 가시성 매개변수

가시성 매개변수는 가시성(표시여부) 상태를 작성하며 블록에서 객체의 가시성을 조정할 수 있게 합니다. 가시성 매개변수는 항상 전체 블록에 적용되며 동작을 연관시킬 필요가 없습니다. 도면에서 맞물림을 클릭하면 해당 블록 참조에 대해 사용 가능한 가시성 상태 리스트(역삼각형 모양)가 표시됩니다. 블록 편집기에서 가시성 매개변수는 연관된 맞물림과 함께 문자로 표시됩니다.

(9) 찾기 매개변수

찾기 매개변수는 사용자가 지정할 수 있거나, 정의한 리스트 또는 테이블의 값으로 평가되도록 설정할 수 있는 사용자 특성을 정의합니다. 찾기 매개변수는 단일 찾기 맞물림과 연관될 수 있습니다. 블록 참조에서 맞물림을 클릭하면 사용 가능한 값 리스트가 표시됩니다. 블록 편집기에서 찾기 매개변수는 문자로 표시됩니다.

(10) 기준점 매개변수

기준점 매개변수는 블록의 형상을 기준으로 동적 블록 참조의 기준점을 정의합니다. 동작과 연관될 수는 없지만 동작의 선택 세트에 속할 수 있습니다. 블록 편집기에서 기준점 매개변수는 십자선과 함께 원으로 표시됩니다.

> **tip!**
>
> '매개변수(BPARAMETER)' 명령은 블록 편집기 상태에서만 사용할 수 있습니다.

07. 동작 명령 및 동작 종류 – '동작' 탭

동적 블록에 동작을 추가합니다. 동작은 블록 참조의 사용자 특성을 도면에서 조작할 때 동적 블록의 형상이 이동 또는 변경되는 방식을 정의합니다. 동작을 매개변수에 연관시킵니다. '동작(BACTION)' 명령은 블록 편집기 상태에서만 사용할 수 있습니다.

명령 : BACTION　　　　　　　　　　　메뉴 아이콘 : ⚡

{매개변수 선택:}에서 정의된 매개변수를 정의합니다.

{동작 선택 세트 지정}

{객체 선택:}에서 동작을 부여할 객체를 선택합니다.

{동작 위치 지정 또는 [기준 유형(B)]:}에서 동작 위치를 지정합니다.

동작은 다음과 같은 종류가 있습니다. 블록 제작 팔레트에 배치된 순서대로 설명합니다.

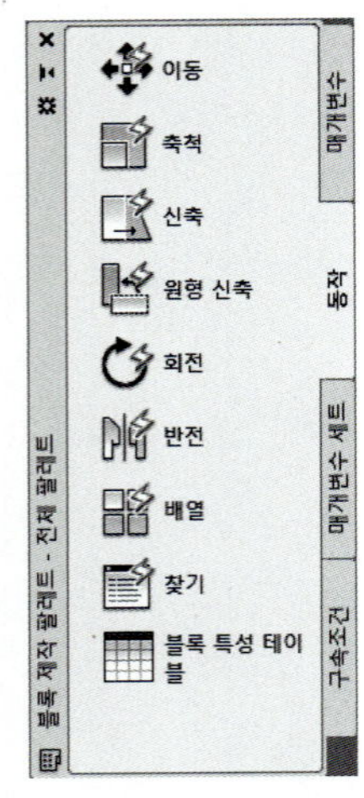

(1) 이동 동작

이동 동작은 '이동(MOVE)' 명령과 유사합니다. 동적 블록 참조에서 이동 동작은 객체를 지정된 거리 및 각도로 이동합니다.

(2) 축척 동작

축척 동작은 '축척(SCALE)' 명령과 유사합니다. 동적 블록 참조에서 축척 동작은 이동 맞물림이나 특성 팔레트를 통해 연관된 매개변수를 편집할 때 선택 객체를 키우거나 줄입니다.

(3) 신축 동작

신축 동작은 '신축(STRETCH)' 명령과 유사합니다. 동적 블록 참조에서 신축 동작을 사용하면 지정한 위치에서 지정한 거리만큼 객체가 이동되고 신축됩니다.

(4) 원형 신축 동작

맞물림이나 특성 팔레트를 통해 연관된 극좌표 매개변수의 키 점을 변경하면 블록 참조에서 극좌표 신축 동작이 객체를 지정한 각도와 거리만큼 회전, 이동 및 신축합니다.

(5) 회전 동작

회전 동작은 '회전(ROTATE)' 명령과 유사합니다. 동적 블록 참조에서 회전 동작을 사용하면 맞물림이나 특성 팔레트를 통해 연관된 매개변수를 편집할 때 연관된 객체가 회전됩니다.

(6) 반전 동작

반전 동작은 '반전(MIRROR)' 명령과 유사합니다. 반전 동작을 사용하면 반사선(대칭축)이라는 지정된 축을 중심으로 동적 블록 참조를 전환(대칭)시킬 수 있습니다.

(7) 배열 동작

배열 동작은 '배열(ARRAY)' 명령과 유사합니다. 동적 블록 참조에서 배열 동작은 맞물림이나 특성 팔레트를 통해 연관된 매개변수를 편집할 때 연관된 객체를 복사하고 배열합니다.

(8) 찾기 동작

동적 블록 정의에 찾기 동작을 추가하고 찾기 매개변수와 연관시키면 특성 찾기 테이블 대화상자가 표시됩니다. 찾기 테이블을 사용하여 동적 블록에 사용자 특성 및 값을 지정할 수 있습니다.

(9) 블록 특성 테이블

블록 특성 테이블을 사용하여 블록 정의의 특성 및 매개변수 값을 정의하고 조정할 수 있습니다. 블록 정의를 작성할 때 파라메트릭 도면에서와 같은 방법으로 기하학적 구속조건을 적용할 수 있습니다. 구속조건 매개변수라는 특수한 치수 구속조건을 사용하면 블록이 삽입된 뒤 매개변수 값에 접근할 수 있습니다.

블록 특성 테이블에는 동작 매개변수, 사용자 매개변수, 구속조건 매개변수, 속성을 정의할 수 있습니다.

tip!
파라메트릭 도면에 대해서는 '파라메트릭 도면'을 참조합니다.

 **참고 매개변수의 수정**

동작과 연관된 매개변수를 수정하고자 할 때는 동작과 연관된 매개변수를 삭제하고 해당 동작을 다른 매개변수에 다시 지정해야 하는 경우 '매개변수와 동작연결(BASSOCIATE)' 명령을 사용합니다.

08. '매개변수 세트' 탭

동적 블록에서는 매개변수와 동작을 연관시켜 사용하는 경우가 많습니다. 이렇게 매개변수와 동작을 하나로 묶어 동적 블록을 정의하려면 매개변수 세트를 이용하면 좋습니다.
다음과 같은 세트가 있습니다.

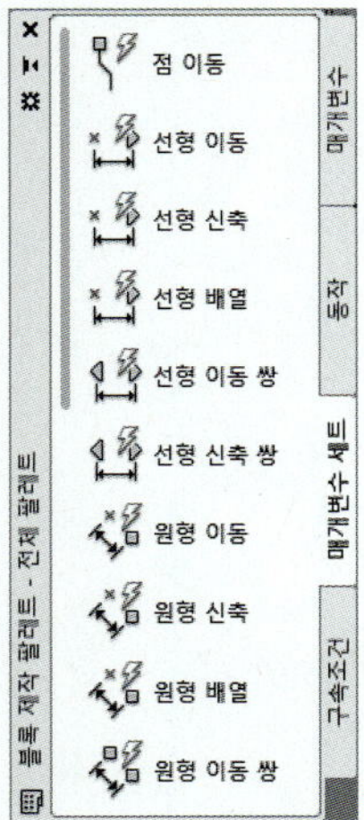

(1) 점 이동
그립 한 개가 있고 이동 동작이 연관된 점 매개변수를 동적 블록 정의에 추가합니다.

(2) 선형 이동(신축, 배열)
그립 한 개를 이동(신축, 배열) 동작과 연관하여 선형 매개변수를 동적 블록 정의에 추가합니다.

(3) 선형 이동(신축) 쌍
그립 두 개를 이동(신축) 동작과 하나씩 연관하여 선형 매개변수를 동적 블록 정의에 추가합니다.

(4) 원형 이동(신축, 배열)
그립 한 개를 이동(신축, 배열) 동작과 연관하여 원형 매개변수를 동적 블록 정의에 추가합니다.

(5) 원형 이동(신축) 쌍

그립 두 개를 이동(신축) 동작과 하나씩 연관하여 원형 매개변수를 동적 블록 정의에 추가합니다.

(6) XY 이동

그립 한 개를 이동 동작과 연관하여 XY 매개변수를 동적 블록 정의에 추가합니다.

(7) XY 이동 쌍

그립 두 개를 이동 동작과 하나씩 연관하여 XY 매개변수를 동적 블록 정의에 추가합니다.

(8) XY 이동(신축, 배열) 상자 세트

그립 네 개를 이동(신축, 배열) 동작과 하나씩 연관하여 XY 매개변수를 동적 블록 정의에 추가합니다.

(9) 회전 세트

그립 한 개를 회전 동작과 연관하여 회전 매개변수를 동적 블록 정의에 추가합니다.

(10) 반전 세트

그립 한 개를 반전 동작과 연관하여 반전 매개변수를 동적 블록 정의에 추가합니다.

(11) 가시성 세트

그립 한 개가 있는 가시성 매개변수를 추가합니다. 가시성 매개변수에는 동작을 연관시킬 필요가 없습니다.

(12) 찾기 세트

그립 한 개를 찾기 동작과 연관하여 찾기 매개변수를 동적 블록 정의에 추가합니다.

09. '구속조건' 탭

동적 블록에 기하학적 또는 치수의 구속조건을 부여합니다. 동적 블록에서 두 객체 사이에 평행, 직교, 접점 또는 일치 점을 유지하거나 선 하나 또는 점 쌍이 수직 또는 수평을 유지하도록 합니다. 또는 객체의 특정한 점을 특정 좌표(WCS)에 고정시킬 수도 있습니다.

tip!

기하학적 구속조건은 2D 기하학적 객체 또는 객체에 있는 점 사이의 관계를 규정합니다. 기하학적 또는 치수 구속조건에 대한 자세한 내용은 '파라메트릭 도면'을 참조합니다.

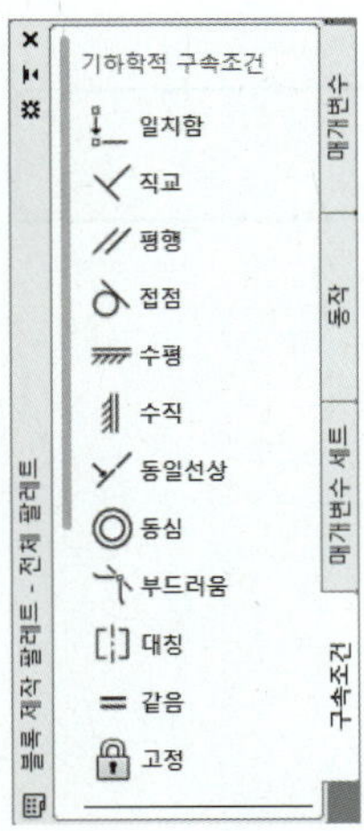

10. 구속조건 삭제

객체의 선택 세트에서 기하학적 구속조건과 치수 구속조건을 모두 제거합니다.

명령 : DELCONSTRAINT   메뉴 아이콘 :

{선택한 객체에서 모든 구속조건을 제거합니다…}

{객체 선택:}에서 구속조건이 부여된 객체를 선택합니다. {1개를 찾음}

{객체 선택:}에서 〈엔터〉 키 또는 〈스페이스 바〉를 눌러 선택을 종료합니다.

{1개의 구속조건이 제거됨}라는 메시지와 함께 구속조건이 제거됩니다.

참고 **구속조건 상태**

구속조건 표시 상태를 켜거나(ON) 끄며(OFF), 구속조건 레벨에 따라 객체의 음영처리를 조정합니다. 초기 값은 꺼진 상태(0)입니다.

명령 : BCONSTATUSMODE   메뉴 아이콘 :

표시 상태가 켜져 있을 때는 일부 구속되었는지, 전체 구속되었는지, 과도하게 구속되었는지 아니면 구속되지 않았는지에 따라 객체가 음영처리됩니다.

참고 **블록 편집기에서 객체의 표시환경을 설정하려면**

블록 편집 환경에서 색상, 문자 크기, 폰트 등의 환경을 설정하는 방법입니다.

- 매개변수 및 동작 문자의 크기를 설정 : 명령어 'BPPARAMETERSIZE'를 입력합니다. '1'에서 '255'까지의 정수를 입력합니다. 화면 표시를 기준으로 블록 편집기에서 매개변수 문자 및 피쳐의 크기를 설정합니다.

- 매개변수 및 동작 문자의 표시 색상 : 명령어 'BPARAMETERCOLOR', 'BACTIONCOLOR'를 입력합니다. 입력은 'BYLAYER', 'BYBLOCK', '1'에서 '255' 사이의 정수, '1'에서 '255' 사이인 정수 3개를 RGB:000,000,000 형식으로 지정한 트루 컬러 중에서 선택합니다.

- 매개변수 글꼴 : 명령어 'BPARAMETERFONT'를 입력합니다. 트루타입 또는 SHX 글꼴을 입력합니다.

LESSON 02 동작 레코드

CAD 작업 중에는 동일한 조작을 반복하는 경우가 빈번히 발생합니다. 이런 동일한 패턴의 동작을 녹화했다가 재생하는 기능이 동작 레코더 기능입니다. 동작 레코더는 동작 매크로를 기록합니다. 동작 매크로가 기록되고 나면 기록된 명령과 입력 값을 파일 확장자가 'ACTM'인 동작 매크로에 저장합니다. 육각볼트를 그리는 과정을 녹화하여 실행하는 과정을 통해 학습하겠습니다.

> **참고 블록과 동작 레코더와 차이**
>
> 블록이나 도면은 특정 형상의 도형을 저장하여 재활용하지만 동작 레코더는 일정한 조작 패턴(동작)을 저장하여 활용하는 것입니다.

1. 동작의 녹화

동작의 녹화를 시작합니다.

명령 : ACTRECORD(단축키 : ARR)   메뉴 아이콘 : ○

01 녹화를 시작합니다. 명령어 'ACTRECORD' 또는 'ARR'을 입력하거나 '관리' 탭의 '동작 레코더' 패널에서 ○을 클릭합니다. 다음 그림과 같이 'ActMicro001'라는 이름이 부여되면서 화면에는 녹화중임을 알리는 빨간색 점이 나타납니다.

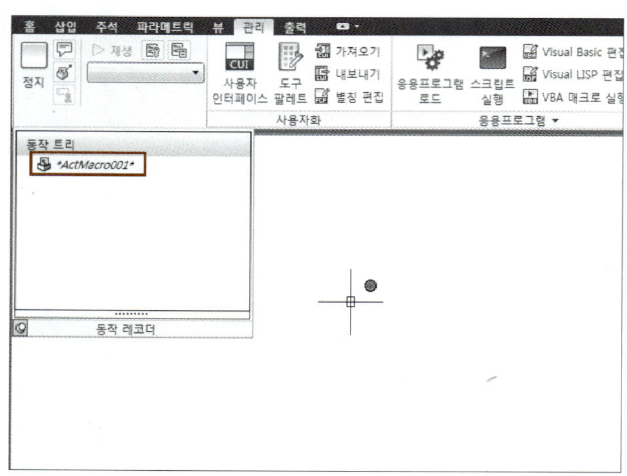

02 원을 작도합니다. 명령어 'CIRCLE' 또는 'C'을 입력하거나 '홈' 탭의 '그리기' 패널 또는 '그리기' 도구막대에서 ⊙을 클릭합니다.

{원에 대한 중심점 지정 또는 [3점(3P)/2점(2P)/Ttr – 접선 접선 반지름(T)]:}에서 '관리' 탭의 '동작 레코더' 패널에서 '사용자 입력 요청' 아이콘 ▣을 클릭합니다.

원을 작도하고자 하는 위치를 지정합니다.

참고 **사용자 입력 요청이란?**

사용자 입력 요청이란 동작 레코더에서 녹화를 재생했을 때, 특정 좌표 또는 숫자를 사용자의 입력을 받아 동작하는 것을 말합니다. 즉, 녹화된 내용을 자동으로 실행하다가 사용자 입력 요청을 만나면 사용자의 입력을 요청하는 동작을 의미합니다.

{원의 반지름 지정 또는 [지름(D)]:}에서 원의 반지름 '8.5'를 입력합니다. 다음 그림과 같이 원이 작도됩니다.

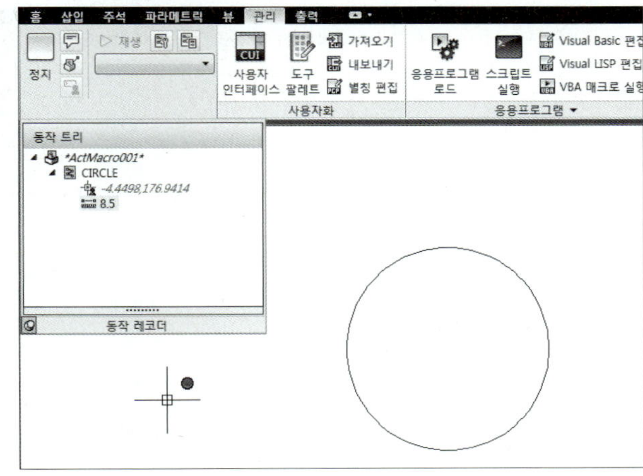

03 〈엔터〉 키 또는 〈스페이스 바〉를 눌러 원 명령을 재실행합니다.

{원에 대한 중심점 지정 또는 [3점(3P)/2점(2P)/Ttr – 접선 접선 반지름(T)]:}에서 객체스냅 '중심점 ◎'을 이용하여 원의 중심점을 클릭합니다.

{원의 반지름 지정 또는 [지름(D)] 〈8.500〉:}에서 원의 반지름 '4.25'를 입력합니다. 다음 그림과 같이 원이 작도됩니다.

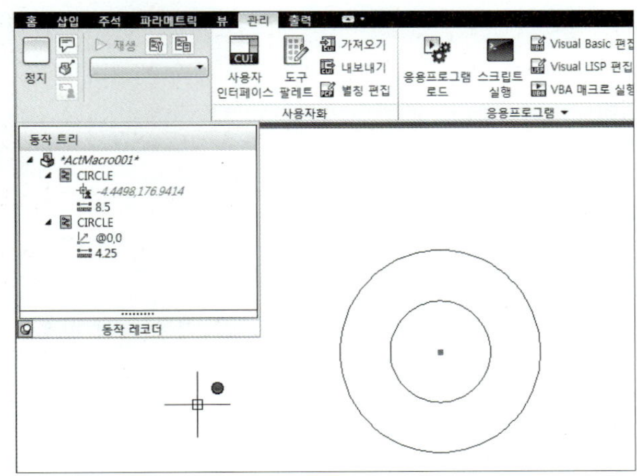

04 다각형 명령으로 육각형을 작도합니다. 명령어 'POLYGON' 또는 'POL'을 입력하거나 '홈' 탭의 '그리기' 패널 또는 '그리기' 도구막대에서 ⬡을 클릭합니다.

{면의 수 입력〈4〉:}에서 '6'을 입력합니다.

{다각형의 중심을 지정 또는 [모서리(E)]:}에서 객체스냅 '중심점 ◎'을 이용하여 원의 중심점을 클릭합니다.

{옵션을 입력 [원에 내접(I)/원에 외접(C)] ⟨I⟩:}에서 원의 외접 옵션인 'C'를 입력합니다.

{원의 반지름 지정:}에서 객체스냅 '사분점 ◈'을 이용하여 바깥쪽 원의 180도(9시 방향) 위치를 지정합니다. 다음 그림과 같이 육각볼트가 완성됩니다.

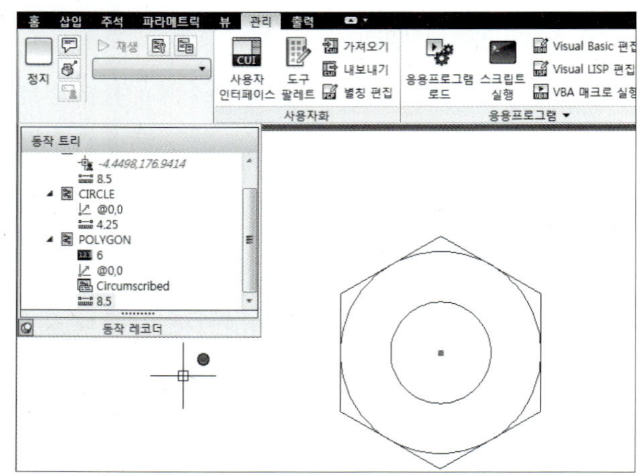

2. 동작 녹화의 정지

동작 레코더를 정지하고 기록된 동작을 동작 매크로 파일에 저장할 수 있는 옵션을 제공합니다.

명령 : ACTSTOP(단축키 : ARS)　　　　　　　메뉴 아이콘 : ☐

01　육각너트가 완성되었으면 녹화를 정지시켜야 합니다. 작도화면에서 마우스 오른쪽 버튼을 눌러 바로가기 메뉴를 펼칩니다. 바로가기 메뉴에서 '동작 레코더'의 '정지'를 클릭하거나 '관리' 탭의 '동작 레코더' 패널에서 '정지' 메뉴 아이콘 ☐을 클릭합니다. 다음과 같은 동작 매크로 대화상자가 나타납니다.

대화상자에서 매크로 명령 이름(육각너트_평면)을 입력하고 '설명(D)'에 설명문을 입력한 후 [확인]을 클릭합니다.

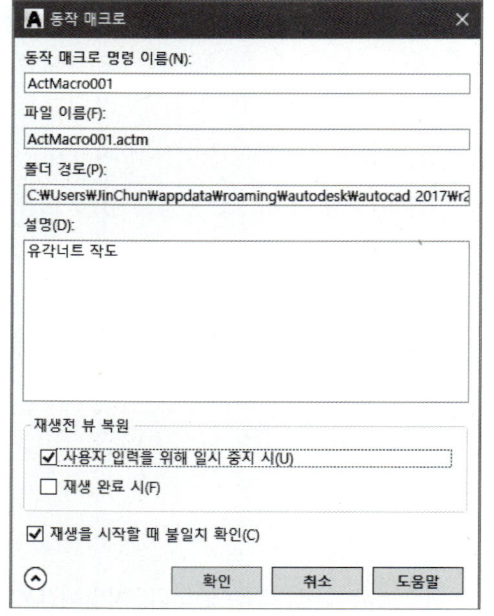

02 다음 그림과 같이 하나의 육각볼트를 작도하는 동작 매크로가 완성되었습니다. 화면의 왼쪽 상단에 매크로가 표시됩니다. 동작 트리에는 조작한 동작의 순서대로 동작의 명칭과 입력 값(좌표, 반지름 등)이 표시됩니다.

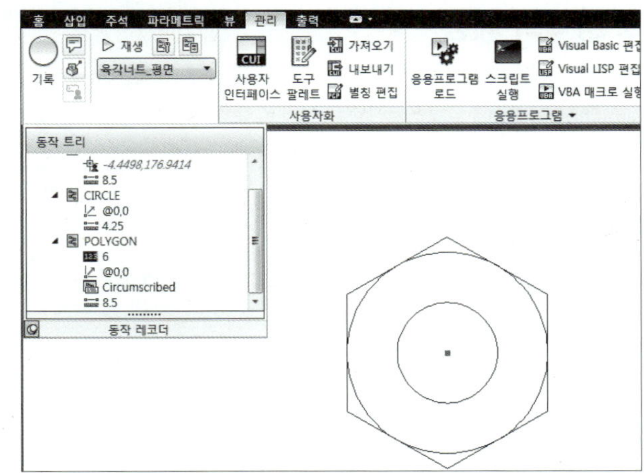

동작 매크로 대화상자

현재 동작 매크로를 저장하거나 이름을 바꾸고, 동작 매크로의 재생 동작을 정의합니다.

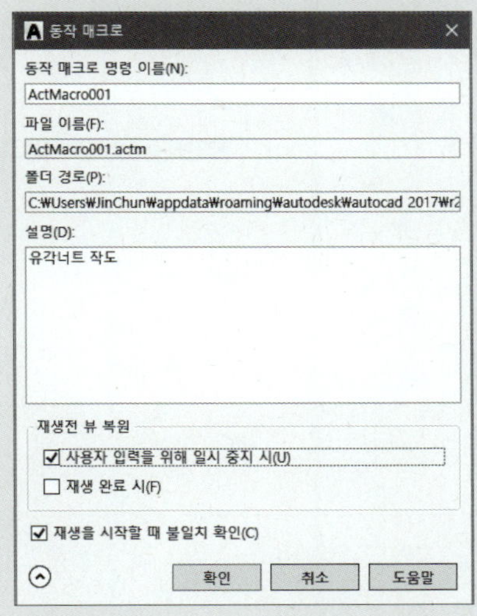

(1) **동작 매크로 명령 이름(N)** : 동작 매크로의 이름을 지정합니다. 이름을 지정하지 않은 경우는 AutoCAD에서 디폴트(기본) 값으로 지정하는데 이름은 'ActMicro001'로 시작하여 일련번호가 부여됩니다.

(2) **파일 이름(F)** : 동작 매크로의 파일 이름을 표시합니다. 확장자는 '*.actm'입니다.

(3) **폴더 경로(P)** : 동작 매크로 파일이 저장될 경로를 표시합니다.

(4) **설명(D)** : 설명을 입력합니다. 여기에서 입력한 내용은 동작 트리의 동작 매크로 노드 위에 커서를 놓으면 툴팁에 설명이 표시됩니다.

(5) **재생 전 뷰 복원** : 동작 매크로 재생에 앞서 뷰의 복원 방법을 정의합니다.

　① 사용자 입력을 위해 일시 중지(U) : 사용자 입력 요청 시 동작 매크로 재생에 앞서 뷰를 복원합니다.

　② 재생 완료 시(F) : 재생이 완료되면 동작 매크로 재생에 앞서 뷰를 정의합니다.

(6) **재생을 시작할 때 불일치 확인(C)** : 현재 도면 상태와 매크로가 기록되었을 때의 도면 상태 간의 불일치를 동작 매크로에서 검사해야 할지를 지정합니다.

3. 동작의 재생

녹화된 동작을 재생합니다.

메뉴 아이콘 : ▷

참고 동작 레코드의 위치

동작 매크로를 기록하면 시스템 변수 'ACTRECPATH'에 정의된 경로에 매크로가 저장됩니다. 재생을 위한 경로는 시스템 변수 'ACTPATH'에 의해 정의됩니다. 두 경로 세트 모두 동작 매크로를 로드 및 재생할 때 사용됩니다. '옵션' 대화상자의 파일 탭에 있는 동작 레코더 설정 노드에서 동작 매크로 파일을 기록할 때와 읽을 때 모두 사용할 경로를 설정할 수 있습니다.

01 '관리' 탭의 '동작 레코더' 퍼널에서 ▷을 클릭합니다. 동작 매크로 목록에서 재생하고자 하는 매크로 동작을 선택합니다. 다음 그림과 같이 원의 중심점을 묻습니다.

tip!

여기에서 원의 중심점을 묻는 동작은 녹화할 때 '사용자 입력 요청'을 설정했기 때문입니다.

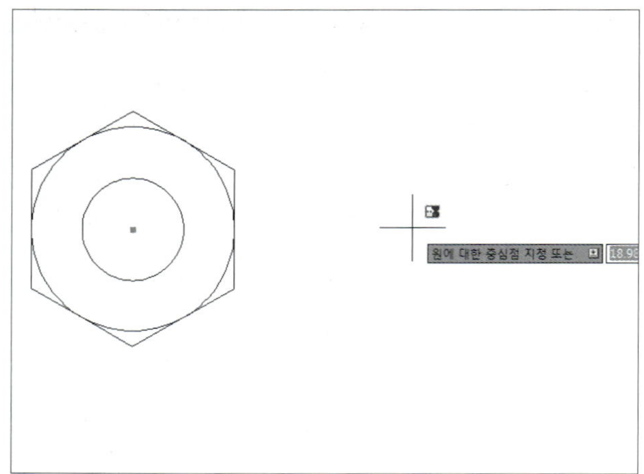

02 {원에 대한 중심점 지정 또는 [3점(3P)/2점(2P)/Ttr – 접선 접선 반지름(T)]:}에서 육각볼트를 작도하고자 하는 위치를 지정합니다. 다음 그림과 같이 육각볼트가 작도되면서 재생 완료를 알리는 대화상자가 나타납니다.

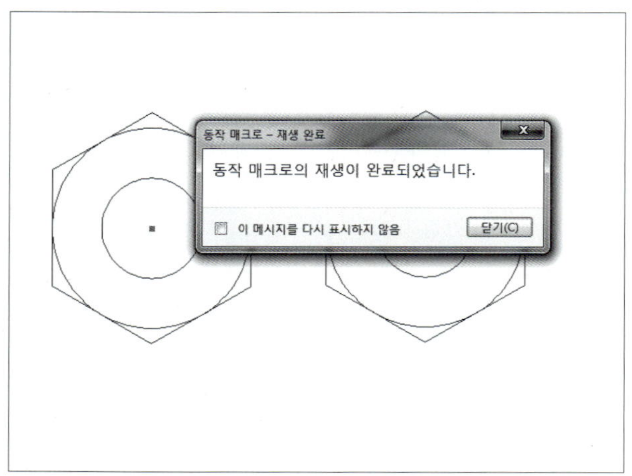

03 [닫기(C)]를 클릭합니다. '이 메시지를 다시 표시하지 않음'을 체크하면 재생이 끝날 때마다 재생 완료 메시지를 표시하지 않습니다.

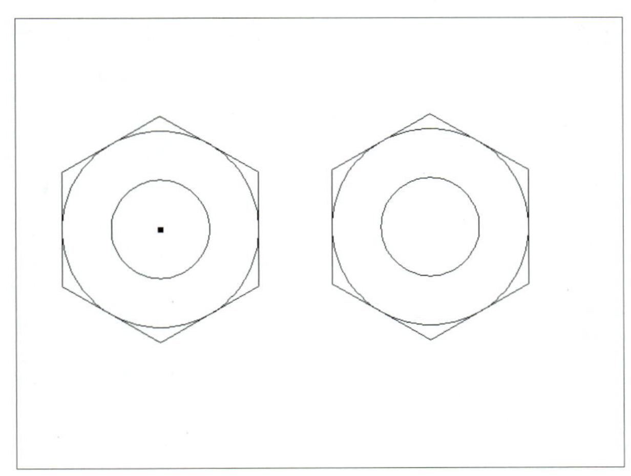

4. 사용자 메시지 삽입

동작 매크로에 사용자 메시지를 삽입합니다. 동작 매크로에 사용자 메시지를 삽입하여 동작 매크로 재생에 대한 정보 또는 구체적인 지침을 제공할 수 있습니다. 사용자 메시지를 원하는 수만큼 동작 매크로의 동작 앞이나 뒤에 삽입할 수 있습니다.

명령 : ACTUSERMESSAGE　　　　　　　　　메뉴 아이콘 : 🗩

01 메시지를 넣고자 하는 동작 매크로의 동작에 맞춘 후 마우스 오른쪽 버튼을 누릅니다. 바로가기 메뉴에서 '사용자 메시지 삽입(I)'을 클릭합니다. 또는 '관리' 탭의 '동작 레코더' 패널에서 🗩을 클릭합니다. 여기에서는 육각형 작도 동작인 'POLYGON'에 포커스를 맞춘 후 실행합니다.

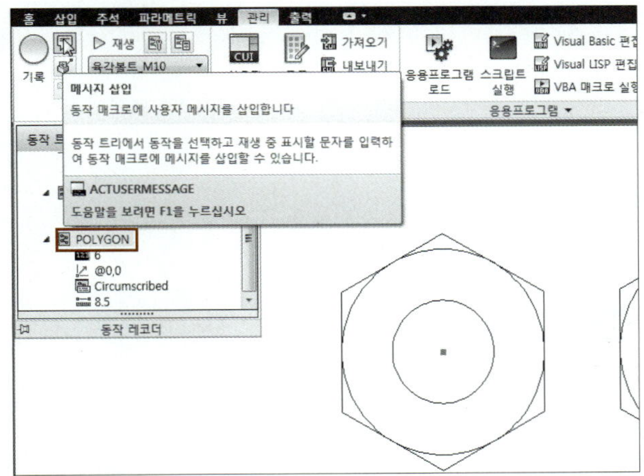

02 사용자 메시지 삽입 대화상자에서 메시지(육각형을 작도합니다.)를 입력합니다.

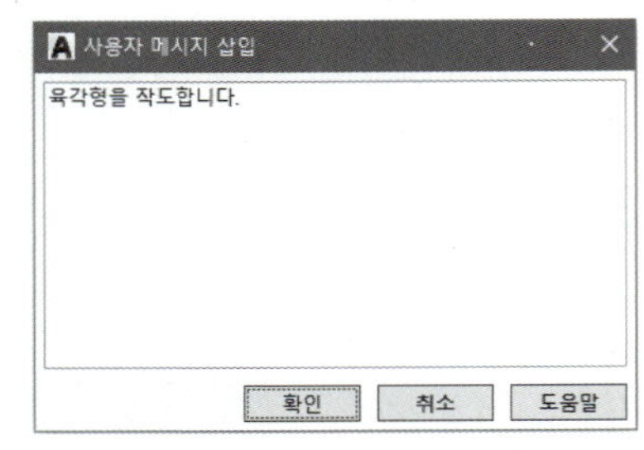

03 다음 그림과 같이 동작 트리의 동작 매크로의 지정한 위치(POLYGON)에 '사용자 메시지'가 삽입되었습니다.

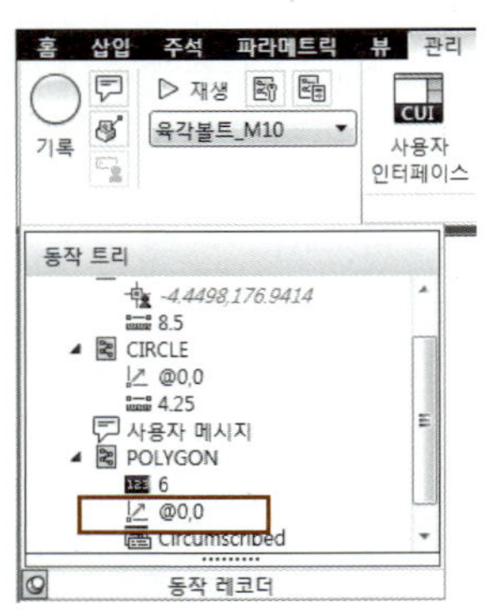

04 동작 매크로를 재생시켜 보겠습니다. 재생할 매크로를 선택한 후 '재생' 메뉴 아이콘 ▷을 클릭합니다. 위치를 지정하고 나면 육각형을 그리기 전에 다음과 같이 사용자 메시지(육각형을 작도합니다.)가 나타납니다.

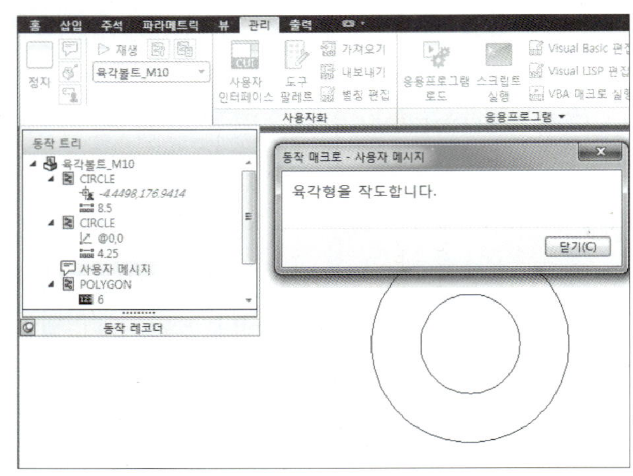

05 [닫기(C)]를 누르면 재생이 진행됩니다. 다음과 같이 작도됩니다

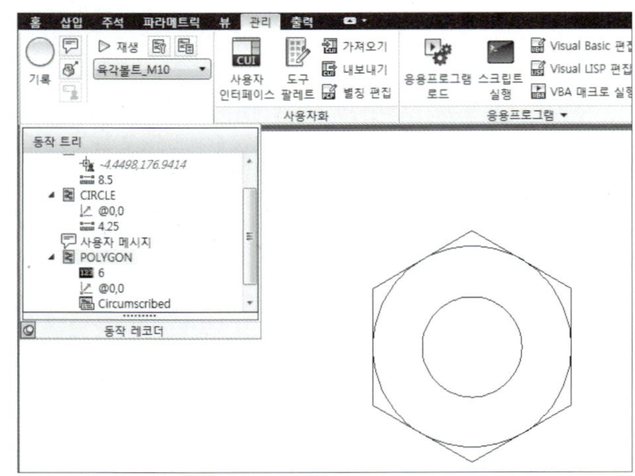

5. 동작 매크로 관리

동작 매크로 관리자 또는 동작 트리를 사용하여 동작 매크로의 이름을 바꾸거나 복사, 수정 및 삭제할 수 있습니다. 동작 매크로 파일의 수정 및 관리는 동작 매크로 관리자 및 동작 트리를 통해 처리할 수 있습니다.

명령 : ACTMANAGER　　　　　　　　　　메뉴 아이콘 :

01 ‘관리’ 탭의 ‘동작 레코더’ 패널에서 을 클릭합니다. 다음 그림과 같은 동작 매크로 관리자 대화상자가 나타납니다.

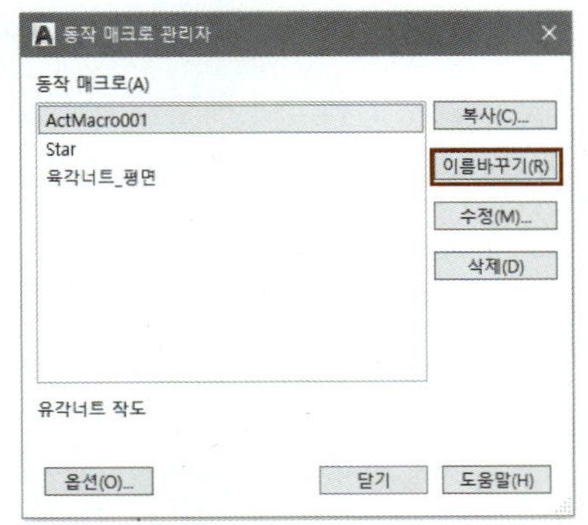

02 [이름 바꾸기(R)]을 클릭합니다. 동작 매크로 이름을 ‘육각볼트_M10’으로 바꿉니다.

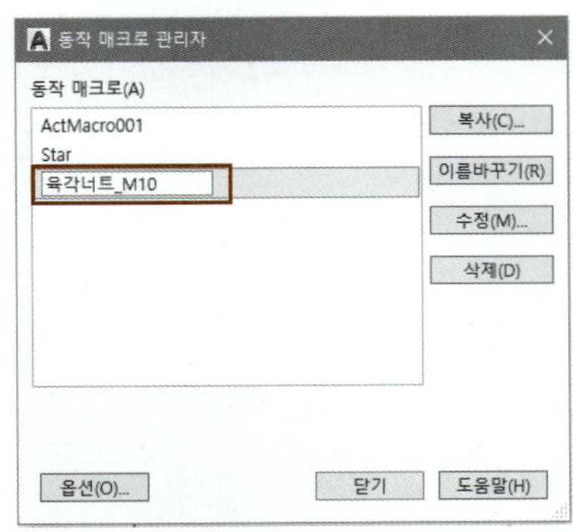

기타 [복사(C)], [수정(M)], [삭제(D)]는 동작 매크로의 복사, 수정, 삭제하는 작업입니다.

6. 동작 레코더의 기본 설정

동작 레코더에 사용된 설정을 사용자 정의합니다.

동작 레코더 기본 설정 명령을 실행합니다. ‘관리’ 탭의 ‘동작 레코더’ 패널에서 메뉴 아이콘 을 클릭합니다.

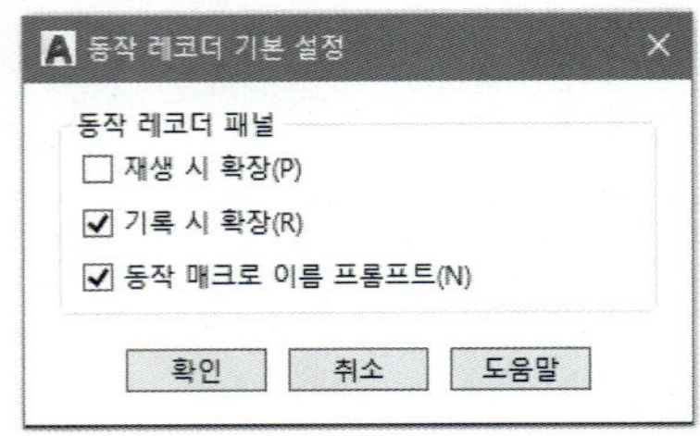

(1) 재생 시 확장(P) : 재생 중 동작 레코더 패널을 확장합니다.

(2) 기록 시 확장(R) : 기록 중 동작 레코더 패널을 확장합니다.

(3) 동작 매크로 이름 프롬프트(N) : 기록이 정지되면 동작 매크로 대화상자를 표시합니다.

위생기기(정면, 평면, 측면)를 작도한 후 원하는 면을 펼칠 수 있도록 동적 블록을 작성합니다.

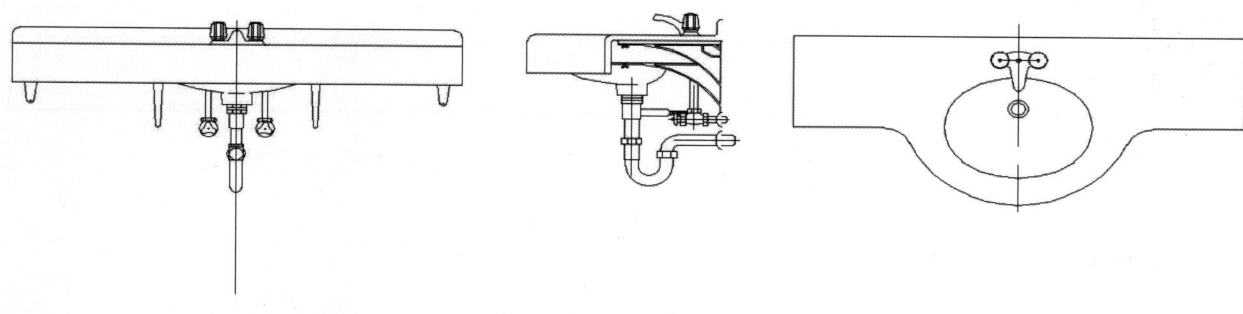

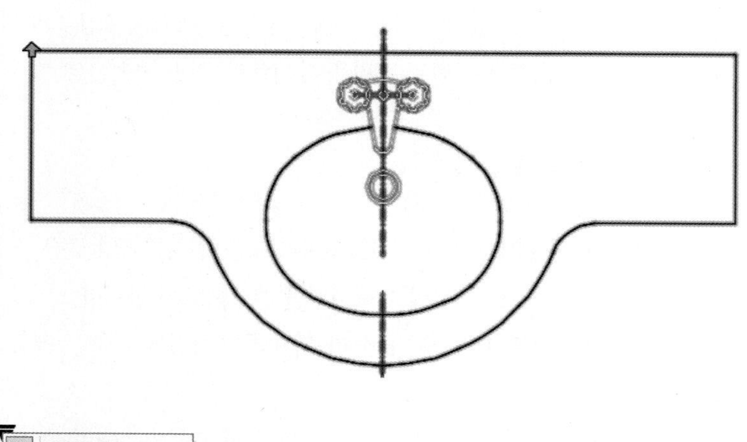

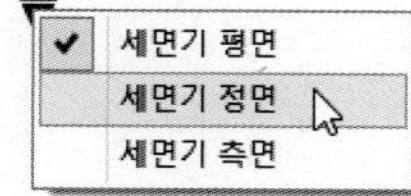

CHAPTER 10 — 매개변수를 활용한 도면의 작성

매개변수(파라미터: Parameter)를 활용하여 도면 작성의 효율을 향상시킬 수 있습니다. 매개변수는 기하학적 구속과 치수 구속이 있습니다.

LESSON 01 매개변수 기초

매개변수가 어떤 것이고 이를 도면에 어떻게 활용하는 되는지 기본적인 내용에 대해 학습합니다.

1. 파라메트릭 도면이란?

'파라메트릭(Parametric)'이란 단어는 '매개변수의'라는 의미를 가지고 있습니다. 파라메트릭 도면이란 이 매개변수를 기초로 한 도면입니다. 쉽게 표현하면 매개변수에 의해 구속조건이 부여된 도면입니다. 도면에 작도되는 객체에 구속조건을 적용하여 설계할 때 사용하는 기술입니다. 여기에서 말하는 '구속 조건'이란 특정 형상의 길이나 각도, 객체 서로간의 연관 관계나 제한을 두는 것을 말하며, 그 대상은 2D 형상에 적용됩니다. 예를 들면, 어떤 부품을 작도하는데 있어 특정 길이나 반지름을 넘어서지 않게 하거나 특정 객체와 평행해야 한다는 구속조건을 부여하는 것입니다. 이러한 구속조건을 부여함으로써 도면 작성에 있어 오류를 최소화할 수 있으며 표준화된 도면을 산출할 수 있습니다.

구속조건을 사용하여 다음과 같은 작업을 할 수 있습니다.

- **도면 내에서 형상을 구속하여 설계 지정사항 및 요구사항 준수** : 부품의 표준화와 같은 경우는 값의 범위를 지정하여 그 범위를 넘어서지 않도록 하여 요구사항을 준수하도록 합니다.
- **여러 개의 기하학적 구속조건을 객체에 즉시 적용** : 다양한 객체의 기하학적 관계를 적용하기 쉽게 하기 위함입니다.
- **치수 구속조건에 공식 및 방정식 포함** : 특정 공식에 의해 형성된 객체는 치수에 따라 모두 작성하지 않더라도 공식 적용으로 쉽게 조작이 가능합니다.
- **변수 값을 변경하여 신속한 설계 변경** : 길이나 반경 등의 변수, 공식에 적용된 변수에 적용할 값만 바꾸어 신속한 설계가 가능합니다.

2. 구속조건의 종류

파라메트릭 도면은 기하학적 구속조건과 치수 구속조건 두 가지 종류가 있습니다.

01. 기하학적 구속조건

기하학적 구속조건은 객체의 상대적 관계를 설정합니다. 객체를 편집할 때도 유효합니다. 그러므로 기하학적 구속조건을 도면에 설계 요구사항을 포함하는 수단으로 사용할 수 있습니다. 다음과 같은 경우 기하학적 구속조건이 유효합니다.

- 모든 끝점이 모든 인접 객체의 끝점과 일치 상태를 유지하도록 구속됩니다. 이러한 구속조건은 작은 파란색 사각형으로 표시됩니다.
- 수직선이 서로 동일한 길이와 평행 상태를 유지하도록 구속됩니다.
- 두 객체가 직교(직각)하도록 구속됩니다.
- 수평선은 수평을 유지하도록 구속됩니다.
- 원 및 수평선의 위치가 해당 공간에서 고정 상태를 유지하도록 구속됩니다. 이러한 구속조건은 잠금 아이콘으로 표시됩니다.

02. 치수 구속조건

객체의 거리, 길이, 각도 및 반지름 값과 같은 치수와 관련된 구속조건을 설정합니다. 특정 부위의 길이가 지정된 길이를 벗어나지 않아야 한다거나 객체가 지정된 범위 내의 각도를 유지하는 경우입니다. 치수 구속조건의 값을 변경하면 해당 객체의 모둔 구속조건이 계산되고 해당하는 객체는 자동으로 갱신됩니다.

치수 구속조건에는 동적 구속조건과 주석 구속조건이 있습니다.

(1) 동적 구속조건

- 줌 확대 또는 축소할 때 객체의 크기가 동일하게 유지됩니다.
- 도면에서 손쉽게 전역적(전체)으로 켜거나 끌 수 있습니다.
- 미리 정의된 고정된 치수 스타일로 표시됩니다.
- 문자 정보를 자동으로 배치하고, 치수 구속조건 값을 변경할 수 있도록 삼각형 그립을 제공합니다.
- 도면을 출력할 때는 표시되지 않습니다.

(2) 주석 구속조건

- 줌 확대 또는 축소할 때 크기가 변경됩니다.
- 도면층으로 개별 표시됩니다.
- 현재의 치수 스타일을 사용하여 표시됩니다.
- 치수 구속조건과 동일한 그립 기능을 제공합니다.
- 도면을 출력할 때 표시됩니다.

> **참고** **치수 구속조건과 치수**
>
> - 치수 구속조건은 도면의 설계 단계에 사용되지만 치수는 기본적으로 문서화 단계에서 작성됩니다.
> - 치수 구속조건은 객체의 크기나 각도를 유도하지만 치수는 객체에 의해 유도됩니다.
> - 기본적으로 치수 구속조건은 객체가 아니고 한 가지 치수 스타일로만 표시되며, 줌 작업 도중 동일한 크기가 유지되고 출력되지 않습니다.

다음 그림은 기하학적 구속조건과 치수 구속조건이 부여된 도면입니다. 구속조건이 부여되면 다음 그림과 같이 구속조건 아이콘이 표시됩니다. 형상에 붙은 작은 아이콘은 기하학적 구속조건을 의미하며 치수에 붙은 d1, rad1, dia1, dia2는 치수 구속조건의 매개변수(파라미터)이며 숫자는 매개변수의 값입니다.

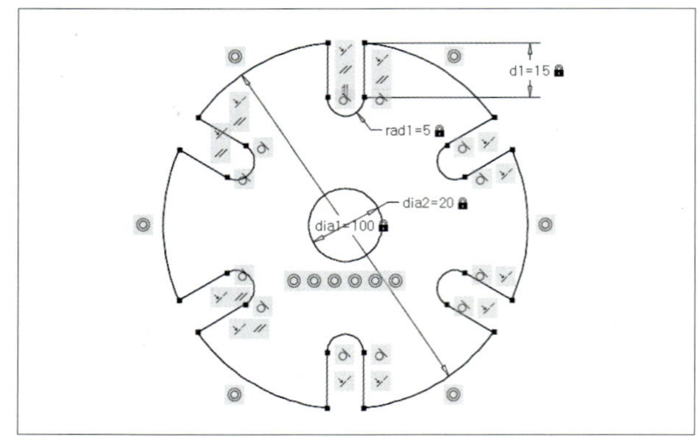

3. 파라메트릭 도면 작성을 위한 메뉴

파라메트릭 기능도 일반 객체의 작성 및 편집 명령과 차이가 없습니다. 명령어 입력, 풀다운 메뉴(메뉴 막대)에서의 선택, 도구막대, 바로가기 메뉴를 이용하여 실행합니다.

01. 리본 메뉴와 도구막대

리본 메뉴는 '파라메트릭' 탭이 있고 이 탭에는 '기하학적', '치수', '관리' 패널이 있어 각 기능의 아이콘이 있습니다. 도구막대는 '파라메트릭', '기하학적 구속조건', '치수 구속조건' 3개의 도구막대가 제공됩니다.

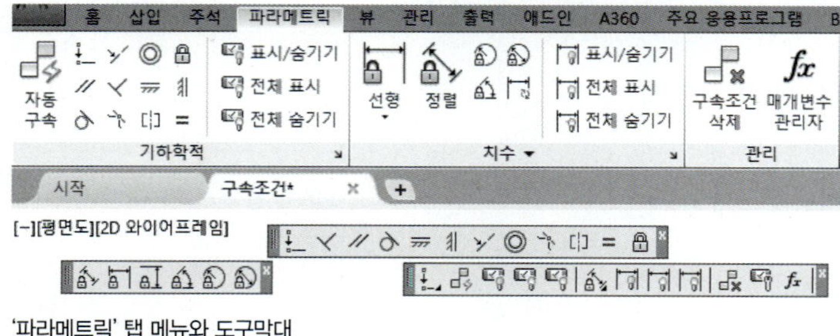

'파라메트릭' 탭 메뉴와 도구막대

02. 그리기 도구(구속조건 추정)

객체를 작성하거나 편집할 때 기하학적 구속조건을 자동으로 적용할 수 있습니다. 화면 하단의 그리기 도구에서 구속조건 추정이 켜져(ON) 있으면 객체를 작성할 때 지정하는 객체스냅(OSNAP)을 사용하여 기하학적 구속조건을 추정(추측하여 지정)합니다.

'구속조건 추정' 기능이 켜진 상태(▣)에서 이동, 복사 또는 신축 작업을 수행할 때, 편집되는 객체의 기준점이 해당 객체의 유효한 구속점인 경우, 편집되는 객체와 스냅되는 객체 사이에 일치, 직교, 평행 또는 접선 구속조건을 적용할 수 있습니다.

4. 구속조건의 적용 및 관리

블록이나 외부 참조 도면에 구속조건을 부여하면 보다 활용의 폭을 넓힐 수 있습니다. 구속조건이 적용된 도형에서 구속조건에 구애 받지 않고 편집을 하고자 할 경우는 구속조건을 제거할 수도 있습니다.

01. 블록 및 외부 참조에서의 구속조건

블록에 구속조건을 적용하여 보다 융통성을 지닌 블록을 구현할 수 있습니다. 블록 참조에 구속조건을 적용하면 해당 블록에 들어 있는 객체는 자동으로 선택 가능한 상태가 됩니다.

다음 위치에 구속조건을 적용할 수 있습니다.

- 도면의 객체와 블록의 객체 사이
- 블록 객체와 다른 블록의 객체 사이(단, 동일한 블록의 객체 사이는 제외)
- 외부 참조의 삽입점과 객체 또는 블록 사이(단, 외부 참조에 들어있는 객체는 제외)

> **tip!**
>
> 동적 블록에 구속조건을 적용하면 동적 그립의 표시가 억제됩니다. 그래도 특성 팔레트를 사용하여 동적 블록의 값을 변경할 수 있으나 동적 그립을 다시 표시하려면 먼저 동적 블록에서 구속조건을 제거해야 합니다.

02. 구속조건의 제거 및 완화

설계변경으로 인한 도면의 수정, 일부 예외적인 경우에 객체의 사양을 바꿀 필요가 있습니다. 이런 경우에는 구속조건을 제거하거나 일시적으로 제한할 경우가 발생합니다. 다음의 두 가지 방법이 있습니다.

(1) 구속조건의 제거 : 더 이상 구속조건이 필요하지 않는 경우는 구속조건을 제거하는 방법입니다. 구속조건을 개별적으로 삭제하고 나중에 새 구속조건을 적용합니다. 커서를 기하학적 구속조건 아이콘 위에

놓고 〈Delete〉 키 또는 바로가기 메뉴를 사용하여 구속
조건을 삭제할 수 있습니다.

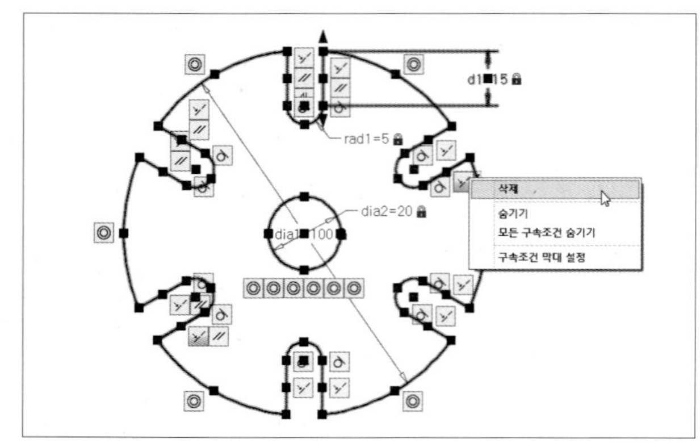

구속조건을 삭제하지 않고 아이콘만 숨기려면 바로가기
메뉴에서 '숨기기' 또는 '모든 구속조건 숨기기'를 클릭합
니다.

(2) 구속조건의 일시적 제한 : 변경을 위해 선택한 객체의 구속조건을 임시로 완화합니다. 그립을 선택
한 상태에서 또는 편집 명령 도중 옵션을 지정할 때 〈Ctrl〉 키를 눌러 구속조건 유지와 구속조건 완화
를 번갈아 선택할 수 있습니다. 완화된 구속조건은 편집하는 동안 유지되지 않습니다. 편집 프로세스가
완료된 후 구속조건은 가능하면 자동으로 복원됩니다. 더 이상 유효하지 않은 구속조건은 제거됩니다.

LESSON 02 기하학적 구속

기하학적 구속이 어떤 것이며 어떤 종류가 있고 어떻게 적용하는지 학습합니다.

1. 기하학적 구속이란?

기하학적 구속조건은 형상을 구속하는 것입니다. 도형을 기하학적으로 룰에 의해 제한을 두어 일정한 룰을 지키게 하는 것입니다. 예를 들어, 선분이 기준 선분과 평행을 유지한다든가, 항상 수평이나 수직을 유지하게 한다거나 원의 접선에 이어지도록 구속하는 것입니다. 이를 통해 형상을 일정한 기준에 의한 표준화를 기할 수 있습니다.

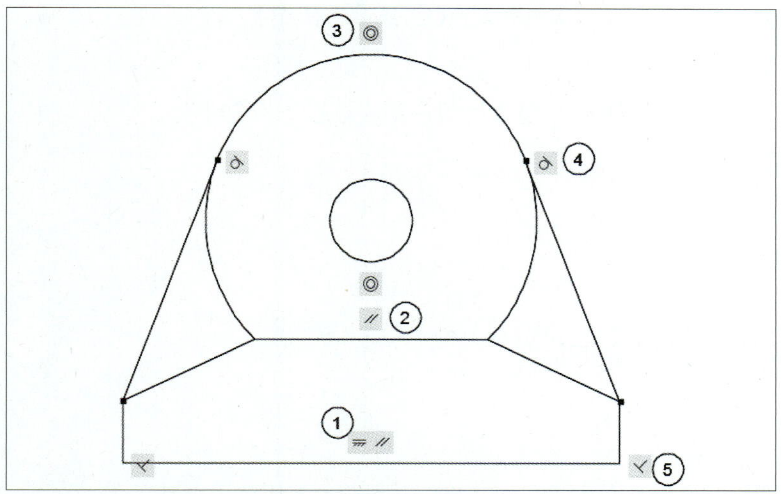

위의 그림은 기하학적 구속을 예를 들었습니다. 각 번호별 구속은 다음과 같습니다.

(1) 수평 : 선이 항상 수평을 유지합니다.

(2) 평행 : 아래쪽 선과 평행을 유지합니다.

(3) 동심 : 안쪽 원과 바깥쪽의 호가 동심을 유지합니다.

(4) 접점 : 선이 원의 접점에 만납니다.

(5) 수직 : 세로 방향의 선이 수평선과 직각을 유지합니다.

2. 기하학적 구속의 종류

기하학적 구속조건은 다음과 같은 종류가 있습니다. 다음의 도구막대의 순서대로 설명합니다.

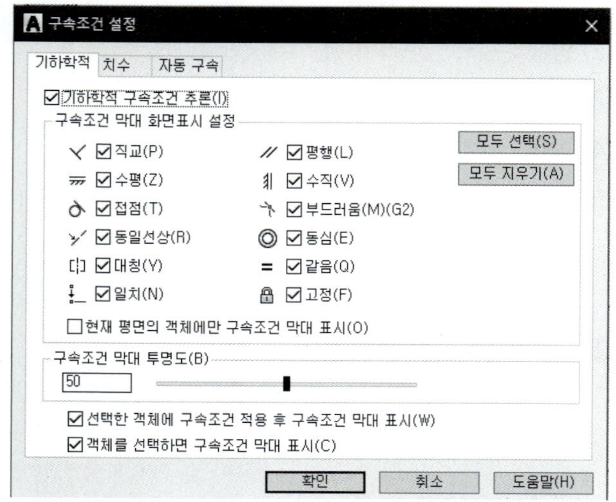

(1) 일치(⊥) : 두 점이 같은 점에 위치합니다.

(2) 직교(⋎) : 선택한 객체가 서로 직각으로 만납니다.

(3) 평행(∥) : 선택한 객체가 서로 평행을 유지합니다.

(4) 접점(⌒) : 선택한 객체가 서로 접점으로 만납니다.

(5) 수평(〓) : 선택한 요소가 항상 수평을 유지합니다.

(6) 수직(‖) : 선택한 요소가 항상 수직을 유지합니다.

(7) 동일선상(⋎) : 두 개의 선 뜨는 타원의 축이 동일선상에 위치합니다.

(8) 동심(◎) : 두 개의 원, 원호, 타원이 같은 중심점을 유지합니다.

(9) 부드러움(⋏) : 스플라인과 별도의 곡선, 선분, 원호 사이에 곡률연속조건(G2)을 유지합니다.

(10) 대칭([]) : 기준선을 중심으로 객체가 대칭을 이룹니다.

(11) 같음(=) : 두 객체의 길이가 같은 길이를 유지합니다. 원호나 타원 호는 같은 반지름 값을 갖습니다.

(12) 고정() : 객체를 현재의 좌표계에 고정시킵니다.

3. 기하학적 구속조건 지정 방법

기하학적 구속조건은 다음의 서 가지 방법으로 부여할 수 있습니다.

01. 구속조건 추정(추론)

상태 영역의 그리기 도구에서 '구속조건 추정(█)'을 켠 후 도형을 작도하면 작도된 형상을 토대로 구속됩니다. 예를 들어, 수평선을 작도하면 수평 구속조건이 자동으로 부여되며 원의 접점에 선을 그으면 접점 구속조건이 부여됩니다.

추정을 위한 기하학적 구속조건을 설정하려면 '구속조건 추정(█)'에 마우스를 대고 오른쪽 버튼을 눌러 '구속조건 추정 설정…'을 클릭합니다. 다음의 대화상자에서 추정(추론)하고자 하는 구속조건의 종류를 체크합니다.

구속조건 추정을 켠 후 직사각형을 그리고 양쪽 중간점
을 연결하는 선분을 그으면 다음과 같이 구속조건이 부
여됩니다.

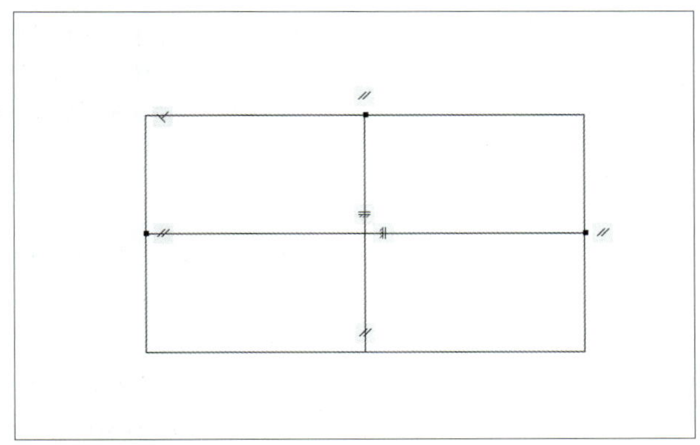

02. 자동 지정

이미 작성된 객체에 대해 자동으로 구속조건을 추가합니
다. 객체를 선택하면 객체 사이의 위치관계를 탐색하여
설정 가능한 기하학적 구속조건을 추가합니다. 적용하고
자 하는 구속조건은 구속조건 설정 대화상자의 '자동 구
속' 탭에서 설정합니다.

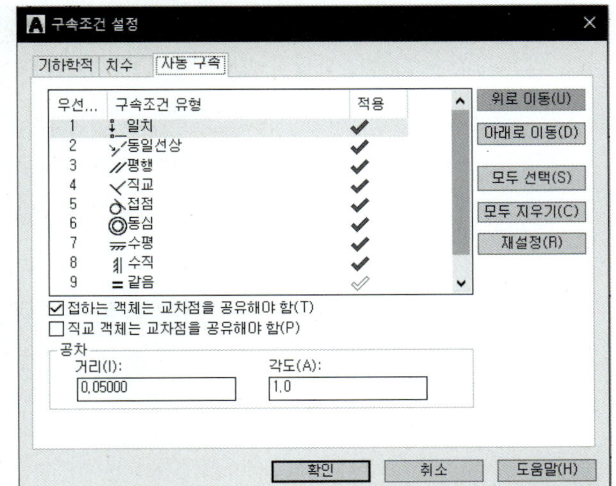

'파라메트릭' 탭의 '기하학적' 패널 또는 도구막대에서 '자동
구속(♬)'을 클릭하거나 명령어 'AUTOCONSTRAIN'를
입력합니다.
{객체 선택 또는 [설정(S)]:}에서 다음과 같이 작도된 객
체를 선택합니다.

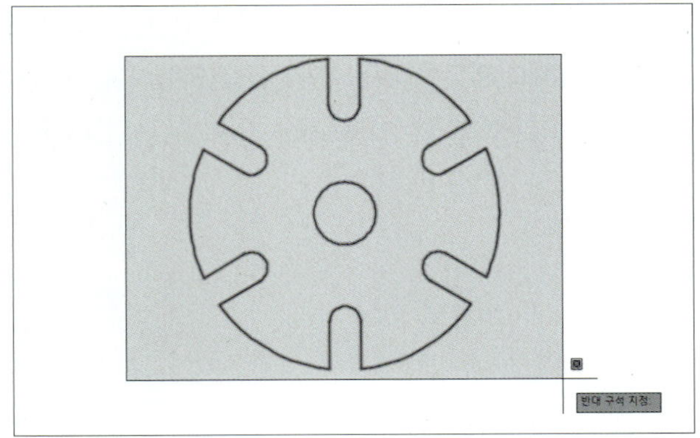

{객체 선택 또는 [설정(S)]:}에서 〈엔터〉 키를 누르면 다음과 같이 메시지를 표시하면서 기하학적 구속조건 아이콘이 표시됩니다.

{1개의 구속조건을 25개의 객체에 적용함}

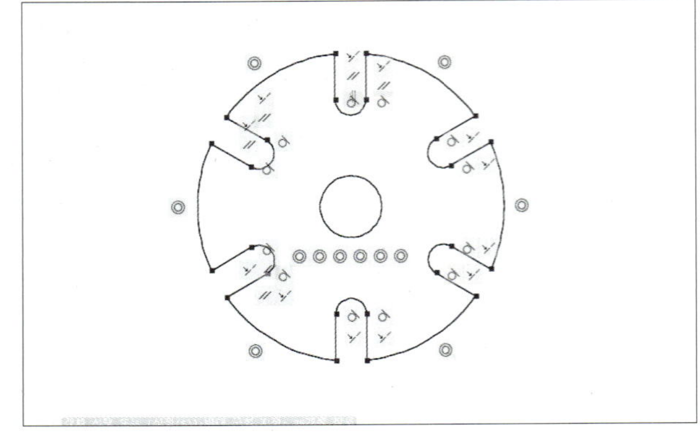

03. 수동 지정

마우스로 각 객체를 하나씩 지정하여 구속조건을 지정합니다. 다음과 같은 객체가 작성되었다고 가정하겠습니다.

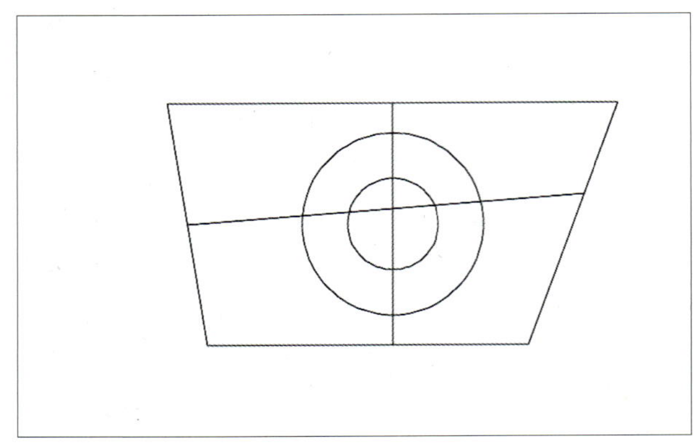

'파라메트릭' 탭의 '기하학적' 패널 또는 '기하학적' 도구막대에서 '같음(=)'구속조건 아이콘을 클릭합니다.

{첫 번째 객체 선택:} 위쪽 수평선을 선택합니다.

{두 번째 객체 선택:} 아래쪽 수평선을 선택합니다.

그림과 같이 위쪽 선과 아래쪽 선의 길이가 같아집니다.

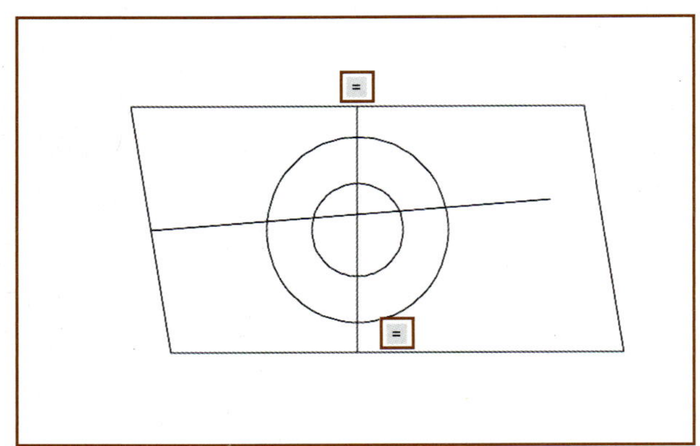

다음은 '파라메트릭' 탭의 '기하학적' 패널 또는 '기하학적'
도구막대에서 '수직(╲)' 구속조건 아이콘을 클릭합니다.

{첫 번째 객체 선택:} 아래쪽 수평선을 선택합니다.

{두 번째 객체 선택:} 왼쪽 수직선을 선택합니다.

다시 실행하여 아래쪽 수평선과 오른쪽 수직선을 선택합
니다.

그림과 같이 수직 구속조건이 부여됩니다.

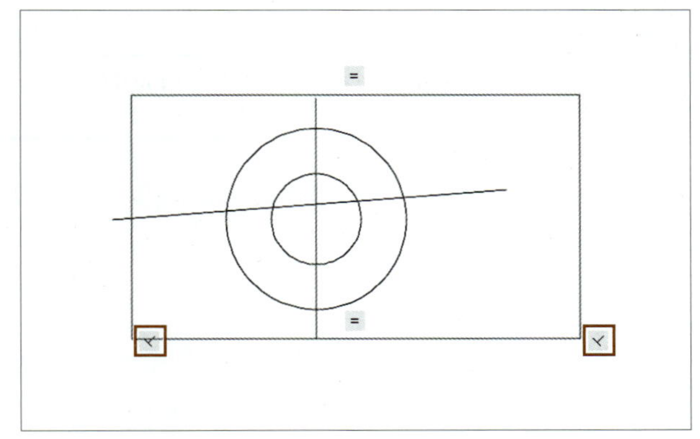

'파라메트릭' 탭의 '기하학적' 패널 또는 '기하학적' 도구막대에서 '고정(🔒)' 구속조건 아이콘을 클릭합
니다.

{점 또는 [객체(O)] 선택 〈객체〉:} 아래쪽 수평선을 선택합니다.

다음은 '파라메트릭' 탭의 '기하학적' 패널 또는 '기하학적' 도구막대에서 '일치(↳_)' 구속조건 아이콘을
클릭합니다.

{첫 번째 점 또는 [객체(O)/자동 구속(A)] 선택 〈객체〉:}
오른쪽 수직선의 중간점을 지정합니다.

{두 번째 점 또는 [객체(O)] 선택 〈객체〉:} 가운데 비스듬
한 선의 오른쪽 끝점을 지정합니다.

다시 '일치' 구속조건을 실행하여 왼쪽 수직선의 중간점
과 가운데 비스듬한 선의 왼쪽 끝점을 지정합니다. 그림
과 같이 아래쪽 수평선이 고정되고 가운데 수평선의 양
끝 점이 양쪽 수직선의 중간점과 일치합니다.

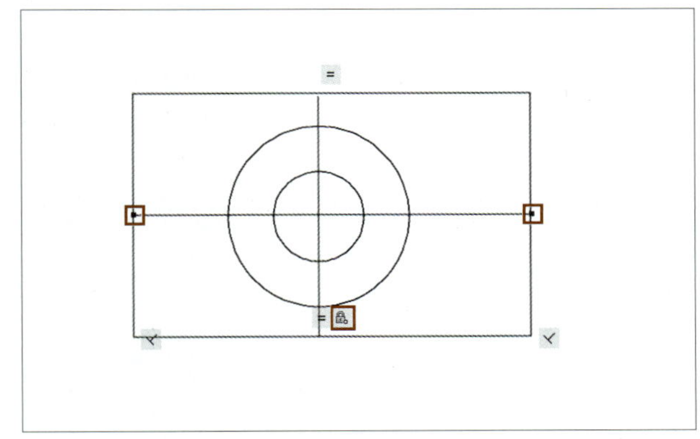

이와 같은 방법으로 기하학적 구속조건 기능을 이용하여
객체 사이의 관계를 구속합니다.

참고 **구속조건 아이콘의 표시와 비표시**

구속조건이 부여되면 구속조건에 해당하는 아이콘이 나타나는
데 도면에 표시되면 번잡하므로 구속조건 아이콘을 표시하지 않
을 수 있습니다. '파라메트릭' 탭의 '기하학적' 패널에서 '전체 숨
기기(📷)'를 클릭합니다. 또는 아이콘에 마우스를 대고 오른쪽
버튼을 눌러 바로가기 메뉴에서 '숨기기' 또는 '전체 숨기기'를
클릭합니다.

비표시된 구속조건 아이콘을 다시 표시하려면 '파라메트릭' 탭
의 '기하학적' 패널에서 '전체 표시(📷)'를 클릭합니다.

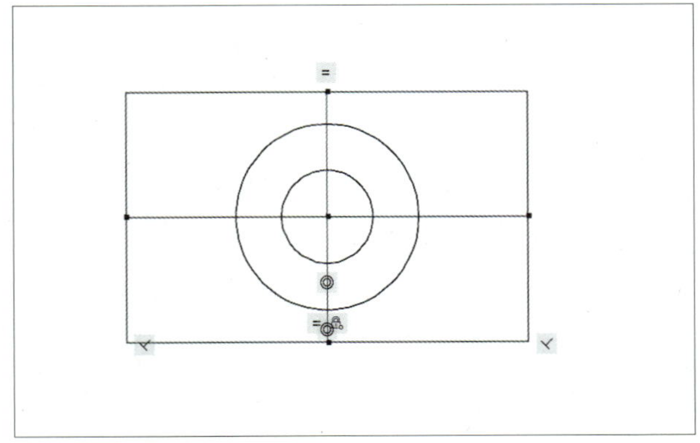

LESSON 03 치수 구속

치수 구속이 어떤 것이며 어떤 종류가 있고 어떻게 적용하는지 학습합니다.

1. 치수 구속이란?

기하학적 구속이 형상에 대한 구속이라면 치수 구속은 객체의 길이나 각도를 구속하는 것입니다. 지정한 객체의 길이나 각도를 지정된 구속조건에 충족하도록 하는 것입니다. 치수 구속에는 매개변수(파라미터)를 부여하여 매개변수의 값을 이용하여 구속합니다. 매개변수에 값을 직접 입력할 수도 있고, 수식을 적용할 수도 있습니다.

다음의 예는 치수에 대해 구속조건을 부여한 도면입니다. 세로 길이 d1과 d2, 가로 길이 d3와 d4는 매개변수입니다. 이 매개변수의 값은 각각 d1=140, d2=d1/7, d3=100, d4=d3/5로 지정되어 있습니다. 만약에 d1이나 d3의 값을 바꾸면 d2와 d4의 값도 자동으로 조정됩니다. 길이뿐 아니라 원의 반경이나 직경, 각도, 위치를 치수 구속으로 제어할 수 있습니다. 반지름 매개변수 rad2, 각도 매개변수 ang1도 치수 구속을 위한 매개변수입니다.

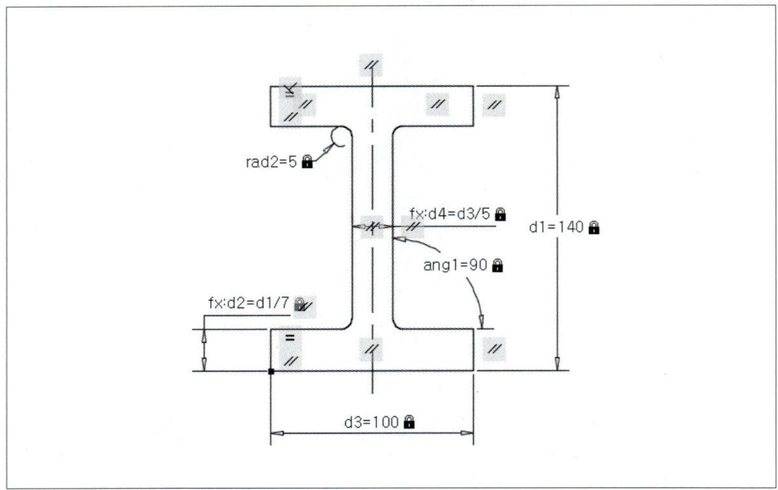

2. 치수 구속의 종류

치수 구속에는 다음과 같은 종류가 있습니다.

(1) 정렬( ) : 객체에 평행(정렬)한 치수의 구속조건을 부여합니다.

(2) 수평(⊟) : 수평 길이의 치수 구속조건을 부여합니다.

(3) 수직(⊟I) : 수직 길이의 치수 구속조건을 부여합니다.

(4) 각도(⊿) : 각도에 대해 구속조건을 부여합니다.

(5) 반지름(◎) : 반지름 치수에 대해 구속조건을 부여합니다.

(6) 지름(◎) : 지름 치수에 대해 구속조건을 부여합니다.

3. 치수 구속조건 부여 및 편집

치수 구속조건을 부여하고 편집하는 방법에 대해 알아보겠습니다.

01. 치수 구속조건 부여

다음과 같은 도면을 작성했다고 가정하겠습니다.

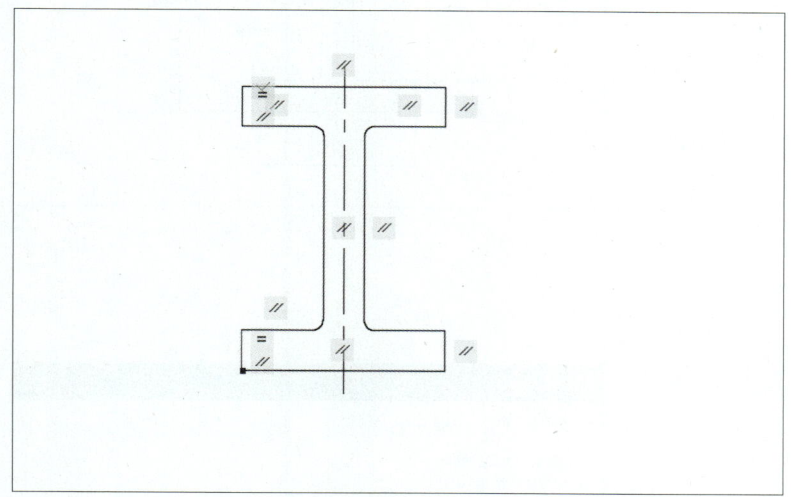

'파라메트릭' 탭의 '치수' 패널 또는 '치수' 도구막대에서 '수직(⊟I)'을 클릭합니다.

{첫 번째 구속점 또는 [객체(O)] 지정 〈객체〉:}에서 아래쪽 수평선의 끝점을 지정합니다.

{두 번째 구속점 지정:}에서 위쪽 수평선의 끝점을 지정합니다.

{치수 선 위치 지정:}에서 치수선의 위치를 지정합니다. 그림과 같이 매개변수와 매개변수 값(d1=140)이 표시됩니다.

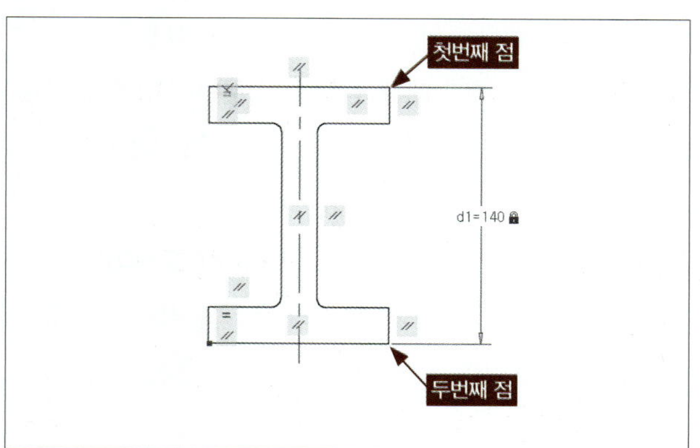

다시 수직(🔒I) 치수 구속을 실행합니다.

{첫 번째 구속점 또는 [객체(O)] 지정 〈객체〉:}에서 첫 번째 끝점을 지정합니다.

{두 번째 구속점 지정:}에서 두 번째 끝점을 지정합니다.

{치수 선 위치 지정:}에서 치수선의 위치를 지정하면 구속조건이 편집 모드가 됩니다. 이때 매개변수 값에 수식 'd2=d1/7'을 입력합니다.

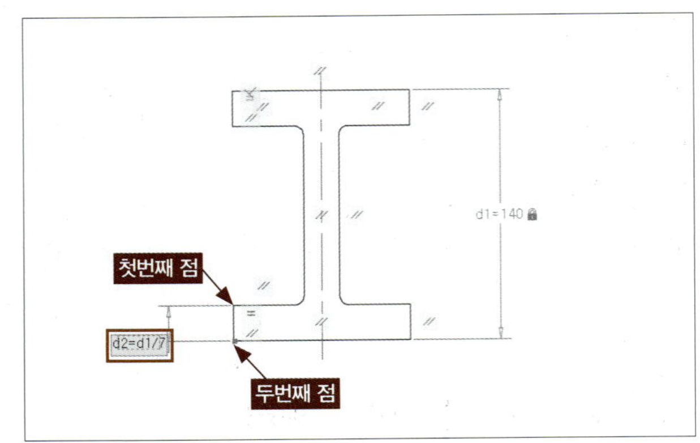

수평(🔒ㅓ), 각도(🔒), 반지름(🔒)를 실행하여 다음과 같이 치수 구속조건을 부여합니다.

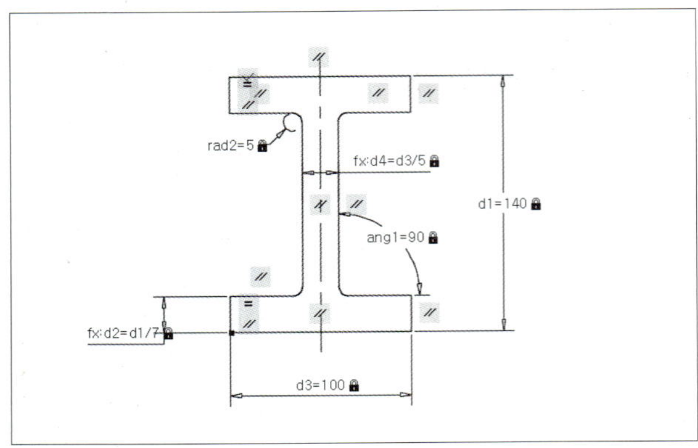

이와 같이 각 부위에 값 또는 수식으로 치수 구속조건을 부여합니다.

02. 치수 구속조건 설정

치수 구속조건을 표시하기 위한 형식과 구속조건의 표시 여부를 설정합니다.

(1) 치수 이름 형식(N) : 구속조건을 표시할 때 매개변수, 값, 이름 및 표현식 중 선택하여 표시합니다.

(2) 주석 구속조건에 대해 잠금 아이콘 표시 : 이 옵션을 켜면 주석 구속조건에 대해 자물쇠 아이콘이 표시되어 판별이 쉽습니다.

(3) 선택한 객체에 숨겨진 동적 구속조건 표시(S) : 이 옵션을 켜면 선택된 객체의 치수구속이 비표시된 경우, 동적 구속조건이 일시적으로 표시됩니다.

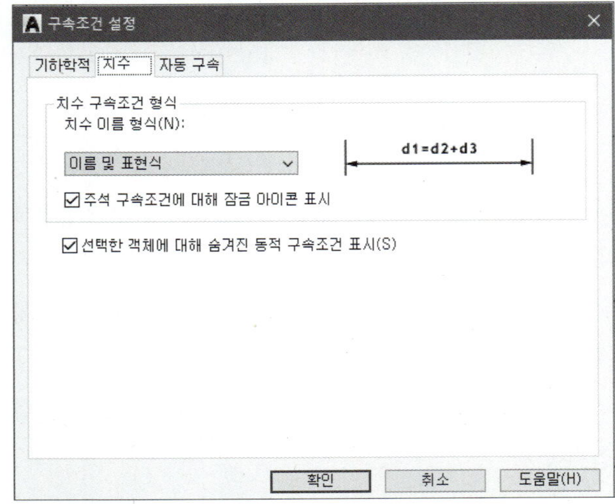

03. 치수 구속조건 편집

작성된 치수 구속조건을 편집하려면 다음과 같은 방법이 있습니다.

(1) 치수 구속조건을 두 번 클릭하여 편집 모드에서 값이나 수식을 수정합니다.

(2) 구속조건을 선택한 다음 바로가기 메뉴에서 '구속조건 편집'을 선택합니다.

(3) '문자 편집(TEXTEDIT)' 명령을 실행하여 치수 구속조건을 선택합니다.

(4) '특성(PROPERTIES; PR)' 명령을 실행하여 치수 구속조건을 선택합니다.

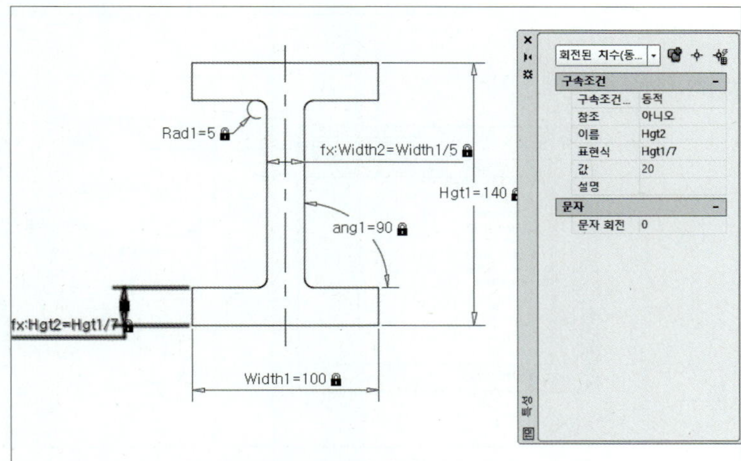

(5) 매개변수 관리자를 이용하여 편집합니다.

(6) 빠른 특성(QP) 팔레트를 이용하여 편집합니다.

4. 매개변수 관리자

매개변수를 추가, 수정, 삭제 또는 매개변수 값을 수정합니다.

'파라메트릭' 탭의 '관리' 패널의 '매개변수 관리자(f_x)'를 클릭합니다. 다음과 같은 매개변수 관리자가 나타납니다.

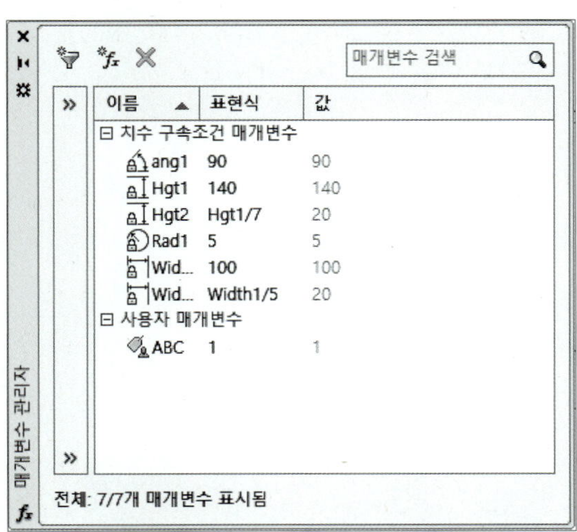

01. 매개변수 편집

기존 매개변수의 이름 또는 값(수식)을 수정합니다. 매개
변수 중에서 'Hgt1'을 클릭하여 편집 모드가 되면 '높이'
로 수정합니다. 그러면 Hgt2의 수식에 쓰여진 'Hgt1/7'
이 '높이/7'로 수정되고 도면의 치수 구속조건도 '높이'로
수정됩니다.

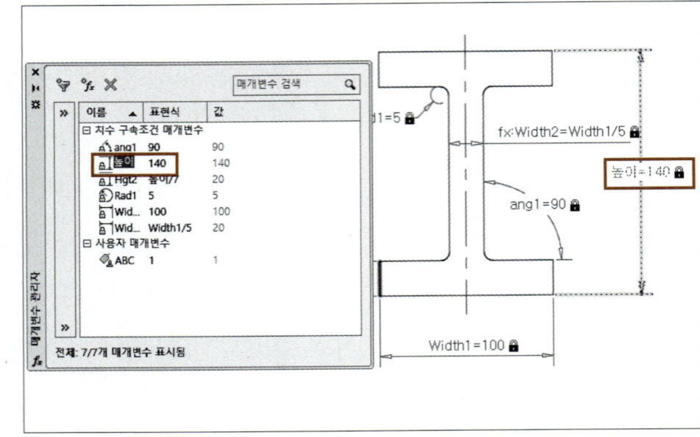

다음과 같이 매개변수 이름과 값을 편집할 수 있습니다.

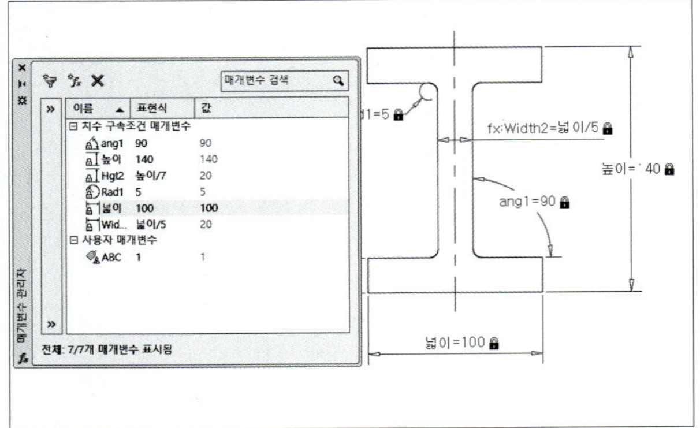

02. 필터링

매개변수 관리자 팔레트의 필터 기능을 활용하면 매개변
수를 필터링하여 표시할 수도 있습니다.

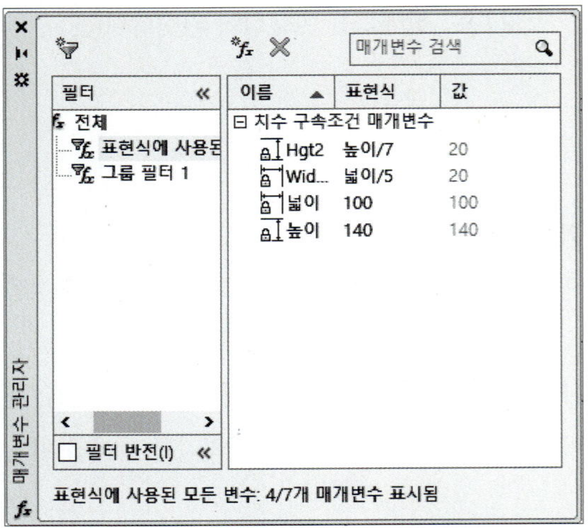

03. 새로운 매개변수 작성

새로운 매개변수를 작성합니다. 매개변수 관리자에서 '새 사용자 매개변수를 작성함( )'을 클릭합니다.

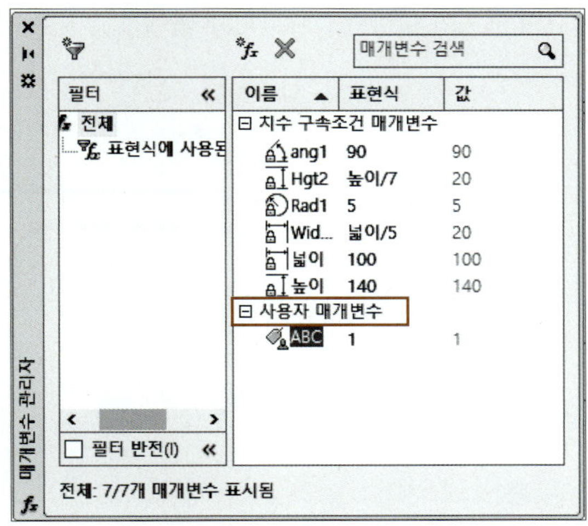

 **예제 도면**

다음의 H형강을 기하학적 구속과 치수 구속 기능을 이용하여 동적 블록으로 작성하시오. 동적 블록은 다음의 테이블 치수를 참조하여 각 시리즈별로 선택 가능한 블록을 작성합니다.

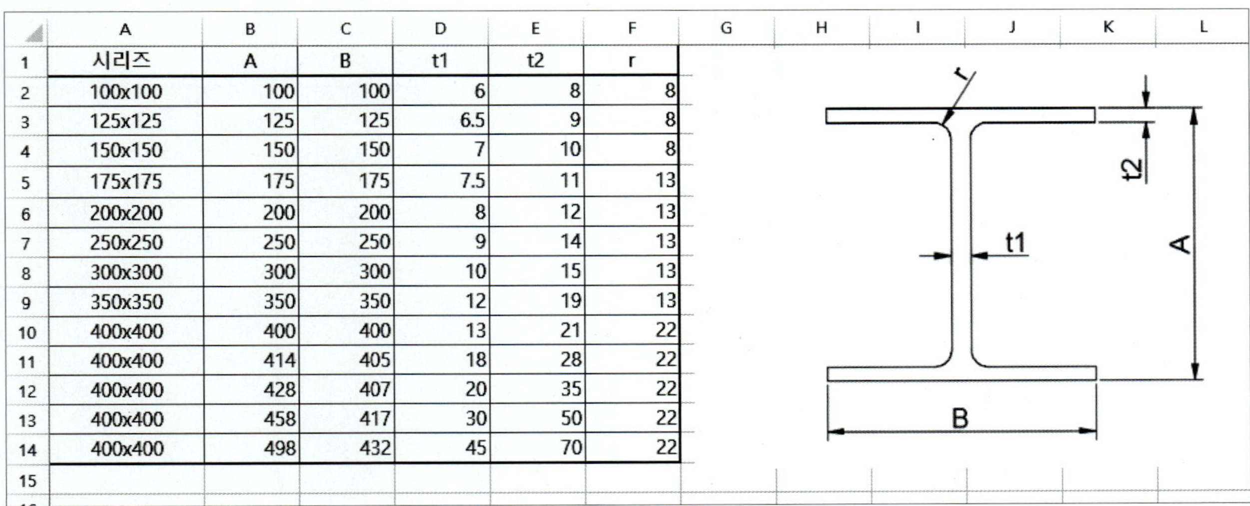

	A	B	C	D	E	F
1	시리즈	A	B	t1	t2	r
2	100x100	100	100	6	8	8
3	125x125	125	125	6.5	9	8
4	150x150	150	150	7	10	8
5	175x175	175	175	7.5	11	13
6	200x200	200	200	8	12	13
7	250x250	250	250	9	14	13
8	300x300	300	300	10	15	13
9	350x350	350	350	12	19	13
10	400x400	400	400	13	21	22
11	400x400	414	405	18	28	22
12	400x400	428	407	20	35	22
13	400x400	458	417	30	50	22
14	400x400	498	432	45	70	22
15						

다음과 같이 목록이 나타나고 나타난 목록에서 항목을 선택하면 항목에 해당하는 크기의 도면이 작성
됩니다.

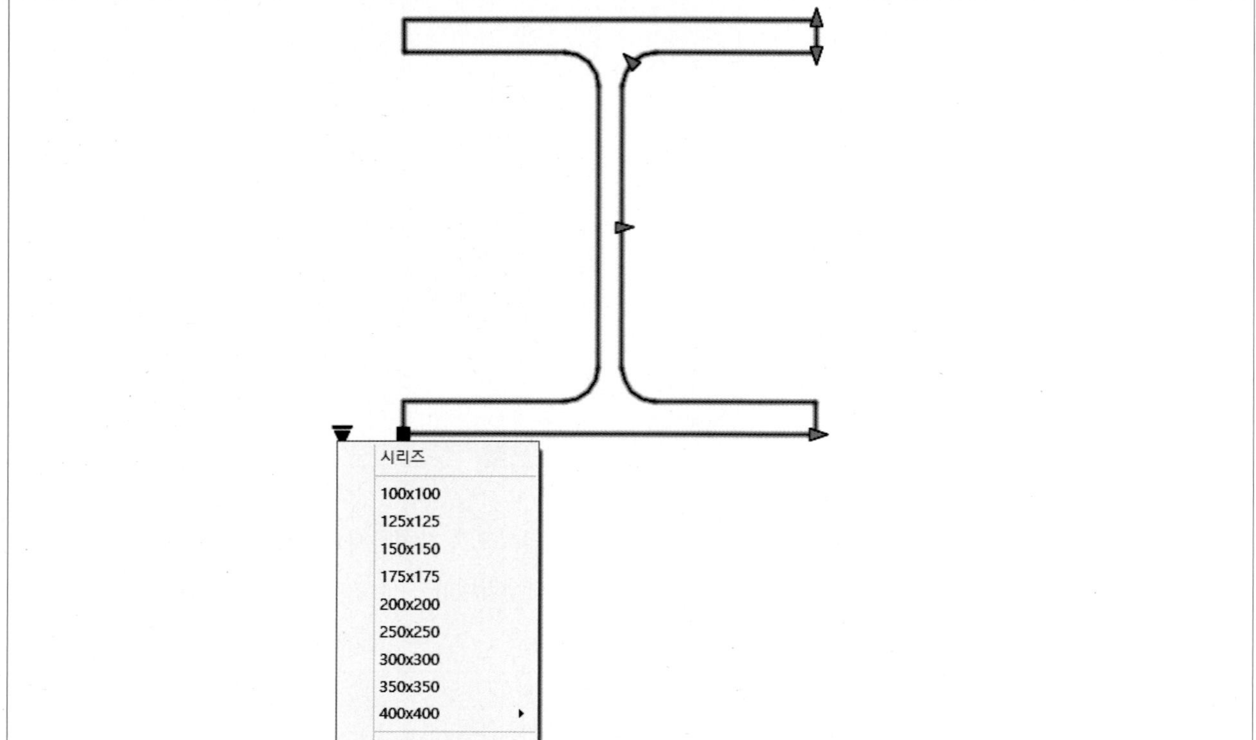

CHAPTER 11 — 속성과 필드

블록에 속성을 부여하여 이를 추출하는 블록 속성과 도면 내의 정보를 문자 정보로 표시하는 필드에 대해 학습하겠습니다.

LESSON 01 속성 정의와 추출

블록에 속성을 부여하여 이 속성을 추출하는 방법에 대해 학습하겠습니다.

1. 블록 속성이란?

속성은 블록과 연관된 정보를 저장하는 문자들의 집합(레이블, 태그)으로 블록에 대한 각종 데이터를 저장하고 추출할 수 있습니다. 동일한 모양이라 하더라도 규격이나 가격이 다를 수도 있습니다. 이때 블록에 속성을 부여하여 이를 정의하고 정의된 속성 값을 추출할 수도 있습니다. 예를 들어, 동일한 형상의 나사라 할지라도 재질이나 제조사에 따라 가격이 다를 수 있습니다. 이러한 정보를 문자로 정의할 수 있습니다. 이렇게 정의된 문자 정보를 텍스트 파일에 추출할 수 있습니다. 여기에 부여하는 문자 정보가 속성입니다.

기본적으로 속성을 정의하려면 다음의 세 가지를 지정해야 합니다.

- 속성 이름(태그)
- 블록 삽입 시에 메시지 창에 나타날 프롬프트
- 프롬프트에 삽입할 값 또는 기본 값: 값을 입력하지 않으면 기본적으로 갖는 값

태그가 매개변수(파라미터)에 해당되고 값은 이 매개변수의 값이 됩니다.

속성 프롬프트의 순서는 블록을 작성할 때 속성을 선택한 순서와 같습니다. 그러나 교차(크로싱) 또는 윈도우 선택을 사용하여 속성을 선택한 경우 프롬프트의 순서는 속성을 작성한 순서와 반대입니다. 블록 속성 관리자(BATTMAN)를 사용하여 블록 참조를 삽입할 때 속성 정보를 프롬프트하는 순서를 변경할 수 있습니다.

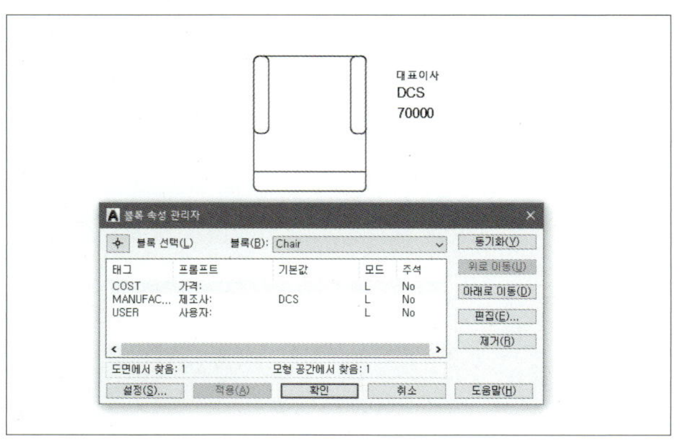

2. 속성 정의와 추출 방법

다음의 실습을 통해 속성의 정의 및 추출하는 일련의 과정을 학습하겠습니다.

01 먼저 블록화할 도형을 작도합니다. 다음과 같은 사양의 볼트를 작도합니다.

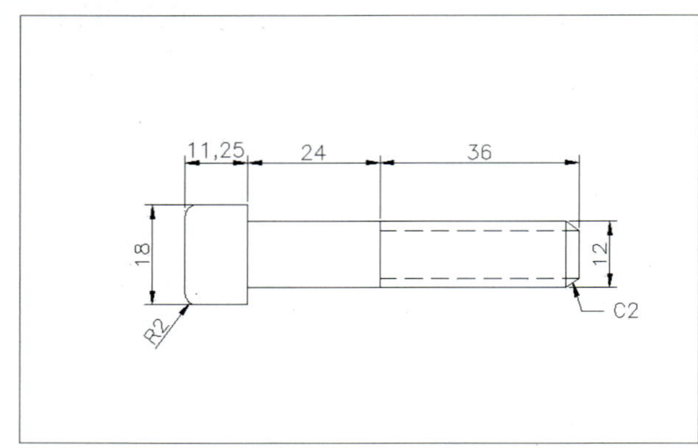

02 속성을 정의합니다. 속성 정의 명령을 실행합니다. 명령어 'ATTDEF' 또는 'ATT'를 입력하거나 '홈' 탭의 '블록' 패널에서 ✎을 클릭합니다. 속성 정의 대화상자에서 '모드'에서 '상수(C)'를 체크하고 '태그(T):'에 'Type', '기본값(L)'에 'Bolt'를 입력한 후 [확인]을 클릭합니다.

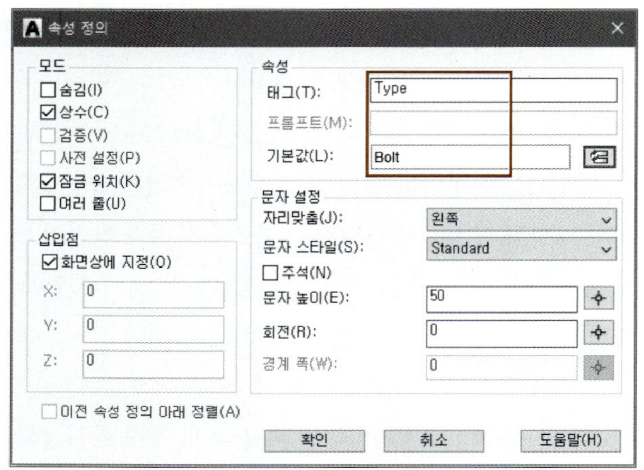

03 {시작점 지정:}에서 다음 그림과 같이 태그의 위치를 지정합니다.

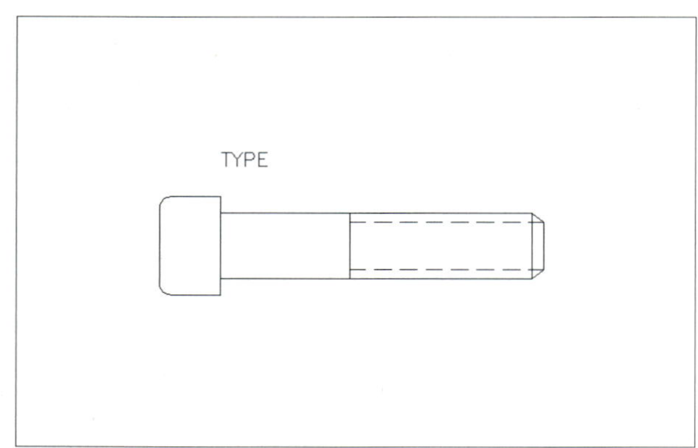

04 〈엔터〉 키 또는 〈스페이스 바〉를 눌러 속성 정의 명령을 재실행합니다. 속성 정의 대화상자에서 '태그(T):' 에 'Std.'을 입력하고 '프롬프트(M)'에 '규격:'을 입력한 후 [확인]을 클릭합니다.

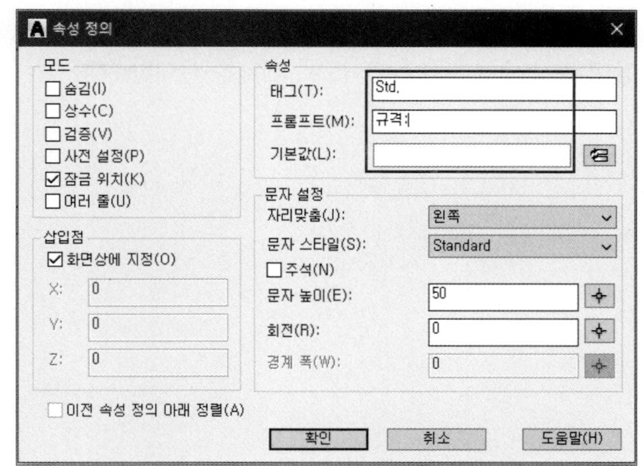

05 {시작점 지정:}에서 다음 그림과 같이 앞에서 지정한 태그 바로 아래쪽 위치를 지정합니다.

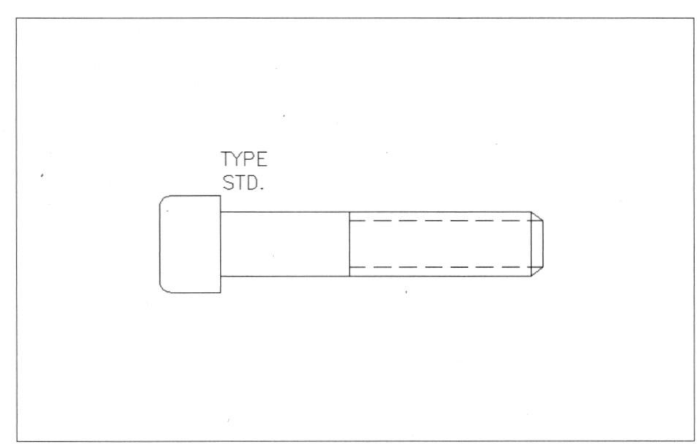

06 블록 정의 명령으로 블록을 작성합니다. 명령어 'BLOCK' 또는 'B'를 입력하거나 '홈' 탭의 '블록' 패널 또는 '그리기' 도구막대에서 을 클릭합니다. 다음과 같은 대화상자에서 '이름(N)'에 'Bolt'를 입력하고 '기준점'의 '선택점(K)'을 클릭하여 볼트 머리의 중간점을 지정합니다.

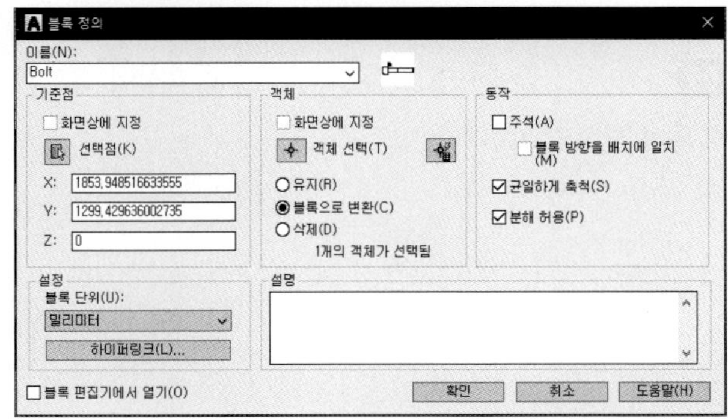

07 '객체'의 '⊕객체 선택(T)'를 클릭하여 다음 그림과 같이 속성 태그까지 선택되도록 객체를 선택합니다.

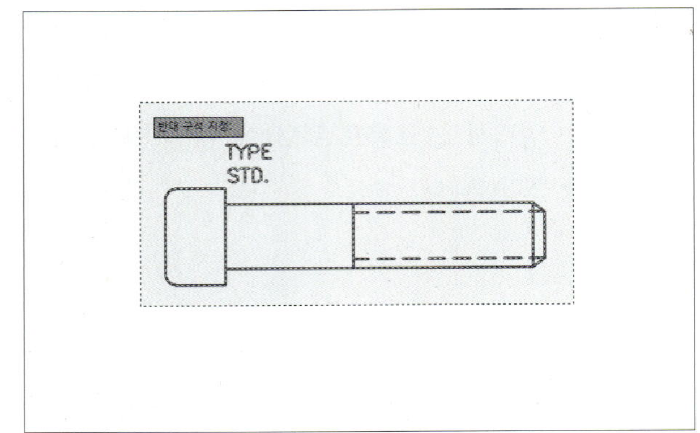

08 대화상자로 돌아오면 [확인]을 클릭합니다. 그러면 다음 그림과 같이 속성편집 대화상자가 표시됩니다. 규격에 'M10'을 입력합니다.

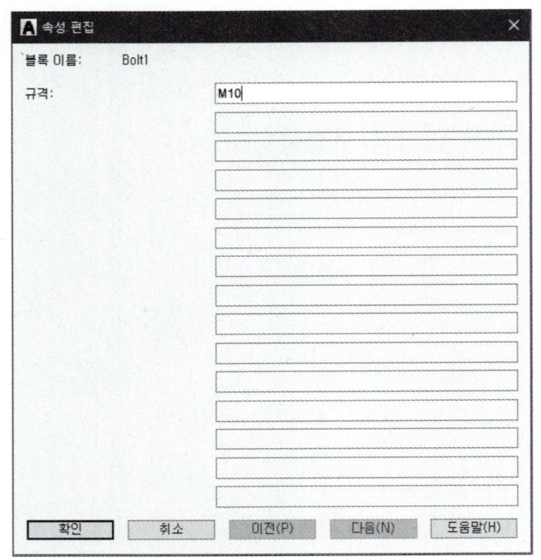

09 [확인]을 클릭하면 다음 그림과 같이 속성이 정의된 블록이 작성되었습니다.

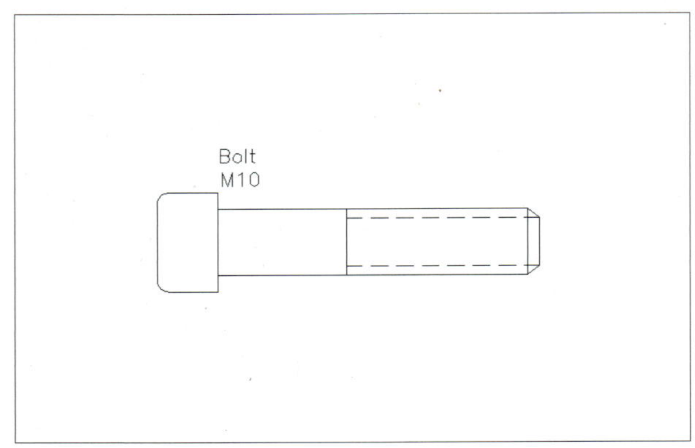

10 다음은 '삽입(INSERT)' 명령으로 작성된 블록을
도면에 삽입합니다. 삽입 대화상자에서'이름(N)'에 'Bolt'
를 지정하고 [확인]을 클릭합니다.
{삽입점 지정 또는 [기준점(B)/축척(S)/회전(R)]:}에서 볼
트를 배치하고자 하는 위치를 지정합니다. {속성값 입력}
{규격:}에서 'M12'를 입력합니다. 다음 그림과 같이 블록
의 삽입과 함께 속성(M12 볼트)이 표시됩니다.

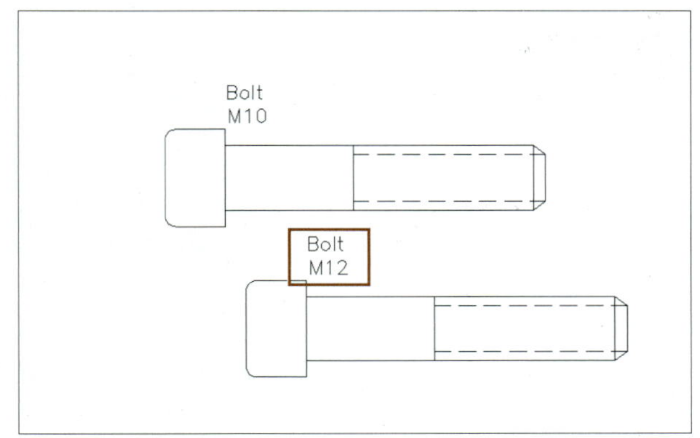

11 동일한 방법으로 볼트를 삽입합니다. 다음 그림과
같이 도면에 12개의 볼트(M10: 7개, M12: 5개)를 삽
입했다고 가정하겠습니다.

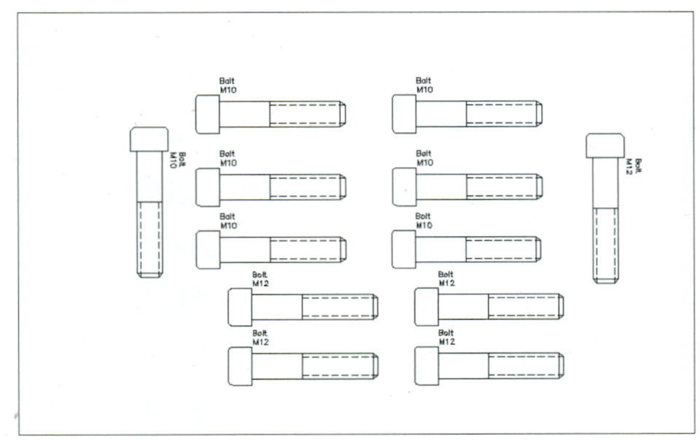

12 속성을 추출하기 위해 템플릿(원형) 파일을 작성합니다. 윈도우의 [시작] 메뉴를 클릭하여 [프로
그램(P)] – [보조 프로그램] – [메모장]을 클릭합니다.
메모장에서 추출하고자 하는 데이터 항목을 다음과 같이 입력합니다.

Type	C0100000
Std.	C0060000

입력이 끝나면 '볼트수량추출.txt'라는 파일 이름으로 저
장합니다.

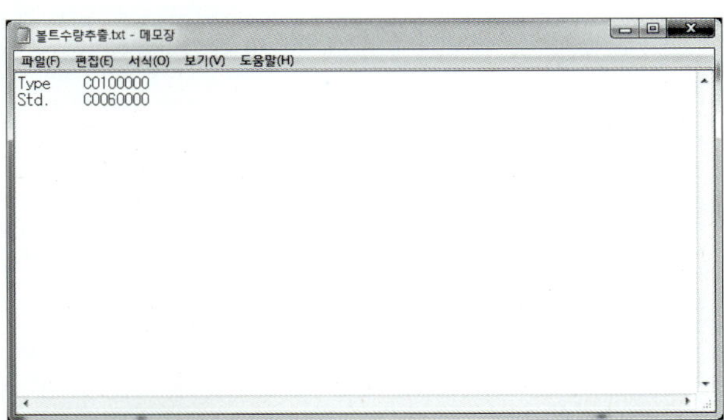

참고 **템플릿 파일 형식**

속성 정보를 추출하기 전에 추출된 속성 정보를 포함하는 파일의 구성을 정의하기 위한 ASCII 템플릿 파일을 작성해야
합니다.

형식은 다음과 같습니다.

(1) 태그 이름 : 속성 태그 필드는 하나 이상 포함해야 합니다. 속성 태그 필드는 속성 추출 파일에 포함되는 속성, 즉 블록
을 지정합니다.

(2) 데이터 유형 : 'C'는 문자, 'N'은 숫자

(3) 필드 길이 및 소수 자리 수 : wwwddd 형식으로 www는 필드의 전체 폭에 대한 세 자리 숫자, ddd는 표시되는 소수
점 이하 자릿수를 나타내는 세 자리 숫자를 의미합니다.

위의 실습에서 작성한 템플릿을 살펴보면 'Type'은 태그 이름, C010000은 데이터가 문자형으로 최대 10자리까지 표현
합니다.

13 속성 추출 명령으로 속성을 추출합니다. 속성 추출
명령을 실행합니다. 명령어 'ATTEXT'를 입력합니다.
다음과 같은 속성 추출 대화상자에서 [템플릿 파일(T)]
을 클릭하여 앞에서 만든 템플릿(원형) 파일을 지정하고
[출력 파일(F)]에 출력하고자 하는 파일명을 입력합니다.
[확인]을 클릭하면 {12개의 레코드가 추출 파일에 있습
니다.}라는 메시지가 표시되면서 속성 추출 파일을 작성
합니다.

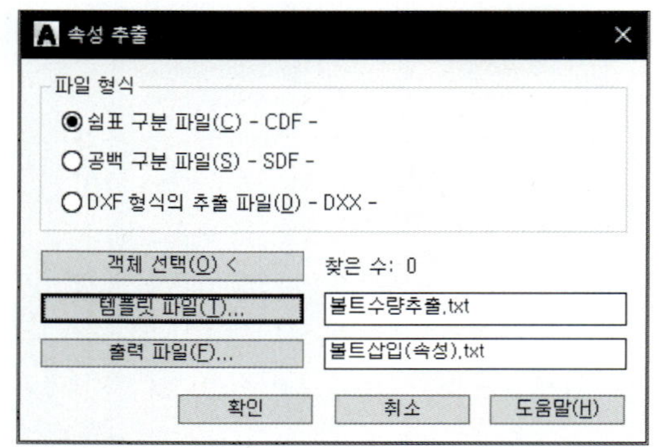

14 메모장을 실행하여 추출 파일을 열어보면 다음 그
림과 같이 표시됩니다. 추출파일 형식을 '쉼표 구분 파일
(CDF)'로 설정했기 때문에 각 필드가 쉼표로 구분되어
표시됩니다.

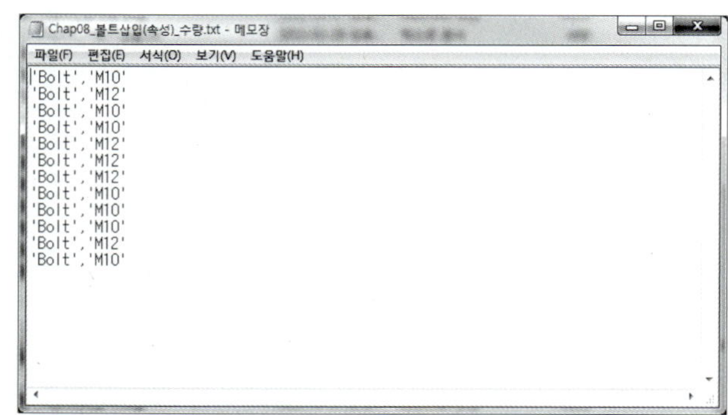

15 이 파일은 표 계산 소프트웨어 '엑셀(Excel)'에서도 열어 볼 수 있습니다. 엑셀 소프트웨어를 실행하여 파일을 엽니다. 그러면 다음과 같은 대화상자가 표시됩니다. 파일의 변환 과정입니다. [다음(N)>]을 클릭합니다.

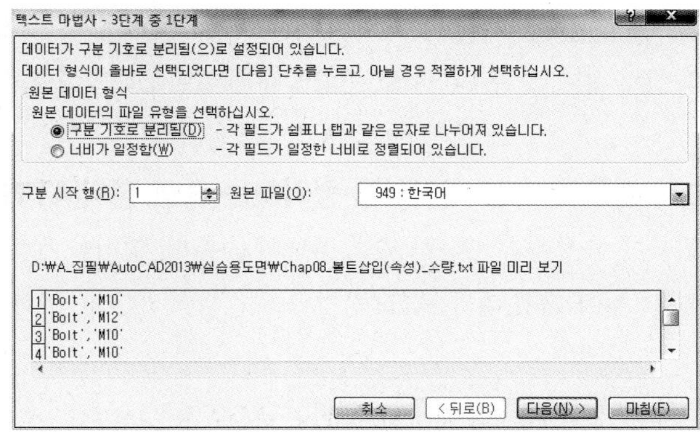

16 다음과 같은 화면이 표시됩니다. '쉼표(C)'를 체크한 후 [다음(N)>]을 클릭합니다.

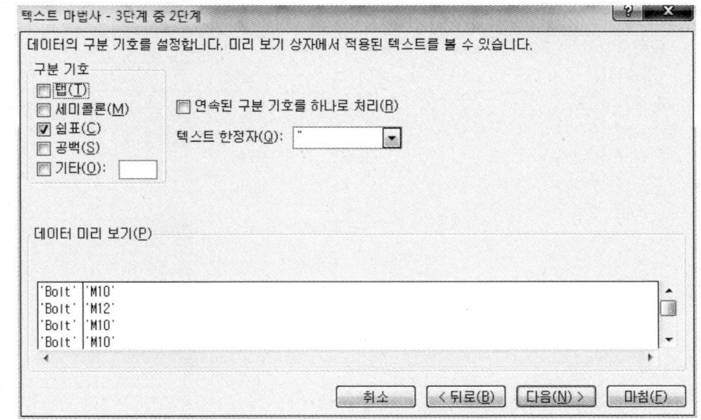

17 다음과 같은 화면이 표시되면 [마침(F)]을 클릭합니다.

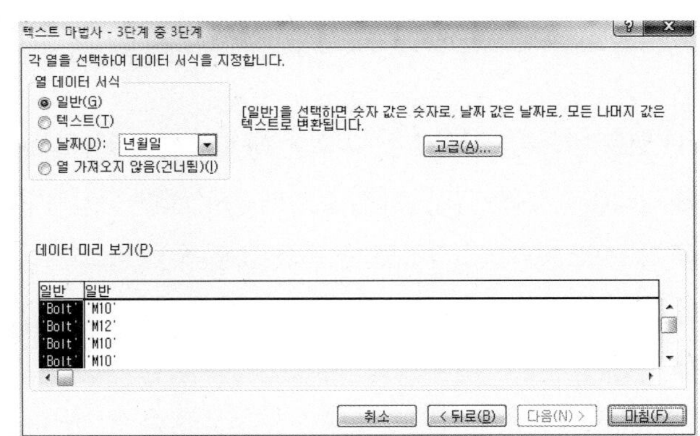

18 다음과 같이 추출된 속성 데이터가 표시됩니다. 이 데이터를 이용하여 수량 집계표, 견적서 등 다양한 출력물을 만들 수 있습니다.

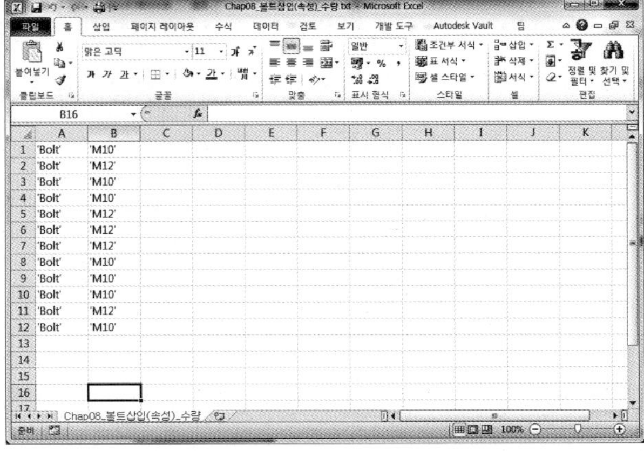

3. 속성관련 기능

속성의 정의 및 추출, 관리 기능에 대해 알아보겠습니다.

01. 블록에 속성 데이터를 정의하는 속성 정의(ATTDEF)

블록에 속성을 부여하기 위한 정보의 종류 및 형식을 정의하는 명령입니다.

명령 : ATTDEF(단축키 : ATT)   메뉴 아이콘 :

다음과 같은 대화상자가 표시됩니다.

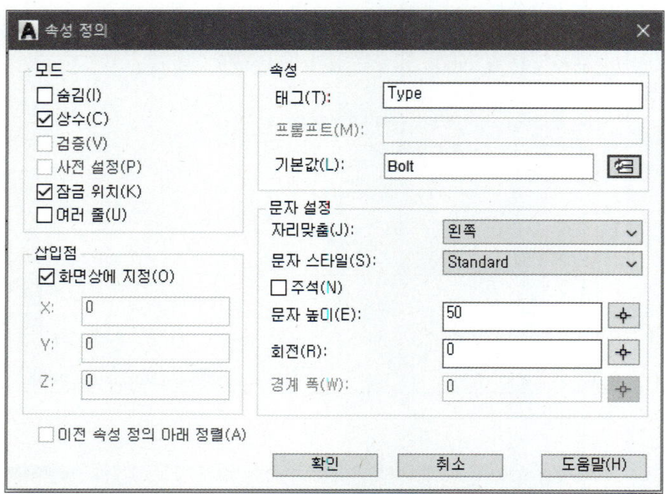

(1) 모드 : 블록을 삽입 또는 정의할 때 다음에서 선택할 수 있습니다.

❶ 숨김(I) : 블록이 도면에 삽입될 때 속성 값을 숨깁니다.

❷ 상수(C) : 블록이 삽입될 때 속성 값을 특정한 값으로 고정시킵니다.

❸ 검증(V) : 블록이 삽입될 때 속성 값이 올바른 값인가 검증합니다.

❹ 사전 설정(P) : 블록이 삽입될 때 속성 값을 자동으로 기본 값(디폴트 값)으로 설정합니다. 이 값은
   '속성 편집(ATTEDIT)' 명령으로 수정할 수 있습니다.

❺ 잠금 위치(K) : 블록 참조 내 속성의 위치를 잠급니다. 잠금이 해제되었을 경우, 속성은 그립 편집을
   사용하는 나머지 블록에 대해 이동될 수 있으며 여러 줄 속성은 크기를 조정할 수 있습니다.

❻ 여러 줄(U) : 속성 값이 여러 줄 문자를 포함할 수 있음을 지정합니다. 이 옵션이 선택된 경우, 속성
   에 대한 경계 폭을 지정할 수 있습니다.

(2) 속성 : 실제 속성을 정의하는 부분입니다. 256자까지 입력할 수 있습니다. 기본값 앞에 공백이 필
   요하면 백슬래시(W)로 문자열을 시작합니다. 첫 번째 문자를 백슬래시로 하려면 2개의 백슬래시로
   문자열을 시작합니다.

❶ 태그(T) : 속성을 식별할 수 있는 이름을 부여합니다.

❷ 프롬프트(M) : 블록이 삽입될 때 명령어 영역에 표시될 문자(메시지)를 지정합니다.

❸ 기본값(L) : 속성의 초기(기본) 값을 지정합니다.

(3) **삽입점** : 속성 문자의 위치를 지정합니다. '화면상에 지정(O)'을 체크하여 화면에서 위치를 지정할 수도 있고 X, Y, Z 좌표를 입력하여 지정할 수도 있습니다.

(4) **문자 설정** : 속성 문자를 표기하기 위한 방법을 정의합니다.

❶ 자리 맞춤(J) : 문자의 표기 형식을 지정합니다. 〈TEXT 명령 참조〉

❷ 문자 스타일(S) : 문자의 유형을 지정합니다.

❸ 주석(N) : 속성이 주석임을 지정합니다. 블록이 주석형이면 속성은 블록의 방향과 일치하게 됩니다.

❹ 높이(E) : 문자의 높이를 지정합니다.

❺ 회전(R) : 문자의 표기 각도를 지정합니다.

02. 정의된 속성 데이터를 수정하는 속성 편집(ATTEDIT)

속성 값을 편집합니다. 도면에 표시된 속성들만이 편집 대상이 됩니다.

명령 : ATTEDIT(단축키 : ATE, ATTE)　　　　　　메뉴 아이콘 :

{블록 참조를 선택하십시오.}에서 속성이 정의된 블록을 선택하면 다음과 같은 대화상자가 표시됩니다.

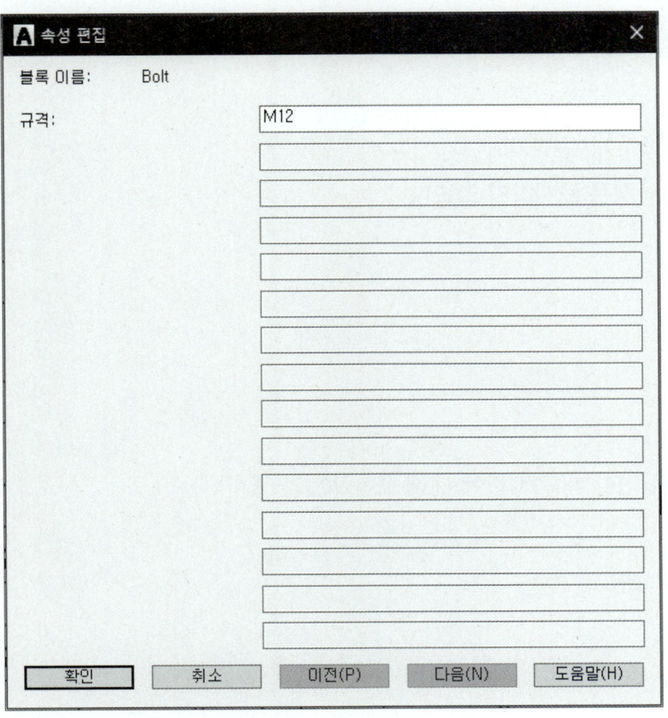

(1) 블록 이름 : 선택한 블록의 이름이 표시됩니다.

(2) 속성 리스트와 속성 값 : 왼쪽에는 속성 목록이 표시되고 오른쪽에는 속성 값이 표시됩니다. 이 편집 상자에서 속성 값을 수정합니다.

(3) [이전(P)]과 [다음(N)]은 속성 리스트의 항목 수가 8개가 넘어선 경우는 다음 페이지를 표시하거나 이전 페이지를 표시합니다.

참고   고급 속성 편집기

고급 속성 편집기를 통해 속성뿐 아니라 문자 높이와 같이 문자 옵션과 도면층, 색상과 같은 특성 값을 편집할 수 있습니다.

명령 : DDEDIT   메뉴 아이콘 : A

{주석 객체 선택 또는 [명령 취소(U)]:}에서 속성이 부여된 블록을 선택하면 다음과 같은 고급 속성 편집기가 표시됩니다.

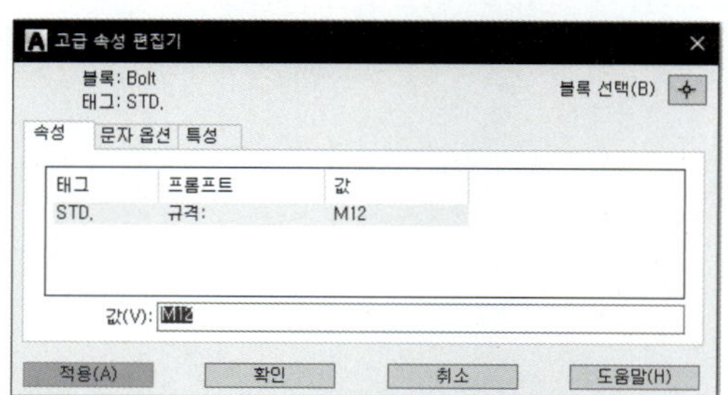

- '속성' 탭 : 해당 속성의 값을 편집합니다.
- '문자 옵션' 탭 : 문자의 스타일, 자리 맞춤, 높이 등 문자와 관련된 환경을 편집합니다.
- '특성' 탭 : 도면층, 선 종류, 색상, 선 가중치 등 특성을 편집합니다.

---

03. 속성 데이터의 표시를 제어하는 속성 표시(ATTDISP)

도면에서 블록 속성의 표시/비표시를 지정합니다.

명령 : ATTDISP   메뉴 : [뷰(V)]-[화면 표시(L)]-[속성 화면표시(A)]-[켜기(O)/끄기(F)]

{속성 화면 표시 설정값 입력 [일반(N)/켜기(ON)/끄기(OFF)] 〈일반〉:}

(1) 일반 : 속성 정의에서 모드의 '숨김(I)' 옵션이 지정된 속성은 표시하지 않습니다.

(2) 켜기(ON) : 모든 속성을 표시합니다.

(3) 끄기(OFF) : 모든 속성을 표시하지 않습니다.

---

04. 속성 데이터를 관리하는 속성 관리(BATTMAN)

블록의 속성 정의를 편집하거나 제거할 수 있고, 블록을 삽입할 때 속성값에 대해 프롬프트가 표시되는 순서를 변경할 수도 있습니다.

명령 : BATTMAN   메뉴 아이콘 :

'블록 속성 관리' 명령을 실행하면 다음 그림과 같은 블록 속성 관리자가 나타납니다. 현재 도면에 등록된 블록에 대한 속성에 대한 정보를 표시하고 동기화, 편집, 제거 등을 할 수 있습니다.

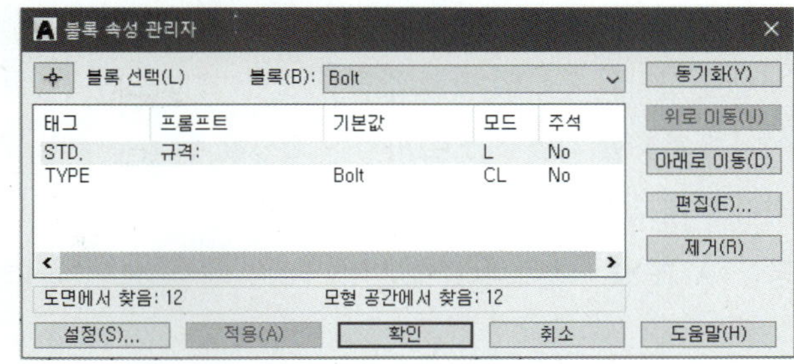

[편집(E)]을 클릭하면 다음과 같은 대화상자에서 속성을 편집합니다.

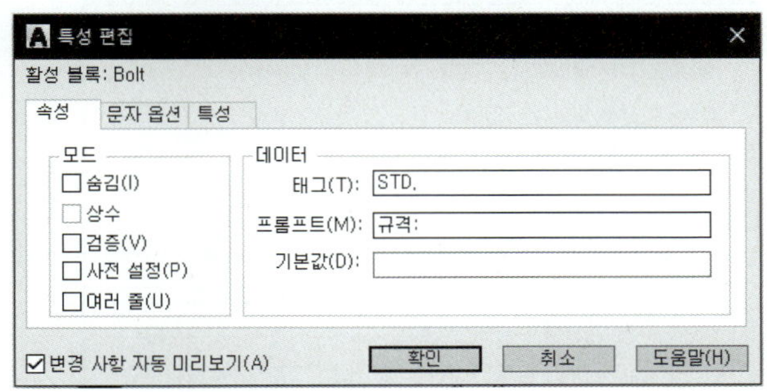

05. 속성 데이터를 갱신하는 속성 동기화(ATTSYNC)

지정된 블록 정의의 새로운 속성 및 변경된 속성으로 블록 참조를 갱신합니다. 즉, 변경된 속성으로 바꿔줍니다.

명령 : ATTSYNC   메뉴 아이콘 :

{옵션 입력 [?/이름(N)/선택(S)] 〈선택〉:}에서 선택 'S'를 입력합니다.

{블록 선택:}에서 블록 객체를 선택합니다.

{ATTSYNC 블록 Bolt입니까? [예(Y)/아니오(N)] 〈예〉:}에서 'Y'를 입력합니다.

{ATTSYNC 완료}라는 메시지가 표시됩니다.

옵션 설명

- **?** : 도면의 모든 블록 정의 리스트가 표시합니다.
- **이름(N)** : {동기화할 블록 이름 또는 [?] 입력:}에서 블록의 이름을 지정하여 갱신합니다.
- **선택(S)** : 객체를 지정하여 갱신합니다.

06. 속성 데이터를 뽑아내는 속성 추출(ATTEXT)

속성이 정의된 블록의 속성 값을 추출합니다. 도면에서 속성 정보를 추출하여 데이터베이스 소프트웨어에서 사용할 개별 텍스트 파일을 작성할 수 있습니다. 도면에 작도된 도형으로부터 부품 리스트를 작성하는 데 유용합니다.

명령 : ATTEXT   메뉴 : [도구(T)]–[데이터 추출(X)]

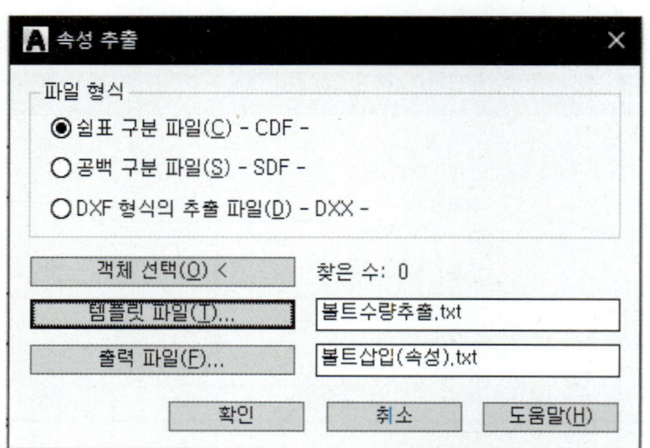

(1) **파일 형식 :** 출력 파일의 형식을 지정합니다.

❶ 쉼표 구분 파일(C) −CDF− : 각 필드가 콤마(,)로 분리되고 작은 따옴표(')로 묶인 파일을 출력합니다.

❷ 공백 구분 파일(S) −SDF− : 각 필드가 공백으로 구분된 파일을 출력합니다. 각 필드의 길이는 고정됩니다.

❸ DXF 형식의 파일 출력(D) −DXX− : DXF 형식으로 출력됩니다.

(2) **객체 선택(O) :** 추출하고자 하는 객체를 선택합니다.

(3) **템플릿 파일(T) :** 템플릿(원형) 파일의 폴더와 이름을 지정합니다.

(4) **출력 파일(F) :** 출력하고자 하는 파일의 폴더와 이름을 지정합니다.

LESSON 02 필드의 활용

도면 내의 문자 정보를 활용하는 방법으로 필드가 있습니다. 정보 활용에 유용한 필드의 활용에 대해 학습합니다.

1. 필드란?

필드(FIELD)는 도면의 생명주기 동안 객체 또는 도면의 특성 정보를 참조하여 문자로 값을 표현하는 '갱신 가능한 문자'입니다. 관련된 객체 또는 특성과 동적으로 링크되어 정보가 바뀌면 바뀐 정보가 동적으로 갱신되어 표시됩니다. 예를 들어, 뷰 포트의 축척 값을 필드로 표현해놓으면 뷰 포트의 축척을 바꾸면 필드 정보도 갱신되어 바뀐 축척을 표시해줍니다.

다음은 오각형의 면적을 필드로 기록해 오각형의 크기가 바뀌면 면적 값도 자동으로 갱신됩니다. 다음 그림에서 회색바탕의 문자가 필드 문자입니다.

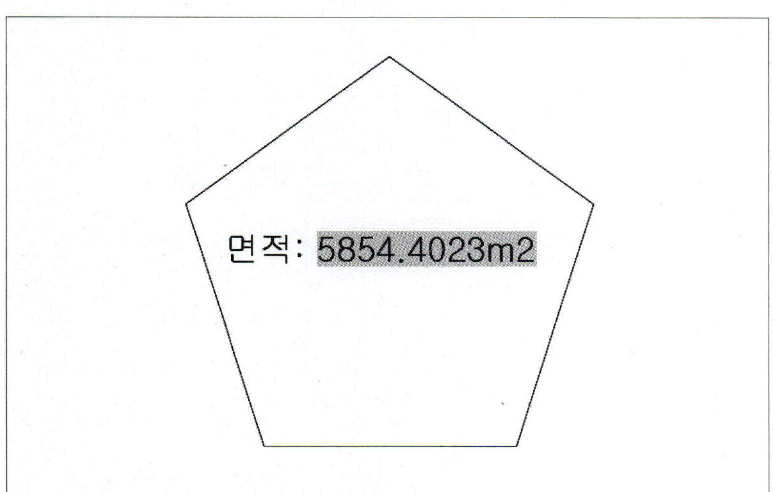

2. 필드의 작성

다음의 따라하기 실습을 통해 필드의 작성 방법과 개념을 이해하도록 하겠습니다.

01 '다각형(POLYGON)' 명령으로 한 변의 길이가 '100'인 육각형을 작도합니다.

02 여러 줄 문자 명령으로 문자를 작성합니다. 명령어 'MTEXT' 또는 'MT', 'T'를 입력하거나 '홈' 탭의 '주석' 패널 또는 '문자' 도구막대에서 **A**을 클릭합니다.

{현재 문자 스타일: "Standard" 문자 높이: 2.5}
{첫 번째 구석 지정:}에서 문자를 작성할 범위의 첫 번째
점을 지정합니다.
{반대 구석 지정 또는 [높이(H)/자리맞추기(J)/선 간격두
기(L)/회전(R)/스타일(S)/폭(W)]:}에서 문자를 작성할
범위의 반대 구석을 지정합니다. 다음 그림과 같이 여러
줄 문자 편집기가 표시됩니다. 문자 크기를 '10'으로 설
정합니다. 문자 입력기에서 'Length = '를 입력합니다.

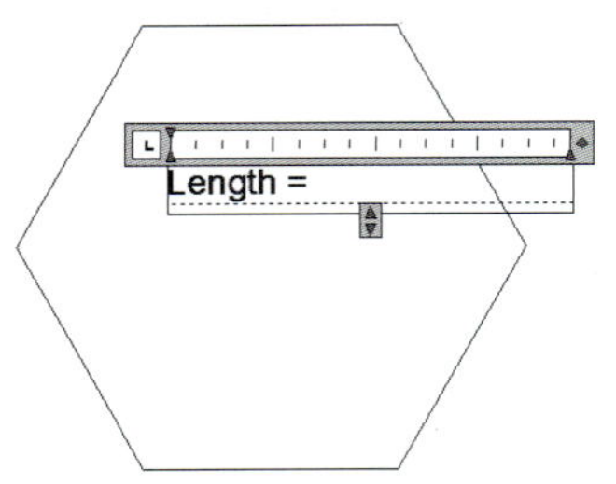

03 **필드의 삽입 :** 상단의 '삽입' 패널에서 '필드 ▥'를
누릅니다.

tip!

필드 삽입을 위한 또 다른 방법은 'Length ='를 입력한 후 마우스 오른쪽
버튼을 누릅니다. 다음 그림과 같이 바로가기 메뉴가 표시되면 '필드 삽
입(L)'을 클릭합니다. 또는 〈Ctrl〉 + 'F' 키를 누릅니다.

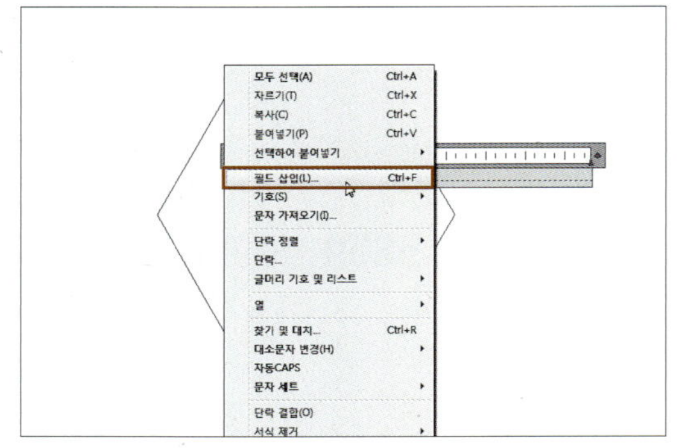

04 다음과 같은 필드 대화상자가 표시됩니다. '필드 범
주(C)'에 '객체'를 선택하고 '필드 이름(N)'에서 '객체'를
선택합니다. '객체 유형'에서 ⊕을 클릭하여 작도한 육각
형을 선택한 후 '특성(R)'에서 '길이'를 선택합니다. 다음
으로 '형식(F)'에서 '십진'을 선택하고 '정밀도(R)'를
'0.00'으로 선택합니다.

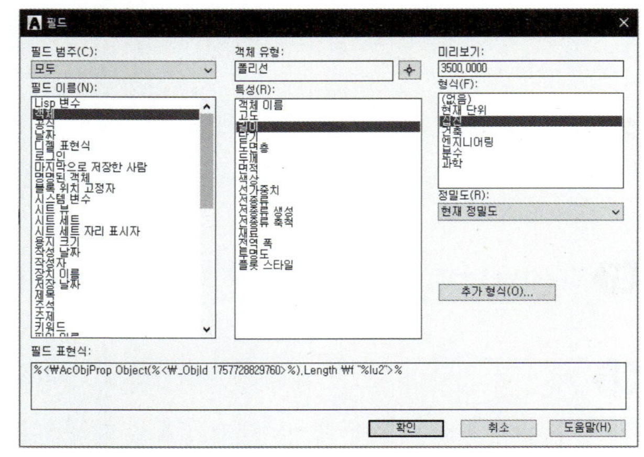

05 [추가 형식(O)]을 클릭하면 다음과 같은 '추가 형식' 대화상자가 펼쳐집니다. '꼬리말(S)'에 'mm'을 입력한 후 [확인]을 클릭합니다.

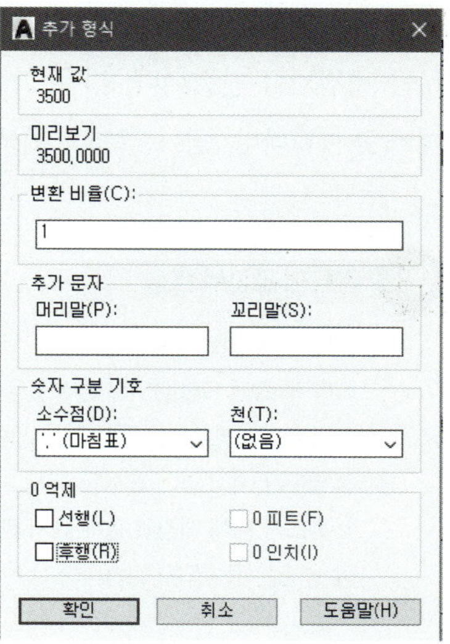

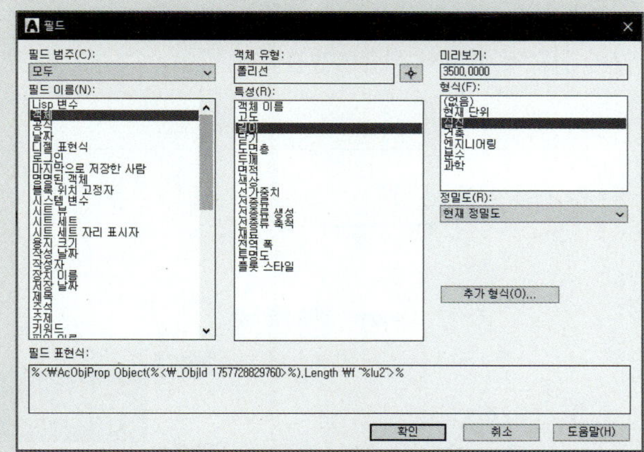

필드 대화상자

(1) **필드 범주(C)** : '필드 이름'에 나열될 날짜 및 시간, 문서, 객체 등 필드 유형을 설정합니다. 범주의 선택에 따라 필드 이름 및 하위 항목이 달라집니다.

(2) **필드 이름(N)** : 선택한 범주에서 사용할 수 있는 필드를 나열합니다. 필드에서 사용할 수 있는 옵션을 표시할 필드 이름을 선택합니다. 실습에서는 '객체'를 지정했습니다.

(3) **객체 유형** : 도면에 있는 명명된 객체의 유형을 나열합니다. 객체 선택 버튼 ✦ 을 사용하여 객체를 선택하면 선택한 객체의 유형을 표시합니다.

(4) **특성(R)** : 도면에 있는 선택된 유형의 모든 객체 이름 또는 특성을 나열합니다. 필드 이름에서 객체를 선택하면 필드로 사용할 수 있는 선택된 객체의 특성을 나열합니다. 속성을 가진 블록을 선택하면 특성 목록의 속성 이름이 표시됩니다.

(5) **미리 보기** : 데이터의 표시 형태를 미리 볼 수 있도록 표시합니다.

(6) **형식(F)** : 선택한 데이터의 형식을 지정합니다.

(7) **정밀도(R)** : 선택한 형식을 기준으로 필드의 정밀도(소수점 이하 자릿수)를 지정합니다.

(8) **추가 형식(O)** : 필드 및 테이블 셀의 추가 형식 옵션을 대화상자를 통해 설정합니다.

06 필드 대화상자로 돌아오면 [확인]을 클릭합니다. 문자 편집기를 닫습니다. 다음 그림과 같이 육각형의 길이가 표시됩니다. 필드 값에는 회색으로 표시됩니다.

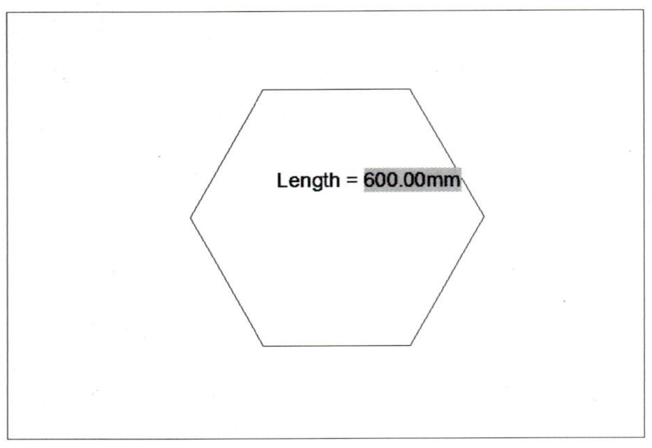

참고 필드의 배경색 조정

필드의 배경을 회색 배경으로 표시할지 여부를 조정할 수 있습니다. 명령어 'FIELDDISPLAY'를 입력합니다.

{FIELDDISPLAY에 대한 새 값 입력 〈1〉:}에서 값을 지정합니다.

0: 필드가 배경 없이 표시됩니다.

1: 필드가 회색 배경과 함께 표시됩니다.

단, 배경은 플롯되지 않습니다.

3. 필드의 갱신

필드가 가진 정보는 도면 및 특성의 변화에 따라 갱신됩니다. 앞의 실습에 이어서 실습하겠습니다.

07 필드 값을 변화를 알아보기 위해 다음과 같이 육각형의 크기를 변경해 보겠습니다. 육각형 객체를 클릭하여 그립이 나타나면 그립을 클릭합니다.

{ ** 신축 **}

{신축점 지정 또는 [기준점(B)/복사(C)/명령 취소(U)/나가기(X)]:}에서 마우스를 움직여 육각형의 크기를 늘립니다.

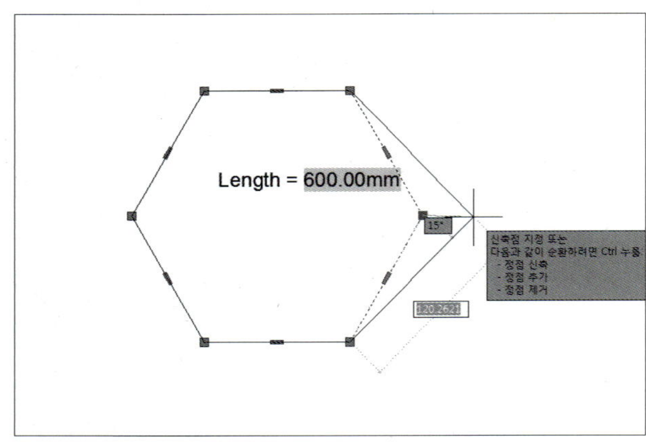

08 〈ESC〉 키를 눌러 선택된 그립을 해제합니다.

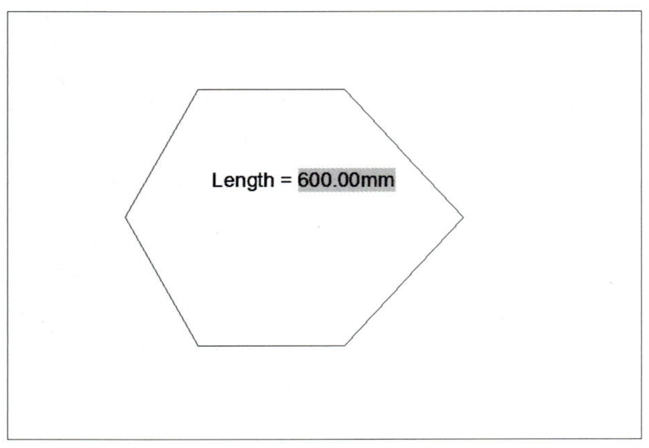

09 여러 줄 문자('Length = 600.00mm')를 더블클릭하여 여러 줄 문자 편집기를 엽니다. 편집기에서 필드 문자를 클릭하여 마우스 오른쪽 버튼을 누릅니다. 바로 가기 메뉴에서 '필드 업데이트(D)'를 클릭합니다.
또는 '삽입' 탭의 '데이터' 패널에서 '필드 업데이트 📳'를 클릭하거나 명령어 'UPDATEFIELD'를 입력합니다.

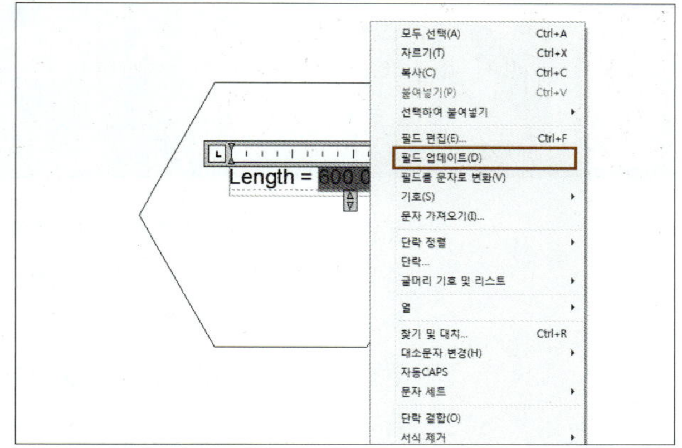

10 필드가 업데이트(갱신)됩니다. 여러 줄 문자 편집기를 닫습니다. 다음 그림과 같이 도형의 크기의 변화에 맞춰 길이 값을 가진 필드가 갱신됩니다.

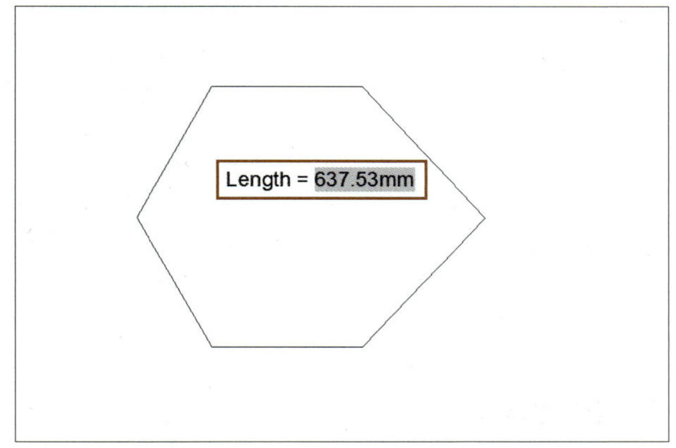

tip!

테이블에도 필드를 삽입할 수 있습니다. 필드를 삽입하고자 하는 테이블의 셀 내부를 더블클릭하여 선택한 후 마우스 오른쪽 버튼을 눌러 바로 가기 메뉴에서 '필드 삽입(L)'을 클릭하여 삽입합니다.

참고 필드의 자동 업데이트

사용자 기본 설정 탭(옵션 대화상자)의 설정은 필드가 자동으로 업데이트되는지 또는 요청 시 업데이트되는지 조정합니다(시스템 변수: FIELDEVAL).
[응용 프로그램 메뉴 📇]-[옵션]을 클릭합니다. '옵션' 대화상자에서 '사용자 기본 설정' 탭을 선택합니다.
[필드 업데이트 설정(F)]을 클릭하면 다음과 같이 '필드 업데이트 설정' 대화상자가 나타납니다. 자동으로 업데이트할 항목을 체크합니다. 체크한 항목의 동작이 수행될 때 필드 값을 자동으로 업데이트합니다. 단, 날짜 필드는 설정에 관계없이 수동으로 업데이트해야 바뀝니다.

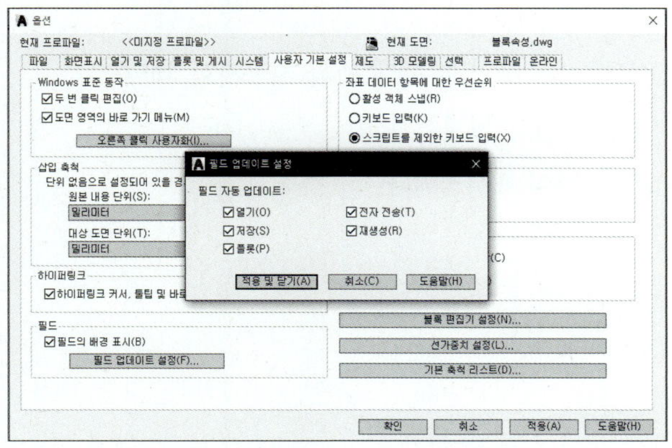

CHAPTER 12 사용자 환경

도면을 작성할 때 작업의 효율을 높이기 위해서는 여러 요인이 작용합니다. 작업 효율을 높이기 위한 중요한 요인 중 하나는 자신의 작업 패턴에 맞는 환경을 구축하는 것입니다. 메뉴를 쉽게 접근하거나 마우스 이동을 짧게 하는 것이 작은 것이지만 큰 프로젝트를 수행하는데 있어서는 많은 차이를 나게 만듭니다. 이번에는 작업 효율을 향상시키기 위해 사용자 환경 구축과 관리 도구에 대해서 알아보겠습니다.

LESSON 01 사용자 환경 구축하기

사용자 인터페이스를 어떻게 구축하느냐에 따라 조작의 편의와 업무 효율의 향상을 도모할 수 있습니다. 즉, 사용하기 쉬운 인터페이스를 구축함으로써 신속한 접근과 조작의 편리성을 꾀할 수 있습니다. 도면 작업의 효율을 높일 수 있는 사용자 환경을 자신의 작업 패턴에 맞게 구축하는 방법과 환경 설정에 대해 알아보겠습니다.

1. 자신만의 리본 패널 만들기

AutoCAD에서 기본적으로 제공되는 리본 패널은 사용자에 따라 사용하지 않는 명령 컨트롤이 있기도 하고, 자주 사용하는 명령인데도 패널에는 없을 수도 있습니다. 이 리본 패널을 사용자가 자신의 작업 환경에 맞게 사용자화할 수 있습니다.

명령 : CUI   메뉴 아이콘 : 

작업공간, 도구막대, 메뉴, 바로 가기 메뉴 및 키보드 바로 가기와 같은 사용자화된 사용자 인터페이스 요소를 관리합니다.

01 인터페이스 사용자화 명령을 실행합니다. 명령어 'CUI'를 입력하거나 '관리' 탭의 '사용자화' 패널에서 메뉴 아이콘을 클릭합니다. 다음과 같은 대화상자가 펼쳐집니다.
목록에서 '리본'을 클릭합니다. 다음 그림과 같이 리본 패널의 목록이 표시됩니다.

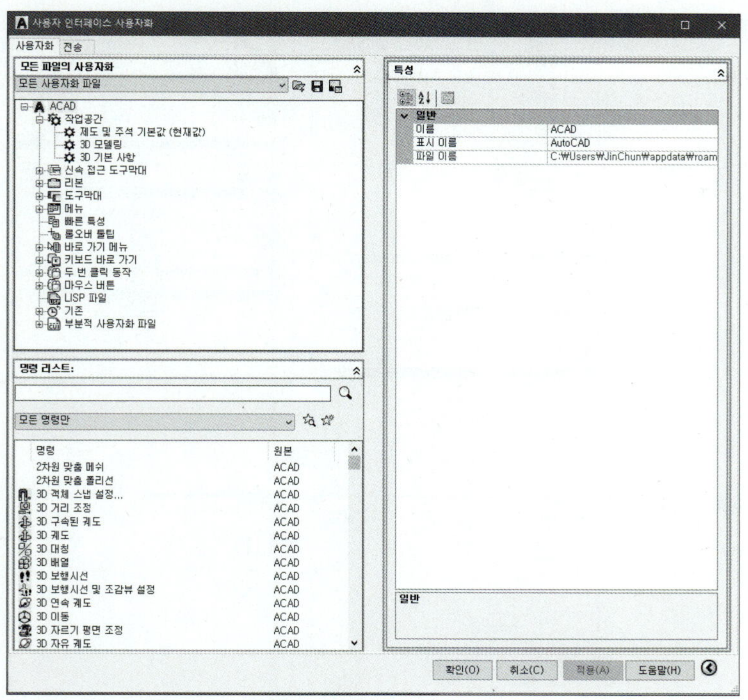

02 '리본'을 클릭한 후 '패널'에 마우스를 대고 오른쪽 버튼을 누릅니다. 다음 그림과 같이 바로가기 메뉴가 나타나면 '새 패널'을 클릭합니다.

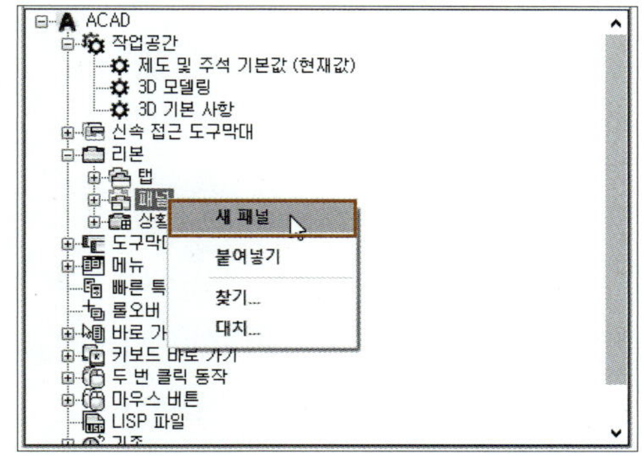

03 새 패널의 명칭을 입력합니다. 여기에서는 '나의 패널'이라는 이름을 부여하겠습니다. 이 이름은 '이름 바꾸기'를 통해서 바꿀 수도 있고 오른쪽의 속성 창에서 이름을 바꿀 수도 있습니다.

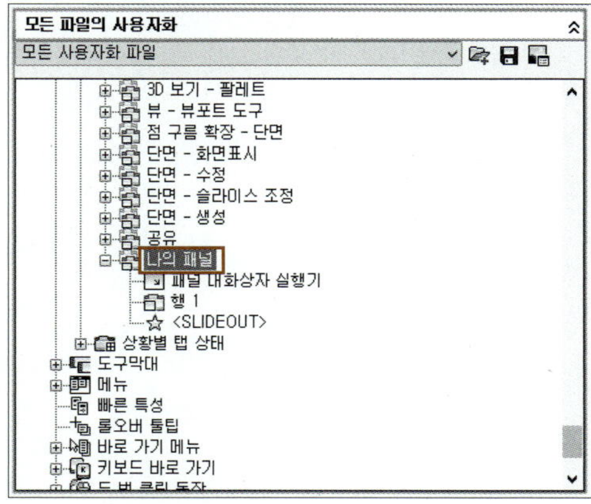

04 첫 번째 행에 명령 컨트롤을 추가하겠습니다. 하단의 명령 리스트에서 '선(LINE) ╱' 명령을 찾아 마우스 왼쪽 버튼을 누른 채 끌고(드래그) '나의 패널'의 '행 1'로 가져갑니다. 이때 명령 컨트롤이 고정될 위치에 삼각형 마크가 나타납니다. 이때 마우스 왼쪽 버튼을 놓습니다.

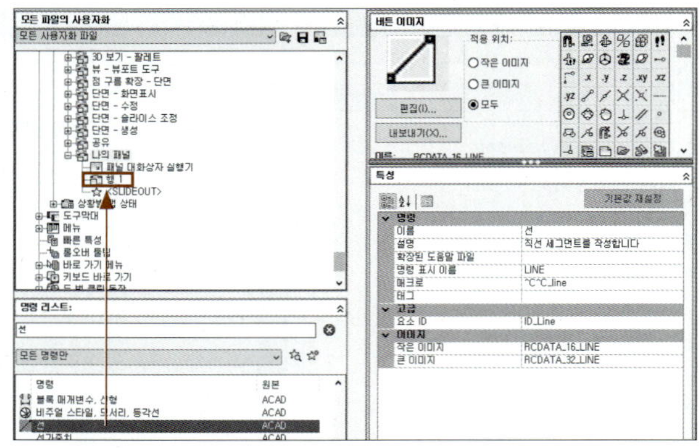

05 다음 그림과 같이 명령 컨트롤(선 명령)이 해당 위치에 나타납니다. 오른쪽의 '패널 미리보기'에도 명령 컨트롤이 나타납니다.

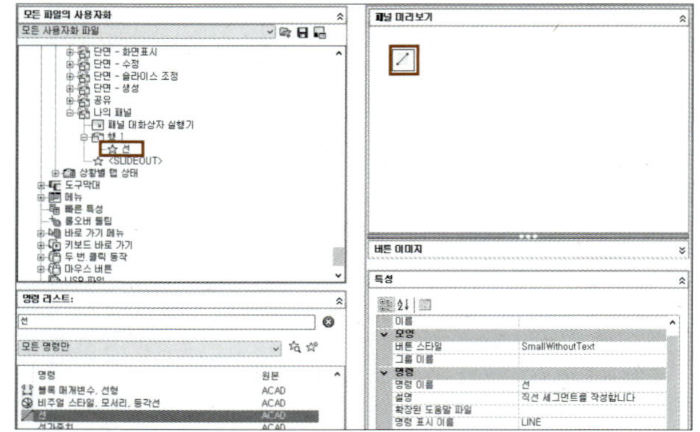

06 동일한 방법으로 '원(CIRCLE)', '호(ARC)', '프리핸드 구름형 리비전(REVCLUD)', '폴리선(PLINE)'을 차례로 배치합니다. 다음 그림과 같이 작성됩니다.

tip!

앞에서는 하나씩 지정하여 범위를 선택하여 만들었습니다만 〈Shift〉 키 또는 〈Ctrl〉 키를 눌러 여러 개의 명령 컨트롤을 지정하여 동시에 작성할 수도 있습니다.

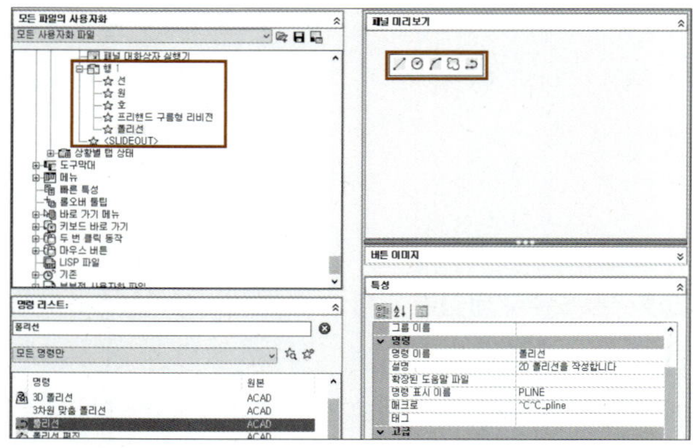

07 리본 패널이 완성되었으면 하단의 [적용(A)]를 클릭합니다. 이렇게 하여 '나의 패널'이라는 리본 패널이 만들어졌습니다. 다음 과정에서는 이렇게 작성한 패널을 탭에 넣습니다.

2. 리본 패널을 관리하는 리본 탭 만들기

리본 탭은 패널의 집합으로 구성됩니다. 리본 탭을 대분류로 가정하면 패널은 하위 개념으로 중분류에 해당됩니다. 여기에서는 대분류가 되는 리본 탭을 작성하는 방법에 대해 살펴보도록 하겠습니다.

명령 : CUI　　　　　　　　　　　　　　　　　　메뉴 아이콘 : 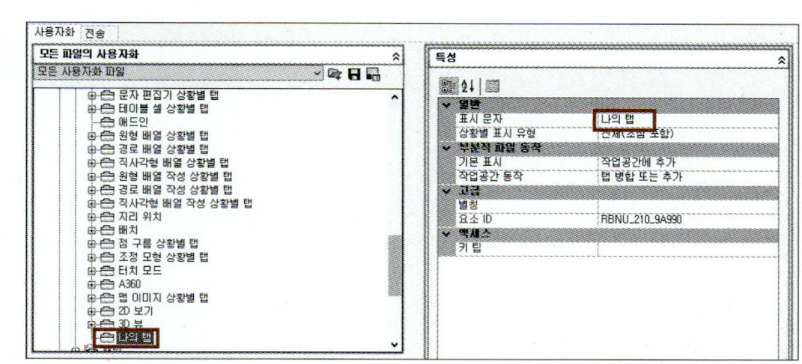

01 앞에서와 같은 '사용자화(CUI)' 환경에서 진행하도록 하겠습니다. 새로 작성하는 방법은 '리본 패널'과 동일합니다. '리본 탭'에 마우스를 대고 오른쪽 버튼을 눌러 바로가기 메뉴에서 '새 탭'을 클릭하여 작성할 탭의 명칭을 입력합니다.
여기에서는 '나의 탭'이라는 이름을 부여하겠습니다.

02 다음은 새로 만든 탭(나의 탭)에 리본 패널을 넣어 보도록 하겠습니다. 탭에 넣고자 하는 패널을 선택(예: 나의 패널)합니다. '패널' 앞에 붙은 '+'를 눌러 리본 패널 목록을 확장합니다. 리본 패널에서 앞에서 작성한 '나의 패널'을 선택한 후 마우스 오른쪽 버튼을 누릅니다. 바로가기 메뉴에서 '복사'를 클릭합니다.

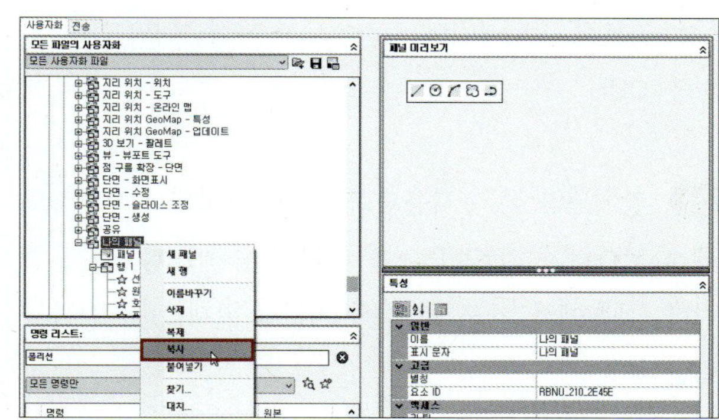

03 다음은 선택한 패널을 추가하고자 하는 탭을 찾습니다. 여기에서는 앞에서 새로 만든 '나의 탭'을 선택한 후 마우스 오른쪽 버튼을 클릭합니다. 바로가기 메뉴에서 '붙여넣기'를 클릭합니다. 〈Ctrl〉 키를 눌러 복수의 패널을 선택할 수도 있습니다.

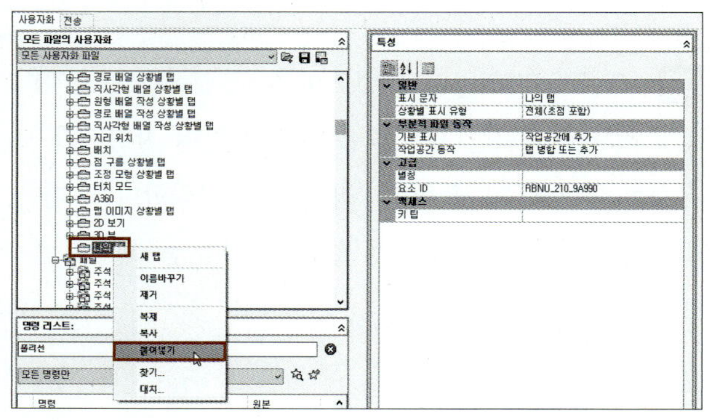

04 다음 그림과 같이 선택한 패널(나의 패널)이 지정한
탭(나의 탭)에 추가됩니다.

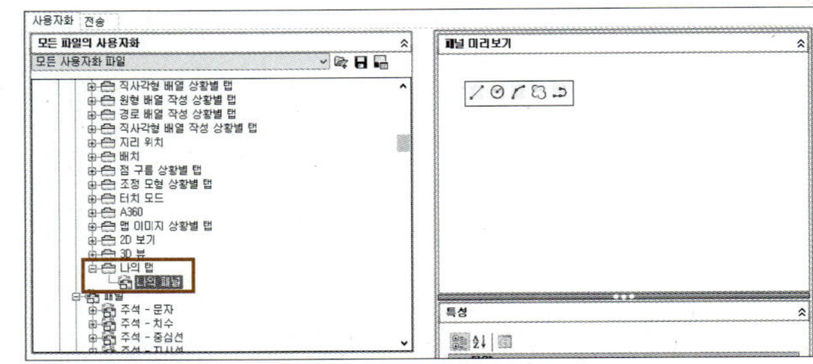

이와 같은 방법으로 사용자화하고자 하는 탭에 차례로
패널을 추가합니다.

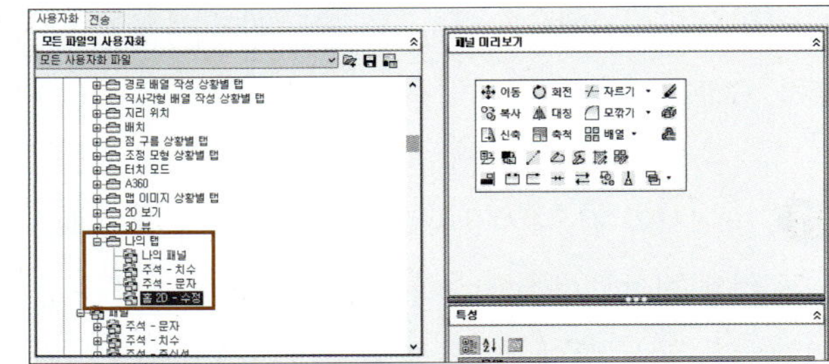

3. 리본에 탭 추가

지금부터 작업공간에 자신만의 메뉴를 추가하도록 하겠습니다. 앞에서 작성한 탭(나의 탭)을 '제도 및
주석 기본값' 작업공간에 추가하도록 하겠습니다.

명령 : CUI   메뉴 아이콘 : 🔲

01 앞에서와 같은 '사용자화(CUI)' 환경에서 진행하도
록 하겠습니다. '작업공간'을 더블클릭하여 메뉴를 펼칩
니다. 목록에서 '제도 및 주석 기본값(현재값)'을 더블클
릭합니다.

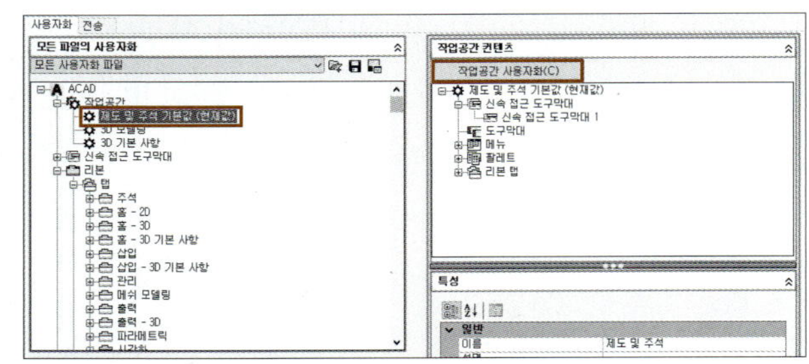

02 오른쪽 '작업공간 컨텐츠'에서 [작업공간 사용자화
(C)] 버튼을 클릭합니다. 다음 그림과 같이 작업공간 사
용자화 화면으로 바뀝니다. '리본 탭'을 클릭합니다. 다음
그림과 같이 리본 탭 메뉴가 펼쳐집니다.

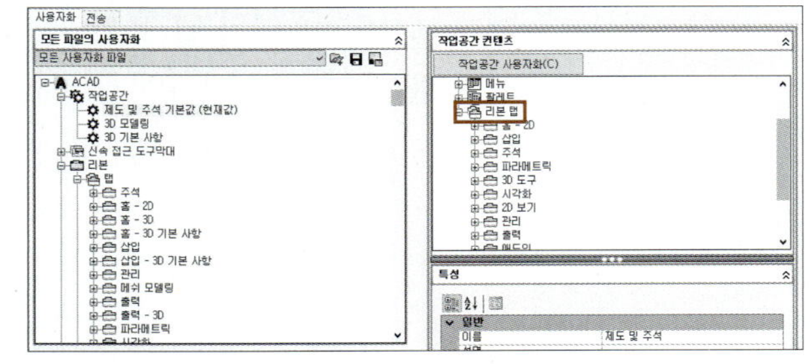

03 왼쪽의 '리본'의 '탭' 트리 목록에서 삽입하고자 하는 탭을 선택합니다. 여기에서는 앞의 실습에서 작성한 '나의 탭'을 체크합니다. 체크와 동시에 오른쪽의 '작업공간 컨텐츠'에 '나의 탭'이 삽입됩니다.

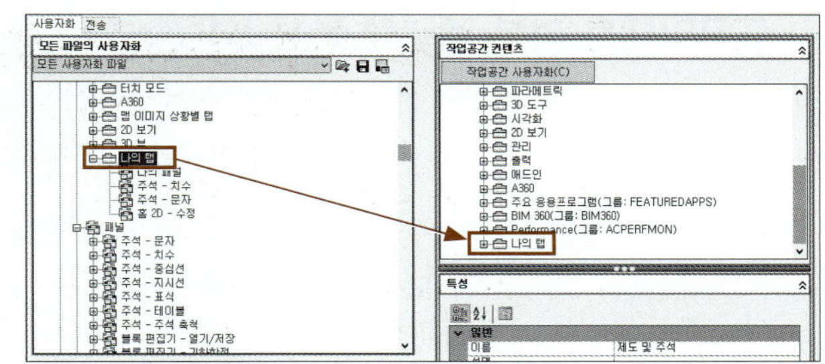

04 [적용(A)]을 클릭한 후 [확인(O)]을 클릭하여 사용자화 작업을 종료합니다. 확인과 함께 다음 그림과 같이 '나의 탭'이 나타납니다. '나의 탭' 안에서 사용자가 설정한 패널(나의 패널)이 나타납니다.

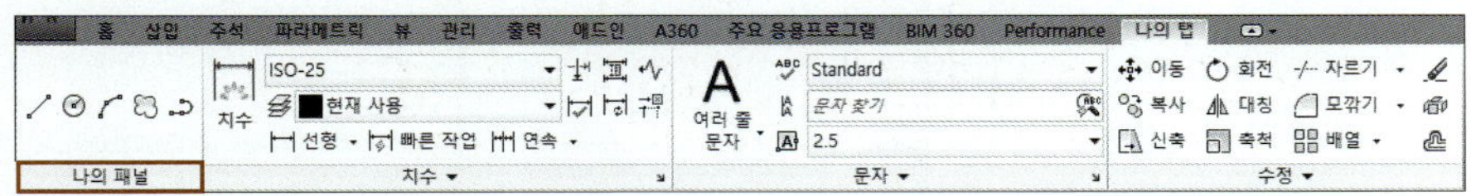

05 작업공간에는 정의되어 있으나 화면에 표시하지 않고자 할 때는 다음과 같이 실행합니다. 탭이 있는 영역에 마우스를 대고 오른쪽 버튼을 클릭합니다. 다음 그림과 같이 바로가기 메뉴가 나타나면 '탭 표시'를 클릭합니다. 나타난 목록에서 표시하지 않고자 하는 탭(나의 탭)을 클릭하여 체크를 없앱니다.

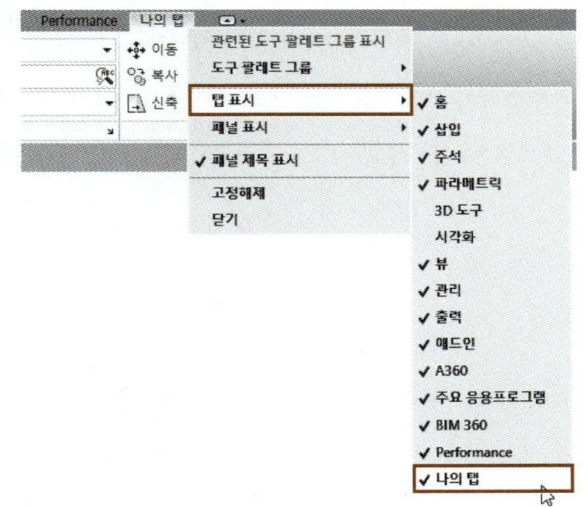

06 다음 그림과 같이 탭 메뉴에서 '나의 탭'이 사라집니다.

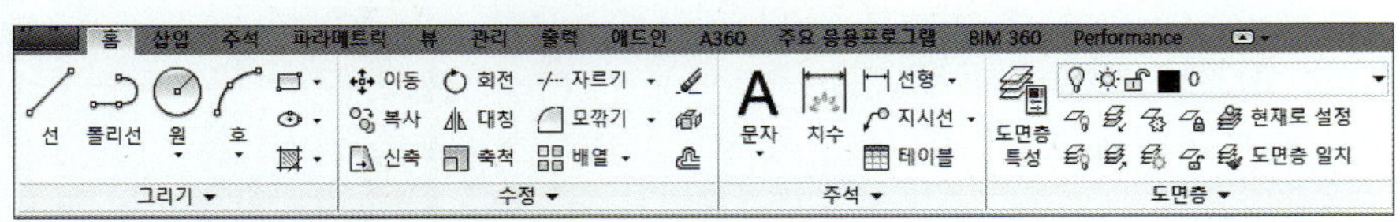

작업공간에 메뉴를 추가, 제거하는 작업은 앞에서 연습한 '리본 탭'뿐 아니라 신속접근 도구막대, 도구막대, 메뉴막대(풀다운 메뉴) 등 모든 사용자 인터페이스에 해당됩니다.

4. 도구막대를 리본 패널에 복사

이전 버전부터 AutoCAD를 사용하고 있는 사용자라면 리본 패널보다는 도구막대에 익숙해져 있습니다.
도구막대를 펼쳐놓고 작업하는 방법도 있지만 리본 패널에 도구막대의 명령 컨트롤을 복사해서 사용할
수도 있습니다. 이번에는 도구막대의 컨트롤을 리본 패널에 복사하는 방법에 대해 살펴보겠습니다.
이번 실습에서는 '객체스냅' 도구막대를 앞에서 작성한 리본 탭 '나의 탭'에 추가하도록 하겠습니다.

01 인터페이스 사용자화 명령을 실행합니다. 명령어
'CUI'를 입력하거나 '관리' 탭의 '사용자화' 패널에서 ▣
을 클릭합니다. 목록에서 '도구막대'를 클릭합니다. 다음
그림과 같이 도구막대 목록이 표시되면 복사하고자 하는
도구막대(객체스냅)에 마우스를 대고 오른쪽 버튼을 클
릭합니다. 바로가기 메뉴에서 '리본 패널로 복사'를 클릭
합니다.

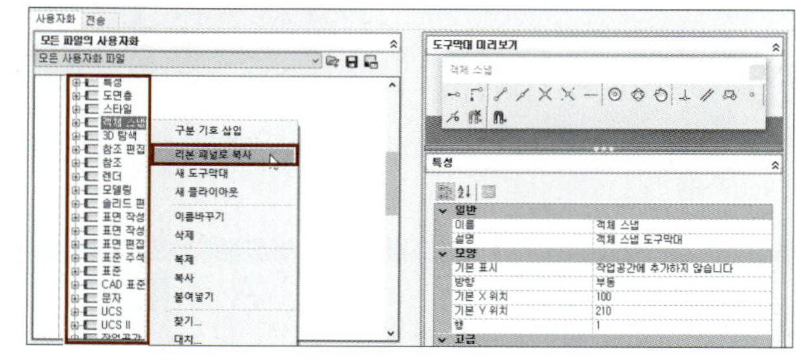

02 다음 그림과 같이 '선택한 도구막대를 리본 패널 노
드로 복사하시겠습니까?'라는 대화상자를 표시합니다.
여기에서 [예(Y)]를 클릭합니다.

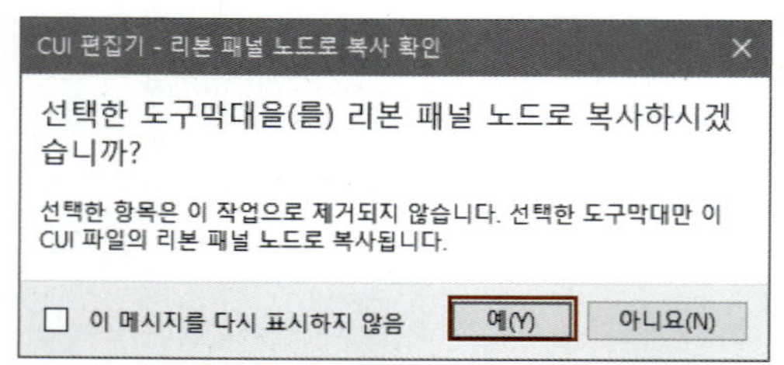

03 다음 그림과 같이 리본 패널 목록에 '객체스냅'이
추가되었습니다.

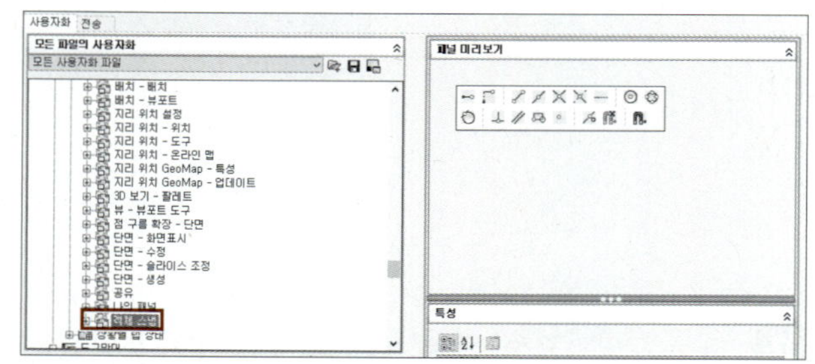

04 앞에서 실습했던 리본을 탭 메뉴에 추가하는 방법
과 같이 '복사'와 '붙여넣기'를 통해 '객체 스냅' 리본 패널
을 '나의 탭' 탭에 추가합니다. 다음 그림과 같이 '나의 탭'
에 '객체스냅' 패널이 추가되었습니다.

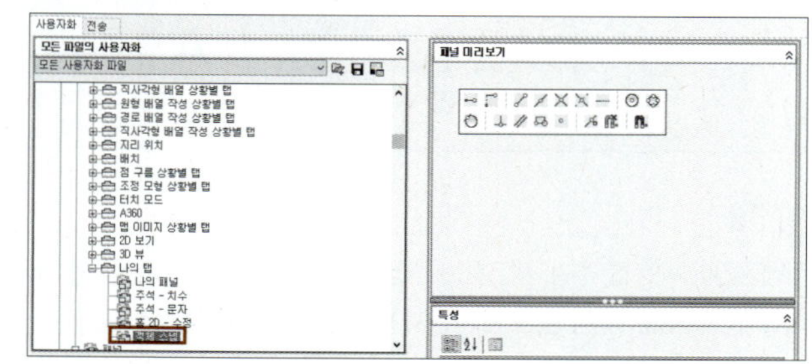

05 [적용(A)]을 클릭한 후 [확인(O)]을 클릭합니다. 리본 탭에서 '나의 탭'을 클릭하면 다음 그림과 같이 '객체스냅' 패널이 나타납니다. 이러한 방법으로 도구막대(객체스냅)를 리본 패널로 복사하여 리본 탭에 추가하여 사용할 수 있습니다.

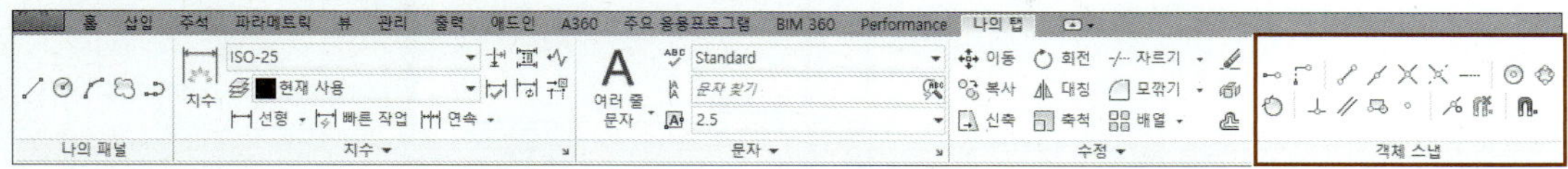

5. 자신만의 도구막대 만들기

AutoCAD는 기본적으로 거의 모든 명령을 도구막대로 제공하고 있습니다. 그러나 제공된 도구막대의 각 명령은 사용자가 모두 빈번히 사용하는 명령 아이콘의 집합이라 할 수 없습니다. 명령이 도구막대에 따라 흩어져 있는 경우가 많습니다. 이런 경우 사용자가 자주 사용하는 명령어를 중심으로 도구막대를 만들어 사용한다면 아주 편리하고 효율적인 작업이 될 수 있을 것입니다.

즉, 자주 사용하는 명령의 아이콘만 모아서 하나의 도구막대를 만들어 접근을 용이하게 하는 것입니다. 이번에는 사용자가 필요한 명령만을 모아 도구막대로 만드는 방법에 대해 알아보겠습니다.

명령 : CUI   메뉴 아이콘 :

01 인터페이스 사용자화 명령을 실행합니다. 명령어 'CUI'를 입력하거나 '관리' 탭의 '사용자화' 패널에서 을 클릭합니다. 사용자 인터페이스 사용자화 대화상자가 펼쳐집니다.

02 다음과 같이 사용자 인터페이스 사용자화 대화상자가 표시되면 트리 항목 중 '도구막대'에 대고 오른쪽 버튼을 누릅니다. 바로가기 메뉴에서 '새 도구막대'를 클릭합니다.

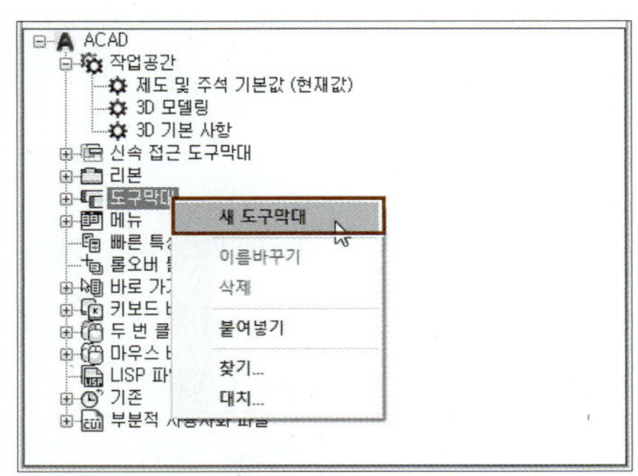

03 새 도구막대의 명칭을 입력합니다. 여기에서는 '나의 도구막대'라는 이름을 부여하겠습니다. '이름 바꾸기'를 할 수도 있고 오른쪽의 속성 창에서 이름을 바꿀 수도 있습니다. 명칭은 사용자가 알기 쉬운 명칭으로 지정하는 것이 좋습니다.

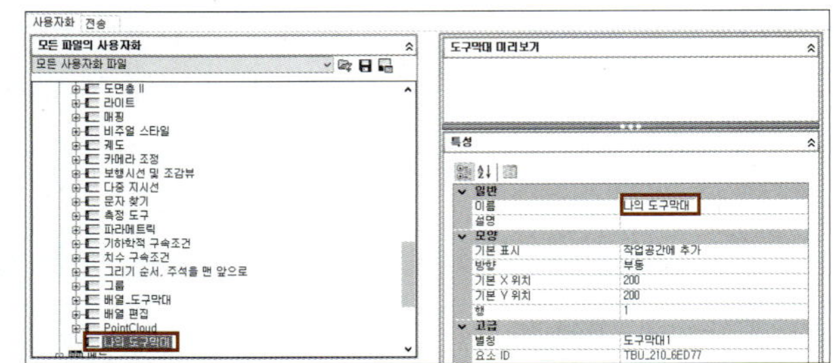

04 하단의 '명령 리스트' 목록에서 도구막대에 넣고자 하는 명령 컨트롤에 마우스를 대고 왼쪽 버튼을 누른 채로 끌고 와서(드래그) 추가할 도구막대(나의 도구막대)로 가져가서 놓습니다(드롭). 여기에서는 '타원', '스플라인' 관련 명령을 추가했습니다.

명칭 가까이 가면 다음과 같이 명칭 옆에 작은 삼각형이 표시됩니다. 이때, 왼쪽 버튼을 놓으면 배치됩니다.

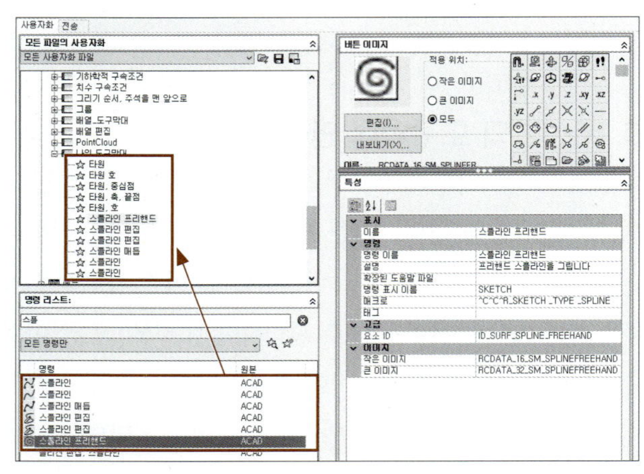

05 다음 그림과 같이 선택한 명령 컨트롤(타원, 폴리선 등)이 도구막대(나의 도구막대)에 추가됩니다. 동일한 방법으로 필요한 명령을 추가합니다.

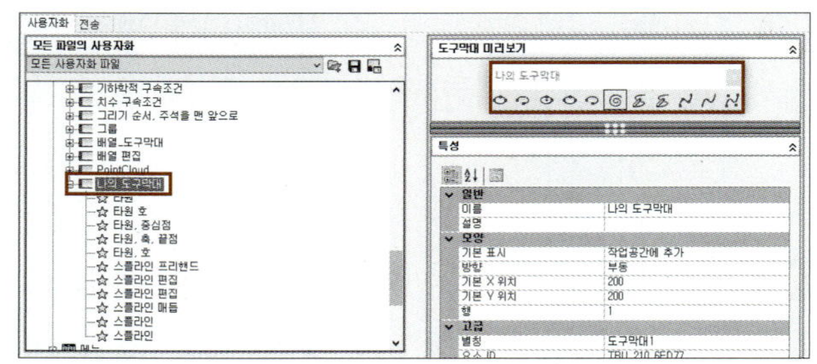

06 이러한 방법으로 자신만의 도구막대가 완성되면 사용자 인터페이스 사용자화 대화상자 하단에 있는 [적용(A)]을 눌러 저장한 후 [확인(O)]을 클릭합니다.
그러면 그림과 같이 사용자가 작성한 도구막대가 작성됩니다.

6. 신속접근 도구막대의 사용자화

AutoCAD의 기본 화면 최상단에는 신속접근 도구막대가 있습니다. 자주 사용하는 명령은 신속접근 도구막대를 통해 접근하면 작업의 효율을 높일 수 있습니다. 이번에는 신속접근 도구막대의 사용자화에 대해 살펴보겠습니다.

명령 : CUI 메뉴 아이콘 : CUI

01 인터페이스 사용자화 명령을 실행합니다. 명령어 'CUI'를 입력하거나 '관리' 탭의 '사용자화' 패널에서 을 클릭합니다. 다음과 같은 사용자 인터페이스 사용자화 대화상자가 펼쳐집니다. 목록에서 '신속접근 도구막대'를 클릭합니다. 다음 그림과 같은 명령 목록이 나타납니다.

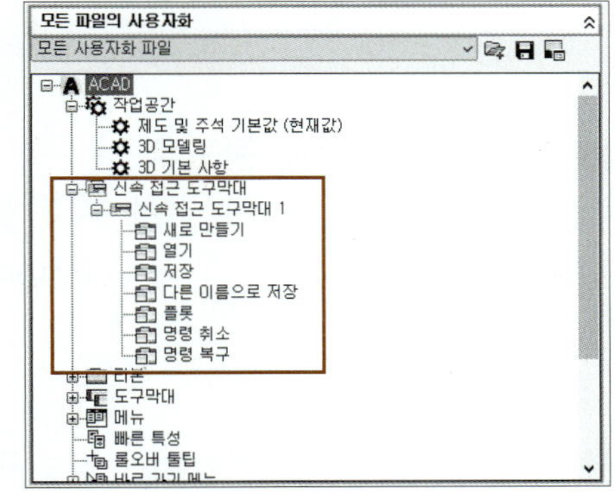

02 하단의 '명령' 목록에서 신속접근 도구막대에 추가할 명령 컨트롤을 선택하여 끌고 가서 추가하고자 하는 위치에서 놓습니다(드래그 & 드롭). 연습에서는 '3D줌'을 추가하도록 하겠습니다. 명령 컨트롤을 끌고 가면 삽입될 위치에 파란색 줄이 나타납니다.

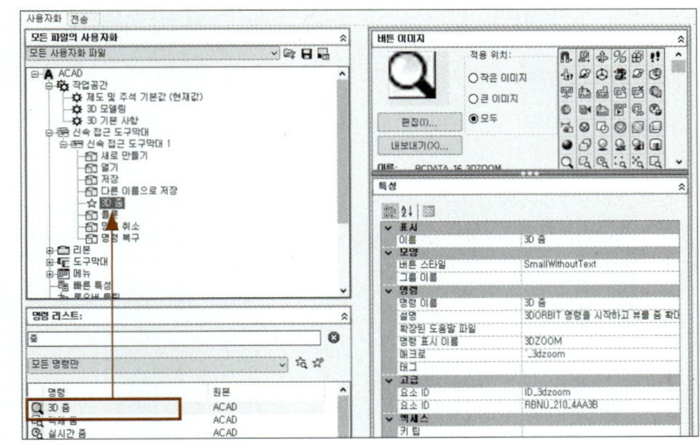

03 다음 그림과 같이 '3D줌' 컨트롤이 신속접근 도구막대 목록에 추가되었습니다.

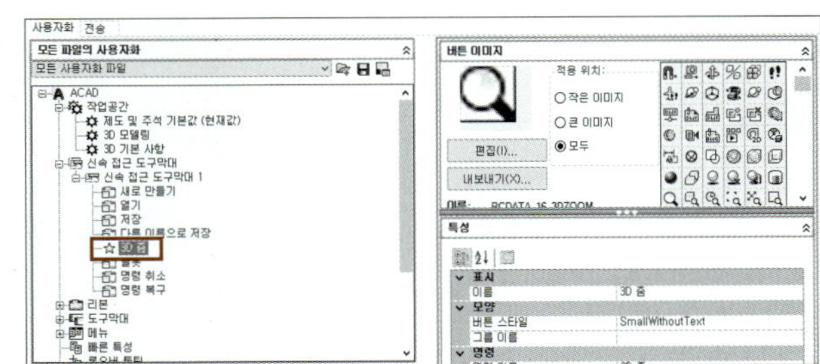

04 이러한 방법으로 신속접근 도구막대에 추가할 명령을 추가한 후 사용자 인터페이스 사용자화 대화상자 하단에 있는 [적용(A)]을 눌러 저장한 후 [확인(O)]을 클릭합니다. 다음 그림과 같이 신속접근 도구막대에 '줌' 명령 아이콘이 추가되었습니다.

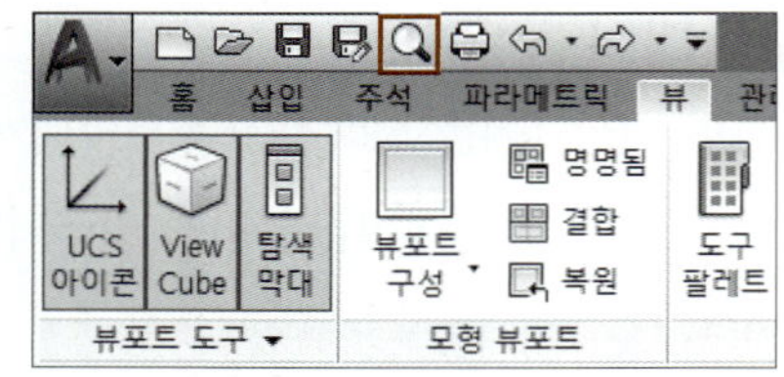

7. 실행 이력을 볼 수 있는 문자 윈도우

문자 윈도우(명령어 영역의 전체 화면)의 표시/비표시를 제어합니다.

명령 : TEXTSCR (단축키 : 〈F2〉)　　　　　　메뉴 : [뷰(V)]─[화면표시(L)]─[문자 윈도우(T)]

메뉴 아이콘 : A

명령어 영역에서는 사용자가 실행한 이력이 남아 있습니다. 어떤 명령을 실행했으며, 어떤 메시지가 표시되고 어떤 옵션과 값을 입력했는지 표시됩니다. 그러나 우리가 일반적으로 사용하는 화면은 도면을 작도하기 위해서 작도 영역을 크게 하고 명령어 영역은 되도록이면 작게 설정합니다. 명령어 영역은 2~3줄 정도로 설정해서 표시합니다. 그래서 이력을 모두 볼 수 없기 때문에 문자 윈도우를 이용하면 다음과 같은 윈도우 창에서 모두 볼 수 있습니다.

```
명령: _circle
원에 대한 중심점 지정 또는 [3점(3P)/2점(2P)/Ttr - 접선 접선 반지름(T)]:
원의 반지름 지정 또는 [지름(D)]:
명령:
명령:
명령: _rotate
현재 UCS에서 양의 각도:  측정 방향=시계 반대 방향 기준 방향=0
객체 선택: 1개를 찾음
객체 선택:
기준점 지정:
회전 각도 지정 또는 [복사(C)/참조(R)] <0>:
명령:
명령:
명령: _move
객체 선택: 1개를 찾음
객체 선택:
기준점 지정 또는 [변위(D)] <변위>:
두 번째 점 지정 또는 <첫 번째 점을 변위로 사용>:
명령: *취소*
```

tip!

〈F2〉 키를 한 번 누르면 켜지고, 다시 한 번 누르면 사라집니다.
또는 '뷰' 탭의 '팔레트' 패널의 확장리스트를 펼쳐 '문자 윈도우'를 클릭하면 윈도우 창이 나타납니다.

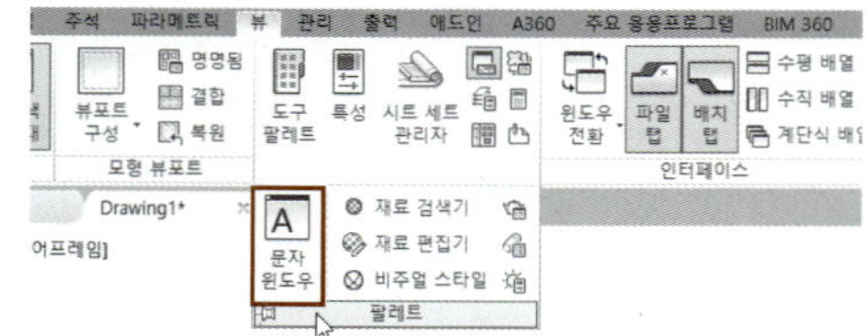

8. 명령행의 설정

명령행 영역의 환경을 설정하기 위해서는 명령행 앞에 있는 아이콘 을 클릭합니다. 다음과 같이 메뉴가 나타납니다.

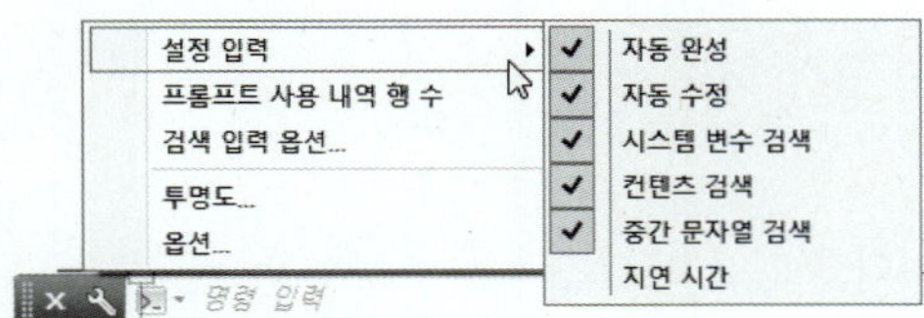

(1) 설정 입력

❶ **자동 완성** : 명령 및 시스템 변수가 입력과 동시에 자동으로 완성되는지 여부를 설정합니다.

❷ **자동 수정** : 철자가 자주 틀리는 명령입니다. 프로그램에서는 철자가 틀려 지정된 횟수만큼 수정한 단어를 AutoCorrectUserDB.pgp 파일에 자동으로 추가합니다. 이 텍스트 파일을 수동으로 업데이트할 수도 있습니다.

❸ **시스템 변수 검색** : 시스템 변수의 검색 여부를 설정합니다.

❹ **컨텐츠 검색** : 명령 프롬프트에서 컨텐츠 검색 여부를 설정합니다.

❺ **중간 문자열 검색** : 중간 문자열의 검색 여부를 설정합니다.

❻ **지연 시간** : 추가 및 리스트 기능이 적용될 때까지의 지연 시간(초)을 설정합니다.

(2) 프롬프트 사용 내역 행 수 : 표시되는 프롬프트의 행 수를 지정합니다.

(3) 투명도 : 다음의 대화상자를 통해 명령행 영역의 투명도를 지정합니다.

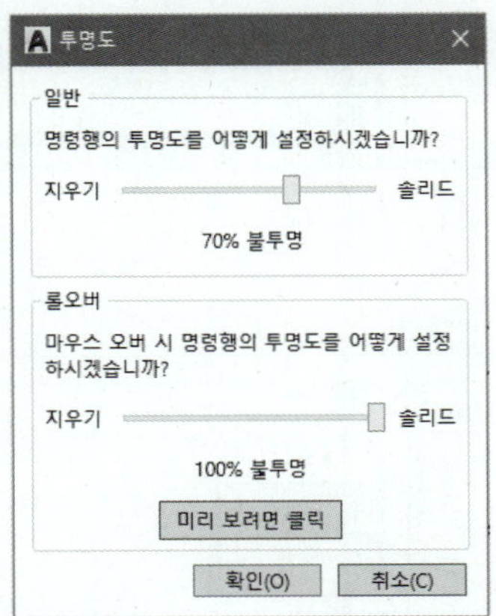

(4) 옵션 : 환경설정을 위한 옵션 대화상자의 '화면 표시' 탭을 표시합니다. 자세한 내용은 다음 '작업환경을 관리하는 옵션'을 참조합니다.

9. 나만의 작업환경을 만드는 작업공간(WORKSPACE)

작업공간은 사용자가 도면 작업을 용이하게 할 수 있도록 그룹화되고 조직된 메뉴, 도구막대 및 팔레트 집합입니다. 이 작업공간을 작성, 수정 및 저장하고 현재의 작업공간을 설정할 수 있습니다.

명령 : WORKSPACE   메뉴 아이콘 : ⚙

01. 작업공간의 사용자화

작업공간을 사용자의 편의에 맞춰 도구막대, 팔레트, 리본 탭 등을 정의합니다.

01 하단의 상태막대의 오른쪽의 '작업공간' 메뉴 ⚙를 클릭하여 메뉴에서 '사용자화'를 클릭합니다.

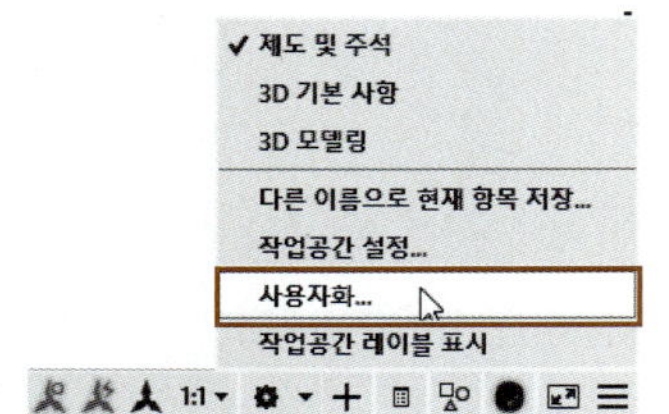

tip!

명령어 'WORKSPACE'를 입력하면 다음과 같은 옵션이 있습니다.
{작업공간 옵션 입력 [현재로 설정(C)/다른 이름으로 저장(SA)/편집(E)/이름 바꾸기(R)/삭제(D)/설정값(SE)/?] 〈설정(S)〉:}에서 편집 옵션 'E'를 입력합니다.

02 사용자 인터페이스 사용자화 대화상자가 나타나면 오른쪽의 [작업공간 사용자화(C)] 버튼을 클릭합니다. 다음 그림과 같이 작업공간을 사용자화할 수 있는 화면으로 바뀝니다. 여기에서는 화면에 표시되는 인터페이스 환경(도구막대, 메뉴막대, 팔레트, 리본 탭 등)의 표시여부와 메뉴 항목을 추가 및 제거를 할 수 있습니다.

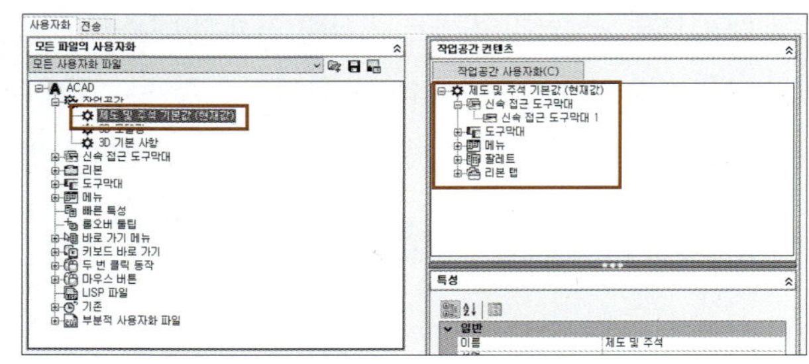

03 예를 들어, 도구막대를 표시하고자 한다면 도구막대를 클릭한 후 왼쪽의 도구막대 목록에서 작업공간에 표시하고자 하는 도구막대를 끌고 가서 작업공간의 '도구막대' 아래에 놓습니다. 그러면 오른쪽의 작업공간의 '도구막대' 항목 아래로 배치됩니다.

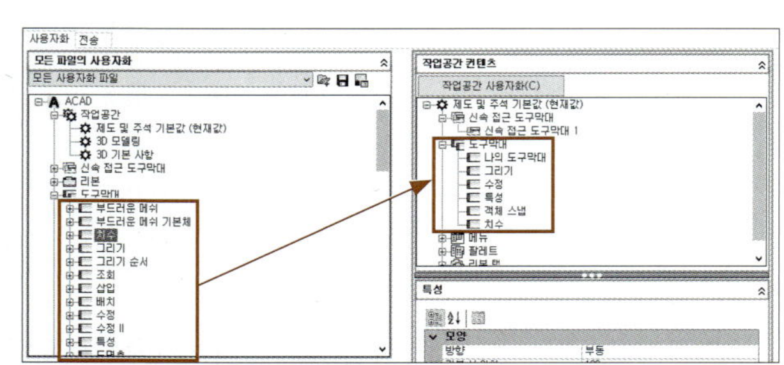

04 설정 작업이 끝나면 하단의 [적용(A)]을 눌러 적용한 후 [확인(O)]을 눌러 설정 작업을 끝냅니다. 다음 그림과 같이 설정한 도구막대가 화면에 나타납니다.

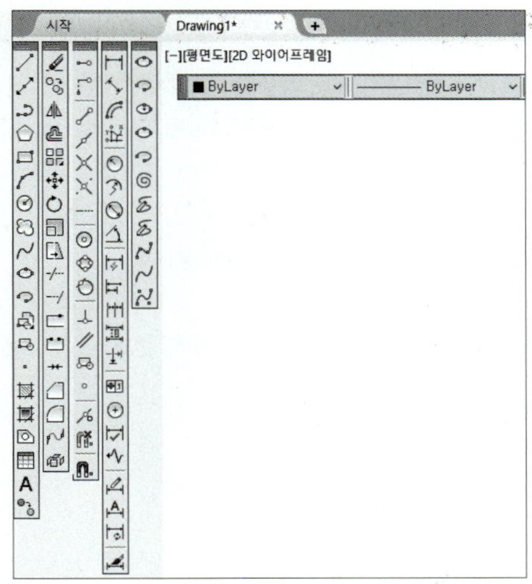

tip!

작업공간의 바로가기 메뉴에 있는 '현재 항목 달리 저장'은 작업공간의 이름을 다른 이름으로 저장하는 기능입니다. 필요에 따라 여러 개의 작업공간을 작성할 수 있습니다.

02. 작업공간의 설정

작업공간의 화면 표시, 메뉴 순서 및 저장 설정값을 다음의 대화상자에서 조정합니다.

01 {작업공간 옵션 입력 [현재로 설정(C)/다른 이름으로 저장(SA)/편집(E)/이름 바꾸기(R)/삭제(D)/설정값(SE)/?] 〈설정(S)〉:}에서 설정값 'SE'를 입력하거나 상태막대 하단에 있는 ⚙ 메뉴 아이콘을 누르면 다음 그림과 같이 바로가기 메뉴가 나타납니다. 이때, '작업공간 설정'을 클릭합니다.

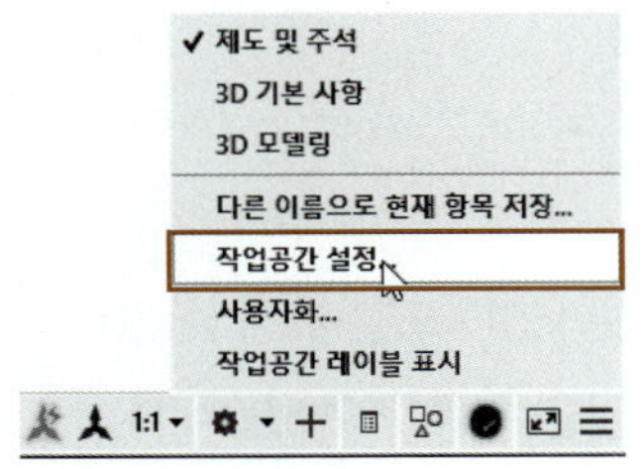

02 다음 그림과 같은 작업공간 설정 대화상자가 나타납니다.

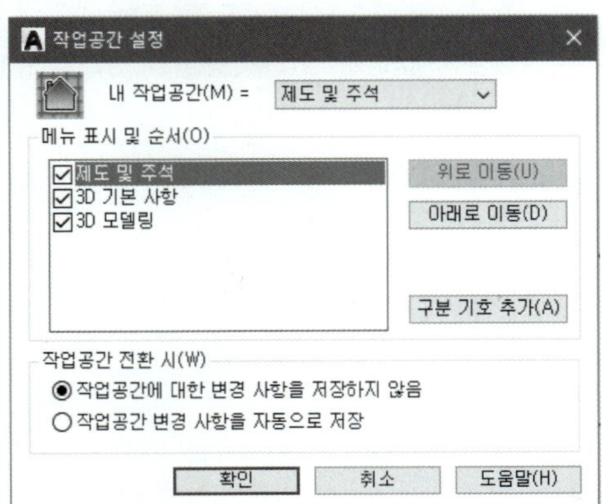

작업공간 설정 대화상자

(1) **내 작업공간(M)** : 작업공간 리스트에 할당되어 있는 작업공간을 선택할 수 있는 작업공간의 목록을 표시합니다.

(2) **메뉴 표시 및 순서(O)** : 작업공간 도구막대 및 메뉴에 표시하려는 작업공간의 이름을 체크하여 지정하고, 작업공간 이름 순서를 지정합니다. 필요에 따라 각 작업공간 이름 사이에 구분 기호를 추가할 수 있습니다.

(3) **위로 이동(U)** : 작업공간 이름을 위로 이동합니다.

(4) **아래로 이동(D)** : 작업공간 이름을 아래로 이동합니다.

(5) **구분 기호 추가(A)** : 작업공간 이름 사이에 구분 기호를 추가합니다.

(6) **작업공간 전환 시(W)** : 다른 작업공간으로 전환할 때 현재 작업공간에서 변경한 사항을 저장할 것인지, 저장하지 않을 것인지를 지정합니다.

---

03. 작업공간의 전환

다른 작업공간을 펼치고자 할 때 작업공간을 선택하여 전환합니다.

01 작업공간을 전환하려면 하단의 상태막대에서 '작업공간 전환 {⚙}' 버튼을 클릭합니다. 다음 그림과 같은 바로가기 메뉴가 나타납니다. 이 바로가기 메뉴에는 작업공간이 표시됩니다. 이때, 이동하고자 하는 메뉴를 클릭합니다. 여기에서는 '3D 모델링'으로 전환해보겠습니다.

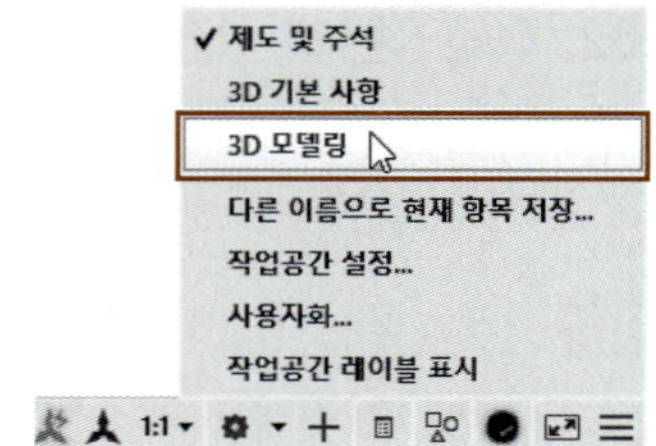

02 다음 그림과 같이 화면이 '3D 모델링' 작업공간으로 전환됩니다. 이렇게 사용자가 작업하기 편리한 작업공간을 선택하여 작업을 수행할 수 있습니다.

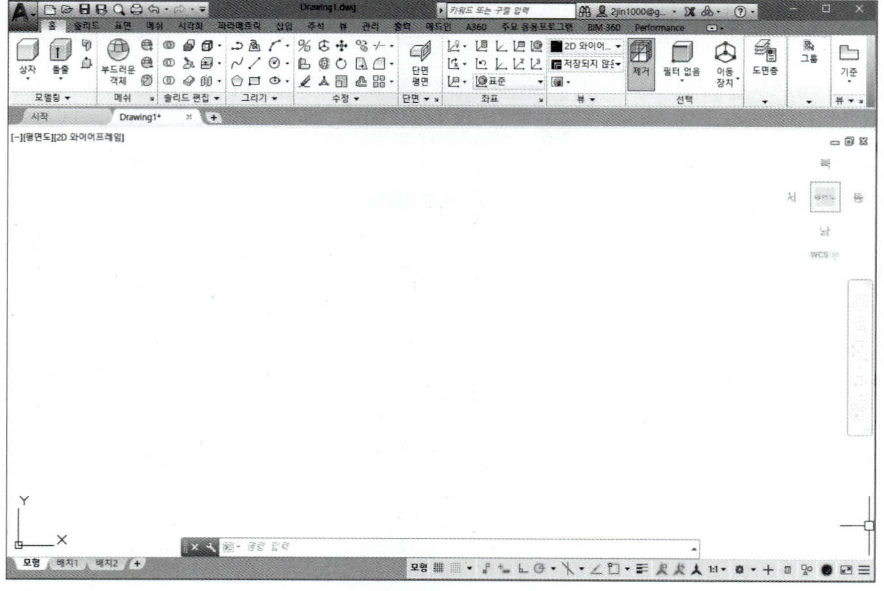

10. 작업 환경을 관리하는 옵션(OPTIONS)

일반적으로 도면 작업은 AutoCAD에서 기본적으로 제공하는 표준적인 환경으로 작업을 해도 큰 문제는 없습니다. 그러나, 작업을 하다 보면 화면의 색상, 마우스의 조작 방법, 도면의 저장위치 등 사용자 또는 작업 내용에 따라 환경을 설정할 필요가 있습니다. AutoCAD는 사용자에게 융통성을 부여하기 위해 다양한 환경설정 기능을 제공하는데 이번에는 AutoCAD 환경을 관리하는 방법에 대해 알아보겠습니다.

명령 : OPTIONS(단축키 : OP)　　　　　　　　　　　　　[응용 프로그램 메뉴 A]—[옵션]

또는, 작도 영역의 빈 공간에서 마우스 오른쪽 버튼을 눌러 바로가기 메뉴를 펼칩니다. 바로가기 메뉴 최하단의 '옵션(O)'을 클릭합니다.

다음과 같은 대화상자가 표시됩니다. 여기에서는 자주 사용하거나 사용할 가능성이 높은 항목을 중심으로 설명하도록 하겠습니다. 대부분의 설정값은 AutoCAD에서 제공한 기본 값으로도 문제가 없습니다. 필요에 따라서는 각 단원의 기능 설명에서 환경 설정 방법을 설명하기 때문에 내용이 중복된 부분도 있습니다.

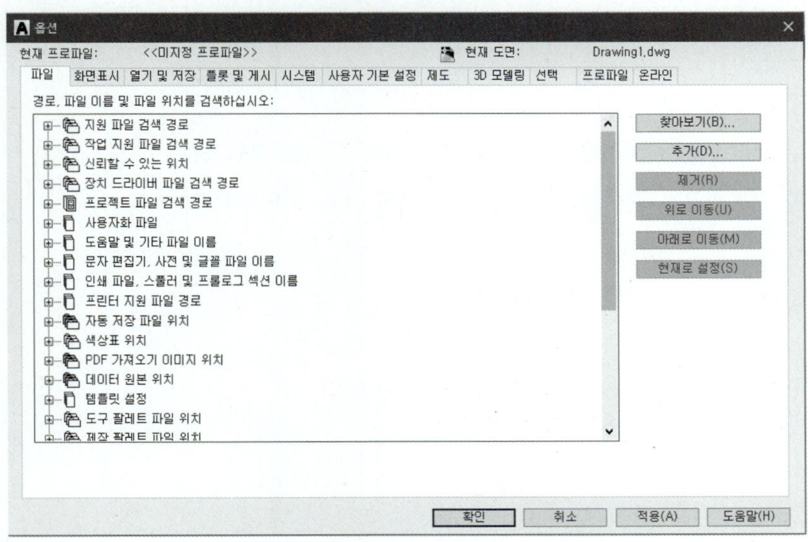

(1) 현재 프로파일 : 현재 프로파일 이름을 탭 위에 표시합니다. 현재 프로파일을 설정하려면 새 프로파일을 작성하거나 기존의 프로파일을 편집하거나 프로파일 탭을 사용합니다.

(2) 현재 도면 : 현재 도면 이름을 표시합니다.

옵션 대화상자는 다음의 11개의 탭으로 구성됩니다.

01. '파일' 탭

파일의 위치 및 경로와 관련된 환경을 설정합니다.

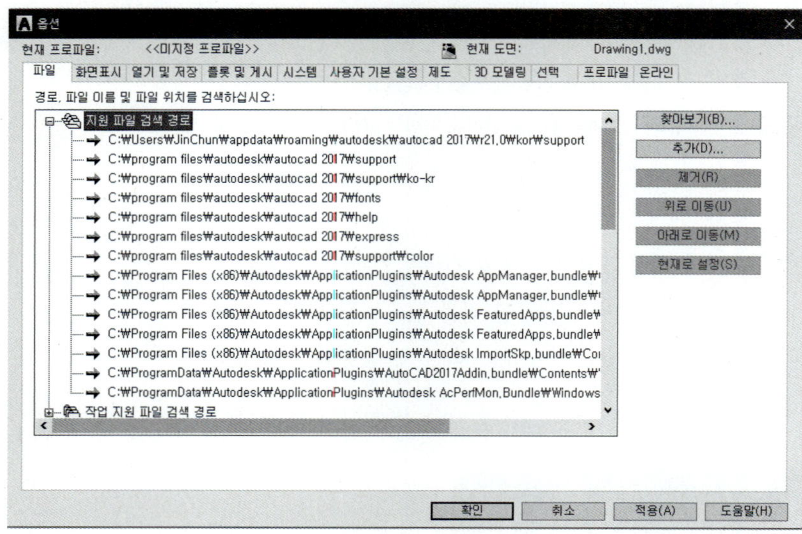

'지원 파일 검색 경로'는 폰트 파일과 같이 AutoCAD에서 사용되는 자원(리소스)의 위치를 지원하는 경로(Path)를 지정합니다. 파일을 검색할 때 기본적으로 검색할 위치를 지정하기도 하고 각종 구동 드라이버의 위치를 지정합니다.

기타 응용 프로그램을 설치하면 접근할 수 있는 경로가 추가되기도 합니다.

> **tip!**
>
> 도면을 저장하거나 폰트를 저장하는 별도의 폴더를 관리하고자 한다면 이 폴더를 '지원 파일 검색 경로'에 등록하면 보다 빠르게 검색할 수 있습니다.

02. '화면 표시' 탭

화면 표시와 관련된 환경을 설정합니다.

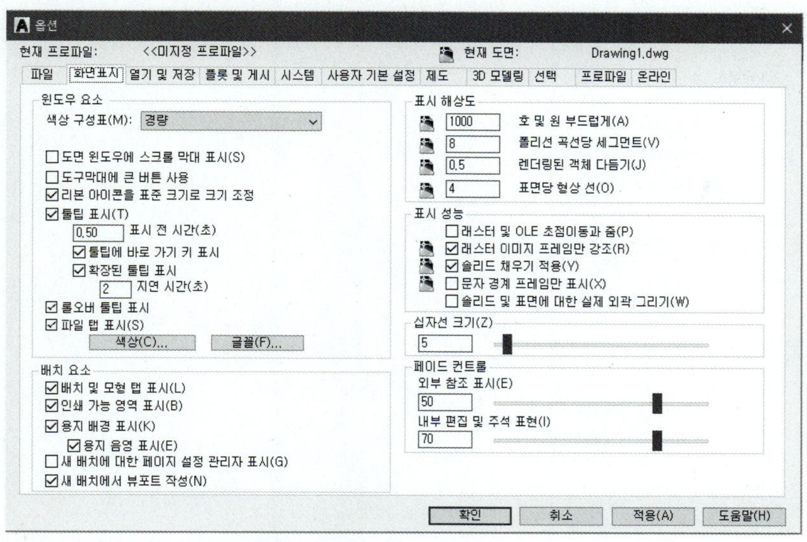

(1) 윈도우 요소 : 화면의 표시 요소의 표시 여부 및 색상, 글꼴 등 윈도우 관련된 환경을 설정합니다.
주요 항목을 살펴보면,

❶ **색상 구성표(M)** : 상태막대, 제목 표시줄, 리본 표시줄 및 메뉴 검색기 프레임 등의 요소에 대해 진하거나 옅은 색상의 색상 설정을 조정합니다.

❷ **도면 윈도우에 스크롤 막대 표시(S)** : 도면 영역의 맨 아래와 오른쪽에 스크롤 막대를 표시여부를 지정합니다.

❸ **도구막대에 큰 버튼 사용** : 체크를 하면 도구막대의 아이콘이 크게 표시됩니다.

❹ **리본 아이콘을 표준 크기로 크기 조정** : 리본의 아이콘을 표준 아이콘 크기와 일치하지 않는 경우 작은 리본 아이콘은 크기를 16x16 픽셀로, 큰 리본 아이콘은 크기를 32x32 픽셀로 조정합니다.

❺ **툴팁 표시(T)** : 툴팁의 표시 여부를 지정하며 '툴팁 바로가기 키 표시'여부와 확장 툴팁의 표시 여부 및 지연시간을 지정합니다.

❻ **롤오버 툴팁 표시** : 커서를 객체 위로 이동할 때 롤오버 툴팁의 표시를 지정합니다.

❼ **파일 탭 표시** : 파일 탭의 표시여부를 지정합니다.

❽ **색상(C)** : 클릭하면 다음과 같이 도면 윈도우 색상 화면이 표시됩니다. 화면의 색상을 지정할 때는 이 화면에서 지정합니다. '컨텍스트(X)' 별로 '인터페이스 요소(E)'에 대해 '색상(C)'을 지정합니다. 지정이 끝나면 [적용 및 닫기(A)]를 클릭합니다.

tip!

작도 영역의 색상을 변경하고자 할 때는 이 기능을 이용하여 색상을 지정합니다.

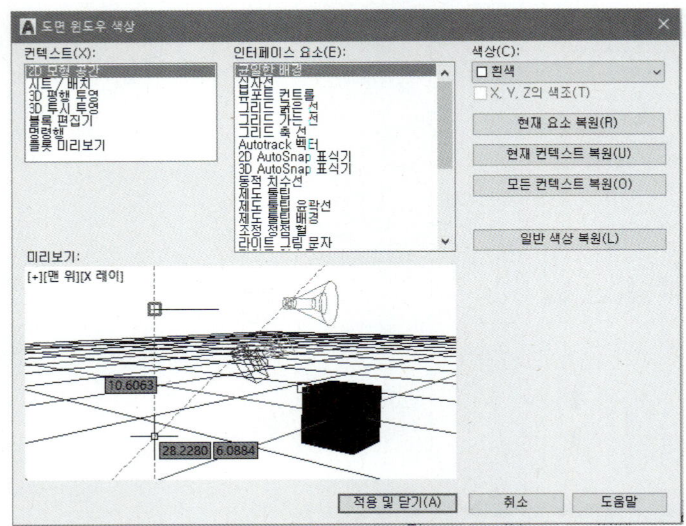

❾ 글꼴(F) : 클릭하면 다음과 같은 윈도우 글꼴 대화상자가 표시됩니다. 화면에 표시될 문자의 글꼴 및 크기를 지정합니다. 지정이 끝나면 [적용 및 닫기]를 클릭합니다.

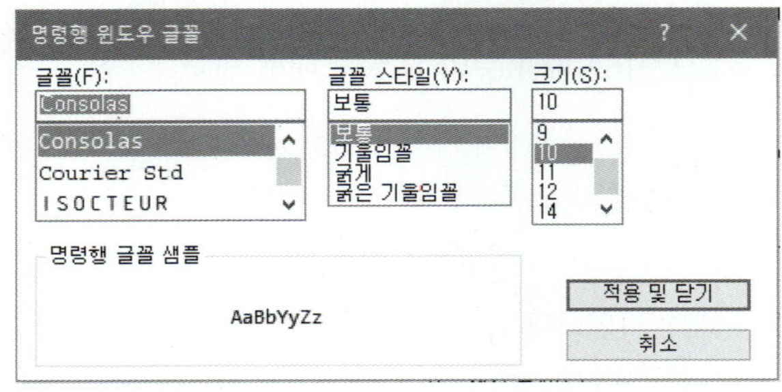

(2) 배치 요소 : 출력을 위한 배치(LAYOUT)와 관련된 옵션을 지정합니다. 배치는 출력을 위해 설정하는 도면 공간을 말합니다.

❶ 배치 및 모형 탭 표시(L) : 작도 영역 하단에 '배치'및 '모형'의 표시여부를 지정합니다.

❷ 인쇄 가능 영역 표시(B) : 인쇄 가능 영역의 표시여부를 지정합니다.

❸ 용지 배경 표시(K) : 용지의 배경 표시여부를 지정합니다.

❹ 새 배치에 대한 페이지설정관리자 표시(G) : 배치 탭을 처음 클릭하면 페이지 설정 관리자를 표시합니다. 이 대화상자를 사용하여 용지 및 플롯 설정에 관련된 옵션을 설정할 수 있습니다. 단, 이 기능을 켜놓으면 배치를 작성할 때마다 매번 페이지 설정 관리자가 나타나므로 번거롭습니다.

❺ 새 배치에서 뷰포트 작성(N) : 새 배치를 작성할 때 자동으로 단일 뷰포트를 작성합니다.

(3) 표시 해상도 : 호 및 원의 매끄러운 정도, 폴리선의 곡선의 세그먼트 수, 렌더 객체의 부드럽기 정

도, 곡면당 형상 선의 수 등 객체가 화면에서 표시되는 정도를 설정합니다. 높은 값을 설정하면 화면 표시는 매끄럽지만 속도는 크게 떨어집니다.

(4) 표시 성능 : 솔리드 채우기, 문자 표시, 와이어프레임 윤곽 등 AutoCAD 성능에 영향을 주는 화면 표시 값을 설정합니다.

(5) 십자선 크기(Z) : 커서 십자선의 크기를 지정합니다. 유효 범위는 전체 화면의 1부터 100 퍼센트입니다. 100 퍼센트에서는 십자선의 끝이 전혀 보이지 않으며 크기를 99 퍼센트 이하로 줄이면 십자선은 유한 크기를 갖게 되고, 도면 영역의 모서리에 위치하는 경우 십자선의 끝이 보입니다. 기본 크기는 5 퍼센트입니다.

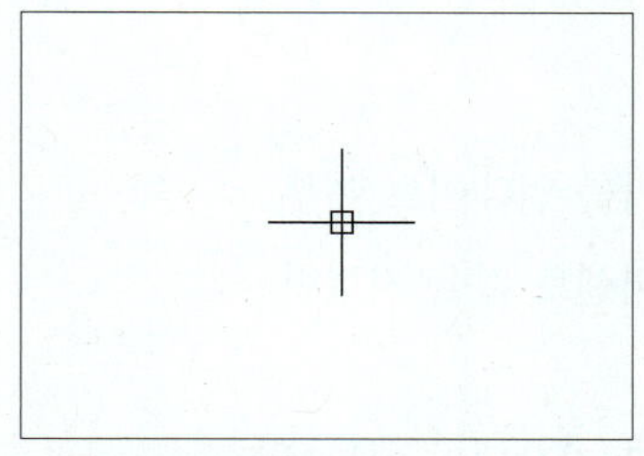

십자선의 크기가 '5'인 경우

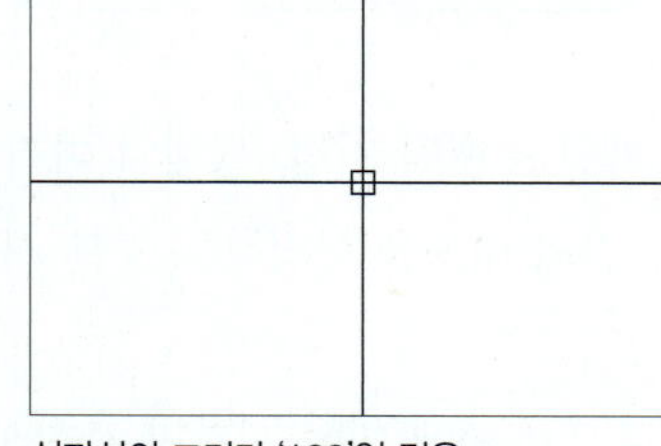

십자선의 크기가 '100'인 경우

(6) 페이드 컨트롤 : DWG 외부 참조 및 참조 편집을 위한 밝기 값을 조정합니다.

❶ 외부 참조 표시(E) : 외부 참조되는 도면의 페이드 광도 값을 지정합니다. 플로팅이나 플롯 미리 보기와는 무관합니다. 유효 범위는 −90에서 90 사이의 정수입니다.

❷ 내부 편집 및 주석 표현(I) : 내부 참조 편집 시 객체의 밝기 감소 정도를 지정합니다. 편집 중이 아닌 객체는 낮은 광도로 표시됩니다. 유효 범위는 0부터 90 퍼센트까지입니다.

03. '열기 및 저장' 탭

파일의 열기 및 저장과 관련된 환경을 설정합니다.

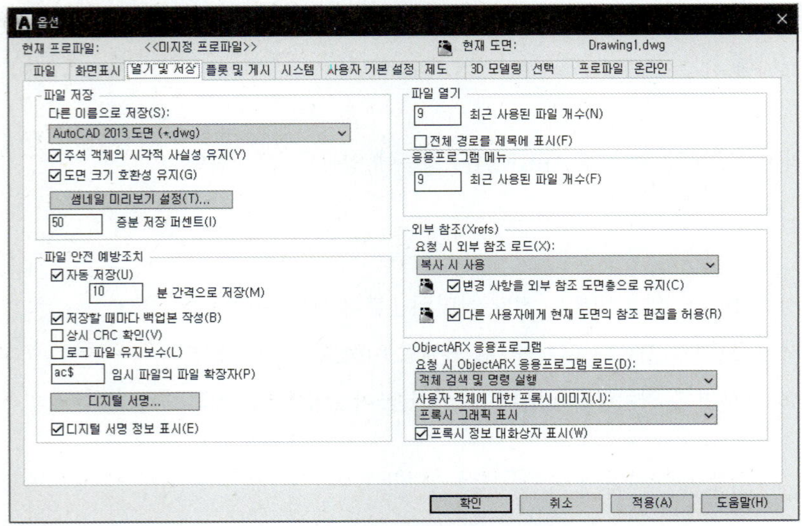

(1) 파일 저장 : 다른 이름으로 저장할 경우 기본 파일 포맷의 지정, 썸네일 미리 보기를 업데이트 여부
에 대한 설정 및 도면 파일에서 잠재적 낭비 공간의 비율을 설정하는 증분 저장 퍼센트 값을 지정합
니다.

❶ 주석 객체의 시각적 사실성 유지(Y) : 도면이 주석 객체에 대한 시각적 사실성으로 저장될지 여부를
지정합니다. 주로 모형 공간에서 작업하는 경우, 시각적 사실성을 끄는 것이 좋습니다. 다른 사용자
와 도면을 교환할 필요가 있고 배치 사실성이 매우 중요한 경우에는 시각적 사실성을 켜야 합니다.

❷ 도면 크기 호환성 유지(G) : 도면을 열어 저장할 때 큰 객체 크기 제한 지원을 조정합니다.

❸ 썸네일 미리보기 설정(T) : 설정 대화상자를 통해 썸네일 미리보기에 대한 환경을 설정합니다.

❹ 증분 저장 퍼센트 : 도면 파일에서 잠재적 낭비 공간의 비율을 설정합니다. 전체 저장은 낭비되는 공
간을 제거합니다. 증분 저장을 사용하면 속도가 빨라지지만 도면 크기가 증가합니다. '0'으로 설정하
면 저장할 때마다 전체 도면을 저장합니다. 성능을 최적화하려면 값을 '50'으로 설정하는 것이 좋습
니다.

(2) 파일 안전 예방조치 : 작업 중 문제가 발생했을 때를 대비해서 자동 저장 여부와 저장 시간의 설정,
임시 파일의 확장자 및 보안을 위한 옵션을 설정합니다. '디지털 서명 정보 표시(E)'는 유효한 디지
털 서명을 가진 파일이 열릴 때 디지털 서명 정보를 제공합니다.
'자동 저장(U)'은 도면 작업중 자동으로 백업하는 기능으로 저장간격을 너무 짧게 하면 속도가 떨어
질 수 있으며, 너무 길게 잡으면 트러블이 발생했을 때 손실된 양이 많을 수 있습니다.

(3) 파일 열기 : 파일 열기를 할 때 목록에 포함할 파일의 개수 및 도면명칭에 전체 경로의 표시 여부를
설정합니다.

(4) 응용 프로그램 메뉴 : 메뉴 검색기의 최근 문서 빠른 메뉴에 나열되는 최근 사용된 파일의 개수를
조정합니다. 유효한 값은 0부터 50까지입니다.

(5) 외부 참조 : 외부 참조 편집과 관련하여 참조 로드 방법 및 참조된 파일의 편집여부를 설정합니다.

(6) ObjectARX 응용 프로그램 : AutoCAD Runtime Extension 응용 프로그램 및 프록시 그래픽
의 표시 여부 등을 설정합니다.

04. '플롯 및 게시' 탭

플롯 및 게시와 관련된 환경을 설정합니다.

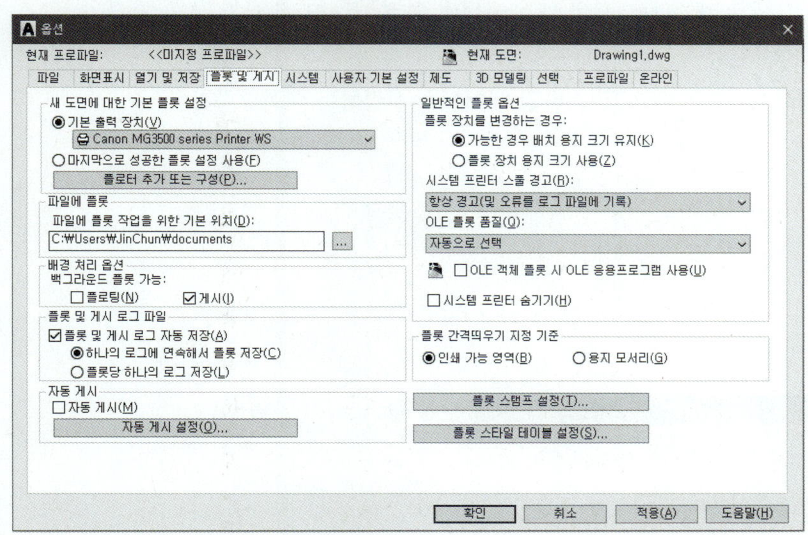

(1) 새 도면에 대한 기본 플롯 설정 : 기본 출력장치 및 플로터의 추가 또는 구성을 지정합니다. 또, 마
지막으로 성공한 플롯 설정을 사용할 것인지를 지정합니다. 자세한 내용은 도면의 출력에서 설명되
어 있으니 참조합니다.

(2) 파일에 플롯 : 파일에 플롯할 때의 파일의 기본 위치를 지정합니다.

(3) 배경 처리 옵션 : 프롯이나 게시 작업에서 배경을 플롯할 것인지를 지정합니다.

(4) 플롯 및 게시 로그 파일 : 플롯 및 게시 로그 파일의 자동 저장 여부를 지정합니다.

(5) 자동 게시 : 자동 게시여부와 자동 게시의 환경을 설정합니다. 도면이 DWF, DWFx 또는 PDF
등으로 게시를 위한 환경을 설정합니다.

[자동 게시 설정(O)]을 클릭하면 다음과 같은 대화상자가 나타나 설정할 수 있습니다.

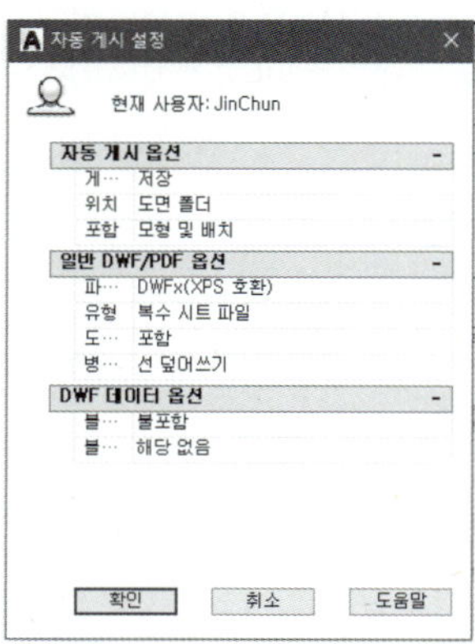

(6) 일반적인 플롯 옵션 : 용지 크기, 시스템 프린터 경고 동작, 도면 내 OLE 객체 등 일반 플로팅 환경과 관련된 옵션을 지정합니다.

(7) 플롯 간격 띄우기 지정 기준 : 플롯 영역의 간격 띄우기를 '인쇄 가능 영역의 왼쪽 아래 구석'인지 아니면 '용지의 모서리'에서 시작하는지 지정합니다.

(8) 플롯 스탬프 및 플롯 스타일 테이블 설정값 : 플롯 스탬프 및 스타일 테이블을 설정하는 대화상자가 표시됩니다. 자세한 내용은 도면의 출력을 참조합니다.

05. '시스템' 탭

시스템의 성능과 관련된 환경을 설정합니다.

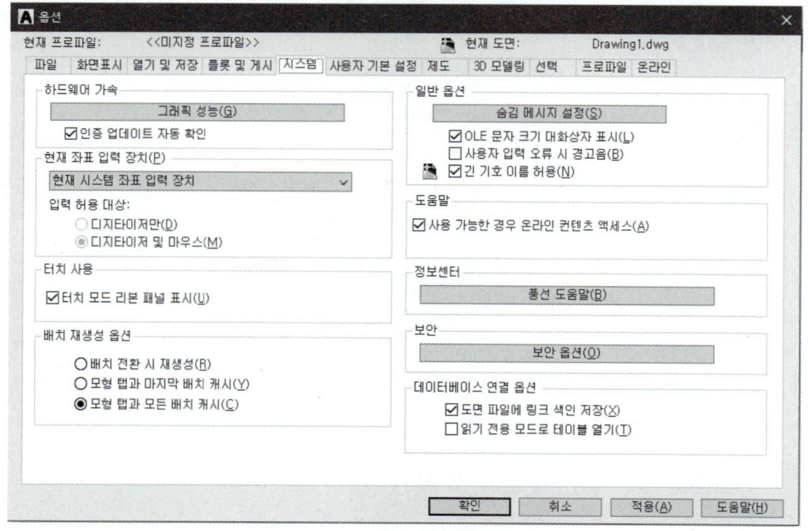

(1) 하드웨어 가속 : 다음과 같은 대화상자를 통해 그래픽 성능과 관련된 값을 설정합니다.

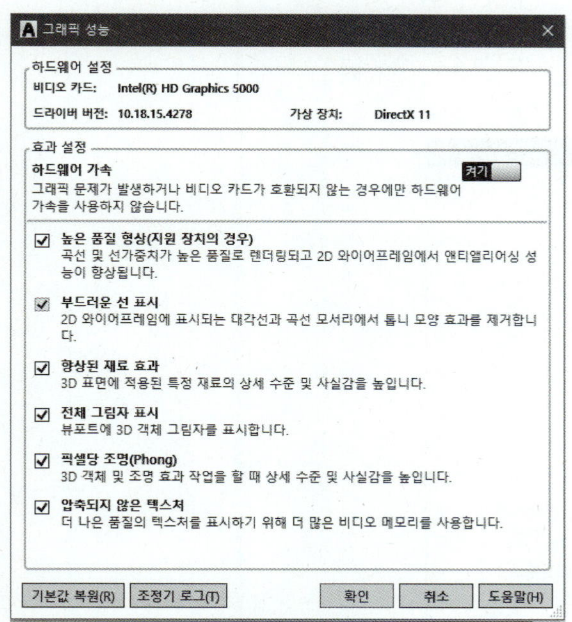

(2) 현재 좌표 입력 장치(P) : 좌표 입력 장치의 종류 및 허용대상을 설정합니다.

(3) 터치 사용 : 줌 및 초점이동과 같은 터치 패드 작업을 취소하는 버튼이 있는 패널을 표시합니다.

(4) 배치 재생성 옵션 : 모형 탭과 배치 탭으로의 전환 시 성능과 방법을 지정합니다.

(5) 일반 옵션 : OLE 문자 크기, 사용자 입력 오류 시 경고음, 긴 기호 이름의 허용 여부를 설정합니다.

(6) 도움말 : 접근이 가능할 경우에 온라인 컨텐츠에 대한 접근여부를 지정합니다.

(7) 정보 센터 : 다음의 대화상자를 통해 응용프로그램 윈도우 오른쪽 위 구석의 풍선 도움말의 메시지, 빈도 및 표시 시간, 투명도 등을 조정합니다.

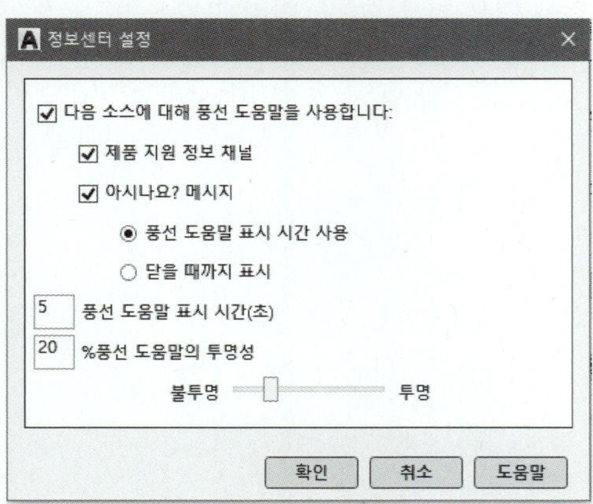

(8) 데이터베이스 연결 옵션 : 도면 파일에 데이터베이스 색인을 저장하거나 읽기 전용 모드로 테이블을 열 것인가를 설정합니다.

06. '사용자 기본 설정' 탭

작업하는 방식을 최적화하는 환경을 설정합니다.

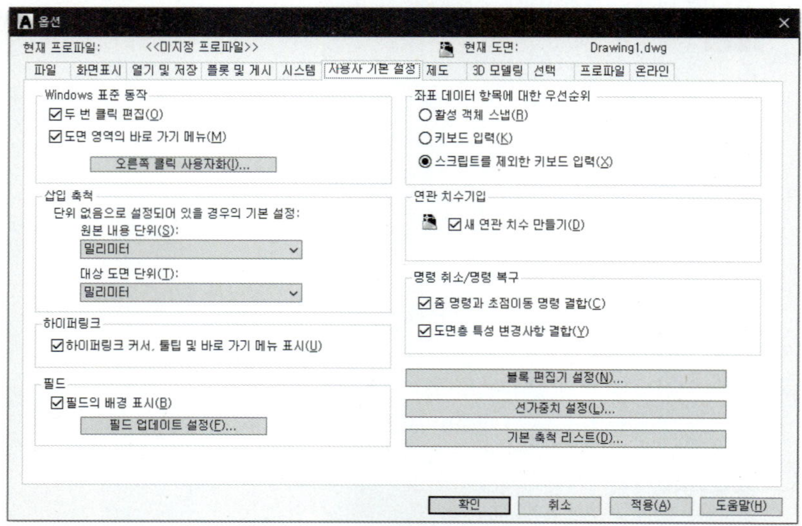

(1) Windows 표준 동작 : AutoCAD의 키 입력 및 마우스 오른쪽 버튼에 대한 동작을 설정합니다.

❶ 두 번 클릭 편집(O) : 체크를 하면 도면 영역에서의 객체를 두 번 클릭했을 때 편집을 할 수 있도록 합니다.

❷ 도면 영역의 바로가기 메뉴(M) : 체크를 하면 좌표 입력 장치를 마우스 오른쪽 버튼으로 클릭하면 도면 영역에서 바로가기 메뉴를 표시합니다. 체크를 하지 않으면 〈엔터〉 키의 기능을 수행합니다.

❸ 오른쪽 클릭 사용자화(I) : 다음과 같은 대화상자가 표시되어 마우스 오른쪽 버튼을 클릭했을 때 어 떤 동작을 수행할 것인가를 설정합니다. 마우스의 오른쪽 버튼을 눌렀을 경우 기본, 편집, 명령 모드 에서 어떤 기능을 할 것인가를 지정합니다.

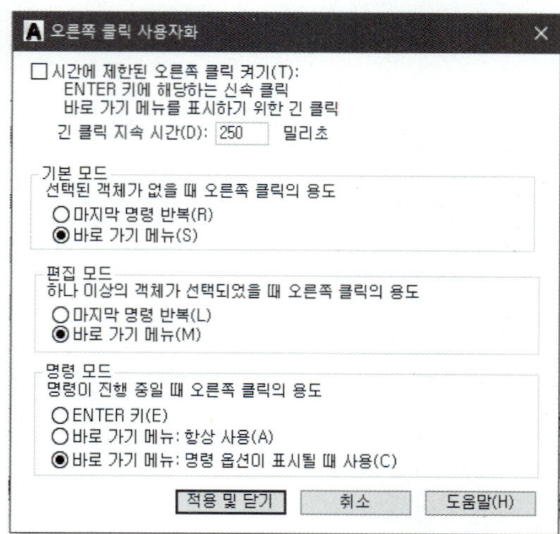

(2) 삽입 축척 : 삽입 시 도면에 대해 원본과 대상 도면의 단위를 설정합니다.

(3) 하이퍼링크 : 하이퍼링크의 커서, 툴팁 및 바로가기 메뉴의 표시 여부를 설정합니다.

(4) 필드 : 필드에 대한 배경 표시 여부 및 어떤 동작에서 업데이트할 것인가를 다음 대화상자에서 지정합니다.

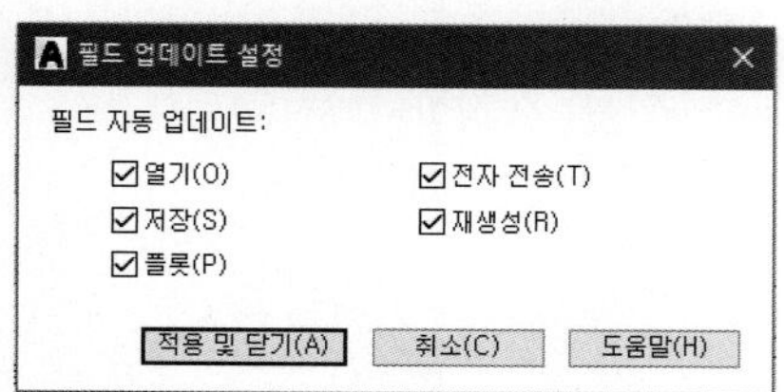

(5) 좌표 데이터 항목에 대한 우선 순위 : 좌표 데이터를 입력할 때 AutoCAD의 응답의 우선 순위를 설정합니다.

(6) 연관 치수 기입 : 연관 치수 객체를 작성할지, 기존 유형의 비연관 치수 객체가 작성할지 여부를 설정합니다. '새 연관 치수 만들기(D)'를 체크하면 치수와 연관된 기하학적 객체를 수정할 때 이 연관 치수의 위치, 방향 및 측정값이 자동으로 조정됩니다.

(7) 명령 취소/명령 복구 : '명령 취소(UNDO)' 및 '다시 실행(REDO)' 기능을 수행할 때 다중 연속 줌 및 초점이동 명령까지 그룹화할 것인지, 도면층 특성 변경사항을 포함할 것인지 설정합니다.

(8) 블록 편집기 설정(N) : 다음의 대화상자를 통해 블록 편집기(다이나믹 블록 작성)의 각 색상, 글꼴, 구속여부 등 환경을 설정합니다.

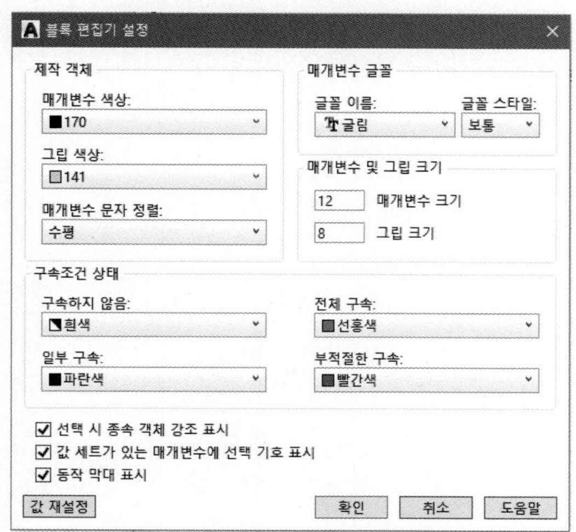

(9) 선 가중치 설정값(L) : 모형 탭에서 현재 선 가중치와 선 가중치 단위를 설정하고 화면 표시를 제어합니다. 자세한 내용은 객체 특성 '선 가중치'를 참조합니다.

(10) 기본 축척 리스트 편집(D) : 배치 뷰포트 및 플로팅과 연관된 여러 개의 대화상자에 표시되는 축

척의 목록을 관리합니다. 대화상자를 통해 축척 값의 추가 및 삭제 작업을 합니다. 자세한 내용은
'주석 축척'을 참조합니다.

07. '제도' 탭

자동 스냅(AutoSnap) 및 추적(AutoTrack)을 포함한 다양한 편집 기능에 대한 옵션을 설정합니다.

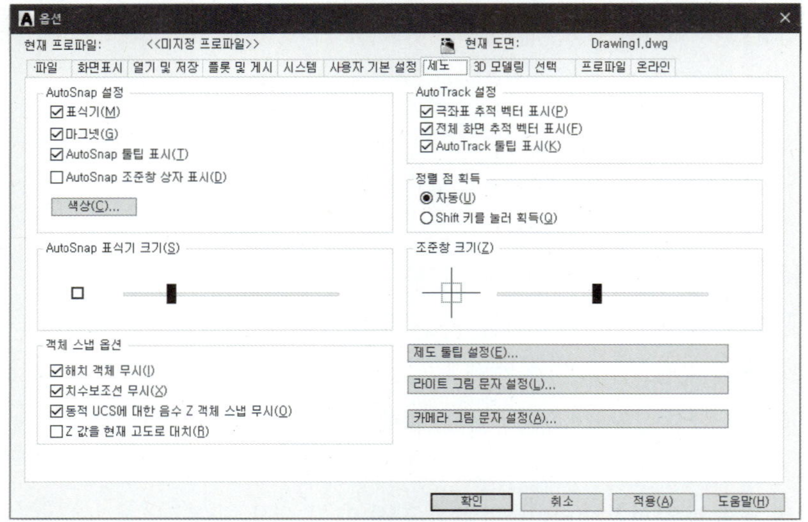

(1) AutoSnap 설정 : 객체스냅을 사용할 때 표시되는 화면 도구인 자동스냅(AutoSnap)에 대한 환경
을 설정합니다. 표식기, 마그넷, AutoSnap 툴팁, 조준창 상자 등의 표시여부를 설정합니다.

> **tip!**
> - 표식기 : 객체스냅의 종류를 표시하는 기하학적 기호
> - 마그넷 : 십자선을 가장 가까운 스냅점 위로 잠그는 십자선의 자동 움직임입니다.
> - AutoSnap 툴팁 : 객체스냅의 종류를 표시하는 문자

(2) AutoSnap 표식기 크기(S) : AutoSnap 표식기의 표시 크기를 슬라이드 바로 설정합니다.

(3) 객체스냅 옵션 : 객체스냅에 관한 설정으로 해치 객체의 객체스냅 여부, Z값을 현재 고도로 대치 여
부, 동적 UCS에 대해 음수 Z 객체스냅 무시 여부를 설정합니다.

(4) AutoTrack 설정 : 극좌표 추적 또는 객체스냅 추적이 켜져 있는 경우 벡터 또는 툴팁 등의 표시를
설정합니다.

(5) 정렬 점 획득 : 도면의 정렬 점 획득 시 자동으로 할 것인지, 〈Shift〉 키를 눌러 획득할 것인지 지정
합니다.

(6) 조준창 크기(Z) : AutoSnap 조준창의 표시 크기를 슬라이드 바로 설정합니다. AutoSnap 조준창 상자 표시를 선택한 경우(또는 'APBOX'가 1로 설정된 경우) 객체에 스냅할 때 조준창 상자는 십자선의 중심에 표시됩니다. 조준창의 크기는 스냅 점에 얼마나 가까이 가야 마그넷이 조준창 상자를 스냅점에 잠그는지를 결정합니다. 값의 범위는 1에서 50 픽셀까지입니다.

(7) 제도 툴팁 설정(E) : 다음의 대화상자를 통해 제도 툴팁의 색상, 크기 및 투명도를 조정합니다.

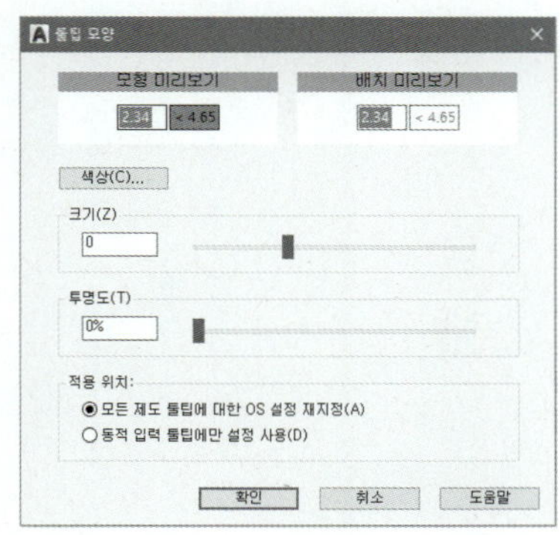

(8) 라이트 그림 설정(L) : 다음의 대화상자를 통해 미리 보기에 점(P)으로 할 것인지, 스폿(S)으로 할 것인지, 웹(W)으로 할 것인지를 설정하며 색상과 문자 크기를 설정합니다.

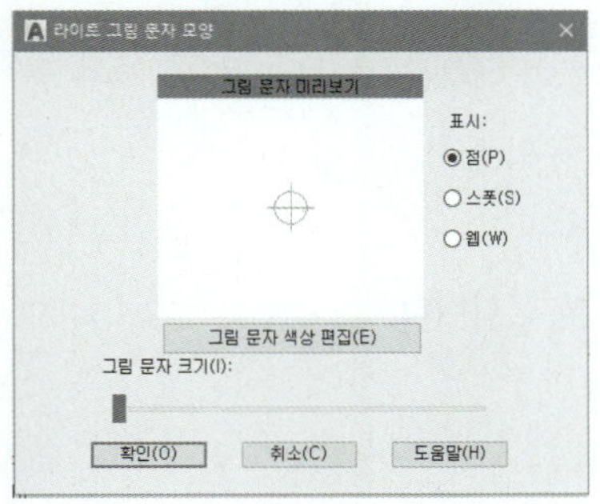

(9) 카메라 그림 문자 설정(A) : 다음의 대화상자를 통해 카메라 그림 문자의 색상과 크기를 설정합니다.

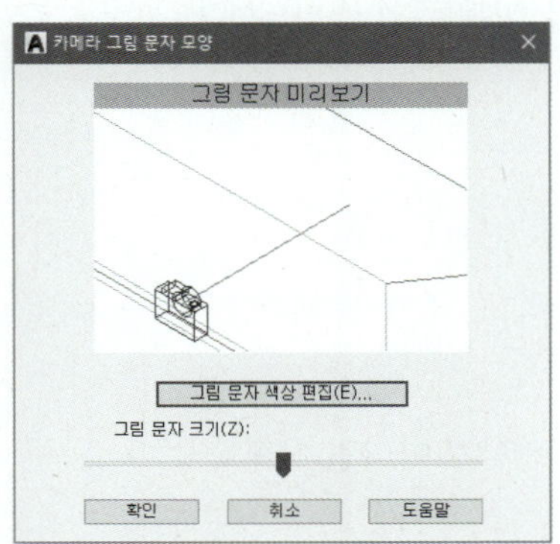

08. '3D 모델링' 탭

3D에서 솔리드 및 곡면 작업에 대한 환경을 설정합니다.

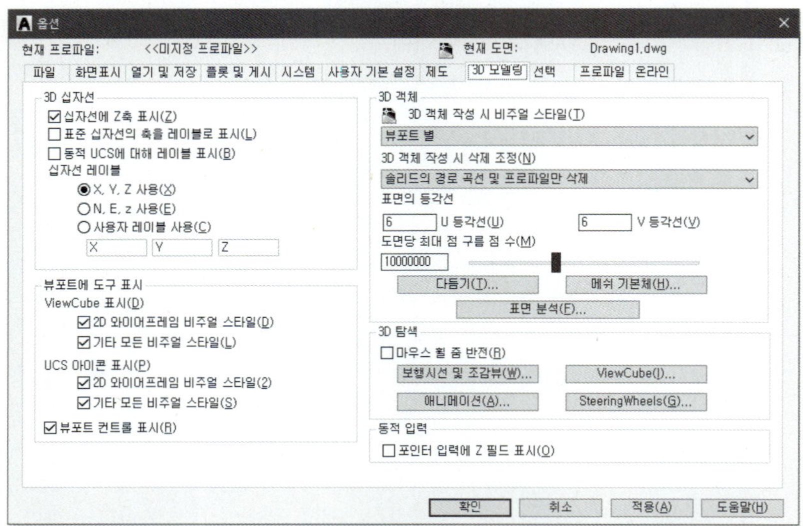

(1) 3D 십자선 : 3D 작업에서 십자선의 모양 및 표시 내용(Z값, 레이블 등)과 관련된 옵션을 지정합니다.

❶ 십자선에 Z축 표시(Z) : Z축의 표시 여부를 지정합니다.

❷ 표준 십자선의 축을 레이블로 표시(L) : 축 레이블을 십자선 포인터와 함께 표시할지 여부를 지정합니다.

❸ 동적 UCS에 대해 레이블 표시(B) : 축 레이블이 꺼진 경우에도 축 레이블을 동적 UCS의 십자선 포인터에 표시여부를 지정합니다.

❹ 십자선 레이블: 십자선에 표시되는 문자(레이블)을 지정합니다. 기본 값은 X, Y, Z입니다.

(2) 뷰포트에 도구 표시 : 뷰포트에 도구의 표시여부를 설정합니다.

❶ ViewCube 표시(D) : 뷰 큐브의 표시여부를 지정합니다.

❷ UCS 아이콘 표시(P) : UCS 아이콘의 표시여부를 지정합니다.

❸ 뷰포트 컨트롤 표시(R) : 모든 뷰포트의 왼쪽 위 구석에 있는 뷰포트 도구, 뷰 및 비주얼 스타일에 대한 뷰포트 컨트롤 메뉴의 표시여부를 지정합니다.

(3) 3D 객체 : 3D 객체 작성에 대한 환경을 설정합니다.

❶ 3D 객체 작성 시 비주얼 스타일(T) : 3D 솔리드 및 메쉬 기본체와 돌출된 솔리드, 표면 및 메쉬를 작성할 때 표시할 비주얼 스타일을 설정합니다.

❷ 3D 객체 작성 시 삭제 컨트롤(N) : 다른 객체를 작성하는데 사용한 형상을 보관할지 아니면 삭제할지를 설정합니다.

❸ 표면 등각선 : M 방향과 N 방향의 표면 밀도와 표면 객체의 U 등각선과 V 등각선의 밀도를 설정합니다(시스템 변수: SURFU, SURFV).

❹ 도면당 최대 점 구름 점 수(M) : 모든 점 구름에 대해 표시할 수 있는 최대 점 수를 설정합니다. 64 비트 시스템의 경우, 최대 점 수는 2천 5백만 개입니다. 숫자가 높을수록 시각적 사실성은 향상되지만 속도가 떨어집니다.

❺ 다듬기(T) : 객체를 메쉬 객체로 변환하기 위한 기본적인 환경을 설정합니다.

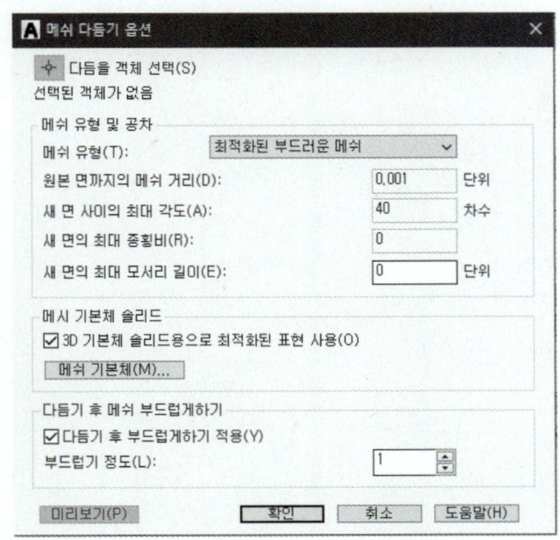

❻ 메쉬 기본체 : 다음과 같은 대화상자를 통해 기본체 메쉬 객체의 다듬기 기본값을 설정합니다. 자세한 내용은 '메쉬 기본체'를 참조합니다.

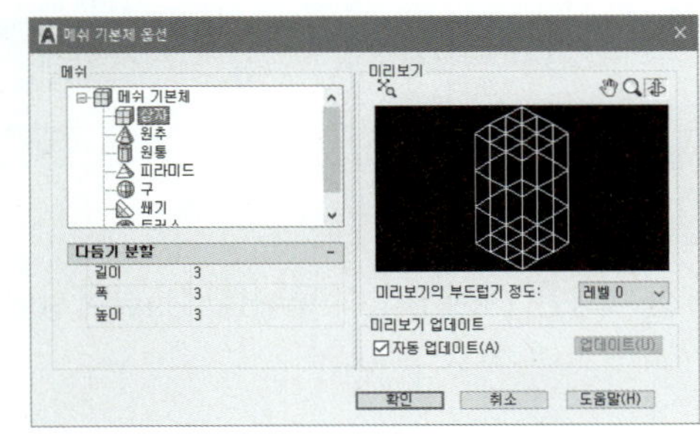

❼ 표면 분석(F) : 표면 분석을 위한 환경을 설정합니다. 자세한 내용은 '표면 분석'을 참조합니다.

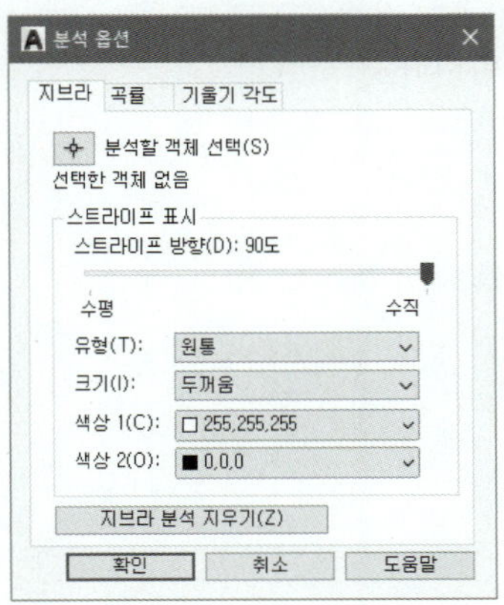

(5) 3D 탐색 : 3D 모형을 표시하기 위해 보행 시선 및 조감뷰, 애니메이션, 뷰 큐브, 스털링 휠과 관련된 환경을 설정합니다.

(6) 동적 입력 : 동적 입력을 사용하는 경우 'Z 좌표의 필드'의 표시여부를 지정합니다.

09. '선택' 탭

객체의 선택과 관련된 환경을 설정합니다.

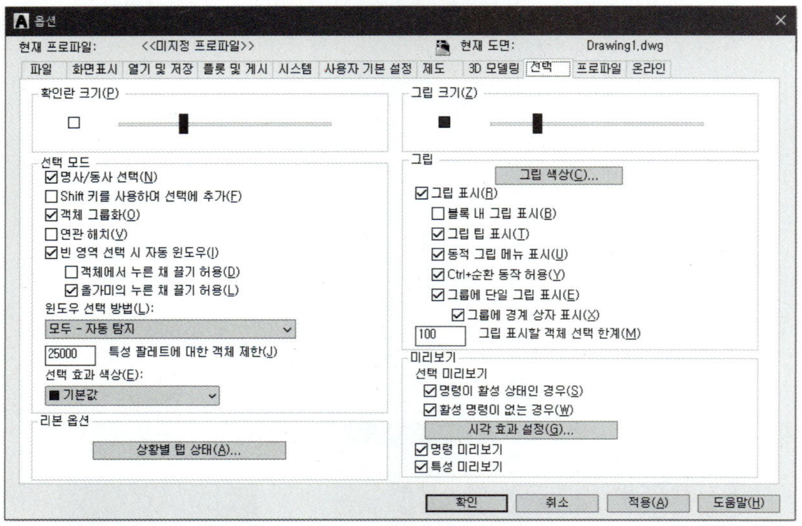

자세한 내용은 Part1의 '〈Special Page〉[선택과 관련된 환경 설정]'(143 페이지)을 참조합니다.

10. '프로파일' 탭

사용자가 정의하는 구성으로 프로파일과 관련된 옵션을 설정합니다. 이 프로파일은 주로 응용 프로그램 개발자가 써드파티 프로그램(응용 프로그램)을 AutoCAD에서 불러들일 때 사용합니다.

> **참고 | 프로파일이란?**
>
> AutoCAD에서 사용자가 구성(설정)한 환경이 저장된 파일입니다. 기본적으로 '미지정 프로파일'이 설정되어 있습니다. 응용 프로그램 개발자는 이 프로파일을 이용하여 응용 프로그램이 구동할 수 있는 환경을 구축합니다.

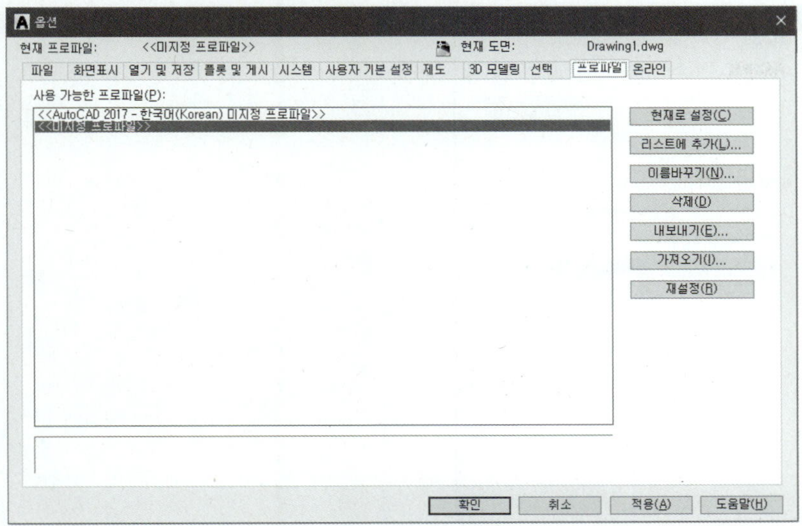

(1) **사용 가능한 프로파일(P)** : 사용 가능한 프로파일의 목록을 표시합니다. 현재 프로파일을 설정하려
면 프로파일을 선택하고 [현재로 설정(C)]를 클릭합니다.

(2) **현재로 설정(C)** : 선택한 프로파일을 현재로 지정합니다.

(3) **목록에 추가(L)** : 대화상자를 통해 선택한 프로파일을 다른 이름으로 저장합니다.

(4) **이름 바꾸기(N)** : 대화상자를 통해 선택한 프로파일의 이름 및 설명을 변경합니다.

(5) **삭제(D)** : 선택한 프로파일을 삭제합니다. 단, 현재 프로파일은 삭제할 수 없습니다.

(6) **내보내기(E)** : 프로파일을 확장자가 '.arg'인 파일로 내보내 다른 사용자와 파일을 공유할 수 있습니
다. 이 파일을 같은 컴퓨터에서 또는 다른 컴퓨터에서 가져올 수 있습니다.

(7) **가져오기(I)** : 내보내기 옵션을 사용하여 작성된 프로파일(확장자가 '.arg'인 파일)을 가져옵니다.

(8) **재설정(R)** : 선택한 프로파일의 값을 시스템 기본 설정값으로 다시 설정합니다.

11. '온라인' 탭

Autodesk사의 클라우드 서비스인 'A360'의 접근 및 온라인 작업에 대한 환경을 설정합니다.

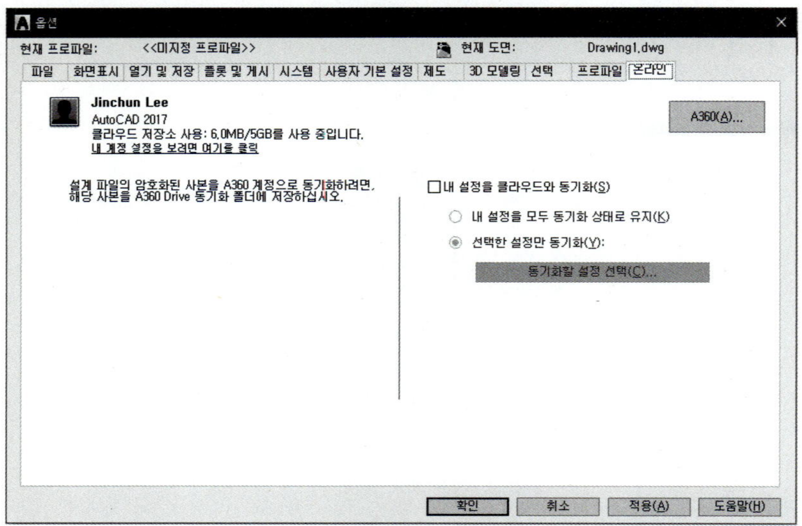

(1) 계정 : 상단에 계정 이름(예: JinChun Lee)이 표시되고 사용중인 클라우드 저장 용량이 표시됩니다.

(2) A360(A) : 클라우드 서비스 'A360' 사이트에 연결합니다.

(3) 내 설정을 클라우드와 동기화(S) : 사용자 응용프로그램 설정과 A360 계정의 동기화를 시작하거나 정지합니다.

❶ 내 설정을 모두 동기화 상태로 유지(K) : 모든 사용자 응용프로그램 설정을 A360 계정과 동기화합니다.

❷ 선택한 설정만 동기화(V) : A360 계정에서 지정한 사용자 응용프로그램 설정만 동기화합니다.

(4) 동기화할 설정 선택(C) : 동기화할 항목을 다음의 대화상자에서 지정합니다.

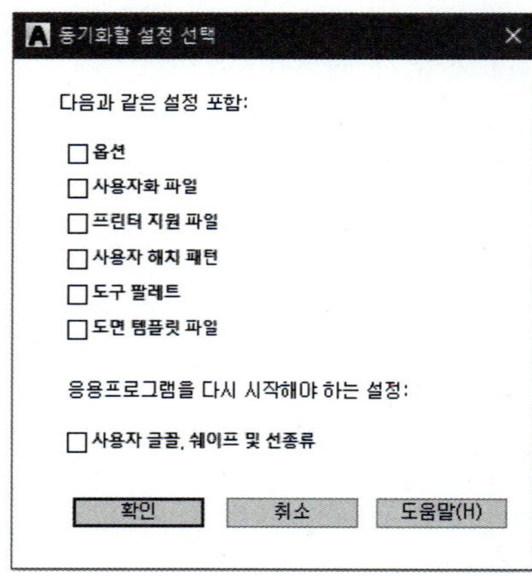

Part 5

3차원 모델링 및 편집

지금부터 3차원 작업을 위한 기초 명령과 모델링에 대해 학습하겠습니다. 3차원 작업은 지금까지 학습한 2차원 개념이 토대가 됩니다. 현실감 있는 모델을 다루기 때문에 2차원에 비해 학습하는데 있어 흥미가 배가됩니다.

CHAPTER 13

3차원 기초 및 모델링

3차원 작업을 위한 기초 지식과 기능을 알아보고, 솔리드 객체와 메쉬 객체의 모델링에 대해 학습합니다.

LESSON 01 3차원 기초

3차원 작업을 위한 기초 지식과 모델링을 위한 기본 기능에 대해 학습합니다.

1. 2차원과 3차원의 차이

2차원(2 Dimension) 모델과 3차원(3 Dimension) 모델의 차이를 간단히 표현하면 'Z값'이라 할 수 있습니다. 2차원은 X축과 Y축 두 개의 축으로 좌표를 지정하여 표현했으나 3차원은 여기에 Z축의 값을 더해 세 개의 축으로 표현하는 것입니다. 따라서, 3차원 객체를 작성하거나 편집할 때는 특성에 Z값에 해당하는 '고도(Elevation)'와 '두께(Thickness)'를 고려해야 합니다.

고도와 두께를 가진 데이터를 표현하기 위해 2차원의 객체보다 많은 정보를 갖고 있습니다. 또, 표현하는 객체의 종류도 다양합니다. 2차원의 벡터 데이터 외에 면(Surface), 메쉬(Mesh), 솔리드(Solid)와 같은 객체가 3차원의 정보를 가진 객체입니다.

2차원에 비해 하나의 축이 더 추가되므로써 도면의 작성이나 편집하는데 있어 작업이 추가되고 이를 표현하는데 있어서도 보는 위치(시점)를 정의한다거나 음영처리, 렌더링 등 비주얼 스타일 등 표현 방법이 다양합니다. 이런 측면에서 보면 기본적으로 2차원 작업보다는 조작이 많아지고 데이터가 늘어나며 관리가 복잡해지는 측면은 무시할 수 없습니다. 그러나 2차원과 3차원의 차이를 알고 이 차이에 대한 기본적인 내용만 이해한다면 3차원 작업을 하는데 큰 어려움은 없을 것입니다.

01. 바닥으로부터 높이를 정의하는 '고도(Elevation)'

'고도(Elevation)'는 바닥으로부터 얼마만큼 떨어져 있는가를 의미합니다. 좌표의 Z값을 의미합니다. 이 값은 플러스(+) 또는 마이너스(−) 값을 지정할 수 있습니다. 기본 값은 '0'입니다.

지정하는 방법은 미리 '고도(Elevation)' 값을 정의한 후 객체를 작성할 수도 있고, 객체를 작성한 후 'Z값' 특성(Properties)을 수정할 수도 있습니다.

{명령:}에서 'ELEVATION'을 입력합니다.

{ELEVATION에 대한 새 값 입력 〈0.0000〉:}에서 지정하고자 하는 고도 값을 입력합니다.

여기에서 입력한 값이 Z값이 됩니다. 이렇게 설정한 후 객체를 작도하면 객체의 Z 값에는 설정한 값이 지정됩니다.

02. 객체의 두께를 정의하는 '두께(Thickness)'

'두께(Thickness)'는 객체가 가지는 Z축 방향의 두께를 말합니다. 즉, 객체 자체가 갖고 있는 Z값이라 생각하면 됩니다.

지정하는 방법은 미리 '두께(Thickness)' 값을 정의한 후 객체를 작성할 수도 있고, 객체를 작성한 후 '두께' 특성(Properties)을 수정할 수도 있습니다.

{THICKNESS에 대한 새 값 입력 〈0.0000〉:}에서 지정하고자 하는 두께 값을 입력합니다.

여기에서 두께를 설정한 후 객체(선, 원 등)를 작도하면 여기에서 설정한 두께 값을 갖는 객체가 작도됩니다.

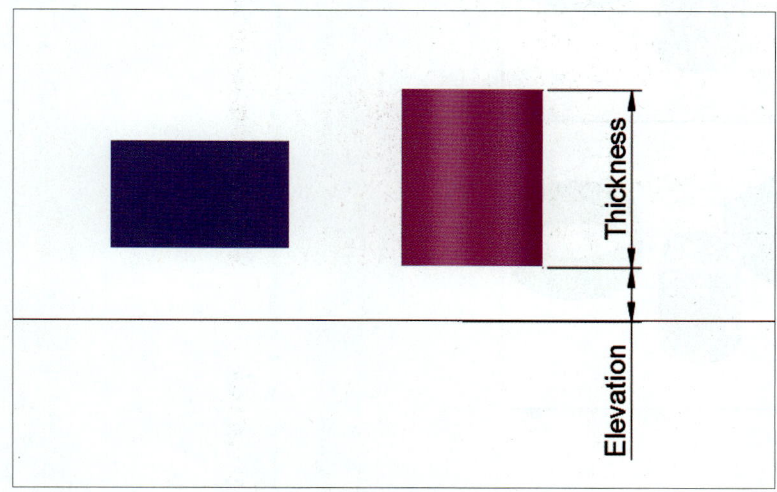

참고 **고도 및 두께의 변경**

2차원 객체에서 고도와 두께 값을 바꾸고자 할 때는 '특성(PROPERTIES)' 명령으로 쉽게 수정할 수 있습니다. 특성 명령은 명령어 영역에서 'PROPERTIES' 또는 'CH', 'MO', 'PR', 'PROPS'를 입력하거나 '뷰' 탭의 '팔레트' 패널 또는 도구막대에서 ▤을 클릭합니다. 또는, 바로가기 메뉴에서 '특성(S)'을 클릭합니다.

원의 경우. 특성 팔레트에서 '두께' 항목과 고도 값을 갖는 'Z 중심'의 값을 지정합니다.

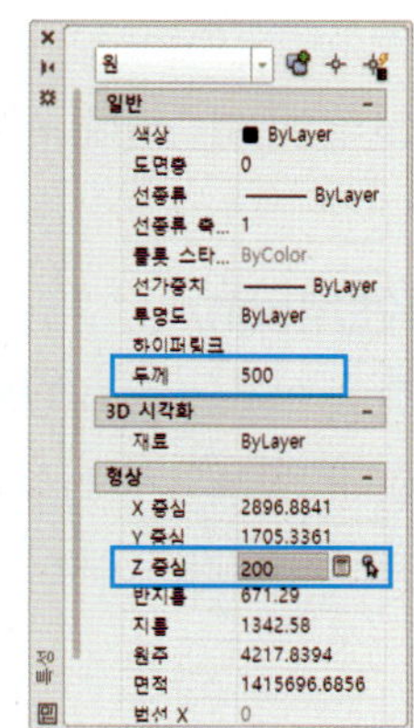

481

03. 모델의 표현

모델의 표현에 영향을 주는 것은 두 가지가 있습니다.

첫 번째는 보는 위치(시점)입니다. X, Y 두 축으로 이루어진 2차원은 모델을 보는 위치(시점)에 영향을 받지 않습니다. 그러나 3차원은 Z값이 더해져 높이와 두께를 표현합니다. 따라서 보는 위치(시점)에 따라 다양하게 표현됩니다. 같은 모델이라도 보는 위치에 따라 형상이 달리 표현됩니다.

두 번째는 비주얼 스타일에 따라 다양하게 표현됩니다. 와이어프레임, 음영처리, 사실적, 개념, 스케치 표현 등 다양하게 표현될 수 있습니다. 재질(재료)을 가미하여 보다 사실적인 표현도 가능합니다. 다음의 예는 와이어프레임, 개념, 스케치, 사실적 표현을 한 결과입니다.

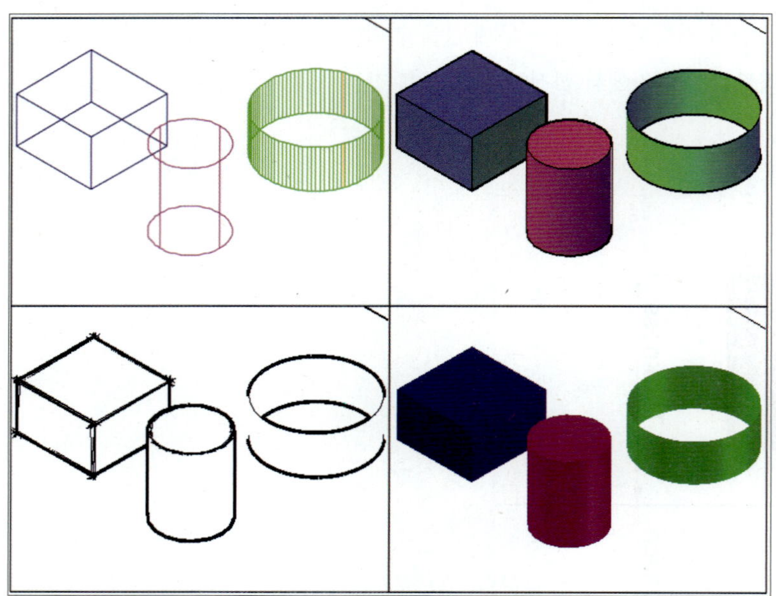

2. 3차원 객체의 종류

앞에서는 2차원 객체와 3차원 객체가 가진 특성의 차이를 알아보았습니다. 3차원 모델(객체)은 와이어프레임(Wire-Frame), 면(Surface), 솔리드(Solid)로 나뉩니다. 3차원 모델을 구성하는 기본 객체인 메쉬(Mesh)가 있습니다. 이번에는 3차원 모델을 구성하는 객체에 대해 알아보겠습니다.

01. 메쉬(Mesh)

3D 모델을 이루는 최소 단위는 '정점(Vertex)'이며, 이 정점들을 연결하여 '모서리선(Edge)'이 되고, 이 선(Edge)들이 3개 이상 만나면 '다각형 면(Polygon)'이 만들어집니다. 따라서, 면의 최소 단위는 삼각 다각형입니다. 이러한 과정으로 다각형이 모여 하나의 덩어리가 되면 이를 '메쉬(Mesh)'라고 합니다.

즉, 메쉬는 다각형(Polygon) 표현(삼각형 및 사각형 포함)을 사용하여 3D 모델을 정의하는 정점, 모서리 및 면으로 구성됩니다. AutoCAD에서는 솔리드 또는 표면에서는 사용할 수 없는 방식으로 메쉬 모형을 수정할 수 있습니다. 예를 들어, 각진 부분, 분할 및 증가하는 부드럽기(Smooth) 레벨을 적용할 수 있습니다. 메쉬 하위 객체(면, 모서리 및 정점)을 끌어서 객체를 변형시킬 수 있습니다. 보다 세부적인 결과를 얻기 위해 메쉬의 특정 영역을 정련한 뒤 수정할 수도 있습니다. 이 메쉬 기능을 이용하여 보다 쉽게 자유로운 곡면을 작성할 수 있습니다.

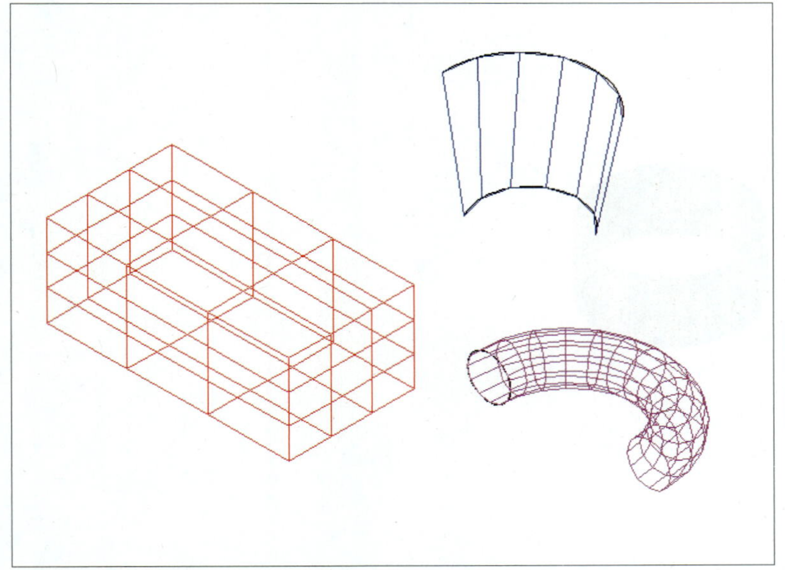

02. 와이어 프레임(Wire-Frame)

3차원 모델의 가장 기본적인 표현 방식으로 면과 면이 만나는 경계선(Edge)을 철사(Wire)를 엮은 것과 같은 형식으로 표현한다고 '와이어프레임(Wire-Frame)'이라고 합니다.

물체를 구성하는 주요한 내외곽 선들을 후면까지 모두 투영해서 볼 수 있고 데이터 양이 적기 때문에 빨리 표현한다는 장점은 있지만, 표면이 없으므로 물체의 양감 표현은 되지 않고 은선 처리가 되지 않아 명확한 3차원 표현에는 한계가 있다는 것이 단점입니다.

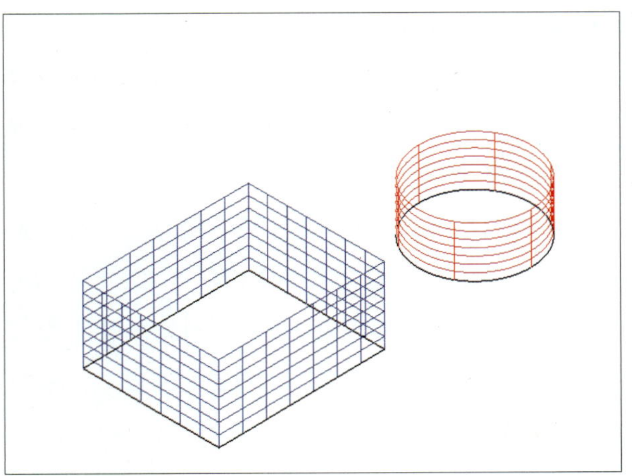

03. 표면(Surface)

표면(Surface) 모델은 물체를 3D 객체의 쉐이프에 해당하는 무한히 얇은 쉘의 집합으로 표현합니다. 내부는 비어있는 표면만 존재하는 방식입니다. 뒤쪽의 보이지 않는 부분은 은선 처리로 제거할 수 있고 표면이 있기 때문에 물체가 양감을 지닌 것으로 보이지만 실제는 내부가 비어 있기 때문에 물체에 대한 물리적 데이터의 처리는 불가능합니다. AutoCAD에서는 솔리드 모형의 조작과 동일한 명령 몇 가지를 사용하여 표면 모형을 작성할 수 있습니다. 표면을 구성하는 모든 요소와 정점(Vertices)의 집합을 메쉬(Mesh)라고 부릅니다.

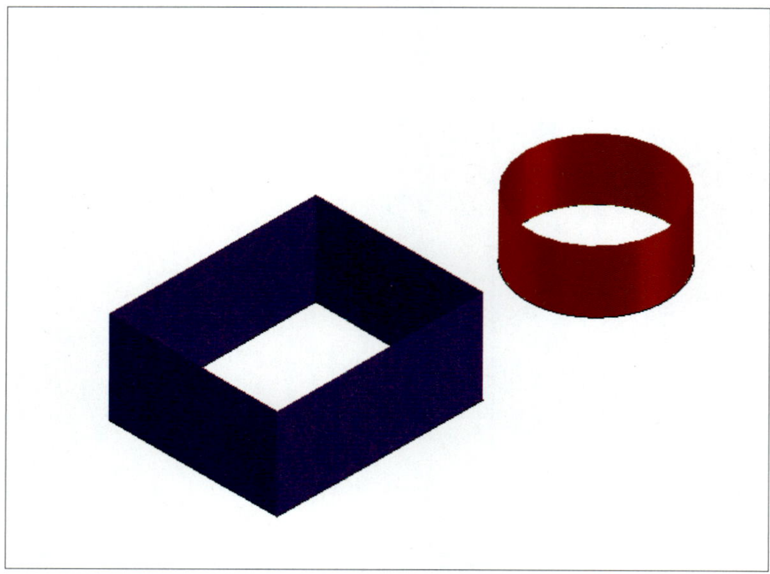

04. 솔리드(Solid)

솔리드는 일반적으로 3차원 작업에서 가장 많이 사용하는 객체의 종류로 질량, 체적, 무게 중심 및 관성 모멘트와 같은 특성 정보를 가지고 있는 3D 표현입니다. 가장 많은 정보를 포함하며 3D 모델링 종류 중에서 모호성이 가장 낮습니다. 질량 특성에 대한 솔리드를 분석하고 NC(숫자 조정) 밀링 또는 FEM(유한요소 방법) 분석을 수행하는 응용프로그램에 데이터를 내보낼 수 있습니다. 가장 완성도가 높고 많은 정보를 갖고 있는 모델이므로 용량도 크고 속도가 떨어진다는 단점을 가지고 있습니다.

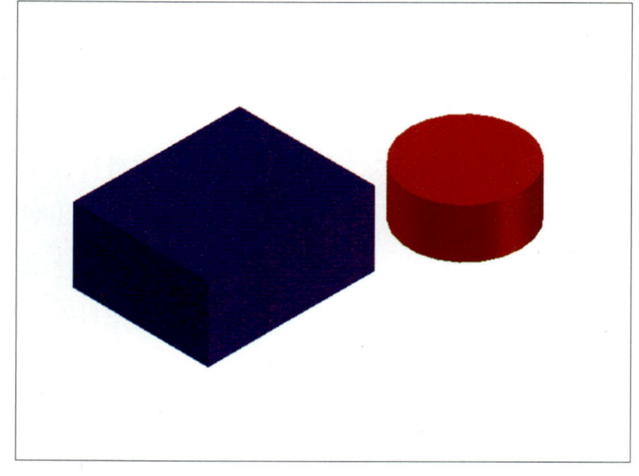

'솔리드(Solid)'가 찰흙으로 어떤 사물을 빗어낸다고 가정하면 '표면(Surface)'은 라면박스와 같은 얇은
종이 상자로 생각하면 이해하기 쉽습니다.

3. 3차원을 위한 작업공간

'작업공간'은 사용자가 자신의 맞는 작업공간(사용자 인터페이스)을 구축하여 쉽게 접근할 수 있는 기능
입니다. 본격적인 3차원 작업에 앞서 3차원 작업공간으로 바꾸도록 하겠습니다.

01 화면 하단의 상태막대에서 작업공간 아이콘 옆의 역삼각형(▼)을 클릭합니다.
표시된 목록에서 '3D 모델링'을 선택하여 클릭합니다.

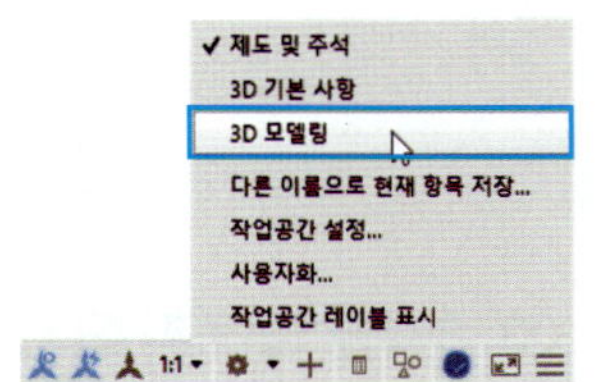

02 다음과 같은 '3D 모델링' 관련 메뉴로 바뀌면서 3차원 작업을 위한 공간으로 바뀝니다.

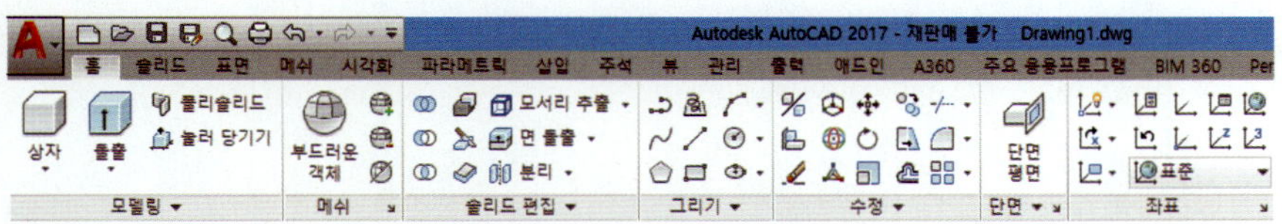

AutoCAD가 제공하는 3차원 작업공간인 '3D 모델링'의 환경은 사용자에 따라 불편할 수 있습니다. 따라서, 사용
자가 3차원 작업을 위해 필요한 블록이나 명령 컨트롤 등을 도구 팔레트, 리본의 패널, 도구막대에 저장하여 작업
하기 용이한 환경을 구축하여 작업하는 것이 3차원 작업의 효율을 향상시킬 수 있습니다.

4. 3차원 좌표계와 좌표지정 방법

3차원의 좌표 지정은 기존 X축과 Y축 두 방향에 Z축 방향이 추가되기 때문에 2차원에 비해 복잡하고
다양합니다. 또, 좌표계도 2차원에서는 표준 좌표계인 WCS만으로 가능했지만 3차원에서는 사용자
좌표계인 UCS를 이용해야 합니다. 이번에 다루는 내용은 3차원에서 필수적인 좌표계와 좌표지정 방
법에 대해 알아보겠습니다.

01. 표준 좌표계(WCS; World Coordinate System)

WCS는 공간상에서 모델이 위치한 곳이 미리 정의된 고정 좌표계로 원점을 사용자가 임의로 바꿀 수

없습니다. 원점은 X와 Y 축의 교차점(0,0)입니다. 일반적으로 2차원 작업에서 사용한 WCS는 X축은 0도 방향의 수평축이고 Y축은 90도 방향의 수직축입니다.

02. 사용자 좌표계(UCS; User Coordinate System)

WCS는 고정된 좌표계이기 때문에 3차원의 모델을 생성하고 편집하기에는 불편한 점이 많습니다. UCS는 사용자가 정의하는 좌표계로 다양하게 정의할 수 있어 3차원 모델을 작성하거나 편집하는데 유용하게 사용할 수 있습니다. 필요에 따라서는 이름을 붙여 등록하거나 호출할 수 있습니다. UCS 명령에 의해 설정합니다. UCS 명령은 좌표의 원점을 사용자가 자유롭게 지정하는 기능입니다. UCS 기능의 자세한 내용은 뒤에서 실습을 통해 자세히 다루도록 하겠습니다.

03. 3차원 절대 좌표(X, Y, Z)

2차원의 좌표 입력과 비슷하여 기존 2차원 절대 좌표에 Z값을 부여합니다.

예를 들어, (4,3,3)은 X축으로 4, Y축으로 3, Z축으로 3의 위치에 있는 좌표를 의미합니다.

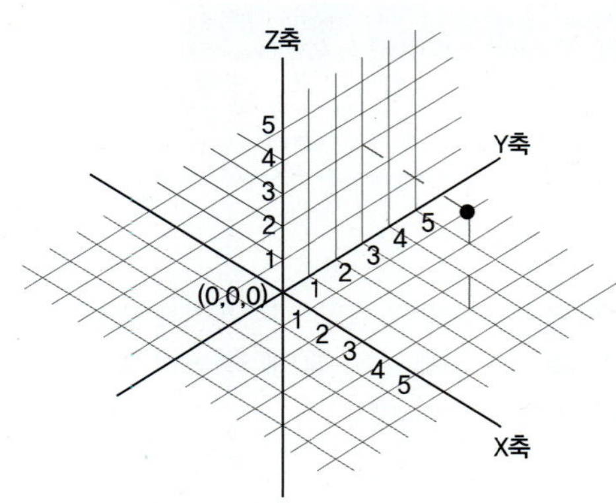

3차원 절대좌표 (4, 3, 3)

04. 절대 원통 좌표(X축 거리〈 XY평면의 각도, Z축 거리)

절대 원통 좌표는 X축의 단위 거리와 XY평면에서 X축의 각도, Z축의 단위 거리를 지정하는 좌표입니다.

예를 들어, (4〈30,3)은 X축으로 4, XY평면에서 30도의 위치에서 Z가 3인 좌표를 나타냅니다.

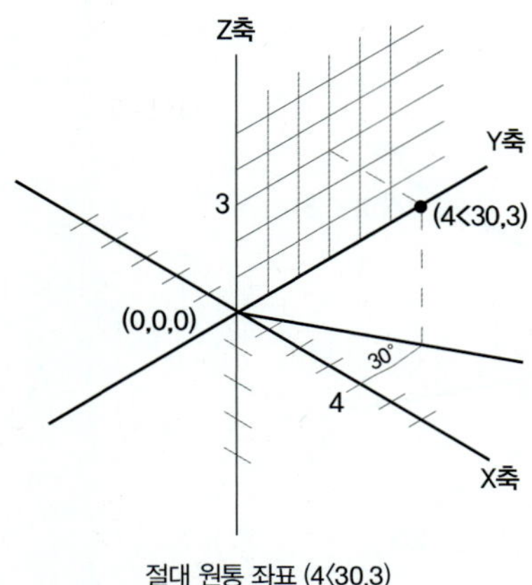

절대 원통 좌표 (4<30,3)

05. 상대 원통 좌표(@X축의 거리<XY평면의 각도, Z축의 거리)

2차원의 상대 좌표와 마찬가지로 기준이 되는 좌표가 원점(0,0,0)이 아니라 최종 좌표를 기준으로 X축으로 거리, XY평면의 각도, Z축의 단위 거리만큼 위치한 좌표를 나타냅니다.

예를 들어, 최종 좌표가 (1,2,1)일 때 상대 원통 좌표가 (@4<30,3)이면, 최종 좌표로부터 X축으로 4만큼 XY평면에서 30도의 위치의 Z가 3만큼 떨어진 좌표를 나타냅니다.

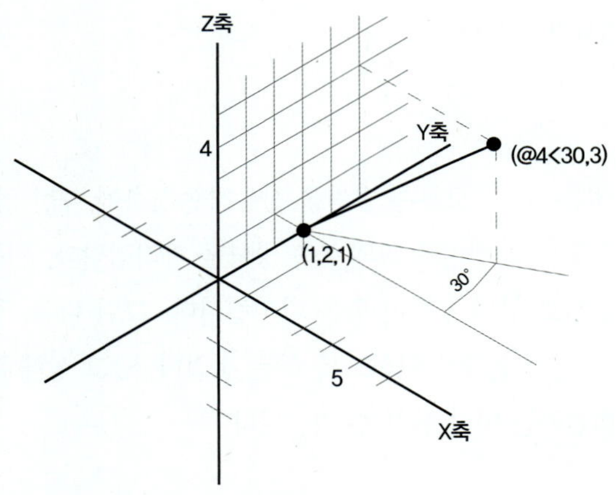

상대 원통 좌표 (@4<30,3)

06. 구 좌표(X축 거리<XY평면의 X축의 각도< XY평면의 Z축 방향의 각도)

구(球) 좌표는 2차원의 극 좌표와 유사합니다. 먼저 X축 방향으로의 단위 거리를 입력하고 '<', 다음은 XY평면에서 X축의 각도를 입력하고 '<', 마지막으로 XY평면에서 Z축 방향으로의 각도를 입력합니다.

예를 들어, 구 좌표 (4<30<45)인 좌표는 X축으로 4, XY 평면의 각도가 30도이며, Z축의 각도가 45인 위치를 지정합니다.

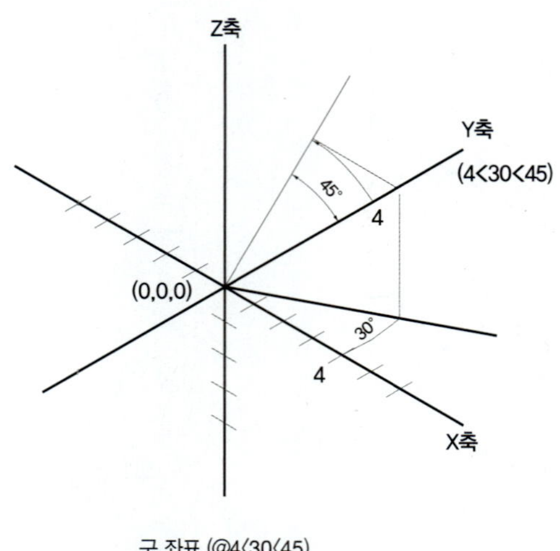

구 좌표 (@4〈30〈45)

5. 오른손 법칙의 이해

3차원 작업이라고는 하지만 실제 우리가 작업하거나 표시되는 공간은 디스플레이의 2차원의 공간입니다. 실제는 2차원의 표현 공간에서 3차원처럼 보이게 하는 것입니다. 따라서 X, Y, Z 값을 필요로 하는 3차원 표현에 있어 2차원 공간에서 좌표의 표현 및 회전 방향을 잡을 때 혼란스러울 경우가 있습니다. 이때, 오른손의 손가락을 이용하면 이해하기 쉽습니다.

01. X, Y, Z방향

3D 좌표계에서 X 및 Y축의 방향을 알고 있는 경우, 오른손 법칙을 사용하여 Z축에 대한 양(+)의 축 방향을 알 수 있습니다. 화면에 오른손의 등을 대고 엄지로 양의 X축 방향을 가리킵니다. 왼쪽 그림과 같이 검지와 중지(가운데 손가락)를 펴고 검지로 양의 Y축 방향을 가리킵니다. 그런 다음, 중지로 양(+)의 Z축 방향을 가리킵니다. 즉, 중지가 자신의 얼굴을 향하도록 하는 것입니다. 그 상태로 손을 회전하면 UCS를 변경할 때 X, Y 및 Z축이 회전하는 방향을 알 수 있습니다.

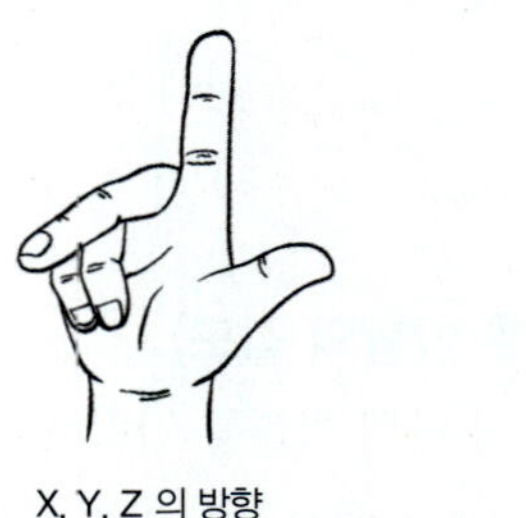

X, Y, Z 의 방향

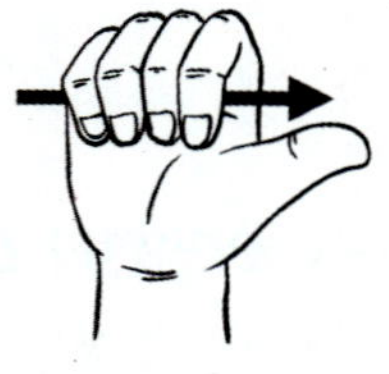

회전 방향

02. 회전 방향

앞의 오른쪽 그림은 오른손 법칙을 사용하여 3D 공간에서 축에 대한 기본 양(+)의 회전 방향을 결정합니다. 오른쪽 그림과 같이 오른손 엄지로 양(+)의 축 방향을 가리키고 손가락을 구부립니다. 그러면 구부린 손가락들이 축에 대한 양(+)의 회전 방향을 의미합니다.

> **tip!**
>
> 객체가 작도되는 면은 XY평면이므로 엄지(X)와 검지(Y) 사이의 면입니다. XY 평면을 설정할 때 오른손을 이용하여 가늠하면 편리합니다.

6. UCS 아이콘의 이해

2차원에서 UCS 아이콘은 단순히 X축과 Y축만을 지정하므로 큰 역할을 하지 않았습니다. 그러나 3차원 작업에서는 Z축이 더해지면서 중요한 역할을 하게 됩니다. 특히, 고정적인 WCS 좌표계가 아닌 유동적인 UCS 좌표계를 사용하면서 그 중요성이 높아졌습니다. 이 UCS 아이콘을 읽을 수 있어야 3차원 작업을 제대로 할 수 있는 것입니다. 다양한 아이콘을 사용할 수 있으며 크기, 위치 및 색상을 변경할 수 있습니다.

다음의 세 가지 아이콘 스타일 중 하나를 선택하여 표시됩니다.

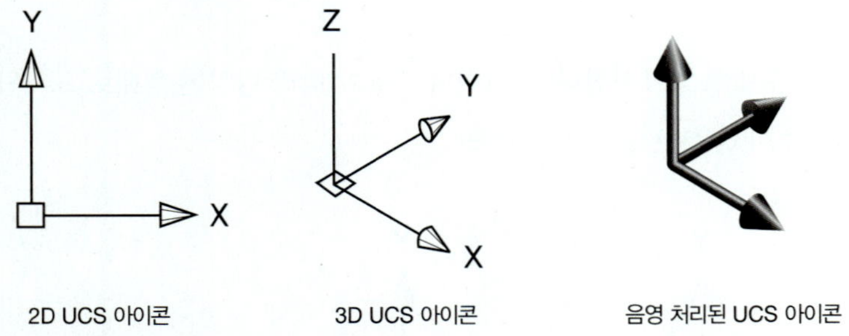

2D UCS 아이콘	3D UCS 아이콘	음영 처리된 UCS 아이콘

> **참고 UCS 아이콘의 표현**
>
> 'UCS 아이콘(UCSICON)' 명령으로 2D 또는 3D UCS 아이콘 표시 여부, 아이콘 모양의 설정 및 원점 등을 지정합니다.
>
> 명령 : UCSICON   메뉴 아이콘 :
>
> {옵션 입력 [켜기(ON)/끄기(OFF)/전체(A)/원점없음(N)/원점(OR)/특성(P)] 〈켜기〉:}
>
> (1) 켜기(ON) : UCS 아이콘을 표시합니다.
>
> (2) 끄기(OFF) : UCS 아이콘을 표시하지 않습니다.
>
> (3) 전체(A): 변경 사항을 모든 활성 뷰포트의 아이콘에 적용합니다.
>
> (4) 원점 없음(N) : UCS 원점의 위치에 관계없이 아이콘을 뷰포트의 왼쪽 하단에 표시합니다.
>
> (5) 원점(OR) : 아이콘을 현재 좌표계의 원점(0,0,0)에 표시합니다. 원점이 화면 밖에 있거나 아이콘을 원점에 위치시키면 뷰포트 모서리에서 잘리는 경우, 아이콘은 뷰포트의 왼쪽 하단에 표시됩니다.

(6) 특성(P) : 다음의 대화상자를 통해 UCS 아이콘의 특성을 설정합니다.

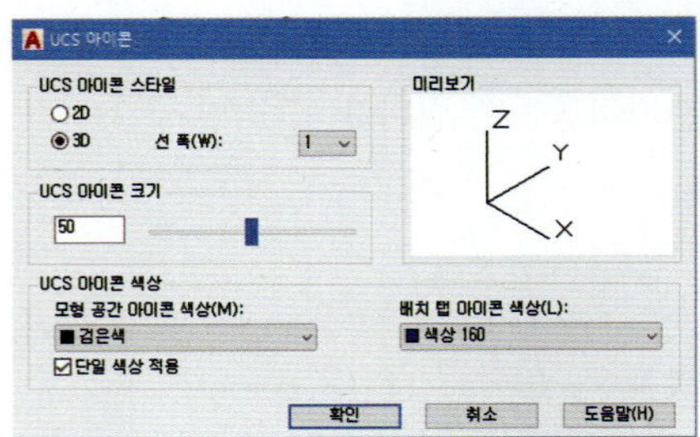

① UCS 아이콘 스타일 : 2D 또는 3D UCS 아이콘의 표시와 그 모양을 지정합니다.

'2D'를 선택한 경우 다음과 같은 아이콘을 표시합니다.

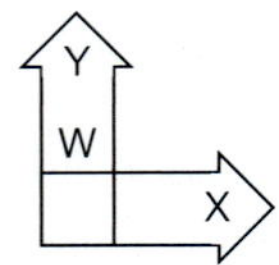

'선 폭(W)'은 3D UCS 아이콘을 선택한 경우 UCS 아이콘의 선 너비를 조정합니다. 1, 2, 3 픽셀 중에서 선택합니다.

② 미리 보기 : 설정한 UCS 아이콘의 모양을 미리 보기로 표시합니다.

③ UCS 아이콘 크기 : UCS 아이콘의 크기를 뷰포트 크기의 백분율로 조정합니다. 기본값은 12이며, 유효한 값의 범위는 5에서 95까지입니다.

④ UCS 아이콘 색상 : 모형 공간 및 배치 탭에서의 아이콘 색상을 설정합니다.

UCS 아이콘은 기본적으로 X, Y, Z 축 방향을 표시합니다. 그러나 좌표에 따라 다양한 형태로 표시됩니다. 다음의 몇 가지 예를 살펴보도록 하겠습니다.

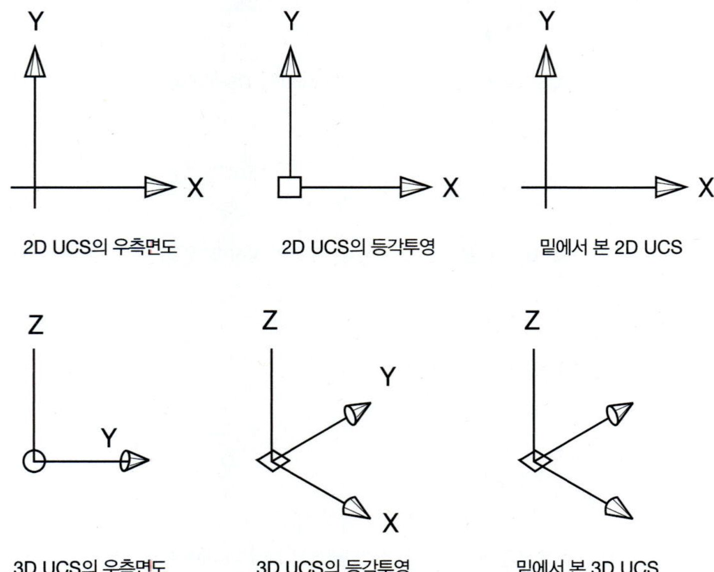

7. UCS 및 UCS관리자

UCS는 사용자가 자유롭게 정의할 수 있어 3차원의 모델을 작성하거나 편집하는데 유용합니다. UCS 명령은 사용자가 3차원 도면작업을 용이하게 하기 위해 사용자 좌표계(UCS)를 설정하는 역할을 합니다. 또, UCS 관리자는 이름을 부여하여 UCS를 관리하고 UCS를 복원하고 UCS 아이콘을 조정합니다. UCS의 실제 사용 방법은 나중에 3차원 객체를 작도하면서 실습하겠습니다.

01. 사용자 좌표를 조정하는 UCS

사용자 좌표계(UCS)를 설정하고 관리합니다. 여기에서는 기본 개념만 이해하고 뒤쪽의 예제 실습을 통해 실제 사용방법과 기능에 대해 익혀보겠습니다.

명령 : UCS   메뉴 아이콘 :

{현재 UCS 이름: *표준*}
{UCS의 원점 지정 또는 [면(F)/이름(NA)/객체(OB)/이전(P)/뷰(V)/표준(W)/X/Y/Z/Z축(ZA)] 〈표준(W)〉:}

(1) UCS의 원점 지정 : 한 점, 두 점 또는 세 점을 지정하여 UCS를 지정합니다. 한 점을 지정할 경우 X, Y, Z 방향이 그대로 이동됩니다.

(2) 면(F) : 3D 솔리드의 선택한 면에 UCS를 정렬합니다. 면을 선택하려면 면의 경계 내부 또는 모서리를 클릭합니다. 면이 강조되고 첫 번째 찾은 면의 가장 가까운 모서리에 UCS의 X축이 정렬됩니다.

(3) 이름(NA) : 자주 사용하는 UCS를 이름을 부여하여 저장합니다.

(4) 객체(OB) : 선택한 3D 객체를 기준으로 새로운 좌표계를 정의합니다. 새로운 UCS는 선택한 객체의 돌출 방향과 동일한 돌출 방향(양의 Z축)을 갖습니다. 즉, 선택한 객체가 작도될 때의 평면을 XY면으로 정의합니다.

원점은 선택한 객체에 따라 다음과 같이 정해집니다. 원이나 호는 중심점, 선의 경우는 가까운 끝점, 치수는 치수 문자의 중간점, 2D 폴리선은 폴리선의 시작점, 솔리드는 솔리드의 첫 번째 점, 문자, 블록, 속성 정의 등은 삽입점이 원점이 됩니다.

(5) 이전(P) : 이전 UCS로 되돌아갑니다.

(6) 뷰(V) : 관측 방향에 수직인(화면에 평행인) XY 평면으로 새로운 좌표계를 설정합니다. UCS 원점은 변경되지 않고 유지됩니다.

(7) 표준(W) : 현재 사용자 좌표계를 표준 좌표계로 설정합니다.

(8) X, Y, Z 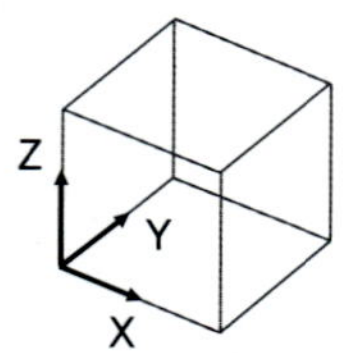 : 지정한 축을 중심으로 현재 UCS를 회전합니다.

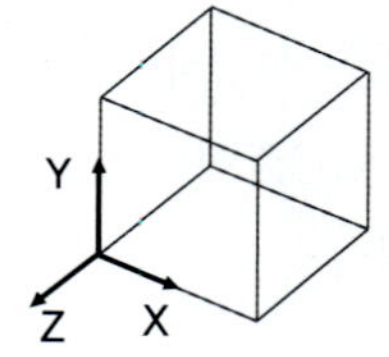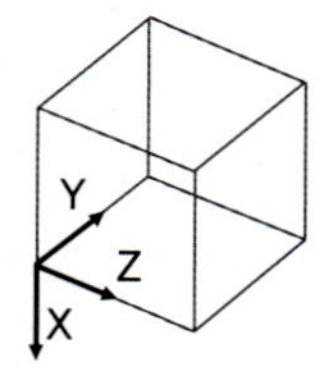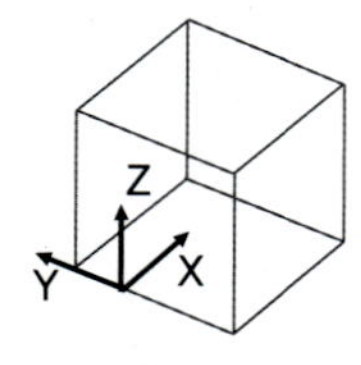

| 표준 좌표계 | X축을 중심으로 90도 회전 | Y축을 중심으로 90도 회전 | Z축을 중심으로 90도 회전 |

(9) Z축(ZA) : 원점과 Z 축의 + 방향을 지정하여 UCS를 정의합니다. Z축을 정의하면 오른손 법칙에 의해 XY 평면을 쉽게 알 수 있습니다.

참고 작업 면인 XY 평면

AutoCAD의 모든 객체는 기본적으로 XY 평면에서 작도해야 합니다. 2차원에서는 가로 방향의 X축과 세로 방향의 Y축으로 XY 평면으로 맞추어져 있어 별도의 설정 과정을 거치지 않고 선이나 원을 작도했습니다. 그러나 3차원에서는 다양한 면에 객체를 작도해야 하므로 UCS를 바꾸는 작업이 필요합니다. 설계자가 작도하고자 하는 면에 UCS를 XY 평면으로 맞추는 것이 중요합니다. 이를 자유자재로 바꿀 수 있어야 자유로운 3차원 작업을 할 수 있는 것입니다.

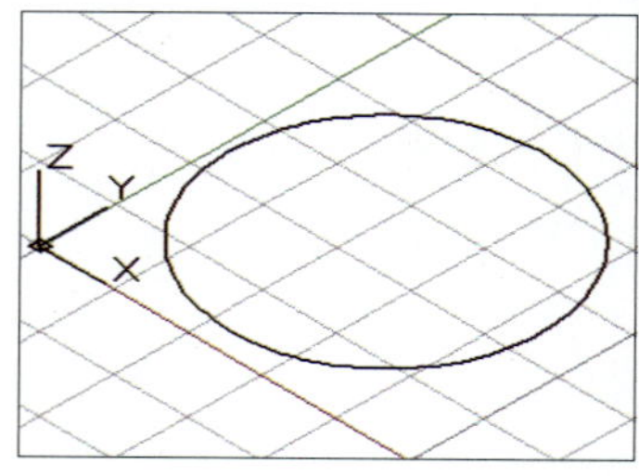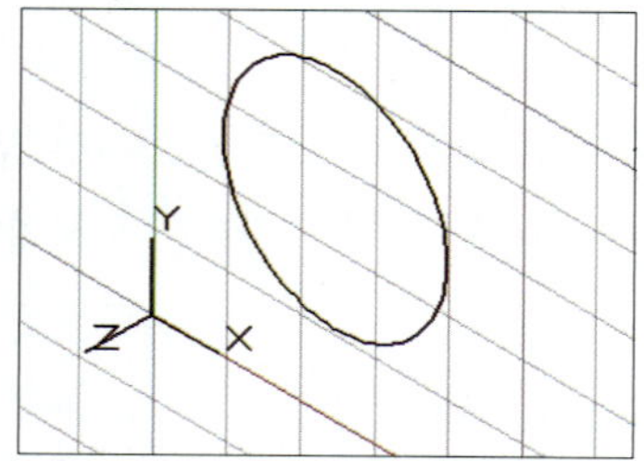

같은 원을 작도하더라도 XY 평면이 어디에 맞춰져 있느냐에 따라 평면(왼쪽 그림)에 그려지기도 하고 세로면(오른쪽 그림)에 그려지기도 합니다.

02. UCS를 관리하는 UCS 관리자

정의된 사용자 좌표계와 명명되지 않은 사용자 좌표계를 표시하고 수정하며, 명명된 UCS와 직교 UCS를 복원하고 뷰포트의 UCS 아이콘 및 UCS 설정값을 지정합니다.

명령 : UCSMAN(단축키 : UC)   메뉴 아이콘 :

다음과 같은 대화상자가 표시됩니다.

(1) 명명된 UCS 탭 : 사용자 좌표계 목록을 표시하고 현재 UCS를 설정합니다.

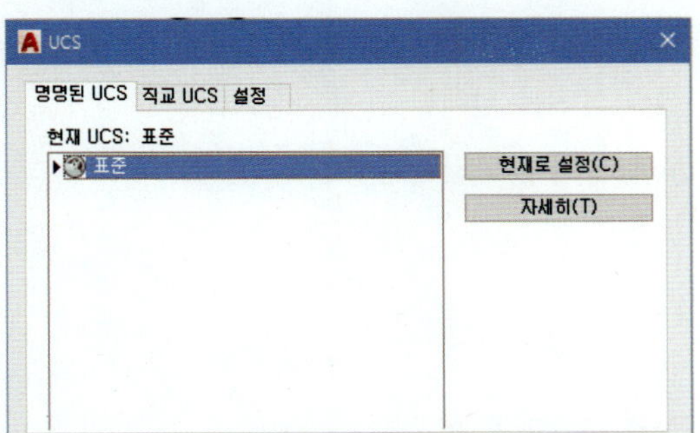

❶ 현재 UCS : 현재 UCS의 이름을 표시합니다. 저장 및 명명되지 않은 UCS는 '미지정'이 됩니다.

❷ 현재로 설정(C) : 선택된 좌표계를 현재의 좌표계로 설정합니다.

❸ 자세히(T) : UCS 세부 사항 대화상자를 통해 UCS 좌표 데이터를 표시합니다.

(2) 직교 UCS : UCS를 직교 UCS 설정값 중 하나로 변경합니다.

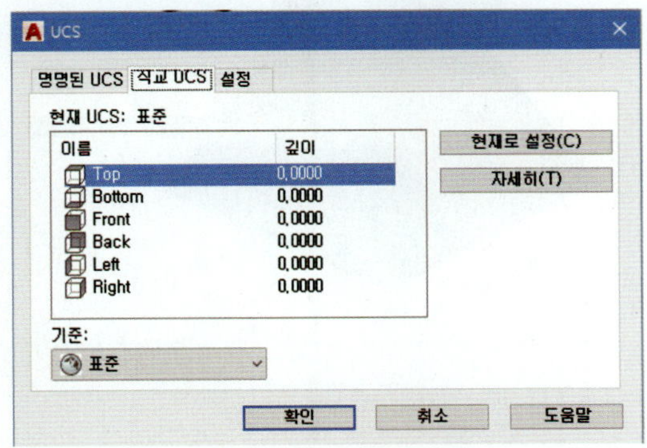

❶ 이름 : 현재 도면에서 정의된 여섯 가지 좌표계를 목록을 표시합니다. 직교 좌표계는 기준 목록에서 지정한 UCS를 기준으로 정의됩니다. 깊이 값 목록은 직교 좌표계와 UCS 기준 설정값(UCSBASE 시스템 변수에 저장됨)의 원점을 통과하는 평행한 평면 사이의 거리입니다.

❷ 현재로 설정(C) : 직교 UCS를 정의하기 위한 기준 좌표계를 설정합니다. 기본적으로 WCS가 기준 좌표계입니다. 목록에는 현재 도면의 모든 명명된 UCS가 표시됩니다.

❸ 자세히(T) : UCS 좌표 데이터를 표시하는 'UCS 세부 사항'대화상자를 표시합니다. UCS 이름을 마우스 오른쪽 버튼으로 클릭하고 상세 정보를 선택하여 선택한 UCS에 대한 자세한 사항을 볼 수도 있습니다.

(3) 설정 : 뷰포트에 저장된 UCS 아이콘 설정값과 UCS 설정값을 표시하고 수정합니다.

8. UCS를 쉽게 정의할 수 있는 동적 UCS(DUCS)

3차원 작도를 위해서는 UCS를 해당 면에 맞춰주어야 합니다. 따라서, 3차원 객체를 작성하거나 편집을 하다 보면 UCS를 바꾸는 작업이 빈번히 발생합니다. '동적 UCS'는 UCS를 선택한 면에 자동으로 맞춰주는 기능입니다. 동적 UCS를 사용하여 UCS 방향을 수동으로 바꾸지 않고 3D 솔리드의 면에 UCS를 맞춰 이 면에 객체를 작성할 수 있습니다.

 **동적 UCS의 활성화**

동적 UCS의 켜고 끄기는 화면 하단의 그리기 도구에서 'DUCS ⬈'를 켜거나 〈Ctrl〉 키를 누르면서 'D'를 누르면 동적 UCS가 켜고, 꺼집니다. 그리기 도구에 동적 UCS 아이콘이 표시되어 있지 않으면 '사용자화 ☰' 버튼을 클릭하여 '동적 UCS'를 체크하여 표시합니다.

다음 그림과 같은 쐐기의 경사진 면에 마우스를 가져가면 UCS가 자동으로 경사진 면에 맞춰집니다.

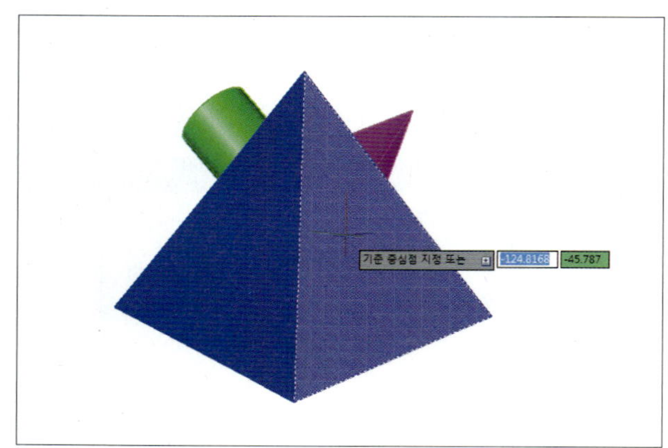

이 동적 UCS 기능을 이용하면 경사진 면에 원통이나 원뿔 등의 객체를 쉽게 작도할 수 있습니다. 구체적인 사용 방법은 차후에 실습을 통해 학습하겠습니다. 다음 그림과 같이 동적 UCS를 이용하여 비스듬한 면이라도 UCS를 쉽게 맞출 수 있습니다.

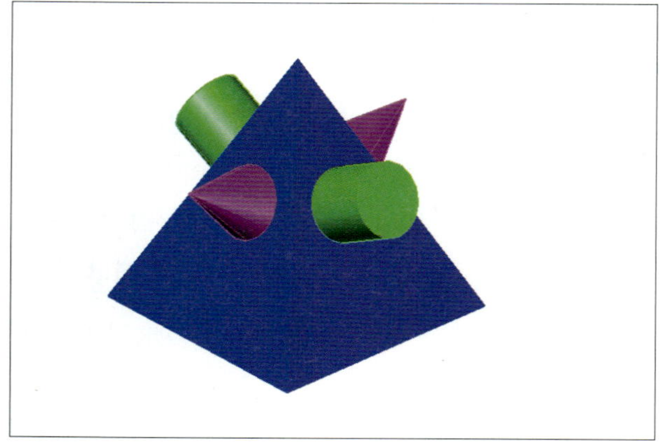

9. 각도와 높이를 지정하는 관측점 사전 설정(DDVPOINT)

보는 위치(방향과 높이)를 지정하여 관측점을 설정합니다.

명령 : DDVPOINT(단축키 : VP)　　　　메뉴 : [뷰(V)]−[3D 뷰(3)]−[관측점 사전설정(I)]

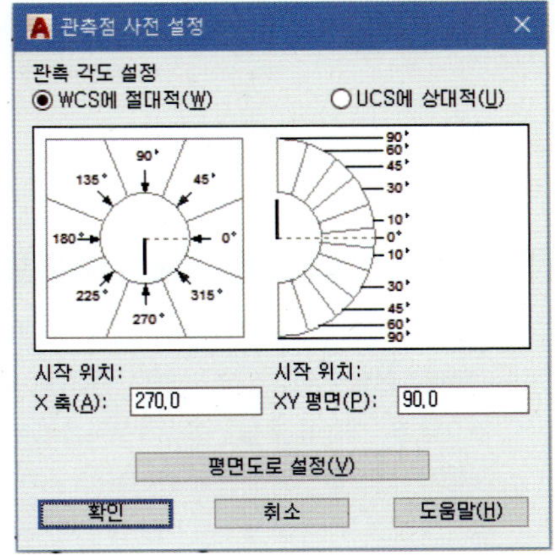

명령어 'DDVPOINT' 또는 'VP'를 입력하거나 메뉴막대 [뷰(V)]−[3D 뷰
(3)]−[관측점 사전설정(I)]을 클릭합니다. 다음과 같이 관측점 미리 설정
대화상자가 표시됩니다. 현재는 '남동 등각투영'으로 X축이 '315도', XY
평면이 '35.3도'로 설정되어 있습니다.

관측점 사전 설정 대화상자

3D 뷰 방향을 설정합니다. 관측점을 지정할 때는 각도가 표기된 그림 이미지의 위치 지정도 가능하고 각도를 입력할 수 있는 'X축(A)'
와 'XY평면(P)'의 편집 상자에서 입력할 수도 있습니다.

(1) 관측 각도 설정 : WCS 또는 UCS 좌표 시스템에 대한 뷰의 방향을 지정합니다.

　① WCS에 절대적으로(W) : WCS를 기준으로 뷰의 방향을 지정합니다.

　② UCS에 상대적으로(U) : UCS에 대한 상대적인 뷰의 방향을 지정합니다.

(2) 시작 위치 : 보는 각도를 지정합니다.

　① X축(A) : X축에 대한 각도를 지정합니다. 설계자가 도면을 어느 방향에서 보느냐를 지정합니다.

　② XY평면(P) : XY 평면에 대한 각도를 지정합니다. (−) 값은 아래쪽에서 바라보는 것을 의미합니다.

　　쉽게 표현하면 X축은 보는 위치에 대한 방향(각도)이고, XY평면은 보는 높이(고도)로 이해하면 됩니다.

(3) 평면 뷰로 설정 : 선택된 좌표계를 기준으로 평면뷰로 설정합니다.

10. 뷰를 작성하고 편집하는 뷰 관리자(VIEW)

뷰 관리자는 모형 명명된 뷰와 카메라 뷰, 배치 뷰 및 사전 설정 뷰를 포함한 명명된 뷰를 작성하고 편
집합니다.

명령 : VIEW(단축키 : V)

메뉴 아이콘 :

01 뷰 관리자를 실행합니다. 명령어 'VIEW' 또는 'V'를 입력하거나 '뷰' 탭의 '뷰' 패널에서 █을 클릭합니다. 다음과 같은 뷰 관리자 대화상자가 표시됩니다. [새로 만들기(N)]를 클릭합니다.

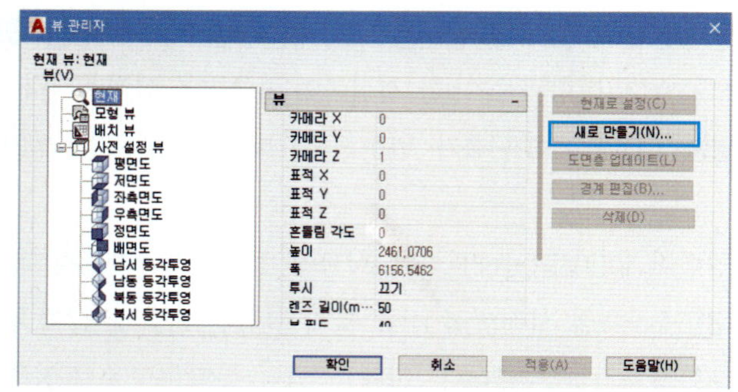

뷰 관리자 대화상자

(1) 뷰(V) : 사용 가능한 뷰의 목록을 표시합니다. 각 노드(현재 노드 제외)를 확장하여 해당 노드의 뷰를 표시할 수 있습니다.

   ① 현재 : 현재 뷰와 해당 뷰 및 자르기 특성을 표시합니다

   ② 모형 뷰 : 명명된 뷰 및 카메라의 목록을 표시하고 선택된 뷰의 일반, 뷰 및 자르기 특성을 표시합니다.

   ③ 배치 뷰 : 뷰를 정의하는 배치의 뷰포트 목록을 표시하고 선택된 뷰의 일반 및 뷰 특성을 표시합니다.

   ④ 사전 설정 뷰 : 직교 및 등각투영 뷰의 목록을 표시하고 선택된 뷰의 일반 특성을 표시합니다.

(2) 현재로 설정(C) : 선택한 뷰를 현재의 뷰로 설정합니다.

(3) 새로 만들기(N) : 새로운 뷰 대화상자를 통해 명명된 뷰를 작성합니다.

(4) 도면층 업데이트(L) : 선택한 뷰와 함께 저장된 도면층 정보를 현재 모형 공간 또는 배치 뷰포트에서의 도면층 가시성과 일치하도록 업데이트합니다.

(5) 경계 편집(B) : 도면 영역의 나머지는 색상을 연하게 표시하여 명명된 뷰의 경계가 보이도록 선택한 뷰를 표시합니다.

(6) 삭제(D) : 선택한 뷰를 삭제합니다.

02 다음 그림과 같이 새로운 뷰 대화상자가 표시됩니다. '뷰 이름(N)' 항목에 뷰 이름(Test View)을 입력합니다. '비주얼 스타일(V)' 항목에서 '실제'를 선택하고 '배경' 목록에서 '그라데이션'을 지정합니다. [확인]을 클릭하여 뷰 관리자로 되돌아갑니다.

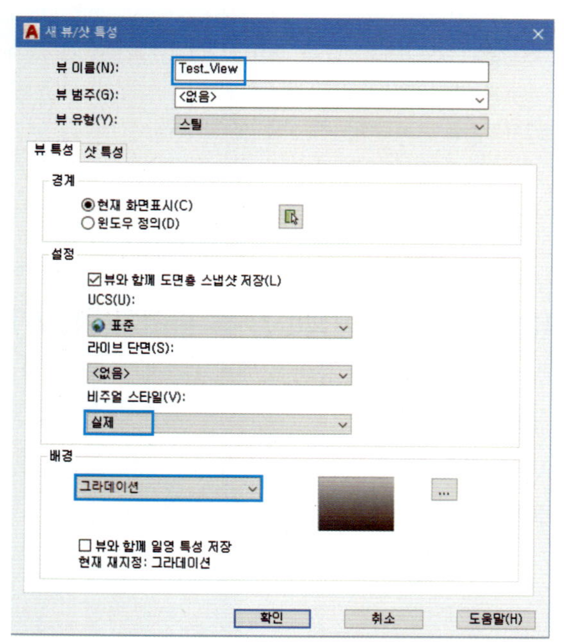

03 다시 뷰 관리자로 돌아오면 'Test View'가 만들어 졌다는 것을 알 수 있습니다. [현재로 설정(C)]을 클릭한 후 [적용(A)]을 클릭합니다.

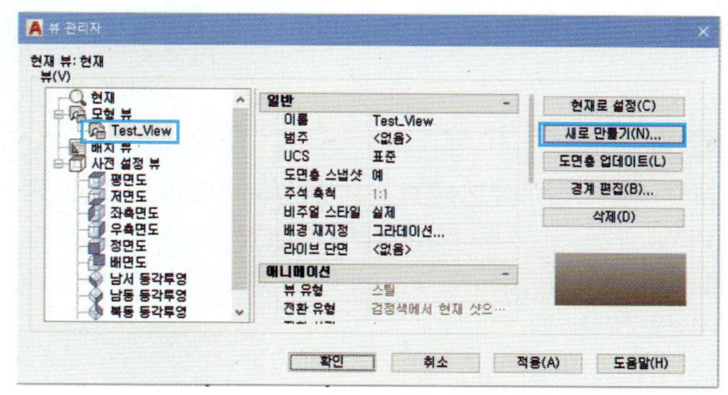

04 다음 그림과 같이 'Test View'에 설정된 뷰로 표시 됩니다.

참고 이전 뷰로 되돌리려면

특정 뷰를 펼친 후 다시 이전 뷰를 펼치고자 한다면 '뷰' 탭의 '뷰' 패널에서 '이전 뷰 ⟲'를 클릭합니다.

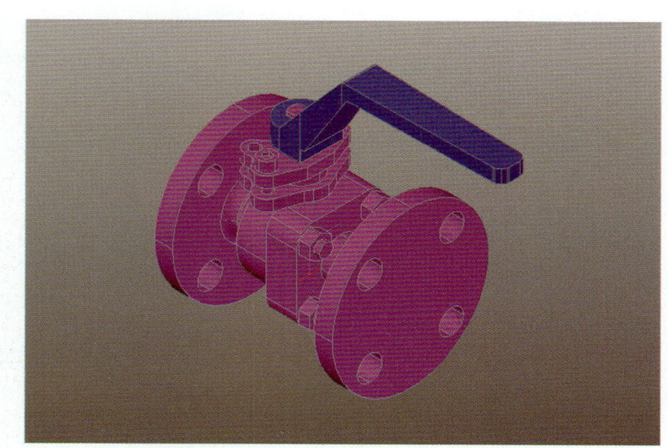

05 다음은 사전 설정된 뷰를 표시해보겠습니다. 뷰 관 리자를 실행합니다. 명령어 'VIEW' 또는 'V'를 입력하거 나 메뉴 아이콘 을 클릭합니다.

뷰 관리자 대화상자에서 '사전 설정 뷰'를 클릭하여 목록 이 펼쳐지면 '정면도'를 선택한 후 [현재로 설정(C)]을 클 릭합니다. [적용(A)]을 클릭한 후 [확인]을 클릭하여 뷰 관리자를 종료합니다.

또는, '홈' 탭의 '뷰' 패널의 뷰 목록에서 '정면도'를 클릭합 니다.

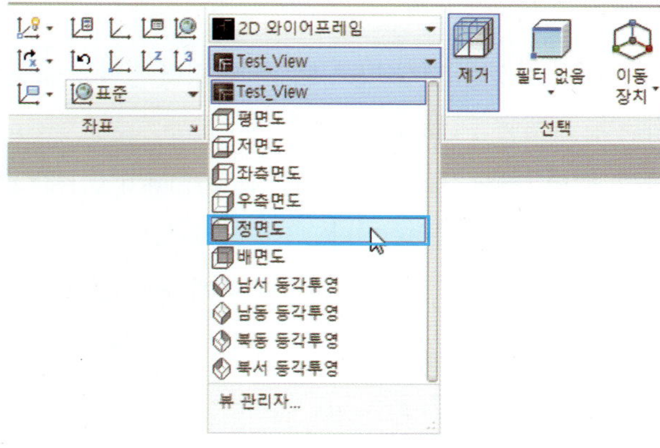

다음 그림과 같이 지정한 뷰(정면도)가 표시됩니다.

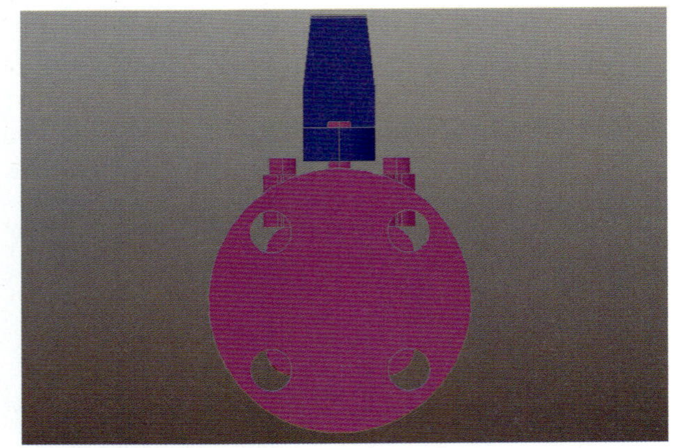

tip!

앞에서 작성한 뷰(Test View)를 다시 표현하고자 할 때는 '뷰 관리자 (VIEW)' 명령을 실행하여 대화상자에서 명명된 뷰 'Test View'를 선택하면 쉽게 표시할 수 있습니다. 또는 '홈' 탭 '뷰' 패널의 뷰 목록에서 'Test View'를 선택합니다.

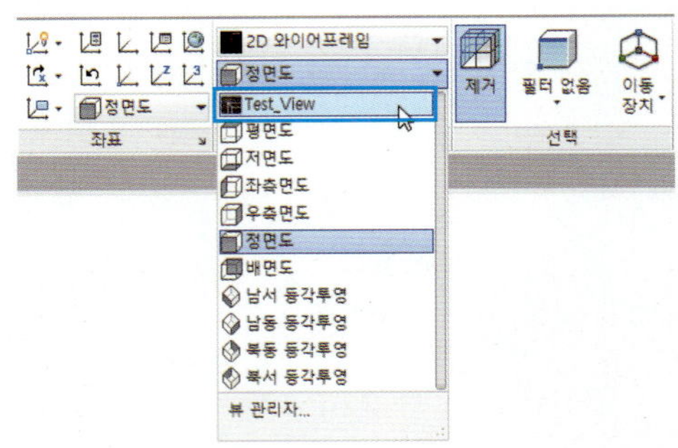

11. 평면뷰로 지정하는 평면(PLAN)

지정한 사용자 좌표계의 XY 평면에 대한 직교 뷰를 표시합니다. 앞의 도면에 이어서 실습하겠습니다.

명령 : PLAN　　　　　　　　　**메뉴 : [뷰(V)]-[3D 뷰(3)]-[평면도(P)] -[…]**

01 현재 설정된 뷰(정면도) 상태에서 평면 명령을 실행합니다. 명령어 'PLAN'을 입력합니다.
{옵션 입력 [현재 UCS(C)/UCS(U)/표준(W)] 〈현재〉:}
에서 〈엔터〉 키를 입력합니다.
다음 그림과 같이 표준 UCS의 평면 뷰가 표시됩니다.

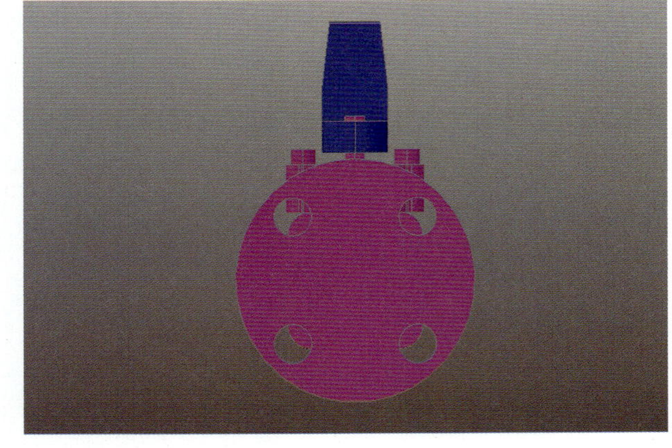

02 〈엔터〉 키 또는 〈스페이스 바〉를 눌러 평면 명령을
재실행합니다.
{옵션 입력 [현재 UCS(C)/UCS(U)/표준(W)] 〈현재〉:}
에서 표준 옵션인 'W'를 입력합니다.
다음 그림과 같이 표준 좌표계(WCS)에서 평면 뷰가 표
시됩니다. 앞의 그림과는 좌표계 아이콘의 방향이 다르
다는 것을 알 수 있습니다.

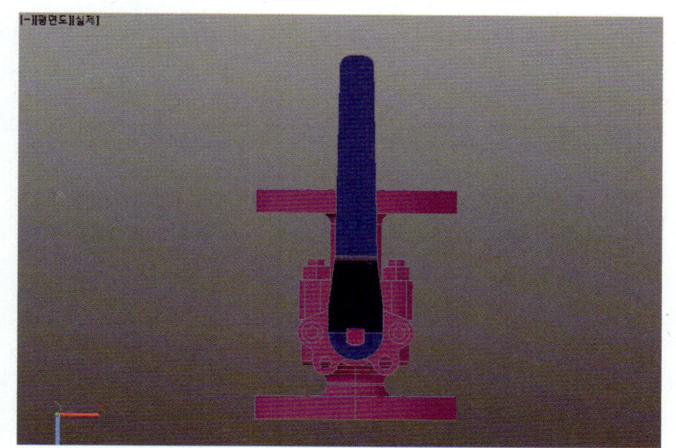

옵션 설명

{옵션 입력 [현재 UCS(C)/UCS(U)/표준(W)] 〈현재〉:}

- **현재 UCS(C)** : 현재 UCS의 현재 뷰포트에 맞도록 화면 표시의 평면 뷰를 표시합니다.
- **UCS(U)** : 명명된 UCS 이름을 지정하여 지정한 UCS의 평면 뷰를 표시합니다.
- **표준(W)** : 도면 범위가 표준 좌표계(WCS)의 화면에 맞도록 화면 표시의 평면 뷰를 표시합니다.

12. 3차원 뷰를 자유롭게 제어하는 3D 궤도(3DORBIT)

현재의 뷰포트에서 선택된 객체 또는 전체 모형을 다양한 3차원 뷰를 제공합니다. 와이어프레임 또는 음
영 모드에서 실시간으로 볼 수도 있습니다. 필요에 따라서는 연속 궤도 기능을 이용하여 동적으로 움직이
게 할 수도 있습니다.

명령 : 3DORBIT(단축키 : 3DO, ORBIT)　　　　　　메뉴 아이콘 :

01 다음과 같은 3차원 모델링 도면을 엽니다.

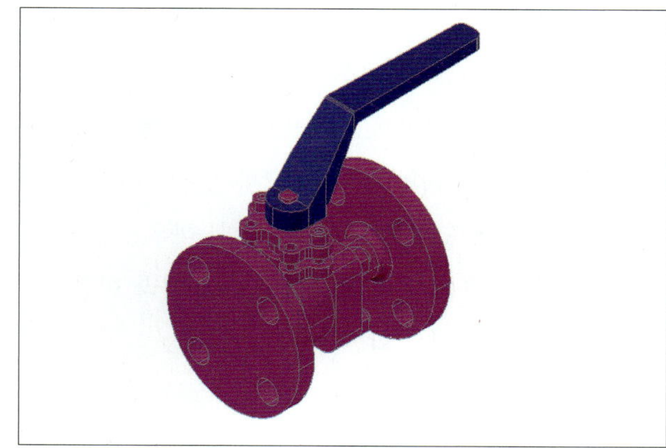

02 자유 궤도 : 3D 궤도 명령을 실행합니다. 명령어 '3DORBIT', '3DO', 'ORBIT'를 입력하거나
탐색도구에서 '자유 궤도'를 클릭합니다. 또는 '궤도' 도구막대에서 ◈을 클릭합니다.

다음 그림과 같이 녹색의 큰 원(궤도의 표시)이 나타납니
다. 이때 마우스 왼쪽 버튼을 누른 채로 회전하고자 하는
방향으로 움직입니다. 마우스의 궤도에 따라 뷰가 자유
롭게 바뀝니다. 이처럼 자유 궤도는 설계자가 보고자 하
는 뷰를 마우스를 움직여 자유롭게 볼 수 있습니다.

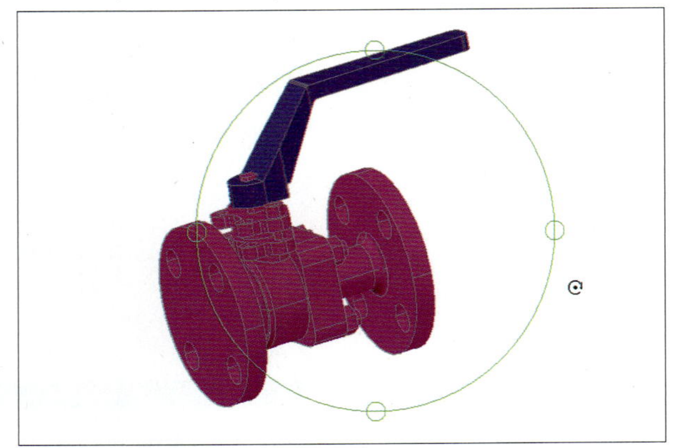

03 구속된 궤도 : 제한된 궤도는 XY 평면 또는 Z 축을
따라 3D 궤도를 제한합니다. 다음 그림과 같이 마우스
오른쪽 버튼을 눌러 바로가기 메뉴에서 '기타 검색 모드
(O)'의 '구속된 궤도(C)'를 클릭합니다. 또는 '궤도' 도구
막대에서 ◈을 클릭합니다.

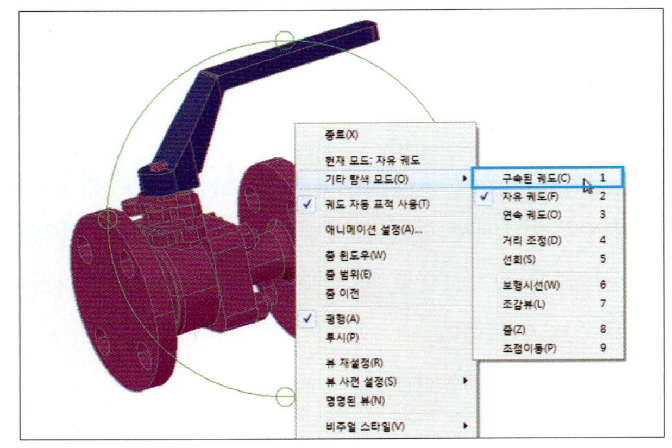

04 녹색의 원이 사라지고 마우스를 움직여보면 제한
된 범위 내에서 움직인다는 것을 알 수 있습니다. 이처럼
구속된 궤도는 궤도의 폭을 제한합니다. 마우스 왼쪽 버
튼을 누른 채로 뷰를 돌리다 보면 Z 축을 따라 회전하다
가 일정 뷰에서 더 이상 회전하지 않습니다.

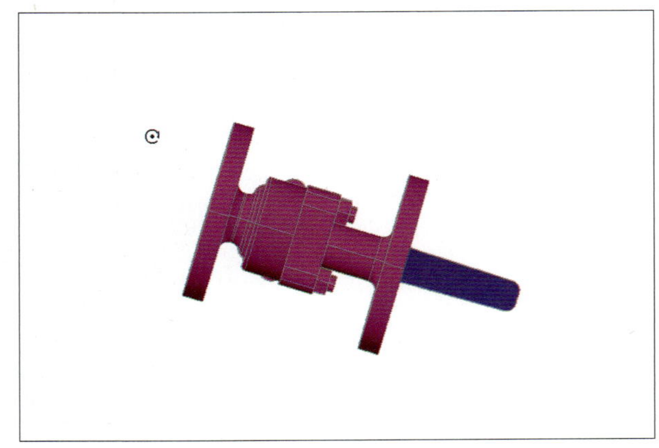

05 **연속 궤도** : 다음 그림과 같이 마우스 오른쪽 버튼을 눌러 바로가기 메뉴에서 '기타 검색 모드(O)'의 '연속 궤도(O)'를 클릭합니다. 또는 '궤도' 도구막대에서 을 클릭합니다.

마우스 왼쪽 버튼을 눌러 궤도를 지정합니다. 마우스 왼쪽 버튼을 놓으면 지정한 궤도를 따라 애니메이션처럼 연속적으로 움직입니다. 궤도를 지정할 때 마우스가 움직이는 속도에 따라 회전 속도가 달라집니다. 종료하고자 할 때는 〈ESC〉 키를 누르거나 바로가기 메뉴에서 '나가기(X)'를 클릭합니다.

참고 **일부 객체만의 궤도 탐색**

현재 도면에 작성된 객체 전체가 아닌 일부 객체만 탐색하고자 할 때는 탐색하고자 하는 객체를 선택한 후 '3D궤도(3DORBIT)' 명령을 실행합니다. 예를 들어 밸브의 손잡이만 탐색하고자 할 때는 손잡이를 선택한 후 궤도 명령을 실행합니다. 다음 그림과 같이 손잡이만 궤도 탐색을 할 수 있습니다.

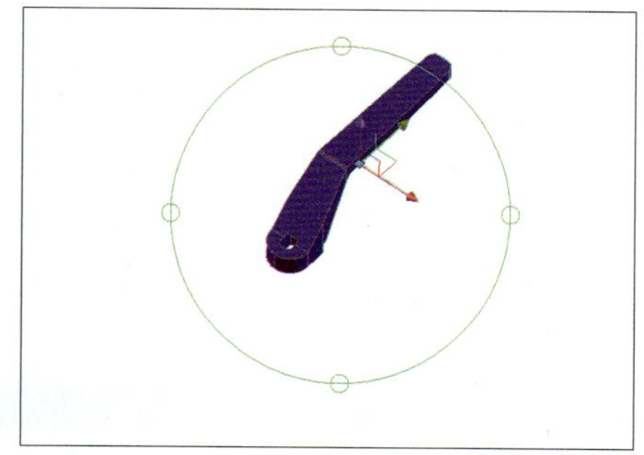

3D 궤도 바로가기 메뉴 옵션

3D 궤도 실행 후 마우스 오른쪽 버튼을 눌러 '기타 검색 모드(O)'를 누르면 다음과 같은 바로가기 메뉴가 표시됩니다.

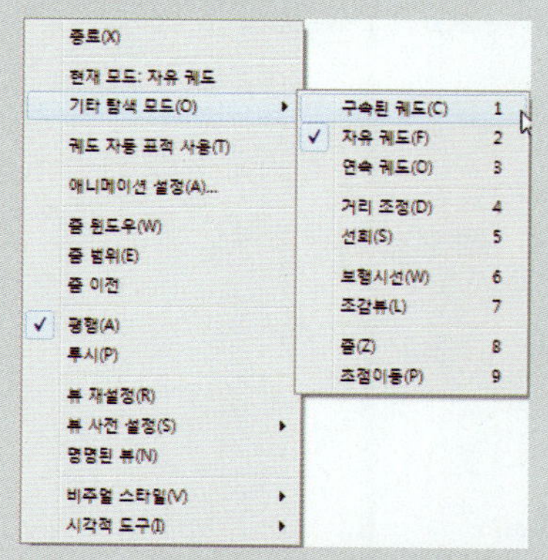

- **거리 조정(D)** : 카메라를 객체와 더 가깝게 또는 멀리 이동하도록 조정합니다. '카메라 거리 조정(3DDISTANCE)' 기능을 실행합니다.
- **선회(S)** : 커서를 휘어진 모양의 화살표로 변경하고 카메라 회전 효과를 나타냅니다. '카메라 선회(3DSWIVEL)' 기능을 실행합니다.
- **보행 시선(W)** : 커서를 더하기 기호로 변경하며, 카메라의 위치 및 표적을 동적으로 조정하여 XY 평면 위의 고정된 높이로 모형에서 '보행 시선'을 수행할 수 있습니다. '보행 시선(3DWALK)' 기능을 실행합니다. 자세한 내용은 '보행 시선(3DWALK)'을 참조합니다.
- **조감 뷰(L)** : 커서를 더하기 기호로 변경하며, XY 평면 위의 고정된 높이로 제한하지 않고 모형을 조감할 수 있습니다. '조감 뷰(3DFLY)' 기능을 실행합니다. 자세한 내용은 '조감 뷰(3DFLY)' 명령을 참조합니다.
- **줌(Z)** : 더하기(+) 기호와 빼기(−) 기호를 사용하여 커서를 돋보기로 변경하며, 카메라를 객체와 더 가깝게 또는 멀리 이동하도록 합니다. 거리 조정 옵션처럼 동작합니다. '줌(ZOOM)' 기능을 실행합니다.
- **초점 이동(P)** : 커서를 손 모양 커서로 변경하고 커서의 이동 방향으로 뷰를 이동합니다. '초점 이동(PAN)' 기능을 수행합니다.

13. 여러 창으로 나누어 볼 수 있는 뷰포트(VPORTS)

3차원의 입체적인 물체를 작성하고 편집하기 위해서는 다양한 시점(관점)의 뷰를 필요로 합니다. 뷰가 필요할 때마다 하나의 화면에서 뷰를 바꾸어 가면서 작업을 진행하면 대단히 번거롭습니다. 여러 창을 펼쳐놓고 각기 다른 뷰(평면도, 정면도, 등각 투영도 등)를 설정해 놓으면 보다 효율적인 3차원 작업을 할 수 있습니다. 뷰포트 명령은 이런 경우에 활용할 수 있도록 여러 개의 창을 만들어 관리하는 기능입니다.

명령 : VPORTS   메뉴 아이콘 :

01 뷰포트 명령을 실행합니다. 명령어 'VPORTS'를 입력하거나 '뷰' 탭의 '뷰포트' 패널 또는 '뷰포트' 도구막대에서 을 클릭합니다. 다음과 같은 대화상자가 표시됩니다. '표준 뷰포트(V)' 목록에서 '셋: 오른쪽'을 선택합니다.

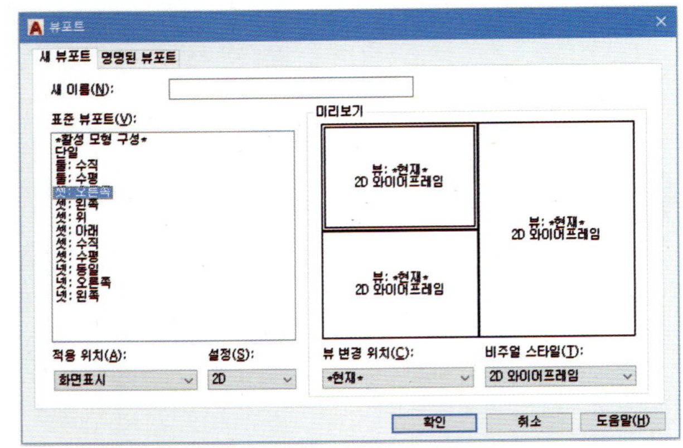

뷰포트 대화상자

뷰포트 대화상자는 모형 공간과 배치 공간에서 새로운 뷰포트를 작성하고 구성하며 관리합니다.

● '새 뷰포트' 탭

표준 뷰포트 구성 리스트를 표시하고 배치 뷰포트를 구성합니다.

(1) 새 이름(N) : 새로운 모형 공간 뷰포트 이름을 지정합니다. 여기에서 지정하지 않으면 저장되지 않고 배치에서 사용할 수 없습니다.

(2) 표준 뷰포트(V) : 표준 뷰포트 구성 목록을 표시하고 설정하고자 하는 뷰포트를 지정합니다.

(3) 미리보기 : 선택한 뷰포트의 구성을 표시합니다.

(4) 적용 위치(A) : 모형 공간 뷰포트 구성을 전체 화면 표시 또는 현재 뷰포트에 적용합니다.

(5) 설정(S) : 2D, 3D를 선택합니다. 2D는 초기 단계의 새로운 뷰포트 구성이 모든 뷰포트의 현재 뷰로 이루어집니다. 3D는 구성하는 뷰포트에 표준 직교 3D 뷰 세트가 적용됩니다.

(6) 뷰 변경 위치(C) : 선택한 뷰포트의 뷰를 목록에서 선택한 뷰로 대치합니다. 명명된 뷰를 선택할 수 있습니다.

(7) 비주얼 스타일(T) : 비주얼 스타일(2D 와이어 프레임, 3D 와이어 프레임, 3D 숨김, 개념, 실제 등)을 지정합니다.

● '명명된 뷰포트' 탭

도면에 저장된 모든 뷰포트 구성을 표시합니다. 뷰포트 구성을 선택하면 저장된 구성의 배치가 미리 보기에 표시됩니다.

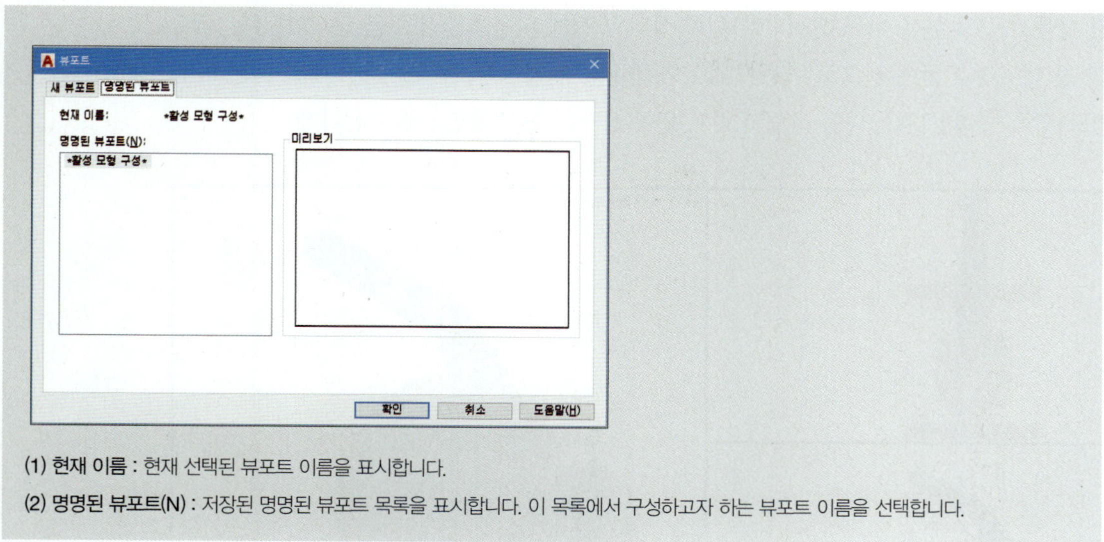

(1) **현재 이름** : 현재 선택된 뷰포트 이름을 표시합니다.

(2) **명명된 뷰포트(N)** : 저장된 명명된 뷰포트 목록을 표시합니다. 이 목록에서 구성하고자 하는 뷰포트 이름을 선택합니다.

02 다음 그림과 같이 세 개의 창으로 분할됩니다. 테두리가 굵은 선인 창(오른쪽 창)이 현재 활성화된 창입니다.

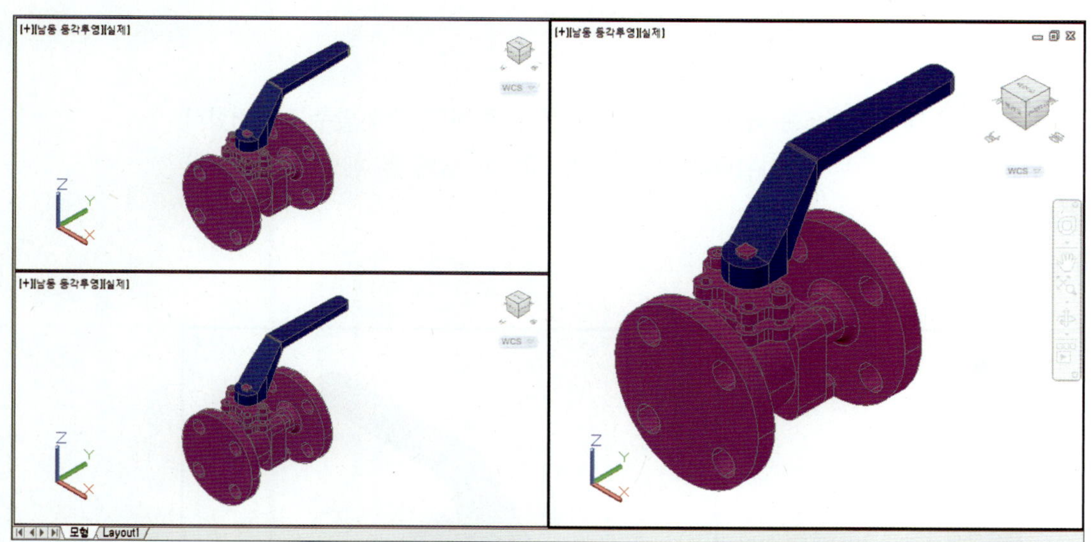

참고 뷰포트 메뉴

지금까지 실습에서는 '뷰포트(VPORTS)' 명령으로 대화상자를 펼쳐서 창을 나누었습니다. 그러나 '뷰포트' 명령을 실행하지 않고도 목록 상자에서 선택할 수 있습니다. '시각화' 탭의 '모형 뷰포트' 패널에서 다음 그림과 같이 나열된 뷰포트 목록에서 선택하면 됩니다.

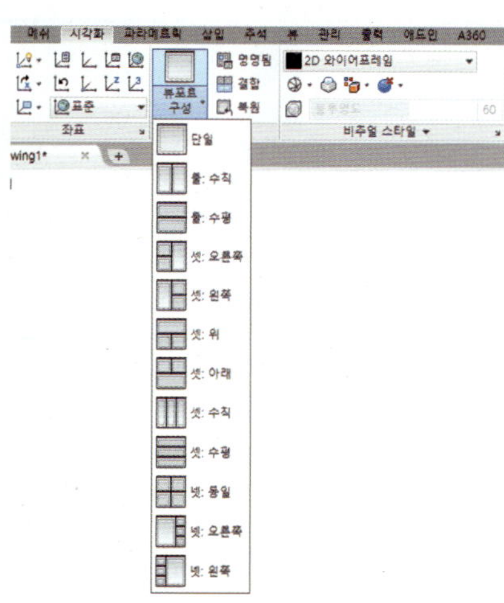

503

03 활성화된 창을 바꾸고 뷰를 바꾸겠습니다. 왼쪽 상단의 창에 마우스를 맞추고 클릭합니다. 그러면 왼쪽 상단의 창 테두리가 굵은 선으로 바뀌어 활성화됩니다. 이때 '시각화' 탭의 '뷰' 패널 또는 도구막대에서 '평면도 ▣'를 클릭합니다. 다음 그림과 같이 왼쪽 상단의 창이 평면도로 바뀝니다.

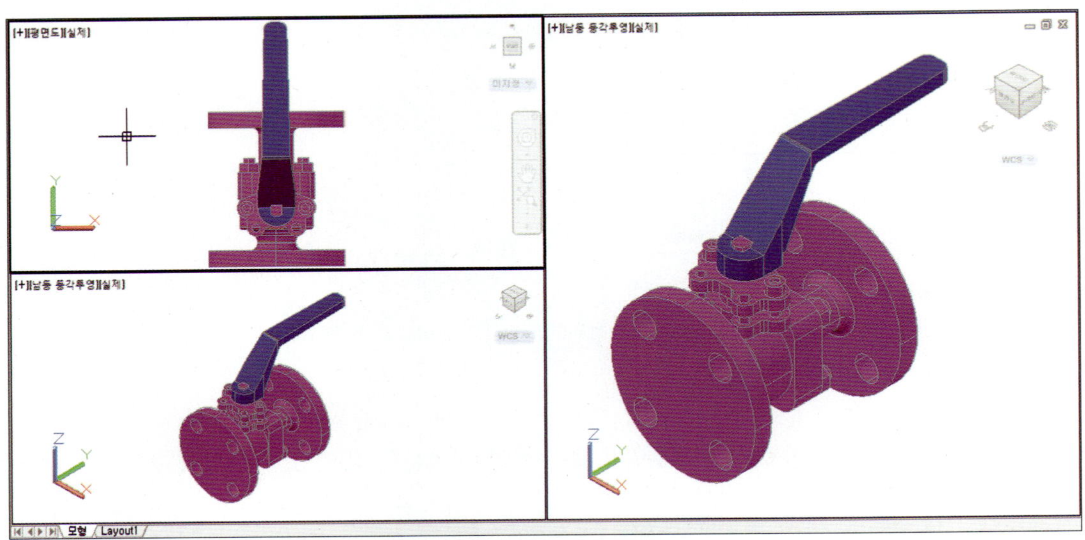

04 왼쪽 하단 창에는 정면도를 표시하도록 하겠습니다. 마우스를 왼쪽 하단 창에 맞추고 클릭합니다. 왼쪽 하단 창이 굵은 선으로 바뀌며 활성화됩니다. 이때, 이때 '시각화' 탭의 '뷰' 패널 또는 도구막대에서 '정면도 ▣'를 클릭합니다.

다음 그림과 같이 왼쪽 하단 창이 정면도 뷰가 됩니다.

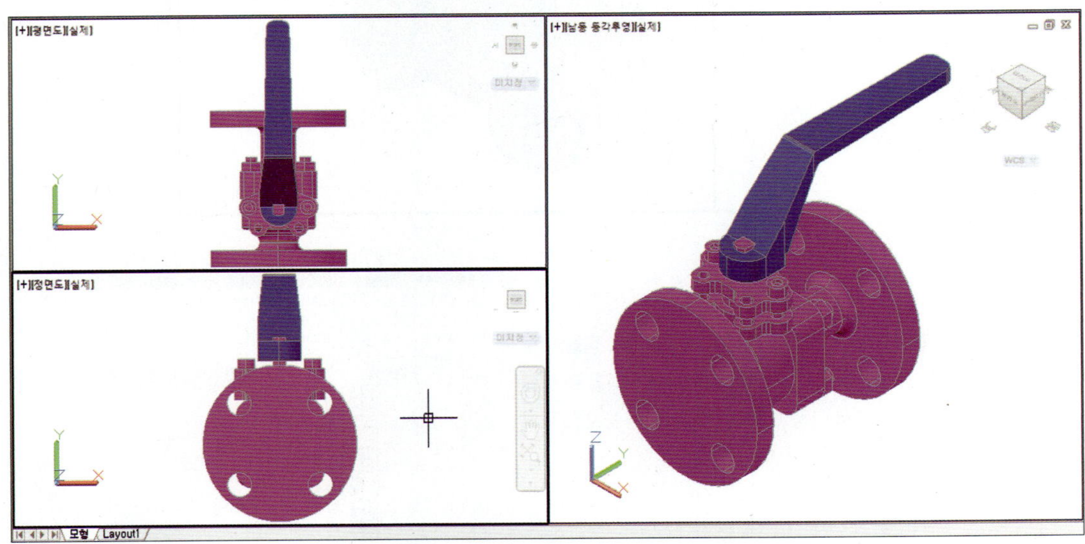

이렇게 여러 개의 창으로 설정한 후 3차원 작업을 진행하게 되면 각 뷰의 움직임이나 변화를 쉽게 알 수 있어 도면을
이해하거나 3차원 객체를 다루는데 도움이 됩니다. 단, 창을 분할해서 사용하다 보니 창이 작아져 객체가 작게 표현
되는 단점이 있습니다. 따라서, 설계자가 상황에 따라 창의 수나 크기를 설정해서 사용하도록 합니다.

05 이제 창을 하나로 만들어 보도록 하겠습니다. 명령어 'VPORTS'를 입력하거나 이때 '시각화' 탭
의 '모형 뷰포트' 패널에서 ▦을 클릭합니다. 다음과 같은 대화상자가 표시됩니다. '표준 뷰포트(V)' 목
록에서 '단일'을 선택합니다.

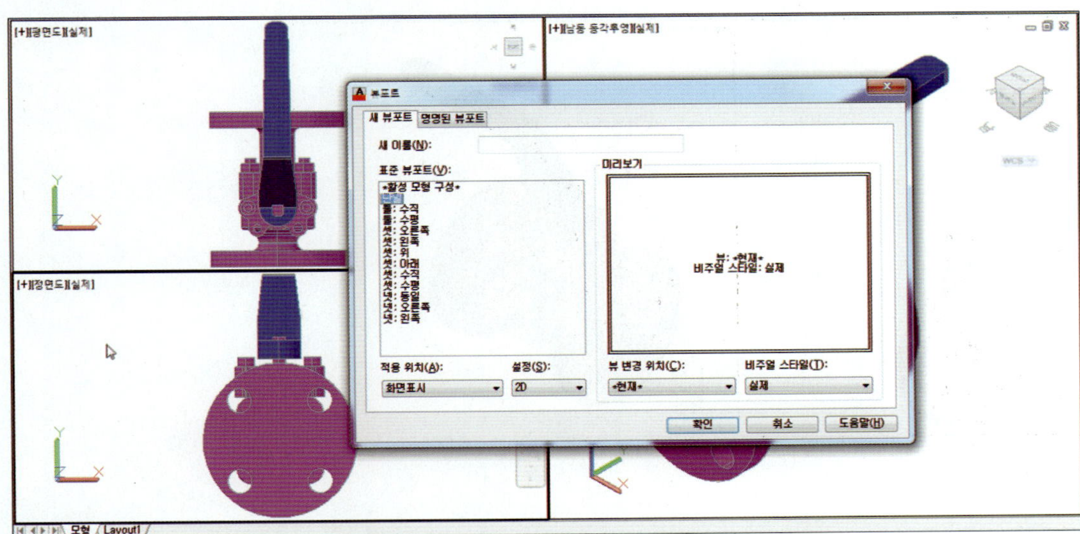

06 다음 그림과 같이 현재의 활성화된 뷰(정면도)로 하나의 창으로 바뀝니다. 현재 활성화된 창이 정
면도였기 때문에 정면도로 표현됩니다. 예를 들어, 등각투영도가 활성화되어 있었다면 '단일' 창으로
지정하면 등각투영도가 단일 창에 표시됩니다.

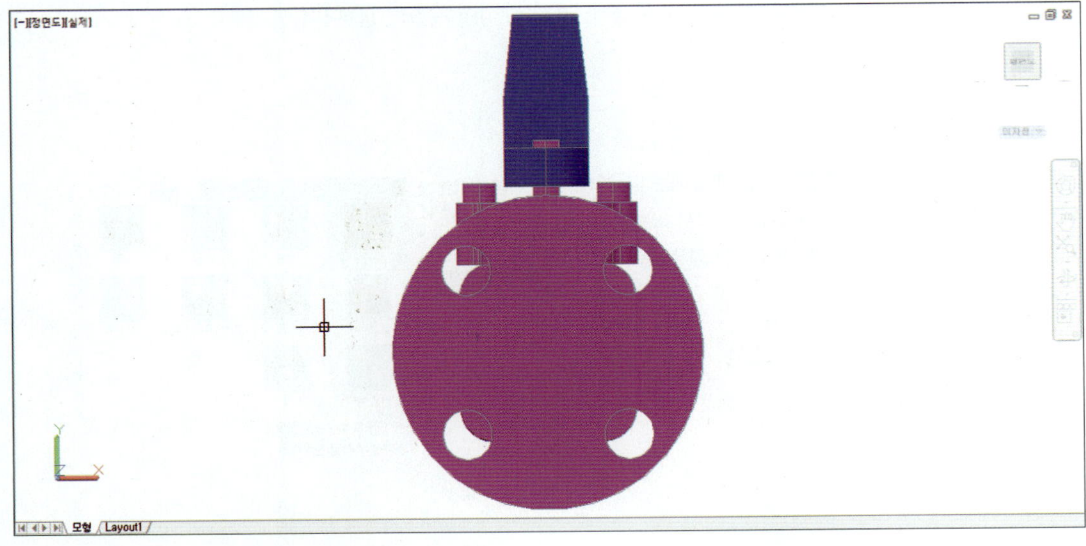

참고 | 뷰포트 결합

인접한 뷰포트를 하나의 뷰포트로 결합합니다. 단, 인접한 두 뷰포트는 같은 길이의 모서리를 공유하고 있어야 가능합니다. 3개의 뷰포트 상태에서 실습해보겠습니다.

'시각화' 탭의 '모형 뷰포트' 패널에서 '뷰포트 결합 ▦'을 클릭합니다.

{옵션 입력 [저장(S)/복원(R)/삭제(D)/결합(J)/단일(SI)/?/2/3/4] 〈3〉: }에서 'J'를 입력합니다.

{주 뷰포트 선택 〈현재 뷰포트〉:}에서 마우스로 결합하고자 하는 첫 번째 뷰포트를 선택합니다. 또는 〈엔터〉 키를 눌러 현재 뷰포트를 지정합니다.

{결합할 뷰포트 선택:}에서 마우스로 결합하고자 하는 뷰포트(정면도: 왼쪽 위)를 선택합니다.

다음 그림과 같이 세 개의 뷰포트에서 왼쪽 두 개가 결합되어 하나로 바뀝니다.

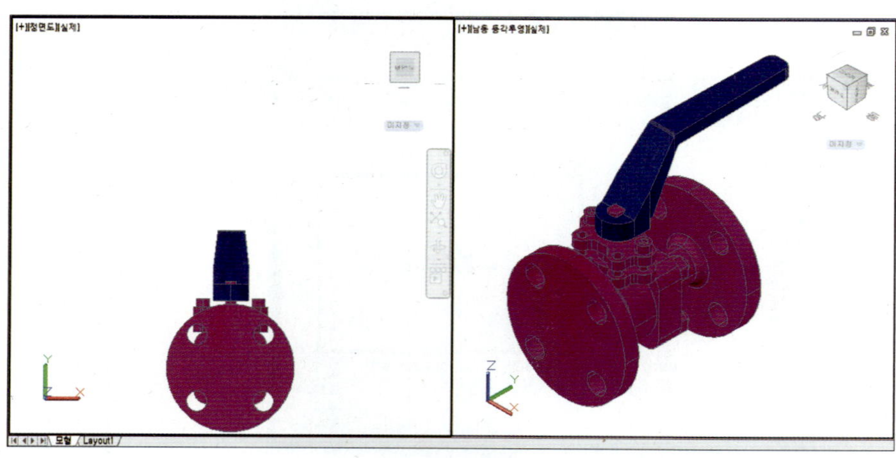

14. 모델을 다양하게 표현하는 비주얼 스타일

'비주얼 스타일'은 뷰포트에 모서리 및 음영처리의 표시를 조정하는 설정값의 집합입니다. 즉, 작도된 객체의 표현 방법입니다. 비주얼 스타일을 적용하거나 설정값을 변경한 후 뷰포트에서 그 효과를 즉시 확인할 수 있습니다. AutoCAD에서는 2D 와이어프레임, 3D 와이어프레임, 3D 숨기기, 실제, 개념 등 기본적으로 제공하는 비주얼 스타일 외에도 사용자가 설정에 의해 작성할 수도 있습니다.

참고 | 응용 프로그램 창 제어 버튼의 기능

'홈' 탭의 '뷰' 패널 또는 '시각화' 탭의 '비주얼 스타일' 패널에는 다음과 같이 12개의 다양한 비주얼 스타일을 제공합니다. 표현하고자 하는 스타일을 클릭합니다. 추가로 새로운 비주얼 스타일이 필요한 경우에는 새로운 스타일을 만들어 추가할 수 있습니다.

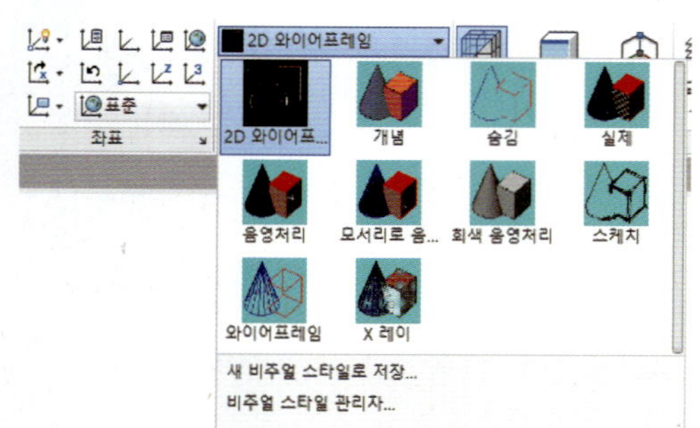

01. 2D 와이어프레임

경계를 나타내는 선과 곡선을 사용하여 객체를 표시합니다. 래스터와 OLE 객체, 선 종류 및 선가중치를 볼 수 있습니다.

메뉴 아이콘 :

'홈' 탭의 '뷰' 패널의 비주얼 스타일 목록에서 '2D 와이어프레임'을 클릭합니다.   또는 '뷰' 탭의 '비주얼 스타일' 패널에서 선택합니다.
다음 그림과 같이 2D 와이어프레임 이미지를 표시합니다.

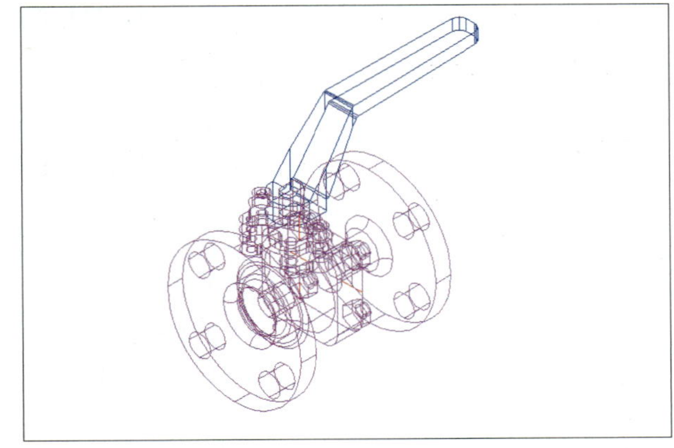

02. 3D 숨김

객체를 3D 와이어프레임 표현을 사용하여 표시하고 뒷면을 표현하는 선을 숨깁니다.

메뉴 아이콘 :

'홈' 탭의 '뷰' 패널의 비주얼 스타일 목록에서 '3D 숨김'을 선택하여 클릭합니다. 다음 그림과 같이 현재의 시점에서 보이지 않는 부분은 은선 처리(숨김)하여 표시합니다.

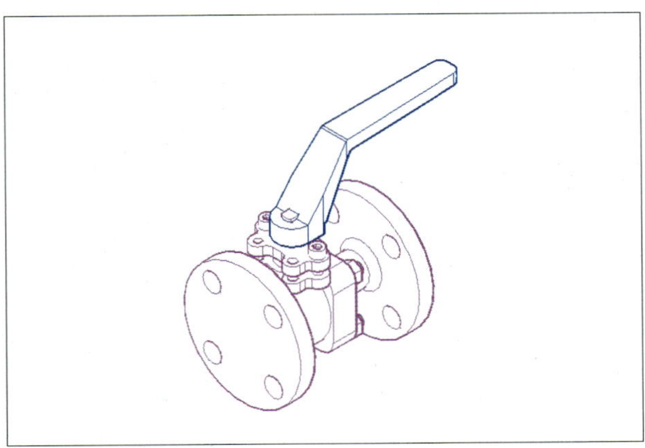

03. 3D 와이어프레임

경계를 나타내는 선과 곡선을 사용하여 3차원 와이어 프레임으로 표시합니다.

메뉴 아이콘 :

'홈' 탭의 '뷰' 패널의 비주얼 스타일 목록에서 '3D 와이어프레임'을 선택하여 클릭합니다. 다음 그림과 같이 3D 와이어프레임 이미지를 표시합니다.

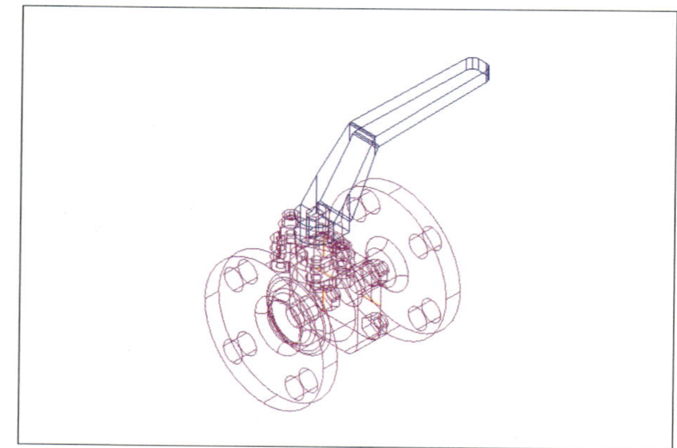

04. 개념

객체를 음영처리하며 다각형 면 사이의 모서리를 부드럽게 만듭니다. 쉐이딩에서는 어두운 색상에서 밝은 색상으로보다는 차갑고 따뜻한 색상 사이에의 변환인 Gooch 면 스타일을 사용합니다. 표현은 실제 질감이 표현되지 않으나 모형의 상세를 쉽게 확인할 수 있도록 해 줍니다.

메뉴 아이콘 :

'홈' 탭의 '뷰' 패널의 비주얼 스타일 목록에서 '개념'을 선택하여 클릭합니다. 다음 그림과 같이 모형의 객체를 이해할 수 있도록 표시합니다.

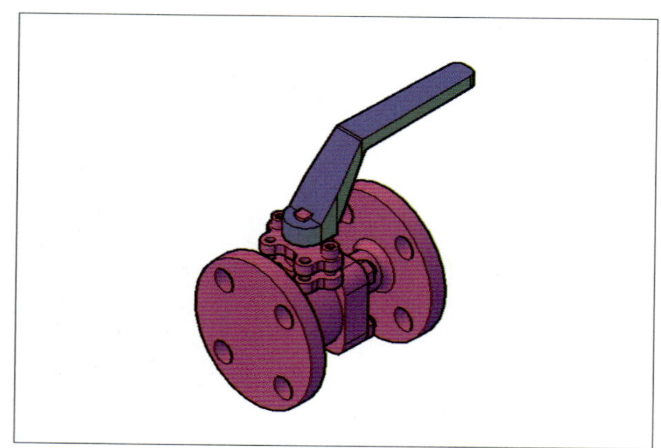

05. 실제

실제 객체를 음영처리하며 다각형 면 사이의 모서리를 부드럽게 만듭니다. 객체에 부여한 재료 특성을 반영하여 표시합니다.

메뉴 아이콘 :

'홈' 탭의 '뷰' 패널의 비주얼 스타일 목록에서 '실제'를 선택하여 클릭합니다. 다음 그림과 같이 실물 객체와 유사하게 음영 처리합니다.

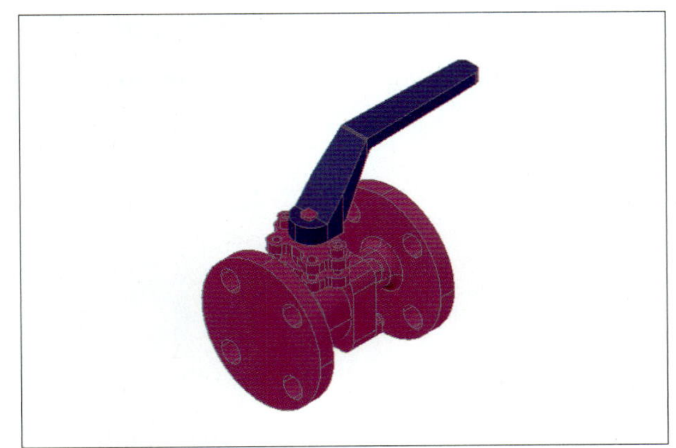

06. 음영처리

부드러운 음영 처리합니다.

'홈' 탭의 '뷰' 패널 비주얼 스타일 목록에서 '음영 처리'를 선택하여 클릭합니다. 다음 그림과 같이 부드러운 음영 처리를 합니다.

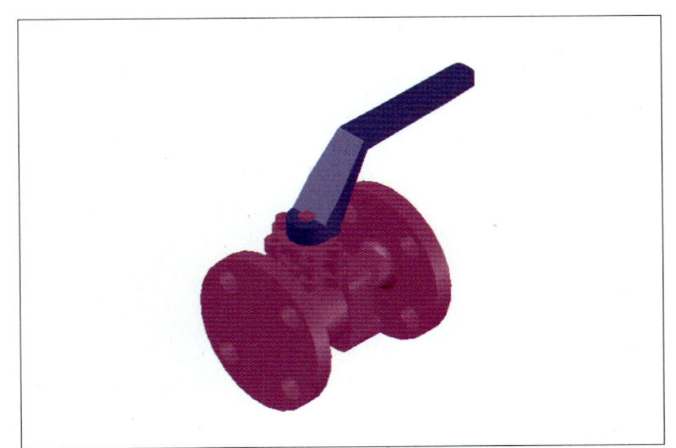

07. X광선

전체 장면이 부분적으로 투명하도록 면의 불투명도를 변경합니다.

'홈' 탭의 '뷰' 패널 비주얼 스타일 목록에서 'X레이'를 선택하여 클릭합니다. 다음 그림과 같이 X광선으로 표현됩니다.

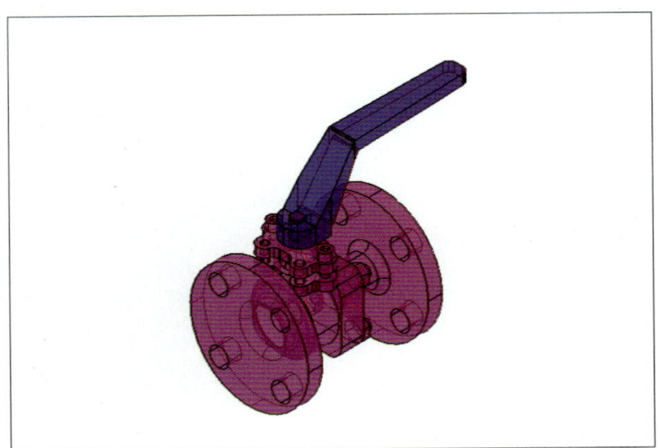

08. 스케치 비주얼 스타일

돌출부 및 경계선을 손으로 스케치된 효과로 표현합니다.

'홈' 탭의 '뷰' 패널 비주얼 스타일 목록에서 '스케치'를 선택하여 클릭합니다. 다음 그림과 같이 표현됩니다.

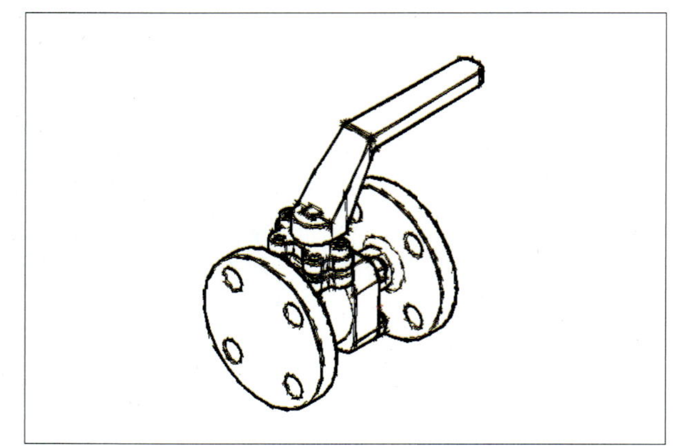

09. 회색 음영처리

회색의 모노 색상을 사용하여 객체를 음영 처리합니다.

'홈' 탭의 '뷰' 패널 비주얼 스타일 목록에서 '회색 음영'을 선택하여 클릭합니다. 다음 그림과 같이 모노 톤으로 표현됩니다.

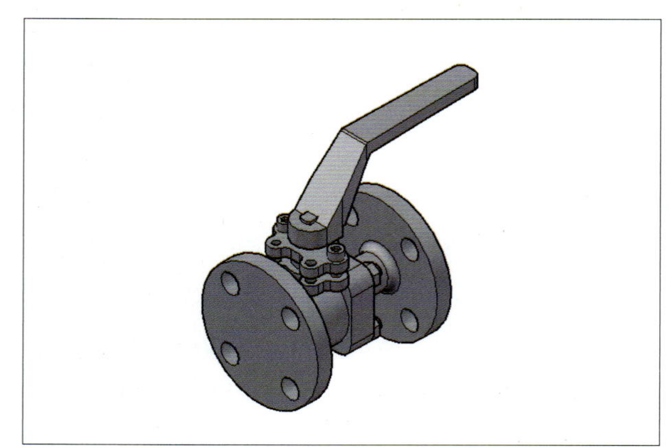

10. 비주얼 스타일 관리자

비주얼 스타일을 작성하거나 편집합니다.

메뉴 아이콘 :

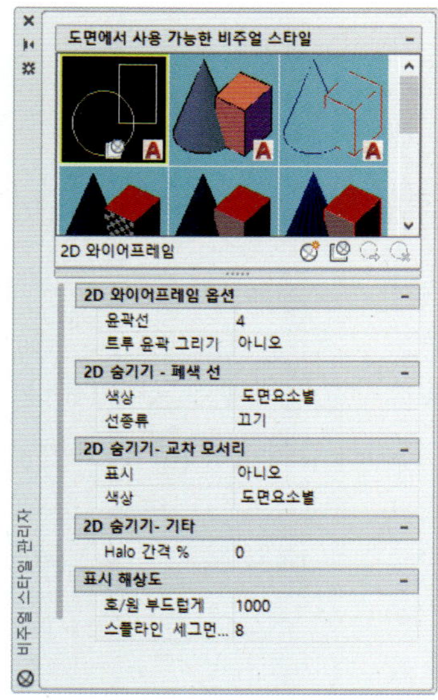

(1) 도면에서 사용 가능한 비주얼 스타일 : 도면에서 사용 가능한 비주얼 스타일의 견본 이미지를 표시합니다. 선택한 비주얼 스타일의 면, 환경 및 모서리 설정은 설정 패널에 표시됩니다. 선택한 비주얼 스타일은 노란색 경계를 표시되며 비주얼 스타일의 이름은 패널의 맨 아래에 표시됩니다.

(2) 새로운 비주얼 스타일 작성 : 새로운 비주얼 스타일을 작성합니다. 다음과 같은 대화상자에서 새로운 비주얼 스타일 이름을 작성합니다.

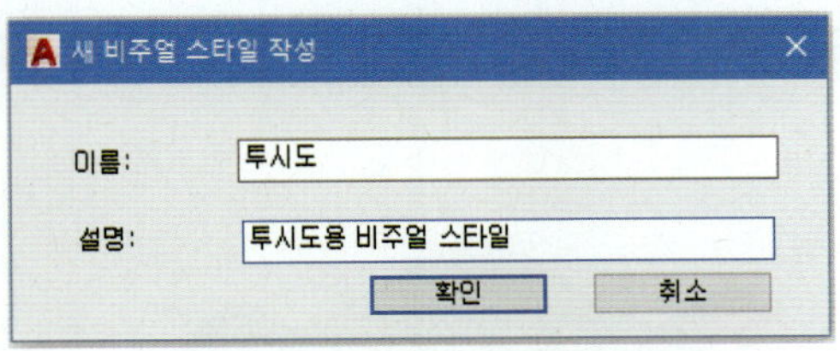

(3) 선택한 비주얼 스타일을 현재 뷰포트에 적용 : 선택된 비주얼 스타일을 현재 뷰포트에 적용합니다.

(4) 선택한 비주얼 스타일을 도구 팔레트로 내보내기 : 선택된 비주얼 스타일에 대한 도구를 작성하고, 활성화 된 도구 팔레트에 배치합니다. 도구 팔레트 윈도우가 닫혀 있는 경우에는 도구 팔레트가 열리고 도구는 맨 위 팔레트에 배치됩니다.

(5) 선택한 비주얼 스타일 삭제 : 도면에서 비주얼 스타일을 제거합니다. AutoCAD에서 제공하는 기본 비주얼 스타일 또는 사용중인 비주얼 스타일은 삭제할 수 없습니다

(6) 면 설정 : 각 항목의 값을 조정하여 뷰포트에 있는 면의 모양을 조정합니다.

(7) 환경 설정 : 각 항목의 값을 조정하여 그림자 및 배경을 설정합니다.

(8) 모서리 설정 : 각 항목의 값을 조정하여 모서리의 표시 방법을 설정합니다.

(9) 설정 항목 : 하단의 면, 환경, 모서리의 색상이나 재질, 돌출 정도를 사용자가 정의하여 비주얼 스타일을 작성합니다.

 **UCS의 이해**

이번 실습은 사용자 좌표계인 UCS를 이해하기 위한 예제입니다. 다음과 같은 객체를 작성해보면서 UCS에 대해 이해하도록 합시다. 각 면에 원통을 작도하기 위해 UCS를 바꾸는 과정을 잘 이해하기 바랍니다.

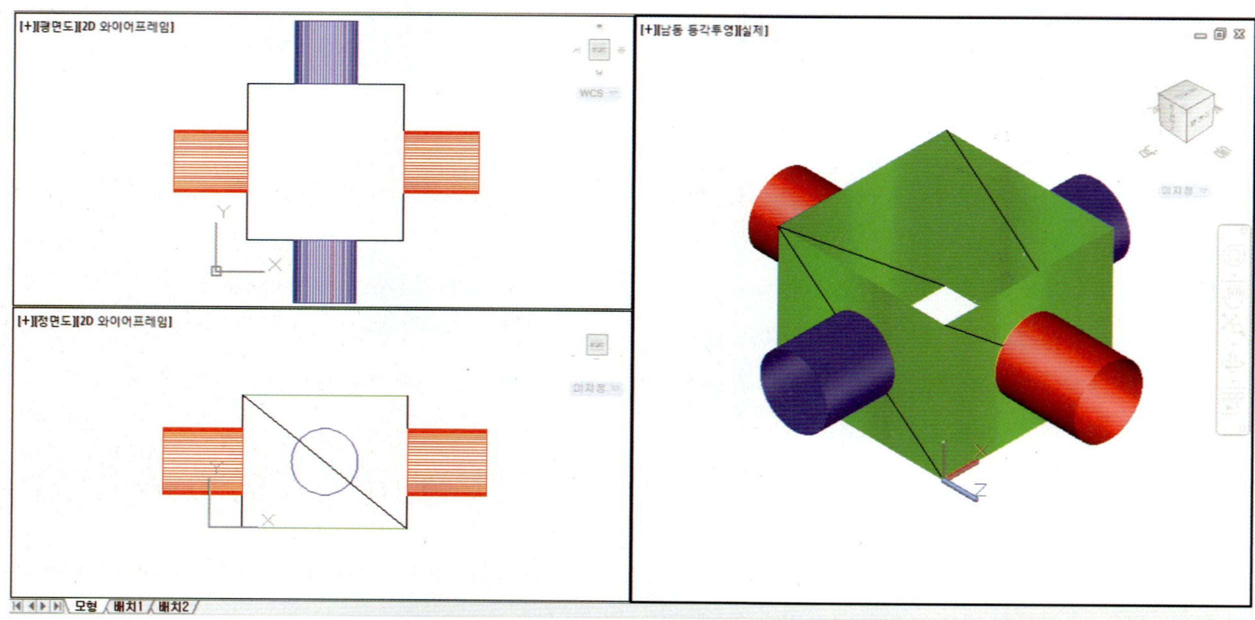

01 뷰포트를 3개로 나누도록 하겠습니다. 명령어 'VPORTS'를 입력하거나 '시각화' 탭의 '모형 뷰포트' 패널에서 ▦을 클릭합니다. 다음과 같은 대화상자가 표시됩니다. '표준 뷰포트(V)' 목록에서 '셋: 오른쪽'을 선택합니다.

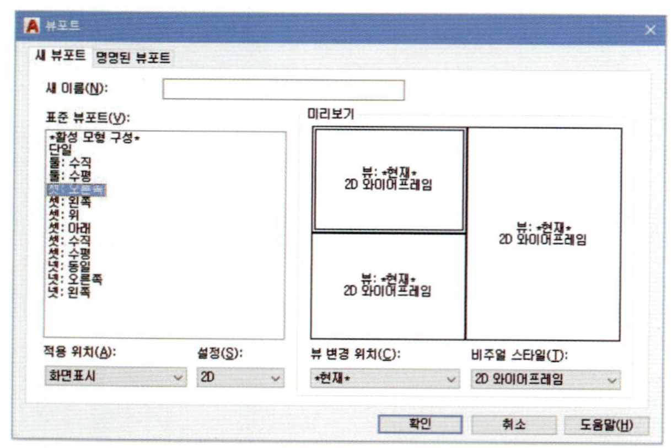

512

02 각 뷰포트의 뷰를 설정합니다. 앞에서 학습했던 대로 왼쪽 상단 창은 '평면도 ▱', 왼쪽 하단 창은 '정면도 ▱', 오른쪽 창은 '남동 등각 투영 ◈'으로 설정합니다. 설정하는 방법은 마우스를 창에 대고 클릭하여 창이 활성화(굵은 선으로 바뀌면)되면 도구막대 또는 패널에서 뷰를 지정합니다. 다음 그림과 같이 설정됩니다.

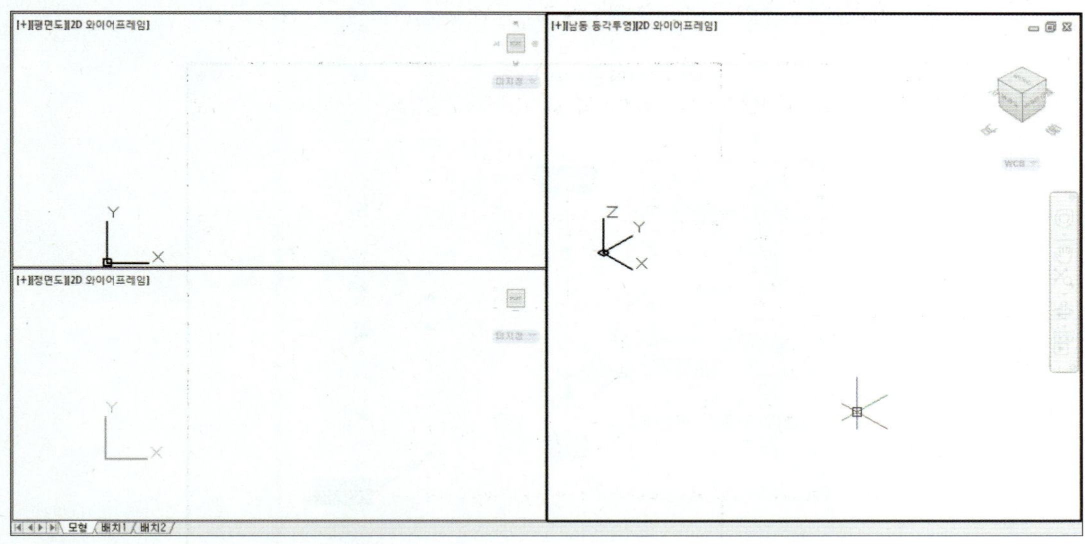

03 직사각형 명령으로 직사각형을 작도합니다. 명령어 'RECTANG' 또는 'REC'를 입력하거나 '홈' 탭의 '그리기' 패널에서 ▢을 클릭합니다.

{첫 번째 구석점 지정 또는 [모따기(C)/고도(E)/모깎기(F)/두께(T)/폭(W)]:}에서 시작점 '50,50'을 입력합니다.

{다른 구석점 지정 또는 [영역(A)/치수(D)/회전(R)]:}에서 상대 좌표 '@250,250'을 입력합니다. 각 뷰포트의 줌을 조정하여 다음과 같이 표시합니다.

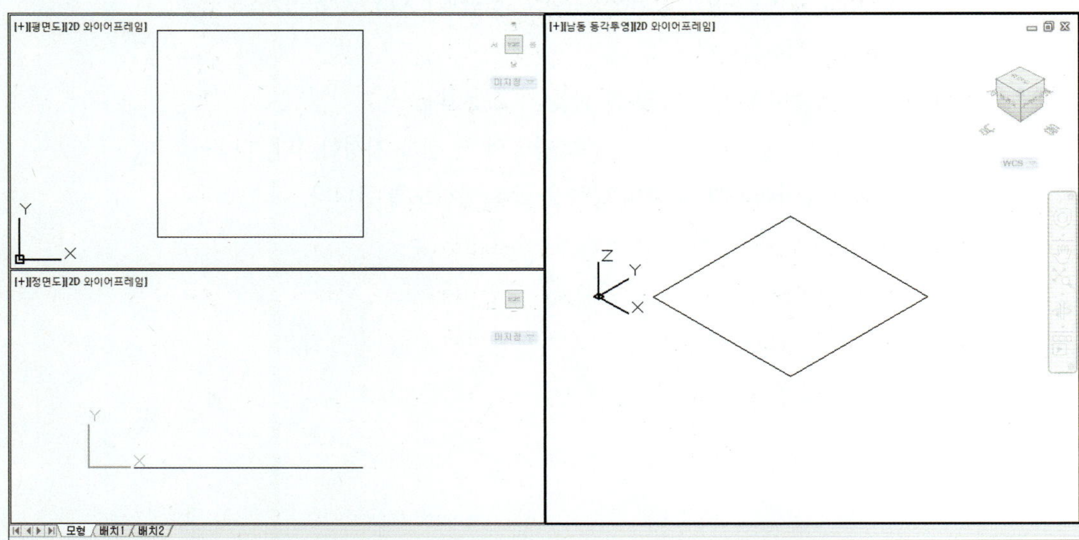

04 '특성(PROPERTIES)' 명령으로 작도된 사각형에 두께 '200'을 부여하도록 하겠습니다. 사각형 객체를 선택한 후 '뷰' 탭의 '팔레트' 패널 또는 '표준' 도구막대에서 ▤을 클릭합니다.

특성 대화상자가 나타나면 '일반' 카테고리의 '두께' 편집 상자에 '200'을 입력합니다. 〈ESC〉 키를 누르면 선택된 객체가 실선으로 바뀝니다. 특성 대화상자를 닫습니다. 다음 그림과 같이 육면체가 작도됩니다.

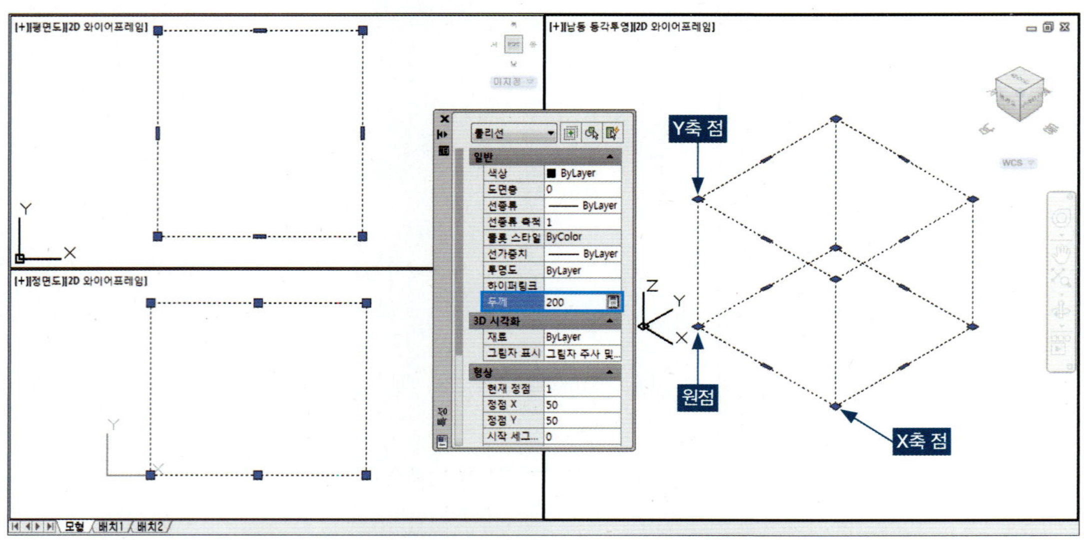

05 이번에는 육면체의 세로 면에 대각선을 그어 대각선 중간점에 원을 작도하겠습니다. 작도하기에 앞서 UCS 명령을 이용하여 작도하고자 하는 면을 XY 평면으로 맞춰야 합니다. 명령어 'UCS'를 입력하거나 '뷰' 탭의 '좌표' 패널에서 메뉴 아이콘 ㄴ³을 클릭합니다.

{현재 UCS 이름: *표준*}

{UCS의 원점 지정 또는 [면(F)/이름(NA)/객체(OB)/이전(P)/뷰(V)/표준(W)/X/Y/Z/Z축(ZA)] 〈표준(W)〉:}에서 원점(왼쪽 하단 모서리)을 지정합니다.

{X축에서 점 지정 또는 〈수락(A)〉:}에서 X축이 되는 방향의 한 점을 지정합니다.

{XY 평면에서 점 지정 또는 〈수락(A)〉:}에서 XY평면이 되는 Y축 방향의 한 점을 지정합니다. 다음 그림과 같이 XY 평면이 설정됩니다. UCS 아이콘의 각 축의 방향을 잘 확인하도록 합니다.

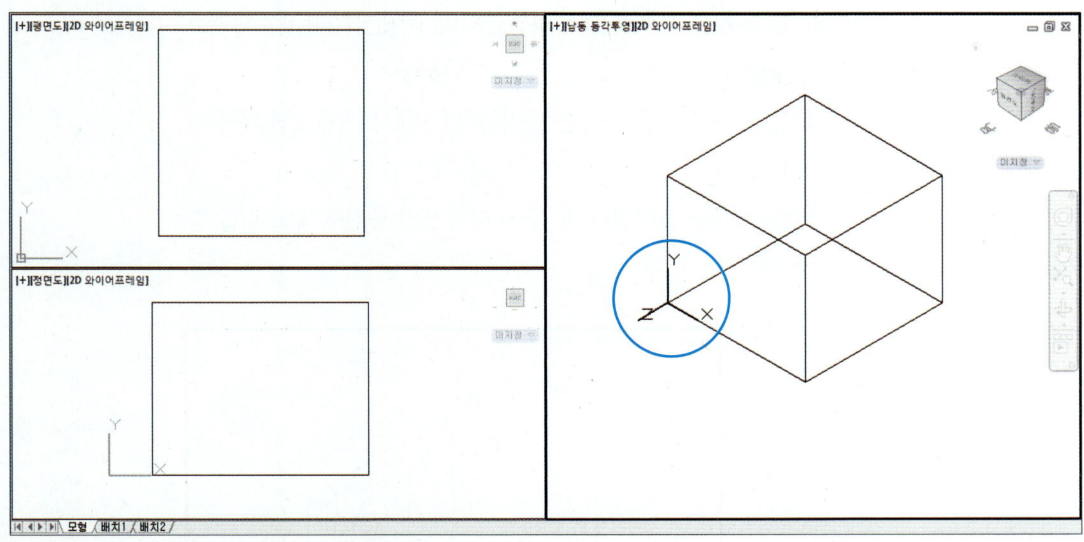

06 '선(LINE)' 명령을 이용하여 가운데 위치를 찾기 위해 대각선을 작도합니다. 객체스냅 '끝점'
을 켭니다.

{첫 번째 점 지정:}에서 왼쪽 아래 모서리를 지정합니다.

{다음 점 지정 또는 [명령 취소(U)]:}에서 대각선 방향의 반대 모서리를 지정합니다.

{다음 점 지정 또는 [명령 취소(U)]:}에서 〈엔터〉 키 또는 〈스페이스 바〉를 눌러 종료합니다.

〈엔터〉 키 또는 〈스페이스 바〉를 눌러 선 명령을 재실행합니다.

{첫 번째 점 지정:}에서 뒤쪽 면의 왼쪽 아래 모서리를 지정합니다.

{다음 점 지정 또는 [명령 취소(U)]:}에서 뒤쪽 면의 대각선 방향의 모서리를 지정합니다.

{다음 점 지정 또는 [명령 취소(U)]:}에서 〈엔터〉 키 또는 〈스페이스 바〉를 눌러 종료합니다.

다음과 그림과 같이 XY면 앞면과 뒷면에 선이 작도되었습니다.

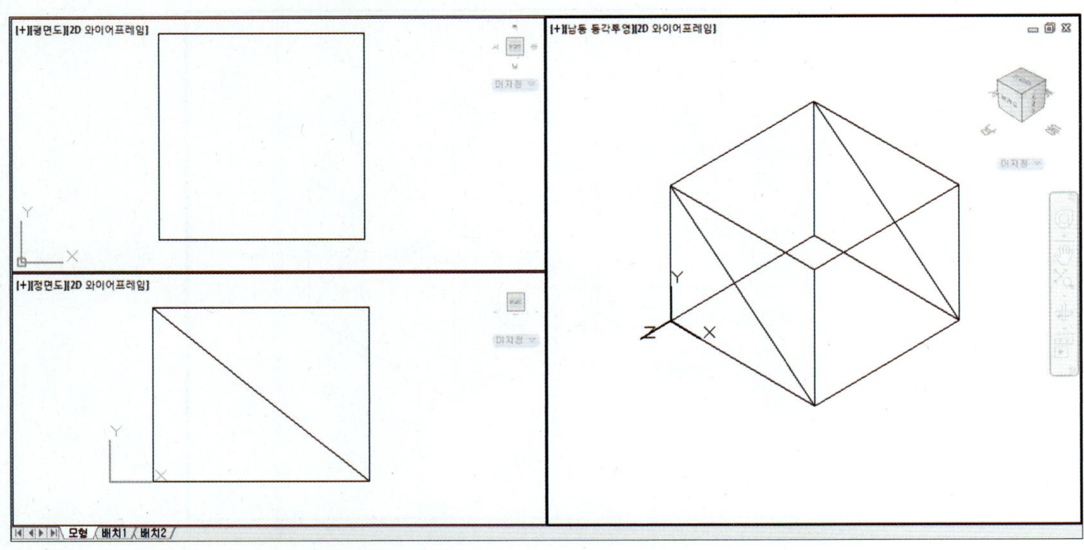

07 원통을 작도하겠습니다. 원을 작도한 후 두께를 부여하도록 하겠습니다. '원(CIRCLE)' 명령으로 원을 작도합니다.

{원에 대한 중심점 지정 또는 [3점(3P)/2점(2P)/Ttr – 접선 접선 반지름(T)]:}에서 객체스냅 '중간점 ✐'을 이용하여 앞쪽 면의 선의 중간점을 지정합니다.

{원의 반지름 지정 또는 [지름(D)]:}에서 반지름 '50'을 입력합니다. 뒤쪽 대각선의 중간점에도 원을 작도합니다. 다음 그림과 같이 두 개의 원이 작도됩니다.

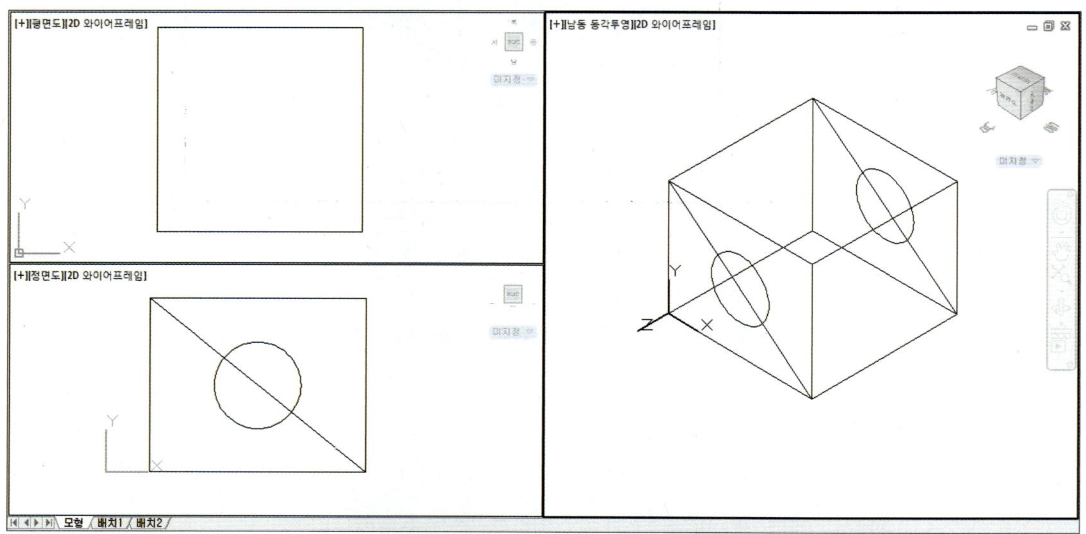

08 '특성(PROPERTIES)' 명령으로 작도된 원에 두께 '150'을 부여하도록 하겠습니다. 앞쪽 원을 클릭한 후 '뷰' 탭의 '팔레트' 패널 또는 '표준' 도구막대에서 🔲 을 클릭합니다.

특성 대화상자가 나타나면 '일반' 카테고리의 '두께' 편집 상자에 '100'을 입력합니다. 〈ESC〉 키를 누르면 선택된 객체가 실선으로 바뀝니다.

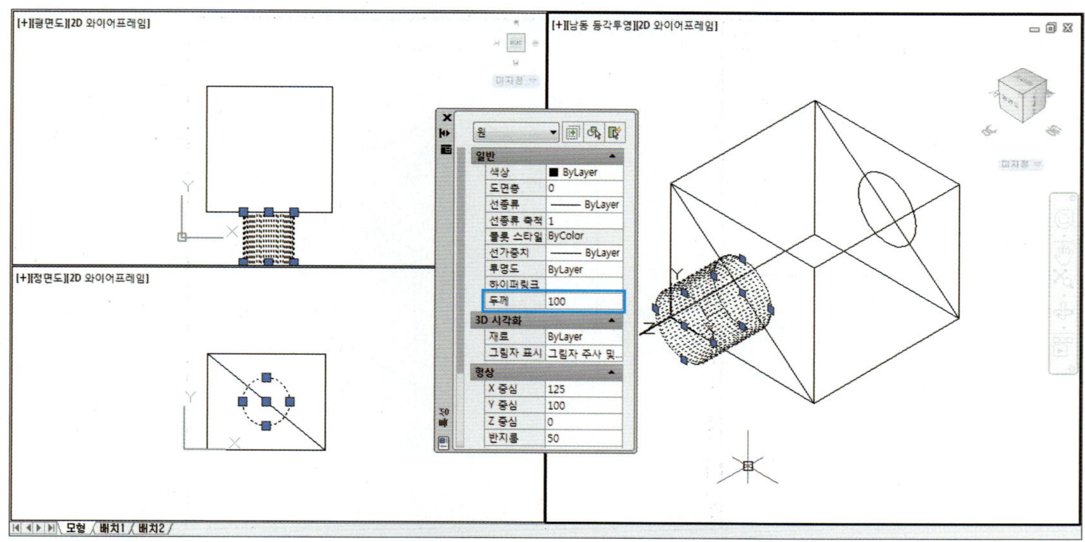

09 반대편의 원도 동일한 방법으로 두께 '100'을 부여합니다. 반대편 원을 클릭한 후 '뷰' 탭의 '팔레트' 패널 또는 '표준' 도구막대에서 📖을 클릭합니다.

특성 대화상자가 나타나면 '일반' 카테고리의 '두께' 편집 상자에 '−100'을 입력합니다. 〈ESC〉 키를 누르면 선택된 객체가 실선으로 바뀝니다.

tip!

두께 값을 마이너스(−) 값을 지정하는 이유는 UCS 아이콘의 Z축의 반대 방향으로 돌출시키기 때문입니다.

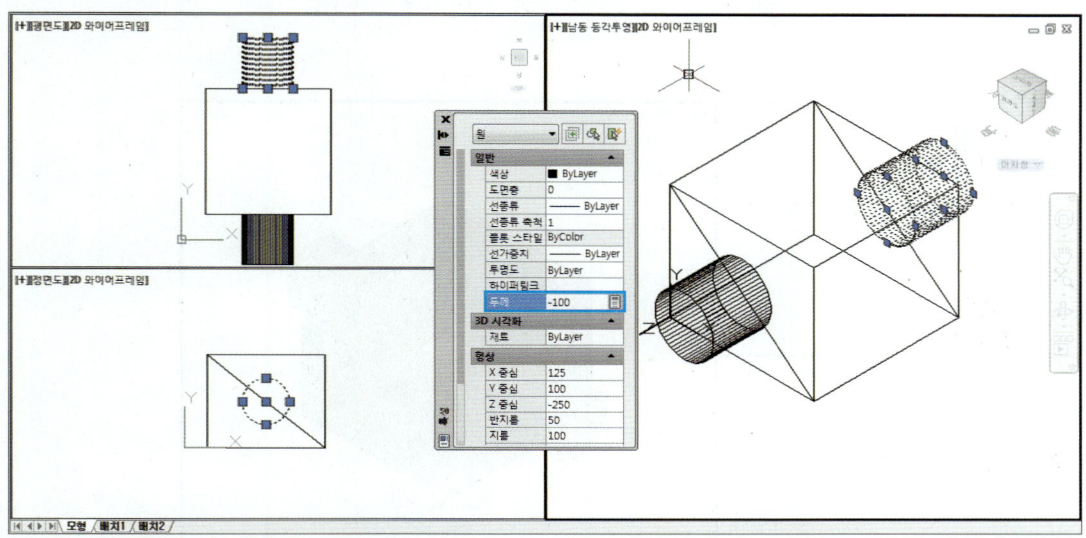

10 비주얼 스타일을 바꿔보도록 하겠습니다. '홈' 탭 '뷰' 패널의 비주얼 스타일 목록에서 '개념'을 선택합니다. 다음 그림과 같이 뷰가 표현됩니다.

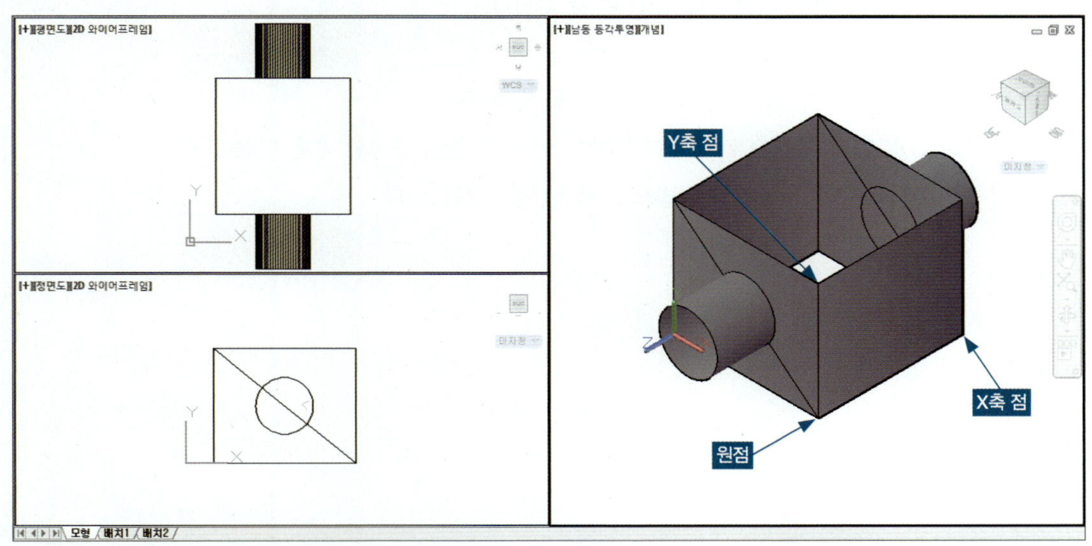

11 이번에는 UCS를 바꿔보겠습니다. 명령어 'UCS'를 입력하거나 '홈' 탭의 '좌표' 패널에서 메뉴 아이콘 📐을 클릭합니다.

{현재 UCS 이름: *표준*}

{UCS의 원점 지정 또는 [면(F)/이름(NA)/객체(OB)/이전(P)/뷰(V)/표준(W)/X/Y/Z/Z축(ZA)] 〈표준(W)〉:}에서 원점(왼쪽 하단 모서리)을 지정합니다.

{X축에서 점 지정 또는 〈수락(A)〉:}에서 X축 방향의 한 점을 지정합니다.

{XY 평면에서 점 지정 또는 〈수락(A)〉:}에서 XY평면이 되는 Y축 방향의 한 점을 지정합니다. 다음 그림과 같이 XY 평면이 설정됩니다.

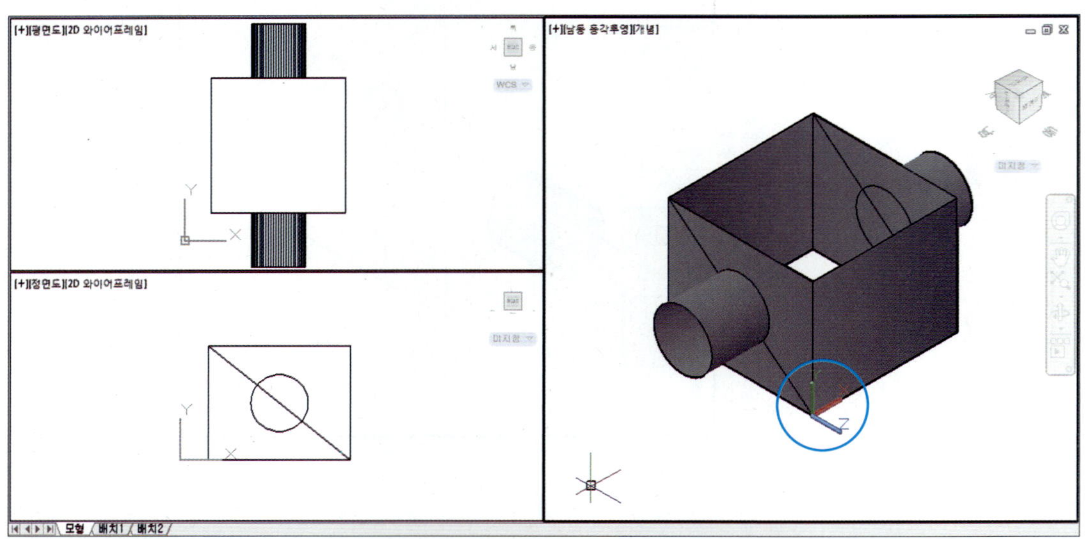

12 '선(LINE)' 명령으로 선을 작도합니다. 객체스냅 '끝점 📐'을 켭니다.

{첫 번째 점 지정:}에서 왼쪽 아래 모서리를 지정합니다.

{다음 점 지정 또는 [명령 취소(U)]:}에서 대각선 방향의 모서리를 지정합니다.

{다음 점 지정 또는 [명령 취소(U)]:}에서 〈엔터〉 키 또는 〈스페이스 바〉를 눌러 종료합니다. 다음 그림과 같이 XY면에 선이 작도됩니다. 뒤쪽 면도 동일한 방법으로 대각선을 작도합니다.

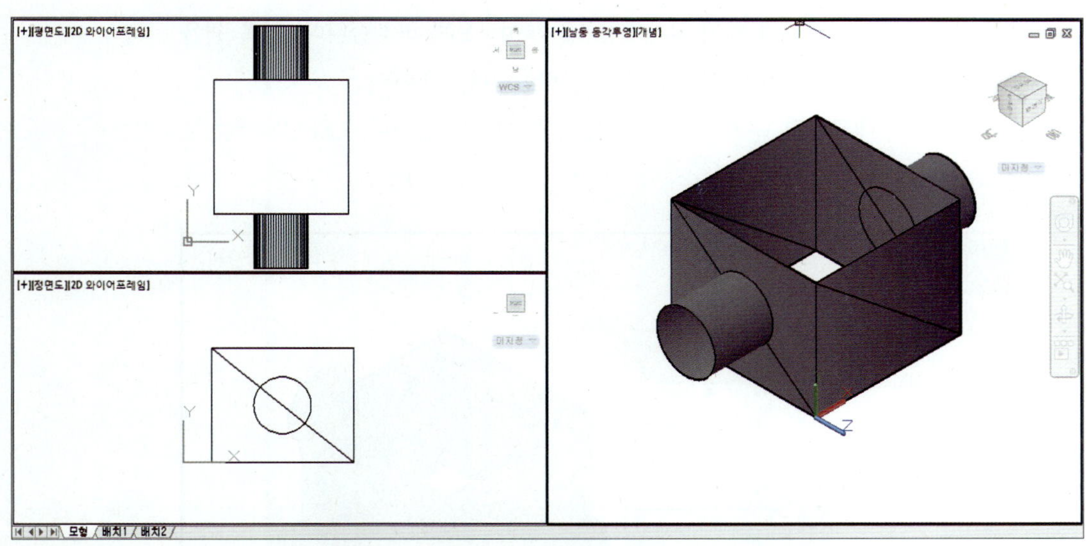

13 '원(CIRCLE)' 명령으로 두 개의 원을 작도합니다.

{원에 대한 중심점 지정 또는 [3점(3P)/2점(2P)/Ttr – 접선 접선 반지름(T)]:}에서 객체스냅 '중간점 ✎'을 이용하여 앞쪽 면의 선의 중간점을 지정합니다.

{원의 반지름 지정 또는 [지름(D)]:}에서 반지름 '50'을 입력합니다. 뒤쪽 대각선의 중간점에 원을 작도합니다. 다음 그림과 같이 원이 작도됩니다.

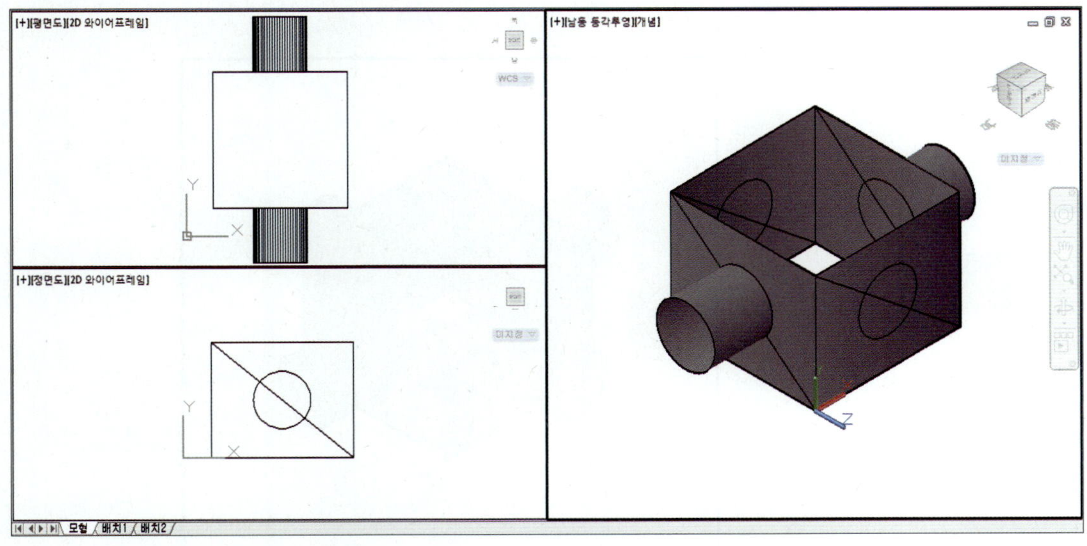

14 '특성(PROPERTIES)' 명령으로 작도된 원에 두께 '120'을 부여하도록 하겠습니다. 앞쪽 원을 클릭한 후 '뷰' 탭의 '팔레트' 패널 또는 '표준' 도구막대에서 █을 클릭합니다.

특성 대화상자가 나타나면 '일반' 카테고리의 '두께' 편집 상자에 '120'을 입력합니다. 〈ESC〉 키를 누르면 선택된 객체가 실선으로 바뀝니다.

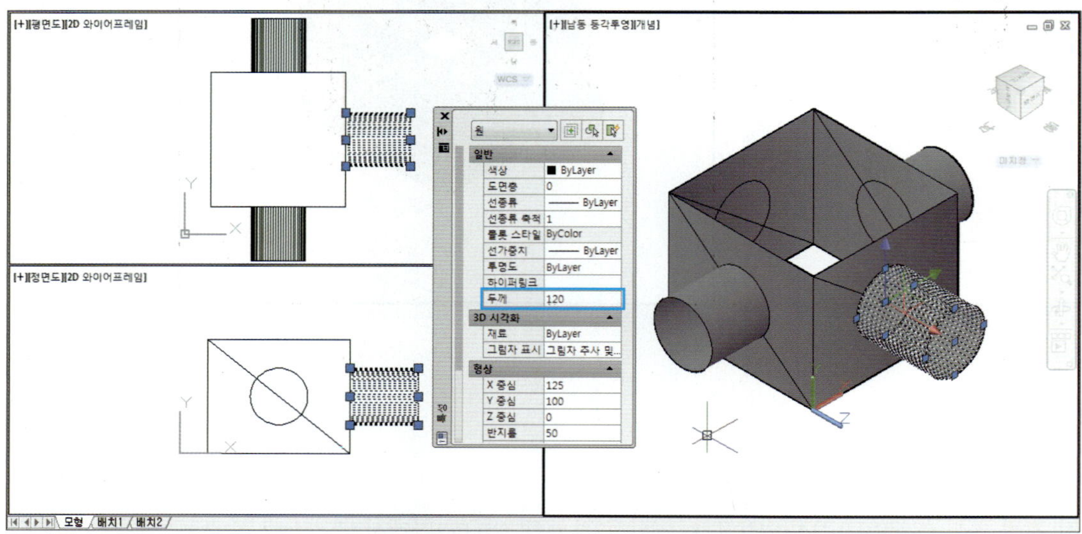

15 뒤쪽의 원도 두께 '−120'을 부여하여 돌출시킵니다. 다음 그림과 같이 4개의 면에 원통이 돌출되었습니다.

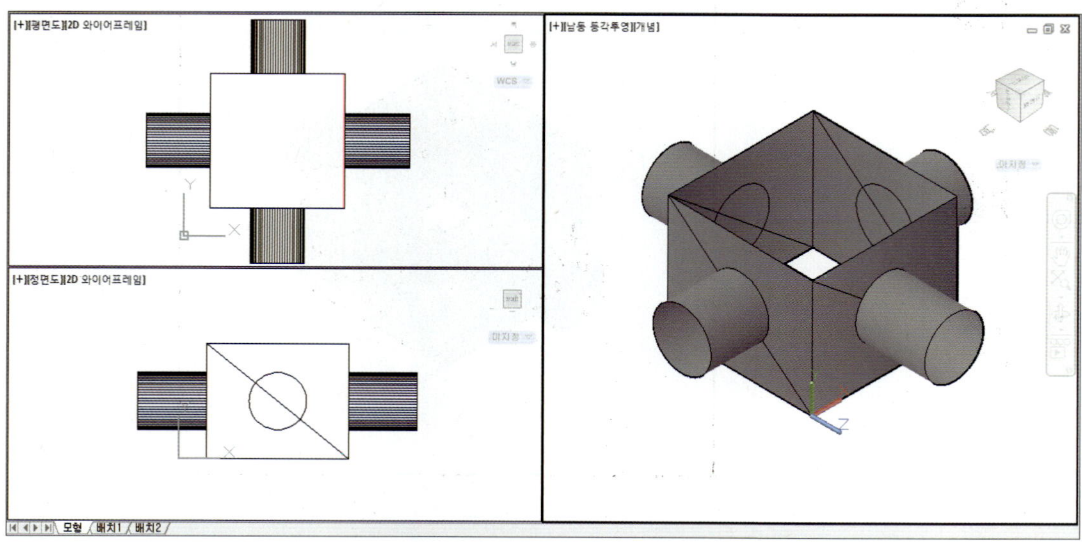

16 지우기 명령으로 각 면에 작도된 대각선은 지웁니다. 색상이나 비주얼 스타일을 바꿔보면서 다양하게 표현하도록 합니다. 3D 궤도 명령을 이용하여 뷰를 자유롭게 바꿔보기 바랍니다. 명령어 '3DORBIT' 또는 '3DO', 'ORBIT'를 입력하거나 탐색 도구에서 자유 궤도 ⊘을 클릭합니다. 마우스를 움직여 다양한 뷰를 표현해보도록 합니다.

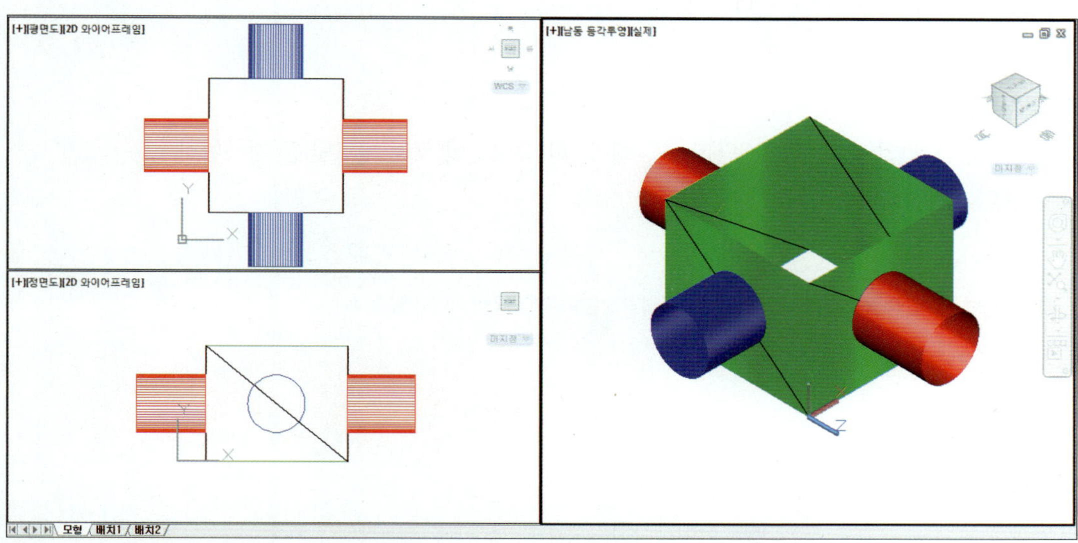

tip!

이와 같이 3차원 작업에서는 작도하고자 하는 면을 'XY 평면'으로 맞춘 후 객체를 작성해야 합니다. UCS 명령을 이용하거나 동적 UCS(DUCS)를 이용하여 작업 면(XY 평면)을 맞추도록 합니다.

LESSON 02

솔리드(SOLID)의 작성 및 편집

지금부터 실제 3차원 모델을 작성하고 편집하겠습니다. 3차원 객체 중 가장 일반적인 객체 종류인 솔리드(SOLID)의 작성 및 편집에 대해 학습합니다.

1. 솔리드 기본 객체

기본 3D 형상(솔리드 기본 객체)인 상자, 원추, 원통, 구, 쐐기, 피라미드 및 토러스(도넛)를 작성합니다. 중복된 옵션의 설명은 생략합니다.

tip!

솔리드 기본체의 리본 메뉴 위치는 '홈' 탭의 '모델링' 패널 또는 '솔리드' 탭의 '기본체' 패널에 배치되어 있습니다.

01. 상자(BOX)

3D 솔리드 상자를 작도합니다.

명령 : BOX   메뉴 아이콘 : 🔲

{첫 번째 구석 지정 또는 [중심(C)]:}에서 시작점 '50,50'을 지정합니다.
{반대 구석 지정 또는 [정육면체(C)/길이(L)]:}에서 반대편 구석 '@100,100'을 지정합니다. {높이 지정 또는 [2점(2P)]:}에서 높이 '200'을 입력합니다.

02. 쐐기(WEDGE)

경사진 면이 있는 다섯 면의 3D 솔리드 쐐기를 작성합니다.

명령 : WEDGE(단축키 : WE)   메뉴 아이콘 : 📐

{첫 번째 구석 지정 또는 [중심(C)]:}에서 시작점 '300,50'을 지정합니다.
{반대 구석 지정 또는 [정육면체(C)/길이(L)]:}에서 반대편 구석 '@200,100'을 지정합니다. {높이 지정 또는 [2점(2P)] 〈200.0000〉:}에서 높이 '200'을 지정합니다.

{첫 번째 구석 지정 또는 [중심(C)]:}

· 중심(C) : 상자와 삼각 기둥의 중심점을 지정합니다.

{반대 구석 지정 또는 [정육면체(C)/길이(L)]:}

· 정육면체(C) : 변의 길이가 동일한 상자 및 삼각 기둥을 작성합니다.

· 길이(L) : 지정한 길이, 폭 및 높이의 값으로 상자 및 삼각 기둥을 작성합니다. 길이는 X축, 폭은 Y축, 높이는 Z축에 해당합니다.

{높이 지정 또는 [2점(2P)] 〈200.0000〉:}

· 2점(2P) : 두 점을 지정하여 측정된 거리를 높이 값으로 합니다.

다음 그림과 같이 상자와 삼각 기둥이 작도됩니다.

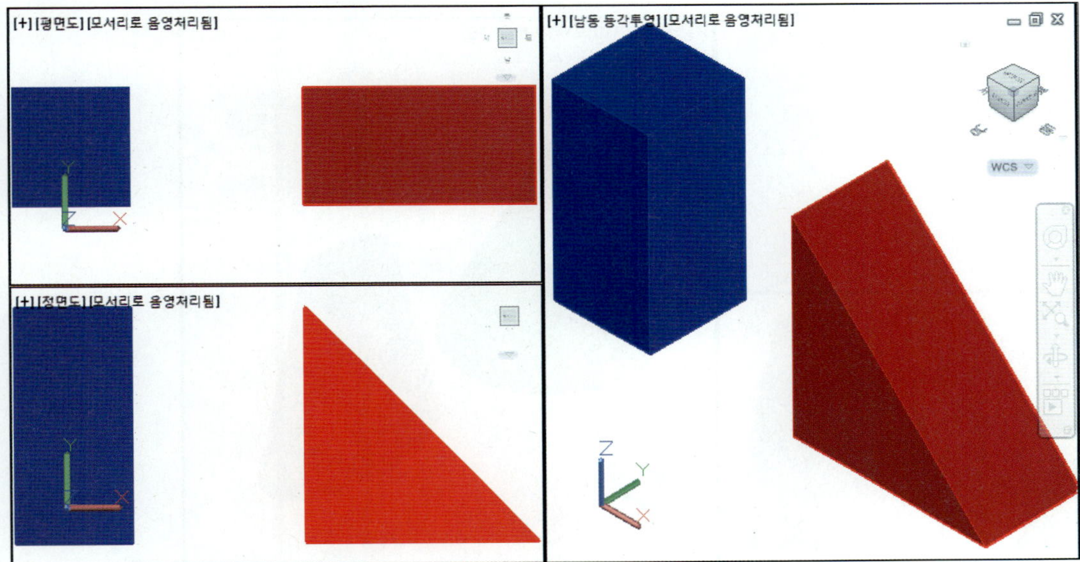

03. 원추(CONE)

대칭적으로 점, 원형 또는 타원형 평면을 향해 점점 줄어드는 원형 또는 타원형 밑면을 사용하여 3D 솔리드를 작성합니다.

명령 : CONE   메뉴 아이콘 : △

{기준 중심점 지정 또는 [3P/2P/Ttr/타원형(E)]:}에서 중심점 '150,150'을 지정합니다.

{기준 반지름 지정 또는 [지름(D)] 〈50.0000〉:}에서 밑면의 반지름 '100'을 입력합니다.

{높이 지정 또는 [2Point(2P)/축 끝점(A)/상단 반지름(T)] 〈100.0000〉:}에서 높이 '200'을 지정합니다.

〈엔터〉 키 또는 〈스페이스 바〉를 눌러 원추 명령을 재실행합니다.

{기준 중심점 지정 또는 [3P/2P/Ttr/타원형(E)]:}에서 타원형 'E'를 입력합니다.

{첫 번째 축의 끝점 지정 또는 [중심(C)]:}에서 한 점 '300,150'을 지정합니다.

{첫 번째 축의 다른 끝점 지정:}에서 축의 다른 끝점 '@200,0'을 지정합니다.

{두 번째 축의 끝점 지정:}에서 두 번째 축의 끝점 '400,100'을 지정합니다.

{높이 지정 또는 [2Point(2P)/축 끝점(A)/상단 반지름(T)] 〈200.0000〉:}에서 상단 반지름 'T'를 입력합니다.

{상단 반지름 지정 〈50.0000〉:}에서 반지름 '50'을 입력합니다.

{높이 지정 또는 [2점(2P)/축 끝점(A)] 〈200.0000〉:}에서 높이 '200'을 입력합니다.

다음 그림과 같이 상단이 뾰족한 원추와 상단의 반지름이 '50'인 타원형 원추(절두체 원추)가 작도됩니다.

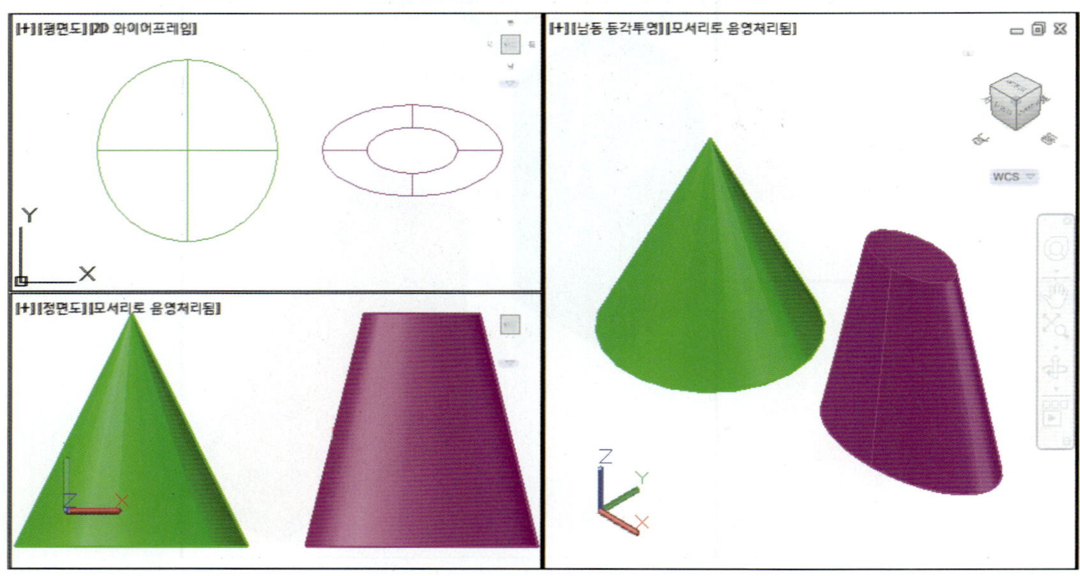

{기준 중심점 지정 또는 [3P/2P/Ttr/타원형(E)]:}

• 3P/2P/Ttr : '원(CIRCLE)' 명령과 동일한 옵션으로 원을 작도하는 방법을 지정합니다.

{높이 지정 또는 [2Point(2P)/축 끝점(A)/상단 반지름(T)] 〈200.0000〉:}

• 2Point(2P) : 두 점을 지정하여 높이를 설정합니다.

• 축 끝점(A) : 원추 축에 대한 끝점 위치를 지정합니다.

04. 구(SPHERE)

3D 솔리드 구를 작도합니다. 중심점에서 시작하는 경우 구의 중심 축은 현재 사용자 좌표계(UCS)의
Z축에 평행합니다.

명령 : SPHERE　　　　　　　　　　　　　　메뉴 아이콘 : ◯

{중심점 지정 또는 [3점(3P)/2점(2P)/Ttr-접선 접선 반지름(T)]:}에서 구의 중심점 '150,150'을 지정
합니다.

{반지름 지정 또는 [지름(D)] ⟨100.0000⟩:}에서 구의 반지름 '100'을 지정합니다.

05. 원통(CYLINDER)

원형 또는 타원형 밑면 및 상단을 가진 3D 솔리드를 작성합니다.

명령 : CYLINDER(단축키 : CYL)　　　　　　메뉴 아이콘 : ▢

{기준 중심점 지정 또는 [3P/2P/Ttr/타원형(E)]:}에서 중심점 '450,150'을 지정합니다.
{기준 반지름 지정 또는 [지름(D)] ⟨120.0000⟩:}에서 반지름 '100'을 입력합니다.
{높이 지정 또는 [2점(2P)/축 끝점(A)] ⟨200.0000⟩:}에서 높이 '200'을 입력합니다.

⟨엔터⟩ 키 또는 ⟨스페이스 바⟩를 눌러 원통 명령을 재실행합니다.
{기준 중심점 지정 또는 [3P/2P/Ttr/타원형(E)]:}에서 타원형 옵션 'E'를 입력합니다.
{첫 번째 축의 끝점 지정 또는 [중심(C)]:}에서 축의 한쪽 끝점 '650,150'을 지정합니다.
{첫 번째 축의 다른 끝점 지정:}에서 축의 반대편 끝점 '@200,0'을 지정합니다.
{두 번째 축의 끝점 지정:}에서 '750,100'을 입력합니다.
{높이 지정 또는 [2점(2P)/축 끝점(A)] ⟨200.0000⟩:}에서 타원형 원통의 높이 '200'을 입력합니다.
다음 그림과 같이 반지름이 100인 구, 원과 타원형의 원통이 작도됩니다.

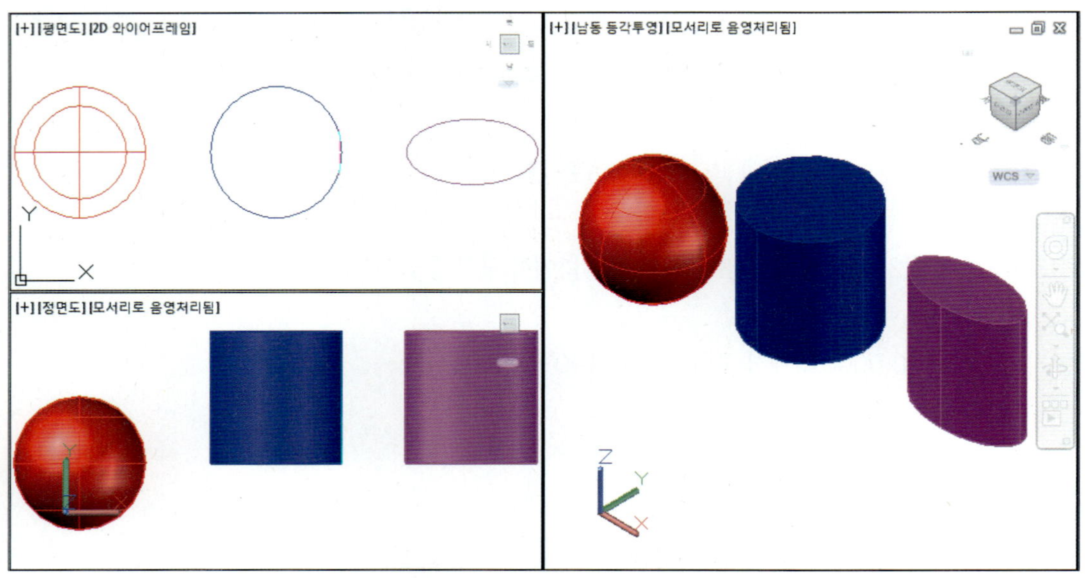

06. 피라미드(PYRAMID)

3D 솔리드 피라미드를 작도합니다.

명령 : PYRAMID(단축키 : PYR)　　　　　　　　　　　메뉴 아이콘 :

{4 면 외접}

{기준 중심점 지정 또는 [모서리(E)/변(S)]:}에서 피라미드의 중심점 '150,150'을 지정합니다.

{기준 반지름 지정 또는 [내접(I)] ⟨100.0000⟩:}에서 '120'을 입력합니다.

{높이 지정 또는 [2점(2P)/축 끝점(A)/상단 반지름(T)] ⟨200.0000⟩:}에서 높이 '200'을 입력합니다.

⟨엔터⟩ 키 또는 ⟨스페이스 바⟩를 눌러 피라미드 명령을 재실행합니다.

{4 면 외접}

{기준 중심점 지정 또는 [모서리(E)/변(S)]:}에서 변 옵션 'S'를 입력합니다.

{면의 수 입력 ⟨4⟩:}에서 육각형을 작도하기 위해 '6'을 입력합니다.

{기준 중심점 지정 또는 [모서리(E)/변(S)]:}에서 기준점 '450,150'을 지정합니다.

{기준 반지름 지정 또는 [내접(I)] ⟨100.0000⟩:}에서 반지름 '120'을 입력합니다.

{높이 지정 또는 [2점(2P)/축 끝점(A)/상단 반지름(T)] ⟨150.0000⟩:}에서 상단 반지름을 지정하기 위해 'T'를 입력합니다.

{상단 반지름 지정 ⟨0.0000⟩:}에서 상단 반지름 '60'을 입력합니다.

{높이 지정 또는 [2점(2P)/축 끝점(A)] ⟨200.0000⟩:}에서 높이 '200'을 입력합니다.

옵션 설명

{기준 중심점 지정 또는 [모서리(E)/변(S)]:}

- 모서리 : 피라미드 밑면의 한 모서리 길이를 지정합니다. 두 점을 지정하여 모서리 길이를 지정할 수 있습니다.

{높이 지정 또는 [2점(2P)/축 끝점(A)/상단 반지름(T)] ⟨150.0000⟩:}

- 2점(2P) : 두 점을 지정하여 높이 값을 지정합니다.
- 축 끝점(A) : 피라미드의 축에 대한 끝점 위치를 지정합니다.

07. 토러스(TORUS)

3D 도넛형의 솔리드 토러스를 작도합니다.

명령 : TORUS(단축키 : TOR)　　　　　　　　메뉴 아이콘 : ◎

{중심점 지정 또는 [3점(3P)/2점(2P)/Ttr-접선 접선 반지름(T)]:}에서 '800,150'을 입력합니다.

{반지름 지정 또는 [지름(D)] ⟨120.0000⟩:}에서 바깥 원의 반지름 '100'을 입력합니다.

{튜브 반지름 지정 또는 [2점(2P)/지름(D)] ⟨30.0000⟩:}에서 튜브의 반지름 '20'을 입력합니다.

다음 그림과 같이 사각형 피라미드와 상단의 반지름을 부여한 육각형 피라미드(절두체 피라미드)와 도넛 모양의 토러스가 작도됩니다.

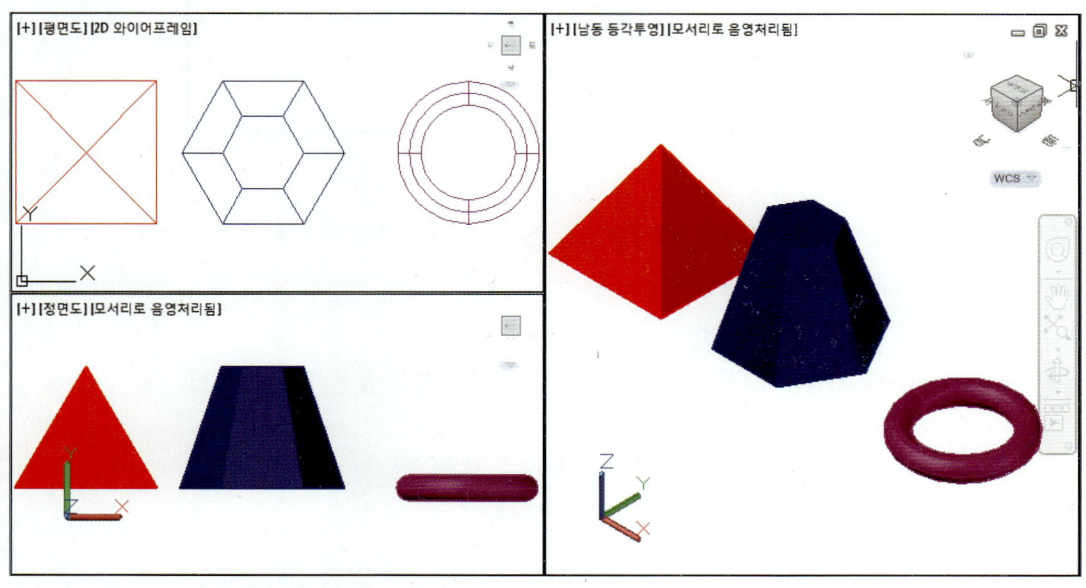

2. 벽체 모양의 폴리솔리드(POLYSOLID)

기존 선, 2D 폴리선, 호 또는 원을 직사각형 프로파일이 있는 솔리드로 변환할 수 있습니다. 폴리솔리드는 곡선 세그먼트를 가질 수 있으나 윤곽은 항상 기본적으로 직사각형입니다. 맞물림(그립) 편집에 의해 위 아래의 두께가 다른 폴리솔리드를 만들 수도 있습니다.

명령 : POLYSOLID(단축키 : PSOLID)　　　　　　　　　메뉴 아이콘 :

01 '폴리선(PLINE) ⤵' 명령으로 다음과 같이 작도합니다. 길이는 긴 쪽이 '3000'이고 짧은 쪽은 각 '1000'입니다.

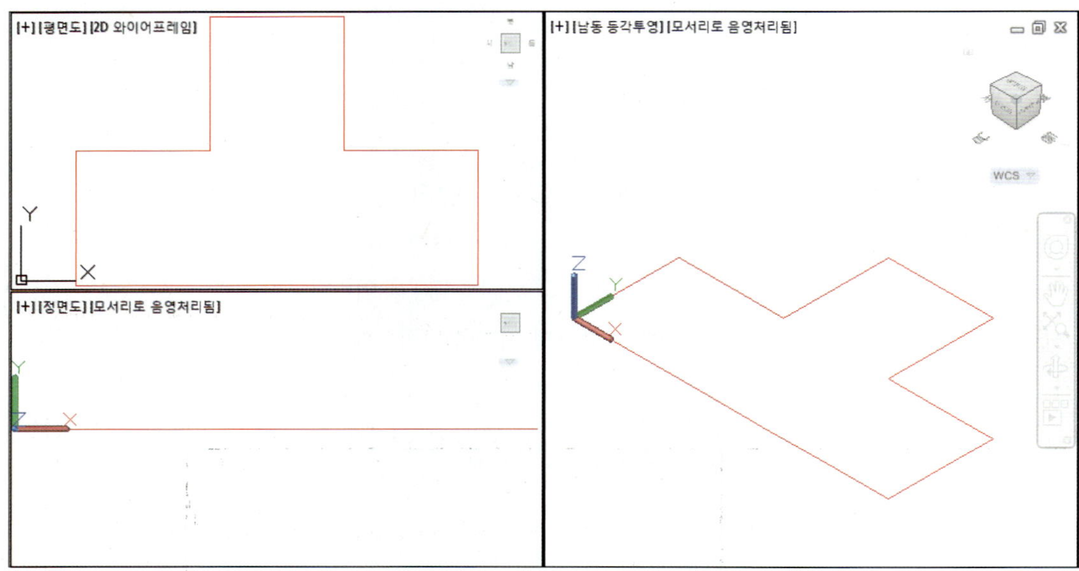

02 폴리솔리드 명령을 실행합니다. 명령어 'POLYSOLID' 또는 'PSOLID'를 입력하거나 '솔리드' 탭의 '기본체' 패널 또는 '모델링' 도구막대에서 을 클릭합니다.

{높이 = 80.0000, 폭 = 5.0000, 자리맞추기 = 중심}

{시작점 지정 또는 [객체(O)/높이(H)/폭(W)/자리맞추기(J)] 〈객체(O)〉:}에서 높이 옵션 'H'를 입력합니다.

{높이 지정 〈80.0000〉:}에서 높이 '500'을 입력합니다.

{높이 = 500.0000, 폭 = 5.0000, 자리맞추기 = 중심}

{시작점 지정 또는 [객체(O)/높이(H)/폭(W)/자리맞추기(J)] 〈객체(O)〉:}에서 폭 옵션 'W'를 입력합니다.

{폭 지정 〈5.0000〉:}에서 폭 '50'을 입력합니다.

{높이 = 350.0000, 폭 = 50.0000, 자리맞추기 = 중심}

{시작점 지정 또는 [객체(O)/높이(H)/폭(W)/자리맞추기(J)] ⟨객체(O)⟩:}에서 객체 옵션 'O'를 입력합니다.

{객체 선택:}에서 작도된 폴리선을 선택합니다. 다음 그림과 같이 폴리선이 높이 '500', 폭 '50'인 폴리솔리드로 변환됩니다.

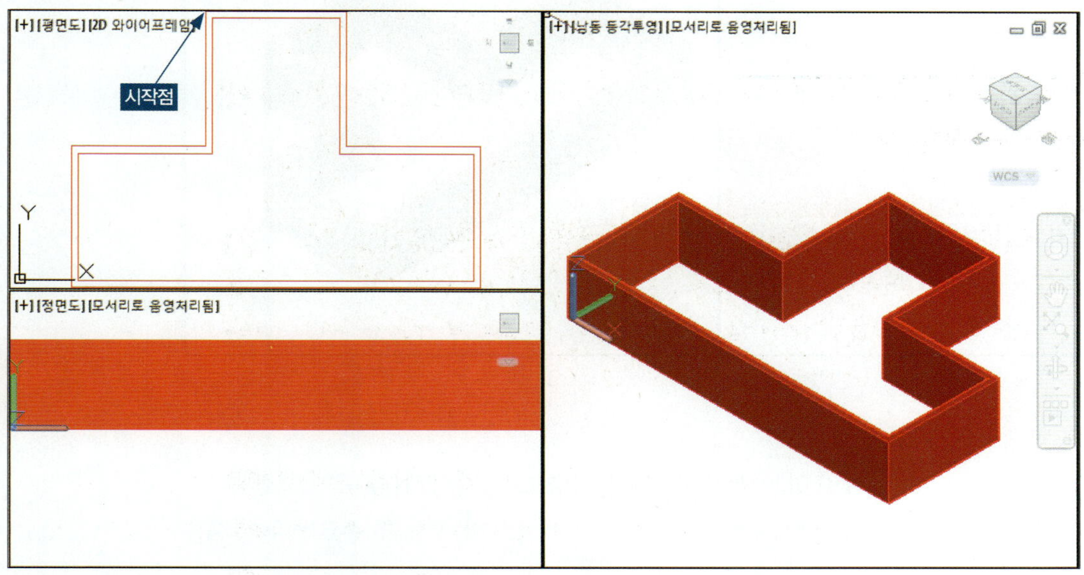

03 ⟨엔터⟩ 키 또는 ⟨스페이스 바⟩를 눌러 폴리솔리드를 재실행합니다.

{높이 = 500.0000, 폭 = 50.0000, 자리맞추기 = 중심}

{시작점 지정 또는 [객체(O)/높이(H)/폭(W)/자리맞추기(J)] ⟨객체(O)⟩:}에서 자리맞추기옵션 'J'를 입력합니다.

{자리맞추기 입력 [왼쪽(L)/중심(C)/오른쪽(R)] ⟨중심(C)⟩:}에서 오른쪽 'R'을 입력합니다. {높이 = 500.0000, 폭 = 50.0000, 자리맞추기 = 오른쪽}

{시작점 지정 또는 [객체(O)/높이(H)/폭(W)/자리맞추기(J)] ⟨객체(O)⟩:}에서 객체스냅 '끝점 🖉'을 이용하여 시작점을 지정합니다.

{다음점 지정 또는 [호(A)/명령 취소(U)]:}에서 직교모드를 켠 후 180도(9시) 방향으로 맞추고 '1000'을 입력합니다.

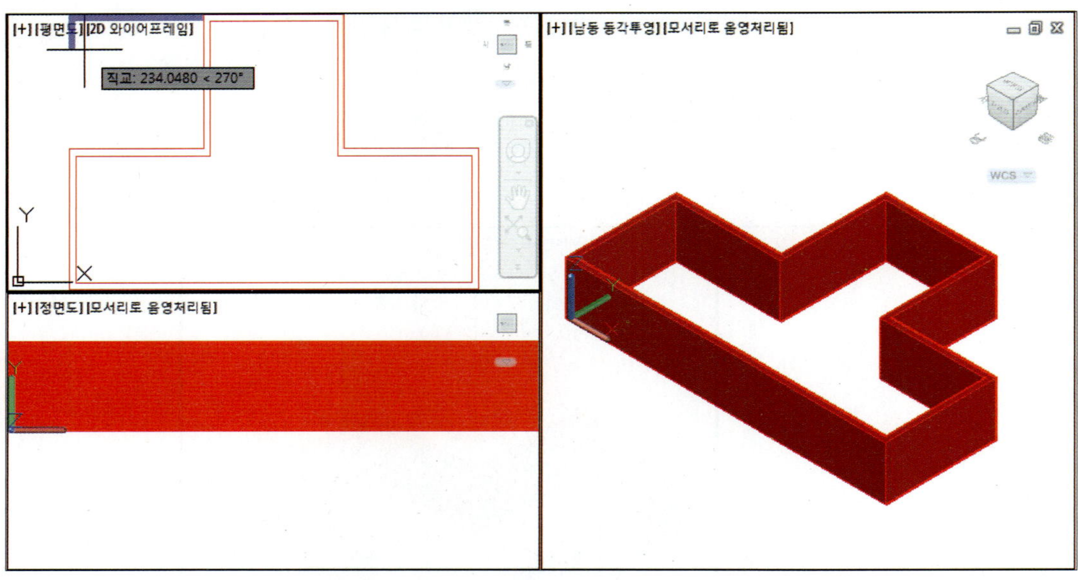

04 {다음점 지정 또는 [호(A)/명령 취소(U)]:}에서 270도(6시) 방향으로 맞추고 '1000'을 입력합니다. {다음점 지정 또는 [호(A)/명령 취소(U)]:}에서 〈엔터〉 키 또는 〈스페이스 바〉를 눌러 종료합니다. 다음 그림과 같이 폴리솔리드가 작도됩니다.

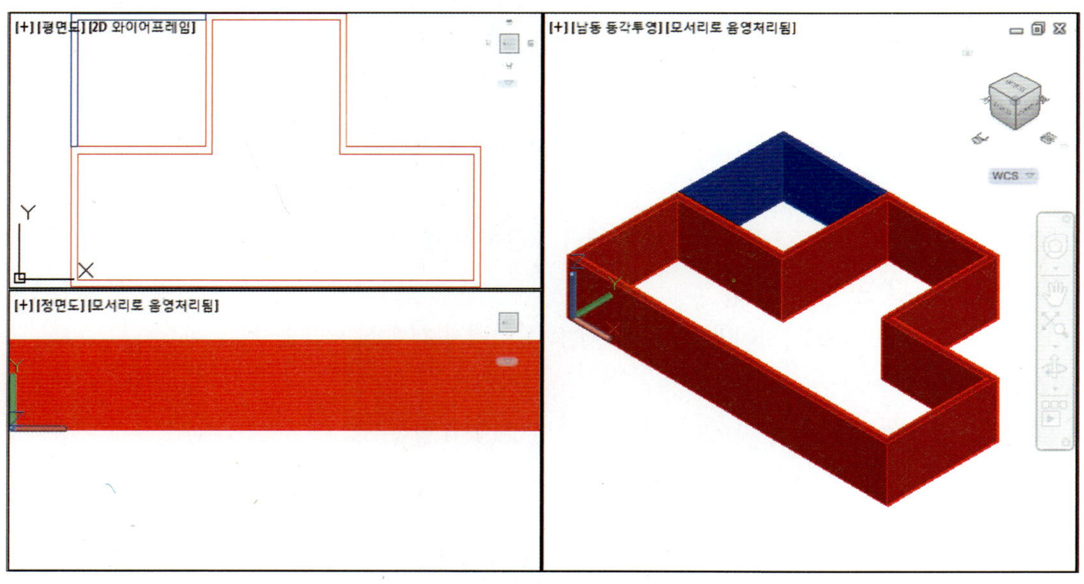

폴리솔리드로 변환될 수 있는 객체는 선, 호, 원, 2D 폴리선, 스플라인입니다.

{시작점 지정 또는 [객체(O)/높이(H)/폭(W)/자리맞추기(J)] 〈객체((O))〉:}

- **높이(H)** : 폴리솔리드의 높이를 지정합니다.
- **폭(W)** : 폴리솔리드의 폭을 지정합니다.
- **자리 맞추기(J)** : 폴리솔리드를 작도할 기준점을 지정합니다. 즉, 지정한 점이 폴리솔리드의 어느 위치인가를 지정합니다.

  {자리맞추기 입력 [왼쪽(L)/중심(C)/오른쪽(R)] 〈중심(C)〉:}에서 선택합니다.

3. 돌출시켜 솔리드 객체로 만드는 돌출(EXTRUDE)

2차원 객체(선, 호, 원, 폴리선, 스플라인 등) 또는 3D 면을 거리 및 방향을 부여하여 돌출시켜 3차원 객체로 만듭니다. 이때, 열린 객체는 2차원 표면(Surface), 닫힌 객체는 솔리드(Solid) 3차원 객체가 됩니다.

명령 : EXTRUDE(단축키 : EXT)　　　　　　　　　　**메뉴 아이콘 :**

01 원, 다각형, 스플라인 명령을 이용하여 다음 그림과 같이 2차원 객체를 작도합니다.

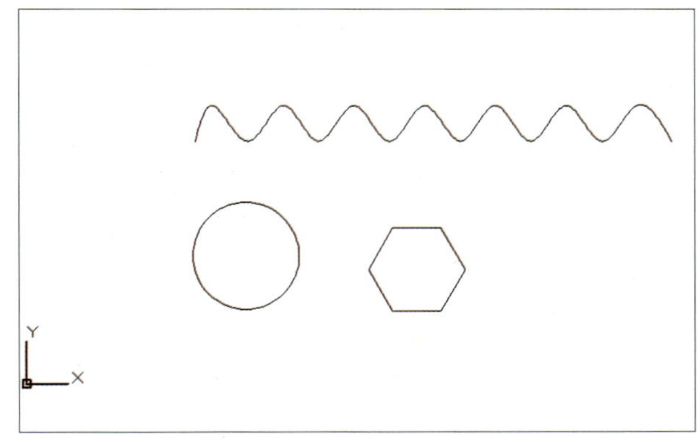

02 뷰를 등각투영으로 설정한 후, 돌출 명령을 실행합니다. 명령어 'EXTRUDE' 또는 'EXT'를 입력하거나 '솔리드' 탭의 '솔리드' 패널 또는 '모델링' 도구막대에서 　을 클릭합니다.

{현재 와이어프레임 밀도: ISOLINES=4, 닫힌 윤곽 작성 모드 = 솔리드}

{돌출할 객체 선택 또는 [모드(MO)]: _MO}

{닫힌 윤곽 작성 모드 [솔리드(SO)/표면(SU)] 〈솔리드〉: _SO}

{돌출할 객체 선택 또는 [모드(MO)]:}에서 돌출시키고자 하는 객체인 원을 선택합니다. {1개를 찾음}

{돌출할 객체 선택 또는 [모드(MO)]:}에서 〈엔터〉 키 또는 〈스페이스 바〉를 눌러 선택을 종료합니다.

{돌출의 높이 지정 또는 [방향(D)/경로(P)/테이퍼 각도
(T)]:}에서 돌출 높이 '300'을 입력합니다. 다음 그림과
같이 선택한 원이 돌출되어 원통이 작성됩니다. 폐쇄 공
간의 객체를 돌출시키면 솔리드(Solid) 객체가 됩니다.

tip!

돌출, 회전, 스윕, 로프트 등을 수행할 때 객체의 색상을 지정하려면 명령
을 실행하기 이전에 미리 색상을 지정한 후 실행하면 지정된 색상으로
작도됩니다.

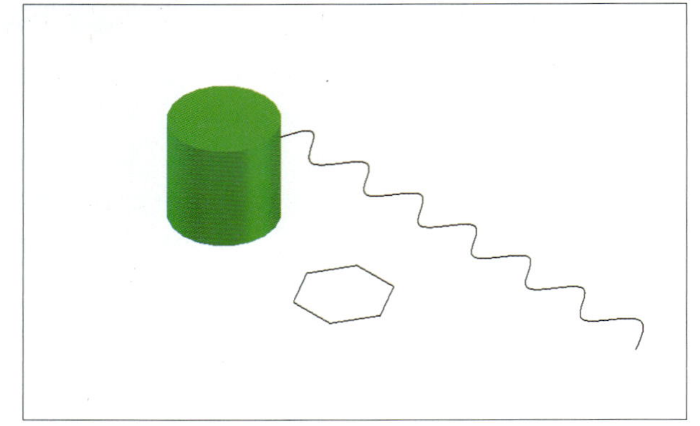

03 〈엔터〉 키 또는 〈스페이스 바〉를 눌러 돌출 명령을 재실행합니다.

{현재 와이어프레임 밀도: ISOLINES=4, 닫힌 윤곽 작성 모드 = 솔리드}

{돌출할 객체 선택 또는 [모드(MO)]: _MO}

{닫힌 윤곽 작성 모드 [솔리드(SO)/표면(SU)] 〈솔리드〉: _SO}

{돌출할 객체 선택 또는 [모드(MO)]:}에서 돌출시키고자 하는 객체인 육각형을 선택합니다. {1개를 찾음}

{돌출할 객체 선택 또는 [모드(MO)]:}에서 〈엔터〉 키 또는 〈스페이스 바〉를 눌러 선택을 종료합니다.

{돌출의 높이 지정 또는 [방향(D)/경로(P)/테이퍼 각도(T)]〈300.0000〉:}에서 테이퍼 각도 옵션 'T'를
입력합니다.

{돌출에 대한 테이퍼 각도 지정 〈0〉:}에서 각도 '15'을 입
력합니다.

{돌출의 높이 지정 또는 [방향(D)/경로(P)/테이퍼 각도
(T)] 〈300.0000〉:}에서 높이 '300'을 입력합니다. 그림
과 같이 지정한 각도로 테이핑이 되면서 돌출됩니다.

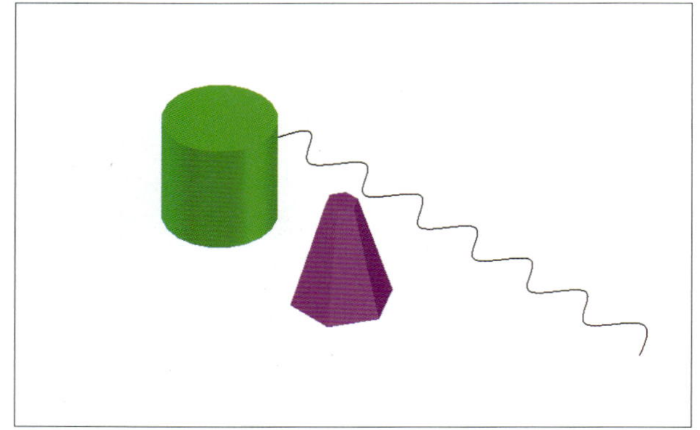

04 돌출 명령을 재실행합니다.

{현재 와이어프레임 밀도: ISOLINES=4, 닫힌 윤곽 작성 모드 = 솔리드}

{돌출할 객체 선택 또는 [모드(MO)]: _MO}

{닫힌 윤곽 작성 모드 [솔리드(SO)/표면(SU)] 〈솔리드〉: _SO}

{돌출할 객체 선택 또는 [모드(MO)]:}에서 돌출시키고자 하는 객체인 스플라인을 선택합니다. {1개를
찾음}

{돌출할 객체 선택 또는 [모드(MO)]:}에서 〈엔터〉 키 또는 〈스페이스 바〉를 눌러 선택을 종료합니다.

{돌출의 높이 지정 또는 [방향(D)/경로(P)/테이퍼 각도(T)]〈150.0000〉:}에서 돌출 높이 '300'을 입력합니다. 그림과 같이 스플라인 선이 돌출됩니다. 열린 공간의 객체는 표면(Surface) 객체가 됩니다.

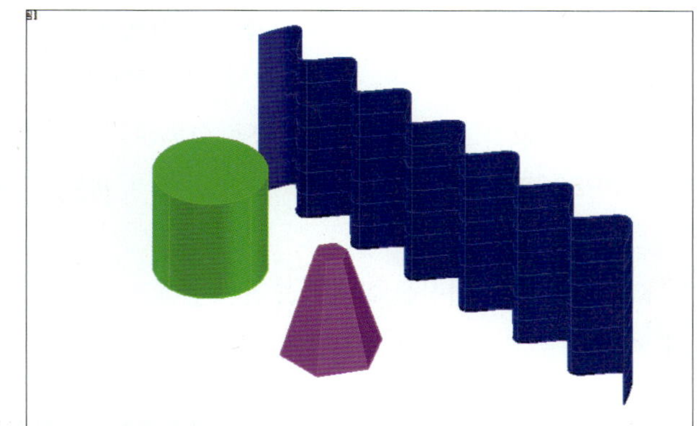

옵션 설명

{돌출의 높이 지정 또는 [방향(D)/경로(P)/테이퍼 각도(T)] 〈300.0000〉:}

- **방향(D)** : 두 점을 지정하여 돌출의 길이 및 방향을 지정합니다.
- **경로(P)** : 돌출 경로를 지정하여 방향과 길이를 지정합니다.

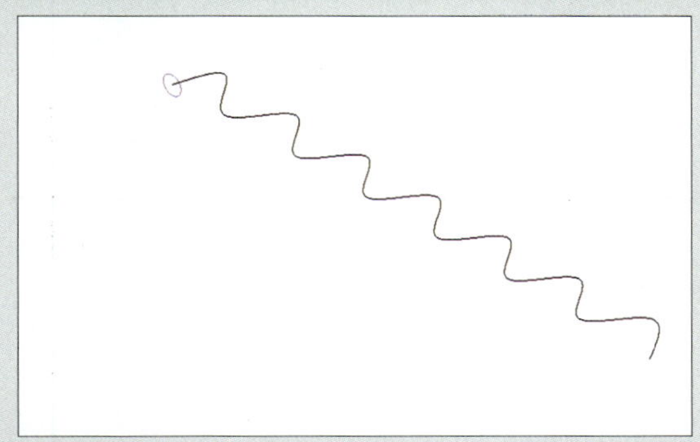

{현재 와이어프레임 밀도: ISOLINES=4, 닫힌 윤곽 작성 모드 = 솔리드}

{돌출할 객체 선택 또는 [모드(MO)]: _MO}

{닫힌 윤곽 작성 모드 [솔리드(SO)/표면(SU)] 〈솔리드〉: _SO}

{돌출할 객체 선택 또는 [모드(MO)]:}에서 돌출한 원을 선택합니다. {1개를 찾음}

{돌출할 객체 선택 또는 [모드(MO)]:}에서 〈엔터〉 키 또는 〈스페이스 바〉를 눌러 선택을 종료합니다.

{돌출 높이 지정 또는 [방향(D)/경로(P)/테이퍼 각도(T)/표현식(E)] 〈300.000〉:}에서 경로 옵션 'P'를 입력합니다.

{돌출 경로 선택 또는 [테이퍼 각도(T)]:}에서 경로로 사용할 객체(스플라인)을 선택합니다.

다음 그림과 같이 스플라인 경로를 따라 원이 돌출됩니다.

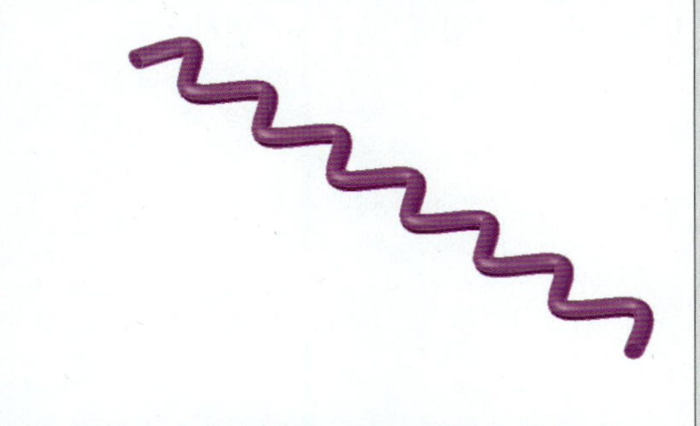

- **테이퍼 각도(T)** : 테이퍼(비스듬한 경사)의 각도를 지정하여 비스듬하게 돌출합니다.

4. 경계 영역의 눌러 당기기(PRESSPULL)

경계 영역을 자동 인식하여 누르거나 당깁니다. 원이나 사각형과 같은 폐쇄 객체뿐 아니라 선이나 호로 이루어진 폐쇄 공간도 쉽게 인식합니다. 점토를 당기거나 밀어 넣는 듯한 조작입니다.

명령 : PRESSPULL   메뉴 아이콘 : 🗋

01 다음과 같은 화장실 확대도 도면이 있다고 가정하겠습니다. 벽체가 있는 도면을 적당히 작도합니다. 이해를 돕기 위해 3개의 뷰포트(VPORTS)로 나누어 표현하겠습니다.

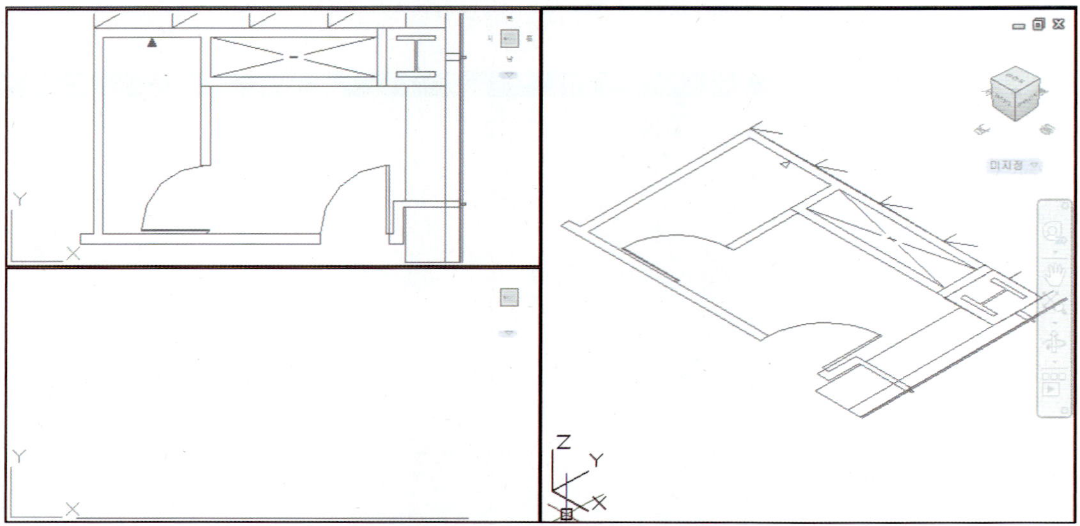

02 명령어 'PRESSPULL'을 입력하거나 '솔리드' 탭의 '솔리드' 패널 또는 '모델링' 도구막대에서 🗋 를 클릭합니다.

{누르거나 당기기 할 내부 경계 영역을 클릭하십시오.}에서 누르기/당기기 할 영역 벽체를 선택합니다. {1 루프이(가) 추출됨.} 누르거나 당길 높이 '2500'을 입력합니다. {1 영역이(가) 작성됨.}를 표시하면서 다음 그림과 같이 벽체가 '2500' 높이의 솔리드 객체가 작성됩니다.

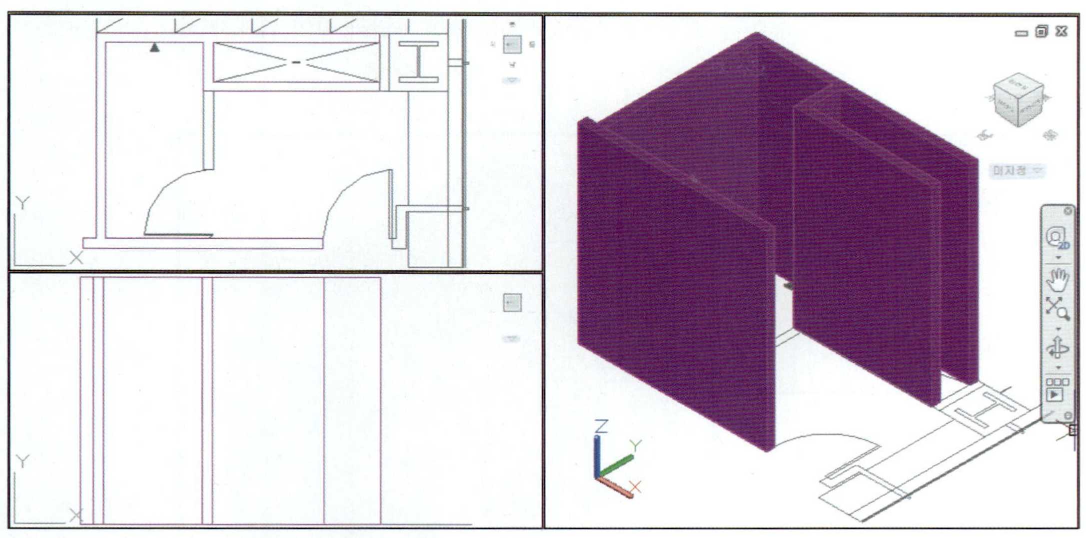

03 〈엔터〉 키 또는 〈스페이스 바〉를 눌러 눌러 당기기 명령을 재실행합니다.
{누르거나 당기기 할 내부 경계 영역을 클릭하십시오.}에서 기둥 내부 한 점을 지정합니다. 높이를 '3000'을 입력합니다. 폐쇄공간을 찾아 기둥이 '3000' 높이로 돌출됩니다.

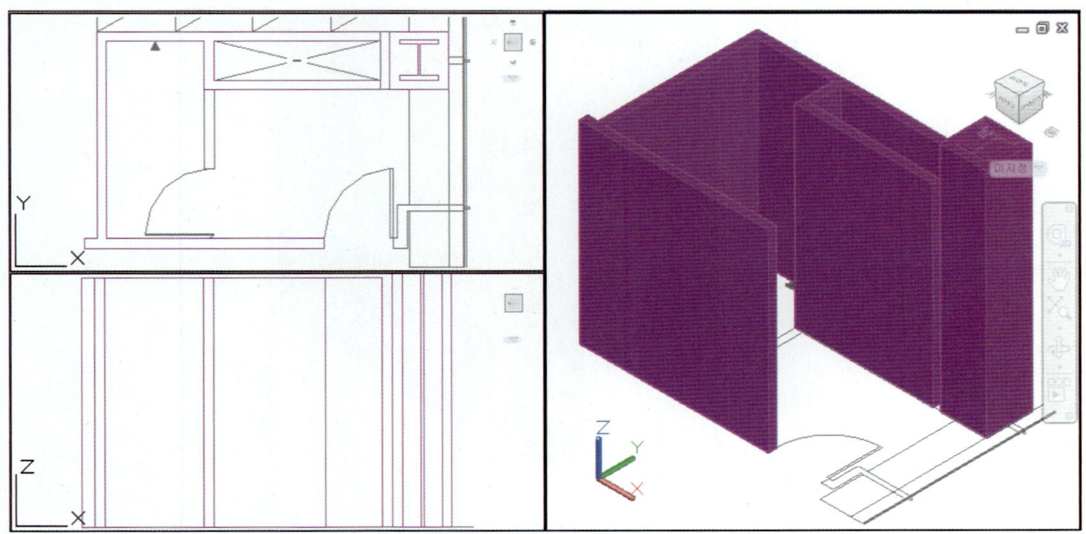

04 눌러 당기기 명령을 이용하여 벽체의 높이를 '2500'으로 만듭니다. 다음 그림과 같이 벽체가 작성됩니다.

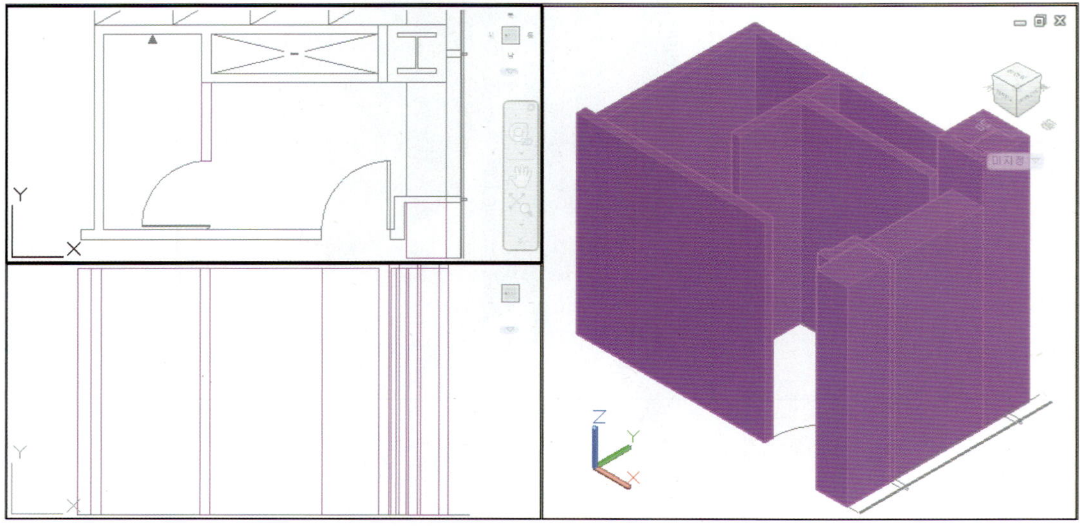

05 '원(CIRCLE)' 명령으로 솔리드 상자 위에 반지름이 '200'인 원을 작도합니다.

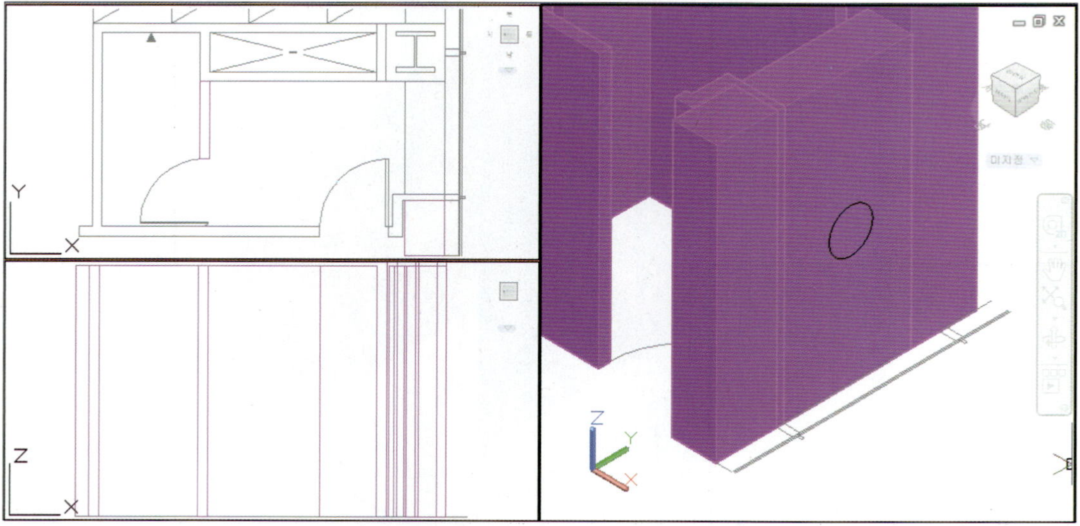

참고 동적 UCS 활용

현재 UCS의 XY 평면이 아닌 위치에 객체를 작성하고자 할 때는 동적 UCS를 활용하면 쉽게 작도할 수 있습니다. 동적
UCS는 선택한 객체의 UCS를 자동으로 찾아줍니다.

(1) 하단의 그리기 도구에서 '동적 UCS( )'를 켭니다.(ON)

(2) '원(CIRCLE)' 명령을 실행합니다.

{원에 대한 중심점 지정 또는 [3점(3P)/2점(2P)/Ttr – 접선 접선 반지름(T)]:}에서 마우스 커서를 작도하고자 하는 3D 면에
가져가면 다음 그림과 같이 해당 벽이 하일라이트됩니다. 이때, 클릭합니다.

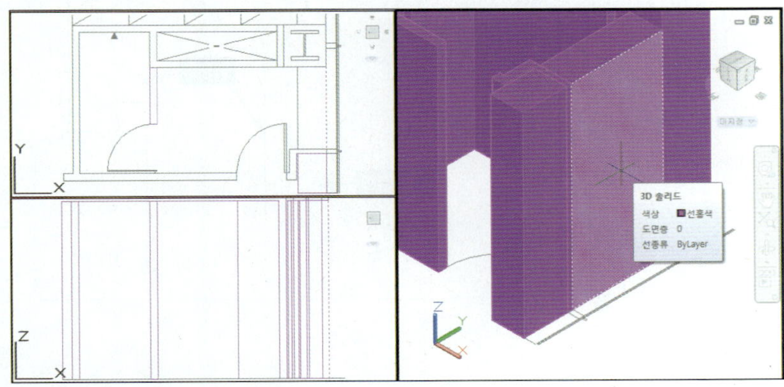

(3) {원의 반지름 지정 또는 [지름(D)] 〈200.0000〉:}에서 반지름 '200'을 입력합니다.

06 누르기/당기기 명령을 실행합니다. 명령어 'PRESSPULL'을 입력하거나 '솔리드' 탭의 '솔리드'
패널 또는 '모델링' 도구막대에서 를 클릭합니다.

{누르거나 당기기 할 내부 경계 영역을 클릭하십시오.}에서 직전에 작도한 원을 선택합니다. {1 루프이
(가) 추출됨.} {1 영역이(가) 작성됨.}

누르거나 당기기 길이 '500'을 입력합니다. 다음 그림과 같이 솔리드 객체가 '500'만큼 돌출됩니다.

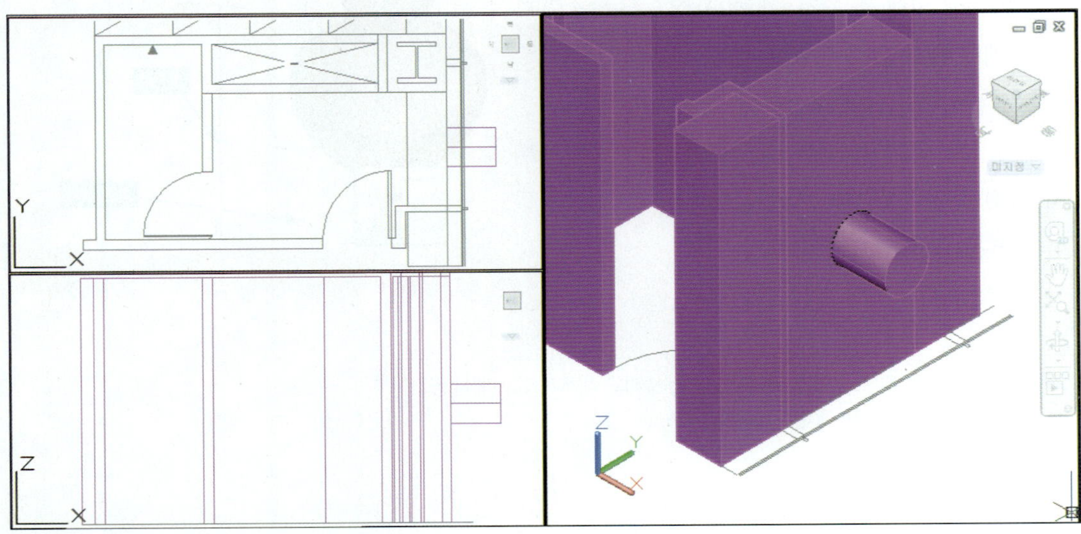

5. 3차원 회전체를 만드는 회전(REVOLVE)

2D 객체를 축을 중심으로 회전하여 3D 솔리드 또는 표면을 작성합니다. 닫혀있는 객체를 회전하면
솔리드 객체가 되고, 열려있는 객체를 회전하면 표면 객체로 바뀝니다.

명령 : REVOLVE   **메뉴 아이콘 :**

01 선, 원, 폴리선 및 스플라인 명령으로 다음과 같이
작도합니다.

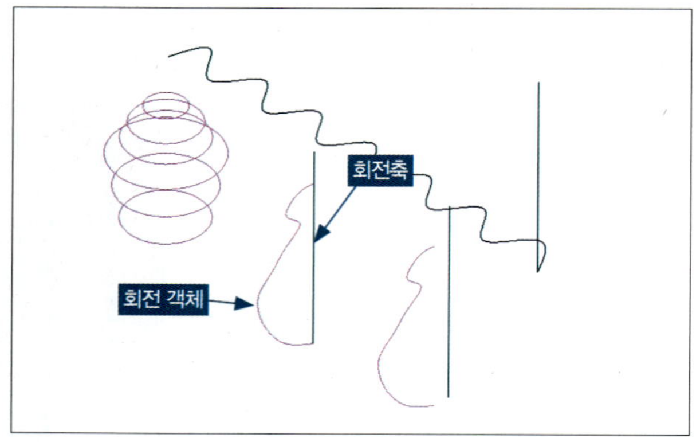

02 회전 명령을 실행합니다. 명령어 'REVOLVE'를 입력하거나 '솔리드' 탭의 '솔리드' 패널 또는 '모
델링' 도구막대에서 을 클릭합니다.

{현재 와이어프레임 밀도: ISOLINES=4, 닫힌 윤곽 작성 모드 = 솔리드}

{회전할 객체 선택 또는 [모드(MO)]: _MO}

{닫힌 윤곽 작성 모드 [솔리드(SO)/표면(SU)] 〈솔리드〉: _SO}

{회전할 객체 선택 또는 [모드(MO)]:}에서 회전할 스플라인 객체를 선택합니다. {1개를 찾음}

{회전할 객체 선택 또는 [모드(MO)]:}에서 〈엔터〉 키 또
는 〈스페이스 바〉를 눌러 선택을 종료합니다.

{축 시작점 지정 또는 다음에 의해 축 지정 [객체(O)/X/
Y/Z] 〈객체(O)〉:}에서 객체 옵션 'O'를 입력합니다.

{객체 선택:}에서 축이 되는 수직선을 선택합니다.

{회전 각도 지정 또는 [시작 각도(ST)/반전(R)/표현식
(EX)] 〈360〉:}에서 '360'을 입력합니다. 그림과 같이 회
전체 솔리드가 작성됩니다.

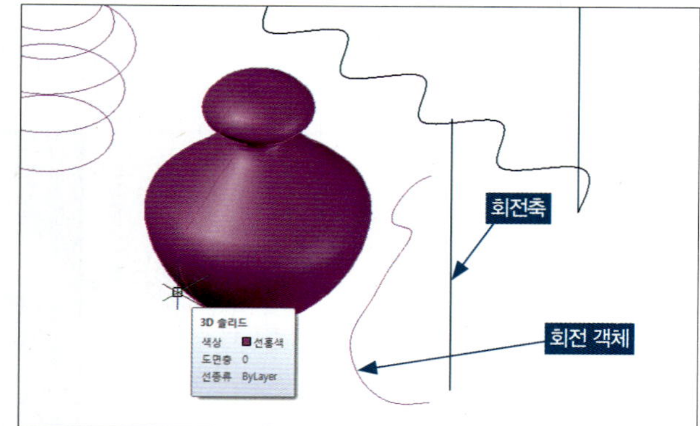

tip!

회전체를 작성할 때 회전 객체가 폐쇄 공간이거나 축과 맞닿아 있으면 솔리드 객체가 되고 폐쇄 공간이
아닌 객체나 회전 객체가 축과 떨어져 있으면 표면 객체가 됩니다.

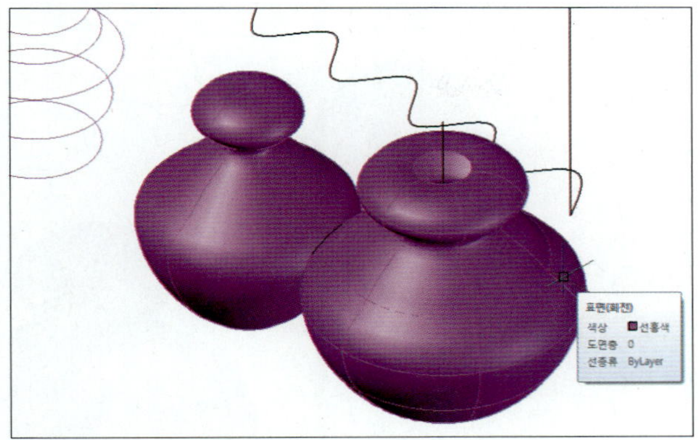

옵션 설명

{축 시작점 지정 또는 다음에 의해 축 지정 [객체(O)/X/Y/Z] 〈객체(O)〉:}

축의 지정은 마우스 또는 좌표 입력으로 직접 지정할 수도 있고 앞의 실습에서와 같이 축이 되는 객체를 선택할 수 있습니다.

- X/Y/Z : 선택한 축을 기준으로 회전 각도를 지정합니다.

6. 둘 이상의 객체 세트를 조합해 3차원 객체를 작성하는 로프트(LOFT)

몇 개의 객체를 이어 붙여서 솔리드 또는 면을 작성합니다. 단면의 지정 순서에 따라 객체의 모양이 달라지므로 객체 선택 순서를 고려해 지정해야 합니다.

명령 : LOFT   **메뉴 아이콘 :**

01 로프트 명령을 실행합니다. 명령어 'LOFT'를 입력하거나 '솔리드' 탭의 '솔리드' 패널 또는 '모델링' 도구막대에서 을 클릭합니다.

{현재 와이어프레임 밀도: ISOLINES=4, 닫힌 윤곽 작성 모드 = 솔리드}

{올림 순서로 횡단 선택 또는 [점(PO)/다중 모서리 결합
(J)/모드(MO)]: _MO}

{닫힌 윤곽 작성 모드 [솔리드(SO)/표면(SU)] 〈솔리드〉:
_SO}

{올림 순서로 횡단 선택 또는 [점(PO)/다중 모서리 결합
(J)/모드(MO)]:}에서 가장 아래쪽 원을 선택합니다. {1
개를 찾음} 차례로 올라가면서 원을 선택합니다. 다음
그림과 같이 선택한 객체를 토대로 가상의 형상을 보여
줍니다.

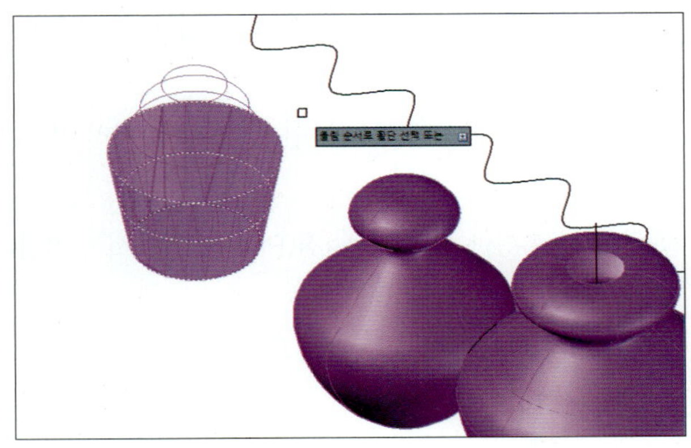

{올림 순서로 횡단 선택 또는 [점(PO)/다중 모서리 결합
(J)/모드(MO)]:}에서 〈엔터〉 키 또는 〈스페이스 바〉를
눌러 선택을 종료합니다.
{6개의 횡단이 선택됨}
{옵션 입력 [안내(G)/경로(P)/횡단만(C)/설정(S)] 〈횡단
만〉:}에서 〈엔터〉 키를 누릅니다. 그림과 같이 솔리드 객
체가 작성됩니다.

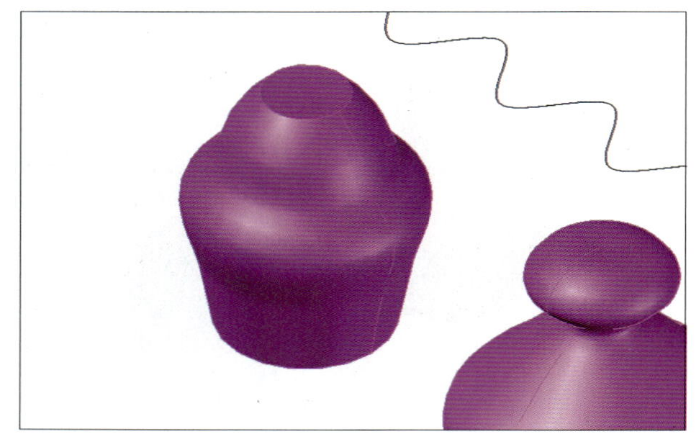

02 '선(LINE)' 명령으로 오른쪽 수직선의 끝부분에 길
이가 '1350'인 선을 작도합니다.

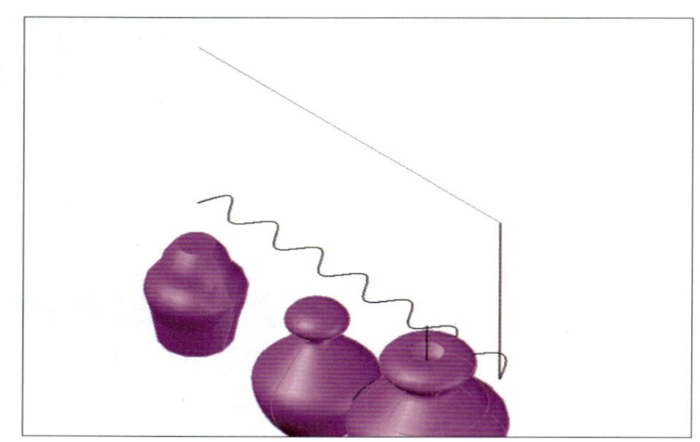

03 로프트 명령을 실행합니다.
{현재 와이어프레임 밀도: ISOLINES=4, 닫힌 윤곽 작성 모드 = 솔리드}
{올림 순서로 횡단 선택 또는 [점(PO)/다중 모서리 결합(J)/모드(MO)]: _MO}
{닫힌 윤곽 작성 모드 [솔리드(SO)/표면(SU)] 〈솔리드〉: _SO}
{올림 순서로 횡단 선택 또는 [점(PO)/다중 모서리 결합(J)/모드(MO)]:}에서 아래쪽의 굴곡이 있는 스
플라인을 선택합니다. {1개를 찾음}
{올림 순서로 횡단 선택 또는 [점(PO)/다중 모서리 결합(J)/모드(MO)]:}에서 직전에 작도한 위쪽의 직
선을 선택합니다.
{올림 순서로 횡단 선택 또는 [점(PO)/다중 모서리 결합(J)/모드(MO)]:}에서 〈엔터〉 키 또는 〈스페이
스 바〉를 눌러 선택을 종료합니다.
{2개의 횡단이 선택됨}

{옵션 입력 [안내(G)/경로(P)/횡단만(C)/설정(S)] 〈횡단만〉:}에서 〈엔터〉 키를 누릅니다. 그림과 같이 솔리드 객체가 작성됩니다.

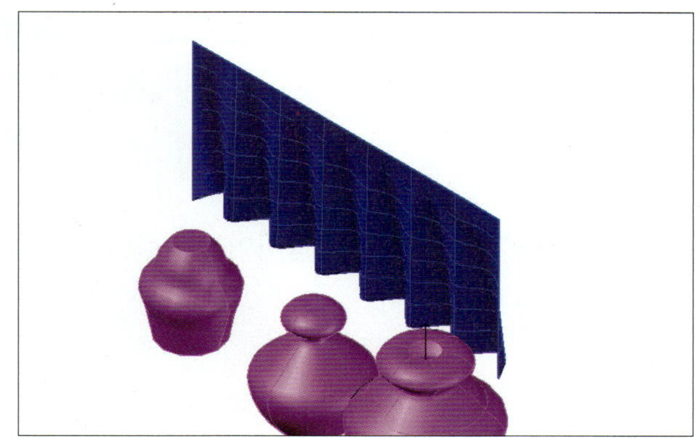

tip!

작성하고자 하는 색상을 지정하고자 할 때는 솔리드 작성 전에 원하는 색상을 지정한 후 솔리드 작성 명령을 실행합니다.

옵션 설명

{옵션 입력 [안내(G)/경로(P)/횡단만(C)/설정(S)] 〈횡단만〉:}

- **안내(G)** : 로프트 솔리드 또는 곡면의 쉐이프를 조정하는 안내 곡선을 지정합니다. 가이드 곡선은 각 횡단면을 교차해야 하며 첫 번째 횡단면에서 시작해야 하고 마지막 횡단면에서 끝나야 합니다. 가이드 곡선 추가적인 와이어 프레임 정보를 객체에 추가하여 솔리드나 곡면의 형태를 추가로 정의하는 선이나 곡선입니다. 결과 솔리드 또는 곡면에 생기는 주름 등의 원치 않는 결과를 없애려면 가이드 곡선을 사용하여 해당 횡단에 점이 일치하는 방법을 조정할 수 있습니다.
- **경로(P)** : 로프트 솔리드 또는 곡면에 대한 단일 경로를 지정합니다. 경로 곡선은 횡단면의 모든 평면을 교차해야 합니다.
- **횡단만(C)** : 안내 또는 경로를 사용하지 않고 횡단만으로 로프트된 객체를 작성합니다.
- **설정(S)** : 로프트 표면 및 해당 횡단면의 윤곽선을 조정합니다. 또한 표면이나 솔리드를 닫을 수 있습니다.

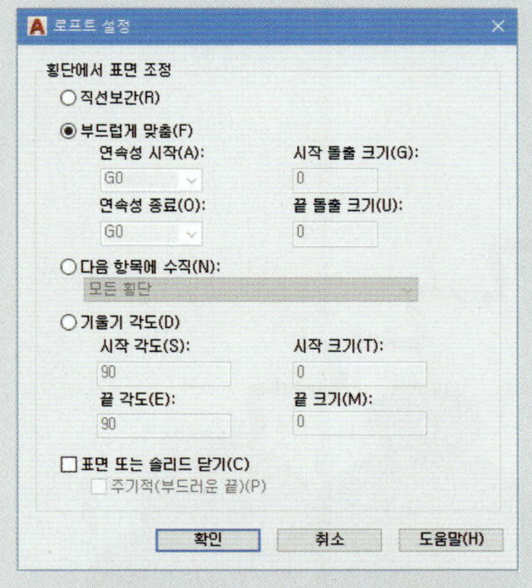

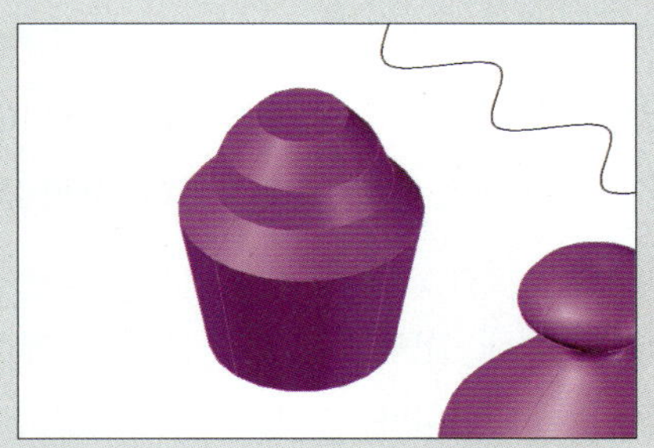

(1) **직선 보간(R)** : 솔리드 또는 곡면이 횡단 간에 직선 보간(직선)되며 횡단에 뾰족한 모서리가 있습니다. 다음 그림은 '직선 보간(R)'을 지정하여 로프트된 솔리드 객체를 작성한 예입니다.

(2) **부드럽게 맞춤(F)** : 부드러운 솔리드 또는 곡면이 횡단 사이에 그려지며 시작 및 끝 횡단에 뾰족한 모서리가 있음을 지정합니다.

(3) **다음 항목에 수직(N)** : 횡단면을 통해 통과하는 솔리드 또는 곡면의 곡면 법선을 조정합니다. 시작 횡단면, 끝 횡단면, 시작 및 끝 횡단면, 모든 횡단면에 수직 중에서 선택합니다.

(4) **기울기 각도(D)** : 로프트 솔리드 또는 표면의 첫 번째 및 마지막 횡단 기울기 각도 및 크기를 조정합니다. 기울기 각도는 표면의 시작 방향입니다. 0은 곡선의 평면으로부터 바깥쪽으로 정의됩니다.

다음 그림은 시작 각도와 끝 각도의 설정에 따라 작성되는 로프트 객체를 나타낸 것입니다.

(5) **표면 및 솔리드 닫기(C)** : 표면 또는 솔리드를 닫거나 엽니다. 이 옵션을 사용하면 횡단은 토러스 모양 패턴을 형성하여 로프트 표면 또는 솔리드가 닫힌 튜브를 형성할 수 있습니다.

7. 경로를 따라 솔리드 형상을 만드는 스윕(SWEEP)

2D 곡선을 경로에 따라 스윕하여 3D 솔리드 또는 곡면을 작성합니다

명령 : SWEEP   메뉴 아이콘 :

01 '원(CIRCLE)' 기능을 이용하여 반지름이 '10'인 원을 작도합니다.

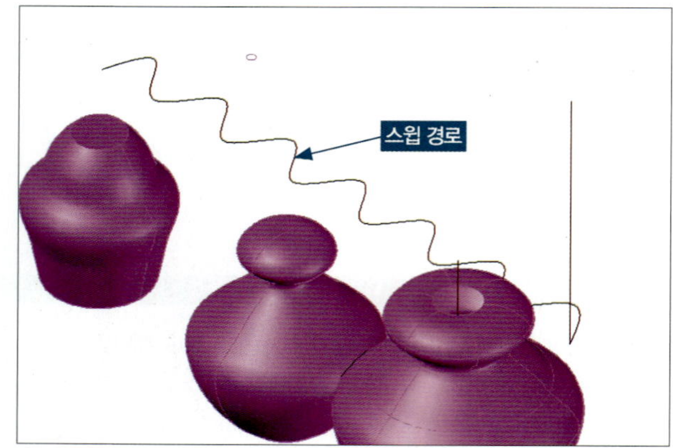

02 스윕 명령을 실행합니다. 명령어 'SWEEP'를 입력하거나 '솔리드' 탭의 '솔리드' 패널 또는 '모델 링' 도구막대에서 을 클릭합니다.

{현재 와이어프레임 밀도: ISOLINES=4, 닫힌 윤곽 작성 모드 = 솔리드}

{스윕할 객체 선택 또는 [모드(MO)]: _MO}

{닫힌 윤곽 작성 모드 [솔리드(SO)/표면(SU)] 〈솔리드〉: _SO}

{스윕할 객체 선택 또는 [모드(MO)]:}에서 직전에 작도 한 원을 선택합니다. {1개를 찾음}

{스윕할 객체 선택 또는 [모드(MO)]:}에서 〈엔터〉 키 또 는 〈스페이스 바〉를 눌러 선택을 종료합니다.

{스윕 경로 선택 또는 [정렬(A)/기준점(B)/축척(S)/비틀 기(T)]:}에서 스플라인 경로를 선택합니다. 그림과 같이 경로의 곡선을 따라 원 솔리드 객체가 작성됩니다.

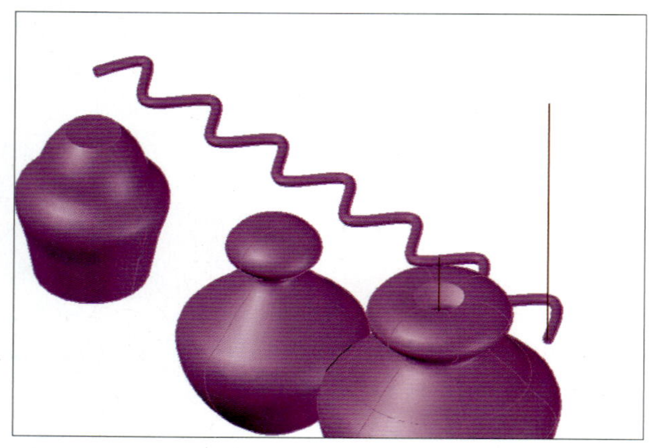

tip!

여기에서 실습결과는 앞에서 학습한 '돌출(EXTRUDE)'과 유사한 효과를 얻습니다. 이런 경우는 돌출보다 스윕이 사용 하기 편리한 기능입니다. 그 이유는 돌출의 경우는 돌출시키기 위한 객체가 경로와 수직으로 작도해야 하지만 스윕은 어느 위치에 작도해 놓아도 해당 경로를 따라 스윕되기 때문입니다.

03 명령 취소 'U'를 실행하여 스윕을 취소한 후, 다시 스윕 명령을 실행합니다.

{현재 와이어프레임 밀도: ISOLINES=4, 닫힌 윤곽 작성 모드 = 솔리드}

{스윕할 객체 선택 또는 [모드(MO)]: _MO}

{닫힌 윤곽 작성 모드 [솔리드(SO)/표면(SU)] 〈솔리드〉: _SO}

{스윕할 객체 선택 또는 [모드(MO)]:}에서 지그재그 스플라인을 선택합니다. {1개를 찾음}

{스윕할 객체 선택 또는 [모드(MO)]:}에서 〈엔터〉 키 또는 〈스페이스 바〉를 눌러 선택을 종료합니다.

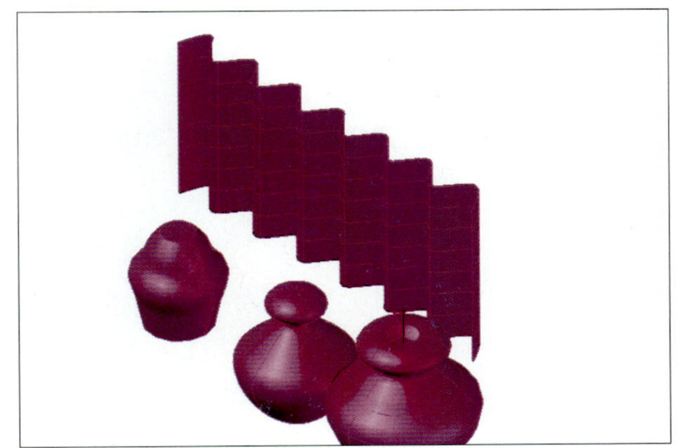

{스윕 경로 선택 또는 [정렬(A)/기준점(B)/축척(S)/비틀기(T)]:}에서 수직선을 선택합니다. 그림과 같이 경로의 수직선을 따라 지그재그 곡선이 스윕되면서 표면 객체가 작성됩니다.

tip!

경로는 3차원 상의 선, 호, 폴리선 등 임의의 객체를 지정할 수 있습니다. 열린 객체를 스윕하면 표면 객체가 됩니다.

옵션 설명

{스윕 경로 선택 또는 [정렬(A)/기준점(B)/축척(S)/비틀기(T)]:}

- **정렬(A)** : 윤곽이 스윕 경로의 접선 방향에 수직으로 정렬될지 여부를 지정합니다. 기본적으로 윤곽이 정렬됩니다.
- **기준점(B)** : 스윕할 객체에 대한 기준점을 지정합니다. 지정한 점이 선택된 객체의 평면에 있지 않은 경우 평면에 투영됩니다.
- **축척(S)** : 스윕 작업을 위한 축척 비율을 지정합니다. 축척 비율은 스윕 경로의 시작부터 끝까지 스윕되는 객체에 균일하게 적용됩니다.
- **비틀기(T)** : 스윕되는 객체에 대한 회전 각도를 설정합니다. 회전 각도는 스윕 경로의 전체 길이를 따라 회전의 양을 지정합니다.

8. 장치(GIZUMO)의 조작

3D 장치(편집 장치)를 사용하여 선택한 객체를 3D 축이나 평면을 따라 이동, 회전 또는 크기(축척)을 조정할 수 있습니다.

01. 편집 장치(기즈모)의 선택

장치를 실행하기 위해서는 먼저 사용할 장치를 선택해야 합니다. 편집 장치는 '메쉬' 또는 '솔리드' 탭의 '선택' 패널에서 사용하고자 하는 편집 장치를 선택합니다.

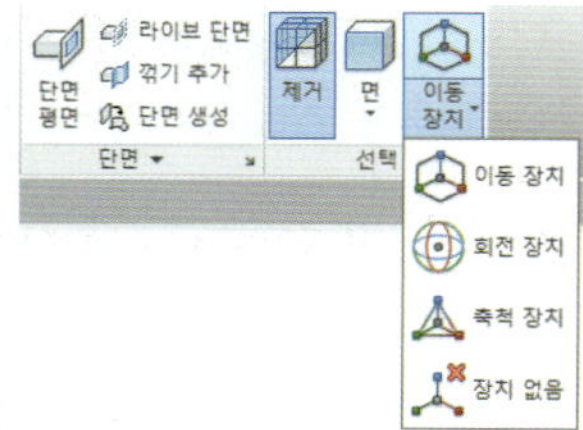

시스템 변수 'DEFAULTGIZMO' 모드에 의해 편집 장치를 지정할 수 있습니다. 편집 장치를 지정하는 모드는 다음과 같습니다.

0: 3D 작업공간에서 객체를 선택하면 3D 이동 장치가 기본적으로 표시됩니다.
1: 3D 작업공간에서 객체를 선택하면 3D 회전 장치가 기본적으로 표시됩니다.
2: 3D 작업공간에서 객체를 선택하면 3D 축척 장치가 기본적으로 표시됩니다.
3: 3D 작업공간에서 객체를 선택할 때 기본적으로 아무 장치도 표시되지 않습니다.

이 장치는 객체를 선택한 후 지정할 수도 있고, 명령을 먼저 실행하고 난 후 지정할 수도 있습니다. 또, 객체가 선택된 상태에서 기존 지정된 장치에서 다른 장치로 쉽게 바꿀 수 있습니다. 예를 들어, A라는 객체에 이동 장치가 나타나 있는 상태에서 회전 장치로 바꾸고자 할 때는 그 상태에서 바로 회전 장치로 바꾸면 됩니다.

편집 장치를 지정하고 객체를 선택하면 다음 그림과 같은 장치 아이콘이 나타납니다. 이 장치는 3차원 뷰에서만 사용할 수 있습니다. 앞에서부터 차례로 '이동', '회전', '축척' 아이콘입니다. 이 아이콘은 처음 지정한 선택 세트(정점, 모서리, 면)의 중심 위치에 나타나지만 사용자가 위치를 지정할 수 있습니다.

장치의 가운데 상자(또는 기준 그립)는 수정을 위한 기준점을 설정합니다. 장치에 있는 축 핸들이 이동이나 회전을 축이나 평면으로만 제한합니다. 장치의 축을 지정하면 해당 축에 제한하여 편집할 수 있습니다.

02. 회전 장치의 조작

실습을 통해 이해하도록 하겠습니다. 회전 장치를 조작해보겠습니다.

01 원통의 솔리드 객체를 회전하겠습니다. '솔리드' 또는 '메쉬' 탭의 '선택' 패널에서 편집 장치를 '회전 장치'로 지정합니다.

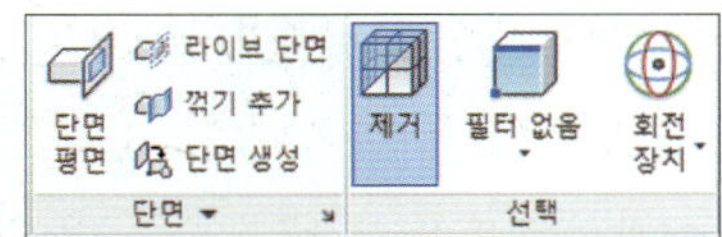

02 원통 객체를 선택하면 회전 장치 아이콘이 나타납니다. 이때 회전하고자 하는 축을 지정합니다. 지정한 축은 금빛으로 바뀝니다.

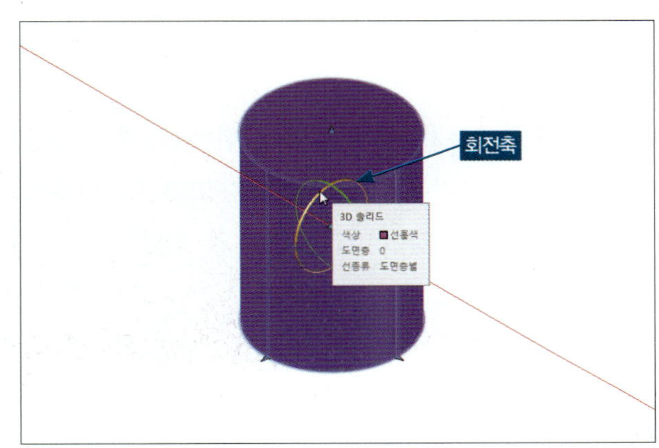

03 {** 회전 **}
{회전 각도 지정 또는 [기준점(B)/명령 취소(U)/참조(R)/종료(X)]:}에서 회전 각도 '90'를 입력합니다. 다음 그림과 같이 선택한 모서리가 지정한 각도(90도)만큼 회전합니다.

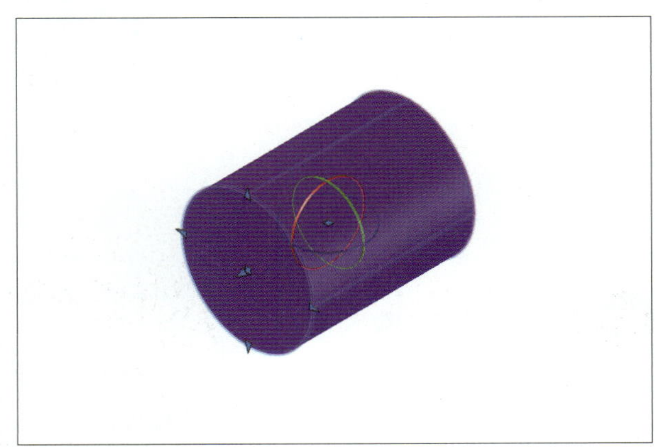

참고 **맞물림 회전 도구**

맞물림 회전 도구를 사용하면 객체 및 하위 객체를 자유롭게 이동하거나 축의 회전을 제한할 수 있습니다. 맞물림 도구의 가운데 상자(또는 기본 맞물림)에서 지정된 이 위치는 이동의 기준점을 설정하며, 선택한 객체가 회전할 동안 UCS의 위치를 임시로 변경합니다.

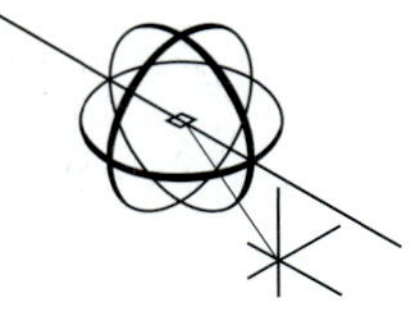

03. 축척 장치의 조작

04 이번에는 축척 장치를 알아보겠습니다. '솔리드' 또는 '메쉬' 탭의 편집 장치를 '축척 장치'로 지정합니다.

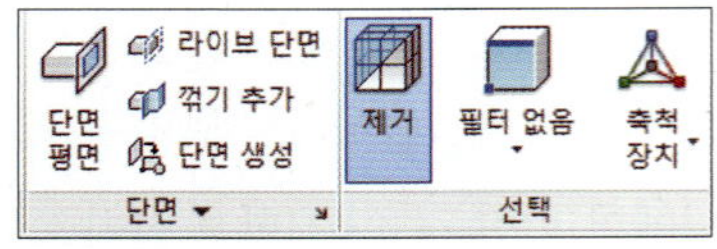

05 솔리드 원통을 선택합니다. 축척 장치 아이콘이 나타나면 마우스로 축척 비율을 조정합니다.

{** 신축 **}

{신축점 지정 또는 [기준점(B)/명령 취소(U)/종료(X)]:}에서 마우스를 움직여 신축 길이를 지정합니다. 마우스의 움직임에 따라 모양이 바뀌는 것을 알 수 있습니다.

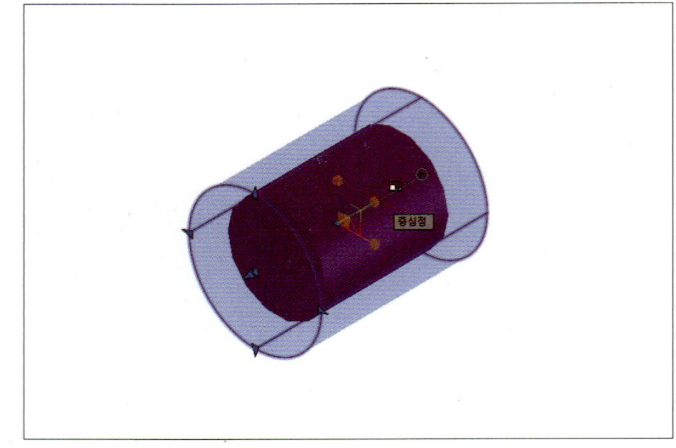

tip!

메쉬 객체에서 편집 장치를 이용할 때는 특정 면이나 모서리를 선택하여 장치(이동, 회전, 축척)를 이용하여 편집할 수 있습니다. 다음 그림은 메쉬의 면을 선택하여 축척 장치를 이용하여 늘린 예입니다.

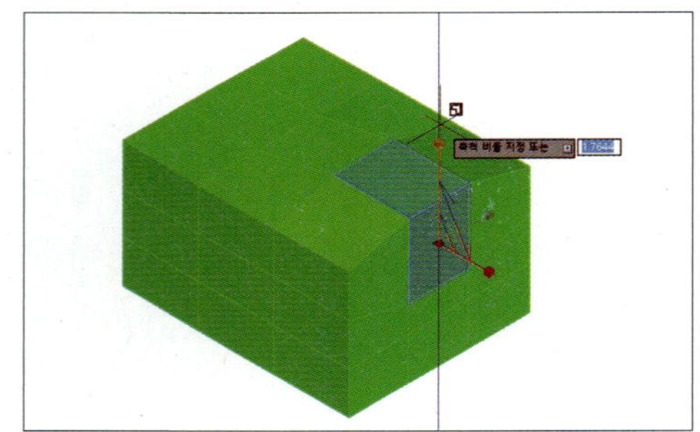

참고 · 구속조건에 의한 편집

선택 세트(정점, 모서리, 면)를 편집(이동, 축척, 회전)할 때 구속조건을 부여하여 편집할 수 있습니다. 장치 아이콘에 마우스를 대고 오른쪽 버튼을 누르면 다음 그림과 같은 바로가기 메뉴가 나타납니다. 여기에서 '구속조건 설정'을 클릭하면 축 목록이 나타납니다. 예를 들어, 구속하고자 하는 축'YZ'축을 선택합니다.

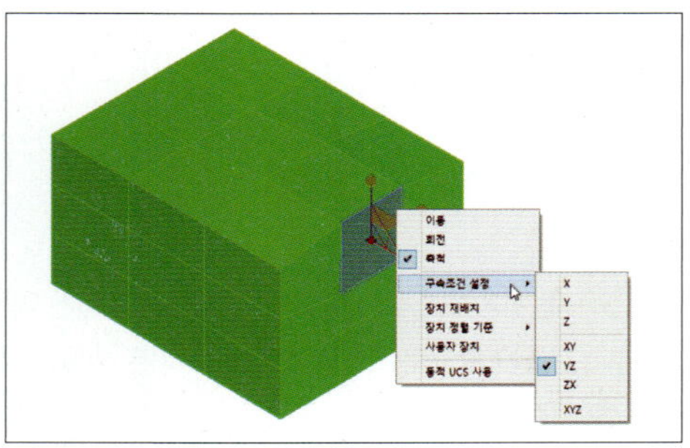

{** 축척 **}
{축척 비율 지정 또는 [기준점(B)/명령 취소(U)/참조(R)/종료(X)]:}에서
마우스를 움직여봅니다. YZ축이 구속된다는 것을 알 수 있습니다.

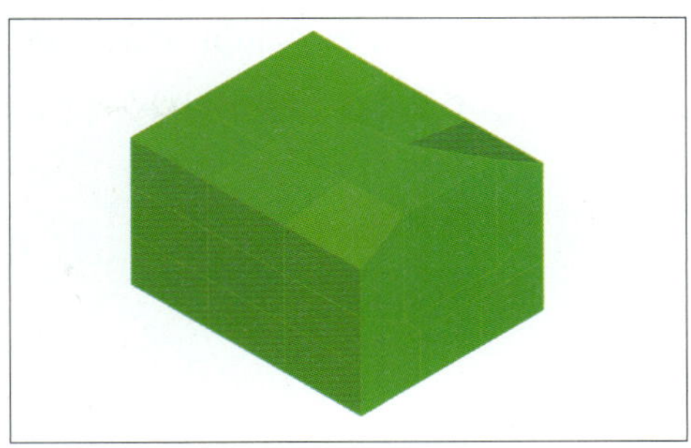

예제 실습

다음과 같은 소파를 3차원으로 작도해보겠습니다. 작도 방법은 폴리선으로 윤곽을 작성한 후 돌출 명
령을 이용해 돌출시키는 방법으로 작도하겠습니다.

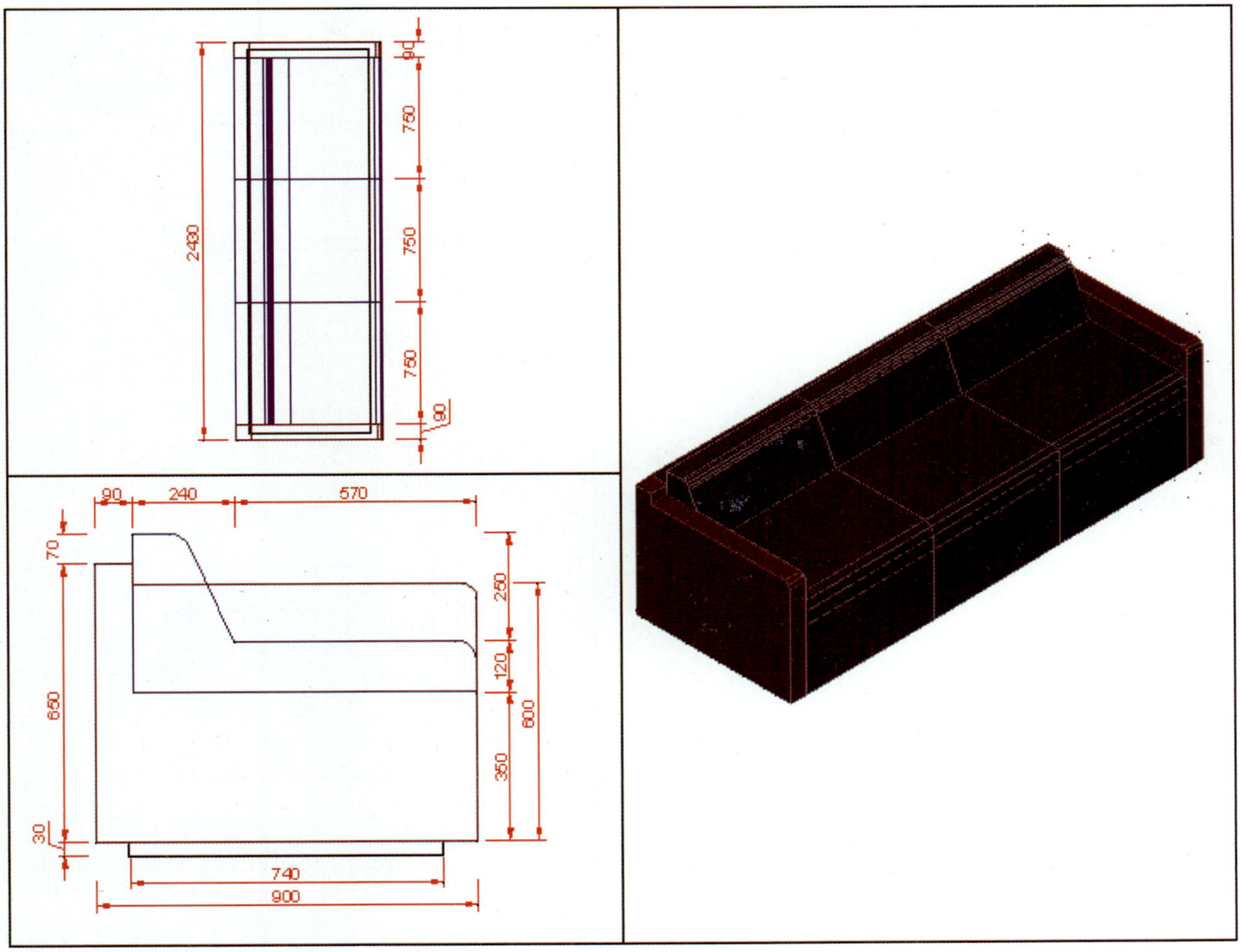

01 '선(LINE) ✎' 명령과 '간격 띄우기(OFFSET) ⬛' 명령으로 다음 그림과 같이 윤곽을 작도합니다. 치수는 기입하지 않습니다.

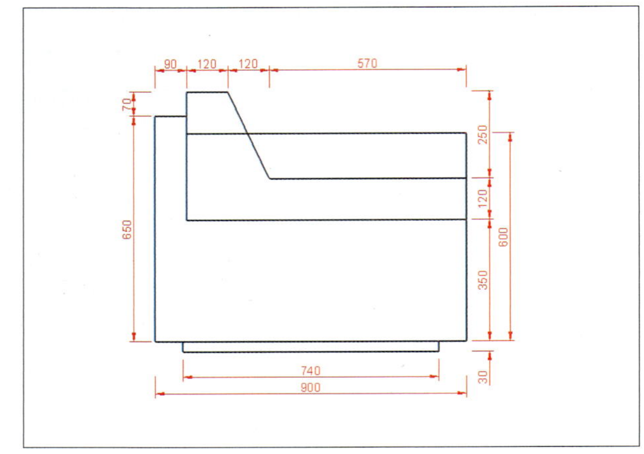

02 '폴리선(PLINE) ⬛' 명령으로 돌출시킬 부분별로 닫힌 폴리선을 작도합니다. 여기에서는 소파의 받침대 (사각형), 양쪽 팔걸이, 'ㄴ' 모양의 소파 프레임, 비스듬한 소파 쿠션 부분으로 네 개의 닫힌 폴리선을 작성합니다. 그림은 소파의 프레임입니다.

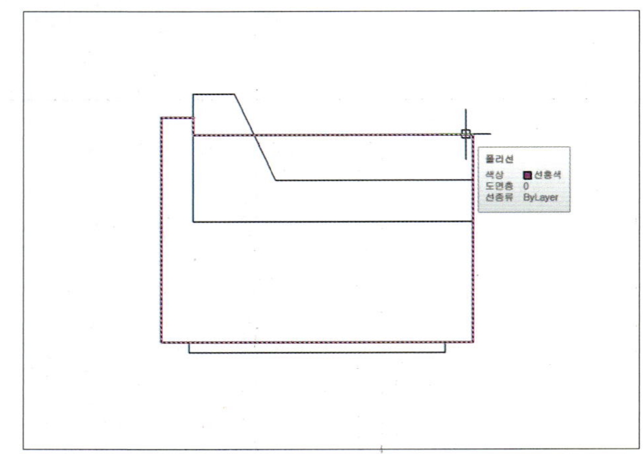

03 〈엔터〉 키 또는 〈스페이스 바〉를 눌러 폴리선 명령을 재실행하여 소파 쿠션의 윤곽을 닫힌 폴리선으로 작성합니다.

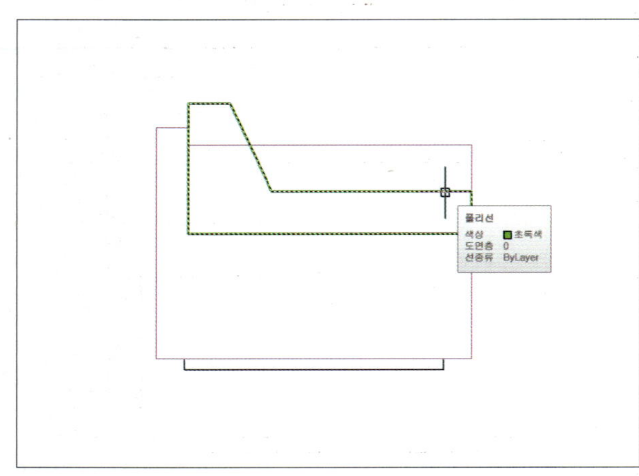

04 〈엔터〉 키 또는 〈스페이스 바〉를 눌러 폴리선 명령으로 'ㄴ'자 모양의 소파 메인 프레임을 작성합니다.

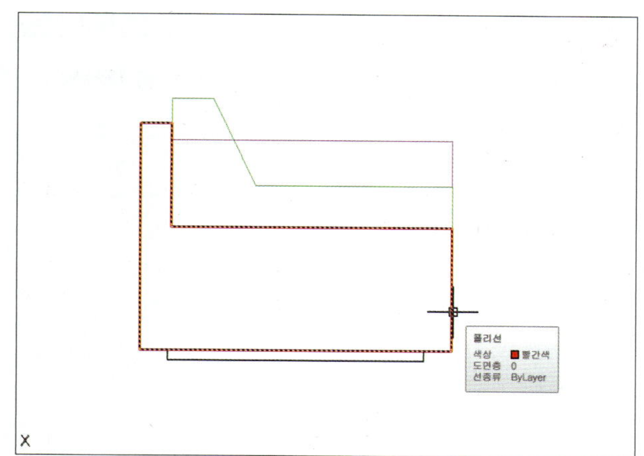

05 '직사각형(RECTANGLE) ▢' 명령으로 받침대의 사각형을 작성합니다.

tip!

직사각형 명령으로 사각형을 작도해도 되고 폴리선 명령으로 각 꼭지점을 지정해 사각형을 작도해도 결과는 동일한 폴리선 객체가 됩니다. 또, '폴리선 편집(PEDIT)'명령으로 편집하여 폴리선 객체로 변환(결합)하는 것도 하나의 방법입니다.

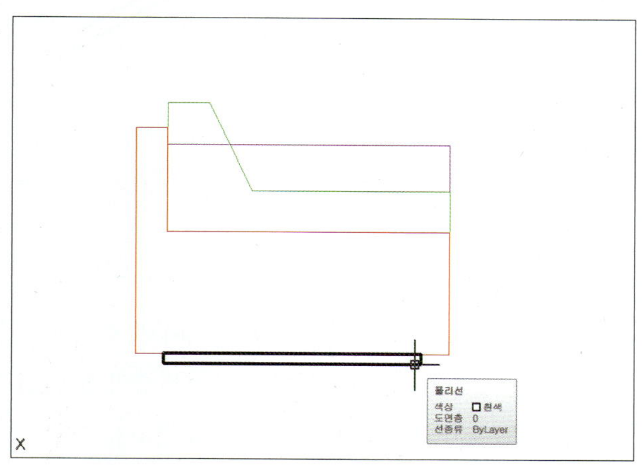

06 '모깎기(FILLET) ◸' 명령으로 다음 그림과 같이 모깎기를 합니다. 반지름 값은 큰 쪽 모서리가 '50', 작은 쪽 모서리가 '30'입니다.

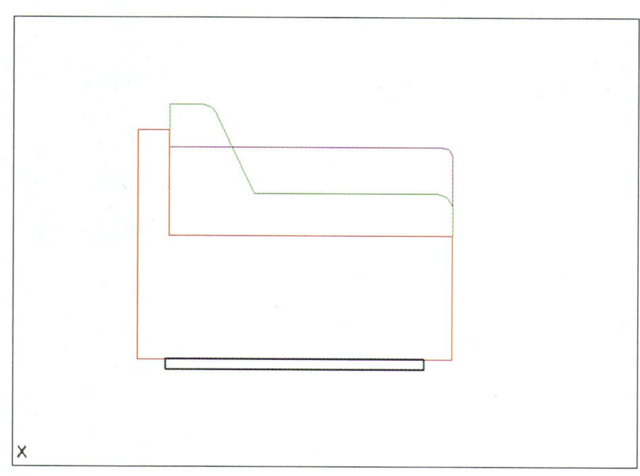

07 돌출하기에 앞서 뷰를 남동등각투영으로 바꾸겠습니다. '뷰' 도구막대에서 '남동등각투영' 아이콘
버튼 🔷을 클릭합니다. 다음 그림과 같이 남동등각투영으로 뷰가 바뀝니다.

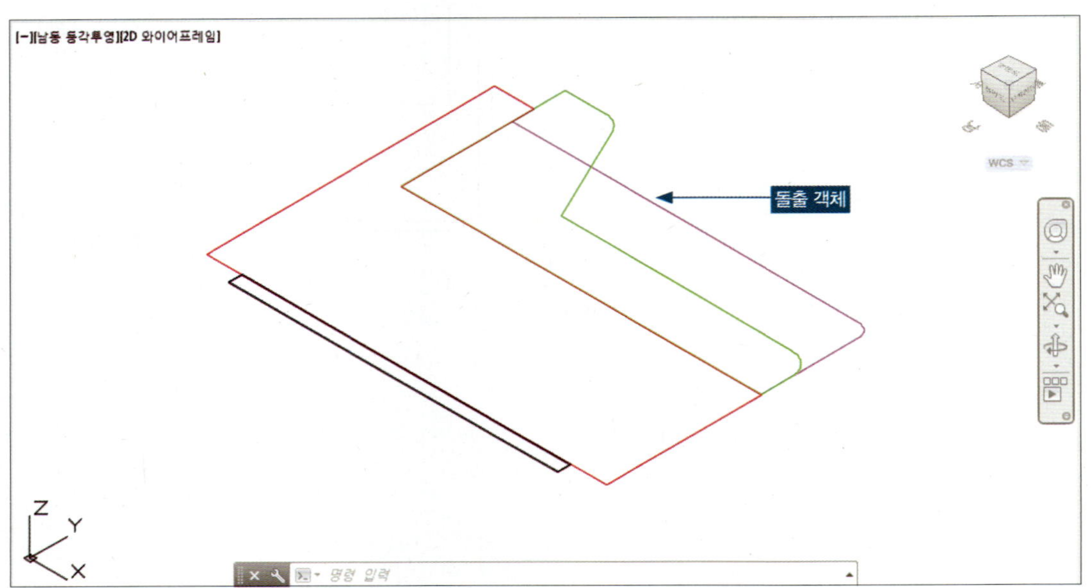

08 구분을 쉽게 하기 위해 색상을 '244'번 색상으로 설정합니다. '돌출(EXTRUDE) 🔼' 명령으로
돌출시킵니다. 돌출 명령을 실행합니다. 명령어 'EXTRUDE' 또는 'EXT'를 입력하거나 '홈' 탭의 '3D
모델링' 패널에서 아이콘 버튼 🔼을 클릭합니다.

{현재 와이어 프레임 밀도: ISOLINES=4}

{돌출할 객체 선택:}에서 돌출시키고자 하는 소파의 팔걸
이 부분을 선택합니다. {1개를 찾음}

{돌출할 객체 선택:}에서 〈엔터〉 키 또는 〈스페이스 바〉
를 눌러 선택을 종료합니다.

{돌출의 높이 지정 또는 [방향(D)/경로(P)/테이퍼 각도
(T)]:}에서 돌출 높이 '−90'을 입력합니다. 그림과 같이
선택한 객체가 '−90'만큼 돌출됩니다.

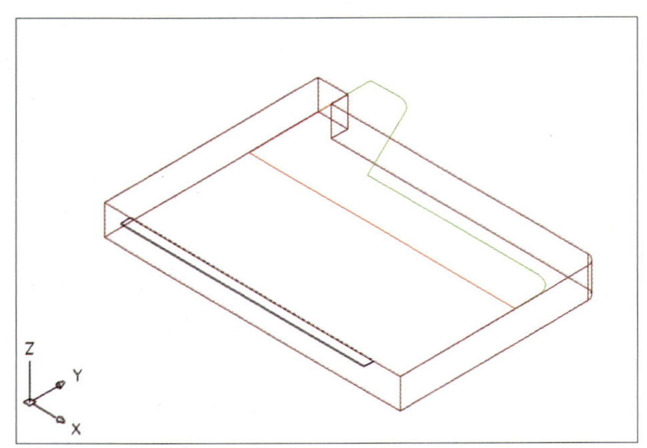

09 색상을 '194'번 색상으로 바꿉니다. 〈엔터〉 키 또는 〈스페이스 바〉를 눌러 돌출 명령으로 재실행합니다. 쿠션과 소파의 메인 프레임을 돌출합니다. 돌출 길이는 '750'으로 지정합니다. 그림과 같이 돌출됩니다.

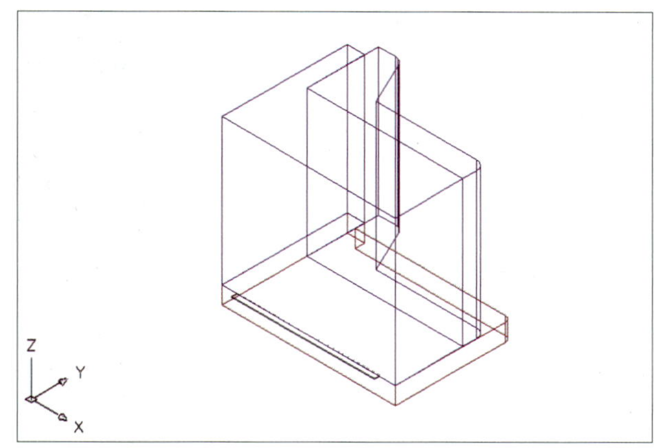

10 비주얼 스타일을 '개념 ●'으로 변경합니다. '홈' 탭의 '뷰' 패널의 비주얼 스타일에서 '개념'을 선택하거나 '비주얼 스타일' 도구막대에서 '개념 ●'을 클릭합니다. 그림과 같이 표현됩니다.

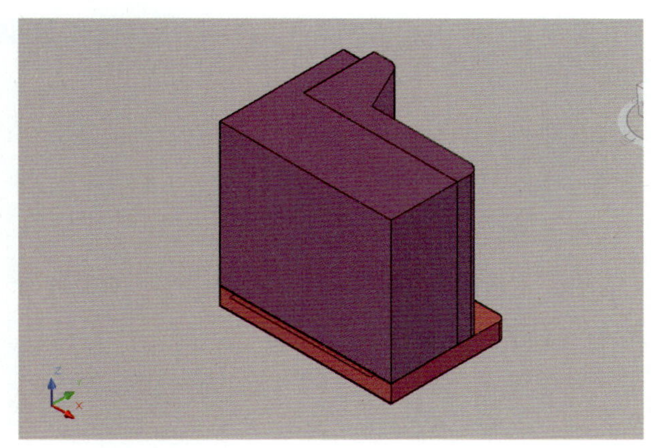

11 다시 돌출(EXTRUDE) 명령으로 소파의 받침대를 돌출시킵니다. 길이는 소파 3개를 연결할 길이인 '2250'에 팔걸이 중간에 갈 수 있도록 '90'을 더한 '2340'만큼 돌출시킵니다.

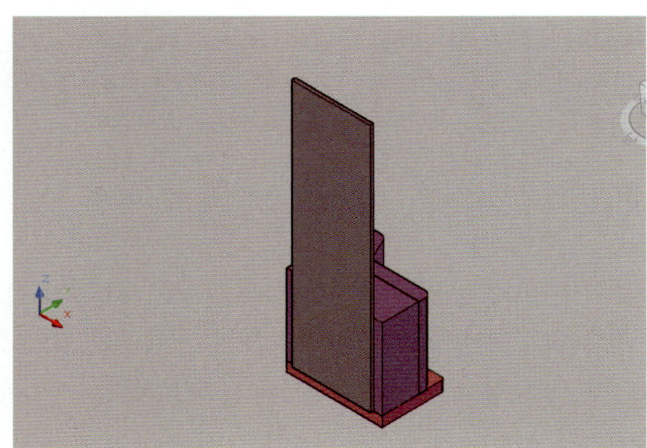

12 '이동(MOVE) ' 명령으로 받침대를 아래쪽 팔걸이 끝으로 '45'만큼 이동(@0,0,-45)합니다.

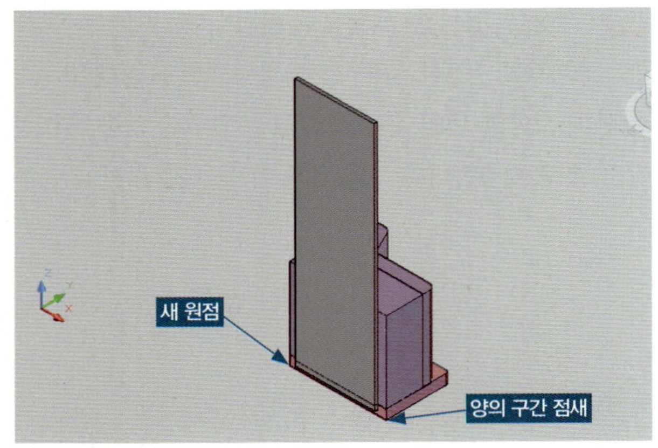

13 소파를 회전시키겠습니다. 먼저 UCS를 바꾸어야 합니다. UCS명령을 실행합니다. 명령어 'UCS'를 입력하거나 '뷰' 탭의 'UCS' 패널에서 을 클릭합니다.

{현재 UCS 이름: *이름 없음*}

{UCS의 원점 지정 또는 [면(F)/이름(NA)/객체(OB)/이전(P)/뷰(V)/표준(W)/X/Y/Z/Z축(ZA)] 〈표준(W)〉:}에서 Z축을 정의하기 위해 'ZA'를 입력합니다.

{새 원점 지정 또는 [객체(O)] 〈0,0,0〉:}에서 소파의 아래쪽 끝점을 지정합니다.

{Z-축 양의 구간에 있는 점 지정 〈1558.2265,794.0192,-89.0000〉:}에서 소파의 앞쪽 끝점을 지정합니다. 그림과 같이 UCS 아이콘이 원점에 붙습니다.

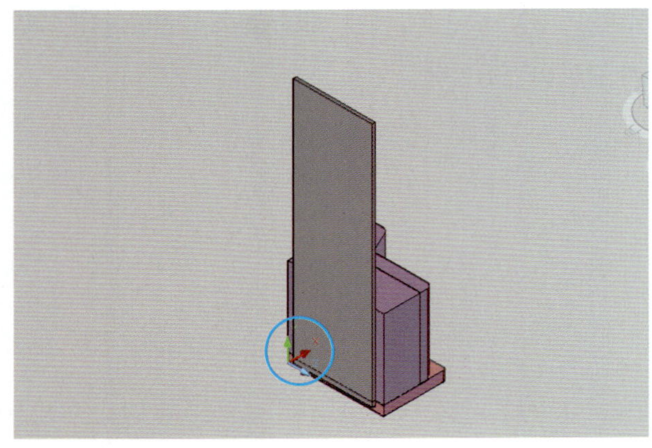

UCS를 바꾸는 이유는 작업하는 면이 XY 평면이어야 합니다. 객체를 작도하거나 회전할 때는 XY 평면에서 이루어지기 때문에 이 평면에 맞추기 위해서 UCS를 바꾸는 것입니다.

14 '회전(ROTATE) ' 명령으로 소파를 회전합니다.

{현재 UCS에서 양의 각도: 측정 방향=시계 반대 방향 기준 방향=0}

{객체 선택:}에서 소파 객체를 모두 선택합니다.

{기준점 지정:}에서 '0,0'을 입력하거나 마우스로 지정합니다.

{회전 각도 지정 또는 [복사(C)/참조(R)] ⟨0⟩:}에서 '90'
을 입력합니다. 다음 그림과 같이 회전됩니다.

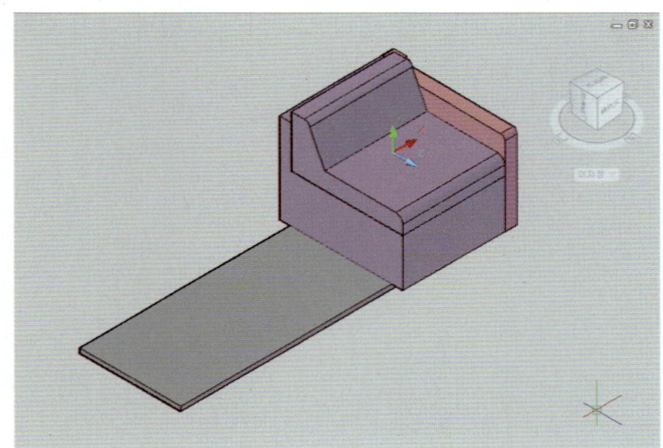

 장치(GIZMO) 도구를 이용한 회전

3차원 객체를 회전하기 위해 '회전(ROTATE)' 명령 외에 장치(GIZMO) 도구를 이용하는 방법이 있습니다.

(1) 회전 장치 도구를 켭니다. '홈' 탭의 '선택' 패널에서 '회전 장
치'를 켭니다.

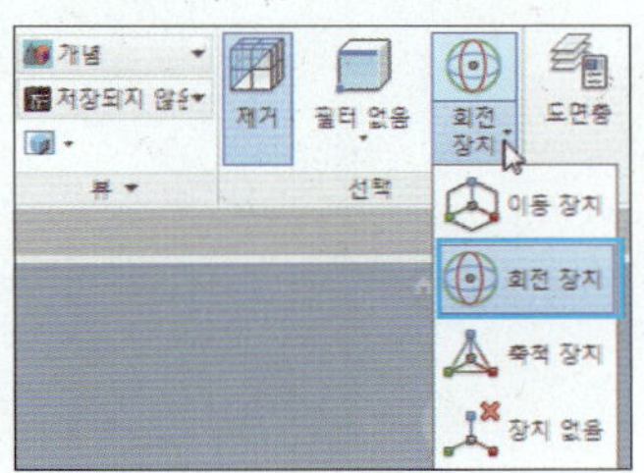

(2) 회전하고자 하는 객체를 선택합니다. 다음과 같은 회전 장치
도구가 나타납니다. 회전하고자 하는 방향의 띠에 클릭합니
다. 선택한 띠가 금색으로 변합니다.

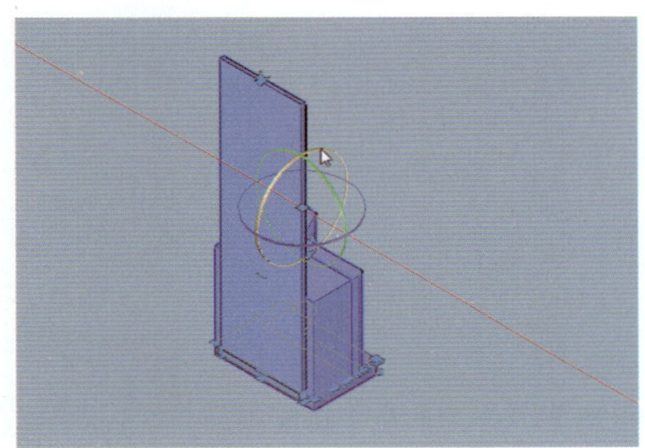

(3) {회전 각도 지정 또는 [기준점(B)/복사(C)/명령 취소(U)/참조
(R)/종료(X)]:}에서 '90'을 입력하거나 다음 그림과 같이 위쪽
수직 방향을 클릭합니다.

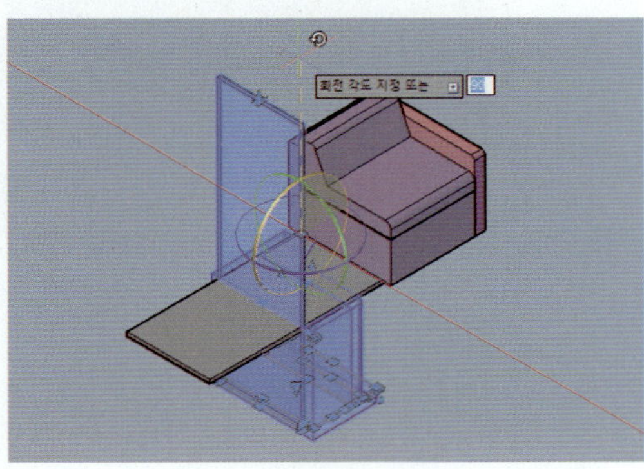

다음과 같이 선택한 객체가 회전됩니다.

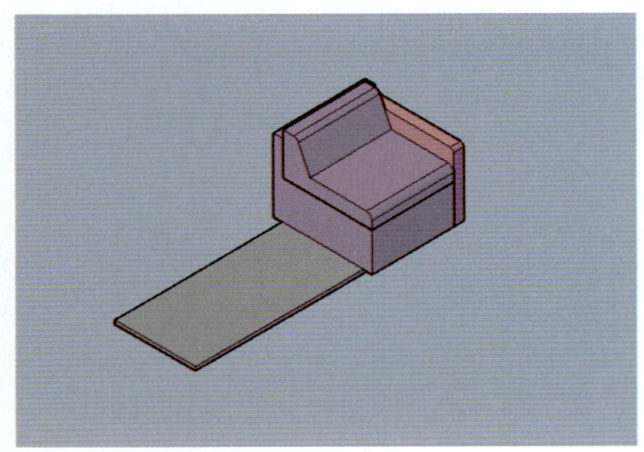

15 '복사(COPY) ' 명령으로 다음 그림과 같이 소파를 2개 더 복사합니다.

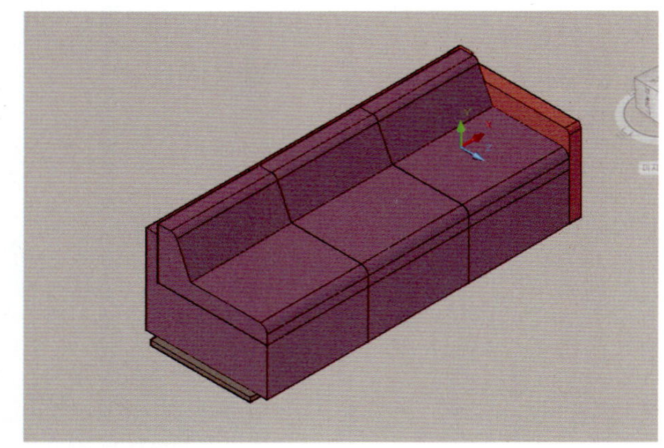

16 '복사(COPY) ' 명령으로 팔걸이를 앞쪽 끝으로 복사합니다.

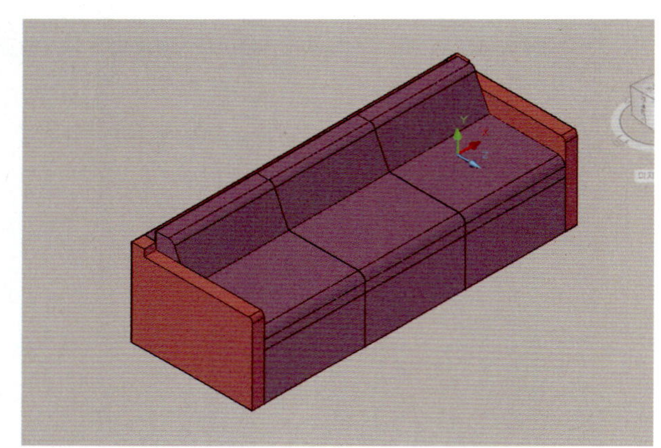

17 UCS를 표준 좌표계로 맞춥니다. UCS 명령을 실행합니다.

{현재 UCS 이름: *이름 없음*}

{UCS의 원점 지정 또는 [면(F)/이름(NA)/객체(OB)/이전(P)/뷰(V)/표준(W)/X/Y/Z/Z축(ZA)] 〈표준(W)〉:}에서 'W'를 입력하거나 〈엔터〉 키를 누릅니다.

그림과 같이 UCS 아이콘이 표준 좌표계 원점으로 이동합니다.

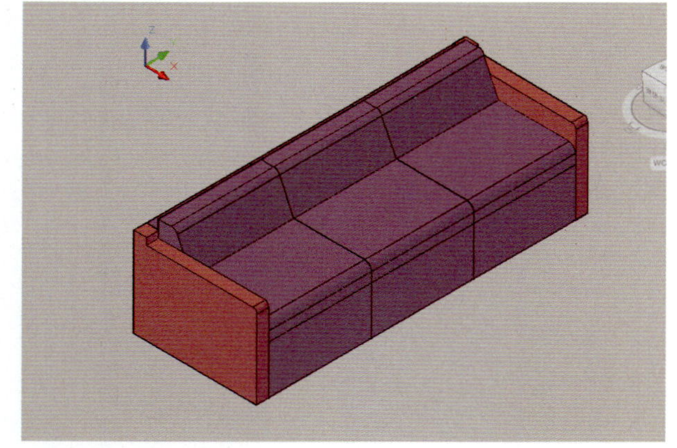

18 비주얼 스타일을 '실제 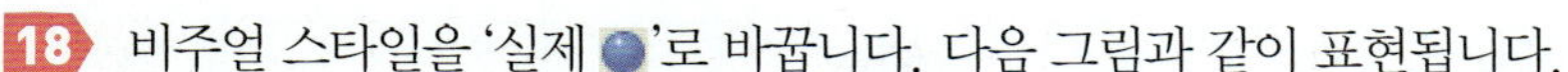'로 바꿉니다. 다음 그림과 같이 표현됩니다.

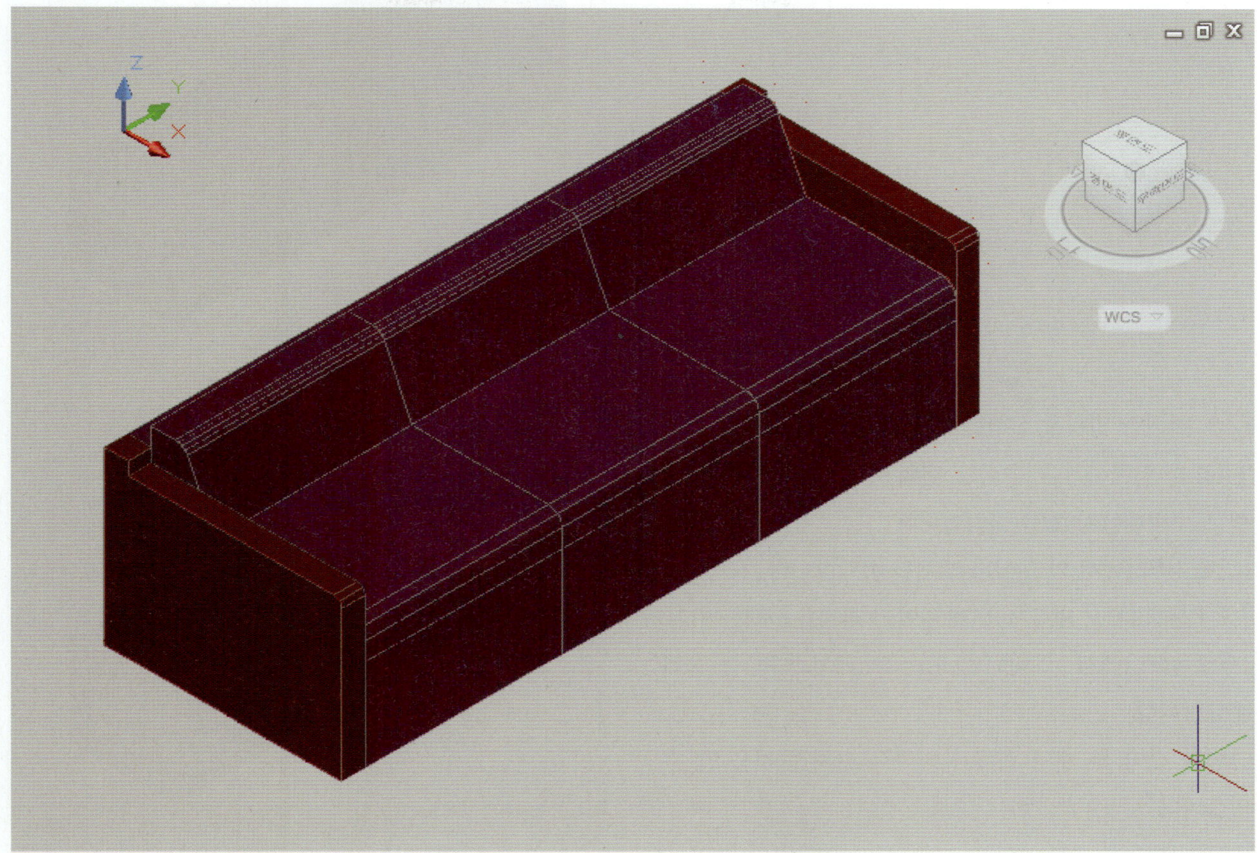

9. 솔리드의 연산

단순히 솔리드 작성 기능만으로는 다양하고 복잡한 객체를 작성하기는 쉽지 않습니다. 솔리드의 장점 중 하나인 솔리드 객체의 부울 연산과 편집 기능을 이용해야 복잡한 3차원 객체를 효율적으로 완성할 수 있는 것입니다. 이번에는 솔리드 객체의 더하기, 빼기, 교집합 등 연산 기능에 대해 알아보겠습니다.

01. 영역 또는 솔리드를 하나로 만드는 합집합(UNION)

선택한 영역 또는 솔리드 객체를 하나의 객체로 결합합니다.

명령 : UNION(단축키 : UNI)   메뉴 아이콘 :

01 솔리드를 중복되도록 모델링해놓습니다. 다음과 같은 도면이 있다고 가정하겠습니다.

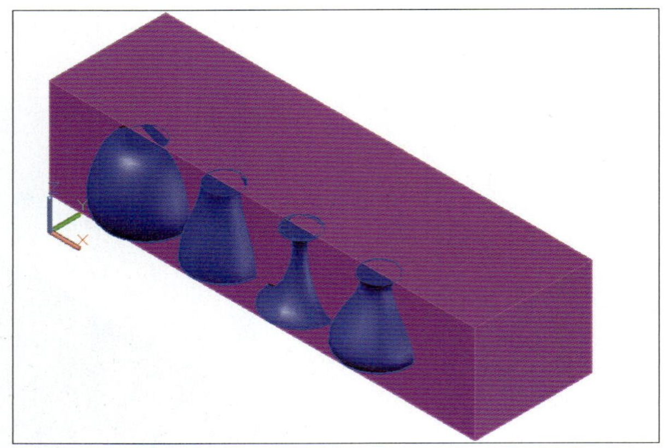

02 합집합 명령을 실행합니다. 명령어 'UNION' 또는 'UNI'를 입력하거나 '솔리드' 탭의 '부울' 패널 또는 '모델링' 도구막대에서 ◎을 클릭합니다.

{객체 선택:}에서 외부 상자 객체를 선택합니다.

{객체 선택:}에서 내부 첫 번째 항아리 객체를 선택합니다.

{객체 선택:}에서 〈엔터〉 키 또는 〈스페이스 바〉를 눌러 종료합니다.

그림과 같이 두 개의 객체가 하나로 합쳐진 것을 알 수 있습니다.

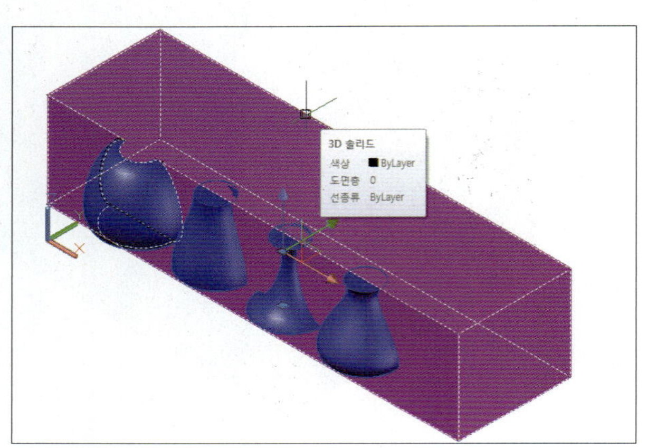

02. 영역 또는 솔리드의 차이를 만드는 차집합(SUBTRACT)

선택한 3D 솔리드, 표면 또는 2D 영역을 차집합으로 결합합니다. 기존 3D 솔리드 세트를 그와 겹치는 다른 세트에서 빼서 3D 솔리드 또는 표면을 작성할 수 있습니다. 겹치는 표면이나 2D 영역으로도 가능합니다.

명령 : SUBTRACT(단축키 : SU)　　　　　　　　메뉴 아이콘 : ◎

03 명령어 'SUBTRACT' 또는 'SU'를 입력하거나 '솔리드' 탭의 '부울' 패널 또는 '모델링' 도구막대 ◎을 클릭합니다.

{제거 대상인 솔리드, 표면 및 영역을 선택 ..}

{객체 선택:}에서 외부 상자를 선택합니다. {1개를 찾음}

{객체 선택:}에서 〈엔터〉 키 또는 〈스페이스 바〉를 눌러 선택을 종료합니다

{제거할 솔리드, 표면 및 영역을 선택 ..}

{객체 선택:}에서 두 번째 항아리를 선택합니다. { 1개를 찾음}

{객체 선택:}에서 세 번째 항아리를 선택합니다. { 1개를 찾음. 총 2개}

{객체 선택:}에서 〈엔터〉 키 또는 〈스페이스 바〉를 눌러 종료합니다.

그림과 같이 외부 상자에서 선택한 두 개의 항아리를 뺀 형상이 작성됩니다.

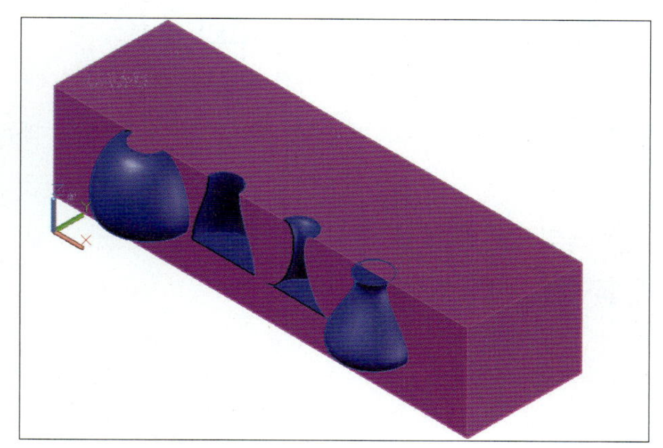

03. 두 객체의 공통 부분을 추출하는 교집합(INTERSECTION)

겹치는 솔리드, 표면 또는 영역으로부터 서로 중복이 되는 3D 솔리드, 표면 또는 2D 영역을 작성합니다. 기존 3D 솔리드, 표면 또는 영역이 서로 겹치는 공통 체적으로 3D 솔리드를 작성할 수 있습니다. 메쉬를 선택한 경우, 먼저 솔리드나 표면으로 변환한 다음 작업을 완료합니다.

명령 : INTERSECT(단축키 : IN)　　　　　　　　메뉴 아이콘 : ◎

04 명령어 'INTERSECT' 또는 'IN'을 입력하거나 '솔리드' 탭의 '부울' 패널 또는 '모델링' 도구막대에서 ◎ 을 클릭합니다.

{객체 선택:}에서 외부 상자 객체를 선택합니다.

{객체 선택:}에서 네 번째 항아리를 선택합니다. {1개를 찾음, 총 2개}

{객체 선택:}에서 〈엔터〉 키 또는 〈스페이스 바〉를 눌러 선택을 종료합니다.

그림과 같이 두 객체가 겹치는 부분(항아리의 일부)만 남고 나머지는 제거됩니다.

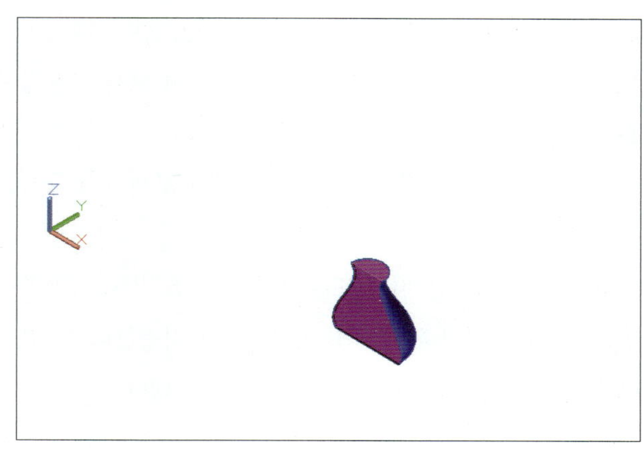

10. 객체를 자르는 슬라이스(SLICE)

평면 또는 곡면으로 솔리드를 자릅니다.

명령 : SLICE(단축키 : SL)   메뉴 아이콘 :

01 솔리드를 중복되도록 모델링해놓습니다. 다음과 같은 도면이 있다고 가정하겠습니다.

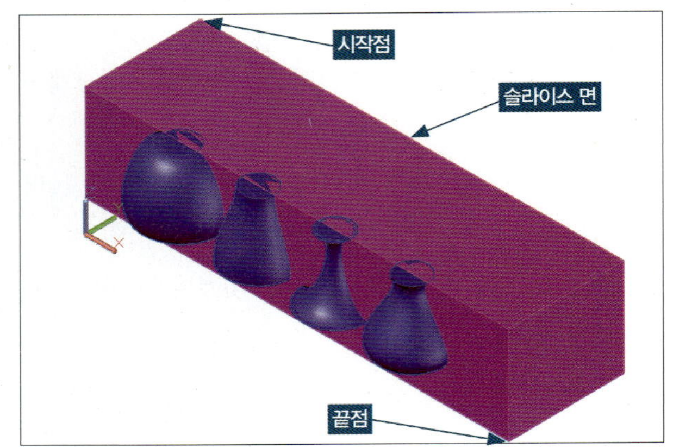

02 슬라이스 명령을 실행합니다. 명령어 'SLICE' 또는 'SL'을 입력하거나 '솔리드' 탭의 '솔리드 편집' 패널에서 을 클릭합니다.

{슬라이스할 객체 선택: }에서 자를(슬라이스) 객체를 범위를 감싸 선택합니다.

{슬라이스할 객체 선택:}에서 〈엔터〉 키 또는 〈스페이스 바〉를 눌러 선택을 종료합니다.

{슬라이싱 평면의 시작점 지정 또는 [평면 객체(O)/곡면(S)/Z축(Z)/뷰(V)/XY(XY) /YZ(YZ)/ZX(ZX)/3점(3)]〈3점〉:}에서 객체스냅 '끝점 '을 이용하여 모서리 끝점을 지정합니다.

{평면 위의 두 번째 점 지정:}에서 반대편 모서리의 끝점을 지정합니다.

{원하는 면 위의 점 지정 또는 [양쪽 면 유지(B)] 〈양쪽(B)〉:}에서 객체의 뒤쪽 방향의 한 점을 지정합니다. 그림과 같이 지정한 두 점을 기준으로 절단됩니다.

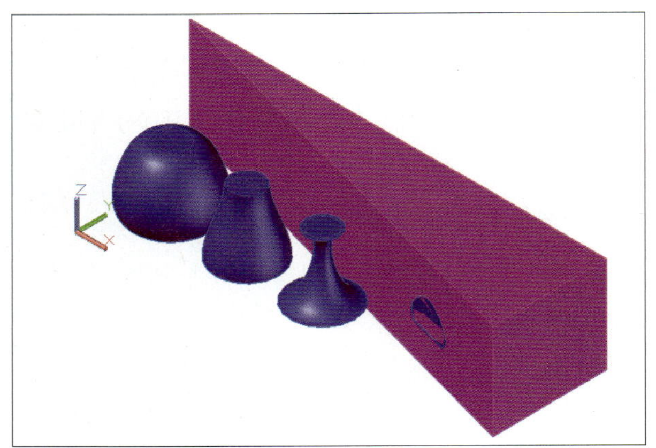

{슬라이싱 평면의 시작점 지정 또는 [평면 객체(O)/곡면(S)/Z축(Z)/뷰(V)/XY(XY)/YZ(YZ) /ZX(ZX)/3점(3)] 〈3점〉:}

(1) 평면 객체(O) : 원, 타원, 원형 또는 타원형 호, 스플라인 또는 2D 폴리선을 지정하여 절단면을 지정합니다.

(2) 곡면(S) : 곡면(Surface)을 지정하여 절단면을 지정합니다.

(3) Z축(Z) : 평면 위의 점과 평면의 Z축(법선) 위에 또 한 점을 지정하여 절단 평면을 지정합니다.

(4) 뷰(V) : 절단 평면을 현재 뷰포트의 뷰 평면으로 지정합니다. 점을 지정하면 절단 평면의 위치가 정의됩니다.

(5) XY/YZ/ZX : 절단 평면을 현재 UCS(사용자 좌표계)의 XY/YZ/ZX 평면으로 정의합니다.

(6) 3점 : 세 개의 점을 지정하여 정의합니다.

{원하는 면 위의 점 지정 또는 [양쪽 면 유지(B)] 〈양쪽(B)〉:}

(1) 양쪽 면 유지(B) : 자르기는 하되 양쪽 면을 그대로 유지합니다.

11. 두께가 있는 솔리드로 바꾸는 굵게 하기(THICKEN)

곡면에 두께를 부여하여 3D 솔리드로 변환합니다.

명령 : THICKEN   메뉴 아이콘 :

01 실습을 위해 '스플라인(SPLINE)' 명령으로 다음과 같은 선을 작성합니다.

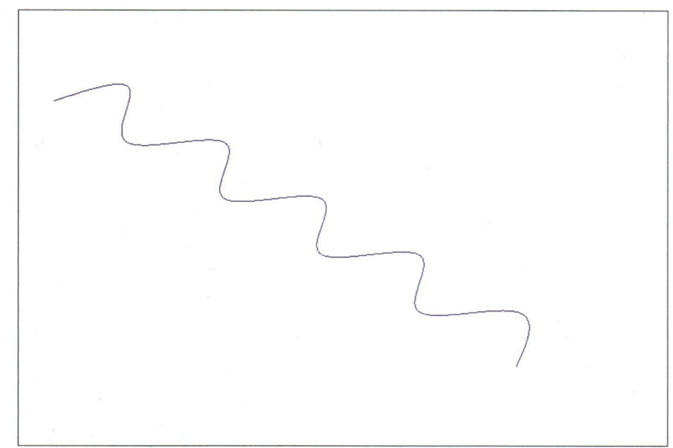

02 '돌출(EXTRUDE)' 명령을 이용하여 다음과 같이 돌출합니다. 돌출 높이는 임의로 지정합니다.

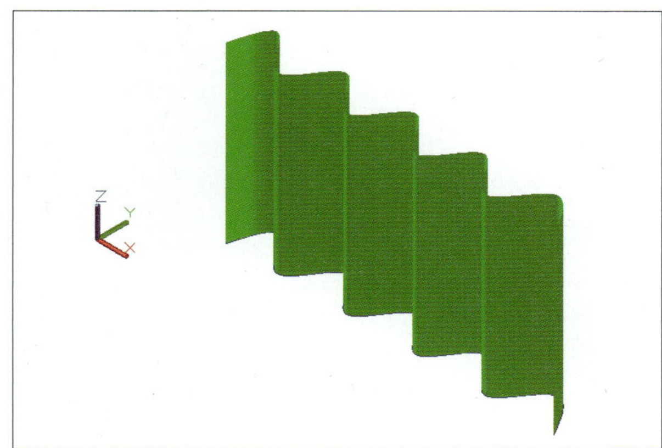

03 굵게 하기 명령을 실행합니다. 명령어 'THICKEN'을 입력하거나 '솔리드' 탭의 '솔리드 편집' 패널에서 을 클릭합니다.

{두껍게 할 곡면 선택:}에서 굵게 할 표면 객체를 선택합니다. {1개를 찾음}

{두껍게 할 곡면 선택:}에서 〈엔터〉 키 또는 〈스페이스바〉를 눌러 선택을 종료합니다.

{두께 지정 〈5.0000〉:}에서 두께 값 '30'를 입력합니다. 그림과 같이 선택한 표면 객체가 두께 '30'인 솔리드 객체로 바뀝니다.

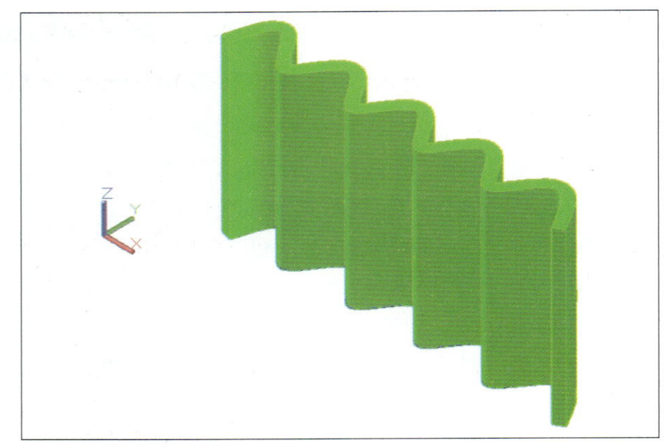

12. 단면의 작성(SECTION)

단면은 어느 특정 위치로부터 객체를 잘라서 보는 것을 말합니다. 이렇게 단면을 표현함으로써 객체 안쪽의 구조나 상황을 파악하기 쉽습니다. 단면을 볼 수 있다는 것은 3차원 모델 작업의 장점 중 하나입니다.

01. 단면 평면(SECTIONPLANE)

3D 객체(솔리드, 표면, 메쉬)에서 절단 평면 기능을 하는 단면 객체를 작성합니다. 단면 평면 객체와 라이브 단면 기능을 사용하여 모형을 분석하고, 단면을 블록으로 저장한 다음 배치에 사용할 수 있습니다.

명령 : SECTIONPLANE　　　　　　　　　　　**메뉴 아이콘 :**

01 3D 모델을 준비합니다. 다음과 같은 도면이 있다고 가정하겠습니다.

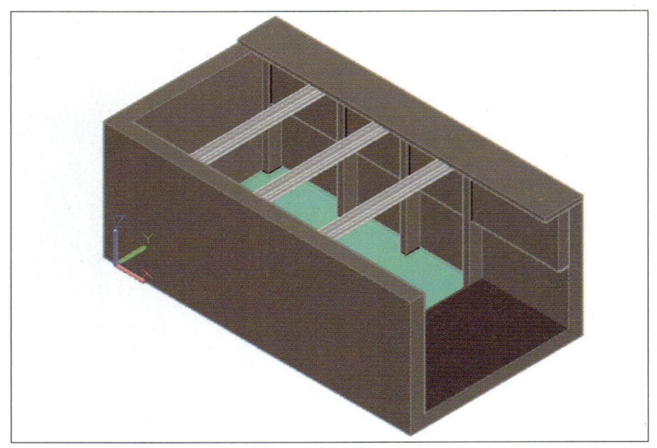

02 '단면 평면' 명령을 실행합니다. 명령어 'SECTION PLANE'를 입력하거나 '메쉬' 또는 '솔리드' 탭의 '단면' 패널에서 '단면 평면 ▱'을 클릭합니다.

{단면 선을 배치할 면 또는 점 선택 또는 [단면 그리기(D)/직교(O)]:}에서 단면 그리기 옵션 'O'를 입력합니다.

{단면 정렬 대상: [정면도(F)/배면도(A)/평면도(T)/저면도(B)/좌측면도(L)/우측면도(R)] 〈평면도〉:}에서 평면도 'T'를 입력합니다. 그림과 같이 평면 단면의 경계가 작성됩니다.

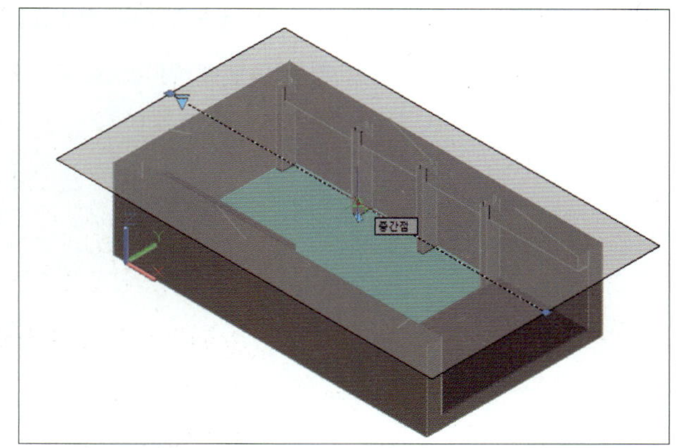

03 〈엔터〉 키 또는 〈스페이스 바〉를 눌러 '단면 평면' 명령을 재실행합니다.

{단면 선을 배치할 면 또는 점 선택 또는 [단면 그리기(D)/직교(O)]:}에서 직교 옵션 'O'를 입력합니다.

{단면 정렬 대상: [정면도(F)/배면도(A)/평면도(T)/저면도(B)/좌측면도(L)/우측면도(R)] 〈평면도〉:}에서 평면도 'F'를 입력합니다. 그림과 같이 정면 단면의 경계가 작성됩니다.

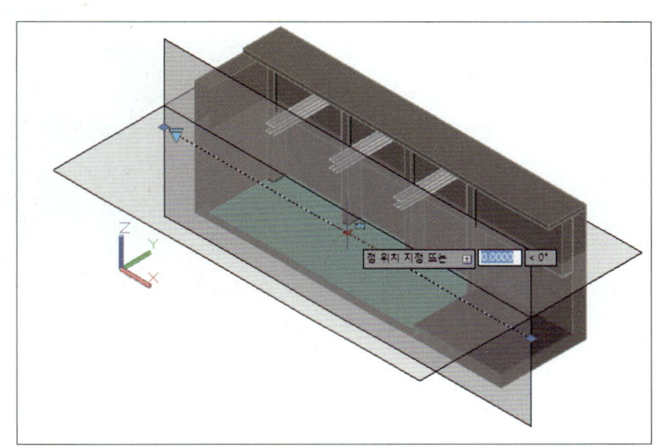

04 단면의 경계를 이동해보겠습니다. 정면 단면 객체를 선택한 후 가운데 위치한 그립(파란색 사각형)을 선택합니다. 선택이 되면 빨간색으로 변합니다. 이때 마우스를 끌고 뒤쪽으로 이동합니다. 다음 그림과 같이 단면이 뒤쪽으로 이동합니다.

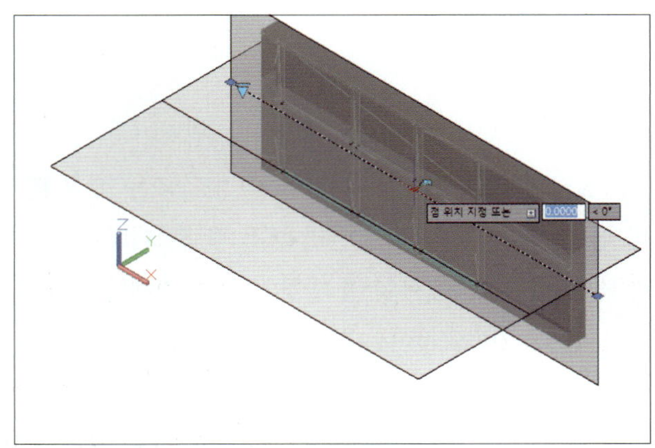

05 이와 같은 방법으로 평면 단면 경계를 위쪽으로 이동합니다. 다음 그림과 같이 평면 단면이 위쪽으로 이동합니다.

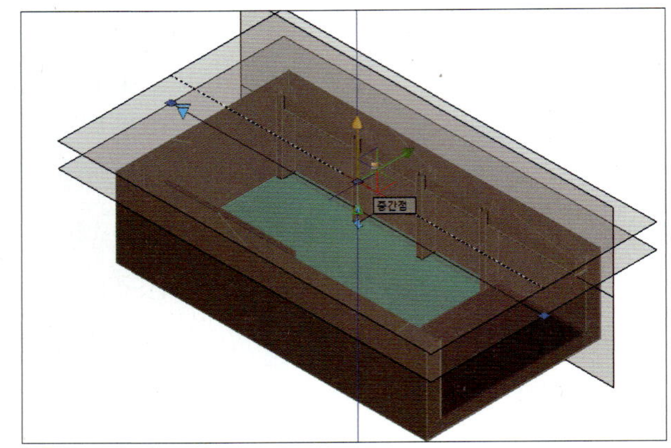

옵션 설명

{단면 선을 배치할 면 또는 점 선택 또는 [단면 그리기(D)/직교(O)]:}

(1) 단면 그리기(D) : 사용자가 직접 점을 지정하여 단면 경계를 정의하여 꺾기가 있는 단면 선을 작성합니다. 이 옵션은 라이브 단면을 끈 상태에서 단면 경계 상태인 단면 객체를 작성합니다.

(2) 직교(O) : 단면 객체를 UCS에 상대적인 직교 방향으로 정렬합니다. 이 옵션을 선택하면 다음과 같은 정렬 대상 메시지가 표시됩니다. 정렬하고자 하는 단면을 선택합니다.

{단면 정렬 대상: [정면도(F)/배면도(A)/평면도(T)/저면도(B)/좌측면도(L)/우측면도(R)] 〈평면도〉:}

---

02. 라이브 단면(LIVESECTION)

라이브 단면이란 3D 솔리드, 표면 또는 영역에서 절단 형상을 보여주는 분석 도구입니다. 선택한 단면 객체에 대한 활성 단면을 켭니다. 단면 객체에 의해 교차된 3D 객체의 횡단면이 표시됩니다. '단면 평면(SECTIONPLANE)' 명령으로 작성된 단면 객체가 있을 때 동작합니다.

명령 : LIVESECTION　　　　　　　　　　　　　　　**메뉴 아이콘 :**

01 '라이브 단면' 명령을 실행합니다. 명령어 'LIVESECTION'을 입력하거나 '솔리드' 또는 '메쉬' 탭의 '단면' 패널에서 '라이브 단면'을 클릭합니다. {단면 객체 선택:}에서 수평 방향의 단면 객체를 선택합니다. 다음 그림과 같이 수평 방향의 단면의 범위만 나타나고 나머지는 사라집니다.

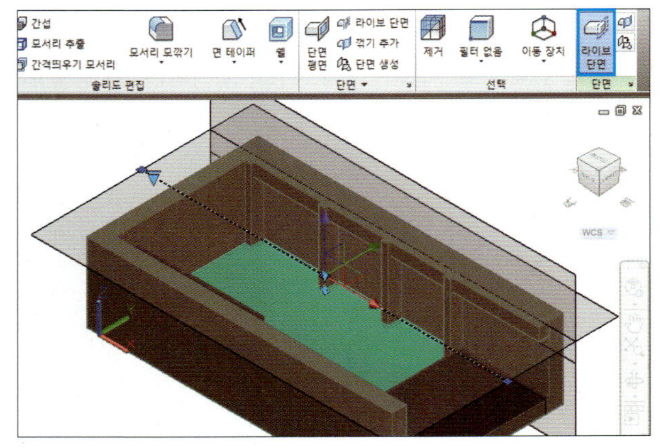

tip!

'라이브 단면(LIVESECTION)' 명령을 실행하지 않고 단면 객체를 먼저 선택한 경우는 상단의 리본 메뉴 최우측에 '라이브 단면' 메뉴가 나타납니다. 이때 '라이브 단면'을 클릭하면 동일한 결과가 됩니다.

02 〈엔터〉 키 또는 〈스페이스 바〉를 눌러 '라이브 단면' 명령을 재실행합니다.

{단면 객체 선택:}에서 정면도 단면 객체를 선택합니다. 다음 그림과 같이 정면 단면이 표시됩니다.

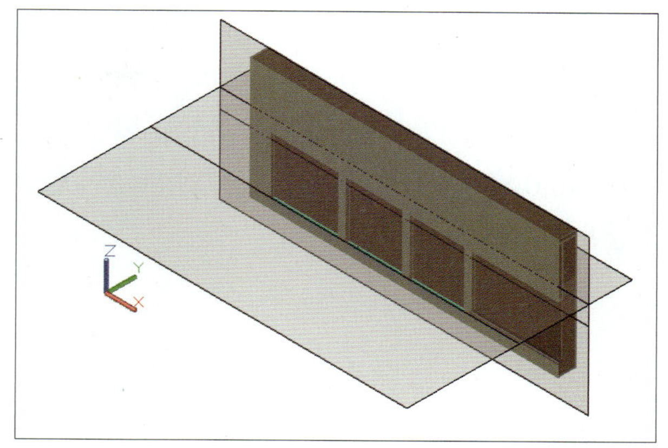

03. 단면 꺾기 추가(SECTIONPLANEJOG)

단면 객체에 꺾기를 추가합니다. 단면 객체를 작성하는 동안 꺾기 또는 각도를 삽입할 수 있습니다. 꺾기는 단면 선에 작성됩니다. 꺾인 세그먼트는 단면 선에 대해 90도 각도로 작성됩니다.

명령 : SECTIONPLANEJOG　　　　　　　메뉴 아이콘 :

01 '단면 꺾기 추가' 명령을 실행합니다. 명령어 'SECTIONPLANEJOG'을 입력하거나 '메쉬' 또는 '솔리드' 탭의 '단면' 패널에서 '단면 꺾기 추가'를 클릭합니다.

{단면 객체 선택:}에서 정면도 뷰에 가서 평면 단면 객체를 선택합니다.

{단면 선에서 하나의 점 지정하여 꺾기 추가:}에서 객체스냅 '중간점'을 이용하여 단면의 중간점을 지정합니다.

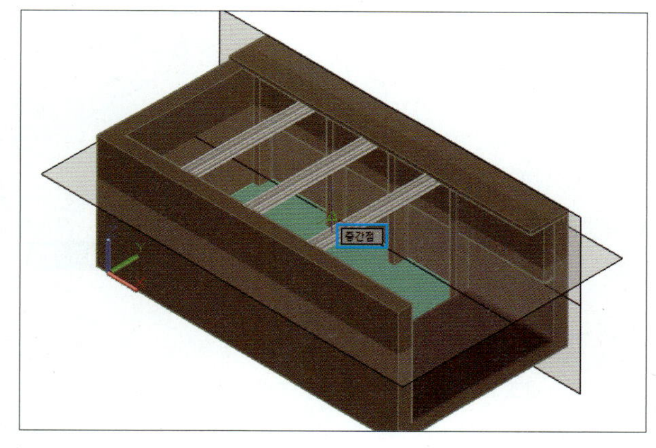

02 다음과 같이 단면 객체가 중간점을 중심으로 꺾어집니다.

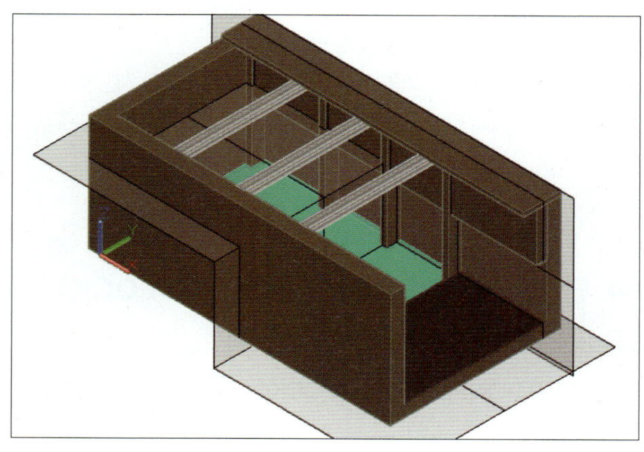

03 꺾어진 면을 클릭하여 면에 있는 그립(삼각형)을 클릭합니다.

{점 위치 지정 또는 [기준점(B)/명령 취소(U)/종료(X)]:}에서 '@0,0,800'을 입력합니다. 다음 그림과 같이 단면 절단면이 위쪽으로 이동합니다.

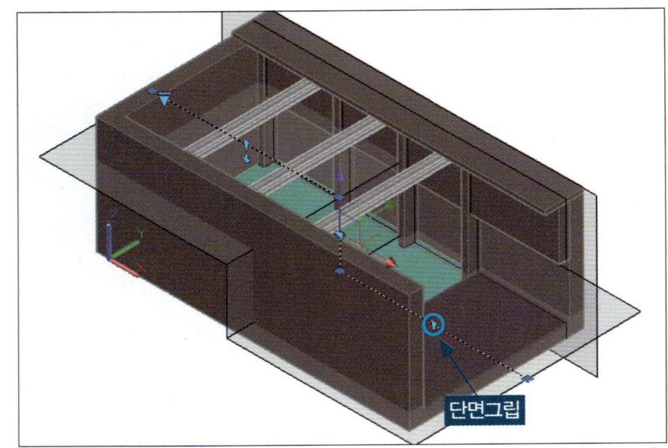

참고 단면 객체의 그립

단면 객체를 클릭하면 다음 그림과 같은 그립이 나타납니다. 단면 객체 그립을 이용하여 다음과 같은 조작을 할 수 있습니다.

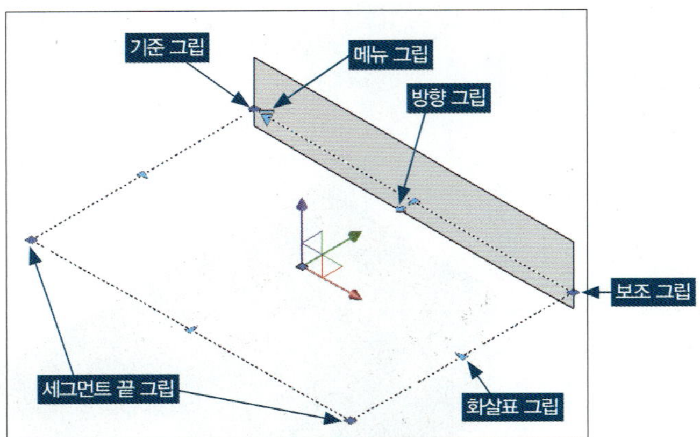

(1) **기준 그립** : 단면 객체를 이동, 축척 및 회전하는 기준점 역할을 합니다. 단면 객체는 항상 메뉴 그립과 인접해 있습니다.

(2) **보조 그립** : 단면 객체를 기준 그립 주위에서 회전합니다.

(3) **메뉴 그립** : 절단 평면에 대해 표시되는 시각적 정보를 조정할 수 있는 단면 객체 상태의 메뉴가 나타납니다.

(4) **방향 그립** : 2D 단면의 뷰 방향을 조정합니다. 단면 평면의 뷰 방향을 반대로 하려면 방향 그립을 클릭합니다.

(5) **화살표 그립** : (단면 경계 및 체적 상태만 해당됩니다.) 단면 평면의 모양과 위치를 수정하여 단면 객체를 수정합니다. 화살표 방향으로 직교하는 이동만 가능합니다.

(6) **세그먼트 끝 그립** : (단면 경계 및 체적 상태만 해당됩니다.) 단면 평면의 정점을 신축합니다. 세그먼트의 끝 그립을 움직여 세그먼트가 교차하게 할 수 없습니다. 세그먼트 끝 그립은 꺾어진 세그먼트의 끝점에 표시됩니다.

04. 단면 생성(SECTIONPLANETOBLOCK)

2D 및 3D 단면을 블록으로 저장합니다.

명령 : SECTIONPLANETOBLOCK   메뉴 아이콘 :

01 '단면 생성' 명령을 실행합니다. 명령어 'SECTIONPLANETOBLOCK'을 입력하거나 '메쉬' 또는 '솔리드' 탭의 '단면' 패널에서 '단면생성 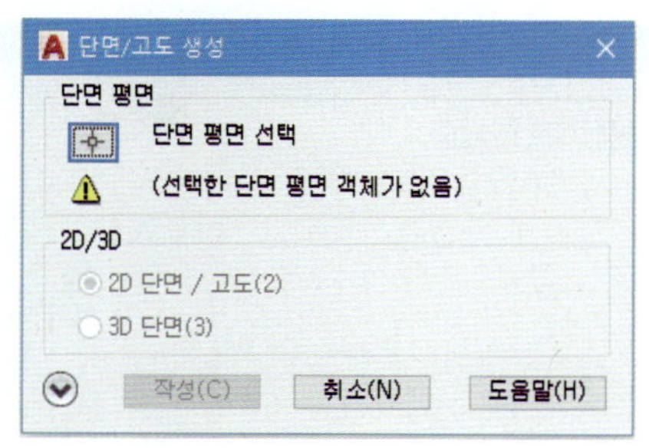'을 클릭합니다.

그림과 같은 대화상자가 나타납니다.

02 대화상자에서 '⊕ 단면 평면 선택'을 클릭합니다. {단면 객체 선택:}에서 꺾어진 평면도 단면 객체를 선택합니다. 선택된 단면 객체에 그립이 나타납니다. '2D/3D'에서 '2D 단면 / 고도(2)'를 지정합니다.

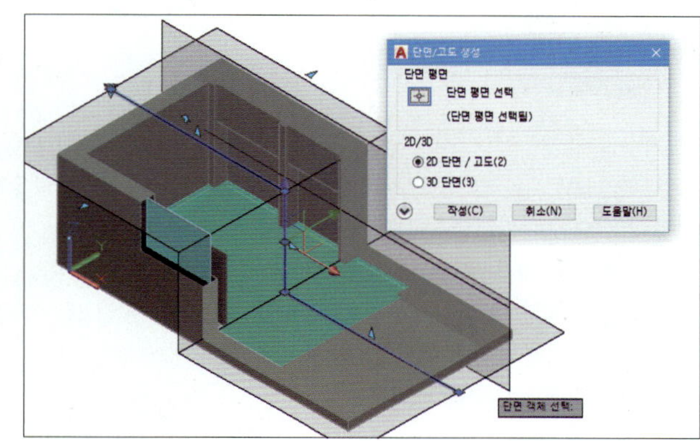

03 [작성(C)] 버튼을 클릭합니다.

{단위: 밀리미터　변환:　1.0000}

{삽입점 지정 또는 [기준점(B)/축척(S)/X/Y/Z/회전(R)]:}에서 단면의 삽입점을 지정합니다.

{X축척 비율 입력, 반대구석 지정, 또는 [구석(C)/XYZ(XYZ)] 〈1〉:}에서 〈엔터〉 키를 누릅니다.

{Y 축척 비율 입력 〈X 축척 비율 사용〉:}에서 〈엔터〉 키를 누릅니다.

{회전 각도 지정 〈0〉:}에서 〈엔터〉 키를 누릅니다.

그림과 같이 작성된 단면 평면이 지정한 삽입 위치에 배치됩니다.

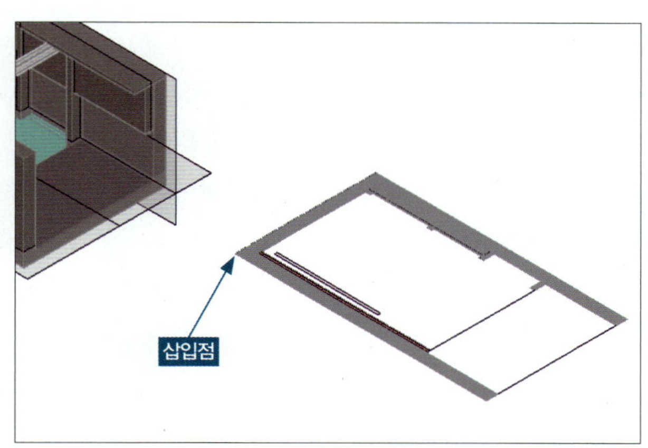

tip!

단면 작성에서 도면에 삽입하는 조작은 '삽입(INSERT)' 명령과 동일합니다.

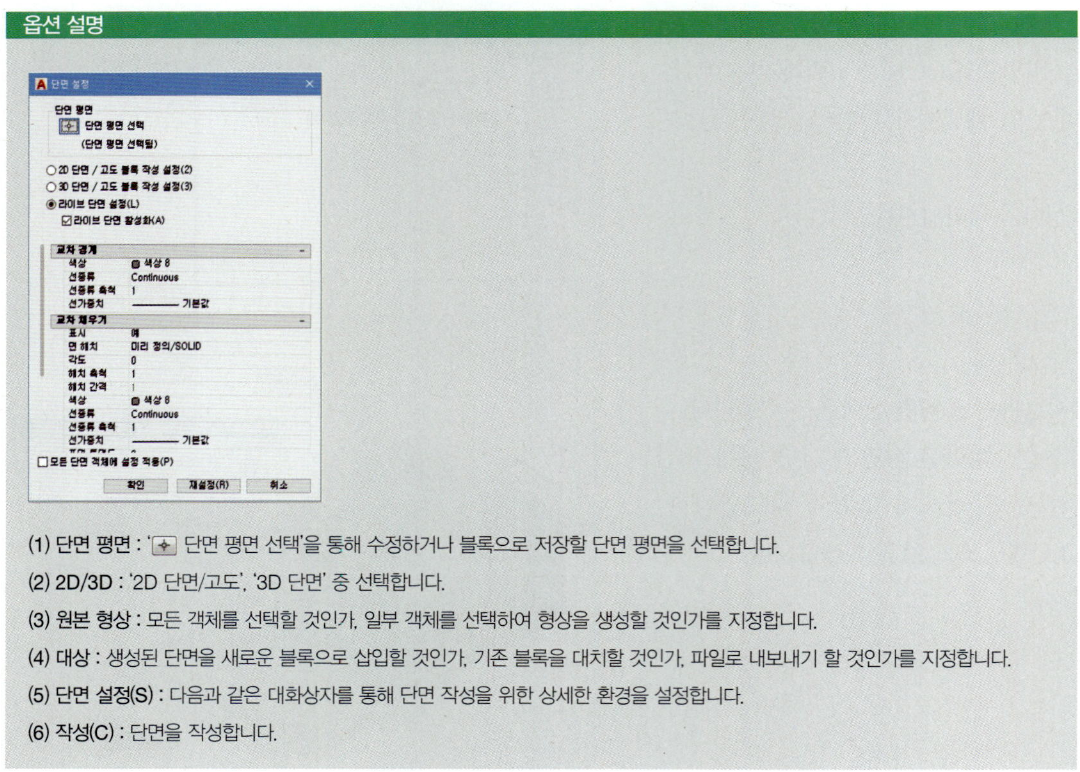

옵션 설명

(1) **단면 평면** : '⊕ 단면 평면 선택'을 통해 수정하거나 블록으로 저장할 단면 평면을 선택합니다.

(2) **2D/3D** : '2D 단면/고도', '3D 단면' 중 선택합니다.

(3) **원본 형상** : 모든 객체를 선택할 것인가, 일부 객체를 선택하여 형상을 생성할 것인가를 지정합니다.

(4) **대상** : 생성된 단면을 새로운 블록으로 삽입할 것인가, 기존 블록을 대치할 것인가, 파일로 내보내기 할 것인가를 지정합니다.

(5) **단면 설정(S)** : 다음과 같은 대화상자를 통해 단면 작성을 위한 상세한 환경을 설정합니다.

(6) **작성(C)** : 단면을 작성합니다.

05. 플랫 샷(FLATSHOT)

현재 뷰를 기준으로 3D 객체를 2D 표현으로 작성합니다. 모든 3D 솔리드, 표면 및 메쉬의 모서리는 뷰 평면과 평행한 평면에 일직선으로 투영됩니다. 이러한 모서리의 2D 표현이 UCS의 XY 평면에 블록으로 삽입됩니다. 이 블록을 분해하여 추가로 변경할 수 있습니다.

명령 : FLATSHOT   메뉴 아이콘 :

01 '플랫 샷' 명령을 실행합니다. 명령어 'FLATSHOT'을 입력하거나 '메쉬' 또는 '솔리드' 탭의 '단면'의 확장 패널에서 '플랫 샷 '을 클릭합니다.
다음 그림과 같은 대화상자가 나타납니다. '전경 선' 색상을 '빨간색', '가려진 선' 색상을 '파란색'으로 설정한 후 [작성(C)]을 클릭합니다.

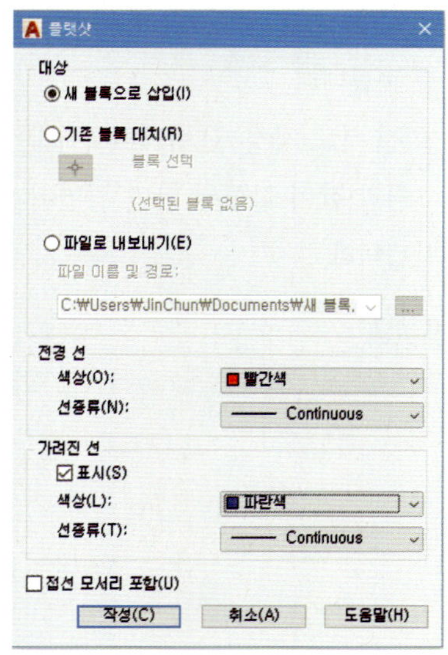

02 {단위: 밀리미터　변환: 1.0000}

{삽입점 지정 또는 [기준점(B)/축척(S)/X/Y/Z/회전(R)]:}에서 삽입점을 지정합니다.

{X축척 비율 입력, 반대구석 지정, 또는 [구석(C)/XYZ(XYZ)] 〈1〉:}에서 〈엔터〉 키를 누릅니다.

{Y 축척 비율 입력 〈X 축척 비율 사용〉:}에서 〈엔터〉 키를 누릅니다.

{회전 각도 지정 〈0〉:}에서 〈엔터〉 키를 누릅니다.

뷰를 평면 뷰로 조정합니다. 그림처럼 플랫 샷이 표현됩니다.

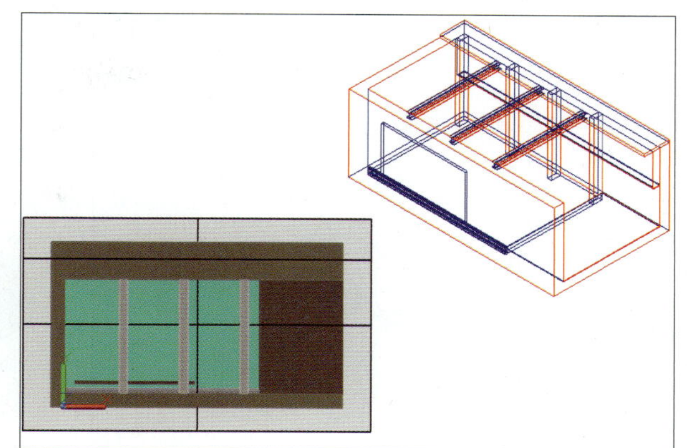

실습 예제

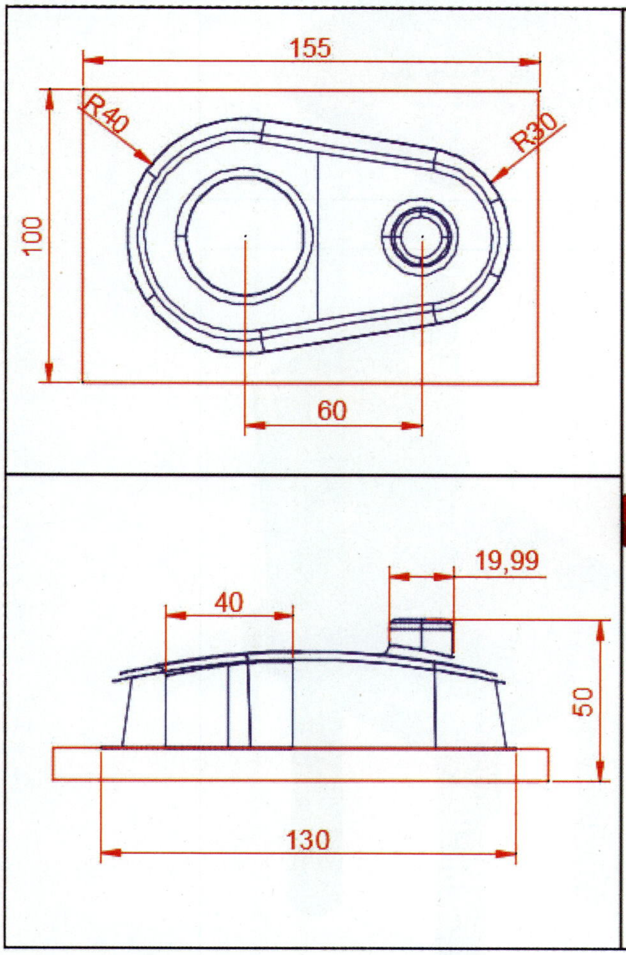

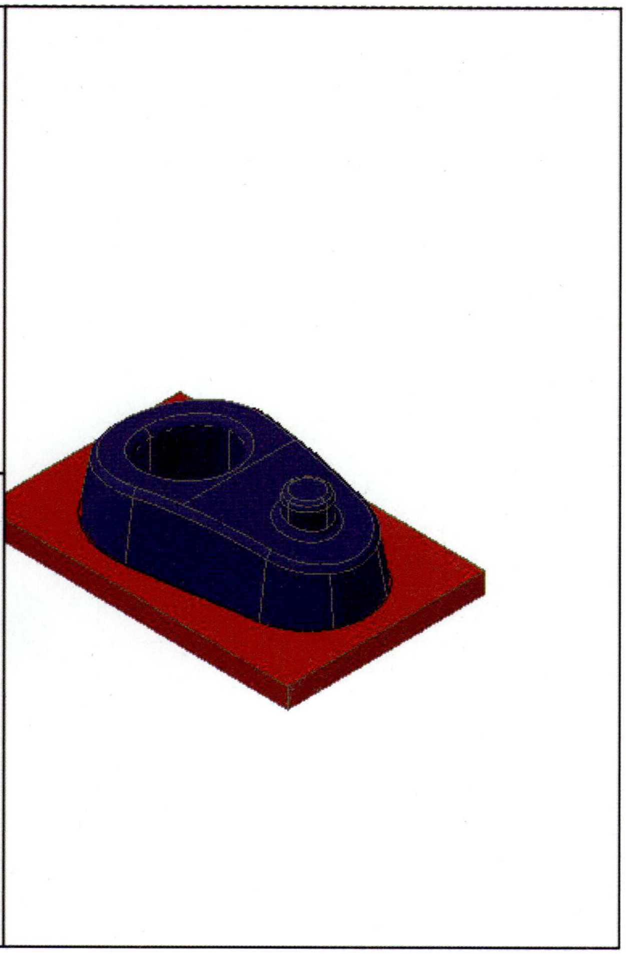

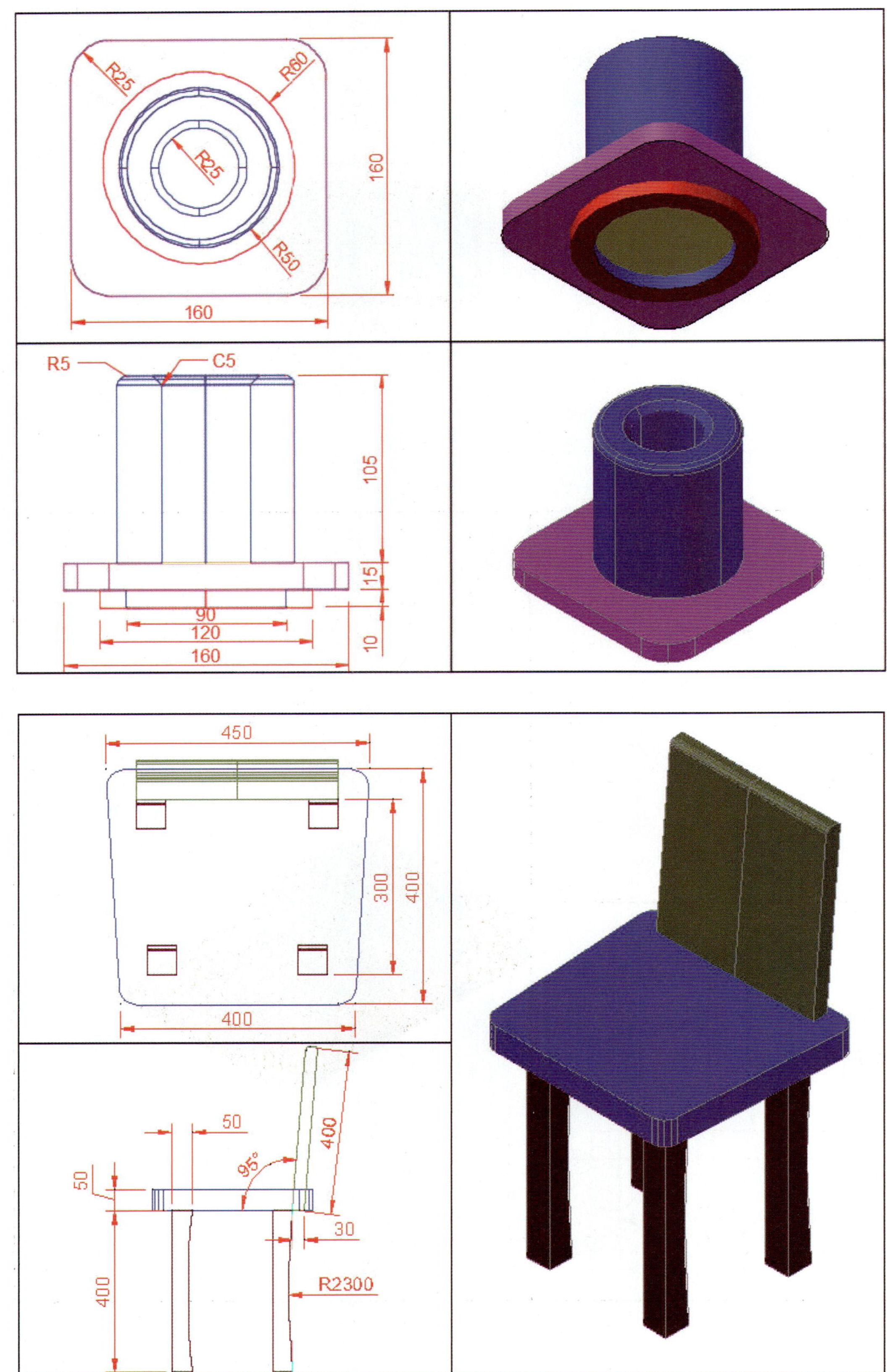

R25
R60
R25
R50
160
160
R5
C5
105
15
90
120
160
10
450
300
400
400
50
400
95°
400
30
R2300
3차원 모델링 및 편집

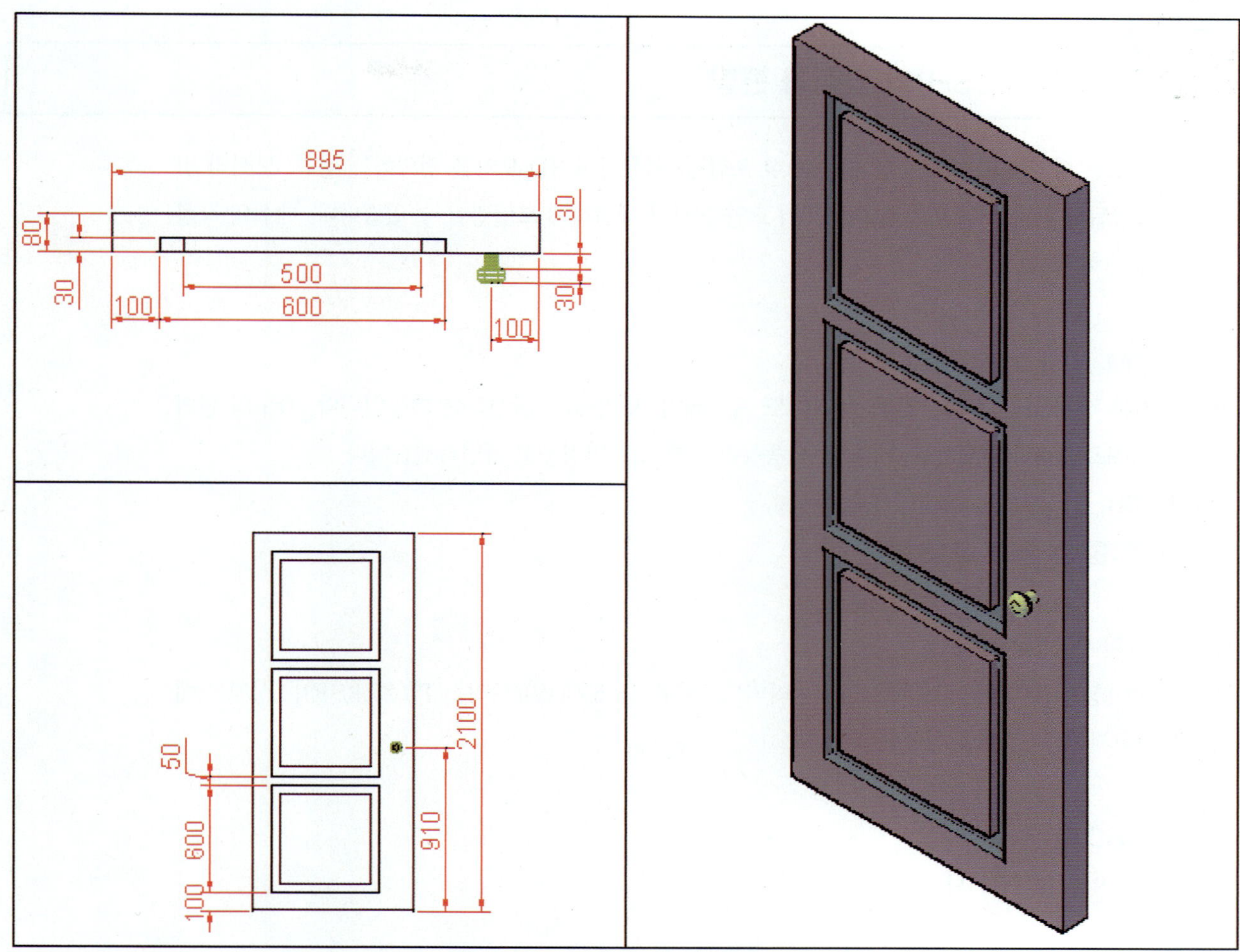
895
30
80
30
500
600
100
30
30
100
50
600
100
2100
910

LESSON 03 메쉬(MESH)의 작성과 편집

메쉬(Mesh)는 다각형 표현(삼각형 및 사각형 포함)을 사용하여 3D 모양을 정의하는 정점, 모서리 및 면으로 구성됩니다. 메쉬를 이용하면 객체의 모양을 보다 세밀하게 모델링할 수 있습니다. 메쉬의 작성 및 조작에 대해 학습하겠습니다.

1. 메쉬(Mesh) 기본 객체

메쉬의 기본 객체(상자, 원추, 원통, 피라미드, 구, 쐐기, 토러스)를 작성하는 기능입니다. 작도의 편의를 위한 뷰포트를 3방향(평면도, 정면도, 남동등각투영)으로 맞춰놓고 작업하겠습니다.

명령 : MESH

메뉴 아이콘 :

{현재 설정된 부드럽기 정도: 0}

{옵션 입력 [상자(B)/원추(C)/원통(CY)/피라미드(P)/구(S)/쐐기(W)/토러스(T)/설정(SE)] 〈상자〉:}에서 작도하고자 하는 객체를 선택합니다.

01. 상자(BOX)

3D 메쉬 상자를 작성합니다.

01 메쉬 명령을 실행합니다. 명령어 'MESH'를 입력합니다.

{옵션 입력 [상자(B)/원추(C)/접시(DI)/돔(DO)/메쉬(M)/피라미드(P)/구(S)/토러스(T)/쐐기(W)]:}에서 상자 옵션 'B'를 입력합니다.

또는 '메쉬' 탭의 '기본체' 패널 또는 '부드러운 메쉬' 도구막대에서 을 클릭합니다.

{첫 번째 구석 지정 또는 [중심(C)]:}에서 작도하고자 하는 위치의 첫 번째 점 '50,50'을 입력합니다.

{반대 구석 지정 또는 [정육면체(C)/길이(L)]:}에서 반대 구석의 상대좌표 '@100,70'을 입력합니다.

{높이 지정 또는 [2점(2P)] 〈0.0001〉:}에서 상자의 높이 '100'을 입력합니다. 다음 그림과 같이 메쉬 상자가 작도됩니다.

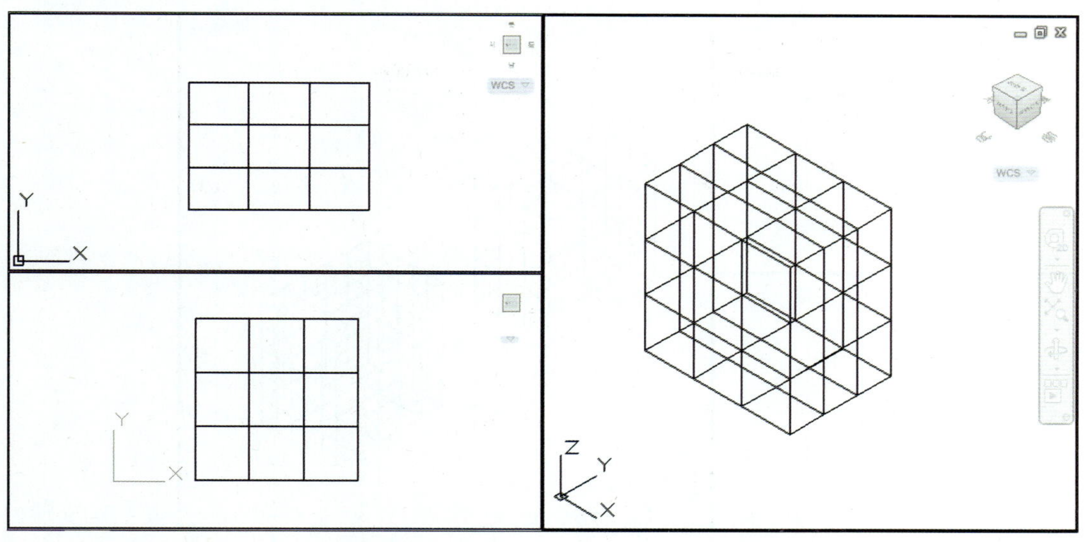

02 다음은 메쉬(그물망)의 수를 바꾸어 작도하겠습니다. 메쉬 기본체 옵션 명령 실행합니다. 명령어 'MESH PRIMITIVEOPTIONS'를 입력하거나 '메쉬' 탭의 기본체 패널에서 오른쪽 하단의 비스듬한 화살표( )를 클릭합니다. 다음 그림과 같은 대화상자가 나타납니다. 대화상자에서 '다듬기 분할'의 길이, 폭, 높이의 각 수를 '5'로 설정하고 '미리보기의 부드럽기 정도:'를 '레벨 3'으로 설정합니다.

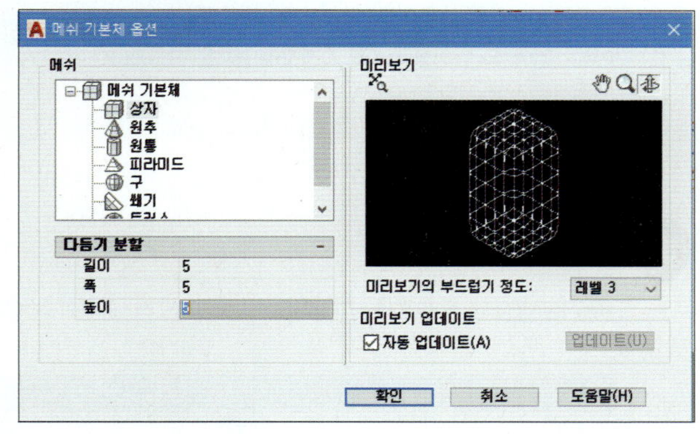

03 다시 메쉬 상자를 작성하겠습니다. '메쉬' 탭의 '기본체' 패널 또는 '부드러운 메쉬' 도구막대에서 을 클릭합니다.

{첫 번째 구석 지정 또는 [중심(C)]:}에서 작도하고자 하는 위치의 첫 번째 점 '250,50'을 입력합니다.

{반대 구석 지정 또는 [정육면체(C)/길이(L)]:}에서 반대 구석의 상대좌표 '@100,70'을 입력합니다.

{높이 지정 또는 [2점(2P)] 〈0.0001〉:}에서 상자의 높이 '100'을 입력합니다. 다음 그림과 같이 메쉬의 분할 수가 다른 상자가 작도됩니다.

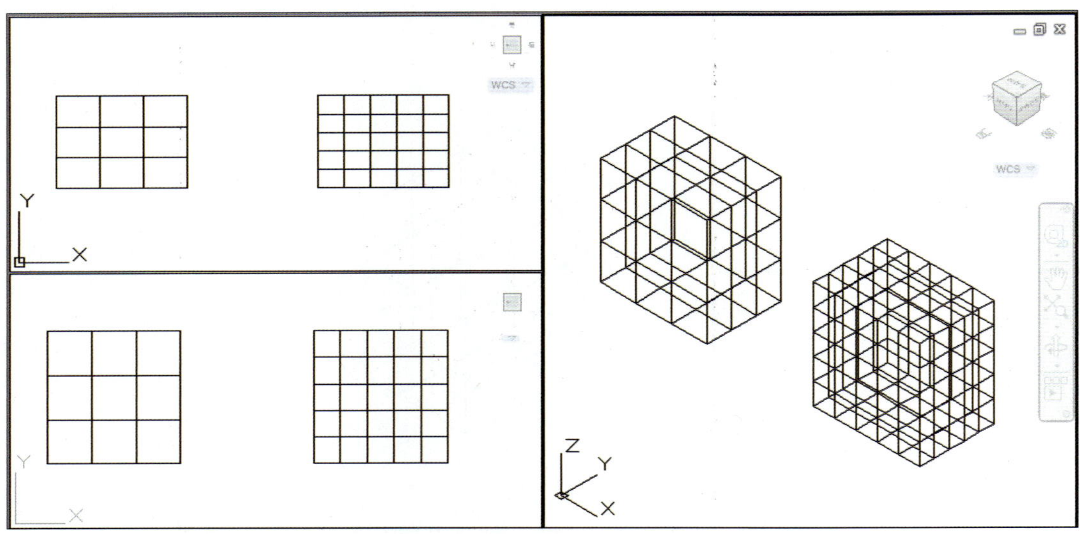

옵션 설명

{반대 구석 지정 또는 [정육면체(C)/길이(L)]:}

(1) 정육면체(C) : 같은 길이의 면으로 상자를 작성합니다.

(2) 길이(L) : 길이, 폭, 높이를 차례로 지정하여 상자를 작성합니다.

{높이 지정 또는 [2점(2P)] 〈0.000〉:}

 **참고** **메쉬 기본체 옵션**

각 기본체(상자, 원추, 원통, 피라미드, 구, 쐐기, 토러스) 메쉬 객체의 다듬기 분할 수를 설정합니다.

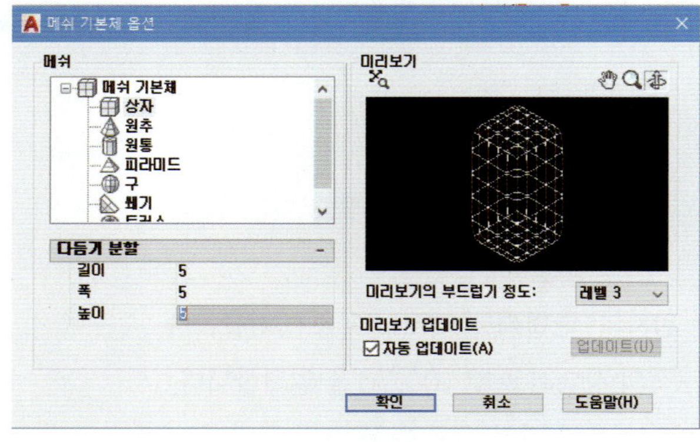

(1) 메쉬 : 상자, 원추, 원통, 피라미드, 구, 쐐기, 토러스 등 각 기본체를 선택할 수 있습니다.

(2) 다듬기 분할 : 각 기본체의 분할 수를 설정합니다. 기본체의 특성에 따라 항목의 수 및 명칭이 나타납니다.

(3) 미리보기 : 기본체의 미리 보기 환경을 설정합니다.

① 줌 도구 : 초점 이동, 줌, 궤도 아이콘을 이용하여 미리보기를 제어합니다.

② 미리보기 창 : 설정한 객체를 미리 보여줍니다.

③ 미리보기의 부드럽기 정도 : 지정한 부드럽기 정도를 반영하여 미리보기 이미지를 변경합니다. 이 값을 변경한다고 해도 기본체 메쉬의 기본 부드럽기 정도에는 영향을 주지 않습니다. 즉, 미리보기에만 한정됩니다.

(4) 미리보기 업데이트 : 미리보기 이미지의 업데이트 빈도를 설정합니다.

02. 원추(CONE)

3D 메쉬 원추를 작성합니다.

01 메쉬 명령을 실행합니다. 명령어 'MESH'를 입력합니다.

{옵션 입력 [상자(B)/원추(C)/접시(DI)/돔(DO)/메쉬(M)/피라미드(P)/구(S)/토러스(T)/쐐기(W)]:}에서 원추 옵션 'C'를 입력합니다.

또는 '메쉬' 탭의 '기본체' 패널 또는 '부드러운 메쉬' 도구막대에서 △을 클릭합니다.

{기준 중심점 지정 또는 [3P(3P)/2P(2P)/Ttr-접선 접선 반지름(T)/타원형(E)]:}에서 '100,100'을 입력합니다.

{기준 반지름 지정 또는 [지름(D)]:}에서 반지름 '50'을 입력합니다.

{높이 지정 또는 [2점(2P)/축 끝점(A)/상단 반지름(T)] 〈100.0000〉:}에서 높이 '100'을 입력합니다.

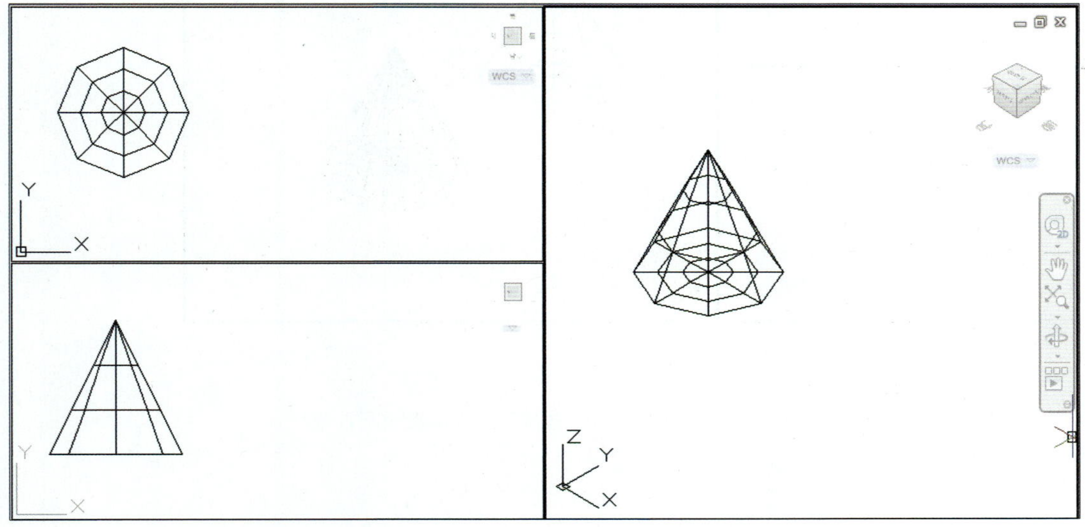

02 메쉬(그물망)의 분할 수를 바꾸어 작도하도록 하겠습니다. 메쉬 기본체 옵션 명령을 실행합니다. 명령어 'MESHPRIMITIVEOPTIONS'를 입력하거나 '메쉬' 탭의 기본체 패널에서 오른쪽 하단의 비스듬한 화살표를 클릭합니다. 다음 그림과 같은 대화상자가 나타납니다. 대화상자에서 '다듬기 분할'의 '축'을 '20', '기준'을 '6'으로 설정합니다.

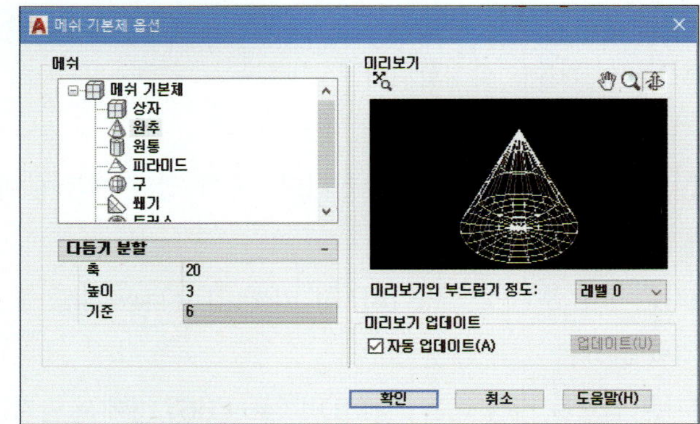

03 '메쉬' 탭의 '기본체' 패널 또는 '부드러운 메쉬' 도구막대에서 🔺을 클릭합니다.

{기준 중심점 지정 또는 [3P(3P)/2P(2P)/Ttr−접선 접선 반지름(T)/타원형(E)]:}에서 '250,100'을 입력합니다.

{기준 반지름 지정 또는 [지름(D)] 〈50.0000〉:}에서 반지름 '50'을 입력합니다.

{높이 지정 또는 [2점(2P)/축 끝점(A)/상단 반지름(T)] 〈100.0000〉:}에서 높이 '100'을 입력합니다. 다음 그림과 같이 메쉬의 분할 수가 늘어남에 따라 보다 매끄러운 원추가 작도된다는 것을 알 수 있습니다.

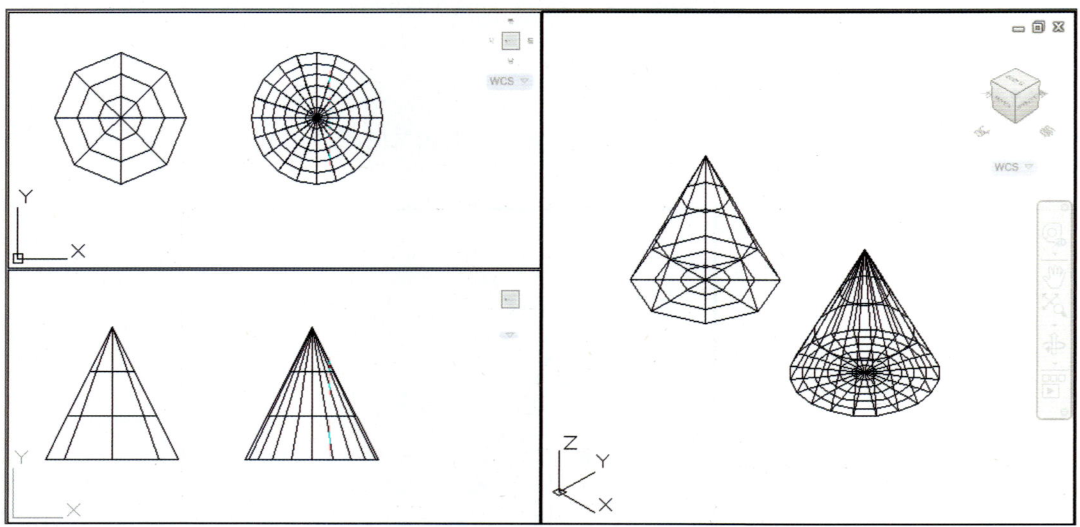

tip!

{높이 지정 또는 [2점(2P)/축 끝점(A)/상단 반지름(T)] 〈100.0000〉:}에서 상단 반지름 옵션 T를 선택하면 하단과 상단의 반지름이 다른 원추를 작성할 수 있습니다.

03. 원통(CYLINDER)

3D 메쉬 원통을 작성합니다.

01 메쉬 원통 명령을 실행합니다. '메쉬' 탭의 '기본체' 패널 또는 '부드러운 메쉬' 도구막대에서 🗊을 클릭합니다.

{기준 중심점 지정 또는 [3P(3P)/2P(2P)/Ttr−접선 접선 반지름(T)/타원형(E)]:}에서 '100,100'을 입력합니다.

{기준 반지름 지정 또는 [지름(D)] 〈46.6667〉:}에서 반지름 '50'을 입력합니다.

{높이 지정 또는 [2점(2P)/축 끝점(A)/상단 반지름(T)] 〈100.0000〉:}에서 높이 '100'을 입력합니다. 다음 그림과 같이 원통이 작도됩니다.

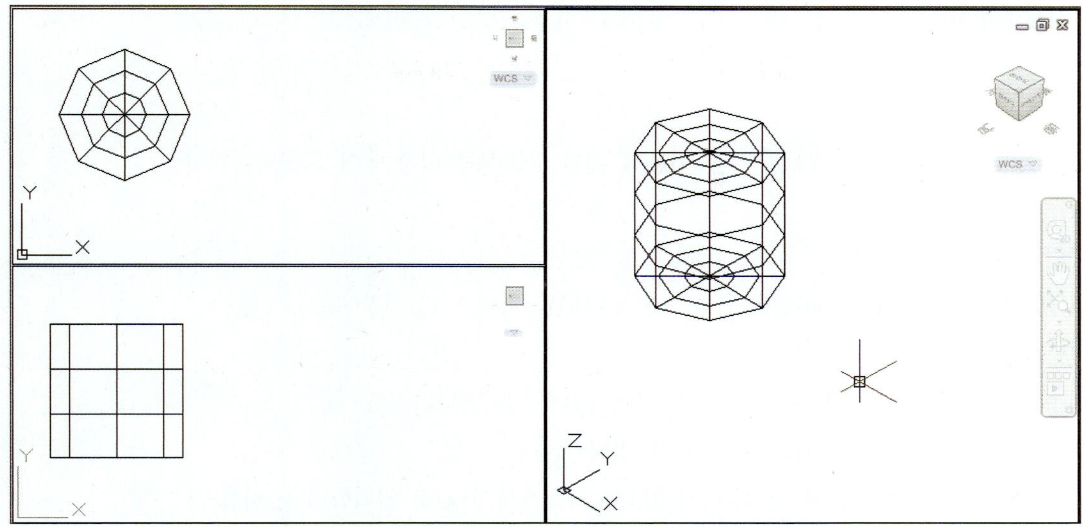

02 메쉬 기본체 옵션(MESHPRIMITIVEOPTIONS) 명령을 실행하여 다듬기 분할의 '축'을 '20', '기단'을 '6'으로 설정한 후 메쉬 원통 명령을 실행합니다. '메쉬' 탭의 '기본체' 패널 또는 '부드러운 메쉬' 도구막대에서 ▯을 클릭합니다.

{기준 중심점 지정 또는 [3P(3P)/2P(2P)/Ttr-접선 접선 반지름(T)/타원형(E)]:}에서 '250,100'을 입력합니다.

{기준 반지름 지정 또는 [지름(D)] 〈46.6667〉:}에서 반지름 '50'을 입력합니다.

{높이 지정 또는 [2점(2P)/축 끝점(A)/상단 반지름(T)] 〈100.0000〉:}에서 높이 '100'을 입력합니다. 다음 그림과 같이 원통이 작도됩니다.

tip!

{높이 지정 또는 [2점(2P)/축 끝점(A)/상단 반지름(T)] 〈100.0000〉:}에서 상단 반지름 옵션 'T'를 선택하면 하단과 상단의 반지름이 다른 원통을 작성할 수 있습니다.

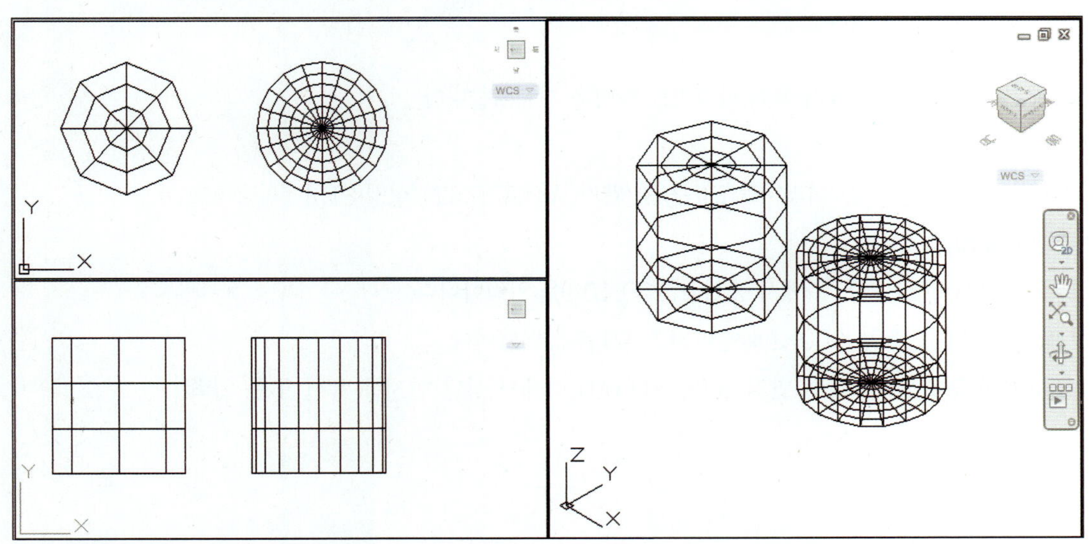

04. 피라미드(PYRAMID)

3D 메쉬 피라미드를 작성합니다.

01 메쉬 피라미드 명령을 실행합니다. '메쉬' 탭의 '기본체' 패널 또는 '부드러운 메쉬' 도구막대에서 △을 클릭합니다.

{현재 설정된 부드럽기 정도: 0}

{옵션 입력 [상자(B)/원추(C)/원통(CY)/피라미드(P)/구(S)/쐐기(W)/토러스(T)/설정(SE)] 〈원통〉: _PYRAMID} {4 면 외접}

{기준 중심점 지정 또는 [모서리(E)/변(S)]:}에서 기준점 '100,100'을 입력합니다.

{기준 반지름 지정 또는 [내접(I)] 〈50.0000〉: }에서 '50'을 입력합니다.

{높이 지정 또는 [2점(2P)/축 끝점(A)/상단 반지름(T)] 〈0.0001〉:}에서 '100'을 입력합니다. 다음 그림과 같이 피라미드가 작도됩니다.

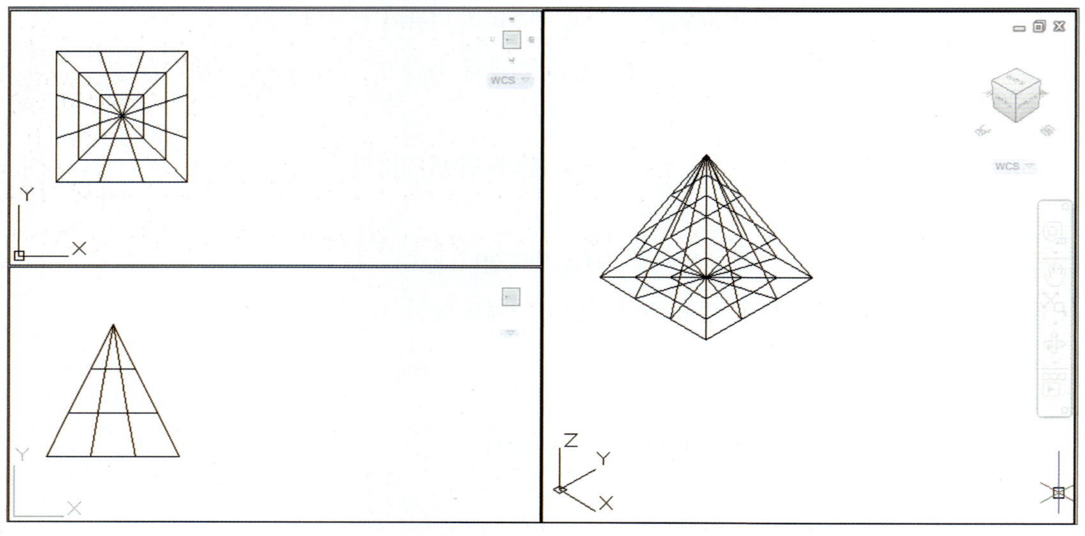

02 〈엔터〉 키 또는 〈스페이스 바〉를 눌러 메쉬 피라미드 명령을 재실행합니다.

{현재 설정된 부드럽기 정도: 0}

{옵션 입력 [상자(B)/원추(C)/원통(CY)/피라미드(P)/구(S)/쐐기(W)/토러스(T)/설정(SE)] 〈피라미드〉: _PYRAMID} {4 면 외접}

{기준 중심점 지정 또는 [모서리(E)/변(S)]:}에서 중심점 '250,100'을 입력합니다.

{기준 반지름 지정 또는 [내접(I)] 〈50.0000〉:}에서 반지름 '50'을 입력합니다.

{높이 지정 또는 [2점(2P)/축 끝점(A)/상단 반지름(T)] 〈0.0001〉:}에서 상단 반지름 옵션 'T'를 입력합니다.

{상단 반지름 지정 ⟨0.0000⟩:}에서 상단 반지름 '20'을 입력합니다.

{높이 지정 또는 [2점(2P)/축 끝점(A)] ⟨0.0001⟩:}에서 '100'을 입력합니다. 다음 그림과 같이 상단 반지름이 '20'인 피라미드가 작도됩니다.

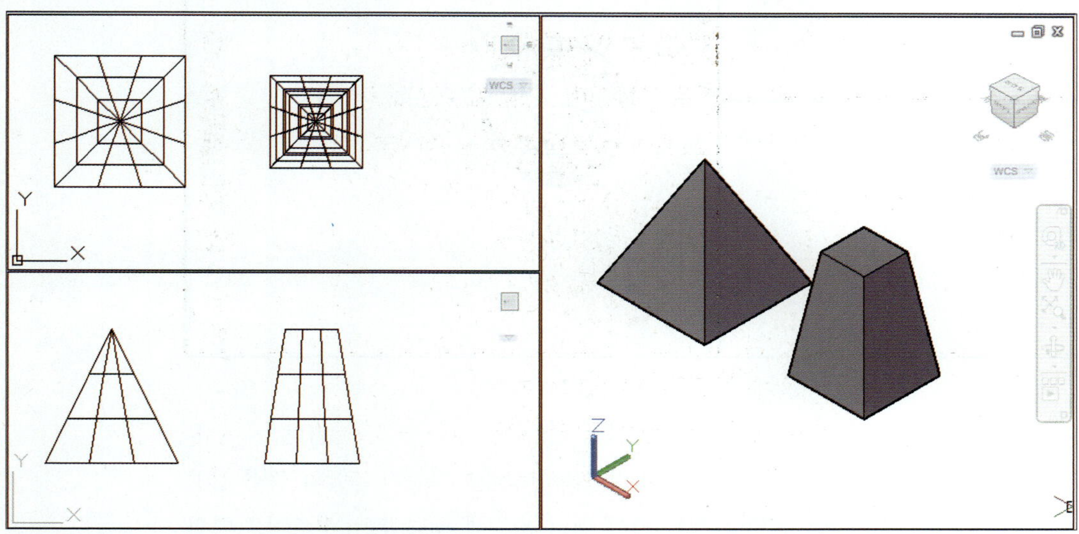

05. 구(SPHERE)

3D 메쉬 구를 작성합니다.

01 메쉬 구 명령을 실행합니다. '메쉬' 탭의 '기본체' 패널 또는 '부드러운 메쉬' 도구막대에서 ⬤을 클릭합니다.

{현재 설정된 부드럽기 정도: 0}

{옵션 입력 [상자(B)/원추(C)/원통(CY)/피라미드(P)/구(S)/쐐기(W)/토러스(T)/설정(SE)] ⟨구⟩: _SPHERE}

{중심점 지정 또는 [3점(3P)/2점(2P)/Ttr-접선 접선 반지름(T)]:}에서 중심점 '100,100'을 입력합니다.

{반지름 지정 또는 [지름(D)] ⟨50.0000⟩:}에서 반지름 '50'을 입력합니다. 다음 그림과 같이 구가 작도됩니다.

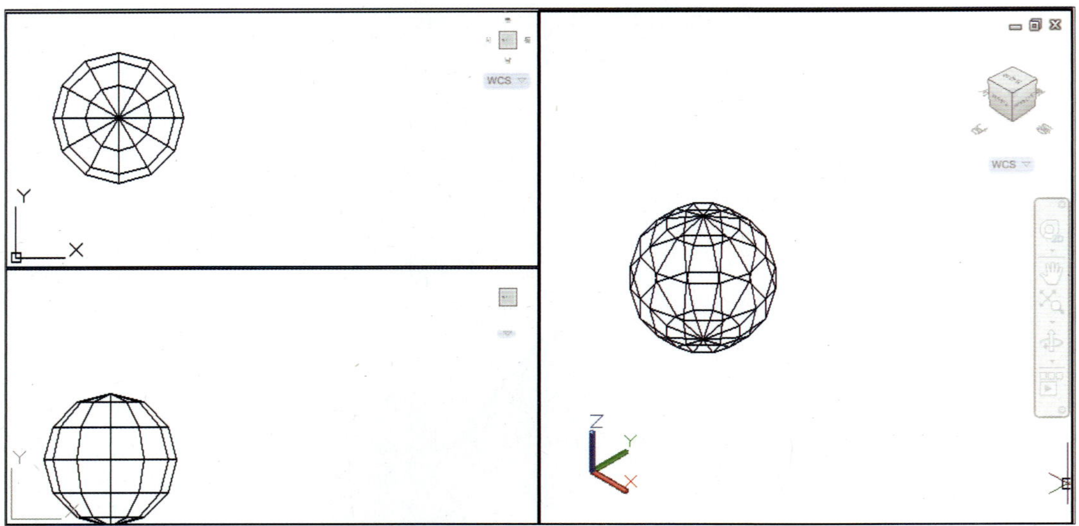

02 메쉬 기본체 옵션(MESHPRIMITIVEOPTIONS) 명령을 실행하여 다듬기 분할의 '축'을 '20', '높이'를 '10'으로 설정한 후 메쉬 구 명령을 실행합니다. '메쉬' 탭의 '기본체' 패널 또는 '부드러운 메쉬' 도구막대에서 ⬤을 클릭합니다.

{현재 설정된 부드럽기 정도: 0}

{옵션 입력 [상자(B)/원추(C)/원통(CY)/피라미드(P)/구(S)/쐐기(W)/토러스(T)/설정(SE)] 〈구〉: _SPHERE}

{중심점 지정 또는 [3점(3P)/2점(2P)/Ttr-접선 접선 반지름(T)]:}에서 중심점 '250,100'을 입력합니다.

{반지름 지정 또는 [지름(D)] 〈50.0000〉:}에서 반지름 '50'을 입력합니다. 다음 그림과 같이 분할 수가 다른 구가 작도됩니다.

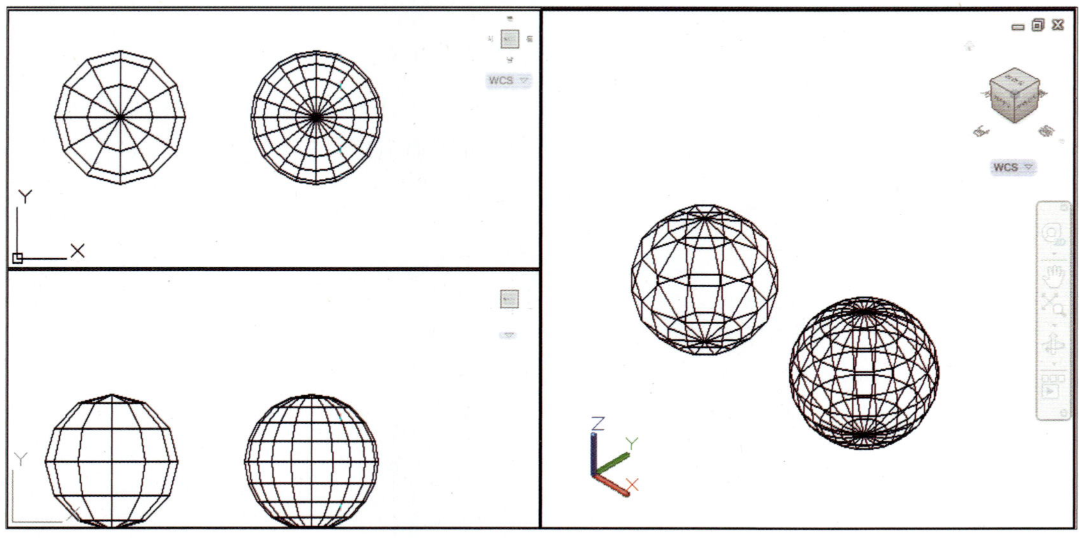

06. 쐐기(WEDGE)

3D 메쉬 쐐기를 작성합니다.

01 메쉬 쐐기 명령을 실행합니다. '메쉬' 탭의 '기본체' 패널 또는 '부드러운 메쉬' 도구막대에서 🔲을 클릭합니다.

{현재 설정된 부드럽기 정도: 0}

{옵션 입력 [상자(B)/원추(C)/원통(CY)/피라미드(P)/구(S)/쐐기(W)/토러스(T)/설정(SE)] 〈구〉: _ WEDGE}

{첫 번째 구석 지정 또는 [중심(C)]:}에서 '50,50'을 입력합니다.

{반대 구석 지정 또는 [정육면체(C)/길이(L)]:}에서 반대편 구석을 상대좌표 '@100,50'을 입력합니다.

{높이 지정 또는 [2점(2P)] 〈0.0001〉:}에서 높이 '100'을 입력합니다. 다음 그림과 같이 쐐기가 작도됩니다.

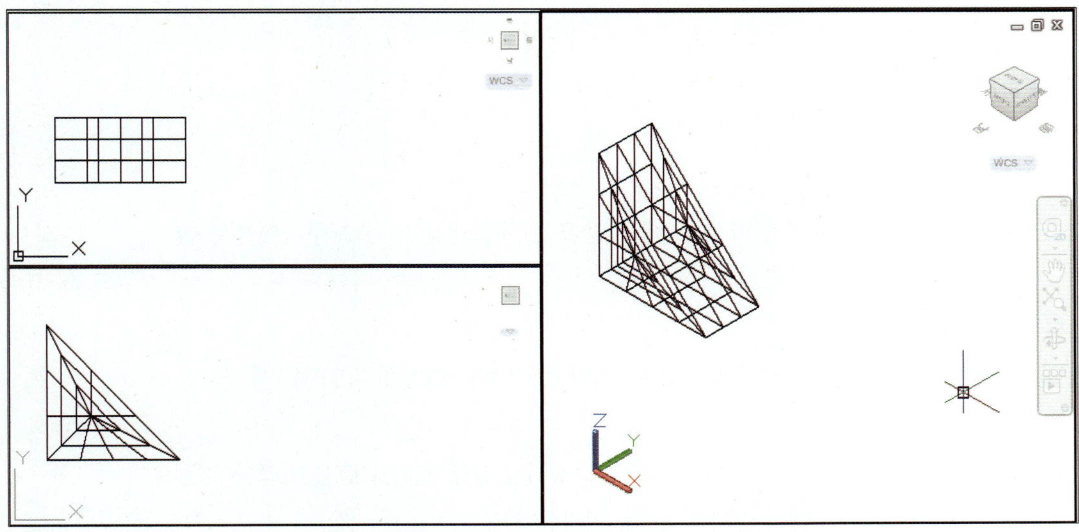

02 다시 메쉬 쐐기 명령을 실행합니다. '메쉬' 탭의 '기본체' 패널 또는 '부드러운 메쉬' 도구막대에서 🔲을 클릭합니다.

{현재 설정된 부드럽기 정도: 0}

{옵션 입력 [상자(B)/원추(C)/원통(CY)/피라미드(P)/구(S)/쐐기(W)/토러스(T)/설정(SE)] 〈구〉: _ WEDGE}

{첫 번째 구석 지정 또는 [중심(C)]:}에서 '250,50'을 입력합니다.

{반대 구석 지정 또는 [정육면체(C)/길이(L)]:}에서 정육면체 옵션 'C'를 입력합니다.

{길이 지정 〈100.0000〉:}에서 길이 '100'을 입력합니다. 다음 그림과 같이 각 변의 길이가 '100'인 정육면체 쐐기가 작도됩니다.

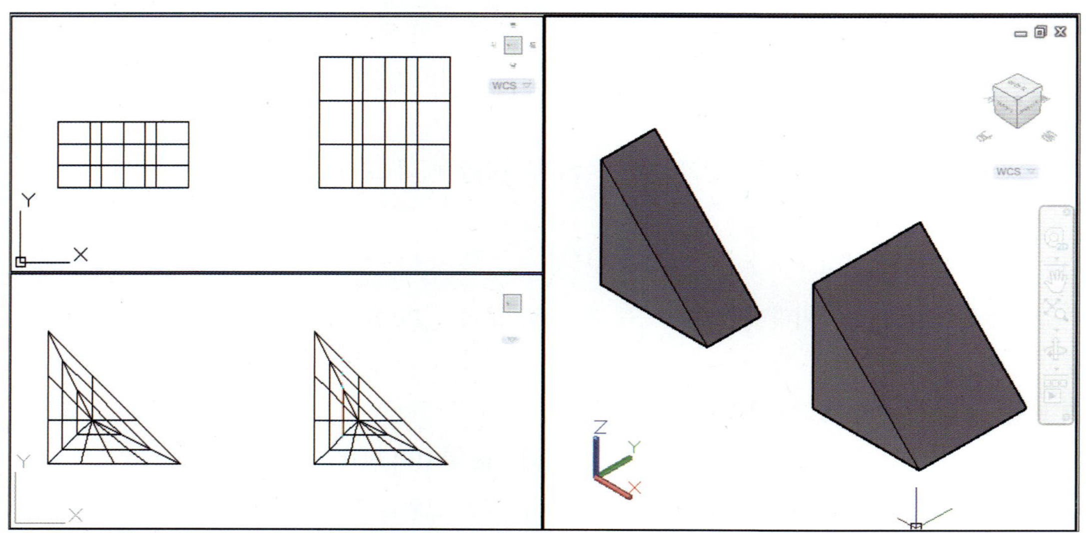

07. 토러스(TORUS)

3D 메쉬 토러스(도넛)를 작성합니다.

01 메쉬 토러스 명령을 실행합니다. '메쉬' 탭의 '기본체' 패널 또는 '부드러운 메쉬' 도구막대에서 ⊜ 을 클릭합니다.

{현재 설정된 부드럽기 정도: 0}

{옵션 입력 [상자(B)/원추(C)/원통(CY)/피라미드(P)/구(S)/쐐기(W)/토러스(T)/설정(SE)] 〈쐐기〉: _ TORUS}

{중심점 지정 또는 [3점(3P)/2점(2P)/Ttr−접선 접선 반지름(T)]:}에서 중심점 '100,100'을 입력합니다.

{반지름 지정 또는 [지름(D)] 〈50.0000〉:}에서 반지름 '50'을 입력합니다.

{튜브 반지름 지정 또는 [2점(2P)/지름(D)]:}에서 튜브의 반지름 '10'을 입력합니다. 다음 그림과 같이 토러스(도넛)가 작도됩니다.

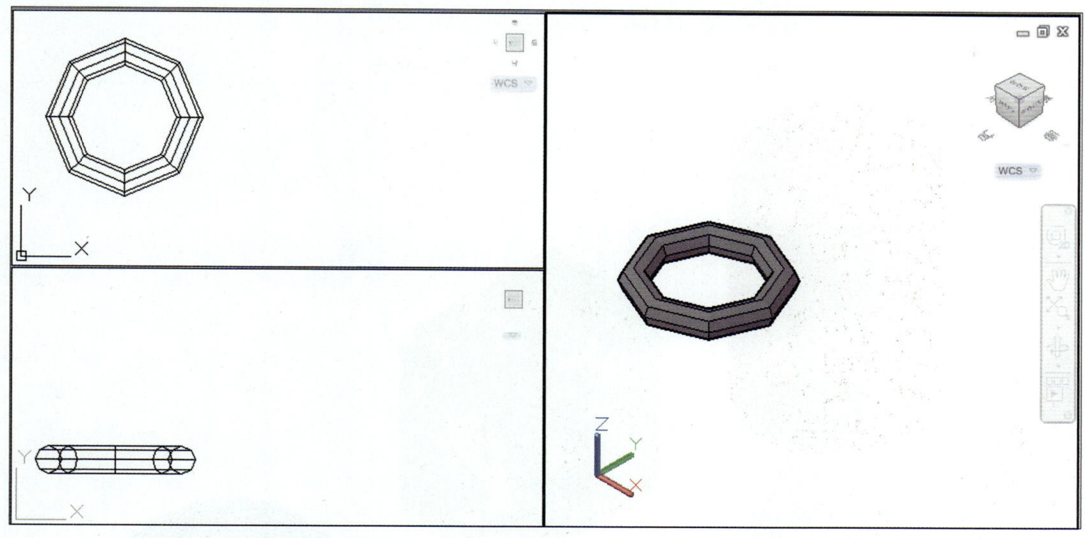

02 메쉬 기본체 옵션(MESHPRIMITIVEOPTIONS) 명령을 실행하여 다듬기 분할의 '반지름'을 '10', '스윕 경로'를 '32'로 설정한 후 메쉬 토러스 명령을 실행합니다. '메쉬' 탭의 '기본체' 패널 또는 '부드러운 메쉬' 도구막대에서 ⊚을 클릭합니다.

{현재 설정된 부드럽기 정도: 0}

{옵션 입력 [상자(B)/원추(C)/원통(CY)/피라미드(P)/구(S)/쐐기(W)/토러스(T)/설정(SE)] 〈토러스〉: _TORUS}

{중심점 지정 또는 [3점(3P)/2점(2P)/Ttr−접선 접선 반지름(T)]:}에서 중심점 '250,100'을 입력합니다.

{반지름 지정 또는 [지름(D)] 〈50.0000〉:}에서 반지름 '50'을 입력합니다.

{튜브 반지름 지정 또는 [2점(2P)/지름(D)]:}에서 튜브의 반지름 '10'을 입력합니다. 다음 그림과 같이 분할 수가 많은 토러스가 작도됩니다.

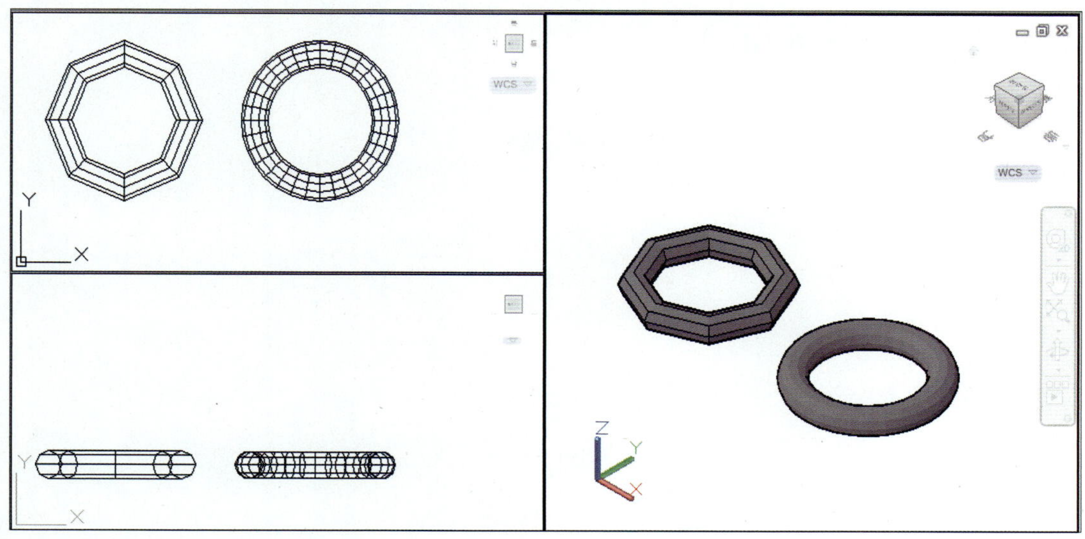

다음 그림과 같은 다양한 메쉬 기본체를 작도할 수 있습니다.

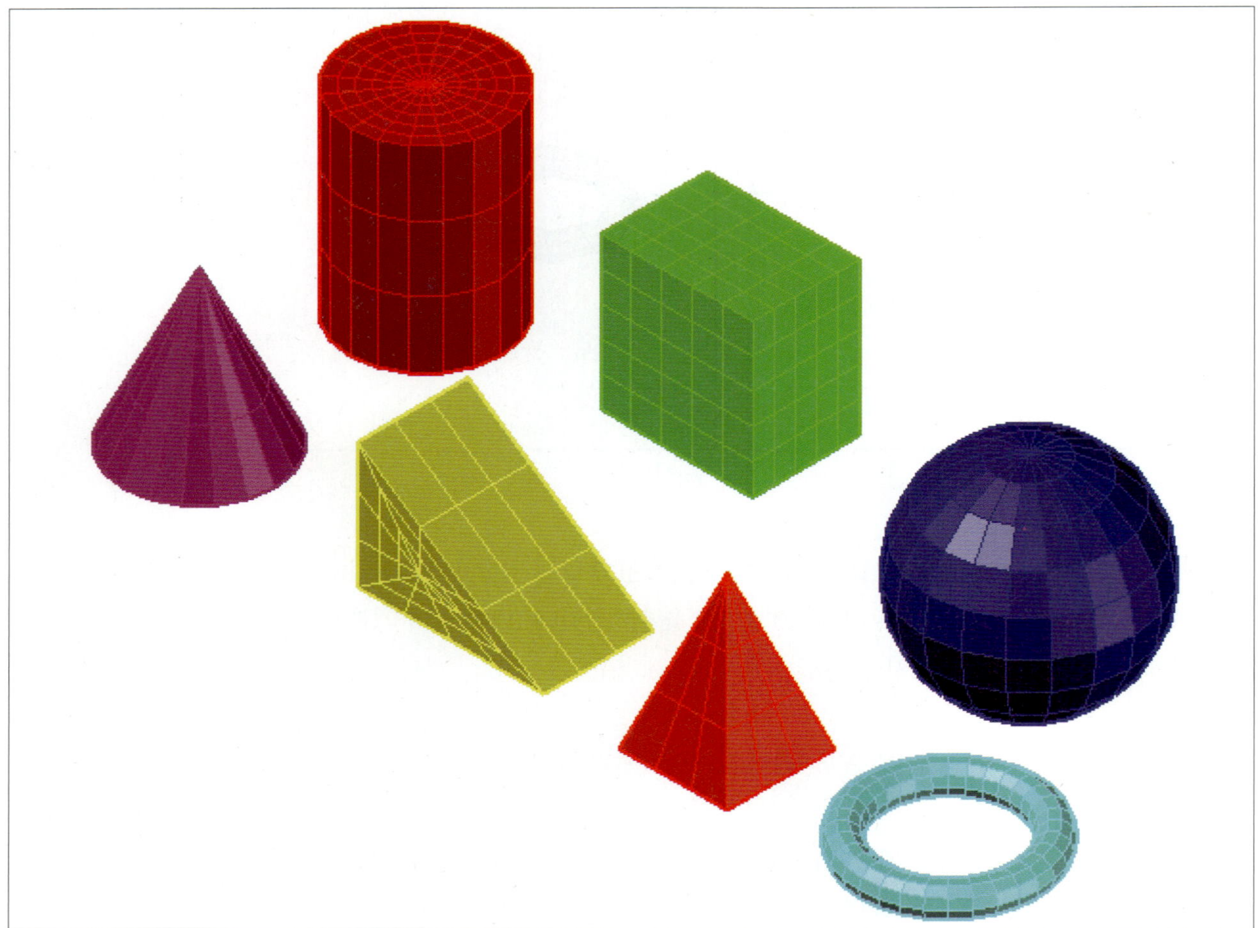

2. 회전체를 만드는 회전 곡면(REVSURF)

선택된 축을 중심으로 회전체의 메쉬를 작성합니다.

명령 : REVSURF   메뉴 아이콘 :

01 선, 폴리선 명령 및 스플라인 명령으로 다음과 같이 작도합니다. 축은 '선(LINE)' 명령으로 작도하고 왼쪽 그림의 회전시킬 객체는 '스플라인(SPLINE)' 명령으로 오른쪽 그림의 회전시킬 객체는 '폴리선(PLINE)' 명령으로 작도합니다. 크기는 임의로 지정합니다.

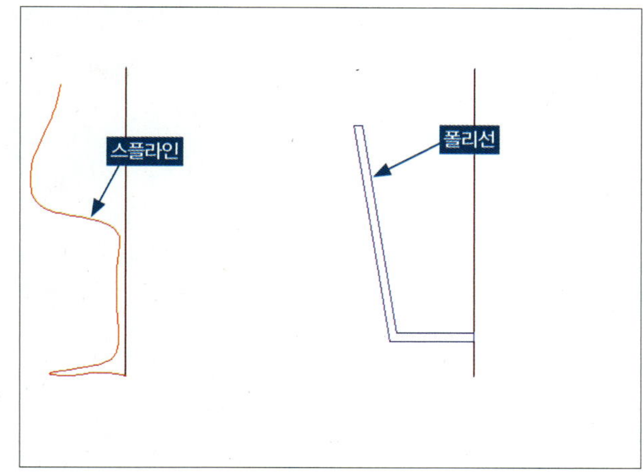

02 회전 곡면을 매끄럽게 표현하기 위해 밀도를 조정합니다.

시스템 변수 'SURFTAB1'을 입력합니다.

{SURFTAB1에 대한 새 값 입력 〈6〉:}에서 '30'을 입력합니다.

시스템 변수 'SURFTAB2'를 입력합니다.

{SURFTAB2에 대한 새 값 입력 〈6〉:}에서 '30'을 입력합니다.

> **참고 | 회전 곡면의 와이어프레임 밀도를 조정하는 시스템 변수**
>
> 시스템 변수 SURFTAB1과 SURFTAB2는 회전 곡면의 와이어프레임 밀도를 조정합니다.
> {명령:}에서 'SURFTAB1' 또는 'SURFTAB2'를 입력합니다.
> {SURFTAB1에 대한 새 값 입력 〈6〉:}에서 밀도 값을 지정합니다.
> 또는 '옵션' 대화상자의 '3D 모델링' 탭에서 표면의 등각선 값을 설정합니다.

03 회전 곡면 명령을 실행합니다. 명령어 'REVSURF'를 입력하거나 '메쉬' 탭의 '기본체' 패널에서 ⊚을 클릭합니다.

{현재 와이어프레임 밀도: SURFTAB1=30 SURFTAB2=30}

{회전할 객체 선택:}에서 회전할 객체인 스플라인을 선택합니다.

{회전축을 정의하는 객체 선택:}에서 가운데 축(선)을 선택합니다.

{시작 각도 지정 〈0〉:}에서 〈엔터〉 키를 누릅니다.

{사이각 지정 (+=시계반대방향, −=시계방향) 〈360〉:}에서 '360'을 입력합니다.

다음 그림과 같이 와인 잔 모양으로 회전 곡면 객체가 작
성됩니다.

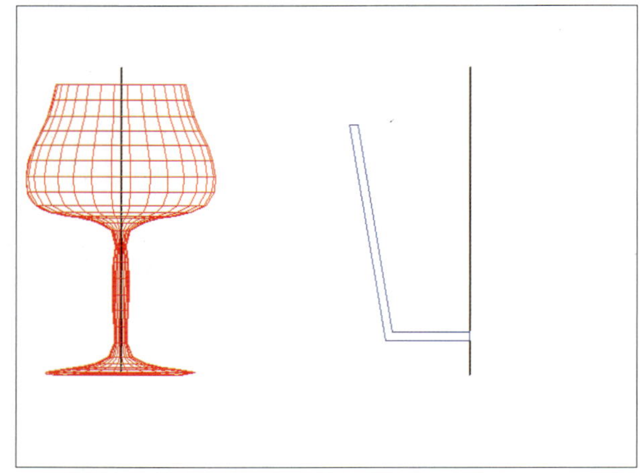

04 〈엔터〉 키 또는 〈스페이스 바〉를 눌러 회전 곡면 명령을 재실행합니다.

{현재 와이어프레임 밀도: SURFTAB1=30 SURFTAB2=30}

{회전할 객체 선택:}에서 회전할 객체인 오른쪽 폴리선을
선택합니다.

{회전축을 정의하는 객체 선택:}에서 가운데 축(선)을 선
택합니다.

{시작 각도 지정 〈0〉:}에서 〈엔터〉 키를 누릅니다.

{사이각 지정 (+=시계반대방향, −=시계방향) 〈360〉:}
에서 '360'을 입력합니다.

그림과 같이 컵 모양으로 회전 곡면 객체가 작성됩니다.

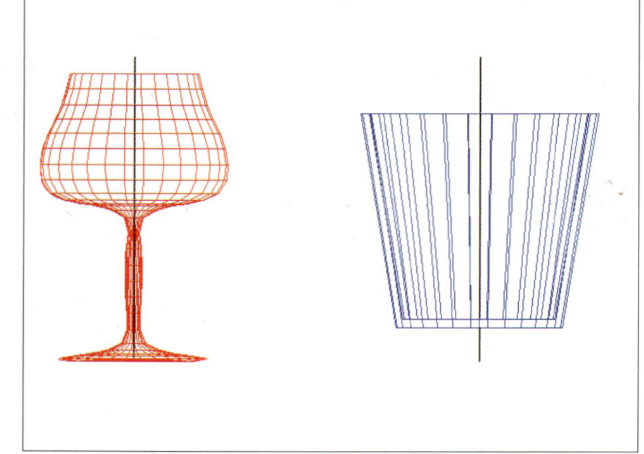

05 비주얼 스타일을 '실제'로 설정하면 다음 그림과 같
이 회전체인 와인 잔과 컵이 표현됩니다.

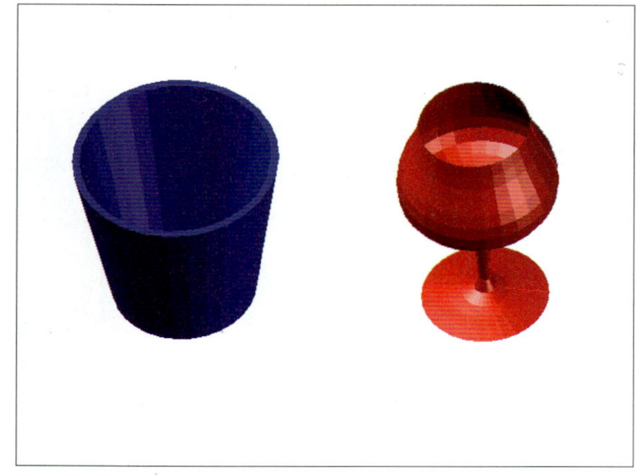

 **회전각도에 따른 형상**

회전체를 작도할 때는 사이 각도에 따라 형상이 달라집니다.

{시작 각도 지정 〈0〉:}에서 '0'을 입력합니다.

{사이각 지정 (+=시계반대방향. −=시계방향) 〈360〉:}에서 '180'을 입력한 경우는 다음 그림과 같이
반쪽의 회전체가 작도됩니다.

3. 방향 벡터를 따라 메쉬를 작성하는 방향벡터 곡면(TABSURF)

직선 경로를 따라 스윕된 선 또는 곡선으로부터 메쉬를 작성합니다. 직선 경로 객체는 스윕할 선, 호,
원, 타원 또는 폴리선이 있습니다.

명령 : TABSURF　　　　　　　　　　　　　메뉴 아이콘 :

01 방향벡터 곡면을 작성하기 위해 '스플라인
(SPLINE)' 명령으로 다음 그림과 같은 곡선을 작도하
고 '선(LINE)' 명령으로 직선 경로 객체를 작도합니다.

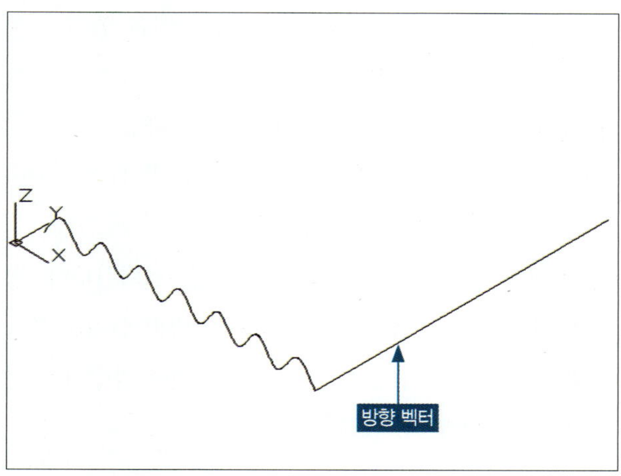

02 곡면의 밀도를 조정하기 위해 시스템 변수 'SURFTAB1'을 조정합니다. 시스템 변수
'SURFTAB1'을 입력합니다.

{SURFTAB1에 대한 새 값 입력 〈30〉:}에서 새로운 값 '32'를 입력합니다.

 **방향 벡터 곡면의 와이어프레임 밀도를 조정하는 시스템 변수**

시스템 변수 'SURFTAB1'은 방향 벡터 곡면의 와이어프레임 밀도를 조정합니다.
{명령:}에서 'SURFTAB1'을 입력합니다.
{SURFTAB1에 대한 새 값 입력 〈6〉:}에서 밀도 값을 지정합니다.

03 방향벡터 곡면 명령을 실행합니다. 명령어 'TABSURF'를 입력하거나 '메쉬' 탭의 '기본체' 패널에서 █을 클릭합니다.
{현재 와이어프레임 밀도: SURFTAB1=32}
{경로 곡선에 대한 객체 선택:}에서 경로 객체(스플라인)를 선택합니다.
{방향 벡터에 대한 객체 선택:}에서 선을 선택합니다. 선을 선택할 때는 스플라인에 가까운 쪽을 선택합니다. 그림과 같이 선택한 객체가 방향 벡터 객체를 따라 곡면이 작도됩니다.

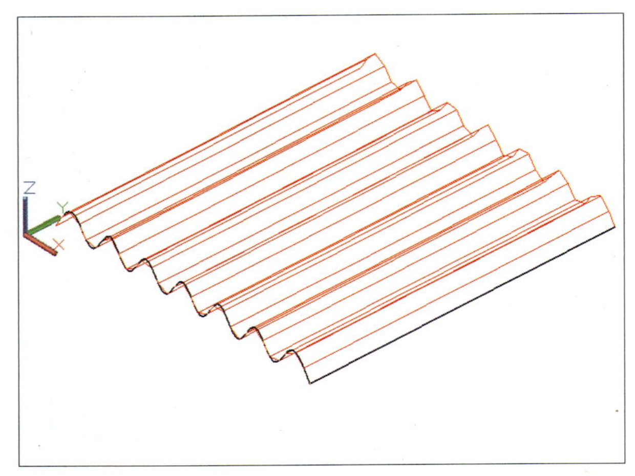

04 이번에는 방향 벡터에 대한 객체를 선택할 때 선택하는 위치를 반대쪽을 지정해보도록 하겠습니다. 명령어 'TABSURF'를 입력하거나 '메쉬' 탭의 '기본체' 패널에서 █을 클릭합니다.
{현재 와이어프레임 밀도: SURFTAB1=32}
{경로 곡선에 대한 객체 선택:}에서 경로 객체(스플라인)를 선택합니다.
{방향 벡터에 대한 객체 선택:}에서 선을 선택합니다. 방향 벡터인 선을 선택할 때 스플라인과 멀리 떨어진 쪽을 선택합니다. 그림과 같이 앞에서 실습했던 방향과는 반대 방향으로 곡면이 작도됩니다.

tip!

동일한 방향 벡터 객체를 선택하더라도 지정하는 위치에 따라 벡터의 방향이 달라집니다. 따라서 방향 벡터 곡면을 작도할 때는 방향 벡터의 방향을 고려하여 방향 벡터 객체를 선택해야 합니다.

4. 두 객체 사이에 메쉬를 작성하는 직선보간 곡면(RULESURF)

두 객체(선, 호, 원, 폴리선)를 선택하여 두 객체 사이에 직선 보간 메쉬를 작성합니다.

명령 : RULESURF　　　　　　　　　　　　　메뉴 아이콘 :

01 직선보간 곡면 작성을 위해 '호(ARC)' 명령으로 다음 그림과 같이 작도합니다. 두개 호의 Z값이 차이가 나도록 작도합니다.

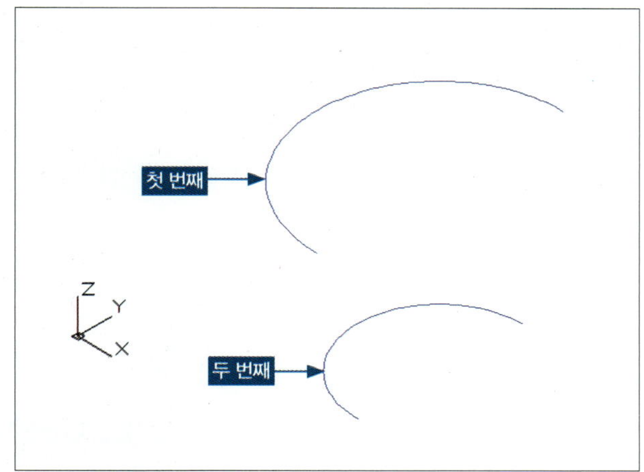

02 직선보간 곡면 명령을 실행합니다. 명령어 'RULESURF'를 입력하거나 '메쉬' 탭의 '기본체' 패널에서 　을 클릭합니다.

{현재 와이어프레임 밀도: SURFTAB1=32}

{첫 번째 정의 곡선 선택:}에서 위쪽의 객체(큰 호)를 선택합니다.

{두 번째 정의 곡선 선택:}에서 아래쪽의 객체(작은 호)를 선택합니다.

그림과 같이 보간 곡면이 평행하게 작도됩니다.

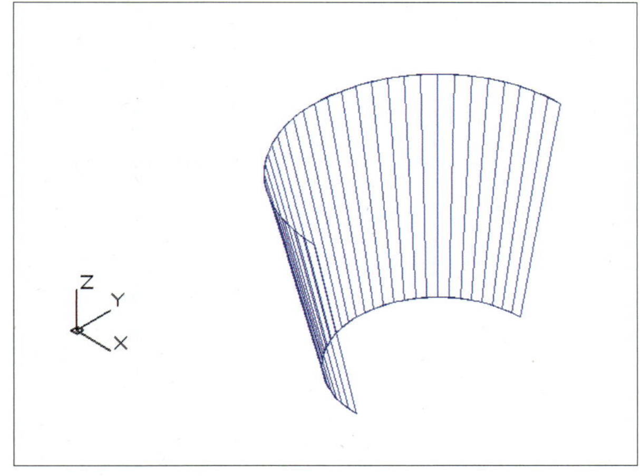

03 실행을 취소(UNDO)하고 다시 직선보간 곡면(RULESURF) 명령을 실행합니다.

{현재 와이어프레임 밀도: SURFTAB1=32}

{첫 번째 정의 곡선 선택:}에서 위쪽 호의 앞쪽을 선택합니다.

{두 번째 정의 곡선 선택:}에서 아래쪽 호의 반대편 끝부분을 선택합니다.

다음 그림과 같이 보간 선이 교차하는 보간 곡면이 작도됩니다.

이렇게 곡선의 선택 위치에 따라 직선보간 곡면의 모양
이 달라집니다.

 **참고** **직선 보간 곡면의 와이어프레임 밀도를 조정하는 시스템 변수**

시스템 변수 'SURFTAB1'은 직선보간 곡면의 와이어프레임 밀
도를 조정합니다.
{명령:}에서 'SURFTAB1'을 입력합니다.
{SURFTAB1에 대한 새 값 입력 《6》:}에서 밀도 값을 지정합니다.

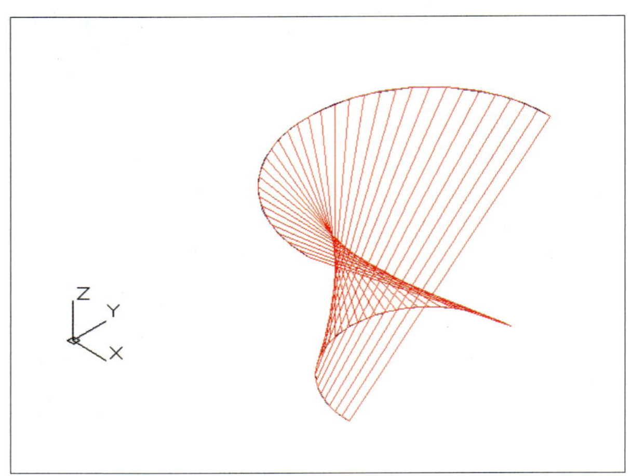

5. 4개의 객체로 만드는 모서리 곡면(EDGESURF)

인접한 4개의 모서리(선, 폴리선, 스플라인, 호, 타원 호)를 선택하여 다각형 메쉬를 작성합니다.

명령 : EDGESURF

메뉴 아이콘 :

01 모서리 곡면 실습을 위해 선, 원, 호, 스플라인, 타
원 호 등의 명령으로 다음 그림과 같이 작도합니다. 부여
된 번호는 설명을 위한 것이므로 작성하지 않습니다. 끝
점이 서로 연결되어 있어야 합니다.

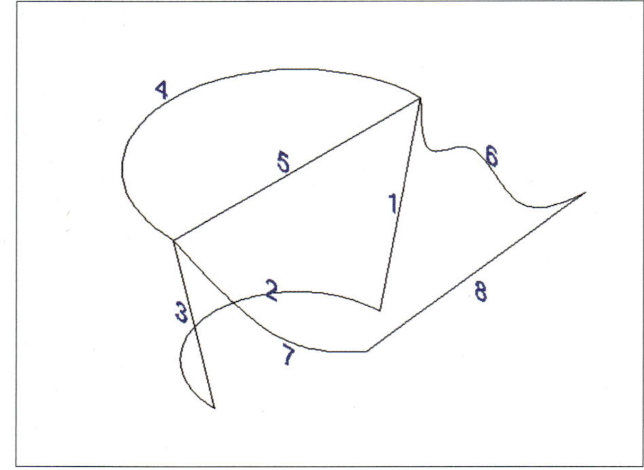

02 모서리 곡면 명령을 실행합니다. 명령어 'EDGESURF'를 입력하거나 '메쉬' 탭의 '기본체' 패널
에서 을 클릭합니다.
{현재 와이어프레임 밀도: SURFTAB1=32 SURFTAB2=32}
{곡면 모서리에 대한 1 객체 선택:}에서 첫 번째 객체(1번)를 선택합니다.
{곡면 모서리에 대한 2 객체 선택:}에서 두 번째 객체(2번)를 선택합니다.
{곡면 모서리에 대한 3 객체 선택:}에서 세 번째 객체(3번)를 선택합니다.

{곡면 모서리에 대한 4 객체 선택:}에서 네 번째 객체(4 번)를 선택합니다.

다음과 같이 모서리 곡면이 작도됩니다.

tip!

선, 호, 스플라인 또는 열린 2D 또는 3D 폴리선을 모서리로 사용할 수 있습니다. 모서리 곡면을 작성하기 위해서는 각 객체는 4개의 모서리로 이루어진 폐쇄 공간이어야 합니다. 즉, 각 모서리의 끝이 연결되어 있어야 합니다.

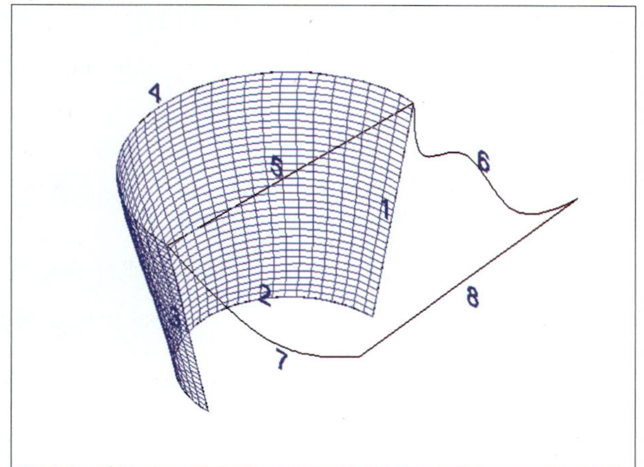

참고 **모서리 곡면의 와이어프레임 밀도를 조정하는 시스템 변수**

시스템 변수 'SURFTAB1'과 'SURFTAB2'는 모서리 곡면의 와이어프레임 밀도를 조정합니다.
{명령:}에서 'SURFTAB1' 또는 'SURFTAB2'를 입력합니다.
{SURFTAB1에 대한 새 값 입력 〈6〉:}에서 밀도 값을 지정합니다.

03 모서리 곡면 명령을 실행합니다. 명령어 'EDGESURF'를 입력하거나 '메쉬' 탭의 '기본체' 패널에서 ▱을 클릭합니다.

{현재 와이어프레임 밀도: SURFTAB1=12 SURFTAB2=6}

{곡면 모서리에 대한 1 객체 선택:}에서 첫 번째 객체(5 번)를 선택합니다.

{곡면 모서리에 대한 2 객체 선택:}에서 두 번째 객체(6 번)를 선택합니다.

{곡면 모서리에 대한 3 객체 선택:}에서 세 번째 객체(7 번)를 선택합니다.

{곡면 모서리에 대한 4 객체 선택:}에서 네 번째 객체(8 번)를 선택합니다.

그림과 같이 모서리 곡면이 작도됩니다.

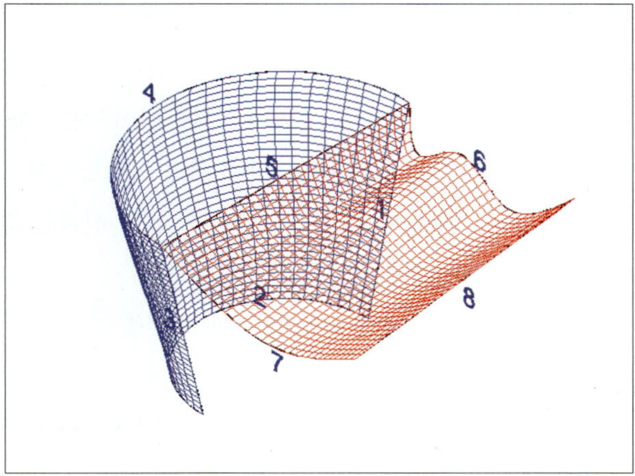

6. 부드러운 메쉬 만들기(SMOOTH)

3차원 객체를 부드럽게 만듭니다. 솔리드, 표면 객체는 메쉬 객체로 변환기도 하고 객체를 부드럽게 하거나 정련합니다.

01. 부드러운 메쉬(MESHSMOOTH)

다각형 메쉬, 표면, 솔리드 등의 3D 객체를 메쉬 객체로 변환합니다. 3D 솔리드 및 표면과 같은 객체를 메쉬로 변환하여 3D 메쉬의 상세한 모델링 기능을 활용할 수 있습니다.

명령 : MESHSMOOTH   메뉴 아이콘 :

01 다음 그림과 같이 메쉬(파란색), 표면(선홍색), 솔리드(빨간색) 객체를 작도합니다.

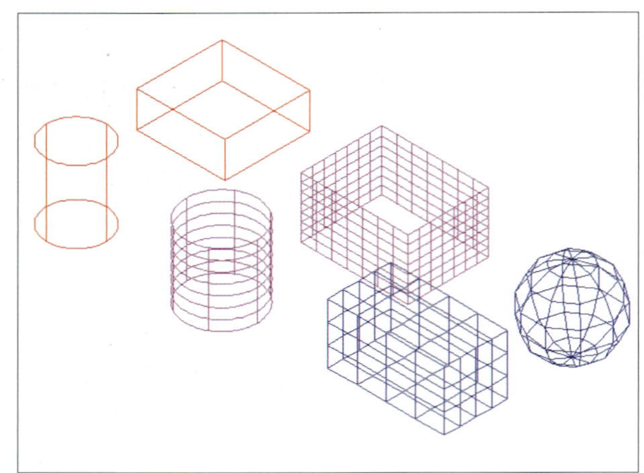

02 '부드러운 객체' 명령을 실행합니다. 명령어 'MESHSMOOTH'를 입력하거나 '메쉬' 탭의 '메쉬' 패널 또는 '부드러운 메쉬' 도구막대에서 ⬚을 클릭합니다.
{변환할 객체 선택:}에서 솔리드 상자 객체를 선택합니다. {1개를 찾음}
{변환할 객체 선택:}에서 솔리드 원통 객체를 선택합니다. {1개를 찾음, 총 2개}
{변환할 객체 선택:}에서 〈엔터〉 키 또는 〈스페이스 바〉를 눌러 선택을 종료합니다.
그림과 같이 솔리드 객체가 메쉬 객체로 변환되면서 부드럽게 바뀝니다.

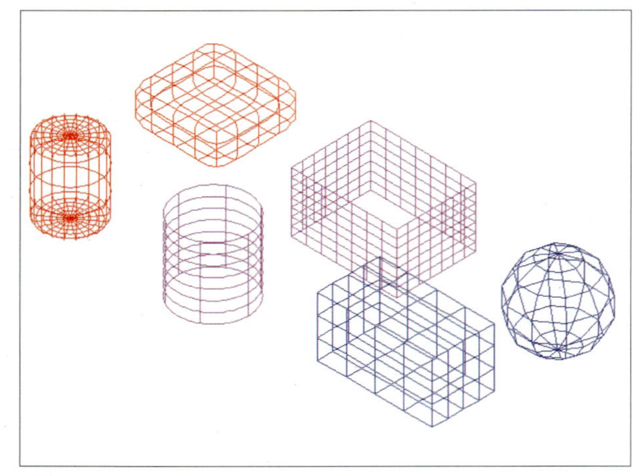

03 〈엔터〉 키 또는 〈스페이스 바〉를 눌러 부드러운 객체 명령을 재실행합니다.

{변환할 객체 선택:}에서 표면 상자 객체(선홍색)를 선택합니다. {1개를 찾음}

{변환할 객체 선택:}에서 표면 원통 객체(선홍색)를 선택합니다. {1개를 찾음, 총 2개}

{변환할 객체 선택:}에서 〈엔터〉 키 또는 〈스페이스 바〉를 눌러 선택을 종료합니다.

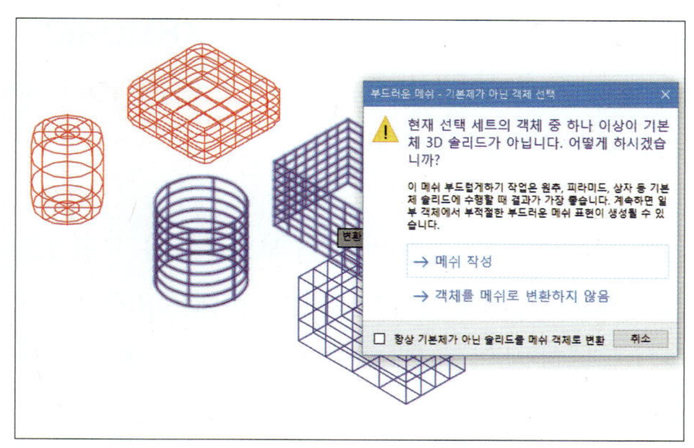

'메쉬 작성'을 클릭합니다. 다음 그림과 같이 표면 객체가 메쉬 객체로 변환됩니다. 비주얼 스타일을 '실제'로 설정한 상태입니다.

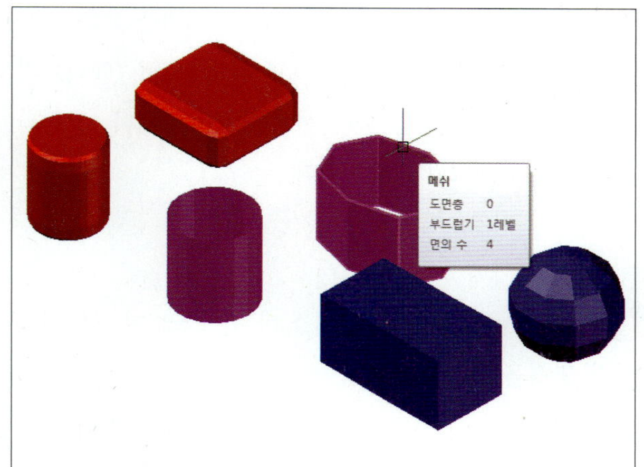

04 〈엔터〉 키 또는 〈스페이스 바〉를 눌러 부드러운 객체 명령을 재실행합니다.

{변환할 객체 선택:}에서 메쉬 상자 객체(선홍색)를 선택합니다. {1개를 찾음}

{변환할 객체 선택:}에서 메쉬 구 객체(선홍색)를 선택합니다. {1개를 찾음, 총 2개}

{변환할 객체 선택:}에서 〈엔터〉 키 또는 〈스페이스 바〉를 눌러 선택을 종료합니다.

그림과 같은 경고 메쉬지 대화상자가 나타납니다. 메쉬는 변환되지 않습니다.

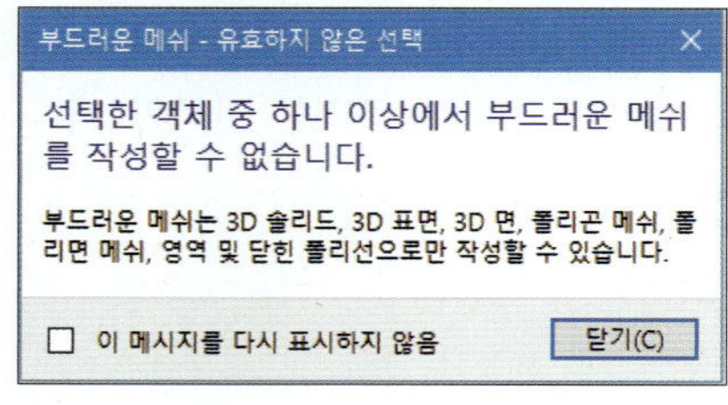

변환 대상이 되는 객체는 3D 솔리드, 3D 표면, 다각형 메쉬, 폴리면 메쉬, 영역 및 닫힌 폴리선이어야 합니다.

02. 더 부드럽게 하기(MESHSMOOTHMORE)

메쉬 객체의 부드럽기 정도를 한 단계 높입니다. 즉, 더 부드러운 메쉬로 만듭니다.

명령 : MESHSMOOTHMORE   메뉴 아이콘 :

01 이어서 조작하겠습니다. '더 부드럽게 하기' 명령을 실행합니다. 명령어 'MESHSMOOTHMORE'를 입력하거나 '메쉬' 탭의 '메쉬' 패널 또는 '부드러운 메쉬' 도구 막대에서 을 클릭합니다.

{부드럽기 정도를 높일 메쉬 객체 선택:}에서 범위를 감싸 여섯 개의 객체를 모두 선택합니다. {6개를 찾음}

{부드럽기 정도를 높일 메쉬 객체 선택:}에서 〈엔터〉 키 또는 〈스페이스 바〉를 눌러 선택을 종료합니다. 그림과 같이 객체가 매끄럽게 바뀝니다.

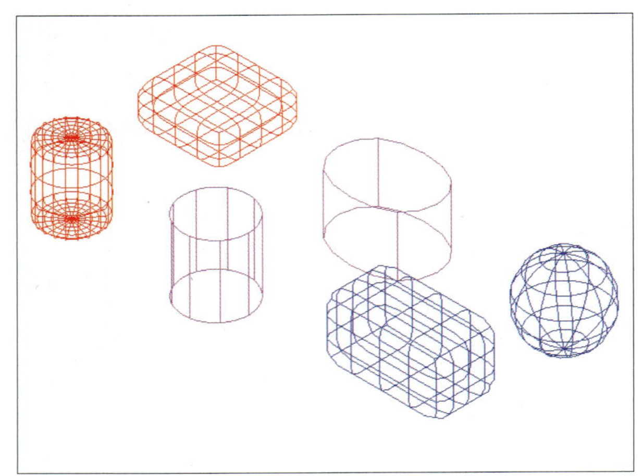

02 〈엔터〉 키 또는 〈스페이스 바〉를 눌러 '더 부드럽게 하기' 명령을 재실행합니다.

{부드럽기 정도를 높일 메쉬 객체 선택:}에서 범위를 감싸 여섯 개의 객체를 모두 선택합니다. {6개를 찾음}

{부드럽기 정도를 높일 메쉬 객체 선택:}에서 〈엔터〉 키 또는 〈스페이스 바〉를 눌러 선택을 종료합니다. 그림과 같이 객체가 매끄럽게 바뀝니다. 누르기를 반복할 때마다 더 부드러운 객체가 됩니다.

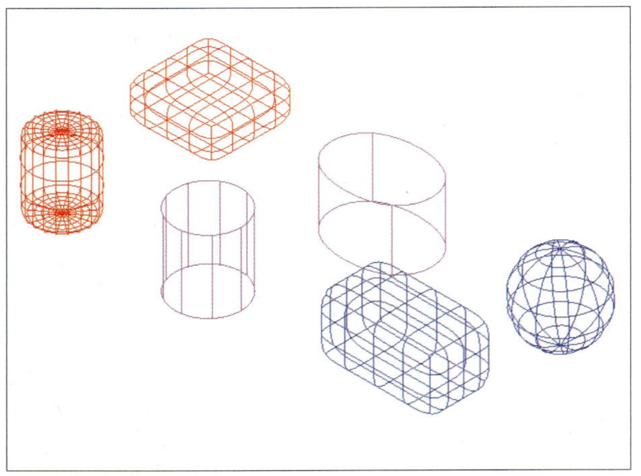

03 비주얼 스타일을 '실제'로 바꾸어보면 다음 그림과 같이 매끄러운 객체로 표현됩니다.

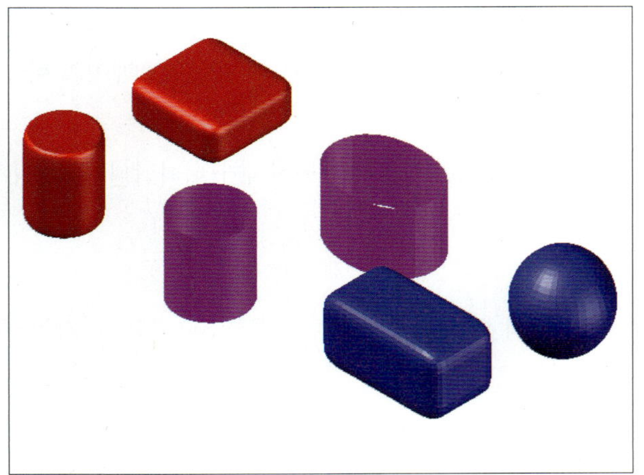

03. 덜 부드럽게 하기(MESHSMOOTHLESS)

메쉬 객체의 부드럽기 정도를 한 단계 낮춥니다. 즉, 덜 부드러운 메쉬로 만듭니다. 부드럽기 정도가
'1' 이상인 객체만 부드럽기 정도를 낮출 수 있습니다.

명령 : MESHSMOOTHLESS

메뉴 아이콘 :

01 앞의 실습에 이어서 조작하겠습니다. '덜 부드럽게 하기' 명령을 실행합니다. 명령어 'MESH SMOOTHLESS'를 입력하거나 '메쉬' 탭의 '메쉬' 패널 또는 '부드러운 메쉬' 도구막대에서 을 클릭합니다.

{부드럽기 정도를 낮출 메쉬 객체 선택:}에서 범위를 감싸 여섯 개의 객체를 모두 선택합니다. {6개를 찾음}

{부드럽기 정도를 낮출 메쉬 객체 선택:}에서 〈엔터〉 키 또는 〈스페이스 바〉를 눌러 종료합니다. 그림과 같이 선택한 객체의 부드럽기가 이전 단계(모서리가 각이 진 상태)로 돌아갑니다.

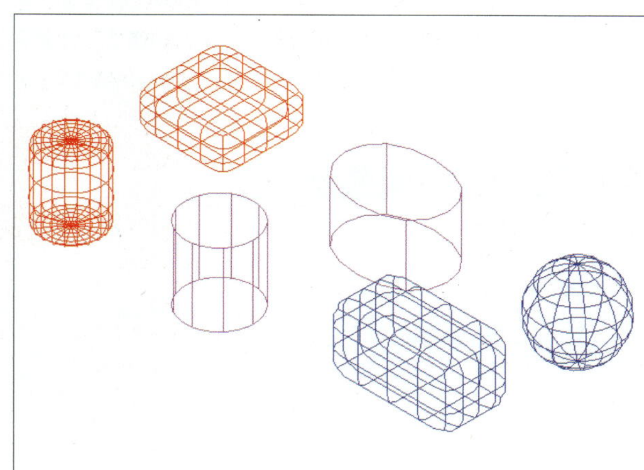

02 〈엔터〉 키 또는 〈스페이스 바〉를 눌러 '덜 부드럽게 하기'를 재실행합니다.

{부드럽기 정도를 낮출 메쉬 객체 선택:}에서 범위를 감싸 여섯 개의 객체를 모두 선택합니다. {6개를 찾음}

{부드럽기 정도를 낮출 메쉬 객체 선택:}에서 〈엔터〉 키 또는 〈스페이스 바〉를 눌러 종료합니다. 그림과 같이 부드럽기 정도가 낮아집니다.

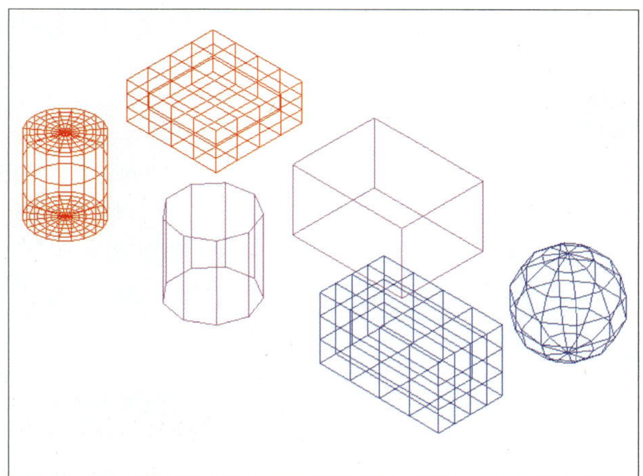

03 비주얼 스타일을 '실제'로 바꾸어보면 다음 그림과 같이 표현됩니다. 덜 부드럽게 하기 이전과 비교해보면 확연히 차이가 난다는 것을 확인할 수 있습니다.

tip!

메쉬의 기본체와 같이 '더 부드럽게 하기' 명령을 실행하지 않았거나 '덜 부드럽게 하기' 명령으로 원 상태의 거칠기로 회복된 객체를 선택한 경우 다음과 같은 대화상자가 나타납니다. 즉, 더 이상 거칠게 할 수 없다는 의미입니다.

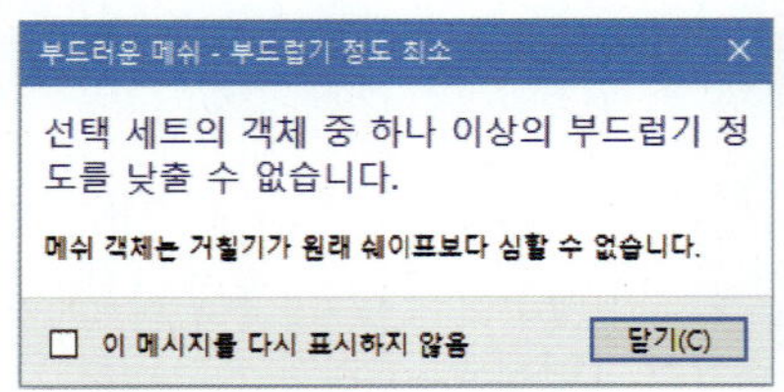

04. 메쉬 정련(MESHREFINE)

선택한 메쉬 객체 또는 면의 면 수를 곱합니다. 메쉬 객체를 정련하면 편집 가능한 면 수가 늘어나 사소한 모델링 상세 정보를 보다 잘 조정할 수 있게 됩니다. 특정 면만 정련할 수도 있습니다.

참고 **정련**

'정련(REFINE)'은 선택한 메쉬 객체 또는 선택한 하위 객체(예: 면)에서 재분할 수를 4배로 증가시킵니다. 정련은 현재 부드럽기 정도를 '0'으로 재설정하므로 객체가 해당 레벨 이상으로 더 이상 선명해질 수 없습니다. 개체화는 메쉬의 밀도를 크게 증가시키므로 이 옵션을 미세 수정이 필요한 영역으로만 제한하고자 할 수도 있습니다. 정련을 사용하면 모형의 전체 모양에 거의 영향을 미치지 않으면서 작은 부분을 몰딩할 수 있습니다.

tip!

메쉬 정련을 실행하기 전에 반드시 한 번 이상 '부드럽게 하기'를 실행한 후 '메쉬 정련 (MESHREFINE)'을 실행하기 바랍니다.

명령 : MESHSREFINE   메뉴 아이콘 : ⊘

01 앞의 실습에 이어서 조작하겠습니다. '메쉬 정련' 명령을 실행합니다. 명령어 'MESHSREFINE'을 입력하거나 '메쉬' 탭의 '메쉬' 패널 또는 '부드러운 메쉬' 도구막대에서 ⊘을 클릭합니다.

{정렬할 메쉬 객체 또는 면 하위 객체 선택:}에서 범위를
감싸 여섯 개 객체를 선택합니다. {6개를 찾음}

{정렬할 메쉬 객체 또는 면 하위 객체 선택:}에서 〈엔터〉
키 또는 〈스페이스 바〉를 눌러 종료합니다. 그림과 같이
선택한 객체가 정렬되어 세밀하게 표현됩니다.

tip!

객체를 정렬하면 객체에 지정된 부드럽기 정도가 '0'으로 재설정되어 '덜
부드럽게 하기' 명령을 사용할 수 없습니다.

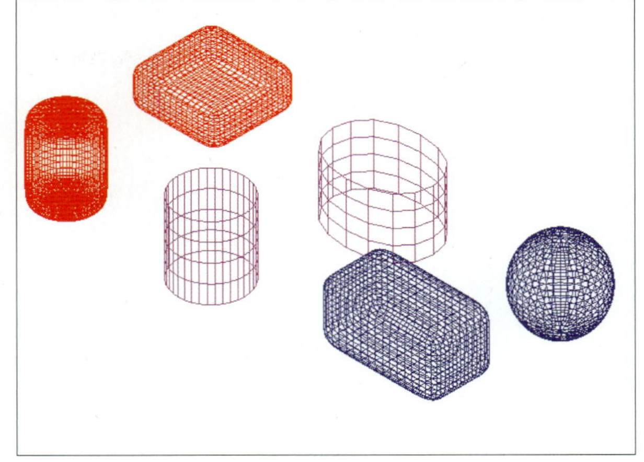

02 〈엔터〉 키 또는 〈스페이스 바〉를 눌러 '메쉬 정렬'
명령을 재실행합니다. {정렬할 메쉬 객체 또는 면 하위
객체 선택:}에서 범위를 감싸 여섯 개 객체를 선택합니
다. {6개를 찾음}

{정렬할 메쉬 객체 또는 면 하위 객체 선택:}에서 〈엔터〉
키 또는 〈스페이스 바〉를 눌러 종료합니다. 다음 그림과
같이 부드럽기 정도가 '1' 이하인 경우는 정렬할 수 없다
는 메시지가 표시됩니다.

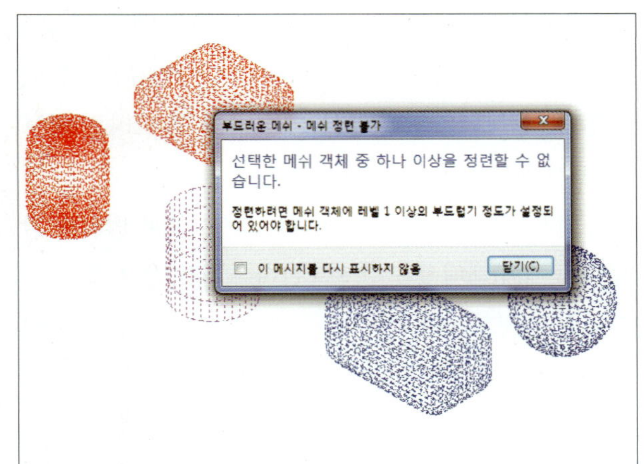

7. 각진 부분의 추가 및 제거(CREASE)

선택한 메쉬 하위 객체의 모서리를 날카롭게 하거나 부드럽게 합니다. 매끄러운 객체의 일부를 각이 지
도록 하거나 각이 진 부분을 매끄럽게 합니다.

01. 각진 부분 추가(MESHCREASE)

선택한 메쉬 하위 객체의 모서리를 각을 추가하여 날카롭게 합니다.

명령 : MESHCREASE

메뉴 아이콘 :

01 다음 그림과 같이 메쉬 객체를 작도합니다. 크기는 임의로 작도해도 됩니다.

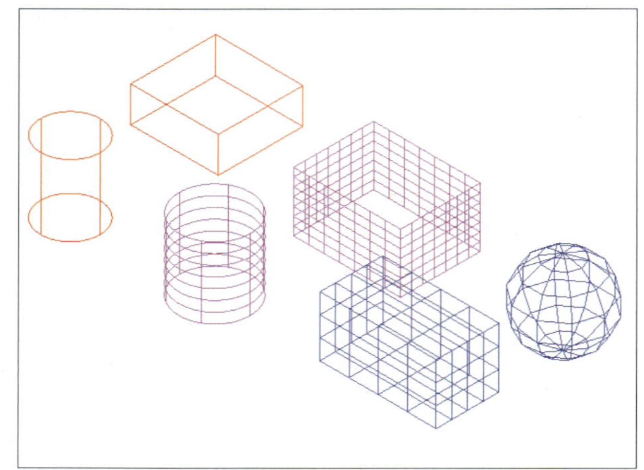

02 '더 부드럽게 하기' 명령을 실행하여 메쉬 객체를 부드럽게 합니다. 명령어 'MESHSMOOTHMORE'를 입력하거나 '메쉬' 탭의 '메쉬' 패널 또는 '부드러운 메쉬' 도구막대에서 ⬚을 클릭합니다.

{부드럽기 정도를 높일 메쉬 객체 선택:}에서 범위를 감싸 여섯 개의 객체를 모두 선택합니다. {6개를 찾음}
{부드럽기 정도를 높일 메쉬 객체 선택:}에서 〈엔터〉 키 또는 〈스페이스 바〉를 눌러 선택을 종료합니다. 메쉬 객체가 아닌 객체(솔리드, 표면)에 대해서는 '메쉬 객체로 변환'하는 메쉬지가 나오는데 이때 메쉬로 변환합니다.
그림(비주얼 스타일 '실제')과 같이 객체가 매끄럽게 바뀝니다.

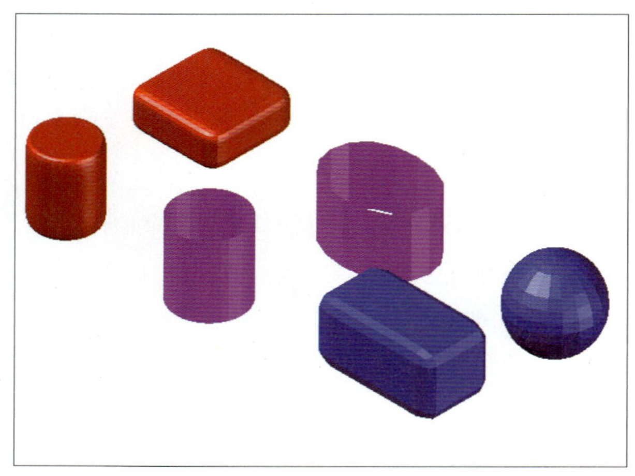

03 '각진 부분 추가' 명령을 실행합니다. 명령어 'MESHCREASE'를 입력하거나 '메쉬' 탭의 '메쉬' 패널 또는 '부드러운 메쉬' 도구막대에서 ⬚을 클릭합니다.
{각지게 할 메쉬 하위 객체 선택:}에서 차례로 모서리를 선택합니다. 선택된 면이나 모서리가 점선으로 바뀝니다.

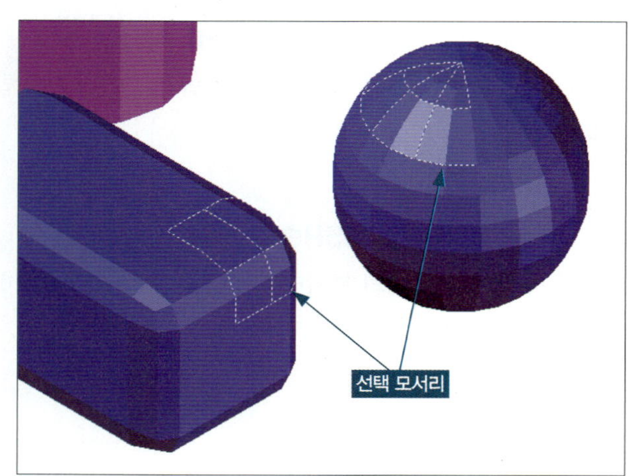

04 {각지게 할 메쉬 하위 객체 선택:}에서 차례로 면을 선택합니다.

{각지게 할 메쉬 하위 객체 선택:}에서 〈엔터〉 키 또는 〈스페이스 바〉를 눌러 선택을 종료합니다. {각진 부분 값 지정 [항상(A)] 〈항상〉:}에서 '1'을 입력합니다.

동일한 방법으로 메쉬 상자도 각진 부분을 추가합니다. 그림과 같이 선택한 면에 각진 부분이 추가됩니다.

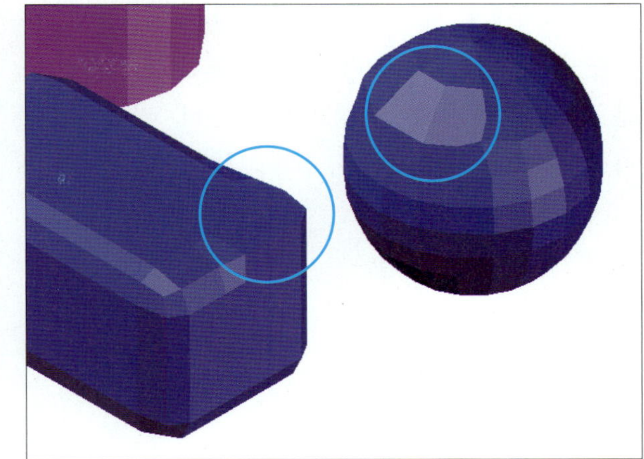

옵션 설명

{각진 부분 값 지정 [항상(A)] 〈항상〉:}

(1) **각진 부분 값** : 각진 부분을 유지할 최고 부드럽기 정도를 설정합니다. 부드럽기 정도가 이 값을 초과하면 각진 부분까지 부드럽게 합니다. 기존의 각진 부분을 제거하려면 값 '0'을 입력합니다.

(2) **항상** : 객체 또는 하위 객체를 부드럽게 하거나 정렬하더라도 각진 부분은 항상 유지되도록 지정합니다. 각진 부분 값 '-1'은 '항상'을 의미합니다.

05 〈엔터〉 키 또는 〈스페이스 바〉를 눌러 '각진 부분 추가' 명령을 재실행합니다.

{각지게 할 메쉬 하위 객체 선택:}에서 차례로 면을 선택합니다. 선택된 면이 점선으로 바뀝니다. 그림과 같이 차례로 면을 선택합니다.

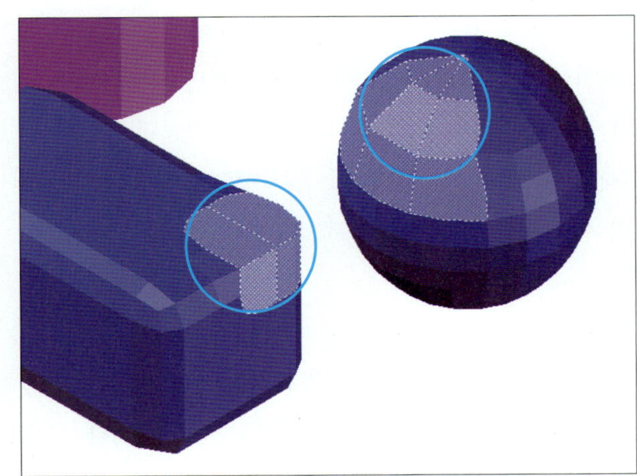

06 {각지게 할 메쉬 하위 객체 선택:}에서 〈엔터〉 키 또는 〈스페이스 바〉를 눌러 선택을 종료합니다. {각진 부분 값 지정 [항상(A)] 〈항상〉:}에서 〈엔터〉 키를 누릅니다. 그림과 같이 각진 부분이 추가됩니다.

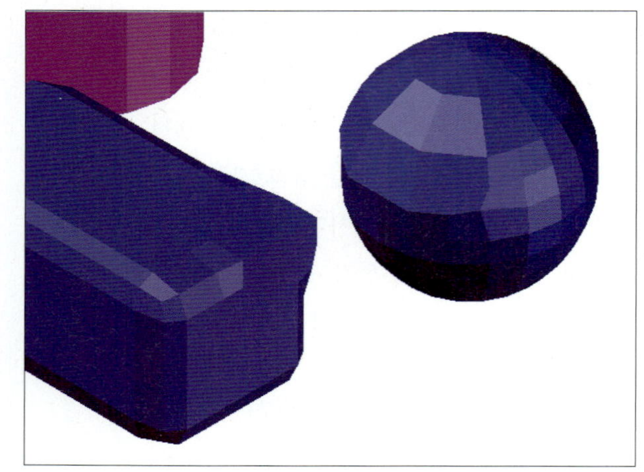

02. 각진 부분 제거(MESHUNCREASE)

선택한 메쉬의 면, 모서리 또는 정점에서 각진 부분을 제거합니다. 각진 모서리의 부드럽기 정도를 복원합니다.

명령 : MESHUNCREASE   메뉴 아이콘 :

01 앞에서 실습했던 도면으로 실습하겠습니다. '각진 부분 제거' 명령을 실행합니다. 명령어 'MESH UNCREASE'를 입력하거나 '메쉬' 탭의 '메쉬' 패널 또는 '부드러운 메쉬' 도구막대에서 을 클릭합니다.
{제거할 각진 부분 선택:}에서 제거할 면을 선택합니다. {1개를 찾음}
{제거할 각진 부분 선택:}에서 차례로 제거할 면을 선택합니다.

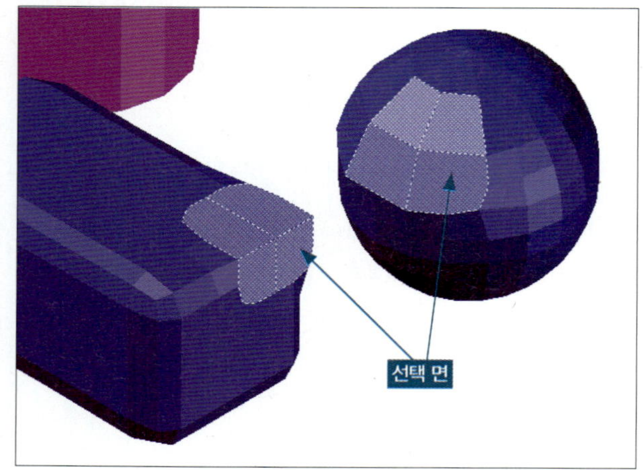

02 선택이 끝나면 {제거할 각진 부분 선택:}에서 〈엔터〉 키 또는 〈스페이스 바〉를 눌러 선택을 종료합니다. 그림과 같이 각진 부분이 제거됩니다.

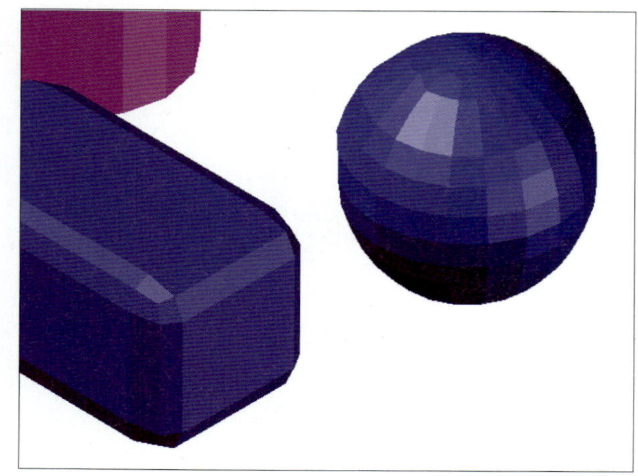

8. 메쉬의 편집

작성된 메쉬 객체를 편집하는 방법에 대해 알아보겠습니다.

01. 메쉬 면 돌출(MESHEXTRUDE)

2D 객체 또는 3D 면의 치수를 3D 공간으로 연장합니다.

명령 : MESHEXTRUDE

메뉴 아이콘 :

01 다음과 같은 메쉬가 있다고 가정하겠습니다.

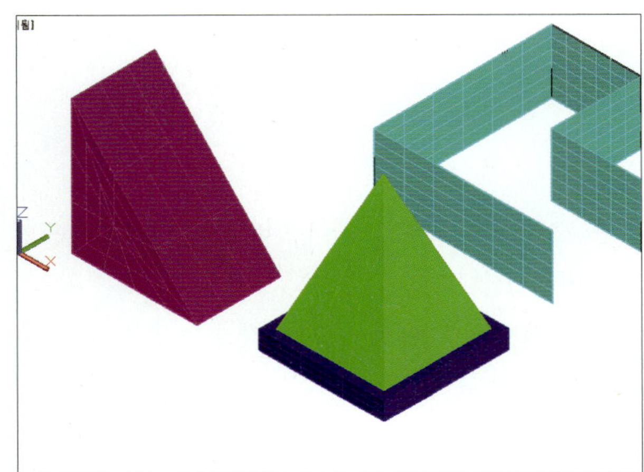

02 '면 돌출' 명령을 실행합니다. 명령어 'MESHEXTRUDE'를 입력하거나 '메쉬' 탭의 '메쉬 편집' 패널에서 █을 클릭합니다.

{돌출할 객체 선택:}에서 돌출하고자 하는 면을 차례로 선택합니다. {1개를 찾음}

                   :

그림과 같이 쐐기의 아래쪽 두 개의 면을 선택합니다.

{돌출할 객체 선택:}에서 〈엔터〉 키 또는 〈스페이스 바〉를 눌러 선택을 종료합니다.

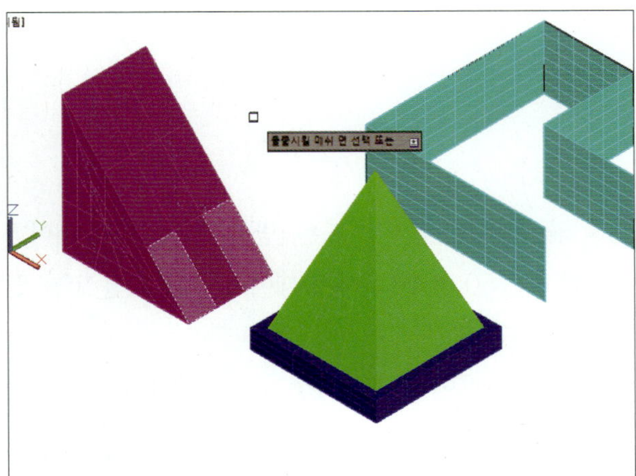

03 {돌출의 높이 지정 또는 [방향(D)/경로(P)/테이퍼 각도(T)] 〈0.0000〉:}에서 '30'을 입력합니다. 다음 그림과 같이 선택한 면이 '30'만큼 돌출됩니다.

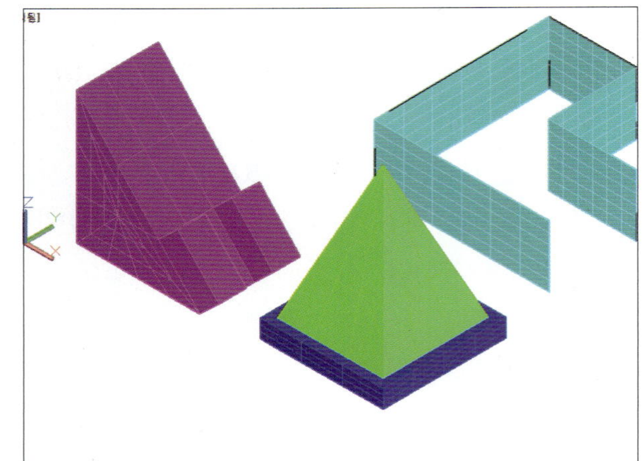

04 〈엔터〉 키 또는 〈스페이스 바〉를 눌러 '면 돌출' 명령을 재실행합니다.
{돌출할 객체 선택:}에서 돌출하고자 하는 면을 선택합니다. {2개를 찾음}
그림과 같이 두 개의 면을 선택합니다.
{돌출할 객체 선택:}에서 〈엔터〉 키 또는 〈스페이스 바〉를 눌러 선택을 종료합니다.

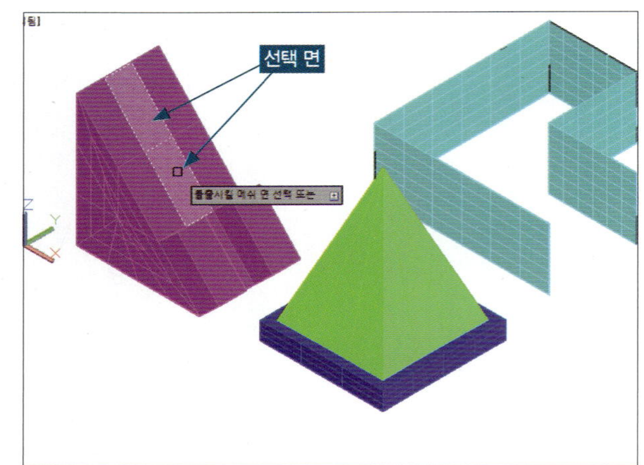

05 {돌출의 높이 지정 또는 [방향(D)/경로(P)/테이퍼 각도(T)] 〈150.0000〉:}에서 테이퍼 각도 옵션 'T'를 입력합니다.
{돌출에 대한 테이퍼 각도 지정 〈0〉:}에서 각도 '15'를 입력합니다.
{돌출의 높이 지정 또는 [방향(D)/경로(P)/테이퍼 각도(T)] 〈30.0000〉:}에서 돌출 높이 '15'를 입력합니다. 그림과 같이 테이퍼(15도)가 있는 면이 돌출됩니다.

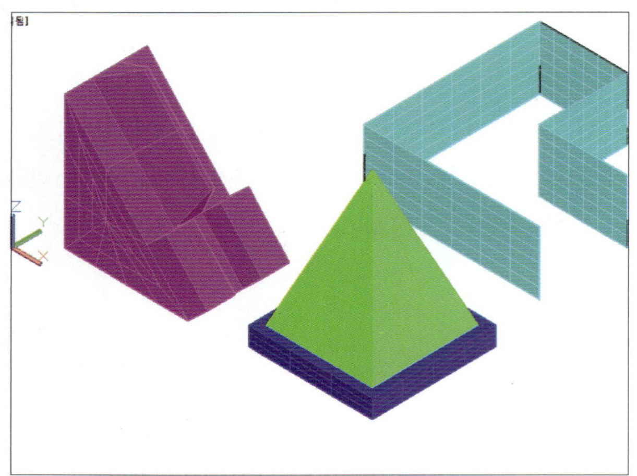

옵션 설명

{돌출의 높이 지정 또는 [방향(D)/경로(P)/테이퍼 각도(T)] 〈200.0000〉:}

(1) 방향(D) : 두 점을 지정하여 돌출의 길이 및 방향을 지정합니다.

(2) 경로(P) : 경로가 되는 객체를 선택하여 돌출시킵니다.

(3) 테이퍼 각도(T) : 돌출 시 테이퍼 각도를 지정합니다.

02. 면 분할(MESHSPLIT)

선택한 메쉬 면을 두 개로 분할합니다. 면을 분할하여 면 영역을 추가합니다. 분할의 시작점과 끝점을
사용자가 지정하므로 분할 위치를 보다 정교하게 조정할 수 있습니다.

명령 : MESHSPLIT 　　　　　　　　　　　　　　　　　　메뉴 아이콘 :

01 '메쉬 면 분할' 명령을 실행합니다. 명령어
'MESHSPLIT'를 입력하거나 '메쉬' 탭의 '메쉬 편집' 패
널에서 을 클릭합니다.

{분할할 메쉬 면 선택:}에서 분할할 면(피라미드의 측면)
을 선택합니다.

{면 모서리에서 첫 번째 분할점 지정 또는 [정점(V)]:}에
서 객체스냅 '끝점 '을 이용하여 모서리의 끝점을 선택
합니다.

{면 모서리에서 두 번째 분할점 지정 또는 [정점(V)]:}에
서 객체스냅 '끝점 '을 이용하여 반대편 모서리의 끝점
을 선택합니다.

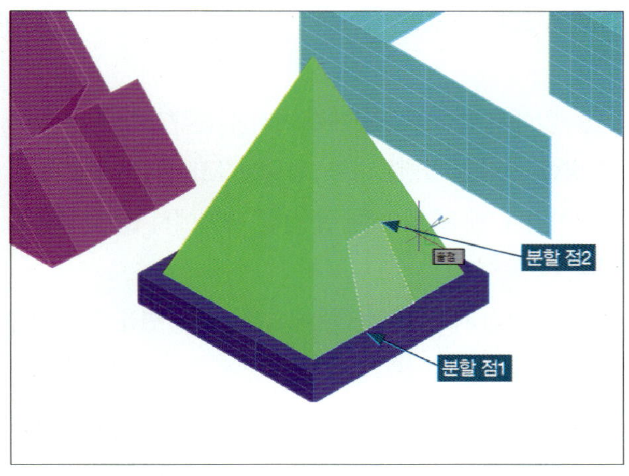

02 다음 그림과 같이 선택한 면이 지정한 두 점으로 분
할된 것을 알 수 있습니다.

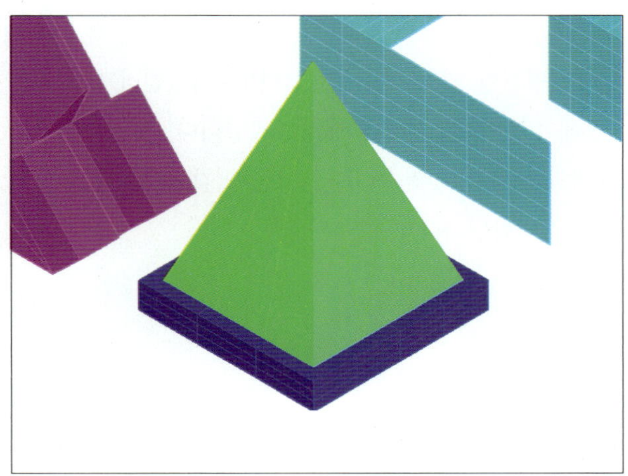

03 확인을 위해 앞에서 학습한 '메쉬 면 돌출(MESHEXTRUDE)' 명령을 이용하여 분할한 면을 돌출해 보면 분할되었다는 것을 알 수 있습니다.

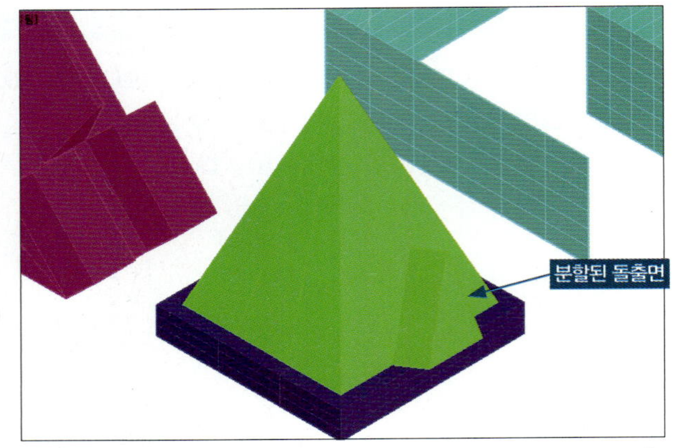

03. 면 병합(MESHMERGE)

인접한 둘 이상의 면을 단일 면으로 합칩니다.

명령 : MESHMERGE

메뉴 아이콘 : 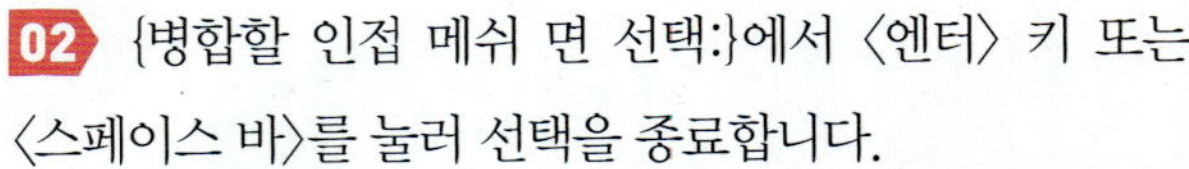

01 앞에서 분할한 도면에 이어서 실습하겠습니다. '메쉬 면 병합' 명령을 실행합니다. 명령어 'MESHMERGE'를 입력하거나 '메쉬' 탭의 '메쉬 편집' 패널에서 을 클릭합니다.

{병합할 인접 메쉬 면 선택:}에서 첫 번째 면을 선택합니다. {1개를 찾음}

{병합할 인접 메쉬 면 선택:}에서 두 번째 면을 선택합니다. {1개를 찾음, 총 2개}

{병합할 인접 메쉬 면 선택:}에서 세 번째 면을 선택합니다. {1개를 찾음, 총 3개}

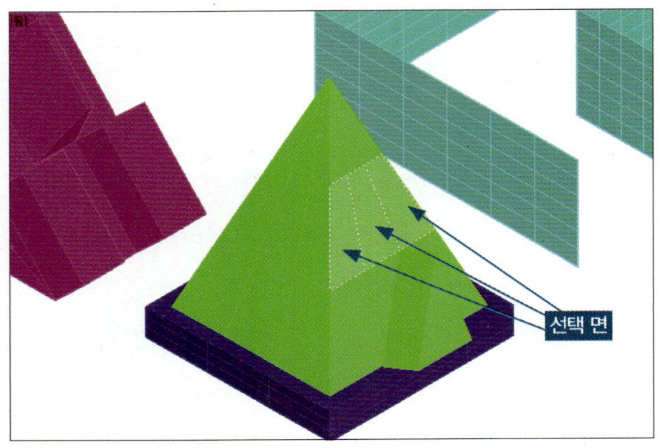

02 {병합할 인접 메쉬 면 선택:}에서 〈엔터〉 키 또는 〈스페이스 바〉를 눌러 선택을 종료합니다.

{2개의 객체를 찾았습니다.} 그림과 같이 세 개의 면이 하나로 병합됩니다.

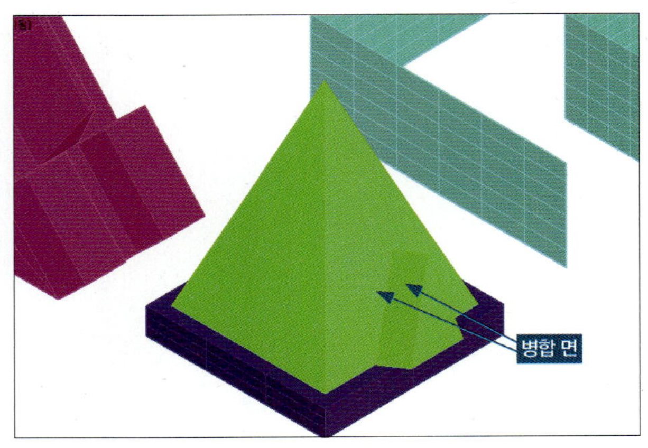

03 이번에는 동일 평면이 아닌 면을 선택하여 병합해보도록 하겠습니다.
〈엔터〉 키 또는 〈스페이스 바〉를 눌러 '메쉬 면 병합' 명령을 재실행합니다.
{병합할 인접 메쉬 면 선택:}에서 첫 번째 면을 선택합니다. {1개를 찾음}
{병합할 인접 메쉬 면 선택:}에서 두 번째 면을 선택합니다. {1개를 찾음, 총 2개}
{병합할 인접 메쉬 면 선택:}에서 〈엔터〉 키 또는 〈스페이스 바〉를 눌러 선택을 종료합니다.
{2개의 객체를 찾았습니다.} 그림과 같이 두 개의 면이 하나로 병합됩니다.
두 개의 면이 평편한 면이 아니기 때문에 병합 후 공간이 생깁니다.

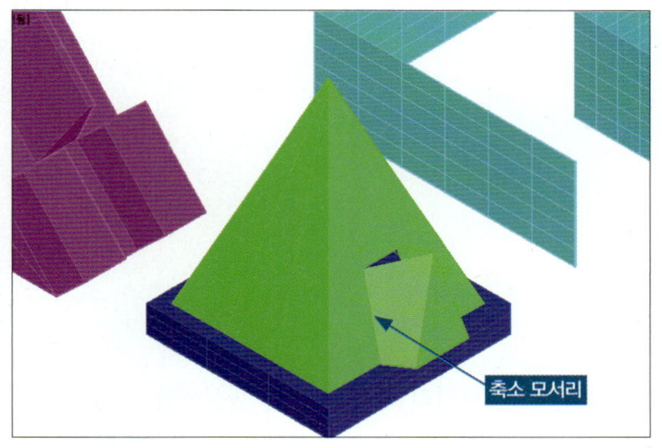

04. 면 또는 모서리 축소(MESHCOLLAPSE)

주변 메쉬 면의 정점이 선택한 모서리나 면의 중심에서 수렴하도록 할 수 있습니다. 하나 이상의 정점이 없어지면 주변 면의 형태가 그에 맞게 변경됩니다.

명령 : MESHCOLLAPSE   메뉴 아이콘 :

01 앞의 실습 도면에 이어서 실습하겠습니다. '면 또는 모서리 축소' 명령을 실행합니다. 명령어 'MESHCOLLAPSE'를 입력하거나 '메쉬' 탭의 '메쉬 편집' 패널에서 을 클릭합니다.
{축소할 메쉬 면 또는 모서리 선택:}에서 축소할 모서리(앞의 실습에서 병합한 모서리)를 선택합니다. 그림과 같이 모서리가 축소됩니다.

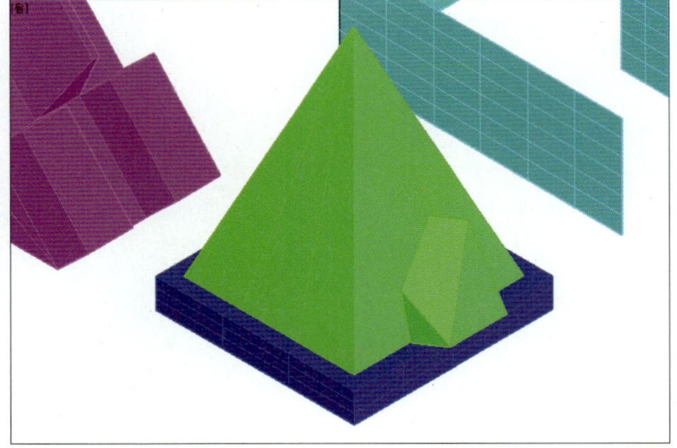

02 면을 선택하기 위해 필터링 조건을 설정합니다. '메쉬' 탭의 '선택' 패널에서 '면'을 지정합니다.

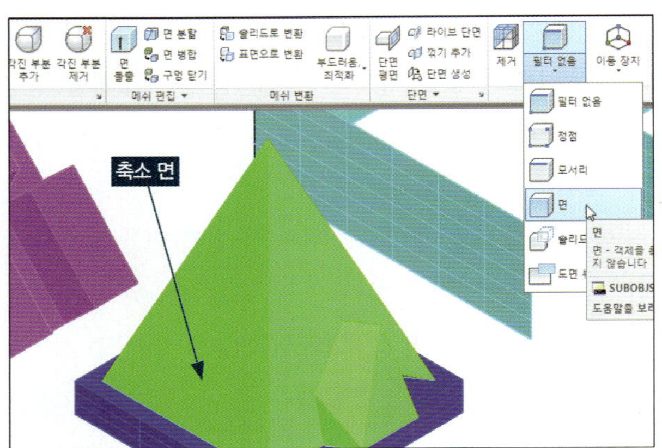

03 '면 또는 모서리 축소' 명령을 재실행합니다. {축소할 메쉬 면 또는 모서리 선택:}에서 축소할 면을 선택합니다. 그림과 같이 면이 축소됩니다.

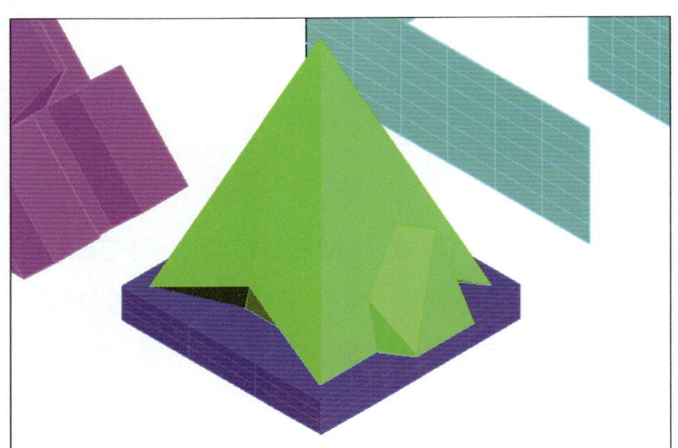

 **참고** **선택 필터링**

> 표면, 메쉬 또는 솔리드의 면이나 모서리를 선택할 때 원하는 요소를 선택하기 위해서 필터링 설정을 할 수 있습니다.
> 각 모델링 탭(표면, 메쉬, 솔리드)에는 '선택' 패널이 있습니다. 두 번째 컨트롤의 드롭다운 리스트를 펼치면 다음과 같이 필터링 목록이 표시됩니다. 이 목록에서 선택하고자 하는 항목(모서리, 면, 정점 등)을 지정합니다.

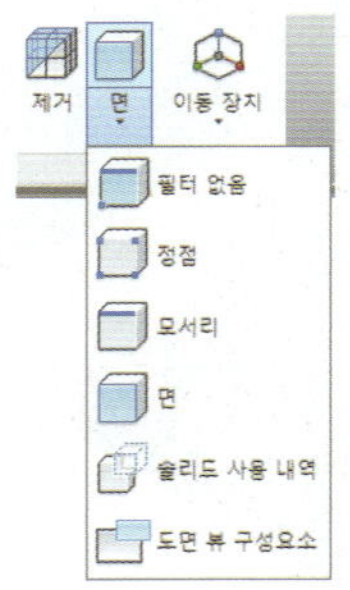

05. 삼각형 면 회전(MESHSPIN)

두 삼각형 메쉬 면을 결합하는 모서리를 회전해 면의 모양을 수정할 수 있습니다. 선택한 면이 공유하는 모서리가 회전하여 각 면의 꼭대기 점을 교차합니다.

명령 : MESHSPIN   메뉴 아이콘 :

01 앞의 실습 도면에 이어서 실습하겠습니다. 시점은 '남서 등각투영'으로 설정한 후 쐐기 부분을 확대합니다.

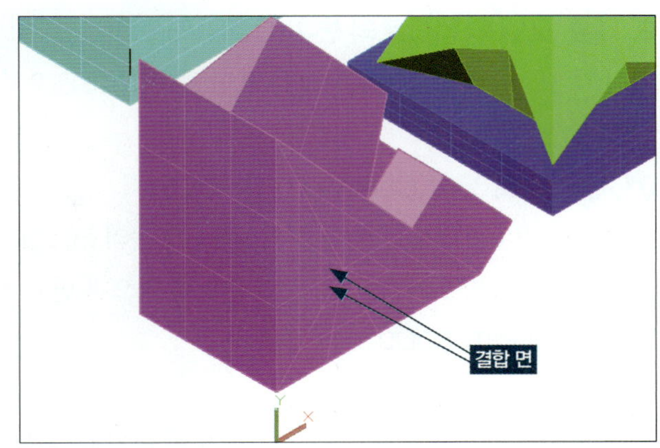

02 '삼각형 면 회전' 명령을 실행합니다. 명령어 'MESHSPIN'를 입력하거나 '메쉬' 탭의 '메쉬 편집' 패널에서 ◌을 클릭합니다.
{회전할 첫 번째 삼각형 메쉬 면 선택:}에서 첫 번째 삼각형을 선택합니다.
{회전할 두 번째 인접 삼각형 메쉬 면 선택:}에서 두 번째 삼각형을 선택합니다.
그림과 같이 선택한 두 삼각형이 결합되면서 모양이 바뀝니다.

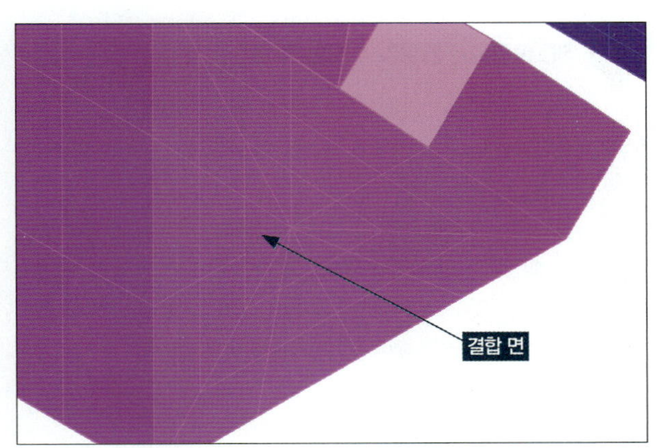

03 〈엔터〉 키 또는 〈스페이스 바〉를 눌러 '삼각형 면 회전' 명령을 재실행합니다.
{회전할 첫 번째 삼각형 메쉬 면 선택:}에서 회전한 삼각형을 선택합니다.
{회전할 두 번째 인접 삼각형 메쉬 면 선택:}에서 인접한 삼각형을 선택합니다.
그림과 같이 선택한 두 삼각형이 결합되면서 모양이 바뀝니다.

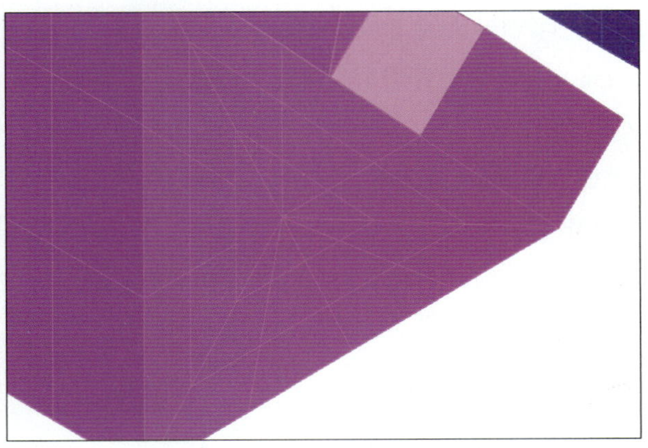

9. 다른 모델 타입으로의 변환(CONVERT)

메쉬 객체를 솔리드(SOLID) 또는 표면(SURFACE)으로 변환합니다.

01. 솔리드로 변환(CONVERTOSOLID)

3D 메쉬 및 두께가 있는 원과 폴리선을 3D 솔리드(Solid)로 변환합니다. 메쉬를 변환할 때 변환된 객체
의 부드럽게 하기 또는 깎인 면을 지정할 수 있으며 면의 병합 여부도 지정할 수 있습니다.

명령 : CONVERTOSOLID   메뉴 아이콘 :

 **01** 다음과 같은 메쉬 객체가 있다고 가정하겠습니다.

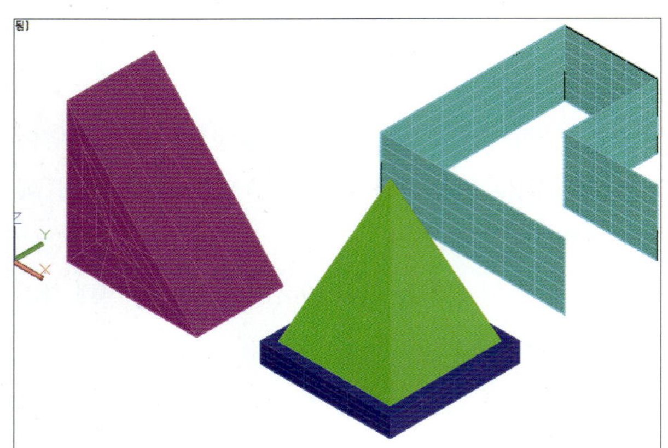

> **참고**　**3D 솔리드로 변환할 수 있는 객체**
>
> (1) 메쉬 : 모서리 간격이 없이 체적을 둘러싼 메쉬(수밀).
> (2) 폴리선 : 균일한 폭과 두께를 가진 폴리선으로 닫혀있어야
>   함.
> (3) 표면 : 모서리 간격 없이 체적을 둘러쌉니다(예: 양 끝이 막힌
>   회전된 표면 또는 표면으로 변환된 닫힌 메쉬 객체). 표면이
>   수밀 영역을 둘러싸는 경우에는 '표면 조각(SURFSCULPT)'
>   명령을 사용해 솔리드로 변환할 수도 있습니다.

02 '솔리드로 변환' 명령을 실행합니다. 명령어
'CONVERTOSOLID'를 입력하거나 '메쉬' 탭의 '메쉬
변환' 패널에서 을 클릭합니다.

{객체 선택:}에서 피라미드 메쉬 객체를 선택합니다. {1
개를 찾음}

{객체 선택:}에서 〈엔터〉 키 또는 〈스페이스 바〉를 눌러
종료합니다.

그림과 같이 메쉬 객체가 솔리드 객체로 변환됩니다.

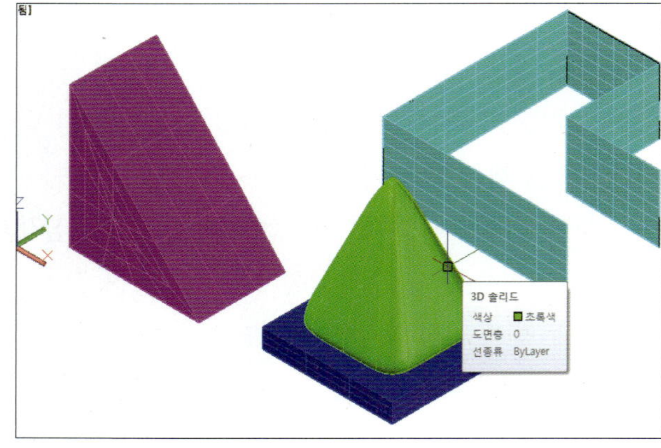

 **참고**　**솔리드의 부드럽기**

생성된 3D 솔리드의 부드럽기와 면 수는 시스템 변수 'SMOOTHMESHCONVERT'로 조정합니다.

03 〈엔터〉 키 또는 〈스페이스 바〉를 눌러 솔리드로 변환 명령을 재실행합니다.

{객체 선택:}에서 피라미드 아래 받침판 객체를 선택합니다. {1개를 찾음}

{객체 선택:}에서 〈엔터〉 키 또는 〈스페이스 바〉를 눌러 종료합니다.

그림과 같이 솔리드로 변환됩니다.

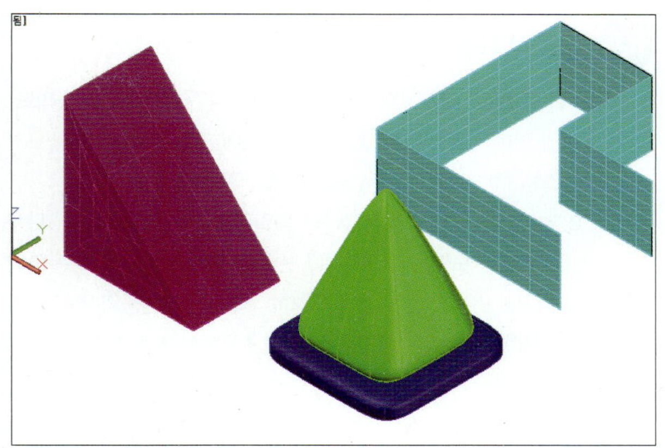

02. 표면으로 변환(CONVERTOSURFACE)

선택한 객체를 3D 표면(Surface)으로 변환합니다.

명령 : CONVERTOSURFACE   메뉴 아이콘 : 

> **참고** **3D 표면(Surface)로 변환할 수 있는 객체**
>
> (1) 2D, 3D 솔리드
> (2) 영역
> (3) 두께가 있지만 폭이 0인 열려 있는 폴리선
> (4) 두께가 있는 선이나 호
> (5) 메쉬
> (6) 평면형 3D면

01 '표면으로 변환' 명령을 실행합니다. 명령어 'CONVERTOSURFACE'를 입력하거나 '메쉬' 탭의 '메쉬 변환' 패널에서 을 클릭합니다.

{객체 선택:}에서 왼쪽의 쐐기 객체를 선택합니다. {1개를 찾음}

{객체 선택:}에서 〈엔터〉 키 또는 〈스페이스 바〉를 눌러 종료합니다. 그림과 같이 선택한 객체가 표면 객체로 변환됩니다.

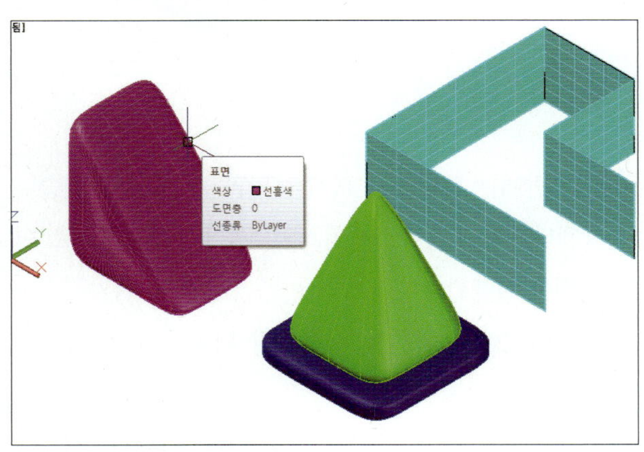

 **변환 시 거칠기 지정**

시스템 변수 'SMOOTHMESHCONVERT'에 의해 3D 솔리드 또는 표면으로 변환한 메쉬 객체에 부드럽게 하기 또는 깎인 면을 적용할지 및 면을 병합할지 여부를 설정합니다.

시스템 변수 값과 설정 내용은 다음과 같습니다.

0: 부드러운 모형을 작성합니다. 동일평면상의 면이 최적화 또는 병합됩니다.

1: 부드러운 모형을 작성합니다. 변환된 객체에서 원래 메쉬 면이 유지됩니다.

2: 평평한 면이 있는 모형을 작성합니다. 동일평면상의 면이 최적화 또는 병합됩니다.

3: 평평한 면이 있는 모형을 작성합니다. 변환된 객체에서 원래 메쉬 면이 유지됩니다.

리본 메뉴에서는 '메쉬' 탭의 '메쉬 변환' 패널에서 다음과 같은 메뉴로 지정합니다.

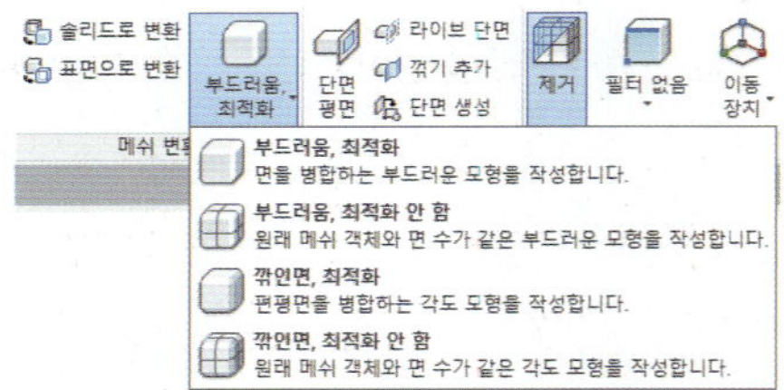

다음 그림은 '깎인 면, 최적화 안 함(SMOOTHMESHCONVERT = 3)'으로 설정한 상태에서 표면으로 변환한 예입니다.

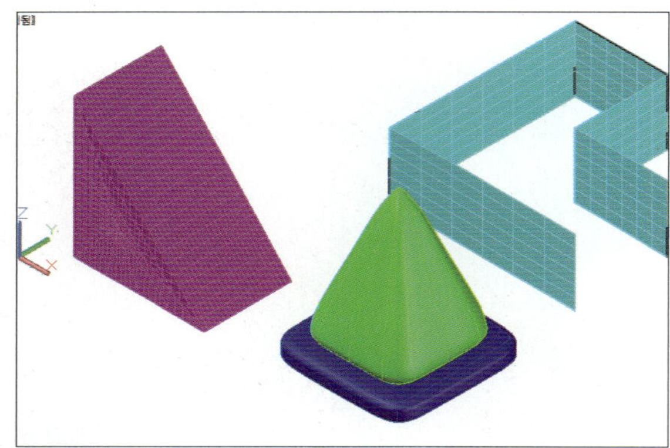

02 이번에는 트여있는 객체를 변환해보도록 하겠습니다. 〈엔터〉 키 또는 〈스페이스 바〉를 눌러 '표면으로 변환' 명령을 실행합니다.

{객체 선택:}에서 범위를 지정하여 뒤쪽에 있는 객체를 선택합니다.

{객체 선택:}에서 〈엔터〉 키를 누릅니다. 그림과 같이 변환됩니다.

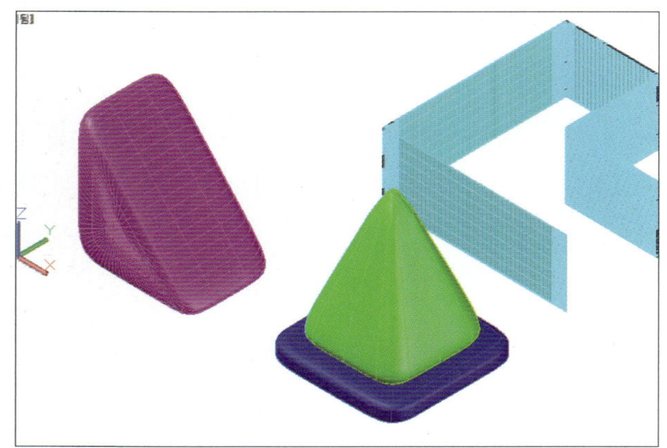

다음의 마우스를 메쉬와 솔리드 객체 기능을 이용하여 모델링하겠습니다. 이 실습을 통해 메쉬와 솔리드 객체의 작성과 편집에 대해 이해하도록 합시다.

01 뷰를 '남동등각투영 ◈'으로 설정합니다. 메쉬 기본체 옵션 명령을 실행합니다. 명령어 'MESH PRIMITIVEOPTIONS'를 입력하거나 '메쉬' 탭의 '기본체' 패널에서 오른쪽 하단의 비스듬한 화살표(⬛)를 클릭합니다.

그림과 같은 대화상자가 나타납니다. 대화상자에서 '다듬기 분할'의 '길이'를 '2', '폭'을 '2', '높이'를 '1'로 설정합니다.

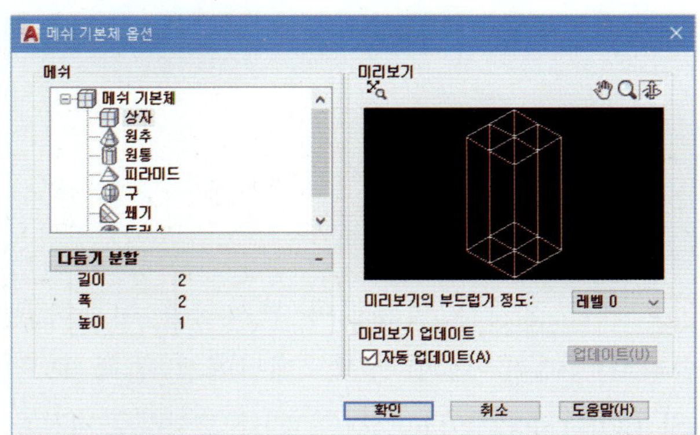

02 메쉬 상자를 작도합니다. '메쉬' 탭의 '기본체' 패널에서 ▦을 클릭합니다.

{첫 번째 구석 지정 또는 [중심(C)]:}에서 작도하고자 하는 위치를 지정합니다.

{반대 구석 지정 또는 [정육면체(C)/길이(L)]:}에서 반대 구석의 상대좌표 '@120,60'을 입력합니다.

{높이 지정 또는 [2점(2P)] ⟨0.0001⟩:}에서 상자의 높이 '32'를 입력합니다. 그림과 같이 메쉬 상자가 작도됩니다.

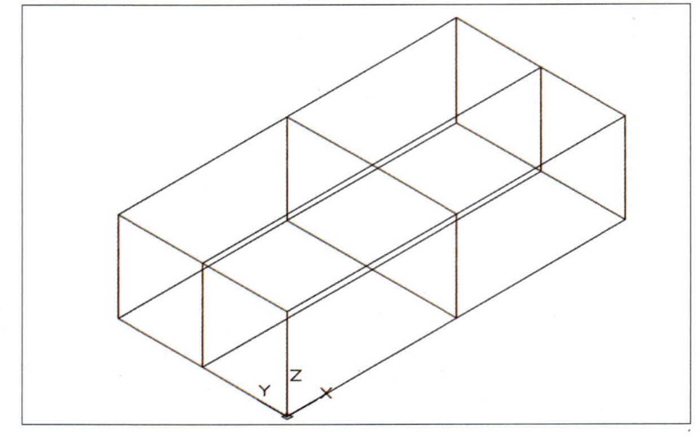

03 편집 장치를 이용하여 조정하겠습니다. '메쉬' 탭의 '선택' 패널에서 선택 모드(SUBOBJSELECTION MODE)를 '정점'으로 지정하고 장치를 '이동 장치'로 지정합니다.

04 가운데 메쉬 정점을 선택(6개)합니다. 이동 장치를 이용하여 '20'만큼 X축 방향으로 이동합니다.

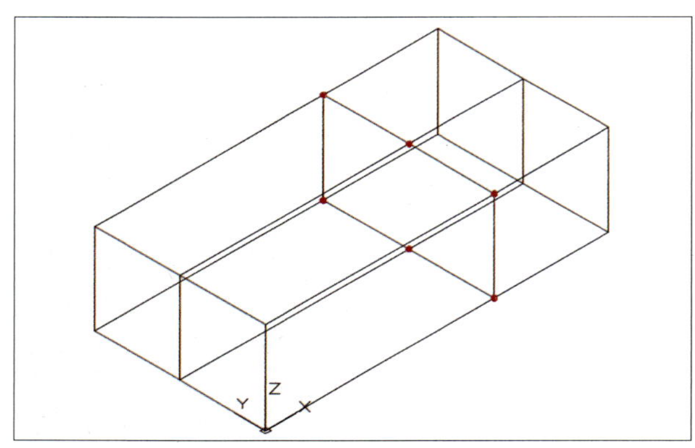

05 편집 장치를 이용하여 모서리를 이동하겠습니다. '메쉬' 탭의 '선택' 패널에서 선택 모드(SUBOBJSELECTIONMODE)를 '모서리'로 지정하고 장치를 '이동 장치'로 지정합니다.

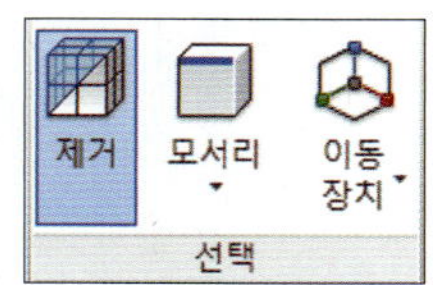

앞쪽 모서리(2개)를 선택한 후, 아래쪽 방향으로 '20'만큼 내립니다.

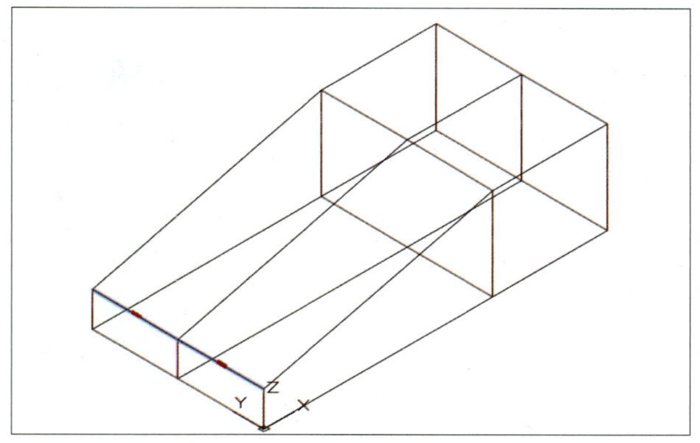

06 뒤쪽 방향 모서리(2개)를 선택한 후 아래쪽으로 '17'만큼 내립니다.

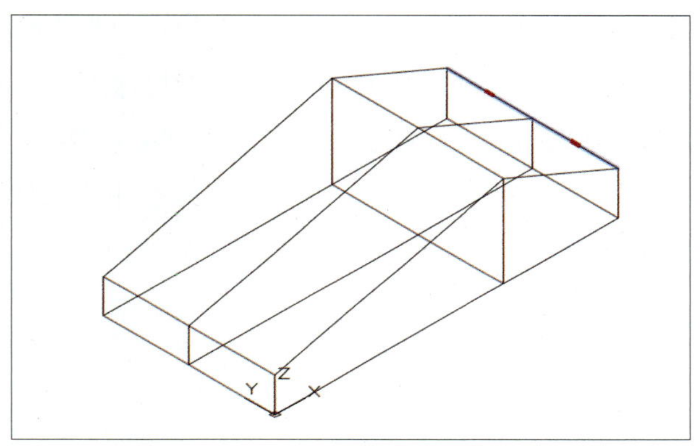

07 편집 장치를 이용하여 모서리를 이동하겠습니다. '메쉬' 탭의 '선택' 패널에서 선택 모드(SUBOBJSELECTIONMODE)를 '모서리'로 지정하고 편집 장치를 '축척 장치'로 지정합니다.

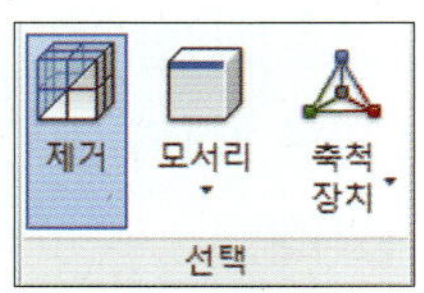

08 가운데 양쪽 세로 방향의 모서리를 선택한 후 마우스 오른쪽 버튼을 눌러 바로가기 메뉴에서 '장치 재배치'를 선택하여 축척 장치를 그림과 같이 가장 중심에 배치합니다.

tip!

비주얼 스타일 '2D 와이어프레임' 상태에서는 3D 장치가 나타나지 않습니다. 장치를 표시하고자 하려면 '2D 와이어프레임' 이외의 스타일을 선택합니다.

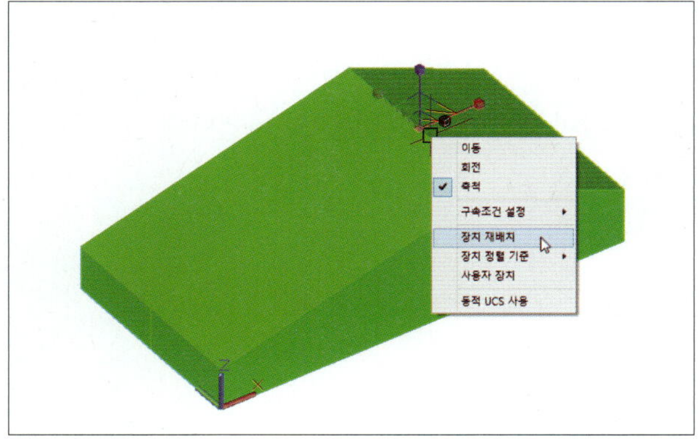

09 {** 신축 **}
{축척 비율 지정 또는 [기준점(B)/명령 취소(U)/참조
(R)/종료(X)]:}에서 '0.85'를 입력합니다. 그림과 같이 양
쪽이 움푹 패이게 됩니다.

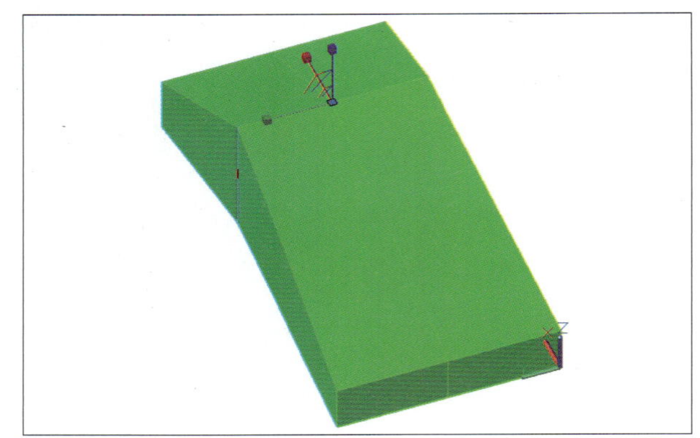

10 이번에는 작성된 마우스 본체를 매끄럽게 만
들겠습니다. '메쉬' 탭의 '선택' 패널에서 선택 모드
(SUBOBJSELECTIONMODE)를 '필터 없음'으로
지정하고 '특성(PROPERTIES; PR)' 명령을 실행합니
다. 특성 창에서 '부드럽기'를 '3레벨'로 설정합니다. 그림
과 같이 마우스 본체가 매끄럽게 표현됩니다.

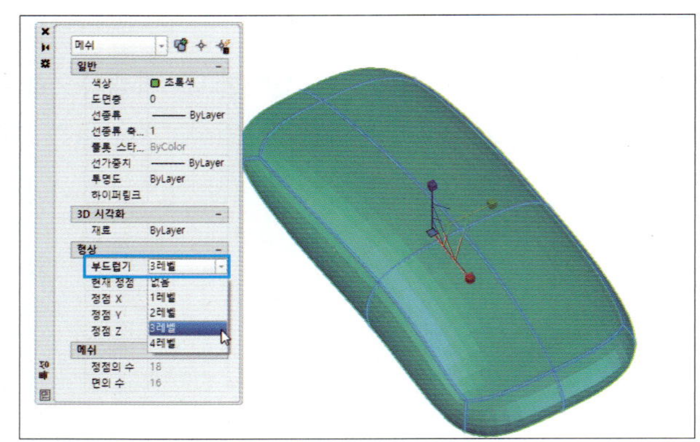

11 마우스 바닥 밑면을 편평하게 만듭니다. '각진 부분
추가' 명령을 실행합니다. 명령어 'MESHCREASE'를
입력하거나 '메쉬' 탭의 '메쉬' 패널에서 ⬡을 클릭합니다.
{각지게 할 메쉬 하위 객체 선택:}에서 밑면 4개를 선택
합니다. 선택이 끝나면 〈엔터〉 키를 누릅니다.
{각진 부분 값 지정 [항상(A)] 〈항상〉:}에서 〈엔터〉 키를
누릅니다.

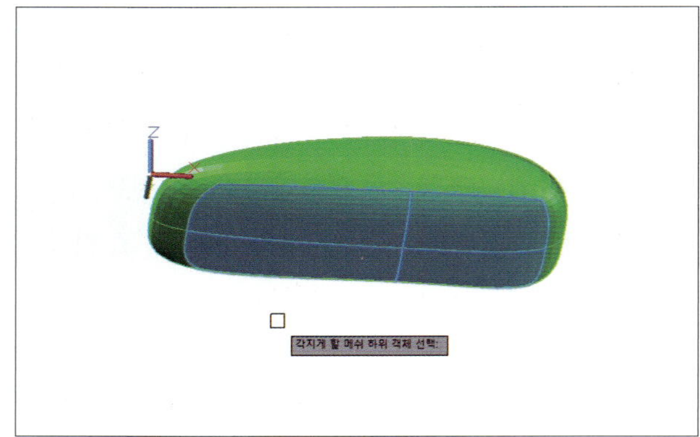

다음과 같이 밑면이 편평한 면으로 바뀝니다.

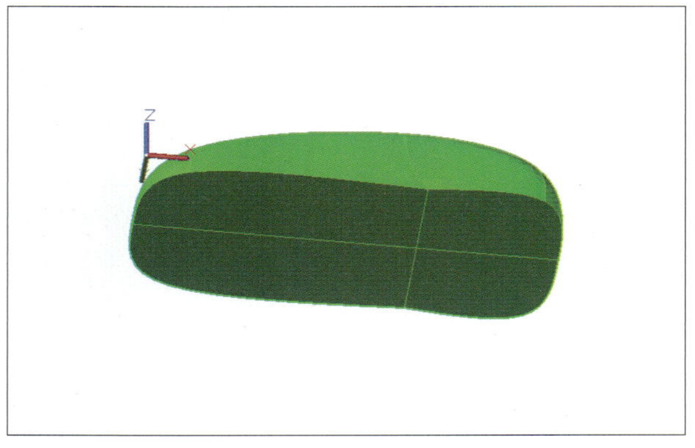

12 메쉬 객체를 솔리드 객체로 변환합니다. '메쉬' 탭의 '메쉬 변환' 패널에서 '솔리드로 변환'을 클릭합니다.
{객체 선택:}에서 마우스 객체를 선택합니다.

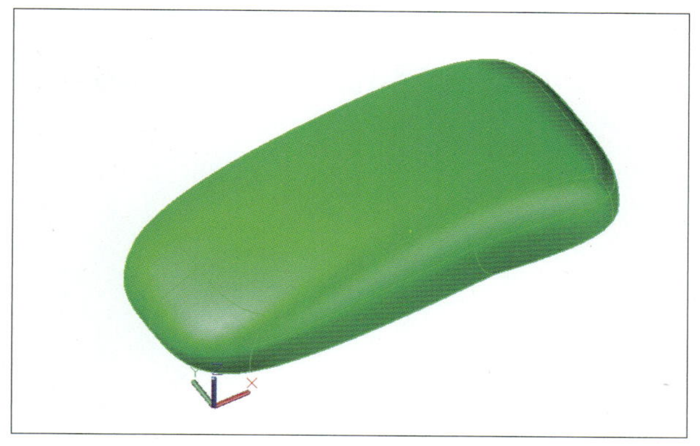

13 위쪽의 뚜껑과 휠을 만들기 위해 분리합니다. '슬라이스' 명령을 실행합니다. 명령어 'SLICE'를 입력하거나 '솔리드' 탭의 '솔리드 편집' 패널에서 ▨을 클릭합니다.
{슬라이스할 객체 선택:}에서 마우스 객체를 선택합니다. {1개를 찾음}
{슬라이스할 객체 선택:}에서 〈엔터〉 키를 누릅니다.
{슬라이싱 평면의 시작점 지정 또는 [평면형 객체(O)/표면(S)/Z축(Z)/뷰(V)/XY(XY)/YZ(YZ)/ZX(ZX)/3점(3)] 〈3점〉:}에서 'XY'를 입력합니다.
{XY 평면 위의 점 지정 〈0,0,0〉:}에서 슬라이스할 면 '0,0,8'을 입력합니다.
{원하는 면 위의 점 지정 또는 [양쪽 면 유지(B)] 〈양쪽 (B)〉:}에서 'B'를 입력합니다.
그림과 같이 두 개의 솔리드로 슬라이스됩니다.

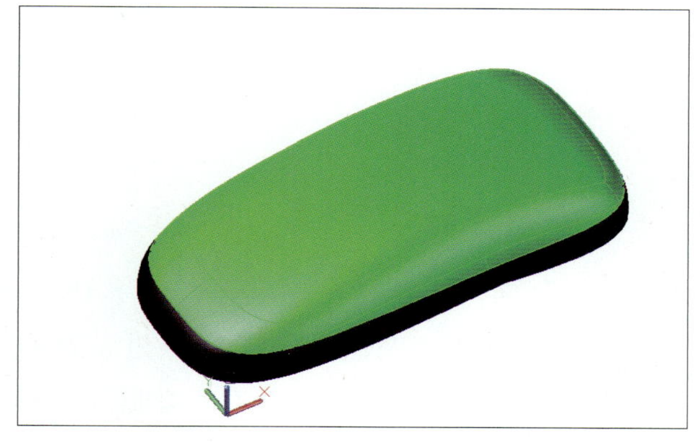

14 이동 장치를 이용하여 위쪽 솔리드를 위쪽으로 '100'만큼 이동합니다.
쉘 명령을 이용하여 위쪽 솔리드 객체의 안쪽 두께 1로 만듭니다. '쉘' 명령을 실행합니다. 명령어 'SHELL'을 입력하거나 '솔리드' 탭의 '솔리드 편집' 패널에서 ▣을 클릭합니다.
{면 제거 또는 [명령 취소(U)/추가(A)/전체(ALL)]:}에서 뚜껑의 윗면을 선택합니다. {1개의 면을 찾음, 1개가 제거되었습니다.}
{면 제거 또는 [명령 취소(U)/추가(A)/전체(ALL)]:}에서 뚜껑의 아래쪽 면을 선택합니다.

{쉘 간격띄우기 거리 입력:}에서 '1'을 입력합니다.
그림과 같이 위쪽 객체가 1mm 두께의 뚜껑이 됩니다.

15 이동 장치를 이용하여 위쪽 뚜껑을 아래쪽 본체로
이동합니다. 위쪽으로 '100'만큼 이동했으므로 아래쪽으
로 '100'만큼 이동합니다.

16 이제부터 마우스 휠을 만들겠습니다. 먼저 2차원
객체 작성 및 편집 명령으로 그림과 같은 객체를 작도합
니다. '결합(JOIN)' 명령으로 호와 선을 결합합니다.

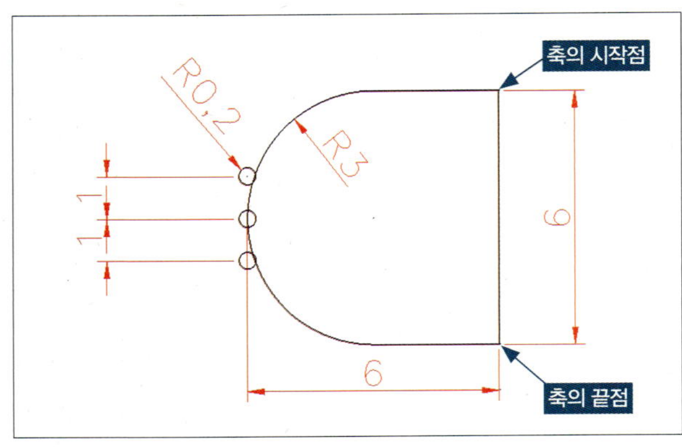

17 '회전(REVOLVE)' 명령으로 회전체를 작성합니다. 명령어 'REVOLVE'를 입력하거나 '솔리드'
탭의 '솔리드' 패널에서 ▦를 클릭합니다.
{회전할 객체 선택 또는 [모드(MO)]: _MO 닫힌 윤곽 작성 모드 [솔리드(SO)/표면(SU)] 〈솔리드〉: _

SO}

{회전할 객체 선택 또는 [모드(MO)]:}에서 호와 선이 결합된 폴리선을 선택합니다. {1개를 찾음}

{회전할 객체 선택 또는 [모드(MO)]:}에서 〈엔터〉 키를 누릅니다.

{축 시작점 지정 또는 다음에 의해 축 지정 [객체(O)/X/Y/Z] 〈객체(O)〉:}에서 선의 한쪽 끝점을 지정합니다.

{축 끝점 지정:}에서 선의 반대편 끝점을 지정합니다.

{회전 각도 지정 또는 [시작 각도(ST)/반전(R)/표현식(EX)] 〈360〉:}에서 '360'을 입력합니다.

다시 '회전(REVOLVE)'명령을 실행하여 세 개의 원을 360도 회전합니다. 그림과 같이 회전체가 작성됩니다.

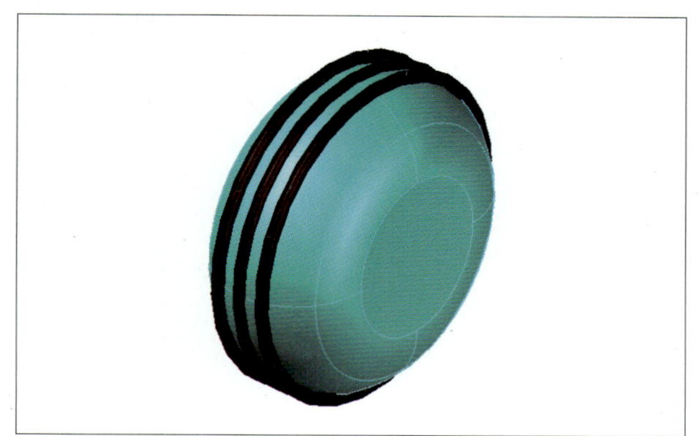

18 '이동(MOVE)' 명령을 이용하여 그림과 같이 휠을 마우스 본체로 이동합니다.

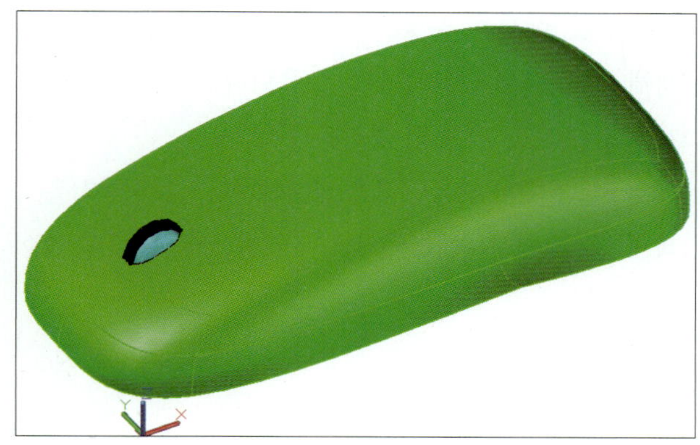

19 마우스에 휠이 들어가는 홈을 만들기 위해 '상자(BOX)' 명령으로 직육면체를 작성합니다. 크기는 '30 x 1 x 32'입니다.

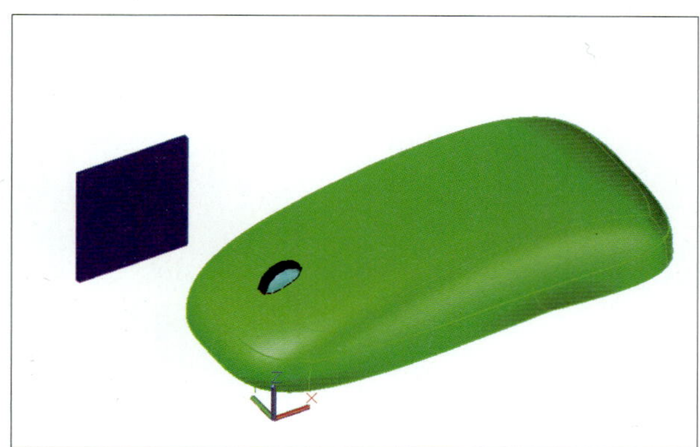

20 '이동(MOVE)' 명령으로 홈이 들어갈 위치로 이동합니다.

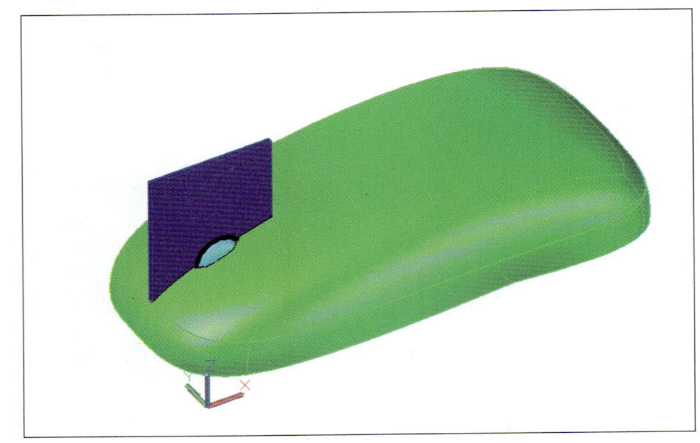

21 '차집합' 명령으로 마우스 휠의 홈을 만듭니다. '차집합' 명령을 실행합니다. 명령어 'SUBTRACT'를 입력하거나 '솔리드' 탭의 '부울' 패널에서 ◎을 클릭합니다.
{제거 대상인 솔리드, 표면 및 영역을 선택 ..}
{객체 선택:}에서 마우스 뚜껑을 선택합니다. {1개를 찾음}
{객체 선택:}에서 〈엔터〉 키를 누릅니다.
{제거할 솔리드, 표면 및 영역을 선택 ..}
{객체 선택:}에서 직육면체를 선택합니다. {1개를 찾음}
{객체 선택:}에서 〈엔터〉 키를 누르면 그림과 같이 홈이 패입니다.

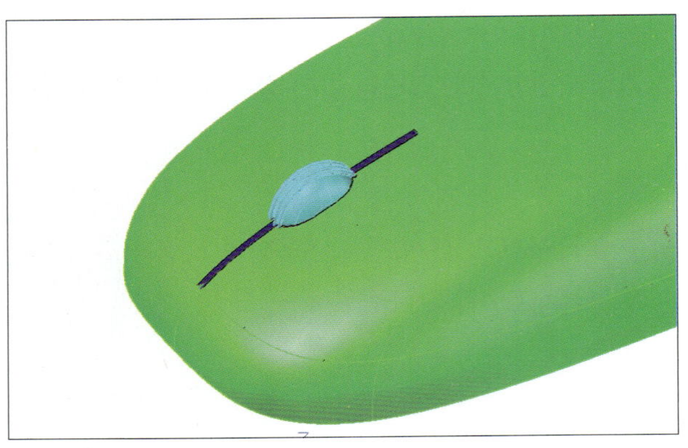

22 '특성(PROPERTIES)' 명령으로 색상을 바꿉니다. 그림은 위쪽 뚜껑은 색상 번호 '8', 휠과 아래쪽 본체는 '250'으로 지정한 것입니다.

23 뚜껑에서 휠이 들어간 부분을 제거합니다. 이때 간섭 체크 기능으로 간섭된 부분을 찾아낸 다음 차집합 기능으로 제거합니다.

'간섭' 명령을 실행합니다. 명령어 'INTERFERE'를 입력하거나 '솔리드' 탭의 '솔리드 편집' 패널에서 '간섭 '을 클릭합니다.

{첫 번째 객체 집합 선택 또는 [내포된 선택(N)/설정(S)]:}에서 위쪽 뚜껑을 선택합니다.

{1개를 찾음}

{첫 번째 객체 집합 선택 또는 [내포된 선택(N)/설정 (S)]:}에서 〈엔터〉 키를 누릅니다.

{두 번째 객체 집합 선택 또는 [내포된 선택(N)/첫 번째 세트 검사(K)] 〈검사〉:}에서 마우스 휠을 선택합니다. {1 개를 찾음}

{두 번째 객체 집합 선택 또는 [내포된 선택(N)/첫 번째 세트 검사(K)] 〈검사〉:}에서 〈엔터〉 키를 누릅니다. 다음 의 간섭 검사 대화상자에서 '종료 시 생성된 간섭 객체 삭 제'의 체크를 끕니다.

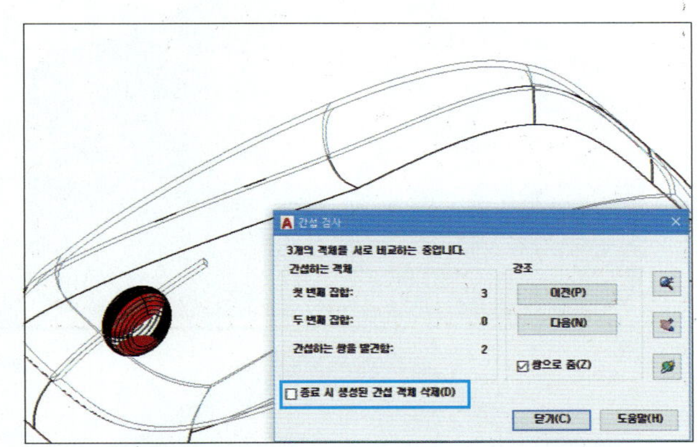

24 '차집합' 기능으로 마우스 뚜껑에서 간섭된 객체를 빼냅니다. '차집합' 명령을 실행합니다. 명령어 'SUBTRACT'를 입력하거나 '솔리드' 탭의 '부울' 패널에서 ◎을 클릭합니다. {제거 대상인 솔리드, 표 면 및 영역을 선택 ..}

{객체 선택:}에서 마우스 뚜껑을 선택합니다. {1개를 찾음}

{객체 선택:}에서 〈엔터〉 키를 누릅니다.

{제거할 솔리드, 표면 및 영역을 선택 ..}

{객체 선택:}에서 간섭 객체를 선택합니다. {1개를 찾음}

{객체 선택:}에서 〈엔터〉 키 를 누르면 그림과 같이 홈이 패입니다.

그림과 같이 마우스 모델이 완성되었습니다.

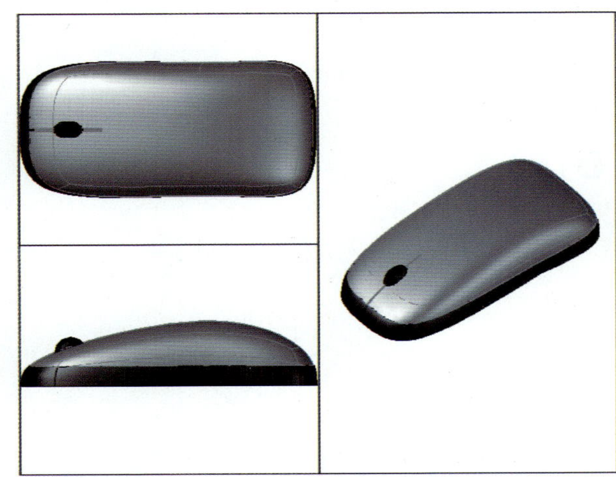

다음의 카메라를 메쉬 기능을 이용하여 모델링합니다.

메쉬 기본체의 상자(길이=3, 폭=5, 높이=3)를 작성한 후 모델링합니다.

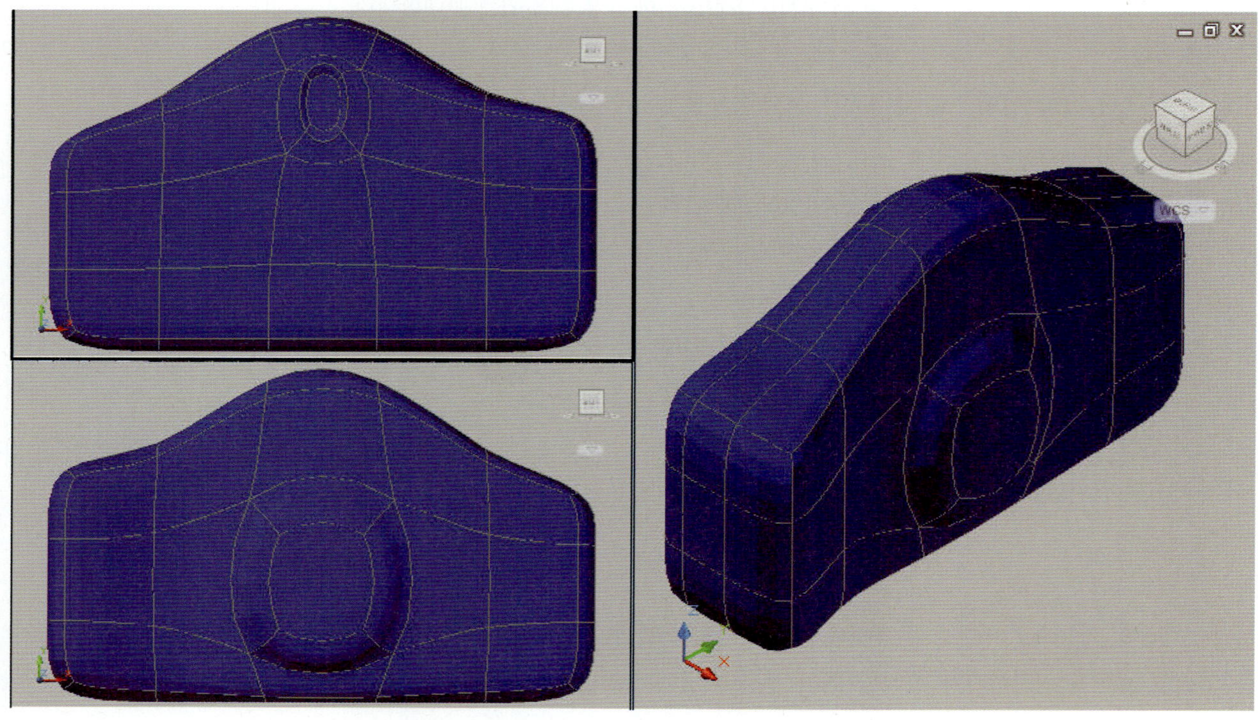

다음의 순서로 모델링합니다.

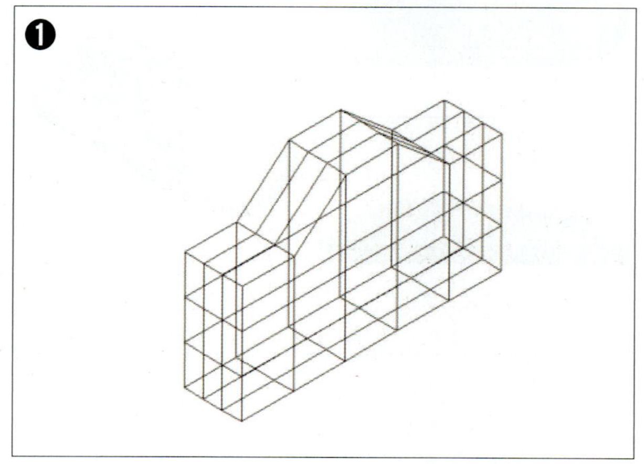

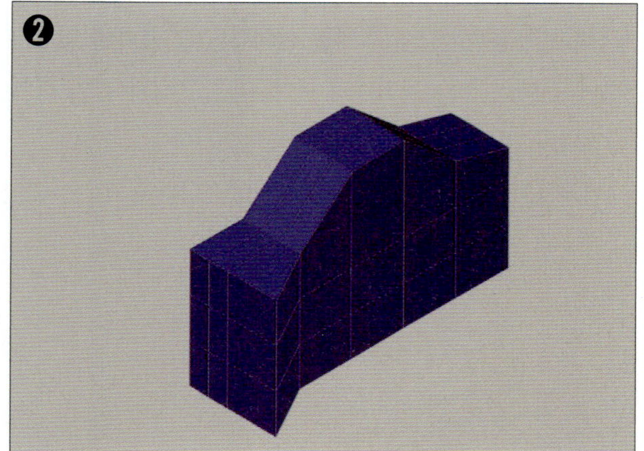

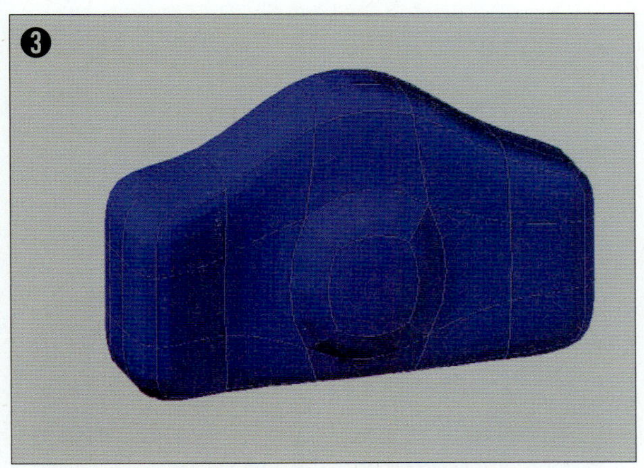

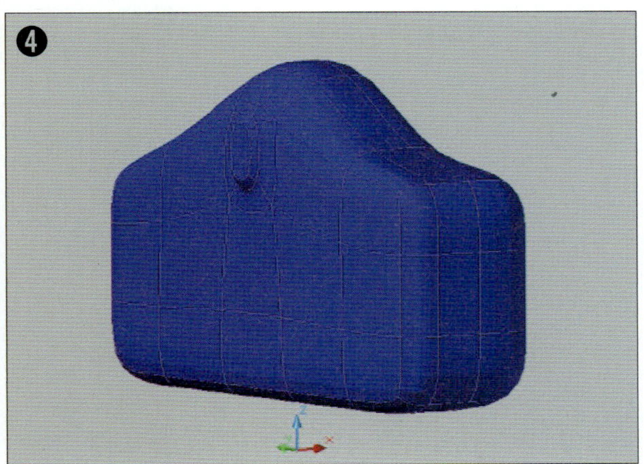

다음의 의자를 메쉬 기능을 이용하여 모델링합니다.

다음과 같이 형상을 모델링한 후 변환합니다.

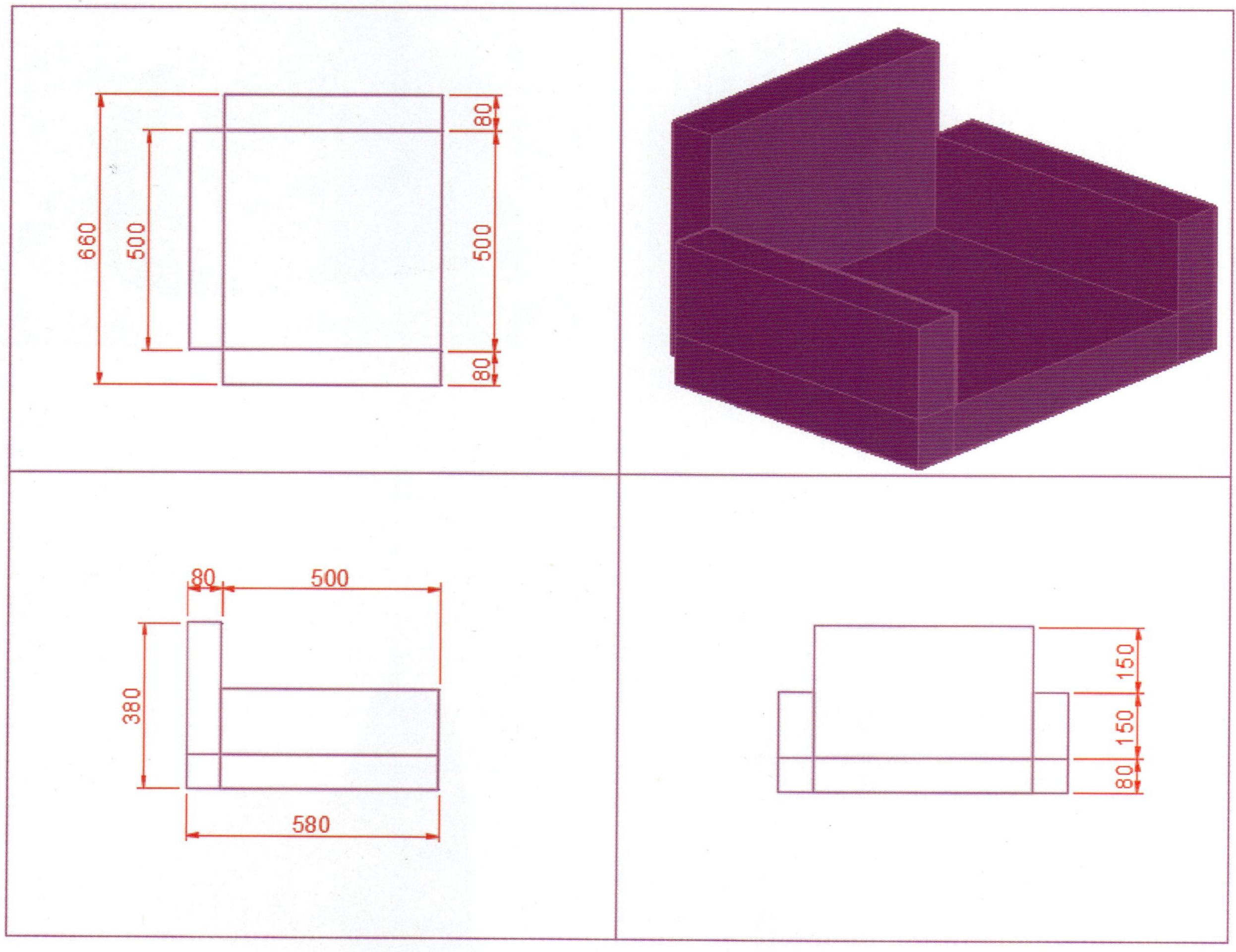

CHAPTER 14) 3차원 모델의 표현

3차원 모델은 2차원에 비해 많은 정보를 갖고 있기 때문에 활용의 범위가 넓습니다. 형상 정보도 2차원에 비해 많기 때문에 어느 방향에서 어떻게 보느냐에 따라 다양한 표현이 가능합니다. 이번에는 3차원 모델의 표현 방법에 대해 학습합니다.

LESSON 01 모델 뷰의 표현

3차원 모델을 표현하기 위한 환경과 표현 방법에 대해 학습합니다.

1. 배치(LAYOUT)의 작성

'도면의 출력'에서 학습했던 배치 기능을 이용하여 모델을 배치합니다.

01 표현하고자 하는 3차원 모델을 열거나 간단히 모델링합니다.

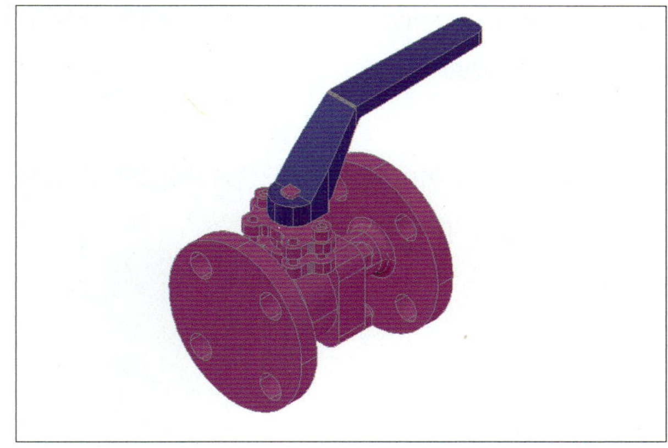

02 새로운 배치를 작성합니다. 새로 작성된 배치(예: 3차원) 탭을 눌러 배치 공간으로 이동합니다. 파란색 테두리를 클릭하여 〈Delete〉 키를 눌러 지웁니다.

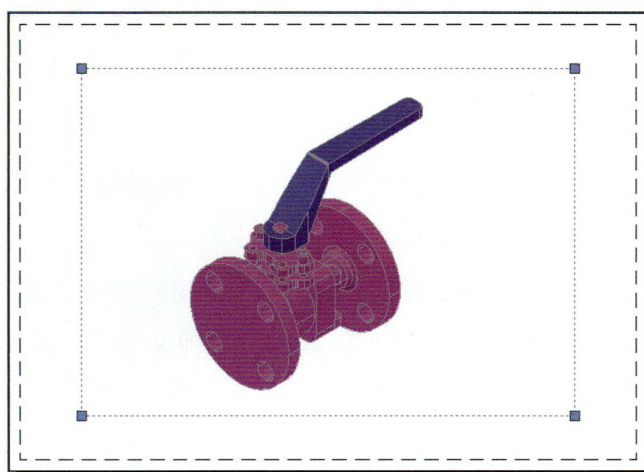

다음 그림과 같이 '3차원' 배치 공간이 백지 상태가 됩니다.

2. 기준 뷰의 작성(VIEWBASE)

모형 공간 또는 Autodesk Inventor 모형으로부터 기준 뷰를 작성합니다. 기준 뷰는 도면에서 첫 번째로 작성된 뷰입니다. 다른 모든 뷰는 기준 뷰에서 파생됩니다. 기준 뷰에는 모형 공간 내에서 표시된 솔리드 및 표면이 포함됩니다. 모형 공간에 표시되는 솔리드 또는 표면이 없는 경우에는 Autodesk Inventor 모형을 선택할 수 있도록 파일 선택 대화상자가 표시됩니다.

명령어 : **VIEWBASE**   메뉴 아이콘 :

01 앞의 실습에 이어서 실습하겠습니다. '모형' 탭을 눌러 모형 공간을 펼칩니다.

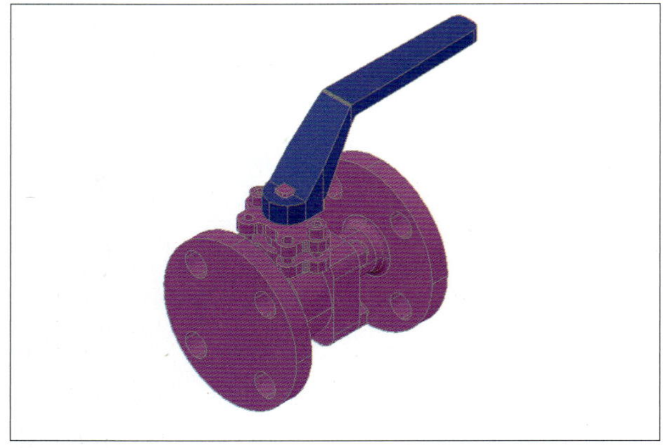

02 기준 뷰를 작성합니다. 명령어 'VIEWBASE'를 입력하거나 '배치' 탭의 '뷰 작성' 패널에서 을 클릭하여 '모형 공간에서'를 클릭합니다.

{객체 선택 또는 [전체 모형(E)] 〈전체 모형〉:}에서 범위를 감싸 모델(밸브)를 선택합니다.

{현재로 설정할 새 배치 이름 또는 기존 배치 이름 입력 또는 [?] 〈Layout1〉:}에서 배치하고자 하는 배치 이름 '3차원'을 입력합니다.

{캐쉬된 뷰포트 복원 중 – 배치 재생성 중.}

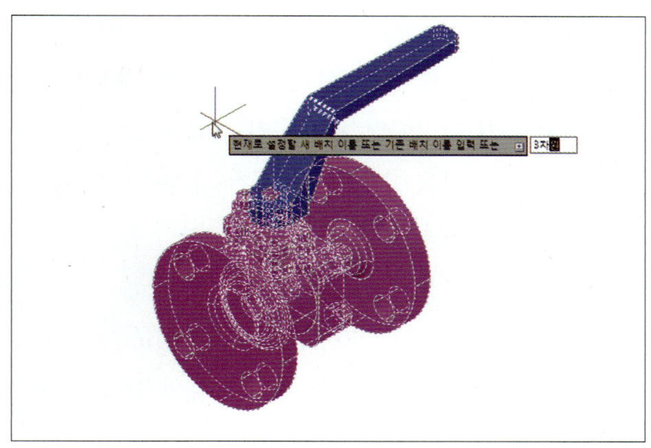

03 다음과 같이 배치 탭으로 전환됩니다.
{유형 = 기준 뷰와 투영된 뷰 은선 = 보이는 선 및 은선
축척 = 1:50}
{기준 뷰의 위치 지정 또는 [유형(T)/선택(E)/방향(O)/은
선(H)/축척(S)/가시성(V)] 〈유형〉:}에서 배치하고자 하
는 기준점을 지정합니다.

04 {기준 뷰의 위치 지정 또는 [유형(T)/선택(E)/방향
(O)/은선(H)/축척(S)/가시성(V)] 〈유형〉:}방향 옵션 'O'
를 선택합니다.
{방향 선택 [현재(C))/평면도(T)/저면도(B)/좌측면도
(L)/우측면도(R)/정면도(F)/배면도(BA)/남서 등각투영
(SW)/남동 등각투영(SE)/북동 등각투영(NE)/북서 등각
투영(NW)] 〈정면도〉: }에서 우측면도 'R'을 선택합니다.
{옵션 선택 [선택(E)/방향(O)/은선(H)/축척(S)/가시성(V)/
이동(M)/종료(X)] 〈종료〉:}에서 종료 'X'를 선택합니다.
{투영된 뷰의 위치 지정 또는 〈종료(X)〉:}에서 뷰를 작성
할 위치를 지정합니다.

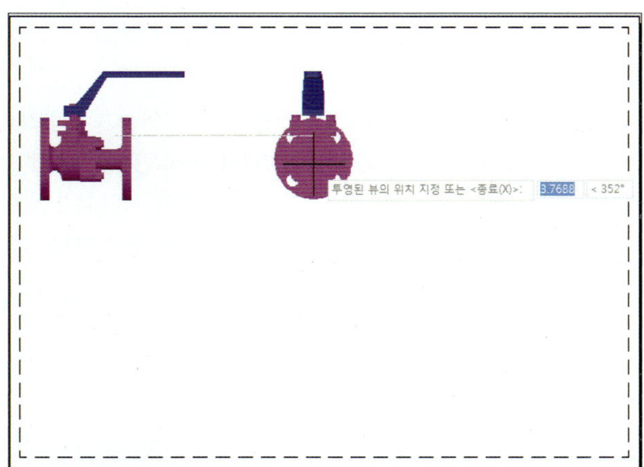

{투영된 뷰의 위치 지정 또는 [명령 취소(U)/종료(X)] 〈
종료(X)〉:}에서 종료 'X'를 선택합니다. {기준 뷰 및 1개
의 투영된 뷰가 작성되었습니다.}라는 메시지와 함께 뷰
가 작성됩니다. 다음 그림과 같이 두 개(우측면도, 정면
도)의 뷰가 작성됩니다.

{투영된 뷰의 위치 지정 또는 [명령 취소(U)/종료(X)] 〈
종료(X)〉:}에서 반복해서 뷰의 위치와 뷰의 방향를 지정
하여 다양한 뷰를 작성할 수 있습니다.

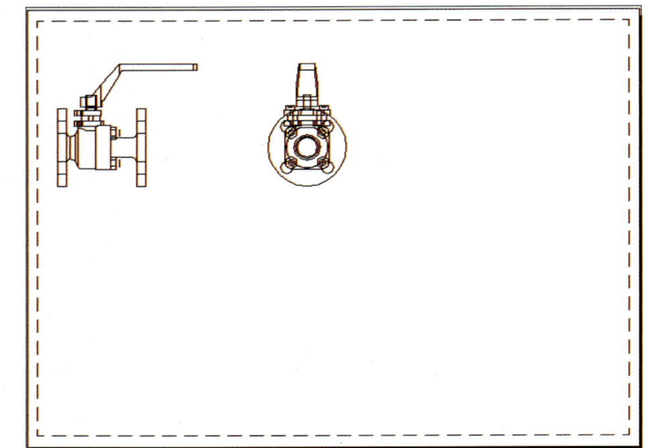

3. 투영 뷰의 작성(VIEWPROJ)

기존 도면 뷰에서 직교 및 등각투영된 뷰를 작성합니다. 투영된 뷰는 상위 뷰의 축척, 표시 설정 및
정렬을 상속합니다.

명령어 : VIEWPROJ   **메뉴 아이콘 :**

01 투영 뷰 작성 명령을 실행합니다. 명령어
'VIEWPROJ'를 입력하거나 '배치' 탭의 '뷰 작성' 패널
에서 ▦을 클릭합니다.
{상위 뷰 선택:}에서 가운데 정면도 뷰를 선택합니다.

tip!

기존 뷰가 오래되었거나 해석되지 않은 뷰인 경우는 투영 뷰가 작성되지
않습니다. 투영된 뷰는 해당 뷰가 생성된 뷰와의 상–하 관계를 유지합니
다. 상위 뷰를 지워도 해당 하위 뷰는 지워지지 않습니다. 하위 뷰가 상위
뷰의 역할을 자동으로 수행하게 됩니다. 하위 뷰는 상위 뷰가 되어도 기
준 뷰가 되지는 않습니다.

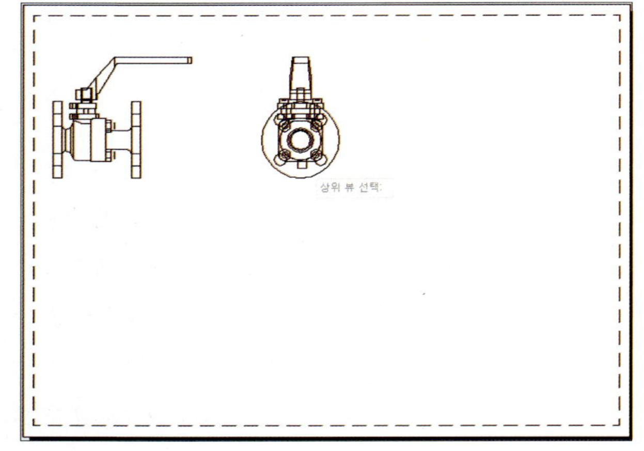

02 {투영된 뷰의 위치 지정 또는 〈종료(X)〉:}에서 마우스 커서를 아래쪽으로 끌고 갑니다. 다음 그림과 같이 하위 뷰인 밑면도가 나타납니다.

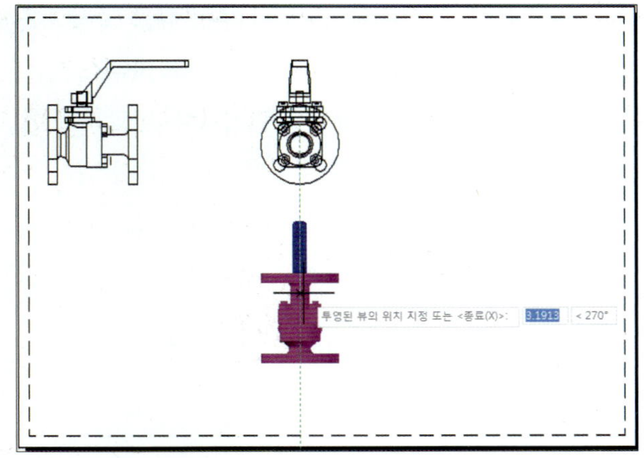

03 이때 클릭합니다. 다음 그림과 같이 하위 뷰인 밑면도가 배치됩니다.
{투영된 뷰의 위치 지정 또는 [명령 취소(U)/종료(X)] 〈종료(X)〉:}에서 마우스 커서를 아래쪽 45도 방향으로 가져갑니다. 다음 그림과 같이 45도 방향의 등각투영 뷰가 나타납니다.

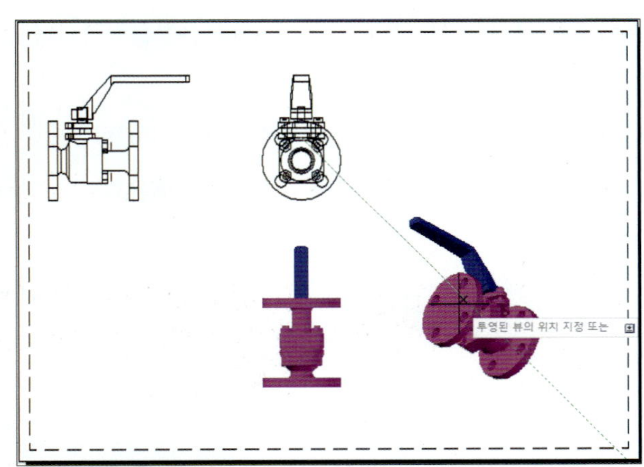

04 이때, 클릭하면 하위 뷰인 등각투영 뷰가 배치됩니다.
{투영된 뷰의 위치 지정 또는 [명령 취소(U)/종료(X)] 〈종료(X)〉:}에서 마우스 커서를 상위 뷰의 오른쪽으로 가져가 클릭합니다. 뷰가 배치됩니다.
{투영된 뷰의 위치 지정 또는 [명령 취소(U)/종료(X)] 〈종료(X)〉:}에서 〈엔터〉 키 또는 'X'를 입력하여 종료합니다. 그림과 같이 등각투영 뷰가 작성됩니다.

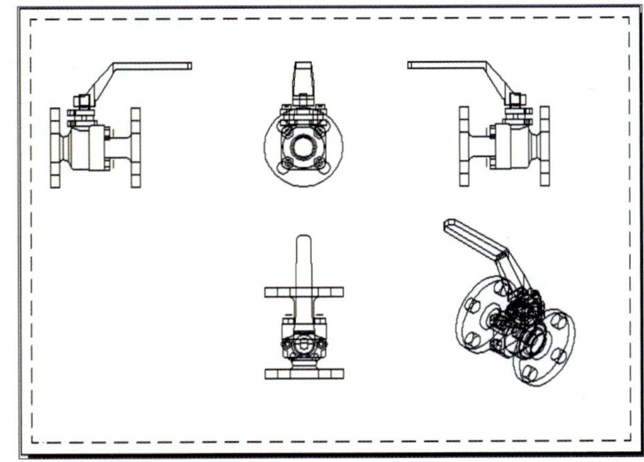

05 하위 뷰인 밑면도를 이용하여 투영 뷰를 작성하겠습니다. 아래쪽 중앙의 밑면도를 선택한 후 마우스 오른쪽 버튼을 눌러 바로가기 메뉴를 펼칩니다. 바로가기 메뉴에서 '뷰 작성'을 클릭한 후 '투영된 뷰'를 선택합니다.

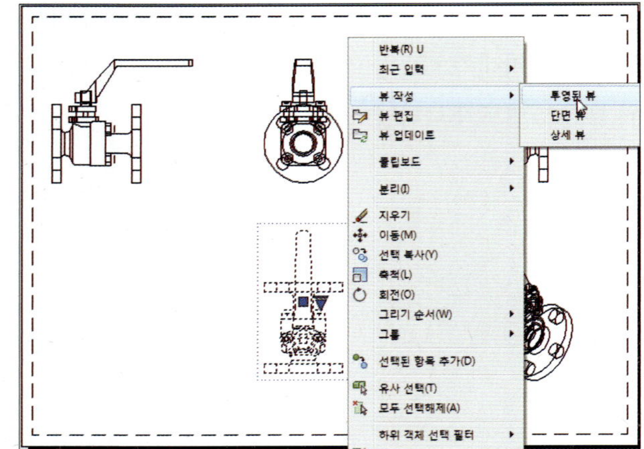

{투영된 뷰의 위치 지정 또는 〈종료(X)〉:}에서 마우스 커서를 왼쪽으로 끌고 갑니다. 뷰가 나타나면 클릭합니다. 다음 그림과 같이 뷰가 배치됩니다.

{투영된 뷰의 위치 지정 또는 [명령 취소(U)/종료(X)] 〈종료(X)〉:}에서 〈엔터〉 키 또는 'X'를 입력하여 종료합니다.

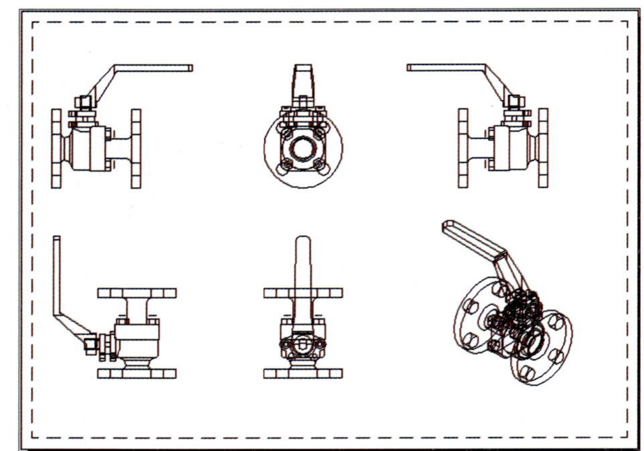

4. 단면 뷰의 작성(VIEWSECTION)

기존 도면 뷰에서 단면 뷰를 작성합니다. 투영된 뷰는 상위 뷰의 축척, 표시 설정 및 정렬을 상속합니다.
단면 선의 끝점이 지정되면 단면 미리보기가 알파벳순 단면 레이블 식별자와 함께 커서에 부착됩니다.

명령어 : VIEWSECTION　　　　　　　　　메뉴 아이콘 :

01. 단면 전체 뷰 작성

지정한 범위의 전체 단면 뷰를 작성합니다.

01 '지우기(ERASE)' 명령으로 다음과 같이 세 뷰를 지웁니다.

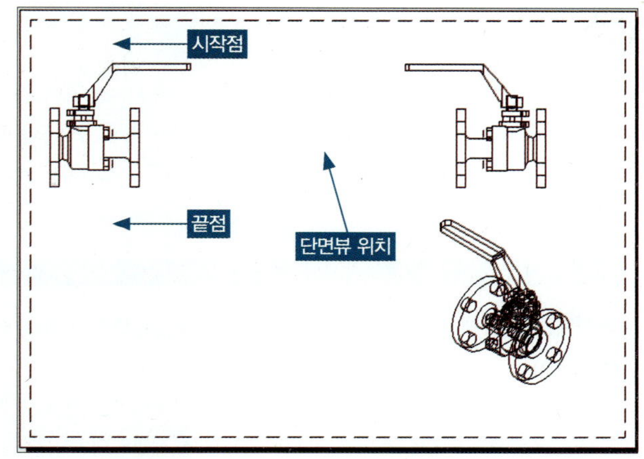

02 단면 뷰 작성 명령을 실행합니다. '배치' 탭의 '뷰 작성' 패널에서 📷을 클릭하거나 명령어 'VIEWSECTION'를 입력합니다.

{유형 선택 [전체(F)/절반(H)/간격띄우기(OF)/정렬(A)/객체(OB)/종료(X)] 〈종료〉: _f}

{상위 뷰 선택:}에서 왼쪽 상단의 뷰를 선택합니다. {1개를 찾음}

{은선 = 보이는 선 축척 = 3/16" = 1'-0" (상위 항목에서)}

{시작점 지정 또는 [유형(T)/은선(H)/축척(S)/가시성(V)/주석(A)/해치(C)] 〈유형〉:}

{시작점 지정:}에서 자르고자 하는 단면의 시작점을 지정합니다.

{끝점 지정 또는 [명령 취소(U)]:}에서 자르고자 하는 단면의 끝점을 지정합니다.

{다음 점 지정 또는 [명령 취소(U)/종료(D)] 〈종료〉:}에서 〈엔터〉 키를 눌러 지정을 종료합니다. 그림과 같이 단면 범위가 지정됩니다.

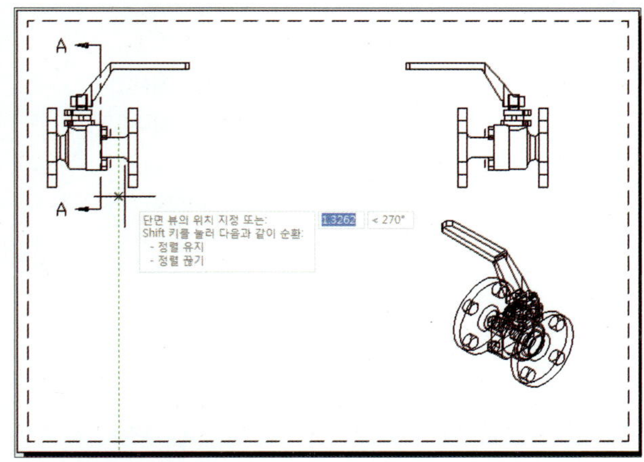

{단면 뷰의 위치 지정 또는 옵션 선택 [은선(H)/축척(S)/가시성(V)/투영(P)/깊이(D)/주석(A)/해치(C)/이동(M)/종료(X)] 〈종료〉:}에서 단면 뷰의 위치를 지정한 후 〈엔터〉 키를 누르거나 'X'를 입력합니다.

{단면 뷰를 성공적으로 작성했습니다.}라는 메시지와 함께 단면 뷰가 작성됩니다.

단면 선으로 절단된 객체는 단면 뷰에서 해치되어 표현합니다.

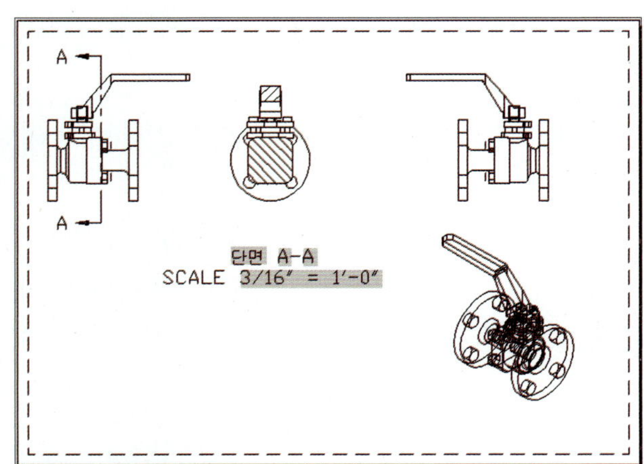

참고 단면 레이블

단면을 지정하면 기본적으로 단면 레이블은 사용 가능한 레이블로 자동으로 설정됩니다. 레이블 I, O,
Q, S, X, Z는 기본적으로 제외되지만 이러한 레이블을 수동으로 덮어쓸 수 있습니다. '단면 뷰 스타
일 관리자' 대화상자에서 제외할 영문자를 지정할 수 있습니다.

옵션 설명

옵션 선택 [은선(H)/축척(S)/가시성(V)/투영(P)/깊이(D)/주석(A)/해치(C)/이동(M)/종료(X)]

(1) **은선(H)** : 선의 표현 옵션을 다음에서 선택합니다.

  ① 보이는 선(V) : 보이는 선만 표시한 상태로 와이어프레임에 단면 뷰를 표시합니다.

  ② 보이는 선 및 은선(I) : 보이는 선과 은선을 표시한 상태로 와이어프레임에 단면 뷰를 표시합니다.

  ③ 보이는 선이 있는 상태로 음영처리됨(S) : 보이는 선만 표시된 상태로 단면 뷰를 음영처리하여 표시합니다.

  ④ 보이는 선 및 은선이 있는 상태로 음영처리됨(H) : 보이는 선과 은선이 표시된 상태로 단면 뷰를 음영처리하여 표시합니다.

  ⑤ 상위 항목에서(F) : 상위 기준 또는 투영된 뷰에서 상속된 특성으로 단면 뷰를 표시합니다.

(2) **축척(S)** : 기본적으로 상위 뷰의 축척이 상속되지만 축척을 추가로 지정하고자 할 때 선택합니다.

(3) **가시성(V)** : 단면 뷰에 대해 설정할 가시성 옵션을 지정합니다. 객체 가시성 옵션은 모형마다 다르며, 일부 옵션은 선택한 모형에서
  사용하지 못할 수도 있습니다.

(4) **투영(P)** : 단면 뷰를 작성하는 데 사용되는 투영 유형을 법선과 직교 중 선택합니다.

(5) **깊이(D)** : 단면 뷰의 깊이를 지정합니다.

(6) **주석(A)** : 레이블의 조건을 지정합니다.

  ① 식별자 : 단면 선과 생성되는 단면 뷰의 레이블을 지정합니다

  ② 레이블 : 단면 뷰 레이블 문자의 표시 여부를 지정합니다.

(7) **해치(C)** : 단면 뷰에 해치 여부를 지정합니다.

(8) **이동(M)** : 단면 뷰를 도면 영역에 배치한 후 이동합니다. 명령이 강제 종료되지 않습니다.

(9) **종료(X)** : 명령을 종료합니다.

---

02. 절반 단면 뷰 작성

뷰의 절반 단면 뷰를 작성합니다. 단면 선의 끝점이 지정되면 단면 미리보기가 알파벳순 단면 레이블
식별자와 함께 커서에 부착됩니다.

03 '배치' 탭의 '뷰 작성' 패널에서 을 클릭하거나 명령어 'VIEWSECTION'를 입력합니다. {상
위 뷰 선택: _t}

{유형 선택 [전체(F)/절반(H)/간격띄우기(OF)/정렬(A)/객체(OB)/종료(X)] ⟨종료⟩: _h}

{상위 뷰 선택:}에서 자르고자 하는 원본 뷰를 선택합니다. {1개를 찾음}

{은선 = 보이는 선 축척 = 3/16" = 1'-0" (상위 항목에서)}

{시작점 지정 또는 [유형(T)/은선(H)/축척(S)/가시성(V)/주석(A)/해치(C)] ⟨유형⟩:}

{시작점 지정:}에서 단면의 시작점을 지정합니다.

{다음 점 지정 또는 [명령 취소(U)]:}에서 단면 뷰를 작성할 점을 지정합니다.

{끝점 지정 또는 [명령 취소(U)]:}에서 다음 그림과 같이 단면 뷰의 끝점을 지정합니다.

이 끝점에 의해 단면 뷰의 범위가 정해집니다.

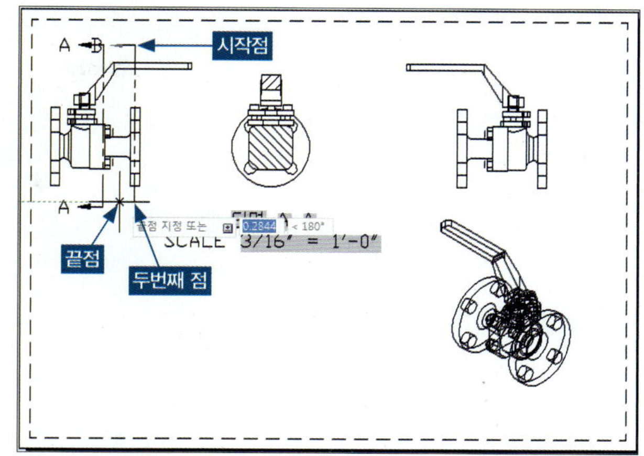

{단면 뷰의 위치 지정: }에서 단면 뷰를 배치할 위치를 지정합니다.

{또는 옵션 선택 [은선(H)/축척(S)/가시성(V)/투영(P)/깊이(D)/주석(A)/해치(C)/이동(M)/종료(X)] 〈종료〉:}에서 〈엔터〉 키 또는 'X'를 입력하여 종료합니다.

{단면 뷰를 성공적으로 작성했습니다.}라는 메시지와 함께 단면 뷰가 작성됩니다. 그림에서 보면 끝점의 위치까지 단면이 작성됩니다.

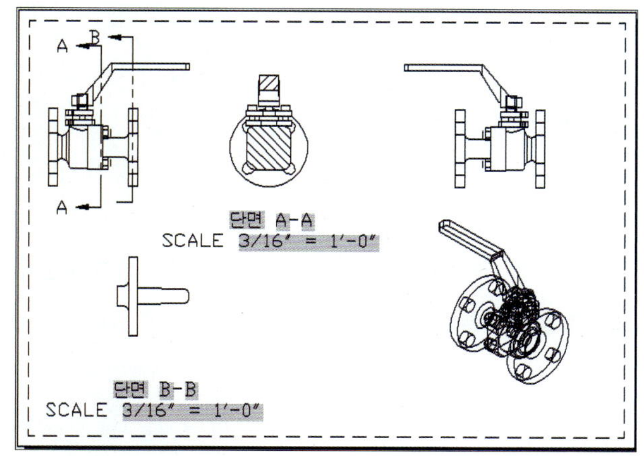

03. 간격 띄우기 단면 뷰 작성

단면에서 지정한 간격 띄우기가 모형을 자르는데 사용되도록 지정합니다. 종료를 선택할 때까지 다음 점에 대한 프롬프트가 표시됩니다. 종료를 선택하고 나면 단면 뷰 미리보기가 알파벳순 단면 레이블 식별자와 함께 커서에 부착됩니다.

04 '배치' 탭의 '뷰 작성' 패널에서 을 클릭하거나 명령어 'VIEWSECTION'을 입력합니다.

{상위 뷰 선택: _t}

{유형 선택 [전체(F)/절반(H)/간격띄우기(OF)/정렬(A)/객체(OB)/종료(X)] 〈종료〉: _h}

{상위 뷰 선택:}에서 자르고자 하는 원본 뷰(단면 A-A')를 선택합니다. {1개를 찾음}

{은선 = 보이는 선 축척 = 3/16" = 1'-0" (상위 항목에서)}

{시작점 지정 또는 [유형(T)/은선(H)/축척(S)/가시성(V)/주석(A)/해치(C)] 〈유형〉:}

{시작점 지정:}에서 단면의 시작점을 지정합니다.

{다음 점 지정 또는 [명령 취소(U)]:}에서 단면 뷰를 작성할 점을 지정합니다.
{다음 점 지정 또는 [명령 취소(U)]:}에서 자르고자 하는 위치를 지정합니다.
{다음 점 지정 또는 [명령 취소(U)]:}에서 자르고자 하는 위치를 지정합니다.
{다음 점 지정 또는 [명령 취소(U)/종료(D)] 〈종료〉:}에서 다음 점을 지정합니다.
그림과 같이 절단 면을 지정합니다.

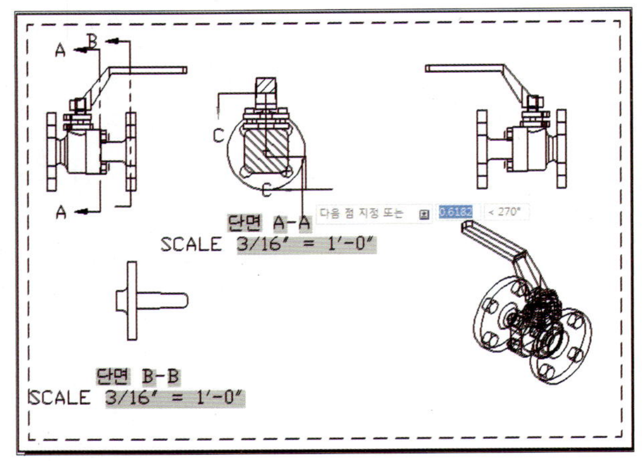

{다음 점 지정 또는 [명령 취소(U)/종료(D)] 〈종료〉:}에서 〈엔터〉 키를 눌러 점 지정을 종료합니다.
{단면 뷰의 위치 지정 또는:}에서 단면 뷰를 배치할 위치를 지정합니다.
{옵션 선택 [은선(H)/축척(S)/가시성(V)/잘라내기(U)/투영(P)/깊이(D)/주석(A)/해치(C)/이동(M)/종료(X)] 〈종료〉:}에서 〈엔터〉 키 또는 'X'를 입력하여 종료합니다.
'이동(MOVE)' 명령을 이용하여 문자의 위치를 조정합니다.
그림과 같이 지정한 단면선을 토대로 단면 뷰가 작성됩니다.

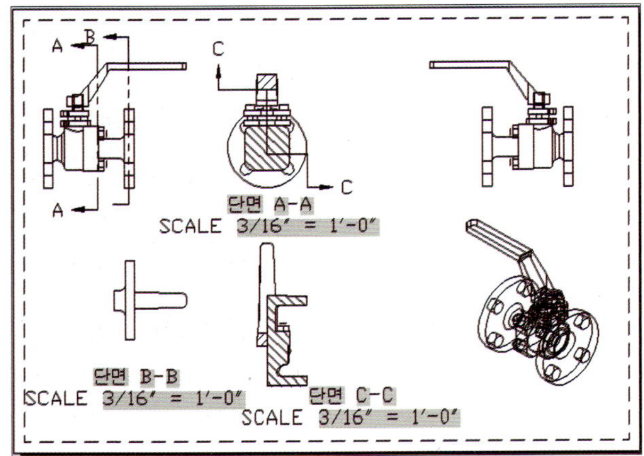

04. 정렬 단면 뷰 작성

단면 뷰가 항상 첫 번째 또는 마지막 단면 선에 수직되게 정렬되도록 단면 뷰를 작성합니다. 첫 번째 점 이후 종료를 선택할 때까지 다음 점을 지정하도록 메시지가 표시됩니다. 점 지정을 마치면 단면 뷰 미리보기가 알파벳순 단면 레이블 식별자와 함께 커서에 부착됩니다.

05 '지우기(ERASE)' 명령으로 다음 그림과 같이 뷰를 지웁니다.

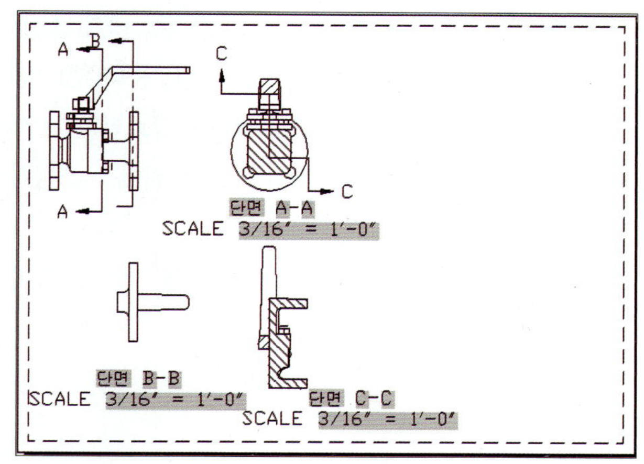

06 '배치' 탭의 '뷰 작성' 패널에서 █을 클릭하거나 명령어 'VIEWSECTION'를 입력합니다.

{상위 뷰 선택: _t}

{유형 선택 [전체(F)/절반(H)/간격띄우기(OF)/정렬(A)/객체(OB)/종료(X)] 〈종료〉: _h}

{상위 뷰 선택:}에서 자르고자 하는 원본 뷰(단면 A−A)를 선택합니다. {1개를 찾음}

{은선 = 보이는 선 축척 = 3/16" = 1'-0" (상위 항목에서)}

{시작점 지정 또는 [유형(T)/은선(H)/축척(S)/가시성(V)/주석(A)/해치(C)] 〈유형〉:}

{시작점 지정:}에서 단면의 시작점을 지정합니다.

{다음 점 지정 또는 [명령 취소(U)]:}에서 단면 뷰를 작성할 점을 지정합니다.

{다음 점 지정 또는 [명령 취소(U)]:}에서 자르고자 하는 위치를 지정합니다.

{다음 점 지정 또는 [명령 취소(U)]:}에서 자르고자 하는 위치를 지정합니다.

{다음 점 지정 또는 [명령 취소(U)/종료(D)] 〈종료〉:}에서 다음 점을 지정합니다.

그림과 같이 비스듬하게 절단 면을 지정합니다.

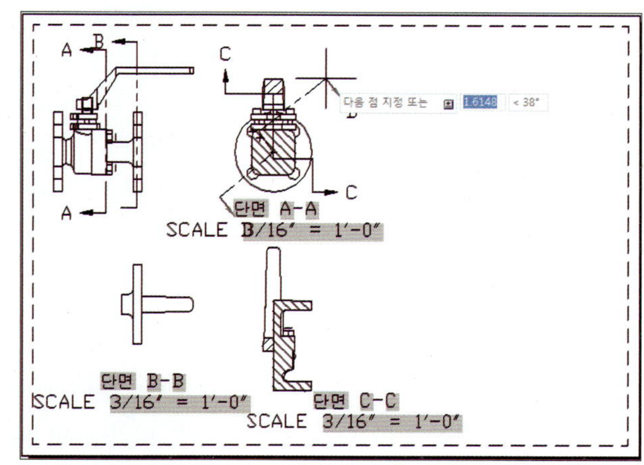

{다음 점 지정 또는 [명령 취소(U)/종료(D)] 〈종료〉:}에서 〈엔터〉 키 또는 'D'를 입력하여 점 지정을 종료합니다.

{단면 뷰의 위치 지정 또는:}에서 단면 뷰를 배치할 위치를 지정합니다.

이때, 단면 뷰는 지정한 단면 선을 기준으로 수직으로만 제한됩니다.

{옵션 선택 [은선(H)/축척(S)/가시성(V)/잘라내기(U)/투영(P)/깊이(D)/주석(A)/해치(C)/이동(M)/종료(X)] 〈종료〉:}에서 〈엔터〉 키 또는 'X'를 입력하여 종료합니다.

'이동(MOVE)' 명령을 이용하여 문자의 위치를 조정합니다.

그림과 같이 지정한 단면선에 수직 방향의 단면 뷰가 작성됩니다.

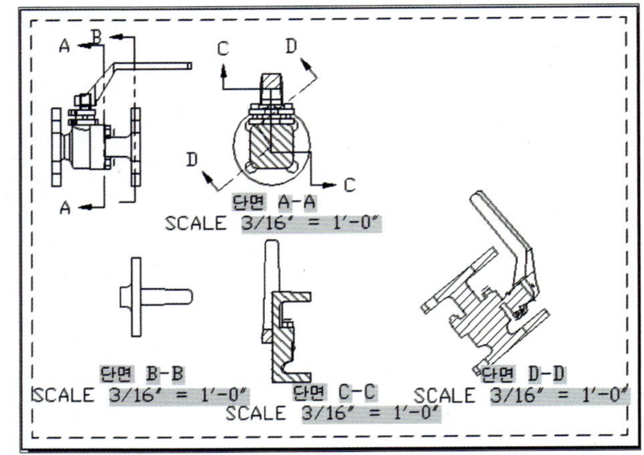

05. 단면 뷰의 수정

작성된 단면 뷰의 수정에 대해 학습하겠습니다.

07 단면 선을 수정해보겠습니다. 다음 그림과 같이 단면 선 'B-B'를 선택한 후 그립을 끌어 왼쪽으로 이동합니다.

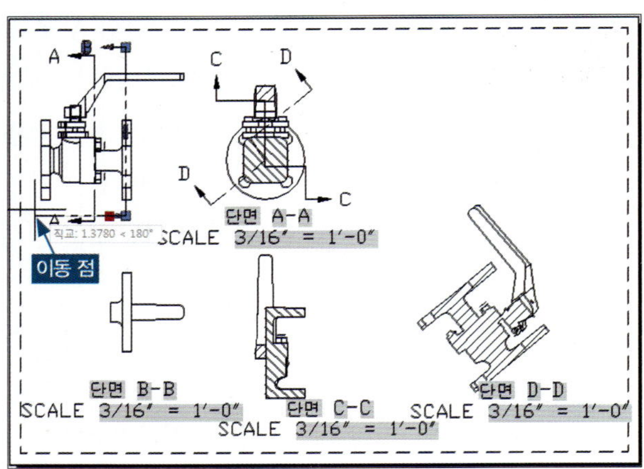

원하는 위치로 끌고 가서 클릭한 후 〈ESC〉 키를 누릅니다. 다음 그림과 같이 수정한 단면 선을 따라 단면 뷰 (B-B)가 갱신됩니다.

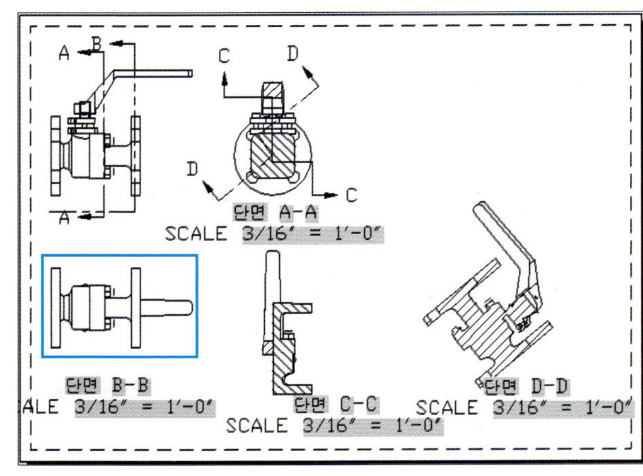

08 이번에는 원본 모델을 수정하겠습니다. 하단의 '모형' 탭을 눌러 모형 공간으로 이동합니다.

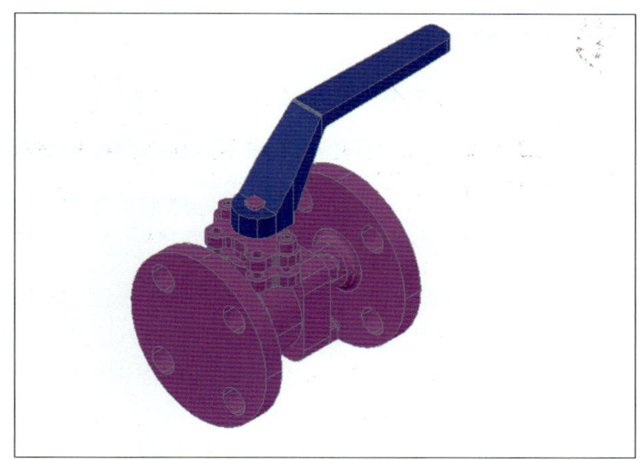

09 '지우기(ERASE)' 명령으로 파란색 손잡이를 지웁니다. 다음 그림과 같이 원본 모델이 수정됩니다.

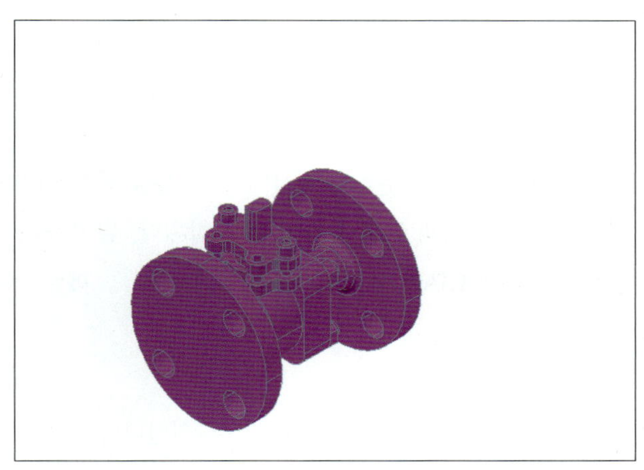

10 다시 배치 공간으로 이동합니다. 하단의 배치(예: 3차원) 탭을 클릭합니다. 다음 그림과 같이 각 단면 뷰에 핸들이 제거되었음을 알 수 있습니다. 이와 같이 원본 모델의 수정에 따라 단면 뷰도 동시에 수정됨을 알 수 있습니다.

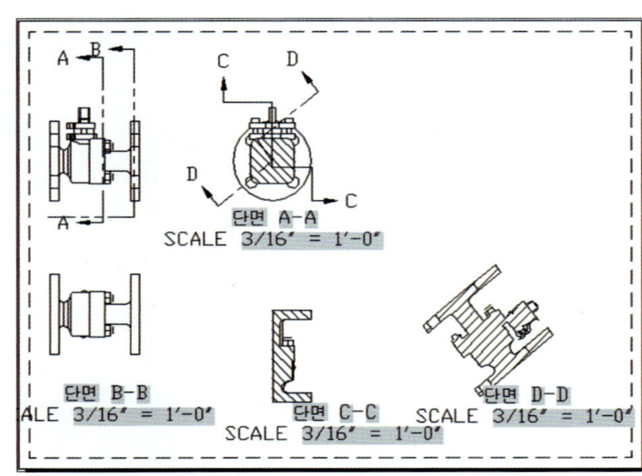

 **단면 뷰 리본 메뉴**

단면 뷰를 작성할 때 다음과 같은 리본 메뉴가 나타납니다.

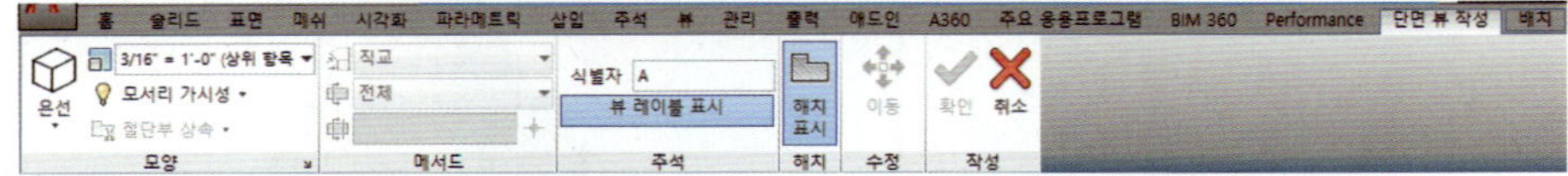

(1) 모양 : 은선의 표현 방법, 축척, 모서리 가시성 등 단면 뷰의 표현과 관련된 환경을 지정합니다.

(2) 메서드 : 단면 뷰의 종류(전체, 정렬, 간격 띄우기 등), 직교 또는 법선 등 뷰의 작성 방법 환경을 지정합니다.

(3) 주석 : 뷰 레이블의 표시여부, 식별자의 명칭을 지정합니다.

(4) 해치 : 해치 표시여부를 지정합니다.

(5) 수정 : 단면 뷰의 위치 이동여부를 지정합니다.

(6) 작성 : 승인여부를 지정합니다.

5. 상세 뷰의 작성(VIEWDETAIL)

기존 도면 뷰의 일부분을 지정하여 상세 뷰를 작성합니다. 이 명령은 배치(LAYOUT) 환경에서만 지원되며 하나 이상의 도면 뷰가 있어야 합니다. 원형 또는 직사각형 상세 뷰를 작성할 수 있습니다.

명령어 : VIEWDETAIL　　　　　　　　　　**메뉴 아이콘 :**

01. 원형 상세 뷰 작성

범위를 원형으로 지정하여 상세 뷰를 작성합니다.

01　앞의 단면 뷰 실습 도면에 이어서 실습하겠습니다.

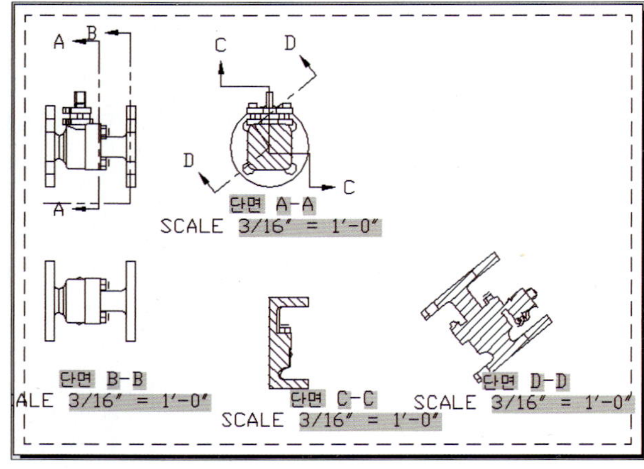

02 원형 상세 뷰 명령을 실행합니다. '배치' 탭의 '뷰 작성' 패널에서 🖼을 클릭하거나 명령어 'VIEWDETAIL'을 입력합니다.

{상위 뷰 선택: _b}

{경계 유형 선택 [원형(C)/직사각형(R)/종료(X)] 〈원형〉: _c}

{상위 뷰 선택:}에서 '단면 D-D' 뷰를 선택합니다. {1개를 찾음}

{경계 = 원형 모형 모서리 = 부드러움 축척 = 1:50}

{중심점 지정 또는 [은선(H)/축척(S)/가시성(V)/경계(B)/모형 모서리(E)/주석(A)] 〈경계〉:}에서 상세도를 작성하고자 하는 위치의 중심점을 지정합니다.

{경계 크기 지정 또는 [직사각형(R)/명령 취소(U)]:}에서 상세도의 범위를 지정합니다.

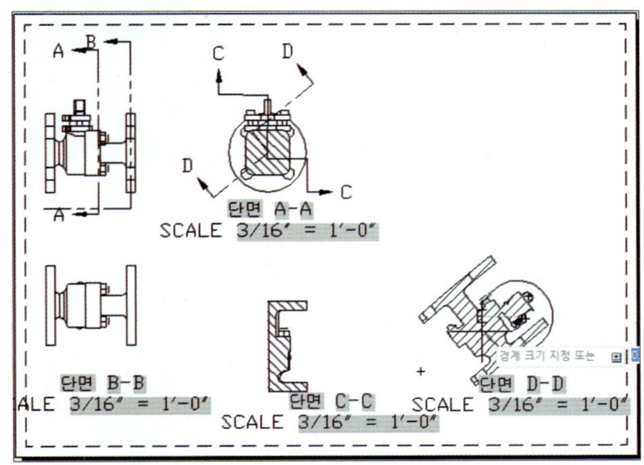

{상세 뷰의 위치 지정:}에서 상세도를 배치할 위치를 지정합니다.

{옵션 선택 [은선(H)/축척(S)/가시성(V)/경계(B)/모형 모서리(E)/주석(A)/이동(M)/종료(X)] 〈종료〉:}에서 〈엔터〉 키 또는 'X'를 입력하여 종료합니다.

{상세 뷰를 성공적으로 작성했습니다.}라는 메시지와 함께 그림과 같은 상세 뷰가 작성됩니다.

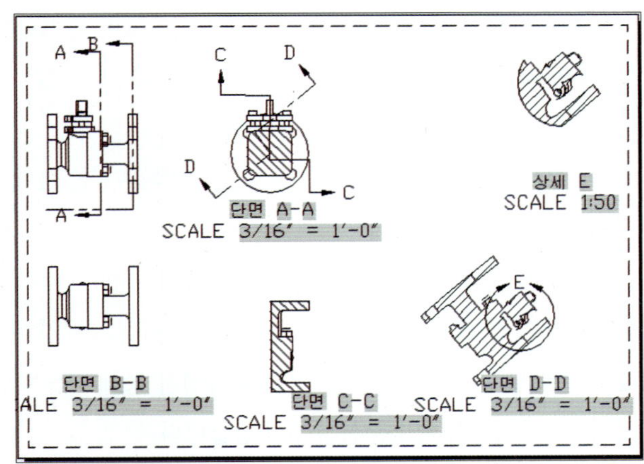

옵션 설명

옵션 선택 [은선(H)/축척(S)/가시성(V)/경계(B)/모형 모서리(E)/주석(A)/이동(M)/종료(X)]

(1) 은선(H) : 선의 표현 옵션을 다음에서 선택합니다.

　① 보이는 선(V) : 보이는 선만 표시한 상태로 와이어프레임에 상세 뷰를 표시합니다.

　② 보이는 선 및 은선(I) : 보이는 선과 은선을 표시한 상태로 와이어프레임에 상세 뷰를 표시합니다.

　③ 보이는 선이 있는 상태로 음영처리됨(S) : 보이는 선만 표시된 상태로 상세 뷰를 음영처리하여 표시합니다.

　④ 보이는 선 및 은선이 있는 상태로 음영처리됨(H) : 보이는 선과 은선이 표시된 상태로 상세 뷰를 음영처리하여 표시합니다.

　⑤ 상위 항목에서(F) : 상위 기준 또는 투영된 뷰에서 상속된 특성으로 상세 뷰를 표시합니다.

(2) 축척(S) : 기본적으로 상위 뷰의 축척이 상속되지만 축척을 추가로 지정하고자 할 때 선택합니다.

(3) 가시성(V) : 상세 뷰에 대해 설정할 가시성 옵션을 지정합니다. 객체 가시성 옵션은 모형마다 다르며, 일부 옵션은 선택한 모형에서 사용하지 못할 수도 있습니다.

(4) **경계(B)** : 상세 뷰의 경계를 원. 직사각형 중에서 선택합니다.

(5) **모형 모서리(E)** : 모서리의 표현 방법을 선택합니다.

(6) **주석(A)** : 레이블의 조건을 지정합니다.

  ① 식별자 : 단면 선과 생성되는 단면 뷰의 레이블을 지정합니다

  ② 레이블 : 단면 뷰 레이블 문자의 표시 여부를 지정합니다.

(7) **이동(M)** : 단면 뷰를 도면 영역에 배치한 후 이동합니다. 명령이 강제 종료되지 않습니다.

(8) **종료(X)** : 명령을 종료합니다.

02. 직사각형 상세 뷰 작성

범위를 사각형으로 지정하여 상세 뷰를 작성합니다.

01 원형 상세 뷰 명령을 실행합니다. '배치' 탭의 '뷰 작성' 패널에서 ▣을 클릭하거나 명령어 'VIEWDETAIL'을 입력합니다.

{상위 뷰 선택: _b}

{경계 유형 선택 [원형(C)/직사각형(R)/종료(X)] 〈원형〉: _r}

{상위 뷰 선택:}에서 '단면 D-D' 뷰를 선택합니다. {1개를 찾음}

{경계 = 원형 모형 모서리 = 부드러움 축척 = 1:50}

{중심점 지정 또는 [은선(H)/축척(S)/가시성(V)/경계(B)/모형 모서리(E)/주석(A)] 〈경계〉:}에서 상세도를 작성하고자 하는 위치의 중심점을 지정합니다.

{경계 크기 지정 또는 [원형(C)/명령 취소(U)]:}에서 그림과 같이 사각형의 범위를 지정합니다.

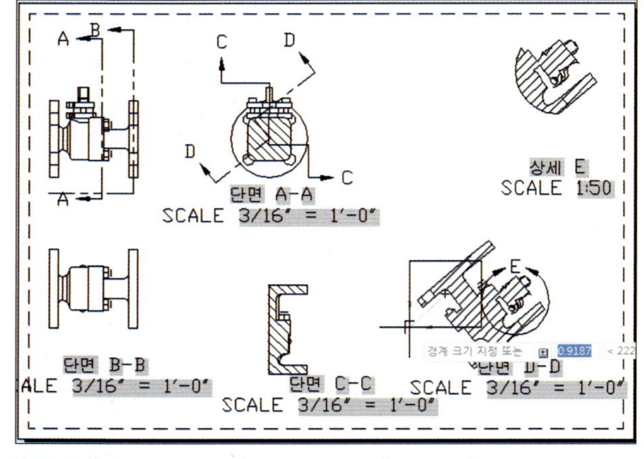

{상세 뷰의 위치 지정:}에서 상세도를 배치할 위치를 지정합니다.

{옵션 선택 [은선(H)/축척(S)/가시성(V)/경계(B)/모형 모서리(E)/주석(A)/이동(M)/종료(X)] 〈종료〉:}에서 〈엔터〉 키 또는 'X'를 입력하여 종료합니다.

{상세 뷰를 성공적으로 작성했습니다.}라는 메시지와 함께 그림과 같이 상세도가 작성됩니다.

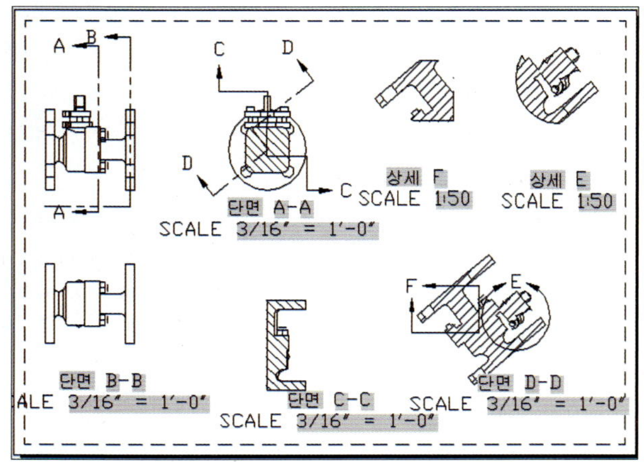

참고 **상세 뷰 리본 메뉴**

단면 뷰를 작성할 때 다음과 같은 리본 메뉴가 나타납니다.

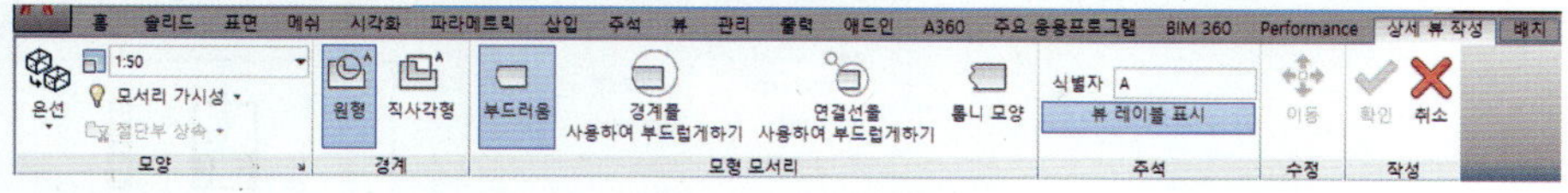

(1) 모양 : 은선의 표현 방법, 축척, 모서리 가시성 등 상세 뷰의 표현과 관련된 환경을 지정합니다.

(2) 경계 : 상세 뷰를 지정할 때 경계를 원, 직사각형 중에서 선택하여 지정합니다.

(3) 모형 모서리 : 모서리의 처리를 어떤 유형으로 할 것인지 지정합니다.

(4) 주석 : 뷰 레이블의 표시여부, 식별자의 명칭을 지정합니다.

(5) 수정 : 상세 뷰의 위치 이동여부를 지정합니다.

(6) 작성 : 승인여부를 지정합니다.

6. 뷰 환경 설정

단면 또는 상세 뷰 스타일의 환경을 설정합니다. 앞에서의 실습은 기본(디폴트)값으로 실행했습니다.
단면 및 상세 뷰의 표현 방법, 색상, 크기 등을 다양하게 설정할 수 있습니다. 이 기능을 이용하여 사용
자의 기호 및 정해진 양식에 맞춰 설정합니다.

명령어 : VIEWSECTIONSTYLE, VIEWDETAILSTYLE　　　　　메뉴 아이콘 :

01. 단면 뷰 스타일(VIEWSECTIONSTYLE)

단면 뷰의 작성을 위한 스타일(환경)을 설정합니다. 각 화면의 주요 항목만 설명하겠습니다.

명령어 : VIEWSECTIONSTYLE　　　　　메뉴 아이콘 :

01 단면 뷰 스타일 명령을 실행합니다. 명령어 'VIEW
SECTIONSTYLE'을 입력하거나 '배치' 탭의 '스타일
및 표준' 패널에서 을 클릭합니다. 다음과 같은 대화상
자가 나타납니다. [새로 만들기(N)]를 클릭합니다.

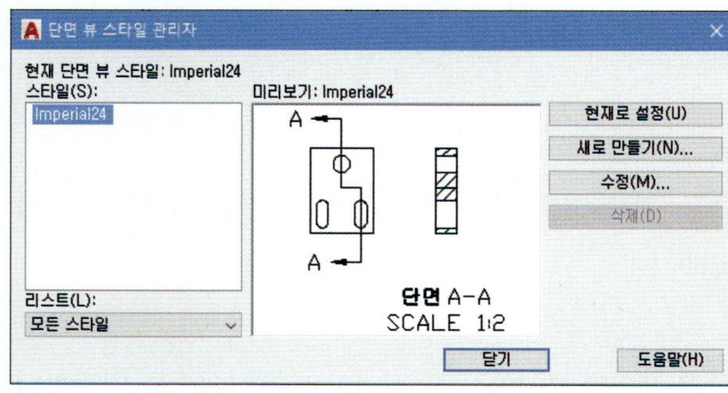

❶ **현재로 설정(U)** : 지정한 스타일을 현재 사용 스타일로
지정합니다.

❷ **새로 만들기(N)** : 새로운 스타일을 작성합니다.

❸ **수정(M)** : 기존 스타일을 수정합니다.

❹ **삭제(D)** : 스타일을 삭제합니다.

02 '새 스타일 이름(N)'을 입력한 후 [계속(O)]을 클릭합니다.

03 **'식별자 및 화살표' 탭 :** 식별자 및 화살표의 환경을 설정합니다.

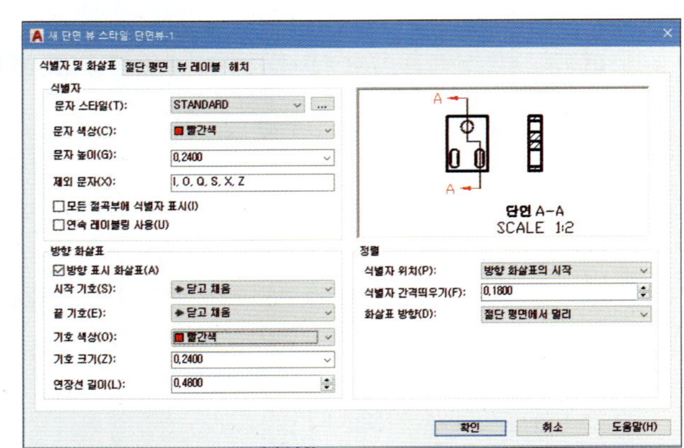

❶ **제외 문자(X) :** 식별자 레이블에서 제외할 문자를 콤마 (,)로 구분하여 지정합니다.

❷ **모든 절곡부에 식별자 표시(I) :** 꺾어지는 모든 부위에 식별자의 표시여부를 지정합니다.

❸ **연속 레이블링 사용(U) :** 체크할 경우는 끝과 절곡부의 이름을 연속적인 알파벳 문자로 지정합니다.

❹ **식별자 위치(P) :** 어느 위치에 식별자를 기입할 것인가를 지정합니다.

04 **'절단 평면' 탭 :** 끝 및 절곡부 선과 절단 평면선의 환경을 설정합니다.

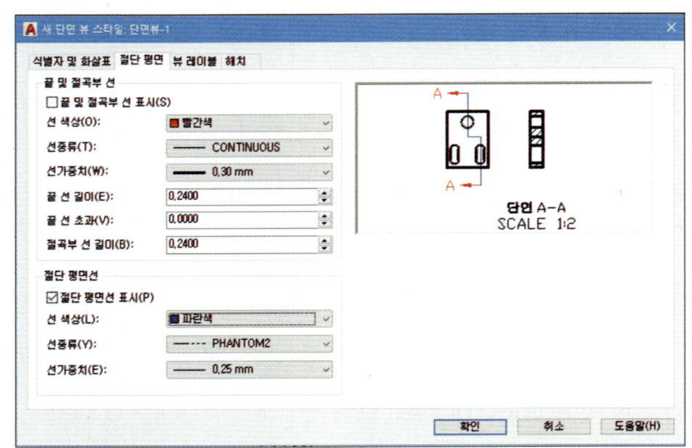

❶ **끝 및 절곡부 선 표시(S) :** 끝 부분과 절곡부에 선의 표시여부를 지정합니다. 표시하는 경우 선 색상, 종류, 가중치 및 끝 선 길이, 초과 길이, 절곡부 선 길이를 지정합니다.

❷ **절단 평면선 표시(P) :** 절단 평면선의 표시여부를 지정합니다. 표시하는 경우 선 색상, 종류, 가중치를 지정합니다.

05 **'뷰 레이블' 탭 :** 뷰 레이블과 관련된 환경을 설정합니다.

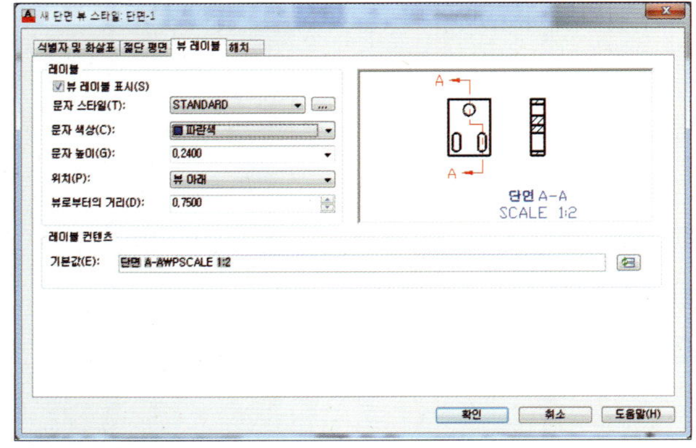

❶ **뷰 레이블 표시(S) :** 뷰 레이블의 표시여부를 지정합니다. 레이블의 표시를 지정한 경우는 문자 스타일, 색상, 높이, 위치, 위치 등을 지정합니다.

❷ **레이블 컨텐츠 :** 뷰 레이블의 기본값의 내용을 지정합

니다. '필드' 기능을 이용하여 지정할 수 있습니다.

06 **'해치' 탭** : 해치와 관련된 환경을 설정합니다.

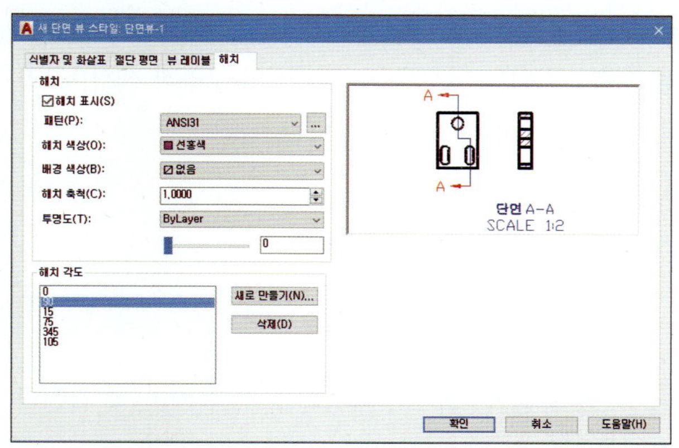

❶ 해치 표시(S) : 해치 표시여부를 지정합니다. 해치 표시를 지정한 경우는 패턴, 색상, 축척, 투명도를 지정합니다.

❷ 해치 각도 : 해치 각도를 지정합니다. 나열된 항목에 없을 경우에는 [새로 만들기(N)]를 눌러 새로운 각도를 지정할 수 있습니다.

02. 상세 뷰 스타일(VIEWDETAILSTYLE)

상세 뷰의 작성을 위한 스타일(환경)을 설정합니다. 각 항목의 기능 및 사용 방법은 '단면 뷰 스타일(VIEWSECTIONSTYLE)'과 유사하므로 중복된 내용은 생략합니다.

명령어 : VIEWDETAILSTYLE

메뉴 아이콘 : 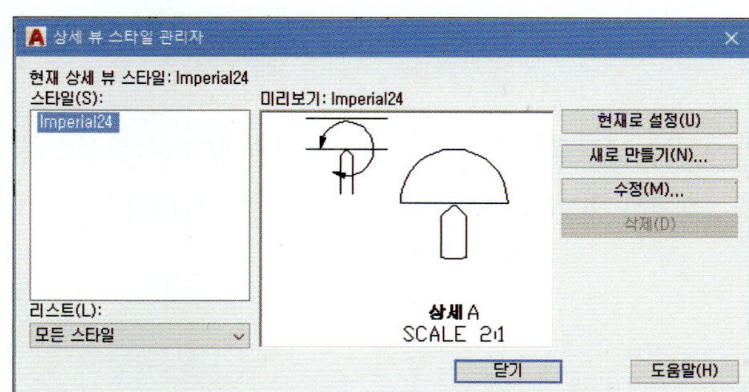

01 상세 뷰 스타일 명령을 실행합니다. 명령어 'VIEWDETAILSTYLE'을 입력하거나 '배치' 탭의 '스타일 및 표준' 패널에서 을 클릭합니다. 다음과 같은 대화상자가 나타납니다. 자세한 내용은 '단면 뷰 스타일'을 참조합니다.

02 **'식별자' 탭 :** 식별자에 대한 환경을 설정합니다.

❶ **식별자 :** 식별자의 문자 스타일, 색상, 높이를 지정합니다.

❷ **정렬 :** 범위를 지정했을 때 기호의 모양과 색상, 크기를 지정합니다.

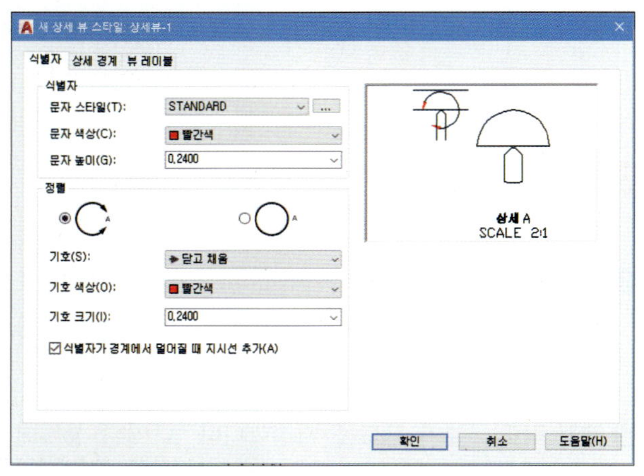

03 **'상세 경계' 탭 :** 경계선과 모서리 처리, 연결선의 환경을 설정합니다.

❶ **경계선 :** 경계선의 색상, 종류, 가중치를 지정합니다.

❷ **모형 모서리 :** 모서리의 모양과 색상, 종류, 가중치를 지정합니다.

❸ **연결선 :** 연결선의 색상, 종류, 가중치를 지정합니다. 대화상자 내 미리보기 그림을 참조합니다.

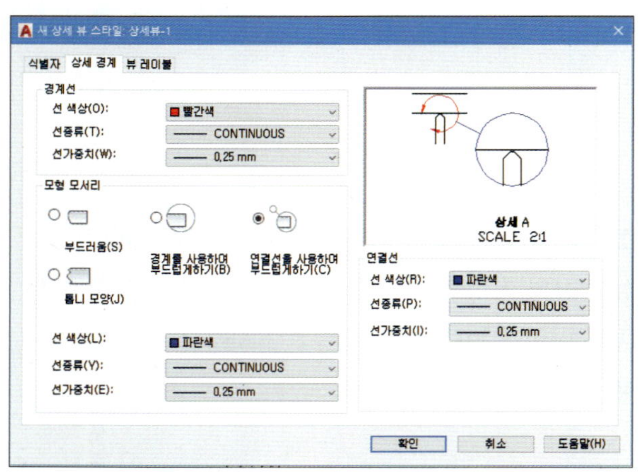

04 **'뷰 레이블' 탭 :** 뷰 레이블에 대한 환경을 설정합니다. 자세한 내용은 '단면 뷰 스타일'을 참조합니다.

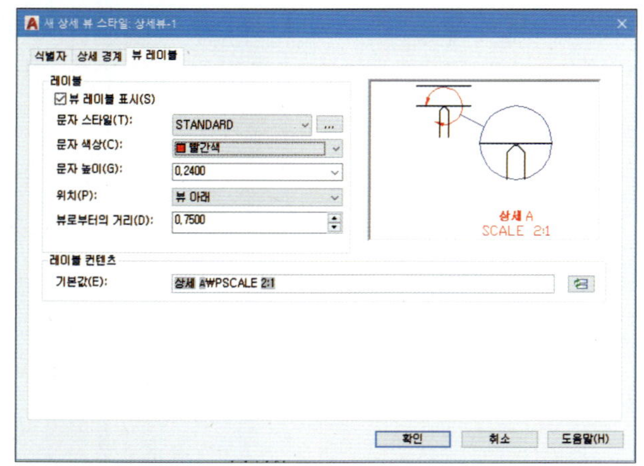

이렇게 뷰 스타일을 수정하면 설정된 내용이 도면에 반
영되어 표시됩니다.

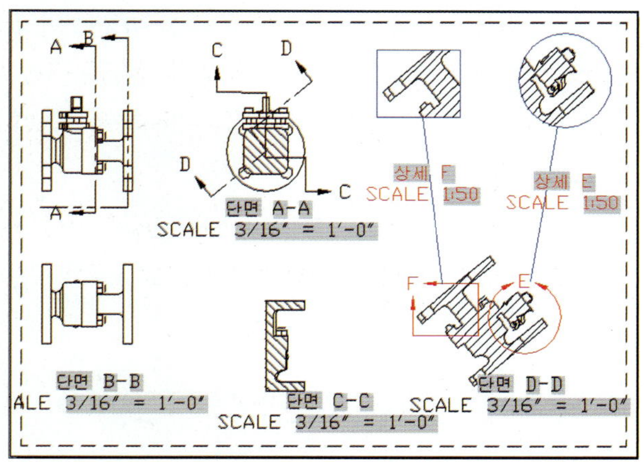

7. 뷰의 편집(VIEWEDIT)

선택한 뷰를 편집합니다.

명령어 : VIEWEDIT   **메뉴 아이콘 :**
또는 수정하고자 하는 뷰를 더블클릭하거나 바로가기 메뉴를 펼쳐 '뷰 편집'을 클릭합니다.

01 뷰 편집 명령을 실행합니다. 명령어 'VIEWEDIT'
를 입력하거나 '배치' 탭의 '뷰 수정' 패널에서 '뷰 편집'
을 클릭합니다.
{뷰 선택:}에서 다음 그림과 같이 '단면 A-A'를 선택합니다.
{옵션 선택 [은선(H)/축척(S)/가시성(V)/투영(P)/깊이
(D)/주석(A)/해치(C)/종료(X)] 〈종료〉:}라는 메시지와
함께 '단면 뷰 편집기' 탭 메뉴가 나타납니다.

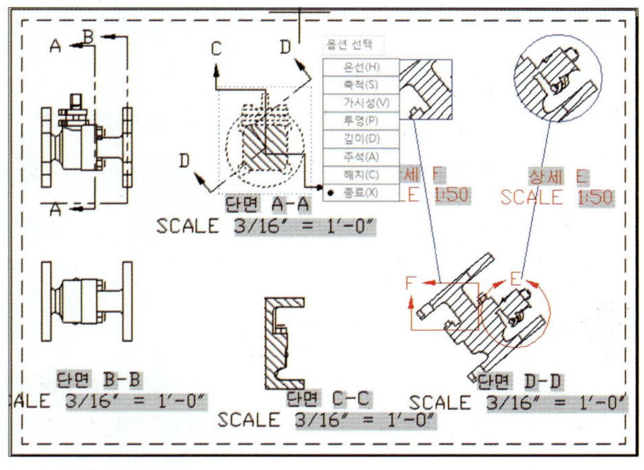

02 탭 메뉴에서 '주석' 탭의 식별자를 'A1'으로 수정하고 '해치' 패널의 '해치 표시'를 끕니다.

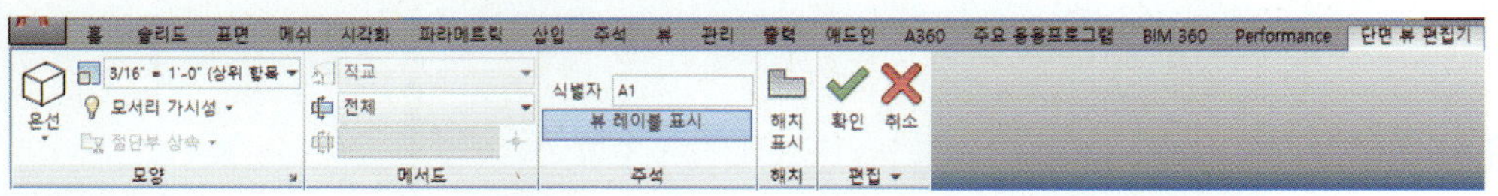

tip!

탭 메뉴를 사용하지 않고 메시지의 옵션을 선택하여 수정할 수도 있지만 탭 메뉴를 사용하는 것이 효율적입니다.

'확인'을 클릭하면 다음 그림과 같이 수정한 내용이 반영
됩니다.

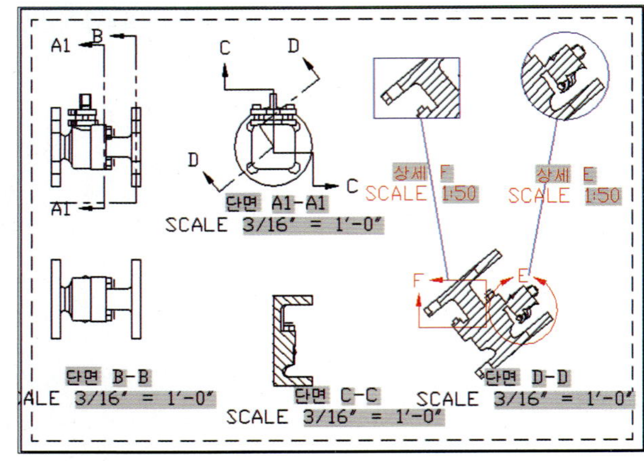

8. 뷰의 업데이트(VIEWUPDATE)

뷰의 업데이트(갱신)를 관리합니다.

01. 자동 업데이트 설정(VIEWUPDATEAUTO)

원본 모델이 수정되면 도면 뷰를 자동으로 업데이트할지 여부를 설정합니다.

명령어 : VIEWUPDATEAUTO

01 명령어 'VIEWUPDATEAUTO'를 입력합니다.

{VIEWUPDATEAUTO에 대한 새 값 입력 〈1〉:}에서 '0'을 입력합니다.

또는 '배치' 탭의 '업데이트' 패널에서 '자동 업데이트' 컨트롤을 끕니다.

 **참고** **시스템 변수 'VIEWUPDATEAUTO'**

시스템 변수 'VIEWUPDATEAUTO'은 자동 업데이트 여부를 설정합니다.

0: 원본 모델이 수정되어도 자동 업데이트를 하지 않습니다.

1: 원본 모델이 수정되면 자동으로 업데이트를 수행합니다.

다음 그림과 같이 '자동 업데이트' 항목이 꺼져 있는 것을 확인합니다.

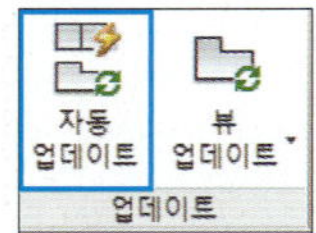

tip!

일반적으로 '자동 업데이트(VIEWUPDATEAUTO)'는 켜놓는 것(ON)이
좋습니다. 즉, 원본 객체가 수정되면 뷰도 자동으로 수정되도록 설정해
놓는 것이 바람직합니다.

02 작도 영역 하단의 '모형' 탭을 눌러 모형 공간으로 이동합니다.

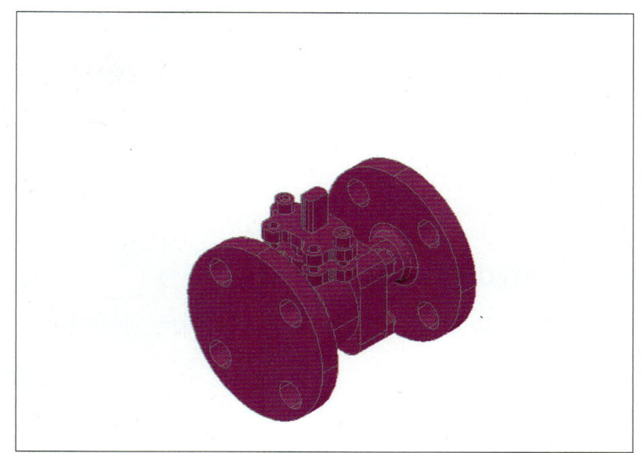

03 모델을 임의로 수정하겠습니다. 다음과 같이 구를 작도한 후 '합집합(UNION)' 명령으로 하나의 객체로 만듭니다. 여기에서는 업데이트 실습을 위한 것이므로 임의의 크기로 작도합니다.

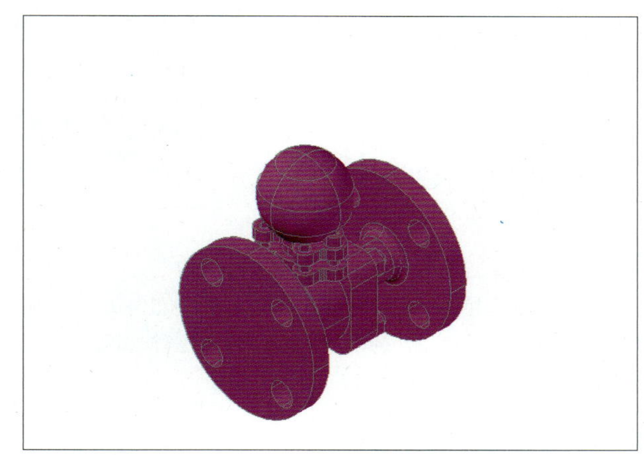

04 작도 영역 하단의 '3차원' 탭을 눌러 배치 공간으로 이동합니다. 다음 그림과 같이 원본 객체가 수정되었음에도 불구하고 업데이트(갱신)되지 않았습니다. 각 뷰에는 빨간색으로 테두리가 나타납니다.

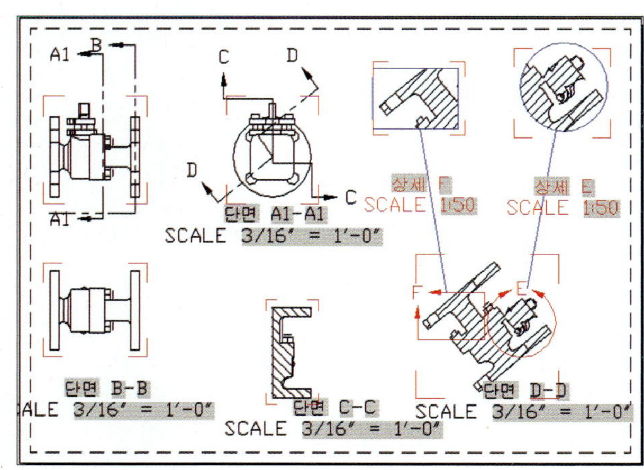

화면 하단에는 '모형이 변경됨'이라는 메시지가 나타납니다. 원본 모형이 변경되었는데도 불구하고 뷰가 갱신되지 않아 일치하지 않는다는 경고입니다.

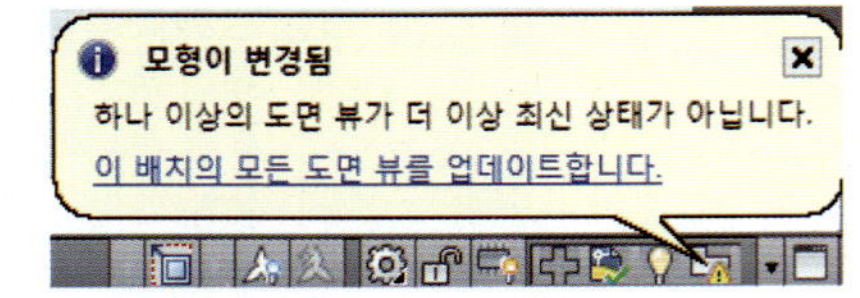

02. 뷰 업데이트(VIEWUPDATE)

도면 뷰를 원본 모델과 일치되도록 업데이트(갱신)합니다.

명령어 : VIEWUPDATE   메뉴 아이콘 :

05 뷰 업데이트 명령을 실행합니다. 명령어 'VIEW UPDATE'를 입력하거나 '배치' 탭의 '업데이트' 패널에서 '모든 뷰 업데이트 '를 클릭합니다.

{업데이트할 시트 선택: _All} {7개를 찾음}

{7개 뷰가 업데이트되었습니다.}라는 메시지와 함께 원본 뷰에 맞게 갱신됩니다.

tip!

'모든 뷰 업데이트 '는 모든 뷰를 동시에 업데이트(갱신)하고, '뷰 업데이트 '는 {업데이트할 시트 선택:}라는 메시지와 함께 업데이트 할 시트를 선택하여 뷰를 업데이트합니다.

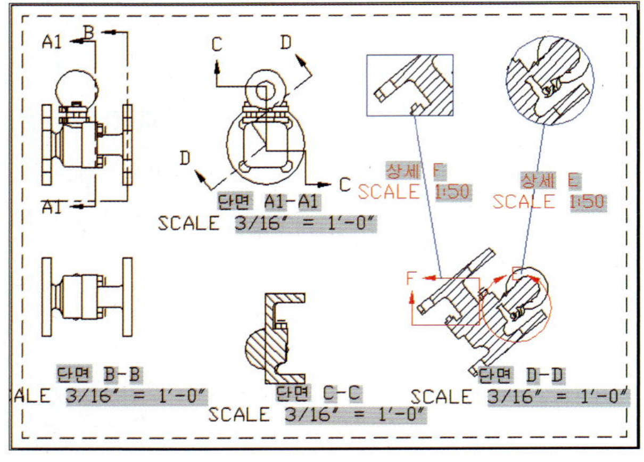

LESSON 02 모델의 장식과 관측

3차원 작업에서는 모델을 작성하는 것도 중요하지만 이를 표현하고 관측하는 방법에 따라 도면의 질이 차이가 날 수 있습니다. 이번에는 작성된 객체에 재료를 입히고 광원 및 카메라를 설정하여 동적으로 관측하는 방법에 대해 학습합니다.

1. 재료의 정의와 적용

재료는 모델의 질감을 표현하기 위한 수단입니다. 재료가 정의되어 있어야 질감을 표현할 수 있고 광원을 더해 현실감을 표현할 수 있습니다. AutoCAD는 기본적으로 제공하는 표준 재료가 있으며 설계자의 의도에 따라 그래픽 효과를 내기 위해 신규로 재료를 정의할 수도 있습니다.

01. 재료의 작성

재료 검색기를 통해 사용자 재료를 작성하는 방법에 대해 학습하겠습니다.

01 다음과 같이 3차원 모델을 작성하거나 작성된 모델을 엽니다.

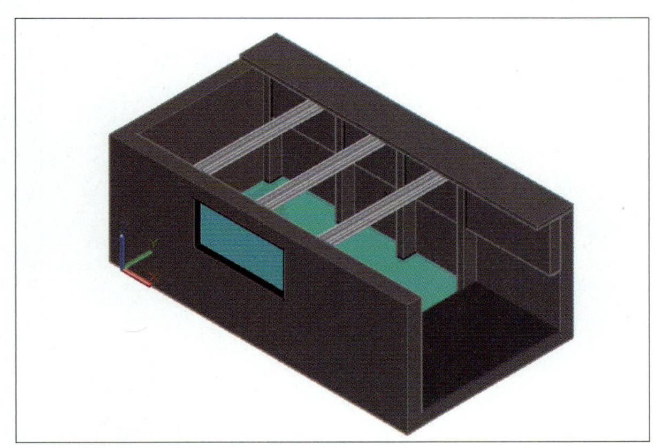

02 재료 검색기 팔레트를 펼칩니다. 명령어 'MATERIALS' 또는 'RMAT'를 입력하거나 '뷰' 탭의 '팔레트' 패널, '시각화' 탭의 '재료' 패널 또는 '렌더' 도구 막대에서 '재료 검색기 ◎'를 클릭합니다. 다음 그림과 같이 '재료 도구 팔레트'가 나타납니다.

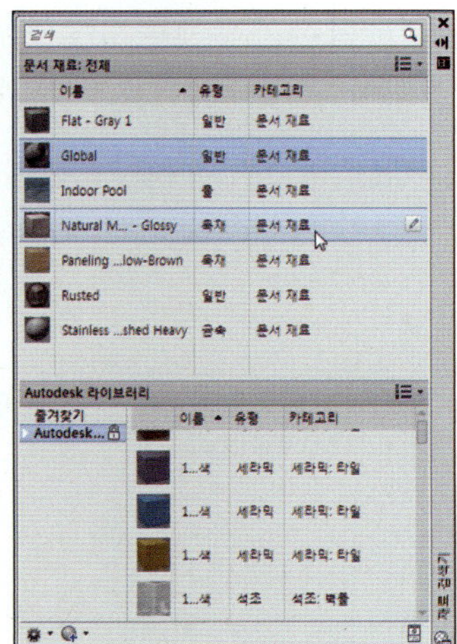

03 ' 새 재료 작성'을 클릭하여 목록에서 '콘크리트'를 클릭합니다. 다음 그림과 같은 재료 편집기가 나타납니다. 재료명을 '외벽 콘크리트'로 지정합니다. '색조'를 체크한 후 '색조 색상' 항목을 클릭하면 색상 팔레트가 나타납니다. 팔레트에서 색상(200, 150, 180)을 지정합니다.
'콘크리트'의 '색상' 항목에 마우스를 대고 오른쪽 버튼을 클릭합니다. 그림과 같은 목록이 표시됩니다.

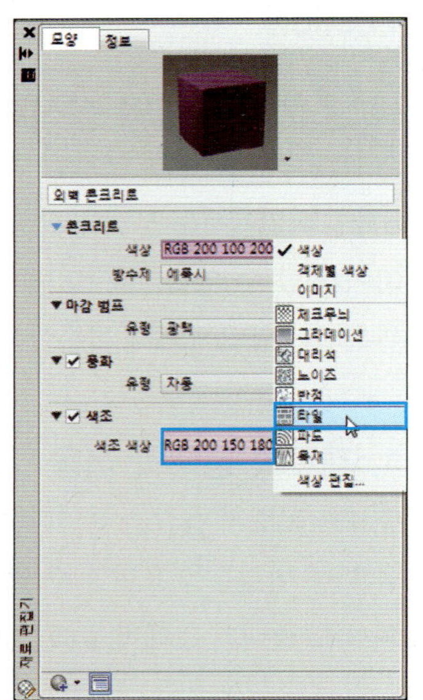

04 목록에서 '타일'을 클릭합니다. 다음 그림과 같이 텍스쳐 편집기 팔레트가 나타납니다. '패턴' 유형을 '1/2러닝 본드'를 선택하고 타일 수를 '3(행당)', '2(열당)'를 지정합니다. 스크롤 바를 아래쪽으로 내려 '축척'의 견본 크기를 '500(폭)', '500(넓이)'으로 지정합니다.

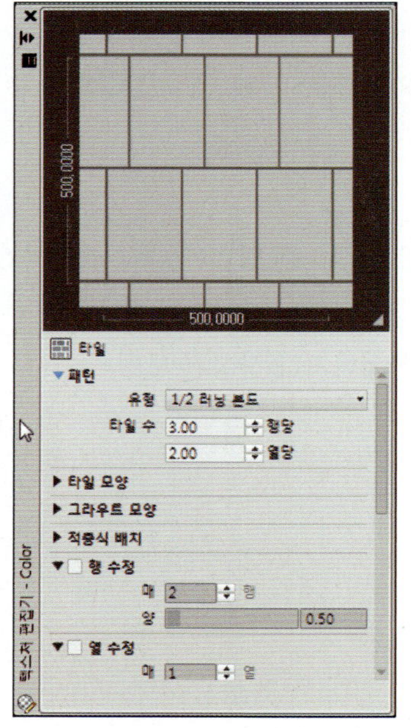

05 ' 새 재료 작성'을 클릭하여 목록에서 '유리'를 선택하여 새로운 재질을 작성합니다. 재료 명칭을 '창 유리'로 지정하고 기타 내용은 임의로 지정합니다. 재료 검색기에는 그림과 같이 두 개의 재료가 작성되었습니다.

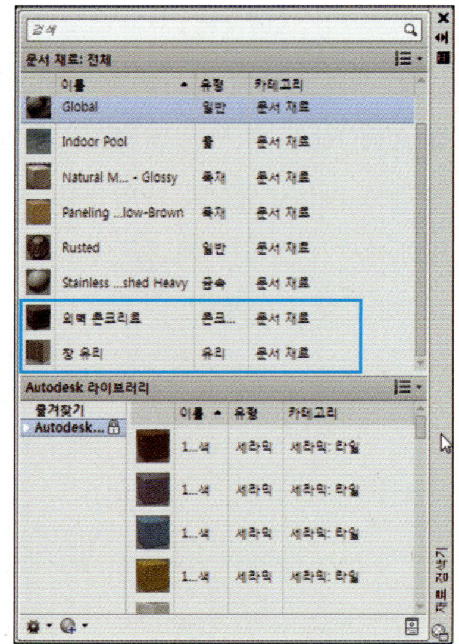

02. 재료의 적용

객체에 재료를 적용하는 방법에 대해 학습하겠습니다. 재료를 적용하고자 할 때는 비주얼 스타일을 '실제'로 지정해야 합니다.

06 실행하기 전에 비주얼 스타일을 '실제'로 지정합니다. 다음 그림과 같이 표현됩니다.

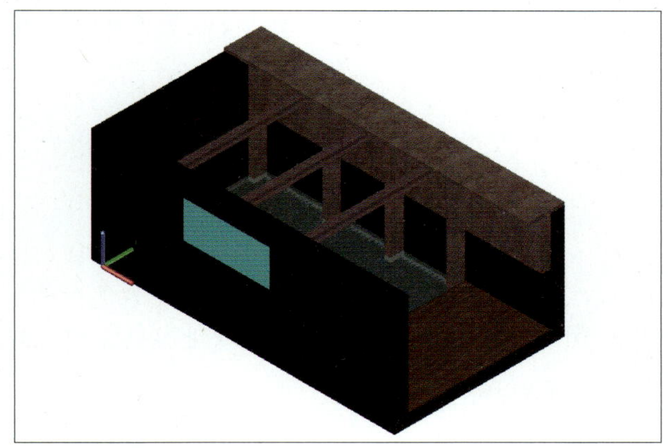

07 외벽에 앞에서 작성한 '외벽 콘크리트'를 적용하겠습니다. 재료 검색기에서 '외벽 콘크리트'를 클릭한 채로 끌고 가서 외벽에 가져가 놓습니다(드래그 앤 드롭).

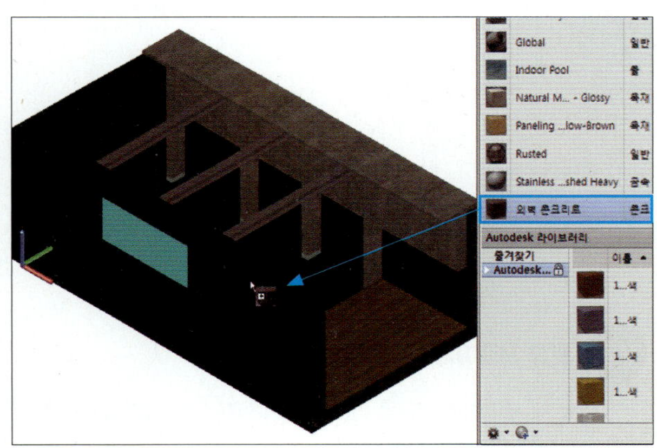

08 다음 그림과 같이 '외벽 콘크리트'가 적용되어 표시됩니다.

09 이번에는 특성 팔레트를 이용하여 적용해보겠습니다. '특성(PROPERTIES)' 명령을 실행한 후 창을 선택합니다. 특성 팔레트에서 '3D 시각화' 카테고리의 '재료' 드롭다운 리스트를 클릭하여 앞에서 작성한 창 재료 '창 유리'를 선택합니다. 창 재료를 선택함과 동시에 창의 재료가 바뀝니다.

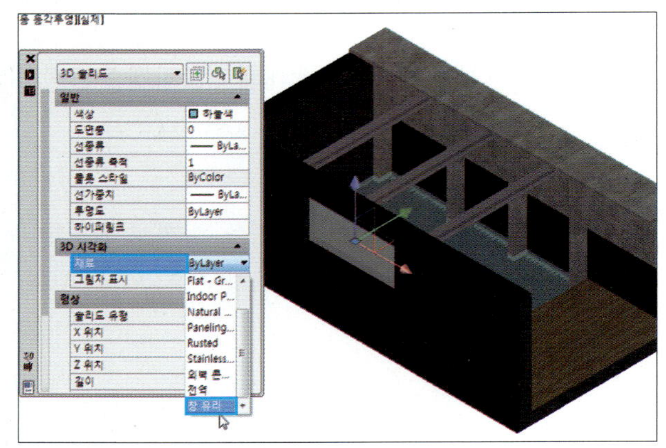

10 이러한 방법으로 예제 도면의 객체 재료를 다양하게 적용해봅니다.

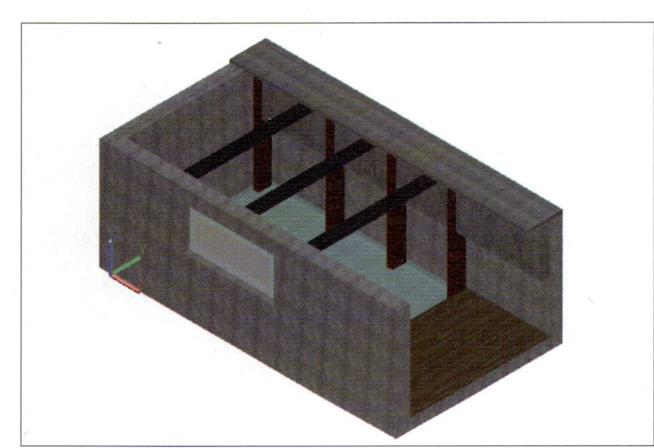

참고 **표준 재료 이미지 'Texture'의 위치**

실제 표면의 현실감을 더하기 위해 실제 재질 표면의 이미지 데이터를 필요로 하는데 표준으로 재질용 표면 데이터를 제공하고 있습니다. 사용자의 시스템의 환경에 따라 위치가 다를 수 있는데 이 위치를 찾는 방법은 다음과 같습니다.

명령어 영역에서 'OPTIONS' 또는 'OP'를 입력하거나 [응용 프로그램 메뉴 A] 최하단의 [옵션] 또는 바탕 화면에서 오른쪽 버튼을 눌러 바로가기 메뉴에서 '옵션'을 클릭합니다. 옵션 대화상자의 '파일' 탭에서 '텍스처 맵 검색 경로'를 클릭합니다. 다음 그림과 같이 텍스처 맵이 저장된 경로가 표시됩니다.

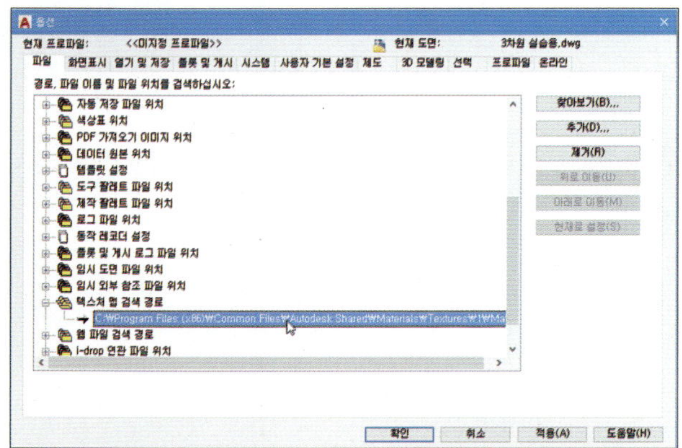

사용자가 디지털 카메라로 찍은 이미지 데이터를 지정한 폴더에 저장해 사용할 수도 있습니다.

03. 재료 및 텍스처의 켜기와 끄기

현재 뷰포트의 재료 표시를 조정하는 기능으로 객체의 장식과 관계없는 작업을 하는 동안은 재료와 텍스처의 화면표시를 꺼서 성능을 극대화하고 필요하면 다시 켤 수 있습니다.

tip!

리본 메뉴에 의해 조작도 가능하지만 시스템 변수 'VSMATERIALMODE' 값의 설정에 의해 값을 지정할 수도 있습니다.

0: 재료가 표시되지 않습니다.

1: 재료는 표시되고 텍스처는 표시되지 않습니다.

2: 재료와 텍스처 모두 표시됩니다.

11 '시각화' 탭의 '재료' 패널에서 '재료/텍스처 켜기' 드롭다운 리스트를 펼쳐 '재료/텍스처 *끄기*'를 클릭합니다 (VSMATERIALMODE = 0). 다음 그림과 같이 재료와 텍스처가 꺼집니다.

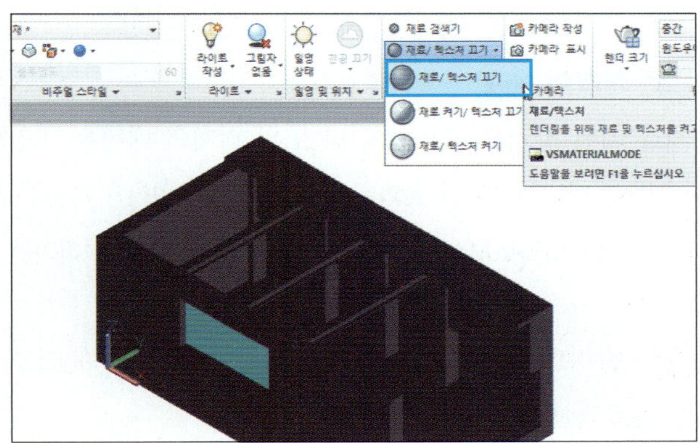

12 이번에는 '시각화' 탭의 '재료' 패널에서 '재료/텍스처 켜기' 드롭다운 리스트를 펼쳐 '재료 켜기/텍스처 켜기'를 클릭합니다(VSMATERIALMODE = 1). 다음 그림과 같이 재료와 텍스처가 켜집니다.

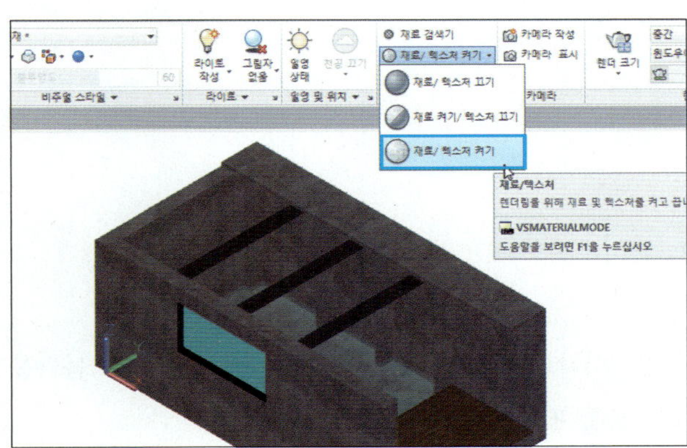

13 이번에는 '시각화' 탭의 '재료' 패널에서 '재료/텍스처 켜기' 드롭다운 리스트를 펼쳐 '재료 켜기/텍스처 끄기'를 클릭합니다(VSMATERIALMODE = 2). 다음 그림과 같이 표현됩니다.

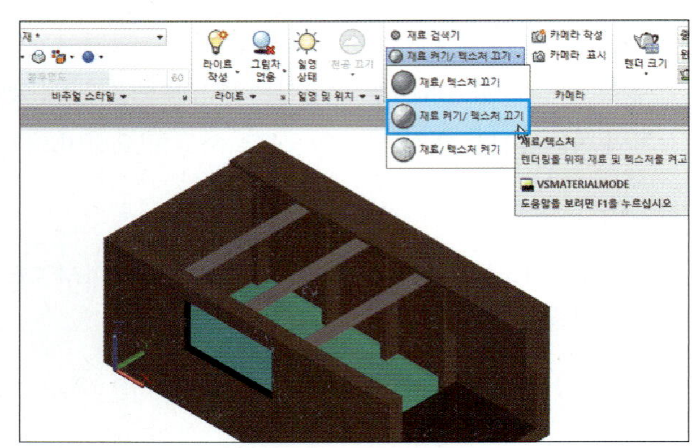

04. 재료의 매핑

재료 매핑 장치를 이용하여 면 또는 객체의 매핑을 조정합니다. 이전에 매핑 장치를 사용하여 조정한 맵 방향 및 위치 조정 효과를 모두 되돌리려면 이 기능을 사용합니다.

명령 : MATERIALMAP　　　　　　　　　　**메뉴 아이콘 :**

14 솔리드 원통과 피라미드를 작도한 후 무늬가 선명한 재료를 적용합니다.

15 '시각화' 탭의 '재료' 패널에서 '재료 매핑' 드롭다운 리스트를 펼쳐 '원통형 ▣'을 선택합니다.
{옵션 선택 [상자(B)/평면(P)/구형(S)/원통형(C)/매핑 복사(Y)/매핑 재설정(R)]〈상자〉: _C}
{면 또는 객체 선택:}에서 원통을 선택합니다. {1개를 찾음}
{면 또는 객체 선택:}에서 피라미드를 선택합니다. {1개를 찾음, 총 2개}

{면 또는 객체 선택:}에서 〈엔터〉 키 또는 〈스페이스 바〉
를 눌러 선택을 종료합니다.
앞의 그림과 같이 두 객체를 중심으로 원통 형상이 나타납
니다.

{매핑 승인 또는 [이동(M)/회전(R)/재설정(T)/매핑 모드
전환(W)]:}에서 〈엔터〉 키를 눌러 승인합니다. 다음 그림
과 같이 원통형으로 매핑됩니다.

 **참고** **맵의 종류**

> 매핑은 4가지 종류가 있습니다. 동일한 재료를 적용한 후 '재료
> 매핑'의 종류(평면, 상자, 원통, 구)에 따라 다음과 같이 다르게 표
> 현됩니다.

옵션 설명

명령어 'MATERIALMAP'을 입력하면 다음과 같은 옵션이 나타납니다.

{옵션 선택 [상자(B)/평면(P)/구형(S)/원통형(C)/매핑 복사(Y)/매핑 재설정(R)]〈상자〉:}

(1) 매핑 복사(Y) : 원본 객체의 매핑을 선택된 객체에 복사하여 적용합니다.

(2) 매핑 재설정(R) : 맵에 대한 UV 좌표를 기본값으로 재설정합니다. 즉, 매핑하기 이전 상태로 되돌립니다.

05. 재료 제거

객체에 적용된 재료를 제거합니다.

16 '시각화' 탭의 '재료' 패널에서 '재료 제거'를 클릭합니다.

{객체 선택:} 메시지와 함께 붓 마크가 나타납니다. 붓으로 재료를 제거하고자 하는 객체를 선택합니다.

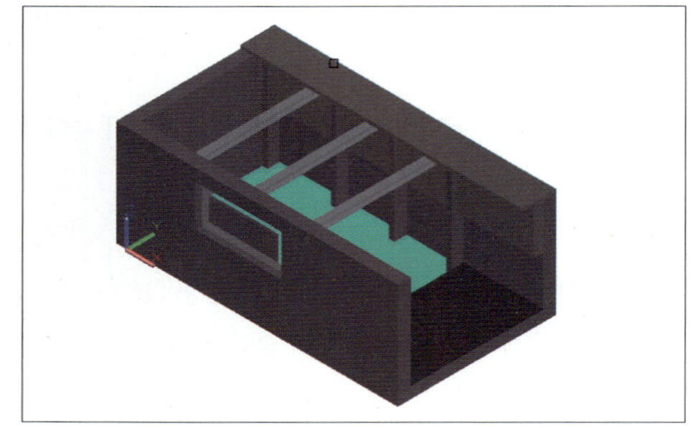

선택과 동시에 객체에서 재료가 제거되어 원래의 색상으로 바뀝니다.

{객체 선택 또는 [명령 취소(U)]:}에서 〈엔터〉 키 또는 〈스페이스 바〉를 눌러 종료합니다.

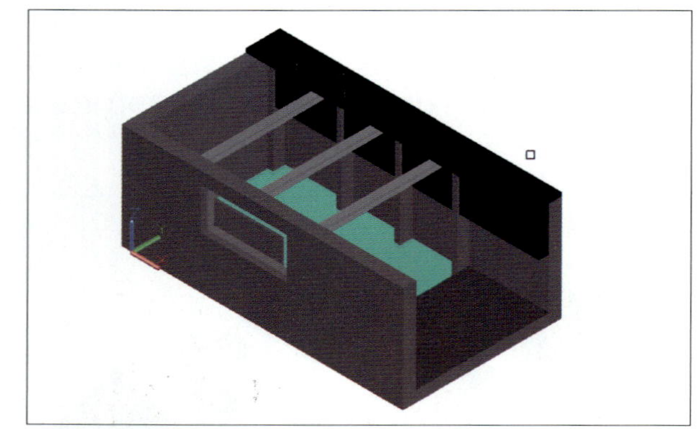

2. 광원의 설정

렌더링으로 얻을 수 있는 이미지는 재질의 상태와 빛에 의해 광학적으로 계산된 결과입니다. 재질을 설정한다고 해도 효과적인 조명을 설정하지 않고는 사실적인 표현은 어렵습니다. 조명의 배치 패턴을 테스트해보면서 표현 의도에 맞는 조명을 설정합니다.

01. 점 조명(POINTLIGHT)

하나의 조명 위치를 기준으로 조명(광원)을 정의합니다. 포인트 라이트는 라이트의 위치로부터 모든 방향으로 빛을 방출합니다. 포인트 라이트는 객체를 대상으로 삼지 않습니다. 일반적인 라이트 효과를 내려면 포인트 라이트를 사용합니다.

명령 : POINTLIGHT   메뉴 아이콘 :

01 3차원 모델을 펼칩니다.

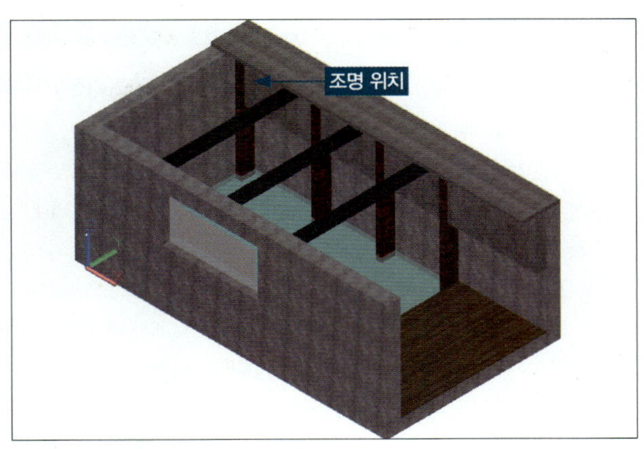

02 '시각화' 탭의 '라이트' 패널에서 '라이트 작성' 드롭 다운 리스트를 펼쳐 '점' 🎇을 클릭합니다. 다음과 같은 '뷰포트 조명 모드' 대화상자가 나타납니다. 대화상자에서 '기본 조명 *끄기*(권장됨)'을 클릭합니다.

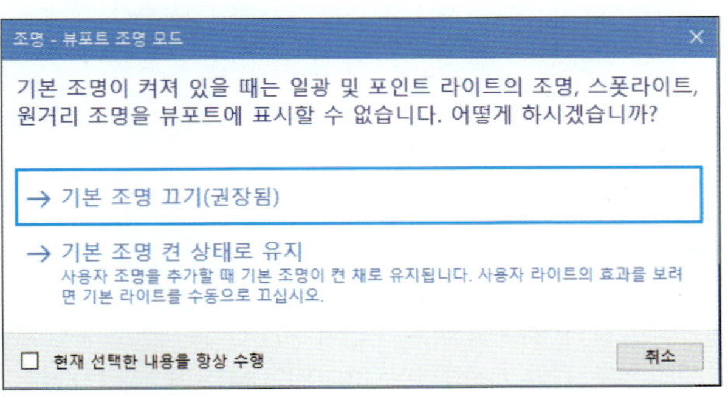

03 {원본 위치 지정 〈0,0,0〉:}에서 안쪽 구석의 끝점을 지정합니다.

{변경할 옵션 입력 [이름(N)/조도 비율(I)/상태(S)/광도 측정법(P)/그림자(W)/감쇠(A)/필터 색상(C)/종료(X)] 〈종료(X)〉:}에서 이름 옵션 'N'을 입력합니다.

{조명 이름 입력 〈포인트 라이트1〉:}에서 조명의 이름 '조명-1'을 입력합니다.

{변경할 옵션 입력 [이름(N)/조도 비율(I)/상태(S)/광도 측정법(P)/그림자(W)/감쇠(A)/필터 색상(C)/종료(X)] 〈종료(X)〉:}에서 광도 측정법 'P'를 입력합니다.

{변경할 광도 옵션 입력 [광도(I)/색상(C)/종료(X)] 〈I〉:}에서 광도 'I'를 입력합니다.

{광도(Cd) 입력 또는 옵션 입력 [광속(F)/조도(I)] 〈1500〉:}에서 광도 값 '10000'을 입력합니다.

{변경할 광도 옵션 입력 [광도(I)/색상(C)/종료(X)] 〈I〉:}에서 종료 'X'를 입력합니다.

{변경할 옵션 입력 [이름(N)/조도 비율(I)/상태(S)/광도 측정법(P)/그림자(W)/감쇠(A)/필터 색상(C)/종료(X)] 〈종료(X)〉:}에서 〈엔터〉 키 또는 〈스페이스 바〉를 눌러 종료합니다. 그림과 같이 조명 위치가 표시되고 조명을 중심으로 밝게 빛납니다.

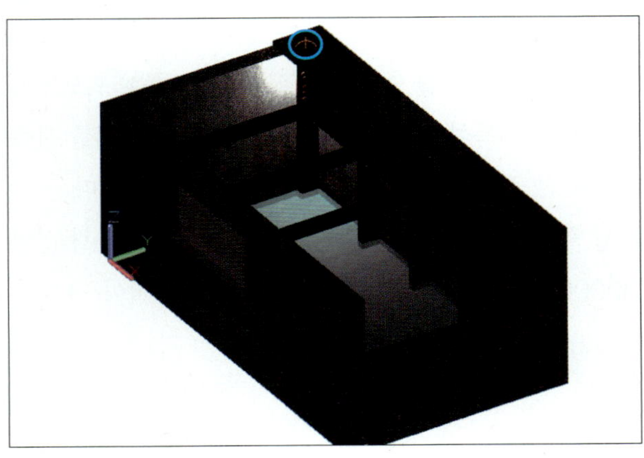

옵션 설명

{변경할 옵션 입력 [이름(N)/광도 비율(I)/상태(S)/광도 측정(P)/그림자(W)/감쇠(A)/필터 색상(C)/종료(X)] 〈종료〉:}

(1) **이름(N)** : 조명의 이름을 입력합니다.

(2) **광도 비율(I)** : 조명의 광도 또는 밝기를 설정합니다. 범위는 0.00부터 시스템에서 지원되는 최댓값까지입니다

(3) **상태(S)** : 조명을 켜거나 끕니다. 도면에서 조명이 작동 가능하지 않은 경우 이 설정은 효과가 없습니다

(4) **광도 측정(P)** : 광도와 색상을 지원합니다.

  ① 광도값(칸델라 단위), 광선속 감지 파워 값 또는 전체 표면의 광선속 입사에 대한 조도값을 입력합니다.

  • 칸델라(기호 : cd)는 광도 분포에 대한 SI 단위입니다(광원이 특정 방향으로 방사한 감지 파워). Cd/Sr

  • 럭스(기호 : lx)는 조도에 대한 SI 단위입니다. Lm/m^2

  • 피트촉광(기호 : fc)은 조도에 대한 미국식 단위입니다. Lm/ft^2

  ② 색상 : 이름 또는 켈빈 온도를 기준으로 조명의 색상을 지정합니다.

(5) **그림자(W)** : 조명에 대한 그림자를 설정합니다.

(6) **감쇠(A)** : 거리가 멀어짐에 따라 조명이 감소하는 정도를 설정합니다.

(7) **필터 색상(C)** : 색상에 대한 조건을 설정합니다.

(8) **종료(X)** : 명령을 종료합니다.

 **참고 · 조명 단위**

조명 단위를 지정합니다. '시각화' 탭의 '라이트' 패널을 펼쳐 조명 단위 목록에서 '국제적인 조명 단위입니다.'를 클릭합니다.
조명 단위는 시스템 변수 'LIGHTINGUNITS'에 의해 제어됩니다.

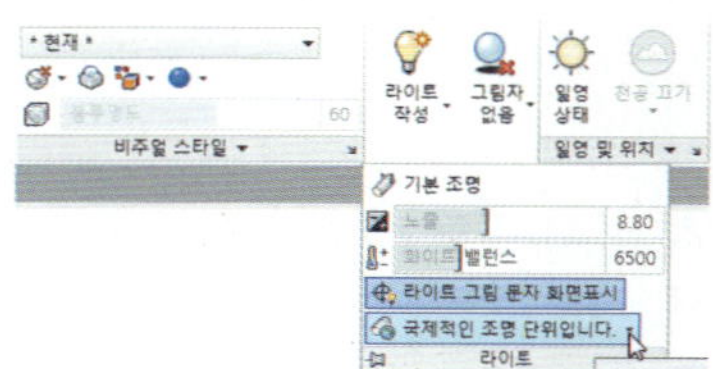

0: 조명 단위가 사용되지 않으며 표준(일반) 조명이 활성화됩니다.
1: 미국 조명 단위가 사용되며 광도 조명이 활성화됩니다.
2: 국제 조명 단위가 사용되며 광도 조명이 활성화됩니다.

04 '특성' 팔레트를 이용하여 조명의 광도를 바꿔보도록
하겠습니다. '특성' 팔레트를 펼친 후 점 조명 객체를 선택
하거나 점 조명 객체를 클릭한 후 'PR'을 입력합니다.
특성 팔레트의 '광도 특성' 카테고리에서 '램프 광도'에
'30000'을 입력합니다. 그림과 같이 조명이 밝아집니다.

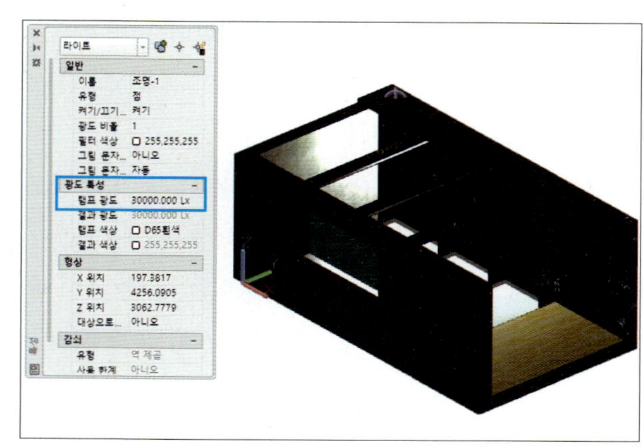

 기본 조명(라이트)의 켜고/끄기

기본 조명(라이트)이 켜지면 다음과 같이 점 조명(조명-1)이 표현되지 않습니다. 기본 조명의 제어는 '시각화' 탭의 '라이트' 패널에서 '기본 조명' 메뉴 아이콘 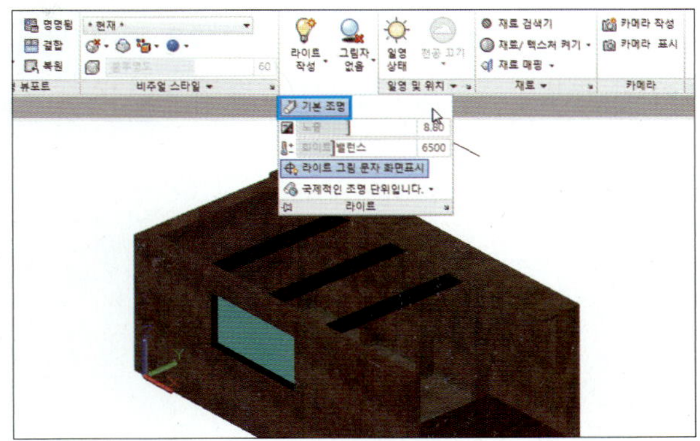을 클릭합니다. 한 번 클릭하면 켜지고, 다시 한 번 클릭하면 꺼집니다.

tip!

기본 조명은 시스템 변수 'DEFAULTLIGHTING'에 의해 제어됩니다. '0'이면 꺼진 상태고 '1'이면 켜진 상태입니다.
{DEFAULTLIGHTING에 대한 새 값 입력 〈0〉:}에서 값을 입력합니다.

05 특성 팔레트 '램프 광도' 항목의 오른쪽 아이콘을 클릭하면 '램프 광도' 대화상자가 나타납니다. 여기에서 유형을 선택하여 광도를 입력할 수도 있습니다.

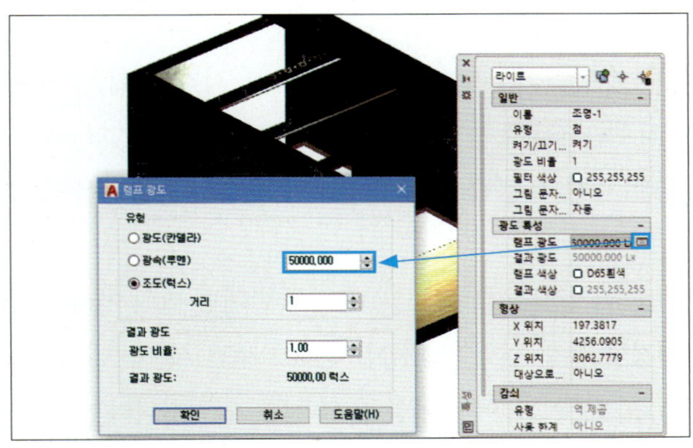

램프 광도 대화상자

측정 조명(라이트)에 대한 조도를 설정합니다.

(1) 유형 : 램프의 밝기를 나타내는 단위와 값을 지정합니다.

① 광도(칸델라) : 칸델라(cd)가 광도 분포에 대한 SI 단위(광원이 특정 방향으로 방사한 감지 파워)임을 지정합니다.

② 광속(루멘) : 램프에서 방출되는 총 에너지율을 나타냅니다. 루멘으로 지정됩니다(SI 및 미국식).

③ 조도(럭스) : 표면에 도달하는 면적 당 에너지를 나타냅니다(면적-선속-밀도). 럭스(SI)와 피트촉광(미국식)으로 지정됩니다.

(2) 결과 광도 : 램프로부터 조명(라이트)의 분포를 결정합니다. 조명이 도면에 추가된 후에 조명 유형을 변경할 수 있습니다.

① 광도 비율 : 광도 비율을 지정합니다.

② 결과 광(조)도 : 읽기 전용으로 조명의 결과 조도를 램프 광(조)도 값과 광(조)도 비율의 곱으로 표시합니다.

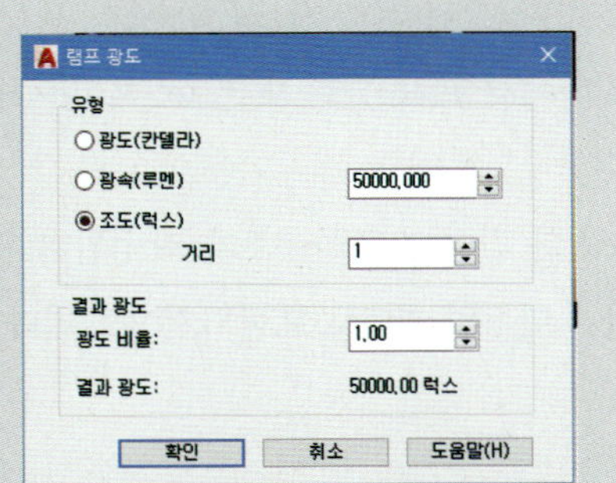

02. 스폿라이트(SPOTLIGHT)

특정 방향으로 원추형 빛을 방사하는 스폿라이트를 작성합니다.

명령 : SPOTLIGHT   메뉴 아이콘 :

06 앞의 실습 도면에서 작성한 점 조명을 '특성' 팔레트의 '켜기/끄기 상태' 항목에서 '끄기'를 지정합니다.

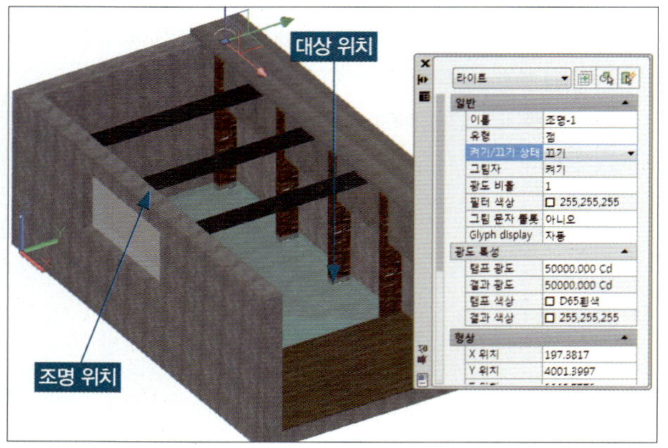

07 스폿라이트 명령을 실행합니다. '시각화' 탭의 '라이트' 패널에서 '라이트 작성' 드롭다운 리스트를 펼쳐 '스폿'을 클릭합니다.

{원본 위치 지정 〈0,0,0〉:}에서 앞쪽 벽의 중간점을 지정합니다. 그러면, 스폿라이트 아이콘이 나타납니다.

{대상 위치 지정 〈0,0,−10〉:}에서 반대편 벽의 아래쪽 바닥을 지정합니다.

{변경할 옵션 입력 [이름(N)/광도 비율(I)/상태(S)/광도 측정(P)/그림자(W)/감쇠(A)/필터 색상(C)/종료(X)] 〈종료〉:] 에서 이름 옵션 'N'을 입력합니다.

{조명 이름 입력 〈스폿 조명1〉:}에서 '조명−2'를 입력합니다.

{변경할 옵션 입력 [이름(N)/광도 비율(I)/상태(S)/광도 측정(P)/그림자(W)/감쇠(A)/필터 색상(C)/종료(X)] 〈종료〉:}에서 〈엔터〉 키 또는 〈스페이스 바〉를 눌러 종료합니다.

그림과 같이 스폿라이트가 작성됩니다. 하지만 빛의 밝기가 어두워 제대로 표현되지 않습니다.

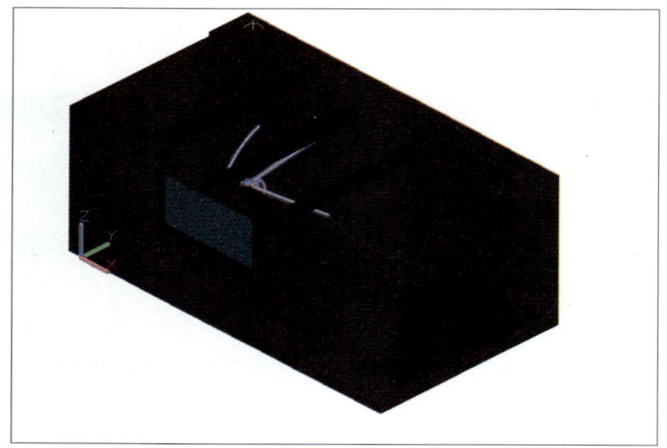

08 스폿라이트의 특성을 바꿔보도록 하겠습니다. 스폿라이트(조명-2)를 클릭한 후 마우스 오른쪽 버튼을 눌러 '특성(S)'를 클릭하여 특성 팔레트를 켭니다. '일반' 카테고리의 '핫스폿 각도'를 '60'으로 설정하고 '광도 특성'의 '램프 광도'를 '30000'으로 설정합니다. 다음 그림과 같이 스폿라이트의 각도가 60도이며 광도가 '30000'으로 밝아집니다.

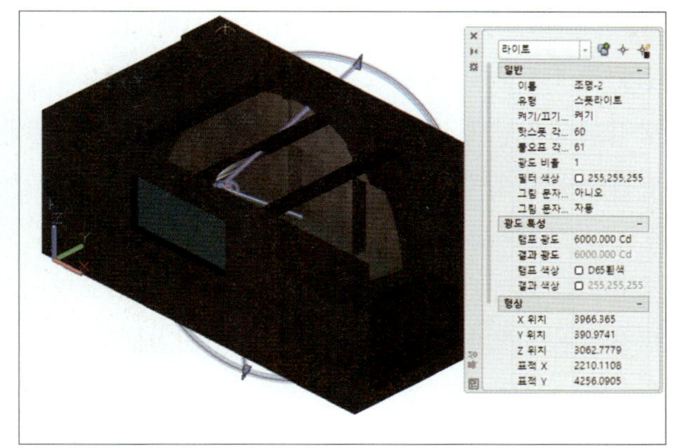

03. 원거리 라이트(DISTANCELIGHT)

원거리 조명(라이트)을 작성합니다. 원거리 라이트는 객체에 대한 조명이나 배경으로 유용한 조명으로 균일한 평행 광선을 한 방향으로만 방사합니다. 라이트의 방향을 정의하는 뷰포트의 어디서든 시작점과 끝점을 지정합니다. 원거리 라이트는 별도로 정해진 위치가 없고 장면 전체에 영향을 주기 때문에 도면에 아이콘으로 표시되지 않습니다.

명령 : DISTANCELIGHT   메뉴 아이콘 :

09 '특성' 팔레트를 이용하여 앞의 실습에서 작성한 스폿라이트 조명을 끕니다.

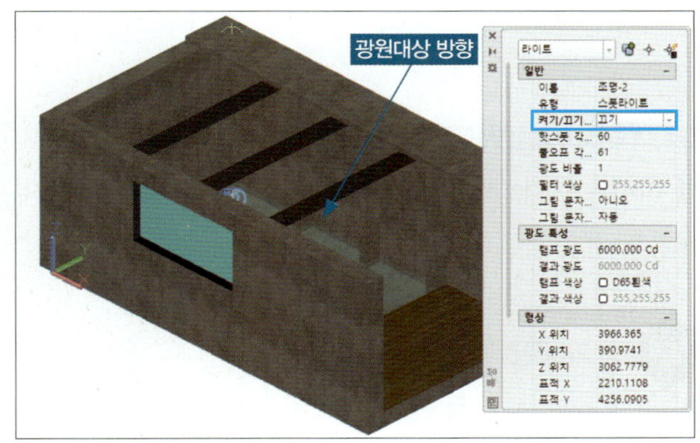

10 원거리 라이트를 실행합니다. '시각화' 탭의 '라이트' 패널에서 '라이트 작성' 드롭다운 리스트를 펼쳐 '원거리 '를 클릭합니다. '광도 원거리 조명' 대화상자에서 '원거리 조명 허용'을 클릭합니다.

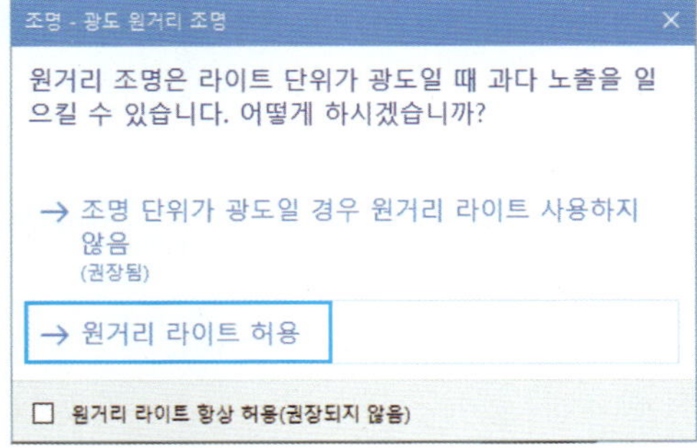

11 {광원 시작 방향 지정 〈0,0,0〉 또는 [벡터(V)]:}에서 광원 시작점 '12000,2000,7000'을 입력합니다.

{광원 대상 방향 지정 〈1,1,1〉:}에서 구조물 안쪽의 가운데 기둥 아래쪽을 지정합니다.

{변경할 옵션 입력 [이름(N)/조도(I)/상태(S)/그림자(W)/색상(C)/나가기(X)] 〈나가기(X)〉:}에서 이름 옵션 'N'을 입력합니다.

{조명 이름 입력 〈거리 조명1〉:}에서 조명의 이름 '조명-3'을 입력합니다.

{변경할 옵션 입력 [이름(N)/광도 비율(I)/상태(S)/광도 측정(P)/그림자(W)/필터 색상(C)/종료(X)] 〈종료(X)〉:}에서 광도 측정 'P'를 입력합니다.

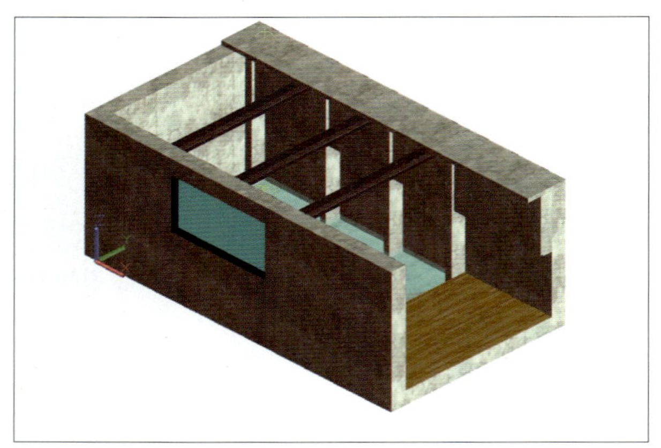

{변경할 광도 옵션 입력 [광도(I)/색상(C)/종료(X)] 〈I〉:}에서 광도 'I'를 입력합니다.

{광도 입력 (Cd) 〈1500〉:}에서 '3000'을 입력합니다.

{변경할 광도 옵션 입력 [광도(I)/색상(C)/종료(X)] 〈I〉:}에서 'X'를 입력하여 종료합니다.

{변경할 옵션 입력 [이름(N)/광도 비율(I)/상태(S)/광도 측정(P)/그림자(W)/필터 색상(C)/종료(X)] 〈종료(X)〉:}에서 〈엔터〉 키 또는 'X'를 입력하여 종료합니다. 그림과 같이 밝기가 조정됩니다.

04. 웹 라이트(WEBLIGHT)

웹 라이트를 작성합니다. 웹 라이트는 사용자화된 실제의 조명 분포가 적용된 포토메트릭 웹 라이트를 적용합니다.

참고 웹 라이트란?

웹 라이트(웹)는 광원의 광도 분포를 3D로 표현한 것입니다. 이 방향 라이트 분포 정보는 포토메트릭 데이터에 대해 IES LM-63-1991 표준 파일 형식을 사용하여 '*.IES' 형식으로 포토메트릭 데이터 파일에 저장되어 있습니다. 웹 라이트는 실제 라이트(조명) 제조업체가 제공하는 데이터로부터 파생된 이방성(비균일) 라이트 분포를 표현하는 데 사용됩니다. 이 것은 스폿 라이트나 포인트 라이트가 할 수 있는 것보다 훨씬 더 정밀하게 렌더링된 빛을 표현합니다. 라이트에 대한 특성 팔레트의 포토메트릭 웹 패널에 있는 여러 제조업체에서 제공하는 포토메트릭 데이터 파일을 로드할 수 있습니다. 라이트 아이콘은 사용자가 선택한 포토메트릭 웹을 나타냅니다.

명령 : WEBLIGHT   메뉴 아이콘 :

13 모든 조명을 끕니다. 웹 라이트를 실행합니다.'시각화' 탭의 '라이트' 패널에서 '라이트 작성' 드롭 다운 리스트를 펼쳐 '웹 라이트 🏠'를 클릭합니다.

{원본 위치 지정 〈0,0,0〉:}에서 왼쪽 구석을 지정합니다.

{대상 위치 지정 〈0,0,−10〉:}에서 반대편 입구쪽 기둥을 지정합니다.

{변경할 옵션 입력 [이름(N)/광도 비율(I)/상태(S)/광도 측정법(P)/웹(B)/그림자(W)/필터 색상(C)/종료(X)] 〈종료(X)〉:}에서 '이름' 옵션 'N'을 입력합니다.

{조명 이름 입력 〈웹 라이트2〉:}에서 '조명−4'를 입력합니다.

{변경할 옵션 입력 [이름(N)/광도 비율(I)/상태(S)/광도 측정법(P)/웹(B)/그림자(W)/필터 색상(C)/종료(X)] 〈종료(X)〉:}에서 〈엔터〉 키를 입력하여 종료합니다.

그림과 같이 웹 라이트가 작성됩니다.

tip!

웹 분포는 렌더 이미지에만 사용됩니다. 웹 라이트는 뷰포트의 포인트 라이트와 유사합니다.

14 IES 파일을 적용해보도록 하겠습니다. 먼저 웹 라이트 객체를 클릭하여 '특성' 팔레트를 펼칩니다. 특성 팔레트에서 '광도 웹' 카테고리의 '웹 파일' 항목의 ▣을 클릭합니다. '웹 파일 선택' 대화상자가 나타나면 웹 파일 (*.IES)을 선택한 후 [열기(O)]를 클릭합니다.

tip!

포토그래픽 AutoCAD2017샘플용 웹 파일은 'C:₩ProgramData₩ Autodesk₩AutoCAD 2017₩R21.0₩kor₩WebFiles' 폴더에 있습니다.

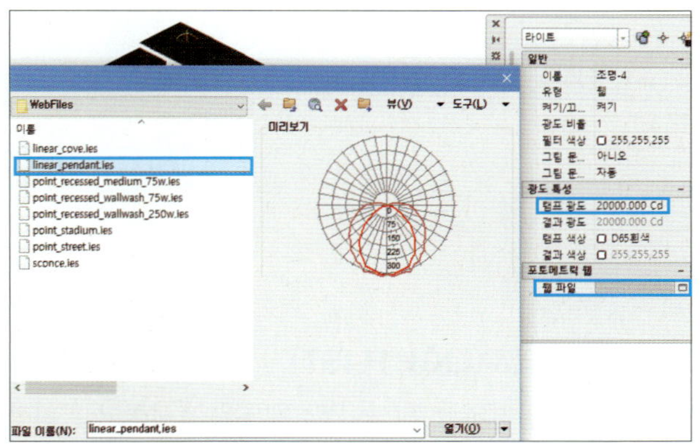

15 다음과 같이 웹 파일(*.IES) 데이터가 적용된 조명
이 작성됩니다.

참고 **조명 아이콘의 표시/비표시**

도면에 조명을 정의하면 각 위치에 조명 아이콘이 표시됩니다. 이때
조명 아이콘을 도면에서 표시하지 않으려면 '시각화' 탭의 '라이트'
패널의 드롭다운 리스트를 펼쳐 '라이트 그림 문자 화면표시'를 클릭
하여 끕니다.

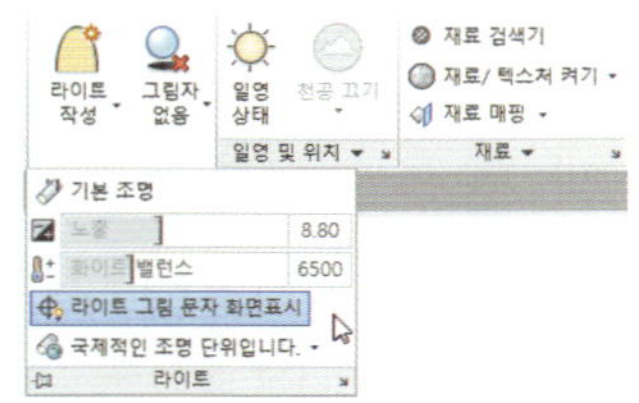

다음 그림과 같이 조명 아이콘(그림 문자)가 사라집니다.

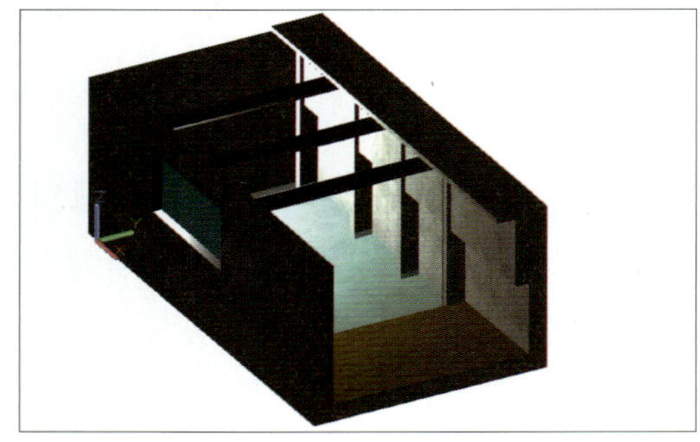

05. 조명 관리자(LIGHTLIST)

현재 도면에 정의된 조명(라이트) 목록을 표시하고 관리합니다.

명령 : LIGHTLIST   메뉴 아이콘 :

16 조명 관리자 명령을 실행합니다. 명령어 'LIGHTLIST'를 입력하거나 '시각화' 탭의 '라이트' 패
널의 끝부분에 있는 비스듬한 화살표(　)를 클릭합니다. 또는 '뷰' 탭의 '팔레트' 패널에서 '모형의 조
명 팔레트' 　을 클릭합니다. 다음과 같은 '모형의 라이트' 팔레트가 나타납니다. 목록에는 현재 도면

에서 정의된 4개의 라이트 목록(점, 스폿, 원거리, 웹)이 표시됩니다.

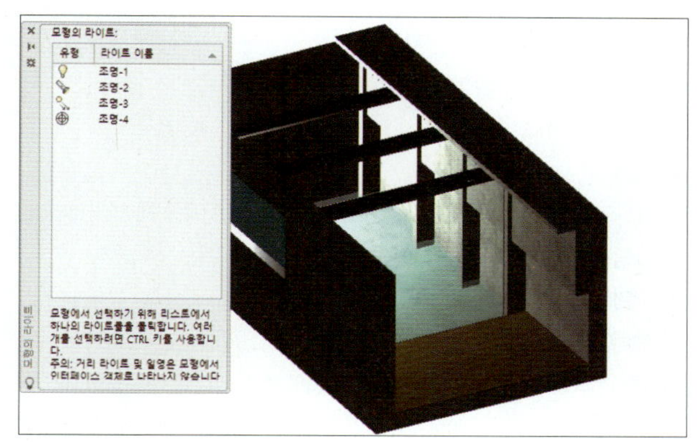

17 목록에서 점 조명인 '조명–1'을 클릭한 후 마우스 오른쪽 버튼을 누릅니다. 바로가기 메뉴에서 '특성(S)'을 클릭합니다. '특성' 팔레트가 나타나면 '켜기/끄기' 항목에서 '켜기'를 선택합니다. 그림과 같이 '조명–1'이 켜집니다.

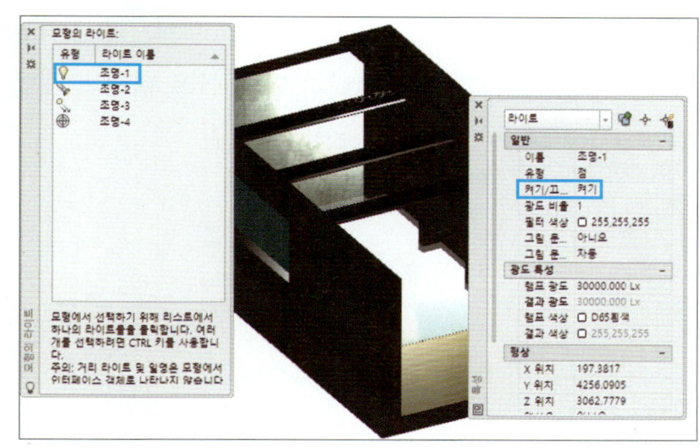

18 이번에는 '조명–2'(스폿라이트)를 선택한 후 마우스 오른쪽 버튼을 눌러 바로가기 메뉴를 표시에서 '특성(S)'을 클릭합니다. '특성' 팔레트의 '켜기/끄기'에서 '켜기'를 선택합니다. 그림과 같이 점 조명인 '조명–1'과 스폿라이트인 '조명–2'가 켜집니다.

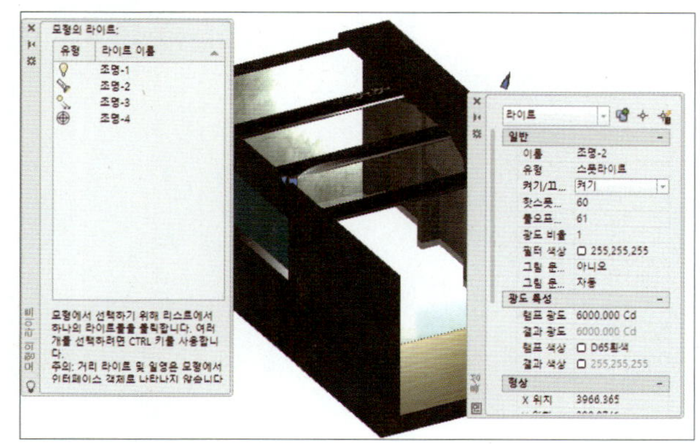

참고 **조명(라이트) 팔레트에서 바로가기 메뉴**

(1) 조명 삭제(D) : 선택한 조명을 도면에서 제거합니다.
(2) 특성(S) : 특성 도구 팔레트를 기동하여 조명의 특성을 표시하고 편집할 수 있습니다.
(3) Glyph display : 조명의 위치 및 반사 범위를 나타내는 가상의 점선의 표시여부를 제어합니다.

06. 그림자 표시

그림자 표시 여부를 조정합니다.

tip!

그림자의 설정여부는 시스템 변수 'VSSHADOWS'에 의해 제어됩니다.

0: 그림자가 표시되지 않습니다.

1: 지면(그라운드) 그림자만 표시됩니다.

2: 전체 그림자가 표시됩니다.

{VSSHADOWS에 대한 새 값 입력 〈0〉:}에서 설정값을 지정합니다.

'시각화' 탭의 '라이트' 패널에서 다음의 그림자 컨트롤 목록에서 선택합니다.

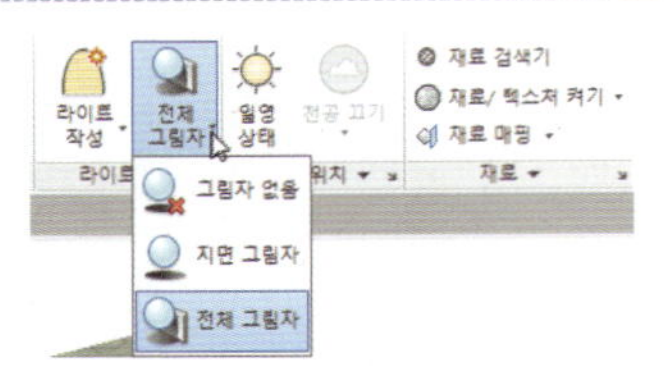

19 조명 리스트에서 모든 조명을 끄고, 원거리 조명인 '조명-3'을 켭니다. 다음 그림과 같이 안쪽 벽면에 조명 (라이트)에 대한 그림자가 나타납니다.

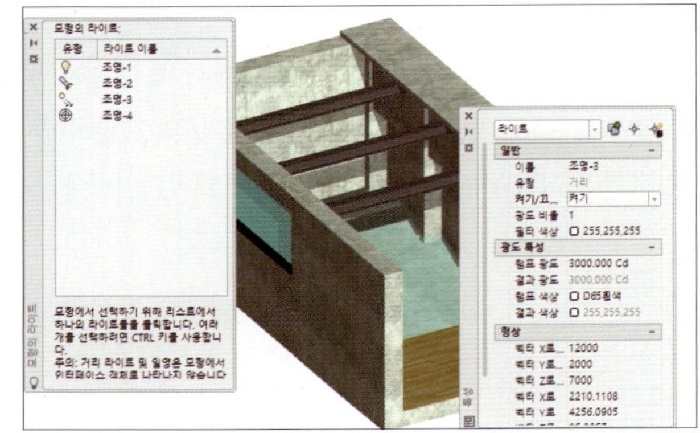

20 '지면 그림자'를 클릭합니다. 다음 그림과 같이 지면에 그림자가 나타납니다.

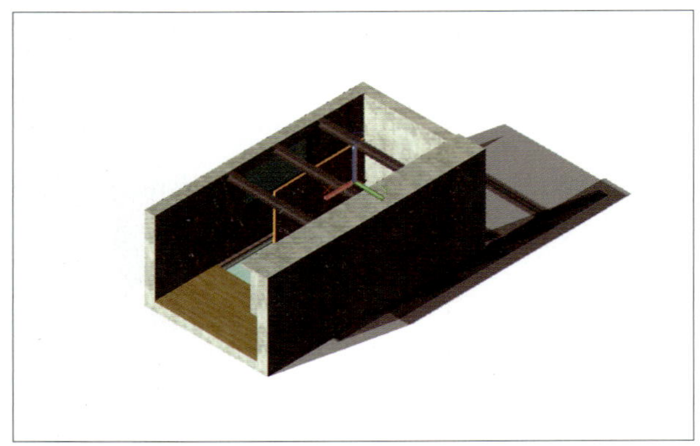

21 '그림자 없음'을 클릭합니다. 다음 그림과 같이 그림자가 사라집니다.

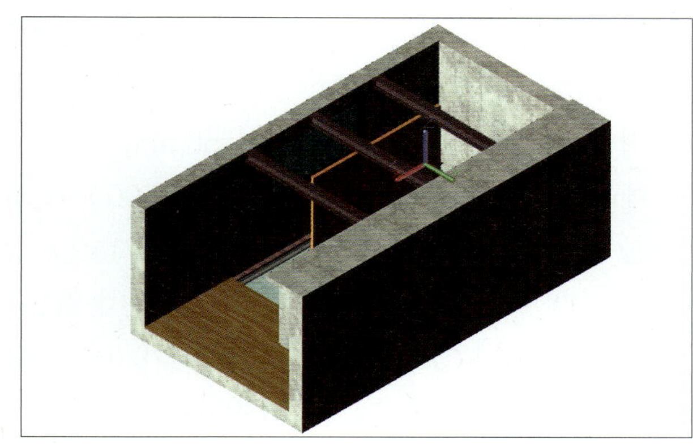

3. 카메라 설정

카메라 위치 및 대상 위치를 설정하여 객체의 3D 투시도를 작성하고 저장합니다. 렌더링 이미지를 작성할 때 카메라의 앵글도 중요한 요소가 됩니다.

01. 카메라 작성

카메라 및 대상 위치를 설정하여 객체의 3D 투시도를 작성하고 저장합니다.

명령 : CAMERA   메뉴 아이콘 : 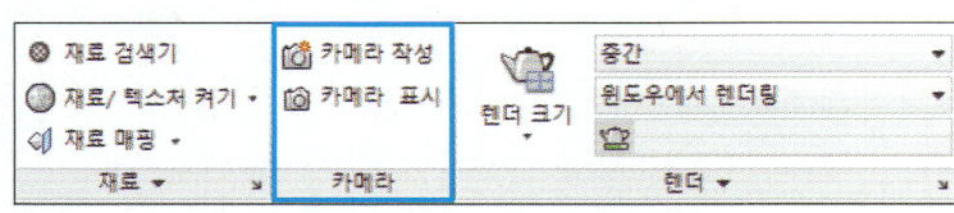

01 카메라를 작성할 3차원 모델을 열거나 모델링합니다. 다음 이미지는 솔리드 기본체와 메쉬를 이용하여 모델링한 것입니다.

참고 **'카메라' 패널의 표시**

리본 메뉴에서 '카메라' 패널이 없는 경우, '카메라' 패널을 표시하고자 할 때는 다음과 같이 실행합니다.

(1) 탭 메뉴의 오른쪽 빈 공간에 마우스를 대고 오른쪽 버튼을 클릭합니다. 바로가기 메뉴에서 '패널 표시'를 클릭하면 패널 목록이 나타납니다. 이때, '카메라'를 클릭합니다.

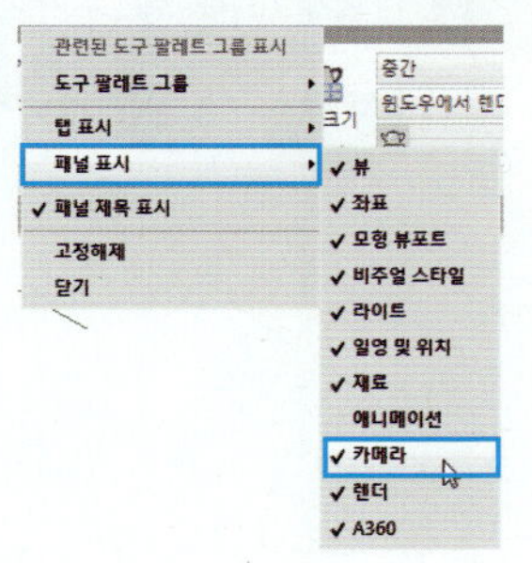

(2) 다음 그림과 같이 '카메라' 패널이 표시됩니다.

02 카메라를 작성합니다. 명령어 'CARMERA'를 입력하거나 '시각화' 탭의 '카메라' 패널에서 '카메라 작성' 🔳을 클릭합니다.

{현재 카메라 설정: 높이=0 렌즈 길이=50 mm}

{카메라 위치 지정:}에서 카메라 위치(예: 155000,−100000, 100000)를 지정합니다.

{대상 위치 지정:}에서 대상 위치(예: 133000, 112000,0)를 지정합니다.

{옵션 입력 [?(?)/이름(N)/위치(LO)/높이(H)/대상(T)/렌즈(LE)/자르기(C)/뷰(V)/나가기(X)]⟨나가기(X)⟩:}에서 이름을 작성하기 위해 'N'을 입력합니다.

{새로운 카메라의 이름을 입력 ⟨카메라1⟩:}에서 카메라 이름 '정면카메라'를 입력합니다.

{옵션 입력 [?(?)/이름(N)/위치(LO)/높이(H)/대상(T)/렌즈(LE)/자르기(C)/뷰(V)/나가기(X)]⟨나가기(X)⟩:}에서 ⟨엔터⟩ 키 또는 ⟨스페이스 바⟩를 눌러 종료합니다. 그림과 같이 카메라가 작성됩니다.

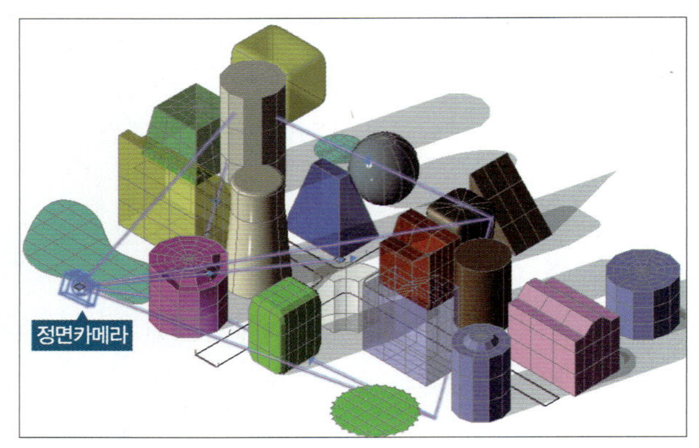

03 이번에는 거리를 가로지르는 카메라를 작성하도록 하겠습니다. ⟨엔터⟩ 키 또는 ⟨스페이스 바⟩를 눌러 카메라 작성 명령을 재실행합니다.

{현재 카메라 설정: 높이=0 렌즈 길이=50 mm}

{카메라 위치 지정:}에서 '300000, 100000, 20000'을 입력합니다.

{대상 위치 지정:}에서 대상 위치 '0,100000,0'을 입력합니다.

{옵션 입력 [?(?)/이름(N)/위치(LO)/높이(H)/대상(T)/렌즈(LE)/자르기(C)/뷰(V)/나가기(X)]⟨나가기(X)⟩:}에서 이름을 작성하기 위해 'N'을 입력합니다.

{새로운 카메라의 이름을 입력 ⟨카메라1⟩:}에서 카메라 이름 '측면카메라'를 입력합니다.

{옵션 입력 [?(?)/이름(N)/위치(LO)/높이(H)/대상(T)/렌즈(LE)/자르기(C)/뷰(V)/나가기(X)]⟨나가기(X)⟩:}에서 ⟨엔터⟩ 키 또는 ⟨스페이스 바⟩를 눌러 종료합니다. 그림과 같이 카메라가 도로 끝 쪽에 작성됩니다.

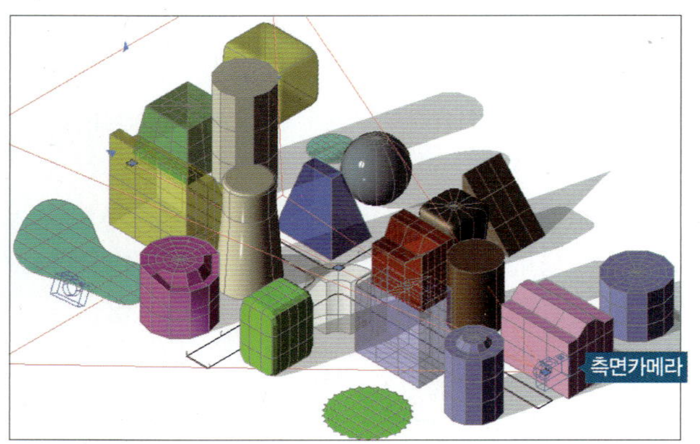

04 카메라의 피사체를 확인해보겠습니다. 〈ESC〉 키를 누른 후 '측면카메라'를 더블클릭합니다. 카메라 아이콘을 클릭하면 카메라가 투영하는 선이 표시되면 '카메라 미리보기' 창이 표시됩니다. '비주얼 스타일'을 'X 레이'로 설정합니다. 미리보기 창에는 그림과 같이 현재 카메라 앵글에서의 피사체(객체)가 나타납니다.

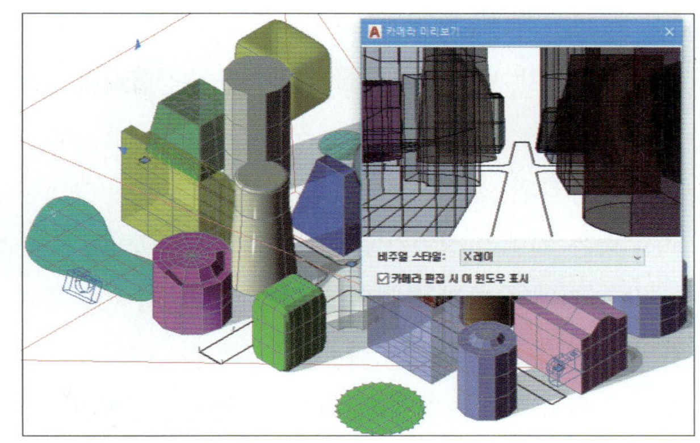

05 다음은 '정면카메라'을 확인하도록 하겠습니다. 카메라(정면카메라) 아이콘을 클릭합니다. 다음 그림과 같이 '정면카메라'의 미리보기 창이 나타납니다.

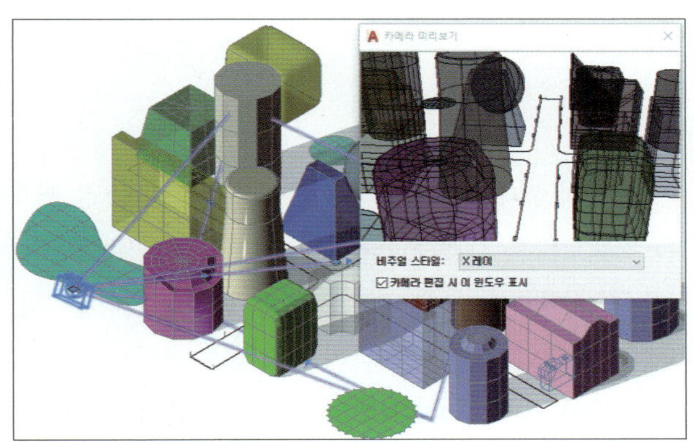

06 미리보기 창의 '비주얼 스타일'을 '스케치'로 설정합니다. 다음 그림과 같이 '정면카메라'의 미리보기 창이 나타납니다.

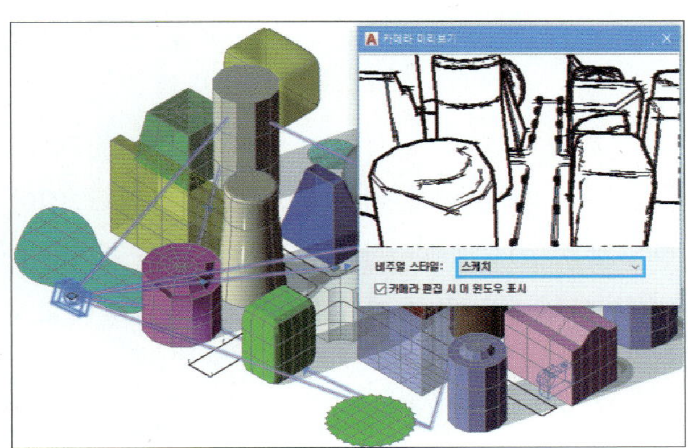

02. 카메라 특성 편집

카메라의 위치, 방향이나 앵글의 범위를 수정합니다.

07 카메라의 앵글을 바꿔보도록 하겠습니다. 수정하고자 하는 카메라(정면카메라)를 선택하면 그립이 나타납니다. 카메라의 정 중앙의 그립을 클릭하여 이동하고자 하는 위치로 끌고 갑니다. 다음 그림과 같이 '정면카메라'의 위치에 따라 카메라 미리보기 창에는 실시간으로 새로운 뷰가 표시됩니다.

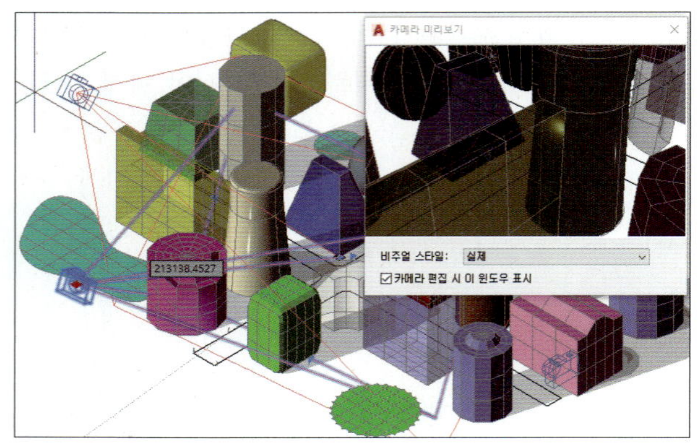

08 특성 팔레트를 이용하여 카메라의 특성 중 뷰 필드를 바꿔보도록 하겠습니다. '정면카메라' 아이콘 객체가 눌러진 상태에서 특성 팔레트 명령 'PR'을 입력합니다. 또는 '뷰' 탭의 '팔레트' 패널에서 '특성'을 클릭합니다. 그림과 같이 카메라 미리보기 대화상자와 함께 특성 팔레트가 나타납니다.

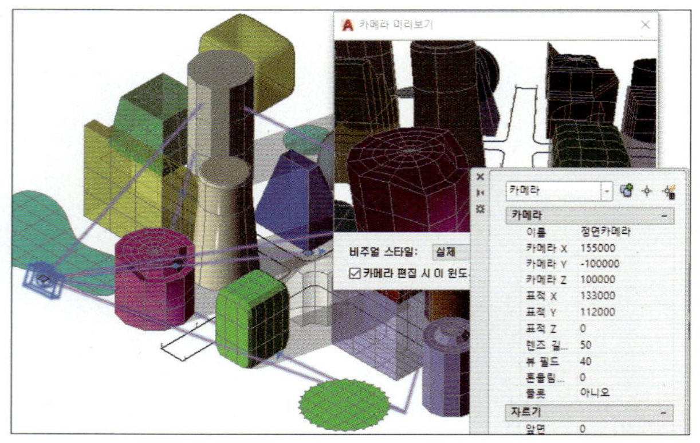

09 특성 팔레트에서 '카메라' 카테고리의 '렌즈 길이' 항목 값을 '70'으로 설정합니다. 그러면, 렌즈 길이가 확대되면서 카메라 미리보기의 피사체도 그림과 같이 표시됩니다.

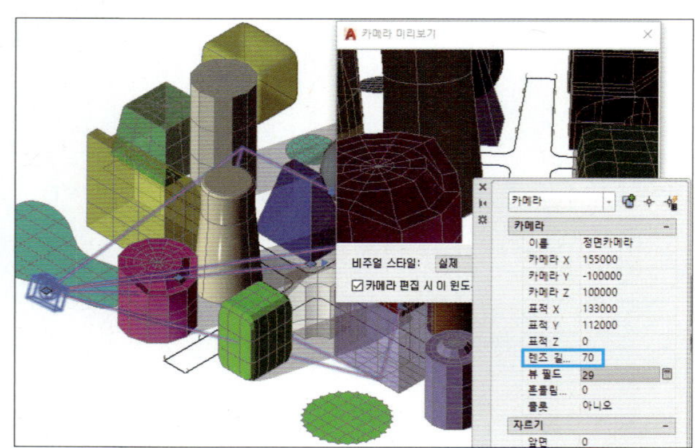

카메라 아이콘 객체의 표시여부는 다음과 같이 조정합니다. '시각화' 탭의 '카메라' 패널에서 '카메라 표시'를 클릭합니다. 클릭을 할 때마다 카메라 아이콘의 표시가 켜지고 꺼집니다.

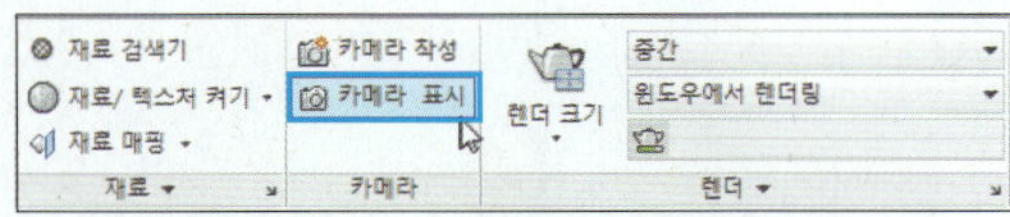

카메라 아이콘 표시여부는 시스템 변수 'CAMERADISPLAY'에 의해 제어됩니다.

0: 카메라 아이콘의 표시를 숨깁니다.

1: 카메라 아이콘을 표시합니다.

03. 카메라 뷰의 선택

작성된 카메라를 선택하여 해당 뷰를 표현합니다.

10 '뷰' 탭의 '뷰' 패널의 뷰 목록에서 카메라를 선택하면 해당 카메라의 뷰가 표시됩니다. 이때 표현하고자 하는 뷰를 선택합니다.

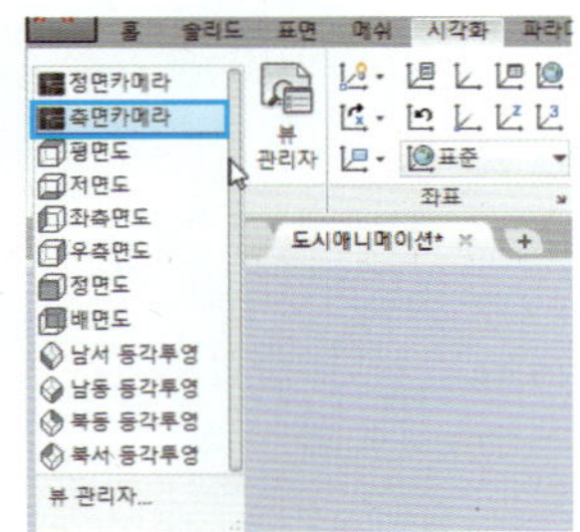

'측면카메라'를 클릭합니다. 다음 그림과 같이 '측면카메라'의 뷰가 나타납니다.

11 이번에는 뷰 목록에서 '정면카메라'를 클릭합니다. 다음 그림과 같이 '정면카메라'가 투시하는 뷰가 나타납니다.

12 '시각화' 탭의 '일영 및 위치' 패널에서 '천공 배경 및 조명'을 켠 상태에서의 '정면카메라'의 뷰입니다. 밝은 색으로 바뀝니다.

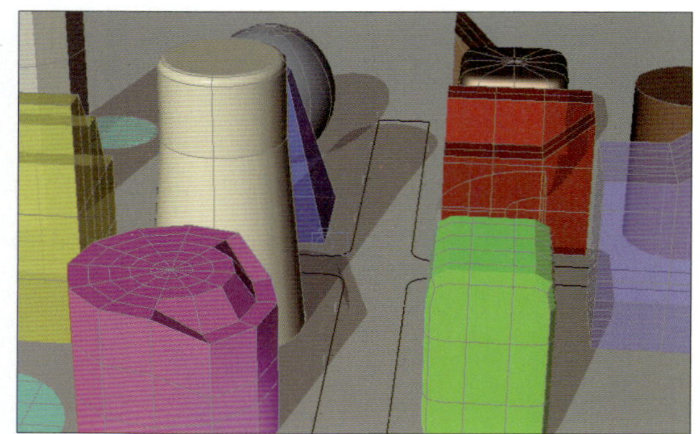

4. 보행 시선(3DWALK) 및 조감뷰(3DFLY)

3차원 모형을 보행자의 시선이나 공중에서의 조감도 뷰로 관측할 수 있습니다. 이번에는 3차원 모형의 보행 시선과 조감뷰에 대해 알아보겠습니다.

01. 보행 시선(3DWALK)

보행 시선은 도면의 3D 뷰를 대화식으로 변경하여 모형을 통과하여 걷는 모양을 작성합니다.

명령어 : 3DWALK   메뉴 아이콘 :

 다음 그림과 같은 3차원 모델을 열거나 모델링합니다.

참고 **'애니메이션' 패널의 표시**

리본 메뉴에서 숨겨진 '애니메이션' 패널을 표시하고자 할 때는 다음과 같이 실행합니다.

탭 메뉴의 오른쪽 빈 공간에 마우스를 대고 오른쪽 버튼을 클릭합니다. 바로가기 메뉴에서 '패널 표시'를 클릭하면 패널 목록이 나타납니다. 이때, '애니메이션'을 클릭합니다.

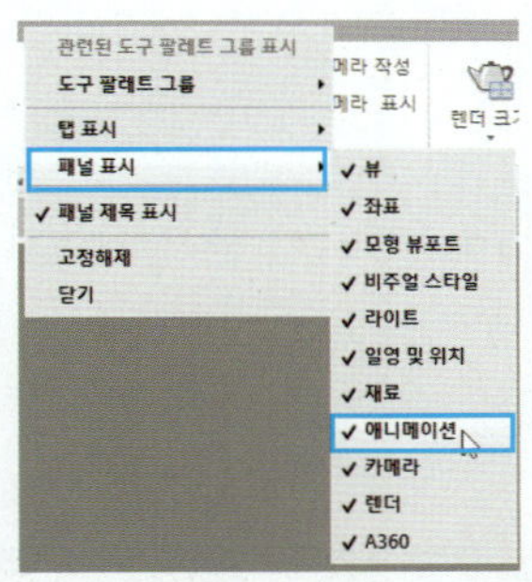

02 보행 시선을 실행합니다. 명령어 '3DWALK' 또는 '3DW'를 입력하거나 '시각화' 탭의 '애니메이션' 패널에서 메뉴 아이콘 👣 을 클릭합니다. 투시도 뷰가 아닌 경우는 투시도 뷰를 변경할 것인지 묻습니다. [변경]을 클릭합니다.

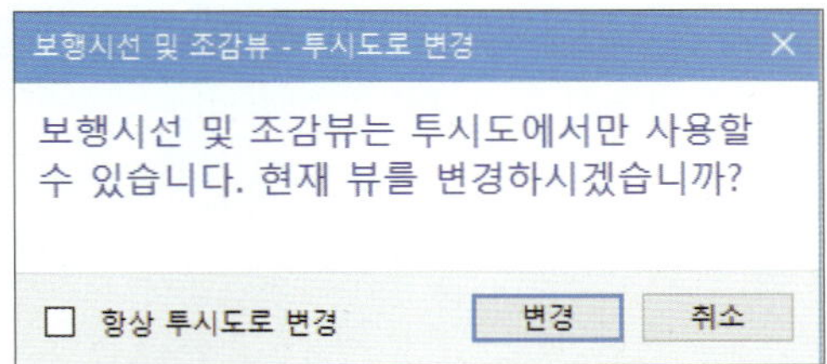

03 다음 그림과 같이 '위치 지시기' 윈도우가 나타납니다. 빨간색이 현재의 시점이며 초록색 선이 시야를 나타내는 선입니다.

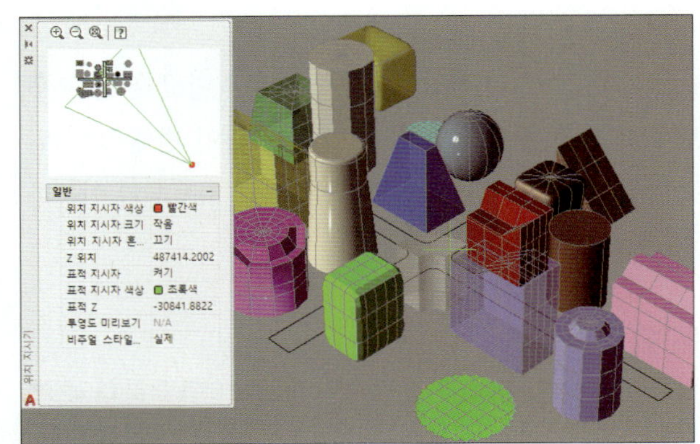

 위치 지시기

보행시선 또는 조감뷰 검색 시에 3D 모형의 평면도 위치를 표시하고 위치를 지정합니다.

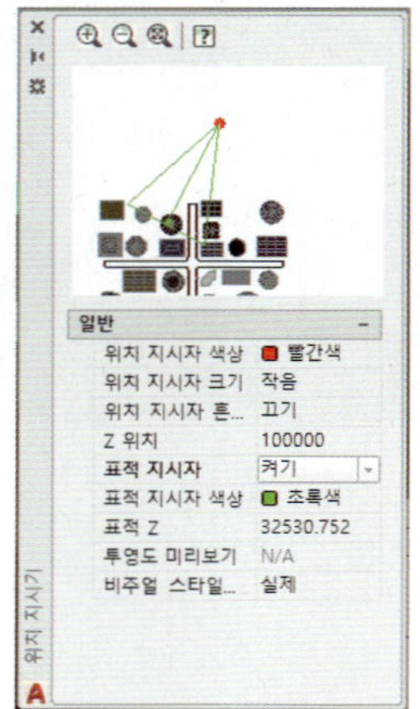

(1) 줌 아이콘 : 위치 지시기 상단의 줌 아이콘으로 '확대', '축소', '범위' 아이콘입니다.

(2) 미리보기 : 모형에서 현재 위치를 표시합니다. 위치 지시자를 끌어서 위치를 변경할 수 있습니다. 또한 표적 지시자를 끌어서 뷰의 방향을 변경할 수 있습니다.

(3) 위치 지시자 색상 : 현재 위치를 표시하는 점(도트)의 색상을 설정합니다.

(4) 위치 지시자 크기 : 작음, 중간, 큼으로 지시자의 크기를 설정합니다.

(5) 위치 지시자 흔들림 : 깜박임 효과를 켜거나 끕니다.

(6) Z 위치 : 위치 지시자의 Z 위치를 지정합니다.

(7) 표적 지시자 : 뷰 대상을 표시하는 지시자를 표시여부를 지정합니다.

(8) 표적 지시자 색상 : 표적 지시자의 색상을 설정합니다.

(9) 표적 Z : 표적의 Z값을 지정합니다.

(10) 투영도 미리보기 : 미리보기 원도우의 투명도를 설정합니다. 0부터 95까지의 값을 선택할 수 있습니다.

(11) 비주얼 스타일 미리보기 : 미리보기의 비주얼 스타일을 설정합니다.

04 위치 지시기 원도우에서 손바닥 마크를 움직여 시점의 위치를 조정합니다. 손바닥으로 위치 지시자(빨간색 점)을 이동합니다. 위치 입력기 원도우 하단에는 색상, 뷰 스타일 등을 표시하며 설정할 수 있습니다.

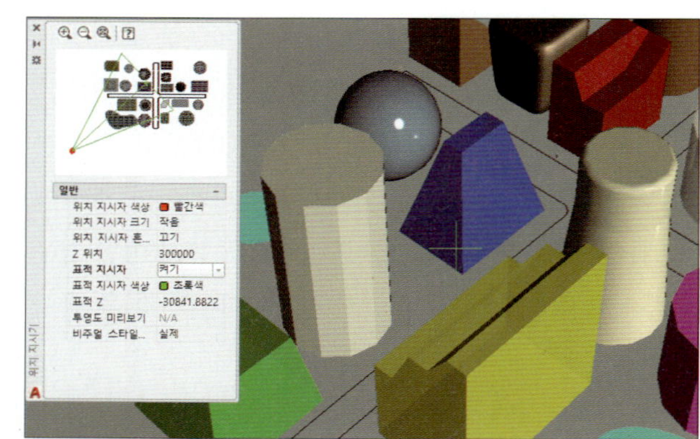

05 위치 지시자(빨간색 점)에 손바닥 마크를 맞춘 후 마우스 왼쪽 버튼을 누른 채 그림과 같이 반대 방향(뒤쪽)으로 이동합니다. 그림과 같이 위치 지시자의 이동과 함께 뷰가 전환됩니다.

tip!

키보드에서 4개의 화살표 키, W(앞으로), A(왼쪽), S(뒤로) 및 D(오른쪽) 키와 마우스를 사용하여 보행 시선의 방향을 결정합니다. 뷰의 방향을 지정하려면 마우스의 왼쪽 버튼을 누른 채 보려는 방향으로 끌고 갑니다.

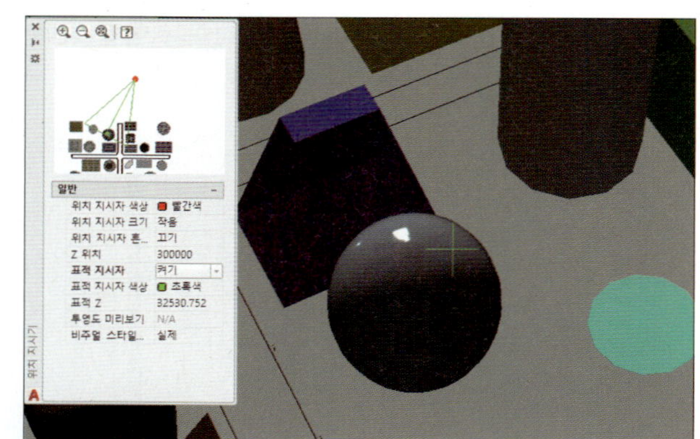

06 표적 지시자인 삼각형의 위치를 거리의 중간에 맞추고 위치 지시자의 'Z 위치'의 값을 '100000'으로 설정합니다. 다음 그림과 같이 위치 지시자의 Z값이 낮아짐에 따라 뷰가 바뀝니다.

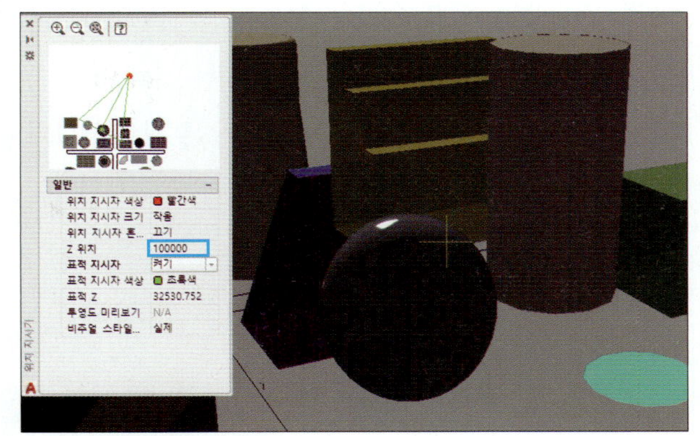

02. 조감뷰(3DFLY)

조감뷰는 도면의 3D 뷰를 대화식으로 변경하여 모형을 통과하여 날아가는 모양을 작성합니다.

명령어 : 3DFLY   메뉴 아이콘 :

07 보행 시선을 실행합니다. 명령어 '3DFLY'를 입력하거나 '시각화' 탭의 '애니메이션' 패널의 '보행시선' 드롭다운 리스트에서 '조감뷰'를 클릭합니다. 다음 그림과 같이 조감뷰 위치 지시기가 나타납니다.

tip!

키보드에서 4개의 화살표 키, W(앞으로), A(왼쪽), S(뒤로) 및 D(오른쪽) 키와 마우스를 사용하여 조감뷰의 방향을 결정합니다. 마우스를 움직여 뷰를 조정합니다.

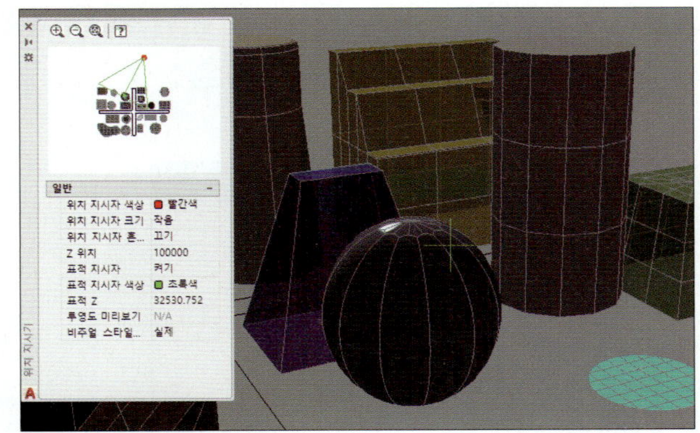

08 위치 입력기에서 손바닥을 움직여 뷰의 위치를 이동합니다. 다음 그림과 같이 위치 지시기에서의 조작에 따라 실시간으로 화면의 뷰가 바뀝니다.

참고 **보행 시선과 조감뷰**

보행 시선의 경우는 모형의 XY 평면을 이동하게 됩니다. 조감뷰의 경우는 모형을 XY 평면에 의해 구속되지 않으므로 모형의 영역 위를 이동하는 것처럼 보입니다.

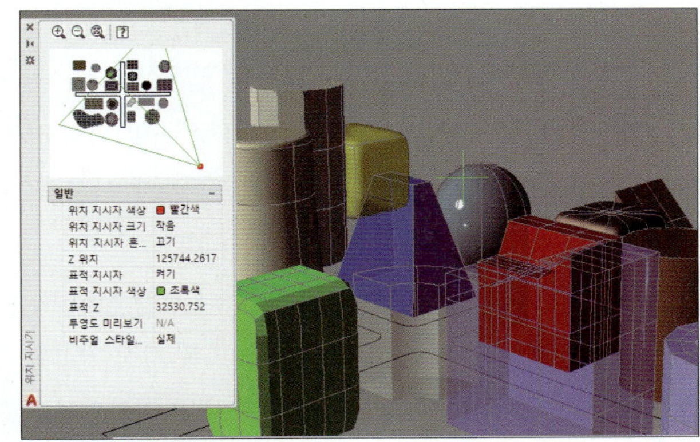

09 이번에는 작도 영역에서 표적 위치를 이동해보도록 하겠습니다. 작도 영역에 마우스의 위치에 십자 마크(+)가 나타납니다. 마우스의 왼쪽 버튼을 누른 채 이동합니다. 마우스의 이동과 함께 뷰가 자유롭게 이동됩니다.

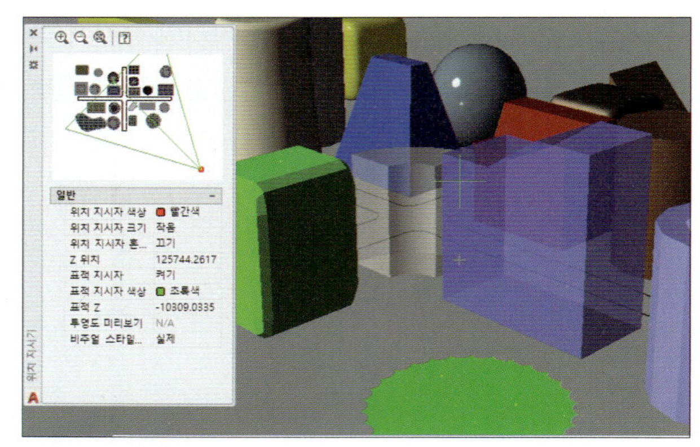

03. 보행 시선 및 조감뷰 설정(WALKFLYSETTINGS)

대화상자를 통해 보행 시선 및 조감뷰의 환경을 설정합니다.

명령어 : WALKFLYSETTINGS　　　　　　　　　　메뉴 아이콘 :

보행 시선 및 조감뷰 설정 명령을 실행합니다. 명령어 'WALKFLYSETTINGS'을 입력하거나 '시각화' 탭의 '애니메이션' 패널에서 메뉴 아이콘 을 클릭합니다. 다음과 같은 설정 대화상자가 나타납니다.

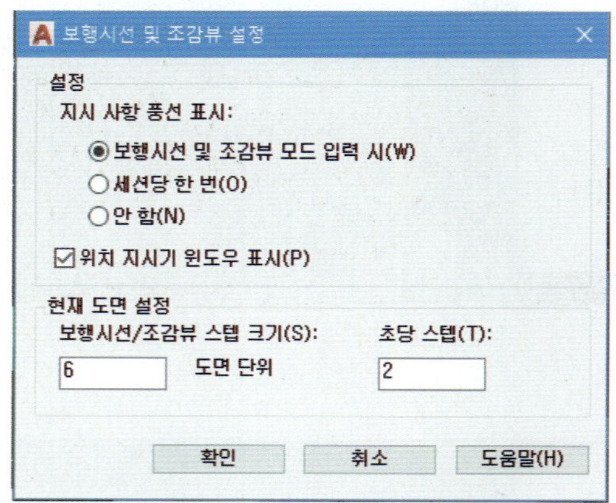

(1) **설정** : 보행시선 및 조감뷰 탐색 매핑 풍선 및 위치 지시기 윈도우와 관련된 설정을 지정합니다.

❶ 보행 시선 및 조감뷰 모드 입력 시(W) : 보행 시선 또는 조감뷰 모드를 입력할 때마다 보행 시선 및 조감뷰 검색 매핑 대화상가가 표시됩니다.

❷ 세션당 한 번(O) : AutoCAD 세션마다 보행 시선 또는 조감뷰 모드가 처음으로 될 때 보행 시선 및 조감뷰 검색 매핑 대화상자가 표시되도록 지정합니다.

❸ 안 함(N) : 보행 시선 및 조감뷰 검색 매핑 대화상가가 표시되지 않도록 합니다.

❹ 위치 지시기 윈도우 표시(P) : 체크를 하면 보행 시선 모드에 들어갈 때 위치 입력기 윈도우가 열립니다.

(2) 현재 도면 설정 : 현재 도면 특유의 보행 시선 및 조감뷰 모드 설정값을 지정합니다.

❶ 보행 시선/조감뷰 스텝 크기(S) : 도면 단위로 각 스텝의 크기를 설정합니다.

❷ 초당 스텝(T) : 초당 발생 스텝 수를 지정합니다.

5. 동적으로 관측하는 애니메이션

이번에는 애니메이션 동영상을 제작하는 방법을 알아보겠습니다. 완성된 객체(피사체)의 구석 구석을
미리 둘러봄으로써 설계가 실물로 구현되었을 때의 형상을 파악할 수 있습니다. AutoCAD에서는 간
단하고 쉽게 동영상을 만들 수 있는 기능을 제공하고 있습니다.

명령어 : ANIPATH   메뉴 아이콘 : ▥

01 실습을 위해 다음과 같이 3차원 모델링 도면을 펼
칩니다.

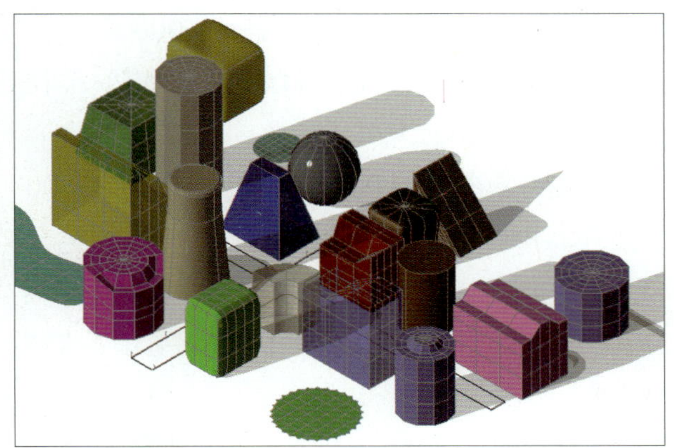

02 폴리선 명령으로 카메라의 동작 경로를 작성합니다. 명령어 'PLINE' 또는 'PL'을 입력하거나 '홈'
탭의 '그리기' 패널 또는 '그리기' 도구막대에서 ⤴을 클릭합니다.

{시작점 지정:}에서 '347500,100000'을 입력합니다.

{현재의 선 폭은 0.0000임}

{다음점 지정 또는 [호(A)/반폭(H)/길이(L)/명령 취소(U)/폭(W)]:}에서 '@-400000,0'을 입력합니다.

{다음점 지정 또는 [호(A)/닫기(C)/반폭(H)/길이(L)/명령 취소(U)/폭(W)]:}에서 '@0,130000'을 입력합
니다.

{다음점 지정 또는 [호(A)/닫기(C)/반폭(H)/길이(L)/명령 취소(U)/폭(W)]:}에서 '@200000,0'을 입력합
니다.

{다음점 지정 또는 [호(A)/닫기(C)/반폭(H)/길이(L)/명령 취소(U)/폭(W)]:}에서 '@0,-250000'을 입력
합니다.

{다음점 지정 또는 [호(A)/닫기(C)/반폭(H)/길이(L)/명령 취소(U)/폭(W)]:}에서 '@200000,0'을 입력합니다.
{다음점 지정 또는 [호(A)/닫기(C)/반폭(H)/길이(L)/명령 취소(U)/폭(W)]:}에서 '닫기' 옵션 'C' 를 눌러 종료합니다. 그림과 같이 폴리선이 작도됩니다.

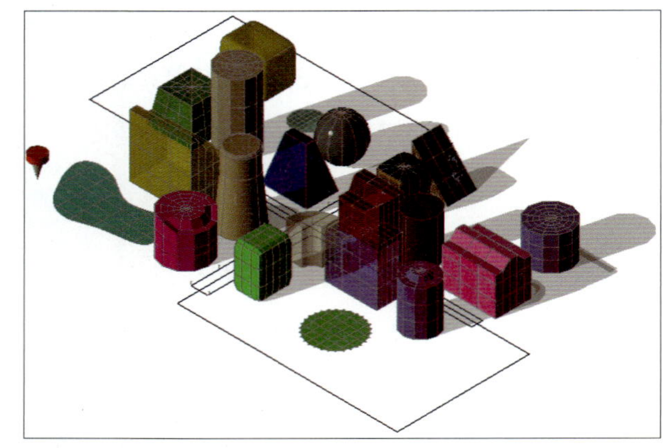

03 경로를 부드럽게 만들기 위해 모서리를 모깎기 처리합니다. 명령어 'FILLET' 또는 'F'를 입력하거나 '홈' 탭의 '수정' 패널 또는 도구막대에서 ⬜을 클릭합니다.
{현재 설정값: 모드 = TRIM, 반지름 = 0.00000}
{첫 번째 객체 선택 또는 [명령취소(U)/폴리선(P)/반지름(R)/자르기(T)/다중(M)]:}에서 반지름을 설정하기 위해 'R'을 입력합니다.
{모깎기 반지름 지정 〈0.00000〉:}에서 반지름 '30000'을 입력합니다.
{첫 번째 객체 선택 또는 [명령취소(U)/폴리선(P)/반지름(R)/자르기(T)/다중(M)]:}에서 폴리선 옵션 'P'를 입력합니다.
{2D 폴리선 선택:}에서 경로의 폴리선을 선택합니다. {6 선은(는) 모깎기됨}
그림과 같이 경로의 모서리가 모깎기 됩니다.

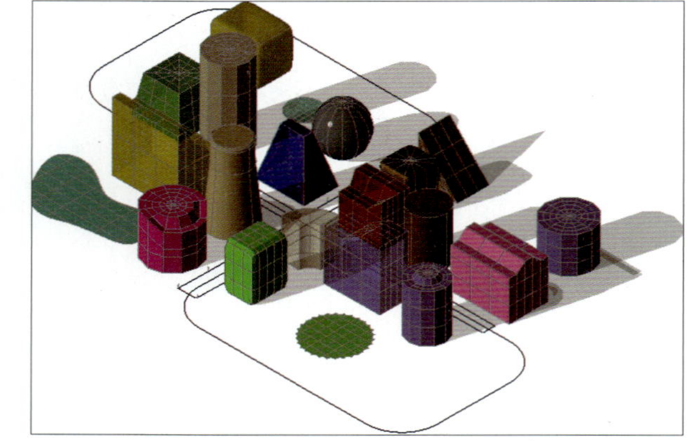

04 이동 명령으로 동영상의 경로를 지면으로부터 위로 이동합니다. 명령어 'MOVE' 또는 'M'을 입력하거나 '홈' 탭의 '수정' 패널 또는 도구막대에서 ✛을 클릭합니다.
{객체 선택:}에서 경로로 작도한 폴리선을 선택합니다. {1개를 찾음}
{객체 선택:}에서 〈엔터〉 키 또는 〈스페이스 바〉를 눌러 선택을 종료합니다.

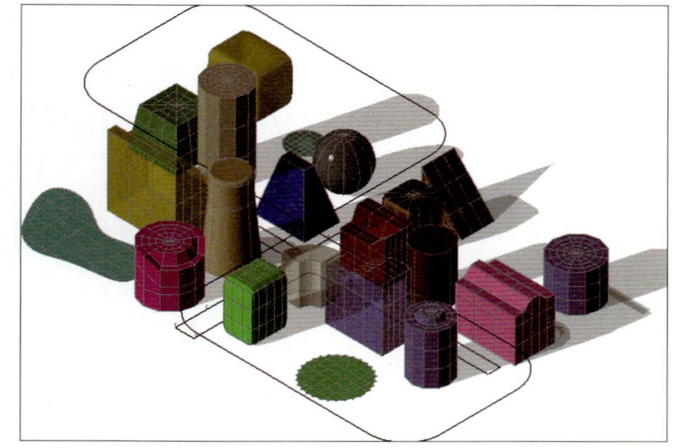

{기준점 지정 또는 [변위(D)] 〈변위〉:}에서 폴리선의 끝
점을 선택합니다.
{두 번째 점 지정 또는 〈첫 번째 점을 변위로 사용〉:}에서
'@0,0,25000'을 입력합니다.

05 애니메이션 경로 명령을 실행합니다. 명령어
'ANIPATH'를 입력하거나 '시각화' 탭의 '애니메이션' 패
널에서 ▥을 클릭합니다. 다음 그림과 같이 동작 경로 애
니메이션 대화상자가 표시됩니다.

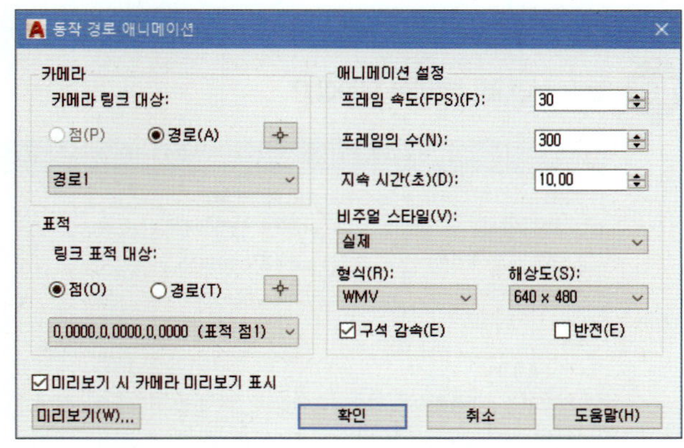

06 대화상자에서 '카메라'의 '경로(A)' 옆의 아이콘 ⊕을 클릭합니다.
{경로 선택:}에서 폴리선으로 작성한 경로를 선택합니다. 경로를 선택하면 경로 이름 대화상자가 표시
됩니다. '이름(N)'에 '경로1'을 입력한 후 [확인]을 클릭합니다.

07 '표적'의 '링크 표적대상'에서 '점(O)'을 지정한 아이
콘 ⊕을 클릭합니다. {선택 점:}에서 '150000,100000,
5000'을 입력합니다. 점 이름 대화상자에서 '이름(N)'에
'표적 점1'을 입력합니다.

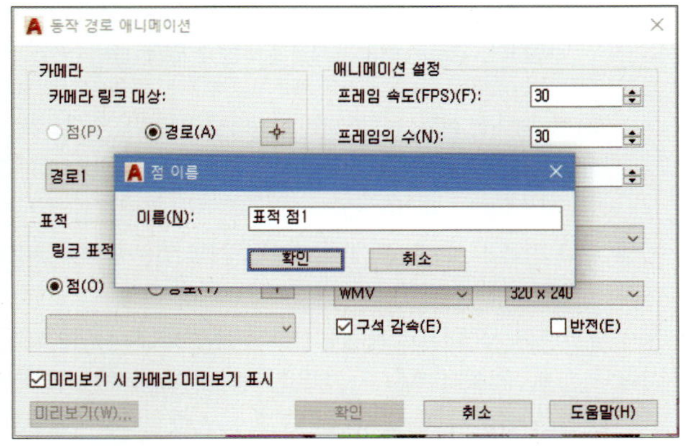

08 '애니메이션 설정'의 '지속 시간(초)(D)'을 '10'으로, '비주얼 스타일'을 '실제(V)'로 설정하고 '해상도(S)'를 '640x480'으로 지정합니다.
[미리보기(W)]를 클릭합니다. 그림과 같이 애니메이션 미리보기 대화상자가 표시되면서 카메라가 경로를 따라 움직이는 뷰를 동적으로 표시합니다.

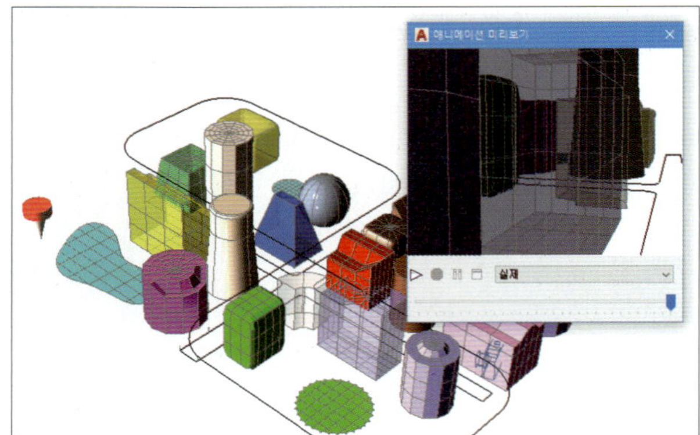

참고 **동작 거리 애니메이션 대화상자**

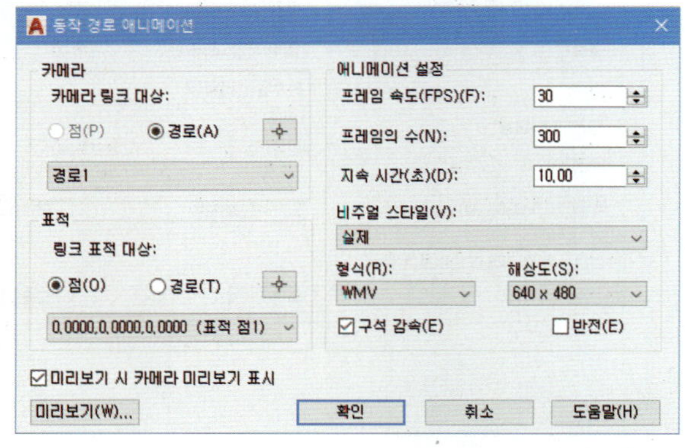

(1) **카메라** : 카메라의 동작을 지정합니다. '점(P)'과 '경로(A)' 중에서 선택합니다. 하단의 목록 상자는 명명한 경로의 명칭이 표시되고 선택할 수 있습니다. 경로는 선, 호, 타원형 호, 원, 폴리선, 3D 폴리선 또는 스플라인으로 작성할 수 있습니다.

(2) **표적** : 링크 표적의 대상을 '점(O)'과 '경로(T)' 중에서 선택합니다. 하단의 목록 상자는 명명한 표적 대상의 명칭이 표시되고 선택할 수 있습니다. 경로는 선, 호, 타원형 호, 원, 폴리선, 3D 폴리선 또는 스플라인으로 작성할 수 있습니다.

> **tip!**
> 카메라가 점에 링크되는 경우는 해당 표적이 경로에 링크되어야 합니다. 카메라가 경로에 링크되는 경우는 점 또는 경로에 해당 표적을 링크할 수 있습니다.

(3) **애니메이션 설정** : 애니메이션 파일의 출력 파일을 작성하기 위한 환경을 설정합니다.

  ① 프레임 속도(FPS)(F) : 애니메이션이 실행되는 속도로서 FPS(초당 프레임)으로 설정합니다. 1부터 60까지의 값을 지정합니다. 기본값은 30입니다.

  ② 프레임의 수(N) : 애니메이션의 전체 프레임 수를 지정합니다. 프레임 속도와 함께 이 값은 애니메이션의 길이를 결정합니다.

  ③ 지속 시간(초)(D) : 애니메이션의 섹션에서 지속 시간을 지정합니다. 단위는 '초'입니다.

  ④ 비주얼 스타일(V) : 뷰 스타일의 목록 및 애니메이션 파일에 적용할 수 있는 렌더 사전 설정을 표시합니다.

  ⑤ 형식(R) : 동영상을 AVI, MPG 또는 WMV 파일 형식 중에서 선택하여 저장합니다.

  ⑥ 해상도(S) : 애니메이션의 너비 및 높이를 화면 표시 단위로 정의합니다. 기본값은 320 x 240입니다.

  ⑦ 구석 감속(E) : 카메라가 구석을 회전할 때 낮은 속도로 이동합니다.

  ⑧ 반전(E) : 애니메이션의 방향을 반전합니다.

(4) **미리보기 시 카메라 미리보기 표시** : 애니메이션 미리보기 대화상자를 표시하여 저장하기 전에 애니메이션을 미리 볼 수 있습니다.

(5) **미리보기(W)** : 동작 거리 애니메이션 대화상자를 통해 카메라의 이동에 따라 미리 보기를 표시합니다.

09 미리보기를 통해 원하는 애니메이션이 되었다면 [확인]을 클릭합니다. 다음 그림과 같이 애니메이션을 저장할 파일을 지정하는 대화상자가 표시됩니다. 폴더 및 파일 이름(도시둘러보기)을 지정한 후 [저장(S)]을 클릭합니다.

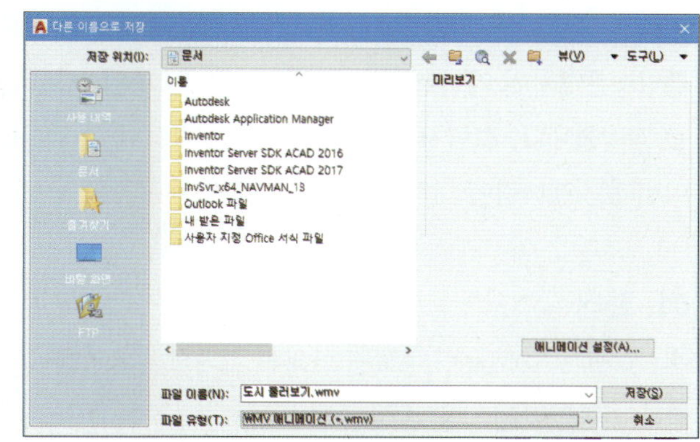

10 다음 그림과 같이 '비디오 작성 중'이란 진행 바가 표시되면서 애니메이션 미리보기 창에서 비디오를 작성합니다.

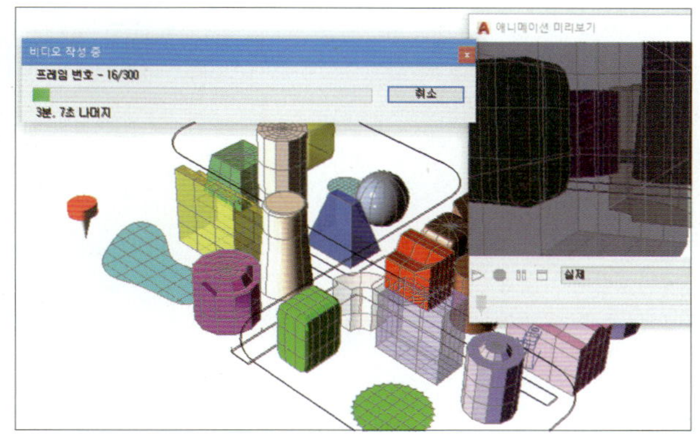

11 작성된 동영상(애니메이션) 파일을 단독으로 실행해보겠습니다. 저장된 폴더를 찾아 파일(도시 둘러보기.wmv)을 더블클릭합니다. 미디어 플레이어가 기동되면서 작성된 동영상이 실행됩니다.

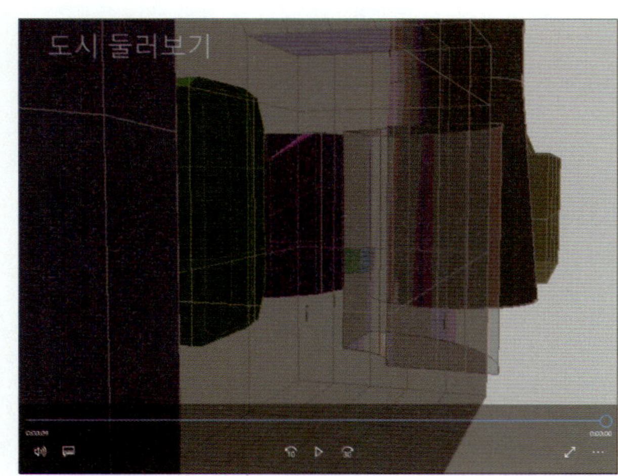

6. 렌더링

렌더링은 3차원 와이어프레임이나 솔리드 모형의 포토리얼리스틱 또는 사실적으로 음영처리된 이미지를 작성합니다. 그림자나 색상과 농도의 변화 등과 같은 3차원 질감을 보다 현실감 있게 표현합니다. 이번에는 렌더링에 대해 알아보도록 하겠습니다.

01. 렌더

3D 솔리드 또는 표면 모형의 사실적 이미지 또는 사실적으로 음영처리된 이미지를 작성합니다.

명령 : RENDER   메뉴 아이콘 : 🍵

01 다음과 같이 3차원 모델을 열거나 렌더링할 모델을 모델링합니다.

02 렌더 이미지 크기를 지정합니다. '시각화' 탭의 '렌더' 패널에서 '렌더 크기' 드롭다운 리스트를 펼쳐 렌더 이미지 크기를 지정합니다.

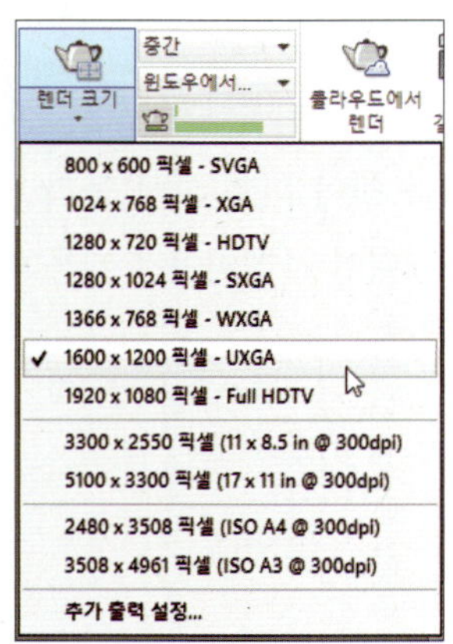

03 렌더의 화질을 지정합니다. '시각화' 탭의 '렌더' 패널에서 '렌더 사전설정' 드롭다운 리스트를 펼쳐 렌더 이미지의 질(예: 고급)을 지정합니다. 높은 질일수록 렌더링 시간과 용량은 많아집니다.

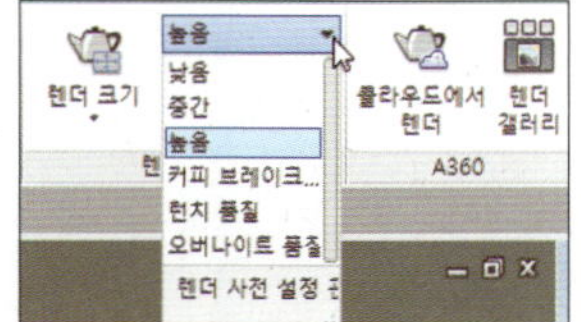

04 렌더 명령을 실행합니다. 명령어 'RENDER'를 입력하거나 '시각화' 탭의 '렌더' 패널에서 '렌더 🖼'를 클릭합니다. 클릭과 동시에 렌더 창이 나타나면서 다음 그림과 같이 렌더 이미지를 표시하면서 렌더링을 수행합니다.

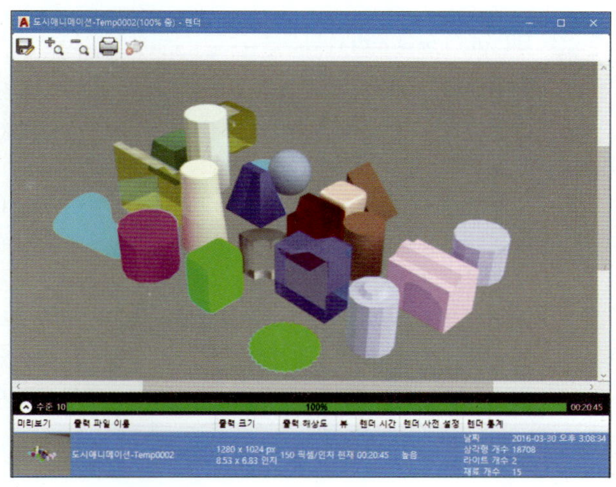

05 **렌더 이미지 저장 :** 렌더링된 이미지를 별도의 파일에 저장할 수 있습니다. 렌더링 윈도우에서 [파일(F)]-[저장(S)]를 클릭합니다. 렌더 출력 파일 대화상자에서 파일명을 지정합니다. 다음의 파일 형식 중 하나를 선택하여 저장합니다. 지원되는 파일 형식은 BMP, TGA, TIF, JPEG, PNG입니다.

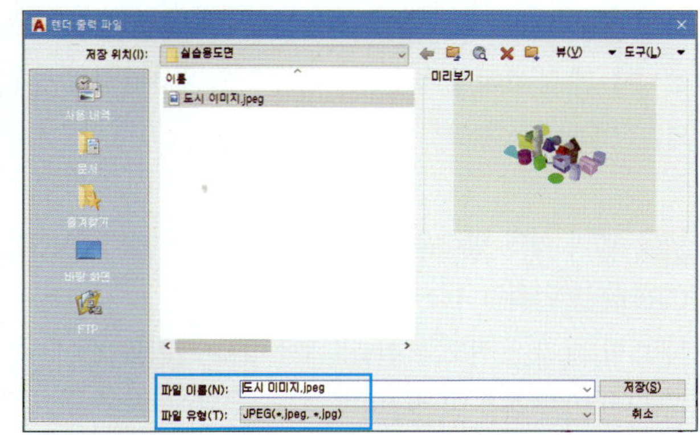

02. 렌더 사전 설정 관리자

렌더 이미지 작성을 위한 다양한 환경을 설정합니다.

명령 : RPEF   메뉴 아이콘 : 🖼

06 렌더 사전 설정 명령을 실행합니다. 명령어 'RPEF'를 입력하거나 '시각화' 탭의 '렌더' 패널에서 오른쪽의 비스듬한 화살표(🔽)를 클릭합니다. 또는 '뷰' 탭의 '팔레트' 패널에서 '렌더 사전 설정' 메뉴 아이콘 🖼을 클릭합니다.

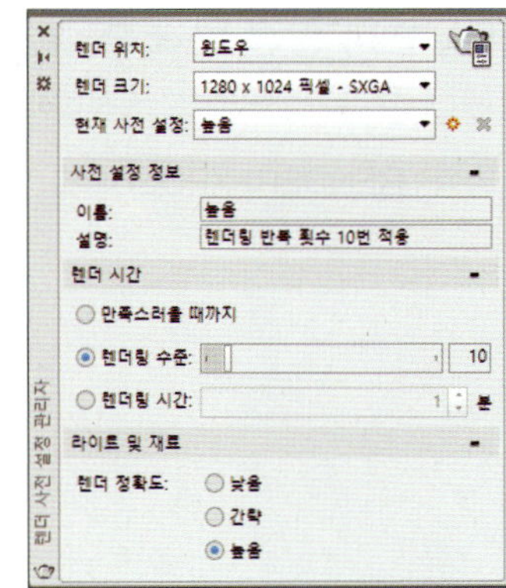

 **참고** **렌더 사전 설정 관리자 팔레트**

(1) 렌더 위치 : 렌더링된 이미지를 표시하는 위치로 윈도우, 뷰포트, 영역에서 선택합니다.

(2) 렌더 크기 : 렌더링된 이미지의 출력 크기와 해상도를 지정합니다. 추가 출력 설정을 선택하여 렌더 크기 출력 설정 대화상자를 표시하고 사용자 출력 크기를 지정합니다.

　　이 옵션은 렌더 위치가 '윈도우'로 지정된 경우에만 사용할 수 있습니다.

(3) 현재 사전 설정 : 뷰 또는 영역을 렌더링할 때 사용할 렌더 사전 설정을 지정합니다. 표준 렌더 사전 설정의 설정을 변경하면 새로운 사용자 렌더 사전 설정이 작성됩니다.

(4) 사전 설정 정보 : 선택한 렌더 사전 설정의 이름과 설명을 표시합니다.

(5) 렌더 시간 : 렌더링된 최종 출력을 작성하기 위해 렌더러가 반복하는 레벨 수 또는 시간 길이를 조정합니다.

(6) 라이트 및 재료 : 렌더링된 이미지에 사용되는 조명 및 재료 계산의 정확도를 낮음, 간략, 높은 중에서 선택합니다.

03. 지정 영역의 렌더

특정 영역(잘라낸 윈도우)을 지정하여 렌더링합니다. 빈 공간까지 전체를 렌더하려면 시간이 많이 소요됩니다. 특정 효과를 확인하기 위한 차원의 렌더링의 경우, 그 효과를 내기 위한 부위만 렌더링합니다.

명령 : RENDERCROP　　　　　　　　　　　　　　메뉴 아이콘 :

07 렌더 영역 명령을 실행합니다. 명령어 'RENDER CROP'를 입력합니다.

{렌더할 오리기 윈도우 선택:}에서 다음 그림과 같이 구역의 첫 번째 점을 지정합니다.

{두 번째 점을 입력하십시오:}에서 다음 그림과 같이 구역(범위)의 반대 구석을 지정합니다.

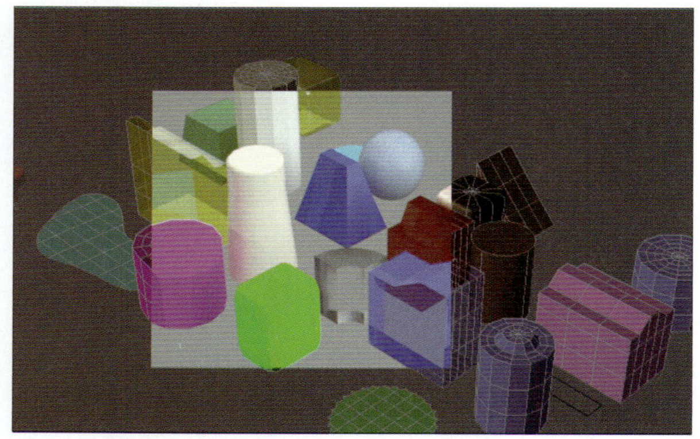

04. 렌더 환경 및 노출 설정

렌더 환경 및 노출을 조정합니다.

명령 : RENDEREXPOSURE　　　　　　　　　　　　메뉴 아이콘 :

08 '렌더 환경 및 노출' 명령을 실행합니다. 명령어 'RENDEREXPOSURE'를 입력하거나 '시각화' 탭의 '렌더' 확장 패널에서 '렌더 환경 및 노출'을 클릭합니다. 그림과 같이 '렌더 환경 및 노출' 팔레트가 나타납니다.

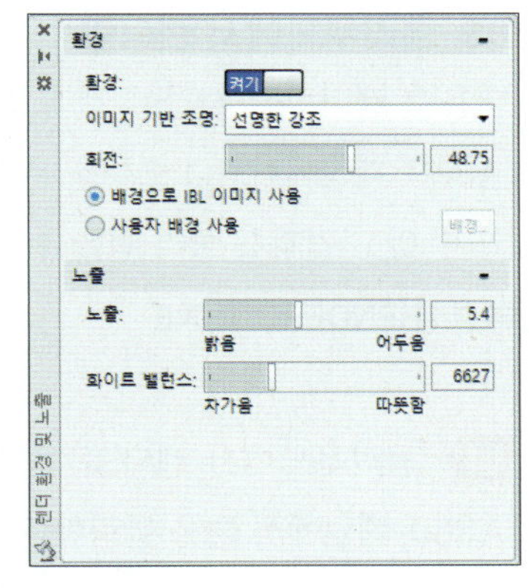

참고   렌더 환경 및 노출

(1) 환경 : 렌더링 시 이미지 기반 조명의 사용 및 설정을 조정합니다.

① 환경 : 켜기를 선택하면 이미지 기반 환경을 설정할 수 있습니다.

② 이미지 기반 조명 : 리스트에서 적용할 이미지 조명 맵을 지정합니다

③ 회전 : 이미지 조명 맵의 회전 각도를 지정합니다.

④ 배경으로 IBL 이미지 사용 : 지정한 이미지 조명 맵이 장면의 밝기 및 배경에 영향을 줍니다

⑤ 사용자 배경 사용 : 사용자가 지정한 배경을 [배경] 버튼을 눌러 지정합니다.

(2) 노출 : 렌더링 시 적용할 사진 노출 설정을 조정합니다.

① 노출 : 렌더링에 대한 전역 밝기 레벨을 설정하는 것으로 밝게 하려면 이 값을 줄입니다.

② 화이트 밸런스: 렌더링 시 전역 조명의 켈빈 색상 온도 값을 설정합니다. 낮은(차가운 온도) 값은 푸른빛의 라이트로 나타나고, 높은(따뜻한 온도) 값은 노란빛 또는 붉은빛의 라이트로 나타납니다.

09 '렌더 환경 및 노출' 팔레트에서 '노출' 값을 '5.4'정도, 화이트 밸런스를 약간 낮춰서(예: 6627) 지정합니다. 다시 렌더 이미지를 작성합니다. '시각화' 탭의 '렌더' 패널에서 '렌더 '를 클릭합니다. 다음 그림과 같이 설정된 환경에 따라 렌더 이미지가 작성됩니다. 확연히 차이가 나는 것을 확인할 수 있습니다.

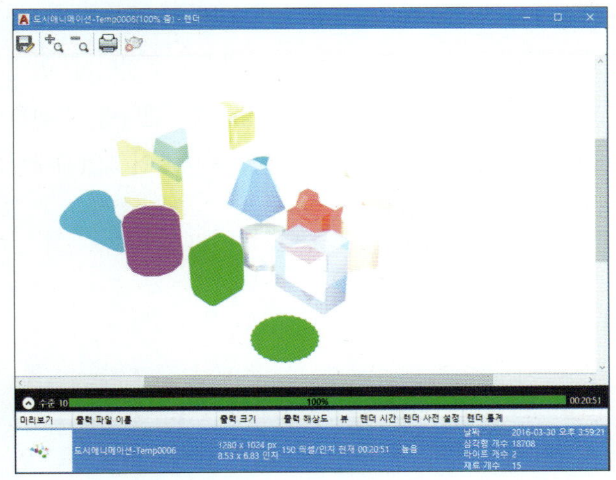

참고   렌더 윈도우

렌더 윈도우가 화면에서 제거한 경우, 다시 렌더 윈도우를 표시하려면 '시각화' 탭의 '렌더' 확장 버튼을 눌러 '렌더 윈도우'를 클릭합니다. 또는 명령어 'RENDERWINDOW'를 입력합니다.

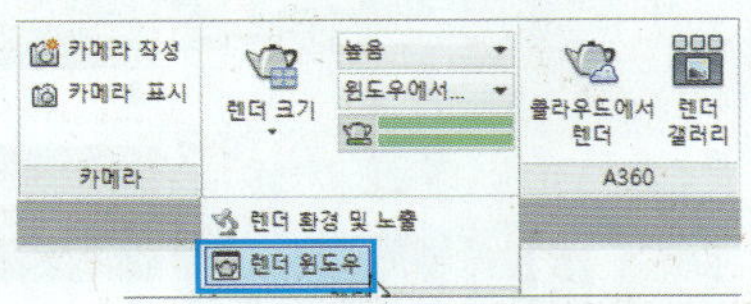

05. 클라우드에서 렌더링

대용량 렌더링은 시간이 걸리고 로컬 컴퓨터(사용자 컴퓨터)의 리소스를 많이 사용할 수 있습니다. 'A360' 계정에서 3D 모형을 온라인으로 렌더링할 수 있습니다. 이를 통해 사용자 컴퓨터의 부하를 줄일 수 있고 결과를 빨리 얻을 수 있습니다. 또, 권한 설정에 의해 다른 사용자와 공유도 가능합니다.

명령 : RENDERONLINE   메뉴 아이콘 : 🖼

01 '클라우드에서 렌더'를 실행합니다. 명령어 'RENDERONLINE'을 입력하거나 '시각화' 탭의 'A360' 패널에서 🖼을 클릭합니다. 로그인이 되어있지 않은 경우는 로그인 대화상자가 나타납니다. 아이디와 암호를 입력하여 로그인합니다.
Autodesk의 아이디가 없으면 계정을 작성한 후 로그인해야 합니다.

02 로그인을 수행하면 나타나는 메시지 창에서 [확인]을 클릭하여 파일을 저장합니다.

03 다음으로 렌더 대상이 되는 뷰를 선택하는 대화상자가 나타납니다. 모든 모형 뷰를 렌더링할 것인지, 현재 모형 뷰만을 렌더링할 것인지 지정한 후 [렌더링 시작]을 클릭합니다. 이렇게 하면 클라우드 서비스인 A360에서 렌더링을 수행합니다.

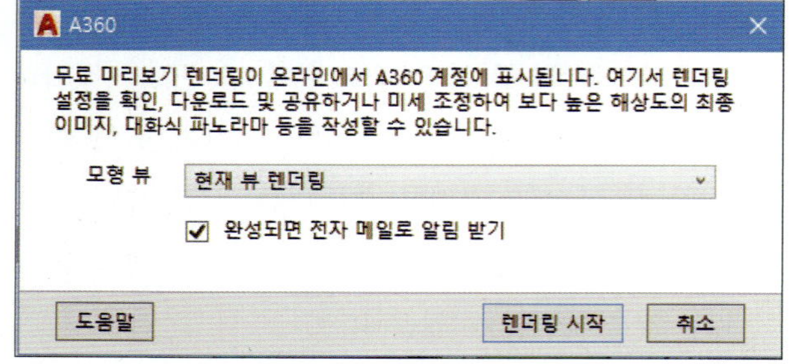

04 렌더 갤러리를 확인해보겠습니다. '시각화' 탭의 'A360' 패널에서 '렌더 갤러리 🖼'를 클릭합니다. 로그인을 하고 갤러리에 들어가면 다음과 같이 여러 사용자가 작성한 렌더 이미지가 나타납니다.

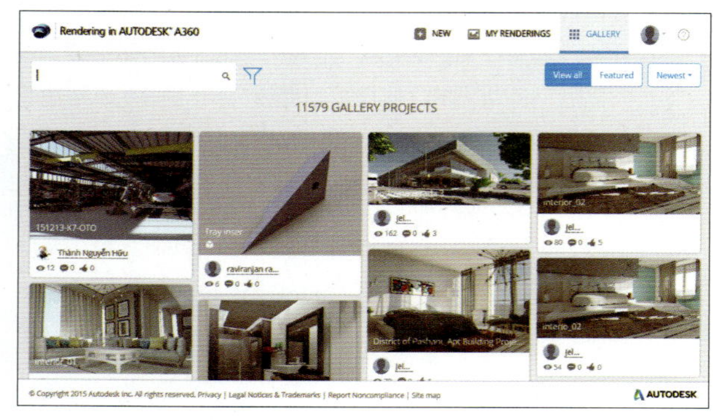

05 상단의 'MY RENDERINGS'를 클릭하면 자신이 렌더링한 이미지를 확인할 수 있습니다. 갤러리의 썸네일을 클릭하면 원본 이미지를 확인할 수 있습니다. 이처럼 '클라우드에서 렌더'를 이용하면 사용자 컴퓨터의 부담을 주지 않고 손쉽게 렌더링할 수 있습니다.

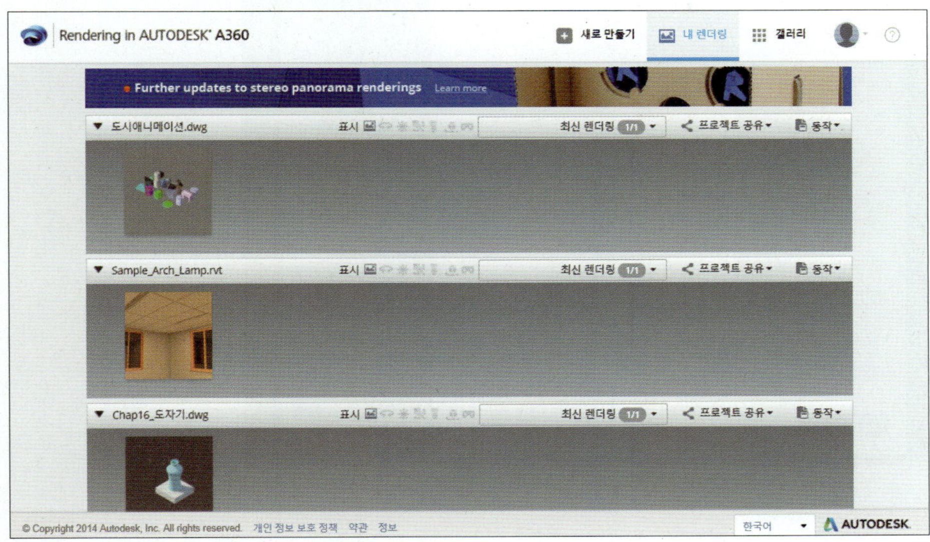

06 갤러리에 공유하고자 할 경우에는 [프로젝트 공유] 드롭다운 리스트에서 '갤러리'를 클릭합니다.

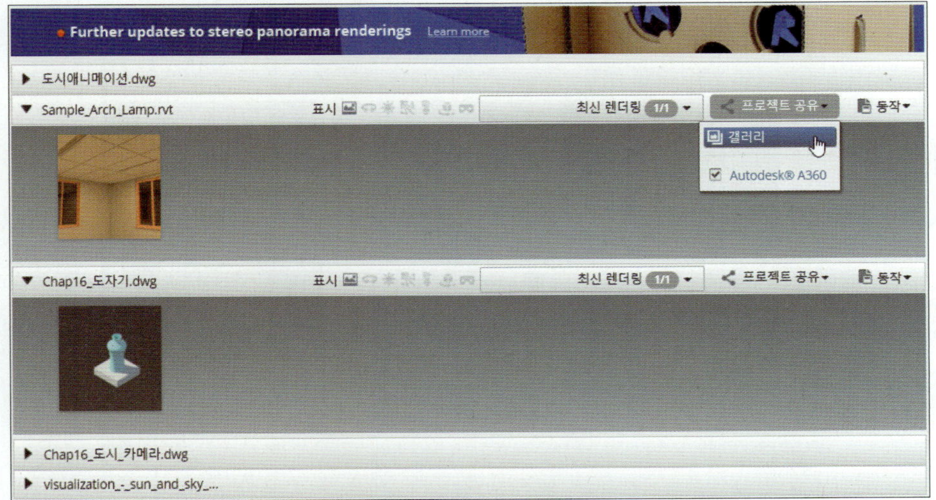

07 간단한 개요를 입력한 후 하단의 [Share] 버튼을 누르면 자신의 이미지가 갤러리에 올라갑니다.

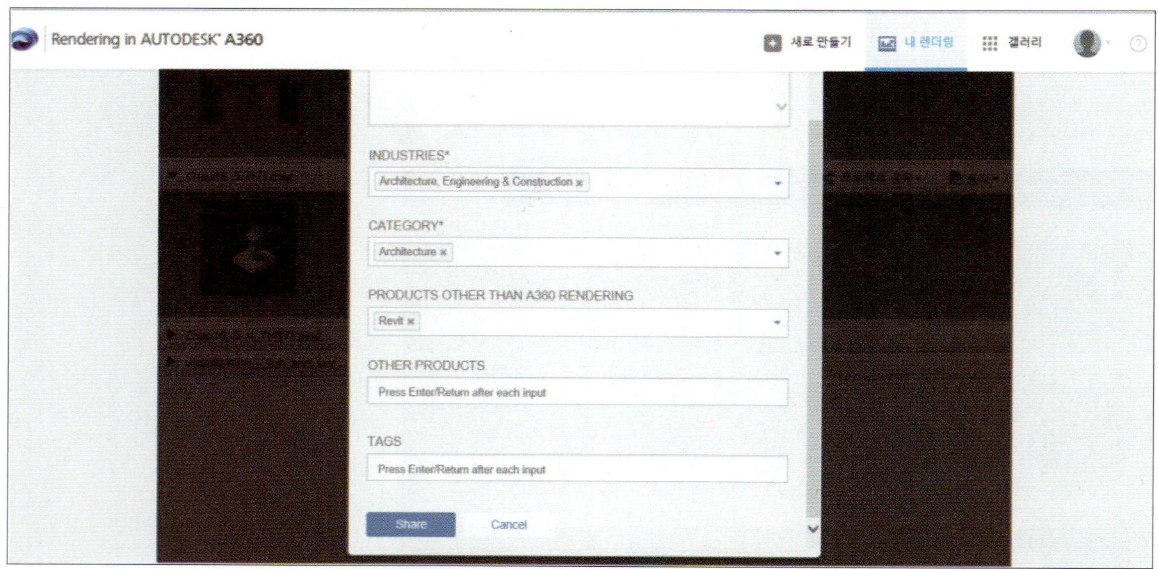

08 갤러리에 작성한 렌더 이미지가 올라간 것을 확인할 수 있습니다.

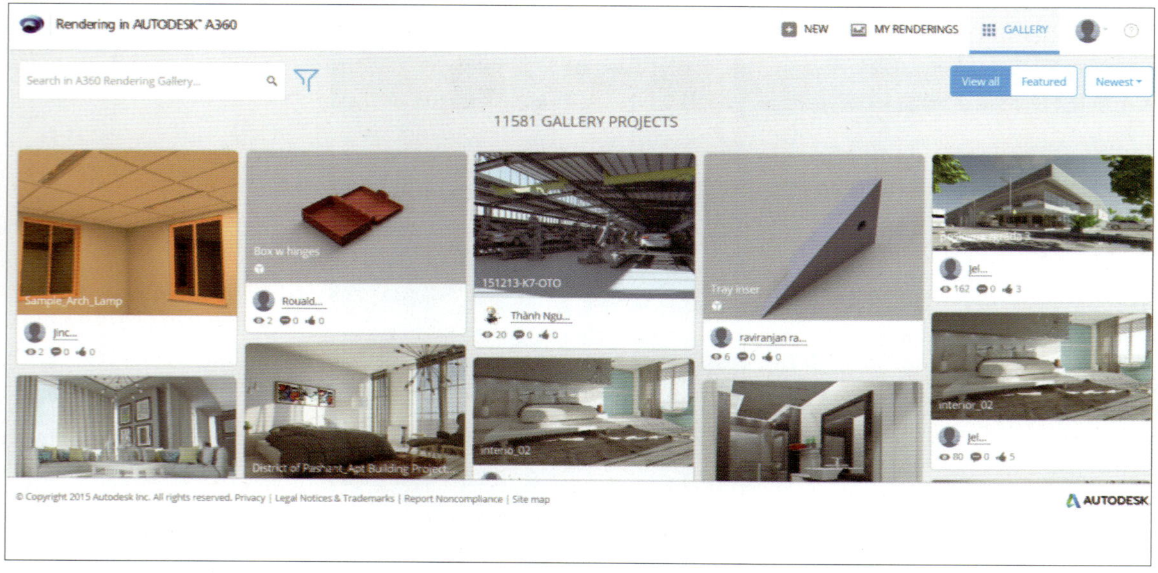

AutoCAD
오토캐드 2017

AutoCAD
오토캐드 2017